U0907151

［内部资料　注意保密］

CHINA CONSTRUCTION BANK ALMANAC

中国建设银行年鉴

2011

中国金融出版社

责任编辑：肖丽敏
责任校对：孙　蕊
责任印制：裴　刚

图书在版编目（CIP）数据

中国建设银行年鉴2011（Zhongguo Jianshe Yinhang Nianjian 2011）/中国建设银行年鉴编辑委员会编.—北京：中国金融出版社，2012.3
ISBN 978-7-5049-6253-9

Ⅰ.①中…　Ⅱ.①中…　Ⅲ.①建设银行—中国—2011—年鉴　Ⅳ.①F832.33-54

中国版本图书馆CIP数据核字（2012）第013712号

出版发行　中国金融出版社
社址　北京市丰台区益泽路2号
市场开发部　（010）63266347，63805472，63439533（传真）
网上书店　http://www.chinafph.com
（010）63286832，63365686（传真）
读者服务部　（010）66070833，62568380
邮编　100071
经销　新华书店
印刷　天津银博印刷技术发展有限公司
尺寸　205毫米×280毫米
印张　45
插页　20
字数　1245千
版次　2012年3月第1版
印次　2012年3月第1次印刷
定价　139.80元
ISBN 978-7-5049-6253-9/F.5813

《中国建设银行年鉴2011》编委会

《中国建设银行年鉴2011》编辑部

本年鉴数据使用责任说明

本年鉴为中国建设银行股份有限公司内部刊物，不对外发行，本年鉴中的部分数据在使用之初仍处于审计过程中，为了在年鉴中真实体现当时数据使用环境的历史面貌，我们保留了这些数据。这些数据与本行公布的招股说明书、定期报告和临时公告有差异的，应以招股说明书、定期报告和临时公告的数据为准。因此，本年鉴使用者不得以任何形式复制、打印、转发、分发或以其他任何方式使用这些数据。如有违反，责任自负。

卷首语

2010年，我们圆满实现了2008—2010年三年发展规划；在全行员工共同努力下，全年取得了良好的经管业绩。

一、三年业务发展规划确定的战略目标已经实现

建设银行股改后高度重视战略管理。2005年制定下发了第一个业务发展战略纲要，初步确定了转变发展方式、调整业务结构的基本方向。2007年在深入学习科学发展观、认真总结实践经验的基础上，重新修订了战略纲要，出台实施了2008—2010年三年规划。到2010年年底，我们比较圆满地结束了规划的执行期，不仅创造了良好的经营业绩，而且强化了核心竞争力和价值创造力，为实现世界一流银行的战略愿景打下了坚实基础。

2010年全行平均资产回报率为1.32%，平均股本回报率为22.61%，分别较上年提高0.08个百分点和1.74个百分点。成本收入比37.25%，超额完成目标2.9个百分点。税前利润年均增长19.5%，高出目标值1.5个百分点。不良贷款率为1.14%，低于目标值0.86个百分点。拨备覆盖率为221.14%，大大超出规划要求。累计退出各类高风险贷款2 457亿元，是目标值的2.4倍。不仅主要经营指标顺利完成，而且资本创利能力全球领先，股票市值和净利润稳居前列。

“五个转变”是三年规划规定的主要任务。第一，业务结构调整取得很大进展。到2010年年底，全行按老口径计算条线业务贡献度，批发、零售、投资分别为50.6%、29.2%和17.3%，如果将小企业信贷纳入零售业务统计，贡献度分别为46.2%、33.6%和17.3%，与当初制定的48%、34%和16%的目标非常契合。2008年和2009年因集中投放公司类贷款支持国家扩大基础设施建设和应对金融危机，个贷的确受到一些影响，个贷新增在全部贷款新增的比重分别为19%、28%，2010年重新恢复到36%。

第二，非利差收入持续高速增长。中间业务净收入占比20.7%，超出目标0.7个百分点，其中批发条线中间业务收入占比17%，超出目标2个百分点，零售条线中间业务收入增长3倍，远超年均增速20%的目标。财务顾问、理财产品等业务的年收入超过60亿元，超额完成目标。

第三，新兴业务发展取得长足进步。建成222家小企业“信贷工厂”，近3年累计投放小企业贷款超过1万亿元，贷款余额达到目标值的1.9倍。涉农贷款年均增速35%，高出公司类贷款增速近1倍。"民本通达"贷款达到2 100多亿元。AUM300万元以上客户12万人，高出目标71%。电子银行交易量达到柜面的1.4倍，超额完成计划。ATM交易量超过柜面1倍以上，交易笔数和跨行交易量国内领先。

第四，向多功能银行转变取得新突破。投资银行业务在内地和香港中资银行中排名均居前列，财富管理和私人银行快速发展，中德住房储蓄银行取得亮丽业绩，基金、信托、租赁等专业平台进一步加强，基本完成保险公司的收购，综合化经营体系日益完善。村镇银行已开业的达到8家，获得批准正在筹建的10家，另有14家已上报中国银监会审批。

第五，建设国际化银行迈出实质性步伐。与美国银行、淡马锡公司、桑坦德银行、德国施豪银行等国际著名金融机构的战略合作取得丰硕成果，从境外引进产品、技术和经验的工作在国内同业中保持领先，圆满达成了国际战略的基本目标。截至2010年年底，在境外拥有12家分行和全资子公司，设立台北代表处和多伦多分行的申请已获中国银监会批准。

规划中涉及的支持保障方面的改革也取得明显进展。缩减行政管理、后勤保障人员，前台人员占比达到61%，完成目标要求。加强专业化人才队伍建设，完善业务条线人力资源垂直管理和团队派驻制。批发、零售条线分开核算管理，资源配置向战略性业务倾斜。城市行基本实现两级或两级半的扁平化管理，城区综合型支行职能转型加快。加强信息技术统一规划和垂直管理，初步形成支持各业务条线应用的服务体系。深化前后台业务分离，营运体系的集中度不断提高。新建中后台管理中心77个，信用卡、电话银行后台作业实现跨区域整合。全面推进网点一代、二代转型，销售能力提高85%，是目标值的2.8倍。开展流程优化项目1 270个，劳动生产率达到欧美大银行平均水平的65%。

总体来看，三年的业务发展明显超出预期，取得了辉煌的业绩，得到了社会各界和国内外市场广泛认可。我行的综合品牌价值列全球银行业第10位，并跻身"全球商业银行品牌十强"第3位，被英国《银行家》评为"2011大赢家"。这一结果凝结了全行35万名员工聪明才智的结晶和辛勤劳动，确实来之不易。

二、2010年经营状况良好，竞争实力增强

2010年，面对复杂多变的经营环境，全行坚决贯彻落实国家宏观调控政策和监管要求，坚定不移地推进结构调整和战略转型，整体经营又取得了良好成绩。

坚持稳健发展，盈利水平好于预期。全行资产总额突破10万亿元，达到10.8万亿元，较上年增长12.33%。负债总额超过10万亿元，而且全行坚守底线，控制了存款成本，没虚增存款；不违规揽存，没撞"高压线"。一般性存款新增1.08万亿元，保持四行第二地位。个人存款余额首次突破4万亿元。

盈利能力继续增强。全年实现净利润1 350.31亿元，增长26.39%。

实现净利息收入2 515亿元，比上年增加396.15亿元，而且呈现明显的"量价齐升"特征，扭转了2009年"以量补价"的状况。

信贷投放总量适度投向合理，信贷资产结构继续改善。全行坚持"控制总量、把握节奏、调整结构、确保质量、改善利差"的信贷原则，总量控制有力，投放均衡稳健，四个季度按

"3:3:2:2"节奏投放。年末各项贷款余额达5.66万亿元，增加8 493.55亿元。其中人民币贷款增长17%，达到了监管要求。

深入落实中央宏观调控要求，扎实推进结构调整。一是传统优势和重点领域贷款得到重视。个人贷款增幅再创近年新高，其中个人住房贷款新增2 386亿元，增量同业第一。基础设施贷款新增2 080亿元，增长15.4%，高于公司类贷款平均增速。新兴领域、国家重点扶持领域贷款投放力度明显加大。小企业贷款增速达到60%，高于公司类贷款平均增速46个百分点；涉农贷款余额7 707.17亿元，增长了39.18%；中部、西部地区贷款保持大幅增长。二是产能严重过剩行业贷款余额大幅下降，比年初净减少192.55亿元。政府融资平台贷款清理整改工作有序推进，客户数和贷款余额由年初的1 801户、6 463亿元下降到1 082户、5 419亿元，65.36%为现金流全覆盖类贷款。房地产贷款仅增加373亿元，在大银行中增加最少，增速远远低于各项贷款平均水平。

大力推进经营转型，收入和客户结构持续改善。中间业务收入快速增长。全年实现中间业务毛收入679亿元，同比增长34.7%。四行占比28.5%，提高0.51个百分点。收入总量、增量、增速均为四行第二。分行竞争力提升，各地市场排名前两位的分行达到35个，增加4个。17个重点产品收入超过10亿元，其中9个产品超过30亿元，比上年增加5个。个人结算、财务顾问、单位结算和理财产品四项成为收入60亿元以上的超级重点产品。国内保理收入增加2.3倍，理财产品增加1.5倍，单位结算、贷记卡、电子银行等增速均超过50%。投行业务实现收入139.06亿元，增长41.91%；投资托管业务规模增长31.31%，全年累计实现托管费收入17.16亿元。

客户结构持续优化。公司及机构基本存款账户新增9.83万户，占新增账户的83.84%。从账户构成看，基本账户数量占比比年初提高1.52个百分点，基本账户存款余额占比提高5.11个百分点。个人客户新增177万个，其中AUM300万元以上高端客户新增12万人。高端客户在全部个人客户中占比提高，价值贡献凸显。

战略性业务长足发展，特点优势不断巩固。全行以转变发展方式为契机，进一步推进经营转型，核心竞争力持续增强。

"民本通达"品牌获社会各界认同，推广以来累计新增客户5 457户。"八一工程"市场占比达到22.01%，增加了1.51个百分点。共开立援疆账户60个，累计入账资金21.7亿元，居同业领先地位。

企业年金中的账户管理业务新增签约个人账户73.5万个，受托业务新增签约资产45亿元。创新的"万户工程"产品推进顺利，面向中小企业的集合计划新增签约3 280户，完成全年计划的328%。

信用卡业务客户数、消费交易额、资产质量等多项指标保持同业领先。

电子银行业务比年初增加7 160万个新客户，交易额达到127万亿元。电子交易与柜面交易量之比达142%。

金融市场业务运营稳健。总行直接经营的本外币资产组合余额2.8万亿元，占全行总资产的25.9%；实现收入845亿元，完成计划的104%。

国际业务成绩突出，一举走出几年低谷。一是境内业务打了翻身仗。外汇全口径存款增量、国际结算增速均为四行第一。二是境外机构申设顺利，经营向好。胡志明市分行、悉尼分行相继开业。有效应对了重大风险事件，迪拜世界贷款已从次级类向上迁徙为关注类，风险得到控制。

风险管理继续完善，资产质量稳步提高。贷后管理、抵质押物管理、区域信贷政策管理收到实效；表外业务、境外业务风险管理已开始受到重视；子公司风险管控、集团并表管理制度体系初步建立；新资本协议实施顺利，总体规划提出的50个项目基本完成，大量成果已逐步运用于经营管理实践。

资产质量持续向好。集团口径不良贷款余额为647.12亿元，比年初减少74.44亿元，不良率为1.14%，比年初下降0.36个百分点。

共处置不良贷款360亿元，其中核销95亿元。处置非信贷不良资产56亿元，较上年增加22亿元。

三、把防范风险放在更加突出的位置

几年来，全行风险管理工作取得很大成绩，不良贷款率历史性地下降到接近1%的水平。但要看到，过去几年为支持国民经济快速发展，各家银行贷款普遍增长较为迅猛，我们虽然与同业相比稳健保守一些，三年下来贷款余额也增长了2.2万多亿元，比2007年年底增长70%。对部分行业和客户授信集中度较高、行业分布不够合理等问题，要引起高度重视。尤其是在未来经济金融不确定性增大、货币政策趋紧、产业结构调整加快、客户分化加剧的背景下，资产质量容易出现起伏，我们绝不能掉以轻心。

第一，要加强市场研究和基础管理。面对中国经济社会转型，银行的风险管理要及时跟进形势变化，并提前作出安排。从整体上讲，我们对客户的了解还停留在比较肤浅的层次，对市场的研究很欠缺，其中对金融市场、零售业务、理财业务、投行业务等研究尤其不够深入。这方面要大力加强，研究成果要及时转化为审批标准和工作指引。一些传统业务的制度和流程一直未进行过系统地梳理，不仅影响业务效率和客户体验，而且也不利于风险管控。一些新兴业务领域，如“三农”贷款、民生领域、网络银行、理财业务等，亟须建立一套有别于传统业务的风险管理制度和流程。要通过实施《巴塞尔新资本协议》，不断健全全面风险管理体系，把基础管理工作做扎实。

第二，要完善差别化的风险管理政策。我们提出的客户综合服务方案，事实上也包含风险解决方案，完全可以基于不同客户的特点、需求、风险来设计，而不是简单地拿一个方案适用于所有的客户。对客户的了解研究要经常、全面、主动、提前，要和客户一起讨论制定其业务发展策略或投资组合方案，从一开始就介入其可能的金融服务需求。这既是精细化、专业化的管理要求，也是“以客户为中心”的具体体现。信贷政策要更强调精细化、差别化，完善风险偏好选择、名单制管理、行业限额等措施。各行要增强积极性和主动性，把政策要求落到实处。

第三，要持之以恒推进信贷结构调整。我国正处在经济发展方式转变和结构调整的关键

期，产业的升级改造、企业的优胜劣汰进程将明显加快。在此背景下，信贷结构调整应该成为银行常态化工作。截至 2010 年年底，制造业贷款占全部贷款的比重为 17.76%，仅比 2006 年下降 0.74 个百分点，占比仍偏高。个人类贷款占全部贷款的比重为 24.1%，比 2006 年上升 3.74 个百分点，但与我们的目标仍有差距。2011 年对重点行业和产品的调整力度还需加大，不能有丝毫放松。制造业、批发零售业的比重一定要降下来，继续坚定不移地发展个人和小企业信贷业务。尽管中央银行多次加息，但大企业议价能力仍很强，银行综合收益并不高，当前应该把更多的信贷资源配置到小企业、个人助业贷款、小额农户贷款、住房贷款、信用卡等收益较高领域。目前，东部地区基础设施投资开始下降，但民营经济比较发达，小企业、个人金融应作为发展重点。

第四，要重点研究和防范几类风险。一是系统性风险。除宏观方面的问题之外，微观领域有些金融企业经营比较激进，而且多数内部管控能力比较差，如果这些机构出问题可能会引起银行业系统性风险。二是区域性风险。尤其要关注地方突发性事件和重大事件，做好风险防范工作。三是高负债行业，如交通、能源、地产等。这些行业负债率高，对重复建设问题和财务可持续问题关注不够，如果管理再跟不上，很容易出问题。四是高新技术企业。这类企业不确定因素较多，商业银行不是风险投资公司，要做好风险收益平衡。五是政府融资平台。继续按照相关规定要求，做好清理整顿和风险控制。六是固定利率贷款。根据中国银监会的通报和要求，有些固定利率贷款的期限很长，未来几年利率走势也很难判断。要尽量与客户协商，争取调整为浮动利率。

2010 年我们取得了良好的经营业绩和管理成果，希望大家团结一心、再接再厉，为建设银行事业作出新的更大的贡献。

郭树清

2011 年 12 月

董事长　郭树清

行长　张建国

监事长　张福荣

监事长　谢渡扬

建设银行上市五周年庆典
2005. 10. 27—2010. 10. 27

2010年4月16日，董事长郭树清出席在越南胡志明市举行的中国建设银行胡志明市分行成立庆典。

2010年7月6日，董事长郭树清与美国银行首席执行官莫尼翰先生在伦敦举行会谈。

2010年8月15日，董事长郭树清在江苏省分行调研期间与江苏省委书记梁保华等省领导进行会谈。

2010年12月16日，董事长郭树清在福建省分行调研并检查指导工作。

2010年12月28日，董事长郭树清在“福布斯建设银行2010中国财富管理论坛”上致辞。

2010年2月25日，行长张建国出席在广西南宁召开的中国建设银行计划财务工作会议并讲话。

2010年3月17日，行长张建国在宁波港股份有限公司进行调研。

2010年5月6日，行长张建国视察江西井冈山支行，与客户亲切交谈。

2010年8月23日，行长张建国视察深化前后台业务分离项目深圳市分行试点上线。

2010年10月24日，行长张建国在天津出席“精雅建行”书画展开幕式。

2010年9月6日，监事长张福荣参加在陕西延安举办的建设银行一级分行行长及总行部门总经理高级培训班结业式并讲话。

2010年9月14日，党委副书记、监事长、党校校长张福荣出席总行党校第22期干部进修班开学典礼并发表讲话。

2010年10月18日，监事长张福荣在安徽合肥主持召开中国建设银行监事会座谈会。

2010年11月10日，监事长张福荣一行在香港审计分部指导工作，与分部员工合影留念。

2010年12月31日，监事长张福荣一行在总行审计部年终慰问。

2010年1月12日，监事长谢渡扬主持召开监事会对部分分行行长集体访谈会。

2010年3月18日，监事长谢渡扬在中国建设银行2010年全行审计工作会议上讲话。

2010年5月9日，监事长谢渡扬视察井冈山干部管理学院。

2010年6月2日，监事长谢渡扬接见第6期赴美国培训人员。

2010年9月2日，监事长谢渡扬到吉林参加第六届东北亚博览会高端论坛。

2010年4月7日，纪委书记辛树森在重庆分行调研。

2010年7月16日，纪委书记辛树森到河南省分行就案件防控工作和纪检监察组织队伍建设进行专题调研。

2010年12月29日，纪委书记辛树森到天津市分行慰问一线员工。

2010年12月10日，副行长陈佐夫在深圳市分行调研。

2010年12月16日，副行长陈佐夫在福建省分行调研。

2010年12月20日，副行长陈佐夫视察吉林省分行财富中心。

2010年2月14日，副行长朱小黄一行在上海浦东联洋支行调研。

2010年3月，副行长朱小黄在西安主持召开中国建设银行“双十大”客户暨资产质量重点联系行风险处置专题会议。

2010年11月11日，副行长朱小黄一行到河南省分行考察调研。

2010年6月2日，副行长胡哲一会见华为公司销售融资和资金管理部总裁孟晚舟女士一行。

2010年7月6日，副行长胡哲一参加中国航空产业基金设立暨与天津战略合作签约仪式。

2010年12月30日，副行长胡哲一在总行安全保卫部慰问员工。

2010年3月23日，副行长庞秀生出席资金结算部视频会议并讲话。

2010年9月17日，副行长庞秀生在合肥为中国建设银行电子银行业务中心揭牌。

2010年11月11日，副行长庞秀生在河北省分行业务处理中心视察指导工作。

目 录

CHINA 中国建设银行年鉴
CONSTRUCTION BANK ALMANAC
2011

第一部分　战略决策与战略管理

董事会的改革与成就

2010年，建设银行董事会认真研究内外部经营形势，坚定不移地执行国家宏观调控政策和监管要求，继续推进银行发展方式转变，深化内部各项改革。全年共召开董事会会议10次，审议议题62个，召集股东大会会议2次，其中2009年年度股东大会首次在香港召开。

2010年1月18日，建设银行董事王永刚一行到建设银行天津市分行开展环渤海区域业务调研。

2010年1月21日，建设银行董事王永刚、王勇、张向东、李晓玲等一行到大连，就环渤海区域业务发展情况进行调研。

在董事会的指导和积极推动下，我行各项工作取得了预期成绩，战略管理能力、服务水平、风险防范能力和综合竞争实力均得到进一步的提升。2010年，我行资本回报率达到21.35%，资产回报率达到1.31%，居国际大银行前列。截至2010年年底，不良贷款率下降到1.14%，拨备覆盖率提高到221.5%，出色地完成了银监会的各项监管指标。股票市值稳居全球上市银行第二位，一度达到第一位。

良好的经营业绩获得了市场和社会的高度赞誉。2010年，我行在《财富》全球500强排名中由五年前的315位升至116位，在《福布斯》评选的“2010中国品牌价值50强”中列第三位，在国内各银行中列第一位。

一、公司治理高效运转

（一）进一步理顺公司治理各方关系

2010年，董事会一方面继续推动制度建设，在股东的支持下理顺相关授权关系，完善股东大会对董事会以及董事会对管理层的授权；另一方面更加注重在公司治理实践中发挥协调与沟通作用，引导公司治理各方切实有效地履行职责。股东大会作为公司最高权力机构，审议批准各项重大决策，充分体现出股东的约束作用；董事会议事规则和程序日益完善，董事既能够尽职尽责地独立发表意见，又相互尊重、密切协作；管理层积极落实董事会的战略部署，独立开展经营管理活动；监事会深入开展财务、内控和履职尽职监督。在多元化但又相对集中的股权结构基础上，经过公司治理各方的共同努力，我行公司治理的内部制衡机制已显现出不少优于欧美银行的特色。在2010年度上海证券交易所公司治理专项奖评选中，我行荣获“2010年度上市公司董事会奖提名奖”。

2010年5月20日，建设银行董事张向东一行到建设银行湖南省分行就风险管理体制改革问题进行专题调研。

2010年12月7日，建设银行董事王淑敏、陆肖马、陈远玲一行到建设银行山西省分行调研。

（二）不断完善董事会运行机制

2010年，董事会积极借鉴先进银行公司治理经验，不断健全信息传导机制，优化决策机制，董事会成员认真履职尽责，充分发挥各自的专业特长，保障了董事会的高效运转。董事会与管理层的沟通进一步加强，董事会成员应邀列席行长办公会、全行工作会、专题会等管理层会议，了解经营管理相关情况，董事会也邀请高级管理人员列席董事会和专门委员会会议，及时掌握决策动态。董事会注重发挥专门委员会的作用，董事会审议事项一般都经过委员会预审，并请各委员会主席汇报委员会审核和讨论情况，使全体董事更加清晰地了解事项的背景和审核进程，有效地提高了董事会的决策效率。董事会还加大了会议决策事项的督办力度，持续跟进重大事项的落实情况。此外，董事会不断强化对董事的履职评价，完善董事薪酬分配政策，积极安排董事培训工作，促进董事履职能力的进一步提高。

（三）积极推进战略规划制定

2007年，我行根据业务发展战略纲要，制订了2008—2010年三年业务发展规划。经过全行三年努力，主要发展目标已基本实现，业务转型进展顺利，中后台支持能力得到增强。2010年，国家出台了“十二五”规划建议，提出了未来五年国民经济和社会发展目标和整体思路。在此基础上，建设银行积极研究酝酿新的五年发展规划。董事会对此十分重视，多次就宏观经济形势、人民币国际化、电子银行等进行专题研究和讨论，并围绕国家区域政策、产业结构调整、风险管理体制改革、村镇银行建设、资源配置等专题，开展有针对性的调研。为了指导和推动规划编制工作，总行成立了由部分董事、监事、高级管理人员参加的《五年规划》编制领导小组。下一步，还将广泛吸收各方对银行未来五年发展规划的建议，组织开展关于利率市场化、网络银行、信贷策略、综合化经营等若干专题研究，为编制工作做好铺垫。

（四）顺利完成董事和高管选举工作

根据《公司章程》的规定，我行16位董事于2010年6月任期期满，其中9位董事需要履行连选、连任手续，7位董事需要重新选举。董事会严格依据法律法规要求，经与各方充分沟通、周密部署，顺利地完成董事会新、老成员的平稳过渡和衔接。董事选举完成后，董事会人数和结构保持不变，执行董事、股权董事、独立董事坚持独立自主决策，又各有侧重，其中非执行董事人数占多数，充分体现了制衡原则。7名新任董事分别为金融监管、财政税收、法律法规和国际金融等领域的专家，进一步充实了董事会的力量，保证了董事会的专业性和决策能力。根据新情况，各专门委员会及时进行了调整和充实，一方面根据新任董事的专业背景和从业经验，选入不同的委员会，充分发挥每一位董事的专长；另一方面对老董事在不同的委员会进行适当轮换，使董事熟悉更多情况，为董事会进一步提高效率奠定坚实基础。此外，董事会还审议聘任了一个副行长和三个首席官，及时充实管理层领导力量，进一步完善了高级管理职位的设置。

（五）成功实施境内外配股再融资

自金融危机爆发以来，各国监管当局普遍加强了对商业银行资本充足率的监管要求，中国银监会也陆续出台相关政策，要求商业银行维持较高的资本水平和资本质量。对此，董事会及管理层高度重视。2010年，在综合考虑监管要求、我行发展战略和风险偏好，并参考国际领先同业资本充足率状况后，董事会研究制订了建设银行《中期资本管理规划》，并在权衡市场承受力、适度调整我行A股和H股比例并兼顾新老股东利益等因素后，提出了A+H配股的再融资方案。年内我行成功实施了配股计划，募集资金611.58亿元，是迄今为止国内中资公司规模最大的股本再融资项目，也是香港市场2010年最大的股本再融资项目。配股完成后，我行资本充足率得到大幅提升，资本实力和风险抵御能力显著增强，有力地保障了未来各项业务的持续健康发展。

（六）圆满完成外部审计师选聘工作

为进一步提高审计师的工作水平和服务质量，完善我行外审服务采购模式，同时考虑股东和监管机构要求，董事会决定，按照公开、竞争性的原则，市场化选聘我行2011年外部审计师。董事会成立专门的选聘工作领导小组，坚持既保证审计服务质量，又注意成本控制，与普华永道、德勤和毕马威三家候选机构展开多轮谈判。综合考虑面谈情况、市场化选聘目标、服务质量、监管意向、以往选聘情况等多方面因素，董事会最后决定向股东大会推荐普华永道为我行2011年外部审计师。普华永道承诺将在投入的时间、人力、团队方面充分满足我行财务报告审计的需要，同时在股东大会批准续聘的前提下，2012年及2013年审计费用与2011年相同，最大限度地为我行节约了成本，保护了银行的利益。

二、加快推进发展方式转变

（一）不断巩固传统业务优势

2010年，国内基础设施贷款和个人住房贷款需求仍然保持旺盛势头。董事会强调，要充分发挥我行在这些领域的传统优势，巩固龙头地位。全年我行基础设施贷款增长15.4%，高于公司类贷款增速1.2个百分点，主要投向国家重点支持领域和行业。个人住房贷款业务健康持续发展，贷款新增同业第一，重点支持居民购买自住住房。委托性住房金融业务市场份额继续保持同业领先，公积金存贷款余额均居同业第一。此外，我行还积极参与住房公积金保障性住房建设项目贷款试点，并取得全部28家试点城市承办承诺。2010年，我行再次荣获《环球金融》杂志评选的“最佳抵押贷款银行奖”。

（二）积极推动新兴业务发展

2007年，董事会提出了业务发展转型战略，其主要目的是转变产品和服务结构，实现收入多元化。2010年，在董事会的推动下，新业务又取得长足进展。小企业客户贷款增速超过60%，高于公司类贷款平均增速46个百分点；涉农贷款新增2 295亿元，占公司贷款新增的47%，同比提高22个百分点；信用卡业务多项指标同业领先，业务收入三年复合增长率达65%；投资银行业务快速增长，短期融资券承销、新型财务顾问、并购贷款等多项业务同业排名第一；电子银行业务超常规发展，电子银行与柜面交易量之比达到142%，较上年底提高44个百分点。

（三）全面完善客户综合服务平台

为了满足客户多种金融服务需求，近年来，董事会积极完善我行综合服务平台，取得了显著成效。2010年，我行与太保集团签署了《产权交易协议》。交易完成后，将持有太平洋安泰51%的股权，成为控股股东。村镇银行建设也取得新的进展，年内新开业6家，还有10家正在筹建中。至此，我行基本完成了综合化经营的战略布局，在基金、信托、金融租赁、投资银行、保险和农村金融服务等领域搭建起自己的综合金融平台，为客户提供全面金融解决方案的能力大大增强。在积极推进平台建设的同时，董事会还积极推动建立银行与子公司联动工作机制，完善关键业绩考核指标，加强客户资源和渠道共享，充分发挥了银行与子公司之间的战略协同效应。

（四）积极推动境外业务发展

在立足国内发展的同时，随着经济全球化，银行“走出去”成为必然趋势。鉴于银行对境外市场和有关的法律法规尚不完全了解的状况，董事会坚持“跟随客户”策略，审慎推动境外机构合理布局，积极提升现有机构服务能力。年内胡志明市分行、悉尼分行开业。至此，我行在境外共拥有9家分行、1家代表处和3家经营性全资子公司，营业机构数量逾60家，机构网络覆盖全球12个国家（地区），已实现为客户提供24小时不间断全球金融服务。此外，我行提交了在台北设立代表处和在多伦多设立分行的申请，已获得银监会批准。推动境外机构建设的同时，董事会注重把握新的业务机会，2010年年内专门召开战略研讨会，研究确定跨境人民币业务发展思路，要求深化境内外机构联动，做好产品开发、风险控制和人才培养等基础工作，全面推进该项业务。

（五）纵深推进与战略投资者的合作

上市以来，我行一直注重与美国银行、淡马锡公司开展战略合作，学习借鉴先进的管理经验、技术和方法，取得了长足进步。2010年，我行与美国银行开展17个战略协助项目、65个经验分享项目，举办4期赴美国跟岗培训班。在财富管理、电子银行和信息技术三个领域实行美国银行派驻专家的战略合作方式，成效显著。随着与美国银行战略合作到期日日渐临近，董事会成员与美国银行高层就战略合作到期问题进行探讨，从合作双方利益出发，达成了一致，同意7年期的战略合作到期日由2012年8月延长至2012年年底，并确定自2012年起每年8月29日为战略协助协议到期触发点，如届时美国银行持股不低于5%，双方将商定并执行下一年的战略协助计划。此外，我行继续与淡马锡公司在财富管理、私人银行培训方面开展合作。

（六）着力加强专业化、精细化建设

建立以客户为中心、市场为导向的经营管理模式，是实现我行发展方式转变的根本要求。董事会对此始终高度重视，坚定不移地推进专业化建设，全面实施精细化管理，取得了良好成效。2010年，我行专业化机构建设全面铺开，累计设立各类专业化中心3 805个，比年初增加907个，其中公司类专业化经营中心1 105个，个人类专业化经营中心2 623个，中后台管理中心77个。管理层级进一步压缩，三分之二的零售网点实现直管。网点转型不断推进，零售网点全部完成向营销服务转型，其中30%已完成二代转型。产品创新成效显著，完成产品创新306项，大批新产品的推广运用取得良好效益。管理流程持续优化，年内实施170个流程优化项目，营运效率平均提高49%，业务差错率降低52%，全行劳动生产率大幅提高，有的指标已经接近美国大银行平均水平。

三、不断提升风险内控能力

自金融危机爆发以来，各国监管当局都加强了银行风险监管。银监会多次出台文件，对银行风险管理提出了更高标准。面对新的宏观经济形势和监管要求，董事会加大了风险管理力度，不断完善基础管理，确保全行资产质量持续向好。

（一）持续推进信贷结构调整

在把握经济社会转型和产业结构纵深调整趋势基础上，董事会持续推进信贷结构调整，确保全行信贷业务稳健发展。2010年，我行着重从行业、区域、客户、产品等维度，细化“进、保、控、压、退”结构调整政策。在巩固优势领域的同时，坚决控制和退出高风险行业，尤其是强化了产能过剩行业贷款、房地产开发贷款和政府融资平台贷款等重点领域风险管理工作。对产能过剩行业实施风险限额零新增管控，“6+1”行业贷款余额较年初减少199亿元。对房地产行业严格审批标准，房地产开发贷款增长9.8%，增速低于公司类贷款4.6个百分点，在四大行中新增最少。对政府融资平台客户细化名单制管理，加强清理整改，贷款余额比年初明显减少。信贷结构调整取得良好效果，在银监会贷款风险分类偏离度检查中，我行偏离度小于0.1%，处于大型银行较低水平。

（二）不断完善风险内控体制

2010年，董事会继续推进银行风险内控体制改革，不断提升风险管理的精细化水平。一是进一步优化垂直管理、平行作业的风险管理体制，有效组织和整合管理资源，确保统一风险偏好的传导。二是创新和丰富风险管理技术、工具和方法，建立覆盖企业客户、零售客户的评级模型和系统，优化经济资本计量，完善风险限额管理。三是完善审批机制，加强对重点领域审批把关，同时强化贷后管理，初步建成大中型公司类客户专职贷后管理队伍。四是充分发挥内控和内审的监督作用，积极做好内控自我评估和内审考核工作，认真进行审计整改。风险内控体制的不断完善，有力地保障了我行各项业务健康有序发展。

（三）深入推进全面风险管理

近年来，在董事会积极推动下，我行风险管理逐步实现了对境内外、表内外、本外币、信贷与非信贷等各个机构、各业务品种的覆盖，全面风险管理能力得到有效提升。2010 年，董事会着力强化表外业务、境外业务和并表等薄弱环节风险管理。表外业务风险方面，强化表内外信用风险敞口统一管控和限额管理，逐步健全表外风险抵补机制；推动表外业务风险管理相关政策制定，指导制定 2011 年《“表外业务管理年”方案》。境外业务风险方面，研究制定境外机构授信业务政策底线，针对经营区域、客户选择、准入标准等提出明确要求；试点向境外机构派驻风险总监；制定国别风险减值准备计提办法，并在 2010 年年底进行了计提。并表管理方面，制定了《并表管理办法》，初步搭建起并表管理制度体系和组织架构，规范和强化子公司重大风险事项管理。

（四）积极推动新资本协议实施

2007 年年底，董事会研究批准了我行实施新资本协议的总体规划，强调以推进实施新资本协议为契机，进一步优化完善风险管理机制和技术工具，提升我行风险管理精细化水平。三年来，董事会持续推进实施新资本协议各项准备工作。规划中的 50 多个项目基本完成，信用风险内部评级体系基本建成，操作风险达到了标准法的要求，市场风险基本具备了实施内部模型法的条件。董事会还密切配合银监会对我行新资本实施准备工作预评估，并针对预评估意见，督促认真整改。从总体上看，我行已基本具备申请实施新资本协议的条件。董事会年内审议通过了关于我行申请实施新资本协议可行性研究报告和管理规则，批准管理层择机向银监会提交实施申请报告。

四、妥善处理内外部利益相关者关系

（一）持续加强投资者关系管理

董事会高度重视投资者关系管理，注重倾听投资者的意见和建议，借此提升经营管理水平，切实维护股东，尤其是中小股东利益。近年来，董事会要求全行严格遵循相关法律法规要求与市场最佳惯例，持续加强与投资者的交流与沟通，董事会成员、管理层及相关部门根据投资者的不同类型与特点，通过定期业绩发布会与路演（年度、中期及季度），大型投资者论坛、公司来访会谈、投资者关系网页专栏、热线电话及电子邮箱等不同方式，向市场及时诠释我行发展战略和经营业绩，合理管理市场逾期，增强投资者信心。良好的投资者关系管理，受到了市场与社会的认可与好评。美国资本集团、黑岩基金、富达基金等国际大型机构投资者均长期稳定持有我行股份超过 10 亿股，已超过我行一些发起人持股量。2010 年我行荣获亚洲《公司治理》杂志授予的亚太地区 2010 年“最佳投资者关系”和“最佳投资者关系网站”两个奖项。

（二）不断提高信息披露水平

董事会始终坚持“真实、准确、完整、及时”的原则，高质量地对外披露信息，不断提高银行对市场和公众的透明度。全年我行发布定期公告 4 次，临时公告 70 余次。在满足境内外监管要求和维护投资者关系的前提下，积极探索降低信息披露成本的途径和方法，信息披露费用持续下降。2010 年年报、中报印刷寄送费用进一步压缩至 190 万元，比上一年下降 20%，大大低于可比银行同业的费用水平。董事会还强化了信息披露制度建设，制定了《内幕信息知情人暂行管理办法》，有效规范了内幕信息管理工作。良好的信息披露工作，获得了广泛好评。在香港管理专业协会组织的 2010 年度最佳年报评选中，我行 2009 年年报荣获封面内页设计奖。在《上海证券》报组织的 2010 年上市公司奖项评选中，荣获“金治理·信息披露公司董秘奖”。

（三）全面履行企业社会责任

董事会始终坚持将社会责任理念融入银行经营管理之中，将履行社会责任作为银行企业文化建设、促进社会和谐进步的重要组成部分。在董事会指导下，我行制定了公益捐赠管理办法，社会责任工作规范化、制度化进一步加强。2010 年，我行共实施公益项目 21 个，捐赠投入总额达 7 000 多万元。青海玉树地震和甘肃舟曲泥石流灾害发生后，为了及时支持灾区建设，董事会专门召开会议，批准增加管理层捐赠授权。最终我行向南方五省旱灾区、青海玉树地震灾区、甘肃舟曲泥石流灾区捐款合计 5 369 万元。此外，我行还持续推进“贫困高中生成长计划”、“贫困英模母亲资助计划”等长期公益项目，积极支持文化艺术、教学科研、学术交流、环境保护等社会公共事业。我行良好的社会责任工作，一方面获得了社会的广泛认可和好评，荣获“2010最具责任感企业”奖和“2010中国企业社会责任榜杰出企业”称号，被亚洲权威机构评为中资银行可持续发展第一名；另一方面对全行客户关系维护和业务拓展也起到了很好的服务与促进作用。比如，我行总行、分行在实施“成长计划”、“成才计划”公益项目时，不断密切了我行与学校及教育部门的关系。在实施“贫困英模母亲资助计划”过程中，增进了与军队、武警、公安系统的沟通合作，促进了相关业务的发展。

（四）正确处理与关联方的关系

董事会十分重视处理与我行各关联方的关系，积极推动业务合规发展。一是密切关注监管规则变化，及时完善我行关联交易管理实施办法。在合法合规的前提下，对与非重大附属公司的关联交易进行豁免，大幅减轻了工作量。二是顺利处理与美国银行关联交易问题。2010年上半年，我行与美国银行的债券交易已接近香港联交所公告披露的限额。经董事会与美国银行管理层积极沟通，决定采取不主动交易和被动交易撤单两项措施，以确保2010年不突破香港联交所关于关联交易需申报、公告的限额。同时，借鉴同业做法，积极研究与美国银行新的关联交易控制比率计算方法。新的计算方法不仅符合监管规则的要求，而且更能准确地反映债券交易性质，有利于我行与该行业务合作的进一步开展。三是推动关联交易管理系统优化升级，要求在系统中增加关联交易管理要素和控制条件，从根本上提升关联交易管理水平。

（五）积极关注员工发展空间

员工队伍的成长和稳定，维系着建设银行改革和发展大业，是我行的核心竞争力。董事会从战略高度出发，积极推进员工队伍建设，为改革发展提供人力支持和智力保障。一是持续实施大规模员工培训，2010年举办境内外各类培训1.2万期，培训50万人次。通过培训，员工履职素质得到有效提升。二是健全完善管理、专业技术职务序列设置，开辟了多重职业发展通道。三是实行与岗位价值、员工能力、绩效贡献相联系的薪酬制度，充分调动工作积极性。四是完善以职工代表大会为基本形式的职工民主管理，得到了中央政府的高度肯定。五是倡导践行“诚实、公正、稳健、创造”的核心价值观，提高员工的凝聚力。此外，董事会还十分重视人才培养，指导制定全行人才发展规划纲要，加快境外机构人才队伍建设，继续加大从市场引进人才的力度，积极参与中央的“千人计划”，面向全球招聘特殊人才。

（六）着力提升客户服务便利性和金融可获得性

为不同层次、地域的客户提供各种高效、便捷的优质服务是国际一流银行的重要特征，为此，董事会大力推进各种服务渠道建设，包括物理网点、电子银行等在内的多层次、专业化的服务渠道，并根据客户需求及时调整和优化布局，提高我行服务的便捷化程度和可获得性。截至2010年年底，我行拥有物理网点13 400余个，自助设备3.7万台，覆盖了全国绝大部分地区。网上银行和电话银行可以办理绝大部分业务，手机银行和短信平台方便、快捷。针对农村客户日益增长的多种金融服务需要，我行加大了村镇银行建设力度，让广大农民也能逐步分享我行金融服务。在产品方面，我行推出了助业贷款、小额农户贷款、速贷通、经济适用房贷款等产品，以最大限度地满足广大中低收入者的金融服务需求。

（执笔：吴明阳）

监事会的改革与成就

2010年，监事会紧密围绕全行中心任务和经营管理的实际，通过多种方式积极开展监督工作，认真履行监督职责，取得了良好的效果。

一、加强自身建设，不断提升整体运作水平

（一）承前启后，顺利组建新一届监事会

2007年选举产生的第二届监事会在谢渡扬监事长的领导下，不断深化对监事会职责定位的认识，持续提高自身履职能力，重视建立健全监督制度体系，积极探索创新监督工作方法和途径，始终坚持围绕全行中心工作、服务发展大局来谋划监督工作，认真履行财务监督、内部控制监督和履职尽职监督职责，支持董事会、管理层依法行使职权，为公司治理的完善和全行的持续健康发展作出了积极的努力和贡献。

第二届监事会于2010年任期届满，按照规定的提名与选举程序，2010年6月8日召开的建设银行第二届职工代表大会第二次会议联席会议选举产生了职工代表监事；6月24日召开的2009年度股东大会和9月15日召开的2010年第一次临时股东大会选举产生了股东代表监事和外部监事，顺利完成换届工作。新一届监事会仍为八名成员，分别是张福荣、刘进、宋逢明三名股东代表监事，金磐石、李卫平、黄叔平三名职工代表监事和郭峰、戴德明两名外部监事。其中，张福荣、宋逢明、李卫平、黄叔平为新任监事，原股东代表监事金磐石改任职工代表监事。

监事会2010年第六次会议选举张福荣担任监事长，监事会2010年第四次会议选举产生新的监事会履职尽职监督委员会委员和财务与内部控制监督委员会委员。按照银行章程的规定，张福荣监事长兼任履职尽职监督委员会主席；财务与内部控制监督委员会2010年第四次会议选举戴德明担任财务与内部控制监督委员会主席。

（二）充分发挥监事会及专门委员会的作用

1. 依法召开监事会会议和议事决策。年内共召开了八次会议，审议通过《中国建设银行股份有限公司2009年度监事会报告》、《监事会2010年年度监督工作方案》、《关于选举监事的议案》和银行《2009年年度报告及年度报告摘要》、《2009年利润分配方案》、《2010年半年度报告及摘要》等十六项议案，听取了负债业务、成本收入比等专题汇报，对年度监督工作等作了认真研究和部署。监事会会议严格遵循法律法规和公司章程的规定，认真审议议案议题，深入讨论重大事项，发挥了议事决策和实施监督的功能。根据信息披露的监管要求，监事会对银行年度依法运作情况、财务报告、募集资金使用、收购和出售资产、关联交易、内部控制以及履行社会责任的情况发表了监督意见，相关内容纳入年度报告并进行了公开披露。

2. 积极发挥专门委员会辅助监督的作用。履职尽职监督委员会、财务与内部控制监督委员会承担了监事会的大量具体工作，包括预审拟提交监事会审议的各项议案、议题，组织落实监事会确定的各项监督事项等。围绕各自的工作重点，两个委员会在履职尽职访谈、座谈、审阅审核财务报告、与外部审计师及总行部门沟通等方面展开了一系列工作，为监事会履行职责提供了支持。年内，履职尽职监督委员会召开了五次会议，审议、审核了《监事会对董事会、高级管理层及其成员2009年度履职情况的意见》、《2010年度履职尽职监督工作方案》、《关于选举监事》等六项

议案，对董事会及其专门委员会、高级管理层、董事、高级管理人员年度履职情况的意见进行了集中讨论和评议。财务与内部控制监督委员会召开了六次会议，审议、审核了《2010年度财务与内部控制监督委员会工作计划》、《2010年年度财务与内部控制监督工作方案》、《2009年度国内、国际财务报告》、《2010年半年度报告及摘要》等十三项议案，并听取了内部审计发现情况等四次专题汇报。

（三）不断创新和丰富监督方法

1. 持续加强非现场监督分析。监事会积极主动了解银行的经营发展和实际情况，注意结合经营环境的变化和经营管理的新情况、新特点，组织开展非现场监督分析，并加强跟踪监督。如通过与职能部门及外部审计师访谈，调阅文件资料，分析审计报告、风险管理事项报告等，研究分析了操作风险管理情况及基本特点；在中国银监会出台银信合作理财产品监管新政后，分析了对我行理财业务可能产生的影响；还关注分析了负债业务、成本收入比、贷款投向、香港分行不良贷款反弹等事项。非现场监督分析既加深了监事会对相关事项的了解和掌握，也进一步增强了监督工作的针对性和有效性。

2. 有重点地开展现场调研检查。定期报告是上市公司信息披露的核心与支柱，是投资者、政府监管部门、社会公众等各方关注的焦点。为了解我行定期报告工作的组织实施情况、加强监督，监事会对定期报告编制审核工作情况进行了专题调研。深入分析了相关信息资料，与总行财会、风险、公司等八个部门和外部审计师进行了多次沟通，与部分专职董事进行了访谈，走访了同业监事会，形成了详细的调研报告。调研报告充分肯定了我行在报告编制、审核和推进编制能力建设上所取得的成绩，也客观指出了有待改进和加强的方面，提出董事会应加强对财务报告编制工作的指导与监督，全行要全面推进定期报告特别是财务报告内部控制体系的建设，进一步重视数据质量和信息系统的整合等建议。调研报告呈送了董事会、管理层参阅。

3. 通过多种方式加强监督提示与建议。监事会以本行长远发展和股东利益为重，以严谨、认真的态度开展监督检查，对工作中发现的问题或值得关注的事项，积极从监督角度进行提示或建议。例如，在2010年再融资议案提交董事会审议前，有部分媒体作了内容基本一致的报道，针对这一情况，监事会向董事会发出了《关于加强内幕信息管理的提示》，建议梳理和完善内幕信息相关管理制度，强化内部控制，督促有关方切实履行保密义务。董事会、高管层对此高度重视，董事长、行长分别就改进相关工作作了批示，有关部门召开专题会议研究落实，对相关规定作了进一步修订和完善。在全行工作座谈等会议上，监事会主要负责人多次强调风险防范和注意研究解决业务发展中的一些重要问题。年度业绩董事会上，监事会通报了年度监督工作情况和监督意见，在充分肯定董事会、高管层工作成绩的同时，就公司治理以及关系全行发展的重要事项，中肯地提出了意见、建议。

（四）重视提升队伍素质和监督能力

1. 加强工作研究和交流。监事会主动围绕监事会的职责定位和作用发挥开展课题研究，通过理论探讨和总结监督实践，进一步拓展工作思路，完善监督的方式、方法。2010年，监事会工作机构就“国有控股银行公司治理”和“上市商业银行监事会财务监督工作”开展了初步研究，对监管部门颁发的相关指引和办法进行了分析，并注意把研究成果逐步落实到相关工作之中。同时，监事会注重学习借鉴同业好的经验与做法，积极参加汇金公司控参股银行监事会工作座谈会，并与国家开发银行、工商银行监事会就定期报告监督、履职尽职监督等进行了交流、调研。

2. 健全完善内部信息传递与交流渠道。在建立健全内部制度的基础上，为便于监事了解更多监督工作所需的信息，监事会不断改进和完善内部信息沟通渠道，除在会议上提供文件资料外，还进一步拓宽重要信息资料集中传阅渠道及发送监督工作参考等。如监事会工作机构对银行经营发展情况、风险与内控重大事项、监管规则与要求变化等进行分析研究，提出关注点和监督工作建议，不定期以《监督工作参考》形式发送给全体监事参阅，2010年共编发了12期。监事会及监事主要工作情况也通过《监事会工作动态》定期呈送各位监事，为监事履职提供了较好的支持保障。

3. 积极组织全体人员参加业务培训与学习。监事会成员认真参加证券监管部门举办的上市公司董事、监事业务培训班，积极参加行内党委中心组及有关机构组织的各类学习讲座和监管制度的培训。积极争取机会，派送监事会办公室工作人员参加境外高级管理人员培训、境外跟岗实习、新业务学习等，全年培训次数达到15次。通过加强业务学习与培训，监督队伍整体素质不断提升，专业能力进一步提高。

（五）全体监事勤勉尽责，努力工作

监事会成员积极关注银行公司治理和经营发展情况，认真阅研经营报告和各种信息资料，积极列席董事会、董事会专门委员会和经营管理层的会议，认真履行监督职责。按时参加监事会及委员会会议，参与议案议题和有关工作的研究讨论，负责任地发表意见和行使表决权。积极参加行内重要会议和活动，建言献策。在参与监事会及委员会组织开展的监督工作中，监事会成员有侧重地承担工作任务，较好地履行了法律法规及银行章程赋予的职责义务，为监事会监督工作的深入开展和公司治理的良好运作发挥了积极作用。

二、依法履行职责，扎实有效地组织开展各项监督工作，成效显著

（一）认真做好定期报告的审核监督

监事会成员通过列席董事会审计委员会有关定期报告审阅、审核的会议，以及委员会与外部审计师的闭门会议、财务报告预沟通会议，对其履行财务报告相关职责情况与表现进行监督。同时，按时召开监事会及财务与内控监督委员会会议，审议经董事会及审计委员会审核通过的有关报告，独立发表了审核意见。在监督过程中，财务与内控监督委员会围绕定期报告的重点内容，分别与外部审计师和财务会计部等进行了5次工作访谈，对报告的编制、披露等提出了合理化建议。例如，对2009年年报中“衍生金融工具”、“信贷承诺”的披露口径提出改进意见；针对年报编制期间监管部门下发的监管文件要求，就建立年报信息披露重大差错责任追究机制等提出建议。为进一步提高监督效率，监事会工作机构还对自身定期报告审阅审核工作流程进行了规范与优化。

（二）高度重视和推动风险管理工作

经济金融形势的复杂和经营发展中不断出现的新情况、新问题，使银行经营管理面临许多新的风险因素。监事会一方面通过列席董事会及其专门委员会、管理层的相关会议，调阅分析信息资料，听取部门工作汇报等，加强对董事会、高管层履行风险管理职责和全行风险管理工作情况的监督；另一方面主动对一些重要风险管理事项进行调研分析，重点关注了信贷投放、中长期贷款变化、银信合作理财产品、政府融资平台贷款、境外分行资产质量变化、表外业务风险管理等事项，适时提出意见、建议。在全行工作会议上，监事会主要负责人多次对加强风险管理提出了明确的要求。如在夏季工作会议上提出，在经济金融形势复杂的背景下，高管人员一定要正确理解和执行好宏观调控政策，掌握好经营原则，把握好节奏，切实做到既支持经济发展，又要做好新形势下的风险管理。建议在下半年的工作中加强房地产领域、地方政府融资平台以及产能过剩等调控行业的风险管理。对操作风险管理，建议加强对其特点、管理现状及外部监管规定的调查分析，进一步完善制度流程，加大检查、整改和问责力度，强化风险管控。

（三）持续加强内部控制相关工作监督

健全、有效的内部控制对于银行的健康发展至关重要。在日常工作中，监事会注意跟进监管制度与要求的变化，对本行建立健全内部控制制度、贯彻落实内部控制基本规范以及董事会和高管层履行内部控制相关职责情况进行监督，并主动提出意见或建议。如在开展定期报告工作调研后，建议我行以贯彻实施《企业内部控制基本规范》及其配套指引为契机，全面推进定期报告特别是财务报告内部控制体系的建设。在年度监督工作期间，监事会向董事会关联交易控制委员会进行了书面征询，向总行职能部门进行了书面调查和工作访谈，对关联交易、重大资产收购与出售等事项进行监督，并独立发表了意见。

（四）重视对外部审计师选聘等重大事项的监督

2010年，我行启动了外部审计师的选聘工作，监事会对此高度重视，安排监办工作人员全

程进行了解、监督，监事会成员多次列席审计委员会选聘工作领导小组会议，就选聘工作过程中的一些事项，及时加强与小组成员的工作沟通，提出明确的监督意见和建议，为外部审计师的顺利选聘发挥了积极作用。新聘外部审计师上任后，监事会安排工作沟通会，及时了解审计工作过渡情况和2011年度审计计划，提出了增强外审工作的针对性、保持专业团队人员稳定等要求。

（五）继续有序组织开展履职尽职监督

围绕董事会执行股东大会决议及履行章程赋予的职责，高级管理层组织实施董事会决议及组织经营管理，董事及高级管理人员依法合规、勤勉尽责等重点，监事会通过列席会议、访谈座谈、履职测评、调阅分析资料等多种方式开展履职尽职监督，并提出董事会、高级管理层及其成员年度履职意见。

1. 监事会成员列席了股东大会、董事会及其专门委员会年度召开的全部会议和管理层的工作座谈会、经营形势分析会等重要会议，对公司治理运作、重大决策与执行以及董事会、高级管理层及其成员的履职情况进行监督。在列席会议前，对会议议案、议题认真研究审阅，对会议召开程序、议事内容及相关信息披露的依法合规性等进行监督，及时提出意见和建议。此外，定期组织分析股东大会、董事会决议执行情况，有重点地调阅执行董事、高级管理人员签批的文件签报，对经营决策的依法合规性进行了解监督。定期收集整理董事、高管人员的主要活动情况，丰富履职尽职监督档案。

2. 制订详细的年度监督工作方案并认真组织实施。年末终了，对全体董事、高级管理人员、监事及部分分行行长、总行部门主要负责人进行了单独或集体访谈，广泛听取不同层面对银行公司治理运作、改革发展、风险管理与内部控制以及董事会、高管层及其成员履职尽职情况的意见、建议；认真审阅了董事会、高管层及其成员根据监事会要求提交的年度履职报告；在董事、监事和高级管理人员范围内组织了履职尽职情况的无记名测评。

3. 在日常监督和年度监督工作的基础上，结合财务与内部控制监督情况，对监督对象年度履职情况进行了集中评议，经过慎重研究，提出了对董事会及其专门委员会、高级管理层及董事、高级管理人员个人年度履职情况的意见。监督工作总体情况，以监事会工作报告的方式向股东大会进行报告。董事会、高级管理层履职总体评价及相关监督意见和建议，在年度业绩董事会会议期间向董事会和高级管理层成员进行了书面通报。对于个人年度履职情况的意见，也采取适当方式进行反馈。监督意见的通报和反馈，对促进相关工作的改进和加强发挥了积极作用。

三、服务大局，加强互动，促进银行持续健康发展和公司治理的完善

监事会作为公司内部的监督机构，虽然与董事会、高级管理层职责任务不同、工作角度不同，但目标是一致的，都是为了银行更好地发展，为了给股东创造更大的价值。监事会的监督工作在坚持客观、独立的原则下，始终围绕全行中心任务来把握和谋划，积极支持董事会、高级管理层依法行使职权和履行职责，努力推动公司治理的完善和银行的持续健康发展。新一届监事会组成后，张福荣监事长逐一听取了总行主要业务部门及部分分行的工作情况，及时了解我行业务发展的实际情况，听取各方面对监事会工作的意见、建议。在全行职工代表大会上，张福荣监事长强调要动员广大职工积极推进全行金融创新，参与到提升服务水平的活动中来，产生了热烈反响。监事会全体成员关心、关注本行的改革发展，主动参与发展战略、业务规划制定、内部控制建设等重要事项的研究讨论，提出了诸多合理化建议。在内部审计工作方面，监事会一如既往地加强指导，推动内审专业队伍建设，全面提高内审工作质量，有效地发挥审计职能作用。2010年，我行内部审计系统加强审计技术方法的改进，强化精细管理，组织实施了16大类系统性审计项目和2 092多项次自选审计项目，提出审计建议7 556条，及时揭示了一些违规现象、控制缺陷和风险隐患，提出了相关改进建议和专题调查报告，审计工作价值得到进一步显现。

（执笔：王洪信）

CHINA 中国建设银行年鉴 2011
CONSTRUCTION BANK ALMANAC

第二部分　战略部署暨文献资料

继续推进结构调整和发展方式转变 为提高国民经济质量作出更大贡献

——在建设银行工作会议上的讲话

郭树清

（2010年1月27日）

同志们：

这次会议的主要任务是学习贯彻中央十七届四中全会和中央经济工作会议精神，总结2009年全行工作，研究新形势下的经营指导方针，安排部署今年重点工作任务，更好地推动全行科学发展。下面，我谈几点意见。

一、正确认识和总结去年全行工作

2009年，我们认真贯彻党中央、国务院决策部署，坚持积极、审慎的经营方针，沉着应对全球金融危机带来的巨大挑战，深入推进业务转型，全面提升客户服务能力和风险管理水平，积蓄了更强有力的竞争优势，在多方面取得了新的进步。

——合理把握发展速度，经营业绩再创新高。及时调整考核体系，不再考核分行贷款新增市场占比，信贷投放总体均衡；中间业务继续快速增长，在全部经营收入中的比重接近20%，在四行中占比增至28%；全年利润计划超额完成，并创造历史最好水平，平均资产回报率和平均股东权益回报率分别超过1.2%和20%；净利差为2.41%，在国内大型银行中均保持领先。国外投资机构评价，建设银行是国际上主要财务指标最好的大银行之一，也是中国国内市场综合竞争力最强的大银行之一。

——积极创新产品服务，有力支持扩大内需。新增基础设施贷款3 267亿元，增速高出公司贷款6.5个百分点。通过发行债券、信托计划、租赁等多种工具，为客户筹措资金3 700多亿元，帮助企业解决融资难题。努力增强经济薄弱环节的金融服务。小企业贷款新增800多亿元，增幅达47%，在8个省市发放网络贷款48亿元；涉农贷款新增1 600多亿元，增幅达39%，新设村镇银行6家；推出“内贸通”系列产品，帮助出口加工企业拓展国内市场。

——结构调整进展顺利，风险防范得到加强。全年“进”、“保”类行业非贴现贷款占比上升4个百分点，“控”、“压”类占比下降3.9个百分点。全年实现信贷退出767亿元，计划完成率达128%。通过优化外币债券投资组合、果断减少外币风险敞口，使外汇资产总体信用风险显著缩小。内部审计发现违规现象和风险隐患的能力进一步提高，问题整改效率明显提升。不良贷款累计处置率达54%，不良贷款额和不良贷款率持续双降，资产质量在国内大银行中保持领先。

——持续推进“以客户为中心”的理念机制建设，服务质量不断提升。按照中央部署全面开展学习实践科学发展观活动，与此相联系、相衔接，认真查找并整改客户服务薄弱环节和突出问题。完成1 200家网点二代转型，客户经理服务客户的时间提高31%。加快自助设备投入和电子银行建设，自助和电子渠道实现的交易次数相当于物理网点的2倍以上。2009年下半年营业网点服务质量的“神秘人”调查得分为93.5分，分别较2009年上半年和2008年下半年高出4.1分和2.1分，明显高出其他大银行。

——推进管理机制改革和流程优化，专业化、精细化水平明显提高。公司信贷经营职能整合取得明显成效，大型企业集中经营格局逐步形成，有效地减少了支行网点“吃大户”的现象。100个中心城市分行中，绝大部分实行了两级或两级半管理，三分之一取消了综合型支行设置，一半以上实现零售网点直管。新组建了一大批从事市场营销、产品开发、后台管理的专业化团队。产品创新实验室和个人客户数据分析中心投入使用。完成349个流程优化项目，收效明显。

——强化人才队伍建设，全力维护和谐稳定。健全“员工之声”倾听机制，收集员工意见和建议5 647条，91%的意见和建议已经解决。收到产品创意2 975个，许多已转化为实际生产力。推进新一轮大规模员工培训，投入经费4.5亿元，培训131.1万人次。建设和谐的劳动关系，将1.2万名劳务派遣制员工转为合同制员工，约6 700人已办完手续。妥善处理协解人员养老保险、医疗保险、失业保险等遗留问题。维稳工作和职工民主管理制度建设得到中央领导同志的充分肯定。

以上令人振奋的优异成绩来之不易，全行员工为之付出了大量的心血和汗水。我代表总行党委、董事会、高管层、监事会向大家致以崇高的敬意和衷心的感谢！

在过去一年的工作中，我们探索和积累了一些比较成熟的经验，特别是始终注意把握以下几方面的关系，较好地应对了复杂环境的挑战。

——把抓住市场先机与坚持稳健经营紧密结合起来，做到执两用中、守正出新。积极发现和抓住市场机遇，主动挖掘潜力和创造条件，做到见事早、行动快。比如，一方面，及早抓项目储备，下大力气抓小企业、机构业务和个人客户，满足了实体经济恢复的需要，掌握了业务发展的主动权；另一方面，时刻保持冷静的头脑，立足建设银行自身实际，不盲从、不跟风，着力增强经营策略的灵活性。受到危机冲击后，不回避矛盾、不害怕困难，沉稳细致地做好保全止损工作。

——把结构调整和业务转型作为中心工作，兼顾短期目标和长远目标。认真贯彻“区别对待、有保有压”的方针，把转变业务发展方式作为应对金融危机的根本途径。制订不同行业、区域、产品信贷资源配置的调整优化方案，高度关注受经济波动和政策影响较大的行业和领域，主动退出高风险客户。在市场细分的基础上，大力拓展新兴业务，培育新的利润增长点。保证了短期经营目标的实现，也巩固了长远发展的基础。

——将客户至上理念与专业、专注原则紧密融合，探索建立科学发展长效机制。坚持用“以客户为中心”的理念引领推动流程优化工作，深入贯彻落实科学发展观，持续查找不足，持续进行整改。充分挖掘客户需求，按照专业、专注原则进行深耕细作，服务能力大大增强。对深层次矛盾问题，注重从体制、机制上分析原因和寻找对策，对从基层实践中摸索出来的好经验、好做法，及时总结推广，使其转化为市场竞争力，不断推进有中国特色的世界一流银行建设。

——坚持依靠和充分调动员工的积极性和创造性，激发和提升企业活力。坚持“以人为本”，不断改进人力资源管理。重视员工在经营管理中的体验和感受，激发员工主人翁精神。努力拓宽员工职业发展通道。加强企业文化建设，树正气、聚人心。切实帮助员工解决工作和生活方面的压力和困难，使他们充满活力，创造性地完成本职工作。

二、认真贯彻中央经济工作会议精神，服务好经济社会发展大局

在中央经济工作会议上，胡锦涛总书记提出了“五个更加注重”，温家宝总理提出了“六个结合起来”，核心是坚持科学发展观，在稳定经济增长速度的同时，把工作重心放到转变发展方式、深化结构调整、提高质量和效益上来。就大型国有商业银行而言，我们面临着双重任务：既要促进国民经济结构的调整，又要推进自身的结构调整；既要促进国民经济发展方式转变，又要推进自身发展方式转变。二者在本质上是高度一致的。这里，我谈点自己的体会供大家参考。

为什么中央要把今年经济工作的重点放在转变发展方式、调整结构、提高经济增长的质量和效益上来？这是由国际、国内多个方面的情况决定的。胡锦涛总书记指出，国际金融危机对我国经济的冲击，表面上是对增长速度的冲击，实质上是对发展方式的冲击。自国际金融危机爆发以来，发达国家受到的影响确实很大，但震荡最厉害的还是发展中国家。根据多家国际权威机构的综合预测，2009年美国经济下降2.5%，欧元区下降3.9%，英国下降4.7%，日本下降5.3%，东欧国家平均下降6%，俄罗斯、墨西哥下降7%以上，不少亚非拉国家下降超过10%，一些国家

甚至出现了经济崩溃和社会动荡。我国经济虽然增长了8.7%，但与过去相比，考虑我们付出的巨大代价，冲击还是比较大的，况且我们是大国经济，正处于工业化、城镇化高速发展时期，自身金融体系没有出问题，道理上不应该受到这么明显的影响。显然，外因是条件，内因是根据。我国经济正如温家宝总理前些年就指出的那样，存在着严重的不稳定、不平衡、不协调和不可持续问题。

为什么说我国经济增长的质量和效益还不够理想呢？首先一点可从投入与产出来看。固定资产投资2009年已达到22.48万亿元，相当于GDP的67%，这个数字包括征地拆迁费，这属于转移支付，但是即使扣除重复计算因素，仍然高得离奇。问题是不止一年如此，我国连续多年平均的投资增长率都在20%以上。二是经济增长速度非常快，但居民收入增长相对较慢。从20世纪90年代以来，财政收入增长很快，金融资产规模也非常大，现在银行的总资产有80万亿元，外汇储备约2.5万亿美元。但劳动者报酬在GDP中的比重也就45%左右，远低于其他国家的平均水平。这几年农民收入连续保持了较高水平的增长，这是很不容易的，但与GDP增速和固定资产投资增速相比，还是很不相称。三是人民生活的改善情况很不平衡。总的来说，城乡居民衣、食、住、行都有很大改善，但是城市里的农民工与贫困市民的生活质量提高缓慢，老、少、边、穷地区的农村和小城镇变化不大。四是公共服务均等化程度仍然较低。尽管这些年国家在社会事业领域的投入增加史无前例，但是城乡差别、地区差别仍然很大。从道理上说，每位公民享受公共服务应该基本一致，但事实上全国各地的司法、行政、义务教育、卫生保健等公共服务的供给能力很不平衡，农村养老保险也只是刚刚在部分地区试点。五是资源环境状况持续恶化，大宗商品进口价格高企，一些地方环境污染已威胁到当地居民的基本生存条件。我们的外汇储备很高，全世界第一，但是要达到欧洲和美国的固定资产水平可能还要若干年；达到其环境保护水平（或生态财富水平）则需要几十年；达到其知识财富水平（或人力资本水平）也许需要更长时间。

深层次问题在哪里？首先是产业结构不合理。沿海发达地区大量企业停留在低附加价值的简单加工出口模式上，没有及时向内陆地区转移。有的地方二三十年前生产牛仔裤、绒毛玩具、运动鞋，现在还是接同样的订单，造同样的产品。国际上很多国家包括我国的台湾、香港地区，同种类的出口加工产业在一个地方最长只存在十五年，之后肯定要转移。过去几十年里，世界工业生产以及经济结构发生了一场静悄悄的革命。人们长期以来都把生产制造过程作为经济的核心过程，现在随着信息技术的进步以及机械化、自动化的普及，生产制造这个核心开始分裂了，纯粹的生产制造环节变得不那么重要了，前端的研究、设计、采购以及后端的营销、融资、售后服务保留在发达国家，生产制造环节却转移到发展中国家。虽然机器设备、生产线可能是全世界最先进的，但生产本身没有多少附加价值，这就是所谓的产业链价值分布的“微笑曲线”。制造业中分离出去的最赚钱的那些环节，现在都属于服务业，而这些产业在中国恰恰是最不发达的。更奇怪的是在有些方面，如IT软件、金融中后台服务，总体经济比我国落后许多的印度却占有某种先机。总之，我国经济的服务业比重过低，工业特别是高耗能、高污染的工业比重过高，农业现代化水平滞后，产业的地区转移很不顺畅，经济发展的不平衡、不可持续性特征非常突出。中央领导同志在经济工作会议上的讲话指出，主要依赖投资规模扩大，靠加工出口、靠消耗资源的这种增长模式不可持续，难以为继，因此，转变发展方式、调整产业结构刻不容缓。

一定的发展方式是由一定的体制、机制确定的。长期形成的城乡分隔的社会管理制度、地方政府的绩效考核办法、片面鼓励工业生产的财政税收政策、表面亲商实质导致要素价格扭曲的一系列体制关系，以及落后的行政化管理的教育制度等，都是转变发展方式的严重障碍。因此，中央经济工作会议强调，必须进一步深化经济体制改革，健全法律法规，形成有利于科学发展的体制、机制和利益导向。

贯彻中央精神，必须进一步加强学习，结合我们自己的实际加以落实。具体到银行2010年工作来说，关键是把服务国民经济大局与发展银行业务紧密结合起来，优化内部资源配置，加大产品服务创新。

1. 发挥基础设施领域传统优势。现在仍然是基础设施建设的高速增长阶段，中央经济工作会议特别强调两个新的要点：一是提高城镇承载力，就是吸纳更多的农村人口进入城镇；二是推进已经进城的农民逐步融入城镇，让进城农民享受城市居民待遇。这意味着基础设施建设领域会有许多新的机会。要继续保证重点建设项目贷款需求，支持续建、在建项目，确保顺利收尾，避免“半拉子工程”。同时，严格控制新上项目，认真审核国家有关批文要件，做好项目评估。根据国家出台的地区经济发展规划，结合我们自身优势，有选择地予以支持。对政府融资平台要严控风险，特别要注意避免进入从银行多方授信、负债超过自身偿债能力的公司和项目。

2. 加快发展小企业业务。中央明确了一系列优惠政策，我们要继续积极探索服务中小企业多种有效办法。推广小企业“信贷工厂”模式，充实专职人员。继续搞好网上信贷业务，努力申办网络银行。小企业市场变化快、生命周期短，保持客户群一定的流动性对于风险防范具有重要意义。银行内部的一些管理规定也要抓紧修订，如不良贷款容忍度、责任认定办法等，既要控制风险，也要有一定的激励政策和免责条款。

3. 继续大力拓展机构业务。近几年机构业务在军队、武警、社保、银保、教育、卫生等诸多领域不断创新，细分市场和客户，完善综合化服务，提升精细化水平，取得了突破性进步。过去一个传统的观念就是银行服务总盯着政府机构，对非政府的事业单位重视不够，总盯着物质生产、工矿企业，对服务业关注不够。现在，一方面，学校、医院、媒体、出版等机构，还有许多优质客户需要我们去拓展；另一方面，新的社会组织和市场中介机构层出不穷，都是有价值的潜在客户，等待我们去发掘。要抓住国家重视民生、重视公共服务均等化、重视第三产业发展的政策机遇，不断提高“民本通达”综合服务能力，延伸客户链条，拓宽产品线，丰富服务内涵。积极支持物流配送、电子商务、信息咨询、研发设计、广告传媒、体育休闲、影视出版、医疗保健等新兴服务业。另外，应该积极探索通过网络发现新的客户群体和市场机会。国内各种层次、各种地域的网站很多，国际网络经济发展速度更快，都需要我们引起高度关注。

4. 主动做好“三农”服务。尽管“三农”不是建设银行的传统业务，但经过不断探索，我们已形成了自身特色。黑龙江省分行、吉林省分行学习新疆维吾尔自治区分行小额农户贷款的成功经验，都取得了良好效果，各地都应进行积极试点。要把进城农民中收入稳定人群、经济发达的县域以及城乡结合部纳入我们的服务视野，加大强县支行的资源倾斜力度。如湖南桃江、浙江苍南两家村镇银行业务发展很快，积累了一定经验。下一步要加快村镇银行控股公司筹备以及其他村镇银行设立，将服务延伸到更广大的县城和村镇。

5. 继续抓好个人住房贷款业务。自2009年以来城市房价上涨过快，引起了社会各界的高度关注，中央也及时出台了新的调控措施。我们既要坚持把住房金融业务作为战略性业务，又要警惕房地产市场出现较大波动的风险。重点支持首套住房消费，提高多套住房贷款首付比例和贷款利率，抑制投机性购房。进一步推行差别化定价，综合考虑首付比例、客户信用、贷后表现等多种要素进行定价。巩固一手房市场，拓展二手房市场，加快建立二手房贷款电子交易平台。

6. 积极稳妥地发展投资银行业务。无论从国家政策、市场需求等外部环境来看，还是从银行在资金、网络、客户和信息等方面优势来看，发展投资银行业务的空间巨大。在基础设施建设、中小企业、低碳经济、民生领域、文化产业、企业并购等方面，投资银行业务都可以发挥积极作用。但是，信托、证券、理财、基金、保险等都有着不同的风险特征，必须严格按照监管部门的要求进行管理和整顿。要总结经验，进一步理顺机制，培养充实专业人员，加强与传统业务、渠道的协调配合。继续加强产品创新，尤其是重点发展针对高资产净值客户的组合型理财产品。大力拓展新型财务顾问业务，为客户提供全面的金融解决方案。

三、把握当前经济金融形势，扎实做好风险管理和基础管理工作

从国际看，金融市场信心有所提升，工业生

产出现反弹，但是影响世界经济全面复苏的不稳定、不确定因素依然较多。一是世界经济复苏基础不稳固。发达国家失业率居高不下，消费疲软，经济增长内生动力不足。二是国际金融体系受损对实体经济的制约依然很大。发达国家金融机构去杠杆化和清理坏账过程尚未结束，引发金融危机深层次的体制、机制问题也没有得到实质性解决。三是各国经济刺激政策退出抉择艰难。如果政策退出时机和力度把握不当，可能影响经济复苏进程。四是市场流动性大量增加导致市场套利投机，石油等初级产品价格震荡走高，美元、欧元汇率震荡可能加剧。此外，还可能有其他突发性事件造成较大影响。

从国内看，经济回升向好的基础逐步巩固，市场信心明显增强，但仍面临严峻挑战。一是进一步扩大有效需求存在很大制约。政府投资拉动和刺激消费效应减弱，社会投资意愿仍然不强，国际贸易摩擦明显增多。二是市场再次趋热后，结构调整和转变发展方式的难度加大，资源环境约束的矛盾日益突出。三是就业压力持续增加。虽然农民工就业形势显著好转，一些沿海地区再现“民工荒”，但是城乡都存在着较严重的结构性失业问题，一些困难群体实现就业尤为不易，安全生产以及社会稳定方面问题也不容忽视。四是企业对资产市场的依赖性有增强的趋势，银行与地方政府融资平台的关系开始复杂化，一部分金融机构过分进取的经营方针可能带来特殊风险。

在认清形势方面，特别要正视宽松货币政策可能带来的后果或代价，如国内国际流动性过剩，资本市场价格上涨，资产泡沫压力增大，非法集资增多等。这里我们可以比较一下各国的刺激计划和宽松货币政策。欧美财政刺激政策相对于其经济实力而言，总体上花钱都比较少，但是一些欧洲边缘国家，财政债务负担沉重，这已威胁到欧元的稳定性。由于美国的市场约束机制比较强，政府对多数金融机构的注资很快就已经收了回来，但是欧洲国家的金融机构就没有这么强势了，有人担心还有一些欧洲国家的银行会出问题。从货币政策来看，尽管国际社会对美元的定量宽松政策有很多批评和担心，但考虑到美国的经济实力和美元的国际货币地位，美国的基础货币发行实际上是很有限的。从公开披露的中国和美国两国中央银行资产负债表情况来看，从2007年6月到2009年9月底，美联储的资产从0.87万亿美元增至2.14万亿美元，增加了1.27万亿美元。同期，中国人民银行的资产从14.87万亿元人民币增至22.26万亿元人民币，增加了约7.39万亿元，绝对额差不多，美元增速要快得多。但是之前十多年美联储的资产负债规模没有多大变化，而中国的中央银行资产负债表已多年持续快速扩张。尽管如此，一方面，国际上一致认为人民币是一种强势货币，未来迟早会成为国际货币；另一方面，多数学者和机构认为，虽然货币多元化的趋势会有很大发展，但是美元在国际货币中的主体地位并没有改变。

中国和美国两国货币金融方面更大的差别在于，美国的银行近两年持续收缩信贷，尽管中央银行的基础货币成倍扩大，但商业银行的存款创造能力急剧减弱，因而其货币供应量增长非常有限，美元M_1只有1.6万亿美元，M_2约有8万亿美元，美元现钞有8 000多亿美元。作为对照，人民币M_1已达到22万亿元，M_2则超过60万亿元，M_0达到3.8万亿元。大家知道，美国的经济规模按现行汇率计算是中国的3倍左右，美元是主要的国际结算货币，在许多国家流通，很大一部分美元现钞被外国人所储藏。然而，中国和美国有很大的不同，中国是新型工业化国家，处于高速城镇化时期，金融服务业落后，货币流通速度要慢许多，因而两国的情况并不可以简单相比，更不能轻易得出一个绝对化的结论。美国的金融市场已过度发展，中国的金融市场还处于初级阶段。我们的金融改革和发展可以认真参考借鉴美国的经验，但是恐怕不能跟着美国潮流走，更不能听风就是雨，拿到中国来生搬硬套。以上所说，只是举一个例子，我们应注意以数据和事实说话，多开动脑筋分析。

总之，全行应当进一步增强敏感性和忧患意识，将风险控制和基础管理摆在更加突出的位置。

一是坚持实行稳健经营策略。深入、全面地理解市场，首先要冷静看待市场变化，不盲目拼抢份额。2009年我行贷款新增居大银行后位，而且大幅度提高拨备覆盖率，就是基于对短期和中长期市场形势的审慎判断。持续调整信贷结构，优化信贷资产组合，也是为了抵御经济周期波动对资产质量造成周期性影响。提出积极审慎的经营方针，就是为了一方面应对经济危机，另一方面抓住机会调整结构，努力改变传统的银行经营“顺周期”或“亲周期”倾向。2010年要控制好贷款总量，把握住信贷投放速度，实施力度更大的风险管理措施。

二是完善收益覆盖风险机制。要根据市场状况、客户风险收益水平灵活调整利率，合理进行贷款定价，努力实现利率差别化和精细化管理。我们2009年就花了很大力气推行差别化定价，但效果很有限，发达地区的利差比落后地区差很多，这有客观原因，包括信贷成本不同，但是各分行都要具体分析加以改进。既不能盲目争夺市场，做赔钱买卖，也不能忽视市场需求状况，影响业务开展。要推进新资本协议项目实施，做好申报和验收，提升基础管理水平。

三是加强分析研究。分析研究能力与我们的业务发展水平还很不匹配。进一步加大对市场、行业、客户的分析研究，用数据和事实说话。特别要加强对国际大宗商品价格波动以及国内股票、房地产市场分析研究，为经营决策提供支持。注意随时研究同业，包括国际先进银行和国内知名银行，善于学习他们的先进经验和做法。

四是强化贷后管理。最近两年贷款增长很快，内外部形势对风险管理要求更高，但相应的员工并没有明显增加，技术也没有显著改善，全行风险管理承受了很大压力。全行要结合开展“贷后管理年”活动，在专业化和精细化方面进一步下工夫，完善相关政策措施，增加人员配备，把贷后管理打造成为我行信贷业务的核心竞争力。

五是控制市场风险和操作风险。要改进市场风险管理，优化投资组合，继续实施稳健的外币投资策略。密切关注国际主要货币利率变化以及人民币升值压力，防范利率、汇率风险。规范员工行为，加强基层机构关键风险点排查，深化案件治理，保持案件数量和涉案金额总体下降的趋势。加大内外部审计发现问题的整改力度，“亡羊补牢”，完善政策制度，健全整改长效机制。

六是抓好境外机构和子公司管理。境外机构和子公司处于成长初期，全行上下都要给予积极支持，特别是在内外联动、信息交流、技术支持、业务指导等方面尤为重要。境外机构要明确业务定位，加快业务转型，充分依托国内巨大资源和客户基础，优先发展与国内业务相联系的业务，在平衡收益风险的前提下提高盈利能力。将境外机构纳入全行统一管理体系，全面梳理内部制度及流程，强化业务联动、风险管理及内部控制。子公司的发展要服务于我行整体发展战略，把满足建设银行客户的业务需求作为子公司拓展业务的立足点和出发点。在严格规范关联交易、建立“防火墙”的前提条件下，加强战略协同。我行有几亿的个人账户，数百万的公司客户，要首先争取使这些客户的非银行金融服务需求得到有效覆盖和满足。

四、坚定不移地推进改革创新，进一步提升专业化精细化水平

2010年，要进一步细分客户、细分市场、细分产品，完善公司、机构业务经营模式，提升大客户经营层次；加快小企业信贷、财富管理、投资银行、电子银行、国际业务、年金中心等专业化机构建设；继续优化业务流程，推进前台与后台分离和标准化业务的集中处理，真正发挥出集约化效益。

——公司业务转型。自2007年以来，全行在17家一级分行、288家二级分行开展城区信贷经营职能整合试点，取得了较好的成效。共建立了700多个专业化经营机构，上移7 600多个大中型客户。上海市分行、深圳市分行等分行的改革力度都很大。上海市分行将大型客户营销管理上移到分行，中小客户集中到综合型支行，网点分区域集中管理，主要经办零售业务。深圳市分行全面推行专业化改革，撤销了管理型支行，设立了一大批公司和机构客户的服务团队，对所有网点实施扁平化管理。2010年要继续推进公司业务职能整合，形成专业化、差别化的客户服务体系，在传统的信贷业务之外，为客户提供现金管理、财务顾问等全面金融解决方案。在便利客户的前提下，加快调整重组主要经办公司类业务的网点。

——个人客户服务专业化。所有符合二代转型要求的网点在2010年年底前要完成转型，足额配备理财师，并把电子银行渠道特别是网上银行作为网点二代转型的重要内容。加大对财富管理与私人银行业务的资源、人员和产品研发的投入

力度，稳定提升富裕客户和高端客户的签约率。北京市分行私人银行团队现在才6个人，以北京的市场规模和潜力来看，目前的团队力量配置是远远不够的。我们信用卡发卡量达2 500万张，而我们拥有约2.5亿个非零资产个人客户，提高现有客户的持卡率大有可为。要发挥好数据分析团队和数据分析实验室的作用，及时监控客户消费行为和客户等级迁移情况，提高客户识别、营销、管理的精准性。

——信息技术和电子渠道建设。信息技术和电子渠道建设是提高核心竞争力的重要支撑，尽管在这两方面有了很大的进步，但总体服务能力仍然比较薄弱。一是继续加大投入，资本性支出要重点支持IT建设和电子渠道建设，改善全行生产性基础设施。二是确保生产运营的安全稳定，避免发生重大事故。三是加强自主研发能力，掌握核心技术。四是引导信息技术与业务战略更好地融合，加快电子渠道的推广运用，尽快实现新产品在物理网点与电子渠道同步部署。在全行推广“电子银行服务送上门”活动经验，各级领导机构和领导人员都要重视并带头培养使用电子银行办理个人业务的习惯。

——中后台集中。2009年，总行制订了深化前台与后台业务分离项目建设及试点方案，最大限度地将柜面业务移到后台集中处理，用流程和科技手段来控制风险，使柜员能够集中精力做简单而标准的业务，大大增加与客户交流和营销服务的时间。这项工作要继续花大力气抓好，通过业务集中处理、引入先进技术和服务外包，进一步减少稽核、会计、档案、守押和配送等各类人员，并将精减下来的人员充实到前台服务或专业化操作岗位。

——产品创新与流程优化。充分利用创新论坛、内部流程用户之声系统等渠道，完善员工产品创意、合理化建议收集体系。加快新产品开发，健全产品创新投入及产出分析、可行性评价以及后评价管理。继续做好与美国银行战略协助项目，加强典型项目成果宣传，加大流程优化成果转化和推广力度。

——重点成本管理项目。要从战略角度思考和推进重点成本管理项目，形成并保持成本竞争优势。成本管理的要求不是仅仅控制成本，简单地砍费用、减少投入，而是要实现成本效率最高，钱要花得值。与同业相比，做同样的事、解决同样的问题，投入要做到最少、最优。先期启动的档案管理项目已经取得了一定成果，估计一半的会计纸质档案可以节省，这对减轻档案库房压力、减少柜面业务量，乃至环保生态方面都是一件了不起的事情。

五、抓好党建工作，加强队伍建设和企业文化建设

——加强和改进党的领导。继续贯彻落实十七大、十七届四中全会精神，切实加强领导班子能力建设、基层党组织建设和党员队伍建设、干部队伍作风建设。党委的中心工作是抓大事、议大事，切实保证党的各项路线、方针、政策在全行得到贯彻。对一级分行来说，“一把手”要统揽全局，高度重视领导班子建设。党委会和行长办公会职责要分开，党委会要发扬党内民主，主要研究思想政治工作和业务发展战略等重大问题。各分行要严格会议制度、严肃会议程序，做好会议记录和会议纪要。

——深化干部制度改革。我行上市以后，我们在选人、用人方面严格执行中央有关制度，严格执行公司治理规定。党委管干部，而不是哪一个人或少数的几个人管干部，“一把手”一个人说了算的局面已经一去不复返了。对于股东大会管理的董事、监事，以及董事会管理的管理层人员，都充分征求股东单位、相关机构的意见，严格履行法定程序。我们要总结经验，进一步完善机制，公开、公平、公正地做好干部培养选拔工作。中央制定了《2010—2020年深化干部人事组织制度改革规划纲要》，我们一定要结合实际认真贯彻落实。各级党委选拔领导干部都要自觉坚持德才兼备、以德为先的用人标准。坚持任前考察与平时考察相结合，充分运用巡视、审计、年度考核等多项结果，全面、客观地评价干部，形成注重品行、崇尚实干、鼓励创新、群众公认的用人导向。注重培养年轻干部、女干部和少数民族干部，优化各级领导班子结构。

——加强员工队伍建设。健全专业技术岗位序列，拓宽专业技术人员的发展空间和晋升通道，鼓励他们提高专业水平，安心做好本职工作。继

续择优将劳务派遣制员工转为合同制员工，使他们按照新的内部等级管理有关规定，分别进入相应的经办岗位序列。充分利用国内基地和境外合作机构提供的条件实施新一轮大规模培训，培训资源向基层员工、一线员工和年轻管理人员倾斜。

——深入推动企业文化建设。继续大力宣传“诚实、公正、稳健、创造”的核心价值观，倡导“勤奋严谨、求真务实”的工作作风，在全行营造积极进取、和谐向上的氛围。各级领导人员要率先垂范，在工作中积极倡导、践行建设银行价值理念和职业操守，为员工作出表率。高度重视抓好基层员工的思想教育，发挥思想引导和精神激励的作用。开展好“深化客户服务，关爱基层员工”的主题活动。

——继续做好维稳工作。把解决协解人员历史遗留问题作为维稳工作重点，继续做好协解人员普查、建档工作，动态掌握协解人员情况。认真做好矛盾纠纷、不稳定因素排查化解工作。加大对协解人员中特困群体的救助力度，多方面想办法为协解失业人员寻找再就业机会。更加注意从精神上、情感上关爱协解人员。春节前再组织一次走访慰问活动，把建设银行的关怀传递到他们身上。

——抓好党风廉政建设。在中纪委十七届五次全会上，胡锦涛总书记、贺国强书记都作了重要讲话，对党风廉政建设和反腐败工作作了重要部署。总行将专门召开纪检监察工作会议进一步贯彻落实。

同志们，新的一年里，我们面临着非常复杂的外部环境，做好客户服务、防范经营风险、调整业务结构、转变发展方式的任务非常繁重。我们要坚定信心、再接再厉，以世界一流银行为目标，争取在专业化经营和精细化管理方面取得新的更大进步。

只有反腐倡廉工作不断进步
才能保证建设银行事业持久繁荣

——在中国建设银行纪检监察工作会议上的讲话

郭树清

（2010 年 2 月 5 日）

同志们：

当前，国际金融危机的影响还没完全消除，国内经济运行又出现了一些新情况、新问题，我们仍然面临着复杂多变的形势。在加快转变银行发展方式的过程中，强化内控管理、防范金融风险的任务十分繁重。为更加有效地推进反腐倡廉建设，促进建设银行事业健康发展，需要在多年先进的基础上进一步做好纪检监察工作。因此，今年的会议提前召开。辛树森同志昨天已作了专题报告，对相关工作提出了全面部署和要求，各分行、各部门要认真贯彻落实。今天，我再补充几点务虚性质的意见，供各级党委和纪委的同志们在工作中参考。

一、领导人员要进一步增强大局意识

不谋全局不足以谋一域。各级领导人员都要讲大局。什么是大局？关系事物生存和发展全局或整体的事情就是大局。对建设银行来说，涉及党的路线、方针、政策，人民群众根本利益，国家前途命运的事，都是大局。总行的决策部署和规章制度、全体员工的根本利益、建设银行的生存和发展，对行内各级领导人员来说，也是大局。讲大局，就是要用系统的、全面的观点看问题，善于处理好全局和局部、整体和个体的关系，局部和个人利益自觉地服从于全局和整体利益。从我行的实际来看，现阶段增强领导人员大局意识，

一定要突出抓好以下几个环节。

（一）要牢固树立科学发展观

领导人员要自觉学习胡锦涛同志十七大以来的讲话精神，用邓小平理论、“三个代表”重要思想和科学发展观武装头脑。面对复杂多变的形势，更需要有以人为本、统筹兼顾、全面协调、可持续发展的指导思想，始终坚持“两手抓，两手都要硬”。对外部，要妥善处理好银行利益和国家利益的关系、员工和股东及客户的关系、企业发展和履行社会责任的关系；在内部，要妥善处理好当前与长远、改革与稳定、规模与质量、激励与约束、传统业务与新型业务等多种关系。

建设银行一直以国家大局为重，一切决策和行动都自觉服从服务于国家经济建设和社会进步。股改上市以后，尽管股权结构和员工身份都发生了变化，但是我们没有忘记作为国有控股银行的责任。近些年来，我们始终主动执行国家宏观政策，充分发挥在基础设施和住房金融方面的优势，努力探索服务“三农”和中小企业的有效途径，积极支持各项民生和社会事业发展。与此同时，自觉履行企业公民的社会责任，率先在国有大型商业银行中发布社会责任报告。我行上市以来，全行累计投入公益事业约6亿元，其中近一半是员工个人的捐款、捐物。汶川大地震发生后，我行全力支持抢险救灾，全行捐款高达1.79亿元，其中员工个人捐款1.36亿元。

总体看来，我行各级领导班子和领导人员能够识大体、顾大局，能够坚决拥护和认真贯彻总行党委的决策，不讲条件地完成各项工作任务。2004年以来，我行先后推进了财务重组、股改上市、风险条线垂直化、业务机构调整、零售网点转型等多项改革，各级领导班子和领导人员都能从大局出发，克服困难、勇挑重担，为各项方案的顺利实施作出了自己的贡献。

当前，转变发展方式、提高质量效益是全国经济工作的重中之重。产业结构调整升级、城乡基础设施建设、增强自主创新能力、搞好“三农”工作、加快中小企业发展、保障和改善民生、节能减排和环境保护等，都是国际、国内高度关注的领域。这些领域的金融服务，建设银行可以大有作为。要抓住契机，拓展和深化业务，增强相关服务供给能力，努力做到支持经济建设与提升经营管理水平相统一。

（二）要保证政令畅通

各级领导人员要认真学习贯彻党的路线、方针、政策，坚决执行党中央、国务院的决策部署。自觉学习党章，增强党性修养。坚决执行党的政治纪律，自觉与党中央保持一致，严禁公开发表或散布同党中央不一致的言论，严肃批评和处理违反党的政治纪律的行为，坚决维护党的集中统一。进一步增强统一法人观念，牢固树立全行“一盘棋”思想，认真执行总行党委的决策部署和总行下发的规章制度，把个人利益和价值目标自觉融入建设银行的整体利益和战略愿景中，把本机构、本部门的行动自觉融入建设银行的总体部署和发展要求中。

此外，还必须看到在这方面存在的一些缺点和不足。例如，个别分支机构执行总行的决策部署不坚决、不迅速，动作缓慢，结果造成在业务发展或风险处置方面错失良机；有的领导人员喜欢盲目攀比，所辖区域的业务风险很高，要强调特殊性，还要找借口索取优惠政策和资源；有的本位主义观念比较强，缺少合作协调意识，在开展业务时以邻为壑，损害全行整体利益；有的在报告工作时弄虚作假，或者过分夸大成绩，或者干脆报喜不报忧。这些问题必须正视，坚决予以纠正。

认真执行总行党委决策部署、保证政令畅通，并不是要求各级领导人员不加思考、照搬照移，而是要结合实际、把握实质，实事求是地解决问题。要破除教条主义，摒弃懒人态度，多调研、勤探索，将总行党委的决策部署与辖内实际紧密结合起来，做好细化、补充、落实、跟踪、反馈等具体工作。坚决反对形式主义，要真正把心思用到做工作、干事业、谋发展上来，把工夫用到察实情、出实招、办实事上来。

（三）要搞好团结

团结就是力量。团结出效率、团结出成绩、团结出干部。一盘散沙、离心离德的领导班子是没有战斗力的。如果领导成员之间人心各异、互相拆台，即使个人能力再强、本领再高，也难成大事。“神仙打仗，凡人遭殃”，领导人员不团结，往往令下属无所适从，“内耗”成本很大，而且必然贻误建设银行的事业。

领导干部一定要胸怀宽广、顾全大局，这是基本素质要求，也是很高的党性标准。以天下为己任，自然就不会计较个人得失；以事业为根本，自然就不会纠缠恩恩怨怨。讲团结，首先是主要领导特别是“一把手”要带头“吃亏”，带头忍让，带头“严于律己，宽以待人”。上级必须比下级心胸开阔，否则就会不称职、难配合，导致矛盾不好解决，工作受到很大影响，甚至造成人才流失、队伍涣散。

在一个班子中，每个人的性格不同、经历不同，思维和认识自然会有差异，有分歧是正常的。党委会、行长办公会都要鼓励大家畅所欲言，这不会影响团结；相反，“一言堂”往往是班子不团结的表现。但是，领导人员说话、做事都要从党的事业、建设银行的事业出发，不纠缠小事、不意气用事，工作中要互谅、互让。没有私心是搞好团结的前提，讲究方法是搞好团结的途径。

关键在于执行好民主集中制。各级领导班子既要充分发扬民主，规范决策程序，重大问题集体讨论、民主决策；又要搞好集中，增强凝聚力，防止各执一词、议而不决。从总体上看，全行各级领导班子和领导人员能够发扬民主作风，在坚持原则、执行民主集中制的基础上搞好团结。但是，也有少数分行或部门的负责同志心胸有点狭窄，不太能够容事、容人；有的个人主义、小团体主义严重；有的主观武断，听不进不同意见。对这些问题，一方面，我们要耐心说服教育有关领导人员加强组织观念和全局意识，坚决改正；另一方面，对矛盾较大、问题较多的领导班子要坚决调整，不能让问题长期积累。我们是企业，商场如战场，没有很多时间去等待这样的同志和机构自己去觉悟、自己去解决。实践证明，调整之后，班子问题解决了，个人换个环境，认识也转变了。

（四）要密切联系群众

中央反复要求保持与人民群众的血肉联系，这不仅是针对党政机关的，也是针对企事业单位中的党组织的。群众利益无小事，我们要以真心对待群众，对群众充满感情，把群众利益放在改革发展稳定大局中通盘考虑。要坚持以人为本，尊重客户、关心员工。客户是商业银行的衣食父母，任何时候都不能忘记。我们的基本工作职责就是服务客户。我们的竞争能力、价值创造、经营业绩和发展前景，一切的一切都取决于客户对我们的满意度。员工是我们最为宝贵的财富、最需珍惜的资源。

领导人员要放下架子、深入基层，多听一听客户和员工的心声，多了解他们的困难和需要。内部管理的重大事情要主动听取员工的意见，做到开诚布公、问计于民。要加强人性化管理，通过推进和完善前台与后台业务分离、弹性工作制、业务系统优化等工作，进一步降低基层员工的工作负荷和劳动强度。要注重员工职业生涯规划，根据银行对不同岗位的需要，设置不同的职务序列，让广大员工都能找到适合自己的职业发展路径，形成较为稳定的职业预期。

发挥各级党组织的政治优势，做好新形势下的思想政治工作，对银行的发展和稳定关系极大。通过我们的努力，要使广大干部员工树立起远大理想，人人思想充实、精神振奋。工作上要创造各种条件，让员工多参与，增强其主人翁责任感。生活上要多关心员工，特别在他们遇到重病和其他意外打击时，要尽力给予帮扶，帮助他们渡过难关。要注意培养员工的职业修养、职业操守和敬业精神。加强对员工的职业培训和遵法守规教育，全面提高员工素质。总之，要让全行干部员工心齐劲足，一心一意推进大家共同的事业。

要继续做好协解人员工作，这既是我们在感情上和道义上应尽的责任，又是关系银行和所在地区社会稳定的事情。近年来，总行党委高度重视做好协解人员工作，各级机构和领导人员，包括纪委书记和工会主任，都做了大量艰苦细致的工作，取得了较好成效，下一步还要把工作做深、做细。这项工作很琐碎，头绪很繁杂，牵扯精力很多，要做好很不容易。古人说，天下难事，必做于易；天下大事，必做于细。协解人员关心的养老、失业、医疗保险、再就业等问题，看似小事，但我们做好了，就是解决了一件有利于国家稳定、社会和谐的大事。

二、实现清正廉洁必须处理好人情关系

讲大局、讲党性必须讲清廉，领导干部如果做不到清正廉洁，怎么可能做到顾全大局？怎么可能有很强的党性？领导干部贪污腐败，势必会

严重损害党的事业和声誉，这样的干部口头上再去讲大局、谈党性，显然会成为莫大的讽刺，会造成更坏的影响。因此，清正廉洁是对党员领导干部的基本要求。近年来，我行从教育、制度、监督、纠风、惩处等方面深入推进惩治和预防腐败体系建设，促进了领导人员廉洁从业。但是，腐败现象仍然没有完全消除，以权谋私、腐化堕落等问题仍然在一定范围内存在。各级领导人员必须带头树立榜样，清廉自守、一身正气，并管好下属、管好家人。在很多事情上，“勇于敢”不易，但也有一些时候，“勇于不敢”更难，因为这同样意味着要打破某种传统、某种习惯、某种风气。

领导人员的清正廉洁，目前来看，最需要注意的有两个方面，都与正确处理人情、面子关系有关。一是要特别警惕各种自觉不自觉的“利益输送”。由于传统文化的影响，我国是一个人情社会，大家都比较注意照顾亲友和同事的面子，这既有积极的意义，也有消极的作用。这使得人们（特别是掌握一定权力的人们）往往过分注重对特殊关系群体的照顾，而漠视对公众的责任。许多犯了贪污腐败罪行的领导干部，在开始的时候，甚至一直到结束的时候，都没有意识到自己的行为违法，因为他们觉得自己不过是为别人帮了一点忙。为朋友尚可两肋插刀，批个条子、打个招呼又如何？可能相当多的同志这样认识。人们都知道，小偷小摸是违法，但是找关系揽个项目、签个供货合同、包个建筑工程或申请一笔银行贷款，似乎没什么不正常。因此，抵制商业贿赂，最重要的是处理好与亲友、熟人的关系。从我行的情况来看，部分堕入腐败泥潭的干部，最初并不是有意识地去进行权钱交易，替人办事后，人家送来“感谢费”，推辞不过，收了下来，渐渐成为习惯。也就是说，他可能不是先收钱后办事，而是先办事后拿到好处，但这在本质上一样属于商业贿赂、权钱交易。要防止这种不自觉的利益输送，最好的办法就是始终坚持做到公私分开、避嫌，必要时公开说明、登记报告。假如交易对手是你的同学、客户公司的高管里有你的亲戚、建设银行捐赠的公益项目涉及你配偶所在机构，甚至你的父母就参加了建设银行的理财计划或评奖活动，等等。这些事情越早公之于众越好，对公司、对自己、对事业、对他人都好。在这个问题上转变传统观念尤为重要，坚守“人正不怕影子斜”、“真相终究会大白于天下”是要支付成本的，有时甚至会造成很大损失。

二是要非常注意选人、用人上的公正、公平。这同样是一个很大程度上由人情面子带来的严峻挑战。十七届四中全会决定指出，“扩大选人用人民主，建立健全主体清晰、程序科学、责任明确的干部选拔任用提名制度”。“鼓励多种渠道推荐干部，广开举贤荐能之路，拓宽党政干部选拔来源”。选人、用人渠道拓宽，范围扩大，让群众和干部广泛参与，程序又能做到公开透明，这就可以奠定吏治清明的基础。在这种情况下，领导干部特别是主要领导干部的公正无私十分重要。党委书记、副书记，分管领导同志，应当经常思考和回答以下问题：你的亲戚、朋友、老同事、老部下是否受到超出一般人的关注？你熟悉的干部是否比其他人得到的机会更多？由于你个人的原因，一些人是不是更容易获得提拔？

近两年，我们积极推进人力资源体制改革，着力改进选人、用人机制，选拔了一大批素质过硬、表现优秀的干部，有力地促进了全行业务发展和各项工作的开展。但是，选人、用人方面的不正之风还没有完全消除，任人唯亲的现象还在一定范围内存在。各级领导班子要严格遵守人事工作纪律，坚持“德才兼备、以德为先”的原则，坚决禁止任人唯亲、搞裙带关系。要从建设银行事业长远发展的角度，把好选人、用人关，提高选人、用人公信度，以高度负责任的态度为建设银行事业的发展打好组织基础。

中纪委五次全会对领导人员廉洁从业问题作出了更严格的规定。辛树森同志在讲话中提出了六项要求，代表了总行党委的意见，各级领导人员要认真执行。这里，我再强调几点：第一，要注意正确行使职权，特别要防止领导人员违规干预正常的经营活动。第二，要坚决清理、整治“小金库”。要按照中央纪委的要求，认真开展清理整顿专项行动。第三，要严格禁止公款私用，特别是要加强营销费管理，做到列支规范、审批严格、使用透明。第四，要严格禁止银行员工，特别是领导人员，私自从事盈利性活动，不准以个人或借他人名义经商办企业，对此，各级纪检监察部门要进行认真的监督和核查。银行工作人员从事其他商业活动风险极大，必须高度警惕。第五，要严格实行亲友回避，防止利益冲突。一些领导人员的配偶、子女也在建设银行工作，有的已担任领导或管理职务，更要严格执行有关回避的规定。对于由领导同志正式推荐进入我行工作的人员，要求他们必须自觉遵守行内的各项规定，不能有任何特殊待遇，推荐人有责任督促落实这个要求。第六，要厉行节约。开会、出差、办公都要精打细算，客户营销也要提倡文明、健康的活动方式，要坚决反对铺张浪费，行内活动更不能讲排场、摆阔气。

三、把反腐倡廉制度建设做实做好

在中央纪委五次全会上，胡锦涛总书记对反腐倡廉制度建设提出了系统的指导思想，贺国强同志也对制度建设提出了具体要求。我们要结合建设银行实际，认真抓好这方面的工作。在过去5年里，我们高度重视从源头上防治腐败，哈尔滨会议和太原会议都提出了系统的体制机制制度改革措施，但是，这方面的工作仍然有很大差距。反腐倡廉制度建设内容十分广泛，不可能在短期内完成所有任务。应当按照中央的要求，全面规划、整体推进、突出重点、突破难点。

（一）制度建设的思路

制度建设要适应改革和发展的需要。近几年来，建设银行不断探索完善公司治理结构，持续推进业务流程改造，逐步实现组织机构专业化、扁平化，深入推进风险、审计管理体制改革，同时，业务范围、品种和规模都获得了历史性的拓展。在改革和发展中，我们的制度建设有的还相对滞后，有的因为经验不足还需要继续完善。改革的推进和业务的开拓，有时需要“摸着石头过河”，实践可能会领先于我们对事物本质规律的认识。例如，董事会专门委员会的工作方式、董事依法合规尽责履职、业务条线与层级的关系定位、首席官与总监的职责、风险和审计工作的独立性、专业岗位的内部竞聘与市场招聘，等等，都是新课题。因此，有关部门要注意组织力量，加强对相关改革和新型业务的研究，及时地跟进制度建设。2010年，总行制定了一级分行行级领导人员选拔任用工作流程，完善了党委组织部部长办公会议制度，出台了全行人力资源集中管理新的办法，都是为了适应现实工作的急迫需要。

经常出问题的地方需要加强制度建设。胡锦涛总书记强调：“反复发生的问题要从规律上找原因，普遍发生的问题要从体制机制上找原因”。从我行案件查处、业务检查和审计反映的情况看，过去，有不少违规问题屡查屡犯，有章不循、违章操作，被人说成是“牛皮癣”，治好了还会犯。前两年，总行从规律上找原因，出台了《轻微违规行为积分管理办法》，这样的问题就少了很多。过去一段时间，我们的很多业务经营，要么重视风险控制而削弱了对市场的响应，要么满足客户需求而放松了风险管理和内部控制，结果都带来问题。现在，通过逐步推进专业化团队建设和分支机构扁平化改革，全行对市场的反应能力和风险控制能力都有了很大提高，这是因为我们着重从体制和机制上找原因，改革了原有的管理制度。

制度的选择要考虑成本和效果。解决任何问题都有很多种方法，建立的制度也可以有多种选择。制度建设既要管用，又要可行，同时还要使成本越低越好。制度执行越难，管理成本越高，往往效果也不好。假如我们为了防止出现问题，在日常经营活动中增加许多道审批程序，表面上看似乎可以堵塞更多漏洞，但是实际执行下来很可能费力不讨好。因为烦琐的程序会降低效率，客户不会满意；增加工作量，员工也不高兴；层级增多，信息失真可能性加大；有权力过问的人员过多，借机谋私的事情也可能增加。但如果加强对权力运行的监督制约，工作就相对好做一些。实际上，预防腐败的制度，就是要以制约权力为核心来制定。

要善于把经过实践检验的成功做法上升为制度。古人有言：小智者治事，大智者治人，睿智者治法。意思是说管事不如管人，管人不如立制度。任何好的制度都来源于实践。银行的业务实践主要在基层，制定制度在高层，这就要求总行和分行的领导人员和管理者要自觉深入基层一线，加强调查研究，不断了解基层业务对制度的需求，不断总结分支机构经营管理中好的做法，在此基础上不断制定和完善各项规章制度。

（二）突出重点制度建设

要健全决策制度。俗话讲，谋定而后动，良

好的决策是正确开展行动的指南。制定决策制度就是要规范决策程序、理顺决策机制、保证决策有充分的依据、集中大家的智慧、尽可能地得到大多数人的支持。良好的公司治理结构是保证战略决策科学、正确的前提。要完善公司治理，进一步理顺党委会、股东大会、董事会、高管层、监事会以及职工代表大会的关系，合理进行职权分工，加强有效制衡，确保战略决策科学、稳健。要完善民主集中制，健全议事规则，坚持民主决策。在现代公司治理的框架内，实现“三重一大”的集体决策，对重大事项决策、重要干部任命、重大项目安排、大额资金使用，由集体研究、集体决定，防止个人独断专行，以促进决策的科学性。坚持和完善职工代表大会制度，保障员工民主权利，落实职工代表的提案，坚持职工监事制度，把职工代表大会建成密切联系群众、凝聚员工智慧、保障员工切身利益的平台。完善行务公开制度，重要事项及时听取员工意见，充分保障员工的知情权、参与权、监督权、表达权。坚持和完善“行长接待日”制度、产品实验室制度、客户体验制度、数据分析和共享制度，畅通客户沟通渠道，将客户意见作为银行决策的重要依据。此外，与决策制度相关的一些支持性基础工作必须夯实，要以严密的程序来保障决策的正确和合理，比如，党委会、行长办公会一定要严格分开举行，出席人员必须符合规定人数，会议的记录和纪要必须完备并按照档案管理规定妥善保管。

要完善党内监督制度。党要管党，而且要从严治党。要积极研究和探索适合金融企业特点的党内监督机制，加强党代会、党委会、党代会代表的监督作用，健全和规范党委负责人向党委报告工作并接受监督制度。坚持和完善民主生活会制度，加强领导班子内部监督。积极探索上级纪委支持和协助下级纪委加强对其同级党委成员进行有效监督的制度。进一步完善巡视制度，推进巡视工作的规范化、常态化，强化上级党委和纪委对下级党委领导班子的监督。建立健全党内情况通报、党务公开、党员定期评议领导班子成员等制度。认真执行并抓紧完善党员领导干部报告个人有关事项制度。从2010年起，总行将试行党委新闻发言人制度。

要进一步加强业务制度建设。银行的业务发展和流程再造没有止境，相应的制度调整和建设也没有穷期。现在，银行的业务、产品繁多。前台与后台业务的分离、产品创新力度的加大、综合化经营的推进，无不需要有制度跟进和支持。科学、严密、完善的银行业务制度是一个动态的稳定系统，既有连续性，又有灵活性，更重要的是始终具有现实针对性和可行性。柜面业务是银行的基础业务，是直接面向客户和社会大众的窗口，是广大基层员工每天从事的日常工作，也是违规问题和案件发生较多的环节，因此，一定要把柜面业务制度作为银行的基础制度予以重点完善。要进一步完善财务管理制度，当前，要把规范职务消费、加强营销费管理、防止“小金库”等作为财务制度建设的重点。要进一步完善信贷管理制度，重点研究如何从制度上保证贷前调查深入、完整、真实，贷后管理跟进到位。

要继续完善员工管理制度。全行近35万名员工，是一支庞大的队伍。要管好这支队伍、充分发挥员工的积极性和创造性，需要一整套科学有效的制度。近年来，总行先后制定了《员工职业操守》、《员工行为规范》、《员工合规手册》，较好地规范了员工的从业行为。我们要进一步完善人力资源管理，从招聘录用、上岗履职到培训、考核、晋升、奖惩的全过程构建先进的制度体系，提升我行人力资源管理的竞争力，营造能够吸引人才、留住人才、有利于人才脱颖而出的制度环境。完善轮岗和交流制度，建立更加顺畅的人员流动机制，在防范风险的同时，丰富员工岗位经历，促进员工全面发展。完善员工行为排查制度，加强对员工行为的动态管理，及时揭露和排除风险隐患。

（三）提高制度执行力

领导人员要带头执行制度。领导人员要以身作则，率先垂范。要求部属做到的，自己必须做到，而且应行动先于一般员工，标准高于一般员工，要求严于一般员工，这样才能产生“言传身教”的效果。中央自2009年以来修改下发的《中国共产党党员领导干部廉洁从政若干准则》和《国有企业领导人员廉洁从业若干规定》，各级领导人员都要认真执行。总行党委下发的“廉洁自律六项要求”，不仅总行党委要执行，而且各级行党委也要执行。现在，有的分支机构对上级行来人还在搞超标准高规格接待；有的还在搞内部营销，相互宴请；有的推荐人员入行或提拔，该登记的不登记，该写书面推荐信的没有写书面推荐信；还有的不严格执行回避制度，在任职和工作中涉及亲友也不说明、不报告，如此等等。这反映出个别领导人员在执行制度方面自觉性不强。组织人事、审计和纪检监察部门要加大监督检查力度，发现问题要及时纠正。

要加强制度培训和宣传教育。新员工上岗，第一件事是业务制度培训，如果新员工不知道制度而违反了制度，那么负责培训和领导工作的管理者要承担一定责任。每一项新制度的出台，都必须辅以培训和宣传教育；同理，老员工不知道新制度而犯了错误，相应的管理者也要承担一定责任。要落实好员工大规模培训计划，合理调配培训资源，及时跟进相关制度培训。进一步加强对规章制度的学习、宣传、教育，通过培训和教育，提高全行的执规能力，营造浓厚的合规文化。总行非常重视让全行上下了解股份制改革以后新的公司治理结构，为此还特别安排部门和分行的负责同志分批列席董事会，也请相关部门介绍董事会、监事会的职责和议事规则，包括高管人员的选聘程序、薪酬制度及水平等。制度的透明度越高，监督成本越低，执行效果越好。

要加大监督检查和违规惩戒力度。制度执行得好坏，与监督检查的机制、方法和力度有很大关系。要按照党风廉政建设责任制的要求和部门职责分工，一级抓一级，部门抓系统，把执行监督检查制度的责任落到实处。要把日常监督检查与巡视监督、信访举报监督、员工行为排查、审计监督等结合起来。对发现的违规问题，都要按照规定给予处理。对因监督检查不到位造成重大风险和损失的，还要追究有关管理人员和领导人员的责任。2009 年，全行通过多种渠道发现了一些违反制度的机构和人员，总行和分行都有，我们均按照相关规定对责任人进行了严肃处理。制度面前人人平等，制度面前没有特权，制度约束没有例外。对有令不行、有禁不止、随意变通、恶意规避等严重破坏制度的行为，要发现一起、查处一起；越是领导人员违反制度，越是要依纪依规严肃处理。

四、注意防范重点业务领域的风险

风险管理和反腐败工作既要全面覆盖，也要突出重点，紧紧抓住涉及“权、钱、人”的环节和领域。当前，要特别关注以下几个方面。

（一）防止信贷高投放背景下的风险积聚

2009 年，国家实施积极的财政政策和适度宽松的货币政策，全年共新增人民币贷款 9.59 万亿元，同比多增 4.69 万亿元，创下历史纪录，我行新增贷款规模也达到历史最高点。2010 年，信贷投放可能还会维持一个比较大的增长规模。信贷高投放为经济回升提供了有力的资金支持，增加了银行的当期收益，但同时也加大了银行的经营风险，既增大了信用风险，也增大了操作风险和道德风险。有的风险可能在短期内显现，有的可能有滞后效应，在未来几年才释放。这对我们的相关工作是否规范、严密、审慎，基本功是否扎实，是一个很大的考验。

信贷经营管理中已经发现了一些不容忽视的问题和苗头。有的机构贷前调查马虎、审批不审慎、合同不规范、担保不落实、贷后管理失职。2009 年全行查处了多起信贷部位的贿赂案件，还发现一起违法放贷案件。行业风险控制也需要进一步引起重视，特别是产能过剩行业和房地产行业。当前，一些地方房价过高，不同程度地存在泡沫，国家已经出台有关政策，遏制房价过快上涨，其作用正在逐步显现。各分行应当积极关注这种变化，认真执行总行信贷结构调整、行业风险限额和客户名单制管理等政策，避免出现大的损失。我们要继续坚持合理把握信贷投放总量和节奏，不能单纯追求规模和速度，要正确看待同业竞争，自觉抑制不合理、不审慎的扩张冲动。

要正确处理加快发展与稳健经营的关系，进一步加强信贷业务基础建设。切实防范违规操作、贷款诈骗、商业贿赂。当前，一些机构对授信业务的责任认定偏松，一些贷款损失巨大，相关经营管理人员没有得到应有的责任追究，产生了一定的负面影响。宽严失度，就会有失公允。要通过责任认定，加大对违规失职行为的惩戒力度，同时，找出漏洞和缺陷，有关机构和部门都应加强整改，有效防止问题重犯。

（二）防范集中采购领域的“暗箱操作”

全行每年集中采购金额很大。集中采购对提高采购质量、降低采购成本、减少采购风险的作用明显。但集中采购也会带来新的问题，权力分散时，问题多数出在下面；权力集中后，问题容易出在上面。从全行查处的案件看，个别机构的部门负责人利用职权，操控了集中采购的关键环节，采取“围标”的方式，找几家与自己有利益关系的供应商，让它们固定参加采购招标或竞争性谈判，每次让一家供应商胜出，各家供应商轮流“坐庄”、机会均分，自己从中收取好处。这虽然是极少数的现象，但必须引起我们高度警觉，历史上银行一些高管人员出问题，就是出在这类采购和供应事项上，我们不能不认真对待。规范集中采购工作，关键是完善流程控制和提高透明度。在流程设计上，要增强供应商之间的竞争，提升各环节的制衡力，加强有效监督。在稳妥可控的条件下，要尽量公开透明，向供应商、员工公布相关信息，使之成为名副其实的阳光工程。

（三）警惕资产处置过程中的道德风险

资产处置是银行经营管理的一个重要环节。当前，全行资产处置工作总体做得很好。这项工作的难点在于，所谓公允价值有时没有明确固定的参照标准，有些资产的价值不好准确衡量。要防范道德风险，相关资产的处置必须严格执行国家有关规定，并按行内规范的流程和程序操作。少数分支机构在这方面还做得不是很好，违反程序的现象还在一定范围内存在，个别机构还发生过案件。程序的完善和业务的公开，是防止腐败的关键。程序完善，就是在权力运行过程中要形成监督制约机制，使权力运行过程有组织监督；业务公开，就是让群众对决策过程和结果能够知情，使权力运行过程和结果都有群众监督。要进一步加强对资产处置工作的管理，在处置过程中，相关人员必须严格自律、注重操守，把维护建设银行利益当成自己的职业使命，绝不做任何损公肥私的事。

（四）努力降低金融市场交易在发展过程中的试错成本

金融市场交易是一项高端业务，也是充满风险的业务。相比一些传统业务，我们开展金融市场交易的时间还不长，经验有所不足。近年来，在金融市场领域出现了一些风险事件，好几起国际性危机事件，我们都受到了一定的冲击，需要认真总结经验教训，进一步完善对金融市场交易的风险防控政策、措施指引，改进决策程序和操作流程。建立审慎的决策机制、健全的制约措施和严格的投资纪律。努力防止在金融市场交易中发生违规事件和重大失职、渎职行为。对于从未涉足过的业务要谨慎探索，逐步介入。加强金融市场业务主管部门、风险管理部门、审计条线和纪检监察部门之间的配合协调，形成监督合力。对金融市场业务中发生的重大风险和损失要加强责任认定，涉及违规或严重失职的，要严肃追究责任。

（五）把案件反弹的苗头遏制住

近年来，全行上下在案件防控方面下了很大力气，案件数量比前几年有了较大幅度的下降。特别是2007年制定《案件防控及整改方案》，提出了系统性的治理思路，使各级机构“一把手”、各业务条线认识到了自身的案防职责，从而积极参与到案件查防工作中来，形成了齐抓共管的良好局面。但是，案件防控在任何时候都不能掉以轻心。2009年全行发现了非法高息融资等几起大案，作案人员大都是基层机构负责人或业务骨干，其中有的人还被多次评为先进，甚至还被列为上一级机构的后备干部。这是非常令人吃惊的，但并不是没有原因的，暴露出银行管理仍存在不少漏洞。中央纪委和银监会对防范案件工作都提出了具体的严格要求，总行相应制定了开展案件专项治理的意见，措施很具体、很重要，各分行、各业务条线要认真贯彻落实。

反腐倡廉建设既是党的建设的重要组成部分，也是防范各种经营风险、促进业务稳定健康发展的重要保证。各级机构要认真落实党风廉政建设责任制，党委“一把手”要负总责，分管领导对管理范围内的相关工作负主要责任。各业务部门负责人要坚持和强化“一岗双责”，做到业务工作与反腐倡廉“两手抓、两不误”，尤其要负责加强对整个系统的案件和违规事件的防控。各级纪委是党委领导下的开展党内监督的重要力量，应进一步加强组织建设，确保有党委的机构都设立纪委，而且要进一步增强其独立性和权威性，充分履行监督职责。纪委书记要把主要精力放在纪检监察工作上。

纪检监察部门是全行反腐倡廉建设的综合牵头部门，在反腐倡廉、查处案件、执规执纪、业务监督等方面发挥着重要的作用。各级机构要按照总行党委的一贯要求，切实支持纪委、纪检监察部门开展工作，加强纪检监察组织队伍建设，为其配备高素质的员工。要加强交流和培训，进一步提升纪检监察人员监督业务、融入业务的能力。各级纪检监察部门要认真履职、勤于学习、改进作风、开拓创新，以良好的工作成绩来回报全行的支持，赢得全行的信任。

长期以来，中央纪委和监察部对建设银行的各项工作非常关心。2009 年 3 月 25 日，中央政治局常委、中央纪委书记贺国强同志在我行主持召开中央金融机构负责人座谈会，发表了重要讲话，提出了“夺取促进经济平稳较快增长和保持金融业稳定健康发展的双胜利”的要求，给全行上下以巨大鼓舞，有力地指导和促进了我们的中心工作和反腐倡廉建设。今后我们要更加努力地工作、更加主动地汇报、更加积极地争取指导。我们完全有理由相信，建设银行的反腐倡廉建设在新的一年里一定会取得更大成绩。

在贯彻落实《关于加强和改进中央企业和中央金融机构纪检监察组织建设的若干意见》座谈会上的发言

郭树清

（2010 年 5 月 10 日）

根据党中央、国务院和中央纪委的统一安排和部署，建设银行在深化改革、推进科学发展、建设世界一流银行的过程中，高度重视反腐倡廉建设和纪检监察工作，认真推进纪检监察组织建设。2009 年 3 月，贺国强书记到金融机构调研，并在建设银行主持召开中央金融机构负责人座谈会，发表重要讲话；2010 年 3 月，贺国强书记在我行上报的纪检监察工作会议材料上批示：“建行在抓改革发展的同时，对党风廉政建设抓得也是好的。”这给了我们很大鼓舞和鞭策。建设银行这几年的实践告诉我们，股改上市后，必须继续坚持“两手抓、两手都要硬”。

中央纪委、中央组织部、监察部、国务院国资委下发的《关于加强和改进中央企业和中央金融机构纪检监察组织建设的若干意见》（以下简称《意见》），体现了中央的要求和人民群众的期望，符合金融机构加强内控管理、确保经营安全、实现健康发展的需要。《意见》为我们进一步加强和改进纪检监察组织建设、打造一支高素质的纪检监察队伍提供了有力的保障。我们将紧密结合建设银行实际，认真贯彻落实好《意见》。重点抓好以下几个方面的工作。

一、细化措施，为加强纪检监察组织建设提供制度保障

自 2005 年以来，按照中央纪委关于“股份制改造要做到纪检监察机构加强、纪检监察力量加强、纪检监察工作加强”的要求，我们先后制定了中国建设银行《纪检监察组织机构设置方案》、《纪检监察特派员管理办法》、《巡视工作暂行规定》等内部规章，在制度上明确了纪检监察的组织架构、覆盖范围、人员配备和工作职责。2009 年 3 月 25 日，贺国强书记发表重要讲话后，建设银行党委认真学习贯彻，在充分总结经验、深入分析当前形势和工作需要的基础上，下发了《进一步加强反腐倡廉建设和纪检监察工作的意见》，使全行反腐倡廉建设和纪检监察组织建设都取得了新的成绩。下一步，我们将结合本行实际，制

定加强和改进纪检监察组织建设的实施意见，提出贯彻落实《意见》的具体措施，完善相关的配套制度，确保《意见》的各项要求在建设银行落到实处。

二、完善体制，强化纪检监察组织的监督力度

按照中央的要求和部署，总行党委对一级分行实行巡视制度，对分行领导班子及其成员执行党的路线方针政策、履行工作职责、遵法守规、廉洁从业等方面的情况开展监督检查。总行设立巡视工作办公室作为常设性机构。截至2009年年底，完成了对40个一级单位的第一轮巡视。对每一个单位的巡视情况，总行党委逐一听取汇报，对巡视发现的问题高度重视，及时提出了限期整改意见，并对一些分行的领导班子进行了调整，其中8个分行的“一把手”被免职或调离。我们还在基层机构实行纪检监察派驻制，由上级机构向县级支行派驻纪检监察特派员，近距离地对基层机构及其负责人进行监督，推动防控关口向一线前移。通过建立巡视制度和特派员制度，在体制上增强了纪检监察组织机构的独立性和权威性。我们要进一步完善纪检监察管理体制，加强巡视机构和特派员的力量、扩大覆盖范围、完善监督职能、加大工作力度，发挥其在内控管理方面的重要作用。

三、理顺机制，使纪检监察组织融入公司治理结构

股改上市以来，我们积极探索在现代公司治理结构下发挥纪委、监察部门作用的途径和方法。总行纪委书记兼任副行长，并担任执行董事；分支机构符合条件的纪委书记兼任行政副职，基本上实现了“双向进入、交叉任职”。今后，我们将继续深化和完善公司治理结构，发挥好纪委、监察部门在党内监督和内控管理中的重要作用，将纪委、监察与监事会、审计、法律合规等内部监督资源有效地整合起来，形成监督合力。继续坚持新任纪委书记异地任职制度，对在同一机构任职时间较长的纪委书记进行交流。深入研究纪检监察组织在全行机构改革和经营布局中的跟进问题，对实行垂直管理的条线、专业化经营机构、境外机构、境内外子公司等，设立纪检监察组织机构、团队或配备纪检监察人员。

四、配强人员，做实纪检监察的人力资源保障

自2005年以来，建设银行凡是设立党委的分支机构，包括一二级分行和人员多、经营规模大的县级支行，都设立了纪委和监察部门；没有党委的基层机构都派驻纪检监察特派员；在各级机构内设部门的党支部中还配备了纪检委员。2009年年底，全行共设有纪检监察部门363个，纪检监察人员达到4 027人，在基层机构配备纪检监察特派员1 889人。纪检监察人员的学历、职称都高于全行平均水平。在贯彻落实《意见》的过程中，我们将更加重视纪检监察的机构设置和人员配备。合理核定纪检监察系统的人员编制，将纪检监察人员编制纳入全行综合性监督管理部门人员编制中统筹安排；实行刚性保障，在综合考虑分支机构人员数量、业务规模、工作职能、内控水平等因素的基础上，科学核定分支机构专职纪检监察人员的最低数量，并动态调整。加大纪检监察人员的交流力度，使更多懂业务、会管理的人员进入纪检监察队伍，同时，把素质优良、工作出色的纪检监察人员适时交流、提拔到业务和管理岗位，在促进纪检监察工作融入业务工作的同时，发挥纪检监察系统在培养锻炼干部方面的平台作用。

五、强化管理，提升纪检监察队伍素质

多年以来，我们积极探索在“双重领导”体制下，不断加大纪检监察系统垂直领导和管理的力度。下级党委提名推荐纪委书记，要事先与上级纪委充分沟通；纪委副书记和监察部总经理的任命和调整，要报经上级纪委和监察部同意。加强对纪检监察人员的培训，注重从业务技能和政治素质两方面提升纪检监察人员的综合履职能力。总行每年举办2～3个主要面向一级分行纪检监察人员的专题培训班，同时，借助中央纪委三个培训中心，对各级行纪检监察人员进行轮训。2010年，总行还整合培训资源，创新培训形式，将全行划为六个片区，由片区内各分行轮流牵头，组织联合培训。我们要在坚持上述做法的基础上，

继续加强上级纪委、监察部对下级纪委、监察部的业务指导和工作考核力度，扩大上级纪委、监察部在对下级纪委、监察部及其负责人考核中的话语权。要将纪检监察部门作为综合性内控管理部门，与人力资源、风险管理、审计等部门纳入同一档次考核。要制定专门的纪检监察工作人员考核评价办法，加大对纪检监察人员的激励力度，畅通领导职务、非领导职务和专业技术职务三个晋升通道。对纪检监察人员严格要求、严格教育、严格管理、严格监督，使之真正成为党的忠诚卫士和群众的贴心人。

六、认真学习，做好监督检查

《意见》下发后，总行党委进行了认真学习，形成了贯彻落实的初步想法。总行纪委、监察部组织全体人员进行了学习讨论，开展了相关的调研活动，还计划在即将举办的一级分行纪委书记培训班上组织专题学习和研讨。当前和今后一段时间，我们将围绕《意见》和贺国强书记在这次座谈会上的重要讲话精神，在全行持续组织多种形式的学习宣传活动，保证《意见》和贺国强书记的讲话传达贯彻到位、各级党委领导班子的思想认识统一到位。总行党委将把贯彻落实《意见》情况作为党风廉政建设责任制和巡视监督的重要内容，督促各级党委、纪委抓好落实。我们将在适当时候开展针对《意见》贯彻落实情况的专项检查。

在贯彻落实《意见》的过程中，我们将积极学习、借鉴中央企业和金融同业好的做法，也恳请中央纪委、中央组织部、监察部、国务院国资委对我们的工作继续给予关心和指导。

在建设银行春季工作座谈会上的讲话

郭树清

（2010 年 5 月 14 日）

同志们：

这次会议确实是在一个关键时刻召开的关键性会议。大家普遍反映面临很大的工作压力，遇到许多矛盾，甚至还产生了不少困惑。会议就是要实事求是地分析出现的新情况，集思广益地研究存在的问题，找出相应的对策和解决办法，使大家进一步统一认识、坚定信心，落实年初的部署，做好各项工作。

一、关于当前经济金融形势

2010 年以来，国际、国内经济金融出现了多年未见的复杂形势，可以用八个字来形容：跌宕起伏、扑朔迷离。有些情况我们有思想准备，比如 2009 年实施经济刺激政策，人民币贷款新增 9.6 万亿元，温总理讲这是要付出代价，是有成本的，这个我们想到了，但是没有想到经济增长速度反弹这么大，更没有想到我们的需求能把国际市场大宗商品的价格拉得这么高。2010 年 4 月中旬，铁矿石、铜、铝、锌等有色金属价格同比平均翻了将近一番。还有其他一些难以预料的问题，比如全国春季低温严重、西南地区遭遇大旱、青海玉树发生大地震等。国际、国内经济金融的不确定性不仅没有减少，反而还有所增加。

从国际来看，一方面，全球经济最大的“火车头”——美国经济出现了复苏的迹象。工业生产恢复比较快，消费者信心指数由 2 月的 46.4 上升到 3 月的 52.5，好于市场预期。就业状况也有所好转，但到第一季度末失业率还高达 9.7%。另一方面，欧洲爆发了非常严重的债务危机。美国是投资银行、商业银行出了问题，只是商业信用出现违约；欧洲则是主权信用问题，国家信用出现了违约。刚开始只有冰岛、爱尔兰，接下来是希腊，但很快波及葡萄牙、西班牙和意大利。欧盟出台7 500亿欧元的救市计划后，各方看法也不太一样。一致的看法是现在能稳定一段时间，但后面的情况会怎么样，还不清楚。

从国内来看，经济确实在2009年年底企稳向好，2010年更是超速反弹。第一季度GDP同比增长11.9%，明显过快。前4个月全社会固定资产投资增长26.1%，比上年同期回落4.4个百分点，增速有所下滑，但还在高位。社会消费品零售总额增长18.1%，比上年同期加快3.1个百分点。经济一超速反弹，很多问题也就冒出来了，能源消耗、污染排放反弹得非常厉害。前4个月发电量同比增长21.4%，第一季度全国单位GDP能耗同比上升3.2%。进出口贸易恢复到2008年水平，但是2010年最大的不同是进口增长速度两倍于出口增长速度，3月出现72.4亿美元的外贸逆差，这在过去六年里还是第一次。到4月，又重新回到16.8亿美元的小额顺差。2008年外贸顺差2 955亿美元，2009年减少了约1 000亿美元，预计2010年还会减少1 000亿美元，这是总的趋势。

2010年在许多领域都出现了冰火两重天的情形。就业状况变化很快，2009年年初最担心的问题是就业困难，也就只有半年时间，之后一些地方就开始出现“民工荒”了。再比如房地产市场，2009年3月我们执行的是鼓励购买第二套房的政策，并且顶住很大压力去实行差别化利率政策。但2010年情况完全变了，国家要求银行对第二套房必须提高首付比例和贷款利率。各地也陆续出台了实施细则，在很多地方尤其是发达地区，第三套房已经不允许贷款购买了。比如北京市新发布规定，一个家庭只能新买一套房。

2010年4月，居民消费价格指数同比上涨2.8%，比上月上涨0.4%，比第一季度上涨0.2%，没能稳住3月的环比下降趋势。工业品出厂价格同比上涨6.8%，其中原材料、燃料、动力购进价格同比上涨12%。一下子涨这么多，很大程度上是因为经济偏热、投入较多、进口急剧增长，前4个月仅原油进口同比增长就超过30%。现在的国际市场上，中国是绝对的主要买方，但不能主导价格。为什么3月会出现贸易逆差？就是因为进口的量增加了一部分，而进口的价增长得更要大得多，许多原材料的价格都翻了一番。

货币供应情况是M_1继续高位运行，2010年4月底同比增长31.25%，比3月末增加1.3个百分点；M_2同比增长21.48%，比3月末下降1个百分点。尽管中央银行不断加大操作力度，但货币市场的流动性还是非常强。存款准备金率上调后，有些银行的资金已经很紧张，甚至开始“买存款”，但市场资金总体上还很充裕。欧洲、美国、日本2010年M_1增速都是一位数，M_2增速在5%以下，与中国差别非常大。2010年4月末，国内金融机构本外币贷款余额为46.17万亿元，同比增长24.11%，当月增加8 093亿元，同比多增1 685亿元；人民币贷款余额为43.35万亿元，同比增长21.96%，当月增加7 740亿元，同比多增1 822亿元。从我行来看，前4个月人民币贷款新增3 191亿元，比2009年同期少了将近一半。

经济金融的另一项严峻挑战是环保问题。2010年5月5日，国务院召开节能减排工作会议，明确“十一五”节能减排目标不变。国务院要求一些省市要争取比原计划更好一些，其他省市也必须按计划完成。会议重申了责任追究制度，对不能完成任务的省市负责人将给予严厉惩处，直至撤职。仅有7个多月的时间，任务很艰巨。关停并转一批高能耗、高污染企业势在必行。我们总在讲环保风险、政策风险、法律风险，现在就摆在眼前，必须积极研究，做好应对。

总的来看，国内经济增长速度可能会出现波动，通货膨胀的压力还在上升，资产泡沫已经开始显现，但治理泡沫绝非易事，像最近的房地产市场，交易量下来了，但价格没怎么降，股市走势究竟怎样，也很不确定，不能期望泡沫会一下子就消失。我们确实遇到了许多前所未有的新情况、新挑战，尽管第一季度经营业绩很出色，但全年工作和未来几年的经营仍面临着巨大考验。

二、关于信贷结构调整

不少同志反映总行对不允许做什么说得很清楚，但是对能做什么说得不怎么清楚。总体上看，这些年来总行制定的信贷政策是经得起检验的，各家分行在结合自身情况进行贯彻落实的过程中执行得也是成功、顺利、平稳的。关键是要真正做到以客户为中心，而不是简单、机械地理解成限制、禁止某个行业的信贷投放。一定要看各地区的金融生态、银行自身的风险管理能力，特别是要准确地把握客户的风险状况，这是最主要的。

坚持“行业服从区域、区域服从客户”原则。严控“6＋3”行业后，并不是说这些行业就绝对不可以再投入。各个行业本身都有结构调整问题，银行应当扶优限劣，支持优质的强势企业兼并劣势企业，淘汰落后产能，促进、推动产业结构调整升级。如果客户是国内市场公认的“行业排头兵”，按照政策要求进行兼并重组、内部改造的力度也确实很大，就可以考虑加以支持。2007 年以来实行的名单制管理办法很好，要继续坚持和完善。一定要避免“撒胡椒面”、“遍地开花”的做法，像对船舶制造业，我行贷款余额达 600 多亿元，借款企业却有好几百家，非常分散，风险控制工作就很难做好。

对房地产行业的贷款现在是不是都收缩，也要建立在细分市场和客户的基础上。全行房地产开发贷款的占比连续几年一直在下降，这个势头是我们结构调整所要求的，但并不是说这个领域就不能再有新的投放了。保持总体平稳降低相对比例的同时，要努力优化内部结构，也可以继续有选择地介入符合国家相关政策的经济适用房项目、普通商品房项目和优质土地储备开发项目。但任何新的投入都有大量的工作需要事先抓实做好，比如开发商的信用、素质和实力是否确实领先，现金流是否充足，土地价值是否经过审慎评估，等等，这些都是最基本的要求。

发展小企业业务也要针对区域特点，不能搞“一刀切”。现在各分行都开办了小企业业务，其中重点推进的有 22 家分行。作为新的战略增长点，成效越来越显著，有力地改善了利差收入状况，希望这个态势能保持下去。拓展小企业特别是微型企业客户，要与发展个人业务有效结合起来，没有必要去严格地划定究竟属于“对公”还是“对私”，重要的是看客户是否真实从业、是否信守合约、能不能按时还本付息、我们能不能控制住风险。我行小企业业务虽然先行一步，但面临的竞争压力越来越大。一些分行反映当地同业推出个人消费贷款、助业贷款、可循环支用的额度贷款等业务，实际上大都是在支持小企业，势头很猛，带动的中间业务收入也较高。对同业的做法我们要积极研究，学习借鉴人家的合理之处，争取使小企业业务发展更上一层楼。

要抓住国家加快城乡一体化发展的机遇，下决心采取更有力的措施做好涉农业务。我行推广的小额农户贷款主要支持种植、养殖业，经济效益和社会效益都不错。下阶段要把“三农”金融服务与各地推进农民住宅改造、小城镇建设和新农村建设结合起来，这一领域发展潜力巨大，大有可为。建设小城镇是人们集聚生产生活的需要，符合城市发展的趋势，也是构建新农村的重要内容。过去农民辛辛苦苦挣了钱，就在宅基地或者承包地上盖房子，盖好后继续外出打工或者经商，自己实际很少居住，资源浪费相当严重。由于没有统一规划，而且配套设施较差，因而存在很多治安和安全隐患。比如浙江、江苏经济最发达的地区，农村居住高度分散，房子建在稻田里，已经翻盖了三四次，花了不少钱，但农民的综合生活品质没有太多提高。北京五环外有个城乡结合部地区叫唐家岭，农民建好房子后就廉价租给外地人，本来不足三千人的一个村落竟然住了五万人，里头道路很窄，消防车都进不去。我们支持城乡统筹发展，像支持小城镇拆迁改造，虽然规划和政策出自地方政府，里边也有土地置换的因素，但只要是符合农民利益，群众必然会参与，贷款也主要面向农户，这是典型的“三农”业务。最重要的是，规划一定要科学合理，不要将来又来“翻烧饼”；农民要自愿，不能政府强迫或包办；相关利益各方能平等协商，达成互利共赢。做到这几条，银行的风险就控制住了。

发展住房按揭业务确实存在一些困难，但更要看到并抓住商机。我到山东调研时，分行房贷部经理就分析得很好，他说按揭市场仍有很大空间，无开发贷款支持的首套房是竞争焦点，而我行优势明显：一是居民自住和改善型购房是刚性需求，也有大量二手房交易要银行贷款，房贷新政对二三线城市影响很小；二是同业在价格上多是“一刀切”，我行的差别化利率政策吸引力强，现在平均定价水平达到八五折甚至更高；三是同业大多在前几个月猛放，所剩规模不足四五成，而我行前期投放适度、规模充足、增加余地大，更有后劲争得市场。这些情况在全行很有代表性，我们要及时调整，继续把这项业务做好。

要坚持专业、专注，稳步发展个人助业贷款和消费贷款。这方面我们也还有很大潜力，东部地区分行尤为突出，要在专业化经营的基础上加快发展。对消费贷款我们曾有过深刻的教训，但近年来也积累了很好的经验。像辽宁、浙江、江苏对乘用车、非乘用车消费贷款都有很成功的案例，据说宿迁分行的汽车贷款没有一笔坏账，做得很出色。从全国来看，机动车的总量已经接近2亿辆，其中乘用车约5 000万辆，农用车、卡车以及其他车型加起来大概5 000万辆，摩托车约1亿辆。2009年我国汽车产销突破1 300万辆，成为全球最大市场。2010年前3个月同比增速超过70%，到4月开始减缓。但即使保守估计，每年销售1 000万辆，假定平均车价10万元，那销售额就达到1万亿元。如果有一半要贷款，平均贷款5万元，那就是2 500亿元；如果有20%要贷款，那也是1 000亿元。我行2008年首家推出的信用卡购车分期付款业务已经赢得市场认可，还要继续加强营销和创新，同时要积极探索更多的汽车金融服务方式，抓住这个巨大的市场，培育出新的业务增长点。最主要的是专业、专注，不能重复过去遍地铺开都做车贷的模式，那样风险就控制不住。

要注意吸收运用新技术，形成新的竞争优势。像电子银行和网上银行，发展速度非常快，而互联网本身也在不断成长变化，网络搜索引擎更加方便了用户，各类社交网站也迅速流行，如2004年才出现的Facebook，目前访问量已经超过谷歌。这类以用户共同兴趣爱好为基础建立的网上社区，可以帮助企业高效、精准地进行客户细分，而过去这方面花费的成本和精力要高出许多倍。最近有篇文章叫《市场自细分》，专门探讨了这个问题，大家可以参考。互联网也催生了很多新的东西，包括大量新的创意。前几天报道有人在网上查阅时，发现牛津英语词典里对虹吸原理的解释是错误的，只讲了气压差异原因而未讲重力作用原因，而这个定义已延续了99年。网络带来的挑战和机会还有很多，我们要同步跟踪研究，做到为我所用，不断提升产品的服务创新水平。

在基础设施融资方面，还要继续加强，这是我行的经营特色和传统优势。同时，要密切关注民营资本进入基础设施领域的新变化。国务院2010年5月13日公布了鼓励和引导民营经济发展的“新36条”，其中最主要的突破就是允许民间投资垄断性行业，包括基础产业和基础设施、公用事业和政策性住房建设、社会事业、金融服务、商贸流通、国防科技工业等领域。尽管对自有资金条件和行业进入的技术标准等具体政策还有一个细化、明确的过程，但我们也要提前行动起来，做好优质客户识别遴选、设计研发相应的投融资产品等准备工作。要抓住可能出现的民营企业新的投资浪潮带来的发展机会，既支持国家经济结构调整，又促进自身业务结构优化。

说到底，信贷结构调整任务艰巨，同时也说明蕴藏着非同寻常的潜力，我们可以大有作为。我们的工作要更加积极主动，最主要的是真正提高发展质量，不断优化资产结构和收入结构。

三、关于风险防范

防范风险最根本的举措是转变业务发展方式，实现经营模式转型，这也是提高银行风险管理能力的关键。所以，过去五年里总行每次开会都在强调推进业务转型、深化内部改革、加快各类专业化经营中心和任务型团队建设。各分行也都结合自身实际，作了不同程度的探索。新的机制和模式有力地带动了多种新兴业务发展，特别是中间业务连续几年一直在高速增长，理财业务、资金结算、电子银行都有很大进步，直接或间接地创造了可观的收益。一些分行动手早、进展快，现在的日子就比较好过。而有的分行转型力度较弱，推进迟缓，还主要靠大客户、大项目“吃利差”，2010年就面临较大的困难。因此，要进一步认识转变发展方式的必要性和紧迫性，各项改革再加一把劲，激发出更大的发展潜力。尤其是落后的分行要切实赶上来。

在现阶段，要特别警惕金融体系内部潜在的系统性风险。刚才谢渡扬监事长说国外的金融系统比较脆弱，其实中国的金融系统也不强，只是幸好没受到这次金融危机的直接冲击。现在有很多省级区域的地方性银行正在全国化，而一些地市一级的银行开始在全省扩张。每个地方都希望有更多金融机构开业，而且还会争相提供一定的优惠政策来吸引各种金融企业的投资，这在国内外都是如此，本身无可非议。我们国家金融业发展滞后，银行数量也很少，今后还需要大力发展。但是问题在于，金融业发展要符合市场客观规律、符合各种基本条件。2009 年很多小银行的贷款增长速度都是 100% 以上，低的也有 70% ~80%。这里头不少机构是由过去的农村信用社、城市信用社改造而成，各地的情况参差不齐，仅从一般意义上比较，在初创时期贷存比一下子就涨到 80%，经营能力和风险管理能力有那么强吗？由于披露出来的信息很有限，因而究竟有多大风险也很难弄清楚，但光那个速度就太异乎寻常了。接下来可能会引发什么问题？首先是对相关客户同时有贷款投入的情形，如果客户资金链先从他们那里断裂，我们该怎么办，能不能撤得出来？还有就是交易对手风险。当然，一旦真出了问题，政府不会轻易让它们倒闭，即使是小银行也一样。但如果到那时采取冻结或者类似当年清算海南发展银行债权、债务的方式，我们又该怎么办？特别是对同业存款这类业务，一定要把这些潜在风险考虑进来。

对政府融资平台，要努力做到既能控制住风险又能促进业务发展。监管部门对此高度重视，提出了具体要求，我们必须认真贯彻执行。对遇到的问题要认真研究，大家反映较多的是政府融资平台这个概念现在还不太清楚。政府融资平台最宽泛的定义把从事基础设施经营的国有企业都纳入进来，显然不太妥当。我们理解，所谓政府融资平台，主要是指为公益性或半公益性项目筹措投资资金的公司，是有部分债务或者全部债务依赖于财政收入来偿还的国有控股企业。如果完全是市场化经营，不靠财政兜底，即使从事的是基础设施或公益性很强的产业，也不应当笼统地算做政府融资平台。比如，天津港、首都机场、上海机场、海口机场等，都是完全商业化运作的独立法人，甚至是上市公司，自身盈利状况也是不错的。据媒体报道，财政部、中国人民银行、中国银监会、审计署正在研究如何准确定义所谓政府融资平台，相信最终也会进行具体区分。各类平台不仅担险情况不一样，而且有地域上的差别。像发达地区的基础设施建设，比如北京、上海、广州、深圳的地铁项目，虽然项目本身不一定能形成百分之百充足的现金流，但政府完全有实力偿还贷款。而在中西部地区可能就不一样了，要审慎评估。分地区、分项目、分业务主体，是我们对政府融资平台最主要的一个政策要求。

市场风险管理工作要继续加强。汇率、利率的市场化趋势非常清晰，总体进程在加快，货币市场、债券市场的产品也越来越多、越来越复杂，来自同业的竞争压力越来越大。我们要相应地在资产管理上下更大的工夫，包括完善体制机制、业务流程、管理工具等。

对境外分行和子银行，要进一步强健风险管理的基础。迪拜债务危机爆发后，我行境外业务受到较大影响，不良资产率反弹较高，这也促使我们重新审视境外发展战略。总的方向要继续坚持，必须建立起我行独立的国际化经营网络，适应全球领先银行的竞争力要求。但是，我们的目标不是建立包罗万象的全球大银行，一般不会从事外国的零售业务和一般性的公司业务，我们的重点是满足国内客户“走出去”的需要，以此来引领收集市场信息、培养专业人才、引入先进产品等工作。我们主要是通过自己设立机构或者合适的小规模收购，形成覆盖全球主要经济体和金融中心的网络。除澳大利亚外，还要争取在南美、中东和俄罗斯申办设立分支机构。这些工作要在控制风险的前提下积极稳妥地向前推进，现阶段不考虑大的并购。

四、关于加快支持和保障部门的战略转型

对批发零售业务的转型和前后台分离，我们一直在强调，推行的情况也比较理想。其实，所有的非业务部门，或者叫支持和保障部门，也有一个战略转型的问题，就是要适应市场化、国际化发展的新形势、新要求，自身职能定位和运作方式相应地进行转变，运用先进的管理理念和手段，建立起精干、高效的一流服务体系和模式。

风险内控部门包括授信审批、风险管理、法律合规、审计部门在内，都有工作重点和业务模式的转变问题。像审计工作，过去主要是查问题、查违规，从现在开始，应逐步把效益审计作为重点。一方面，努力发现违规、违法行为，工作不能放松，因为在这方面审计还是很有效的；另一方面，更多资源和精力要转移到产品业务怎么改进和完善，怎么优化结构、增加产出、提高效率

上。比如，争取从审计的角度或者其他检查的角度发现业务条线中可能存在的数以亿元计甚至几十亿元计的资源浪费问题，并且能提出很好的改进措施和意见。我行的成本收入比持续下降，但合理与否，不能简单地看指标，也不能仅看费用节约情况，还要看投入有没有做到最优，特别是各期战略性投入要充足。像员工培训经费比例，2010 年就可能还要进一步加大。类似的评估和建议，相关部门要纳入日常工作当中。

行政管理、公关宣传、人力资源等部门，要针对市场特点提高专业化工作水平。继续按传统的办法来做宣传、打广告、搞公共关系，已经不能很好地满足工作需要了。比如，公益捐赠的方式方法都有需要改进的地方，从项目选择、合作对象选择、项目执行到相应的评估和审查，都要研究更有效的途径和手段。又比如，每年发布社会责任报告总要在封面图片设计、色彩选配等方面费很多工夫，但与国外一流银行和一些国内同业相比，仍有明显差距。这里边有很多讲究，比如颜色搭配不好，就失去协调和美感，看不出银行的档次和水平。再比如，设计行旗、行徽时，也费了很大的劲儿，我们似乎找不到合适的人来做好这些事。建设银行的中、英文信纸，厚薄程度、什么颜色、上面印多少字等，都需要仔细推敲。这个问题早些年就提出来了，现在还没解决好。类似这些事情看起来很小，但都得开动脑筋，按照专业化的思路，一点一滴地才能办好。其实，在所有的方面都是这样。

研究部门以及其他各部门、各分行开展研究分析工作，都要改变过去习惯的模式。必须承认以往的研究工作取得了很大成绩，对银行发展也作出了很多贡献，但也存在很多问题。搞研究，要看是不是抓住了实质内容、是不是有独立见解、是不是有自己收集和分析的独特材料，如果没有这些特点和东西，这个报告就不值得看。另外，我行有个投资学会，历史上确实也发挥了很好的作用，并且主办了国家级核心期刊《投资研究》，可能很多同志对它很有感情。但是，现在投资学会已经不能适应银行的发展了，不符合企业单位和事业单位分开的方向，分配资源方面也不符合上市公司的财务会计规范。党委经过认真讨论，准备注销投资学会，将研究力量进一步集中起来，一心一意办银行。借这个机会，也给大家通报一下，请相关同志积极支持和配合落实这项决定。

支持和保障部门的战略转型工作涉及方方面面，还有很多。比如说安保部门，就要适应现在银行的新环境、新问题采用新手段、新办法来搞好安全保卫工作；信访部门就要有针对性地处理好新问题；总务后勤部门也必须有新观念新方法才能做好相关工作。大家可以围绕改革发展要求，进行更加全面、更加深入的探索。

五、关于干部培养和人才队伍建设

关于干部培养和人才队伍建设这个问题我在年度工作会议上讲过。最重要的是一定要从建设银行事业长远发展的角度出发，切实加强干部和人才队伍建设。中央刚刚印发了全国人才发展中长期规划纲要，有许多战略性要求，我们各级机构都要学习并研究如何贯彻落实。

合理优化领导班子结构，使领导班子发挥出更大的效能。一个好的领导班子，在年龄结构上应当有落差，在知识结构上要能互补。由于种种原因，不少分行领导班子主体基本上还是 50 年代出生的同志，没有达到梯次配备的要求。一些分行班子成员毕业的院校、所学专业比较集中，知识结构的搭配不够合理。调整配备分行领导班子，要从着重考虑班子成员的个人素质转为重点考虑领导班子的最佳组合。建立领导人才开发的长效机制，积极创造条件使优秀年轻干部走上各级领导岗位。加强交流与培训，特别是结合班子调整，加大总行和分行之间的干部交流力度，提高干部的综合能力。

在干部选拔任用方面，各级党委要坚决贯彻落实中央从严整治用人不正之风的要求。李源潮同志在贯彻实施四项干部监督制度会议上讲，要继续以最坚决的态度同用人上的不正之风进行战斗，落实十七大提出的提高选人、用人公信度的目标，要求非常高，讲得也非常重。昨天辛树森同志传达了有关文件精神，这里我再强调一下，要落实中央有关要求，就我行来说关键是严格管理各级领导干部。选拔任用干部要广开言路，采取多种推荐形式，自我推荐也可以，但都要用书面的方式，做到认真、严肃。选人、用人程序要公开，要充分发扬民主，认真评议，同时不能简单地以票取人。党委酝酿讨论干部人选，每一个领导班子成员都要从大局出发，本着对事业负责的精神，坦率、诚恳地提出自己的意见。组织决定后要履行规定的程序，不论是哪个环节的要求，都要严格执行，不能省略。对于拉票贿选、买官卖官、突击提拔、造假骗官等问题，一定要严厉查处。特别是扩大民主推荐范围后，容易出现拉票问题，对此要保持高度警惕，一旦有这种迹象，就要坚决制止。

积极推进纪检监察的“三个融入”，加大反腐倡廉工作力度。要使纪检机构的组织框架与银行公司治理融为一体，纪检监察工作与内控风险防范融为一体，纪检监察干部与业务部门融为一体，持续提高监督监察能力。现在分行对亲友回避制度执行起来不太一样，有的自觉，有的不自觉；有的严格，有的不严格；有的有文字记录，有的没有文字记录。这种状况必须尽快改变。我们有明确的规定，如果你回避不了就必须公开，公开得有文字记载，否则一旦出了问题，你自己说不清楚，组织上也没法替你说清楚。尽管我们反复提示和教育，最近还是发现个别原来是一级分行副职的干部有接受商业贿赂和利益输送的问题，很让人痛心。只要你拿了好处，而且是不合法收入，一发现就得马上处理，刑事责任再另说。这是党纪国法的要求，没有任何商量余地。

人才建设方面要进一步加强。近几年我们做了许多工作，如设立各种人才库、从市场招聘专业人士、加大培训工作力度等，但是与形势发展要求相比，差距还比较大，有些专业条线还存在人才流失问题。例如私人银行和财富管理条线，本来就缺乏理财师，但是有的分行由于长期解决不好考核评价问题，留不住人。此类问题必须引起各级分行“一把手”和领导班子高度重视，要尽快研究解决。

六、关于深入开展创先争优活动

按照中央要求，全行在基层党组织和党员中深入开展创先争优活动，这是学习实践科学发展观活动的延续和深化，具体实施意见总行已经下发。这次活动主要有四个方面的具体目标，能不能取得实效，关键是要与我们的工作、业务、学习等各方面紧密结合起来。

一是创建学习型的党组织，推动科学发展。要创造一些好的学习方式、方法，增强党性修养，进一步巩固和扩大学习实践科学发展观活动成果。现在大家学习热情很高，学习手段也越来越多样化，但很多东西只通过书本是学不来的，更多地要靠交流、互动。比如，我们在井冈山举办干部研修班，通过实地考察学习，将“坚定信念、艰苦奋斗，实事求是、敢闯新路，依靠群众、勇于胜利”的井冈山精神传承到银行实际工作中，效果就很好。我个人体会，有几个问题不到实地就总也搞不清楚。第一是关于王佐、袁文才被杀，有很多资料，但说法各异，到当地看过后，很快就能理解“土客矛盾”是最主要的原因。第二是根据地的后勤保障问题。在敌人严密封锁、产谷不满万担的井冈山，那么多军民靠什么生活？其实，根据地那时候就开始搞“社会主义市场经济”了。改造、开辟红色集市，与相邻的湖南、广东之间的商品流通很活跃，要粮有粮、要布有布、要盐有盐，规模最大时据说赶集人数有五万之多。第三是货币流通问题。跟银行关系最密切，也是到了那里才能搞明白的，就是根据地有一套货币流通体系，包括铸造发行土洋结合的“工”字银元，模子上刻的是“墨西哥共和国”。像这些宝贵的经验和知识，都只有亲身考察才可以真正了解和理解。

二是提高工作质量效率，服务好客户和群众。银行开展创先争优活动，就是把“全心全意为人民服务”的宗旨落实到客户服务工作中。网点转型后，我行起初在服务方面还有一些优势，现在同业经过学习很快就赶上来了。最近的“神秘人”暗访调查和我们内部开展的一些检查，对我行的客户服务质量总体评价都不像过去那么突出、那么领先了，而且还发现在一些方面有所松懈。比如，很多网点大堂经理经常不在岗，其中有不少还配备了两个或两个以上大堂经理，但工作时间里找不到他们。“电话宝”用借记卡实时支付，怎么会隔天才到账？我们要进一步解决市场和客户反映强烈的问题，优化产品和流程，持续改进各项服务，为客户提供更多便利和实惠，争取各方面都能领先同业。

三是坚持依法办事，努力构建和谐建行。处理内部矛盾时，要恪守诚信第一，首先把思想政治工作做在前面，尽可能使问题消灭在萌芽状态，不要等到对簿公堂时再着手解决。最近，出现了内部员工对建设银行提起诉讼的事情，有的是劳务纠纷问题，有的是下岗分流问题，有的是其他事情。这种案例的发生有许多原因，总体上说也是必然的、正常的，但是我们还很不习惯，还不知如何处理，这就需要引起重视。我们要牢固树立依法办事的观念，不要靠行政命令或其他手段处理法律问题。同时，我们也要认真刨根析源，找出问题成因，采取有针对性的工作措施。就像对待疾病一样，要以预防为主、治疗为辅。真正能够治好的病是不多的，但是预防很重要，很多病是可以预防的。要动员和调动各方力量，继续做好维稳工作，妥善解决协解人员的历史遗留问题，探索建设和谐企业、和谐社区、和谐社会。

四是大力弘扬优良作风，加强基层组织建设。党的基层组织强不强，直接反映在员工士气、精神面貌、工作风气、经营业绩等方面。要进一步优化基层党组织设置，提高党组织负责人素质，增强党员队伍活力，真正做到“五个好”和“五带头”。用良好的党风建设带动行风建设，真正把党的政治优势转化为科学发展优势，把党的组织资源转化为科学发展资源，把党的建设成果转化为科学发展成果，使这次活动取得扎实的成效。

在建设银行夏季工作会议上的讲话

郭树清

（2010年8月30日）

同志们：

刚才张建国行长、谢渡扬监事长和张福荣副书记分别作了重要讲话，我完全赞同他们的意见，请大家结合实际认真贯彻执行。下面，我就当前经济金融形势、经营管理工作中的突出问题和近期工作补充谈一点看法，请大家一起来研究，共同做好今年后几个月的工作。

一、关于当前经济金融形势

首先从国际来看，总体上保持了经济复苏的态势，但发达国家各国复苏的程度不太一样，第二季度与第一季度相比，复苏的动力趋于减弱。美国比较典型，第一季度经济增长3.7%，第二季度增长2.4%，目前预计全年增长可能低于3%。德国和法国是影响和决定欧盟乃至整个欧洲的主要经济实体。德国在上半年的经济恢复情况远远超出年初的预测，出口大幅增长，估计全年增长将达到2%左右。法国经济的表现比德国弱一些，但也不错，预计全年增长1.4%。日本经济连续三个季度保持正增长态势，2010年第一季度环比增长1.1%，第二季度骤然放缓，环比仅攀升0.1%。澳大利亚、新西兰上半年经济增长在3%左右。

亚洲是全球经济复苏得最快的地区。新加坡上半年增长18%，世界第一，预计全年增长13%～15%。中国香港上半年增长7.2%。印度、印度尼西亚和马来西亚的情况也不错，上半年分别增长7.6%、5.1%和9.5%。2010年其他地区的发展中国家和新兴经济体的恢复也比较顺利。从已公布的数据看，南美洲、拉丁美洲各国增长势头明显。巴西第一季度增长9%，第二季度增长6.5%左右。阿根廷、墨西哥上半年分别增长9%和6.9%。在非洲，上半年埃及、南非分别增长5.3%和2.3%，预计全年将分别增长5.5%和3%左右。俄罗斯摆脱了经济衰退，上半年增长4.2%，预计全年增长4%。“金砖四国”不仅经济反弹迅速，有的甚至出现过热现象，消费物价指数加速上升，印度、巴西为抑制通货膨胀已经加息。

国际经济形势的变化对中国最直接的影响表

现在出口方面。自2010年1月开始，中国出口已经恢复到2008年的水平，第二季度以来单月出口增速均在30%以上。2010年6月，单月出口额和进出口总额刷新2008年7月的历史纪录。中国对全球经济的影响也日益增强，而且实际上比许多政府官员和经济学家的估计都更大一些。2010年年初，国内对石油、煤炭、铁矿石、有色金属、其他各种原材料和半成品以及机械设备等进口快速增加，明显拉动国际市场价格上扬，之后国内需求略微放缓，这些商品的价格很快又回跌下来。到第二季度末，中国的经济总量已经超过全球第二大经济体日本，仅次于美国。对中国当前的发展水平，我们一定要有实事求是的认识。

第一，中国与发达国家在经济实力上的差距仍然是实质性的。如果按照购买力平价计算，其实中国早就超过了日本，甚至是日本的两倍。但中国人口是日本的10倍，人均产出按汇率计算为4 000美元左右，约为日本的1/10；按购买力平价计算，中国的人均产出不足8 000美元，约为日本的五分之一。这次金融危机虽然被认为是百年一遇，但对发达国家实体经济造成的负面影响非常有限，远远低于预期。

第二，从企业竞争力来看，国内企业与国际一流企业的差距也非常明显。虽然包括港台在内，中国已经有54家企业进入《财富》杂志世界500强，但这些企业基本上是靠客户数量多和市场规模大上榜的，更多的是以量取胜，拥有世界级的品牌、具有高端技术优势或者领先的文化创意的企业非常少。而且在一定程度上，国内企业与这些全球真正最强企业的差距可能还在扩大。《财富》杂志另外公布的美国500强企业，对美国本土经济的依赖性已经很小，例如2009年美国经济是萎缩的，但它们的利润总额仍有3 906亿美元，比上年增长192%，平均每个企业盈利近8亿美元。这说明它们从经济高成长的其他地区充分地分享了高收益，同时，即使金融危机引发了国内的高失业率，对这些公司的影响也不一定是负面的，相反成为其精简机构、削减成本、增加利润的有利因素。

第三，发达国家科技教育水平一直处于领先地位。如果按照包括经济增长、人力资本、知识财富和生态环境等各种相关指标在内的综合发展水平来排名，虽然有不同的统计方法，但中国在最好情况下仍然会位列全球第80名之后，甚至可能在百名之外。

第四，发达国家在国际货币金融方面的主导地位没有削弱。虽然自金融危机爆发以来，国际货币金融市场跌宕起伏，但美元的强势地位并没有出现一些预测所宣称的崩溃状况，有好几次市场最动荡的时候，美元都在升值，因为它成为避险工具。

因此，尽管全球经济可能还会出现反复波动，甚至还会发生所谓的二次探底，但这都难以从根本上削弱发达国家强大的经济、金融和科技实力。这些情况如果发生，对中国肯定会有影响，但影响也是有限的，不会特别大。我们一定要客观看待这些情况，保持清醒的认识。

对国内经济金融走势应当更加关注。总体上看，经济增长速度在高位上有所回落。上半年增长11.1%，其中第二季度增速为10.3%，比第一季度的11.9%降低了1.6个百分点，但是与资源环境的可持续性相比还是偏快。前7个月固定资产投资同比增长24.9%，比上半年回落0.6个百分点，但仍维持在较高水平。7月尽管出口额环比有所上升，但是增速减缓了4.8个百分点，同时，进口额环比也有所减少。前7个月社会消费品零售总额同比增长18.2%，在消费结构方面变化比较明显，7月汽车和住房消费环比增长虽然有所减少，但同比增速仍很强劲。7月末消费物价指数同比上涨3.3%，创21个月以来的新高；工业品出厂价格指数同比上涨4.8%，但环比下降了1.6个百分点，这是一个趋好的现象。另外，各地区加大节能减排工作力度，积极争取9月底前达到进度要求，一批高污染、高耗能企业被勒令停产关闭。

前7个月金融运行是货币供应松紧交替，但总的趋势是收紧，这是第一个特点。7月末，M_2同比增长17.6%，增幅比6月和2009年同期分别低0.9个和10.8个百分点；M_1同比增长22.9%，增幅比6月和2009年同期分别低1.7个和3.5个百分点，但M_1和M_2的增速与全球其他国家相比仍然非常高。金融机构超额储备率为1.58%，比上月减少0.24个百分点，反映了金融体系资金持续收紧的趋向。但是，市场利率呈现下降趋势，这又说明短期资金非常充裕。7 月同业拆借月加权平均利率为 1.67%，比 6 月低 0.64 个百分点。人民币存款当月增加 1 609 亿元，同比少增 2 494 亿元，实际增加额几乎全部为财政存款，通货膨胀预期加大可能是企业和居民存款流出的重要原因。

金融运行的第二个特点是信贷增速持续放缓。7 月末，本外币贷款同比增长 19.1%，人民币贷款同比增长 18.4%，比 6 月末高 0.2 个百分点，比 2009 年同期低 15.6 个百分点；7 月本外币贷款增加 4 881 亿元，外币贷款减少 56 亿美元。预计 8 月的情况也不会有太大变化。

第三个特点是直接融资比较活跃。自 2010 年以来，IPO、上市公司增发融资、创业板上市、新发行各种债券的情况都非常突出，农业银行创造了全球最大 IPO 的纪录，政策性银行债券和短期融资券上半年的发行量同比分别增长 68% 和 136%，包括我行在内，有很多银行在忙着补充资本金。另外，各类信托理财计划的增幅也相当大。

第四个特点是通货膨胀的势头在强化，这也是最突出的特点。国内消费物价指数（CPI）计算所选择的商品和服务篮子按照吃、穿、住等用途分为八大类，由于历史原因，整个体系以食品为主导，食品类的统计权重达到 32.79%，虽然近 30 年来这个比重下降了一半，但仍是最大比重。随着生活的改善，城乡居民主要的大额支出已经变为住房、医疗和子女教育，而这些消费在篮子构成中权重很低或者未纳入统计。比如，市场房租和自有房屋的虚拟租金合计，在篮子中的权重仅为 3% ~4%。美国的 CPI 体系以住房消费为主导，仅房租和虚拟房租的权重就达到 32%，其他工业化国家住房消费的权重也普遍在 20% 左右。如果将家具及装修材料价格、物业管理费、维修费、水电燃气的价格等相关指标考虑进来，中国居住类消费占 CPI 的比重为 14.69%，而美国按照这个口径，住房消费的比重就会提高到 42%。假设将市场租金和虚拟租金的权重调整到合理水平，比方说占比 20% 左右，那么在 2010 年这样的房屋租售形势下，国内消费物价水平会有很大上升，以此衡量的通货膨胀情况就会很不一样。

2010 年以来通货膨胀预期的不断增强，也是 2009 年货币信贷过快增长滞后效应的显现。这与 2010 年房价、房租持续上涨一样，可能都是难以避免的结果。另外，在国际市场波动，特别是粮油等相关商品价格明显上涨等因素作用下，市场对通货膨胀的预期可能还会强化。综合以上这些因素来看，国内通货膨胀形势的确不容乐观。消费物价指数连续六个月高于 1 年期存款的基准利率，目前 1 年期存款的实际利率为 -1.05%，这样的状况很难持久。但是，实际走势究竟怎样，我们必须始终密切关注，这会直接影响到银根松紧、债券投资组合价值、作为银行服务对象的企业和居民的避险偏好、银行的筹资成本等，因此十分要害。

二、关于现阶段经营管理工作中的几个突出问题

2010 年以来，全行积极稳健地推进发展方式转变和业务结构调整，保持了良好的发展势头，业绩增长突出，净利润、平均资产回报率、平均股东权益回报率等多项指标在全球大银行中继续位居前列，中间业务和小企业、“三农”、民生金融等战略性业务进步显著，获得社会各界和媒体的充分肯定与高度评价。同时，也要清醒地看到，在一些方面和个别领域，我们的工作还有明显不足，最突出的有以下几个问题，必须引起高度重视，尽快采取有力措施加以扭转。

（一）存款和筹资工作面临严峻挑战

当前我行存款下降情况比较明显，而整个银行业在这方面的增长情况也不太好。刚刚过去的 7 月，居民存款净下降 400 多亿元，比 2009 年同期多减少 300 多亿元。尽管有很多近期因素的影响，如宏观调控、同业竞争激烈、客户理财比例上升等，但也必须看到长期因素在其中的作用。特别是从长远来看，企业和居民持有现金、银行存款的偏好将稳步下降。中国金融资产结构的多元化发展也许不会出现类似欧美以股票、保险和有价证券占据主导的情况，将来银行存款还会占有相当大的比例，但这个比例持续下降是一个必然趋势。随着利率市场化改革的深入、资本市场的进一步发展和社会保障机制的不断完善，企业和居民会更加注重选择可以带来较大收益的投资方式。就是中小企业未来也肯定不会把很多钱都放在现金账户上。居民个人会寻

求更加合理的资产组合，将部分存款拿出来作获利更大的投资。即使不是负利率的环境，保持存款绝对主导的资产结构显然很不划算。存款和筹资是银行经营活动的一个重要侧面，我们必须把握好客户金融资产的变化趋势。

客观来看，建设银行在这方面有着自己的优势和不足。从优势上来讲，在实施零售网点和公司业务转型后，客户服务水平大幅上升，理财产品销售能力明显增强，网均生产率持续提升，应该说具备了更好的平台和手段。但是，我行的劣势也相当明显，主要是历史上形成了基本户比重较低的客户结构、对高端客户的经营力度不够、产品研发跟不上市场需要、个贷等能带动存款的业务增长慢于同业，等等。在当前一些同业的不规范竞争下，我行自身的不利因素可能会显得更加突出，但是我们绝不能效仿那些违规做法，一定要正视自己的弱点和不足，加紧弥补和改善，严格按照监管要求和职业操守扎实做好工作，力争尽快扭转存款和筹资的被动局面，靠实力赢得客户和市场。

（二）基础设施贷款管理出现了一些新情况

基础设施融资是建设银行的传统强项，但我们的服务必须跟上形势发展，并及时进行调整。从国家宏观管理角度来看，对基本建设的投资势必会从2009年的非常时期逐步回归到常态，因此，新开工、新上马的项目必然会减少，这方面的融资需求也将逐步弱化，这是毫无疑问的。而且，根据国家的要求，现在基础设施项目安排的建设资金，重点是用来保证已开工的在建项目，而不是铺新摊子。我们在调查中也发现，分地区、分领域来看，确实存在一些重复建设的问题，其中也有一些未来现金流不是十分理想的基础设施项目。因此，即使是对铁路、公路之类的基础设施项目融资，我们也不能掉以轻心，必须审慎把握，分地区、分行业进行认真、全面的评估审查。

清理整顿政府融资平台是基础设施领域当前面临的最大问题。尽管目前全行对政府融资平台贷款的不良率仅为0.11%，不良贷款总额也只有6亿元左右，但我们必须高度警惕，绝不能忽视潜在风险，并要尽早采取措施避免情况恶化。现在，已经有一些项目开始出现了本息偿还的困难，一些公司多头获取银行授信，具体情况我们暂时还不能完全掌握。

我们要密切关注地方金融生态，稳健地发挥基础设施领域的专业服务优势。要统筹考虑地方政府的信誉情况、当地经济发展的可持续性、债权债务关系是否复杂、是否落实有效的抵质押等情况。目前，全行政府融资平台贷款抵质押率在75%左右，但押品的变现抵债能力如何，还要实实在在地进行评估。像上市母公司拿持有的关联上市公司股票质押就不一定那么可靠，因为母公司发生问题通常会拖累到上市公司，这种质押就不太有效。现在一些新任的地方领导对落实银行的债权说得很好，但是一旦任期届满或调整换人后是不是还能有同样的保证效力，可能就不一定有很大把握。对欠发达地区政府融资平台的公益性主导项目，要给予重点关注。目前全行公益性主导项目有900多亿元，而欠发达地区就有300多亿元，大约占1/3。这些地区平台数量很多，而且有相当一部分还属于县一级，公司数目超过总数的一半，偿债能力有限是一个不争的事实，相关分行务必尽早落实第二还款来源，增加抵押、质押。另一个需要特别关注的是那些有可能撤销的公司。在清理整顿和规范运作过程中，对资金来源不实或难以补充获得土地等开发资源的一些公司进行关闭或撤销常会发生，但银行的债权可能会因此被悬空。这种情况在20世纪90年代我们就遇到过，因此必须及早提防，不能重蹈覆辙。

在我行内部，对地铁、公交、电力、电网这些国家政策鼓励和有政府支持背景的行业和项目，贷后日常管理工作与其他项目相比往往显得比较薄弱，一个季度下来或一年下来，这些项目可能会让人感觉没有太多的变化。我们有不少分行的贷后检查和案头工作都做得非常仔细，对所有项目一视同仁，但也有些分行的信贷经理、风险经理对这类基础设施贷款项目的管理就不是那么认真和上心，没能及时发现和提示相关预警信息，一些要求填写的检查表甚至是空白的，这种情况必须尽快改变。

（三）制造业和批发零售业仍然是不良率比较突出的领域

近几年来，我们一直在限制对制造业和批发零售业的信贷投入，也取得了较明显的成效，但比较而言，结果还不是很理想。到2010年7月底，全行制造业不良贷款率下降到1.93%，批发和零售业不良贷款率下降到2.8%，与其他行业相比，这两个比率仍然明显偏高，过去曾处于更加高位的建筑业和房地产业，不良贷款率都已经回落到更低水平。阅读风险管理部对各分行2009年度风险管理评价报告，我们看到一些长期以来业绩表现很好的发达地区分行，如上海、福建、江苏、浙江等分行，排位却在明显下降。尽管这与模型参数、权重设定有关，也不能因此说明这些分行的效益就差了或者风险相对更大一些，但是这个情况提醒我们，在风险暴露时，这些分行在总量上可能会更多和更加突出。仔细研究也可以发现这些分行对制造业和批发零售业的贷款比例都比较高，我想这是其中一个重要原因。因此，我们要继续加大力度，坚定不移地压缩一般加工制造业和批发零售业的贷款。

对当下时兴的装备制造业也一定要慎重支持。即使是对定位于高科技、新能源、绿色环保行业，从事太阳能发电设备、风力发电设备、电动汽车等生产的企业，尽管从产业政策、政府支持等角度来看是没有问题的，但在进行具体的信贷审查工作时，也要具体情况具体分析，不能被表面的光环所迷惑。要坚持从严把控，特别是要重点关注项目运作的商业可行性，以避免未来发生重大损失。有几个分行与当地工业园区签署了相关合作协议，承诺授信金额由几十亿元到几百亿元不等。在具体项目选择和审查环节一定要加倍小心，真正全面、充分地评估好各种风险，严禁打捆授信和放款。

同时，必须继续大力发展小企业业务。对小企业信贷，我们不搞行业限制。小企业包括微型企业，具有与一般公司客户不同的生命周期和风险特征，因此对小企业业务要单独考核，对小企业不良贷款的容忍度也比一般的公司类贷款高出许多，因为我们有风险定价机制的要求，利率必须相应上浮。我们要抓住机遇尽快做大、做强小企业业务，需要支持的优质小企业客户，在控制好风险的前提下，即使属于制造业或者是批发零售业，也不应该使相关业务的开展受到影响，这是我们必须坚持的一个基本原则。

（四）个人贷款的市场地位受到明显削弱

我行个人贷款的市场份额曾长期处于同业领先的地位，但近年来一直在下降。根据人民银行的统计，到2010年7月底，居民户贷款余额达10.3万亿元，比年初增加1.9万亿元，同比增长46.6%，其中个人住房贷款余额达到5.76万亿元；非金融企业及其他部门贷款余额达36.9万亿元，比年初增加3.4万亿元，同比增长11.3%。由此来看，国内银行业一年来对个人贷款的增速超出公司类贷款增速3倍以上。我行的个人贷款虽然自2009年7月以来增速达到28.2%，明显超过公司类贷款11.96%的增速，但是相对于全国情况来说仍然落后，因为我行全部贷款的增速在同业中较低，个人贷款市场份额也因此出现相对下降。

从历史来看，2006年我行个人贷款增长在四大行中最快，当年工、农、中、建的个人贷款增长率分别是8.66%、2.94%、24.87%、25%；2007年我行个人贷款增速有所放缓，当年工、农、中、建的个人贷款增长率分别是26.71%、23.96%、31.97%、22.88%，当年工商银行个人贷款余额超过我行；2008年在国家加强宏观调控的背景下，我行个人贷款增速恢复到四大行最快水平，当年工、中、建的个人贷款增长率分别是10.27%、11.74%、13.48%，农业银行负增长；2009年我行个人住房贷款的市场领先地位发生了根本性变化，当年工、农、中、建的个人贷款增长率分别是45.54%、69.90%、45.98%、32.37%，工商银行取得个人住房贷款市场第一。2010年上半年，我行个人贷款的增加额在四大行中也最少。还要注意的是，中小银行个人贷款的增速一直都很快，并在竞争中取得了越来越大的市场份额。回头来看，2007年、2009年这两年是我行个人贷款市场地位明显被削弱的重要节点，目前在四大行的占比较2006年已经下跌4个多百分点。

关于个人贷款与公司类贷款孰优孰劣的问题，不能简单地下结论，要看所处的具体的时间段、区分不同的行业和考虑银行管理水平的差别等因素。如果从直接的利息收益来看，目前我行个人贷款的实际执行利率比公司类贷款低0.45个百分点，但从信贷成本来看，个人贷款的不良率比公司类贷款的不良率低0.65个百分点，综合起来算账，个人贷款相对更能赚钱。前些年谢渡扬监事长曾经为此专门作过简单测算，得出的结果是公司类贷款累计创造的利息收入基本上与历年呆账核销的总额相当，大致是不亏不赚，而个人贷款算下来是赚钱的，因为个人贷款业务从开办直到2006年累计发放金额大数是1万亿元，损失额累计仅有100亿元左右。当然，近些年的情况已发生根本变化，公司类贷款的信贷环境和风险管理都已今非昔比。尽管如此，我们还要看到，在我国，公司和机构的信誉较之个人还是差一些。也有的同志说，公司类贷款的经营管理成本较低，这也是事实，但是个人贷款的市场渗透率更高，而且还锻炼队伍，避免“吃大户”、“养懒人”的问题。

从2005年开始，我们就强调零售业务战略地位的重要性，这并不是说要放松公司业务，这是基于对金融发展未来的判断。个人贷款在全部贷款中的比重上升是必然的，公司类贷款的占比将随着直接融资的发展逐步弱化。居民过去没有用贷款来消费的习惯，而现在这个消费模式越来越普遍，这也是个人贷款得以持续增长的根本原因。总行已经明确，今后几个月分行可以根据自身收益与风险管理情况，将公司类贷款指标调剂到个人贷款上。实际上，有一些对大企业、大项目的贷款由于定价能力薄弱，确实并不怎么赚钱，还不如将客户还贷腾出来的规模和资金用于支持小企业、微型企业和发展个人贷款业务。当然，这方面工作不是简单地转移资金投向就可以完成的，真正做好是要认真下工夫的。

以上四个突出问题在各地的情况也不一样，所以不能“一刀切”地作出统一的要求和规定，请大家根据本行实际认真加以研究，及时采取有效的对策。

三、关于近期的几项重点工作

面对复杂多变的形势和越来越激烈的市场竞争，我们要更加扎实地做好内部管理工作，加紧推进和完善各项改革，进一步提高专业化、精细化的服务能力。2010年年初工作会议部署了公司业务转型、个人服务专业化、信息技术和电子渠道建设、中后台集中、产品创新与流程优化、重点成本管理项目等重点工作，现在时间过了一大半，全行进展不太平衡。我们要在认真总结经验的基础上，系统研究分析存在的问题，采取更大力度的落实措施，使改革在全行发挥出提高生产力、创造更大价值的作用。以下几项任务要作为近期的重点工作全力做好。

（一）继续因地制宜地抓好信贷结构调整

2010年是全行“贷后管理年”，相关工作要区分行业、区分地区、落到实处。像前面说到的个人贷款、小企业信贷、基础设施贷款项目的日常管理工作，一定要切实加强。同时，要继续密切关注“十一五”节能减排工作进展情况，充分考虑环保风险，及时采取有效的应对措施。

我行发放的个人助业贷款有相当部分实际上是经营性的，用款人往往可能是借款人所在的小企业或微型企业。我们一直在强调拓展小企业业务没有必要严格地去划定究竟属于“对公”还是“对私”，因此没有硬性要求将其完全分开，个人贷款中心在实际运营过程中也通过个人助业贷款支持了一些小企业。这些目前作为消费类信贷统计，但实际上是用于做生意、搞经营或研发产品的个人贷款，要尽早纳入小企业业务统一管理。如果一下子难以做到，可以分两步走，先两头分别统计，这样更加有利于客户的日常维护、执行国家政策和开展宣传工作。

个人贷款的结构性差别值得关注。我行的个人住房贷款约占全部个人贷款的90%，个人消费经营类贷款占10%，而同业中的其他大银行的个人消费经营类贷款约占20%，在中小银行这个占比大约是30%。个人消费经营类贷款收益率较高，一般在基准利率基础上上浮10%～20%。小银行这方面的业务做起来可能更加灵活，而且只要风险防控得当，资产质量也不比大银行差。近年来我行的净利息收益率（NIM）总体走低，相对竞争优势在不断弱化，除了政策和环境的影响，这种结构性的差异可能是其中一个重要原因，大家可以进行更加深入的探讨分析。

（二）抓住突出问题，提升客户服务水平

在提高服务质量方面，我们还有大量工作要做，包括市场响应和内部管理机制的调整优化等。当前较为突出的问题，如丰富个人客户产品、健全财富管理条线、完善大集团客户统一服务模式等问题，要认真研究，尽快解决。像对中石油、中石化等集团客户的服务，必须着眼于全行一盘棋。鉴于具体的客户服务分散在相关分行，而存

款资金集中流向客户总部所在的北京等分行，为保护好参与协作的相关分行和基层的积极性，应加强考核激励，制定进一步细化明确的利益分成或补偿机制，并借助系统来实现。

总行相关部门还要针对市场需求，抓紧组织产品研发，及时部署相关系统上线。对中小企业和机构客户，特别是各类新兴的社会组织、中介机构和经济组织，各级机构都要有针对性地加大市场开拓力度。

（三）对专业化改革要进行评估和检查

对我行近年来开展专业化经营取得的成果和存在的不足，要进行全面、系统的总结评估。像小企业经营中心、“信贷工厂”、私人银行、财富管理中心的建设和公司业务转型、前后台分离、中后台集中的推进等改革事项，都要组织专门检查。各个分行首先要进行自查，总行也要尽快组织现场检查，重点督促分行落实总行的改革部署。总行各综合性部门、专业条线委员会都要迅速行动起来，切实负起责任。

最近，深化前后台业务分离项目已在深圳市分行上线，另一个试点分行河北省分行也将紧接着上线。这个项目涉及全行生产方式的重大变革，不仅能将大量的会计人员从交易核算事务中解放出来，而且将对我行未来营运效率、服务质量和风险管理产生重大影响。全行目前还有大量的会计人员配置在前台，每天处理的对公柜面业务实际上很少，而且趋势是越来越少，很多客户结算交易已经不通过支票等传统途径，更多地转向利用电子银行、网上银行系统。希望未上线的分行要积极做好准备，争取尽早上线，同时总分行对企业网银系统优化和相关的其他改进工作要抓紧落实。

（四）高度重视人才发展和员工培训工作

人才关系到建设银行的未来，关系到建设银行的核心竞争力，各级领导班子要比以往更加重视人才工作。前不久就贯彻全国人才工作会议精神召开了部分分行负责人参加的座谈会，会上大家提出了很多好的看法和意见。

我们首先要用好已有的人才，绝不能埋没人才、浪费人才。要坚持民主、公开、竞争、择优，大力挖掘内部的各类专业人才。很多分行在这方面做了尝试，效果也很好，竞争上岗搞得轰轰烈烈，可以继续探索和完善，但是不能忽视人才流失造成的损失。不少分行反映现在这方面的工作完全处于被动状态，基本上是单向输出。改变这个局面必须要拓宽人才入口，尽快形成多元化的揽才渠道。2010年也有一些分行通过公开招聘的方式，从市场引进了急需的专业人才，收效不错，类似的好做法可以继续扩大试点和进一步推广。境外人才的引进工作也要抓紧。中央第二批吸引境外优秀人才的“千人计划”已经开始实施，我们要研究做好相应的方案，争取抓住机会吸收一批业务中坚骨干。

对新一轮大规模培训工作，应区别不同层级人员有针对性地安排培训项目，特别要加强境外培训力度。比如，总行将统一组织针对一级分行和总行部门负责人，包括总经理、副总经理、总经理助理、后备干部在内的境外培训班，希望大家做好工作安排，积极参加。

（五）贯彻落实中央一系列新规定、新要求，进一步抓好纪检监察工作

各级各部门要按照中央、中纪委关于企业及金融机构纪检监察工作的有关最新要求，结合我行实际，组织检查“四重一大”事项的决策执行情况、领导干部个人重要事项报告情况等工作。最近，中纪委、中组部、监察部还联合发文要求严厉整治干部选拔任用中的行贿、受贿行为，提出的工作措施非常严格，我们要与贯彻落实中央先前的相关文件紧密结合起来，一并认真执行，坚决制止选人、用人上的不正之风。可能也有个别人会借机采取不正当的竞争手段，比如无中生有地进行诬告等。对这种情况，也要引起重视，不能让另一种不正之风泛滥。另外，总行对廉洁自律制度进行了修订，并补充了一些新规定，包括实行领导人员礼品交公登记等制度，请大家务必认真落实和严格执行。

（六）深入开展创先争优活动，继续做好维稳和安全运营工作

从2010年5月初到现在，创先争优活动已经在全行开展起来了，也取得了初步成效，相关工作正在按照中央的要求向深入推进。创先争优活动必须紧紧围绕转变发展方式、调整业务结构的战略任务来展开，要用提高客户满意度、员工凝聚力和价值创造水平这些实实在在的指标和事实来检验来评比，确保收到推动科学发展、加强精细化管理的实效。各级党组织特别是基层党组织要认真总结已有的好做法，继续研究采取各种生动活泼的形式，融入改革发展全过程，争取创造出更多、更好的新经验和新成果。

继续做好维稳和协解人员工作以及安全运营保障等工作。这些工作要始终抓紧，不能有丝毫松懈，并且要积极应对可能出现的各种新情况、新问题。比如，目前银行安保工作面临的形势就很复杂，各类问题层出不穷，可谓五花八门。最近有报道广州光大银行大厦发生了邮包爆炸事件，还有北京社会闲散人员用自制 ATM 进行诈骗，等等。对类似事件我们必须保持警惕、加强研究。只有开动脑筋、多想办法，才能提高应变能力，妥善做好相关工作。

由于时间关系，我就讲这么多。这次会议期间，有一部分分行的主要负责同志正在外出学习，但分行贯彻落实的工作不能因此耽误。各分行在家的领导要尽快组织传达，并结合实际情况抓紧研究部署和落实好后几个月的具体工作措施，确保全行各项事业继续平稳健康发展，圆满完成全年工作任务。

在中央第一企业金融巡视组进驻建设银行动员会上的讲话

郭树清

（2010 年 10 月 20 日）

同志们：

刚才，中央第一企业金融巡视组组长黄智权同志、副组长张化为同志和中央巡视办曾明子同志作了重要讲话，深刻阐述了巡视工作的重要意义、指导思想、主要任务和方法步骤，对这次巡视工作作了具体部署，提出了明确要求。我们要认真学习、深刻领会、抓好落实。下面，我就如何支持和配合巡视组开展工作讲两点意见。

一、充分认识巡视工作的重要意义，把思想统一到中央关于巡视工作的要求上来

建立和完善巡视制度是中央在新的历史时期为进一步加强和改进党内监督、严肃党的纪律、推进党的建设作出的重大决策，并且写进了十七大报告和新党章。2009 年，中央颁布实施了巡视工作条例，使巡视工作更加制度化、规范化。金融是现代经济的核心，对金融系统开展巡视工作是党中央、国务院进一步加强对金融工作领导的具体体现，是对金融系统各级领导班子和党员领导干部进行监督管理的重要方式。

2004 年 7 月，正值我行股份制改革、财务重组、准备上市之际，中央派驻巡视组对我行进行了为期 3 个多月的巡视，提出了很多宝贵意见和建议；2006 年还对我行进行了“回头看”，对巡视的整改情况进行了检查监督，为我行实施股份制改革、建立现代金融企业制度提供了坚强的政治保障，对建设银行各项事业的持续健康发展起到了积极的推动作用。实践证明，开展巡视工作，有助于我们更加准确地理解执行党的路线方针政策和中央的经济金融决策部署，深入贯彻落实科学发展观，加快推进建设银行的改革发展；有助于我们进一步转变作风，加强领导班子建设、党风廉政建设和员工队伍建设，建立良好的从业规范和企业文化，提高全行的凝聚力和战斗力；有助于我们正视工作中存在的问题和薄弱环节，采取切实措施，认真加以改进。

时隔 6 年，在我行深入贯彻党的十七大和十七届五中全会精神，进一步应对国际金融危机影响、加快结构调整、转变发展方式的关键时期，中央巡视组来我行开展新的一轮巡视工作，充分

体现了中央对金融工作的高度重视、对建设银行改革发展的关心支持。

中央巡视组进驻我行开展巡视，是对我们工作的一次全面检查，既是一个发现问题、指出不足的过程，是支持和帮助我行改进工作的过程，对我们而言，是一次非常难得的学习机会。因此，我们一定要深刻理解巡视工作的内涵，把巡视监督工作任务与我行发展目标协调一致，把巡视工作与全行当前改革发展各项工作结合起来。要通过这次巡视监督，进一步促进我行加强党的建设特别是班子建设，发挥党组织的政治优势，确保中央的路线方针政策在全行的贯彻执行，全面推进建设银行的经营管理和改革发展，把我行建成世界一流的商业银行，为客户提供优质的服务，为实现经济社会平稳较快发展提供有力的支持。要通过这次巡视监督，促进全行反腐倡廉建设和各级领导人员廉洁从业，切实改进作风，增加各级班子和领导人员的政治意识、责任意识和大局意识，充分发挥其领导核心作用、战斗堡垒作用作和模范带头作用，进一步提高全行合规经营水平，更加有效地防治腐败和风险。

全行各级党组织和党员领导干部一定要从政治和全局的高度，深刻认识开展这次巡视工作的重要意义，把思想统一到中央对巡视工作的部署和要求上来，增强配合巡视工作的自觉性和责任感，自觉接受中央巡视组的监督和检查，积极主动地支持配合巡视组的工作，为巡视组开展工作创造良好条件，确保巡视工作顺利进行。

二、认真落实中央巡视组的安排部署，积极支持配合巡视组开展工作

巡视是一项政治性和政策性很强的工作。全行各级领导班子和干部员工要从讲政治、讲党性的高度，认真组织、统筹安排，全力以赴配合中央巡视组开展巡视检查。

一是认真组织学习。全行各级党组织要认真组织传达学习黄智权同志、张化为同志和曾明子同志的重要讲话，使各级机构和广大党员群众了解巡视政策规定，明确这次巡视工作的重点、方法、步骤及相关要求，做好接受检查的各项准备。

二是诚恳接受巡视监督。我代表总行党委真诚希望中央巡视组对建设银行党委班子建设和各项工作多提宝贵意见，我们要对照中央的决策部署、金融政策和法律法规，以高度负责的态度，深入查找分析问题，根据中央巡视组提出的意见和建议抓好整改落实，全面改进我们的工作。各级领导人员要本着对组织负责、对事业负责的态度，如实向巡视组提供情况、反映问题，客观、公正地提出意见和看法。作为党委书记，我和班子其他成员将诚恳接受巡视组的监督检查，恳切希望中央巡视组和全行员工对党委领导班子和全行工作提出意见和建议，尤其是对我本人及班子其他成员的工作提出批评意见。

三是切实做好协调配合工作。总行党委高度重视这次巡视工作，巡视组进驻之前，专门召开党委会议，研究做好巡视配合的工作安排。总行成立了巡视工作协调配合工作小组，由纪委书记辛树森同志担任组长，成员包括总行党委办公室、党委组织部、纪检监察部（巡视办）、总务部主要负责同志，具体负责与中央巡视组的联系、配合、保障、服务等各方面的工作。协调配合工作小组和总行各相关部门要按照巡视工作部署，为中央巡视组开展工作提供便利，做好服务保障工作，创造好的工作和生活条件。

四是统筹兼顾。要按照巡视工作部署，科学安排各项工作、时间及人员，为巡视组开展工作提供便利。对巡视组提出的问题和工作要求，要保质保量、及时高效地办理、回复。要处理好支持配合巡视工作与做好日常工作的关系，统筹兼顾，做到“两不误、两促进”。巡视组到分支机构调研，所在机构要全力支持、积极配合、周到安排。

五是严肃纪律。全行各级机构和领导人员不得以任何方式阻挠干部员工向巡视组反映情况，干扰巡视工作；对巡视组需要的各种资料、数据绝不允许弄虚作假，一经发现，严肃处理。这次会议后，我们将及时把此次巡视工作的监督范围、时间安排以及巡视组的联系方式等有关情况，以适当方式进行公布，广泛接受群众和各方面的监督。

同志们，接受中央巡视组的检查指导是一项光荣的政治任务，我们一定要高度重视，积极配合，求真务实，努力工作，真正使接受巡视的过程成为自觉查找差距、切实解决问题的过程，成

为推动科学发展、促进各项工作的过程，成为加强领导班子建设、弘扬优良作风的过程，切实使这次巡视工作成为推进我行改革发展的强大动力。

最后，我们再次真诚地表示，一定认真和积极地配合好中央巡视组的工作，祝中央巡视组在建设银行工作顺利！

三十五万员工团结一心 共创科学发展新的辉煌

——在第二届职工代表大会第三次会议上的讲话

郭树清

（2010 年 11 月 22 日）

同志们：

不久前，中央召开了十七届五中全会，我行也迎来了上市五周年纪念。在这个时刻召开职工代表大会，对我们全面贯彻中央精神，充分调动全行员工的积极性和创造性，进一步推动全行科学发展，加紧建设世界一流银行，具有十分重要的意义。刚才，张建国行长作了很好的报告，张福荣监事长也发表了很有针对性的讲话，我补充三点意见。

一、坚持以改革开放和发展转型为动力，我行上市 5 年来取得了骄人业绩

2005 年 10 月 27 日，建设银行成功在香港挂牌上市，成为四大国有商业银行中首家上市的银行。5 年来，我们按照党中央、国务院的决策和部署，深入学习实践科学发展观，持续推进内部改革和经营转型，在观念、制度、流程、管理等各方面都取得了长足进步，使建设银行由一个曾被市场人士讥讽为“技术上已破产”的银行，蜕变为主要财务指标世界领先的金融机构。截至 2010 年 9 月末，资产规模达到 10.58 万亿元，是上市前的 2.3 倍，5 年平均增长 20%；年化平均资产回报率达 1.46%，平均股本回报率达 24.87%，列国际大银行第一位；股票市值持续数年稳居全球上市银行第二位，不久前还一度达到第一位；《财富》全球 500 强排名，由 5 年前的 315 位升至 116 位；列《福布斯》“2010 中国品牌价值 50 强”第三位，在国内各银行中排名第一。我们的成绩具体有以下八个方面：

一是初步建立起现代银行制度。股权结构实现多元化，各公司治理机构运转高效。股东大会作为公司的最高权力机构，严格履行法律赋予的各项职责，充分体现出股东的约束作用；董事会议事规则和程序日益完善，董事既能够尽职、尽责地独立发表意见，又相互尊重密切协作；管理层积极落实董事会的战略部署，有序组织各项经营管理活动；监事会深入开展财务、内控和履职尽职监督。党委会发挥政治领导核心作用，主动创造条件支持董事会、高管层和监事会行使职权、依法运转。公司努力保障大小股东平等获取信息的权利，主动接受市场和社会监督，信息披露达到国际一流水准。

二是企业民主管理成效突出。在金融同业中率先建立全系统职工代表大会和符合银行实际的工会制度。定期召开职工代表大会，审议与职工切身利益相关的议案，为职工参与银行管理和建言献策开辟多种渠道。积极稳妥地推进行务公开，不断提高内部管理的透明度。通过“员工之声”调查、满意度测评等方式，了解并切实解决基层员工关心的问题，工作满意度持续提高。持续优化业务流程，引进先进技术，提高工作质量，减轻员工负担。连续四届评选“中国建设银行突出贡献奖”，严格执行奖罚分明政策。努力建设学习型组织，探索培育和谐型企业。累计救助困难

员工和协解人员 3.9 万人次，救助金额达 1.3 亿元。我行股改上市后在职工民主管理方面的探索受到了党中央、国务院领导的高度重视，2009 年吴邦国同志和王兆国同志对我行职工代表大会和工会工作作出重要批示，全国总工会、金融工会专程来我行调研指导。

三是业务结构调整取得实质性进展。制订并落实业务发展规划，初步形成批发与零售业务并重、传统与新兴业务并重、利差与非利差业务并重的发展格局。零售条线资产业务五年平均增速达 21%，经营贡献度显著提升。大力拓展小企业、“三农”、民生工程、文化产业等领域的金融服务，近三年累计为约 10 万个小企业客户发放贷款 9 600 多亿元，涉农贷款年均增长 30%，教育、卫生、文化等领域贷款余额超过 3 000 亿元。中间业务平均每年增长 50%，为四大行第一位，中间业务收入在主营业务收入占比超过 1/5，比 2005 年提高 2.2 倍。稳步推进综合化经营，为客户提供全面金融解决方案的能力显著增强。全球网络正在形成，已拥有 12 家境外分行和子公司，与1 430多家外国银行建立起业务联系。

四是专业化、差别化营销服务能力日益增强。在细分市场的基础上，灵活确定组织机构的规模、形式和职能。通过批发零售分开、大客户上移、网点统一管理等措施压缩层级，城市分行基本形成两级或两级半架构，2/3 的零售网点实现直管。新建各类专业化经营机构 2 000 多个，包括大中型企业中心 240 个，小企业中心 270 个，票据中心 200 个，个贷中心 570 多个，财富管理中心 140 多个，以及若干企业年金和工程造价咨询中心。零售网点全部完成向营销服务转型，其中 30% 已完成二代转型。建成个人理财中心 4 200 多个，配备专业理财师 4 万人，居国内同业第一。

五是风险内控水平显著提升。建立集中垂直的风险管理体制，统一全行风险偏好、客户准入和信贷政策。摒弃过去层层加锁的做法，将风险管理寓于客户服务之中，全面风险管理能力得到极大增强。资产质量保持了国有大银行最优，不良贷款率比 2005 年末下降 2.7 个百分点。在国内率先实行垂直报告的内部审计体制，大大提高审计工作的独立性、权威性，整改落实机制日趋完善。从最平常的事情入手，通过最基本的制度设计，细化落实公私分开、亲友回避、禁止内部营销、防止利益输送等规定。警示教育和执纪惩戒并举，案件数量和涉案金额连年下降。

六是劳动生产率迅速提高。不断深化与战略投资者的合作，积极学习和借鉴国外先进银行做法，初步实现由经验管理向数据管理的精细化方式转变。累计完成 1 260 个流程优化项目，前台大部分非实时交易事项转入后台集约运营，一大批中后台人员被调整充实到服务一线，全行劳动生产率大幅提高。与《财富》500 强美国大银行比较，5 年前，建设银行人均资产仅相当于其平均水平的 28.5%，人均营业收入只相当于 18.5%，人均利润相当于 33%，现在分别达到其平均水平的 60%、40% 和 140%。

七是员工队伍建设不断加强。5 年来累计投入培训经费 15 亿元，一线员工成为培训重点对象。推广领导力素质模型和岗位素质模型，健全完善管理、专业技术和经办岗位职务序列设置，开辟了多重职业发展通道。上市以来新增各类专业技术人员 3.7 万人，总数达 5.2 万人，另有 6.3 万人取得专业理财师的资格。实行与岗位价值、员工能力、绩效贡献相联系的薪酬制度，鼓励联动协作，收入分配向基层和一线人员倾斜。努力消除相同岗位上的多种用工制度差别，累计将 2.1 万名劳务派遣制员工转为合同制员工。

八是在履行企业公民责任方面广受赞誉。截至 2010 年 10 月 27 日，建设银行上市后对国家的贡献超过 9 300 亿元，其中累计上缴税收 2 254 亿元，国有股分红和上缴利润 1 665 亿元，国有股权市值增加 5 500 多亿元。累计投入公益项目资金物资约 6 亿元，其中向西部地区捐款近 3.6 亿元。资助贫困高中生“成长计划”超过 4 万人次、少数民族地区大学生“成才计划”4 000 人次、贫困英模母亲 3 600 多人次。全力支持抗灾、救灾，千方百计做好灾区金融服务。我们还在文化、科技、体育、卫生、环保、国防、外交等多个领域中参与了多项活动，作出了有益的贡献。获中国红十字基金会“改革开放 30 年最具责任感企业”、“中国扶贫基金会 20 年特别贡献奖”等一系列重要奖项，被亚洲权威机构评为中资银行可持续发展第一名。

建设银行股改上市以来的巨大进步，充分证

明中央关于金融改革的决策是完全正确的，充分证明实行社会主义市场经济也完全有希望培育出国际先进银行，充分证明建设银行党委班子坚强有力和新的公司治理结构充满生机，充分证明全行上下是一个团结一致、顽强拼搏、务实创新的优秀战斗集体。在这里，我代表总行党委、董事会、高管层和监事会，对每一位建行员工，包括所有离退休人员，表示最崇高的敬意和最衷心的感谢！

二、贯彻落实十七届五中全会精神，需要进一步激发员工的积极性和创造性

十七届五中全会重点讨论研究了关于制定第十二个五年规划的建议。“十二五”规划的指导思想最突出的是以科学发展为主题、以加快转变发展方式为主线，这也是规划的核心内容。转变经济发展方式不是现在提出来的，研究讨论也有许多年了。实际工作中究竟应把增长速度还是增长质量放在第一位，中央的态度非常明确。正如胡锦涛总书记所说的，这次国际金融危机对我国的冲击，表面上是对增长速度的冲击，实质上是对发展方式的冲击。我国发展过程中不协调、不平衡、不可持续的问题已经到了非常尖锐的程度，比如收入差别、社会保障、拆迁补偿、土地制度以及住房分配等社会矛盾非常突出，资源环境压力更大，原来的发展方式确实难以为继。温家宝总理在对“十二五”规划建议作说明时也指出，加快转变经济发展方式是我国经济社会领域的一场深刻变革，这项工作已经刻不容缓，而且必须作出艰苦不懈的努力。

党的十七届五中全会提出很多新思想和新方针，“十二五”规划建议稿里的新要求也有很多。我们学习贯彻中央精神，最关键的是深入领会中央的五项要求，并将其融会贯通到全行工作的各个方面，坚持把经济结构战略性调整作为加快转变经济发展方式的主攻方向；坚持把科技进步和创新作为加快转变经济发展方式的重要支撑；坚持把保障和改善民生作为加快转变经济发展方式的根本出发点和落脚点；坚持把建设资源节约型、环境友好型社会作为加快转变经济发展方式的重要着力点；坚持把改革开放作为加快转变经济发展方式的强大动力。

股改上市以来，我们认真学习实践科学发展观，努力转变业务发展方式，进行了卓有成效的探索。2008 年中央决定让建设银行进行学习实践活动试点，我们又进一步理清了发展思路，提出了“四个改变、四个树立”：彻底改变“官商”作风，进一步树立“以客户为中心”的理念；改变追求规模速度的经营思想，树立数量、质量和效益相统一的理念；改变过分注重短期效果的倾向，树立长期可持续发展的理念；改变单纯重视利润的评价标准，树立统筹兼顾企业绩效、社会关切和自然环境的理念。可以说，我们的安排部署既完全符合中央的要求，也完全符合银行改革发展的实际，全行要继续坚定不移地予以贯彻落实。从当前看，尤其要切实做好以下几项工作：

第一，持续推进发展方式转变。上市后不久，我们就根据经济和市场的变化，明确提出业务转型的战略，几年坚持下来，有了很大的收获，赢得了发展的主动权。同时，也要清醒地看到旧的经营模式根深蒂固，传统批发业务、加工制造业、大客户、利差收入仍然占有很大比重；即使是快速成长的新兴业务，总体来看规模还比较有限；低风险和相对高收益产品的种类和数量都不多；综合性的金融服务能力还相当薄弱；信贷结构调整的任务依然艰巨。

“十二五”时期国内将展开新一轮的调结构、扩内需、保民生、促环保。中央关于“十二五”的建议提出50多项重点工作，其中许多与银行关系密切。我们要以更大力度推进业务结构的全面调整，不断扩大已经取得的各项成果，持续提高零售业务、新兴业务、中间业务对经营发展的贡献度。小企业信贷工厂、网络银行、新农村建设贷款、民本通达综合服务方案、个人投资理财等新的配套产品要加紧完善和推广，同时要积极关注新的消费领域以及各类新兴业态客户群体，主动提供金融服务，开拓新的业务增长点。

第二，坚定不移地推进专业化改革。建立以客户为中心、以市场为导向、专业专注的经营管理模式既是各项改革的方向，也是实现发展方式转变、缩小与国际先进银行差距的要求。股改上市以来，新体制、新机制的活力已经充分显现，但改革在全行的进展还很不平衡。我们提出不搞“一刀切”，但不是说可以原地踏步，一定要敢于

创新、敢于突破。深圳市分行近年来全面整合内部资源，三年迈出了三大步。2008年将大客户上收集中经营，2009年借助深化网点转型建成零售营销服务体系，2010年全面实行扁平化管理，大量管理机构转为专业化营销中心或操作中心，业务拓展人员的占比提升到81.4%，管理人员和支持保障人员占比分别下降到10.2%和8.4%，市场竞争力迅速提升。从全行来看，各项改革措施的落实和完善还有大量工作要做，比如，加快公司业务转型、进一步推进前后台业务分离和集中处理、建立支持和保障部门的新型服务模式、提高各类专业化机构自主经营能力、理顺新设专业化机构与传统支行网点之间的关系、实现内部资源更加灵活、高效的联动，等等。

第三，全面实施精细化管理。我们的内部管理工作有不少地方还很粗放，制度规定过于笼统、研究分析缺乏深度、业务流程不合理现象还大量存在。精细化的思维方式和工作方式不仅要落实到每一个地方、每一个行业、每一个客户，还要落实到日常工作的每一个动作、每一个环节、每一个岗位。每次数据的输入更新、每项指标的稽核监控、每份报告的撰写完善、每回客户访谈的记录分析、每个问题的整改落实，都要做到严、细、实，保证高质量。

要更加深入地开展流程再造，进一步加强数据挖掘利用。近年来员工提出了7 500多条流程合理化建议，有85%已经得到采纳。2010年实施的170个流程优化项目，营运效率平均提高49%，业务差错率平均降低52%。信用卡中心与美国银行合作开展数据库营销，通过加强市场调查和客户行为分析，对潜在客户有针对性地开展办卡营销，使已有客户的信用卡渗透率从合作前的不足10%提高到17%，网点预审批发卡营销成功率由合作前的10%提高到19%，占到全行新卡总量的70%，还有力地推动了其他产品销售。这些事例说明，精细化管理对提高生产力可以发挥巨大作用。

基础管理要在细节上下工夫，要能够积极应对新问题、新挑战，逐步形成快速的自动反应机制。很多看似微小的日常工作，对银行稳健运营有着重要影响。比如计算机系统安全管理，一次宕机事故就可能带来难以挽回的损失，绝不能放松要求。又比如保密管理，以前密级文件多是纸质的，都锁在柜子里，比较好控制接触范围，现在有大量是电子的，存在不同的子介质里，面对高度信息化、网络化环境和各种现代化传播手段，仅靠“三铁一器”（铁门、铁窗、铁柜、报警器）显然不行，保密方式方法要及时更新，及时研究采取新的有效办法。

第四，大胆进行服务创新。国内金融供需矛盾仍然十分突出，目前的银行服务供给可能至多只满足了一半的市场需求。我们的产品营销主要是靠营业网点和客户经理来进行。中国的网民超过4亿人，网络普及率已上升到33%，电子商务交易规模每年增长70%，而欧美国家一般是15%～20%。2009年中国电子商务交易额为3.8万亿元，其中大中型企业有1.57万亿元，中小企业有1.99万亿元。随着三网融合、搜索和即时互动交流技术的进步，以及更多新兴产业链的发展，电子商务的作用会越来越突出。除了丰富和完善网上银行、网络融资业务产品外，还要对银行营销服务模式、渠道利用方式进行全新的思考和探索。国内同业有很多做法具有成效，值得我们学习和借鉴。据媒体报道，有一家股份制银行，机构网点不到800个，却吸引了大批优质高端客户，户均资产超过3 000万元的有1万人。我行的高端客户总量虽然较大，但结构有待进一步优化，AUM1 000万元以上的客户只有1.46万人，资产总额也只有1 855亿元。

营造更好的创新环境，增强创新对业务发展的支撑。近两年员工提出6 600多个创意，经过评审比较成熟的有770多个，其中80%已投入研发，这些工作还要继续加强。同时，要大力培育和壮大专业化研发团队，进一步提高产品经理的能力水平。“十二五”时期是我国经济社会发展的重要历史时期。作为大型国有控股商业银行，我们要不断深化对国家发展战略和政策计划的理解，既要积极主动地做好各项金融服务，促进国民经济发展方式转变和经济结构的战略性调整，又要加快推进自身业务发展方式转变和结构调整。广大员工身处基层和各个一线岗位，最熟悉市场、最了解客户，能直接感受到各种新情况、新问题和新机会，对银行的改革、管理和发展最有发言权。不论是改进质量、降低成本，还是革新技术、增加效益，员工都最具有首创精神。只要最大限度地激发出员工的积极性、主动性、创造性，我们就一定能够完成好转变发展方式的双重使命。

三、坚持党的群众路线的光荣传统，努力做好新形势下的员工工作

群众路线是我们党的根本路线，也是根本工作方法。"一切为了群众，一切依靠群众，坚持从群众中来、到群众中去"，具体生动地体现了共产党的宗旨，鲜明、准确地揭示了我们战胜一切困难的力量源泉。因此，发扬群众路线这个光荣传统，既是做好党和国家全局工作的基本保证，也是搞好我们建设银行事业的不二法门。

胡锦涛总书记在党的十七届五中全会上特别强调，在新的形势下，坚定群众立场，弘扬密切联系群众的优良传统，尊重民意，改善民生，加快推进社会管理创新，使发展成果惠及全体人民，是促进社会和谐的基础性工作，关系到改革发展稳定的全局，关系到能否实现全面建设小康社会的奋斗目标，具有极其重要的现实意义。我们全行党员有153 000多人，各级党委党组织有9 000多个，其中党委556个、党总支505个、党支部7 946个。我们所有这些党的组织和工会机构都要牢记党的宗旨，时刻保持与广大员工的紧密联系，党员和工会干部必须是群众和员工的贴心人。在新形势下，各级党组织都要努力探索和创造发动群众、组织群众的新方式、新方法。这个方面，要认真开展比赛、学习和交流活动。

观察世界各国发展，特别是最近几十年的经验，在现代经济增长中发挥最主要作用的因素包括制度安排、自然资源、存量资本、人力资源、知识财富和生态财富。随着全球经济由物质生产主导向非物质生产主导转变，后三个要素对于衡量发展水平更有决定性的意义。从全球银行业来看，劳动者数量的影响越来越趋于中性，但劳动者质量的影响越来越突出，人力资本和知识经验已经成为现代银行竞争力的核心要素。建设银行员工总数在全球大银行中列第四位，将丰富的人力资源转化为高绩效的人力资本，无疑还有巨大的潜力。只有做好新时期的员工工作，不断增强凝聚力向心力，我们银行才会越来越有竞争力。

因此，我们必须投入更大精力，进一步加强和改进员工工作。当前，应重点抓好以下几个方面：

第一，坚持探索和完善职工民主管理。职工民主管理制度本质上反映了劳动在企业价值创造中的地位。职工比股东更了解公司的实际情况，职工对产品创新和效率提升更有见识，职工对经营管理的监督更加有效。从20世纪20年代开始，西方国家逐步尝试引入资本所有者与企业劳动者共同治理企业的新理念。比如，德国和北欧企业建立共决权体系，在形式和实质方面，职工代表和工会都发挥着十分重要的作用。美国企业有生产委员会制度、"自我管理"制度、职工发表意见的各种会议形式等，职工持股是最普遍的参与管理途径。即使是家族色彩浓厚的日本企业，也非常重视内部人际关系的和谐，还提出员工主权的思想，认为员工与企业的关系比一般股东与公司的关系更加紧密、更加持久。我国是人民当家做主的社会主义国家，《宪法》、《劳动法》、《公司法》和《工会法》等都规定了职工参与公司治理的多种方式，企业民主管理和民主监督具有更加坚实的社会经济政治和法律基础。我们完全有可能创造出比其他国家更成功的职工民主管理模式和现代银行治理结构。

我行职工代表大会和工会的相关工作已经有了良好的开端。要完善以职工代表大会为基本形式的职工民主管理，进一步理顺与其他公司治理机构的关系，使职工代表大会制度与现代金融企业制度更加紧密地衔接起来。将包括职工民主管理在内的公司治理要求深化落实到各个条线和分支机构，不断丰富职工民主评议的内容，增强实效性和权威性，形成更加科学的诉求表达机制、利益协调机制、问题处理机制和权益保障机制。细化职工代表大会的职权，加强职工代表巡视督察，建立决议执行情况的跟踪机制；健全职工监事的工作制度规范，提高职工监事的履职能力；推进行务公开，探索更加有效的监督约束方式；拓宽基层员工反映意见的渠道，提高企业内部沟通效率；深化员工满意度测评，增强"员工之声"调查对及时完善各项政策执行工作的作用；等等。

本次会议共收到提案139件，内容主要涉及经营管理、人力资源、产品创新、科技开发、员工培训等方面。提案的数量和质量有了进一步提

高，针对性、前瞻性显著增强，实践性、操作性也有较大提升。比如，加快中心城市行发展、加强“金融 IC 卡系统”的应用研究、丰富理财产品、创新销售渠道、细化基层岗位晋升制度、加大中后台人员的培训力度等。对这些提案相关部门要加强研究，组织广泛讨论，进一步征求员工意见，切实提出解决方案。

第二，继续加大员工培养力度。完善员工职业生涯规划，进一步拓宽多元化的职业发展通道，让每位员工都有发展和提高的机会。改进人才选用机制，营造促进各类人才脱颖而出的良好环境。培训仍是我们提高员工素质最主要的途径。股改上市以来，总行党委始终把教育培训作为关乎建设银行长远发展的战略性工作来抓，有力地推动了各项事业的快速发展和员工的健康成长。未来几年，一是还要继续加大教育培训费用的投入；二是要大力提升培训质量，提高培训效果，使参加培训的同志得到更多收获；三是优化培训对象，培训资源要向基层员工、专业技术人员和年轻同志倾斜，各级领导都要给予支持，统筹做好工作安排，保证他们有机会、有足够时间来参加学习培训。

第三，全心全意关爱员工。要始终坚持以人为本的理念，切实尊重员工关切，把员工满意度作为衡量工作成效的基本标准。全行各级党政工团都要进一步积极主动关心、关爱员工。在工作上，制定制度流程，在方便客户、降低风险的同时，也要尽可能设身处地地为员工着想，降低复杂程度和操作成本；提高中后台集约化作业水平，增强网点服务中心的专业化支持保障能力，减少柜面工作量，减轻一线员工负担；大力发展电子银行，改进优化各类信息系统的人性化、智能化设计，使员工获得更加舒适的工作体验；保证员工正常休息、休假，多实行弹性排班，安排好调休，尽可能让员工到就近网点上班，减少出行时间，也有利于缓解城市的交通拥堵。在生活上，各级党委、工会要进一步用实际行动为员工排忧解难，比如继续做好帮扶救助困难员工、积极创造条件解决好两地分居问题等。在精神层面，要切实增强员工的认同感和归属感。各级管理人员要经常与员工进行开放式的沟通交流，主动了解员工思想状况，关心员工身心健康，充分尊重员工个性差异，有针对性地进行心理疏导和激励，帮助他们发掘自身潜力，保持乐观向上的精神状态。

第四，逐步完善薪酬和用工制度。党的十七届五中全会提出要合理调整收入分配关系，努力提高居民收入在国民收入分配中的比重、劳动报酬在初次分配中的比重。银行的发展依靠员工的努力付出，银行的发展也是为了让员工实现自我价值，一切发展成果都应与员工共享。薪酬分配要建立不同条线、不同岗位的分类考核评价体系，形成有效的激励约束机制，充分体现尊重劳动、尊重知识、尊重人才、尊重创造的导向。绩效分配要向基层员工、专业岗位倾斜，向有能力、有业绩的员工倾斜，鼓励中后台人员走向前台。拉开收入差距是否合理、适度，应以有利于调动员工积极性和促进员工整体和谐为标尺。一些员工反映买单制存在一些问题，这个办法确实是有利有弊，大家完全可以一起展开更加深入细致的研究讨论，集聚智慧，加以改进。从国外先进企业的经验来看，也不存在永久适用的薪酬办法，都需要经常进行调整。要继续完善用工制度，做好将劳务派遣制员工择优转为合同制员工的工作，“拉长板凳”，改进日常管理。关键要依法合规，特别是我行作为国际知名大银行，社会关注度很高，我们一定要注意声誉，避免出现因违法、违规而造成员工起诉银行的现象。

第五，全面加强企业文化建设。倡导爱国守法、敬业诚信，构建传承中华传统美德、符合新形势要求的社会主义道德和行为规范。弘扬科学精神，营造人文关怀氛围，培育奋发进取、理性平和、开放包容的良好心态。自觉践行“诚实、公正、稳健、创造”的建设银行核心价值观，不断增强自律意识，提升职业操守。坚持求真务实，把时间精力投入到工作上，“敏于行，讷于言”。要克服浮躁情绪，兢兢业业地做好身边事、手头事，减少空谈，不搞花架子。要善于守拙，坦诚待人，保持和发扬艰苦朴素的作风。开会、出差、营销、外包都要坚持从多方面节约资源、提高效率，不搞铺张浪费。时时处处贯彻低碳环保理念，从一点一滴的小事做起，形成绿色办公的习惯。提高文化素养层次，用健康的兴趣爱好来陶冶心性，自觉抵制低级趣味活动。

我国光辉灿烂的五千年文明和世界各国丰富多彩的历史为我们提供了无穷的思想文化财富。老一辈哲学家们把人的精神需求和满足区分为四个境界：一是自然境界，二是功利境界，三是道德境界，四是天地境界。只有客观、理性地看待周围的现实，不断提升我们的思想品位，才能增强我们工作生活的激情，使精神力量不断地转化为强大的物质力量。

一些历史悠久的世界先进银行的做法值得我们学习。例如，摩根大通银行很早就决定将艺术收藏作为银行一项长久的计划。目前收集的艺术品达到3万件，分布在全球450个分公司的办公室里供员工欣赏。他们认为银行不是出售产品而是提供服务的，最根本的资源就是人，一切诉求到最后都变成对人的素质的诉求。他们希望员工不要只看眼前的那一堆工作，而要从身边这些具有反思和自省精神的艺术品中找到更多的灵感，让整个公司更加具有创新意识。我们可以从中受到启发，从更多角度来认识和做好企业文化工作。

各位代表、同志们，党的十七届五中全会为中国未来的发展描绘了新的宏伟蓝图，我们既有难得的发展机遇，也面临新的艰巨任务和挑战。只要我们紧密团结、埋头苦干，就一定能够从新的起点出发，铸就更加辉煌的成绩，就一定能够实现成为世界一流银行的战略愿景！

稳健发展　严控风险
不断提升全行经营管理水平

——在建设银行工作会议上的讲话

张建国

（2010年1月27日）

同志们：

刚才郭树清董事长作了一个非常好的讲话，对全行做好2010年各项工作具有重要的指导意义，我完全赞同，希望大家认真学习、贯彻执行。会议期间，监事长、各位行长以及首席财务官还要发表讲话，大家要一并领会精神，抓好落实。下面，我就全行经营管理工作讲几点意见。

一、充分肯定成绩，增强加快转变发展方式的信心

刚刚过去的2009年是非常困难、充满挑战的一年。我行面对复杂多变的宏观形势，坚持稳健经营，一手抓稳健发展，一手抓防控风险，在有力地支持国民经济发展的同时，实现了自身业务的长足进步，取得了优异的经营业绩。主要体现在以下几个方面。

（一）经营规模再创新高，信贷业务发展有力，调控有序

截至2009年年底，全行资产总额超过9.5万亿元人民币，增加2万亿元，增幅达27%；全口径人民币存款余额达8.5万亿元，新增1.9万亿元，增量在四大行中排第一。其中企业存款余额突破4万亿元，新增超过工商银行，共有20家分行在当地市场新增占比第一；储蓄存款增速、网均列所有大银行第一。

为了抗击席卷全球的经济金融危机，2008年11月，中央适时提出了“保增长，扩内需，调结构”的一揽子宏观经济新政。作为国有控股大型银行，我们认真学习积极贯彻中央要求，采取了诸多措施支持经济发展。同时，视新政为机遇，提前营销了一大批优质客户，为2009年的发展奠定了坚实基础。2009年第一季度人民币各项贷款新增5 267亿元，有力地支持了实体经济建设，

很好地履行了国有特大型金融企业职责。

从2009年3月下旬开始，当整个银行业贷款猛增时，我行保持冷静，重新审视、提前预判新的市场形势和风险防控要求，主动调控回归常态，不与他行比增量增速，不搞季月末数字堆积，全年实现了总量控制适度、节奏把握均衡、经营结构改善、资产质量良好的目标。全行人民币贷款余额达45 278亿元，新增9 447亿元。虽然在四大行中增量最少，但信贷投放调控有序、收放自如，既注重了当年发展，更注重了未来风险防控。

（二）持续推进转型创新，统筹发展各项业务

我国的商业银行既有同质化问题和倾向，不同的银行也有各自的特点和优势。我行特点突出、优势明显、定位准确、方向清晰。“双大”战略和“要买房，到建行”曾经是我行的鲜明特点和品牌形象。近几年，全行在恪守自身特点和优势的同时，不断转型创新，取得了传统业务与新兴业务、对公业务与个人业务、本币业务和外汇业务、国内业务与境外业务的协调发展。

1. 中间业务经营再创佳绩。2009年尽管我行贷款增加近万亿元，但利息收入仍减少100多亿元，而中间业务收入创纪录地达到504亿元，历史性地突破500亿元大关，与工商银行并列成为国内第一阵营的两大银行。市场占比达到28%，比上年又提升了1.1个百分点，近三年平均增幅在四大行中排第一。收入超过10亿元的产品达到16项，其中造价咨询等传统优势类服务和产品总量大、增长快，已经成为品牌；单位人民币结算等基础性业务高速发展，缩小了与领先银行的差距；国内保理、百易安等6项新兴类业务收益成倍或两倍增加。16个一级分行在当地市场收入总量最大、竞争实力最强。中间业务收入占主营业务收入的比例从三年前不足8%提升到18.6%。

2. 小企业业务得到重视发展。我行率先开展了专门服务小企业的网络信贷业务，把实体经济、互联网经济和银行金融服务有机地结合起来。2009年累计向1 890个小企业发放贷款48亿元，年末余额达到34亿元，虽然与全行资产总额相比微乎其微，但这项业务意义深远、潜力巨大，我行已牢牢占据了市场领先地位。经营体制和政策制度体系迅速建立健全，总行正式设立了小企业金融服务部，16家分行成立了小企业业务部，“信贷工厂”从无到有，三年建成140家。2009年小企业非贴现贷款新增786亿元，增幅达48%，位列同业第一。

3. 投资银行业务成为战略转型亮点。三年前我行开始恢复投资银行业务经营，现已成为全行新的盈利增长点。2009年，包括建银国际在内的投资银行业务实现收入123亿元，在全行中间业务收入中的占比超过20%。累计完成新型财务顾问项目140多个，在同业中率先推出金融全面解决方案（FITS）。发行各类理财产品472期，实现收入近20亿元。

4. 投资托管和年金业务取得良好成效。投资托管规模近万亿元，实现托管业务收入13.27亿元。企业年金基金托管规模突破200亿元。在营销铁道部18个路局200万个账户的激烈角逐中，我行赢得了8个路局110万个账户，归集资金93亿元，在整个银行业中居于最有利的地位。在营销账户后，总行适时推出了“养颐乐”等一系列集合计划产品为之服务，目前签约客户超过500户。

5. 支持民生领域建设获得各方好评。从2009年春天开始在13个省市区成功推出“民本通达”系列金融服务，得到了地方政府和社会各界的广泛认可。全行对文化产业、环境保护、社会保障领域的资金支持和金融服务快速增长，教育、卫生等重点民生领域贷款增长高达49%。涉农贷款全年新增1 660亿元，增幅达39%，占公司类贷款新增的1/4；小额农户贷款试点扩大到新疆、黑龙江等分行，贷款新增10亿元。

（三）客户和产品结构不断向好，信贷结构继续优化

1. 客户基础日益巩固。2009年，全行确定了94家由总行直接牵头管理的战略性客户。公司客户项目储备达到3.3万亿元，第四季度新增亿元以上项目1 059个。小企业授信客户新增近万个。基本结算账户新增2.7万个。A级（含）以上客户贷款余额占比达到了93.86%，比2008年末提高了1.39个百分点。新增个贷客户和公积金客户近300万个。高端客户新增3.1万个，私人银行客户超万个。个人网银客户新增1 268万户，企业网银客户新增18万户，手机银行客户新增935

万户。

2. 信贷行业结构调整成效显著。全行建立了“进、保、控、压、退”的政策框架，在制造业、批发和零售业、交通运输业等关键行业，将结构调整要求明确到区域，细化到小类行业。确定了14个重点投放领域，支持国家4万亿元投资项目463个，贷款余额达2 278亿元；十大振兴产业贷款新增1 451亿元。严格控制产能过剩行业贷款，16个调控行业贷款增长比各项贷款平均增幅低11.5个百分点，即使存量贷款也向龙头企业集中，不良率甚至好于贷款整体水平，为1.22%。房地产开发贷款得到了有效控制，新增四大行最少。退出类行业实施名单制管理，全年主动退出贷款767亿元。

3. 产品服务功能不断完善。持续推进“八一工程”，军队武警业务的市场份额达到20.5%，一举成为武警系统主办银行。为帮助出口企业应对金融危机带来的不利影响，加强了产品整合，率先推出了“内贸通”系列产品，支持出口企业989家，累计授信243亿元，取得了良好的经济和社会效益。2009年监管机构大力推动企业兼并重组，我行共向28家企业发放并购贷款125亿元，签约和投放都居市场第一位。成为首批开展跨境贸易人民币结算业务的银行，创造了市场上单笔最大金额纪录，这项业务的市场份额超过1/3。个人贷款余额突破万亿元，其中个人住房贷款新增2 471亿元，占个人类贷款新增的98%。

（四）发挥传统优势，综合竞争实力持续增强

基础设施融资是我行传统优势，当年贷款新增3 267亿元，占公司类贷款新增近一半，增幅达32%，高于贷款平均水平5.6个百分点。独具优势的造价咨询业务成倍增加。银团贷款、CTS业务、境内外担保收入居四大行首位。“银期直通车”覆盖139家期货公司，证券、期货签约客户数双双居市场第一位。国际结算业务逆势增长，完成国际结算量4 651亿美元，是四大行中唯一实现正增长的银行。证券投资基金新获批53只、新托管47只，均为同业第一。信用卡累计发行2 024万张，当年实现消费交易额2 928亿元，发行总量、交易金额、透支余额、资产质量四项指标同业第一。房改金融仍拥有近60%的市场份额。

（五）实施精细化管理，风险内控能力不断提高

不断丰富风险内控手段，实施了许多好的做法。一是行业细分，将十几个行业门类细分到90多个，使经营方向和具体目标非常清晰，便于操作。二是坚持行业限额管理和名单制管理，对16个“两高一剩”行业全部实现了名单制管理；总行实施了战略客户制度，并重新梳理了重点客户名单，所有分行都已建立了合作伙伴的动态管理，取得了良好效果。三是实时监控，广泛运用管理工具，针对不同客户群的特点分别建立了评级模型；完善了管理平台，对公预警客户跟踪管理系统、押品管理系统建成上线。四是加强指导，总行相关部门搭建信息共享平台，适时发布政策信息和信号，及时向全行进行风险提示。

（六）严格成本控制，财务效益和资产质量稳步提升

2009年，全行一直把强化内部管理和控制成本贯穿于各项工作始终，经营业绩好于预期，净利润一举超过千亿元大关达到1 050亿元，比2008年增加142亿元，增长15.6%，超额完成董事会下达的利润任务。资本回报率达到20.68%的高水平，比上年提高0.12个百分点，资产回报率达1.23%，虽然微降，但在同业中仍居前列。

2009年全行不良贷款余额为721亿元，比年初减少117亿元；不良贷款率为1.50%，比年初下降0.71个百分点，继续“双降”。全年共处置各类不良资产454亿元，创历史最高水平。其中不良贷款420亿元，同比多处置100亿元。境内机构拨备覆盖率达175.83%，比年初上升44.25个百分点，远远超过150%的监管要求。

上述成绩的取得，得益于党中央、国务院的正确领导，得益于监管机构、总行党委、董事会、监事会的正确决策和监督指导，也得益于全行员工克服困难、奋勇拼搏。在此，我谨代表高管层向会议代表、向全行同事表示真诚的感谢！

二、把握形势查找不足，研究落实应对策略

2010年银行面临的宏观形势异常复杂。正如

温总理指出的："2009 年是中国经济发展最困难的一年，2010 年将是最复杂的一年"。从国际环境看，实体经济开始复苏但未见根本好转，金融风险还未彻底暴露，资产价格过快增长并大幅震荡，国际贸易环境既不确定也不稳定。从国内形势看，困难矛盾复杂多变，多是两难选择，既要稳增长，又要防通胀，总量与结构矛盾交织在一起，加剧了形势判断的复杂性和难度。

（一）国际经济全面复苏，风险隐患不容忽视

在各国携手救市的强力推动下，2009 年下半年全球经济金融从深度衰退中走上艰难复苏之路，2010 年仍将延续缓慢复苏态势。许多机构预测，2010 年世界经济将增长 3%。但是复苏之路并不平坦，局部震荡会时有发生，风险点不容忽视。一是主权信用危机。当前各国政府负债已突破 35 万亿美元，主要经济体的负债率已达历史高位。2009 年 11 月迪拜世界宣布推迟偿债后，墨西哥、希腊、葡萄牙、西班牙等多个国家的主权信用评级先后被下调，美国、英国、德国、法国等发达经济体的主权信用也因公债规模巨大而遭到质疑，主权信用危机已成为全球经济复苏面临的最大潜在风险。二是金融体系依然脆弱。美国一年内倒闭的银行达到 140 家，创 20 年来新高。金融业有毒资产处置仍压力巨大，由于贷款风险暴露滞后于证券资产，因而总体趋势是银行业市场风险和流动性风险已先期暴露，损失已反映出来，而信用风险及其潜在损失尚未充分显现。三是潜在风险积聚可随时酿成突发事件。上周日航申请破产保护，成为日本历史上除金融业外最大的破产案；美国国内信用卡坏账率达到 10.6%，金融企业的车贷、衍生品敞口仍是巨大的风险隐患。任何国际金融市场发生的重大事件都会构成对银行新的影响，要高度警惕，防患于未然。

（二）国内加快转变经济发展方式，机遇与挑战并存

中央经济工作会议作出了两个重要决定。一是要转变经济发展方式。这将对我国未来相当长时期经济发展模式具有重大的引领作用，过去那种单纯靠出口导向、靠投资拉动、靠项目建设来推动经济增长的方式，因外部市场变化、产能过剩、能源资源耗费、环境破坏而不可持续，这种转变对银行经营影响深远。加快经济转变发展方式落实到我行经营，就是要进一步推进结构调整和战略转型，要对长期以来习惯了的依赖新项目、依赖大客户、依赖传统行业和市场的经营模式进行重新审视，积极采取对策适应经济发展方式转变要求，加快贷款投向调整步伐，在发展中促转变、在转变中谋发展。

二是要管理通胀预期。2009 年全社会固定资产投资增长 30.1%，贷款增量达 9.59 万亿元，部分城市房地产价格上涨过快，CPI 同比由负转正，通胀预期不断增强。由于各国刺激政策效果不同，对未来全球宏观经济走势判断出现分化，一些国家为防范通胀改变了货币政策取向，如澳大利亚、挪威等国已采取了加息政策，印度上调了存款准备金率，我国也于 2010 年 1 月 18 日上调了存款准备金率，预示着金融市场利率下降通道已经走完，将会进入利率上升期。我行资产负债管理和资金营运在总量、期限、结构、品种及定价方面要根据新的形势和未来走势重新调整。

（三）货币政策预期趋紧，金融监管更加严格

中央经济工作会议决定继续实施适度宽松的货币政策，我们学习领会贯彻落实会议精神，要深刻理解货币政策的不同解读，在不同时期这一货币政策会突出不同的内涵。2009 年体现宽松，2010 年则强调适度，贷款增量将控制在 7.5 万亿元以内。为此，中央银行和银监会重新明确了职责，中央银行管总量，银监会管节奏，二者同时加大了"窗口指导"的力度和频度。

上周，中央银行上调了法定存款准备金率，同时针对 2010 年年初以来贷款骤增的机构实施了差别化准备金率的惩罚性措施，而且表明今后会灵活运用这一工具。预计 2010 年中央银行将会上调存贷款基准利率，也极有可能正式推行存款保险制度。

银监会严格了对商业银行资本充足率的要求，实施了严肃的案件处罚规定，加强了对银行贷款的监控，要求每月投放不得超进度，每旬上报贷款明细，每日填报贷款增量，并对政策执行、经营情况加强检查。

审计署在连续两年对我行进行审计检查后，日前重新进驻，将再次对总行和 18 个特派办所在地分行甚至延伸到所有分行进行执行信贷政策的审计调查。

有关部门对房地产领域也采取了新的调控措施，开发商竞拍土地首付比例至少要达到50%，二套房贷款首付比例必须超过40%等。

（四）认真查找薄弱环节，高度重视差距不足

1. 信贷高速投放引发的潜在风险正在积聚。2009年全行本外币贷款共增加9 816亿元，增长26.7%，虽然增量增幅均少于其他几大银行，但仍在我行发展史上绝无仅有。

一是银行经营规律和历史经验证明，不良贷款显现具有滞后性，会在贷款高速投放一定时期后发生。2009年贷款增加迅猛，风险悄然积聚，短期内不会大面积暴露，但难以经受长期考验，既有投资方盲目上项目问题，也有银行高投放期“萝卜快了不洗泥”贷款不审慎的原因。因此，要加强信贷风险的排查，提前防范。

二是审计署2009年对我行落实中央有关政策情况进行了专项审计。在肯定我行坚持积极稳健的经营方针、进一步完善风险管理体系的同时，尖锐地指出了在政府融资平台贷款、个人住房贷款等方面的问题。特摘录两段：“2009年1～9月，全行向地方政府融资平台新增贷款2 399亿元，增幅达58.78%，占新增公司类贷款的41%。抽查其中的276.88亿元贷款发现，由于审核把关不严，部分政府融资平台以重复项目申请贷款、超地方政府财力融资、部分信贷资金被用于地方政府配套资金、项目资本金等存在一定风险”。“抽查三家分行4.27亿元个人住房贷款中，有7 650万元不符合二套房及商住两用房贷款政策规定的首付比例和利率要求，占抽查总量的17.89%”。

三是产能过剩行业贷款控制仍有不足之处。虽然总行反复强调，努力严控了16个产能过剩行业贷款，贷款增长大幅回落，存量也向行业中的优秀企业集中，但相关产能过剩行业贷款余额仍在增加。在中央经济工作会议上，总书记、总理列举了钢铁等六大产能严重过剩行业存在的问题，强调了要严控这些行业重复建设，我们必须遵照执行。如果严重产能过剩行业贷款继续增加，就不是贷款和经营问题，而会上升成为执行中央要求的态度问题。

四是房地产贷款管理隐患明显上升。房地产开发贷款不良比率虽逐年大幅下降，但2009年年底仍达2.61%，高于全行贷款平均不良率一个多百分点，甚至近一两年内发放的贷款有的已成为不良贷款。部分行开发贷款占公司类贷款比率过高，个别行甚至超过50%。全行客户过于分散，3 800多亿元开发贷款分散于3 400多个贷款对象。2009年开发和土储贷款增加450亿元，但包括收回再贷累计投放2 253亿元，贷款对象仍有1 874个。有的贷款仅几百万元或几千万元元，绝非我行战略性客户。

2. 关键业务领域仍与同业存在差距和不足。一是客户基础依然薄弱，虽然近几年加大了抓结算账户的工作力度，2009年基本结算账户增长2.3%，但目前我行的基本结算账户在四大行中占比不足1/5，仅为工商银行、农业银行的60%，使我行各项业务的持续发展得不到支持保障。二是中间业务部分产品和重点分行与同业差距较大，优势分行保持领先地位难度加大。2009年我行中间业务增速由第一变为第二，总量落后工商银行65亿元，差距扩大24亿元。市场份额第一的分行比上年减少了2家。三是利差同业领先优势缩小，盈利动力减弱。2009年年底我行净利息收益率水平为2.39%，较年初下降85个基点，比工商银行多下降近20个基点，领先同业的优势也从三年前的40个基点下降到现在的11个基点。

3. 操作案件严重反弹。在全行案件连续几年保持发案数量、涉案金额持续下降的态势下，2009年最后两个月，两家分行连续发生3起重大案件，全行案件形势陡然严峻，暴露出我行在案件防控上基础脆弱。尤其是几起重大案件性质恶劣、手法雷同却又屡屡得手、重复发生、防不胜防，不能不引起全行同事尤其是各级领导的高度警觉和深刻反思。

4. 境外机构管理基础薄弱。总行确定境外发展战略以后，全行加快了机构布局、业务发展。2009年伦敦子行、纽约分行顺利开业，2010年春天胡志明市分行将正式开业，悉尼代表处升格分行也将获准。2009年年底境外资产规模已达338.8亿美元。但是长期困扰我行的基础管理问题始终未得到根本解决，境外机构整体经营水平与境内行相比明显落后，少数境外分行在冰岛债券、迪拜世界等危机事件中连遭重创。

三、转变业务发展方式，提升经营管理水平

2010年全行经营工作的指导思想是统筹兼顾当前经营和长远发展，加快转变发展方式，努力提高发展质量，以“贷后管理年”为契机，强化风险管理，不断提升全行经营管理水平。为此，总行确定2010年全行经营的主要目标是总资产增长15%左右，其中贷款增长17%，总负债和一般性存款分别增长15%，净利润增长15%，成本收入比下降1个百分点，不良贷款率、净利息收益率（NIM）力争均有所改善，资本充足率保持在11.5%以上。

上述安排是在充分考虑股东回报意愿、监管要求、市场需求、自身业务发展需要后提出的，是通过努力可以实现的目标。因此，我们必须兼顾规模扩大与资本约束的关系，必须统筹局部利益与整体利益的平衡，必须保证结构调整战略转型和依法合规风险防控的落实。全行同志要坚定信心、齐心协力、扎实工作、努力实现。

（一）严格控制贷款总量，坚持全年均衡投放

2010年全行人民币贷款计划新增7 500亿~7 700亿元，增速控制在17%。其中公司类贷款新增4 500亿元，考虑到个人业务战略性发展需要，2010年贷款新增安排2 500亿元（含信用卡透支），留出500亿~700亿元用于战略性业务和项目临时需要。外币业务视资金来源情况决定贷款增减。人民币贷款四个季度的投放进度按3:3:2:2安排。开年前10天，全国贷款增加6 000多亿元，前20天增加1.45万亿元，有十几家商业银行被惩罚性地增加了3个月期限的0.5个百分点存款准备金率，且几大银行从中旬起被迫关闭系统，只收不贷。由于全行很好地执行了12月下旬制定的《关于做好当前经营工作的指导意见》，贷款投放稳健、理性，因而我们得到了监管部门的多次肯定。2010年，总行将按2009年经验，对各行按季分月下达贷款控制数。希望全行增强执行计划的严肃性，不搞上下博弈、不盲从地方政府要求，未经总行同意，不得突破计划。

（二）立足全行整体利益，促进战略业务发展

1. 中间业务要再上新台阶。中间业务是我行转变业务发展方式、改善经营结构的重要载体。经过几年努力，全行已经打下了坚实的发展基础，更坚定了发展信心。但仍存在部分产品与同业领先银行有差距、少数分行在当地市场竞争乏力等问题。

2010年中间业务发展要力争重新取得四大行增幅第一、占比提高的目标，要争取在当地市场收入总量最大、竞争力最强的分行数量有所增加；要确保收入超过10亿元的产品和服务继续增加，努力使已确立竞争优势地位的产品成为品牌。

为实现中间业务发展目标，一是各级领导需要高度重视、全力推动。当信贷加强调控后，商业银行在中间业务领域的竞争将更趋激烈，尤其是优势、劣势两类分行和两类产品。优势分行和优势产品在当地已被当做赶超目标，劣势分行和劣势产品不进则退。二是要提前见事，加强指导。总行对分行、各分行对所属机构要在产品研发、客户营销、员工培训等各方面鼎力支持，业务重心、资源配置要向中间业务倾斜。三是要加强对重要产品经营策略的研究，抓好重点。如信用卡业务既要重视数量，更要重视质量，努力增加老客户持卡量，提高活动卡率，扩大交易金额。再如保险资产托管，跟其他竞争对手相比，我行在这项业务上尤其落后。针对这一情况，从2009年6月开始，总行对十几家保险公司开展高层营销，希望相关部门和日常跟踪服务的分行跟进落实，争取2010年在这项业务上取得突破。

2. 电子银行业务重在提高服务能力。近几年，我行电子银行业务发展很快，为提升全行服务水平发挥了重要作用。随着网络经济的发展，大力发展网上银行业务已成为经营转型之必需。全行要在前几年健康快速发展的基础上，把加快发展电子银行业务上升到打造我行核心竞争力的战略高度来认识。要做好以下三项工作：

一是继续加大电子渠道客户拓展，强化渠道应用，扩大业务规模和渠道服务竞争力。全行要通过网上银行等电子渠道，维护拓展优质稳定客户，巩固业务发展之本。

二是全行员工要体验应用电子银行各项服务。

我行员工都要亲身体验金融产品和服务，总行领导起了很好的表率作用，各级领导也要带头体验，并推动全行同事使用自己的产品。这是一项基本要求，只有这样才能自觉地完善服务、主动营销。

三是要不断加大电子银行业务考核。在2010年的综合经营计划中，加大了电子银行业务考核力度，旨在推动电子银行业务更快、更好发展。

3. 小企业业务要跃上新水平。一是要进一步统一思想，提高认识。大力推进小企业业务发展绝不是人云亦云、权宜之计，而是为了建设银行整体利益、长远发展大局。小企业业务总量巨大，不重视会失去发展机会；小企业业务潜力巨大，现在不重视未来就不能持续发展。

二是要进一步完善小企业经营体制。要完善总行小企业金融服务部建设，要在具备条件的分行新设小企业业务部，全行小企业“信贷工厂”争取达到200个。

三是进一步加大小企业资源配置。在2010年的信贷总量中，专门安排1 000亿元用于支持小企业发展，同时解决好科目设置和统计管理问题。

四是推广经验，鼓励创新，包括服务方式、经营技术、管理手段和体制机制。要逐步扩大推广深圳市分行的民企联保贷款、浙江省分行的网上贷款，江苏省、河北省等分行的担保贷款，新疆维吾尔自治区、黑龙江省分行的农户贷款等成功经验，鼓励服务创新。

五是要运用好管理工具，加强风险防控。必须承认，小企业数量众多，平均生存周期较短，极易产生贷款风险。我行已积累了审贷责任制、风险补偿机制、黑名单管理等成熟经验，要不断提高小企业风险管理水平。

（三）继续大力推进结构调整，确保可持续发展

一是继续贯彻“进、保、控、压、退”政策要求，按照总行制订的信贷政策框架和结构调整方案，采取行之有效的措施。

要坚持产业细分、行业限额管理。重点支持低碳经济、绿色经济、循环经济的发展，支持涉农业务、小企业业务、民生领域业务的发展。对6大产能严重过剩行业和造船业等重点限制行业不再增加贷款限额。

要完善名单制管理措施。除总行级目标客户名单外，各行要确立分行级的进入和退出名单。要把行业限额执行与客户名单制管理真正融合起来。为保证政策的执行，总行将加强实时监控和风险提示工作。

要加强资源的统筹配置。解决好少数分行占用全行资源，而对有的战略合作伙伴无法支持两方面的问题。

二是公司客户结构改善要大中小、有贷无贷户并举，重在增加中小客户和无贷款客户数量，解决集中度高、客户数少的问题。目前公司业务对大客户依赖程度较高，通过测算平均贡献度，发现前20大客户占分行存款的23.7%、贷款的31.5%，有9家分行甚至过半，更有的分行近千亿元公司类贷款只靠不到400个客户支撑。这种高度集中的状况，未来发展难以为继，必须转变。个人客户要认真分析未来市场形势，抓好客户分层，大力增加私人银行客户、综合贡献度高的个人高端客户。

三是要突出区域特色。我国各区域发展阶段不同、资源禀赋不同、发展路径不同，国家也陆续批准了天津滨海新区、上海两个中心建设、海西经济区、辽宁沿海经济带等十余个国家级的区域规划。我们应承认并利用区域差别，在行业、客户及产品上突出特色。比如海南，就可以充分挖掘航天、旅游等产业的优势。总行要在充分调研的基础上，制定体现差异化要求的区域信贷政策。

（四）努力抓好贷后管理，全面加强风险控制

1. 积极适应监管变化。在抵御危机的过程中，全球金融监管呈现标准严格、要求严苛、处罚严厉的趋势。2009年，中国银监会已密集制定了一系列政策规定，2010年仍将会出台流动资金贷款管理办法等规定。在经过几年准备后，年内将启动达标银行实施《巴塞尔新资本协议》验收。我行要争取成为第一批达标银行。对于监管新标准、新内容、新方法等变化，我们要及时掌握、加强学习、正确理解、认真执行。

2. 加强对政府融资平台贷款的整改和风险管理。总行曾在2009年夏秋两次会上明确，现再次重申：不得再与地方政府签署无特定项目的大额授信合作协议；对出资不实及治理架构、风险管理、资金管理等不健全的融资平台即使签订了协议也要严格限制贷款出账；对已投放的贷款要有预判，该收尽量收，能退尽量退，对没有现金流的尤其要加快协商风险防范措施，尽早实现退出。对各级财政担保、人大出函、无任何保证措施的贷款，要抓紧加固债权，防患于未然。

3. 继续严格房地产贷款管理。房地产业是国民经济支柱产业之一，中央决定促进房地产业的健康发展，要求遏制房地产价格过快上涨，打击圈地不建、捂盘惜售、哄抬房价的行为。近几年，我行一直控制房地产开发贷款的总量和比例，也一直严格客户选择和调整准入条件，但仍然存在前述许多问题。2010 年总行对房地产开发贷款实行更加严格的限额管理，对不计成本竞拍地王、对圈地不建的开发商不能贷款。对于开发贷款占比过高的分行，总行在资源上不再配置，相关分行对存量中的一般客户要逐步退出，对已经显露风险迹象的要立即保全，对 2007 年以来放款已形成不良贷款的要严肃追究责任。住房按揭贷款要坚决执行好监管政策，“严控投资性、投机性购房贷款”，谨防开发商欺骗，避免假按揭及疑似假按揭死灰复燃，杜绝贷款流入证券市场。总行相关部门要加大对各分行的指导力度。

4. 切实搞好“贷后管理年”活动。“贷后管理年”的实质是风险管理年、质量效率年。2009 年巨额贷款投放后，全社会都在质疑未来的风险管理，各方面都担忧银行的信贷质量。能否巩固维护来之不易的市场地位和业绩水平、能否保证银行未来的资产质量和经营安全，这是我们将要面临的严峻考验，必须未雨绸缪。“贷后管理年”的行动方案已基本确定，此次工作会议后将正式启动，各级领导要高度重视。这项工作抓得好，将成为我行经营管理的亮点，将使管理基础更加坚实，也有利于保证未来的长治久安。

5. 严控操作风险和重大案件。前两个月暴露出来的几起案件，都是在同样环节出了问题，让犯罪分子有可乘之机。2010 年要继续开展案件专项治理活动，彻底扭转 2009 年年底的案件高发势头。在这次会议期间，总行与各分行、各部门签署了责任状，各行应与所辖机构各级负责人签署责任状，把责任层层落实下去。对当前案件风险比较突出的员工参与社会高息融资、违规设立“小金库”、客户经理违规代客办理业务、违法发放贷款、现金柜员岗位涉案案件、商业贿赂案件六大问题，由总行组织开展专项清理、审计和整治，力争通过一段时期的密集动作，使案件反弹势头得到有效遏制。

6. 加强全行统筹管理和 IT 保障。一是努力提升资产负债管理水平。要科学、合理地定价，引导业务发展。加强资本管理，扎实推进再融资工作。二是不断加强财务管理。严格执行财务制度和财经纪律，核算要向更高标准看齐。加强全面成本管理，搞好前台、中台、后台分离试点，2010 年分批推广。完善绩效考核，通过更科学的绩效考核，推进全行结构调整和战略转型，推动基础性、战略性、方向性业务的发展。三是切实保证 IT 运行的稳定与安全。2010 年将稳步推进 IT 的体制机制改革，完善业务外包合作、生产系统升级、加强设备采购管理、队伍建设等方面工作。但当前最重要的任务是要确保系统运行的稳定和安全。

（五）落实境外发展战略，提高境外业务发展质量

昨天召开了境外机构专题会议，会后总行还要与各境外机构逐一具体研究。一是要坚定不移地落实境外发展战略，完善规划布局，搞好市场可行性研究，2010 年争取监管准入有新的突破。二是研究确定现有境外机构的发展方向、经营定位、业务功能、市场划分，深化对境外机构的一行一策管理并形成机制，通过内外联动推动总行各项战略意图的顺利实施。三是加强基础建设，尤其是制度建设、风险体制、IT 系统等，2009 年境外核心生产系统已经在香港分行上线，2010 年要向其他境外机构推广。四是加强外派人才队伍建设和外派后备人才库动态管理，加大外派工作力度。

同志们，2010 年形势异常复杂，但全行已形成共识，虽有困难和挑战，但更有机遇和信心。大家要切实按照总行要求，继续发挥真抓实干精神，全面完成 2010 年工作任务。

认真落实中央政策和监管要求
不断提高全行经营管理水平

——在建设银行春季工作座谈会上的讲话

张建国

（2010年5月14日）

同志们：

这次会议的主要任务是：回顾总结2010年以来的经营情况，贯彻落实国务院和监管机构新的政策要求，研究调整经营管理措施，努力推动各项业务的全面持续发展。我向大家报告一下前四个月的经营情况，并根据当前形势变化，对经营中的一些调整措施谈几点意见。

一、总结成绩，坚定信心

2010年以来，面对复杂的宏观经济金融形势，全行认真贯彻落实中央经济工作会议精神和年初工作会议的部署要求，沉着应对困难和挑战，满怀信心、真抓实干，各项业务平稳协调发展。

（一）资产规模实现新突破，负债业务稳步发展

截至2010年4月底，全行资产总额历史性地突破10万亿元，比年初增加5 459.7亿元。回顾我行的发展历程，从成立之初到资产规模达到万亿元，我们一共用了39年时间，超越5万亿元用了13年时间，突破10万亿元仅用了4年时间。

负债总额达到9.5万亿元。一般性存款新增4 938.24亿元，余额达8.33万亿元。外汇存款新增在四大行中位居第二。与同业相比，我行更重视存款的日均水平，更重视存款的稳定增长。

（二）信贷投放均衡稳健

1. 信贷投放总量适度，节奏平稳。前4个月，全行严格控制增量，贷款增长稳健理性。截至2010年4月底，各项贷款余额达5.08万亿元，比年初新增3 308.33亿元，增长6.97%。同业在1月中旬、3月中旬因投放过快，被迫压缩余额。而我行没有出现大起大落，投放进度较同业明显均衡，受到监管机构的肯定，是唯一未被施以差别化准备金率处罚的大型银行。

2. 结构调整措施得力，成效突出。

——我行支持的国家4万亿元投资重点建设项目当中的在建、续建项目资金需求得到优先保证，小企业和涉农贷款快速增长。小企业贷款比年初增加579.3亿元，增长22.06%，高于同期对公贷款平均水平16.05个百分点；其中网络银行贷款余额73.2亿元，比年初增加了1倍多，客户增加1 537个。涉农贷款余额达到6 576.42亿元，比年初增加了681.21亿元，增幅为11.56%。

——产能过剩行业贷款增速明显下降。对政府融资平台客户实施名单制管理，第一季度贷款余额比年初减少28亿元。主动调控房地产业贷款，第一季度房地产贷款新增为近五年来同比最少。

（三）中间业务发展形势喜人

前4个月，中间业务继续保持快速增长，共实现收入214亿元，同比多增62亿元，增长41%，占主营业务收入比重首次突破20%，达到21.5%，为全行收入结构优化作出了新的贡献。

中间业务实现增量同业第一，总量和增速同业第二，收入总量与工商银行的差距进一步缩小到10亿元以内。重点产品市场竞争力提高，收入结构更趋合理。与同业可比的18个重点产品中，代销基金、国内保理、承诺费、账户金4个产品排名第一，比2009年年底增加了2个。个人人民币结算、财务顾问、单位人民币结算、造价咨询、代理保险、理财产品、国际结算、代客资金业务

8 个重点产品的收入已经超过 10 亿元，比 2009 年同期增加 5 个。基本结算账户新增 3.5 万户，个人客户新增 304 万户。

（四）战略性业务持续推进

——投资银行业务实现收入 40.29 亿元，同比增长 24.09%。债务融资工具承销量超过工商银行，短期融资券承销金额列同业第一。

——年金业务延续去年良好的发展势头。成功中标国家开发银行的受托业务以及华能集团、航油集团的账户管理业务，受托业务、账户管理业务新增列同业第一。

——“民本通达”成就我行民生领域品牌优势。新增客户 1 262 户，同比多增 694 户；教育、卫生等重点民生领域贷款同比增加 432.97 亿元，增长 26.5%。第一季度“八一工程”市场推进计划完成率达到了 67.35%，军队武警市场份额提升到 21.45%。

——信用卡业务市场影响力扩大。客户数、消费交易额、资产质量等多项指标继续列同业第一位。

——电子银行业务增势强劲。电子银行与柜面交易量之比大幅提高，比年初增加了 38 个百分点，达到 113%。网银交易额同比增长超过 170%。

——AUM 300 万元以上的高端客户数量达到 10.56 万人，新增 1.3 万人；资产 4 572 亿元，比年初增加 696.17 亿元。

（五）财务效益和资产质量稳步提升

——第一季度，全行实现净利润 351.89 亿元，同比增长了 33.92%。资产回报率（ROA）和股本回报率（ROE）双双上升，季度末达到 1.45% 和 24.98%。成本收入比 27.09%，保持在较低水平。

——全面成本管理项目以点带面，顺利推进，部分项目取得新的阶段性成果。

——不良贷款保持双降态势。4 月末，境内不良贷款余额为 602.57 亿元，比年初减少 41.28 亿元；不良贷款率 1.21%，下降 0.17 个百分点。有 30 个分行的不良贷款实现了双降。拨备覆盖率达 216.88%，远远超过监管要求。

（六）风险防范和案件防控工作扎实推进

——加强表外业务、境外业务、非信贷资产风险管理。针对市场变化，适时开展了压力测试；“贷后管理年”活动有序推进；押品管理活动正式启动；区域信贷政策开始试点；《巴塞尔新资本协议》实施准备工作进展顺利。

——不良资产处置力度进一步加大。前 4 个月共处置不良资产 85.56 亿元，实现现金回收 62.99 亿元，现金回收率高于 2009 年同期 15.49 个百分点。香港分行与迪拜政府正式签署了贷款重订协议，风险在一定程度上得到了有效控制。

——前 4 个月全行未暴露重大案件隐患，未发生负面事件及大的风险事故，确保了经营的稳定、安全。

在全行员工的共同努力下，我行已经成为全球规模最大、市值最高、效益最好的银行之一。3 月 22 日，中央电视台新闻联播节目用一分半钟的时间报道了我行践行科学发展观、应对金融危机的典型经验，并且配发了短评，进一步确立了建设银行形象，振奋了员工士气。

通过对上述成绩的概要总结，得出几点经验体会：

第一，越是在复杂多变的形势下，作为国有控股商业银行，越要增强大局意识、责任意识，坚决执行中央政策和监管要求。当前，尤其要在信贷投放中执行好总量适度、节奏合理的原则。

第二，越是在竞争激烈的情况下，越要增强机遇意识、发展意识，要立足当前、考虑长远、坚定信心。无论竞争如何激烈，全行必须在发展和巩固传统业务优势的同时，全力推进结构调整和经营转型，大力发展中间业务和战略性业务。

第三，越是在快速发展时期，越要增强风险意识、忧患意识，树立正确的业绩观。业务延伸到哪里，风险防范就跟进到哪里，做到业务发展速度与风险管理能力相匹配。只要改革发展的方向正确、经营管理的措施对头，即使个别时点、个别分行、个别业务暂时落后，但最终可以保证全行经营管理水平的持续提高。

二、把握政策，应对挑战

（一）宏观形势复杂多变

当前，宏观经济金融形势变化不断，非常复杂，走势难料。国际金融危机仍在延续，少数国家偿债困难造成主权风险，部分欧美银行潜存产品经营隐患，全球市场突发事件等，随时会引发新一轮震荡。国内经济发展趋稳，但一些行业产能严重过剩问题、经济中的结构性矛盾，以及政府融资平台、房地产市场变化中的不确定性，都使银行的发展面临新的挑战。

（二）国内政策已发生深度调整

——国务院连续出台新政。4 月 14 日，国务院常务会议研究部署遏制房价过快上涨的措施，加快研制合理引导个人住房消费的税收政策。许多部委和地方政府陆续出台一个比一个严厉的政策。近两天又有媒体播报，上海将针对房产税推出新的政策。随着房地产市场的持续变化，银行的信贷风险随之上升。5 月 5 日，国务院部署七项措施严控高耗能、高排放行业过快增长，加大淘汰落后产能力度。温总理强调：要本着对国家、人民、历史高度负责的精神，下更大决心，花更大力气，做更大努力，确保实现节能减排目标。表示要落实责任，强化行政问责，对未完成节能目标的地区要追究主要领导和相关领导责任，直至撤职。商业银行严格信贷准入、调整信贷结构已刻不容缓。

——中央银行货币政策已进入从紧阶段。年初中国银监会召开的大型银行监管工作会议指出，虽然目前我们执行的依然叫适度宽松的货币政策，但实际上早已经从紧。一是 2010 年已经三次调整存款准备金率，1 月、2 月和 5 月各上调了 0.5 个百分点。同时，中央银行还对部分商业银行采取了惩罚性措施，额外上调了存款准备金率，除我行以外的几大商业银行无一幸免；二是中央银行票据发行量加大。5 月 13 日中央银行发行了第 39 期中央银行票据，4 月 8 日中央银行还重启了 3 年期中央银行票据发行；三是利率进入上升通道。第一季度 3 个月和 1 年期的 SHIBOR 分别上升了 11BPS 和 10BPS。这些措施都收缩了市场的流动性，强化了加息预期。

——中国银监会进一步加大监管力度。

一是强调严格执行“三个办法一个指引”，强化贷款的全流程管理，坚持贷款资金向交易对象支付的“受益人原则”。以往贷转存体内循环这种存款增长模式难以为继，账户基础薄弱的银行压力增大。经过测算，在严格实行委托支付的条件下，2010 年我行企业存款将少增 740 亿 ~ 750 亿元。

二是对大型银行实施动态风险监管，提出资本充足、贷款质量、拨备等七大类十三项指标。前一段时间，中国银监会提示我行存在资本充足率下降、集中度依然偏高、不良反弹压力增大、并表管理滞后等问题。

三是严格监控信贷投放。对银行实行逐月监控，加强指导检查力度，要求合理确定季度、月度乃至项目的信贷投放计划与节奏。同时严控房地产、政府融资平台的信贷投放。

（三）同业竞争越发激烈

年初工作会议上，总行就已提示全行，在新的一年里，各家商业银行将在优质贷款、客户存款、中间业务及外币经营上展开新一轮更为激烈的竞争。经过几个月的实践，相信大家都深有体会。

——大型商业银行发展战略趋同，业务转型力度加大，对重点领域、重点区域和优质客户争夺激烈。我行传统优势领域受到侵蚀，新兴业务领域竞争白热化。

——我行一些反映市场竞争能力的指标有所下降。

——有些银行迫于贷存比率过高、监管压力过大，急于揽存改善，甚至采取了一些不规范的手段进行恶性竞争。许多股份制商业银行、小银行的贷存比率接近 80%，超过了监管规定；个别大银行的贷存比率也接近监管的上限要求临界点。办理业务赠送加油卡、礼品等这些 10 年前已被摒弃的做法死灰复燃，高息揽存花样不断翻新。这种局面不可持续，也不能持续，对此我们要有清醒的认识。

（四）我行自身经营存在不尽如人意之处

一是信贷业务发展后劲不足。从 20 世纪八九十年代起，商业银行已数次经历难贷—惜贷—猛贷—调控如此循环往复的过程。在新一轮密集的政策措施作用之下，很难讲不会再发生难贷和惜贷情况，我们要更多从自身查找根源，寻求答案。中国银监会实施“三个办法一个指引”后，许多同志思想准备不足，业务受到了一定影响；严控“6 + 3”行业以后，许多分行暴露出项目积累不够、发展乏力等问题。尽管不少分行不断要求追加信贷计划，但增量贷款中仍然是以政府融资平台、房地产、产能过剩行业为主，不符合政策导向。对这些行业要有所选择，有所为，有所不为，把握好几个重要时点，上半年、年底必须保证得到有效控制；在实践中，对贷款投放的节奏把握不好，而且缺乏有效性，具体表现为月末增加，上中旬回落。2010 年 4 月末，被迫购入 100 多亿元贴现资产，进入 5 月，这种情况还在延续。到 12 日，全行贷款比 4 月底依然是减少，这也从另一个角度表明我们有效的项目储备不够。

二是新产生的不良反弹压力增大。贷款本息拖欠现象增多，表外业务垫款风险较大。2010 年前几个月不良贷款虽然保持了双降趋势，但新的不良冒出比较多，甚至近两年新发放贷款有的也成为不良，令人非常痛心！正常关注类贷款中，期限调整与本息拖欠金额有所增加。非信贷资产不良反弹压力加大，表外垫款居高不下。对比同业，其他几家银行表外垫款基本是零，要更进一步重视表外垫款问题。

目前，地方融资平台风险正在积聚。按照人民银行口径，2009 年年底我行此类贷款余额达 5 900多亿元，不能排除有融资平台资金链断裂的可能，新的风险会随之浮出水面，已有 8 亿多元逾期，据了解，其他几家大银行基本是零。这也是分析师、投资者对我行最关心的三件事情之一。对政府融资平台贷款的风险管控绝不能掉以轻心。

房地产市场波动对贷款质量的影响不容忽视。截至第一季度末，我行房地产相关贷款余额为 1.31 万亿元，占境内分行全部贷款的 26.82%，少数分行房地产开发贷款余额占到了公司类贷款的 20% 以上。市场价格下行，物业持有成本加大，相互作用会影响到存量贷款的质量。

个贷不良压力较大。过去我行在个贷不良执行标准上失之于宽，工商银行是按 90 天逾期计，我行执行的是 180 天的标准。从 4 月 30 日起，个贷不良标准正式调整为逾期 90 天。由此造成的不良增加近 14 亿元。希望到 6 月底，能够把这 14 亿元消化于无形。

三是中间业务发展并不平衡。截至 2010 年 4 月底，在当地四行排名第一的分行有 15 家，比 2009 年年底减少了 1 家。有 4 家分行市场份额排名下降为第三位或第四位。在可比的 18 个产品当中，许多产品和品牌与他行还有差距。

四是外币业务经营仍是短板。我行外汇业务整体上缺乏竞争优势。外币存款业务是外汇业务的基础，是创新发展的源泉，却增加不多，总量不大，制约了贷款投放，满足不了业务发展的要求，满足不了优秀客户和基层行的需求。境外机构的经营模式仍在调整过程中，境内外业务联动尚未形成机制。年初工作会议期间套开了境外工作座谈会，与境外分行主要负责人一对一地专门研究形成了一整套工作措施，一定要不遗余力地继续推进下去。

五是领先优势难以保持。长期以来，在 NIM 上我行一直领先同业。工商银行近几年大力改善资产负债结构，不断调整贷款期限结构，不断扩大利差，而我行历来中长期贷款比例较高，改善空间不大。从趋势上看，近期内与工商银行可能趋同，今后我行甚至会落后于工商银行。而对此问题部分分行还没有重视起来，处在同一地区的不同分行，筹资成本、贷款收益率、利差水平都相距甚远。

过去几年，我行中间业务发展的努力目标是增幅最高、增量最大。但由于各家银行都非常重视这项业务的发展，尤其农业银行因股改取得明显进展，腾出手来推进转型，也因其基数较小，第一季度中间业务实现了超高速增长，到 4 月底增幅近 70%。在一定时期内，我行难以达到增速第一的目标。

资产质量领先地位受到挑战。在大银行中我行历来资产质量最优，一直被同业视做重要竞争对手和主要赶超目标，目前已被中国银行、工商银行赶超，3 月底，工商银行不良贷款比率为 1.35%，中国银行为 1.3%，我行为 1.35%。我行的优势正在失去。

三、扎实工作，争创佳绩

在复杂多变的形势下，全行更要把认识和行动进一步统一到国家的新政策上来，统一到监管部门的新要求上来，统一到总行的新工作部署上来。

（一）坚持稳健发展，促进协调发展

在整体经营当中我们必须坚持稳健发展、协调发展，这是当前全行经营的主要任务。

——稳健发展不是放慢发展的脚步，而是讲

究适度、有序、均衡。我们讲“快”，要快在创新工作思路上，快在转变发展方式上。

当前尤其要做实项目储备，提高储备项目的贷款转化率。加大对重点振兴产业、新兴行业、绿色信贷领域的营销力度；区分地区、区分情况，对重点调控行业中具备竞争优势的优质客户、名单内客户，根据客户实际需要予以支持；要在保证项目储备保有额增加的基础上，争取“6+3”行业的项目储备占比下降。增加供应链融资产品比重，鼓励拓展贸易融资业务和重点客户短期现汇贷款业务。做好高端客户和小企业的交叉营销，加大支持保障性住房建设力度。

——协调发展，要注重统筹兼顾。既要搞好传统优势业务，也要做好对民生、小企业、“三农”、循环经济等领域的金融服务。既要重视信贷业务，也要重视负债业务、中间业务和外币业务。既要保证适当的业务规模，也要提高差别化定价水平，从量价同时入手，不断提高资产收益水平。既要巩固提高信贷资产质量，更要坚持信贷非信贷、表内外、境内外、本外币风险管理并举，真正做好全面风险管理。既要执行好国家调控监管政策，更要格外警惕发展乏力的苗头，保持经营的平稳增长。

（二）转变发展方式，明确经营重点

1. 严格遵守信贷原则，做深、做细管理工作。

——要坚持“控制总量、把握节奏、调整结构、确保质量、改善利差”的信贷经营原则。

——防控信贷风险。坚决执行好国家宏观调控政策，深化落实“进、退、保、压、控”措施，严控“6+3”行业贷款投放，加大信贷结构调整力度，防范未来风险。搞好“贷后管理年”活动，努力推进贷后管理、抵质押物管理和区域差别化政策指导。加强产业细分、行业研究，落实行业限额、名单制管理，加大压力测试、实时监控、风险提示的频度和力度。

——下大力气落实责任加快表外垫款的回收，警惕有些小银行和非银行金融企业的授信风险。

——重点支持小企业、涉农业务、城乡统筹、民生领域，符合国家产业政策、涉及国计民生、前景较好的行业产业，重点支持传统行业中的龙头企业。对小企业业务要进行批量化营销，推广近几年创新的信贷产品和服务方式。比如农户贷款、联保贷款、与淡马锡公司合作的担保贷款、与阿里巴巴和金银岛等网络运营商合作开展的网上贷款等，要加快推广，取得实效。

——完善总行的统筹管理。一是加强内部联动，由总行牵头扩大内部银团，以解决好有的分行有非常好的客户、业务和项目机会，却受限于分配下达的信贷计划；而有的分行即使调减了信贷计划，仍然缺乏有效需求两个方面的问题。二是调整信贷计划，对有效需求多的分行可以适当增加信贷计划，对优质项目积累不够、发展乏力的分行调减信贷计划。三是进一步重视贷款的收益率，对同一区域不同分行的贷款收益率要合理确定标准。总行要通过完善考核的办法，推进这些措施的落实。

——加强责任追究。对给全行形象造成严重负面影响、给资金造成重大损失的典型案例，要严格责任认定，严肃责任追究，严厉处罚相关责任人员，警示全行、教育员工，不能再延续那种无关痛痒、不切实际的轻微处罚方式；对大多数操作人员，要建立尽职免责机制。

2. 保持中间业务健康快速发展，巩固竞争优势。

——2010年的发展目标调整为：争取中间业务收入在同业中增量第一，确保总量及增速在四大行中位居第二，力争实现市场位次第一的分行有所增加，各项产品与服务齐头并进。

——抓好重点产品，要有更多的产品服务成为品牌。大力推动结算业务、理财产品、保理业务、代销基金、代理保险、信用卡等重点产品的发展，加大国内信用证、现金管理、实时通等创新型产品的推广力度。

——统一全行理财产品的销售与管理平台，继续加大理财产品的创新和发行力度。加快实现产品在物理渠道和电子渠道的同步部署。

——总结推广先进经验。开展中间业务标杆管理，鼓励分行创新产品服务。

——进一步重视投资银行业务。分行“一把手”、分行领导班子所有成员、总行部门领导都要对投资银行业务尽快熟悉起来，真正重视起来。同时要在全行不同环节层次、不同部门领域展开必要的培训，让更多员工了解投资银行业务，打造一支投资银行业务骨干队伍，让更多的人成为投资银行业务的行家里手。

（三）坚持低成本策略，努力抓好存款

存款形势不容乐观，要采取有力措施，尽快扭转我行存款市场份额下滑的不利局面。

——从源头抓起，要抓住账户、客户、产品主线，强化基本结算户、中小存款户和无贷户管理，发挥理财产品的引导作用。从创新抓起，依靠丰富的产品功能、优质的金融服务吸引客户增加存款。从定价抓起，进一步增加对本外币负债业务发展的投入。合理调整内部资金转移价格，发挥各业务条线和各分行的积极性。

——对存款工作既要重视更要依法合规，绝不违反制度、流程和监管要求，不踩红线。对不顾成本的竞争，绝不能盲目跟风。坚决杜绝高息揽存、一味追求时点数等做法。严格控制高成本、低综合效益的存款增长。

（四）抓好重点服务，加强内部管理

1. 做好对上海世博会和广州亚运会的金融服务。世博会已开幕半月，但会期长达半年之久，世博会进入尾声之时，亚运会将在广州召开。这两个盛会举世瞩目，既是对我行服务能力和安全稳定运营的考验，也是树立品牌、营销产品的机遇，要认真研究客户需求，制订切实可行、周到细致的金融服务方案，提供配套产品和个性化服务。要将做好两个盛会的金融服务与“服务质量年”活动的开展结合起来，大力提升我行的服务水平及社会美誉度。

2. 确保信息系统安全稳定运行。要落实好国务院和中国银监会领导对民生银行宕机事故的批示精神，落实好总行前不久召开的世博安全运营和服务保障工作动员视频会提出的相关要求。一是加强监测维护，保证IT系统运行稳定安全；二是建立健全应急处理机制和应急预案，加强演练，做好应对各类突发事件的准备，提高应急处置水平；三是加强风险苗头防控，严防外部侵害，确保安全运营。

3. 做好审计整改，搞好案件防控。

——主动配合审计署检查，加强沟通，注重整改。审计署在我行的审计检查已进入第三个年头，希望大家本着对全行高度负责的精神，继续加强与审计检查人员的密切配合，做好及时整改。同时，根据形势变化，加强对管理薄弱部位和可能引发风险隐患环节的检查，为安全运营排雷清障。

——认真开展案件专项治理，努力构建案件防控的长效机制。各级领导要切实履行好案件防控责任状规定的职责。

当前，政策环境变化很快、困难很多、挑战巨大，但是我们面临的有利条件也很多。要进一步统一思想、增强信心，共同为全行的科学发展作出新的贡献！

（根据录音整理）

深入落实中央政策和监管要求
努力做好当前经营工作

——在建设银行夏季工作会议上的讲话

张建国

（2010年8月30日）

同志们：

这次会议的主要任务是学习贯彻党中央、国务院和监管部门的新要求，分析总结前7个月的经营管理情况，安排部署2010年后几个月的重点工作。下面，我谈几点意见。

一、经营稳健，亮点突出

2010年以来，全行坚决贯彻落实国家宏观调控政策和监管机构要求，面对复杂的经济金融形势和激烈的同业竞争态势，坚定不移地推进经营转型和结构调整，各项业务健康发展。

（一）业务规模和财务效益快速增长

继2010年第一季度全行资产规模突破10万亿元后，第二季度境内资产总额也达到10万亿元。

前7个月，全行负债总额为9.47万亿元，较2009年末增加5 791亿元。一般性存款为8.4万亿元，新增5 918亿元；外汇全口径存款余额为279亿美元，增加66亿美元，增量和增速在四大行中排第一。

上半年全行实现税前利润921.9亿元、净利润707.8亿元，同比分别增长27.22%和26.8%。年化平均资产回报率（ROA）达到1.43%，平均股东权益回报率（ROE）达到24%。成本收入比为22.76%。

净利息收益率平稳回升至2.42%。对公非贴现贷款利差升至4.19%，结束了两年多的下降趋势；个人住房贷款利率水平逐月走高。

（二）信贷投放有序投向合理

1. 贷款增量适度，投放节奏适中。截至7月底，全行各项贷款余额达51 627.51亿元，新增5 090亿元。贷款增量把握良好，投放进度合理，各季月平稳，符合监管要求。其中，公司类贷款新增同业第一，市场地位得到巩固。

2. 结构调整持续推进，成效显著。积极推行差别化管理，不断优化信贷结构。基础设施贷款、个人住房贷款等传统优势得到巩固，新产品、新业务快速发展。小企业贷款增长41.4%，高于全部贷款增速30.3个百分点，其中网络银行贷款余额达116.7亿元，新增83亿元，客户新增2 644户。涉农贷款增加1 298亿元，余额占比达到13.93%。西部地区贷款增速高于平均增速，占比上升。

严控“6+3”信贷投放。严重产能过剩行业贷款比年初减少150亿元。政府融资平台贷款比年初减少664亿元，3/4的贷款已经落实了有效担保。房地产贷款新增228亿元，新增贷款在四大行中占比仅为6.4%。

（三）中间业务增长势头强劲

前7个月，中间业务延续高速发展态势，共实现收入384.5亿元，增长37.9%，占主营业务收入比重达22.6%，再创历史新高。中间业务收入在四大行中增量第一，总量、增速在四大行中排第二。16家分行当地竞争实力第一，23家分行市场占比提升。

大部分重点产品收入快速增长。超过10亿元的产品达到12个，其中6个产品超过20亿元，同比增加2个。国内保理增加近3倍、理财产品增加近1.5倍，单位人民币结算、代销基金、国际结算、电子银行、贷记卡及收单等业务收入增速超过50%。账户金市场占比大幅提升10个百分点，实物金销量超过2009年全年两成多。

（四）战略性业务推进有力

——机构业务进展显著。“民本通达”自推广以来累计新增客户3 730户；“八一工程”市场占比22.5%；已开立援疆账户23个，到账资金6.02亿元。

——投资银行业务实现收入76.21亿元，同比增长32%。短期融资券承销量同业第一，新型及专项财务顾问业务收入同比增长达187%。

——企业年金受托业务规模新增同业第一。专门研发的“万户工程”进展顺利，面向中小企业的集合计划新增签约客户1 877户，超过全年预定目标。

——投资托管业务规模达到1.2万亿元，实现投资托管费收入9.7亿元。新增托管基金规模市场第一。

——信用卡客户数、消费交易额、资产质量等指标同业第一。实现分期业务交易额55亿元，同比增长156%。

——AUM 300万元以上高端客户数量达到11.33万人，新增2万人；资产规模达到4 930亿元，增加1 054亿元。

（五）风险控制持续强化

——风险管理措施进一步完善。深入推进了“贷后管理年”活动和抵质押物管理，细化了贷款名单制管理，加强了行业研究、风险提示、实时监控，开展了承兑业务和合规操作的重点排查，努力落实“三个办法一个指引”。

——资产质量进一步向好。不良贷款余额较年初减少66.24亿元，不良贷款率为1.06%，较年初下降0.26个百分点。拨备覆盖率达到242.27%。个人贷款因分类标准提高增加的不良额已全部消化。

——不良资产处置进一步加强。处置不良贷款170.55亿元，现金回收99亿元，现金回收率同比提高1.69个百分点；处置非信贷不良资产16.32亿元。

这些成绩的取得，是在党中央、国务院正确领导和监管部门支持帮助下，全行员工充分发挥聪明才智、不断锐意进取的结果。在此，我谨代表总行党委、高管层向大家表示衷心的感谢！

二、认清形势，正视不足

（一）当前宏观形势依然非常复杂

从外部环境看，全球经济走势仍然低迷，主要发达经济体复苏放缓，具有全球影响力的大型金融机构风险化解还需时日，各种形式的贸易保护主义明显增多。受欧洲主权债务危机冲击和影响，金融市场动荡不定，主权风险、产品风险和危机事件时有暴露。7月美国二手房交易量价暴跌、日元骤然升值创下15年来新高，都可能产生新的连锁反应，对市场带来新的挑战。

国内经济有喜有忧，制约经济平稳运行的矛盾和问题不少，宏观调控面临“两难”。自然灾害频发，通胀预期管理难度增大，节能减排任务艰巨，房地产市场交易量萎缩价格震荡，上证综指上半年跌幅居全球第二位，银行业竞争出现新的动向。

（二）监管要求更加严格

——严厉警示了银行业面临四类突出风险，提出了具体的监管要求。中国银监会第三次经济金融形势通报会指出，银行业地方政府融资平台、房地产开发、产能过剩三大领域贷款的风险状况不容乐观，要求对融资平台贷款情况每周一查报。此外，操作风险和外部侵害风险也越发突出。

——严格推行了“三个办法一个指引”，努力消除靠“放贷款、冲存款”的虚假繁荣现象。要求各银行清理贷款支用、支付方式，按月报送执行情况统计报表。我行客户结构偏重交通、电力、石油石化、房地产、城建等行业，上下游客户相对较少，“实付”政策使存款沉淀大量减少。

——严肃强调了要加大对违规揽存行为处置力度。针对部分银行违规揽存现象，王岐山副总理两次作出重要批示，要求维护市场秩序，防范风险。中国银监会要求商业银行对考核激励体系进行调整完善，摒弃以存贷款规模为核心的传统考核方式。

——规范商业银行搭桥贷款业务操作，叫停了银信合作的单一计划理财产品。

——进一步规范服务收费行为。要求立即开展服务项目的自查和清理。商业银行必须明码标价，充分做好信息披露工作。中国银监会和国家发展改革委正在修订《商业银行服务价格管理暂行办法》，终止了7项业务收费。

（三）自身经营中存在许多差距不足

——存款增长乏力。2010年以来，我行存款在四大行中增量最少，整体落后于竞争对手，这已不仅仅是单纯的存款问题，而是关系到能否不断培植客户持续发展、能否巩固竞争地位的问题。与2009年同期相比，2010年存款增长乏力，一般性存款增量是2009年同期的47.84%。少数分行2010年以来一直负增长，而当地同业正增长。部分分行贷款增加较多、存款增加有限，个别分行持续贷存比倒挂，与当地同业大相径庭。

——中间业务发展压力增大。随着中间业务收入总量越来越大，保持快速增长幅度的难度也会越来越大。当前全行发展也很不均衡，在全行中间业务收入同比增速为37.9%的情况下，个别分行增速仅为10%左右，收入总量不及当地工商银行一半。个别重点产品与同业差距拉大，我行单项收入最大的产品个人人民币结算及银行卡收入落后农业银行18.6亿元，落后工商银行16.6亿元，增速落后于工商银行16个百分点，差距有拉大的趋势。

——外币业务保持稳定、改善结构的任务依然艰巨。近几个月，我行外汇存款增势平稳，贷存比例失调状况明显好转，但规模仍较小，存款结构不够合理，存贷款利差明显缩小。如何平衡外汇资金来源与运用的矛盾、防止流动性风险，仍是亟待解决的问题。

（四）业务经营面临多方面风险

第一，不良贷款反弹压力犹存，巩固资产质

量不容掉以轻心。当前经营环境复杂多变，影响资产质量因素很多，最突出的是政府融资平台、产能过剩行业贷款问题。部分地方政府融资平台现金流不足，贷款缺乏有效保证，未来偿债困难，尤其是13个欠发达地区分行政府融资平台贷款占比较高，质量隐患较大。总行实时监控发现，部分分行仍将有限的贷款投放给产能严重过剩和不良率很高的行业，如汽车零部件及配件制造业、玩具制造业、出口企业等。日前，工信部公告了将遭淘汰的落后产能名单，涉及18个行业、2 087个企业，要求9月底前关停，信贷风险暴露迫在眉睫。房地产上下游行业涉及广泛，我行相关的贷款超过4 000亿元，房地产押品价值超过4万亿元，房地产新政的影响绝不仅限于房地产业自身。

第二，产品风险管理问题突出。与其他大银行相比，我行垫款总量偏大，比例最高。垫款主要涉及政府融资平台、承兑、代客交易、境外代付、信用证付汇和担保等产品。政府融资平台垫款现在还有6.7亿元的余额，经过逐笔梳理，都是2006年以前发生的历史遗留问题，长期遗留问题化解起来越来越难，“冰棍效应”越发明显。有的产品，比如代客衍生品交易，已经发生了大量垫款，由于市场变化，后续可能还会发生新的垫款。

第三，潜存的违规问题令人触目惊心。2010年春天，总行进行了为期三个月的全面风险点排查，发现了许多风险隐患。个别员工充当资金掮客，参与民间集资、借贷或非法融资；弄虚作假办理假贴现、假个贷等业务从中牟取私利；违规占用内部或客户资金；违规代客办理业务；人为调整业务考核量；私设“小金库”等。违规问题涉及37个一级分行，涉及前台、中台、后台很多业务领域，包括柜面业务、信贷业务、中间业务、财务收支管理等，涉及柜面人员、客户经理、中后台管理人员，甚至是基层机构负责人。违规行为表现出涉及面广、方式多样、手段更为隐蔽的特征，问题的性质都是违规、违纪，个别甚至有违法嫌疑，治理违规行为的任务仍然很重。

第四，案件防控形势依然严峻。自完成股改以后，全行坚持不懈地防控操作案件，取得了良好的成绩，但仍有分支机构重视不够、措施不力。2010年发生的案件有两种类型：一种是操作案件。2010年5月下旬山东淄博周隆路支行发生重大承兑贴现资金诈骗案件，尽管收回了资金，但对我行声誉造成极大负面影响。另一种是以前年度的受贿、索贿等腐败问题，2010年以来还在暴露。全行在风险防范、内部管理和业务操作等方面还有不少漏洞，案件防控绝不能掉以轻心。

第五，频发的自然灾害和突发事件影响运营安全。2010年以来，极端天气变幻不定，灾害频发，我行部分网点、机具、基层经营遭到不同程度的损失，员工及客户的人身安全受到威胁，共有150多个网点因自然灾害临时停业，部分分行已有贷款因自然灾害成为不良。第二季度发生了几次系统故障，全行应急管理能力还需进一步增强。

三、坚持科学发展，确保全行安全

应对复杂的经济形势和激烈的同业竞争，全行要进一步坚定信心、发挥优势，努力保持核心竞争力。

（一）坚持信贷均衡有效投放，积极拓展市场

——要继续坚持“控制总量、把握节奏、调整结构、确保质量、改善利差”的信贷经营原则。只要用好信贷资源，完全可满足客户有效需求。希望大家执行好总行要求、执行好监管要求。

——合理调控信贷总量，按计划控制投放节奏。全行要落实总量和分季按月下达的进度控制目标，杜绝月末、季末冲时点。全行都要以大局为重，不搞上下博弈。后几个月，在执行好总行月度贷款计划的前提下，分行内部个人类贷款与公司类贷款可单边调整。

——持续推进信贷结构调整，有效利用信贷资源提升收益水平，支持重点优质项目、小企业、民生领域和新兴战略产业。

——综合运用名单制、行业限额、环保一票否决制、实时监控等手段，严控“6+3”贷款投放，主动从不符合国家政策及不良率较高的行业中退出。认真组织好政府融资平台的清理及代偿风险化解工作。个人按揭业务要严格执行“新国十条”要求。

——组织好信贷理财产品的表外转表内工作，

提前安排好贷款接续。监管部门要求用两年时间完成，这项工作非常复杂，要从思想上要高度重视，行动上积极准备，抓紧研究部署。

——谨防发展乏力，抓住时机拓展市场，做实项目储备，为全年整体发展以及来年的持续发展做好必要的、有效的积累。目前项目储备中隶属“6+3”行业的占比达26%，要进一步优化项目储备结构。

（二）巩固中间业务发展优势，坚持推进经营转型

——坚持全年中间业务目标不动摇。一是要坚定信心，争取实现中间业务收入增量第一，保证总量、增速保持第二。二是力争越来越多的分行在当地市场占比和竞争地位有新的提高，希望到年底市场位次第一的分行能恢复到18个。三是各项产品与服务齐头并进，稳步、持续地改善收入结构。

——重点抓好三类产品。要发挥特点，巩固传统优势类产品地位，使优势产品能够打造成品牌。缩小长期劣势类产品服务与同业的差距，尤其是个人结算、保险资产托管等。努力推动创新类产品，取得市场先机。监管机构暂停银信合作的单一计划产品会对中间业务发展有些影响，但是创新类产品与服务市场巨大，机会很多，可以丰补歉。

——继续搞好中间业务的标杆管理，完善激励考核。加强总分行之间、各一级分行、中心城市行之间的联动。搞好经验借鉴和学习交流，每个分行都有很好的特色产品，总行要全面梳理完善、优化升级、组织推广。

（三）高度重视，扭转存款增长乏力的局面

——要更加重视存款工作。2010年以来，我行存款落后于同业三大银行，外部环境变化影响不言而喻，但重视不够是重要原因。其他三大银行拼抢市场地位，在吸揽存款上下了更大力气。部分银行存贷比率已经突破监管上限，采取一些特殊手段增加存款。面对同业不遗余力的竞争，我们必须高度重视，在存款上花更多工夫。

——合理确定整体存款增长目标。2010年的市场环境与2009年大不相同，我们不求与自身2009年增量相同，也不跟其他银行盲目攀比，但是要保持存款市场占比和竞争地位不能下降，这是最基本的要求。

——完善发展存款业务机制。要从源头上抓好存款。辽宁省分行与省工商行政管理局合作推出“工商验资通”网络服务平台，向客户提供从注册公司开始的全流程服务，值得全行借鉴。代发工资是一种吸引群体客户、推动各项业务发展的重要方式，希望大家都要重视。总行明确有贷户和无贷户相应的部门责任后，要进一步搞好这两类客户的管理。要完善全行机构网络布局、加强渠道整合、填补市场空白，提高我行的竞争实力。要调整内部考核和资源配置方法，不能支持长期贷存倒挂的分支机构片面发展。

——守牢揽存政策底线。从长远看，违规揽存对商业银行的制度流程、品牌形象、员工队伍、企业文化会造成严重伤害，绝对不能盲从。对存款业务既要重视，更要依法合规，不搞短期行为。

（四）抓住机遇发挥特点，打造新的业务优势

——西部地区的业务发展面临历史机遇。上月初，中央召开了西部大开发工作会议，总结了过去十年取得的成就，提出了未来十年的战略目标，明确了对西部12个省市区的发展方向和重点，决定了财政、税收、产业、土地、金融等诸多支持政策。我行在基础设施和重大项目上独具特色，近几年坚持创新，坚持加大对小企业、涉农、民生领域的支持力度，这些都是未来西部大开发工作的重点，意义重大、商机很多，要提前布局。我行已启动了援疆、援藏工作。目前，总行正在研究未来支持西部分行发展的思路和措施，将召开“支持西部大开发工作会议”专门进行部署。

——民生领域大有可为。我行已走在同业前列，积累了丰富经验，要持之以恒地推进。近期，国务院高度重视棚户区改造和公租房建设，中国银监会就此召开专题会议，要求工商银行和建设银行积极试点。房改金融一向是我行优势业务，要抓紧准备、严密方案，一经国务院批准，要确保做好试点工作。

（五）强化风险管理和案件防控，保障安全运行

1. 确保信贷资产质量持续平稳向好局面。要切实做好贷后管理和抵质押物管理，防范化解几个关键领域的风险。

——防范地方政府融资平台贷款的潜在风险。自2009年3月起，针对地方政府融资平台风险，我行提前见事、主动调控、措施到位。总体来看，全行融资平台贷款整体风险可控，但也要看到，部分融资平台贷款存在层级偏低、担保不落实、借款主体不合规等问题。全行要按照《国务院关于加强地方政府融资平台公司管理有关问题的通知》（国发〔2010〕19号）和中国银监会“逐包打开、逐笔核对、重新评估、整改保全”的要求，加强与银行同业、地方政府、项目单位及当地银监部门的沟通，认真做好存量贷款的清理对账、分析定性、落实债权和分类处置工作，防止借机逃废银行债务。对于主要依赖财政资金还款的公益性项目，不得再审批发放贷款，一经发现，严肃处理。

——防范房地产贷款风险。上半年，房地产调控政策密集出台，房地产市场成交量明显下滑，70个大中城市房价环比下降，开发商资金链日趋紧张，房地产市场风险明显上升。近期内地一些开发商在香港发债融资，成本高达10%～12%，可见房地产业资金之紧张。国土资源部针对土地闲置问题组织开展了为期5个月的集中整治工作，总行也布置了针对性的风险排查，发现有4个分行15亿元贷款属于闲置土地，有3个分行2.6亿元贷款的押品属于闲置土地。全行要未雨绸缪，应对房地产市场可能出现的大幅波动，加强对房地产贷款企业现金流管理，提前落实资金，确保按合同计划偿还贷款。

——努力化解产能过剩行业贷款风险。针对工信部关停部分严重产能过剩行业项目的严厉措施，总行组织了全面排查。结果显示，涉及我行需淘汰全部产能、面临关停的有34个企业、5.8亿元贷款，要立即采取措施保护我行贷款安全。还要特别重视防范关停企业与项目涉及的上下游产业以及集团关联企业的影响，抓紧落实风险隔离措施。同时，要清醒地认识到节能减排任务的长期性和艰巨性，积极主动地执行好国家产业结构调整和节能减排等政策要求，严禁向产能过剩行业新上项目贷款。

2. 落实全面风险管理要求，加强表外业务管理。

——进一步强化全面风险管理理念。全面风险管理要涵盖信贷非信贷、表内表外、本币外币、境内境外，同时要重视并表管理，做好国别风险和持股机构管理。一定要从思想上重视、从管理内容上覆盖，把风险管理措施和工具深入所有领域。

——进一步解决好垫款问题。新官要理旧账，对于存量垫款清收，尤其是2006年以前发生的垫款，责任要落实到分行领导，同时要警惕发生新的垫款。

——全面清理表外业务。我行一直非常重视表外资产的风险管理问题，而且监管机构也提出了把表外转到表内的要求。总行相关部门要全面梳理，全行要一致行动，搞好落实。

3. 强化合规经营，严防操作案件。全行各条线、分支行、前中后台之间要密切配合，一些基层网点的业务功能要重新定位，完善授权、加强管理，确保合规经营。要有针对性地加强专业培训和内部教育。要对全面风险点排查中发现的问题抓紧整改，9月底前总行将检查验收。

4. 做好防灾、抗灾、救灾工作。各级管理人员要进一步重视防控自然灾害的影响，尽最大努力保护员工、客户、行产的安全。及时掌握并客观评估灾情，统筹作好相关财务安排，重点保障业务正常运营和员工生活。要加强应急管理，确保IT系统安全稳定运行。

面对复杂多变的外部经营环境和竞争形势，全行要着力解决经营中的问题，坚决贯彻落实中央政策精神和监管要求，推动各项工作顺利开展，争取经营管理水平再上新台阶。

在支持西部大开发工作会议上的讲话

张建国

（2010 年 11 月 4 日）

同志们：

昨天总行召开了2010年秋季工作座谈会，会议一结束，总行17个部门、西部12家分行的领导舟车劳顿，连夜来到成都，今天又聚集在一起。在庆祝我行股改上市五周年之际，连续召开两次这样的重要会议，具有特别意义。这次会议主题是贯彻落实中央西部大开发工作会议和十七届五中全会精神，总结我行在西部地区经营发展的经验和特点，集思广益，研究支持西部大开发的机遇和重点，明确支持西部大开发的政策措施，提升我行在西部地区的经营管理水平。刚才，朱行长代表总行作了会议的主旨讲话，内容非常丰富，重点阐述了支持西部大开发的方向和原则，提出的政策措施非常具体，便于操作。在星期一的总行党委会上，我提纲挈领地把支持西部大开发的政策措施向党委作了汇报。我行支持西部大开发政策的制定由朱行长亲自负责，靳彦民总经理、许一鸣总经理以及总行相关部门领导和同事们密切配合，认真学习中央文件、深入探讨，拿出了我行支持西部大开发的详细方案。会后，朱行长的讲话以及总行制定的支持西部大开发的政策措施将正式印发全行，全行要认真学习、贯彻落实，共同推动西部地区加快发展。下面我谈几点意见。

一、发挥整体优势，积极落实中央西部大开发战略要求

发挥整体优势，先要了解自己。希望大家做到知己知彼，真正把建设银行的优势发挥出来。

（一）整体经营业绩良好，更加注重全面、协调、持续、高质量的发展

规模巨大，市值屡创新高。截至2010年9月底，全行资产规模达到10.58万亿元。前不久，中国银行和农业银行纷纷宣布资产规模达到10万亿元，而我行在年初资产规模就超过10万亿元。当中国银监会主席刘明康还在批评部分银行片面强调规模的时候，我们的关注重点已是全面、协调、持续、有质量的发展。我行用了39年时间达到1万亿元的资产规模，又用了13年时间达到5万亿元的规模，最近几年我们抓住机遇，实现了很好的发展，用了4年时间就突破了10万亿元。从年初开始，我们更加注重协调发展，不再与同业比拼规模，虽然我行的规模也确实在全国商业银行体系中、在全球大银行中排位前列。

刚才朱行长在银企战略合作签约致辞时讲到，昨天盘中我行股价上扬，一度在盘中总市值超过工商银行，成为全球银行业市值第一。市值虽然不能说明所有问题，但确实间接反映了一家商业银行在市场上的地位和影响力，能够进一步增强全行员工的自信心和自豪感。

业务结构不断优化，战略性业务实现良性发展。结构本身内涵丰富，包括客户结构、资产结构、负债结构，更有收入结构。截至2010年9月底，全行实现税前利润1 400多亿元，拨备水平同业最高，超过210%。在为国家作出巨大利税贡献的基础上，2010年前9个月我行净利润首次突破1 000亿元，达到1 106亿元，股本回报率、资产回报率行业第一。10月19日，中央银行34个月来首次加息，许多同志认为利率上调使商业银行扩大了利差和利润，实际不然，我行有9.5万亿元存款、5.4万亿元贷款，利率上升带来的额外利息收入不足以弥补增加的筹资成本。因此，我们更多地要靠提高质量、转型经营来改善收入。

一是中间业务收入快速增长，为全行盈利能力的持续提高作出了巨大贡献。2010年前9个

月，中间业务收入近500亿元，而2005年全年中间业务收入仅为86亿元。二是基础性、方向性、战略性业务长足发展。长期以来我们一直比较落后的国际业务2010年实现了逆转。外币存款总量也走出了长期低迷局面，一举超越了我们主要的竞争对手，成为行业第二；上半年我行国际结算收入银行业第一，历史性地超越了中国银行；我们境外业务经营质量、获利能力一直是全行的短板，2010年也有极大改善，尤其是我们格外担忧的香港分行对迪拜世界10亿美元贷款风险得到化解，已将其转变为对迪拜政府的债权。透过这些业务，可以看到我行战略性业务的稳健发展，凝聚了越来越强的竞争实力。

风险管理能力不断提高，为业务发展打下了坚实的基础。在四大行中，我行率先完成了财务重组、引进外资、整体上市等改革。股改上市五年来，我们很好地维护了股改成果，每年都能实现不良贷款额、不良贷款率双降。

2010年我行个人住房不良贷款认定标准从逾期180天调整为90天，导致不良额年初新增18亿元，但到第三季度末，个人住房贷款不良率和不良额均实现下降。从2009年开始，全社会都在质疑天量放款之后，银行的资产质量能不能得到保证。总行高管层在年初形成共识，在全行开展“贷后管理年”活动，采取有效措施，切实提高贷后管理水平和抵质押物管理水平，确保信贷资产质量和风险管理水平的持续提升，保障了全行未来发展延续良好势头，这也为我们有条件、有能力贯彻落实好国家实施西部大开发战略要求、提高经营管理水平奠定了坚实基础。

（二）发挥整体优势，推进西部地区分行加快发展

第一是规模优势。今天我们有庞大的规模，在全国六大区域中，其他地区只需保持住在同业地位的同时稍稍倾斜，就能促进西部地区更好、更快、更全面地发展，调剂余地较大。在信贷规模的配置原则上要体现支持和保证我行优势分行巩固在当地的市场地位，可让更多总量规模大、质量好、竞争实力强的分行锦上添花，而西部地区恰恰就集中了这些具有竞争优势的分行。如果存量小，就无法调剂。

第二是发挥网络品牌优势。《福布斯》杂志列举了中国最有品牌价值的公司，我行品牌价值为962亿元，名列第三，银行业排名第一。近来，媒体连篇报道了我行经营发展及管理实绩，有助于提升我行的品牌形象，把建设银行的品牌建设得更好。网络与品牌同样是商业银行竞争的核心基础，也是与外资抗衡的利器。我行的营业机构数量在同业中排第三，农业银行23 478个、工商银行16 166个，我行13 411个，但在西部地区我行不逊于工商银行。在支持西部大开发战略中我行要切实发挥网络和品牌的价值优势。

第三是综合化经营的优势。我行是具备综合化经营服务功能的大型金融企业，应充分发挥建银国际、建信基金、建信租赁、建信信托等子公司作用，积极参与支持西部大开发工作，提供投资银行、产业基金、金融租赁、信托等金融服务，满足西部客户综合化金融服务需求。现在越来越多的优秀企业期盼着大型商业银行提供综合化金融服务，我们要充分发挥建设银行整体集团优势和传统业务优势，发挥多年来支持服务大项目、大客户、大企业积累的丰富经验，加上近年来培育的产品创新和服务创新能力，为更多的西部客户和重点项目提供综合化金融服务，在支持西部地区经济加快发展的同时，使我行的业务得到长足发展。

二、研判经济金融变化趋势，把握西部大开发历史机遇

（一）宏观形势依然复杂

会上印发的参阅材料（一）第一章中，列举了一大串发展机遇，包括基础设施建设、国家能源基地建设、新兴战略性产业发展等八项机遇，内容很多，我非常赞同，西部地区确实给我们提供了加快发展的良好机遇。当前宏观经济形势依然复杂，受全球经济危机的困扰，增加了经济发展的不确定性。全球经济仍然走势低迷，美国、欧盟、日本三大经济体深陷内忧，各种形式的贸易保护主义明显增多，各国货币竞争性贬值，国际金融组织不断提高金融管制措施，防通货膨胀压力依然艰巨。澳大利亚率先加息，印度连续五次调高利率以及我国中央银行加息，对今后宏观经济和市场情况产生深远影响。就国内经济形势看，我国经济向好，但问题还不少。外贸需求不

旺盛，对外向型经济产生较大影响；扩大内需政策力度很大，但真正见效还需假以时日；结构调整压力严峻，产能过剩行业范围扩大，需要我行不断完善“进、保、控、压、退”行业信贷政策；房地产市场高位运行，国家连续出台调控政策，市场不确定性增加；监管政策、货币政策出现了新的变化，对我国整体金融业造成一定影响。西部地区也同样受这些问题影响。但是，按照中央深入实施西部大开发战略要求，西部地区分行可以心无旁骛，加快业务发展，实现高质量、跨越式发展。

（二）西部面临结构调整、产业升级的发展机遇

今后十年是西部地区发展的重要战略机遇期。从全国经济布局总体情况看，东部地区作为过去三十年发展的主要引擎，在发展中遇到了资源、环境等诸多因素的制约，而西部地区地域辽阔，市场空间、回旋余地和发展潜力巨大，西部地区产业升级，结构调整指日可待。许多基础设施建设东部越来越少，西部地区方兴未艾，许多加工业制造业项目逐步向西部迁徙，甚至国际知名大型集团、跨国公司也在西部投资建厂。比如，惠普集团将全球结算中心放在重庆，都将成为我行重点营销的目标客户，为西部地区加快发展提供了重要机遇。同时，西部地区能源和矿产资源储量丰富，产业基础和科技支撑逐步增强，劳动力资源丰富而且成本较低，为西部地区的加快发展提供了充分保证。

（三）西部地区对金融服务要求逐渐提高

西部地区对金融服务的要求也在提高。西部地区基础设施建设需要银行大量的资金支持，特色行业发展需要银行信贷资金的引导，完善市场机制、发展小企业需要银行的扶持。西部地区的客户对金融机构提供的服务需求已无法与过去同日而语，发生了巨大变化。西部地区经济变化、人才流动、人文环境、人口素质等因素促使西部地区客户对金融服务要求明显提高。外资金融向西部渗透，激烈的金融竞争推高了西部的金融服务水平，我们必须予以高度重视。

（四）中央对西部的支持政策为金融发展提供了有力保障

西部地区通过十年的发展，有了初步发展的基础。中央将以更大的决心、更有力的措施推进西部大开发向纵深发展，国家在财政政策、税收政策、投资政策、产业政策、土地政策、人才政策等方面给予了实质性支持，未来国家将财政转移支付重点向西部地区倾斜，为金融业的发展奠定了良好基础。许多项目可能在东部发达地区不再批准，但在西部地区能够拿到批文，很多向西部地区倾斜的政策都写入了中央文件，税收政策有免有减，这些为西部地区的经济发展、项目建设、企业经营提供了绝佳的政策环境，作为商业银行必须高度重视，加强跟踪研究。

三、统一思想、提高认识，全力做好支持西部大开发战略工作

（一）充分认识深入实施西部大开发战略的重要意义

西部大开发战略意义重大，希望大家高度重视。在刚刚闭幕的十七届五中全会上，中央审议通过了《中共中央关于制定国民经济和社会发展第十二个五年规划的建议》，明确将“科学发展”和“转变发展方式”作为今后经济社会发展的主题，其中特别提到了促进区域协调发展和实施西部大开发战略。

2010年7月，党中央、国务院在北京召开西部大开发工作会议，胡锦涛总书记、温家宝总理、李克强副总理分别作了重要讲话，三位领导的讲话，全面、深刻地阐明了实施西部大开发战略的重大意义；党中央、国务院出台的《中共中央国务院关于深入实施西部大开发发展战略的若干意见》，提出了一系列新政策、新措施和新要求，对未来十年西部大开发进行了全面部署。实施西部大开发战略，是保持我国经济平稳较快发展、扩大内需、构建国家生态安全屏障、不断改善民生及增进民族团结和维护社会稳定、实现全面建设小康社会宏伟目标的重要举措。西部地区的繁荣、发展和稳定，事关各族群众福祉、事关国家长治久安，具有重大的现实意义和深远的历史意义。

作为国有控股的大型商业银行，支持国家西部大开发战略是我们义不容辞的责任。全行上下要高度重视，树立大局意识、发展意识、机遇意识，讲政治、讲大局，集全行之力支持西部大开

发战略的实施，提高西部地区分行整体金融服务水平，使我行的业务发展与西部地区经济发展相适应，与商业银行在支持西部大开发战略中的责任和地位相匹配。希望大家把认识提高到总行的要求上来、把思想统一到支持西部大开发战略上来。

（二）加强组织领导，坚定发展信心

未来总行在资源和政策上将加大对西部地区的倾斜，带头推动各项政策的落实。总行成立了支持西部大开发领导小组，西部各分行要成立工作小组，制订具体实施方案和落实措施。明天分组讨论请大家各抒己见，争取达成共识。朱行长刚才把总行支持政策的核心内容向大家作了宣讲，方案完整、内容突出、操作性强，从组织领导、资源配置、信贷政策、财务费用、渠道建设和人力资源等方面全面归纳，为西部地区分行加快发展、提升竞争力提供了很好的政策保障。

建设银行承担着支持西部大开发的重要责任，肩负着光荣使命，各分行要坚定信心，希望通过不懈的努力，保持住我行在西部地区的优势地位。希望西部地区十二个分行的各级领导、全体员工，发扬我行以往的改革精神、竞争精神和敢于发展的精神，加快业务发展。通过几年的努力，使西部分行显现出更强的竞争力和更高的经营管理水平。

（三）强化风险管理，加强基础建设

刚才朱行长用了很大的篇幅强调了西部地区的人才培养，总行确实对西部地区人才高度重视。有了好政策、好资源，要努力提高整体干部员工队伍素质。西部地区近几年自然灾害频发，如四川地震、玉树地震、冬春之际的雪灾、旱灾及洪涝灾害等。四川省分行在汶川地震前资产质量优于全行平均水平，目前全行不良贷款率为0.98%，四川省分行不良贷款率为1.12%，高于全行平均水平，地震是主要原因。自然灾害频发确实对我行员工生命安全和客户的财产安全造成危害，对建设银行的行产安全产生了很大影响。因此，西部分行要加强各类风险防控，防范自然灾害，确保员工的生命财产安全和客户的财产安全。制定细化的风险管理措施，工夫在于平常。西部各分行要执行好制度、执行好流程，落实好中国银监会提出的“三个办法一个指引”，加强基础管理，提升西部分行的经营管理水平。

希望本次大会开成一个支持西部大开发工作的部署和落实会，开成一个使西部地区分行得到又好又快发展的动员会和誓师会，预祝此次会议取得圆满成功！

不断提升核心竞争力
努力打造一流上市银行

——在第二届职工代表大会第三次会议上的工作报告

张建国

（2010年11月22日）

各位代表：

按照会议的安排，郭董事长、张监事长、辛主席都将作重要讲话，我先向大家汇报一年以来全行的经营情况，并且对于当前所面临的经济金融宏观形势、监管要求、市场竞争态势以及2011年如何应对作一个报告。请各位代表审议。

一、一年来取得了令人振奋的优良业绩

（一）业务规模取得新突破，财务效益稳步提升

自2009年第二届职工代表大会第二次会议以来，全行各项业务都跃上了新台阶。2010年年

初，全行资产规模突破10万亿元，截至9月底，达到10.58万亿元，比年初增加9 557亿元。这个规模使我行能够更好地获得规模效益，进一步坚定了大家的自信心、责任感，也进一步获得了市场上的赞誉。从1954年我行正式设立以来，用39年时间资产规模突破1万亿元，用13年时间超越5万亿元，而突破10万亿元仅用了4年。

2010年负债总额达到9.95万亿元，比年初增加8 902亿元。继2009年秋天企业存款突破4万亿元之后，时隔一年，个人存款也成功突破4万亿元大关，达4.08万亿元。

财务表现优于同业。2010年前三个季度，全行实现净利润1 106亿元，同比增长28.41%，效益增长符合预期。NIM为2.44%，同比上升3BPS。ROA、ROE分别达到1.46%和24.87%，继续在大银行中保持第一。

我行在规模、网络、品牌、综合化经营等方面已经形成了显著优势，并得到社会各界和资本市场的认可。2010年《福布斯》“中国品牌价值50强”评比中，我行名列第三，在银行业中排名第一。建设银行股票市值在11月4日收盘时名列全球银行业第一，超越工商银行，尽管随后又回到全球市值第二，但与工商银行非常接近。

（二）认真执行宏观调控要求，信贷投向合理投放均衡

1. 贷款增量适度，各季月平稳。全行坚定不移地执行中央宏观调控政策和监管要求，始终坚持“控制总量、把握节奏、调整结构、确保质量、改善利差”的信贷原则，保持3:3:2:2的投放节奏，前三个季度完成全年计划的79.4%，符合中国银监会总量控制及进度要求。到2010年9月底，贷款余额达5.37万亿元，比年初增加6 750.8亿元，增长14.38%。其中公司类贷款新增同业第一，市场地位进一步巩固。

2. 结构调整持续推进，成效突出。

——全行坚定不移地推进信贷结构调整，认真执行“进、保、控、压、退”措施，持续优化信贷结构。在传统业务优势得到巩固的同时，新兴领域、国家重点扶持领域贷款投放力度不断加大。小企业贷款增幅50.71［C1］%，创历史新高；网络银行贷款比年初增加113亿元，客户增加3 653个；涉农贷款新增1 653亿元，占公司贷款新增的36%；西部地区贷款增速达14.15%，高于平均增速；个人住房贷款余额为11 324亿元，比年初新增1 982亿元。

——产能过剩行业贷款余额大幅下降，比年初减少194亿元。政府融资平台贷款以非公益性平台为主，有效担保物价值充足。房地产贷款增速低于公司类贷款1.38个百分点，在四大行中新增最少。

（三）努力推进战略转型，中间业务高速增长

截至2010年9月底，全行实现中间业务净收入499.65亿元，同比增长33.57%，已经超越了2009年全年486亿元的水平。全行收入结构进一步优化，中间业务毛收入占主营业务收入比重达到21.79%，收入总量在四大行中排第二。

与同业可比的19个重点产品中，银团贷款、债券承销、代收代付、百易安4个产品排名第一。16个重点产品的收入超过10亿元，其中10个产品超过20亿元，同比增加5个。国内保理增长3.3倍；理财产品增长2.5倍；基本结算账户达到122.79万户，比年初新增6.98万户；实现投资托管业务收入12.63亿元；账户金市场占比保持高位，实物金销量接近2009年全年的两倍。

（四）战略性业务稳步拓展

——“民本通达”推广以来累计新增客户4 496户，在2009年推出4个子产品的基础上，2010年又成功推出“文化悦民”子品牌，在社会上产生了积极反响。牢守军队、武警市场份额，占比达到21.6%。到2010年10月底，我行已开立援疆账户53个，累计入账资金18.77亿元，居同业第一。

——投资银行业务实现收入100亿元，同比增长35.6%。新型财务顾问业务收入同比增长166.8%。短期融资券承销量同业第一。

——企业年金受托业务规模同业第一。“万户工程”实施顺利，面向中小企业的集合计划新增签约完成全年计划的216.8%。

——信用卡业务客户数、消费交易额、资产质量等指标同业第一。分期业务实现交易额88亿元，同比增长202%。

——电子银行与柜面交易量之比达130%，比年初增加55个百分点。网上银行交易额同比增长97%。

——AUM 300 万元以上高端客户数量达到11.57 万人，比年初增加2.32 万人；资产4 977.5亿元，比年初增加1 101.2 亿元。

——国际业务发展步伐加快。一是境内的外币业务打了翻身仗。前10 个月存款增加120 亿美元，增量同业第一，余额仅次于中国银行；外汇存贷比降至100%以内，在四大行中最低，存贷利差超越中国银行居四行第二。二是境外机构申设顺利，经营向好。胡志明市分行已经正式开业，悉尼分行本月底即将开业，莫斯科代表处申设成功，新加坡分行获颁批发业务牌照，我国台北代表处、加拿大分行申设工作已经启动。境外机构资产规模突破400 亿美元，达410.86 亿美元，比年初增长29.74%。香港分行对迪拜世界贷款成功转换为迪拜酋长国主权债务，9 月27 日迪拜政府支付的第一笔利息1 006.85 万美元已按时到账，贷款形态有望从次级向上迁徙为关注类。

（五）风险防范工作扎实推进

——风险管理措施进一步强化。“质量管理年”活动有效推进，贷后管理、抵质押物管理水平明显提高；非信贷业务、表外业务、境外业务风险管理有所加强；重点领域的操作风险排查成效突出；新资本协议实施准备工作有序进行。

——资产质量持续提升。9 月底，集团口径不良贷款余额为626.07 亿元，比年初减少95.5亿元，不良贷款率为1.14%，比年初下降0.36 个百分点。境内不良贷款比率已经降到了1%以内，10 月的情况继续向好。与此同时，全行拨备覆盖率达到213.48%，远超监管要求。个人贷款因年初分类标准调整增加的不良贷款额已全部消化。

——不良贷款处置力度加大。共处置238.8亿元，现金回收134.8 亿元。

（六）金融服务水平不断提升

前三个季度全行共完成产品创新151 项，涉及小企业、理财、信用卡、电子银行等多个业务领域。

深入开展了“服务质量年”活动，全行系统运行稳定，世博会、亚运会期间的金融服务工作深获好评。全行上下，特别是上海市分行、广东省分行的干部员工不辞辛苦、默默奉献，用安全、稳定的运营和周到、细致的服务向世界展示了建设银行的良好形象。

自2009 年职工代表大会以来，全行员工兢兢业业、踏实工作、勇于创新、锐意进取，在大家的共同努力下，我行业务结构不断优化，各项业务良性发展，展示出更强的竞争实力。成绩的取得，得益于党中央、国务院的正确领导，得益于监管部门的支持帮助，更得益于全行30 多万员工的奋力拼搏。借此机会，我代表总行通过各位代表向全行员工及员工家属表示衷心的感谢和由衷的敬意！

二、清醒认识复杂多变的内外部形势

（一）国际、国内经济形势依然复杂

全球经济仍受危机困扰，虽有向好迹象，但问题不少。近期，欧盟成员国爱尔兰又暴露主权债务危机，向欧盟和国际货币基金组织提出资金援助的请求。国际金融组织担忧未来经济动荡，不断加强金融管制措施。许多国家忧虑通胀，在G20 和APEC 会议后纷纷采取加息措施，澳大利亚率先加息，印度六次提高利率。美联储启动第二轮量化宽松货币政策招致多国批评，G20 峰会聚焦汇率问题。国际上热钱涌动，大宗商品价格轮番上涨，屡创新高，高位运行。

我国经济向好势头得到巩固，但是物价上涨压力在加大，宏观调控压力也在加大。特别是国外新一轮的宽松货币政策释放了大量的流动性，对我国经济产生重要影响，加大了通胀预期。10月，居民消费价格创25 个月新高，同比上涨4.4%；工业品出厂价格涨幅有所扩大，同比上涨5.0%；全国70 个大中城市房价同比上涨8.6%，环比上涨0.2%；新增人民币贷款5 877 亿元，也超过预期。

面对这样的环境，我们要进一步加强对宏观形势的分析研判，以利于提早布局，应对困难挑战；以利于调整策略、抓住机遇、保持持续发展。

（二）货币政策趋紧

——三年来首次加息，金融机构人民币一年期存贷款基准利率各上调0.25 个百分点。利率调整给商业银行经营带来一定程度的影响，从我行情况看，支付的筹资成本远超利率上升带来的收益，对金融市场业务的影响也不言而喻。这次上调是一个信号，由此我国利率进入上升通道。

——年内中央银行五次全面上调存款类金融机构人民币存款准备金率，释放回收流动性信号。11 月 19 日，中央银行决定 11 月 29 日起再次上调存款准备金率 0.5 个百分点。如果算上之前对几家银行所进行的差别化上调准备金率，一些金融机构的存款准备金率会达到 18.5% 的历史高位。

——公开市场操作向银行体系净投放大幅减少。9 月净投放量逾 3 000 亿元，10 月降至 830 亿元。中央银行对待流动性态度发生明显变化。

利率调整、存款准备金率增加以及汇率波动增大给我行资产负债安排、资金业务管理都提出了新的课题。

（三）监管要求进一步提高

2010 年以来，中国银监会召开了四次经济金融形势通报会，每次会议刘明康主席都重点强调了政府融资平台、房地产开发、产能过剩行业风险等问题，并有针对性地提出了明确的监管要求。

——切实抓好融资平台贷款的风险管控。中国银监会最新清理结果表明，平台贷款的整体偿债仍存在较大隐患，一是还款现金流存在不确定性，抵押物不充分且变现困难；二是过度依赖财政担保；三是还款周期长、相对集中，到期很难一次还清；四是机关法人性质平台存在权属责任不清问题。要求对平台贷款实行动态账户管理，整改为公司类贷款的实行逐户监测；保全分离为公司类贷款和清理回收类贷款的必须设定处置时间表；对仍按平台公司处理的贷款实施严格监控；加强押品、现金流、还款条件以及拨备计提的管理。未来一段时间平台贷款风险可能会逐渐暴露，我们不能掉以轻心。

——房地产市场进入振荡期，房地产贷款风险需要高度关注。为了抑制房价的过快增长，许多地方相继采取限贷、限购、限价措施。本月初住房和城乡建设部、财政部、中国人民银行、中国银监会四部委联合发文禁用公积金贷款投机买房，对房地产市场的调控再次升级。中国银监会对个人贷款也提出了新的更加严格的要求，严禁个人消费贷款、个人经营性贷款用于购房。上星期，住房和城乡建设部与国家外汇管理局联合发布文件，明确规定境外个人只能在境内购买一套用于自住的住房，境外机构只能在注册城市购买办公所需的非住宅房屋。中国证监会也宣布暂停房地产开发商通过资本市场融资的行为。这几年我行坚定执行既定的房贷原则，开发贷款增量与工商银行、中国银行、农业银行三家增量最少的相比，也只有其一半。应该说在这方面，我们的隐忧少于同业。但是应该记住，就在几年前，个人贷款当中假按揭、疑似假按揭不少；开发贷款不良比率行业最高，2006 年年底时不良比率高达 7.9%。因此，历史的经验需要总结，历史的教训不能忘记，我们要预判形势，执行好监管政策，防控风险。

——产业结构调整持续推进，关注部分行业和企业不良贷款反弹压力。2010 年节能减排、淘汰落后产能等一系列政策措施接连出台，结构调整力度空前。发展改革委、中国银监会要求全力做好落后产能淘汰企业信贷资产的保全工作，提前制订处置预案；高度重视行业信贷风险变化趋势，建立有效的风险监控预警体系。总行多次提出针对性的控制措施，全行要继续抓好落实。

——关注流动性风险。9 月末银行业金融机构中长期贷款比例达到 60%，比危机前的 2008 年 6 月末上升了 8.4 个百分点，定期存款相应下降了 2.5 个百分点。监管部门还批评了一些银行的规模情结。我行在这些方面整体把握良好，一直得到中国银监会的肯定，要继续坚持。

——关注监管工具和标准的变化。中国银监会对大型银行实施动态风险监管，提出资本充足、贷款质量、拨备等七大类十三项指标，近期又加强了资本充足率、动态拨备率、杠杆率、流动性比率四项监管工具建设，监管标准进一步提高。我们要提前做好相关准备，不能懈怠。

（四）同业竞争越发激烈

——存款竞争白热化。冲时点、违规揽存卷土重来，恶性竞争现象时有发生。两个多月前，中央电视台新闻联播节目对有关商业银行违规揽存进行了批评。与其他三家大行相比，我行存款增量最少。与 2009 年同期相比，增量骤减，并且有突击冲时点现象，9 月底问题更加突出。10 月底存款余额不增反减，减少近千亿元，个人存款大减 1 575 亿元。

——中间业务相互赶超。我行中间业务收入已连续几年增幅最高，有的年度甚至增量最大。但 2010 年以来，农业银行、工商银行相继发力，第三季度我行增量、增速在四大行中均列第三位，收入市场占比下降明显。特别是自9月开始，与工商银行差距进一步扩大，总量差距已接近2009年全年水平。如果依然延续这样的趋势，负面影响将波及长远。

——净利息收益率水平逐渐接近。前三个季度，我行存贷利差水平回升慢于同业，存贷利差领先于中国银行，略好于工商银行，稍逊于农业银行。沿海地区分行存贷利差普遍低于工商银行，主要是由于贷款收益水平低。我行净利息收益率水平领先同业优势继续收窄。

——利润增长幅度大体相当。2010年前9个月，几大商业银行净利润的增长幅度相差不多，有的甚至超过了我们。长期以来我们的拨备覆盖水平一直在大银行中最高，因此增提拨备的压力不大。如果把利润增长的情况还原为拨备、纳税之前也并不具优势，我行税前拨备利润增长幅度为18%，有的大银行达到25%以上。要保证全行员工收入水平持续稳定增长，保证大股东和中小股东的回报要求，必须追求效益的最大化，追求利润的持续增长。这既是我们的压力，也是我们的动力。

——新兴业务成为新一轮争夺的焦点。我们将新兴业务视为基础性、战略性和方向性业务来对待，其他银行也高度重视。我行在中石化60万人年金项目上未能中标，该项目被工商银行拿下。工商银行总行直接在杭州设立“网络融资业务中心”，网络贷款发展势头迅猛，威胁我们的领先地位。这些都需要有很好的应对策略。

同时，与国际一流的金融企业相比，我们在基础建设整体水平、制度流程健全完善、风险管理工具手段应用和打造优势特色业务等方面还有不小的差距，一旦它们走出危机影响，会重新展示出强大的竞争实力。

三、关于明年工作的初步考虑

（一）贯彻党的十七届五中全会精神，提前布局

认真学习贯彻党的十七届五中全会精神，挖掘把握“十二五”规划中蕴藏的商机。目前，中央和各省市的“十二五”规划思路已经基本确立，正式转入规划编制起草阶段；已发布的16个区域发展规划付诸实施，新一轮发展机遇已经显现出来。全行要进一步加大对“十二五”规划的深入研究，结合建设银行实际，转变业务发展方式，加强细分市场研究，制定针对性更强的差别化政策，统筹行内各项资源，做好客户准备和产品服务准备，更好地发挥传统优势，抓住新的业务增长点。

前不久，总行召开了支持西部大开发工作会议，明确了在组织领导、资源投入、信贷政策、财务支持、渠道建设、人才培养六个方面十八条实质性措施，支持西部地区业务发展。这既是执行中央对国有控股企业的明确要求，也是为了巩固维护我行在西部地区12个省市自治区的竞争优势和持续发展。这些地方的资源禀赋、发展方向、重点项目都有不同，因而在工作开展的具体方式上也要讲究，不能一哄而上。

（二）细化管理招法，抓好信贷经营

继续坚持行之有效的信贷经营原则——“控制总量，把握节奏，调整结构，确保质量，改善利差”。

总行正在与中国人民银行沟通明年的计划盘子。2011年银行业信贷投放不会超过2010年水平，贷款增长幅度低于2010年，我行的情况也是如此。2011年年初，总行将对全行信贷计划和综合经营计划作出明确的安排。

在信贷资源有限情况下，总行将加强“一行一策”的精细化管理和指导。加大信贷结构调整力度，执行好“进、保、控、压、退”措施，深入优化客户结构、产品结构和行业结构，坚决控制住对调控行业的信贷投放。积极支持小企业、民生领域、新农村建设、公租房建设和个人首套自住房需求，把握新兴产业机遇。

全行要进一步提升综合营销服务水平和贷款综合定价能力，持续提升盈利能力。

（三）下大力气抓好存款和中间业务

存款和中间业务综合反映了商业银行的竞争实力。

存款市场占比与我行的市场地位和形象要相匹配。结合升息周期调整资产负债策略，合理控制筹资成本。在渠道建设、产品和服务创新等方面，各行有不同的方法，应相互借鉴、取长补短。同时，抓存款要坚守底线、依法合规，不能违规

揽存，不冲月末时点。

中间业务要实现持续稳定增长。预计到2010年年底，中间业务收入可保持30%左右的增速，收入总量会突破600亿元大关。2011年年初步考虑中间业务收入增长不低于20%，收入总量力争有新的突破。总行现在正在做两方面的工作，一方面是研究提出一些具体、合理的目标措施，进一步完善考核等管理办法；另一方面对收费项目进行逐一梳理，既要整改社会上批评和质疑比较多的不合理收费，也要根据客户需求和市场导向加快创新，推出新的产品服务。

（四）增强风险意识和忧患意识，强化全面风险管理

从重点抓不良贷款“双降”转向重点抓资产质量基础管理，把工作做深做细。实事求是地进行风险分类，客观反映风险状况。经过与毕马威连续六年合作以后，明年普华永道就要接替毕马威担任建设银行的外部审计师。全行的业务经营、风险管理和资产质量要经得起外部审计。

关注人民币国际化进程和利率、汇率变动风险，加强监测汇率敏感行业贷款投放，优化外汇资金运用，保障债券投资安全。更加重视境外机构的风险管理。

持续加强贷后管理，加强对各类管理工具的应用，扎实做好抵质押品管理，提高贷后风险持续监测和早期预警能力。

抓住风险管理的薄弱环节。进一步强化表外风险管理。审慎研究表外各项业务的进退选择和风险定价，要有管理工具和技术手段的支撑。

（五）扎实抓好基础建设

基础管理的工夫在于平常。尤其要加强制度流程建设、IT建设、业务基础数据规范整合等方面的工作，不断提升管理水平。

坚持合规经营，防范操作风险。2010年总行用几个月的时间进行了全面风险点排查，发现了很多风险隐患和违规行为，总行和各个分行都重视加强了整改工作。到2010年9月底，剔除受监管政策、市场惯例和现行的制度流程所限没有办法整改的，全行的整改率接近100%，对相关人员的处理力度也很大。尽管整改情况很好，但也要反思在风险点排查过程中发现暴露的违规问题，操作风险管理要长抓不懈。要在合规文化培育、制度流程建设完善、有针对性地专业培训和内部教育上花更多工夫。

应对好自然灾害和突发事件，确保安全运营。每次大的自然灾害和突发事件发生都会使我们的客户、行产遭受一定的影响，甚至影响到个别员工的生命安全。每次灾害发生时，各级行积极应对、措施得力，并配合发生灾害地区有关方面做好灾后重建工作，发挥了国有大型金融企业的社会职责。但是，光是应对还不够，要采取措施，严加防范。

我行点多面广，拥有13 400多个网点、众多的离行式自助银行和自助设备，有许多基础建设项目和网点装修工程。每次装修都对现场管理和预防火情是一次严重的考验，希望大家严格执行制度，加强这方面的管理。要接受上海“11·15”特大火灾和长期以来发生的各种火灾险情的教训，迅速组织开展对营业办公场所、施工项目，特别是高层建筑的严密排查，完善应急预案，搞好针对性实战演练，坚决预防和遏制火灾事故发生。

各位代表，2011年是“十二五”规划实施的第一年，也是我行新的五年业务发展规划实施的第一年，是开好局、起好步的关键一年。员工关乎建设银行的未来，让我们团结一心、奋力拼搏，共创建设银行美好的明天！

中国银行业有条件实施新资本协议

（张建国《中国金融》2010年第14期）

2007年以来的金融危机再次以残酷的方式告诫人们，金融机构尤其是银行的风险管理至关重要。作为国内银行业实施新资本协议的积极推动者，建设银行始终将实施新资本协议作为建立全面风险管理体系、提升核心竞争力的重大机遇和战略重点。经过持续努力，实施新资本协议的一批重要成果已经在业务实践中推广应用，初步实现了大力提升精细化管理水平和全面风险管理能力的预期目标，具备了申请实施新资本协议的基础和条件。

新资本协议体现了银行监管方向

新资本协议要求银行建立有效的风险管理体系。巴塞尔银行监管委员会在新资本协议中明确指出，实施新资本协议的目的是“推动银行业采用更好的风险管理做法”。新资本协议多次强调，银行应当完善风险治理结构，不断改进各类风险的识别、计量、缓释、控制、监测和报告的流程。尤其是金融危机后，新资本协议在第二支柱中专门提出，银行应当建立全面的风险管理体系，要能够管控信用风险、市场风险、操作风险、战略风险、集中度风险、声誉风险、流动性风险、银行账户利率风险等所有实质性风险。

新资本协议要求银行提高基础管理水平。在基础管理方面，新资本协议要求银行在实施内部评级法时，应实施有效的风险缓释技术并完善押品估值管理体系；应建立可靠、有效的数据管理流程，具备5~7年高质量的历史数据积累，拥有完善的数据仓库和信息系统且必须在业务实践中广泛应用。此外，新资本协议还要求银行应建立规范的业务操作体系、完善的内部控制流程与制度，培育良好的风险管理文化。这些要求，对改进银行的基础管理工作，不断提升银行的竞争力有重要的意义。

新资本协议要求银行稳健经营。新资本协议倡导银行根据自身的业务特征和复杂程度，根据发展战略，建立业务、风险、资本有机联系的管理体系，确保风险得到有效控制。在新资本协议第二支柱中，要求银行建立有效的资本充足性评估程序，要应用压力测试工具评估银行在市场衰退情况下的资本充足程度，并制订相应的资本预案；要建立逆周期的减值准备和缓冲资本制度，以实现“以丰补歉”；要提高信息披露的透明度，增强社会公众的信心；要加强监督检查，提高银行体系的稳定性。上述要求均以促进银行稳健发展为核心。

金融危机证实了新资本协议的强大生命力。新资本协议是否有效？金融危机发生后，不少人曾提出这样的质疑。对金融危机的深入研究表明，新资本协议本身出台的初衷之一即解决部分银行利用资产证券化逃避资本监管的问题。可以说，在一定程度上，正是由于美国未及时实施新资本协议，才导致了资产证券化尤其是次级贷款证券化的泛滥和蔓延，从而引发了此次金融危机。经过这次危机，巴塞尔银行监管委员会又进一步完善了相关规定，对资产证券化产品提出了更为严格的资本要求，美国等国家的监管当局也公开表示将加快实施新资本协议作为应对危机的重要举措。据金融稳定学院（FSI）的一项调查显示，2008年年底至少有57个经济体开始实施新资本协议。可见，通过实施新资本协议来改进银行监管是国际银行业的主流共识。

中国银行业有条件实施新资本协议

近年来，中国银行业在财务重组、引入战略投资者和公开上市的过程中，自身的基础管理能力显著增强，风险管理体制日趋完善，风险管理政策流程基本健全，各类先进的客户评级模型投入使用，实质性风险管理水平稳步提升。与此同时，中国银行业在国际上的影响力日益增强：自2009年3月起，中国成为巴塞尔银行监管委员会七个新成员之一后，中国人民银行和中国银监会的代表参加了委员会的历次会议；刘明康主席多次强调，作为负责任的大国，中国将严格遵守委员会的监管要求。中国银监会早在2007年就明确了国内银行业实施新资本协议的基本要求，要求国内大型银行在2010—2013年实施新资本协议；至2009年年底，已经陆续发布了一系列指引，基本确定了新资本协议监管制度体系。目前，中国银行业实施新资本协议的内外部条件基本成熟，尤其是在一些基本问题上，国内大型银行通过自身努力，已经取得了长足进步。

数据质量明显提升。随着国内会计准则与国际接轨，内外部审计制度逐步完善，商业银行数据管理的外部环境日益向好；同时，国内商业银行对数据管理也日益重视，制定了数据质量控制标准，开发了先进的信息系统，数据管控能力持续增强。目前，国内银行采用自己数据开发的评级模型，其计量结果已广泛应用于银行内部的信贷管理、授信审批、贷款定价、经济资本管理、损失准备计提、风险偏好设定等领域，并取得了较好的效果。

基础管理显著增强。近年来，国内银行业经营管理的流程化、标准化程度不断提升，各类管理政策逐步细化完善。押品管理领域的进步尤为突出，除制定押品管理政策制度外，先进银行还开发了押品管理系统，押品估值准确度大幅提高，押品控制流程日益完善，有力地促进了银行基础管理能力的提升。

审慎处理经济周期问题。尽管中国经济经历了二十年的高速增长期，尚未出现过西方经济学中所谓的典型衰退现象，但是国内银行业在模型开发时，已根据经济增长率的年度波动来发现和处理经济增长的变化情况，并根据经济波动的具体情况，对模型进行了修正完善。

信用环境明显改善。随着中国经济与国内法制化进程的快速发展，国内银行业经营的信用环境显著改善，不良贷款率明显下降；同时，随着人民银行征信系统的优化完善，商业银行获取所需信用信息的便利程度大大提高。

建设银行推进新资本协议的情况

2007年，建设银行专门制订了规划，对实施新资本协议进行全面部署。经过多年的努力，规划的50个项目完成80%以上，信用风险内部评级体系基本建成，市场风险基本拥有了实施内部模型法的技术实力，操作风险达到了标准法的要求，基本具备申请实施新资本协议的条件。

新一代非零售内部评级系统成功上线，信用风险管理水平迈上新台阶。经过四年持续不断的努力，建设银行新一代非零售内部评级系统于2009年年底基本完成。新的评级体系，先后建立了15个公司类评级模型、5个金融机构评级模型、3个对公违约损失率（LGD）模型、1个对公违约风险暴露（EAD）模型、7个小企业评级模型。新的内部评级体系，违约概率（PD）模型覆盖了所有信贷业务，同时根据客户风险特征、数据充足性和业务发展的需要，细分客户评级模型及方法，将10级风险等级细化为16级，实现了先进方法与建设银行历史数据、专家经验的有效结合，技术方法达到了国际同业的水准。

零售业务评分卡体系应用于经营与管理，提升零售业务领域的领先地位。建设银行的零售评分卡系统，涵盖住房抵押贷款、信用卡、个人消费贷款、汽车贷款4大类产品，主要分为针对于贷前管理的“申请评分卡（A卡）”和用于贷后管理的“行为评分卡（B卡）”两大类。在评分卡基础上，完成了零售敞口违约概率（PD）、违约损失率（LGD）、违约风险暴露（EAD）模型的开发计量，实现了零售敞口资产池划分，内部评级覆盖率接近100%。

完善组合管理体系，经济资本管理开始发挥重要作用。2009年6月，建设银行组合管理咨询项目完成。该项目建立了符合新资本协议技术标准的违约损失率（LGD）、违约风险暴露（EAD）统计模型，优化了经济资本计量方案，初步具备了实施信用风险高级法的能力。经济资本管理在业务实践的广泛应用，支持了建设银行贷款、贷款组合的风险调整后资本回报率（RAROC）计算，提高了对单笔信贷资金和整体资产组合的主动配置能力。

总结金融危机教训，大力提升市场风险管理能力。面对国内外复杂的经济金融形势，建设银行积极加强市场风险管理，成立了市场风险管理部；构建了完整的市场风险管理制度框架，制定了银行账户和交易账户划分、风险价值计量方案、市场风险压力测试方案、新产品审批等一系列管理办法；建立了完整、准确的市场风险计量体系；开发了金融市场业务风险管理系统。

持续夯实基础管理，建立操作风险管理体系。建设银行操作风险实施新资本协议的第一阶段目标是达到标准法的要求。围绕这一目标，建设银行加强了操作风险自评估、关键风险指标、损失数据库三大管理工具建设，制订了操作风险标准法映射规则与方案、操作风险标准法计量实施细则，启动了操作风险管理信息系统开发工作；同时，初步建立业务持续性管理体系，提高了应对重大小概率风险事件的能力。

全面开展第二支柱相关工作，提升资本管理与实质性风险管理水平。自2009年以来，建设银行开展了内部资本充足评估程序（ICAAP）建设工作和资产负债管理系统（二期）开发工作，制定了资本充足率管理办法，银行账户利率风险、流动性风险管理等管理制度也即将完成。

数据与信息质量体系改进明显，信息系统整合加速。建设银行自行设计了资本充足率计算及信息披露系统，目前系统开发进展顺利，于2010年4月上线运行，根据巴塞尔新资本协议要求，实现风险加权资产计算、相关资本充足率报表加工、监管报告合规披露等功能。同时，基于企业级数据仓库，对风险类数据进行了整合，信息技术部门组织动员了近100人的IT开发队伍支持新资本协议的推进工作，搭建了风险管理的IT应用环境、数据环境、基础设施环境。

新资本协议的工作成果为建设银行的稳步发展提供了强大的推动力

风险计量工具为制定信贷政策和客户选择提供了新的依据。违约概率（PD）、违约损失率（LGD）、非预期损失（UL）等指标已经成为建设银行制定信贷政策的重要依据。在《2009年信贷政策与结构调整若干意见》、《建设银行国家机构等八个行业信贷准入退出管理办法》、《关于进一步加强政府融资平台客户风险管理的通知》、《2010年信贷政策和结构调整方案》等相关政策中，都以上述关键风险参数与信用等级为主要基础，制定了差别化的政策要求。

零售评分卡提高了零售信贷业务竞争力。建设银行的个人住房贷款、个人消费类贷款、信用卡的申请评分卡已经在全国38家一级分行及所辖机构推广使用，实现了一定比例的自动审批（20% ~40%），有效地提升了审批效率，统一了风险标准，有力地支持了零售业务稳健快速发展。信用卡行为评分卡应用后，客户额度调整所需的时间从原来的2~3个工作日缩短到几分钟，客户满意度提高10个百分点左右。自动审批和额度调整流程优化的推进，有力地推动了建设银行零售业务转型战略的实施。

公司类客户的信用评级成为信贷业务的基石。新一代公司类客户评级模型已经嵌入对公信贷业务流程管理系统，每一个客户都必须经过评级才能开展授信业务，这标志着建设银行的信贷风险管理进入了一个精细化管理的新阶段。根据我们的监测，目前模型评级表现良好，系统结论与最终审定评级结论契合程度较高。一般公司类模型评级与最终审定评级完全一致率为77.5%，相差一级以内占比为89.6%；国内金融机构模型评级与最终审定结论完全一致率为80.7%，相差一级以内的占比为93.9%。

小企业发展获得有力支持。建设银行在改进工作流程的同时，针对小企业的风险特点，专门开发了7个评级模型。2009年，小企业评级系统实现全行上线使用后，企业评级效率大大提高，客户经理负担显著降低，从而有力地支持了小企业信贷业务的健康发展。

提高了对外汇业务的风险管控能力。建设银行充分利用与美国银行合作的机会，已经掌握了外汇类产品风险敞口的计量方法，并针对不同外汇业务形成统一的计量规则，实现了外汇类产品交易对手风险的自动化计量。建设银行交易对手信用风险管理能力明显提升，与国际领先银行的差距明显缩小。

操作风险管理向纵深推进。在新资本协议的推进过程中，建设银行操作风险突破了简单滞后的管理模式，充分借鉴国际领先的实践，充分发挥自评估、关键风险点等管理工具的作用，管理的主动性、前瞻性明显提升。2008 年，开展了 93 个自评估项目，针对 1 212 个风险点提出了管控措施；2009 年，又进一步开发了 72 个关键风险指标。

精细化定价水平不断提升。基于违约概率（PD）、违约损失率（LGD）等指标，建设银行具备了计算风险成本和单笔交易风险调整后收益的能力，提高了客户选择能力和综合业务方案的合理性。2009 年，公司业务和零售业务的定价技术成为建设银行市场竞争力提高的重要因素。

基础管理能力明显提升。根据新资本协议风险缓释的相关要求，建设银行制定了授信业务押品管理办法，开发了押品管理系统，实现了押品从准入到退出的流程控制，估值方法覆盖了78%的对公业务和98%的零售业务，建立了基于建设银行数据的 138 个城市的住宅房地产价格指数，实现了对房地产的自动估值；根据全面的数据梳理，建设银行在数据质量平台配置了 35 类共计 2 929条检核规则，总分差额降低了 92%，数据质量明显提升。

组合风险管理扎实推进。近几年，根据各类风险计量结果，结合全行风险偏好，建设银行推行基于资产波动法的经济资本计量方案，实行行业贷款风险限额管理，有效地防范了系统性风险。建设银行 2010 年的业务发展计划采用组合技术，进一步提高了各级机构的结构调整力度和主动性。

建设银行新资本协议实施工作的几点体会

既要满足监管要求，更要立足银行内部需要。实施新资本协议，从形式上讲是一种合规要求，但其实质是风险管理体制的重大改进。建设银行一直将实施新资本协议看做全面构建风险管理体制、增强风险管理能力，从而提升银行核心竞争力的重大机遇。各类模型、系统，都是通过借鉴国际领先经验，以建设银行内部团队为核心、以自身管理特征和数据为依据来开发的，这种模式确保了建设银行的内部需要。

坚持“规划先行、有序推进”的实施模式。制订一个科学全面的实施规划，是综合部署和顺利开展新资本协议实施各项工作的基础。为此，建设银行制定了《中国建设银行实施新资本协议总体规划》，同时提出了科学、详细的实施新资本协议项目逻辑关系，为新资本协议各项工作的顺利开展提供了依据和保证。

强有力的项目管理是确保进度的关键因素。一方面，组建了新资本协议办公室，制定了新资本协议项目验收管理暂行办法、新资本协议文档管理暂行办法在内的一系列项目管理制度，对项目实施予以明确规范；另一方面，采用周报、月报、双周例会、达标评估、现场访谈等多种手段对各项目进行定期跟踪，并不定期召开专题汇报会和各种讨论会，了解各项目的进展，及时发现项目存在的风险和问题，予以协调解决；此外，建设银行还充分利用包括美国银行在内的各种专家资源，对实施过程中碰到的技术难点和困难予以技术支持和指导。

合理有效地推进策略是凝聚全行力量的基础。在新资本协议实施过程中，建设银行始终坚持“以服务业务发展为重点”、“以实践应用促进实施”的基本策略，确保各项工作成果切实应用到业务流程管理中。

及时把握监管要求是确保技术规范的前提。一直以来，我们密切跟踪巴塞尔银行监管委员会和中国银监会的最新动态，通过积极参与监管机构相关指引的起草、讨论、研究巴塞尔银行监管委员会最新发布技术文件等多种形式，及时掌握监管动态，分析相关新的技术文件和监管要求对于建设银行各项工作的影响，并提出应对措施，确保新资本协议实施各项工作的合规性。

实施新资本协议是一项长期、持久的工作，建设银行将在现有工作成果的基础上认真准备、全面评估、动态监测、持续更新、积极申请，力争成为国内第一批实施新资本协议的银行，并确保持续合规，不断提升建设银行的经营管理水平。

在建设银行夏季工作会议上的讲话

张福荣

（2010 年 8 月 30 日）

同志们：

刚才张建国行长作了工作报告，我完全赞成。谢渡扬监事长的讲话很深刻，对于做好全行的工作，特别是监事会的工作有着重要的启示作用。郭树清董事长还要就全行全局性的工作进行部署，要认真落实。

这是我第一次参加建设银行的工作会议，根据会议的安排，我讲几点意见。

一、关于新形势下的风险管理工作

通过几年的努力，建设银行构筑了强健的风险内控和合规管理体系。建立了垂直的风险内控架构，持续优化风险管理政策制度，风险内控进一步加强，资产质量持续提高，形成了科学、严谨的风险文化。2010 年前 7 个月，取得了良好的经营业绩。

当前，外部经济金融环境依然存在较多不稳定、不确定的因素。国际金融危机影响的严重性与经济复苏的曲折性都超出了预期。世界经济复苏缓慢而且基础不牢固，欧洲部分国家主权债务危机的暴露和扩散、主权信用风险攀升也加重了各个方面对世界经济下行风险的担忧。再加上一些大型金融机构的坏账居高不下，大宗商品价格震荡，资本活动大进大出，这些因素给全球金融体系的稳定带来很大的影响，并且可能在一定时期持续存在。

国内经济继续保持较快的增长势头，朝着宏观调控的预期方向发展，但是也出现了一些新的突出矛盾和问题。国家出台了一系列调控措施，这对国民经济长期可持续健康发展是非常有利的，也是非常必要的，但是短期内对投资与消费行为的叠加影响有所显现。同时也要看到，政府投资拉动政策的后续效应也在逐渐减弱，宏观经济存在下行的压力。

这些复杂的经济形势以及不断出现的新情况、新问题都使银行的经营面临许多新的风险因素，银行体系流动性宽裕的现象已经有所改变：存款市场竞争异常激烈，资金业务营运正在发生新的变化；房地产“新政”致使部分开发商财务杠杆面临挑战，贷款风险管理压力在加大。

在这样一个复杂多变的经济环境下，做好 2010 年后几个月的工作，一定要正确地理解和执行好宏观调控政策，掌握好经营原则，努力做到既支持经济发展，又做好新形势下的风险管理。要按照监管要求，坚持标准，强化操作风险管理，加强房地产领域、地方政府融资平台以及产能过剩等调控行业的风险管理。同时，做到标本兼治，不断梳理规章制度，健全风险管理体系，完善风险管理体制机制，增强自身抵御风险的能力。

二、关于审计工作

建设银行的审计工作有着自身鲜明的特点。近年来，不断改进和加强审计机构和人员的管理，加强审计专业化、规范化、清晰化、信息化建设，建立了垂直报告、运转良好的内部审计体制，打造了一支专业化水平较高的审计队伍。审计发现和揭示问题的效率明显提高，为加强基础管理、促进业务发展发挥了重要作用。

密切跟踪经营管理形势和国家审计部门的金融审计重点，注重高风险领域和管理薄弱环节的审计，注重先进审计技术方法和专业化建设成果的运用，注重发挥风险提示和审计建议的作用。这些都是审计工作积累的宝贵经验，要进一步总结并在今后的实践中广泛运用。

审计工作要坚持围绕中心、突出重点，服务于全行改革和发展的大局，把有利于促规范、防风险、增效益作为出发点，促进全行内部控制和风险管理的加强，促进经营效益的提高，促进各项业务持续健康发展。

根据新形势和新任务的要求，要进一步提高审计工作的权威性、时效性和针对性，更加重视审计结果的运用。继续加强审计能力建设，继续推进内部审计专业化建设，切实提升审计质量。要重视和加强审计队伍的建设，运用各种有效的方式、方法，努力培养一支高素质的审计队伍。同时，也要进一步加强审计机构、审计人员的管理。各个分行、各个机构要重视和支持审计工作，为审计工作的顺利开展创造条件，提供支持。

2010 年的审计工作内容已经明确，部分审计工作已经完成。要根据经济金融形势的新变化，深入分析探讨经营管理工作中出现的新情况、新特点，紧密围绕全行中心工作，重点关注宏观经济政策和市场环境变化可能导致的系统性风险，特别是监管机构多次提示的高风险领域和薄弱环节。

三、关于培训工作、党校工作

根据中央开展新一轮大规模培训的要求，建设银行统筹规划培训工作，不断提高培训的覆盖面和培训质量，发挥了培训对全行战略发展和业务转型的支持保障作用，良好的培训文化正在形成。

近期，中央颁布了《2010—2020 年干部教育培训改革纲要》（以下简称《纲要》），这是指导当前和今后一个时期干部教育培训工作的纲领性文件，中央有关部门还专门召开会议，进行了安排部署。我们要根据《纲要》和会议精神，结合建设银行实际，尽快制定加强和改进培训工作的具体意见和落实措施。

要高度重视全员培训工作，充分利用有利的宏观环境和政策条件，把培训工作作为一项战略性、基础性的工程来抓。围绕建设银行的发展战略，努力探索全员培训的基本规律，增加对培训的投入，整合优化培训资源，创新培训模式和手段，实施分级、分类的人才培训项目。加快培训体系建设，加强培训的组织与管理。培训主管部门和业务部门、总行和分行要各司其职、各负其责。要科学地制订培训规划，增强培训的针对性和时效性。继续拓展培训渠道，充分利用现有的培训机构与合作院校，发挥现场教学的优势，加快发展和完善网络培训。要重视教材的编写和审定，重视师资力量的充实和水平的提高，加强教学管理，确保培训质量。

建设银行的党校已经成立 11 年，这期间举办和承办了各种类型的、大量的培训班，仅举办党员干部的培训班就有 21 期，培训处级以上的党员干部 4 600 多人，取得了很大的成绩，为培养高素质的党员领导干部、加强全行党的建设和领导班子建设作出了重要贡献。党校工作要认真贯彻《党校工作条例》，落实好总行党委的工作部署，坚持正确的办学指导思想和工作思路，坚持党校姓党，把党校办好。要立足于现有条件，加强党校教学管理，提升培训工作的能力和质量，更好地担负起培训党员领导干部的任务。

四、关于监事会工作

建设银行完成股份制改革已经六年了。这些年来，在谢渡扬监事长的领导下，监事会始终把促进建设银行持续健康发展和维护股东利益作为最重要的目标，主动探索监督的内在规律，特别是注重探索行之有效的监督方法和途径。在监督思路方面，以“依法合规”和“风险防范”为核心，把对“事”监督和对“人”监督结合起来，注重把握重大事项和关键环节，着力提高监督的全局性和前瞻性。在监督机制上，形成了履职尽职监督、财务与内控监督相结合的格局。在监督方法方面，形成了包括调研检查、提示与建议、履职测评、提出年度监督意见等一系列的方式、方法。监事会的各项监督工作有效推进、逐步深化，在促进公司治理结构良好运作、支持业务健康发展方面发挥了建设性的监督制衡作用，取得了有目共睹的成绩，得到了股东、监管机构的认可和业界的广泛赞誉，探索出了一条监事会工作的路子。

监事会要一如既往地按照《公司法》和《银行章程》的规定，紧密结合全行中心工作，扎实地推进履职尽职监督、财务与内部控制监督，特别是要在把握监督重点、落实监督措施、发挥监督效能方面深入实践。

2010年后四个月，要有步骤地组织实施好年初确定的各项监督任务。研究制订年度履职尽职监督工作方案，完善履职测评的内容，适时组织对相关人员的访谈。要按照法律法规和监管要求，认真做好定期报告的审议工作，以报告的编制和披露为重点，做好工作沟通，及时了解影响财务报告的重大事项，形成监督意见。要了解银行重大风险管控政策和内部控制制度的实施情况，结合经营管理情况及监管要求，突出工作重点，有针对性地进行监督，开展工作调研。希望各个分行、各个机构给予支持和配合！

（根据录音整理）

在第二届职工代表大会第三次会议上的讲话

张福荣

（2010年11月22日）

同志们：

首先我谨向第二届职工代表大会第三次会议的召开表示衷心的祝贺，向来自全行各个机构、各个部门和来自基层一线的代表同志们致以亲切的问候和崇高的敬意！

五年前，在中国金融改革的重要时刻，在建设银行公开上市之际，建设银行的职工代表大会制度建立。在金融机构、在总行层面建立职工代表会制度，是一件很有意义的事情。自职工代表大会成立以来，通过各种有效的方式有序地开展工作，在构建和谐的劳动关系、加强民主管理等很多方面进行了有益的尝试。这些都是应该充分肯定和认真总结的。在现代公司治理的架构下，通过不断地探索实践，我相信职工代表大会一定会发挥出更重要的、更好的作用。

刚才张建国行长作了工作报告，郭树清董事长、辛树森主席还要发表重要讲话。在建设银行的发展中，职工代表大会肩负着重要的使命，能够参与的工作很多，发挥作用的潜力很大，下面我就此谈几点意见和期望。

一、要积极参与金融创新

创新是商业银行发展的不竭动力，是解决商业银行发展问题的根本途径。商业银行只有加快体制机制、产品服务、经营管理等方面的创新，才能够提高金融服务的能力和整体水平，才能为自身的发展提供动力。职工代表大会参与创新，就是要参与金融创新环境和条件的建立、参与创新体制机制的搭建、参与创新文化的培育，营造一个全员参与创新的良好氛围。仅就产品创新而言，要从建设银行可持续发展的战略高度来重视创新、关注创新。加强创新的组织和推动，明确分工，要确定主导部门的权利和责任、相关机构和部门的责任和义务。坚持以客户为中心、以市场为导向，拟订具有可操作性的产品创新规划，规范全行的产品创新工作。要深化产品创新的研究，发掘创新的空间，拓宽创新的领域。利用多种渠道和方法来开展市场的调查和客户的研究，广泛地征集产品创新的意见和建议，搭建起建设银行金融产品创新的信息平台。在这个基础上，很重要的一点就是要合理地组织安排开发资源，保证开发的效率和质量，保证创新的产品能够及时地推出并推向市场。在当前的市场环境下，应该说，银行产品同质化的现象是客观存在的，在同质化的市场状态下，创新能力对一家银行来讲尤其重要。对产品的推广应用工作也要更加重视，组织好新产品的宣传，扩大产品的影响力和知名度，加大营销的力度，确保我们的新产品形成竞争能力、发展能力和盈利能力。

二、要参与服务工作的加强和服务水平的提升

服务工作是现代金融体系建设的内容之一，服务管理、服务模式、服务品质、服务水准决定全行的竞争发展能力，也决定建设银行的未来。因为一家优秀的银行，一家优秀的上市公司，一定是一家服务很好的企业，服务很好的银行。作为职工代表大会，我认为可以尝试从更多的角度、更广的领域参与服务工作。结合建设银行实际，研究参与的方法，确定参与的内容、方式，通过扎实有效的工作来促进全行服务工作的加强和服务水平的提升。建设银行的服务应该说在客户中有着良好的口碑，但是我们要看到服务工作是无止境的，在很多方面还需要改进和提高。在服务工作上，要着重研究以下几个方面的内容：

加强服务工作的组织领导，明晰服务工作的要求和工作目标。当前，我们一定要注意整合和优化现有的服务资源，强化和优化客户服务队伍，搭建起或者说健全一个规范有序的、分层服务的体系，使客户服务队伍不断地适应业务范围的快速扩展和业务量的快速增长。

健全能够覆盖全部客户的服务标准体系，做到每类客户、每项业务都有服务规范和标准，形成一个完整的服务链。

为了切实把服务工作进一步搞好，要实施有效的服务绩效奖罚机制，发挥好它的作用。

目前，要重视解决我们在服务中存在的问题、服务效率的问题、处理客户投诉问题、由于我们的服务工作做得不好客户流失的问题。通过劳动组合和服务模式的调整，力争使服务工作有一个更大的改进，服务水平进一步提升。

三、参与教育培训文化的培育，全面提高员工的素质

建设银行党委高度重视培训工作，几年来，大规模地组织员工培训，大幅度地提高员工的素质，为全行的业务发展、战略转型提供了人才支持。我看了一组数字，仅2010年上半年，就实现培训工作量108.9万人天。这些培训成果，也是对我们职工代表反映的业务发展快，员工知识更新跟不上业务发展，应该加强培训的这么一个提案的回复和跟进。到2010年末的时候，我想我们的培训会大大地超过2009年的263万人天。应该说这几年的培训成果是非常显著的。根据中央教育培训改革的纲要精神，总行党委面对新形势、新任务，提出了具体的实施意见，明确了建设银行以建立适应现代商业银行发展需要的员工培训体系为目标，以建立和完善岗位培训课程体系为基础，以提高培训质量和实效为主线，全面落实大规模培训员工，大幅度提高员工素质的战略任务。为了实现这一目标，全行要进一步地努力，职工代表大会要积极地参与，要围绕中心、科学规划、按需施教、分层分类、覆盖全员。要摸索、遵循员工成长规律和教育培训的规律，创新培训模式，健全师资选聘评价，教材编写审定、质量评估、学员考核等培训机制。继续坚持培训以境内为主，境外为辅；以自我培训为主，委培为辅；以远程网络授课为主，现场授课为辅；师资以兼职为主，外聘为辅等这些很好的方法，充分利用现有培训资源，不断提高教育培训工作的针对性和实效性，实现教育培训数量的增加、质量的提高，进一步为建设银行的健康发展提供强有力的人才支持。

四、参与维护全行和社会大局的稳定

近年来，党中央、国务院领导同志多次对维稳工作作出重要批示。建设银行党委认真落实，始终把维护稳定、构建和谐银行、构建稳定的发展环境作为一项重要的任务来抓。各级行也不断地增强工作的主动性、预见性和创造性，切实担负起了维稳的工作责任。同时我们也要清醒地看到，维稳工作的任务仍然十分艰巨，而且呈现出新的特点。在有针对性地开展维稳工作方面，职工代表大会是可以在其中发挥重要作用的。维护建设银行的稳定，全行一定要统一认识。几年前，按照中央关于金融改革的整体部署，商业银行实行企业制度改革、转换经营机制、完善用人制度、分流富余人员，是正确的。要把思想统一到党中央、国务院和总行党委关于稳定工作的各项决策部署上来，正确地认识各种问题的历史形成及问题处理的复杂性、敏感性及其重要性，强化大局意识和责任意识，在维稳的工作上一定做到不推诿、不回避，明确工作重点，排查化解矛盾，努

力消除不稳定的因素。要站在以人为本、人文关怀的角度，采取各种方式加强沟通和交流，设身处地、深入细致地做好安排、做好工作。在政策允许的范围内合理地解决实际问题，妥善地处理各种矛盾。通过这些扎实有效的工作，使建设银行有一个更稳定的局面、更好的发展环境。

在建设银行工作会议上的讲话

谢渡扬

（2010 年 1 月 28 日）

同志们：

昨天，郭树清董事长、张建国行长作了重要讲话，对当前的国际、国内经济金融形势作了深入分析，对全年工作作了全面部署，希望大家认真学习领会并贯彻执行。

下面先谈两点看法，然后报告三个方面的工作情况。

一、关于结构调整

2009 年，建设银行认真贯彻执行中央“保增长、扩内需、调结构”的政策要求，坚持积极稳健的经营方针，加强工作预见性，在控制总量的前提下注重把握信贷投放的节奏和质量，在支持经济发展的同时注重业务结构调整和风险防控，经营业绩跨上一个新的台阶。

2010 年经济工作的重心是转变发展方式和调整经济结构。我很赞同郭树清同志的提法，对建设银行而言，我们面临着双重的任务：既要促进国民经济发展方式的转变，又要推进自身发展方式转变，既要促进国民经济结构的调整，又要推进自身的业务结构调整。近几年，我行在调整业务结构、转变增长模式、加快产品创新和改善金融服务方面下了很大工夫，取得了明显成效，但是有些方面发展还不平衡，需要努力改进和加强。双重任务从本质上是一致的，但对有的具体问题，站在不同的角度，也会有不同的看法。我认为在这个问题上有两点需要把握，一是要立足于做好自身发展方式的转变和业务结构的调整。从全行来说，通过发展方式的转变和业务结构的调整，服务于整个国民经济发展方式的转变和经济结构的调整。对于分行来说，也是同样的道理。通过把每个分行转变和调整工作做好，促进全行的转变和调整。二是要强调大道理管小道理，局部服从全局，同时又要允许从实际出发，结合各地不同的情况，采取一些不同的做法，处理好原则性与灵活性的关系。

从工作摆布上，发展方式转变和业务结构调整既是今年工作的重心，又是一项长期的战略性任务。2010 年的结构调整工作，郭树清董事长、张建国行长已经作了明确、具体的部署，关键是抓好落实。发展方式和结构调整是全行发展战略规划的一项重要内容，下一步需要根据国际、国内情况的变化，根据我们对客观事物认识的深化，在发展战略规划的修订中，集中全行的智慧，补充完善。

二、关于加强学习

在新的形势下，加强学习对建设银行整体和每一位建设银行员工而言都有重要意义。近几年，建设银行发展取得了重大进步，很多指标都位居国际同业前列。我认为这主要有以下三个方面的原因：一是得益于党中央、国务院的正确决策以及中国经济的快速健康发展；二是我们自身努力的结果；三是国外同业遇到困难，有的出现很大的风险。因此，对我们自身经营情况的变化和取得的成绩要有清醒、正确的认识，既要为我们的进步壮大而自豪，对今后的发展充满信心，又要清醒地看到变化的外部原因和客观原因，看到自己的局限、差距和不足之处。

近几年取得的重大进步，还有一个很重要的原因就是我们比较注意和善于学习，借鉴和吸收境内外同业先进的经营理念、管理模式和成功做法。学习有多种形式，包括各层级的培训、与战略合作伙伴的交流合作等。在学习的过程中我们坚持实事求是的态度，注意密切结合我行实际，既虚心求教，又不照搬、照抄，取得了较好的效果。

过去与境内外同业差距明显的时候，我们对学习的必要性认识比较一致，当时我们主要强调的是，在学习过程中不要妄自菲薄，要密切结合我行实际，为我所用。今天，当我们成为国际排名靠前的银行时，切忌产生盲目骄傲的情绪，看不清楚自己的差距和不足。绝不能因为发达国家一些大银行出现一些困难、暴露出一些问题，就忽略了它们长期积累的宝贵经验。现在我们更要强调学习的必要性，在这个问题上希望大家能有统一正确的认识。

2009 年，习近平同志在中央党校专门就领导干部如何读书学习、建设马克思主义学习型政党发表重要讲话，希望大家再认真读一读。通过不断地读书学习，完善自我，提高自身的工作才干和领导水平，同时也是对自己所在班子和单位学习型组织建设的最好引领和带动。

下面，向大家报告三个方面的工作情况。

（一）关于内部审计工作

2009 年，内部审计系统紧密围绕全行中心工作，注重把握重点，及时揭示了一系列违规现象和风险隐患，提出了相关改进建议和专题调查报告。各分行和总行相关部门支持、肯定审计工作，重视对审计成果的利用，积极部署和督促相关整改工作，审计价值得到进一步体现。

2010 年，审计系统要密切跟踪经营管理形势的变化，把有利于促规范、防风险、增效益作为审计工作的出发点，切实履行好第三道防线的作用。一是要充分发挥非现场分析的优势，注重有效运用非现场审计技术和工具，实现对主要业务的常态化监测，着力提高审计工作的效率。根据实际情况，进一步优化非现场审计系统，并适当扩大非现场审计系统的使用范围。二是审计项目的选择一定要紧紧围绕全行经营的重点，紧密结合业务实际，结合外部监管部门、董事会、高管层关注的重点。2010 年的经营情况相对比较复杂，要建立灵活、快速的反应机制，针对业务风险状况的变化和特点，在特定领域适时组织开展相应的审计项目，努力提高审计工作的时效性。三是各审计分部和总审计室要结合驻地分行的特点和审计需求，做好自选审计项目，提高审计工作的针对性。

2009 年，国家审计署对我行开展了落实中央扩大内需，保持经济平稳较快发展有关政策措施实施情况的专项审计调查，中国银监会也对我行的统计管理工作、并表管理等情况进行了现场检查。对于审计署和监管部门检查发现的问题，总行有关部门和各级分支机构要认真对照研究，制订切实可行的整改方案。2010 年，审计署将对我行资产质量和 2010 年新增贷款投向结构情况进行专项跟踪审计调查，目前，对总行的审计调查已经展开，对分行的现场审计调查将由驻地对应审计特派办承担。总行相关部门和相关分行要高度重视，加强组织领导，主动做好配合工作，及时向总行上报各类重要信息，妥善处理有关问题。

（二）关于全行培训及党建工作

2009 年，根据中央开展新一轮大规模培训的要求，我行对全年的培训工作作了统筹规划，努力提高培训的覆盖面和质量，既注重全员培训、整体推进，又突出重点、分类分级，较好地发挥了培训对全行战略发展和业务转型的支持保障作用。尤其加强了对一线员工的培训，取得了良好效果。目前，重视和加强员工教育培训已在全行上下取得共识，良好的培训文化正逐步形成。

2010 年全行的培训工作，要继续深入贯彻落实总行党委《关于在全行实施新一轮大规模员工教育培训的意见》精神，紧紧围绕业务发展战略，深化教育培训改革，强化全行教育培训工作的统筹规划和集约管理，合理配置培训资源。一是积极拓展培训资源，推进培训基地建设，着手区域培训中心的建设，为员工特别是一线员工提供更多规范的集中培训场所。二是结合建设银行发展的实际，坚持干什么学什么，缺什么补什么，有重点全覆盖、分类分级做好全员培训。三是根据不同类别、不同层次、不同岗位员工的履岗和成长需求，坚持以人为本、按需施教。四是加大培训方式、培训工具的创新力度，通过引入和实施多手段和高质量的培训方式，增强培训的针对性和有效性，进一步促进培训效果的提高。

党的十七届四中全会对加强和改进新形势下党的建设工作提出了明确要求，我们要继续贯彻落实会议精神，积极推进学习型党组织和学习型领导班子建设。按照《2009—2013 年中国建设银行党员教育培训工作规划》的要求，加强对党员领导干部、基层党组织负责人和党务工作骨干的培训。建设银行有一支很好的党员队伍和坚强的党组织，全系统共有 15 万多名党员、9 000 多个党组织，这是我们的一大优势。各级分行和有关部门要按照中央和总行党委的要求，高度重视党建工作，统筹规划，切实加强基层党组织的建设。组织基层党组织和广大党员广泛开展创先争优活动，充分发挥党组织的战斗堡垒作用和党员的先锋模范作用。

（三）关于监事会工作

2009 年，监事会认真履行财务监督职责，持续开展风险与内控监督，加强和改进履职尽职监督工作。及时了解中央、政府有关部门和监管机构对银行公司治理及监事会工作的新要求，加大了依法合规监督方面的工作力度。针对日常监督和检查调研中发现的一些需要关注的重要事项，监事会及时向董事会、高管层进行提示和建议，包括做好新形势下的风险防范工作、落实本币资金业务风险防范措施、及时跟进落实新出台的监管制度规定等。监事会还围绕信贷投放、资本充足率、表外业务等专题进行了调研，提出了建议。监事会工作得到了董事会、高管层以及各分行、总行部门的大力支持和帮助，在这里我代表监事会向大家表示衷心感谢！

最近一段时间，监事会分别与各位董事、高管人员进行访谈，先后组织了 4 次部分分行、部门主要负责人参加的集体访谈，截至目前已累计访谈座谈 55 人。监事会将认真汇总整理这些情况，作为评价全年工作的重要依据。目前，2009 年度监督的各项工作正在有条不紊地展开，最终形成的年度监督意见将通过适当方式向董事会和高管层通报，并向董事、高管人员个人进行反馈。希望大家一如既往地协助和配合监事会，确保年度监督工作顺利完成。

密切跟踪形势变化
切实履行好内部审计职责

——在 2010 年全行审计工作会议上的讲话

谢渡扬

（2010 年 3 月 17 日）

同志们：

刚才，张建国行长作了重要讲话，肯定了内部审计工作所取得的成绩，从提升全行经营管理水平的高度，强调了内部审计的重要作用，并对今后的内部审计工作提出了要求。希望大家认真贯彻落实。

在过去的一年中，全行审计系统按照董事会、监事会和高管层的要求，完成了各项工作任务，取得了显著成效。内部审计工作服从服务于银行发展大局，密切跟踪经营管理形势和国家审计机关金融审计重点，注重高风险领域和管理薄弱环节的审计，注重风险提示作用和审计建设职能的发挥，注重先进审计技术方法和专业化建设成果的运用，注重沟通交流和联动配合工作，改进了审计机构与人员的基础管理，加强了审计专业化、规范化、精细化、信息化建设。

2009 年组织实施了 25 大类系统性审计项目和 2 069 项自选审计项目，及时揭示了一系列违规现象和风险隐患，提出了相关改进建议和专题调查报告。内部审计工作及其成果，得到了董事会和高管层的支持与重视，通过各分行和总行相关部门的整改工作，在加强银行基础管理、促进业务发展、规避外部审计监管风险等方面，内部审计价值得到进一步体现。

内部审计工作能够取得以上的成绩，是全行上下关心支持，各审计分部、各总审计室以及全体审计人员努力奋斗、辛勤工作的结果。在此，我向各位董事、监事，向总行各部门和各分行，表示衷心的感谢！向全行各级审计人员表示衷心感谢和亲切慰问！

今天下午，于首席还要全面总结2009年的工作，具体部署2010年的工作，希望大家结合实际，抓好落实。下面，我就内部审计工作谈几点意见。

一、当前内部审计工作面临的形势

在国际方面，反危机措施初见成效，金融市场企稳回升，但是，长期的、深层次的问题尚未根本解决。美国经济喜忧交织，未见明显起色；欧洲一些国家及迪拜的债务危机带来一些新的冲击，谈论后危机时期尚为时过早。

例如，2009年11月下旬，迪拜爆发债务危机，当时市场出现一片恐慌，市场情绪稍趋稳定后，12月主权债务危机从希腊开始，在西班牙、葡萄牙、意大利、爱尔兰等欧元区国家蔓延，进一步拖累欧元汇率震荡不断，在如何解救的问题上希腊和欧盟面临着艰难的选择。再如，世界瞩目的丰田汽车召回事件，虽然有评论认为其中有贸易保护的因素，但根本原因还是丰田公司未很好地处理规模扩张与质量控制的关系，教训十分深刻，动摇了消费者信心，对汽车产业甚至整个经济复苏产生了一定影响。这些都表明，世界经济复苏的基础并不牢固，尚存在很大的不确定性。

在国内方面，温总理报告指出，如果说2009年是进入新世纪后最困难的一年，那么2010年就是最复杂的一年。当前仍然面临诸多挑战，如经济回升的内生动力不足，外需不振；国内资产价格、国际能源和原材料价格快速上升，一些地区房地产行业的非理性发展，使得通胀预期增大；就业形势依然严峻。在这样的情况下，既要保持一定的经济增长，又要加快转变经济发展方式，调整经济结构，解决一些行业产能过剩和民生领域的困难矛盾；既要继续实行适度宽松的货币政策，在货币信贷供应上做到合理宽裕，同时又要管理好通胀预期，难度很大。

2009年我行认真贯彻执行中央的决策部署，沉着应对金融危机带来的挑战，坚持积极稳健的经营方针，注重把握信贷投放的节奏和质量，在支持经济发展的同时，注重业务结构调整和风险防控，取得了很好的经营业绩。但是，信贷高速投放积累的潜在风险不容忽视，操作案件反弹和一些基础管理薄弱的情况，也提醒我们需要进一步增强忧患意识。2010年，我们面临着调整结构、转变发展方式的双重任务；复杂多变的外部形势更加需要我们提高预见性，适时应对矛盾和挑战。为此，2010年全行工作会议提出，要继续坚持实行稳健经营的策略，把风险控制和基础管理摆在更加突出的位置。这些工作都与内部审计直接相关，需要内部审计发挥更大、更好的作用。

近几年，我行审计垂直管理的体制和机制不断完善优化，自主创新了一些审计技术方法和流程规范，非现场审计系统发挥了优势，审计队伍的专业化水平稳步提高，内部审计工作价值进一步体现，但也存在很多不足和困难。例如，非现场审计手段等技术方法应用水平需要进一步提升，审计专业化建设需要加快推进，在人员管理方面存在一些问题和困难需要解决克服。特别是2010年外部经济金融形势和我行的经营管理实际，又给审计工作提出了更高的要求，考验着我们的审计工作能力。

同志们，面对当前形势，各级审计人员需要更加紧密地结合全行中心工作，全面贯彻落实全行工作会议精神，更加注重工作方法，全面提高工作水平，只有这样才能更好地履行审计职责，更好地实现审计工作价值。

为此，2010年全行审计工作的总体思路是：切合实际，突出重点，有效履行审计职责；加强创新，勇于实践，着力优化审计技术方法；以人为本，团结合作，深入推进审计队伍专业化建设；严格管理，精益求精，不断提高审计管理水平。

二、融入全局，突出重点，保证审计工作效果

复杂多变的局势，要求我们提高应变能力。作为内部审计部门，要在把握大局的基础上，密切跟踪经济金融形势、方针和政策的变化，深入分析对银行经营的影响，结合全行业务发展和风险防控的主线，抓住工作重点，找准工作的切入点和着力点。当前，要以有利于促规范、防风险、增效益为审计工作的出发点，密切围绕全行中心工作，切实履行好第三道防线的作用，促进各项经营决策部署的贯彻落实，促进全行内部控制和风险管理的加强。要保证2010年审计工作的效果，大家要重视把握好三个方面的要点。

一是提高审计与业务的紧密结合程度。内部审计必须深入领会全行经营工作的指导思想，理解业务发展思路和重点工作措施，充分了解风险变化特征，加强对经营管理情况的分析判断。对于外部监管部门、董事会、监事会、高管层关心的问题，要重点关注；对于风险隐患突出的业务领域、屡查屡犯的经营机构和操作环节，要持续关注；对于新业务、新产品、新流程、新情况，要跟踪研究；对于传统业务、产品的风险变化，要及时反映。要针对各类违规问题和风险事项所反映出的体制性、结构性、制度性等缺陷，提出有利于全行业务发展、机构改革、战略转型的审计建议。

二是提高审计的时效性。面对复杂的经济金融形势，面对诸多不确定因素，内部审计也必须因势而变，建立快速、灵活的反应机制。2010年的系统性审计项目计划经董事会批准后，已下发至各审计机构，项目计划安排已考虑到2010年的特殊情况，留有一定余地，随时准备根据实际需要进行优化调整。最近，为配合做好全行案件防控工作，已增加了操作风险重点事项专项审计检查；原来计划的公司类贷款相关审计项目也要根据信贷业务发展变化和贷后管理年活动的进展情况，适时考虑确定更加需要的审计内容。相应地，各审计机构在具体审计资源的配置上、在自选审计项目的安排上，更要注意提高时效性，要根据经营管理中出现的新变化、新情况、新特点，及时作出快速反应，灵活组织开展特定领域的审计项目。

三是提高审计的针对性。要考虑不同经营机构的实际情况，根据经营机构的环境、规模、质量、风险状况等方面的特点，联系实际、区分情况，有针对性地开展审计工作。例如，有的机构内部控制基础相对较好，我们审计怎么办？能不能多做一些高层次的审计项目？相反，针对内部控制方面差距较大的机构，如何加大审计力度，重点在哪里？这些都需要具体情况具体分析，没有统一的答案。各审计分部、各总审计室开展审计工作时，既要满足总行的要求，又要考虑驻地分行的需求；既要不折不扣地完成好系统审计项目等“规定动作”，又要出色地完成好自选项目等“自选动作”。在安排审计力量时，要留有时间给自选项目；在选择并实施自选项目时，要充分考虑驻地行经营管理情况和薄弱环节，尽量满足驻地分行的审计需求；在日常工作中，要强化工作联系机制，加强沟通和交流，为各类项目的开展做好基础准备，要指派专人收集、整理驻地行各类重要信息，加强对驻地行重大风险事项的了解和反馈。

三、巩固优势，不断创新，加大审计技术手段的开发应用

“工欲善其事，必先利其器”。经过几年的努力，我们在非现场审计、审计信息管理、IT审计、内部控制审计等方面已经积累了一些经验，在相关技术方法的开发应用上取得了一定优势，但是在进一步提高工作效率、保证工作效果方面还有很大的提升空间。一方面，我们要在资料、信息、数据收集等审计准备阶段和查证、测试、分析等审计实施阶段，包括日常基础管理工作中，尽量借助计算机来实现，这样既可以适应业务处理和信息管理高度电子化的审计环境，又能降低审计现场工作量的压力，提高工作效率；另一方面，要引入先进理论与方法，开发相关的审计技术规范和工具，提升审计工作的水平。

今年重点抓两件事：

一是进一步发挥好非现场分析的优势。对主要业务实行常态化的审计监测，密切跟踪分析主要业务的经营形势变化，以重大违规事项、重大风险事项、重大控制缺陷为重点，充分发挥非现

场监测的针对性和时效性。加强全体审计人员非现场技能的培养，将其作为审计人员的基本技能，列为各机构培训的重要内容，通过多种方式，普及相关知识，提高审计队伍非现场审计的技能水平。

二是进一步优化完善各类审计技术工具。结合业务和风险的发展变化，开发出更有针对性的非现场审计模型体系和辅助审计工具；加强系统的运行管理，优化硬件配置，提高系统性能，满足不断提高的审计需求；做好非现场审计准则及相关制度的修订，明确审计方式、方法与作业流程细则。对IT审计、经济责任审计的方法和规范要进一步优化和完善，对新资本协议实施、子公司审计等方面的技术方法要跟踪研究。要充分发挥全体审计人员的智慧，使我行审计技术工具的应用水平再上一个新的台阶。

四、共同努力，克服困难，持续优化审计人员管理机制

自2005年在全行建立审计条线垂直管理体制以来，人力部门与审计部门密切配合，逐步明确统一了各项人员管理的政策、制度、流程和标准，通过改革，压缩了总量、优化了结构、完善了机制，为审计工作的顺利开展提供了保障。但在人员的晋升交流、薪酬管理和培训组织等方面还存在一些问题，需要总行相关部门、各审计机构、各分行继续相互支持配合，加强联系沟通，实事求是地分析研究，进一步落实有关政策，系统、长远地考虑解决措施，继续优化完善相关管理机制。

一是推进审计人员有序晋升。在这个问题上，总行一直在积极寻求解决途径，并在2009年开展了一批管理岗位的职务聘任工作。总行相关部门已开始着手制定《审计条线后备人才选拔管理暂行办法》，并将加大审计条线专业技术岗位职务聘任工作力度。各审计机构要着眼长远，认真研究实际情况，配合做好相关工作。

二是深化现有交流制度。驻地分行与审计机构在审计人员交流理念上，要进一步统一认识，根据工作需要，从全局的高度和发展的角度看待人员交流问题。审计机构与驻地分行都要加强宣传引导，促共识、稳人心，营造良好的交流氛围，注意解除交流人员的后顾之忧。在交流工作中，要耐心、细致地做好有关人员的思想工作，坚持以人为本，对一些同志的实际困难，在可能的范围内，合情合理地提供帮助。在方式、方法上，还要进一步积极探索灵活、多渠道的人员交流模式。

三是完善薪酬激励机制。审计条线实行集中垂直管理以来，经过不断改进和完善，已基本建立了适应审计条线自身特点的，按能、按岗、按绩相结合的薪酬管理体系，初步理顺了分配关系，合理拉开了收入差距。但部分机构反映，还存在一些矛盾问题，今后总行要加大在这方面的调研和指导力度，不断改进完善薪酬激励措施。在这方面，总行、驻地分行与审计机构三方要进一步加强沟通，适时、准确、完整地传导信息，加强理解、配合和相互支持。

四是提升培训品质和实效。目前，重视员工教育培训已在审计条线上下达成共识，形成了良好的培训氛围。下一阶段要继续深入贯彻落实总行党委《关于在全行实施新一轮大规模员工教育培训的意见》精神，有针对性地加强教育培训工作，围绕岗位胜任能力和职业素质的要求，创新培训形式、提升培训品质、提高培训实效。具体来讲，一要按需施教，把握不同专业和不同层级审计人员的需求，分别制订培训目标，采用差异化的培训内容，使审计人员能及时掌握与工作相关的、岗位所需的最新理论知识和前沿技术。二要合理衔接好培训项目和审计项目的时间安排，特别要保证骨干人员的培训，促进工学相统一。三要拓展渠道，进一步完善远程培训课程体系，加快兼职教师队伍的培养与锻炼，继续加强各审计机构之间，审计机构与驻地分行、与业务部门、与外部单位之间的资源共享和协作，鼓励、支持员工参加多途径的学习活动，促进学习培训的日常化、系统化、全员化。

五、以人为本，提高素质，抓好审计队伍建设

审计工作的发展最终还要取决于员工队伍整体素质的提高，要致力于建设一支适应新形势需要，爱业、敬业、专业、精业的审计队伍。2010年，要着重从以下几个方面加强队伍建设：

一是坚持推进内部审计专业化建设。内部审计专业化建设的目的，就是要搭建一个平台，能够实现在全行审计系统内有序积累知识与经验，充分共享方法与信息，分工协作研究业务，互为支持做好工作，开发并调度好人才资源。这也是审计系统进一步提升内部审计质量，培养人才、发现人才和储备人才的一项重要举措。经过几年的努力，这项工作取得了明显的成效。2010 年要进一步向前推进，大力开展常规项目研究和标准审计方案开发，充分发挥专家咨询作用，推动研究成果的转化利用。通过专业化建设加强专业审计人才培养，在各审计领域内都造就一批理论功底强、实践能力强、创新能力强的专家队伍。

二是努力加强各项工作能力建设。进一步提高把握全局的能力，多关注经济发展趋势和社会经济热点，多了解全行改革发展和业务经营情况，提高对重大事项的敏感性和洞察力。进一步提高风险预见能力，在不放松对传统风险事项警惕性的基础上，积极关注新的风险形态变化，特别是对重大风险要早识别、早判断、早提示，发挥内部审计的预防性作用。进一步提高分析研究能力，面对大量的数据和信息，内部审计要从更高的层次和视野出发，通过有效梳理、纵横对比，进行深入分析、去伪存真，作出全面、准确的判断，为业务部门提供系统、客观、有价值的信息。这项能力在非现场分析中尤为重要，同样模型运行的疑点结果，有的人员能进一步精确定位到问题，有的就大而化之，或无意放过了一些有价值的线索，或不加区分地统统加以核实，两相对照，审计效率和效果就大不一样。要进一步提高组织协调和沟通交流能力，加强与被审计机构和总行相关业务管理部门的沟通协调，确保审计工作的顺利开展以及审计结论的准确和客观。审计机构内部不同处室之间、不同人员之间也要加强沟通协调，真正实现上下联动、共同配合的工作管理机制。

三是切实改进工作作风。审计人员要强化履职尽责意识，本着对建设银行负责、对工作负责的态度，树立良好的工作作风，严格遵守各项审计纪律。要加强自身修养，廉洁自律，培养健康的工作和生活习惯。这次会议表彰的审计系统先进单位、先进集体和个人是全行审计人员学习的榜样，下一步要以此为契机，深入开展弘扬先进、学习先进的活动。审计条线作为内部监督部门，负有重要的职责，各级领导人员要率先垂范，带好队伍，履行好职责，要讲究领导艺术和管理方法，要善于积极创造条件，引导并激发审计人员的工作热情和潜能；要努力营造风清气正、团结向上、和谐关爱的工作氛围，关心爱护员工，理解一线审计人员的辛劳和困难。

同志们，在复杂的形势面前，我们要有清醒的认识；在繁重的任务面前，我们要有迎难而上的勇气。让我们统一思想、坚定信心、克服困难、真抓实干，持续提高内部审计工作水平，切实履行好内部审计职责，为建设银行稳健发展作出应有贡献！

在建设银行春季工作座谈会议上的讲话

谢渡扬

（2010 年 5 月 15 日）

同志们：

我利用这个时间，谈几点想法和意见，供大家参考。

一、关于宏观形势和风险管理

这次会议的内容之一是分析当前经济金融形

势。总的来说，第一季度国内经济持续回暖，结构调整的效果初步显现，但是宏观经济运行还面临着国内、国际多重不确定因素的影响，挑战仍然十分严峻。从国内看，通货膨胀的压力增大，2010年4月，CPI指数同比上涨2.8%，PPI指数连续5个月上涨。在这个背景下，为了加强流动性的管理、引导货币信贷适度增长、管理好通货膨胀预期，中央运用了多种政策工具，中国银监会采取了强化商业银行资本管理和资本充足率要求等措施，中央银行采取了投放中央银行票据、信贷窗口指导、提高存款准备金率等措施。存款准备金率在经过连续3次上调后，目前距离历史最高纪录17.5%仅差0.5个百分点。同时，中央连续出台了“国四条”、“国十条”等一系列措施，针对房地产市场过热、房价上涨过快的情况进行调控，特别是4月17日出台的新“国十条”，政策力度很大，对房地产市场和价格已经产生了影响，地方政府在国务院出台新的调控措施以后，也在根据各地的情况陆续出台各地方的实施细则和办法，后续效应值得我们密切关注。最近国务院还出台了一系列重大决定，我们应高度重视，比如要进一步加大工作力度、确保实现“十一五”节能减排目标等。从国际上看，世界经济复苏进程总体上要好于预期，但金融体系依然比较脆弱，近期由希腊债务危机引发的欧洲以至于全球金融市场的剧烈震荡就充分说明了这一点。目前看来，欧元区一些国家的主权债务危机是当前复苏过程中最不稳定的因素，要特别关注可能引起的连锁反应和系统性风险。如2010年5月10日欧盟通过了一项总金额达7 500亿欧元的救助计划后，市场曾短暂出现过较好的反应，但从前天开始欧元汇价又连续出现较大幅度的下跌。

善建者不拔。在复杂多变的外部形势下，我们要保持清醒的头脑，遇有矛盾和挑战，要沉着应对，冷静处置。在工作摆布上，既要妥善化解存量风险、有效管控新的潜在风险，又要善于把握好调整转变的机遇，勇于开拓创新，促进科学发展。在当前形势下，需要研究的重大课题很多，涉及战略、策略和执行等方面，大家要开动脑筋、广开思路，积极地建言献策。

二、关于内部审计工作

2010年以来，全行审计系统积极贯彻落实全行工作会议和3月召开的审计工作会议精神，及时调整工作目标，突出工作重点，组织开展了一系列审计项目和审计调查项目，揭示了一些重要的问题和风险。目前看来，有几个方面的情况需要引起大家的重视。一是要关注在当前经营形势下的新情况和新问题，有效防范信用风险、操作风险和案件风险，特别是受宏观调控影响大的和监管机构重点监管的房地产、地方政府融资平台贷款等方面的风险。二是要抓好新业务和新产品的风险防范和基础管理工作，避免出现新的风险和问题。三是要注意关注细节。一些看似经营管理中的“小事”，风险不一定小，有的背后可能还隐藏着案件和风险隐患，对这些问题不可忽视。重视“细节”是实施精细化管理的基本要求。

下一阶段，审计系统要密切关注经营管理的发展变化，调整和完善审计的内容和重点，提高审计工作的针对性和实效性。做好对各类审计成果的汇总和分析，进一步发挥对经营管理的促进作用，提升审计的建设职能。

三、关于党建和培训工作

根据中央的统一部署，从2010年4月开始，在党的基层组织和党员中开展创建先进基层党组织、争当优秀共产党员的活动。这项活动是巩固和拓展深入学习实践科学发展观活动成果的重要举措，对进一步抓好全行学习实践活动整改落实工作、激发全行各级党组织和广大党员的生机活力、保持和发展先进性、加快推进全行业务结构调整和发展方式转变，都有重要的意义。总行党委对中央的部署高度重视，为了确保创先争优活动健康有序开展，取得实际成效，总行研究制定了《关于在建设银行基层党组织和党员中深入开展创先争优活动的实施意见》，已经印发给各分行。各行要按照总行党委的要求，认真组织落实，有计划、有步骤地持续推进。

2010年全行的培训工作，要继续深入贯彻落实总行党委《关于在全行实施新一轮大规模员工教育培训的意见》的精神，巩固已有的成果，紧密结合业务发展的需要，努力提高培训的质量和效果，在建设学习型企业、学习型干部队伍方面发挥更大的作用。要注重对经营管理人员的培训，突出党性教育和领导科学发展能力的培育。总行高度重视中高级管理人员的培训，这几年先后组织了多期商业银行经营管理方面的培训，包括在美国、新加坡、中国香港的培训。经总行党委研究决定，最近在井冈山组织了对一级分行和总行部门主要负责人的培训班，充分借鉴了2009年在井冈山举办过的新任职领导人员培训班的经验，当时郭树清董事长专门去做了开班动员。本期培训班，张建国行长亲自做了开班动员，结束的时候我也去了，学员们的反映都非常好，取得了良好成效，今后类似的培训班还要继续组织。2010年计划于9月在延安安排另外一期对一级分行和总行部门主要负责人的培训班。培训工作还要继续向基层员工倾斜，保证基层一线员工每年有不少于2天的脱产培训，加强对“新产品、新业务、新知识”的学习和掌握，提升员工履岗能力。各一级分行要按照总行的统一要求，抓好培训计划的组织落实。

最后，我简要通报一下监事会工作。2009年年底2010年年初，监事会在董事会、高管层、各部门和各分行的支持和配合下，研究提出了对董事会、高管层及其成员2009年履职尽职情况的监督意见，对董事会、高管层2009年工作给予了充分的肯定，同时也就发展战略、可持续盈利能力等提出了意见和建议。现在监事会正在按照年度工作计划的安排，结合实际情况，有序地实施各项监督工作，开展分析调研。近期还在组织就进一步完善公司治理和定期报告监督两个课题进行调研，希望相关部门和分行予以配合和支持。

（根据录音整理）

在建设银行夏季工作会议上的讲话

谢渡扬

（2010年8月30日）

同志们：

刚才张建国行长报告了上半年经营情况和今后几个月的工作部署和要求，郭树清董事长、张福荣副书记还要作重要指示，借此机会，我谈一些认识和体会。这次夏季工作座谈会很重要，关于会议对当前经营形势的分析和提出的需要重点关注的问题，以及对下一阶段工作的部署，我都完全赞同。

7月12日，中组部有关领导来我行宣布了中央关于张福荣同志和我本人职务任免的决定，我坚决拥护中央的决定。

2003年8月，我作为国有重点金融机构监事会主席被派驻到建设银行。2004年，建设银行实施股份制改造，我担任了股份公司的第一任监事长，到现在已经六年。在建设银行的发展历史上，这六年确实是极不平凡的六年，经过股改、上市和建立健全公司治理，建设银行发生了深刻而巨大的变化，我们发展战略明确，风险内控有效，企业风貌一新，全行的各项业务健康快速发展，取得了良好的经营业绩，得到了市场、股东、监管当局、有关部门和社会各界的认可与肯定。这些变化和成绩的取得，首先归功于、取决于党中央和国务院的正确决策，也有赖于中国经济的持续健康快速发展。就建设银行内部而言，是以郭树清同志为首的党委正确领导、董事会科学决策的结果，是以张建国同志为首的管理层有力执行和严格管理的结果，也是在座各位和全行员工不懈努力的成果。这其中，监事会认真履行职责，努力发挥建设性的监督作用，当然也是不可或缺的一环。在这六年中，我有幸作为建设银行领导集体的一员，在监事长的岗位上和大家共同奋斗，参与到这一历史进程中，贡献了自己的一份力量，感到由衷的欣慰！如果说这些年我也做了一些工作，取得了一点成绩，首先要感谢郭树清同志和总行党委的所有同志，感谢张建国同志和高管层所有同志，感谢监事会、审计条线、组织部、党校和各培训机构的同志，感谢总行各部门、各分行同志，感谢大家对我的关心、支持和帮助！借今天这个机会，我向大家表示深深的谢意！我知道自己有不少缺点和不足，在工作中包括对同志们的要求和批评也存在一些不当之处，希望得到大家的批评和谅解！

我曾经和张福荣副书记多年共事。张福荣同志非常优秀，有长期任职金融高管的经验，管理经验非常丰富，把握大局和处理问题的能力很强。相信在张福荣同志的领导下，监事会和其他相关工作一定会做得更加出色、更上一层楼！

建设银行事业必将蒸蒸日上，建设银行的发展前景无限美好，这是我的切身体会，也是经过长期观察的看法和判断，更是自己由衷的期望！商业银行是经营风险的企业，我坚信，只要始终坚持稳健经营的方针，不骄不躁、居安思危、防患于未然，处理好业务发展和风险内控的关系，就一定能实现我们的战略愿景。祝愿建设银行事业兴旺发达！

（根据录音整理）

求真务实　开拓创新
深入推进全行反腐倡廉建设

——在中国建设银行纪检监察工作会议上的报告

辛树森

（2010 年 2 月 4 日）

同志们：

这次会议的主要任务是：学习贯彻中央纪委五次全会和全行工作会议精神，总结 2009 年全行反腐倡廉建设和纪检监察工作，研究部署 2010 年的任务。

一、2009 年主要工作回顾

2009 年，全行各级机构认真贯彻落实中央纪委三次、四次全会，以及贺国强同志在中央金融机构负责人调研座谈会上的重要讲话精神，紧紧围绕全行中心工作，以加强领导人员监督和案件查防工作为重点，着力推进惩治和预防腐败体系建设，较好地完成了年初部署的各项任务，有力地促进了全行改革和发展。

（一）深入学习贯彻贺国强同志讲话精神，惩治和预防腐败体系建设全面推进

2009 年 3 月，贺国强同志来我行召开中央金融机构负责人调研座谈会并发表重要讲话后，总行党委高度重视，3 次召开专题会议学习讨论，并根据贺国强同志讲话精神，系统总结了股改上市以来全行反腐倡廉建设的经验，以党委 5 号文件下发了“进一步加强全行反腐倡廉建设和纪检监察工作的意见”，对纪检监察工作中若干重要问题作出明确界定，对今后一个时期的工作提出了新的要求，明确了方向。全行组织开展了“学习、宣传和贯彻落实贺国强讲话精神”的专题活动，采取多种形式传达学习讲话精神，利用建设银行报、企业网、工作简报等载体，及时刊发学习贯彻情况。各级领导人员带头撰写学习体会，认真抓好讲话精神的贯彻落实。

在贯彻落实贺国强同志讲话精神中，全行进一步推进惩治和预防腐败体系建设。按照总行要求，各分行相继成立推进惩防体系建设工作领导小组，研究制订具体的实施方案，细化工作任务，明确责任部门，落实推进计划。一年来，全行围绕惩防体系建设，深入开展各类教育活动，共举办各类报告会 2 062 场，受教育人数达 31 万人次；制定和完善反腐倡廉相关规章制度，促进权力和各项经营管理活动规范运行；各级纪委监察部门与风险、审计等部门密切配合，对信贷经营、人事任免、财务支出、集中采购等关键业务领域和环节实施重点监督，共开展各类专项或综合检查220余次，各级纪检监察部门参加集中采购监督12 927项，涉及金额133亿元。中央召开2009年度推进惩防体系建设检查工作会议后，总行党委研究制定了《检查工作实施方案》，总行各部门和各分行对照要求，对推进惩防体系建设情况进行全面总结、查找问题、分析原因、积极改进；总行组织3个检查组对10个分行进行抽查，有力地推进了全行惩防体系建设。

（二）加强教育和监督，领导人员廉洁从业意识进一步增强

自2009年以来，全行继续开展多种形式的反腐倡廉学习、宣传和教育活动。各分行围绕领导人员作风方面存在的突出问题，重点开展党性、党风、党纪教育，通过组织“作风建设年”等专项活动，制定并认真落实了加强作风建设的具体措施。按照银监会的统一部署和各地银监部门的安排，各级行组织广大干部员工观看了“银行业反腐倡廉警示教育巡回展览”，通过对照和反思银行业发生的100多个典型案例，思想受到很大触动和教育。中央颁布《国有企业领导人员廉洁从业若干规定》等4个法规性文件后，各级行通过党委中心组、研讨会、培训班等多种途径和形式认真组织学习，并结合实际贯彻落实，进一步提高了领导人员对反腐倡廉重要性的认识，增强了廉洁自律意识。

全行对领导人员的监督力度进一步加大。巡视工作深入推进。2009年，总行巡视了16个分行和2个培训中心，把风险总监、工会主任及驻地审计机构负责人纳入巡视范围。截至2009年年底，用5年时间完成了对38个一级分行和2个培训中心的第一轮巡视工作。巡视工作一直被列入党委重要议事日程。巡视力量得到进一步调整和加强，巡视工作流程进一步优化，建立了领导班子和领导人员民主测评制度、联席会议制度和巡视工作协调机制，加强了巡视成果的综合运用，巡视监督效果进一步提高。部分分行开展了对二级分行的巡视工作试点。信访监督的作用增强。进一步强化信访举报工作责任机制，规范信访举报工作流程，提高信访核查质量。各级行集中力量核查线索清楚、性质严重的问题，对查实的违规、违纪问题进行严肃处理；对群众意见较大的问题进行整改；对倾向性、苗头性问题及时进行提醒或诫勉谈话，进一步发挥了信访监督的作用。

全行认真执行中央纪委三次全会关于严禁领导干部利用职务便利谋取不正当利益的五项规定。各级纪委监察部门加强监督，重点检查中央关于厉行节约“八项要求”，以及总行关于加强成本管理“五严格五严禁”的执行情况。各级行坚持执行“三重一大”集体决策制度。2009年，全行对领导人员廉政谈话25 993人次、经济责任审计1 681人；领导人员述职述廉17 282人次、个人重大事项报告10 060人次；有1 013人次主动上交未能拒收的现金、有价证券和支付凭证626.67万元。全行公务接待、车辆购置及运行、会议等费用支出均比往年大幅减少。

（三）扎实推进“五个一”工程，案件查防工作力度不断加大

2009年，全行共立案查处各类案件10件，立案金额7 021万元。全行以强化基础管理和内控建设为目标，围绕“五个一”工程，系统推进案防各项工作。一是“围绕一个中心”，继续抓好《案件防控及整改方案》（以下简称《方案》）的落实。在总行各部门、各级机构的共同努力下，《方案》提出的9大类108项措施，以及各分行结合自身实际补充的1 142项整改措施绝大部分已落实到位。全行通过3年综合治理，进一步提升了员工合规守法意识，夯实了内控管理基础。二是“深化一个机制”，“上下联动、部门协作”的案件查防机制进一步巩固。各级分支机构定期召开案件查防工作联席会议、研究部署案件查防工作，各业务条线积极参与案件查办，主动思考案防问题，通过系统优化、流程控制、稽核监测、监督检查等手段强化案件防控能力。三是“落实一个制度”，依托《案件管理办法》，抓好案件查处和整改全流程的精细化管理。案件快速响应机制进一步建立，案件应急处置工作得到加强。业务部门参与调查、共同“会诊”案件的做法成为常态。制定了《案件整改验收工作规范》，“一案一整改、一案一验收”和“双线整改”机制进一步深化。重点联系行制度得到完善。四是“推进一项活动”，开展基层机构合规建设系列活动。全行组织开展了案件风险紧急排查、“基层合规和内控建设大讨论"，制定实施了案件风险自查与化解防范工作方案。针对案件暴露出来的突出问题，各级行认真组织开展了员工行为排查。结合"抓服务、讲合规、促发展"主题系列活动，加强了对基层员工的案例警示和风险合规教育。五是"探索一个方法"，研究解决屡查屡犯和新业务领域案件风险防范问题。总行对近年来贿赂案件、操作性案件进行深入分析，分别形成专题报告和有针对性的工作方案。一些分行从多维度对屡查屡犯问题进行专题调研或专项整治；有的分行对零售网点转型后的风险防范、扁平化改革后的员工管理等新课题进行深入探讨，取得了阶段性成果。

（四）严格执规执纪，违规失职行为问责工作进一步强化

一是扎实开展授信业务责任认定。全行完成授信业务责任认定 29 116 笔，涉及贷款金额 290.5 亿元，涉及当事人员 12 495 人，经认定应承担主观责任的为 3 686 人。通过开展责任认定工作，促进了贷款回收，实施责任认定的项目共回收贷款本息 89.39 亿元。二是严格责任追究。全面上收案件审理权限，加大对案件管理责任人和领导责任人的追究力度，对百万元以上案件，严格按照有关规定上追到一级分行相关业务部门的负责人。逐步规范重大违规问题的责任追究工作，加大总行直接审理或审核的力度。全行共处理违规失职人员 4 568 人，其中一级分行负责人 5 人，二级分行负责人 530 人，县级支行负责人 651 人。三是深入推进轻微违规积分管理。全行对 59 332 名员工累计积 166 285 分，较上年增加 25.40%，对 9 543 个机构累计积 100 322 分，较上年增加 10.12%。总行在加强本部积分管理工作的同时，加大对分行的督导，坚持按季通报全行积分管理情况。各分行不断创新工作方式，完善管理流程，补充积分标准，充分运用积分结果，进一步发挥了积分的警示作用。四是扎实开展问责工作专项效能监察。全行对 6 283 个机构网点开展检查，发现问题 6 793 个，出具整改通知书 2 289份，并对相关责任人进行了及时处理。总行派 4 个检查组对 8 个分行进行了检查。总行还制定《效能监察办法》，进一步规范了全行效能监察工作。

（五）自身定位进一步明确，纪检监察队伍建设取得新的成效

职能定位进一步明确。总行党委 5 号文件将纪检监察部门定位为"综合性内控管理部门"，并强调反腐倡廉建设"既是建设银行党的建设的重要组成部分，又是全行加强内控、防范风险、促进业务稳定健康发展的重要保证"。这为进一步发挥纪检监察部门的职能作用奠定了基础。组织机构进一步健全。在机构改革和业务转型的背景下，各级行认真落实《纪检监察机构设置方案》和《纪检监察特派员管理办法》，全行纪检监察组织机构进一步健全，特派员对基层机构的覆盖面进一步扩大，确保了机构改革中纪检监察工作的及时跟进。人员的配备和管理进一步规范。多数分行根据纪检监察部门的职责、任务，合理核定了职数和人员编制，全行纪检监察人员在总量上保持了相对稳定，整体素质得到进一步提高。一些分行选聘了纪检监察非领导职务人员，有 8 个分行在纪检监察领域开辟了专业技术职务聘任渠道。总行下发《纪检监察特派员工作指引》，促进了特派员工作水平的提高。培训力度进一步加大。总行举办了新任纪委书记培训班、纪委书记研讨会、纪检监察部负责人和业务骨干培训班，依托中央纪委 3 个培训中心，对二级分行纪委书记进行轮训，共培训 8 批 200 多人次。各分行也加大了培训力度，举办不同形式的培训，参训人员达到 6 432 人次。全行纪检监察队伍的综合素质有了提高。

回顾过去的一年，全行反腐倡廉建设和纪检监察工作思路更加清晰、措施更加有力、成效更加明显。但是，当前全行反腐倡廉工作还面临着不少问题。在作风建设方面，有的领导人员作风漂浮，工作不够扎实，不注意加强调研；有的责任心不强，对职责范围内的相关政策法规不学习，对外部经营环境不了解，影响到相关决策和工作推进。在廉洁从业方面，一些领导人员对自身要求不够严格，存在着内部营销、铺张浪费、公私不分、利益输送等现象；极少数领导人员利用职权或职务影响谋取私利，有的甚至严重触犯刑律。在内控管理方面，个别分行和少数基层机构内控乏力，有章不循、违规办理业务的现象还比较突出；一些分支机构内部管理松弛，对违规失职行为责任追究不到位，对授信业务责任认定和追究偏松、偏软。在案件查防方面，全行案件风险的防控基础还不稳固，当前，为攫取银行资金作案的外部诱因增加，个别员工操守意识淡薄，无视行纪国法，利用工作和职务之便内外勾结作案，道德风险隐患不可低估。这些问题必须引起我们的高度重视，并在今后的工作中切实加以解决。

二、2010年主要工作任务

2010年，全行要认真学习贯彻中央纪委五次全会精神，坚持标本兼治、综合治理，惩防并举、注重预防的方针，继续深入贯彻落实总行党委5号文件，按照“反腐倡廉抓班子，案件防控抓基层”的总体思路，突出抓好领导人员廉洁从业和员工职业操守建设，深入开展案件专项治理，加快推进惩治和预防腐败体系建设，促进建设银行健康发展。

（一）认真学习贯彻中央纪委五次全会精神，切实加强作风建设和惩防体系建设

在中央纪委五次全会上，胡锦涛总书记从党和国家事业发展全局和战略的高度，全面、科学地分析了当前的反腐倡廉形势，着重阐述了加强反腐倡廉制度建设的重要性、紧迫性和基本要求，强调要以建立健全惩治和预防腐败体系各项制度为重点，逐步建成内容科学、程序严密、配套完备、有效管用的反腐倡廉制度体系，切实提高制度执行力、增强制度实效。胡锦涛同志的重要讲话，是指导当前和今后一个时期反腐倡廉建设的纲领性文献。全行一定要认真学习、深刻领会，全面贯彻落实。

中央纪委五次全会强调，要加强以保持党同人民群众血肉联系为重点的作风建设。全行要认真贯彻中央纪委五次全会精神，切实加强作风建设，着力解决党员干部在思想作风、学风、工作作风、领导作风和生活作风方面存在的突出问题。大力弘扬理论联系实际的学风，大兴密切联系群众、求真务实、艰苦奋斗、批评和自我批评之风。坚持和完善领导人员联系行和领导人员定期接访等服务基层、联系员工的制度。抓紧解决员工关注的突出问题，进一步密切党群和干群关系。认真执行中央和总行党委关于厉行节约、反对铺张浪费的规定，精简各种文件和会议，落实民主生活会和各项党内监督制度。尤其是要着力解决作风漂浮、责任心不强的问题，引导党员干部自觉加强学习，深入基层调研，增强勤勉敬业意识，提高执行力和工作水平。

2010年是惩防体系建设五年规划的第三个年头，全行要根据中央关于“加快推进惩治和预防腐败体系建设”的精神，按照总行党委要求，全面总结近两年的经验，统筹抓好惩防体系建设各项工作任务的分解、落实。尤其要加强与反腐倡廉相关的各项制度建设，以制约和监督权力为核心、以提高制度执行力为抓手，加强整体规划，做好制度的清理和维护，逐步形成科学完备的制度体系。各级行要根据中央关于开展惩防体系建设检查工作的要求和总行党委下发的《检查工作实施方案》，认真梳理自查发现的问题和薄弱环节，并加强整改。各级纪委监察部门要加强对惩防体系推进情况的检查，促进反腐倡廉各项工作任务的落实。

（二）强化自律和监督，促进领导人员廉洁从业和正确行使权力

以落实《国有企业领导人员廉洁从业若干规定》为重点，结合《党员领导干部廉洁从政若干准则》、中央纪委五次全会有关精神，以及总行党委的相关规定，对全行各级领导人员重申和强调以下几个方面的要求：（1）要正确行使职权，禁止在信贷、资产处置、集中采购、广告宣传、公益捐赠等活动中为个人或者小团体谋取不当利益。（2）要严于律己，禁止违反规定收送现金、有价证券和支付凭证，向下属单位或客户借钱、借车、借房、报销费用，大操大办婚丧喜庆事宜或借机敛财。（3）要忠于职守，禁止违规从事经商办企业、有偿中介活动或者投资入股，利用本行内幕消息或者其他商业秘密为本人或者特定关系人谋取利益，参与违规集资或者变相集资获取高额回报。（4）要奉公守法，禁止利用职权和职务上的影响，为配偶、子女及其他特定关系人在就业、投资入股、经商办企业等方面提供便利或谋取不正当利益，违规为上述关系人在本行介绍贷款、科技开发项目、建设工程、服务和推销商品等。（5）要加强对营销等经费的管理，禁止用营销费等公款办理个人私事，本人审批自己单独开支的营销等费用。（6）要厉行节约，禁止接受或安排超标准、超规格接待和高消费娱乐活动，用公款内部相互宴请、赠送钱物，违反规定配备和使用公车。各级领导班子和领导人员要按照上述要求开展自查自纠，做到自觉贯彻落实。各级纪检监察部门要加大监督检查力度，促进各项要求落到实处。

进一步强化自律意识。各级领导人员要讲党性、重品行、作表率，并在密切联系群众、真抓实干、修身立德、执行民主集中制、艰苦奋斗五个方面做到身体力行。切实加强监督，确保权力正确行使。要综合运用各种手段加强对“权、钱、人”等关键部位的监督制约。在全行大力推进“阳光工程”，进一步完善相关操作细则，提升在基建工程、网点装修改造、资产处置、商品和服务采购等关键环节的透明度，促进阳光交易；各级行要进一步完善民主议事决策制度，研究制定“三重一大”具体实施办法，推进阳光决策。落实领导人员任前征求纪委意见和任前廉政谈话制度，加强对干部选拔任用工作的监督。严格执行领导干部述职述廉、函询制度，按照中央要求完善领导干部个人报告制度，将住房、投资、配偶子女从业等情况列入报告内容。积极推进党务公开、行务公开，进一步健全职工代表大会制度，进一步加强组织监督和群众监督。积极参加当地组织的行风评议活动，建立和完善信息披露制度，通过多种形式接受客户和社会的监督。

推进巡视工作制度化、常态化。着手制定今后5年巡视工作规划，将巡视工作纳入常态监督的范畴。2010年总行将派出2~3个巡视组，对8个分行开展第二轮巡视，对部分一级分行开展巡视整改工作“回头看”。稳步推进一级分行对所辖二级分支机构的巡视工作，总行要加强对一级分行巡视工作的指导。根据中央《巡视工作条例》，修订完善我行《巡视工作管理办法》和《巡视工作流程》。健全与人事、风险、审计等部门的联席会议制度，及时沟通反馈巡视发现的相关情况，进一步强化巡视成果运用。

加强信访举报监督。进一步加大信访核查力度，对反映的问题性质严重、线索具体、可查性强的，特别是上级机关、监管部门和总行领导批示查办的，尽可能直接组织核查。加强信访督办和核查报告的审核，进一步提高信访核查质量。修订《信访举报操作规程》，进一步规范工作流程。加强举报信息的收集、研判和处置，通过函询、提醒谈话等方式，及时解决一些苗头性、倾向性问题；及时向组织人事部门反馈对拟提拔任职人员的意见。优化网上举报系统，健全网上举报和受理机制。

（三）抓好员工从业行为管理，增强广大员工的职业操守意识

加强员工从业行为的引导。认真学习贯彻中国银监会下发的《银行业金融机构从业人员职业操守指引》，并结合我行的《员工职业操守》、《员工行为规范》和《员工合规手册》抓好落实。各级行要结合实际，广泛开展以“诚信敬业和廉洁合规”为主题的职业操守宣传教育活动，提高员工操守意识。各级领导人员要以身作则，带头执行各项行为规范，并高度重视所属员工的职业道德修养，在员工入行、上岗、转岗、职务提升的关键时点和在岗履职的重要时段，及时进行职业操守和风险防范的提醒教育。要把职业操守纳入员工培训、考核和日常行为动态管理的范畴，贯彻到经营管理的各个环节，在全行努力营造廉洁合规文化。畅通员工职业道德咨询、辅导和举报投诉渠道。加强员工职业培训，拓展晋升通道，指导和帮助员工规划职业生涯，提升员工满意度和忠诚度，实现员工与建设银行的共同发展。加强员工日常行为管理，对重点岗位员工，严格按照“上岗认证、在岗制衡、转岗鉴定、离职审查”的要求实施差别化管理。按照《员工行为排查办法》的要求把集中排查和日常监管结合起来，充分发挥行为排查系统，以及审计、稽核等有关业务监测系统的作用，对员工从业行为进行及时、有效的监督。系统梳理近年来重大违规问题和案件暴露的风险点，将其纳入排查内容，增强排查的针对性。完善员工从业行为管理的方式。全面总结近年来实施员工行为动态管理的经验，探索建立员工风险随机抽查制度。组织员工签订《合规履职承诺书》，让员工书面承诺严格遵守各项规章制度，并自愿接受建设银行对本人的监督和管理。根据当前员工从业行为中暴露的突出问题，制定《员工从业禁止若干规定》，将其作为员工从业“禁区”和职业操守“底线”，一旦触犯即给予严肃处理。探索健全和完善员工风险档案制度，为排查和防范员工道德风险提供科学依据。

（四）深入开展案件专项治理，健全和完善防范案件风险的长效机制

为应对当前案件特别是重大案件反弹的严峻形势，总行决定2010年开展案件专项治理，并制定下发了《关于开展案件专项治理、进一步加强案件防控工作的意见》（以下简称《意见》）。全行要以防大案为重点，全面贯彻本《意见》，着力深化案件防控长效机制建设。

一是认真开展突出案件风险点专项整治活动。对当前案件风险比较突出的员工参与社会高息融资、违规设立“小金库”、客户经理违规代客办理业务、违法发放贷款、现金柜员岗位风险、商业贿赂案件六大问题，总行已明确由相关部门牵头制订具体方案，组织全行开展专项清理、审计和整治。方案印发后，各级行要严格按照总行部署统一行动，力争通过一段时期的密集动作，使相关突出问题和风险得到有效遏制。二是严格落实案件防控工作责任。案件防控工作是一项全行性的系统工程，必须依靠全行各级机构、部门和每一名员工的共同努力。全行工作会议期间，总行领导已经和各一级分行、总行相关部门的主要负责人签署了责任状，明确了案件防控的责任目标和责任内容。各一级分行要参照总行做法，层层组织所辖机构和部门签署责任状。各级机构特别是各级纪检监察部门要加强对责任状落实情况的监督检查，对责任落实不到位的机构、部门和个人，要严格按照总行的要求进行考评和惩处。三是切实加强案件查处和整改。全面落实案件应急处置要求，认真组织开展案件应急处置培训和演练。发生案件后，各级发案机构必须严格执行报案纪律，严禁以任何理由瞒案不报或延迟报案。健全办案工作联动机制，积极调配办案力量，迅速、有序地开展控人、追赃、查账、维稳等工作。对继续在岗可能不利于案件查处的相关经办人员、部门分管领导和发案机构主要负责人，要根据具体案情和办案需要，按有关规定责令其停职、接受调查或配合调查。要严格执行案件剖析和整改制度，做好专题剖析报告和整改方案，抓好整改落实和整改验收。对蕴涵案件风险的重大违规问题，要比照案件严格管理，认真做好查处和整改工作。抓好案件查防工作联席会议和工作例会制度的运行，专题研讨、协调、督办和考评案件查防工作。四是进一步完善内控管理机制。按照总行的统一部署，加快推进各主要业务条线的流程优化和标准化建设，及早建立系统规范、简便易行的业务流程操作手册；完善业务风险监控检查机制，着力加强营运稽核监测和后台集中对账工作，进一步整合业务检查力量、规范业务检查活动、提升业务检查的质量、效率和专业水平；加强内控管理技防和物防能力建设，建立IT系统优化的快速响应机制，认真做好各种安全防护设施特别是录像监控的建设、维护和管理，为客户和银行资金提供更加周到全面的安全保护。这些工作涉及面广，纪检监察部门要做好组织协调和跟踪督办，推动有关部门认真落实。

（五）加强对违规失职行为的问责，提升规章制度的执行力和经营管理水平

深入推进轻微违规积分管理工作。加强宣传和引导，提高各级机构和各业务条线主动运用积分的自觉性。纪检监察部门要充分履行牵头部门的职责，加强检查督导，推动积分管理在各业务条线及前中后台均衡开展；总行2010年将对一级分行本部积分管理工作开展重点督导。进一步规范内外部审计和监管检查发现问题，以及非现场稽核和柜面监测发现问题的积分工作流程。加强积分数据分析和运用，针对屡查屡犯以及违规集中的业务部位和环节，会同有关业务部门开展专项整治。及时补充和完善积分标准，进一步界定积分与一般业务差错以及“288条”的区别，提高积分标准的完整性、适用性和可操作性。各分行可以结合自身实际，积极探索积分正向激励措施，充分调动员工按章操作的自觉性。加大授信业务责任认定工作力度。针对2009年以来全行信贷高投放、在未来2~3年不良贷款反弹压力可能增大的形势，紧密结合全行开展的“贷后管理年”活动，进一步加大对授信业务中违规失职行为的认定力度。适应全行授信业务经营管理方式转变的需要，尽快修订出台《授信业务责任认定管理办法》，进一步调整认定范围、明确认定责任、健全认定机制、优化认定程序。强化条线管理，严格执行认定权限制度，加大总行直接认定工作力度。探索跨行交叉认定方式。加强对授权认定工作的审核把关，对授信业务中领导人员尽职尽责情况予以重点关注，提高认定工作的公正性和严肃性。建立和完善认定工作责任制，各级机构主要负责人要对责任认定工作负总责，各相关部门要根据自身职责给予支持配合，并对有关认定结论把关负责。加强对责任认定成果的分析和利用，促进信贷管理水平和资产质量提高。探索建立制度库和案例库等信息平台，开发责任认定工作管理系统，加大培训和指导力度，不断提高责任认定工作水平。进一步强化问责。严格规范审理工作，继续加大对案件和重大违规问题，尤其是授信业务中重大违规失职行为的责任追究力度，处理结果要做到与违规失职行为的性质、情节、风险大小、后果严重程度，以及相关人员的职责相适应。针对目前审理工作中会审程序烦琐、纪律处分扣减绩效不规范等问题，进一步简化审理程序，调整纪律处分扣减绩效的范围、比例和流程。进一步明确内外部审计和监管检查发现问题的问责要求，将问责作为整改的必经程序，整改主办单位要对有关人员进行责任认定，提出处理建议。按照科学合理、覆盖严密、约束有效的原则，进一步完善全行问责体系，促进各项规章制度的严格执行和内部经营管理水平的提高。

三、进一步加强和改进纪检监察自身建设

加强纪检监察组织机构建设、提高纪检监察队伍素质直接关系到全行反腐倡廉和纪检监察工作的落实及成效。总行党委5号文件就此已经提出了明确要求，各级行要认真抓好落实。

（一）进一步健全纪检监察组织机构和职能，不断适应全行战略转型和机构改革的变化

进一步健全纪检监察组织机构。认真落实全行《纪检监察机构设置方案》和《特派员管理办法》，确保有党委的机构设立纪委和纪检监察部门，并根据纪检监察部门的职责及承担的工作任务，合理核定职数和人员编制，配齐配强纪检监察领导班子和工作人员。主动适应全行组织机构改革、经营管理转型和业务发展的变化，在垂直或单元制管理条线、专业化经营机构中开展建立纪检监察组织试点工作，同时进一步研究对境外分支机构、子公司实施有效监督的方式和途径，避免出现监督“盲区”。纪检监察特派员是全行纪检监察组织体系中的重要一环，各分行要在总结经验的基础上坚定地推进这项制度，严格按照特派员管理办法规定的任职条件和选拔程序，择优选聘，积极稳妥地扩大特派员队伍对基层机构的覆盖面。加强对特派员的管理和考核，促进特派员更好履行职责。进一步落实相关政策和待遇，为特派员多提供学习培训和内部交流机会。2010年总行将组织开展特派员履职情况的效能监察，促进纪检监察特派员制度的推进和落实。

进一步完善纪检监察的职能。根据国有控股上市银行的特点，以及建设银行改革发展新形势、新任务的要求，进一步增强“纪检监察融入业务、纪检监察促进发展、纪检监察创造价值”的意识。各级纪委监察部门要不断拓展纪检监察工作领域、完善工作职能，进一步强化自身在反腐倡廉建设中的专业主导地位，充分发挥纪律检查机关和银行综合性内控管理部门的作用。

（二）进一步完善工作机制，不断强化全行纪检监察的监督效能

各级行党委要进一步落实党风廉政建设责任制，高度重视并自觉承担起推进反腐倡廉建设的政治责任和领导责任，加强对纪检监察工作的指导，支持纪检监察部门履行职责，帮助解决遇到的实际困难和问题，推动落实反腐倡廉各项任务。进一步执行和完善相关制度，增强监督的独立性。认真落实中央要求，“金融机构纪委书记按同级副职配备，并排在同资历副职之前”。通过“双向进入、交叉任职”等途径，使符合条件的纪委书记按照规定程序兼任副行长职务，从组织构架上畅通纪检监察工作融入业务的渠道，使纪委书记能够全面介入经营管理过程并实施有效监督。进一步规范纪委书记在同级班子中分管工作的范围，避免分管不利于纪委书记履行职责的业务。继续推行纪委书记异地交流任职制度，规范交流条件、扩大交流范围。加大纪检监察系统领导和管理力度。上级纪委监察部门要加强对下级纪委监察部门的领导和业务指导。各级行纪委书记和纪检监察部负责人要增强系统观念，服从上级纪委监察部门的领导和工作安排，认真完成上级纪委监察部门布置的工作任务，向上级纪委监察部

门及时汇报工作。继续坚持纪委书记和纪检监察部总经理向上级纪委监察部门述职和报送调研成果的制度。下级党委推荐提名纪委书记，要事先与上级纪委充分沟通；任命和调整纪委副书记、纪检监察部门主要负责人，必须事先报经上级纪委同意。在一级分行积极开展纪检监察系统垂直考核试点工作。通过这些手段，进一步强化各级纪委监察部门在监督上的独立性和权威性。

（三）进一步加强人员队伍管理，不断提高全行纪检监察工作水平

加强思想政治建设，切实改进作风。全行纪检监察人员要认真学习党的十七届四中全会精神，自觉用中国特色社会主义理论武装头脑，模范践行社会主义核心价值体系。紧密联系实际认真解决自身作风方面存在的突出问题，进一步增强政治意识、宗旨意识、表率意识、法治意识和创新意识。认真总结开展“做党的忠诚卫士、当群众的贴心人”主题实践活动的成效和经验，巩固和拓展学习实践科学发展观活动的成果。加大对纪检监察人员培训力度。不断增加知识储备，拓宽工作视野，努力提高银行业务能力和纪检监察专业水平。总行继续重点开展对一级分行纪委书记、纪检监察部负责人和业务骨干的培训工作，2010年计划举办3个培训班；同时借助中央纪委所属3个培训中心，继续开展对二级分行纪委书记和纪检监察部负责人的轮训。各分行要抓紧制定实施今后一个时期纪检监察人员的培训规划，通过自办、与业务部门合办、片区联办等多种培训形式，创造更多的学习机会，提高培训的针对性和实效。加强对纪检监察人员的选拔、培养和管理。各级行要建立纪检监察与业务部门的人员交流机制，注意选配年轻的业务骨干充实到纪检监察队伍中，畅通纪检监察人员进出通道，改善纪检监察队伍的年龄、知识和专业结构。要选好配强各级纪委监察部门的领导力量，切实把德才兼备的优秀干部充实到领导岗位上来。认真执行总行党委关于在纪检监察系统保留非领导职务的规定，研究探索开辟纪检监察专业技术职务序列的可行性。各级纪委监察部门要加强内部管理，对纪检监察人员严格要求、严格教育、严格监督，强化政治纪律、办案纪律和保密纪律，对不适合从事纪检监察工作的要坚决调离，努力建设一支政治坚强、公正清廉、纪律严明、业务精通、作风优良的纪检监察队伍。

同志们，2010年全行反腐倡廉建设和纪检监察工作任务艰巨、繁重，做好这项工作责任重大、使命光荣。我们要进一步增强自身的责任感和使命感，坚定信心、扎实工作、求真务实、锐意进取，努力完成2010年的各项工作任务，为全行的改革和发展作出新的更大的贡献。

在中纪委迎“三八”女纪委书记座谈会上的发言

辛树森

（2010年3月4日）

在“三八”国际劳动妇女节一百周年之际，中纪委监察部召开女纪检组长、女纪委书记座谈会，充分体现了委部领导对纪检监察系统女干部的关心和关爱，我感到非常温暖。从事纪检监察工作已有七个多年头了，我简要汇报一下个人多年来从事这项工作的亲身感受和切身体会。

一是党中央对反腐倡廉工作越来越重视。党的十六大以来，胡锦涛总书记多次发表重要讲话，深刻阐述了涉及反腐倡廉工作全局的一系列重大问题。党中央把反腐败提到一个前所未有的高度，反腐倡廉思想理论建设持续创新，确立了“十六字”工作方针，颁布并扎实推进了“惩防体系建设”，提出了“反腐倡廉建设”的新思想；反腐倡廉法规制度不断完善，一批重要的法规制度不断出台；反腐倡廉体制机制深入推进，惩处力度不断加大。人民群众对反腐倡廉的认同度不断提高，国际社会对我国反腐败工作也给予积极评价。

二是中纪委监察部反腐倡廉工作的方向更加明确，思路更加清晰。近年来，在中纪委监察部的领导下，各级纪检监察机关围绕党和国家工作大局去谋划和部署工作，切实加强对中央重大决策部署贯彻情况的监督检查，在“5·12”汶川地震灾后重建，应对国际金融危机确保中央“保增长、扩内需、调结构”政策措施落实，成功举办“廉洁奥运”等方面发挥了积极重要的作用，反腐倡廉工作在指导思想、决策部署、工作重点上始终做到与时俱进，跟上党和国家的工作大局，服务、保障、促进科学发展的能力和水平不断提高。2009年，贺国强书记到我行调研并发表重要讲话指出，股份制银行要实行一岗双责、双向进入、交叉任职，有利于对权力运行的监督。这是反腐倡廉工作的活力所在，也是我们工作不断取得新进展、新成效的根本原因。

三是委部各职能部门强化指导，有力地促进了我行的纪检监察工作。近年来，中纪委监察部各职能部门经常深入调研，加强工作指导。如对口联系金融系统的二室，每个季度都要召开中央金融机构纪检监察部门负责人座谈会，确定一个专题进行交流和研讨，对工作提出具体要求。在建设银行股改上市之际，二室和干部室及时到我行就金融机构股改中加强纪检监察组织队伍建设进行专门调研，提出了加强和改进的要求，为促进我行纪检监察工作在股改中做到“三个加强”提供了有力的指导和支持。2008年和2010年，中央巡视办两次专题听取了我行巡视工作的汇报，对我行的巡视工作给予了有力指导。

四是纪委书记要勇挑重担切实履行职责。作为一名组织上信任的纪委书记，我深感责任重大、使命光荣，时刻牢记自己姓“纪”，认真履行纪委书记的职责，按照部委领导的嘱托，做党的忠诚卫士、做群众的贴心人，勇挑重担、坚持原则，并将主要精力放在纪检监察工作上。多年来，在中纪委、监察部的关心、支持和指导下，建设银行党委非常重视纪检监察工作，坚决贯彻党中央关于反腐倡廉的部署和要求，始终将反腐倡廉建设放在十分重要的位置，扎扎实实抓好建设银行反腐倡廉各项工作，为建设银行各项业务的健康发展和各项改革的顺利推进提供了有力的支持和保障。在建设银行股改之初，我们就按照中央纪委的要求，制定下发了《纪检监察组织机构设置方案》，进一步健全和加强了全行纪检监察组织。为适应金融企业特点和经营管理工作需要，我们在实践中提出并实践了纪检监察“融入业务、促进发展、创造价值”的理念，总结了“反腐倡廉抓班子、案件防控抓基层”的工作思路，并在实践中做到“六个延伸”，不断拓展工作领域；进一步完善了纪检监察工作机制，增强了纪检监察的独立性和权威性。针对基层内控管理相对薄弱的情况，我行在基层机构推行了纪检监察特派员制度，实现了案件和风险防范的关口前移，目前已配备纪检监察特派员1 407人，实现了从总行——一级分行—二级分行—基层行纪检监察机构和人员的全覆盖；从日常细微环节入手通过制度设计，出台了一系列具有行业特点、针对性和操作性都很强的领导人员廉洁从业制度和要求，促进了领导人员廉洁从业；扎实开展巡视监督，完成了对全部一级分支机构的第一轮巡视；连续5年开展案件专项治理，逐步构建起操作风险“三道防线”，案件数量多年持续大幅下降。目前，建设银行纪检监察部门已逐步成为全行内控管理体系中的重要一环，纪检监察监督逐步成为全行公司治理结构重要的组成部分，有力地促进了全行的改革和发展，并逐步探索出一条符合国有控股银行实际、具有建设银行特色的纪检监察工作新路。

近年来，建设银行党委高度重视女干部的培养，党委书记、董事长郭树清同志多次强调，在同等条件下，选拔任用干部时优先考虑女同志。目前建设银行34万员工中，女员工占一半多，17名董事会成员中有5名为女性，全国38个一级分行中女行长有5名、女纪委书记就有10名。这些女干部、女员工作风正派、自律严格、勤恳踏实、任劳任怨，同时又有认真执著、投入、细致细腻等女性特点，在全行经营管理和纪检监察工作中发挥着重要作用。我们将更加努力工作，履行职责，不辜负中央和各位领导对我们的关怀和期望。

在第一届工会委员会第二次会议上的讲话

辛树森

（2010年6月8日）

各位代表、同志们：

刚才，我们召开了第二届职工代表大会第二次联席会议，顺利完成了职工监事的选举。下面，我们召开第一届工会委员会第二次会议，借此机会，我通报一下2009年以来的工会工作，并就下一步工作讲几点意见。

一、2009年以来的工会工作

2009年以来，全行系统各级工会在各级党委的领导下，深入学习实践科学发展观，认真贯彻党的十七届四中全会、中国工会十五大会议精神，围绕全行中心工作，团结动员广大职工，立足本职岗位，大力发扬主人翁精神，积极为全行的改革发展建功立业，充分发挥了工会组织联系党和职工群众的桥梁纽带作用。

（一）落实职工代表大会制度，坚持和改善职工民主管理

自2005年总行按照《公司法》、《工会法》建立职工代表大会制度以来，职工代表大会作为非常重要的会议每年都召开一次，职工代表大会已成为我行民主管理的主渠道。2009年11月，总行通过视频召开了第二届职工代表大会第二次会议，郭树清董事长作了《进一步激发员工的主人翁精神，全面提升专业化精细化工作水平》的重要讲话。各分支机构也分级建立和召开了职工代表大会，对涉及员工切身利益的规章制度和重大事项广泛征求员工的意见和建议。对员工的提案，做到认真研究、及时回复和妥善解决。总行二届一次职工代表大会共收到提案155件，提案回复率达99.4%，回复率还是比较高的；二届二次职工代表大会共收到职工代表提案124件，目前正在回复中。为倾听员工之声，许多分行开辟了多种渠道，有的分行与员工进行面对面的沟通，有的分行将员工合理化建议、员工座谈会作为民主管理的辅助渠道，充分调动了广大职工参与民主管理和民主监督的积极性。

我行以职工代表大会为载体的民主管理工作得到了中央领导和全国总工会的充分肯定。中共中央政治局常委、全国人大委员长吴邦国和中共中央政治局委员、全国总工会主席王兆国等中央领导对我行民主管理工作作了重要批示，充分肯定了我们的做法。为贯彻落实中央领导的指示，全国总工会民主管理部和金融工会的领导一行到总行和北京市分行、河北省分行、山东省分行等省市分行及下属分支机构，对我行股改后的企业民主管理情况进行了调研。中国金融工会在金融系统转发了我行民主管理工作的有关资料，在全国金融系统职工代表大会现场推进会上，北京市分行、河北省分行、江苏省分行、贵州省分行的代表分别介绍了职工代表大会制度建设和召开情况，交流了民主管理的经验。中央领导的批示以及全国总工会和金融工会对我们的充分肯定，对我们来说是极大的鼓舞，使我们更加坚定了落实职工代表大会制度的信心和决心。

（二）构建和谐劳动关系，维护职工合法权益

党中央、国务院高度关注民生问题，总行党委也高度重视建立和谐劳动关系。2009年3月，各级工会深入基层，组织开展了劳动关系调研。调研结果表明，员工普遍对目前的工作状态比较满意，总体满意度达到94%；各分行员工对党群、干群关系评价较好，绝大多数对本单位贯彻执行党的路线、方针、政策和党风廉政建设比较认同。积极推动《劳动合同法》等法律法规的贯

彻实施，有的分行尝试签订了集体劳动合同、女职工权益保护专项集体合同，保障了工会组织的监督权，及时处理劳动合同争议。从2009年开始，全行积极推进劳务派遣制员工加入工会工作，各级行努力协调相关部门协商解决工会经费提取等问题，采取多种方式组织、吸收劳务派遣工到工会组织中来，调动了劳务派遣人员的积极性，切实维护了劳务派遣员工的合法权益。

2009年，总行党委特别是郭树清董事长多次召开一级分行行长参加的关于协解人员问题座谈会，总行组成由党办、行办、人力资源、信访办和工会等几个部门参加的督导组，到各省分行深入调研，积极主动地与地方政府、人社部门协调协解人员有关问题，经过上下共同努力，效果非常明显。调研中发现的问题，各级工会及时向有关部门进行了反映，促进了全行劳动关系的和谐发展。

（三）广泛深入开展建功立业竞赛活动，充分发挥广大职工主力军的作用

为进一步调动广大职工的积极性和创造性，根据中国金融工会的统一部署，自2009年年底以来，在全行组织开展了“创新金融服务，支持经济发展”建功立业竞赛活动。目前，这项工作进展顺利，取得了一定成效。一是各级党委高度重视。总行和各分行都成立了竞赛活动领导小组。二是认真制订了竞赛活动实施方案。总行工会下发了《关于开展“创新金融服务，支持经济发展”建功立业竞赛活动的通知》，各级工会也积极为这项工作的开展做了很多工作，总行工会会同十几个相关部门紧密结合自身的特点，以品牌产品、重点业务为主要竞赛内容，相继制订下发了条线竞赛活动实施方案，各一级分行进一步细化了竞赛活动的内容。三是广泛、深入地开展动员部署。2009年在全行工会主席高级研修班上，我对竞赛活动做了动员和部署。总行各相关部门利用召开工作会议等途径也进行了专门的动员和部署。各一级分行工会利用多种方式在广大职工中进行广泛宣传、层层发动，有效地调动了全行员工的参与热情，切实增强了竞赛感召力和影响力。四是加强了过程的指导。总行组织召开了部分分行竞赛活动座谈会，各行互相交流了经验。五是加强了宣传报道。各级竞赛活动领导小组通过简报、动态等多种形式，集中展示各级行好的经验做法，宣传报道活动中涌现出的先进典型和先进事迹，在全行营造比、学、赶、超的良好氛围。

（四）积极开展帮扶救助和送温暖活动，维护企业、社会和谐稳定

2009年以来，各级工会积极推进职工互助基金救助和送温暖活动，加大了帮扶救助力度。一是组织了捐款活动。为充分发挥职工互助基金的帮扶救助作用，2009年全行系统职工为互助基金捐款1 727万元。青海玉树地震发生后，各级行工会纷纷组织开展爱心捐款活动，捐款数额达到1 665万元。二是开展职工互助基金特困救助。各级工会加强困难人员档案管理，进一步规范救助程序、扩大救助范围，切实加大对特困职工和协解人员的救助力度。2009年以来，全行各级职工互助基金救助特困员工和协解人员16 346人次、救助金额6 483万元，其中，救助特困协解人员3 593人次、救助金额2 146万元。三是开展重大节日送温暖活动。2009年国庆中秋和2010年元旦春节期间，广泛开展了送温暖活动，不断扩大覆盖面，全行共慰问困难员工21 628人次，慰问金额达4 410万元。总行工会对地震重灾区进行了实地调研，了解了灾区职工的工作、生活、房屋受损及心理健康等情况。四是下发《关于“致协议解除劳动关系人员的一封信”有关事项的通知》。下发了《致协议解除劳动关系人员的一封信》（参考式样），各分行结合各地实际情况，在总行提供参考式样的基础上，进一步补充、完善有关内容，由二级分行及其支行工会直接下发，表达了对协解人员的关爱和帮助，并且制定了关于帮助特困协解人员排忧解难的一些办法。各级行工会在帮扶救助方面做了大量卓有成效的工作，切实帮助困难职工和协解人员解决实际困难，维护了稳定、和谐的发展环境。

（五）广泛开展文体活动，丰富职工文化生活

2009年，以新中国成立六十周年和建设银行成立55周年为主题，总行举办了第四届全行系统乒乓球赛和全行系统书画摄影展，组织参加了金融系统网球比赛。各分行工会组织了职工田径运动会、文艺晚会、书画摄影、球类比赛、歌咏比赛、征文竞赛等多种形式的文化体育活动。前天，总行还成功举办了全行系统第二届职工羽毛球比赛。广大员工积极参与各级工会组织的活动，充分体现了建设银行员工健康向上的精神风貌。

在搞好行内职工文化体育活动的同时，各级行通过与高端客户、大客户开展形式多样的文体活动，工会搭台、业务主导，沟通了感情、增进了友谊，加深了银企之间的了解，起到了积极配合中心工作、促进业务发展的作用。各级工会还成立了许多内容健康、形式多样的文体俱乐部，开展各种喜闻乐见的活动，营造了团结奋进、昂扬向上的工作氛围。

（六）推进工会自身建设，增强工会组织的活力

一是加强工会领导班子建设。将一批能力强、年纪轻、群众基础好的新同志充实到了工会领导岗位，为工会带来了生机和活力。绝大多数一级分行召开了工会委员会，研究部署工会工作，选举或补选工会领导班子。我们的工会主任、工会主席有的是兼职的，有的还兼着纪委书记，大家在工会主席或工会主任的岗位上都认真履行了职责。二是加强工会干部培训。2009 年总行工会在香港举办了“工会主席高级研修班”，还分别举办了工会财务管理人员培训班、女工委研讨班等。通过培训与交流，开阔了视野、拓宽了思路、提升了工会干部自身履职能力。三是推进开展“职工之家”活动。各级行工会从实际出发，积极探索“建家”活动的形式和内容，不断拓宽“建家”的领域，加大软件、硬件的投入力度，增强了基层工会组织的活力和凝聚力。2010 年，湖北省分行、云南省分行所属 2 个机构被评为“全国模范职工之家”，辽宁省分行、甘肃省分行所属 2 个机构被评为“全国模范职工小家”。

（七）树立并表彰了一批先进典型

自 2009 年以来，34 个单位和个人获得“五一”表彰，评选表彰了 40 个总行级“学习型组织先进单位”、42 个总行级“学习型组织先进班组”、46 个总行级“知识型先进员工”。北京市分行、上海市分行、福建省分行、湖北省分行等所属机构 4 人被评为全国金融系统“职工之友”，山东省分行 1 个所属机构被评为全国金融系统“学习型组织标兵单位”，黑龙江省分行所属机构 1 人被评为全国金融系统“知识型职工标兵”，湖北省分行、甘肃省分行 2 个所属机构被评为全国金融系统“学习型组织先进单位”，北京市分行、深圳市分行所属 2 个机构被评为全国金融系统“学习型组织先进班组”，江西省分行所属机构 1 人被评为全国金融系统“知识型职工先进个人”。2010 年“五一”国际劳动节前夕，我行内蒙古分行、安徽省分行、湖北省分行、四川省分行有四名同志被评为全国劳动模范，受到了中央领导同志的亲切接见；同时，全国总工会、金融工会和总行领导也接见了我行全国劳动模范，并与他们亲切座谈。

（八）重视和关心女职工工作

各行女职工委员会充分发挥作用，广泛组织开展适合女职工的体检、讲座、健康知识宣传教育以及各类文化体育活动，在提高女职工素质、维护女职工权益、提高女职工对疾病的预防和自我保健意识等方面做了一定的工作。2010 年纪念“三八”国际劳动妇女节 100 周年之际，郭树清董事长、张建国行长、谢渡扬监事长向全行女员工致以节日的问候，充分体现了总行党委对女职工的关怀。全行 38 个集体被命名为总行级女职工文明示范岗，39 名女员工被评为总行级巾帼建功标兵，河南省分行、福建省分行所属 2 个机构被评为全国金融级女职工文明示范岗。总行组织开展了全行女职工征文活动，各级行工会也开展了适合女职工特点的多种形式的庆祝活动，受到广大女员工的一致好评。

（九）加强工会财务管理

2009 年以来，总行工会举办了全行工会财务管理人员培训班，组织开展了工会财务管理检查活动，组织全行系统编报了 2009 年工会经费收支决算和 2010 年工会经费收支预算，协助中国金融工会经费审查委员会对总行工会本级 2009 年经费预算执行情况进行了审计，工会财务管理比较规范。

回顾总结过去一年多以来的工作，在总行党委的正确决策和全行员工的共同努力下，工会各项工作均取得了积极进展，在此，我代表总行党委和总行工会，向出席会议的全体代表，并通过你们向全行系统的广大工会干部表示崇高的敬意和衷心的感谢！

但是，在肯定成绩的同时，更应当清楚地认识到我们还存在一些薄弱环节。如工会组织建设方面还要进一步完善、一些基层工会组织活力还有待增强、维护职工合法权益的力度还需要进一步加大等。

二、关于下一步工作

关于2010年全行工作任务，在年初全行工作会议、春季工作座谈会，董事长、行长和监事长都作了重要讲话，总行其他领导同志都作了重要发言，会后各分行都进行了学习传达，也都制定了一些贯彻措施。下一步工会工作主要围绕全行中心目标，着力抓好以下工作。

（一）统一思想认识，凝聚智慧力量，不断提高围绕中心、服务大局的自觉性

各级工会要继续深入贯彻落实党的十七大、十七届四中全会和中央经济工作会议精神，认真学习贯彻胡锦涛等中央领导同志一系列重要讲话精神，适应加快经济发展方式转变和加强党的建设对工会工作提出的新要求，进一步统一思想认识，不断增强做好工会工作的责任感、使命感；要认真学习贯彻中国工会十五大、全国总工会十五届三次执委会和中国金融工会三届二次会议精神，找准工会工作的切入点，不断提高围绕中心、服务大局的能力和水平；要认真贯彻落实总行工作会议和春季工作座谈会精神，按照深化改革和加快实现经营转型的战略部署，进一步激发广大职工的主人翁精神，凝聚广大职工的智慧和力量，更好地为推动全行业务的持续稳健发展贡献力量。

（二）加强民主管理，坚持和完善职工代表大会制度

坚持召开职工代表大会，认真落实职工代表大会各项职权，规范和完善相关制度和程序，确保民主管理落到实处。做好提案工作对提高职工代表大会的质量和水平至关重要。总行拟建立职工代表大会提案检查制度、质量评估制度。为使广大职工了解职工代表提案的内容，总行工会正在对目前使用的职工代表大会提案管理系统进行优化，目前正在开发测试阶段，争取在2010年职工代表大会提案征集时上线使用。各级行要加强对职工代表的培训，提高职工代表的政治觉悟和履岗能力，尤其要激励职工代表提出较高水平的提案。

（三）促进劳动和谐关系建设，切实维护职工合法权益

要继续推进《劳动合同法》和《劳动合同法实施条例》的贯彻落实，鼓励、引导和促进集体合同的签订。要切实推进劳务派遣制员工加入工会工作，扩大工会组织的覆盖面，不断规范入会管理。要关注员工思想情况和心理压力状况，开展心理咨询和心理辅导。要深入基层、深入一线，做好思想教育和宣传工作，引导员工坚定理想信念，正确对待利益关系调整，积极协调解决员工合理诉求，促进职工队伍、企业与社会和谐稳定。要充分发挥女职工的组织作用，深入开展巾帼建功活动，提升女职工素质，及时反映广大女职工的呼声与要求，帮扶困难女职工群体，切实维护好女职工的合法权益。

（四）扎实推进建功立业竞赛活动

各行要按照建功立业竞赛活动方案的部署，进一步加强对竞赛活动的组织指导，确保竞赛活动的有序推进，最大限度地扩大竞赛活动的覆盖面与参与面。总行工会拟与个人存款与投资部、电子银行部组织开展业务技能现场竞赛活动。各分行要认真准备、积极参与；相关部门要加强协调和配合。要通过这两场现场竞赛活动集中展示此次建功立业竞赛活动所取得的成果。

（五）加强工会自身建设，努力提高工会组织自身履职水平

2005年总行党委专门下发了《关于在股份制改造中加强党对工会工作领导的意见》，对我行工会组织建设作出了明确规定。近日，中国金融工会组成联合检查组，对我行7个一级分行工会及其所辖二级分行工会进行了组织建设情况检查，对我行工会组织建设执行情况总体上给予了肯定，但检查发现仍然存在一些问题，如机构改革工会组建不到位、部分分行工会未实现选举制、工会领导班子不健全、工会干部人员数量不足、年龄结构不合理等问题。我们要高度重视并认真进行整改，各级行要认真督促各级机构深入贯彻落实中华全国总工会《关于坚决纠正在企业改革改制中撤销工会组织、合并工会工作机构问题的通知》、中国金融工会《关于进一步加强金融系统工会组织建设，完善工会组织办事机构设置和工会专兼职干部配备的意见》，创新思路，切实加强和完善工会组织办事机构设置和工会干部配备；落实工会委员会选举制。下半年各级行工会要对工会组织建设情况进行自查，自查面要达到

100%，总行工会适时组织抽查部分分行工会的贯彻落实情况。要进一步加强工会领导班子建设，依照工会有关法律、法规，进一步完善选举办法和程序，把思想政治素质好、年富力强、密切联系群众、有专业和法律知识、有开拓精神的中青年干部充实到工会领导岗位上来。要坚持工会主席（主任）由党政同级副职的领导干部担任或兼任，这有利于工会更好地开展工作。工会领导干部要深入基层和职工，加强调查研究，及时向党委提出意见和建议，充分发挥工会作为党联系职工群众的桥梁和纽带作用。要深入开展建设“职工之家”活动，丰富“建家”内容、拓展“建家”领域、改进“建家”方式，全面提升基层工会组织的活力。下半年，评选表彰总行级“职工之家”、“职工小家”、“职工之友”和“优秀工会干部”等。

（六）进一步加大帮扶工作力度，推动解决职工最关心最直接最现实的利益问题

要进一步规范互助基金的使用和管理，解决在帮扶救助过程中个别存在的申报特困人数不平衡和对救助对象把关不严等问题，特别是协解人员的特困，应该掌握一个度。要坚持互助基金三级管理原则，全行特困救助应由三级基金共同承担，本级能够解决的，应尽量解决，经一级、二级分行救助后生活仍特别困难的向总行申报。要按照救助条件、程序要求申报，加强真实性审核，对申报对象深入调查了解，准确掌握困难情况，对申报程序严格把关，确保申报工作公平、公正、透明，努力做到把好事办好。

（七）加强工会财务管理工作

进一步完善工会经费审查制度，建立健全各级工会经费审查组织，切实履行经审监督职能。总行工会财务将与经审委联合组织对一级、二级分行工会财务管理情况进行抽查。同时，要配合做好内、外部检查，对检查发现的问题，主管领导要亲自过问，认真分析原因并落实整改。要配合新《工会会计制度》施行，细化工会财务管理相关制度，做好工会财务、经审人员的培训，总行将举办全行工会系统财务、经审人员培训班。要理顺财务管理模式，研究探索实行二级分行工会集中报账制，有效防范和控制操作风险。

各位代表，同志们，2010年即将过半，上半年工会工作的开局良好，创新金融服务劳动竞赛已经全面展开，全行系统的各项工作正在积极推进，下半年的工作仍然十分繁重。我们要切实承担起肩负的重任，认清形势、坚定信心、开拓进取，动员组织广大员工充分发挥主力军作用，为全行的改革发展作出更大的贡献。

在一级分行（培训中心）深入开展创先争优活动座谈会上的讲话

辛树森

（2010年7月15日）

同志们：

我受总行党委和郭树清同志的委托来参加座谈会，共同探讨如何将我行的创先争优活动推向深入。在党的基层组织和党员中，深入开展以创建先进基层党组织、争当优秀共产党员为主要内容的创先争优活动，是学习实践科学发展观活动结束后，全党部署的又一项政治任务，是新形势下加强党的建设的重要举措。5月上旬，总行党委下发文件并召开了动员部署会，郭树清同志就创先争优活动作了部署。全行从5月初到现在，创先争优活动已经开展起来了，特别是刚才听到8个分行汇报了这一阶段的工作进展，听了之后很受启发，感觉到分行做得深入、认真、扎实。从整体上看，前一阶段创先争优活动方向明确、方案具体、载体多样、内容创新，应该说开局良好。主要有以下几个特点：

一是领导高度重视，精心组织实施。创先争优活动开展以来，各单位党委高度重视，成立由分行党委书记、行长为组长的创先争优活动领导小组，并都设立了专门的活动办公室，切实加强对创先争优活动的领导和指导。各单位结合各自实际，精心制订活动方案，认真抓好组织实施。普遍开办活动简报或专栏，反映动态、交流经验、加强工作指导，推动活动扎实有效地开展。

二是紧密联系实际，突出实践特色。2009年，全行开展学习实践科学发展观活动，突出了实践特色，取得了很好的成效。在开展创先争优活动中，各分行充分运用学习实践活动的成功经验和有效做法，能联系实际做好规定动作和自选动作，特别是努力创新活动的内容和形式。比如，江苏省分行结合本单位实际，组织开展“五项活动”，即“党性教育”活动、“岗位奉献”活动、“服务群众”活动、“亮牌示范”活动和“党建创新”活动。四川省分行围绕转变作风、服务基层，实施了二级分行个人金融业务竞争力提升“帮扶工程”，开展了后台服务前台的“五度·蓝色行动”，对中后台员工的态度、配合度、速度、准度、深度五个维度进行系统、深入的提升，有效地提高了中后台的办公效率以及对前台的服务支撑效果，有力地支持了业务发展。近期，我到河北承德分行，对创先争优活动进行了调研。调研中发现，从一级分行到二级分行，对总行下发的文件、提出的要求，都能认真贯彻落实。在刚开始的两个月里，各分行面对繁重的业务工作，把创先争优活动同业务发展、服务客户等工作融合起来，做得比较好。

三是采取有力措施，加强督促检查。通过上下联动了解情况、加强督导，确保创先争优活动有计划、有步骤地向前推进。从分行汇报中可以看出，分行正在按照总行部署，有计划、有步骤地推进。6月下旬，总行创先争优活动办公室派出两个专题调研组，分别由党委组织部、党委宣传部负责同志带队，对江苏、宁波、湖北、四川4家分行开展创先争优活动情况进行专题调研，帮助基层机构总结活动经验、研究解决问题。各分行采取实地调研、听取汇报、交流研讨等方式，深入基层调研，加强检查指导。上海、安徽等分行认真落实总行要求，党委主要负责同志亲自带队，深入基层机构了解创先争优活动开展情况。宁波分行在督导中，把创先争优活动结果同干部选拔任用等工作挂钩，明确了“三个列入”，即在干部提拔使用上，将创先争优活动结果列入重要考察内容；在领导人员职级晋升上，将创先争优活动结果列入重要考察依据；在后备干部选拔培养上，将创先争优活动结果列入重要考察标准。

总的来看，前一阶段创先争优活动的成效是明显的，但也存在一些需要注意和解决的问题，如有的分行对二级分支行的具体指导力度还不够，有的二级分支行创先争优活动方案不够具体、措施不够得力，等等。对这些问题，我们要高度重视，采取措施认真加以解决。现在有的省分行很大，与二级分支行距离很远，如何加强传导机制建设和组织、检查、部署的力度是一级分行要着重考虑的问题。在纪检监察系统，二级分行为什么要对县区支行派出纪检监察特派员呢？这就是要关口前移，我到很多省分行调研，都直接和纪检监察特派员面对面交流，很多省分行这方面做得非常好。开展创先争优活动的重点也应该是在二级行。二级行既是管理行，又是经营行，所以要在二级行树典型，创造一些好的经验供大家学习。各个省分行所处的地理位置和经济发展环境都不一样，业务发展环境也不一样，面对这种情况，如何把创先争优活动结合本地本行实际有效开展起来，需要我们去思考、设计，把工作抓得更实、更细。

创先争优活动是贯彻落实党的十七大和十七届四中全会精神，按照中央的统一部署开展的。中央对搞好创先争优活动给予高度重视。6月30日，中央召开了深入开展创先争优活动座谈会。胡锦涛总书记在会前会见全国先进基层党组织和优秀共产党员代表时发表了重要讲话，强调“深入开展创建先进基层党组织、争当优秀共产党员活动既是加强党的基层组织建设的一项经常性工作，也是新形势下加强党的先进性建设的有效载体和有力抓手。各级党委都要认真开展这项活动，在广大基层党组织和党员中营造学习先进、争当先进、超越先进的良好风气，推动基层党组织充分发挥战斗堡垒作用、党的基层干部充分发挥骨干带头作用、广大党员充分发挥先锋模范作用，为夺取全面建设小康社会新胜利、开创中国特色社会主义事业新局面作出新的更大的贡献。”习近平同志在深入开展创先争优活动座谈会上就学习贯彻胡锦涛总书记重要讲话精神、深入开展创先争优活动作了重要讲话，强调“深入开展创先争优活动，重在解决问题，重在取得实效。各级党组织要围绕党和国家中心工作，根据各个行业党组织的特点和各个岗位党员的实际，确定具有自身特色的活动主题和活动方式，打造特色鲜明、为基层和党员喜闻乐见的活动载体，使创先争优活动真正成为推动科学发展、促进社会和谐、服务人民群众、加强基层组织的经常性动力。”中央领导同志的重要讲话为加强党的基层组织建设、搞好创先争优活动进一步指明了方向。各单位要认真学习胡锦涛总书记等中央领导同志重要讲话精神，深入领会精神实质，切实抓好贯彻落实。

学习总书记和习近平同志的重要讲话，我们深深感到，党的十七届四中全会提出的加强党的建设，是时代的要求，也是我们党永恒的主题。面对新的世情、国情、党情，中央又提出“创先争优”，即加强基层党组织建设，发挥党组织的战斗堡垒作用和党员先锋模范作用，这是一项重要的经常性工作。我们党在革命、建设、改革这三个时期都冲在了最前面，在最重要的历史关头，带领中国人民取得了一个又一个胜利。这靠的是什么？靠的就是不断加强党的建设，与时俱进地推进党的建设。党的建设这个工作法宝，对我们是一以贯之的。在新的历史时期，党面临新的课题，就要永葆生机活力，要不断创新。我们党提出建设学习型政党，就是要求我们要适应新的形势，加强学习、更新思想、不断创新，始终保持我们党的生机与活力。所以，这个时候提出创先争优活动，有其更深刻的意义。现在讲马克思主义中国化，同时还讲时代化和群众化。我们党如何带领人民继续前进？就必须要抓基层党组织建设，就是要固本强基，这是我们全部工作的基础和立足点。

总行党委对开展创先争优活动也非常重视，郭树清董事长等总行领导对创先争优活动提出了明确要求。2010年6月13日，郭树清董事长专门作出批示：“我行的创先争优活动必须紧紧围绕转变发展方式、调整业务结构的战略任务来展开，要用提高客户满意度、员工凝聚力和价值创造水平这些实实在在的指标和事实来检验来评比。”郭树清同志的批示，对进一步搞好全行系统创先争优活动具有很强的针对性、指导性。各级党组织要认真学习领会，坚决贯彻落实。根据我行的具体情况，这项活动要紧紧围绕转变发展方式、调整业务结构的战略任务来展开，要围绕提高客户满意度、员工凝聚力和价值创造水平，这也是我们企业的理念。因此，要把创先争优活动同新形势下的经营发展结合起来。

下面，我结合学习贯彻落实中央领导同志重要讲话精神和总行领导重要批示精神，就全行系统深入扎实开展创先争优活动讲几点意见。

一、开展创先争优活动要紧紧围绕中心工作

推动科学发展、构建和谐银行、服务客户群众、加强基层组织，是创先争优活动的总目标和总内容，评选先进基层党组织和优秀共产党员是形式，促进和保证中心任务的完成是实质。各单位开展创先争优活动，要牢牢把握“四句话”的总要求，引导基层党组织和党员保证完成中心任务。一是要把创先争优作为推动科学发展的经常性动力。组织引导基层党组织和党员以实现科学发展任务为中心，在完成重点任务、破解发展难题上创先进、争优秀。二是要把创先争优作为构建和谐银行的经常性保证。有针对性地做好群众思想政治工作，把矛盾解决在基层、解决在萌芽状态，在建设和谐企业中创先争优。三是要把创先争优作为服务客户群众的经常性机制，使创先争优活动成为群众满意工程。要把这项活动作为融入业务、创造发展的有力抓手，把这项活动抓实。四是要把创先争优作为加强基层党建的经常性要求，不断优化基层党组织设置，提高党组织负责人素质，加强党员队伍建设，增强党员队伍活力，提高基层党组织推动发展、服务群众、凝聚人心、促进和谐的能力。

二、开展创先争优活动关键是抓好二级分支行

创先争优活动是在基层党组织和党员中开展

的一项经常性工作。全行有 9 000 多个党组织，二级分支行及以下基层单位党组织约占 85%；有 15 万多党员，二级分支行及以下基层单位党员约占 82%。二级分支行的创先争优活动搞好了，整个创先争优活动的大头就抓住了。总的来看，二级分支行创先争优活动进展是好的，各单位有许多好做法、好经验。如湖北荆门分行开展结对子活动、四川江油支行开展共建“四好班子”活动。但目前整体进展不够平衡，还需要进一步加大工作力度。

三、要从实际出发设计好活动载体

各单位要根据本单位的实际情况和党员的岗位特点，精心设计特色鲜明、务实管用的活动载体，找准开展活动的着力点。一是每个单位都要有贴近实际的具体争创主题和活动载体，让基层党组织和党员都能参与进来，创有目标、争有方向。二是要建立公开承诺、上评下议的动力机制。一方面通过公开承诺，把党组织和党员要干的实事向群众公开，让党员把身份亮出来、把承诺的事情做起来，激发创先争优的内在动力；另一方面通过领导点评、群众评议，让先进的有光荣感、后进的有危机感、一般的有紧迫感，鞭策基层党组织和党员努力创先争优。三是要有简洁明了、便于评比的争创标准。总行党委下发的《实施意见》中提出了先进基层党组织“五个好”、优秀共产党员“五带头”的基本要求。各单位还应该根据不同岗位设立基层党员创先争优的目标。要结合基层党组织的职能和党员的岗位实际，把普遍性要求具体化，提出好记、好评、好做的具体要求，让大家都能对照检查、找到差距，明确努力方向。

四、要加强分类指导

总行党委下发的《实施意见》区别总行本部和一级分行、二级分支行及以下基层单位，对基层党组织和党员开展创先争优活动提出了要求。各分行领导小组要注意借鉴学习实践活动的经验，加强对创先争优活动的分类指导，指导基层单位围绕业务工作和中心任务确定创先争优的主题、目标和要求。要对不同类型的基层党组织确定不同的主题和载体，对不同层级、不同工作基础的基层党组织要有不同的要求，对不同岗位、不同素质和能力的党员也要有不同的要求。要采取多种方式，进一步加强对基层机构的调查研究和督促检查，把可以解决、应该解决的问题摸清楚，确保创先争优活动取得实效。

五、要加强对创先争优活动的领导

领导重视是关键。各级党委要全面负责本单位的创先争优活动，构建党委统一领导、组织部门和宣传部门共同负责、相关部门参与指导的工作机制。创先争优活动要持续到 2012 年，这期间中央创先争优活动领导小组也会到基层进行调研指导，我们要努力把自己的工作做好。分行各级党委要继续高度重视这项活动，要特别清楚本单位活动的措施、办法、目标、阶段性情况，等等。分行创先争优活动领导小组办公室要设计好活动载体，要做周密计划和安排，使这项工作能有更新的进展，形成更有活力的局面。

要加大对创先争优活动的宣传力度。注意树立和宣传创先争优活动中涌现出来的先进典型，特别是平凡岗位上、群众身边的优秀党员、先进基层党组织，用身边事教育身边人。最近，全行要求组织观看电影《第一书记》，小岗村的书记全心全意地为群众服务，鞠躬尽瘁，树立了一个基层党员干部的光辉形象，让我们去体验和感悟作为一名党务工作者和基层的党员领导干部，怎样实践自己的宗旨；作为一名党员，怎么发挥先锋模范作用，怎样使党组织形成一个战斗堡垒。要充分运用报刊、企业网等媒体和板报、橱窗等多种方式，宣传先进、宣传优秀，在党员干部中形成正确舆论导向，在全行营造争创先进、争当模范的良好氛围。同时，也希望大家在宣传先进的时候要实事求是，不能为了宣传而宣传。要宣传那些确实脚踏实地、扎扎实实、大家公认的在岗位上像“老黄牛”一样默默奉献的典型。

2011 年是建党 90 周年，我们党的建设始终同中国现代化建设紧密联系在一起，同中华民族的伟大复兴和中国人民的根本利益联系在一起。回忆建设银行 56 年的发展历程，我们也见证了计划经济、市场经济和股份制改造的历程。今天开展创先争优活动，一定要号召全体党员和基层党组织，做时代先锋，永葆青春活力。我们工作的一条主线，就是要面向基层，要深入务实，不要说在嘴上、贴在墙上、写在纸上，而要落实在行动上。大家回去后，要把工作抓实。要确保活动效果，切实把创先争优同本单位的改革发展紧密结合起来，创新业绩上台阶。最后，希望大家共同努力，为建设银行的发展作出贡献，把创先争优活动做好、做实，做出新的成绩来。

在加强和改进全行纪检监察组织建设视频会议上的讲话

辛树森

（2010年8月13日）

同志们：

为贯彻落实中央纪委、中央组织部、监察部、国务院国资委党委联合印发的《关于加强和改进中央企业和中央金融机构纪检监察组织建设的若干意见》，适应新形势下建设银行推进反腐倡廉建设、加强内控、防范风险的需要，总行党委日前制定印发了《关于加强和改进全行纪检监察组织建设的实施意见》（以下简称《实施意见》）。今天我们经总行党委同意，组织召开这次视频会，目的就是推动全行更好地抓好对中央四部委文件和总行党委《实施意见》的贯彻落实，促进全行进一步加强和改进纪检监察组织建设。刚才，河南省分行纪委书记奚丽娟同志和广东省分行纪委书记、副行长王少先同志，结合本行工作实际作了交流发言，他们的经验和做法值得大家学习借鉴。还有许多分行做得也很好，探索了一些新经验，因时间关系，今后可以其他方式交流。下面，我再讲三点意见。

一、充分认识加强和改进全行纪检监察组织建设的重要意义

建设银行是国有控股的大型商业银行。我们必须坚持党的领导，这是一个重大原则性问题，任何时候都不能动摇。我们也必须坚持依法合规经营，这是全行长远发展的基石，任何时候都不能放松。不断加强和改进全行纪检监察组织建设既是建设银行落实党的领导、加强党内监督的必然要求，也是建设银行适应新的改革发展形势、加强内部控制的客观需要。作为建设银行党组织的重要组成部分和综合性内控管理部门，全行纪检监察机构身兼纪检、监察两项基本职能，在推进全行加强党的建设特别是反腐倡廉建设、推进全行加强风险内控特别是案件查防工作中具有不可替代的重要作用。

据统计，2005—2009年，全行共立案查处各类案件171起，挽回案件经济损失26 877万元；共追究各类违法、违纪、违规失职行为人员责任42 502人次，给予231 979人次积分545 913分；受理信访反映8 689件，开展廉政谈话76 774人次，员工主动上交未能拒收的礼品礼金1 555万元。特别是通过连续开展案件治理，全行案件情况得到明显改善，2007年以来连续三年控制在十余起，保持在了一个较低水平。这些成绩的取得，是总行党委正确领导的结果，也是总行党委、董事会、监事会、高管层高度重视，各级机构、各个部门和广大员工共同努力的结果，同时也凝聚了各级纪检监察人员的辛勤汗水。这些成绩，同样也与全行多年来高度重视纪检监察组织建设密不可分。实践证明，只有建立相对健全的纪检监察组织和一支素质优良、敬业奉献的纪检监察队伍，全行反腐倡廉建设和纪检监察工作才能取得一定的成绩，“纪检监察融入业务、促进发展、创造价值”才能真正落到实处。

当前，全行反腐倡廉、风险内控、合规经营的

任务仍然很重。一些机构基础管理还比较薄弱，违规、违纪问题还时有暴露，案件还时有发生，腐败现象还时有显现。少数机构对纪检监察组织建设重视不够，存在纪检监察机构设置不健全、班子配备不强、人员编制薄弱、队伍素质不高等问题，造成纪检监察机构作用弱化、地位降低，直接或间接影响了全行反腐倡廉和纪检监察工作的顺利开展。面对建设银行改革发展的新形势、新任务和工作中存在的各种问题，迫切需要全行通过加强和改进纪检监察组织建设等措施来加以解决。

加强和改进全行纪检监察组织建设，体现了中央领导同志和中央纪委、中央组织部、监察部等有关部委的要求。2009 年 3 月 25 日，中共中央政治局常委、中央纪委书记贺国强同志到建设银行调研并召开中央金融机构调研座谈会。贺国强同志强调：中央金融机构要“着力完善纪检监察机构组织设置，切实配强班子，充实人员，健全组织，强化职能”；“中央纪委监察部将就非派驻中管单位纪检监察机构的职能定位、机构设置、人员配备、职责权限、工作方式等进行调研，研究提出规范性意见。”按照贺国强同志的要求，2009 年以来，中央纪委监察部会同中央组织部、国务院国资委等有关部门在深入调查研究、广泛征求意见、充分沟通协调的基础上，于 2010 年 3 月 25 日，即贺国强同志来我行调研座谈的一周年之际，制定印发了《关于加强和改进中央企业和中央金融机构纪检监察组织建设的若干意见》(以下简称《若干意见》)。5 月 10 日，中央纪委监察部又专门召开了专题的贯彻落实座谈会，贺国强同志出席并作重要讲话，郭树清董事长作为中央金融机构的唯一代表作了交流发言。中央纪委的这个文件和座谈会非常重要，第一次全面、明确、具体地提出了加强和改进中央企业和中央金融机构纪检监察组织建设的若干规定和要求，充分体现了中央纪委对金融机构纪检监察工作的关心和重视，我们必须贯彻落实好。

中央四部委《若干意见》印发后，总行党委高度重视。党委成员及时进行了学习。党委书记郭树清同志作出批示，要求全行认真学习贯彻文件精神，结合实际研究制定贯彻的具体措施。中央纪委监察部座谈会召开后，2010 年 5 月 12 日，总行党委召开会议又作了专题的学习贯彻，要求总行纪委和党委组织部抓紧研究，尽快拿出贯彻落实的具体方案报党委审议。2010 年 5 月 14 ~ 15 日全行春季工作座谈会上，郭树清同志和我将中央纪委的有关精神进行了传达。会后，各行党委按照总行要求，认真组织了学习，结合实际作出了贯彻落实的初步安排，有的分行进一步健全了纪检监察机构、充实了纪检监察人员。总行纪委和党委组织部根据总行党委的要求，反复研究和完善，形成《实施意见》。2010 年 6 月 2 日，总行纪委召开会议，对《实施意见》进行了讨论修改；6 月 28 日，中央纪委干部室张立军主任一行到我行检查调研，其间对总行草拟的《实施意见》进行了审阅，给予了肯定。7 月 14 日，郭树清同志主持召开总行党委第 111 次会议，审议通过了《实施意见》。7 月 27 日，总行党委正式印发《实施意见》。

《实施意见》的出台，是自 2009 年总行党委制定印发《关于贯彻落实贺国强同志重要讲话精神进一步加强全行反腐倡廉建设和纪检监察工作的意见》(建党发〔2009〕5 号）后，建设银行纪检监察条线发展中的又一件大事。2009 年总行党委 5 号文件下发后，各行党委高度重视，结合实际认真组织了学习和贯彻，全行纪检监察工作和纪检监察组织建设都得到了新的加强。2010 年总行党委又制定印发《实施意见》，充分体现了总行党委对全行纪检监察工作的高度重视和一贯支持。大家一定要提高认识，切实将《实施意见》学习好、贯彻好、落实好，同时，以此为契机大力加强和改进我们的工作，不辜负总行党委的关心和期望。

二、把握文件精神全面推进纪检监察组织建设

总行党委《实施意见》共 6 个部分、16 条，分别对全行纪检监察的职能定位、组织机构设置、工作体制机制、领导人员和员工队伍建设等作了具体规定。贯彻落实《实施意见》重点要把握好以下几点：

第一，要把职能建设作为首要任务，切实提高全行纪检监察机构对建设银行党的建设和改革发展的价值贡献度。职能定位是组织建设的前提和基础。《实施意见》基于建设银行作为国有控股大型商业银行的性质和地位，按照中央和中央

纪委的要求，从加强党的建设和企业内部控制两个维度出发，明确全行纪检监察机构既是建设银行党组织的重要组成部分，又是建设银行重要的综合性内控管理部门，承担着党内纪检、企业监察两项基本职能。这一职能定位既符合中央的精神，又符合建设银行的实际。根据中央规定，纪检机构和监察部门实行合署办公。纪检机构是党章确立的负责党内监督的纪律检查机关，其主要任务是维护党的章程和其他党内法规，检查党的路线、方针、政策和决议的执行情况，协助党的委员会加强党风建设和组织协调反腐败工作。监察部门是企业比照国家行政监察机关建立的内设职能部门，其履行的实际上就是企业的内控管理职能。纪检监察机构的综合性则主要表现在：一是监督对象广泛，既包括建设银行管理的各级党组织和党员，也包括建设银行管理的各级机构、部门和员工；二是工作内容丰富，惩治和预防腐败体系涉及教育、制度、监督、惩处、案件查防、纠风、体制机制改革等各个方面，具有很强的整体性；三是工作特点突出，反腐倡廉、案件查防等工作都是全行性的系统工程，需要纪检监察机构加强组织协调，组织推动全行各级机构、部门和员工落实责任、形成合力。当然，建设银行内控管理的内容很广，需要前台、中台、后台等各条防线，需要风险管理、审计、法律合规等各个相关风险内控部门的共同努力。但无论如何，纪检监察机构作为一项基本监督制度，符合建设银行改革发展的实际需要，在全行党的建设和内控管理体系中占有重要地位，具有重要作用。

经过多年的努力和探索，特别是近年来在总行党委和各分行党委的高度重视下，坚持落实“纪检监察融入业务、纪检监察促进发展、纪检监察创造价值”的理念，全行纪检监察机构的职能不断得到明确和充实，在强化监督检查、推进反腐倡廉教育和监督、促进惩防体系建设、加强领导人员廉洁自律、案件查防、责任追究、信访举报核查、员工从业行为管理等方面发挥了重要的职能作用。随着建设银行改革发展的不断深入，全行纪检监察机构的工作职能还将得到充实和强化。在2010年全行春季工作座谈会上，郭树清董事长强调，要积极推进纪检监察的“三个融入”，即“要使纪检机构的组织框架与银行公司治理融为一体、纪检监察工作与内控风险防范融为一体、纪检监察干部与业务部门融为一体，持续提高监督监察能力”。郭树清董事长提出的这“三个融入”明确了纪检监察机构与公司治理的关系、纪检监察工作与内控风险防范的关系、纪检监察人员与业务部门人员的关系，指出了全行纪检监察条线发展的方向，为全行纪检监察机构进一步强化工作职能、发挥更大作用、创造更大价值提供了更为广阔的空间。

第二，要把健全机构作为重要措施，切实为全行纪检监察机构职能作用的发挥提供组织保证。贺国强同志在中央纪委监察部2010年5月10日座谈会上明确提出：“党组织建到哪里，纪检组织就设置到哪里；业务工作延续到哪里，纪检监察工作就跟进到哪里。”根据贺国强同志的要求，结合我行的实际，总行党委《实施意见》对全行纪检监察组织机构设置作了全面规定：一是坚持按照党章规定设置纪检机构，建设银行各级机构中设立党委的，要设立纪委；建立党总支、党支部的，委员中要有纪检委员。二是明确规定，总行、一级分行和二级分行，要单独设立纪检监察部；人员多、经营规模大的城区综合性支行和县支行，既可以设立纪检监察部，也可以与相关职能部门合署办公；对未设立纪检监察部的境内其他机构，由上级机构派驻纪检监察特派员或设立特派员团队实行巡察。三是为了适应建设银行近年来组织机构改革、经营管理转型和业务发展的需要，对未设立纪委和纪检监察部的专业化经营机构、实行垂直或单元制管理的业务条线等其他组织，根据工作需要设立纪检监察岗位或团队；未设立纪检监察岗位或团队的，由管理机构派驻纪检监察特派员或设立特派员团队实行巡察。根据境外机构的经营特点，在其现有的合规、内控管理岗位中充实监察职责，并就案件防控、员工从业行为管理、责任追究等事项与总行纪检监察部建立工作联系机制。

《实施意见》对纪检监察组织机构设置的规定，区分不同情况提出不同要求，既全面落实了中央纪委的要求，实现了纪检监察监督的全覆盖，又保留了必要的灵活性，符合当前建设银行经营管理的实际情况。特别是针对近年来改革发展中涌现出来的各种新型机构，第一次明确了其纪检监察机构设置的要求，贯彻落实了贺国强同志有关“业务工作延续到哪里，纪检监察工作就跟进到哪里”的精神，实现了纪检监察工作的与时俱进，促进了相关机构内控管理的进一步健全和完善。

第三，要把完善体制、机制摆在突出位置，切实保障全行纪检监察机构有效履行职责。纪检监察机构履行的是监督职能，其作用的有效发挥需要在体制、机制上予以保障。《实施意见》在这方面主要规定了以下内容：一是加大纪检监察系统领导和管理力度。对纪委工作按照党章要求实行“双重领导”，对纪检监察工作实行“双向汇报”和“双向考核”。上级纪检监察机构要经常听取下级纪检监察机构的工作汇报，加强工作领导和指导，及时帮助解决工作中的问题。下级纪检监察机构主要负责人每年要向上级纪检监察机构述职述廉、汇报全面工作，及时报告重大问题和调研成果。上级纪检监察机构要对下级纪检监察机构及其负责人的工作进行考核。《实施意见》的这些规定，对提高纪检监察工作的相对独立性和权威性具有一定意义。二是落实“双向进入、交叉任职”要求。对符合副行长任职条件的纪委书记，根据有利于履行纪检监察工作职责的需要可以按规定程序兼任副行长。符合纪委书记任职条件的副行长，也可以按规定程序兼任纪委书记。同时兼任纪委书记和副行长的，纪委书记职务在前。不管是否兼任副行长，也不管是纪委书记兼任副行长，还是副行长兼任纪委书记，只要在纪委书记这个岗位上，其首要职责就是做好纪检监察工作，应当把主要精力放在抓纪检监察工作上。三是保障纪委书记对有关决策的参与权和知情权。纪委书记应根据情况参加或列席行长办公会或其他有关重大问题决策的会议。各级机构在召开有关重大问题决策的会议的时候，应当通知纪委书记参加或列席。四是加强纪检监察机构对监督工作的组织协调。全行的监督工作头绪较多，关键要加强沟通和联动，形成合力。《实施意见》提出，总行准备建立由纪委牵头，纪检监察（巡视）、党委办公室、组织人事、审计、财务会计、风险管理、法律合规等部门参加的监督工作协调联席会议制度。各分支机构可以比照建立相应的工作机制。

这些体制、机制方面的规定非常重要，涉及各级纪检监察机构与同级党组织的关系、涉及上下级纪检监察机构的关系、涉及纪检监察机构与公司治理结构的关系、涉及纪检监察机构与内部其他内控管理及监督职能部门的关系。我们一定要准确把握、认真落实这些规定，不断完善纪检监察领导体制和工作机制，为全行纪检监察机构有效履行职责提供保障。

第四，要把充实领导力量作为关键环节，切实配强、配好各级纪检监察领导人员。《实施意见》花了相当篇幅来加强纪检监察机构的领导力量，主要包括：一是明确规定各级纪委的书记、副书记、委员，以及纪检监察部门正、副职的配备标准。二是严格纪检监察领导人员的任免程序。对纪委书记人选的酝酿、提名、考察和任免，由上级机构的组织人事部门和纪检监察机构共同负责，严格把关，报党委决定；下级机构党委也可以提名、推荐纪委书记人选。对纪委副书记、纪检监察部正职的提名、任免、奖惩、交流和调动，应事先听取上级纪检监察机构的意见；其中，对纪委副书记和纪检监察部正职的任命，所在机构在组织考察后，还应报请上级纪检监察机构审核同意，必要时上级纪检监察机构可以会同组织人事部门到拟任人选工作单位了解情况。三是加强纪检监察人员的交流。纪检监察条线与业务条线之间要加强人员交流。对新任职纪委书记、在任纪委书记的异地任职、异地交流作出了原则性的规定。四是加强纪检监察特派员的配备。纪检监察特派员是近几年我行结合实际建立的一项创新性制度。2010 年 5 月，中央纪委监察部在南京召开全国反腐倡廉建设创新经验交流会，从全国近千篇交流材料中投票选择了建设银行的纪检监察特派员制度作大会交流。中央纪委监察部给予了这么高的肯定，我们就更应该把这项工作做好、做扎实。总行党委《实施意见》对纪检监察特派员的配备和管理提出了明确要求。各行要按照文件精神，结合本行实际情况认真落实。本月下旬，总行还将在北京召开一次纪检监察特派员交流研讨会，专题来研究、推动这项工作。

第五，要把队伍建设作为基础工程，切实提高全行纪检监察人员的素质和工作积极性。一支素质过硬、爱岗敬业、敢于拼搏、乐于奉献的纪检监察队伍，是各项工作顺利开展的前提。《实施意见》明确了全行纪检监察人员队伍建设的各项要求：一是加强纪检监察岗位设置和人员配备。按照精干高效、利于工作的原则，进一步规范了纪检监察岗位设置。

充实纪检监察人员编制，原则上根据本机构人员、资产规模和纪检监察工作量情况按不低于纪检监察岗位数的标准配备纪检监察人员。二是规范纪检监察选人标准。严格进入条件，防止安置性、照顾性进入。拓宽选人视野，不断优化队伍的年龄、专业和知识结构。注意整合、用好现有纪检监察力量，加强纪检监察系统内人员的统一调配使用。三是健全纪检监察人员考核、激励和保障机制。根据纪检监察工作性质和特点，明确按照综合管理类部门对纪检监察部门进行分类和考核。纪检监察工作不好做，有一定难度，希望得到大家更多的理解和支持，特别是在绩效考核等方面给予纪检监察人员合理考虑。重视和关心纪检监察人员的职业生涯发展，以多种形式予以鼓励。四是加强纪检监察人员自身建设。纪检监察人员特别是各级领导人员要深入学习实践科学发展观，加强思想政治、作风和职业道德建设，做党的忠诚卫士和群众的贴心人。加大纪检监察人员的业务培训力度，整合培训资源，提升培训效果。2010 年 3 月以来，总行在新加坡举办了一级分行纪委书记高级研修班；依托中央纪委培训中心对二级分行纪委书记开展轮训 3 批 100 多人次；积极探索举办片区联办培训，参训人员达到 1 200 余人次。下周，总行还将在哈尔滨培训中心举办一级分行纪检监察部总经理培训班；下一步，还要在常州培训中心举办一级分行纪检监察业务骨干培训班。各级纪检监察人员要珍惜学习、培训机会，不断完善、提高自己，在工作中发挥更大作用。

三、加强组织领导确保各项任务落到实处

贯彻落实《实施意见》，加强和改进全行纪检监察机构组织建设，涉及面广、政策性强，必须加强领导、明确责任、积极推动、认真实施，确保各项要求落到实处。

第一，要深入学习宣传。各级机构要将学习贯彻中央四部委《若干意见》和总行党委《实施意见》列入党委会的重要议事日程，认真组织学习，对照文件要求提出加强和改进本行纪检监察组织建设的具体措施。各级纪委、纪检监察部门要通过组织会议、举办专题培训和座谈研讨等方式，通过建行报、企业网、工作简报等途径，认真学习和宣传有关文件精神，及时交流和报道各行相关工作的动态、好的经验和做法。同时，也要大力宣传近年来全行反腐倡廉建设和纪检监察工作所取得的成绩，为加强和改进纪检监察组织建设创造良好氛围。

第二，要落实职责任务。《实施意见》贯彻落实的关键在于各级机构领导班子和各位“班长”。各级机构领导班子是落实《实施意见》的责任主体，要按照党风廉政建设责任制的要求，高度重视、精心组织、周密安排，切实承担起加强纪检监察组织建设的领导责任，研究解决具体问题。领导班子主要负责同志要积极支持纪检监察工作和纪检监察组织建设，做到重要任务亲自安排部署、重点工作亲自组织协调、重大问题亲自研究解决。各级纪委、纪检监察部门要会同组织人事（人力资源）部门分解落实任务，提出具体措施，逐项抓好落实。总行纪委、党委组织部（人力资源部）、纪检监察部要加大对全行贯彻落实《实施意见》工作的全面指导，密切跟踪、了解落实进展情况，及时研究答复工作中碰到的疑问，协调解决工作中遇到的问题。

第三，要完善配套制度。《实施意见》虽然力争每项措施都能具体、明确，但也还有一些配套工作需要抓紧落实。如《实施意见》提出：“上级纪检监察机构要对下级纪检监察机构及其负责人的工作进行考核。”具体如何考核，需要出台相应的办法。对此，总行纪检监察部已经开始着手开展调研，拟在 2010 年年底前，会同总行人力资源部提出一个纪检监察工作考核的指导性意见。再如监督工作协调联席会议制度，也需要出台具体的工作办法。此外，对纪检监察领导人员的交流、任免，以及述职述廉、报告工作等有关措施的具体程序和要求，都还需要作进一步明确。对这些工作，总行已经着手在做，各分行也要结合自身实际情况，针对本行贯彻落实《实施意见》中碰到的突出问题，抓紧制定和完善相关配套制度。

第四，要开展监督检查。对中央企业和中央金融机构落实《若干意见》的情况，中央纪委监察部的监督检查力度很大。早在 2010 年 6 月 28 日，中央纪委干部室张立军主任一行就到我行进行了阶段性的检查调研。近期，中央纪委干部室、二室还要召开专题会议，专门听取各金融机构贯彻落实《若干意见》情况的汇报。对总行党委的《实施意见》，总行和各一级分行也要适时开展贯彻落实情况的检查。

目前，总行初步确定，拟在2010年10月前后，分两个片区召开座谈会，由各行专题汇报、交流本行贯彻落实《实施意见》的进展情况；拟在2010年年底或2011年年初，对分行贯彻落实情况进行专项检查。总行巡视组在巡视过程中，也将对各行贯彻落实情况进行重点了解和监督。

第五，要积极探索创新。形势在变化、事业在发展，全行纪检监察组织建设必然会不断面临新情况、新问题、新矛盾。我们要在抓好《实施意见》贯彻落实的基础上，继续解放思想、大胆探索、勇于创新，根据实践需要研究提出加强全行纪检监察组织建设的新思路、新途径、新办法。组织建设不是目的，关键是要以组织建设为契机和平台，大力加强和改进我们的各项工作。我们要牢记“做党的忠诚卫士、当群众的贴心人”的宗旨，以更加扎实的工作、更加严格的作风、更加突出的成绩，为建设银行稳健、持续改革发展作出更大的贡献。

利用这个机会，我再给大家介绍一下当前正在进行的全国“金融系统反腐倡廉建设展”的有关情况。这次展览是党中央、国务院领导同志指示，由“一行三会”和中投公司联合主办的。展览共分6个部分，以金融系统反腐倡廉建设为主题内容，以金融改革发展历史进程为主线，通过图片、文字、实物和多媒体等形式，集中展示了中央领导同志关于反腐倡廉的重要论述，全面反映了改革开放以来特别是党的十六大以来金融系统反腐倡廉建设的工作部署和取得的成果，重点剖析了各种类型的金融犯罪案例及其原因和警示。

中央领导同志对这次展览高度重视，中央纪委书记贺国强同志、国务院副总理王岐山同志、中央纪委副书记何勇同志亲自出席参观。贺国强同志在参观展览时充分肯定了党的十六大以来金融业改革发展和反腐倡廉建设取得的成绩；同时指出，当前金融系统反腐倡廉建设面临着许多新情况、新问题，反腐败斗争形势依然严峻、任务依然艰巨。贺国强同志强调：“金融系统各级党委（党组）要严格执行党风廉政建设责任制，全面担负起反腐倡廉建设的领导责任；要加强反腐倡廉教育，通过开展岗位廉政教育、示范教育、警示教育等，引导广大干部职工筑牢拒腐防变的思想道德防线；要认真贯彻《中国共产党党员领导干部廉洁从政若干准则》、《国有企业领导人员廉洁从业若干规定》和《关于进一步推进国有企业贯彻落实“三重一大”决策制度的意见》等规定，健全相关配套制度，提高制度执行力，切实把防治腐败的各项要求融入经营管理之中，做到用制度管权、管事、管人；要进一步完善内部监督，加强对重点人员、重点岗位、重要职能、重要事项的全方位全过程监督，提高权力运行透明度；要深入推进治本抓源头工作，深化金融体制和内部管理各项改革，有效防范廉政风险、堵塞管理漏洞，最大限度地减少腐败现象滋生的土壤和条件；要坚持“纠建并举、重在建设”，以强化行业自律和社会诚信为重点深入推进政风行风建设，努力提高人民群众的满意程度；要继续加大查办案件工作力度，严肃查处金融领域违纪、违法案件，保持惩治腐败的强劲势头，进一步发挥办案的惩戒和治本功能；要认真落实《关于加强和改进中央企业和中央金融机构纪检监察组织建设的若干意见》，大力加强金融系统纪检监察机构建设，为金融系统反腐倡廉建设提供有力组织保证。”

这次展览在北京展览馆首展后，将在全国范围内统一组织巡展。届时请各行认真组织员工观展，一方面让员工全面了解金融系统反腐倡廉建设的成绩，增强信心、催人奋进；另一方面通过案例解读，也让员工受到深刻的警示教育，自觉遵纪守法，筑牢思想道德防线，为我行各项业务稳健、持续发展提供保证。

在建设银行纪检监察特派员工作座谈会上的讲话

辛树森

（2010 年 8 月 26 日）

同志们：

我们召开这次座谈会，是为认真贯彻落实中央纪委等四委部《关于加强和改进中央企业和中央金融机构纪检监察组织建设的若干意见》以及总行党委《关于加强和改进全行纪检监察组织建设的实施意见》精神，研究进一步加强特派员队伍建设，提高特派员工作水平的措施。

2005 年以来，纪检监察特派员制度在全行稳步推进。各级行高度重视、大力推动，使特派员队伍成为建设银行内控管理中的一支重要力量。派驻基层机构的特派员工作勤奋努力、勇于开拓创新，为基层机构加强党风建设和反腐倡廉工作，防范案件和重大违规风险，促进基层业务健康发展作出了重要贡献。在此，我代表总行党委和纪委，对全行特派员和积极推进特派员工作的同志们表示衷心的感谢！

建立纪检监察特派员制度是建设银行在内控管理体制和机制上的一项创新，由于没有经验可循，需要我们在实践中不断探索。这次座谈会，就是要为大家提供一个总结、交流、探讨特派员工作的平台。

下面，我讲三点意见。

一、推行特派员制度，加强了基层机构的内控管理

在全行基层机构推行纪检监察特派员制度，是总行党委的一项重要决策。针对以往基层机构案件较多、基层负责人涉案比例较高的情况，为适应股改上市从严治行的需要，2005 年，总行党委决定，对没有设立纪检监察部门的基层机构，由上级行派驻纪检监察特派员，以强化上级行对基层机构的监督管理。5 年来，基层内控管理得到加强，案件大幅下降，违规问题、腐败现象和不正之风有所减少。这些都与特派员制度的推行和特派员忠实履行职责密切相关。

我行的特派员制度得到了中央纪委肯定。2010 年 5 月，中央纪委在江苏召开全国反腐倡廉建设创新经验交流会，中央纪委领导在会上再次肯定了建设银行的纪检监察特派员制度。这也是对我们工作的鼓励。

经过 5 年实践，全行推行特派员制度实现了“四个一”：

第一，建立了一支整体素质较高的特派员队伍。截至 2010 年 7 月底，全行共配备特派员2 098 人，其中，专职特派员 1 402 人，占 67%；特派员对基层机构的覆盖率达到 86%；已配备特派员的基层机构平均约 4 个机构、90 名员工配备 1 名特派员。特派员队伍整体素质较高，主要体现在：一是政治素质好。总体上政治可靠、思想品质好、作风优良，领导信任和群众公认。二是学历较高。专职特派员都是大学专科以上学历，其中大学本科以上占 51%。三是工作经历丰富。特派员在建设银行工作时间平均在 10 年以上，80% 以上的特派员在三个以上业务岗位工作过，有不少懂会计、信贷、储蓄、财务、市场营销等业务的复合型人才，还有相当一部分特派员长期在基层机构或上级行管理部门担任负责人职务，熟悉经营管理，了解风险防控。四是获专业技术职称人员较多。94% 的特派员获得了会计、经济、工程、法律等方面的专业技术职称。五是工作能力较强。从整体上看，特派员有较强的制度执行能力、组织协调能力、教育引导能力、监督检查能力、工作创

新能力等。为提高特派员履职能力，2008年10月，总行在山东举办了特派员培训班，专门聘请相关业务的专家授课，并组织特派员交流工作经验。每年总行还从全行挑选包括特派员在内的纪检监察干部，参加中央纪委组织的培训班。各一级、二级分行也不断加大对特派员的培训。据统计，2009年，全行共组织各种形式的培训536期，特派员参训5 764人次。2010年1～7月，一级分行举办培训31期，培训特派员2 461人次，二级分行组织培训631期，培训特派员3 963人次。通过培训，使特派员增长了见识、开阔了视野、增强了工作能力。

第二，制定了一系列规范特派员管理的制度。2005年，总行党委下发《中国建设银行纪检监察组织机构设置方案》，明确在全行基层机构建立特派员制度。随后，总行党委下发《中国建设银行纪检监察特派员管理办法》，明确了特派员监督的对象与重点、任职条件与竞聘办法、职责与权限、对特派员的管理与考核、奖惩与解聘等内容。2009年，总行下发《中国建设银行纪检监察特派员工作指引》，进一步明确了特派员工作的具体内容和参考方法。2010年，总行纪检监察部通过调查研究，组织起草了《中国建设银行纪检监察特派员工作手册》（以下简称《手册》），这次会上大家还要讨论，提修改建议，待修改完善后下发。《手册》进一步明确了特派员工作的内容、方法、要求和目标，让特派员知道应该“做什么、怎么做、做到什么程度”。各分行也根据总行要求，结合自身实际，建立完善了一系列管理制度。据统计，共有27个一级分行制定了《特派员工作实施细则》，16个一级分行制定了《特派员具体工作规范》。有的分行还制定了《特派员工作流程》、《特派员再监督作业指导书》、《特派员365作业指导书》、《特派员每日必做规范》等。这些制度对规范、强化特派员管理，指导、帮助特派员正确履行职责，发挥了积极的作用。

第三，探索了一套强化基层内控管理的监督机制。由于全行点多面广、管理半径较长，因此，过去全行对基层机构的管理相对薄弱，对基层机构负责人的监督不到位，“上级监督太远、同级监督太软、下级监督太难”的情况在基层机构表现比较突出。特派员制度的推行，较好地改变了原有的管理体制和监督机制，把原来在基层行主要负责人领导下参与班子分工的纪检监察员，改成了上级行派驻到基层行专门从事监督工作的特派员，基层机构负责人和要害岗位员工成为特派员重点监督的对象，防范案件和道德风险、防止各种违法、违规行为、维护基层的安全稳定等，成为特派员工作的主要内容。特派员监督工作对派出行负责，开展工作具有相对的独立性和较强的权威性。对距离较近的基层机构，包括市区基层机构，有的分行采取了建立特派员团队、统一组织或分片区组织巡查的办法。这些措施增强了上级行对基层行的监督管理力度。

第四，特派员做了一些实实在在、效果明显的工作。从总体上看，全行特派员能够严格执行总行的有关规定和要求，尽职尽责，在强化基础内控管理中做了许多有益的工作，发挥了明显的作用。一是加强了对基层机构领导班子，特别是主要负责人的监督。特派员通过列席派驻行各种重要会议、查阅相关记录等途径，及时掌握派驻行执行上级行决策决议、经营管理、业务发展等情况，及时发现问题，有针对性地提出意见和建议，促进了派驻行民主决策和依法合规经营。特派员通过督促派驻行领导人员落实述职述廉、民主生活会对照检查、报告个人重大事项等制度，以及通过了解员工对领导人员的意见、对领导人员加强沟通提醒等工作，促进了基层机构负责人勤勉尽责、遵法守规、廉洁从业。二是加强了基层机构的案件风险防查。特派员通过组织或参与业务检查、不良行为排查、违规行为积分管理等工作，及时发现派驻行经营管理中存在的薄弱环节和风险隐患，组织研究或督促制定整改措施。通过牵头组织派驻行案件防控联席会议，与各网点和业务部门共同分析查找风险点、研究对策，促进了基层机构案件风险防控和整改工作的加强。2000—2004年，全行平均每年发生案件84件，2005—2009年，平均每年33件，其中，2005年72件，2006年55件，2007年18件，2008年10件，2009年10件。案件下降，是各级行领导重视、全体员工共同努力的结果，同时与特派员制度的建立和特派员的认真履职分不开。三是加强了对基层员工的遵法守规教育。特派员在日常工作中发现苗头性问题，及时采取措施，使矛盾和问题解决在萌芽状态，防患于未然。特派员还协助或督促派驻行有针对性地开展合规教育、防风险教育、案例警示教育，组织学习违规失职行为处理办法、轻微违规行为积分管理办法、员工职业操守、员工从业行为禁止规定等，使员工增强了自我保护、防范风险的意识，提高了遵法守规、按章办事的自觉性。四是促进了基层机构的矛盾化解和问题处置。特派员积极发挥派出行与派驻行之间的桥梁纽带作用，将上级行的决策部署、制度规定等及时传递给基层行领导班子或全体员工，促进了基层执行力的提高；将基层行经营管理中存在风险、违规等，快捷地反映给上级行领导或相关部门，促进了问题的及时解决。特派员还发挥派驻行领导与员工之间的桥梁与纽带作用，派驻行班子研究决定，涉及员工切身利益的事项，事先征求特派员意见，并通过特派员向员工沟通和解释，消除不必要的误解和矛盾；员工的合理意见和诉求，通过特派员向基层机构领导反映，更有效地促进了问题解决和矛盾消除。

总之，推行特派员制度，对促进基层机构依法合规经营、加强内控管理、遏制案件和违规事件发生等方面发挥了积极作用，较好地实现了风险防范关口向基层一线前移。但是，作为一项创新，需要有一个逐步提高思想认识的过程，需要有一个不断探索完善方式、方法的过程。为此，需要大家一起来探索提出改进措施。

二、认清当前形势，进一步加强特派员工作

当前，我们面临的形势依然复杂严峻。从内部看，虽然全行在反腐倡廉建设和案件防控工作方面取得了明显成效，但内控管理的基础还不牢固、案件反弹的压力很大。一些涉嫌违法犯罪的内部人员，有的利用职务便利侵吞员工绩效工资；有的采取私刻公章、篡改账户余额等手段挪用银行资金；有的伪造信用卡盗取客户资金；有的伪造担保单位印章骗取银行贷款；有的从贷款客户购买明显低于市场价格的商品房；有的在营业网点购置和装修过程中受贿；有的接受处置不良资产的拍卖公司送给的好处费。还有的社会不法分子，“克隆”银行承兑汇票诈骗作案，给银行造成了巨大的风险和损失。

当前案件有以下特点：一是贿赂案件高发，反映出银行重要管理岗位以及要害业务岗位的员工是社会不法分子拉拢腐蚀的重点对象，有的领导人员和要害岗位员工经不起金钱的诱惑，主动或被动地成了俘虏。二是发案的业务部位较多，涉及信贷、资产处置、结算、信用卡、财务、集中采购等部位，反映出我们的部分业务部位还有管理漏洞。三是外部诈骗案件时有发生，涉案金额较大，反映出社会不法分子更加疯狂，敢于铤而走险。四是高科技犯罪增多，反映出犯罪分子的作案手段随着科技进步而翻新，银行的支付手段现代化后，内控管理需要更加严密，技防能力需要进一步加强。五是经济较为发达或处于快速上升期的地区案件较多，反映出社会不法分子在这些地区有更多的活动空间。六是操作性案件仍然主要发生在二级分行以下机构，基层网点负责人和重要业务部门负责人涉案比例较大，反映出机构扁平化改革后催生的众多单点型综合性经营机构，更重视业务拓展，相对忽视风险内控，负责人的权力还存有滥用的空间。这些问题充分表明，搞好基础管理、加强对基层机构及其要害部位的监督、防控案件风险仍然是全行的一项重要工作。

当前，外部的经济金融形势也很复杂。2010年4月以后，欧洲多国发生主权债务危机，使全球经济的复苏减缓，这给我国对外有经济往来的许多企业带来不利影响。国内经济运行也面临着许多不确定因素。当前，要特别注意防止发生违法放贷的案件、内外勾结骗取银行贷款的案件、盗取银行资金的案件、诈骗客户资金的案件、非法融资将风险转嫁银行的案件。

党中央、国务院历来高度重视银行业的健康发展，在深化金融体制改革、防范和化解金融风险方面制定了许多政策和措施，同时对银行业自身加强管理、防范风险也提出了很高的要求。中央纪委也十分关心和重视银行业的健康发展，不但将银行业作为预防腐败、查处案件的一个重点领域，同时，对中央金融机构加强纪检监察组织建设和反腐倡廉工作都提出了很多新的要求。中国银监会近年来不断加大监管力度，在对各家银行加强风险管理指引的同时，连续开展了案件专项治理、商业贿赂专项治理、内控和案防制度执

行年等活动，加大了对银行案件的查处和考核力度。自2005年建设银行上市以来，社会各方面不但对我行的服务质量和经营业绩更加关心，对我们的内控管理也更加关注。特别是媒体的监督进一步加强，银行一旦出现案件和重大违规等负面事件，很容易被曝光，严重影响银行的社会形象和业务发展。

纪检监察工作是全行内控管理的重要组成部分。在内外部形势依然复杂严峻、有关方面对银行内控管理要求越来越高的情况下，包括特派员工作在内的全行纪检监察工作必须进一步加强。我们要坚持“反腐倡廉抓班子，案件查防抓基层”，把加强特派员工作作为“案件查防抓基层”的一项重要措施。希望各级行提高认识，重点从以下两方面进一步加强特派员工作。

（一）认真学习贯彻总行党委文件精神，进一步推进特派员队伍建设

2010年3月25日，中央纪委、中央组织部、监察部、国务院国资委党委联合印发了《关于加强和改进中央企业和中央金融机构纪检监察组织建设的若干意见》（以下简称《若干意见》）。2010年5月10日，中央纪委召开贯彻落实《若干意见》的座谈会，中共中央政治局常委、中央纪委书记贺国强同志作了重要讲话。为贯彻落实《若干意见》和中央纪委座谈会精神，总行党委结合建设银行实际，下发了《关于加强和改进全行纪检监察组织建设的实施意见》，对完善全行纪检监察组织机构设置提出了更加明确的要求，其中对派驻纪检监察特派员或设立特派员团队的机构范围，以及配备特派员的数量等，都提出了明确要求。2010年8月13日，总行召开视频会，就贯彻落实中央四委部和总行党委文件精神提出了具体要求。各一级、二级分行要认真学习贯彻好总行党委文件精神，进行对照检查，特派员队伍建设差距较大的分行，要抓紧研究解决。总行纪检监察部2010年组织开展的特派员工作效能监察，要对各分行特派员队伍建设情况进行专门检查。

（二）配好、用好特派员，充分发挥特派员的职能作用

要坚持将纪检监察特派员岗位作为培养锻炼干部的一个平台，按照《中国建设银行纪检监察特派员管理办法》，严格准入条件，把好进人关口，配精、配强这支队伍，防止安置型、照顾型配备人员，确保特派员队伍素质高起点。要畅通特派员工作汇报路线，基层机构的纪检委员要向特派员报告工作，并配合特派员做好纪检监察相关工作；派出行主要领导要主动听取特派员工作汇报，积极支持、鼓励特派员大胆行使监督职权。加强特派员工作信息交流，促进好做法、好经验、好思路相互学习借鉴。加大对特派员的培训力度，不断提高特派员履职能力。加强对特派员的日常管理，完善考察、考核办法，增强对特派员的激励和约束。要注意在“创先争优”活动中发现和培养特派员先进典型，促进特派员职能作用的充分发挥。

三、特派员要加强学习实践，进一步提高“四个本领”

协助基层机构防止发生案件、违规和腐败行为，保持和谐稳定，是特派员工作的重要内容。特派员要按照纪检监察工作“融入业务、促进发展、创造价值”的要求，加强学习、勤于实践，协助派出行和基层行当好上级政策的“宣传员”、制度执行的“督导员”、警示教育的“辅导员”、思想工作的“指导员”、反映情况的“信息员”、沟通群众的“联络员”。在工作中要注意进一步提高以下“四个本领”。

（一）进一步提高案件防查的本领

防范案件要把教育放在首位。特派员要协助派驻行大力组织开展遵法守规教育和案例警示教育。2010年，总行出台了《中国建设银行员工从业禁止若干规定》，明确提出了19项禁止规定，这是员工从业的“底线”和“禁区”，这些规定的背后都有案件和重大违规事件的惨痛教训。特派员们要结合我行和金融系统的案例，大力宣传讲解这些规定，让利剑高悬，使基层行员工切实增强合规意识和风险防范意识。发现违规问题，要按规定严肃追究责任，把教育和惩处有机结合起来。要突出案件防查重点。督促派驻行抓好业务规章制度的执行，落实好岗位交流轮换、顶岗检查或休假检查、岗位制约等相关制度，突出对重点部位、重点环节、重点人员、重点时段的案件防范，加强监督检查，及时发现问题，督促有效整改。注意协助派驻行加强典型案件剖析，研究新出现的作案手段，掌握案件发生规律，提出对症下药的防范措施。要落实好“齐抓共管”责任。案件防控工作是一项全行性的系统工程，必须依靠全行各机构、各部门和每一名员工的共同努力。特派员要善于加强组织协调，督促案件防查责任落到实处。注意结合基层行实际，组织相关部门对业务流程和制度执行中遇到的问题及时梳理，全面查找经营管理中的风险点，及时研究解决或向上级行反映。积极开展“我为案防献计献策”活动，充分调动广大员工提合理化建议的积极性。注意了解、利用好审计和业务检查发现问题的信息，督促基层行抓好有关问题的整改。

（二）进一步提高监督从业行为的本领

要重点加强对领导人员从业行为的监督。以落实《国有企业领导人员廉洁从业若干规定》为重点，结合《党员领导干部廉洁从政若干准则》、中办国办最近下发的《关于落实“三重一大”决策制度的意见》、中央纪委五次全会关于领导干部廉洁自律的要求，以及总行党委有关领导人员廉洁从业的各项规定，重点加强对基层负责人从业行为的监督，强化其遵法守规、廉洁从业的意识，既管好自己，又管好所属。要加强对员工从业行为的监督和引导。以2010年在全行开展的“诚信敬业和廉洁合规”职业操守教育活动为契机，切实提高员工操守意识。要加强员工不良行为排查，坚决防止员工涉足“黄赌毒”，发现类似不良行为，要及时采取措施，消除风险隐患。

（三）进一步提高促进和谐稳定的本领

特派员要发挥好上下沟通、左右协调、桥梁纽带的作用。要充分了解员工，经常与员工谈心、交心，对员工在关注什么、追求什么，要做到心中有数。要加强思想引导，注意协助基层行有针对性地开展思想教育，引导员工树立正确的理想信念和价值观念，鼓励员工爱岗敬业。外部竞争和内部改革，给基层员工带来很大压力，特派员要注意协助基层行多组织开展健康有益、受员工欢迎的文体活动，引导员工乐观向上、不畏困难。要帮助员工解决实际困难和问题，发现员工工作、生活、学习等方面存在实际困难和问题，要及时向派出行或派驻行反映，尽可能帮助解决。积极协助基层行排查、化解各种矛盾纠纷，切实维护好员工的合法权益。

（四）进一步提高自身过硬的本领

特派员要不断提高政治素质，树立强烈的责任心和使命感，做到政治坚定、作风优良、纪律严明、清正廉洁、业务精通。要加强学习，树立终身学习的理念，通过学习，为提高政治素质和工作技能打好基础。要坚持原则，敢于监督，对监督中发现的问题，该制止的要制止、该上报的要上报、该督促处理的要督促处理。要作风扎实、思想求是、工作务实；深入员工、深入业务；加强调查研究，不断总结思考；善于学习借鉴，勇于开拓创新。要严格要求自己，遵法守规，廉洁从业；多讲贡献，不计得失；讲党性、重品行、作表率。

当前，全行正在深入开展以“创建先进基层党组织、争当优秀共产党员”为主题的“创先争优”活动，这是继深入学习实践科学发展观活动结束后，党中央部署的又一项重要政治任务。希望特派员们以实际行动投入“创先争优”活动，刻苦学习、勤奋工作、开拓进取，为进一步加强建设银行的基层内控管理作出积极的贡献，努力争当优秀共产党员和优秀纪检监察特派员。

在建设银行第二届职工代表大会第三次会议上的讲话

辛树森

（2010 年 11 月 22 日）

各位代表、同志们：

在全党认真学习贯彻党的十七届五中全会精神、深入开展创先争优的形势下，我们迎来了中国建设银行第二届职工代表大会第三次会议的召开。总行党委对开好这次会议非常重视，多次听取会议筹备情况的汇报，并作出重要指示。今天上午，总行党委委员、董事、高管层、监事等出席大会，总行党委书记、董事长郭树清同志，党委副书记、行长张建国同志，党委副书记、监事长张福荣同志分别作了重要讲话。郭树清同志全面回顾了我行上市五年来取得的辉煌业绩，就充分发挥员工在加快经济发展转变方式中的巨大作用作了深入的阐述；张建国同志总结了全行一年来取得的优良业绩，分析了当前面临的机遇和挑战，提出了 2011 年的工作方向；张福荣同志重点介绍了我行人才战略和全行培训工作情况，并对职工代表大会参与产品创新、参与服务、参与教育、参与维稳等方面提出了希望和要求。总行领导的讲话内容丰富、思想深刻，理论性、针对性很强，令人鼓舞、催人奋进，充分体现了总行党委对广大职工的关心和关怀，为我们进一步做好今后的工作指明了方向。我们要认真学习、深刻领会、落实到位。

下面，根据大会的安排，我把 2009 年以来的工作的情况向各位代表作一个简要汇报。

一、2009 年以来的工作

2009 年以来，总行党委以邓小平理论和“三个代表”重要思想为指导，深入学习实践科学发展观，认真贯彻党的十七届四中、五中全会以及中国工会十五大会议精神，高度重视和充分发挥广大职工主力军作用，团结带领 30 多万员工，围绕中心、服务大局、群策群力、锐意进取，在支持国民经济较快发展的同时，实现了建设银行各项事业新的进步。在这一过程中，广大职工团结一心、勤奋工作、立足岗位、争创一流，积极发扬主人翁精神，展示出蓬勃向上的创造活力。全行系统特别是一级分行党委高度重视工会工作，各级工会也不断推动工作的创新发展，发挥优势、争强凝聚力，真正起到了工会组织联系党、群众、职工的桥梁纽带作用。

（一）加强职工学习教育，促进了职工素质的提高

2009 年以来，面对国际金融危机的影响，全行改革发展的任务繁重，新的形势和任务对职工素质提出了更高的要求。总行党委抓住机遇持续推进学习型企业建设，着力引导广大职工不断提高思想道德素质和业务水平。全行各级工会充分发挥“大学校”的作用，采取多种形式组织引导广大职工认真学习中国特色社会主义理论体系，坚定中国特色社会主义共同理想，同时通过开展主题教育活动，强化职工业务技能和岗位培训，努力维护职工的精神文化权益。坚持发挥先进典型示范引领作用，表彰和宣传了一大批先进典型。两年来，共向全国总工会推荐表彰各类先进单位和个人 22 个，向全国金融工会推荐表彰各类先进单位和个人 58 个，总行评选表彰各类先进单位和个人 284 个。2010 年“五一”国际劳动节前夕，我行有四位同志被评为全国劳动模范，受到了中央领导同志的亲切接见，全行学习先进、争当先进的氛围日益浓厚。

（二）落实职工代表大会制度，深化职工民主管理

总行党委十分重视职工民主管理，职工代表

大会已成为我行职工民主管理的主渠道。2009年11月，总行通过视频方式组织召开了第二届职工代表大会第二次会议，总行党委书记、董事长郭树清作了《进一步激发员工的主人翁精神，全面提升专业化精细化工作水平》的重要讲话。二次会议共征集到提案119件，内容涉及经营管理、产品创新、科技开发、人力资源、职工培训等多个方面，提案水平越来越高；总行相关职能部门对提案认真研究，及时回复并妥善解决，提案回复率达100%。为进一步搞好职工代表大会提案工作，总行组织有关分行开发了新的提案管理系统，并已投入使用。前一段时间总行召开了第二届职工代表大会第二次联席会议，选举了三名职工代表监事。各级机构也认真落实职工代表大会制度，积极组织召开职工代表大会，充分调动了广大职工参与民主管理和民主监督的积极性。我行以职工代表大会为载体的民主管理工作得到了中央领导和全国总工会的充分肯定。吴邦国委员长、全国总工会王兆国主席等中央领导对我行股改后的民主管理工作作了重要批示。全国总工会和中国金融工会到我行进行调研并总结推广了相关经验。这对我们是极大的鼓舞，使我们更坚定了落实职工代表大会制度和完善职工民主管理的信心。

（三）开展建功立业竞赛，推动全行业务发展

按照党的十七大提出的注重培养一线创新人才的要求，全行通过劳动竞赛激发广大员工的创造潜能和活力，进一步提高金融服务水平和质量，推动全行各项业务又好又快地发展。根据全国总工会和中国金融工会关于开展竞赛活动的有关要求，全行组织开展了“创新金融服务，支持经济发展”建功立业竞赛活动。这次活动历时一年半，涉及各主要业务条线，是历年来覆盖面最广、涉及业务种类最多、规模最大、行内影响最广的一次竞赛活动。为把这项活动向纵深推进，还举办了一系列现场竞赛。这项工作之所以进展顺利，并取得了一定成绩，主要得益于各级行党委的高度重视、员工的积极参与以及工会的周密组织。建功立业劳动竞赛活动的开展，进一步激发了广大职工立足本职岗位、创新金融服务的积极性和创造性。此外，各级工会还广泛开展文体活动，丰富职工文化生活。

（四）维护职工合法权益，为构建和谐企业贡献力量

总行党委把保障职工合法权益作为发挥广大职工积极性、主动性、创造性的最重要、最基础的工作来抓。我行积极贯彻实施《劳动合同法》等法律法规，切实发展和谐劳动关系，完善劳动保护机制。为了解掌握全行劳动关系方面的问题，在全行范围内组织开展了劳动关系调研，对调研中发现的问题交由有关部门研究处理，这对全行劳动关系的和谐发展起到了促进作用。在推进劳务派遣制员工择优转制的同时，我行采取多种方式组织、吸收劳务派遣制员工到工会组织中来，切实维护他们的权益。各级行努力协调相关部门协商解决工会经费提取等问题，目前已有劳务派遣工3万余人加入了派遣公司和我行工会，占派遣员工总数的62.8%。总行财务部门也给予了很大支持，这项工作在我行是一个突破性进展。对于协解人员等特殊群体，总行党委从维护社会稳定大局出发，协调政府部门，积极稳妥地帮助他们解决历史遗留问题，各级行工会还制定了一些办法，帮助特困协解人员排忧解难，经过上下共同努力，取得了一定成效，进一步维护了和谐稳定的发展环境。

（五）积极开展帮扶救助和送温暖活动，困难职工帮扶体系逐步完善

2009年以来，各级行认真贯彻总行党委关于“要加大对特困员工帮扶救助力度”等指示精神，大力开展特困救助和送温暖活动，倾听困难员工的心声、关心他们的疾苦，想方设法帮助他们解决实际问题。两年来，全行共慰问困难员工21 628人次，慰问金额达4 410万元。各级工会积极推进职工互助基金救助特困人员工作，扩大救助范围，切实加大救助力度。2009年以来，全行各级职工互助基金救助特困员工和协解人员16 909人次、救助金额7 578万元，其中总行组织救助特困员工和协解人员549人次、救助金额2 849万元。总行党委对加强和完善困难帮扶救助体系非常重视，总行行政安排专项资金补充总、分行职工互助基金各5 000万元，全行职工也为互助基金捐款1 727万元，这为特困救助工作提供了充足的资金保证。对于遭受地震、泥石流和特大暴雨等灾害的员工，从总行到各级分行都及时伸出援手。各级行工会在帮扶救助和送温暖方面做了大量卓有成效的工作，增强了全行广大员工的向心力，促进了企业、社会和谐稳定。

（六）加强工会自身建设，增强工会组织活力

2009年以来，全行工会自身建设和其他各项工作取得了新的进展。2010年6月，总行召开了第一届工会委员会第二次会议，增、替补了第一届工会委员会常务委员会委员、工会经费审查委员会委员和女职工委员会委员，工会工作进一步加强。各一级分行也都召开了工会委员会会议，研究部署工会工作，通过选举或补选充实了工会领导班子。为进一步提高工会干部的素质，近两年各级工会切实加大力度，以多种形式培训工会干部。总行工会2010年11月在香港举办了“工会主席高级研修班”，还举办了工会财务管理人员培训班、女工委研讨班、二级分行工会主席培训班等。加强职工之家建设是加强基层工会的重要载体，各级行工会从实际出发，不断丰富“建家”内容、创新“建家”形式、拓宽“建家”领域，深入推进“建家”活动，广泛开展会员评家活动。两年来，我行4个基层工会被全国总工会授予了“全国模范职工之家”、“全国模范职工小家”荣誉称号。我行现有女职工17万余人，占全体在岗员工的52.2%，发挥着“半边天”作用，工会女职工组织不断健全，作用得到了进一步发挥。各级行工会服务大局、服务基层、服务职工的能力显著增强。

在总结工作成绩的同时，我们也清醒地认识到，我们的工作与各级党委的要求和广大职工的期望还存在一定的差距，如服务意识和大局意识还需要进一步增强、维护职工合法权益的力度还需要进一步加大、工会组织建设方面还要进一步完善、一些基层工会组织活力还有待发挥等。所有这些，都需要在今后工作中采取措施，切实加以改进。

总结回顾近两年的工会工作，我们有几点体会：一是要坚持以邓小平理论和“三个代表”重要思想为指导，认真贯彻落实科学发展观，全面提高运用马克思主义立场、观点、方法解决工会面临的实际问题的能力。二是要坚持党委对工会的正确领导，充分发挥自身优势，全面履行各项职能，切实把党的路线方针政策和总行党委的决策部署贯彻落实到各项工作中去，把对党负责和对职工群众负责统一起来，通过创造性地开展工作，使党委的部署真正变成广大职工的自觉行动。三是要服从服务于全行工作大局，更加自觉地把工会工作放到全行工作大局中去思考和部署，引领广大职工为全行改革发展、和谐稳定贡献力量。四是要切实代表和维护广大职工的合法权益，把维护职工合法权益的职能放在突出位置，竭诚为广大职工服务，倾听职工群众呼声，反映职工群众愿望，解决职工群众困难，把广大职工的积极性保护好、引导好、发挥好，促进劳动关系和谐稳定。五是要推进工会工作的创新，加大工会自身建设的力度，逐步形成适应新形势、新任务要求的工会组织体系、运行机制和方式方法，进一步增强工会工作的科学性、系统性、预见性，使工会工作在继承中发展，在创新中前进，更好地体现时代性、把握规律性、富于创造性。

二、今后一个时期的主要任务

不久前召开的党的十七届五中全会审议通过了《中共中央关于制定国民经济和社会发展第十二个五年规划的建议》（以下简称《建议》），这是动员全党全国各族人民建设小康社会加快推进社会主义现代化建设的纲领性文件，为我们描绘了我国在新世纪第三个五年经济和社会加快发展的宏伟蓝图。《建议》提出，“十二五”规划以科学发展为主题，以加快转变经济发展方式为主线，这是时代的要求，是推动科学发展的必由之路，关系到改革开放和现代化建设的全局，符合我国的基本国情和发展阶段性特征。加快转变经济发展方式，是我国经济社会领域的一场深刻变革，必将贯穿包括我们银行在内的各个领域和经济社会发展的全过程。实现“十二五”规划关键在于全党、全社会形成推进中国特色社会主义事业的强大力量，这为我们今后工作开辟了更加广阔的天地，也提出了新的任务和更高的要求。我们要认真学习贯彻十七届五中全会精神，深刻认识并准确把握国内外、行内外的新变化、新特点，团结动员广大职工为推进建设银行科学发展、实现

“十二五”规划的目标任务建功立业。

（一）全心全意依靠职工群众，为坚持科学发展、加快转变发展方式提供强有力的人力资源支持

员工是银行的最宝贵资源，是调整业务结构、转变发展方式的决定性因素。建设银行是国有控股的大型金融企业，必须尊重职工群众主体地位，发挥职工群众首创精神，充分调动职工群众的积极性、主动性和创造性，全心全意依靠职工群众。坚持科学发展，加快转变经营方式，也最终还是要通过高素质的职工队伍来实现，因此，我们必须继续在不断提高职工队伍整体素质上下工夫。一是要引导广大职工自觉学习践行社会主义核心价值体系，坚定理想信念，树立诚实、公正、稳健、创造的核心价值观，继承和发扬艰苦创业、拼搏奉献的光荣传统。二是要引导广大职工树立自觉学习、终身学习的学习信念，不断提高职工的学习动力和创造能力。三是创新职工培训的方法、载体和手段，培养更多的知识型、技术型、创新型职工。四是要关心员工的身心健康，引导广大职工培养积极向上、健康文明的生活方式。

（二）加强职工民主管理，为坚持科学发展、加快转变发展方式凝聚智慧和力量

加强民主管理工作对于推进基层民主政治建设、密切党与职工群众的关系，对于保护、调动和发挥广大职工的积极性都具有十分重要的意义。总行党委书记、董事长郭树清同志在工会2010年工作要点上作出重要批示，指出：平时的民主管理、建言献策应作为一项重要工作，职工代表大会提案工作更应抓好、抓早，应有专门的机制。在不久前召开的秋季工作座谈会上，郭树清董事长再次对职工民主管理工作作了重要阐述，这充分体现了总行党委对全行民主管理工作的高度重视。加强民主管理工作，一是要进一步坚持和完善职工代表大会建设。实行职工代表大会制度，是我党职工民主管理思想的体现，也是社会化大生产和现代企业制度客观发展的需要。股改上市以来，我行在建立健全现代公司治理结构的过程中，很好地处理了“新三会”和“老三会”的关系，保障了职工民主管理权利的行使，今后要积极探索丰富职工代表大会内容，完善职工代表大会议事规则，进一步提高职工代表大会的质量。二是要逐步推行行务公开。凡涉及全行的重大决策问题、经营管理方面的重要问题、职工切身利益方面的问题以及与领导班子建设和党风廉政建设相关的问题，都应该通过适当的形式向广大职工公开，让广大职工参与决策、管理和监督，享有更多、更切实的民主权利。总行工会要制定相关制度，对行务公开的原则、内容、形式及程序等进行规范。三是要加强平时的民主管理。要采用职工易于接受和使用的民主管理平台，建立全面有效的沟通机制，广泛听取职工的意见和建议，鼓励职工积极建言献策。对于在全行范围或本分行本部门转化为政策、方案和行动的提案和建议，要广泛宣传、大力表彰，让职工体验到建言献策的成就感，增强民主管理的意识和能力。

（三）广泛开展劳动竞赛，为坚持科学发展、加快转变发展方式提高本领、增长才干

实践证明，开展劳动竞赛对于提高职工业务技能和水平、增强职工的合作精神和团队意识、激发广大职工的创造热情都具有积极作用。我们要在认真总结以往经验的基础上，进一步加大这项工作的力度。一是要紧紧围绕全行中心工作、战略转型、业务结构调整的重点和方向，确定竞赛活动的主题，从而使劳动竞赛更好地服从、服务于大局。二是要着力提高劳动竞赛的群众参与程度，做好思想发动和宣传工作，充分调动各方面的积极性，广泛吸引更多职工自觉参与，以期在职工中形成“我参与、我光荣、我快乐”的氛围。三是要探索劳动竞赛的新思路、新方式，丰富劳动竞赛的新内涵、新载体，使劳动竞赛体现时代精神、富有时代气息，办出特色、办出成效。四是要提倡和弘扬互帮互学、取长补短的竞赛风气，通过劳动竞赛增进团结、加强合作、共同提高。五是要坚持竞赛公平、公正，细化评比和表彰奖励方法，切实达到褒扬先进、激励员工的目的。六是要推广劳动竞赛中创新的经验和做法，把竞赛中涌现出来的产品创意、服务技能、管理方法、操作方法等转化为生产力，以推进我行市场竞争力的提高。

（四）构建和谐劳动关系，为坚持科学发展、加快转变发展方式营造和谐、稳定的环境

劳动关系是企业内部最基本、最重要的关系之一。构建和谐劳动关系既是深入贯彻科学发展观的内在要求，也是企业长远发展的重要保证。因此，我们要把构建和谐劳动关系摆上各级党委和工会工作的重要议事日程，进一步推动劳动关系和谐建设，实现全行又好又快发展。一是要积极开展创建劳动关系和谐企业活动，按照“促进企业发展、维护职工权益”的原则，围绕劳动关系的建立、运行、监督和调处等环节，以职工最关心、最直接、最现实的利益为重点，在建立健全科学有效的利益协调机制、诉求机制、矛盾调处机制、权益保障机制上下工夫，促进建立规范有序、公正合理、互利共赢、和谐稳定的社会主义新型劳动关系，使劳动关系各方各尽其能、各得其所、和谐相处、共谋发展。二是要深入调查研究和及时掌握特困职工的基本情况，通过完善互助基金等措施，拓展帮扶范围、加大帮扶力度，真心实意地为困难职工排忧解难。三是要加强劳动环境的保护和改善，特别是要做好基层网点取暖、降温、除尘、降噪、消毒等工作。四是要关心女职工，支持和帮助女职工组织不断加强自身建设。五是要配合相关部门继续做好协解人员工作，帮助协解人员创造就业机会。

（五）积极推动工会工作创新，为坚持科学发展、加快改变发展方式发挥桥梁纽带作用

一是要按全总关于“组织起来”的要求，进一步健全全行工会组织，特别是对未设立工会组织的专业化经营机构、实行垂直或单元制管理的业务条线等其他组织，要以适当形式成立工会组织，努力做到工会组织全覆盖。二是要按照总行党委、中华全国总工会、中国金融工会的有关文件精神，完善工会组织办事机构设置和工会专兼职干部配备，特别要配齐、配强各级工会领导班子。三是要加强工会干部培训，力争在3年内把所有工会干部都轮训一遍，提高工会干部的整体素质。四是要加强工会干部队伍作风建设，全行各级工会干部要按照胡锦涛总书记的要求，树立群众观点、坚持群众路线，时刻牢记工会工作是党的群众工作的重要组成部分，深刻认识工会的最大优势是密切联系职工群众，最大危险是脱离职工群众，始终把实现好、维护好、发展好职工群众的利益作为工会一切工作的出发点和落脚点。五是要深入研究职工工作面临的新情况、新问题，探索新形势下做好职工工作的新思路、新方法，不断开创工会工作新局面。

同志们，再过一个多月就要跨入2011年了。2011年是“十二五”规划开局之年，我们坚信在总行党委的正确领导下，全行广大职工将以更加饱满的热情、昂扬的斗志，为“十二五”规划书写浓墨重彩的一笔，在科学发展中展示建设银行人的理想和辉煌。让我们团结起来，深入贯彻落实科学发展观，解放思想、实事求是、与时俱进、开拓创新，为实现“十二五”规划和全面建设小康社会宏伟目标而努力奋斗。

在“世博金融服务系列活动”动员大会上的讲话

陈佐夫

（2010年1月29日）

同志们：

昨天，全行一年一度的工作会在北京结束。总行党委对客户服务工作都特别重视，会上郭树清董事长、张建国行长和其他行领导都强调了客户服务工作。董事长在会议结束时，还结合自己办业务经历和体会，对客户服务工作提出了具体要求。今天召开视频会，主要目的是要学习贯彻2010年全行工作会议精神，细化落实全行“服务质量年”和“中国银行业世博金融服务系列活动”的要求，安排部署2010年全行客户服务工作，启动“建设银行世博金融服务系列活动”。从今天算起，离即将在上海举办的世博会开幕还有92天。下面我就建设银行向世博会提供金融服务的相关问题讲几点意见，供大家参考。

一、服务好上海世博会是2010年全行客户服务工作的一项重要任务

世界博览会是由一个国家政府主办，多个国家或国际组织参加，展现人类在社会、经济、文化和科技领域所获成就的国际性大型展示会，被誉为世界经济、科技、文化的奥林匹克盛会。2010年的上海世博会是继2008年北京奥运会之后由中国举办的又一次世界性盛会，对展示我国的灿烂文化、展示我国经济建设的辉煌成就、展示我国各族人民为实现全面建设小康社会目标而团结奋斗的精神风貌，对促进我国同各国、各地区经济文化交流，增进我国人民同各国、各地区人民相互了解和友谊，都具有重要意义。

上海世博会是我行改革发展的难得机遇，也是对全行客户服务工作的全面检验。2010年上海世博会是首次在发展中国家举办的世界博览会，体现了国际社会对中国经济建设，尤其是改革开放三十多年所取得丰硕成果的认可，体现了世界人民对中国未来发展的期盼。参与世博会、服务世博会，是建设银行作为一家国有控股的大型金融企业的社会责任和使命，也是建设银行向国内外客户展示品牌形象、服务能力和发展成就的难得机遇。上海世博会预计将吸引世界各地7 000万人次云集上海、会聚中国，这将为我们带来巨大的国际化金融需求，也将带给我们众多金融创新的信息和启示，对我们金融服务工作也是一次难得的机遇，会拓展我们金融发展的思路和视野。能否做好世博会的金融服务是对建设银行全行客户服务工作的一次综合检验。2008年奥运会期间，全行员工共同努力，尤其是在相关分行做了大量工作，我行的奥运服务工作比较成功，得到了政府、主办部门以及广大客户的认可。时隔两年，我们又迎来了国际性的世博会。这次世博会参与的人数之众、时间之长、范围之广，都大大超过了奥运会，这就决定了其金融需求的多样性、广泛性、国际性和复杂性，势必会对我行的服务理念、服务渠道、产品体系、服务流程、服务管理、服务创新等形成全方位、立体化的全面检验。只有充分做好思想准备，不断完善我行的管理，提升我行的服务，才能经受得住这次检验，获得国内外客户的好评。

世博金融服务不仅是上海市分行的大事，也是全行的大事。举办好世博会不仅是上海的大事，也是全国的大事。党中央、国务院对世博会都非常重视。前两天，中央和国务院有关领导专门到上海检查世博会准备工作进展和落实情况，提出了很高的要求。世博会的金融服务也是一样，它不仅仅是上海金融机构的大事，也是全国金融机构应该担负起来的责任；它不仅仅是上海市分行的事，它也是我们38家分行共同的责任。参加世博会的游客除了到上海，也会到全国各地参观访问，因此世博会的金融服务涉及方方面面。各分行、各渠道、所有窗口都要有这种责任和意识，都要承担起这项工作，所以世博会是2010年全行客户服务工作的一件大事。

二、以服务世博会为契机，全面持续提升客户服务质量和水平

持续提升并保持高水平的客户满意度，是客户服务工作的永恒主题。随着社会的进步、经济的发展，市场和客户的要求越来越高，这对金融服务企业是一种新的挑战。建设银行在同业中率先改造装修网点、提升形象，率先开展网点转型、流程梳理，成效显著，同业、客户都称赞有加。在这方面我们走在同业的前面，具有一定的优势，这在两年前的奥运金融服务过程中就已得到检验。由于传统银行服务同质化比较严重，近两年同业在网点装修、业务转型上迎头赶上，我们的优势已经不明显。

具体来说，就是奥运会以后，尤其是近几个月以来，客户的投诉量有所增加，客户服务出现了一些回潮，也可以说暴露了一些新的问题和不足。昨天工作会结束以后，我就接到两个高端客户的投诉。一个是关于房贷，反映建设银行房贷手续特别复杂，去了几次都没办成，最后到了工商银行；另一个是关于转账，打到95533说可以办理，但是到网点就办不了，反复跑了两三次都没办成。两位客户最后都到工商银行去办业务了。

在全行工作会上，董事长也讲了他去办业务

时的一些体会，其中有值得表扬的地方和亮点，也遇到了很多问题，有一些方面不尽如人意。我分管95533客服中心的工作，给我报告的电话接通率一般在90%以上，但是行领导反映，95533经常都打不通，打通以后也是长时间等待，无人接听。

我行的自助设备，通过2009年的“剁尾巴”活动，很多分行都改变了无人管理或管理不严的状况，全行ATM（包括附行式和离行式）开机率大大提升，且保持稳定。但据行领导反映，到某些网点去办业务的时候发现一半机器屏幕上都显示暂停服务，有一个网点三台机器中就只有一台在工作。还有些客户反映由于自助银行自动门的故障，导致他们刷卡进入自助银行以后被锁在里面。

像这些情况可能是偶然的，机器坏也可能是偶然的，但是偶然当中有必然性，说明我行的服务还是有漏洞和缺陷。我认为，其根本原因还是在真正树立起“以客户为中心”的经营理念方面存在差距，同时在管理体制、运行机制上还存在缺陷，还不够严密。因此，服务好世博会不是目的，只是手段。要以世博会为契机，进一步完善我行的机制、流程，最终要提高建设银行的整体服务能力，而且要把它稳定住、保持住，巩固客户服务水平。

昨天工作会上提出要在全行开展“贷后管理年”，主要是控制风险、提高信贷质量，同时在服务部门、非信贷部门相应开展“服务质量年”活动。各行要贯彻落实“服务质量年”的工作要求，以做好世博金融服务工作为契机，全面持续提高我行的客户服务质量和水平，向国内外客户展示良好的金融企业形象。总行印发了《关于做好世博金融服务工作的指导意见》和《世博金融服务系列活动方案》，其中加入了2010年全行工作会议对服务工作新的要求，各行要积极做好各项工作。我再代表总行强调几点：

一是精心组织、加强培训，深化网点转型，全面提升网点柜面服务水平。在总行党委的领导下，我行这两年的网点转型工作推进得很有成效，目前，一代网点转型已顺利完成，二代网点转型正在推进过程中。总行将在此基础上探索建立星级网点管理制度，这是分级管理、严格考核的一个很重要的手段，对内充分调动分行和网点的积极性，促使资源进一步向一线倾斜，形成争先创优的常态管理机制；对外打造一批形象良好、业绩突出、服务优秀、风险可控、综合竞争能力和服务水平较高的品牌网点，从而进一步提高建设银行一线网点的竞争能力。

上海、北京等重点分行要充分考虑世博会期间人流、客流量增大，涉外业务多等特点，进一步加快落实网点转型各项措施，巩固转型成果、加强培训，提高柜面客户服务人员的世博知识和英语服务水平。在平常的调研中，我们感受到有些网点的外语服务水平还是很高的，但是面不够广，可能只是一部分网点能符合要求，由于我行网点的数量比较多，这方面还有许多工作需要做。同时，要继续深入做好网点管理中心、物品配送中心等网点转型配套服务保障机制的建设，加强后台对前台的支持和服务。现在一线员工的压力非常大，在必要的时候，各分行要增加、调配一些人员来支持一线的服务，增强服务能力。有条件的网点要开设世博金融服务绿色通道，让有些特殊的、涉外的客户能通过绿色通道很快地办理业务。

二是加强网点建设和自助设备管理，大力推广电子银行渠道，丰富服务方式、提升服务能力。各行要加快对旧网点的功能升级改造，特别是某些重点分行、城市行、旅游重点区域行更要抓紧对旧网点的改造。各行要改善网点环境，持续加强自助机具布放和更新维护力度。昨天工作会也再次强调了要加强我行自助设备的集中管理和专业化管理，世博金融服务工作也是加强自助设备专业化管理的契机。目前，有些分行的集中化管理推进得很顺利，有些分行由于认识不统一，还在犹豫和观望，各分行要借此机会加大推进专业化管理的工作力度。这项工作也涉及制度的修改、业务的调整。关于客户反映的自助银行自动门的问题，是否应该取消自动门，可以通过专家论证和征求客户意见来分析利弊。这种自动门在目前的管理现状下堵不住犯罪分子，主要还是为了防止闲杂人员进入，我们可以通过加大巡查、疏导的力度等方式解决这个问题。有些地方出于安全考虑，不同意取消自动门，如果把其中的利弊向他们讲清楚，他们会理解的。

同时，要加大对电子银行服务的宣传，积极向客户推介网上银行、手机银行、短信金融、电话银行等服务。通过电子渠道提供服务非常方便、快捷，费用低，在一定程度上也比较安全。参加世博会的大部分涉外人员都具备办这项业务的素质，可能也具备这样的条件，只是对我行的业务不了解，所以可通过宣传、引导工作，让他们熟悉、使用我们的这些渠道。昨天工作会上也讲到，要想推动我行电子银行业务的发展，要想让客户使用电子银行渠道，首先我们行的员工自己要使用和熟悉电子银行渠道。董事长也要求我行的高级管理人员都要上网使用电子渠道，在现场还询问了很多行长对电子银行的使用情况。最近电子银行部还专门在总行的各部门领导中推广这项工作，向每一个人推荐电子银行业务、手机银行业务、电话银行业务，绝大部分老总都非常支持，愿意使用这些业务。只有我们自己使用了，才能说服客户、引导客户，才能让客户使用电子银行渠道。

三是进一步落实银行卡风险防控措施，确保世博期间用卡安全。现在涉及银行卡安全的问题越来越多，每年犯罪的金额、人数和案件的数量都在上升。根据国务院的要求，2009 年公安部专门召集有关单位召开座谈会，介绍了银行卡犯罪的情况，提到现在有很多高科技的犯罪在向中国转移，银行卡方面的犯罪呈上升趋势。在有关方面的支持下，在一线员工的努力下，奥运会期间这项工作我们做得不错，不仅服务满足了客户的要求，还堵截、制止了很多犯罪活动。这次通过服务世博会也可以检验我们这项工作，在发展业务的同时一定要防范风险，特别是防范通过高科技利用银行卡进行的犯罪。总之，希望各分行努力按照总行的要求做好相关工作，真正保证我行的持卡人有一个快捷、安全的用卡渠道和环境。

四是加强应急预案的学习和演练，妥善处理客户投诉。各行要制定和完善各种活动的应急预案，以防万一，确保对新情况和突发事件的及时、妥善处理。在客户投诉方面，我行这两年有所进步，但也有不尽如人意的地方。有些简单的客户投诉比较容易处理，有些涉及经济、补偿方面的投诉，处理起来时间比较长，客户的满意度不是很高。前两年，产品和质量管理部开展了客户满意度调查，客户对这方面的反映比较多。为提高客户满意度，总行做了一些专门的部署，不知道客户的反映是否有变化。世博会期间我们也要把这项工作做好。

五是加强对客户服务工作的体验。对客户服务工作很重要的是客户的满意，要让客户对我们所有的业务、渠道满意，一定要考虑客户的体验和感觉，在这基础上才能做到让客户满意。为了提高建设银行的服务水平，2010 年总行号召全行的各级管理人员、各级行长，尤其是分管服务工作、零售业务的行长，抽出时间到基层亲自去办一次金融业务。董事长只要有时间，就亲自去网点办业务，通过办理业务了解我行的服务，发现问题。近两年在服务工作中抓的一些重点问题就是我们行的主要领导在接受服务的体验过程中提出来的，所以希望各级管理人员 2010 年都能实实在在地去基层办一次业务。另外，希望各级管理人员能参加接待一次客户。总行每月都开展一次客户接待日活动，在活动中，行长直接接待客户，接受客户的投诉，与客户进行交流。2010 年希望各级管理人员以各种形式与客户进行一次交流、接触，包括接受投诉。同时，也希望大家利用一点时间到基层网点检查一次工作，甚至当半天大堂经理或者客户经理。我们的目的是想通过这样的活动来发现、查找我行在服务过程中的问题，从而帮助解决问题，所以我们自己开展客户服务工作的体验很重要。

三、加强领导、扎实工作，为办成一届成功、精彩、难忘的世博会贡献力量

我国政府非常重视上海世博会，成立了由国务院领导担任主任委员，中央相关部门和上海市政府共 30 家成员单位组成的组委会。中国银监会、中国人民银行对服务世博工作也非常重视，提出了具体的要求。

总行党委非常重视世博金融服务工作，成立了由我任组长，杜亚军零售业务总监任副组长，各相关部门负责人为成员的世博金融服务工作领导小组，负责全面的领导、协调和组织世博金融服务工作。现在我代表领导小组就下一步的世博金融服务工作提出几点要求。

（一）高度重视，加强领导

各行要充分认识开展世博金融服务系列活动的重要意义，树立服务世博的责任感和使命感，增强大局意识和风险意识，确保为世博会提供优质、高效的金融服务。各行要按照总体部署，指定联系人，加强活动的协调与沟通，上海、北京、其他特大城市和旅游重点城市所在的分行，要成立系列活动的领导小组和工作机构，保证系列活动的顺利开展。

（二）强化宣传，营造氛围

各行要加大对内和对外的宣传力度，创新宣传形式，同时要协调新闻媒体有计划地报道“世博金融服务系列活动”。前段时间，中国银行业协会在全国金融机构范围内评选了“2009年度中国银行业文明规范服务百佳示范单位”，建设银行有很多网点榜上有名，但是几个重点城市行却榜上无名。建设银行的很多省会城市行做得不错，都获了奖，比如沈阳、南京、武汉的支行。对榜上有名的分行，我们就要宣传好建设银行的品牌和形象，做好相关的宣传工作，加强对舆论的正面引导。我们要努力为服务世博营造一个良好的舆论氛围，同时要严格遵守世博会知识产权保护的相关规定，不损害相关上海世博合作伙伴的正当利益。

（三）确保安全，万无一失

各行要始终把世博金融服务的安保工作放在首要位置，首先要确保建设银行内部的平安、业务的平安、服务的平安，包括刚才讲到的渠道、服务、机具的平安。各行要以“平安建行”的创建活动为主线，强化安全防范措施，广泛动员各种资源参与世博金融服务的安保工作，真正实现平安世博的目标。

另外，借此机会再强调两项工作。一是旺季营销工作。2009年国庆以后行领导就要求个人部尽早启动节日旺季的营销活动，年前总行已将活动方案下发各分行，明确了目标、任务和激励政策。目前旺季营销的时间已过1/3，有些指标并不理想，如存款指标。以前旺季营销在两节期间的存款增量都比较好。2010年在全行工作会议前，全行的储蓄存款还在水平面以下，今天终于浮出水面了，大概新增70多亿元，而2009年同期存款是2 000多亿元。报表显示，主要是几个大的分行现在还在水平面以下；相反，中西部的一些资产总额不是很大的分行这方面的工作做得不错。出现这样的情况有市场的原因，也有是否下工夫的原因，所以结合旺季营销，有些工作还得做好。如果是政策性的原因，各行可以向总行有关部门反映，调整相关的政策；否则各行要做好自己的工作，确保实现旺季营销的目标。二是风险控制问题。春节是我们业务最繁忙的时候，也是容易麻痹大意、出现风险的时候，各行在这个特殊时期一定要做好安全保卫和操作风险的防范工作。现在社会上确实有一批金融掮客，利用银行流程上、人员上的弱点，利用社会对资金的饥渴，进行非法融资、高息融资，同时把风险转嫁给银行。希望各行要吸取教训，做好自己的相关工作，扎好自己的篱笆，落实各项措施，防范风险。

同志们，世博金融服务是2010年建设银行全行服务工作的一件大事，既有机遇，也有挑战，既是压力，也是动力，希望通过今天的动员大会，能够引起全行对世博金融服务工作的高度重视。我相信，通过世博金融服务系列活动的开展，通过全行员工的共同努力，我们一定能够持续提升建设银行的客户服务质量和水平，为成功地举办世博会作出我们应有的贡献！

在全行住房金融与个人信贷工作会议上的讲话

陈佐夫

（2010年3月18日）

同志们：

今天全行住房金融与个人信贷工作会议在美丽的历史名城南京召开了，这次会议是经过总行党委主要负责同志批准召开的。会议的主要任务是贯彻全行工作会议精神，总结和回顾2009年的工作，研究和部署全年的任务，因此是一次重要的业务会议。结合本次会议主题，杨绍萍总经理要代表总行作系统的工作报告，提出具体的要求和工作部署。在这里，我代表总行先讲几点意见，供大家研究和参考。

一、关于去年的工作和业绩

2009年，全行认真贯彻执行中央的决策和部署，坚持积极和审慎的原则，沉着应对金融危机带来的严峻挑战，在十分困难的形势下，取得了良好的业绩，全行总资产规模保持第二，税后利润超千亿元大关，很多业务指标都领先于同业同规模银行。在2010年年初英国《银行家》杂志世界银行500强中我行位列第十三，在最具商业价值的银行中排名第二（在中资银行位列第一）。

住房金融与个人信贷业务一直是建设银行的特色和品牌业务，是全行最重要的战略业务。2009年房金业务也取得了良好的业绩，个贷规模持续较快增长，资产质量显著改善，2009年末全行个贷余额历史性突破1万亿元，在全行信贷资产中占比22.58%，不良额和不良率连年下降，不良率为0.62%；房改金融继续保持市场领先优势，住房资金存款保持同业第一，公积金贷款余额在四大行中占比达55.75%；流程优化和个贷中心建设工作稳步推进，风险管理能力逐渐增强，支持国家保障性住房和“三农”等业务取得实效。这些成绩是在经营环境十分困难的情况下取得的，来之不易，得益于总行党委的正确领导，得益于总行有关部门的大力支持，包括相关条线的全力支持和配合，也是住房金融条线全体员工共同努力的结果。在此，我代表总行党委向在座的各位和住房金融条线的全体员工表示衷心的感谢和崇高的敬意！

二、关于当前的经营形势

2009年是新世纪以来我国经济发展最为困难的一年，2010年则是最复杂的一年。所谓最复杂，就是有很多不确定因素，因此，我们要密切关注形势，充分认识国内外形势的复杂性。

——国际经济形势的复杂性。次贷危机引发全球经济危机，各国采取积极刺激政策，促进经济复苏。但经济的复苏是一个缓慢的过程，各国政府刺激政策退出的时机和力度的选择、中央银行干预的时机和力度都会影响经济发展进程。老问题未解决，新问题不断暴露。迪拜、希腊等区域性的突发事件频繁发生，也影响着经济的复苏。

——国内经济形势企稳回升。2009年，国家启动实施两年新增4万亿元的投资计划，经济快速回升，进出口额、社会消费额等都出现不同程度的上升，但基础还不是很稳，结构不合理甚至失衡、资源和环境约束的矛盾日益突出，增长方式的转变还面临巨大困难，还存在很多不确定因素。

——宏观政策导向明确。2009年中央经济会议精神，包括转变经济发展方式和管理通胀预期作为2010年经济工作的重点内容，继续实施积极的财政政策和适度宽松的货币政策，保持政策的连续性和稳定性。应该说政策没有变，区别在于重点是适度和灵活，也就是说2010年的宏观政策会更具针对性和灵活性，动态微调的操作力度会加大。

——房地产形势不确定性加大。2010年房地产市场调控政策趋严趋紧，社会的关注、“两会”的热议，必然促使政府管理部门下决心调控房价，市场将进入新一轮的调整周期。温总理在政府工作报告中明确提出：“促进房地产市场平稳健康发展。要坚决遏制部分城市房价过快上涨势头，满足人民群众的基本住房需求。”所以增加保障房和普通商品房供应、支持居民自住、抑制投机性购房将是2010年一段时期的政策重点。银行要根据国家政策导向和要求，把握信贷投放节奏，实施差别化信贷政策，保证房地产市场的平稳发展。

——金融监管日趋严格，对银行经营管理提出更高要求。2010年我国将全面实行《巴塞尔新资本协议》，这涉及管理理念、方法和手段的重大改变。中国银监会严格了商业银行资本充足率管理、颁布《个人贷款管理办法》等规范商业银行的行为，在贷款用途、支付管理方面提出了非常严格的要求。为把握信贷节奏，监管部门严控商业银行信贷投放的力度、频度都在加大；合规检查力度加大，实施严肃的案件处罚规定；审计部门在连续两年审计后，2010年又进驻我行开展专项审计调查。全行必须积极适应金融监管的变化，严格执行监管标准，确保合规经营。

三、关于转变业务发展模式

——落实科学发展观，转变发展方式、提升发展质量。建设银行是第一批学习实践科学发展观的银行，有关部门对建设银行学习实践科学发展观取得的成效给予了肯定。全面实践科学发展观，就必须坚持全面协调可持续发展。2009年总行就明确提出了转变发展方式，并从机制上作出相应调整，由过去重规模、重市场份额，转变为效益、质量、服务的竞争。此外，2009年金融危机后国内外不少专家认为，对个贷业务的损失率要有一个新的判断。这次金融危机中美国次贷损失率高于人们的预期，列四大贷种之首。尽管美国次贷与我国的个贷情况不同，但这也给我们敲响了警钟。住房金融业务与房地产市场关联度很高，这几年房地产市场波动大，市场系统性风险不断积聚，需要准确把握形势、把握业务发展节奏，及时调整发展策略。

——坚定发展信心，巩固竞争优势。住房金融仍是各银行竞争的战略性业务，尤其是把个贷业务、住房按揭作为战略重点。

四、关于控制总量、把握节奏

控制总量、把握节奏、调整结构、提高执行力、确保质量是2010年信贷工作的重点内容。

——提高信贷计划执行力。监管机构对商业银行年度贷款总量、季度和每月计划安排有明确要求，配套有差别化的惩罚措施。个贷计划是全行信贷计划的重要组成部分，必须认真做好信贷计划执行工作。要充分认识计划执行的重要性和严肃性，统一工作步调，各行未经总行允许，绝对不得突破计划总量和计划进度。要合理把握贷款投放，加强总、分行的沟通，多协调、多理解，提前做好预判，主动做好工作，统筹安排好营销、受理、发放等业务环节，尽可能避免关闭系统以及产生不利的社会影响，做好客户的稳定工作。

——继续调整和优化信贷结构。我行业务的结构调整必须保证与国家政策导向保持一致，做到有保有控、突出重点，并要承担起社会责任。要重点支持个人住房贷款，尤其是居民自住房贷款，控制投资、投机性购房贷款，要规范、稳健发展个人消费经营类贷款。要优先选择个人信用好、综合贡献度高的客户。总行的信贷规模要重点支持市场相对成熟稳定、经营管理能力强、资产质量和贷款收益水平高的分行，控制管理基础薄弱、质量差、收益低甚至不断发案的分行的贷款规模。

五、关于差别化定价，增强盈利能力

要充分认识利率市场化给房贷业务带来的压力和挑战。提高对增加贷款收益的认识，把提高利率执行水平和贷款综合收益，全面提升房金业务整体盈利能力和增加住房金融客户的综合贡献度，作为2010年工作的重要目标。

——房贷利率执行水平和定价能力需要进一步提升。分析目前全行的信贷业务，包括住房金融业务，有以下几个问题：一是我行利率水平在同业中无明显优势。二是房贷利率执行情况行际间差异较大，一些规模大行的利率水平较低。三是主动议价和提高利率的意识不强、动力不足、压力不足、能力不足，部分分行仍然存在过度强调同业、依赖利率底线去竞争市场的现象。

——增强盈利能力，提高价值贡献。一是提高房贷业务直接收益率，合理定价，确保利率执行水平达到总行有关经济资本回报率的要求。总行的业务政策资源配置要与贷款利率执行水平挂钩，体现收益的要求。二是要考虑综合贡献度，确保利率收益与综合贡献度的相互平衡。住房金融业务与其他产品关联度高，也是综合贡献度较高的业务。要充分利用客户资源，加强业务联动，开展产品交叉营销，增强住房金融业务的价值创造能力，全面提升综合价值贡献度。

六、关于抓好贷后管理，实行专业化经营

——继续持续保持个人贷款质量的稳定和优势。根据审慎经营的原则，2010 年我行个人贷款风险分类标准提高，不良的标准由逾期超过 180 天改为逾期超过 90 天，这对进一步压缩不良贷款，包括确保新增贷款质量，在同业中保持资产质量领先，提出了新的挑战。

——认真落实“贷后管理年”实施方案。前不久全行召开了启动贷后管理年的视频会，张建国行长提出了明确的要求，要以“贷后管理年”为契机，强化风险管理，进一步提升全行经营管理水平。我们要按照“贷后管理年”的实施方案，抓好相关工作，建立贷后管理工作的长效机制。一是进一步明确贷后管理工作职责、细化贷后管理流程、规范贷后管理操作。二是不断丰富贷后管理手段，实现贷款催收、抵押物管理工作的专业化，加快推进个人信贷档案的集中管理。三是严格按照监管部门的要求，完善贷款支付管理规定。四是开展案件专项治理，加强案件防控，持续做好内外部审计发现问题的整改落实，确保合规经营。五是加强贷后管理人员队伍建设，提高人员素质，设立专职贷后管理岗位。六是充实贷后管理人员并保持稳定，使贷后管理的人均贷款规模和笔数保持在合理水平。

——坚持专业化经营方向，夯实经营管理基础。加强基础管理，保障业务运营平稳进行，是我们必须常抓不懈的重要工作。目前，全行已组建个贷中心 575 个，一级、二级分行城市基本都已建立个贷中心，部分城市和城区行实现了前台、中台、后台环节的专业化经营。但仍存在一些问题和不足，如有些分行组建的中心数量多，但验收的达标率低，很多属于“翻牌组建”，在风险控制、操作流程方面没有实质性改变，更没有实现关键环节的集中。总行要求各分行要着眼长远，加大个贷中心建设的力度，加快推进个贷中心专业化经营模式，坚持个人贷款从调查环节就开始进行集约化管理，推进贷前、贷中、贷后的岗位制衡。对于建设不规范、不达标的个贷中心及所属分支行，信贷计划要从紧甚至减少，对出现重大风险和违规的，要进行必要的处罚。

——坚持合规经营，杜绝大案要案的发生。在前几年的业务检查中，审计、监管部门发现个别分行存在一些问题，有些甚至是相同或类似的问题屡查屡犯，这与我们上市公司的形象、声誉很不相称。为强化案件的防控，2010 年总行与各业务部门、各分行都签了责任状，案件超过限额要追究责任，上下都要受罚。近年来，在全行法律纠纷的案件中，个贷诉讼案件数量上升，这既有我们对违约贷款提起的诉讼，也有因服务质量等问题被客户起诉的，必须引起重视。要坚持合规经营，严格按照法律程序办事。

七、关于完善服务，提高客户满意度

——服务是金融企业的生命，服务就是竞争力。服务是我们发展的基础，更是我们生存的基础。住房金融业务面向千家万户，是我们建设银行向公众提供服务的重要窗口。我们要牢固树立“以客户为中心”的经营理念，以服务促效益、以服务赢市场，将服务意识贯穿业务发展的始终。

——个人板块开展“服务质量年”活动。2010 年，全行个人银行业务组织开展“服务质量年”活动，旨在全面提升个人银行服务品质和客户满意度，锻造同业市场竞争优势。总行已经下发了个人银行业务“服务质量年”活动方案，住房金融条线也制订了具体的工作方案和措施，各分行要认真组织实施、夯实管理基础、提升服务质量。

——进一步优化流程、简化手续，提高客户满意度。近几年全行推进个贷流程改进、提高住房金融服务工作取得了一定成效，但是与市场和客户的要求相比，仍有很大的改进空间。要通过加强客户服务体验、客户之声调查和客户回访，以及客户投诉管理，深入了解客户需求和客户对改进服务的意见，持续实施服务质量监控，抓住关键环节改进流程、简化手续，促进客户满意度和忠诚度的提升。上海世博会还有不到两个月时间，总行对做好相关服务进行了部署和要求，也包括住房金融业务，要配合做好有关工作。

同志们！面对复杂的形势和新的工作要求，要完成2010年的工作任务，既需要住房金融条线的全体同志继续努力，也离不开全行各条线、各有关部门的共同支持。我们相信，只要我们把握大局、坚定信心、抓住机遇、全力拼搏，就一定能够圆满完成全年的工作任务，使全行的住房金融业务迈上新的台阶。

在个人存款与投资业务工作会上的讲话

陈佐夫

（2010年4月8日）

同志们：

今天全行个人存款与投资业务工作会在充满活力的广州召开，希望大家能够到改革开放最早的地区来充充电，保持旺盛的工作热情，推动2010年个人存款与投资业务红红火火地发展。这次会议是经过总行党委批准召开的，主要任务是贯彻落实全行工作会议精神，总结2009年个人存款与投资业务工作，分析当前经济金融形势及对个人业务的影响，安排部署下一阶段主要工作。下面我先谈几点意见供大家参考。

一、过去一年的成绩和亮点

十天前，我行向社会正式公布了2009年的经营业绩。尽管2009年是中国进入新世纪后经济最困难的一年，但在总行党委的领导下，经过全行员工共同努力，我们取得了不错的业绩。这个业绩好于预期，而且来之不易，交出了一份比较满意的答卷。

过去的一年，个人存款与投资业务同全行一样，坚持科学发展，推动业务转型，客户结构持续优化，服务水平明显提升，业务亮点不断涌现，主要指标表现良好。应该说，国内一流零售银行的发展目标有望实现。2009年的亮点很多，主要概括为八个方面：

一是个人存款新增再创历史新高，增速和网均新增居四大行首位；中间业务快速发展，实现收入164亿元，借记卡收入稳步增长，黄金业务实现翻番。

二是客户规模持续扩大，结构调整取得实质性进展。个人结算账户新增近6 000万元，VIP客户增长52%，相应的资产总值增长43%。

三是网点转型取得新成效。一代网点转型完成99%，四项巩固措施顺利推进；二代转型超过1 200个网点，VIP客户满意度得到大幅提升。网点转型在同业中、在社会上都得到认可。

四是精准营销体系初步搭建。目前已成立了数据分析中心、产品研发中心、问题解决中心和客户体验中心等中后台机构来支持业务的发展，效果不错。

五是全行自助设备运行质量显著提高。针对以往反映的自助设备投放量大、运行质量不高的问题，总行从2008年年底实施了“剎尾巴”工程，现在工作取得明显成效，全行自助设备开机率保持在97%以上。

六是电话银行快速发展，问题解决方面的客户满意度显著提升。电话银行客户超过5 000万户，全行95533客户服务接通率稳定在80%以上，投诉率大大降低。

七是专业化经营取得了有效突破。在城市行的试点范围不断扩大，网点管理中心和物品配送中心等网点后台配套支持机制建设全面展开。

八是客户经理队伍建设驶入快车道。客户经理的培训实现了多元化、专业化和常态化。

我们做的工作、取得的成绩，业务的亮点非常多，我点了这八个方面，难免挂一漏万，赵总的工作报告还会有更全面、更具体的阐述。这些成绩是在总行党委、董事会的正确领导下，全行上下共同努力的结果，是我们广大基层员工克服困难、艰辛付出取得的成果，更是在座各位勇于拼搏、脚踏实地、真抓实干的成果。在此我代表总行党委，代表郭树清董事长、张建国行长和谢渡扬监事长向在座的各位，向辛勤工作在个人条线的基层广大员工表示衷心的感谢和崇高的敬意！

在肯定成绩的同时，我们也要看到发展中还存在一些问题和不足。主要有：服务质量还不稳定，客户体验尚需改进；少数网点营销不规范，存在一些强行搭售行为，引起客户投诉；客户细分不够，特色产品少，针对VIP客户的资源配置和服务差别化有待提高，这是“客户接待日”反映比较多的问题；一线员工总量不足，结构也需要优化；重点地区竞争力较弱，个别特大城市与同业第一的差距有拉大趋势。

二、当前经济和金融形势

2010年是我们继续应对国际金融危机，保持经济平稳较快发展，加快转变经济发展方式的关键一年。同国际金融形势一样，我们面临的国内经济形势比较复杂，不确定因素依然很多，经济社会发展当中的突出问题和突出矛盾依然存在。经济发展方式的转变和结构调整成为社会普遍关注的焦点。银行作为经济核心主体，要把握好以下几个问题。

（一）后危机时代，国家和社会对国有控股银行有着新的标准和要求

温家宝总理在会见出席中国发展高层论坛的国际友人时指出，中国在这次金融危机中没有受到很大冲击，一个重要原因是金融体系比较健康，但这并不说明中国金融体系没有问题。2009年提出要加强信贷管理，实现贷款均衡可持续，但并未完全如愿，反映出银行存在机制问题，金融调控和监管上还有缺陷。总理强调，要继续深化金融体制改革，防止系统性风险。国务院近期将成立调研组，研究解决金融体制、机制等问题。这说明，现在国家对银行的标准更高、要求更严。

（二）监管政策的调整和变化，将促使银行零售业务的发展更加谨慎和规范

根据国务院对国有控股银行谨慎经营、规范管理和完善服务的要求，监管部门明显加大了对大型银行的监管力度。中国银监会在文件中明确要求，监管部门包括地方监管分支机构要列席银行董事会、监事会、办公会、审批会等会议。2010年年初，国务院法制办就修订后的《现金管理条例》征求意见，涉及个人金融业务的主要有两条，一是个人业务的大额交易超过一定额度只能使用非现金支付，不能再使用现金；二是当日现金交易超过一定额度，银行要强制收费。这对传统银行业务，包括支付结算以及其他传统服务方式都会产生根本性影响。最近中国银监会要求几家大银行加强对基层网点尤其是一些营销平台的管理，要全面开展清洁店面、清除闲杂、清理产品的活动，规范金融产品销售方式，严格遵循真实代销、专柜管理、卖者有责的原则，整顿网点营业秩序，纠正不当销售行为。我们要积极适应这些监管政策的调整和变化，更加谨慎和规范地经营管理。

（三）调整结构将成为零售银行业务发展的重中之重

拉动内需、促进消费是国家健康持续发展的重要抓手，关键是要调整国民收入结构、提高居民在国民分配中的比重、提高居民的收入水平尤其是低收入群体的收入水平。可以预见，随着整个国民收入结构的调整，我们的目标客户群体会快速扩大并产生新的变化，居民消费、投资将进一步多元化。零售银行要紧紧抓住这个机会，拓展业务范围、调整业务结构、扩大市场份额、提高竞争力。

（四）城镇化推进和二三线城市的快速发展，都将成为零售银行业务发展新的增长点

前不久，国务院副总理李克强召集城镇化发

展的专题会议，表示以后十年城镇化发展是政府工作的重点，要求参加会议的单位在国家推进城镇化、二三线城市发展过程中合理地布局、科学地规划。从各项政策看，国家已经明确把推进城镇化尤其是二三线城市的发展作为下一步经济发展的重点，这也是经济发展的必然规律。银行要密切关注这一进程，随着国家政策的发展相应调整战略部署，适时调整区域发展策略和渠道布局策略，合理布局、科学规划，跟上国家经济发展、城镇化发展的步伐。

（五）网络发展日新月异，对传统的银行服务方式提出了严峻挑战

截至2009年6月30日，中国网民规模超过了3.3亿人，同比2008年增长了8 000多万人，而且发展还在继续。从看视频到网上购物，再到网络信息的交流和传递，很多事情都可以在网上做。网络的发展催生出了庞大的各类客户群体和大量的非现金支付需求。目前市场上就陆续出现了支付宝、Ebay、Paypal等第三方支付机构。网络经济的发展必将促使银行金融服务产生一系列革命性的变化。关注这些变化不仅仅是网上银行部门的事，而是全行的事，特别是个人银行部门要从客户和市场的角度加快服务方式创新，工作要有前瞻性，要把业务发展和新技术结合起来，提高市场竞争力。

（六）低碳经济、新能源产业发展，将为零售业务带来新的机遇

国家将大力培育新能源、低碳经济等战略性新兴产业，在战略性、区域性、行业性等方面给予政策支持和更多投入。在这过程中，银行相应业务要做些调整。同时，银行自身也要贯彻“赤道原则”和“绿色信贷”理念，支持符合低碳经济要求的企业和业务发展，主动为符合低碳经济要求的客户或项目提供金融产品和服务。低碳金融的发展和创新，将为拓展个人银行业务服务方式和服务渠道、增加中间业务品种和收入提供新的商机。

（七）更加激烈的市场竞争带来更多压力

随着业务界限逐渐打破以及综合化经营趋势，各家银行原有的业务特点和优势被同质化所代替。银行同业竞争非常激烈，我行也已成为其他银行竞争的主要目标。同时，金融领域新的市场参与者越来越多，像新成立的金融服务公司不仅可以提供贷款，还可以提供结算支付等很多金融服务，对我们都会产生新的压力。市场竞争越来越激烈，这是我们面临的挑战。

与前两年比，现在面临的经济和金融形势都不太一样了，既有机遇，也有挑战，作为管理者要把握这样的大局。

三、需要强调和关注的几个问题

2010年的工作任务很多、很重要，这里我着重强调几个突出问题，希望引起大家的关注。

（一）关于客户服务

抓好服务质量是全行2010年个人银行业务的主线。服务是金融服务企业长期不变的主题。2010年我国将先后在上海和广州承办世博会和亚运会，清明节刚过，张建国行长就召开行长碰头会，专门听取了赵富高总经理关于世博会金融服务的工作汇报，营运、科技、保卫、信访等部门也汇报了相关工作。会议强调，要发挥优势、挖掘潜力，全力以赴地做好上海世博会、广州亚运会的金融服务工作，不能出问题。在座的各位一定要充分认识到办好这两次活动的重要意义，树立起政治意识、大局意识、责任意识，通过扎实有效的工作，全力以赴地服务好这样的活动。2010年世博会、亚运会活动以及我行的“服务质量年”活动，是对我们这几年股改上市以来所做的相关工作一次最好的检验，要通过这些活动建立起建设银行客户服务的长效机制。对于近期客户服务方面暴露出的一些体制和机制上的问题，需要及时加以整改，特别是要从根本上解决问题。

切实树立“以客户为中心”的经营理念。客户服务的有些问题不是简单地靠制度就能够解决的，必须要依靠和调动全行员工积极性，尤其是13万直接面向亿万客户的基层员工的积极性。2010年年初，郭树清董事长写了一篇文章，题目为《员工的心，银行的根》，刊登在《人民日报》上。我读了三遍。文章讲，对现代银行来说最有价值的东西不是资本、不是大楼、不是计算机系统，而是员工。只有员工，特别是身处第一线的员工才最熟悉市场、最了解客户、最能感受到制度流程的合理性，对影响业务发展和服务质量的问题体会最深刻、最有发言权。文章还分析，从理论上讲，股东和公司的根本利益最一致，但实际情况并不总是如此。股东“用脚投票”，而真正最关心银行长远发展的还是员工，因为他们不会轻易离开企业，从心底里希望企业能够健康稳定成长。文章提出，进一步巩固员工在银行改革发展中的主人翁地位，保障员工的知情权、参与权、监督权和决策权，要把服务于亿万客户的员工积极性调动起来，提高银行的综合竞争力。2010年总行要在全行范围内开展深化客户服务、关爱基层员工的主题活动，目的是要通过这些活动调动员工的积极性。我在内部通报上看到河南省分行对在基层网点工作的怀孕员工专门发了“准妈妈”的徽章，戴上以后一目了然。这样在服务当中即使工作有点瑕疵，客户可以理解，双方很好沟通。虽然是一件很小的事情，但效果非常好，很人性化，体现出对员工的关爱。只有重视和关爱我们的员工，才能使每一位员工都把客户服务当成自己的事，才能真正实现我们经常所讲的急客户之所急、想客户之所想，才能设身处地解决好相关问题，才可能谈得上服务质量的提升。

流程优化是提高服务质量的关键。这几年流程优化工作一直在做，而且成效非常显著，包括客户等待的时间缩短、整个业务流程逐渐合理等，同业和客户都给予了很多好评。但从整体上看，还有很多产品、流程不尽如人意，甚至存在不合理的地方。2010年春节之前，郭树清董事长在党委会上明确要求，党委成员、总行的高管、部门老总都要抽出时间到一线，到网点亲自做业务，体验我们的服务和流程，发现并解决问题。春节期间很多同事按照董事长的要求去办理业务，发现了一些长期存在的但一直没有发现的问题，这对梳理和优化流程起了很重要的作用。这项工作要继续推进，体验服务、优化流程大家都责无旁贷。流程优化不仅仅是总行的事，分行也大有可为。2009年山东、广东等分行对柜面业务流程进行了很有特色的优化，效果非常好。这样好的经验和做法可以在全行范围内交流、借鉴、推广。

网点转型要持续推进。这两年我们的网点转型工作得到了同业和社会的认可，今后要持续抓好。2010年要重点抓好三件事：一是继续推进二代转型，实施VIP客户的差别化服务流程，将VIP客户分配落实到每位客户经理，抓好岗位设置、激励约束机制建立等基础工作。二是建立网点星级管理制度。2009年个人部就提出来了，设想非常好。实际上前几年已有一些分行在尝试探索。有这样一个评价体系和管理制度，能够促使我们的管理和服务常态化。三是坚持服务质量监督检查制度，也叫神秘人检查。这项工作效果不错，下一步要继续做好，特别是分行要加大力度，保证服务质量的持续稳定和监督的常态化。

（二）关于风险管理

风险管理要警钟长鸣。这是我们多年从事这项工作的经验总结。这几年，建设银行的发案率在几大银行中处于较低水平，每年的降幅也较大，但2009年有所抬头，集中出了几个案子。风险管理还是要警钟长鸣，一分钟都不能松懈，这实际上是保护和关爱我们的同志、我们的员工。

要高度关注社会非法融资对银行内部人员的影响。现在有些地区经济发展快、资金流动快，对资金需求越来越大，催生了一批金融掮客。这些人把上家的钱拿给下家用，下家可能也有项目或投资，最后资金可能会回来，也可能有去无回，但是绝大部分回不来。这种非法融资对银行内部人员影响非常大。给银行员工好处，给上家高息，一旦出事情，只要金融机构牵扯到里面，就难逃责任。有些金融掮客恶意地把风险敞口留给银行，也有内部人员挪用客户资金，拿到高息以后再归账。这几种情况都会给银行带来很大风险，一定要警惕。再一个，现在称为“高价揽存”，就是存款按照国家规定付息，但是另外给现金、送礼品等其他好处。针对这方面问题，王岐山副总理批示要求中国银监会要加大监管力度，不能任其蔓延，下一步监管部门将会对这类问题采取有关措施。建设银行总体是比较规范的，一般不会发生这样的系统性违规行为，但很难避免有个别分支机构参与进去。所以希望大家还是按照总行的要求，规范经营。正常的营销我们鼓励，但是变相的高价揽储要严格防范。

要依靠科学的方法和手段控制操作风险。现在很多基层行发案在操作部位。依靠传统的“人控”方法控制风险已经力不从心，必须要利用科技手段和科学方法。一是管理机制上要按照专业、专注的原则，合理划分总行、分行和支行各自的管理职责。分工要各有侧重、各负其责，出现问题不能推诿，把风险管理工作做实、做细。二是在管理方法上要充分利用科技手段，通过软件设计来发现问题、控制风险，增强检查的针对性和时效性，这种方法最理想、成本也最低。即使现阶段只能“人控”，也要讲究有效性和政策力，一旦发现问题，该处理的要处理。如果需要，事前要签订责任书明确责任，出什么事情负什么责任，做到有言在先。

（三）关于渠道建设

要加强渠道布局研究，结合城镇化和二三线城市建设合理布局渠道、提前谋划、抢占先机。前几年县镇的网点撤并较多，现在情况发生变化，有些强县、强镇人口比较密集，经济活跃、现金流充裕，可以考虑重新进入。对这些地区的渠道建设和布局，要充分考虑现代消费群体的行为习惯，不一定简单地建一些物理网点，可以设自助银行，可以引导客户利用网上银行、手机银行以及其他新的服务方式和渠道发展业务。

要规范外部机构驻点人员管理。中国银监会在《关于2010年大型银行监管工作的意见》（银监发〔2010〕15号）里明确要求，要做到“三清”，即清洁店面、清除闲杂、清理产品。现在有些外部机构派驻人员在部分分行设网点，这对我们相应产品的销售起到了一些积极作用，但也确实存在不少问题，包括客户投诉、销售不当或者不规范等，影响到银行形象。现在中国老百姓的观念没变，只认银行，出现纠纷就找银行，这些问题出了不少。从短期看，仅仅是一些客户投诉、客户不满；从长期看，会使我们的员工产生惰性，不去主动熟悉业务、不去主动营销，对外部人员形成依赖，形成较大风险。全行要从战略上、全局上认真考虑这个问题，要下决心规范网点管理。现有驻点合同还没有到期的，要规范网点管理。外驻人员最好是在中后台做些辅助性、支持性工作，一般不能直接见客户，有特殊业务要见客户的，必须满足两个条件：第一，客户要愿意见才见，不能强拉客户见；第二，见客户时要有我行客户经理或个人业务顾问陪同。网点资源现在是银行可用的不多的资源之一，希望大家能够顶住压力，合同到期要退出网点。要强调的是，这里讲的是外部合作机构，不包括我们自己的基金公司、信托公司等子公司。跟子公司的合作，我们要贯彻总行集团化战略，协商出好的销售方式和激励机制，给予特殊的政策，支持其业务发展。

要建立模型，科学配置网点人员，促进减高增低。这几年全行业务成倍增长，但人员没有增加太多，特别是网点的人员压力非常大，但目前全行大量增加人员不太现实。2010年总行要研究一线网点的人员配置模型，通过模型的测算，按照实际需要科学配置岗位人员，希望各行要配合做好这项工作。总之，就是要按照网点转型的原则，减高增低，减轻柜台一线人员的压力，提高我们的销售能力和服务水平。

（四）关于专业化经营

推进专业化经营改革是全行战略转型的重要内容，是2010年一项重要的战略任务。在年初的工作会议上，郭树清董事长再次强调了专业专注的重要性和必要性，大家要坚定不移地来抓这项工作。专业化经营要以分行为主推动和落实，总行主要是提出方向和原则，加强研究和督促。这几年宁夏回族自治区分行、吉林省分行在专业、专注方面做了很多工作，效果都非常好，也得到了总行的认可。2009年北京市分行、深圳市分行也启动了专业化经营，我相信在总行的支持下，尤其是有分行员工的支持和理解，一定会成功。其他有条件的分行也应跟上改革步伐。总的来说，是要积极稳妥地推进专业化经营，包括自助设备的管理维护、网点中后台的服务支持，电话银行业务、个金条线银行卡制卡的统一和集约化管理等，都要提到工作日程上，尽快地做好。

要把95533电话银行建成交易和服务主渠道、销售主渠道。美国银行的电话银行不仅仅是接受客户投诉和咨询，主要职能还是交易和销售，风险控制得非常好。作为全国性的大型零售银行，我们要尽快通过各种方式完善服务渠道，包括传统的物理渠道、电子渠道、电话渠道功能，丰富交易品种，优化现有的自动操作系统以及业务监控系统，增加业务交易量。

同志们，2010年我们仍然面临着非常复杂的经济金融形势，改进客户服务、调整业务结构、转变发展方式、防范经营风险的任务仍然非常繁重。只要我们坚定信心、振奋精神、团结一致、扎实工作，我们就一定能够圆满地完成全年工作任务，为建设世界一流银行作出更大的贡献！

坚定信心谋发展　再树目标创佳绩

——在全行机构业务工作会议上的讲话

陈佐夫

（2010年6月22日）

同志们：

时隔一年，我们在美丽的泉城济南再次召开全行机构业务工作会议。这次会议的主要任务是回顾和总结一年来的工作，结合国家政策要求，研究机构业务当前的形势，促进业务的发展方式转变和可持续发展。总行党委高度重视机构业务，郭树清董事长、张建国行长、谢渡扬监事长以及总行的各位领导在多次的会议和很多场合都强调要重视机构业务，张行长连续两年亲自参加大会，一会儿还要作重要讲话，这些都充分体现了总行党委对机构业务工作的肯定和期望。现在，受会议委托，我就当前全行的机构业务工作讲四点意见，供大家讨论。

一、总结成绩，坚定信心

2010年以来，在总行党委的领导下，全行机构业务勇于面对复杂的经营形势，迎难而上，以民生领域为热点，推动各项业务平稳发展，经营效益显著提高。

（一）中间业务快速发展，转型成效显著

截至2010年5月底，机构条线实现部门口径中间业务收入35.7亿元，占全行中间业务收入的13.9%，与2009年相比提高了近2个百分点；中间业务收入占主营收入比重达到27%，较2009年年底提高了6.7个百分点。

产品培育初见成效，代理寿险、百易安、CTS、代理信托资金收付四大产品收入在1～5月同比增速分别达到92%、106%、61%、301%，初步形成多元化产品结构。

（二）信贷投放平稳，资产质量保持良好

截至2010年5月底，机构业务贷款余额达到2 248亿元，较年初增长177亿元，增速8.5%，增长稳健，与全行投放速度持平。

在机构业务贷款中，民生领域贷款占比达到93.3%，较年初提高了1.3个百分点；AA级及以上客户贷款占比达到85.8%，不良贷款继续“双降”，不良贷款额较年初下降0.9亿元，不良贷款率持续下降到0.6%，比全行公司类不良贷款率低0.8个百分点。

（三）负债业务稳步发展，结构持续优化

截至2010年5月底，机构业务负债规模达到22 478亿元，在全行全口径存款中占比达到24.8%。其中，一般性存款15 764亿元，市场排名第二。同业存款6 714亿元，同业占比25.7%，市场排名第三。

（四）有效控制成本，财务效益继续向好

2010年第一季度，机构业务实现净利润56.2亿元，较2009年同期增长37.7%，在全行占比达到15.5%；实现经济增加值50.1亿元，在全行占比18.5%，比2009年提高0.5个百分点。

（五）以点带面，重点业务扎实推进

——“民本通达”成就品牌优势。通过“民本通达”的推广，民生领域累计新增2 924户新客户，新增各类对公结算账户4 795户。教育、卫生、社保等重点领域进展顺利。民生领域贷款余额2 097亿元，较2009年同期增幅达23.8%。存款余额达5 691亿元，较2009年同期增长27.8%。关联产品和关联领域辐射效应突出：社保联名卡发卡量新增155.3万张、代收代付社保资金的企事业单位客户数量达18.1万户、企业年金关联客户新增开户数58户、财政公务卡等各类新增发卡134万余张等。

——以有效账户为突破口，“八一工程”稳步推进。截至2010年5月底，军队武警市场占比达到21.5%，较“八一工程”实施前市场占比提高了12.5个百分点。武警内卫系统市场份额保持排名第一。

——截至2010年5月底，我行CTS客户总数1 975万户，第一季度实现手续费收入1.4亿元，客户数和手续费收入居同业之首。

——实现代理保险业务收入18亿元，网均产能列在四大行之首，收入余额和增幅在四大行中均位列第二。银保系统覆盖12 649个网点，网点活动率达96.6%。

——财政代理业务全面增长。前5个月我行代理中央财政授权支付金额同比增长32%，中央非税收入收缴金额同比增长22%；我行代理中央财政授权支付的代理预算单位数、代理资金支付量、代理手续费收入继续保持同业第一。

——银行同业和非银行金融机构业务稳步发展。银行同业业务积极创新，成功中标国家开发银行全行财务共享中心银企直联服务项目。银期直通车开通期货公司147家，签约客户总量46万户，合作期货公司和签约客户数量均居同业之首。

——风险防范和案件防控工作扎实推进。一年多来，全行机构业务对风险进行了系统排查，尤其在贷后管理、中小商业银行风险防控、业务操作风险防范上强化了对分行的指导、监督和检查，为机构业务健康发展提供了强有力的基础。

这些成绩的取得，得益于总行党委的正确领导，得益于各部门的支持和配合，更得益于机构业务条线全体同志的辛勤工作和共同努力。借此机会，我代表总行的各位领导对机构业务条线全体员工致以最真诚的感谢和崇高的敬意！

在过去的工作中，机构业务条线涌现了一批先进集体和先进个人，值得鼓励和表扬，根据“民本通达”的整体工作进展情况，在2010年适当的时候，我们还要进行表彰。今天的会议我们将对实施了三年多的“八一工程”先进集体和个人进行表彰。在这里，我代表总行党委对在“八一工程”推进中作出突出贡献的北京市分行、河北省分行、辽宁省分行、江苏省分行、宁波市分行、山东省分行、青岛市分行、福建省分行、广东省分行、海南省分行、四川省分行、陕西省分行、甘肃省分行13家分行给予口头表扬。对于作出突出贡献的37家分支机构和200名先进个人还将进行通报表彰，一会儿京圃总监将宣读表彰决定。希望这些先进单位和个人戒骄戒躁、再接再厉，做好自己的本职工作；同时我们也要求全行机构条线要以此为榜样，上下齐心，通过扎实的工作再上一个新的台阶。

二、认清形势，抓住机遇

（一）经济金融形势复杂多变

2010年以来，国际金融形势跌宕起伏，少数国家主权风险加重了国际金融形势的复杂性，部分欧美银行经营出现困难，西欧的很多国家，包括英国、德国、法国为了避免重蹈希腊和西班牙的覆辙，正大幅度削减赤字，全球经济出现第二次探底的可能性依然存在。

国内经济发展基本趋稳，但经济发展中的结构性矛盾依然存在，部分领域的物价不合理上涨。自然灾害和紧急事件频发，多灾多难，市场不确定因素增多，银行经营难度加大。

（二）国家政策深度调整，民生领域迎来新的发展机遇

2010年以来，国务院连出新政，遏制房价过快上涨，严格控制高耗能、高排放等“6+3”行业的过度发展，加强对各项社会事业、文化产业等民生相关行业的支持和重视，突出经济发展方式转变，民生领域面临着新的历史性发展机遇。

——积极财政政策的延续，更加提升财政对各项业务的源头作用和拉动作用，转移支付力度加大，城镇化、公共服务均等化的推进，为财政及政府机构业务提供了更加广阔的发展空间。

——“全民社保”体系的建设已经成为我国经济结构调整和发展方式转变的阶段性目标。社会参保范围将陆续扩大至包括农民工在内的全体社会成员。城镇居民医疗保险、失地农民养老保险、新农保、新农合等社保险种日益增多，市场空间巨大。

——国家加大对教育、医疗、文化等行业投

入和政策倾斜，促使相关金融服务日益产业化、现代化和多元化，相关领域市场总量扩大，配套金融服务需求旺盛。

——低碳经济已经成为全球共识，绿色金融大有作为。2010年作为“十一五”规划的最后一年，各项节能减排工作任务将十分繁重，重大环保项目对金融产品和服务的需求十分迫切。

（三）资本市场的改革加速，金融业发展机遇与挑战并存

2010年年初开始，国家出台一系列重大举措，酝酿多年的融资融券、股指期货都陆续推向市场，给资本市场注入了新的元素和活力，给金融机构业务的发展提供了机遇和挑战，特别是考验商业银行的经营管理和风险控制能力。

——资本市场走势不明。在国际金融市场、国家宏观调控政策和加息预期的多重影响下，我国资本市场持续走低，动荡剧烈。到2010年5月底，沪指和深指分别下跌21%和26%，跌幅分别居全球第五和第二，这和我们经济的上行是相悖的。

——利率市场化加速。2010年以来，随着CPI的攀升，中央银行货币政策实际已进入从紧阶段，存款准备金率已经三次上调；中央银行票据发行重启；SHIBOR利率持续走高，利率进入上升通道，各家银行对加息预期增强，对存款的争夺实质上已经进入白热化阶段。优质客户在贷款方面的议价能力也显著增强，银行利差收窄。前两天中央银行已经宣布重新恢复一揽子货币的浮动汇率制，对我们下一步的经济也会产生一定的影响，银行经营压力明显增大。

（四）同业竞争更趋激烈

目前，国内各大商业银行都对机构业务给予了高度重视，竞争非常激烈。对低成本和稳定的财政等一般性存款和已经实行市场化利率的同业存款各出奇招，竞争日趋激烈。有的银行为降低贷存比，不惜高价揽存；有的银行将同业存款也列入指令性计划，加大考核力度；还有的银行在总行设立了专门的大机构客户营销中心，负责财政等重点机构客户的营销。地方商业银行快速崛起，地方政府出于地方保护原因，在财政存款等业务上均会对城市商业银行给予一定的倾斜，中小银行为了快速扩张，对各项同业存款提高利率，高息揽存，市场竞争加剧，业务发展的难度加剧。

三、正视差距，应对挑战

面对当前的业务形势和发展机遇，我们的工作中尚存在一些不足和差距，还存在一些困难和矛盾需要我们大家共同来研究和解决。

一是对机构业务重视程度需要进一步提高。客观地讲，在总行党委的督促下，近几年各分行对机构业务的重视有所增强，但是我们感觉到仍有少数分行对机构业务的重视程度还不够，对业务的机遇把握还不敏感，资源支持的力度还不足，与总行党委对机构业务的要求和期望还有很大差距。机构业务客户关联性广、辐射性强，客户和领域都是国家转变发展方式的资金投向和政策支持重点，面临重要的发展机遇期，是全行重要的客户基础和业务转型的重点，关系到建设银行的可持续发展。机构业务作为全行性的战略业务，光靠机构业务条线的“单兵作战”远远不够，还请我们各级领导、各相关部门给予高度重视和大力支持，从全行发展战略的高度重新认识和定位机构业务，保护机构业务、支持机构业务。

二是近期机构客户存款增长乏力。2009年机构业务全口径存款达到2.22万亿元，是2005年的3倍，在全行的占比从2005年的19%提高到了23.5%。但是从2010年1～5月经营情况看，同比增速和计划完成率都明显低于往年，一般性存款和同业存款的发展都面临非常严峻的形势。对此需要引起全行的高度重视，要有针对性地提出化解之策，切实维护机构客户存款的市场份额和发展能力。

三是业务发展存在不均衡。一些分行仍然习惯于传统做法、传统产品和传统领域，业务创新不足，尤其是一些重点地区的分行，竞争力下降，起不到“领头羊”的作用；一些业务在个别分行有很好突破，但全行平均的营销能力和服务水平还有待提高；部分分行对机构类中间业务还重视不够，没有形成自己的拳头产品和重要的收入来源。

四是CTS业务市场份额面临严峻考验。2010年前5个月，工商银行CTS客户总数净新增90万户，农业银行净新增78万户，中国银行净新增53万户，我行净新增52万户，四大行相比，我行新增量最少，尽管从存量上我们还暂时领先，但领先的优势岌岌可危，希望各分行引起重视。

五是基础管理工作尚显薄弱，制度有待完善。2010年上半年，有个别分行出现因为人员岗位调整，业务交接不清，对非税收入收缴资金划拨出现延误的现象，给我行的形象造成非常不良的影响，我和仁刚总经理都作了检查，张建国行长也作了批示。近年来，各行机构改革频繁，人员岗位变动多，办公电子化程度不断提高，很多业务在交接中出现脱节，这些都是潜在的风险点，必须引起高度重视；我们也发现个别分行存在给客户违规做理财业务、业务操作不规范、记账手续不全等现象，希望尽快注意和改正。

四、树立新目标，创造新业绩

2010年的工作计划和要点都已经下发分行，各分行要深刻理解总行的业务发展目标和结构调整意图，严格按照总行的要求安排工作。这里，我强调三个方面的工作。

（一）加大结构调整力度，促进发展方式转变

促进发展方式转变是我行2010年工作的重点，对机构业务而言，促进发展方式转变就是一方面要结合国家政策和重点，充分发挥商业银行的服务功能，主动服务好经济发展大局；另一方面要主动调整业务结构，加快机构业务的转型，确保机构业务的健康和可持续发展。

1. 促进中间业务与资产、负债业务的协调发展。继续加大中间业务发展力度。抓好代理保险、百易安、CTS和代理信托资金收付业务等重点产品，进一步配置资源、创新产品、深化服务，培育更多潜力产品，搭建更多的对公和个人业务服务平台，确保中间业务的可持续发展能力。加大对民生领域、新兴行业和绿色环保业务的信贷支持力度，做好、做实项目储备，提高储备项目的贷款转化率，确保信贷的平稳、有序投放，注重信贷质量，加强风险管理。负债业务要坚持低成本存款策略。抓住对存款真正有价值的基本账户、专用账户。机构业务部要与有关部门研究我行的利率应对策略，既要有统一要求，又要符合实际，确保存款健康稳定增长。

2. 在经营模式上突出综合化金融服务。在全行范围内进一步推广和深化“民本通达”。我们要根据客户需求继续完善和优化“民本通达”金融服务内容，提升服务层次。要利用整合营销、联动营销的特色，积极攻克一批长期以来没有进展的重点客户；以银行结算账户特别是基本结算账户为重点，扩大合作客户群体，稳固客户基础，形成我行服务民生的领先优势。同时，要把综合化服务的经验推广运用到其他机构客户，切实提升全行的综合服务水平。

3. 加大业务创新力度，培育可持续发展能力。业务创新是可持续发展的有效途径。要主动贴近政府类客户的职能转型，为其提供能服务全社会的金融产品，如社保资金的异地转移接续、城市IC卡、第三方支付等；要主动贴近资本市场，研究能够有效连接资本市场和货币市场的对公理财、个人理财、资产管理产品和资金结算工具。

（二）抓住业务重点，确保完成计划

1. 继续巩固“八一工程”战果。今天我们表彰“八一工程”并不意味着这项业务已经船到码头车到站，可以松把劲了，而是对我们开展这项业务三年的小结和回顾，也是对这项业务有新的要求和新的起点。我们要珍惜成果、珍惜局面、继续努力、常抓不懈，逐渐形成我行的比较优势，真正改变市场格局。

2. 抓住经济热点，全面做好政府机构客户的服务。政策就是机遇，在服务政府类客户上，尤其要紧紧围绕国家政策调整，以财政传统业务优势为依托，紧随改革、面向长远，服务好财政、社保、国家机关、事业法人客户最新的改革需求，在社会进步过程中发挥金融服务的作用，奠定业务可持续发展基础。要结合国家2010年已经出台的13个区域战略和目前国家对新疆对口支援的政策，切实研究我们在政府机构业务方面的商业机会，在业务拓展上要做到区域的差异化、产品的差异化、策略的差异化和服务的个性化，提高服务效率和水平。

3. 深化与金融机构客户的业务合作。要切实认识到金融机构业务对全行客户群体、资金链条和资金体内循环的重要作用，从互惠双赢的角度深化与其他金融机构的合作，包括渠道的互换和产品的互利，实现双方的服务增值。要高度关注中国人民银行和监管机构对金融机构业务的监管政策、信贷政策、利率政策以及对资本市场业务准入和政策调整信号，积极争取新的业务机会，拓宽合作范围。

（三）提升经营管理水平

1. 全面加强风险管理。利用全行贷后管理年和实施新资本协议的契机，对业务进行全面的梳理优化，推进内控体系建设。通过风险意识的提高、规章制度的完善、评价能力的提升、业务流程的规范、管理工作的深入，促进机构业务的风险控制和管理更上一个新台阶。

2. 切实加强案件防控。对于历年审计和业务检查中出现的问题，要给予高度重视，及时进行整改，并举一反三，完善制度，及时提出警示和提示。尤其是对特殊性质的资金，如财政资金、社保资金、军警资金要更加严格要求，切实按照相关部门的规定进行资金存放、转移和管理。

3. 继续深化基础管理。加强制度建设，尤其要做好创新业务的制度规范，业务要发展，制度要跟上；加大创新业务的学习、推广，提高业务整体水平和流程规范；要特别注意目前相关分行组织架构的改革，主动做好衔接，及时进行调整，尽快发挥整合的优势，打造全行标准化、专业化、精细化的服务流程，为业务的健康和可持续发展保驾护航。

同志们，2010 年是形势最为复杂多变的一年，也是我们树立新目标、跃上新台阶的关键之年。我们机构业务条线要切实按照总行党委的要求，按照张建国行长的要求，加快业务转型、促进业务创新，与全行公司业务和个人业务转型相适应，通过我们的工作，争取更上一个新台阶，创造新的业绩。

拓展新思路　创造新业绩

——在全行财富管理与私人银行业务座谈会上的讲话

陈佐夫

（2010 年 8 月 5 日）

同志们：

今天，我们在美丽的赤峰召开全行财富管理与私人银行业务座谈会。这次会议的目的是请大家献计建言、集思广益，共商全面提升财富管理与私人银行业务专业化经营能力的大计。希望通过这次会议，提高认识、统一思想、理清思路，找准财富管理与私人银行业务的突破口，开创业务发展的新局面。

四年前，房贷业务处于低迷状态，我们在深圳召开了一次全行房贷工作会，统一了思想、提高了认识、明确了目标、激发了工作热情，从那之后，建设银行的房贷业务走上了一个新的发展阶段，在同业中有很强的竞争力。赤峰是一个文化底蕴很深厚的地方，是北京的北大门，是康熙决战葛尔丹的古战场，也是代表着战略转折的地方。希望全行财富管理与私人银行业务也能够以本次会议为起点，迈进一个全新的发展阶段。下面，我谈几点意见，供大家讨论。

一、过去的努力和取得的成绩

从 2005 年 6 月总行正式成立高端客户部起，全行财富管理与私人银行业务从起步到发展至今已有 5 年了。5 年来，全行上下积极探索、不懈努力，获得了显著的成绩。

（一）业务平台建设扎实推进

这 5 年，从总行党委到各级分行的领导对财富管理和私人银行业务都是高度重视，持续加大战略投入，截至 2010 年 8 月，全行已建成开展业务的财富中心 131 个，私人银行 5 个，最近正在筹划续建的也有数十个。4008895533 贵宾服务专线已开通，网上银行高端版也正在研发中。全行以财富中心和私人银行为主，以电子渠道为辅，覆盖国内富裕人群较为集中的主要城市的高端客户服务平台体系基本建成。

（二）维护客户成绩显著，客户数量连年翻番

截至2010年6月底，全行财富级客户总量达到11万户，较2005年起步时翻了3番多，年均增长率达200%；AUM达到4 872亿元，与2005年起步时比也翻了3番，年均增长率达183%，增长显著。

（三）专业队伍不断壮大，服务能力逐年提升

建设银行的财富管理专业队伍从无到有、从少到多，现已形成了客户经理和财富顾问两个专业岗位系列，人员超过700人。其中，80%以上具有AFP或CFP证书。财富管理队伍中，很多同志都有优秀的业绩，有的获得了全国五一劳动奖章，有的获得了社会理财大赛的大奖，有的是全行十大杰出青年，他们是建设银行财富管理与私人银行业务条线客户经理的骨干，也是我们服务高端客户不可缺失的人才。

（四）销售能力逐步增强，销售业绩快速增长

从2006年12月销售第一期“建行财富”系列理财产品至今，全行组织销售各类“建行财富”理财产品近300期，累计募集金额达500亿元。先后为1 537户客户提供定制化理财产品，高端客户专属产品已从债券类扩展至信贷资产类、股权类、外币类和专户理财等几大产品线，产品销售取得了明显业绩。

（五）客户关系日趋紧密，客户满意度持续提高

全行财富管理和私人银行业务已形成制度规范，与美国银行合作建立了规范的客户关系管理流程，高端客户关系管理的理念和方法已居于国内同业领先水平，客户满意度持续保持在较好水平。

5年来，我们取得的成绩是方方面面的，我讲的可能是挂一漏万。这些成绩的取得，是在总行党委高度重视和支持下取得的，也是全行上下齐心协力，共同努力所取得的，更是财富管理条线全体管理人员和客户经理勇于创新、扎实工作、甘于奉献、锐意进取所取得的。这些成绩的取得是来之不易的，凝聚了建设银行第一代财富管理全体员工大量的智慧和心血，为下一步财富管理与私人银行全面实现专业化经营奠定了良好基础。在此，我代表总行党委和高管层，向在座各位和全行财富管理条线的全体员工致以崇高的敬意和衷心的感谢！

二、当前存在的问题和矛盾

我们在看到成绩的同时，也要清醒地认识到，我们的管理和服务离市场和客户需求还有明显差距，尤其与我们建设国际一流银行的战略目标还有不小差距，前进中还面临不少困难和问题。总结起来，有以下几个方面。

（一）思想认识有待进一步提高

总行党委、董事会、高管层十分重视财富管理业务。投入了大量的人力和财力。各分行也大力支持业务的发展，做了不少具体工作。但时至今日仍有不少分行的同志对加快发展财富管理和私人银行业务的战略性意义认识不足，有的工作满足于现状，缺乏危机感和紧迫感。有的形式上重视这项业务，但一涉及具体业务和具体利益就会停滞不前，就有畏难情绪，尤其遇到机制等深层次问题，就尽可能回避。

（二）业务定位不够清晰，管理模式还需调整

从管理模式看，商业银行发展财富管理和私人银行业务主要有三种类型：一是设立独立的子公司，二是在“母体”内实行相对独立的事业部制，三是在“母体”内作为一个业务部门与其他业务一起并行运作。三种模式各有优劣，在不同地区和业务发展阶段都能发挥其作用。近年来，我行采用了第三种模式，使业务在起步阶段就获得了长足发展，同时队伍也得到了锻炼和提高。

但是，从现在的实际情况来看，如果再延续这样的模式会存在一些问题。一是客户归属不清，“双客户经理”模式只能是权宜之计和过渡，很难处理好关系，也很难实现专业化的贴身服务；二是专业化服务不到位，专属产品差异不明显，一些对高端客户有竞争力的产品往往不能在专属场所进行销售；三是财富中心和私人银行与普通网点的盈利模式和绩效评价也基本一致，很难体现该条线真正的价值和贡献度。这些问题直接影响到决策层和管理层对战略资源的投入决心，最终影响到财富管理与私人银行业务专业能力的提升、队伍的不稳定。

另外，从市场环境看，随着中国的发展，富裕群体数量不断提高，外资银行对中国财富管理市场虎视眈眈，国内银行也更加关注并在加快抢占这块业务和市场，竞争形势十分严峻。尤其是四大国有商业银行要真正稳定住自己的客户，拓展业务，就必须在产品研发和服务举措上面下工夫。谁能率先打破僵局，谁就能抢夺私人银行的市场先机。

因此，如果我们满足于现状，不下决心调整业务模式，加快实现专业化经营，在行内我们将被边缘化，在市场上将落后于同行，将失去成为市场领导者的机会。

（三）产品供需矛盾突出，客户对产品的满意度较低

财富管理业务，尤其是私人银行业务是一项个性化非常强的业务，对不同的客户需求，需要制订不同的规划，配置不同的产品。建设银行这几年虽然做了很多工作，但和同业相比仍存在较大距离：第一，理财产品供给渠道单一，产品特色不足。由于研发底子薄、机制不健全，使得我行理财产品种类不够丰富，客户选择余地不大；档期不能首尾相连，导致客户资金搬家现象严重。第二，产品销售模式为单一产品销售，还不能提供全委托资产管理服务，产品的衔接和搭配不匹配，难以为客户提供综合服务方案。第三，对稀缺高端产品也缺少专属渠道销售的规定。另外，财富管理与私人银行部对产品的采购权相对比较单一，还不能采购第三方产品。

（四）业绩考核不合理，激励机制不健全，导致队伍不稳定、人才流失

据调查，近三年财富中心和私人银行共调离人员100人，流失率呈上升趋势，已达7%，而且流失人员都是我们的业务骨干，其中近90%拥有AFP或CFP资格，有超过1/3参加过我行组织的境外培训。这些人员多数曾是经过我行长时间发掘出来并且重点培养的对象，我感到非常痛心，这是我们体制和激励约束机制方面存在的问题。

存在的问题还包括：品牌效应不理想，客户占比和签约率都还比较低，现有客户也时有流失和被“挖墙脚”等现象。这些都必须要引起我们的重视，要看到我们面临的问题，要有危机感、紧迫感和压力。

三、下一步发展的总体目标和基本思路

下一步全行财富管理与私人银行业务发展的总体目标是调整管理模式，完善考核体系，增加产品供给，创造更好效益。经过三年努力，到2012年年底全面实现专业化经营，各项指标在现有基础上翻一番。

全面实现专业化经营是一项复杂而艰巨的工作，同时又是一项十分紧迫的任务，这就需要我们明确主要矛盾、抓住关键问题、集中力量，通过体制和机制的创新，形成突破，加以解决。我认为，当前要着力抓好几项工作。

（一）要明确管理模式和业务定位，努力建立符合建设银行实际的财富管理与私人银行业务模式

要将财富中心和私人银行明确定位为经营机构，把管理职责移交给管理部门。全行的财富中心和私人银行经过5年的摸索，目前已经到了实行专业化经营的阶段，一切考核都要调整到实现这个目标上来。为使财富中心和私人银行能集中精力搞营销，各行同时要加强财富管理与私人银行业务管理部门的建设，在客户数量及业务量到达一定标准的一级分行可设一级部，其他地区可在零售部门内设二级部或专业团队。

（二）要树立起我们的品牌形象，提升对高端客户的吸引力

要有更丰富的相对收益比较高，风险比较小的产品供给我们的高端客户。同时要调整目前的销售模式，不能出现高端客户去抢普通产品，普通客户去抢高端客户专属产品的情况。所以，要明确高收益的投资类理财产品要由财富管理与私人银行部牵头营销。对于一些稀缺资源类及PE、阳光私募等高风险类理财产品，必须只能在专属的场所面向签约客户和潜在签约客户销售。财富管理与私人银行的产品，至少要做成一个“专卖店”，在这里买的产品对客户是最合适的，相对收益率是最高的。传统个人银行产品也要逐步形成“专供”产品。为此，总行将赋予财富管理与私人银行业务部在力所能及的情况下自主开发产

品的职责，并允许根据客户需求采购第三方产品，包括行内的子公司和行外机构的风险可控的理财产品。行内一些稀缺资源类产品也应该专门提供给财富中心和私人银行，面向签约客户和潜在签约客户销售。希望财富管理与私人银行业务部加强与综合支持部门的沟通，同时也希望产品部门给予支持。

（三）要建立能够突出财富管理与私人银行业务价值贡献的业绩评价体系和考核机制

对管理部门，重点考核计算高端客户贡献、牵头销售的理财产品数量及形成的中间收入作为配置战略资源的依据；对财富中心和私人银行，重点考核计算对签约客户的销售贡献度作为决定财富中心和私人银行人员绩效的依据。希望总行的综合管理部门给予适当的政策的支持和倾斜。

（四）要采取有效措施稳定人才和队伍

我们知道，银行的竞争就是人才的竞争，竞争取胜的关键是人才。队伍不稳，业务的根基就不稳。近期造成一线人员流失的原因是多方面的，最根本的是激励约束机制不健全，业绩得不到充分体现，包括个人价值的实现和创造都受到限制。这个问题必须要加以解决。我们不可能搞普惠制，但对我们关键人才和关键岗位人员必须要有明确的有效措施来稳定他们。为此，总行正在研究相关政策。一是争取对关键岗位人员按岗位薪酬加绩效薪酬进行激励，包括对技术含量比较高的岗位给予合理的评价和激励。既要遵循国家的相关政策，又要面对市场和竞争的特殊需要，采取措施，来稳定我们的队伍。希望这些设想和要求能够得到总行综合管理部门的理解和支持。二是进一步完善以财富管理师为核心的专业技术岗位职务晋升通道。对业绩突出、获过大奖、作出过特殊贡献的客户经理或财富顾问要破格晋升，要有特殊的政策。三是研究确定财富中心和私人银行人力资源配比模型，按照一定的客户数量和客户级别或一定的业务量来配置客户经理。有限的资源一定要配置到关键的岗位，原来我们强调的是基层网点，现在对我们的财富管理中心和私人银行，要作为人力资源配置的重点。四是建立财富中心和私人银行客户经理和财富顾问的准入和退出机制。现在入职财富中心和私人银行都有一定标准，但是退出机制还没有形成规范，要保证我们财富管理和私人银行的竞争力和服务水平在同业中有竞争力，准入和退出的机制就必须要完善起来。

同志们，全面实现专业化经营既是我行业务发展的必然战略选择，也是财富管理和私人银行业务发展的必由之路。全面实现专业化经营也是一项复杂而艰巨的工作，在这个过程中，涉及利益的调整、业务权限的划分，甚至还会触及某些矛盾。但是，只要我们条线工作人员能统一认识、坚定信心、齐心协力、扎实工作，就一定能够激发出新活力、拓展新思路、创造新业绩，把财富管理与私人银行业务在现有的基础上做得更好，真正创造良好的品牌形象，为全行的战略转型，为建设银行打造成为国内领先、国际一流的银行作出更大的贡献。

（根据录音整理）

在2010年部分分行信用卡业务座谈会上的讲话

陈佐夫

（2010年8月27日）

同志们：

今天部分分行信用卡业务座谈会在古都西安召开，这次会议是经过总行党委批准召开的，会议的主要目的是总结分析上半年信用卡业务经营情况，研究部署下一阶段相关工作，进一步巩固和增强我行信用卡业务优势，加快信用卡营销组织推进，确保完成全年信用卡业务各项经营指标，提高我行信用卡业务竞争力。下面我讲三点意见，供大家讨论。

一、前7个月信用卡业务发展势头良好

经过7年努力，信用卡业务取得佳绩，品牌影响力进一步提升。我行信用卡业务从2003年发展至今，在同业中始终保持良好的发展势头，各项业务指标均保持稳步增长，客户质量、产品竞争力、风险防范能力、盈利能力、客户服务水平及基础设施都进一步提升。全行信用卡客户数超过2 256万户、累计发卡量超过2 600万张、消费交易额达到2 126亿元，累计客户数和消费额在同业中继续保持第一。资产质量继续保持良好，逾期90天以上不良贷款率仅1.62%，在同业中继续保持最低水平。全年信用卡业务收入达到33亿元，同比增长46%。总体来说，我行信用卡业务有以下四个特点：一是中高价值客户快速增长。中高价值客户达到928万户，全行占比41%，较年初提高4个百分点，客户结构持续优化，反映各行较好地贯彻了总行关于发展客户，尤其是中高端客户的政策导向。二是特色产品品牌优势日益显著。汽车卡、公务卡、百货卡累计发卡量均超过200万张，在同业中稳居第一。三是信用卡产品创新能力进一步提高。芭比美丽信用卡、卓越信用卡、欧洲旅行卡相继推出，进一步增强了我行信用卡产品竞争力。四是客户服务能力进一步增强。400客服已形成上海、苏州、天津、南宁四地运营的多中心布局，电话接通率保持在95%左右，客户满意度超过94%。2010年我行共获得维萨、万事达、银联等信用卡组织、网易等网络运营商及社会各界评奖18项，这些奖项反映了社会和广大客户对我行信用卡业务的良好评价，是可喜可贺的。

这些成绩的取得是在总行党委、董事会的正确领导下，全行上下相互支持、相互配合、共同努力的结果，更是信用卡条线全体员工七年来埋头苦干、辛勤付出的成果。在此，我代表总行党委向在座的各位，并通过你们向辛勤工作在信用卡条线的广大员工表示衷心的感谢和崇高的敬意！

二、当前的形势和任务

2010年国内外经济金融形势依旧比较复杂，我国经济形势总体向好，但刚刚过去的金融危机仍对国内外银行产生了较大影响，后危机时代中国银行业如何进行业务转型成为国内银行关注的重点。尽管金融危机源于西方的投资银行，但我们仍要引以为鉴、吸取教训。考虑中国银行业的发展途径，我国银行面临的根本问题是市场化程度不高、市场竞争力和业务创新能力不足的问题。针对这些问题，商业银行在后危机时代的业务转型主要体现在以下四个方面：一是业务结构从单纯的强调对公业务向对公、对私、中间业务齐头并进，共同发展转型；二是收入结构从单纯的利息收入向中间业务，包括其他非利差业务收入转型，通过服务增加业务收入；三是服务渠道从传统的物理网点服务向电子银行，电话银行、自助设备转型；四是业务范围从单纯的国内市场向国内外市场并重发展转型。无论从业务结构、收入来源、服务渠道还是业务范围，商业银行最能体现上述特点的就是银行卡尤其是信用卡业务，所以说加快信用卡业务发展，完全符合后危机时代商业银行业务转型的要求，具有非常重要且特殊的意义。当前业务发展中应重点关注下面几个问题。

（一）宏观经济政策为信用卡业务发展带来新的机遇

我国政府明确拉动内需、促进消费仍是我国经济持续发展的重要抓手，我行要紧紧抓住机会，加快信用卡业务拓展，扩大市场规模，提高业务竞争力。近几年国家陆续批准了海南国际旅游岛、海峡西岸经济区、关中天水经济区、辽宁沿海经济带等区域性的经济规划，一系列区域经济政策以及城镇化进程推进必将极大地促进这些地区的经济发展，给我行发展信用卡业务带来良好机遇。我行的信用卡业务要根据国家区域政策和经济规划政策导向来适时调整业务发展策略和战略布局。

（二）市场竞争进一步加剧

2010年以来，同业在信用卡业务方面竞争日趋激烈，各行都加大了财力、人力方面的资源投入，争抢信用卡优质客户，对我行信用卡业务发展带来很大压力。目前我国信用卡发卡量超过2

亿张，建设银行市场占比13.6%，位居同业第三。金融危机期间，各行的信用卡业务暴露了很多问题，部分银行调整了发卡策略，招商银行发卡速度放缓，但中国银行、农业银行发卡速度加快，2010年上半年中国银行新增发卡483万张，大大超过我行，客观上也说明现阶段大力发展优质客户仍然是各家银行信用卡工作的重点。在分期付款方面，工商银行、中国银行利用较好的客户基础、灵活的价格手段参与竞争，对我行购车分期业务形成较大冲击。同时，北京、天津、上海、成都等地新成立的消费金融公司，其业务范围和经营特点与信用卡分期付款业务有一定交叉，未来竞争会更加激烈。

（三）监管政策对信用卡业务发展产生影响

2009年下半年以来，中国人民银行、中国银监会连续下发多个文件，对信用卡业务的营销发卡、商户收单、客户服务及风险管理等主要业务和流程进行严格规范。从长期来看，加强信用卡业务监督管理也是行业发展的必然趋势，对信用卡业务发展也提出了更高的要求。一方面，规范发卡环境和竞争秩序有利于业务发展；另一方面，合规经营要求和标准的不断提高，对我们传统经营模式也提出了挑战。所以我们要扬长避短，抓住机会，扎扎实实做好合规经营和精细化管理工作，推动信用卡业务持续快速健康发展。

三、下一阶段工作重点、推进措施和具体要求

（一）进一步加大营销力度，确保完成全年计划

总行党委对信用卡业务一直高度重视，董事长明确提出“从夺取未来零售业务战略主动权的高度推进信用卡业务发展”。从我国发展的经济形势来看，2010年上半年我国GDP总量超过日本，人均GDP超过3 500美元。按照发达国家经验，人均GDP达到3 000～5 000美元，信用卡业务将进入高速增长期。有关专家预测，此阶段中国信用卡市场会以每年新增5 000万张的速度增长，由于信用卡业务竞争的本质是中高端客户的竞争，此时适当加大信用卡发卡力度有利于巩固和提升我行信用卡业务竞争优势。因此，各行要加大发卡营销力度，确保完成全年发卡计划。2010年前7个月，全行新增客户440多万户，完成全年计划的65%，进度完成情况良好。但发卡非常不均衡，四川、云南、河北分行已提前完成全年发卡计划，但还有9家分行明显落后时间进度，特别是北京、天津、江西分行，较全年计划差距较大。同时，部分同业发卡速度较快，导致我行市场份额下降，各行要引起高度重视。对于目前与年度计划差距较大的分行，要尽快采取相关措施，查找问题，迎头赶上，确保完成全年发卡计划。另外，相关分行要紧跟国家政策导向，在巩固和实施中心城市战略的同时，加大新兴城市包括二三线城市的业务发展推进，发挥我行先入优势，积极拼抢市场份额，提升我行综合竞争力。

（二）大力发展分期业务，提升中间业务收入

信用卡分期业务具有市场空间大、收益高的特点，对提升中间业务收入有显著作用。比如汽车分期业务，近几年发展速度非常快，全国分期付款购车辆已占到汽车销售总量的10%，同时国家为了扩大内需，拉动消费，已陆续出台了汽车消费相关政策，为我行汽车分期业务发展提供了有利机会。但从统计数据看，我行市场占比还不理想，我国年汽车产销量超过1 000万辆，我行2009年分期付款汽车总量仅为5万辆，市场份额和业务影响力有待提高。近两年我行凭借成本和服务优势抓住市场机会，购车分期业务以每年20%的速度发展。广东省分行、深圳市分行在汽车分期业务方面成绩突出，广东省分行挖掘网点和集团客户资源，购车分期业务全行占比很高。福建省分行、苏州市分行按照专业、专注的发展目标，成立汽车分期专业团队，分期业务发展迅速。同时，各家同业也将汽车分期业务作为重点业务，加大汽车分期发展力度，市场竞争非常激烈。2009年以来，工商银行、中国银行通过实施低价策略，快速渗透市场，目前市场份额已超过我行。但各家银行的购车分期业务同质化比较严重，优势不明显，所以我行在加快汽车分期业务发展的同时，也要加强业务创新。各行要积极应对市场变化，采取差异化的业务发展策略。有条件的分行要按照专业、专注的要求积极发展，加快组建专业团队，推动汽车分期业务和安居分期

业务快速发展。使我行分期业务再上新台阶，成为信用卡中间业务收入新的增长点。

（三）强化风险管理，进一步加快商户收单业务发展

商户收单业务是银行卡包括信用卡重要的支付结算业务。随着消费额的增加和市场规模的不断扩大，商户收单业务成长的空间日益广阔。这几年，我行收单业务年平均增长率达到33%，已成为全行中间业务收入的重要来源，但目前银行卡的受理环境还不是很理想，客户满意度还不是很高，其中很重要的原因是受理环境还有很大局限性，所以说收单业务发展空间还很大。各行要加大力度发展全国性尤其是区域性集团商户，包括大中型中高档餐饮类、娱乐类、宾馆类、酒店类和百货类商户及外卡收单商户，努力扩大市场份额，提升我行商户收单的整体盈利水平。商户收单在快速发展的同时，也出现了较多问题，2009年中国人民银行、中国银监会通过业务检查发现商户风险管理方面的一系列问题，国家领导十分重视，要求中国人民银行、中国银监会、公安机关等多个部门紧密配合，提高金融欺诈防范能力，完善监管机制，打击银行卡犯罪行为。总行领导对套现案件也高度重视，要求对发现的违规套现案件，立即追究责任，严肃进行整改。各行务必高度重视商户风险管理工作，认真贯彻落实中国人民银行、中国银监会等监管部门的要求，做好风险排查和整改工作，既要发展商户，也要控制风险，按照“谁发展、谁负责”的原则建立责任追究制度，确保商户收单业务健康持续发展。

（四）进一步改善客户体验，提高客户满意度

2010年根据总行党委要求在全行开展了“贷后管理年”和“服务质量年”活动，要求各行根据总行的统一部署，继续牢固树立“以客户为中心”的经营理念，优化业务系统、加强客户分析，积极应对客户多元化和个性化需求，为客户提供全流程最佳服务。现在我行信用卡客户满意度逐年提高，但有些问题仍旧比较突出，包括办卡周期相对较长等，2010年总行党委对缩短办卡周期作了重要批示，信用卡中心通过多种措施缩短办卡时间，全行办卡速度大大提升。尤其是陕西省分行，通过优化审核流程，将办卡周期从30多天缩短到10天左右。但从全行来说，我行办卡周期的客户满意度排名还不理想，与我行总体排名不相符合。所以各行要切实采取有效措施，优化办卡流程、缩短办卡时间、提高办卡效率。汽车卡办理和使用也是值得我们重视的问题，目前由于汽车卡数量增长较快，相关投诉较为突出，主要问题是洗车服务供应商服务水平有待提高。随着人民生活水平的提高，我们要进一步提高汽车服务内容、水平和合作对象层次，将洗车服务扩展到汽车美容、保养和其他汽车相关服务方面，提高客户满意度。下一步总行将加快相关业务的调整和发展力度，在坚持发展特色业务的同时，注重客户满意度的提升。一旦出现投诉，各行要及时处理化解，快速响应，从中摸索新的经验全行推广，提高我行服务质量。

同志们，8月16日建设银行同时在北京和香港发布了2010年上半年经营业绩，在全行的共同努力下，上半年业绩令人非常满意。2010年的经营形势非常复杂，面临的问题也比较多，正是在这个复杂的环境下，这样好的业绩和在座的各位，与信用卡业务是分不开的。在成绩的面前，下半年工作任务还很艰巨，各行要按照总行的要求，继续做好信用卡组织营销工作。相信在全行共同努力下、在信用卡条线全体员工全体努力下，一定能够圆满完成全年信用卡业务各项经营目标，为我们建设银行信用卡业务健康快速发展，为把建设银行建成“国内领先，国际一流”的战略目标而努力奋斗。

发挥专业优势　勇于开拓创新
为改善全行资产质量作出更大贡献

——在2010年资产保全工作会议上的讲话

朱小黄

（2010年3月11日）

同志们：

这次会议的主要任务是贯彻落实全行工作会议精神，回顾总结资产保全工作，表彰先进单位和先进个人，分析当前形势，安排部署下一步工作。下面，我讲四个方面内容。

一、正确认识新形势下的保全工作

资产保全业务发展到今天，需要我们反观走过的道路，研究我们的定位，明确今后的方向。前不久，总行召开了“贷后管理年”暨配合审计署专项审计调查（视频）动员会议，把保全核心业务纳入整个贷后管理的大流程中，这是我们整个信贷管理框架的变化之一。现在，我们回顾一下保全业务的成长历程。

20世纪90年代中叶，我国金融业面临着巨大的历史累积风险，具体表现为巨额不良资产和奇高的不良率，迫切需要进行清理整顿，以化解、消化金融风险。1996年，针对当时全行资产质量较差和支持国有企业调整结构、实施兼并破产工作等问题，从商业银行长远发展大计出发，建设银行在国内商业银行中率先组建了资产保全部，资产保全部的职能和名称都是我行首创的。现在看来，成立资产保全部不仅是当时的应急措施，也是现代商业银行组织结构的基本框架设计，是正确的、科学的设计，为建设银行经营持续改善、资产质量国内领先发挥了举足轻重的作用。

保全部门成立之初主要负责呆账核销，2000年起开始明确负责不良资产的回收处置。2000年以来，保全部门累计处置不良贷款4 080亿元（不包括2003—2004年我行重组改制剥离的可疑类贷款1 289亿元），处置非信贷不良资产1 684亿元，合计处置不良资产5 764亿元。我行的不良贷款率从20%左右降到今天的1.5%以下，不良额由2 500亿元左右降到614亿元（审计前境内口径）。同时，2000年以来，保全部门还累计回收不良贷款利息470亿元，累计盘活不良贷款735亿元，相应回拨减值准备约175亿元，2005年以来实现超值现金回收243亿元（含已核销呆账回收、不含同期利息收入），累计增加全行利润超过800亿元。

经过十多年的改革发展，保全部门工作职能由最初单纯的呆账核销发展到今天实施业务单元制改革、集中经营全行不良资产，保全机构由最初的层层设置精简到今天以一级分行设置为主，人员由全行4 000多人精减到今天的1 000多人，但资产保全条线不良资产处置水平和效率都得到了大幅提升：处置能力从1996年全年核销不足20亿元跃升到年处置400多亿元，不良贷款处置率从2000年的7%提升到2009年的54%，不良资产现金回收率从45%提高到65%，处置手段由单一的呆账核销发展到运用具有国际先进水平的资产证券化手段批量处置不良贷款。实践证明，我行保全体制的发展方向是正确的、措施是有效的、机制是健康的，已经成为全行经营管理体系的重要组成部分。

当前，保全工作存在着一些矛盾。全行不良资产越来越少，且各分行间分布不均衡，有的分行已经降到1亿元左右。在这种形势下，资产保全工作要重新找好定位。目前，资产保全条线做的是不良资产集中经营，也可以成立全行性的不良资产处置团队，这需要在人力资源管理方面有所设计，探索将团队成员的保全业务考核结果作为分行考核的重要依据。资产保全要作为一项常态性工作，找准定位，全面融入全行经营体系中，为实现全行资产质量控制目标、利润计划发挥积极作用。为此，我强调几点意见：

一是资产保全工作要在立足于不良资产处置的同时，充分发挥专业优势，向两头延伸。不良资产集中经营的重点要从对公不良贷款发展到对公与对私、信贷与非信贷、表内与表外、货币形态与实物形态并重，最终实现从不良到关注、从境内到境外全方位的问题资产处置。这里，我特别提醒各分行，要控制好表外业务风险，不要把表外业务变成规避表内业务流程的违规通道，也不要把表外业务变成账外业务，更不要在货币政策趋紧的情况下，为了满足投放需求，通过表外业务放大信用，特别是不能用表内风险敞口支持表外业务的微量收入，出现严重的收益和风险不匹配的问题。我们发行的一些理财产品有银行承诺条款，一旦出现问题就要转贷款。我强调一点，凡是理财产品出问题要转贷款的，都要上报总行授信管理部门审批。要充分揭示表外业务风险，及时化解、及时处理，保全部门也要义不容辞地介入。向前延伸，提前介入全行关注三级贷款处置，通过资源配置和体制建设真正做到关注“关注类”贷款；介入全行押品管理，总行将对此进行专题研究。向后延伸，加强已核销呆账的管理，加大回收力度，向不良资产要效益，增加利润贡献度。

二是资产保全工作做到“双配合”。不良资产处置重点配合落实风险部门制订的全行资产质量控制目标。另外，还要加强研究，从问题资产处置中总结、提炼银行资产经营管理中存在的问题、漏洞，形成研究报告，与前台部门实现信息共享。

为实现以上目标，做到保全业务的常态化管理、常态化经营，将业务职能覆盖到应覆盖到的地方，这是我们面临的新问题。保全工作要有新的定位、新的职能范围、新的考核办法、新的激励机制、新的管理模式。因此，资产保全条线还要在体制创新上下工夫，近期要不断推进不良资产集中经营、专业处置、精细管理。要逐步加大总行资产保全部门对条线的管理力度，一级分行资产保全部门总经理任免要继续征求总行保全部意见。资源配置要与处置效率和效益挂钩，最终实现事业部制的发展目标，做到全行团队式管理、统一配置资源、统一考核激励。

二、2009年资产保全工作回顾

我在以前的会上曾经讲过，保全条线有三个突出的特点：一是不讲价钱；二是不惧困难；三是勇当无名英雄，默默无闻地处理问题。从全局来讲，我行资产质量的改善一要靠强化风险管理，控制新增不良贷款；二要靠提升保全专业能力，加大不良贷款处置力度。近年来，经过不懈的努力，全行每年处置的不良贷款高于新增的不良贷款，这样才能实现不良贷款的连续“双降”。2009年，在总行党委的正确领导下、相关部门的大力支持下，从实现我行资产质量控制目标的大局出发，保全条线继续弘扬团结向上、刻苦攻坚、无私奉献的精神，妥善应对经济形势变化的挑战，积极调整工作节奏，不断加大工作力度，不良贷款处置创历史最高水平，实现了资产保全工作的新突破，为全行资产质量的持续改善作出了突出贡献。2009年，资产保全条线工作可以概括为“七大成绩、五项措施”。

（一）坚决贯彻执行总行战略部署，全面超额完成全年各项目标任务

2009年，全行资产保全条线共处置各类不良资产454亿元，现金回收不良资产294亿元，实现不良资产超值现金回收117亿元，全面超额完成了全年计划。不良资产现金回收率达到了65%，较以前年度有了大幅度的提高，最大限度地减少了我行资产损失。2009年共处置不良贷款420亿元，比上年多处置100亿元，不良贷款处置额高于全年新增不良额，圆满实现了不良贷款“新增多少、处置多少”的任务目标；全年不良贷款处置比率达到年初余额的54%，创历史最高水平。其中，大连市分行和内蒙古自治区分行不良贷款处置额超过年初余额，处置比率达到100%以上；浙江省分行、厦门市分行和上海市分行不良贷款处置比率超过了80%。

（二）提前结束资产服务商工作，维护了我行良好的市场声誉

自2008年1月“建元2008-1”重整资产证券化项目成功发行以来，相关10个分行高度重视

资产服务商工作，下了很大的工夫，积累了很好的经验。10个分行共现金回收信托资产30亿元，其中，山东、广东、甘肃、浙江、河南、河北6个分行实现了超额回收，广东、浙江、山东3个分行现金回收额在5亿元以上，为该项目作出了较大贡献。2009年9月，该项目优先级证券本息全部兑付完毕，优先级投资者实现了6.08%的较高年化投资收益，剩余信托财产依约返还次级投资者；我行累计获得基本服务费、超额奖励服务费和处置费用2.26亿元，增加了全行中间业务收入，实现了多方共赢。该项目法定存续期为5年，提前了3年多终止，标志着国内商业银行首单重整资产证券化项目取得圆满成功，充分展示了我行的不良资产专业化处置能力，维护了我行良好的市场声誉。

（三）业务单元制改革深入推进，彰显体制价值

2009年，各分行以不良资产集中经营为主线，以提升不良资产处置效果为目标，深入推进资产保全业务单元制改革，实现了省会城市不良资产和全行大额不良资产的集中经营，公司类不良贷款集中经营度达到80%，非信贷不良资产集中经营度达到87%。全行有10个分行集中经营公司类不良贷款达到100%；21个分行实现了不良资产的划账集中经营，还有部分分行实现了不良个贷的集中经营。陕西省分行在事业部制改革方面进行了有益尝试，业务单元制改革的稳步推进取得了良好效果，资产保全业务专业化水平明显提高，不良资产处置成效大幅提升。不良贷款处置比率连续5年稳步提高，较改革前提高了16个百分点，2009年首次突破了50%，达到54%；不良资产超值现金回收达到117亿元，较改革前翻了一番。

（四）探索延伸保全业务职能，业务领域拓展取得新成就

我在2009年全行秋季工作会议上讲到，资产保全部门要延伸职能，提前介入关注三级公司类贷款，及早化解贷款潜在风险。会后，总行资产保全部对如何介入关注三级公司类贷款进行了深入、细致的研究，在广泛听取分行和总行相关部门意见的基础上，制定下发了《资产保全部门管理处置关注三级公司类贷款试行方案》，为资产保全部门介入关注三级贷款提供了制度依据，奠定了工作基础。保全业务职能延伸的另一个方面是向后延伸，加强已核销呆账的管理催收。2009年，资产保全条线在建立已核销呆账管理机制方面做了大量扎实有效的工作，首次由总行直接配置已核销呆账回收激励费用，下发了《关于加强已核销资产管理和催收工作的通知》，对已核销呆账管理催收工作作出了具体、明确的安排部署，取得了良好的效果，全年共现金回收已核销呆账4.3亿元，超过了前两年总和。

（五）个人类贷款标准化催收流程体系持续优化

2009年，全行着力于节约催收成本、提高工作效率这一目标，流程体系的优化调整取得积极进展：电话催收集中度不断提高，25个分行的逾期个贷催收实现在武汉、兰州等总行级95533电话银行中心的集中；配套系统支持力度加强，“个贷催收管理平台”全行上线，上门、委外、司法催收功能模块研发工作有序推进；不良个贷催收处置手段日趋专业化，总行正式下发首批委外催收机构建议名单，向全行推荐机构12家，分支机构累计80个，为开展委外催收业务提供了资源共享平台。

（六）风险防控取得实效，各项业务合规运行

2009年，全行开展了两次资产保全业务合规性检查，这在资产保全条线尚属首次，也是保全部门积极调整工作节奏、妥善处理业务运行与风险防控关系的结果。从检查结果看，检查发现问题的数量继续减少，业务总体情况良好，都能按照国家有关法律、法规以及总行有关文件规定执行，未发现严重违规、违纪和弄虚作假行为。但检查也发现，保全工作中还存在着档案管理不规范、少数项目操作不规范、已核销资产债务人在我行存款账户尚有资金等问题。上述问题引起了总分行的重视，现已基本整改完毕。针对审计部对11个分行公司类贷款呆账核销专项审计发现的问题，总行保全部积极研究整改措施，并组织梳理了相关规章制度和业务流程，出台了《不良贷款客户存款账户扣收业务操作流程》，消除了风险隐患、堵塞了经营漏洞、强化了风险控制。

（七）系统保障有力，精细化水平进一步提高

SARM 系统（二期）上线平稳运行，所有表内不良资产处置项目均通过系统进行申报审批，各级行可随时了解每个项目的情况，实现了保全业务的全流程化管理、全流程化控制、全流程化审批、无纸化办公方式。这一覆盖全部资产保全业务品种的基础管理信息平台，为有效提升资产保全业务精细化管理水平、规范各类资产经营管理提供了有力的支撑。为更好地发挥系统支持作用，总行已正式启动 SARM 系统综合改造项目，系统功能将进一步完善。

在过去的一年中，保全条线较好地应对了复杂形势的挑战，出色地完成了全年任务目标。这些成绩的取得主要得益于以下五方面措施：

一是领导重视，相关部门大力支持。近年来，全行上下对资产保全工作的重视程度不断提高，将资产保全作为改善资产质量、调整资产结构的一项重要工作来抓。董事长、行长亲自过问资产保全工作，协调解决保全工作中遇到的重大问题，行长办公会对保全工作进行专题研究。董事进行专题调研，全面了解新形势下资产保全工作面临的困难和问题，促进保全业务健康发展。财会部门在全行费用紧张的情况下，做到保全业务激励费用不少、激励力度不减，有效调动了各分行的积极性。董办、人力、资债、风险、授信、审计、公司、集团、法律、个人、房金、信用卡中心等相关部门也给予了大力支持，创造了良好的条件，共同推动不良资产处置工作。从某种意义上来讲，资产保全是全行性工作，与多个部门的工作息息相关。近年来，保全工作得到了各部门的重视和大力支持，在此我代表保全部向大家表示感谢。各分行也将资产保全工作作为重点工作之一，对于大额不良项目的处置，始终给予重点关注，个别项目甚至由分行行领导亲自挂帅、全程跟踪，为保全工作创造了良好条件。

二是提前筹划，坚持全年工作的“早安排、早部署、早行动”。早安排、早部署、早行动是保全条线近年来一直坚持的一项基本工作原则。对 2009 年的工作，保全条线从 2008 年第四季度就开始着手研究，安排了全年工作措施，提前制订了项目处置方案。2009 年年初，又分别以座谈会和工作会的形式，明确了全年的目标任务和总体要求，为全年工作赢得了宝贵的时间。

三是调整节奏，做到不良贷款“早处置、多处置、快处置”。2009 年，是我分管保全工作的第一年。年初，我就明确提出，保全工作要调整节奏，将不良资产处置工作重心放在上半年，下半年做准备工作。2009 年，资产保全工作节奏调整取得了很好的效果，9 月就提前完成 280 亿元的不良贷款处置考核计划。在此基础上，保全条线服从大局，再接再厉，继续运用各种手段加大不良贷款处置力度，第四季度又处置不良贷款 138 亿元，高于全年新增不良额 100 多亿元，促进了全行资产质量的持续改善。

四是措施得力，各项工作机制行之有效。在处置手段方面，针对年初严峻的经济形势，资产保全条线在坚持现金回收最大化的同时，深入调查不良贷款项目情况，开展项目诊断，对符合收取抵债资产条件的项目和呆账核销项目实行名单制管理，科学安排全年进度，逐项督导落实。在工作机制方面，充分利用专家诊断意见加快不良项目处置进程。2009 年，总行先后组织了 9 次重大不良项目专家诊断，对重点项目形成了有时间进度要求、有量化目标的处置方案，提升了处置效果。各一级分行也建立了不良项目专家诊断制度，推动加快大项目处置进程。有的分行还根据项目诊断发现的问题，提出了改进经营管理的具体建议。重点联系行制度成效明显。在总分行的共同努力下，不良贷款额大、不良贷款率高的 10 个重点联系行共处置不良贷款 207 亿元，占全行的 49%。同时，总行重点参与经营亿元以上重大不良项目，会同分行加快处置，收到了较好的效果。

五是培训到位，全面提升员工技能。2009 年，根据总行关于开展新一轮大规模培训的有关精神，保全条线按照“按需施教、分类培训”的原则，加强员工培训力度。先后组织开展业务知识普及性、提高性、前瞻性 3 个不同层次的全行培训和 4 次区域培训，共培训员工 548 人次。各一级分行也根据本行实际情况，在辖内开展了内容丰富、形式多样的业务培训，培训覆盖面达到了总行要求，进一步提高了员工的专业知识水平和实际操作能力。目前，各一级分行从事不良资产直接经营工作的客户经理近400人，初步构建了一支不良资产专业化经营团队。

2009年，资产保全条线的工作卓有成效，为全行经营作出了较大贡献，充分体现出了资产保全条线出色的应变能力、扎实的专业能力和良好的执行能力，更体现出保全条线全体员工勇于拼搏、开拓进取的良好精神风貌，体现出保全员工对建设银行事业的忠诚和热爱。在此，我代表总行党委和高管层向大家表示衷心的感谢。

三、当前资产保全工作面临的形势

（一）经济形势复杂，对保全工作影响较大

当前，全球经济正在复苏，但基础并不稳固。国内经济虽然率先回升向好，但仍面临着较多困难，资源环境约束日益加剧，抑制产能过剩、淘汰落后、优化布局、加快自主创等新任务十分艰巨。在稳定经济增长速度的同时，转变发展方式、深化结构调整已成为2010年的工作重心。2010年，我国继续实施适度宽松的货币政策和积极的财政政策，货币政策将更具灵活性。同时，通货膨胀预期不断增强。2010年是4万亿元投资的用款高峰，相对需求而言，货币政策趋紧。自2010年1月以来，中国人民银行已两次上调存款准备金率，下一步不排除运用窗口指导、票据甚至利率等调控工具的可能。中国银监会严格了商业银行资本充足率要求，加强了贷款投放的监控力度。经济、政策等多方面因素交织在一起，更增加了经济形势的复杂性。在这种情况下，银行不良资产处置工作必定会受到较大影响。大家要密切关注经济走势及国家政策对不同行业、企业的影响，及时进行适应性调整，增强灵活性，争取主动。

（二）信贷投放迅猛，潜在风险积聚

为克服全球性金融危机的不利影响，2008年第四季度以来，我国商业银行贷款投放增速迅猛。2009年，我行新增贷款达9 814亿元，2010年预计新增7 500亿元。从历史经验来看，贷款投放过于迅猛对于资产质量的影响将在其后1～2年逐渐显现出来。尤其值得警惕的是，地方政府融资平台贷款增长较快，2009年的银行信贷投放相当于以前年度的5倍，地方政府负债率已高达94%，贷款风险正在不断积累，特别是财政层级较低、单纯以财政担保或政府出具承诺函的融资平台贷款潜在风险较大；钢铁、水泥、玻璃、煤化工、风电设备、多晶硅六大产能严重过剩行业，房地产业和造船业贷款在国家进一步加大结构调整力度和当前变化的国际形势下，行业风险加大，可能影响我行贷款安全。资产保全工作是信贷流程的一部分，各分行要在问题贷款处置及押品管理等工作中充分发挥保全专业优势，化解潜在风险，缓解资产质量压力。

（三）不良资产结构恶化，处置难度日益加大

随着不良资产处置的深入，对我们工作提出了更高的要求。一方面，国家加大了房地产市场的调控力度，抑制房地产泡沫，房地产类担保物的处置环境可能发生变化，将对不良资产处置工作产生影响，处置时可能会产生较大损失；另一方面，存量不良项目金额大、结构复杂，对我们工作专业化、精细化水平的要求越来越高。在存量不良贷款中，5 000万元以上不良贷款项目为250户，金额达322亿元，占公司类不良贷款的59%，这些项目处置往往涉及多家金融机构，地方政府干预也较为严重，加之企业自身偿债能力有限，因而处置周期较长，难度较大；私营企业不良贷款达到264亿元，超过国有企业成为不良额最高的企业类型，给不良贷款处置工作带来了新的挑战；产能过剩以及高污染、高耗能等国家宏观调控行业不良贷款达151亿元，随着国家结构调整政策的不断强化，这些行业不良贷款处置难度将进一步加大。此外，157亿元非信贷资产大多为遗留多年的项目，预期损失严重，需要加快处置和消化。总之，经过多年的消化处置，容易处置的不良资产已经都处置完毕，剩下的都是“难啃的硬骨头”，保全条线要继续发扬敢打硬仗、能打硬仗的精神，尝试多种途径加快处置。

（四）同业竞争加剧，资产保全任务艰巨

我行在同业的重要优势之一就是资产质量处于领先地位。2009年末，大型商业银行不良率都下降较快，有的已与我行十分接近，我行资产质量优势受到严峻挑战。近几年来，保全条线处置的不良贷款都在400亿元以上，高于当年新增不良额，我行不良贷款的持续“双降”很大程度上取决于保全工作。为保持我行资产质量的同业领先，各分行要从大局出发，抓紧处置不良贷款，加大资产保全工作力度，将能处置的项目尽快处置完毕。

同志们，面对当前复杂的经济形势和较大的不良贷款反弹压力，我们在进一步增强做好保全工作紧迫感和责任感的同时，更要看到内外部环境发生的积极变化。在外部，不良资产处置政策环境更加宽松，法律法规不断健全，处置手段正在向市场化转变；在内部、有各级行领导的高度重视、有相关部门的大力支持与配合、有科学的激励约束机制，有专业化的处置队伍，这些都为保全工作注入了新的发展动力。我们要坚定信心、克服困难、锐意进取，切实做好 2010 年各项工作。

四、2010 年主要工作目标和要求

2010 年，资产保全系统要认真贯彻落实全行工作会议精神，围绕全行经营目标，继续发扬努力拼搏、开拓进取、创新务实的优良作风，不断改进和完善经营管理机制，强化风险防范，进一步加大不良资产处置力度，确保完成全年资产保全业务计划，力争实现不良贷款“新增多少、处置多少”的工作目标。积极探索保全业务新领域，延伸保全职能，为全行资产质量持续优化作出更大贡献。

2010 年资产保全业务计划：

——处置不良资产 307 亿元，其中处置不良贷款 280 亿元，处置非信贷资产 27 亿元。

——现金回收不良资产 124 亿元，实现不良资产超值现金回收 42 亿元，回收已核销呆账 4.3 亿元。

——处置关注三级公司类贷款 40 亿元。

为实现上述目标，各分行要重点做好以下工作。

（一）加大不良贷款处置力度，确保完成全年任务目标

按照 2010 年全行资产质量要求，2010 年要实现不良贷款额与年初基本持平、不良贷款率适当下降的目标。2008 年和 2009 年全行新暴露不良贷款分别为 392 亿元和 301 亿元。总行制订的 280 亿元不良贷款处置计划与不良贷款新增额的历史数据有一定差距。同时，我们还应看到，2010 年的形势相当复杂。不良贷款处置计划要根据形势变化和不良贷款新增情况来制订，具有一定的适应性。各分行的不良贷款处置任务不仅仅局限于总行下达的计划，而是要继续按照“新增多少、处置多少”的要求开展工作，在不良贷款暴露较多的情况下，实际的处置任务就要远多于总行下达的计划。为此，各分行要对预计新增的不良贷款项目做到心中有数，对风险已经显现、符合不良条件的项目要及早认定为不良，为处置工作留出足够的时间。目前，还有上百户、40 多亿元的不良贷款尚未移交保全部门。各分行要将全部不良贷款移交保全部门进行专业化处置，不得以任何理由拖延。资产保全部门要及早制定工作目标，落实处置措施，充分利用现有政策手段，最大限度地保全资产；对于符合核销条件的项目，要提早准备、及时申报，不要年末搞突击；继续坚持专家诊断、重点联系行、参与重大项目直接经营等行之有效的资产保全工作机制，加快不良贷款处置进度，确保完成全年目标任务。

同时，各分行要积极配合全行信贷结构调整，加快退出行业、中小企业不良贷款的处置。总行保全部要研究制定部分行业不良贷款客户的处置指导意见，推动分行加快处置退出行业不良贷款。针对沿海地区近期国际业务和表外业务等新业务领域不良资产日益增多的情况，相关分行要引起重视，各部门密切配合，积极研究探索最佳解决方案，做好新业务领域的不良贷款处置工作。

（二）落实“贷后管理年”部署，延伸保全业务职能

资产保全条线要充分发挥不良资产处置专业特长和专家资源优势，在做好不良资产处置工作的同时，还要积极参与化解问题贷款的潜在风险，资产保全部门的职能要向两头延伸。这是 2010 年“贷后管理年”的重要内容，也是我行转变发展方式、提高精细化水平的重要措施。

一方面，保全部门要提前介入关注三级公司类贷款的经营处置。按照总行下发的方案，各分行要在 3 月底前完成移交工作。保全部门介入关注类贷款处置不仅是总行的要求，也是中国银监会的要求。刘明康主席在 2010 年第一次经济金融形势通报会上就指出：“将资产保全工作向前延伸，真正做到关注‘关注类’贷款。资产保全部

门的管理外延应从不良资产扩展到各类问题贷款”。历史数据表明，关注类贷款向下迁徙的概率较大。保全部门要从源头上做到提前介入，提前做好保全方案的安排和准备，争取工作主动，化解潜在风险。“贷后管理年”是消化贷款高速增长所带来的潜在风险的重要举措。各分行要认真加以贯彻落实，充分利用对公预警客户跟踪管理系统，加强贷后管理，及时发现问题、研究问题、处理问题。

另一方面，要建立已核销资产的保全和追收制度。核销是商业银行内部账务处理的方式，“账销案存”是一项基本原则，不能因为资产已经核销出表而降低管理要求，更不能因为成本费用高就放弃债权的维护追索。要从有利于建设银行的大局出发，本着增加利润、创造价值的原则，切实维护好我行的合法权益，维护好我行的良好声誉。各分行要设立已核销资产催收管理的专门岗位，配备专职人员；建立健全相关制度，完善工作流程，积极回收债权。

（三）深化业务单元制改革，扩大集中经营范围

继续深化资产保全业务单元制改革，扩大不良资产经营集中范围，提升经营层次，这不仅是建立不良资产专业化处置机制的需要，也与全行各项业务经营重心上移的要求相匹配。各分行要从转变发展方式、调整业务结构的战略高度出发，做好不良资产的集中经营工作。集中经营度尚未达到总行要求的个别分行要尽快按要求集中。特别是2010年不良个贷认定标准由逾期180天调整为90天以后，全行个人类贷款资产质量面临较大压力。各分行要尽快将不良个贷移交保全部门集中经营，有效地提升催收处置效果，充分发挥保全条线的专业优势，为改善全行个人类贷款质量作贡献。

（四）探索多种途径，加快处置非信贷不良资产

目前，全行非信贷不良资产余额为337亿元，剔除不良债券投资180亿元不归保全部处置，剩下的157亿元基本上是需要保全部负责处置的，其中债转股资产为112亿元，抵债资产为32亿元。2010年，保全条线也要将加快处置非信贷不良资产作为重点工作之一，尤其是债转股资产。债转股处置一直是监管部门的关注重点，2006年，中国银监会就提出，要求我行在限期内将债转股处置完毕；按新资本协议要求，债转股纳入核心资本监管，直接影响到我行的资本充足率。

从国家实施债转股起，至今已有近10年的时间，保全条线已经处置了390亿元，占最初余额的78%。对剩余的资产，各分行要立足自身，充分利用现有手段加快处置，确保完成全年处置计划。总行将启动与信达资产管理公司共同持股项目的整体处置工作。各分行要密切配合，认真做好摸底调查工作，力争年内实现债转股的批量处置。

（五）加强精细化管理，提升专业化水平

资产保全条线推行业务单元制改革以来，各一级分行基本实现了管理重心上移和业务集中经营，保全队伍素质有了较大程度的提高，处置效率和工作水平明显提升。但是，在工作中还存在着对部分项目管理不够细致、申报审批材料质量有待提高等问题。2010年，各分行要以“贷后管理年”为契机，把加强精细化管理作为一项重点工作来抓好、做实。要根据资产保全业务实际情况，梳理相关业务制度，针对不良资产处置的关键环节和风险点，优化管理和处置流程，消除管理空白和薄弱环节，建立覆盖从接收到处置完毕各环节的不良资产管理制度。总行保全部要进一步优化SARM系统功能，搭建简洁实用、科学高效的资产保全业务操作和管理平台。各分行要充分利用SARM系统，维护好系统信息，进一步提升资产保全工作精细化水平，推动保全工作质量迈上新台阶。

（六）完善内控措施，强化案件防范

针对当前金融案件特别是重大案件反弹的严峻形势，2010年总行将开展案件专项治理工作，防大案，深化案件防控长效机制。按总行统一要求，总行部门和一级分行的主要负责人都签了《案件防控工作责任状》，明确了案件防控的责任目标和内容。开展案件专项治理活动，遏制案件高发势头是2010年全行的重要工作之一。虽然近年来保全条线没有发生重大案件，但我们绝不能放松警惕，仍要切实抓好案件防控工作，各分行资产保全部门总经理要对分行保全业务案件防控承担主要负责。要进一步加强风险控制力度。目前，总行保全部派出的5个检查组正在对11个分行进行保全业务现场检查，审计署也已进驻我行开展审计工作。各分行要积极配合检查和审计工作，并以此为契机进一步提高保全工作质量，切实抓好检查、审计发现问题的整改工作，使保全业务的各项工作经得起检查、经得起审计，这是我们的一项基本工作要求。资产保全条线要将业务检查制度化、常态化，将风险控制融入日常工作之中，及时发现问题，堵塞经营漏洞。

同时，要重视员工的风险防控教育，强化合规经营理念。教育员工守住底线，工作讲究程序、讲究规则。要建立科学的资产保全激励机制，以体制建设来防范风险、防止不良资产处置利益输出，确保各项业务安全运行，确保资产保全条线不出案件。

（七）加大培训力度，提高培训效果

保全业务是技术含量很高的工作。随着不良资产复杂程度的提高和业务职能的延伸，保全工作对综合性业务技能的要求越来越高，不仅要熟练运用信贷、资金、法律、重组（投资银行）等各种产品工具，还要充分了解市场。要做好这项工作，就要善于学习，不断补充相关业务知识。2010年，总行安排了12期的全行性保全业务培训，是保全条线培训班数量最多、覆盖面最广的一年。总行保全部要做好组织工作，落实好培训计划，安排好培训内容，确保培训效果。同时，根据需要继续开展区域性培训，举办小规模、分层次、针对性强的专业性培训班。各行要充分利用总行的培训机会，落实转培训工作，并根据本行工作特点和人员情况，开展针对性、实用性强的业务培训，进一步提高保全条线人员的专业技能。

同志们，2010年资产保全工作形势严峻、任务艰巨、压力很大，我们一定要按照总行党委的部署，加强领导、团结一致，继续发扬“锲而不舍，努力拼搏”的保全精神，勤勉敬业、求实创新、开拓奋进，全面提升资产保全工作成效，为实现全行经营目标作出更大贡献！

在押品管理专题会议上的讲话

朱小黄

（2010年5月11日）

刚才大家都谈了很好的意见和思路，请风险部根据今天的讨论对《关于押品管理情况的报告》作修改完善，提交行长办公会审议。押品管理是2010年要重点抓的一项基础工作。董事会、管理层对此非常重视，张建国行长多次就押品管理作出重要指示。借这个机会，我谈几点意见。

一、要从科学安排风险的角度来认识押品管理的内涵和意义

长期以来一直没有把押品管好，关键在于没有真正理解押品的本质内涵以及在银行经营中的意义。简单把押品视为客户违约后可供追索的财产，甚至仅仅将押品看做满足信贷审批的一个形式要件，在管理中很容易走偏。押品本质是缓释风险的安排，它是整个风险安排方案的重要组成部分，而不应该与业务经营和风险管理成为“两张皮”。在押品管理上多下工夫，不仅可以有效地降低贷款的损失率，提高不良处置的回收率，更重要的是可以提升银行整体风险安排和管控能力，能够促进业务发展和创新。

举个例子，现在大量的产品创新都引入押品乃至直接基于押品来设计。像近年来蓬勃发展的供应链融资创新产品，银行风险相对容易控制、收益也比较高，客户（尤其是中小企业客户）很欢迎。这类产品的核心架构，简单地讲就是动产押品加上物流、现金流管控，将客户信用、上下

游交易、风险缓释、资金流向、贷后监控等各个环节的风险管理组合在一起，押品管理有机融入风险安排方案中。这种基于交易结构、风险安排的创新，是将来的发展趋势。应该说，随着经济不断发展，可作为押品的财产类型和数量会越来越多，基于这些押品的融资需求也会越来越多，提升押品管理水平、增强科学风险安排的能力就对银行的风险管理和业务创新意义重大。

从巴塞尔协议以及中国银监会的要求来看，押品管理也是全面风险管理的重要内容。中国银监会下发的《商业银行信用风险缓释监管资本计量指引》中，押品量化管理是实施新协议达标的一个要件。在内部评级体系中，押品直接影响LGD水平和敞口规模。如果能够切实提高押品管理技术，尽快实现由简单法向高级综合法过渡，那么不仅意味着我们能够更有效地节约资本占用，而且也表明整体风险管理能力、市场竞争力再上一个新台阶。

二、近年押品管理取得显著进展，但是差距仍然较大

这几年总分行、各部门在押品管理的制度建设、系统开发等方面做了大量的基础性工作，取得了很大进步。例如，制定了押品管理办法以及多个专项押品管理制度，下发了规范授信业务风险缓释的文件，开发了押品管理系统，等等。其中很多工作是开创性的，填补了长期以来制度、技术方面的空白。同时，我们开始逐步将押品纳入全面风险管理的框架中，押品管理的规范化、专业化水平有了明显提升。这些进展，都为下一步工作打下了较好的基础。

但是目前存在的差距还是很明显的，从内外部的检查、审计发现问题来看，押品的基础管理还非常薄弱。押品不合规、登记不落实、要件不真实、账实不吻合、评估不足值、监控不到位、处置不及时等，基本上每个环节都发现这样或那样的问题，甚至存在通过虚假抵押进行欺诈的现象，这些问题反映出管理上、认识上的差距。有几个现象需要引起关注：

一是“重形式、轻内涵”。有些经办人员将抵质押视为贷款的形式要件，没有对押品的经济价值、法律效力、市场变现能力等做实质性审查，有的甚至搞形式主义乃至弄虚作假。比方说，检查发现有拿过期的押品评估报告来应付申报要求的，还有以监狱办公楼设定抵押、以汽车合格证设定质押等情况。这些押品实际上都是“自欺欺人”，后患无穷。此外，我们还有拿奶牛作抵押的情况，这种农牧业生产资料抵押在法律是可以的，但是关键是我们自己有没有识别、评估、处理这类押品风险的专业能力。如果没有，那还是要审慎准入。

二是“重收取、轻管理”。很多经办机构、经办人员认为收取了押品权证、办理了相关登记手续后就万事大吉了，后续工作没人管，或者等到贷款进入不良才去看看押品状况怎么样。如果说贷后管理是信贷业务全流程中最薄弱的环节，那么押品管理可以说是贷后管理中最薄弱的项目。在贷后环节对押品没有进行必要的监控、检查、重估，最终往往导致风险缓释的功能减损或丧失。我们在检查、审计中发现很多这样的案例：由于跟踪管理不到位，押品出现被窃、损毁、灭失的情况，有的抵押给我们的整个生产线、机器设备被偷偷拆走了，最终损失惨重，非常令人痛心。

三是“重经验、轻技术”。现代银行风险管理已经从过去的经验管理发展到计量技术与专家经验相结合的阶段，这是大势所趋。目前，我们在客户维度的风险评级和管理技术方面进步很快，有些领域已经接近国际先进银行的水平。但是在债项评级方面，相对要落后很多，其中押品的风险计量技术就是主要的制约环节。现在押品管理方面有了不少政策和制度，但是原则性要求多、量化标准少，专业化的技术工具更是缺乏。有的同志觉得押品管理不需要专门的技术工具，也没有必要搞什么风险计量，靠经验判断就足够了。这个观念必须要纠正，提高管理专业化水平，必须要做到拿数据说话。现在全行有9万多亿元的押品，缺乏必要的系统技术工具，靠拍脑袋、靠手工台账，不仅主观性强、随意性大、效率低，而且管理尺度和标准不一，很难保证全行统一风险偏好的落实，风险隐患很大。

三、依托押品系统平台，全面提升基础管理水平

押品系统目前已经在全行上线和推广应用，

这是我们今后押品管理的基础平台。要依托这个平台，花大力气提升押品管理的专业化、精细化水平，把基础打好。这里强调几点：

一是通过押品系统落地应用，完善各项押品管理机制。押品系统提供了自动化、规范化的操作平台。下一步各级行、各部门要密切协同配合，做好押品管理系统的深化运用，健全和细化配套措施，完善押品风险的跟踪、估值、预警、反馈、响应和处理机制。我过去曾经多次说过，风险管理技术工具开发出来就要用，要通过运用真正转化为生产力，提升竞争力。

二是理顺押品管理体制和职责分工。要把押品管理纳入全面风险管理体系，特别是在贷后管理中要将其作为一项重点工作。风险管理部门要做好押品管理政策标准的制定、技术工具开发、风险分析报告等；经营部门要做好具体业务和交易的押品准入、估值以及持续管理。要明确押品管理职责分工，确保有专职的管理团队来承担对押品的跟踪监测、研究分析、风险报告和处理应对等工作。各级机构要结合本辖情况对押品管理各环节工作明确责任部门（岗位），保证流程无缝衔接。同时要重视押品管理专业队伍建设，做好技术人才储备。

三是梳理重检押品管理的政策标准与制度。现在市场环境正在发生很大的变化，特别是"4·15"房地产新政出台后，从中央到各个地方都在布置落实调控工作，过去的一些管理规则和要求可能都要发生明显的变化，相应地可能会对我们押品管理、押品风险状况带来很大的影响。这方面要抓紧研究跟进，根据外部市场变化以及我们自身具体情况，认真排查梳理，重检押品管理的政策、标准和制度，如押品的准入标准、风险底线、估值要求等。该调整的要抓紧做出调整。定期对政策标准与制度进行梳理重检应该成为一项常态化工作。

四是启动押品系统二期项目，持续提升风险缓释管理能力。押品系统一期实际上还有很多没有解决的问题，针对这些问题，系统二期建设要提上日程。后续任务还很多，例如，要研究改进房地产估值方法，开发股票、流动资产、收费权等押品的估值方法，务求实现系统的全面覆盖；健全押品风险压力测试功能，预警和分析价值变动对信贷风险的影响；等等。要朝着建立专业化、全覆盖的风险缓释管理体系迈进，希望大家继续努力，争取用1～2年的时间，使全行押品管理面貌有个根本性的变化。

银团贷款与交易专业委员会第二届工作报告

——在银团委员会第三届第一次全体会议上的讲话

朱小黄

（2010年11月1日）

银团委员会各位成员单位代表、女士们、先生们：

下午好！

现在我代表银团委员会向大会作《银团贷款与交易银团委员会第二届工作报告》，请予以审议。

一、本届工作回顾

过去两年是中国银团贷款业务快速发展的两年，是中国银团贷款与交易专业委员会成员队伍不断壮大、制度不断完善、业务持续推进、国际影响力不断扩大的两年。两年来，银团委员会在中国银监会的正确领导下、在协会的积极推动和各成员单位的携手努力下，各项工作扎实稳步开展，银团业务不断规范，市场快速发展。2010年上半年，全体成员单位的银团贷款余额突破了两万亿元，比2008年的9 566亿元增长了110%，一级市场推动、二级市场建设呈现出纵深化发展的良好态势。具体体现在以下六个方面。

（一）银团贷款业务增长迅猛，成绩显著

在银团委员会的积极推动下，近三年我国银团贷款业务的平均增速保持了93.5%的较快发展水平；银团贷款在全国32个省、市、自治区和直辖市的产品覆盖度达到96.8%；长三角，珠三角等经济发达地区银团贷款业务交易最为活跃，中西部地区也在支持灾区重建、西部开发建设等方面积极开办银团贷款，到2009年年底，银团贷款在各家成员单位全部公司类贷款余额占比较上年提高2个百分点，达到7.11%，预计2010年这一比例还会进一步提高。可以预计，在中国经济增长的带动下，随着全球经济的复苏，银团贷款将持续发挥分散信贷风险的作用，保持其在间接融资市场上大项目的主要模式地位，我国银团贷款市场发展空间巨大。

（二）委员会队伍不断壮大，创新成果迭出

通过两年努力，银团委员会的正式成员单位即将达到61家，这其中包括政策性银行和各类型的中外资商业银行，也有中央国债登记结算公司等金融服务机构。2010年年初，银团委员会举办了“中小银行银团贷款高峰论坛”，动员中小银行力量积极参与市场，有效地扩大了银团业务的参与主体，也增强了中小银行加强合作、共同推进银团贷款业务发展的信心。

委员会还专门成立了一级市场推进组、文本组、系统组、创新组、宣教组、政策研究、外资银行组和中小银行组8个工作组，大家建言献策，加强研究，相继完成《银团贷款合同示范文本》（2.0版）、《银团贷款交易参与各方行为规范》、《银团贷款转让行为交易规范》和《银团贷款信息系统项目可行性研究报告》等创新成果，为产品创新、贷款定价、会计核算、转让交易、行为规范等提供了强有力的支持。

在2009年首次举办的“中国银行业银团贷款评优”活动中，工商银行、农业银行、中国银行、建设银行、交通银行等多家成员单位因其在银团贷款领域规范管理、促进发展、积极牵头等出色表现，分别获得中国银行业银团贷款最佳业绩奖、最佳发展奖、最佳管理奖和最佳项目奖等荣誉。这些数据和奖项是市场对委员会全体成员单位推进银团贷款所付出积极努力所给予的肯定和认可。

（三）一级市场标准化建设工作扎实推进

银团委员会一直把标准合同文本的建设作为推动银团贷款市场规范健康发展的首要工作。在2007年推出《银团贷款示范合同文本》1.0版本后，银团委员会根据市场环境变化和业务发展情况，结合中国银监会“三个办法一个指引”，适时将文本进行了修订，编写了《银团贷款合同示范文本》（2.0版）。新文本在语言结构、交易习惯、复杂状况应对、职责关系、公平与效率等方面兼顾了市场和监管两方面的要求。同时，为进一步规范银团各成员单位的业务操作，减少纠纷，避免操作风险，银团委员会还结合《银团贷款指引》和《示范合同文本》草拟了《银团贷款交易参与各方行为规范》，这份文件提出了交易各方在银团贷款业务关键环节上的规定动作，是监管指引和业务实际的有效结合，对业务顺利推进、规范市场交易、有效控制风险具有促进作用。上述文件的编写凝聚了银团委员会编写小组成员的智慧和心血，对推动市场规范健康发展具有重要作用。

（四）银团贷款二级市场建设向规范化、标准化迈出重要步伐

2010年1月27日，银团贷款委员会正式发布了《银团贷款转让交易示范文本》，这是银团贷款与交易专业委员会自2006年发布银团贷款市场示范性文件以来，首次对我国银团贷款转让交易市场进行引导和规范。它是我国银团贷款转让交易市场上第一份示范性文件，不仅完善和丰富了银团贷款文件体系，也标志着全国银团贷款交易市场的正式启航。随后，委员会启动了银团交易系统建设工作，并同步制定了《银团贷款转让行为交易规范》，这些工作紧密相关，都以实现银团贷款转让业务的高效率、低成本、低风险运营为目的，是促进完善我国银团贷款二级市场建设向规范化、标准化迈进的重要举措。在银团委员会的推动下，目前银团贷款转让已在成员单位逐步开展，并成为其调节信贷结构、解决流动性、降低资本占用的有效工具。

（五）国际交流合作取得突破性进展，市场影响力逐步提高

银团委员会重视提升中国银团市场的国际地

位和作用。2009 年 12 月，我们举办了委员会的首届全球年会，中国银监会纪委书记王华庆出席会议并作重要讲话，美国、英国、日本及中国香港地区的银团贷款协会派员到会研讨，近 100 家中外资银行和中介机构的专家代表参加了活动；2010 年 5 月，银团委员会与亚太贷款市场公会联合举办了“第十二届亚太区银团贷款年会”，共同呼吁加快中国银团贷款市场的发展；同时，银团委员会组织成员代表到日本、美国和欧洲学习考察，在示范文本、贷款交易、产品创新、系统开发、贷款定价等方面进行深入学习，完成调研报告，得到了监管部门和银团贷款专业机构的充分认可，也对银团贷款一级、二级市场的建设工作有重要借鉴作用；国外银团协会和外资银行也主动传经送宝，帮助我们在市场建设方面少走弯路。这些交流活动，激发了银团委员会的市场活跃程度，进一步提高银团委员会市场影响力，有效地促进了会员单位的业务发展与创新。更为可贵的是，在协会之间的国际合作带动下，各协会会员单位之间的交流更加频繁，已从单纯的业务探讨走向了实际的业务合作，中国银团贷款的规范和标准正在逐步与国际银团贷款市场靠近。

（六）积极承担和履行社会责任，平台作用凸显

2009 年，为贯彻落实中央“扩内需、保增长、调结构”的政策要求，银团委员会组织了大型项目银团贷款签约仪式，现场签约总额达 1 762 亿元。委员会认真落实银监会关于处理政府融资平台、防范信贷集中度风险等管理要求，对成员单位发文指导；还配合国家各项政策组织成员单位安排银团贷款超过 1 万亿元。银团委员会为成员单位搭建的业务合作平台、行业自律平台、信息交流平台正在越来越多地发挥作用。

二、下阶段的主要任务

银团委员会下一阶段的主要任务是在前两届取得的工作成绩基础上，继续动员全体成员单位力量，秉承“合作、发展、共赢”的理念，将“提高认识，建设队伍，加强交流，创新机制”等作为重点工作来抓，争取用未来两年的时间，保证一级市场业务持续健康发展的同时，推动二级市场建设不断完善，业务发展取得突破。对第三届工作，我提出以下三方面建议：

第一，从强化内部培训逐步向重视客户培育工作转变。过去我们做了很多内部培训工作，并取得了一定的成效。下一阶段，应逐步重视对借款人、政府等的宣传与沟通，使客户转变观念，正确理解银团，接受银团贷款的融资模式，为银团及转让交易业务的发展营造良好的环境。

第二，尽快推进银团贷款的电子化渠道投产运营。委员会已经对银团贷款与交易信息系统进行了多次研究论证，这个系统整合了银团贷款一级、二级市场的诸多功能，是为成员单位开展银团业务提供服务打造的专业化平台，其功能的完善性在全国乃至全球具有一定的技术领先性。委员会应加快建设进程，尽快投入运营，将业务电子化作为银团贷款业务运营的重要渠道之一。

第三，推进成员单位银团贷款核心团队和人才建设工作。当前各商业银行对银团贷款普及和认可度较 2006 年银团委员会成立之初有了飞跃的发展，但缺乏熟悉国际惯例和相关法律法规、经验丰富的专业化人才和团队仍是很大问题。由于银团贷款成员角色分工不同，在实际业务操作中筹组程序复杂，专业化的团队有利于减少业务纠纷，规避操作风险。但目前，只有少数成员单位设立了专业团队。委员会积极引导成员单位吸收借鉴国际先进银行管理模式，协助培养一批高素质的专业人才，推进核心团队和人才建设工作。

各位代表，过去的两年里，银团委员会在中国银监会、中国银行业协会的正确领导之下，在推广银团贷款、引导市场健康稳定发展方面等取得了瞩目的成绩，在这里，我代表银团委员会向中国银监会，中国银行业协会，向各常委单位、全体成员单位和委员会办公室，向一直以来积极支持我们工作的各地协会、新闻媒体等表示衷心的感谢。

各位代表，展望未来，我国银团贷款市场发展前景广阔。始终不渝地推进我国银团贷款市场健康稳步发展是银团委员会不变的宗旨，我们的使命崇高神圣，我们的责任重大光荣。让我们提高认识、加强合作、执行指引、履行公约、创新机制、提高水平、建设队伍、促进业务，奋力推动中国银团贷款市场健康快速发展。

在支持西部大开发工作会议上的讲话

朱小黄

（2010 年 11 月 4 日）

同志们：

这次会议的主要任务是深入贯彻落实中央十七届五中全会精神，按照中央深入实施西部大开发战略的要求，总结过去十年我行支持西部大开发取得的成效，抓住西部大开发带来的市场机遇，研究我行支持西部大开发的实质性政策措施。总行党委、高管层对这次会议非常重视，张行长在参加国家西部大开发会议后的第二天，即进行了传达、部署，责成总行有关部门进行研究分析，提出贯彻落实的具体方案。各分行密切配合总行，从开展市场调研、加强项目跟踪、研究支持政策、制定工作措施等方面提出了很多很好的建议，为这次会议召开做了大量扎实有效的准备工作。会前，总行专门召开会议，研究了我行支持西部大开发的政策和措施。一会儿，张行长还会作重要讲话，大家要认真学习、深刻领会，明天上午还要研究讨论落实措施。下面我讲三点意见。

一、过去十年我行支持西部大开发取得了丰硕成果

2000 年国家实施西部大开发战略，我行高度重视、积极响应，持续加大金融服务力度，紧紧把握基础设施建设、特色优势产业等领域的发展机遇，加大资源投入、优化信贷结构、改进金融服务、提高资产质量，取得了巨大成绩。国家西部大开发的十年，是西部地区 12 个分行业务发展最快、发展质量最优、实现跨越式发展的十年，也是对全行贡献最突出的十年。

（一）西部分行呈现了良好的发展局面，市场竞争力得到提升

——主要业务保持两位数的高速增长。截至 2010 年 9 月底，西部分行各项贷款余额达 10 360 亿元，是 2000 年的 6.03 倍，年均增幅达 19.20%；贷款新增占比逐年提升，由 2000 年的 12.88% 提高至 20.75%；各项存款余额达 16 942 亿元，是 2000 年的 6.48 倍，年均增幅达 19.70%。

——资产质量大幅提升。不良贷款率由 2001 年的 17.50% 下降为 9 月底的 0.76%，下降了 16.74 个百分点。西部分行不仅摘掉了资产质量落后的帽子，而且成为六大区域中不良率最低的区域，不良率低于全行平均水平 0.2 个百分点。

——盈利能力持续提高。西部分行对于全行的利润贡献不断加大，截至 2010 年 9 月底，西部分行实现利润 239.34 亿元，占全行利润收入的 1/5，利润占比居六大区域第二位。

——市场竞争力不断增强。截至 2010 年 9 月底，西部分行存款业务市场占比在四大行中排第二，其中 2 家分行市场占比第一，6 家分行市场占比第二；西部分行贷款业务市场占比在四大行中排第三，其中有 4 家分行市场占比第一，4 家分行市场占比第二，我行在西部地区的市场竞争力得到提升。

（二）支持西部大开发取得了巨大成效，积累了丰富经验

——发挥传统优势，支持西部重大项目和基础设施建设。西部大开发的十年，我行向西部地区累计发放贷款 22 000 多亿元，支持了三峡工程、青藏铁路、西气东输等一大批国家重点基础设施建设项目，有力地促进了西部地区基础设施建设。截至 2010 年 9 月底，西部分行基础设施贷款余额达 4 409 亿元，占西部地区公司贷款的 54.20%，高于全行平均水平 15 个百分点。

——积极支持特色产业，促进西部地区优势

产业快速发展。过去的十年，我行坚持“分类指导、择优扶持、突出重点、注重实效”的原则，对西部地区优势特色产业和重点发展行业实行了差别化信贷政策，利用信贷杠杆引导资源优化配置，促进西部地区产业结构调整。我行对西部地区采矿业、电力、交通运输、文化产业的贷款在全行的占比分别为36.76%、35.29%、25.57%、28.07%，增速高于全行平均水平。

——加大涉农贷款支持力度，积极做好西部涉农服务。注重扶持大中型农业产业化龙头企业发展，开创“小额农户贷款”服务产品，促进农业产业化发展，帮助西部农民脱贫致富。截至2010年9月底，西部分行农、林、牧、渔行业贷款余额全行占比达48.8%，接近一半的农业贷款投向了西部地区。

——强化金融创新，改进金融服务。我行在做好传统信贷融资服务的同时，充分利用综合业务优势，拓宽客户融资渠道，满足西部地区客户综合服务需求。截至2010年9月底，我行在西部地区发行短期融资券和中期票据超过200亿元，并购贷款余额22亿元。拓展股权投资财务顾问、境内外IPO财务顾问，完成了一批标杆项目，如内蒙古泰升集团股权投资项目、甘肃建新重组项目、广西冠王糖业战略规划项目。

——响应国家政策，扎实做好对口援疆金融服务工作。根据2010年3月全国对口支援新疆工作会议精神要求，我行及时与江苏、浙江、广东、山东等19个对口省市援疆指挥部建立了战略合作关系。截至2010年10月底，共开立各类援疆资金账户53个，累计入账资金18.77亿元，在同业居领先地位，为今后持续做好对口援疆金融服务工作奠定了坚实基础。

——关注生态环境，推进民生建设，积极履行企业社会责任。在信贷机制、业务流程中融入绿色信贷理念，实施环保一票否决制。向三峡库区累计投放各类信贷资金超过300亿元，支持了库区交通、通信、城市基础设施的快速发展。在西部地区分行贷款结构中，水利、教育、公共管理、卫生等行业贷款占比显著高于全行平均水平。积极履行社会责任，对汶川地震和玉树地震灾后重建贷款实行“特事特办”，启动授信审批“绿色通道”，确保救灾及重建资金需求。

二、统一思想、提高认识，全力支持实施西部大开发战略

（一）充分认识国家深入实施西部大开发战略的重大意义

胡锦涛总书记、温家宝总理、李克强副总理在西部大开发会议上作了重要讲话，高屋建瓴、全面深入地阐述了实施西部大开发的重大现实意义和深远历史意义。实施西部大开发战略是贯彻落实邓小平同志“两个大局”战略构想、“三个代表”重要思想和科学发展观的具体实践，是实现全面建设小康社会宏伟目标的重要任务。没有西部地区的稳定就没有全国的稳定，没有西部地区的小康就没有全国的小康，没有西部地区的现代化就不能说实现了全国的现代化。

第一，深入实施西部大开发战略，在我国区域协调发展总体战略中具有优先地位。中央十七届五中全会通过的《关于制定国民经济和社会发展第十二个五年规划的建议》中，要求“坚持把深入实施西部大开发战略放在区域总体战略优先位置，给予特殊政策支持，发挥资源优势和生态安全屏障作用，加强基础设施建设和生态环境保护，大力发展科技教育，支持特色优势产业发展”。这充分体现了国家对西部大开发的高度重视，表明了党中央推进西部大开发的坚定决心。与东部地区相比，西部地区仍存在基础设施落后、生态环境脆弱、经济结构不合理、自我发展能力不强的现状，逐步缩小地区发展差距，促进区域协调发展，是关系我国发展全局的重大问题。按照中央的战略部署，到2015年，西部地区经济总量比2008年翻一番；到2020年，基本建成小康社会；到21世纪中叶，从根本上改变我国西部地区落后面貌。

第二，实施西部大开发战略，是实现我国经济又好又快发展的客观需求。实施西部大开发战略，不仅有利于促进西部地区发展，而且为全国发展开辟了更为广阔的空间，是实现国家长治久安的重要保障。面对国际国内复杂多变的宏观经济形势，充分发挥西部地区战略资源丰富、市场潜力巨大的优势，有利于全国提内需、调结构，转变经济发展方式，维护国家生态安全，利用地缘优势，“走出去”开发能源和开拓市场，形成

对外开放格局，提高可持续发展能力，对促进全国经济健康发展意义重大。

第三，西部地区经济社会加快发展，为我行各项业务发展带来了巨大市场机遇。党中央、国务院制定下发了深入实施西部大开发战略的若干意见，从十三个方面57条对西部大开发进行了总结、安排部署。根据总行的分析判断，西部大开发战略至少给我行带来了基础设施建设、能源基地建设、特色产业、“三农”和新农村建设、现代服务业发展、服务产业基金和资本市场、民生工程、个人业务八个方面的市场机遇，抓住这些机遇，对保证建设银行持续健康发展至关重要。全行上下要树立政治意识、大局意识、责任意识，深刻认识实施西部大开发战略的重要性，增强机遇意识、发展意识，要立足当前，考虑长远，以优质、高效的工作，服务好西部大开发战略，为建设经济繁荣、社会进步、环境优美、生活富足的新西部作出更大的贡献。

（二）明确支持西部大开发战略的重点，提供全方位的金融服务

经过3个多月的研究、分析、论证，根据国家“十二五规划建议”和国家深入实施西部大开发战略要求，结合我行的优势和可持续发展战略，总行要求从八个方面全力支持西部大开发战略。

1. 大力支持西部基础设施体系建设。在深入实施西部大开发战略中，国家将加快西部地区综合交通网络建设、水利基础设施建设，积极推进油气管网、电网和信息基础设施建设，加强城市基础设施建设和改造，西部地区将成为我国基础设施建设的“主战场”。基础设施建设贷款是我行传统的业务优势，我行要充分发挥好这种优势，争取成为西部地区基础设施建设融资的主力银行。

2. 积极支持西部特色产业发展。未来西部将建成国家重要的能源基地、资源深加工基地、装备制造业基地和战略性新兴产业基地，这些基地的建设对促进我行信贷结构调整具有重要意义。要充分分析西部资源禀赋、比较优势及在全国产业布局中的重要地位，积极支持国家能源基地建设、具有资源优势的资源深加工项目，加大支持节能减排、循环经济和节能环保产业力度，支持先进装备制造业发展和现代服务业发展。

3. 加大对民生领域的服务力度。未来十年，国家将加大对西部转移的支付力度，提升西部地区财政实力，从媒体报道的数字看，仅新疆的财政转移支付就将超过2万亿元。我行要把握财政资金源头，关注民生领域，积极提供以下三个方面的综合化金融服务。

一是做好财政资金金融服务。要为财政客户提供账户结构设计、资金集中管理、资金托管与账管、科技支撑等综合金融服务，带动负债业务发展。

二是做强“民本通达”品牌。拓展教育、卫生、科研、社保客户，支持省市经济适用房和保障性住房建设，将部分西部行作为“教育慧民”、“医疗健民”、“社保安民”的试点行。

三是积极支持现代农业和特色农业建设。重点支持集约型农牧业生产、特色农牧产品深加工及农产品流通等龙头企业，加大对农业产业链金融支持力度，积极推进新农村建设，提供全面的金融服务方案。

四是稳步发展小企业业务。随着西部地区基础设施和市场环境不断完善，东部地区劳动密集型行业向西部地区转移，国家在资源、税收、土地等方面给予了优惠政策，西部地区的小企业从大的格局上看将得到较快发展，西部分行要抓住机遇，完善小企业经营机制，积极支持符合我行信贷条件的小企业的发展。

五是做强、做大国际业务。西部地区将依托上海合作组织、中国—东盟自由贸易区、大湄公河次区域和中亚区域等合作平台，加快对外开放，这也是我行国际业务发展的新兴重点区域。要加强与西部地区毗邻国家的代理行、账户行建设；积极支持全国性、区域性和沿边口岸物流中心建设，在新疆维吾尔自治区、广西、云南、内蒙古自治区、贵州、甘肃、青海、宁夏回族自治区等地开办跨境贸易人民币结算；加强对西部重点项目境外筹资转贷款业务集中营销；拓展优质外贸中小企业国际结算，提高西部分行国际业务市场份额。

六是大力拓展投资银行业务。近期西部地区主要是通过财政转移支付、企业资本金、银行贷款等解决融资问题，长远来看，更多的企业将通过发行企业债、中期票据、短期融资券等方式来解决融资问题，各行要加大投资银行业务服务力度，积极承销支持西部大开发的各种债券，满足客户综合金融服务需求；积极开展银团贷款业务，拓展股权投资财务顾问、境内外IPO、财务顾问等业务，加大股权投资项目支持力度，托管西部大开发投资基金、发起设立资源型产业基金，促进当地资源开发利用。

七是加快个人业务发展。以西部大开发、城镇化和消费升级为契机，在省会城市和重点地市加快发展个人住房贷款、消费贷款业务。以经济、旅游、商贸等发达城市为依托，加大信用卡拓展力度，提升信用卡渗透率，加快商户和分期付款业务发展。积极在重庆、成都、西安等西部中心城市开展理财中心建设，为高端客户群体提供投资理财服务。

八是加快电子银行业务发展。在支持西部大开发战略中，电子银行要发挥主渠道作用，在系统建设、产品展示、网络销售、支付信用管理、电子票务、支付结算等方面加大营销拓展力度，引导客户更多地使用我行的电子银行产品。

三、采取实质性的政策措施，全力支持国家深入实施西部大开发战略

西部大开发是一项复杂的系统工程，涉及经济、社会的各个方面，在大的战略之下，国家有关部门将在“十二五”规划等方面进行落实，有关省市也在积极行动，研究规划、制定政策、申报或批复项目。同时，西部大开发涉及所有的分行，包括对口支援新疆维吾尔自治区的19个省市、准备向西部转移产业的东部地区等。总行决定，采取六个方面的实质性措施，全力推进和支持国家西部大开发战略。

（一）政策和措施

1. 加强组织领导。为加强领导，持续加大支持西部大开发的力度，总行成立了西部大开发工作领导小组，由张建国行长担任组长、我和庞秀生副行长担任副组长，总行相关业务部门负责人为成员，统筹协调全行支持、服务西部大开发工作。

西部地区12个分行要比照总行的模式，成立由分行行长担任组长、分行主要部门负责人为成员的工作小组。认真研究当地政府贯彻落实国家支持西部大开发的政策措施，抓住机遇，加大营销和服务力度，切实把支持服务西部大开发工作落到具体项目、具体客户，扎实推进业务健康发展。

2. 增加信贷资源投入。一是加大信贷资源配置力度。西部分行贷款增速原则上要高于全行平均2~4个百分点，其中公司类贷款增速高出3~5个百分点，个人贷款增速高出1~2个百分点，在每年计划安排中落实。二是增加房地产开发贷款规模。配合西部地区城市化进展，适当增加规模，支持保障性住房建设和棚户区改造，积极稳健地发展西部房地产贷款业务。三是积极支持新疆、西藏、甘肃部分地区经济社会发展，无条件服从中央维稳要求，建立绿色通道，加大对维稳的支持力度。

信贷资源的倾斜配置，要靠西部分行准确的市场营销作保障和前提，科学、积极、审慎地跟踪客户和项目，做到优中选优。

3. 扩大财务资源投入。一是在员工费用配置上，对人均效益高于全行平均水平而人均员工费用低于全行水平的西部分行，EVA绩效薪酬封顶比例在全行规则的基础上，上调1~2个百分点。二是在非员工费用配置上，对部分西部分行基础性业务管理费的增幅在全行统一规则基础上，上调1~2个百分点；对与收入增长挂钩业务管理费的挂钩系数在全行统一规则的基础上，上调10%~20%。三是配置专项营销费用。对总行牵头营销西部大开发的重点客户和重点项目，配置一定的专项营销费用。

4. 实施差别化的信贷政策。一是调整信贷政策。总行已制定执行的信贷差别化政策，西部分行全部享受；对总行确定的重点支持行业领域和客户或项目，向一级分行适当下放信贷核准权。二是完善行业限额管理。对西部大开发中优先支持行业，如列入“蓝色、橙色”预警，可按原程序办理信贷业务；如列入“红色”预警，可按“橙色”预警规定的程序核准备案后办理相关业务。三是提高审批授权和效率。对总行确定的重点支持领域内客户，国家西部大开发规划的中央投资项目、国家重点建设项目，适当扩大对西部分行的信贷审批授权；对总行审批权限内的项目，建立绿色审批通道，优先安排审批。四是降低信贷成本。在西部地区实行差别化的贷款准备金计

提比例，对部分西部分行当年新增贷款准备金中的20%由总行承担，适当控制西部分行的信贷成本；对于西部地区遗留的涉及“三农”、民生、环保领域的不良贷款，在符合规定的前提下，优先给予核销。

5. 强化金融服务网络建设。一是增加固定资产构建资本投入。根据“分行当地金融资源的全国占比”配置网点购置资源基数，对新疆维吾尔自治区、西藏自治区、青海省分行的当地金融资源全国占比按上浮20%计算。加强西部地区中心城市行、强县或具有发展潜力县域、国家重点经济开发区、重点生态区机构建设，加大资本性支出，对新增机构按同等机构水平增配基础运营费用，未来三年西部12家分行新设机构74个，未来五年使西部地区机构总量全行占比提高0.5个百分点。二是增加自助渠道建设。在满足自助渠道建设规划的前提下，未来三年为西部分行额外增加附行自助设备200台，着力提高业务管理水平，积极开通设备交易功能，力争开机率和台均交易量不低于全行平均水平。三是促进重点地区率先发展。积极支持重庆两江新区及重庆、成都、西安区域性金融中心建设，研究设立区域票据中心。适度增加西部分行个人消费经营类贷款经办机构；在银行汇票机构、国内信用证机构准入方面给予支持，在符合总行政策的前提下，优先办理西部机构准入事宜。

6. 加快人才培养。一是加快后备人才培养和交流力度。注重对西部分行行级领导后备队伍的培养和建设，选择部分西部分行参加总行加速培养计划试点项目；选拔西部分行事业心强、有培养前途的中青年骨干交流到总行及东部、华南分行顶岗学习，提升西部分行综合经营管理水平。二是提高人员素质。适当增加西部分行高校毕业生接收计划，放宽系统内从发达地区调往西部地区的条件；在培训资源上予以倾斜，提升员工队伍水平。

（二）总体要求

总行服务西部大开发战略是全方位的，既包括公司机构业务、国际业务、投行业务、个人业务，也包括人力资源、财务资源和风险经营；采取的支持政策是实质性的，既有资源的支持、政策的倾斜，也有资本的投入；支持的机构是集团性的，西部分行是主力，境外分行、子公司、总行各部门全员参与。西部地区的发展不仅仅是西部12家分行的事，而是全行工作中的一件大事。总行各部门、各一级分行要按照总行的要求，采取切实措施，开拓进取，全力支持国家西部大开发战略。

1. 认真学习十七届五中全会的精神、国家西部大开发会议精神。为便于大家学习、领会，总行把网上公布的《中共中央关于制定国民经济和社会发展第十二个五年规划的建议》、中央领导同志在西部大开发会议上讲话要点、西部大开发政策要点摘录出来印发给大家，请认真学习，深入研究和思考，结合实际，把中央的精神贯彻好、把总行的要求落实好。

2. 明确服务的宗旨和目标。我行服务西部大开发的宗旨：一是讲政治、讲大局，倾全行之力支持深入实施西部大开发战略；二是抓机遇、促发展，提升竞争力，提高西部分行整体经营管理水平和金融服务水平；三是使我行的业务发展与西部地区经济发展相适应、相协调，与商业银行在支持西部大开发战略中的责任和地位相匹配。主要目标是成为支持西部大开发的主力银行。总行经过研究，决定在总的目标下，根据各行不同的情况，设定三类目标，分类实施。内蒙古自治区、四川、重庆、陕西分行要做强做大，力争在同业中实现质量最好、经营效益最优，确保主要业务和指标保持领先优势，提高对全行的贡献；宁夏回族自治区、青海、云南、贵州、广西壮族自治区分行要突出重点和特色，加快发展，在主要业务、资产质量、利润等方面力争市场领先；甘肃、西藏自治区、新疆维吾尔自治区分行要坚持业务发展与稳定并重，服从国家维稳大局，确保发展质量，在支持地方经济社会发展中发挥重要作用。总行部门要对西部分行进行督导、考核、评价。

3. 加强班子与队伍建设。各分行班子成员要带头学习、提高认识、统一思想，加强班子建设，提高谋划发展、统筹发展、推动发展的能力，增强新形势下合规经营意识，营造团结和谐、真抓实干的氛围，带领全行员工谋发展、创佳绩，为支持西部大开发作出更大贡献。充分挖掘现有人才潜力，推进区域人才开发，抓好培养、使用、激励各项工作，加大培训交流力度，形成各类人才脱颖而出、充分施展才能的用人机制。

4. 加强跨区域客户联动营销。针对西部大开发中跨区域客户较多的特点，总行要加强对铁路、电信、电力、石化、煤炭等集团客户的源头营销，统一制定授信方案、资金结算服务方案，各一级分行要主动配合，提高我行市场竞争力；对跨区域集团客户、中央企业，西部分行要加强与总行及牵头行的沟通协调，共同做好客户营销服务；对地方性龙头企业，总行要协调牵头行组成营销服务团队，西部分行要借助总行及牵头行与跨区域客户建立的良好关系，谋求与客户建立合作关系，提高营销效率。

5. 充分发挥建设银行集团优势，为支持西部大开发战略提供全面的金融服务。建银国际、建信基金、建信租赁、建信信托等子公司要主动参与支持西部大开发工作，积极提供资产负债业务、投资银行、产业基金、金融租赁、信托等方面的服务，满足西部客户综合化金融服务需求。总行各部门、各分行、各子公司要加强沟通协调，发挥集团整体优势，确保将各项金融政策及服务要求落实到位。

同志们，今后十年是国家深入实施西部大开发战略承前启后的关键时期，更是我行实现跨越式发展的重要战略机遇期。全行要抓住有利时机，紧密结合我行实际，转变观念、开阔思路、加大支持、改善服务，为西部地区大开发、大发展作出更大贡献。

在金融市场业务总行级重点客户座谈会上的讲话

朱小黄

（2010 年 11 月 30 日）

很高兴有这样的机会与金融市场业务的重点客户进行交流，我分管资金业务时间不长，参加这次座谈会一方面是听取建设银行资金业务客户的情况，另一方面借此机会谈谈我的想法，与大家进行沟通。

我行与客户之间的关系基础是诚信为本、充分沟通，希望此次座谈会能让我们在资金业务方面的合作取得新的进展。虽然在座的都是客户，但是双方的沟通与交流是充满诚信的，我行对内部讲的东西，可以毫不保留地与客户交流，希望大家明白建设银行是一家规范诚信的金融机构，是面对市场复杂的情况，与客户共同分析风险、一起赚钱的朋友。

简言之，就是“在商言商”，通过合作去建立共同的市场，实现双赢目标。

首先，介绍一下我行业务发展的情况。

2010 年 10 月 27 日是我行上市五周年纪念日，5 年来，我们始终坚持“以客户为中心、以市场为导向”的经营理念。“以客户为中心”的说法，各行各业都在讲，但是我们讲的“以客户为中心”不是一个简单的口号，其背后有先进的技术和管理理念作为支撑。比如，我们对业务流程作了大量调整，客户之声吸取客户的需求，体验客户的具体需求；对客户反映的一些问题、纠纷，以前一般只是由经办人员进行较为简单的解释和安抚工作，现在已经建立了一套流程控制方案，对客户反映的问题进行汇总、分析和反馈，并根据分析结果进一步完善客户服务体系。我们还建立客户体验实验室，包括行领导在内的建设银行干部、员工都要亲身体验客户的感受、模拟客户情景、了解客户需求等。先进的技术要具体体现在管理理念、业务流程和操作手法上。

近年来，建设银行在资本回报率和资产回报率方面跻身国内乃至国际优秀银行行列；股票价格上升较快，前段时间市值一度超过工商银行跃居首位；拨备覆盖率为国内银行最高，现已超过

200%。我们希望在经济环境不平稳的情况下拨备能够尽量保守一点，2010年年底，按照中国银监会监管要求，拨备率（拨备/年终贷款余额）有望达到2.5%的水平。

建设银行全球化服务网络已基本成型。近几年，我行先后在纽约、伦敦、悉尼和胡志明市成立了分行和子银行，连同原有的中国香港、法兰克福、东京、新加坡、首尔、约翰内斯堡等分行，外加1 000多家境外代理行，初步构架了全球战略格局，在业务网络布局等方面基本满足了“走出去”战略的需要。

近年来，建设银行金融市场业务实现了很好的发展，在债券、黄金和外汇交易市场已成为主要做市商。截至2010年10月底，金融市场业务全行收入实现697亿元；本币投资组合规模2.83万亿元，收入616亿元；外币投资组合规模166.21亿美元，实现收入2.06亿美元；人民币债券及衍生交易收入总计4.34亿元；全行黄金交易总量达879.08吨，实现收入4.4亿元；全行代客结售汇及外汇买卖业务交易量2 545亿美元，实现收入25.15亿元。

金融市场业务产品结构日益丰富。其中，本币投资与交易产品涵盖了货币市场、债券市场的几乎所有品种，总计达3类15种。代客业务包括结售汇、外汇买卖、利率与货币掉期、黄金交易、债券结算代理等。理财产品初步形成了以“大丰收”系列开放型产品为龙头，面向对公、个人客户，种类齐全、币种丰富、期限多样、基础资产范围广泛的产品线。

建设银行的金融市场服务能力得到了业界的高度评价。2009年我行获得中国银行间外汇市场“年度最佳做市能力做市商”和“年度最具影响力做市商”的奖项；人民币债券市场方面，我行做市能力连续多年名列市场前茅，多次获得“最佳做市商”等奖项。

当然，建设银行的资金业务服务水平尚有很大提升空间。比如，市场研究能力不够，研究人员严重不足，有些资产规模仅有几千亿元人民币的投资机构，市场研究人员高达200～300人，而目前金融市场部市场研究团队仅有不到10人；目前我们的系统支持也很分散，尚未实现有效整合，对业务发展支持不足。这些都是我们今后努力的方向。我们希望通过不懈的努力，能够持续为客户提供优质的金融服务。

其次，谈一谈经济形势。在新的经济形势下，企业与银行均面临机遇与挑战。建设银行希望与客户一起把握机遇、应对挑战、实现共赢。

金融危机以后，在大规模经济刺激政策的推动下，世界经济正在复苏，但存在很大不确定性，西方主要经济体内生增长动能不足，前景并不明朗。危机由虚拟经济引起，但所有问题都要通过实体经济释放，由于将危机归因于现金流短缺，各大经济体直接针对虚拟经济注入大量资本，如美国政府给银行注入资本，道琼斯指数虽然回到危机前的水平，但是实体经济并没有太大起色，没有直接动用财政政策给予企业补贴，实为治标不治本。

此次金融危机的爆发，实质上是“两个杠杆和一个心态”在作祟。两个杠杆就是财务杠杆和信贷杠杆，一个心态就是急功近利对金钱追求的贪婪。在这种浮躁心态的推动下，表面上看是追求利润和发展，但现在看来，不止如此，实际整个经营思想观念都存在问题。商业银行不同于投资银行，其经营观念应提倡保守主义理念，就是遵守传统、尊重规则、拒绝浮躁。保守不是摒弃创新，而是防止盲目和脱离原理的创新。创新是对原理的运用，而不是原理的突破。如果经营理念和经营体制问题不解决，“达摩斯之剑”将一直悬于头上。

最近美国推出新的量化宽松政策QE2，实际是实体经济构成的压力无法释放，只能转嫁，美国处理风险的方式是通过货币优势和低成本印刷美元让全球流动性泛滥，风险让全球承担。我国对抗通胀的最有效的方法是调整经济结构。由于实体经济结构不合理，造成了外汇占款增长过快的问题不能得到完全解决，其中最大的问题是出口依赖性太高，造成经济结构的不合理，增加了外汇结汇总量，形成顺差，从而加大基础货币的发行，形成人民币对外升值、对内贬值的态势。从全国经济发展走势来看，调整经济结构在所难免，中国企业应未雨绸缪，把今天的成绩当成明天生存的工具是不行的，不能骄傲。我国经济率先实现复苏，2010年1～9月GDP同比增长达到10.6%，全球一枝独秀，但是应看到这是投资拉动的结果，4万亿元投资和10万亿元信贷投放同时也助长了通胀。虽对恢复经济起到了重要作用，但也复制了旧的经济体制和经济结构，积累下了深层次的矛盾和问题，能否顺利解决这些问题将直接关系到经济的持续健康发展，这与银行和企业的发展是紧密相关的。

目前来看，对金融市场业务起到重要影响的，是汇率和利率的波动。随着国内外金融形势的发展，人民币呈现出对外升值的态势，汇改重启之后的升值幅度达 2.7%，在全球流动性泛滥的大背景下，人民币升值预期成为了热钱进入的主要原因，如何围堵热钱也成为国家外汇管理的主要目标。2010 年 11 月 9 日，国家外汇管理局下发《关于加强外汇管理有关问题的通知》，就银行结售汇综合头寸管理、出口收结汇联网核查、金融机构短期外债指标和对外担保余额等问题加强管理，新政策改变了远期交易的定价机制，对市场影响深远。

人民币升值和通货膨胀为金融市场业务的发展带来了新的挑战。首先，通胀造成资产价格上涨，影响企业经营和财富管理。为治理通胀，中央银行提高准备金率并启动加息，但加息又增加了融资的成本；其次，利率和汇率的波动使得企业和银行开展金融市场业务时持有的金融资产面临巨大风险，管理难度增大。因此，银企之间应紧密合作，发挥管理优势，共同应对挑战。

同时，人民币的升值也为银企发展带来了新的机遇。首先，坚持“走出去”战略，到国外发展可以实现成本大幅降低，扩大生产规模，并绕开贸易壁垒，在当前是一个不错的机会；其次，坚持“引进来”战略，不仅涉及能源和资源，还包括先进技术，能够促进产品更新换代和增加剩余价值，提高产品竞争力。企业的机遇就是银行的机遇，我们将跟上时代步伐，提升产品的服务能力、提升服务企业的能力。

人民币国际化为大势所趋，为企业和银行发展带来了商机。人民币作为计价、结算、储备的货币，功能在客观上是具备的；人民币离岸业务正在蓬勃发展，我行纽约分行人民币存款达到 10 亿元；我们也在梳理和创新一些产品，准备在香港开一个推介会，加大在这方面的工作力度。

在国内外市场充满不确定性的情况下，企业应利用好金融市场工具，人民币流出国外、回流中国的通道都要打开，工具的使用包括套期保值、投资理财产品，但是都要熟悉并掌握内在原理。在这次金融危机中，国内有不少大型企业吃了亏，特别是在投资结构化产品方面，企业和银行都应该从中吸取教训。

最后，谈谈 2011 年建设银行资金业务的主要工作思路。

资金交易业务是银企合作链条当中的重要组成部分，是建立在存、贷款结算等传统业务基础上的合作。

在经济全球化进程中，国内企业进出口业务和对外交往日益频繁，其主业经营日益受到国际市场上的利率、汇率、大宗商品价格等市场风险要素的影响；此外，随着国内人民币汇率、利率市场化程度的加深，企业客户人民币业务相关风险管理需求也不断加大。据商务部统计，2010 年前 10 个月，全国进出口总额约为 2.8 万亿美元，由此产生的市场结售汇交易总量近 2 万亿美元；更遑论国内客户人民币贷款余额已高达 46.87 万亿元，未来面临贷款基准利率进一步调整的风险。

对银行来讲，任何业务都是收益与风险并存的，都需要我们在收益和风险之间作出取舍。没有无收益的风险，也没有无风险的收益，银行不怕风险，怕的是不知道风险在哪里，不知道风险有多大；怕的是有了风险却隐瞒不报。面对风险并用完善的工具进行评价和衡量，才是我们应该做的事情。

2011 年，我们重点做好以下几项工作：

第一，将金融市场业务纳入整个风险控制和授信管理体系当中。金融市场业务面临的不仅仅是市场风险，同时存在大量信用风险。处理信用风险，建设银行拥有一整套完备的授信管理体系。目前，资金业务审批时，提供的信息过于平面化，不足以判断交易对手风险。今后，金融市场业务要纳入全面授信管理之中。由风险管理部制定行业和市场准入标准，市场风险管理部负责审定金融市场部提交的交易对手名单，授信管理部负责审批交易对手授信额度。具体额度支用时，市场风险管理部再把一下关。

金融市场业务交易对手的风险敞口要符合建设银行行业信贷政策，要统一纳入限额管理。

只有坚守住底线，建立了完备的风险判断流程，创新才会符合原理，发展的基础才会是坚实的。只要经过风险判断流程的诊断，创新的步伐就可以大一点。

第二，建立统一风险偏好。我们的投资必须要有清晰的偏好，在当前形势下，我行金融市场业务基本偏好原则是在保证资产安全性和流动性的前提下，适当提高收益水平。提高收益水平的方法一是加大资产存量杠杆率，加快存量资产的流动速度从而提升收益。二是通过营销，增加自营和代客资金总量，增加收益。

第三，加强研究，建立投研一体化模式。刚才有企业提的建议很好，建设银行应该把研究报告送给客户，你们企业的研究动态也可以送给我们，实现信息共享。加强研究，一是将研究对象调整到交易对手、发行体和交易行为上来，使研究成果成为投资的依据和指导；二是加强研究队伍建设，充实研究人员；三是建立研究成果的发布平台，努力使建设银行的研究成果成为资金市场的动向标。

第四，建立通畅的市场销售体系。金融市场业务要建立专业的市场营销、销售体系，要厘清总行金融市场部与分行的职能定位和利益切割，打造覆盖境内外、总分行、表内外各类产品的经营模式。

第五，提升方法论和技术模型的应用。银行分析问题必须有充分的论据和方法论，不能单纯用观念、理念来解决问题，那样就完全变成了讲故事。要努力完善方法论和提高技术模型的应用，用数据说话。如我行风险管理方面，风险模型用的是国际上通用的、大银行都在使用的模型，是以数据为依据的。金融市场业务也必须积累数据，使方法论和技术模型应用有大的提升，为在座的客户提供更好的服务。

第六，鼓励风险暴露。风险管理方面有个基本理念，即坏事传千里。不怕有风险，就怕不暴露，出了风险要传递，要让它成为一个管理成本，不能文过饰非，不应掩盖，无论银行还是企业都要直面风险。

第七，重新认识衍生产品。首先，商业银行不是投资银行，不能做那些不确定的事情、对赌性质的交易，这是边界。其次，衍生产品运用得好，可以对企业有帮助，但风险并不能被消灭，商业银行不能承担这些风险，只能开展有真实交易背景的对冲交易，需要好的风险管理工具作支撑。

第八，加强交易员的管理，改进交易员管理制度。交易员的管理是个大问题，交易记录、交易员的行为规范、授权等方面均要加强管理，建立一套有特点的管理制度。

最后感谢各位客户的光临，希望今后继续与企业坦诚交流，为我行开展金融市场业务，为广大客户做好服务提供更多的帮助和指导。

（根据录音整理）

加强大额授信客户风险管理
促进信贷资产质量持续稳步向好

——在2010年“双十大”客户风险处置专题会议上的讲话

朱小黄

（2010年12月2日）

同志们：

全行“双十大”客户风险处置机制运行以来，每年的风险处置工作均取得了较好的成绩，处置效率较高。这次会议，相关分行和部门事先作了充分准备，信息量大、节奏紧凑、效果不错，大家集思广益，为2011年“双十大”客户逐户制定了针对性强、可操作的风险处置预案，为下一步处置工作提供方向指导。借这个机会，就“双十大”客户风险处置情况作简短总结，并对2011年全行风险管理工作提几点要求。

一、全行“双十大”客户风险处置情况

（一）2010年全行“双十大”客户授信风险处置进展顺利，资产质量重点联系行贷款质量持续向好

截至2010年9月底，全行2010年“双十大”客户信贷余额为1 396.7亿元，较年初下降229.84亿元，其中，总行十大关注客户信贷余额为126.85亿元，较年初下降27.12亿元；总行十大不良客户信贷余额为83.12亿元，较年初下降3.16亿元。根据客户风险处置情况，有6户调出总行十大关注客户，涉及信贷余额74.58亿元，其中杭州四海化纤集团完成债务重组，舟山金海重工股份有限公司完成贷款压缩任务并大幅缩减保函余额，新华联合冶金投资集团有限公司贷款压缩、授信产品结构得到优化，玉溪市政府融资平台、华伦集团和深圳市英达投资发展有限公司授信策略明确并按既定方案执行；有3户由于风险处置进展顺利或已进入破产清算调出总行十大不良客户，涉及信贷余额27.16亿元，分别为北京北大青鸟有限责任公司、华源集团和锦化化工集团氯碱股份有限公司；部分未调出总行“双十大”的客户，风险处置也取得了较好的成果，如彭小峰在华投资企业、中关村科技等风险敞口得到有效控制。

截至2010年9月末，6个资产质量重点联系一级分行不良贷款率均降至2.5%以下，其中北京分行不良率最低（1.59%）、西藏分行不良率最高（2.43%）；28个资产质量重点联系二级分支行不良贷款均比年初下降，其中14个二级分支行不良贷款率降至5%以下。资产质量重点联系行贷款质量持续向好。

（二）“双十大”客户风险处置机制示范效应良好，带动提高全行信贷资产质量水平

自2007年全行实施“双十大”客户风险处置以来，建立了系统化、程序化的双十大客户风险处置机制，对客户风险管理起到良好示范效应，带动提高全行信贷资产质量水平。通过客户筛选，制订处置预案，风险动态跟踪，处置措施相机调整，加强奖惩考核等程序化安排，有效地促进“双十大”客户风险化解；通过搭建组织架构，明确总分行之间、条线之间、部门之间的风险处置职责，客户风险协同处置能力大为加强；通过建立信贷资产质量重点联系行制度，明确管理标准，加强达标考核，有效促进全行信贷资产质量提高；通过依托各类风险管理工具，大额风险处置的系统管理和风险预警能力不断提高。

2007年以来，全行“双十大”客户风险处置工作共涉及单一客户2 119户，涉及信贷金额3 542.4亿元，截至2010年9月底，共计压缩信贷余额1 356亿元，其中完全退出946亿元。三年来，总行处置“双十大”客户51户，涉及198户单一客户，涉及信贷金额481.5亿元，共计压缩信贷余额130.5亿元，其中完全退出97.4亿元。“双十大”客户风险处置机制运行效果确实显著。

（三）关注类问题贷款提前介入、快速处置能力得到提高

2010年，公司类关注三级贷款纳入资产保全条线管理和处置，充分发挥保全条线问题贷款诊断和处置优势，关注类问题贷款提前介入、快速处置效率大为提高。截至2010年9月底，公司类关注三级贷款为115.0亿元，较年初下降54.9亿元。全行公司类关注三级贷款回收现金48.4亿元，盘活37.8亿元，保全条线在其中发挥了重要作用。2010年年初以来，资产保全工作两头延伸，一方面通过提前介入关注三级问题贷款，实际减少了贷款向下迁徙的可能性；另一方面通过加强已核销贷款追索，减少了贷款实际损失。

（四）客户风险管理工具和手段更加充分有效

截至2010年9月底，授信业务风险监测系统（CRMS）在加强信贷结构调整政策执行、行业名单准入、内控客户风险管理、统一审批标准等方面共制定监控规则49项，较2009年同期新增30项。2010年1～9月，系统报警风险1 425笔，其中，总行核查处置604笔，下发风险提示256份、整改意见书32份。这既说明总行对全行授信业务的监控更加有效，也说明目前触碰风险底线的事还有不少，风险边界管理工作仍需持续加强。另外，9月末对公客户预警跟踪管理系统（CEWM）

预警客户跟踪覆盖率达86.9%，较年初显著提高，分行对问题客户跟踪预警更加及时。目前各类风险管理工具已得到有效运用，下一步还要进一步提高风险管理工具使用频度和充分性。

（五）“贷后管理年”方案稳步推进，初见成效

“贷后管理年”方案下发以来，全行积极行动，境内38家分行按照总行《岗位职责分离方案指导意见》的要求制订了实施方案，其中33家分行已正式下发执行，北京、河北、吉林、上海、福建、厦门、河南、广东、海南、重庆、贵州、陕西、甘肃分行基本完成信贷经理岗位设置，专职负责贷后管理，实现岗位分离。大连、宁波、三峡、青海和西藏自治区分行要抓紧落实方案的修改和审议，尽快下发执行。按照年初要求，“贷后管理年”要完成五个规定动作，总行已下发《“贷后管理年”检查评比工作方案》，不达标分行总行将通报批评，各行要切实将“贷后管理年”工作落实到位。

上述成绩的取得，离不开全体员工的共同努力。在此，我谨代表总行管理层向会议所有代表、向处置工作第一线的全体员工，特别是风险、保全、公司部门表示衷心的感谢！

二、保持清醒认识，加强客户授信风险管理，促进全行信贷资产质量持续向好

得益于多年以来坚定不移地推进信贷结构调整，不断强化贷后管理，持续加强滚动风险排查和处置，在宏观经济平稳较快增长的形势下，全行资产质量进一步提高，第三季度我行不良贷款率已经降到历史新低1.14%的水平。按照秋季行长座谈会精神，全行应强化风险控制，“从重点抓不良贷款‘双降’转向重点抓资产质量基础管理，客观反映风险”。我们一贯强调将“真实性”作为我们资产质量管理的生命线，在2010年第三季度结束的中国银监会贷款风险分类偏离度检查结果中也得到了体现，我行偏离度小于0.1%，处于大型银行较低水平。我们坚持稳健经营的理念，审慎计提贷款损失准备金，风险抵御能力持续增强，不良贷款拨备覆盖率、拨备比例分别达到213.48%、2.43%，也处于同业领先水平，在经济环境和盈利能力比较好的时候，仍然要坚持审慎经营的理念。

但是，我们绝不能在这几个“漂亮”的指标下面放松警惕盲目乐观，要清醒地认识到我行资产质量仍然面临较大压力。一是中央银行加息和连续上调存款准备金率以加强流动性管理，货币政策有逐步收紧迹象，在防通胀的前提下，未来信贷规模逐步回归常态，部分行业和客户的资金链压力有不同程度的加大，各行要及早做好存量客户的梳理和风险识别，对重点客户制订风险预案，有效控制风险。二是我国经济虽平稳较快增长，但全球经济表现还不稳定，特别是虚拟经济波动较大，对实体经济影响有很大不确定性。三是地方政府融资平台未来还款现金流仍然存在不确定因素，平台整体偿贷情况仍然存在隐患。房地产市场步入震荡期，房地产企业资金链趋紧，市场调整可能带来行业洗牌风险。部分产能过剩行业客户面临资源、能源、环境的瓶颈压力，国家产业结构调整力度还会加大，贷款风险不容忽视。四是表外业务潜在风险不容忽视，加强风险管理刻不容缓。近几年我行表外业务创新日渐频繁，总量规模增长迅速，目前表外资产总额已超过2万亿元，加权风险资产超1万亿元。但表外业务基础管理还相当落后，表现在准入标准较低，分类和计提拨备制度不是很严密，产品管理分散，结构不合理，部分表外业务收益低、风险敞口大、经济资本占用高。表外业务粗放管理模式已不适应现代银行管理要求。

近期，中国银监会提出贷款拨备比例（贷款损失准备金占贷款余额的比例）原则上应不低于2.5%的要求，也反映了监管部门对未来经济走势的审慎态度，表达了对银行业未来资产质量的担忧。

2010年9月底我行已经收到了迪拜政府贷款的第一笔还款，迪拜政府也在国际市场上成功发行了主权债券，这标志着我们已经成功化解了境外迪拜贷款风险，我行资产质量指标将在现有基础上进一步上升。但考虑到未来经济环境的变化，下一步，全行应更加主动地加大风险排查力度，加强资产质量管理，严格执行风险分类标准，夯实资产质量基础，保持资产质量的可持续性，主要做好以下两方面的工作：

一是要做好关键领域的风险防控化解。按照中国银监会要求，地方政府融资平台贷款要实

施动态台账管理，逐户监控风险，落实足额有效的抵质押担保。解包还原的政府融资平台贷款要认真落实好还款来源安排。平台贷款到期后不应展期或随意重组，要对各类型平台实行严格分类，并做好拨备计提，对问题贷款要快速处置、抓紧回收。目前部分分行对政府融资平台贷款积极性较高，此类贷款风险边界已很清晰明确，分行要谨慎。

要预先布防高风险房地产企业风险暴露。要警惕开发商资金链紧张、高成本融资等情况，加强房地产开发贷款封闭管理，加强现金流监控，提前落实资金，确保按合同计划偿还我行贷款。对闲置土地、违规建设和用地、捂盘惜售、拖延开竣工时间的房地产企业，不得发放新贷款和进行贷款展期，已有贷款要采取保全措施，核实增加抵质押物，防范还款风险。在政府加大调控力度下，要警惕部分房地产客户资金链压力及失控行为给银行带来的风险。

要加强集团内部关联交易监测，严防信贷资金转移挪用、投机行为。

要努力化解产能过剩行业相关贷款风险。对于工信部关停项目涉及我行的应采取措施确保我行贷款安全，对关停项目涉及的上下游产业及关联企业，也要抓紧落实风险隔离措施。信贷结构调整要高度重视碳排放、节能环保等国家产业和环保政策，勇于承担企业社会责任，几年前我行开始执行对公授信业务五项基本原则时，很多分行认为环保达标原则影响客户拓展，现在来看环保不达标实际就会形成贷款风险，我们执行得较早，就较好地保护了我行信贷资产安全。

二是要严格分类、提足拨备，加快不良贷款处置相关准备工作。各行要在认真进行风险排查的基础上，严格按照标准进行风险分类，夯实资产质量基础。风险管理条线要坚决按照总行要求，做好管理工作，将资产质量真实地反映在管理系统中。不要为了考核而掩盖问题，为以后的经营留下隐患。全行要争取在2010年年底前按照监管部门动态拨备率要求提足拨备，进一步增强全行抵御风险的能力。资产保全部门应按照国家有关规定对因灾形成的不良贷款应核尽核，对于拟核销项目要抓紧准备材料，把好合规操作关口，同时注意核销节奏，避免集中核销。

三、下一步工作要求

（一）稳步推进实施“双十大”客户风险处置方案

2011年总行“双十大”客户风险处置方案已经确定，下一步总行相关部门和分行应加强督导，不要放松，稳步推进风险化解，确保方案得到不折不扣地执行。已经调出的“双十大”客户要继续观察，不要让其风险反弹，落实既定方案。未经有权行批准不得擅自调整风险分类、超越方案办理授信业务。

（二）决策果断，坚决执行，主动退出大额问题客户

信贷退出是银行反经济周期经营的重要措施，要加强客户动态管理，要有客户前瞻性，贷款生命周期必须与企业生命周期错期匹配，科学制定授信整体策略。辽宁锦化氯碱是总行“双十大”客户，2001年末总行就要求分行对该客户压缩退出，2008年以后更是将其列为总行“十大”关注客户并反复督促风险化解，但经办行没有严格贯彻总行信贷结构调整和客户退出政策要求，贷款压缩退出缓慢，9年总共压缩了3.63亿元，直到企业破产重组时还有8.92亿元的贷款本金没有退出。这件事对我行资产造成较大损失，教训深刻，对此类客户应果断退出。

（三）落实“贷后管理年”要求，加强客户常态化管理

“贷后管理年”活动全面开展以来，全行推进工作整体平稳有序，大部分分行在关键的贷后管理机制建设方面取得了积极进展。但也要看到，行际之间推进进度还不平衡，有些分行推进迟缓，与总行的要求还有偏差。各行应以“贷后管理年”为契机，建立完善贷后管理长效机制，把2010年的措施变成贷后日常管理和流程操作要求，加强客户常态化管理。业务部门要克服“重贷轻管”的心理，切实做好考评体系建设、岗位分离、系统维护运用、会议讨论制度、抵押品管理等贷后管理基础性工作。

（四）2011年风险管理工作安排

借这次会议机会，对2011年风险管理工作提几点要求：

一是推进全面授信管理。目前我行还没有实现各类授信风险敞口全覆盖管理，如部分中间业务产品没有经过严格的授信审批程序，客户准入、评估评价等风险识别把关不严，当期收益取得后，风险敞口仍然存在甚至扩大，风险控制能力不足；部分金融市场业务只有利率、期限、交易结构等简单信息，对发行体信用调查不足，投资决策支持信息薄弱，风险分类和拨备计提还需要完善；部分金融衍生产品出现过垫款，需要完善风险管理技术并加强运用。为此，总行决定2011年加强全面授信风险管理，所有存在信用风险敞口的产品都要纳入客户统一授信管理，但可以差别化，不同产品不同管法，原则上都要纳入授信审批。在全面授信管理下，授信客户的产品管理范围、管理流程、评估评价、准入标准都要有完整的制度，以全面防范系统性风险。

此外，要加强附属机构授信业务的并表管理工作，加强业务指导，在集团内部实施统一的风险偏好和信贷原则，落实集团口径的大额风险暴露监测工作。

二是加强表外业务管理，提高表外业务风险管理水平。表外业务管理是2011年全行经营业务的重点。要加强表外业务制度建设，规范管理、增强服务、增加收益，对于表外业务、中间业务要回归本源，加强风险管理，强调风险与收益的平衡。

三是推进实施《巴塞尔新资本协议》，加强经济资本考核约束。2011年我行将安排推进实施《巴塞尔新资本协议》，建立风险资本约束机制，这将对资本占用带来一定压力，全行都应尽快学习适应《巴塞尔新资本协议》监管要求，在业务开展中强化资本约束意识，算好资本账。

四是加强境外机构风险管理。近年来，境外分行风险暴露较多，教训深刻。中国香港、首尔、约翰内斯堡等分行贷款出现不良，法兰克福分行购买冰岛债券损失较大，反映部分分行风险管理薄弱，片面追求回报，对风险与收益的判断出现较大偏差。2011年总行将加大对境外分行风险管理力度，加强国别风险评价与管理，研究完善境外机构风险管理体制，促进境外分行提高市场竞争力，培养在真正市场环境下的竞争能力。

五是进一步加快城市行风险管理体制改革。适应城市分行扁平化管理要求，要进一步研究完善城市行风险管理工具体系、流程等。

六是完善尽职责任管理体系。总行相关部门要研究完善尽职责任管理流程、标准，认真开展尽职调查，严格责任约束。

七是尊重规则程序，保障业务健康发展。银行风险管理要秉持保守理念，既要处理好当前，更要管理好明天。管理明天的关键是以事实数据为基础制定基本的规则、边界、底线和程序并予以广泛尊重，业务发展和创新要在基本规则框架内按程序进行。管理明天需要智慧，需要科学的态度处理各类矛盾，全行上下要保持共同的价值取向，确保业务健康发展。

认清形势　增强责任　扎实工作
更好地服务经营发展全局

——在建设银行信访工作会议上的讲话

胡哲一

（2010年4月15日）

同志们：

经总行批准，全行2010年信访工作会议今天在这里召开。会议的主要任务是研究贯彻中央和国务院领导同志关于加强信访维稳工作以及妥善解决银行业协解人员有关问题的指示精神，分析和把握当前形势，围绕我行经营改革发展目标，在总结2009年工作的基础上，部署全行信访维稳工作。会议将引入学习培训，邀请中国社科院专家和重庆市人民检察院有关负责人就大家关注的一些重点、热点问题进行授课、介绍。

在总行党委的正确领导和大力支持下，几年来特别是2009年以来，在郭董事长直接领导和大家共同努力下，全行信访工作积极探索，不断积累经验，完善体制、机制，创新工作方式，取得了明显、持续的成效，为全行经营发展、改革和稳定作出了积极贡献，也为今后的工作打下了很好的基础。我讲三个问题供大家交流讨论。

一、肯定成绩，改进不足

2009年是我国经济发展最为困难的一年。受全球金融危机和经济低迷的影响，国内经济明显下滑，出口大幅下降，企业普遍经营困难，失业明显增加，部分群众收入增长放缓甚至连续下降，加上全年敏感时期、重大活动较多，新问题、新情况不断产生，社会各种矛盾进一步显现。

在这种情况下，金融企业保增长、保稳定、保民生的任务十分艰巨。根据党中央和国务院的决策部署，我行实行了积极、稳健、审慎的经营方针，应对危机带来的困难，积极促进经济回升和社会发展，在发展、速度、节奏、效益、改革创新、机制完善等方面都取得了良好的业绩和进步。按季月度显示的投放曲线，我行在同业中最平稳，受到中国银监会的表扬。全行为此付出了极大的辛苦和劳动。

在骄人的成绩里，也有我们信访工作的一份贡献和辛劳。2009年全行信访维稳工作坚持以科学发展观为统领，围绕全行经营发展和改革的中心任务，认真落实信访维稳的政策法规，努力化解各类矛盾、消除不稳定因素，在工作机制、思路和举措等方面进行了积极探索和实践，积累了经验，做出了明显成绩。我行信访维稳工作得到了中央领导同志和金融监管部门的充分肯定。

（一）信访维稳工作取得明显成效

一是对信访维稳工作高度重视，进一步提高了认识。2009年以来，总行党委自觉践行金融企业科学发展要求，从我行经营发展战略需要和国有大型金融企业维护稳定的社会责任出发，对信访工作高度重视、积极推动。总行党委会议多次研究信访维稳工作。党委通过多种形式认真传达学习中央和国务院领导同志关于加强信访维稳工作、稳妥解决好银行业协解人员信访诉求问题的重要讲话和指示，根据建设银行实际情况，研究贯彻落实的具体意见和方案；实事求是地向金融监管及中央有关部门反映我行工作设想及需要帮助解决的困难和问题；在研究和制订方案时，坚持既立足建设银行的具体实际，也考虑银行同业情况，兼顾全社会不同行业的统筹平衡。同时，总行党委还非常重视加强各分行（中心）和各部门对信访工作重要性、紧迫性的认识。通过深入调研、督导检查、座谈汇报、专题研究、现场了解、电话咨询等多种形式对信访维稳工作的开展和落实情况进行深入检查了解，指导和推动信访工作。各级组织和领导对做好信访工作的认识更加明确，大局与责任意识和工作主动性明显增强。

二是制订了方案，落实了责任。郭董事长、张行长和辛书记等各位总行领导先后召开30多次各类会议，听取汇报和研究部署相关工作。董事长反复强调从总行到各级组织都要认真落实中央领导同志关于国有控股银行党委和党委书记要切实负起第一责任，并把责任落实到完善制度机制和强化基层基础上去的要求。党委同志就信访维稳工作多次深入分行调研，主动与地方党政领导进行沟通，交换意见，探索解决当前问题的办法，争取有关各方的理解和支持。各级响应落实总行部署，周密安排、强化措施，根据自身实际，自觉承担责任，积极推动和落实信访维稳工作。

三是基本摸清了底数，抓住了重点。2009年下半年以来，总行部署了对全行协解人员基本情况进行全面调查、梳理和建档的任务。各级组织调动多种资源，深入、细致地了解协解人员参保、再就业、家庭生活困难等情况。河北、吉林、山东等许多分行通过积极疏通，从省社保部门取得协解人员养老保险个人账户数据信息，结合分行掌握的缴费情况进行仔细核对和逐人测算，建立台账。在全行上下共同努力下，目前已最大限度地掌握了全行协解人员社保、生活等基本底数，建立了协解人员基础信息库，对因各种原因形成的协解人员社保转移、接续中存留的政策性障碍状况、银行欠缴应补的险种、金额等情况有了详尽的了解，为依法合规确定银行应当履行和承担的责任以及能够承担的费用限度提供了科学依据，为实事求是地解决协解人员的不同问题奠定了扎实基础。

四是明确了政策，积极加以推进。根据统筹兼顾原则，我们制定了以人为本、依法合规和稳妥可行的政策框架和实施方法。明确了建设银行在应尽社会责任中应当正视和解决的历史遗留问题；确定了量力而行、稳妥推进的工作思路，工作不盲目超前，不因解决老问题而引发新的矛盾。总行党委制订的方案思路和框架、底线，既积极推动了原有问题的解决，又没有引发新的矛盾，实践证明是正确和有效的。

五是以人为本，帮扶救助。自2009年以来，全行广泛持续地开展了对包括协解人员在内的帮扶救助、函访慰问等多种形式的送温暖、献爱心活动。全行25万员工积极参与了款物捐助，共筹集资金1 727万元。同时总行还拨出5 000万元专款用于补充职工互助基金。全行三级互助基金累计救助特困协解人员5 100人次，发放救助金2 611万元。同时，总行本部利用职工互助基金对部分极端困难的协解人员发放了673万元的救助金。各级机构和在岗员工还利用各种资源和社会关系，积极帮助近万名协解人员联系再就业。节假期间普遍开展了对困难协解人员的走访慰问。在给予款物和联系再就业等帮助的同时，还通过信函、“对口联系”等方式鼓励他们从长远考虑积极参保，争取再就业机会。各级的关怀使协解人员在物质、精神和心理上感受到建设银行的温暖。全行协解人员在养老、医疗、失业等社保账户的转移、接续、补缴以及失业保险金、失业登记证和再就业优惠证的领取等方面都取得了实实在在的进展。

（二）来信来访得到认真稳妥处理

2009年全行受理各类来信2 400多件，反映的问题覆盖了全行各个方面和全部机构。其中，署名信占51%。其中，违法违规违纪、劳动争议、产品销售或业务经济纠纷三方面问题占全部信访的77%。全行各级机构接待处置各类来访800多批次，3 500多人次，其中集体访188批次，2 600多人次；个体访612批次，861人次；总行本部接访191批次，1 133人次；一级分行及其以下机构接访609批次，2 350人次。在信访同比仍呈上升状态的情况下承担了很大的工作量，信访处理工作取得了积极成效。

一是重视初信办理，及时减缓个案初期的矛盾纠纷。对大量初信特别是署名信中需要组织核查的，通过转办、交办及时调查了解，加强与信访人的反馈沟通，使许多矛盾在初期得到缓解，信访工作的质量和效率得到提高。

二是加大重要信访件的核查力度，推动工作整改。2009年受理中央和国家有关部门转交查报件44件，同比增加47%。认真核查办理行领导批示交办的信件，党委负责同志通过对部分信访件的阅批及核查跟踪了解，更多地掌握了基层职工反映的问题和总行有关政策规定的执行落实情况，具体指导和推动了信访工作的开展。黑龙江、上海、江苏、湖北、甘肃等分行主要领导注重通过对信访件的阅批查处来发现问题、推进工作。一些经过核查属实的问题得到及时整改。

三是稳妥处置来访问题，维护了良好的经营环境。总分行各级机构信访部门和工作人员坚持依法合规和以人为本，忍辱负重、任劳任怨，在第一线不厌其烦地听取上访诉求，面对面耐心进行宣传解释，承担了很大的工作量和心理压力，做了大量艰苦细致的接访处置工作。辽宁、河南、海南等省区分行的主要领导亲自参加接访，有的还亲临上访聚集现场指导处置，努力消除上访人员对立情绪，及时缓解矛盾冲突，控制负面影响。特别在出现群体进京聚集围堵上访时，分支行顾全大局，服从总行统一安排，积极协调所在地区政府做好劝返接回工作。在全年几次较大规模跨行集体上访中，我行系统都是最快完成劝返任务，减轻了总行压力，得到国家有关部门的充分肯定。

（三）信访工作机制进一步完善

在总结近年信访工作的基础上，总行修订了《信访工作管理规定》，制发了《群众来信处理操作规程》等规范性规定，全行信访工作逐步进入科学、规范和制度化的轨道。办信工作流程、来信来访情况与信访信息统计分析、信访动态通报、责任追究等方面的多项工作制度进一步建立完善。许多分行结合自身和地区实际，总结制定了有效的信访实施方案、信访维稳信息通报和考评制度。

如河南省分行建立了周、月《信访稳定工作动态》，广西壮族自治区、四川等分行建立了信访动态通报，有些分行把因工作失职造成的群体性上访列为信访工作的责任目标。各分行进一步加强了与当地党政的沟通联系，积极争取支持帮助，当出现跨区突发信访冲突时，问题能及时得到控制和处理，避免了矛盾升级、扩大和引发媒体炒作，进一步完善了银地联动配合、共同做好维稳的工作机制。

总行坚持做好对来信、来访情况进行季度、年度的动态分析，就不同时期反映的与我行直接、间接相关的信访热点和重要信访事件进行分类研判和预测，形成工作意见和建议，报送行领导和有关部门参阅。许多分行注意根据当地情况做好信访维稳工作的分析研究，及时向上级和领导汇报，提出工作建议。总行区分不同对象，2009 年上半年通过年度信访工作会议，就转型期社会信访矛盾的热点、焦点问题进行学习研讨，下半年举办了来信办理业务培训，全年分批参加国家信访局、中国银监会举办的境内外专业培训和信访考察。这些活动有针对性地促进信访工作扩大了视野，增强了全行信访岗位人员的综合素质和大局意识，提高了工作能力。

2009 年信访工作之所以取得了很好的成绩和进步，一是总行党委从大局和战略高度出发，对信访工作高度重视，把信访工作放在十分重要和关键的位置上。党委书记郭树清同志等主要领导，倾注了很大精力，组织部署得力，强化了各级党委切实负起第一责任的要求。辛行长带领大家积极探索、扎实工作，各分行党委和主要负责同志对信访工作十分重视，坚决落实总行的部署和要求。二是统一认识，统筹安排。全行坚持把帮助协解人员解决社保救助问题当做银行承担和履行社会责任的重要工作，有针对性地制定了有关政策、方案，根据各地的情况统筹规划，加强了分类指导。三是把握政策，抓住重点。遵循国家政策法规要求，积极取得上级有关部门的支持指导，政策把握适度，结合实际，制订并动态调整社保和特困救助的工作重点和实施方案。四是责任明确，认真履职。有关部门围绕工作目标，明确和落实各自的责任，分工负责、相互配合，做到互不推诿、分工不分家，通过积极的协调配合，保证了各项工作落到实处。五是完善机制，提高能力。在处理繁杂信访事项的同时，注重及时总结情况，适时完善规章制度、规范工作流程，制定符合实际需要的工作管理规定，措施机制得到完善。

2009 年，信访条线的同志们忠于职守、勤奋努力、甘于奉献，勇于面对困难和挑战，做了大量艰苦细致的工作，为建设银行取得良好的经营业绩、为社会稳定、为维护建设银行的良好形象作出了巨大贡献。借这个机会，我代表总行党委和行领导向全行信访岗位的同志们、向分行和部门领导同志及协助做好信访工作的同志们，表示衷心的感谢和诚挚的慰问！

在肯定成绩的同时，我们还应清醒地看到信访工作还存在着不足和差距。一是少数单位对信访维稳工作，尤其是在法律政策范围内推进协解人员社保问题解决的认识还不够，工作安排上还不够主动和自觉。二是有的组织不够严密，有些部门职责分工不够落实，信访经办人员频繁调换，给工作带来了一定影响。三是部分单位对信访维稳信息不够敏锐，上下沟通不畅，对信访信息的整理报送工作重视不够。有的顾虑及时向上级报告发生的情况会影响本单位形象，导致延误联动和处置，甚至出现上级监管部门先行通报的情况。四是个别单位的信访维稳工作和应急处置预案还不够健全完善，出现情况不能及时依法合规妥善应对，与地方党政部门的沟通、汇报不够密切，在控制媒体的不实炒作方面经验办法不足。对这些问题、不足，我们要进一步引起重视、加强改进，进一步提高信访维稳的工作质量。

二、认清形势，统一认识

当前，要充分认清三个形势：

第一是国际、国内的经济金融形势。信访问题处在国内外经济金融和社会矛盾的大背景下，认清这一形势，对我们把握信访工作的总趋势、加强对信访问题的深层次认识十分必要。

2010 年的国际形势更为复杂，给我们带来更大的挑战。总的判断，世界经济在复苏的轨道上艰难前行，复苏的基础还十分脆弱，不确定因素依然存在。金融危机的影响仍在持续，欧洲多国因主权债务出现财政危机，大宗商品价格继续攀升，贸易保护主义明显抬头，结构调整还没有见到成效，非经济的、传统和非传统的安全因素对经济的影响很大。国际经济形势给开放的国内经济带来了巨大的影响。昨天国务院召开常务会议认为当前经济发展的环境极为复杂，经济向好的过程中，还存在许多矛盾和困难。一些新情况、新问题也在显现。一是2010年经济发展两面性特点突出，“两难”问题增多，影响经济波动的因素还不少。经济快速回升增长的同时，也出现一些过热迹象，有的局部更加明显。因此，中央提出要把保持经济平稳较快发展、调整经济结构、缓解通胀预期这三者的关系处理好作为宏观调控的核心。二是科学发展的任务相当艰巨，说易行难。由于多种原因，我们的经济结构调整步子还不快、力度还不够、成效还不大。三是财政金融风险不可忽视。四是通胀预期增强，物价上涨压力较大。推动价格上涨的因素在显现，强化了通胀预期，特别是部分城市住房价格过快上涨的问题比较突出。总的来看，2010年国内经济情况总体向好，但是基础不稳定，不确定因素不少。

第二是2010年全国信访工作面临的形势。经济金融形势决定了整个国家的社会信访形势。经济金融发展中遇到的问题、挑战和矛盾都会通过不同方面、不同渠道，在社会上、信访中反映出来。中央总的判断，2010年信访形势依然严峻。一是信访总量仍在高位运行。二是新的不稳定因素还在不断出现。随着经济的不断回升和结构调整力度的不断加大，淘汰落后产能形成的失业人员会增加。随着重大工程和项目建设步伐的加快，土地征用和房屋拆迁方面的矛盾还会增加。事业单位的分配改革和其他重点领域改革的推进也涉及一些群体的切身利益。三是敏感时段和重点领域聚集上访仍可能多发、高发。部分军队退役人员、企业包括银行协解人员、原来的民办教师、涉众性经济案件的受害人员等利益群体还在不断地上访和策划群体性上访。2010年上海世博会、广州亚运会都是敏感节点。四是境外敌对势力极力插手我国信访问题。

第三是我行的信访形势。2009年经过总分行的努力，一些地区上访数量有所下降，出现相对稳定，但全行信访总量仍处在缓慢扩张的水平，信访工作量仍然相当大。一是解决协解人员这一历史遗留问题的任务仍很艰巨，各地情况不同，政策落实中会存在较大的差异；对问题的重视程度和处理力度不同，工作进展也会很不平衡。一些协解人员的最终需求与我们遵循的国家政策底线还有很大差距，政策落实的复杂现实与个别人员的无理闹访、聚访缠绕在一起，多种原因使得信访诉求的处理不可能一蹴而就。近期以来，中央多次提到“银行系统协解群体”的问题，应引起我们的高度关注。二是各类上访矛盾依然突出，趋势不容乐观。2009年全行各类上访批、人次同比分别上升了19%和8%，全行三级机构接访量同比呈上升趋势。上访群体的组织性、严密性、隐蔽性和跨行异地串访规模化程度都有新的变化。三是业务纠纷方面的新情况、新问题不断出现，客户投诉和上访增加，同比上升28%。互联网上就银行产品纠纷问题举办的“维权”论坛、各类销售服务的纠纷投诉更是明显增多。另外，还有个别媒体借机炒作，使这些纠纷处理更增加了复杂性和敏感性。面对复杂严峻的形势，我们应当进一步提高认识。

一要提高对信访工作重要性的认识。要深刻认识信访工作的本质和内涵。信访工作是不是仅仅是处理闹事、处理告状信、维护稳定、解决协解人员问题？我认为不能完全等同。马凯同志在2010年年初信访工作会上说“信访工作和维稳工作既有联系又有区别，不能简单、单纯地把信访工作看做维稳工作”。我们正处在社会主义初级阶段，经济社会发展转型加快，人民群众利益诉求和维权意识增加，社会政治民主化程度和“以人为本”的理念在不断推进，同时，社会矛盾凸显，一些问题也在产生和积聚，在一定时期，信访工作集中地表现在利益诉求、矛盾纠纷、维护稳定方面。维稳工作是当前和较长一个时期内信访工作最重要、最紧迫的组成部分。毫无疑问，在国家政策框架和底线上，结合建设银行实际情况，积极、合理、平稳地解决好协解人员遗留问题仍是当前我行信访维稳工作的重点，仍需要我们付出很大努力。郭董事长不久前在信访办的相关报告上充分肯定了这项工作很有成效，同时明确要求总行相关部门和各级分行都不能松懈，继续一如既往地抓好相关工作。因此，我们还必须按要求和部署对解决协解人员的问题下力气抓紧进行。但是从党和国家赋予信访工作的职责定位上看，我们不能停留在前面的认识层面上，如果把信访和维稳工作简单画等号，就不能正确、科学地理解信访工作的本质和内涵。中央领导同志提出的2010年全国信访工作主要任务中指出："以邓小平理论和'三个代表'思想为指导，深入贯彻落实科学发展观，紧紧围绕切实维护群众合法权益，密切党和政府同人民群众的血肉联系这一主线"。认识信访工作本质就是要深刻理解和抓住这一主线。落实到我行，认识和做好信访工作就是要抓住切实维护广大员工，其中也包括协解人员的合法权益，密切各级党委、领导干部同广大员工的血肉联系这条主线。"着重抓好五个重点，就是源头预防、事要解决、完善机制、落实责任、提升能力，为促进社会和谐稳定，为实现经济平稳较快发展创造良好环境"。做好信访工作，无疑会对维护稳定起到重要的支撑、保障和推动作用。同时，通过信访渠道又能发现我们发展中遇到的矛盾、工作中存在的问题，促进工作改进和更好发展。正如温总理所说的"不但有利于维护社会稳定，还有利于推进银行改革"。通过信访发现问题，了解群众所想所需，才能促进政策不断完善，更好地体现以人为本，履行好执政为民的职责。积极化解矛盾，消除不稳定的消极因素，坚持以人为本，才能调动各方面的积极性，凝聚各方面力量，形成上下通畅、和谐稳定、团结进取的氛围，营造良好的经营环境，共同推动建设银行的经营发展和改革。这样理解信访工作的本质和内涵，要比单纯地把信访工作看成就是维护稳定、防止闹事、处理上访要更丰富、更深入、更具体。

二要提高对信访工作艰巨性的认识。信访工作艰巨性表现在几个方面：第一是涉及面广，即工作的复杂性。信访诉求涉及方方面面，要求信访工作人员是多面手。第二是紧迫性强。出现情况容不得慢慢研究，要及时果断地处理。第三是具有一定的长期性。我们的国情决定了信访工作是一项长期性任务。信访是人民群众反映诉求、表达心声的一个经常化渠道。协解人员等历史问题可能还需要一个过程逐渐加以解决，同时新的问题还在不断出现。信访工作的复杂性、紧迫性、长期性决定了我们做好工作必须付出艰苦努力。

三要提高对2010年信访工作目标和重点的认识。按照中央的决策和全行统一部署，2010年我行信访工作的目标任务是以科学发展观为统领，认真贯彻中央关于信访维稳工作的重要部署，进一步统一认识，按照信访工作沟通信息、化解矛盾、维护稳定、营造环境的要求，突出重点，着力抓好组织协调、完善机制、落实责任，在"事要解决"、多措并举做好协解人员社保推进上多下工夫，提升信访处置能力，有针对性地完善信访工作机制，探索、改进信访工作方式，使信访工作更好地服务于全行经营发展。

中央提出了2010年信访工作的五个重点，即源头预防、事要解决、完善机制、落实责任、提升能力。对此，要结合我行实际来认识、部署和落实。比如"源头预防"，针对商业信访案件，我们建设银行预防什么？为什么会有很多违法、违规、违章案件？该怎么从源头预防？针对协解人员这个历史问题，现实矛盾的源头预防在哪里？针对形势的发展和新的劳动用工政策法律的实施，是否会有新的劳动纠纷源头问题要预防？我们一方面要坚定不移地推进产品创新、服务创新，另一方面也要从源头上预防业务创新可能带来的矛盾和利益纠纷以及可能引发的风险因素并导致信访矛盾和信访案件、事件的增加。又比如"事要解决"，我们当前要解决的最迫切的问题是什么？还是要多措并举、下大力气推动协解人员政策的落实和逐步解决。再比如，信访工作要沟通信息。沟通是双向的，通过信访，既可以把员工的呼声和利益诉求及时反映到各级领导干部那里去，既下情上达，也包括上面的政策、措施、经营方针、激励机制等及时、准确地传达给基层和广大员工。信息的上下沟通是做好信访工作的重要一环。所有这些都需要我们在全面理解中央要求、紧密结合建设银行实际，在工作中去深入认识理解和把握推进。

三、增强责任，做好工作

（一）从认识和机制上落实好工作责任

做好信访工作，责任是关键。增强信访工作责任感，除了提高认识，还要从体制、机制、分工方面去落实。温总理2月5日对信访工作作出批示："信访工作是党和政府联系群众的一条重要渠道，对于了解社情民意，缓解各种矛盾纠纷，维护社会稳定和谐，促进经济社会发展，具有重要作用”。他首先是说信访工作是联系群众的一条重要渠道，对了解社情民意、缓解矛盾纠纷、促进社会稳定和谐、促进经济发展具有重要作用。其次“也有利于改进工作，密切党和政府同人民群众的联系”，他始终是抓住主线去要求信访工作的。信访工作更高的责任感就是要以人为本，关心人民群众的利益，关注他们的呼声和需求，促进发展、密切联系。

落实责任，一是要落实好“属地管理，分级负责，谁主管谁负责”的责任。信访工作也要明确各级分工的责任。二是要落实好领导干部履行“发展是硬道理，稳定是硬任务”的责任。分支机构的主要领导既要对单位的经营改革发展负责，也要对稳定、和谐负责；既要对业绩负责，也要对员工负责。领导干部要亲自动手做信访工作，要亲自批阅群众来信。总行“三长”等主要领导都亲自阅批信件，提出意见要求或批转有关部门，批转后还电话过问情况。对重大信访案件，主要领导干部要包案解决问题，并形成“一级抓一级，层层抓落实”的信访责任工作体系。三是要落实好问责的责任。对因为官僚主义、形式主义、违法行政侵害群众合法权益引发的信访问题，要进行责任追究。同时，对信访处理推诿扯皮、敷衍了事、消极不作为造成的后果，也要进行责任追究。

（二）继续做好解决协解人员问题的工作

全行要在2009年取得深入进展的基础上，进一步推进协解人员有关问题的解决力度。关键是要认真把握和落实政策，深入下去，把工作做细、做实。一是继续做好解决协解人员社保存留问题的解决。做好各类欠费补缴，协助应享受“视同缴费”待遇的问题得到落实，对因地方统筹和实施差异造成协解人员晚计、少计参保年限的，要尽力通过协商足额补齐，对生活确实困难、无力参保续保的人员，要积极通过特困补助给予援救，对符合条件的，要帮助做好失业登记和失业证的领取。二是做好协解人员再就业的帮扶工作。三是在总结完善的基础上，持续做好对特困协解人员及其家庭物质、心理等各方面的帮扶救助。四是对极少数人无理组织串访和聚访、违法滋事闹事的行为，要及时与当地政府联系，稳妥预防和处置可能出现的突发情况。

2009年以来，各行在不突破总行政策底线的情况下，根据实际做了大量工作，社保问题不但要和省级政府沟通，还要与地市级政府沟通。大家付出了很多劳动，推进效果不错，希望继续努力，坚持做下去。工作做得好的分行也不能放松；工作进展还不大、问题还较多的分行要高度重视，组织力量，加大针对性和工作力度。同时，对协解人员问题解决的工作还要注意，一要及时掌握新的情况和动向，加强协调和具体指导。二要特别注重分行反映的带共性的问题和困难。总行信访办要会同人力资源部核实情况，及时向党委提出意见和建议，完善我们的政策。

（三）不断健全和完善工作机制

一是要认真处理好初信、初访。目前，全行初信比例较高，有些问题在初期没有给予适当和应有的重视，措施不够得当，因此造成久拖不决或难解之结，引发矛盾升级。

二是要加强积极稳控和快速处理，防止群体异地上访。事前要多做排查，对信访人员的合理诉求要热情帮助，条件具备的情况下，积极解决，稳住人心。事中要及时处置，减少负面影响的蔓延。要注意区别对待，既要以人为本，又要坚持政策底线。对于合理诉求确已解决到位，或者一边享受困难补助一边仍然无理缠访闹访的，要旗帜鲜明，协商当地有关部门依法处理，维护正常的信访秩序和银行的经营发展。

三是要不断完善紧密依靠地方党政部门处理问题的工作机制。主动多作汇报，争取地方的帮助理解和支持。

四是要落实重大信访信息报告和沟通反馈制度。中国银监会和总行对信访信息报送已有制度要求，各单位要认真落实。上访特别是群体上访的信息的确难以完全预测和掌控，因此，总行不能以发生信访的数量来评价单位的信访工作，也不应对全行信访数量进行通报，而是重在检查对信访问题的责任落实和处理态度方面。

五是善于适度把握领导干部接访。领导干部可以通过亲自接访及时掌握情况、处理问题，但不能要求领导人员事事出面，即使亲自出面接访，有关部门也要做好充分的准备，选择导向性的安排，不走形式，注重实效，提高接访效果。

六是加强分析研判。要充分利用信访窗口和信息资源，通过对信访问题的及时整合梳理、比较分析，做好动态和趋势研判，充分发挥信访“第二研究室”的作用，为领导决策提供参考依据。

2010 年我国要举办上海世博会、广州亚运会等重要活动。上海世博会期较长，总行和有关分行已作出金融服务、确保稳定的承诺。信访工作也要高度重视，借鉴 2009 年经验，防止和减少聚众上访情况发生，维护建设银行在重大敏感阶段的良好形象。按照中央关于上海及周边地区信访工作的指导与部署要求，总行将在中央信访工作组统一领导下，协助指导上海及相关省区分行认真做好各种信访问题的妥善应对和及时处理。

（四）加强联动与配合

信访工作是一项综合性工作，需要做好通盘协调和统筹安排，更需要加强上下行之间、各部门之间以及与行外有关部门间的联动配合，形成良好的沟通理解，形成紧密的支持和帮助。对上访事件的处置，更需要上下左右的紧密配合。当出现责任不清和推诿扯皮时，要加强统一领导、统筹协调，压实责任，按责履职。对地方承担维护稳定和推动化解的属地责任主体，如政法、公安、信访、宣传等部门，平时要主动做好疏通联络，积极做好宣传解释，争取他们的理解和支持。

（五）坚持学习和深入研究新情况新问题

信访工作既有老问题，又有新的压力。信访工作遇到的情况、解决处理的依据以及环境条件都在因时而变。近年来，随着金融体制改革和市场激烈竞争，我行经过股改、上市，业务经营发展的深度与广度发生前所未有的巨大变化，信访工作的基本对象和阶段的主要矛盾也在发生变化，协解、内退、离退休人员和在岗员工中的各种劳动用工问题、业务投诉反映出的各类风险和服务纠纷矛盾、管理作风与员工权益之间出现的冲突等情况，都需要从发展的角度重新认识和处理。我们要向社会学习、向实践学习、向同业学习，不断丰富我们的经验，不断研究和解决新的矛盾和问题，在巩固成果的基础上有所创新，不断提高工作水平和能力。

同志们，做好 2010 年信访工作责任大、任务重，既有压力，也有条件，面对新的情况和问题，全行各级组织要坚持讲政治、讲大局、讲稳定的要求，围绕中心，继续努力，切实把信访维稳工作抓实、抓细、抓出成效，为建设银行经营发展改革和社会和谐稳定作出新的贡献。

在 2010 年国际业务工作会议上的讲话

胡哲一

（2010 年 12 月 15 日）

同志们：

今天，我们在这里召开全行国际业务工作会议，主要任务是总结全行 2010 年国际业务工作，分析当前经营形势，统一思想，研究确定 2011 年国际业务工作思路和重点任务。

这次会议非常重要，也很必要、及时。第一，在总行党委的正确领导和全行上下的共同努力下，2010 年我行国际业务取得了很大的成绩，也有了新的经验和新的实践，通过这次会议可以很好地总结。第二，中央经济工作会议刚刚闭幕，中央对当前国内外经济形势的基本判断、对 2011 年经济工作的重要部署、提出的重要目标和措施，大家需要及时沟通、认真学习和领会。第三，总分行都在思考 2011 年的工作思路和方向，要结合中央经济工作会议精神和 2011 年全行工作会议的要求，确定具体的工作安排。通过这次会议，我们可以先走一步，分析会更加深入、思考会更加透彻。因此，这次会议时间选得很好，安排也很充实，有经验介绍、专题讲座和讨论，最后金总还会做总结，对2011年工作进行具体布置。我先做个发言，供大家讨论时参考。

一、2010年国际业务主要工作

近年来国际业务面临异常复杂的经营形势，人民币大幅升值、外币资金严重短缺、全球金融危机等都造成了前所未有的巨大挑战。2010年以来，我国调整了出口退税政策，并实施了人民币二次汇改，适当收紧了银根，这些都增大了业务发展的不确定性。面对这一系列突发事件和不利因素，全体国际业务员工迎难而上，取得了可喜的成绩。总的来看，在前几年的基础上，通过2010年的进一步努力，我行国际业务赶超同业领先水平的步伐在加快，进入了一个比较稳定的快速发展时期。

一是外汇全口径存款快速增长。截至2010年11月末，我行全口径外汇存款余额达329亿美元，较年初增长了116亿美元，增速超过了30%，较2008年末翻了一番，余额新增居四大行首位。这里要强调的是，我行不仅外汇全口径存款增速在四大行中排第一，一般性存款及对公存款余额新增和增速也都排在四大行首位，非常不容易。各分行都做了巨大的努力，有关部门也给予了很多支持和政策倾斜。二是国际结算业务规模与效益双丰收。前11个月累计完成国际结算量6 040亿美元，同比增长了47%，提前2个月完成了年度计划，增速连续三年列四大行第一，预计全年结算量可超过6 500亿美元；前10个月实现单位国际结算收入达27亿元，一举超越工商银行，在全行外汇中间业务收入中占比由2008年的30%提升至44%。三是积极服务“走出去”战略。2010年度境外融资保额度与中国银行并列第一，国外保函余额连续5年保持四大行第二；前11个月国际融资签约额同比增长了两倍，境外筹资转贷款余额稳居同业第二。

具体来说，2010年以来全行上下认真贯彻总行战略转型要求，围绕“调结构、抓效益、促增长”的主题，国际业务工作坚持“五个并重”，并取得了显著进展。

（一）资产与负债并重，外汇流动性不断改善

从2010年7月末开始，外汇资产负债管理职责由资债部划转到了国际部。国际部既要履行对全行外汇业务综合调控的职责，也要负责具体的经营、管理和操作职能。总行领导高度重视、相关部门及各分行密切配合，狠抓存款、调控贷款，确保了外汇存款的快速增长和外汇贷款的有序投放。职能转换是正确平稳的，运作是良好的。

在外汇存款方面，2010年我行第一次将外汇一般性存款指标在一级分行KPI中单列，建立了促进外汇存款增长的内在长效机制，体现了“存款立行”的战略导向。利用价格会商机制，总行及时了解市场及同业情况，动态调整外币资金内部转移价格，增强了分行吸收外汇存款的积极性。在总行的指导下，各分行也采取了很多适合自己分行的有效措施，有的提高了外汇存款考核折算比例，有的已先于总行将外汇存款纳入KPI考核，有的将外汇存款计划完成情况直接与分管行领导职能挂钩。在总分行的共同努力下，尽管面临外汇市场资金比较短缺、同业竞争压力仍然很大的不利情况，但外汇存款扭转了下滑局面，对公和同业外汇存款实现了快速增长，个人外汇存款在人民币升值压力下仍保持了稳定。2010年五六月那段时间全行外汇资金非常紧张，存款上不来，贷款需求不能充分满足，很多重要客户的合作关系难以维护，总行其他部门也给我们很大压力。因此，能不能搞好国际业务不能只从外币看，而要从全局出发，国际业务的服务能力直接影响到客户对建设银行整体的信任度，如果不能提供外汇贷款捆绑服务，客户的人民币业务也要流失。

在外汇贷款方面，一是贷款增速得到了有效控制。2010年以来总行坚持实施“以存定贷”管理，适度控制外汇贷款投放，外币流动性显著提高。二是加快了贷款结构调整。自2010年7月以来我行连续三次放宽贸易融资发放门槛，11月末贸易融资余额在全部外汇贷款余额中的占比较年初提高了3个百分点。严格限制长期贷款新增，在保证重点客户外汇贷款需求的同时，1年期以内外汇贷款余额占比较年初提高了8个百分点，达到53%。三是细化了价格管理政策。总行按产品、期限、客户评级三个维度，调整了外币贷款

优惠利率底线，利用价格手段引导分行提高贷款收益，理性应对市场竞争，不允许分行盲目突破底线参与价格战。在当前同业竞争、市场环境不尽规范的情况下，遵守这一要求确实有一定难度，对我们的经营管理能力也是个考验，需要我们在合规的前提下提供有效的服务。通过管理的改进，下半年全行外汇存贷款利差明显提高，外汇贷款在保证重点、与人民币捆绑服务等方面也探索出了很多好的做法。

（二）客户与产品并重，市场竞争力显著增强

加强客户基础建设是国际业务发展的根基。近几年总行非常重视客户群体的建设，加大了对客户类指标的考核和激励力度，牵头组织了多次重要客户营销活动。各分行也制定了分层营销、重点突破的经营策略，狠抓基本账户开立，提高了重点客户外汇业务承办率。截至2010年11月末，全行外汇业务对公客户数达5.3万户，同比增幅接近14%，在全国进出口企业总数中的占比达到19%。

贸易融资形成了较为完整的产品线。业务品种由2005年的11种增加到目前的30余种，连续两年被美国《环球金融》杂志评为“最佳贸易融资银行”。2010年以来我行在同业中率先推出了大宗商品融资项下套期保值业务，成功引入商品价格风险对冲机制。为此，在第四届中国国际物流与供应链合作发展高峰论坛上，我行荣获了“最佳商品融资服务银行奖”。

国际融资业务实现了三个突破。一是在大连设立了船舶融资产品中心，专业化优势和品牌效应初步显现；二是与中信保合作开发了境外租赁保险项下融资产品，为重要客户“走出去”提供了资金支持；三是努力挖掘外部资源，与同业联合推出境内外汇贷款转贷款业务，进一步扩展了转贷款业务模式。

结算、清算和现金管理产品都有了新的进展。我行被《经济》杂志和《中华工商时报》评为“中国跨境贸易人民币结算最佳银行”和“客户满意首选品牌”；单证集中处理范围继续扩大，实现了贸易融资单证业务的跨时区处理；外汇清算直通率长期处于同业领先地位，被多家外资银行授予最佳清算奖，密切了总行与外资银行的合作关系；外汇现金管理业务稳步推进，并为中粮财务公司等重要集团客户提供了现金归集管理服务。

（三）质量与效益并重，保障外汇业务又好又快发展

资产质量不断优化。截至2010年11月末，全行外币表内不良贷款余额及不良贷款率分别为2亿美元和1%，较年初分别下降了0.29亿美元和0.26个百分点，外汇资产质量总体向好。表内外业务向优质客户集中，AA级及以上客户超过80%。风险防范措施到位。在金融危机中，我行加强了对境外账户行、交易对手以及国家地区的风险管理，广泛开展客户风险排查，落实风险防范措施；在危机影响减弱后，我行及时适度增调了部分国家及金融机构额度，在确保资产安全的同时，保障了业务正常开展。经营效益稳步提高。前11个月外汇中间业务收入同比增长了39%，比全行中间业务收入增速高出5个百分点，总体上是不错的。

（四）沟通与协作并重，外汇业务经营环境不断改善

国际业务的经营管理与各职能部门息息相关。经过这些年的发展，全行上下对外汇业务重要性的认识不断提高，本外币一体化经营管理的理念和氛围得到了强化，大家越来越深刻地认识到，国内国外、本币外币是一个整体，要互相协同配合才能共同发展。各职能部门在日常工作中较好地履行了本外币职责。综合管理部门根据市场形势和外汇业务特点灵活调整管理政策，实现了对外汇业务的差别化管理，国际部将遇到的新情况、新问题及时向综合管理部门沟通汇报，共同协商对策，有关部门都能够给予充分理解和大力支持；客户部门积极承担外汇业务经营责任，发挥柜台一线对客户服务的职能，不断提高我行外汇业务市场份额；信息技术部及下属各分中心加快推进系统开发和升级，外汇业务电子化水平不断提高，特别是境外核心系统建设取得了重大突破。各相关部门加强沟通、发挥合力，为外汇业务发展创造了良好的内部环境。

（五）转型与发展并重，境外业务迈上新台阶

总行于2009年12月成立了境外机构管理部，

这是一项重大的改革。一年来，境外机构管理部履行全行境外机构和境外业务的归口管理职能，提高了“一站式”服务能力，进一步促进了境内外业务联动，境外机构建设步伐明显加快。2010年以来，我行胡志明市分行、悉尼分行相继开业，莫斯科代表处已获得俄罗斯联邦中央银行批准，在我国台湾地区设立代表处和在加拿大设立分行的工作也在积极推进，也得到了中国银监会的大力支持，在贯彻落实“做强亚洲、突破美澳”战略要求的同时，完善了境外金融服务网络。

目前，我行在境外共有9家分行和3家经营性子公司。境外机构经营“量质并重”，资产总额突破400亿美元，业务转型取得成效，资产负债平衡能力显著增强，筹资能力有效提升，实现了客户存款、同业拆入和存款证发行余额三项增长；资产结构不断优化，表内外贸易融资余额较年初翻了两番，在总资产中占比接近20%，较年初增长了9.5个百分点。债券投资和银团贷款资产占比明显下降；汇款、结算、清算业务量快速增长，中间业务收入占比提高了2个百分点。

境内外联动进一步深化，境外机构联动资产超过百亿美元，在总资产中占比27%；境外机构之间的合作紧密加强，通过银团贷款、风险参与等方式共同为国内“走出去”客户和境外核心客户服务，利用区位优势提升我行全球不间断金融服务能力；联动项下业务创新不断涌现，境外人民币业务全面推进，成功推出个人外汇汇款预结汇业务，将零售服务延伸至香港以外的地区。

总的来看，国际业务条线在五个并重方面做了很多工作，特别是2010年取得的成绩得到了行领导的高度评价，张建国行长在国际业务前三个季度经营形势分析材料上批示：“国际业务成绩突出，一举走出几年低谷，望巩固成绩、克服困难，努力争取全面稳定持续发展。”在此，我代表总行党委，感谢全体国际业务员工付出的艰苦努力和辛勤劳动，感谢各部门、各级行不遗余力的支持与配合。相信在大家的通力合作下，我行国际业务的发展基础会更加坚实，前景将更加美好!

二、当前我行国际业务存在的问题

张建国行长要求我们“巩固成绩、克服困难”，说明外汇业务保持快速发展的势头很不容易，也说明我们快速发展的基础还不稳固，需要在夯实基础、保持稳定上下工夫。因此，在肯定成绩的同时，我们必须清醒地认识到，我行国际业务还存在一些突出的问题和挑战。

（一）业务规模和客户基础应进一步做大、做实

近几年，我行主要外汇业务产品的规模和竞争力不断提高，在某些领域还建立了领先同业的优势，国外保函、转贷款等几项排名第二的指标把第三名远远甩在后面，进步很大。但总体上看，外汇业务资产总量和市场份额还有较大的提升空间，对重要客户的支持能力和对全行的贡献度还需进一步加强。部分业务指标在四大行中处于末位，少数发达地区分行外汇业务排名和份额低于全行平均水平，发展潜力还有待深入挖掘。

2010年我行外汇业务对公客户数增长较快，但一直以来我行客户群体以人民币业务为主，有外汇业务需求的客户占比不高，对集团客户、跨国公司的外汇业务承办率还需提高，客户数量仍显不足，发展基础还不够扎实。“基础不牢、地动山摇”，即使一时业务上去了，没有基础作支撑，也经不起风吹浪打。

（二）国际业务和境外机构风险管理压力增大、任务艰巨

相对于国内业务，国际业务覆盖地域更广、涉及境内外机构多、业务流程链条长、受国际国内市场和客户的不确定性因素影响，这些客观上决定了国际业务越是发展，越要绷紧风险管理这根弦，把业务发展牢牢建立在风险管理不断完善的根基上。境外机构这几年发展很快，成绩显著，但发展中出现的问题和挑战也不少。其中重要和突出的是，境外机构风险防范机制尚不完善，抵御危机和风险控制的建设步伐缓慢，总体能力比较薄弱，远不能适应国际市场复杂变化、分行业务正确定位和稳健发展，以及日益严格的监管要求的需要。

近期，一些境外分行前几年快速扩张时留下的风险隐患逐步暴露出来，其中所反映出的机制、制度、管理、流程、人员、监管等问题有的还相当严重，原因是多方面的。我们一定要增强敏感性，敲响警钟，再不能小视、轻视和麻痹。总行正在组织进行深入调查解剖，加快改进完善境外机构风险管理体制、机制和具体措施，各境外机构要按照总行近期加强风险管理的要求，结合自身实际，自查自纠，发现重大问题必须及早如实汇报。

（三）外汇存贷款业务管理需进一步加强

一是存贷款业务存在结构性风险。近几个月我行资金紧张的局面得到了有效缓解，但存贷款期限和币种不匹配的现象仍需关注。我行外汇存款中近50%为活期存款，另有40%将于年底前到期，富余头寸以欧元和港元为主；而外汇贷款平均期限较长，一年期以上的占比大约50%，五年期以上的超过20%，贷款需求基本都是美元。潜在流动性风险和币种错配带来的结构性风险依然存在。

二是贷款客户结构仍需进一步调整和优化。在外汇贷款方面，总行加强了对分行的指导，贷款投放“撒胡椒面”的现象有所好转，支持了多个战略性大客户的融资需求。但总体上看，总行对贷款资源的统筹调配能力还应进一步提高，对重要客户的支持力度还需加强。外汇贷款是一项需要多部门沟通协调的工作，总分行要在现有体制下对外汇贷款的综合收益作出正确判断和真实记录，要对外汇业务的贡献度形成共识。

三是贸易融资占比仍需提升。这是衡量一家银行国际业务基本功是否扎实的重要指标。尽管总行在信贷制度、贷款额度和价格管理政策方面出台了一系列措施，鼓励贸易融资业务发展，贸易融资在外汇贷款中的占比也有了较大幅度提高，但由于基础较薄弱，2010年10月末我行表内贸易融资余额在四大行中仍居末位。贸易融资业务能够体现外汇业务客户基础，贸易融资规模和增速上不去，将影响外汇业务的持续发展能力。因此，全行要继续重视和支持贸易融资业务，进一步提高发展速度，提高份额和占比，逐步缩小与同业的差距。

（四）队伍建设和人才培养步伐还需进一步加快

外汇业务人才要求有很强的专业性、复合型和前沿性，人才需求增长快，但培养周期长，要想方设法吸收和培养人才。我行外汇业务人才稀缺，部分基层行外汇业务专职人员较少，本外币兼职人员把主要精力放在人民币业务方面，对外汇业务的重视程度不够。近两年总分行在外汇业务培训方面做了很多工作，但仍难以满足业务发展的要求，特别是有些客户经理和柜面人员，对外汇业务的熟悉程度和办理能力与我行外汇业务快速发展的要求仍有差距。尽管境外机构人才建设有了阶段性突破，但总量、结构、使用等方面还有待继续完善，尤其是中高级人员和关键岗位人才不足的问题仍然存在，需要采取多方面的针对性措施。

（五）境外机构网络布局和业务发展格局有待进一步优化

2010年境外机构建设和业务转型都取得了新的突破，但与同业相比，我行境外业务发展仍显落后。2010年以来，工商银行发力很猛，农业银行也不甘落后，交通银行、民生银行等也积极进军境外。我行境外业务的不足主要表现在：机构数量还不能满足境内外联动的要求，布局还需进一步优化，资产规模相对较小，业务特色和内部管理水平还不足，业务发展格局和收入结构仍需优化，盈利能力、抗风险能力以及支持境内外业务联动的能力还有待提高；境内外机构在联动营销、产品研发、市场拓展等方面的工作机制尚需深入研究和积极探索。此外，总行相关部门对境外业务的研究、指导和支持力度也有待进一步加强。

由于境外市场形势复杂、经营环境差异巨大、同业竞争日益加剧，因此境外业务发展面临严峻挑战。如何进一步明确境外业务发展思路，通过统筹境内外资金、客户两种资源，完善转型、联动、考核三项管理机制，加强人才、财务、风险、科技四类基础建设，将个性与共性、分散与集中、批发与零售、分行与子行、风险与收益五大突出矛盾转化为业务发展的动力和竞争力，将是未来我行境外机构管理工作亟待突破的瓶颈。

三、国际业务面临的经营形势

当前世界和中国经济都进入了一个新阶段，国际业务面临新的机遇和挑战，刚刚结束的中央经济工作会议对当前国内外经济形势作出了科学的判断，对明年经济工作作出了明确部署。我们要认真学习，紧密结合自身业务发展实际深入贯彻，为业务发展提供指导，为重大决策提供依据。

（一）国际形势仍不稳定，国内经济发展总体持续向好，发展国际业务仍是机遇与挑战并存

金融危机后世界经济进入温和复苏阶段，但复苏的基础尚不稳固，其间还受到欧洲主权债务危机、贸易摩擦加剧等负面因素的影响。在美国经济止跌回稳、中国经济持续增长、新兴市场发展强劲等势头的带动下，基本可以判断，世界经济二次探底的可能性不大，但出现经济波动和经济下行的风险仍未消除，国际业务经营环境仍不稳定。在这次中央经济会议中，领导和专家对下一步形势还存在不同看法，金融危机的影响是否完全消除、是否已经进入危机后时代还有疑问，对国际形势的判断还需要我们动态、持续地跟踪和关注。

2010年以来我国经济保持了平稳回升态势，十七届五中全会提出：要把科学发展观作为主题，把结构调整作为主线，对外开放要向进口和出口并重、吸收外资和对外投资并重转型。要促进进出口结构转型升级，发挥进口的重要作用；提高利用外资水平，发展服务外包；要加快实施“走出去”战略，引导各类所有制企业有序到境外投资合作；发展境外工程承包，积极开展有利于改善当地民生的项目合作；逐步发展跨国金融机构，提高国际化经营水平。这些将为我行发展国际业务提供广阔的平台和市场。

可以看出，尽管经济结构转型和升级中仍存在诸多不确定因素，但进出口结构的优化升级、“走出去”发展战略的加速实施、对外投资规模和质量的提升、境内外经济合作渠道的丰富和范围的扩展，以及金融机构国际化步伐的加快，不仅会为我行国际业务和境外业务发展创造新的空间和机会，还将为我行资产质量的提升提供保障。

一方面，中国从经济大国走向经济强国，对外开放的国门是永远不会关上的，这个方向不会改变，开放的步伐还会继续加快。无论是从历史经验还是从经济规律来看，经济强国一定是国际化程度很高的国家，按照经济强国的标准，我国金融国际化的程度还很低。另一方面，尽管我行市值已经排到第二位，但离世界先进银行的水平还有差距。没有哪家先进银行是本土银行，我们要想成为国际化商业银行，国际业务要有质的飞跃。从中国由经济大国走向经济强国，以及建设银行由国内大银行走向国际大银行这两方面来看，国际业务都是必争之地、必由之路、必备之本。

（二）银行监管要求不断提高，国际业务合规管理任务艰巨

国际业务技术性、政策性很强，发展变化快，不仅要符合宏观经济调控政策、全行信贷政策、行业政策等方面的要求，还要受到国家外汇管理政策的严格监管。外汇政策与国际国内经济形势、国际资本流动密切相关。当前形势下国家打击热钱流入、维护金融稳定的力度很大，自2010年2月开始，国家外汇管理局在部分外汇业务量大的地区组织了应对和打击“热钱”专项活动，对六家银行典型违规案例进行了通报，而且第一次在网上公布了通报内容，我行也有一家支行被通报。

国家外汇管理局已书面函告我行，对总行现场检查发现的主要违规问题是短期外债余额超指标，最严重的是2010年2月，超指标金额为11.8亿美元，几乎超了100%；在对13家分行的延伸检查过程中，发现分行违规办理外汇业务3 804笔、金额18亿美元，罚款金额最高达150万元，部分违规严重的分行被责令停止经营结售汇等业务3~6个月。

根据国家外汇管理局最新颁发的通知，将进一步加大对违规银行的处罚力度，除采取通报批评、罚款、停止经营相关业务等措施外，还将追究相关高管人员责任。国家外汇管理局已于近期开始了新一轮外汇业务检查，其打击违规、阻击热钱、稳定市场的决心可见一斑，今后银行在外汇合规经营方面将面临更大压力。

国际业务发展要走合规经营、持续稳健的道路。在发展过程中，“打仗冲锋”主要靠分行、监管检查则兼顾总行和分行，但问责集中针对总行。总分行要相互理解，总行能够体谅分行经营的压力，但必须把监管的要求和信号传递给分行。我们的态度很明确，就是要实事求是、肯定成绩、承认问题、认真整改。越是要加快发展，越不能出现大的问题和偏差，这需要总分行共同努力。

（三）人民币升值压力依然存在，外币资金形势不容乐观

尽管我行外汇存款增长情况较好，但我们不能盲目乐观。外汇存款受人民币汇率走势影响巨大，余额波动剧烈，2010 年 10 月当月我行全口径外汇存款余额下降了 18 亿美元。自 2010 年 6 月 20 日二次汇改以来，人民币兑美元升值幅度最高达到 3%，市场普遍预期人民币中长期内仍将呈现加速升值态势，美联储维持低利率水平更加剧了美元贬值趋势。我国连续 3 次提高存款准备金率，目前达到了 18.5%，CPI 已经超过 5，负利率很高，预计 2011 年春节前后还会攀升，人民币升值和加息的压力还在持续加大。

从发展趋势来看，我国的贸易顺差越大，企业“走出去”的必要性就越强，对外汇贷款的需求也越多。因此，中长期内外汇资金头寸紧张的压力依然较大，保持外汇存款稳定性的任务仍很艰巨。大家要保持清醒的认识，不能因为存款一时好转就掉以轻心。要做好稳定客户的工作，并辅以适当的价格政策，才能够持续见效。

总体来看，全行国际业务在不利的形势下始终保持了平稳较快增长，发展势头很好，潜力很大。但我们也要充分认识到，我行国际业务起步晚，还处在成长期，业务发展的基础尚不稳固，面临的问题和挑战还不少。在日益复杂和压力增大的市场竞争环境中，发展国际业务如逆水行舟，不思则罔、不进则退。在同业市场上，建设银行发展国际业务是前有强者后有追兵。总分行要充分认识宏观形势的复杂性和多变性，既要有危机感和紧迫感，又要敢于和善于发展。要始终保持清醒和冷静，在经营管理中增强大局和责任意识、机遇和发展意识、风险和忧患意识。

国际业务条线的员工一定要视野更加开阔、超前性更强。国际业务技术含量高、经营环境复杂，受形势变化的影响比国内业务更大，不确定性更强。应对不确定性，从思想论、方法论来说，一是要冷静，二是要勤观察，三是要以不变应万变，四是要超前主动预见，把工作做在前面。

四、下一阶段国际业务主要工作

2011 年国际业务要坚持“重效益质量、抓结构调整”的管理思路，积极推进业务转型，夯实发展基础，实现资产规模持续增长、业务结构不断优化、效益贡献显著增加、经营机制更加完善、风险管理措施有效、可持续发展能力稳步提高。

下面，我对 2011 年全行国际业务工作提几点要求。

（一）要始终坚定积极稳健发展外汇业务的信心

从服务于经济发展全球化的需要、服务于企业“走出去”的需要，以及服务于全行建设现代化一流商业银行的需要来看，国际业务对建设银行整体业务发展的重要性更加突出。

“十二五”规划强调要坚持科学发展、更加注重全面协调可持续发展、更加注重统筹兼顾。我行要想跻身国际化、现代化商业银行，在未来的市场竞争中取得优势，必须统筹兼顾本外币业务均衡发展、统筹兼顾客户多元化需求的梳理和整合、统筹兼顾境内外市场联动和资源共享。

我行国际业务已从开办初期的配套服务产品，逐渐发展成为全行重要的利润来源。随着我国外向型经济的加速发展和股改上市后我行与国际市场联系的日益紧密，国际业务对于我行整体业务发展的重要性更加突出，不仅符合我行“以客户为中心”的经营理念、符合我行建设国际一流商业银行的战略目标，也是当前形势下巩固客户关系、应对同业竞争、增加利润来源的有力手段。很多重要客户和重大项目的营销案例已经表明，不发展外汇业务，人民币业务市场份额也将流失。因此，发展国际业务绝不是权宜之计，而是今后相当长一段时期内全行的工作重点，并且是重中之重。

经过全行的共同努力，我行外汇业务平稳度过了金融危机，经营实力不仅没有削弱，主要业务市场竞争力反而还有所提高。应该说，最困难的时期已经过去。在外部形势不断转好、内部经营环境不断完善的情况下，国际业务条线更要坚定信心、发挥主观能动性。现阶段我行外汇业务与人民币业务相比仍处于相对弱势的地位，要在组织机构建设、考核激励措施、发展政策等多个方面加大对国际业务的支持力度，推动本外币齐头并进、均衡发展。

（二）要巩固和扩大外汇业务客户基础

实现国际业务可持续发展的前提就是要不断壮大和优化客户群体。相比人民币业务，外汇业务客户资源更为稀缺，同业在这一领域的竞争更加激烈。一方面，外资银行利用其资金和系统方面的优势吸引高端客户；另一方面，其他中资银行也加大了对外汇业务的资源投入和营销力度，展开对优质客户的争夺。

总分行要统一思想、突出重点，围绕客户开展工作，通过提高服务质量和服务效率，不断拓展客户范围，提高外汇业务市场份额。各分行国际部要进一步明确职能定位，不能只管产品，要配合做好客户营销工作，在营销中抓住重点客户，争取从配角逐步转为主角。有条件的分行要逐步转变职能，承担起对贸易融资和国际结算客户的经营管理职责，提高专业化经营管理水平，把客户基础打牢。

在营销目标上，既要重视战略客户和重点客户，也要关注外汇业务自偿性高、派生效应显著的中小企业业务需求。战略客户、重点客户业务量大，但谈判能力强、单笔业务盈利空间小；中小客户业务规模小，但单笔业务盈利空间大，是利润的重要来源。要在分析客户的基础上综合权衡、有取有舍，形成合理的客户结构和稳定的盈利模式。总而言之，是要扩大客户的数量，有了数量和规模，才能进一步优化结构。另外，要加大对个人客户的宣传力度，确立以高端客户为依托的个人外汇业务发展战略，加速培养我行优质个人外汇业务客户群体。

在营销方式上，要做好几个联动。一是要加强总分行联动。进一步发挥总行对分行的指导、服务和支持作用，各分行要强化全局观念，确保各项政策和管理要求得到有效执行，要积极拓展市场，提高自我发展和自我平衡能力，做好客户服务。二是要加强相关部门的联动。国际部要配合各相关部门，不断出台有利于促进外汇业务发展的政策措施，提高外汇业务经营能力和管理效率。三是要加强本外币业务联动。发挥外汇业务对优质客户的撬动作用，提高我行对重点客户的本外币业务综合承办率。四是要加强境内外联动。打通国际、国内两个市场，整合境内境外业务资源，境内分行要支持境外分行业务发展，同时，境外分行要在服务水平上向外资银行看齐，为境内客户境外业务提供延伸服务。

（三）要不断提升产品竞争力

银行的核心竞争力取决于能否向客户提供适合的产品和服务。只有不断完善产品设计，帮助客户提高收益和降低成本，改善客户体验，才能实现业务规模和经济效益的持续稳定增长。外汇业务与国际市场接轨最为紧密，有利于我们学习和引进先进成熟的金融产品和服务，很多产品还可以为人民币产品开发提供借鉴。提升国际业务产品竞争力要重点做好以下几方面工作：

一是要进一步加强分析。理性的工作来源于科学的分析，要通过分析客户需求、同业竞争策略、市场变动趋势，了解我行竞争优势和不足，不断完善服务。总行国际部要加强产品分析，建立产品报告制度，引导全行了解国际业务产品情况，各分行要通过多种渠道加强信息共享，避免因信息不对称造成的业务流失和经营成本增加。总的来说，我行国际业务产品发展的速度较快，但与同业相比还远远不够，这就要充分发挥两个积极性：其一是要发挥分行的积极性，及时反映市场需求，积极沟通情况、积极提出要求；其二是总行要积极提供联动研发，创新产品，协助分行做好营销。

二是要争取重点突破。我行国际业务综合能力短期内不可能引领同业，但在某些重点区域和重点产品上集中资源、重点支持，有希望局部突破成为市场领先者。总分行要齐心协力、拟订阶段性目标，通过发挥局部优势提升我行国际业务的影响力。

三是要建立跨总分行的产品经理团队。在产品研发和推广过程中，要不断探索有效的工作方法，改进工作机制。总行层面要做好指导和协调，加大牵头管理和营销力度，发挥境内外联动优势。分行层面要加强横向联系，组建任务型团队，共同开发和推广好的产品。

四是要完善业务流程。总行要在现行管理体制允许的范围内，尽可能简化业务处理流程，对管理水平高、风险控制能力强、同业竞争激烈的分行适当扩大授权，提高市场反应速度。各分行要严格执行总行授权及有关规定，同时在细化产品分析的基础上，加强与相关部门的协调，为全行管理政策的调整提供依据。

五是要积极推进几个中心建设。继续扩大上海国际贸易单证中心的集中处理范围，加快北京和广州单证处理中心的建设，争取在未来五年内逐步实现全行单证业务集中处理。单证业务集中后，原有处理单证的人员是宝贵的人力资源，要继续发挥这部分人员的经验优势，把他们充实到国际业务管理团队中去，使团队的整体规模和专业化能力都得到加强。此外，要发挥大连船舶融资产品中心的综合优势，扩大我行在船舶融资市场的影响。

（四）要进一步加强外汇存贷款管理

外汇存贷款管理要坚持总量均衡、结构对称、目标突出的原则，采取稳健的资金管理政策，未雨绸缪、提前准备，减少资金大幅波动对业务的不利影响，避免流动性风险。要通过价格杠杆，引导全行存贷款业务均衡发展，促进结构优化，提高综合收益。具体要求有三个方面：

第一，发展外汇存款是立行之本。存款是业务发展的前提，失去了稳定的资金来源，拓展业务就会成为“无源之水”、“无米之炊”。经历了2008年以来外汇资金的大起大落，我们更加认识到，充裕、稳定的资金支持是我们维护客户、服务客户的必要条件。总分行要通过有效的考核激励政策和市场营销策略，挖掘外汇存款增长潜力。在资金来源方面，要增强外汇存款的稳定性，继续巩固对公存款的支柱作用，保持同业存款快速增长的势头，增加代理国内商业银行清算、结算业务项下的资金沉淀，特别是要通过创新产品、改进柜面服务和完善管理政策等措施，提高外汇个人存款占比。要引导境外分行积极吸收当地资金，合理运用总行拆借资金，配合境内分行更好地为客户服务，减少对总行的依赖。

第二，调整外汇贷款结构是当务之急。要进一步将资源和政策向贸易融资业务倾斜，力争将贸易融资在外汇贷款中的比重由目前的33%提高到45%；继续控制中长期外汇贷款的投放，缩短贷款平均期限；在区域、行业和客户的选择上，要充分利用外汇资金这一稀缺资源，做到区别对待、有的放矢、重点突出。

第三，提高外汇存贷款综合收益是经营之道。各分行要算综合账，对严重偏离市场水平的报价要予以拒绝，严禁存贷款价格倒挂。要在扩大市场份额的同时稳步提高经营效益，不断提升价值创造力，确保外汇业务长期可持续发展。

（五）要坚持风险防范和业务发展两手抓

高质量的风险管理是业务稳健发展的重要保障。国际业务面对国际、国内两个市场，涉及多个币种、多种主体，经营环境复杂，风险类别多样。发展国际业务，特别是境外业务，要提升风险识别和管理能力，积极、有效、持续、全面地防范和化解各类风险，这个重要性怎么说都不为过，是保持健康发展的关键。

总行要提高全面风险管理能力，加强规章制度建设、完善产品管理政策，这方面总行要采取“两手抓”，一手抓境内外汇业务风险管理，一手抓境外机构风险隐患的排查，积极处置和完善机制，要使全行国际业务特别是境外业务的风险管理水平在金融危机之后明显改善，为下一步快速发展保驾护航。

各分行要将预防和化解风险贯穿于业务发展始终，防止经营管理和内控环节出现任何真空。要关注境内外、表内外、信贷及非信贷业务的潜在风险，注意提示出口企业经营成本加大带来的信用风险。在后金融危机时期，要继续加强对境外交易对手和账户行的风险管理，特别要防范国家地区的风险。2010年中国银监会下发了国别风险指引，对商业银行国别风险提出了新的要求，下一阶段风险管理也要围绕这一重点开展。

近年，个别分行、个别产品还是出现了一些风险，新增不良仍有发生，各分行要高度重视，进一步强化风险意识。一方面客户经理、产品经理和风险经理要加强衔接和配合，做到了解市场、行业、客户、交易对手，提高对产品风险点的认识和把握水准，加强贷前审查和贷后管理，确保新增贷款质量；另一方面要加大对以往不良的处置和回收力度，充分利用发放贷款时的风险缓释工具，做好客户工作，最大限度地维护我行利益，降低违约损失率。

要加强外汇业务合规管理，切实贯彻总行及监管部门要求，正确理解和执行各项外汇管理政策，要根据监管部门和内外部审计部门的安排，配合做好检查和考核工作，加强外汇业务自查，重点关注结汇和短债管理规定执行情况，发现问题及时整改。针对前期外汇检查中发现的问题，要将整改工作落实到位，通过整改发现问题，举一反三，不能在同一个产品、同一个领域多次出现同一类错误。对于屡查、屡改、屡犯的情况，总行将会进一步严格管理，监管部门也会加大处罚力度。

（六）要不断加强境外业务管理和完善境内外联动机制

一是要进一步加强境外业务的规划和管理。现在全行正在制订五年规划，境外机构未来五年应如何发展，大家要群策群力、积极思考。我们已经积累了一些经验，但还有很多不确定的方面，需要大家发挥智慧、积极讨论、理清思路，持续推进境内外联动，更好地服务于全行业务发展。

境外业务管理部要按照全行统一部署，组织制订未来五年境外业务发展战略规划，保障全行境外战略的稳步推进和实施，做到“集中力量办大事”。要规范现有综合境外信息报告体系的运行，大力推进境外财务会计管理体系、风险内控管理制度流程、信息管理系统等基础建设工作，特别要加快境外人才库的发展，确保境外核心系统及周边系统顺利上线。

二是要不断提高总行对境外市场的研究分析能力。要对当前复杂多变的国内外经济金融形势提前研判，分析当前形势下境外业务面临的机遇和挑战，提高总行对境外机构业务发展的调控管理能力。要积极稳妥地推进境外机构网络建设，加大对目标市场的跟踪调研，完善我行在客户相对集中、业务发展潜力大的国家和地区的网络布局。

三是要进一步完善境外业务转型和境内外联动机制。要从体制和机制上调动境内外机构的积极性和主动性，借助联动优势，加强境外机构客户基础和产品序列建设，全面实现“双50%”的联动目标，推动境外业务转型。不断改进境外机构服务，建立境外资金共享平台和资产簿记途径，将业务转型和联动做深、做实。

（七）要大力推进跨境人民币业务发展和创新

人民币国际化发展势头很快，这是国家发展战略，从宏观到微观都有很强的需求。中央高度重视、积极推进，市场上也有强烈的需求。我行要抓住这一战略方向，提前做好准备。

2010年以来，中国人民银行及其他部委出台了一系列与跨境人民币结算相配套的政策，人民币国际化进程明显加速，试点企业从最初的365家迅速扩大到目前的6.7万家。2009年我国进出口贸易、对外直接投资、吸收外商直接投资和对外承包工程总量达2.4万亿美元，按5%～10%的比例计算，人民币跨境交易量将达到8 000亿元至1.6万亿元。

跨境人民币结算业务是未来5～10年我行重要战略业务之一，对我行争取境内外优质客户资源、加快产品创新、培育新的盈利增长点都将具有非常重要的意义。2010年12月初，董事会召开专题会议，就下一步跨境人民币业务发展思路进行了研究讨论，明确了全行要从战略高度重视这项业务。

几天前，中国人民银行行长周小川带队到我行调研，明确了跨境人民币业务是未来战略重点，并进一步强调，尽管中央的方向和战略目标很明确，部委的总体政策也出台了，但现阶段业务发展不能完全依赖现有政策指导，需要各商业银行响应号召，充分发挥积极性。因此，我们一方面要执行现有鼓励推进业务发展的政策，等待新的更具体的措施和要求；另一方面总行各部门、各分行也要在实践中、在市场中、在与客户的交往中及时了解人民币跨境业务需求，探索具体的途径，积极思考，变被动为主动，变滞后为超前。

总行各相关部门、各分行要充分分析和深刻理解人民币“走出去”对我行境内外机构带来的机遇，制订相应的业务规划和目标。在业务推进过程中，要提高市场的敏锐性，各部门、各分行间形成合力，从建设银行的整体利益出发考虑问题；各业务条线要高效配合，形成快速的反应机制；要高度重视境内外联动，整合境内境外两个市场的优势资源，为客户提供全球化优质服务。

（八）要加强国际业务人才队伍建设

2010年总行增设了国际结算师专业技术职务，拓宽了国际业务人才晋升渠道。各分行要以此为契机，加快国际业务干部培养，建立相关产品技术岗位序列。在培训方面，总行将继续为国际业务员工创造境内外培训和研讨机会。各分行还要有针对性地对客户经理和柜面人员进行培训，安排基层行员工到业务量大、经验丰富的分行进行顶岗培训，在实践中提高业务水平。境外分行要成为境内国际业务人员的学习平台和培训基地，发达地区分行要承担起帮助欠发达地区分行培训人才的责任，通过系统内资源共享，提高国际业务员工整体素质，扩大人才队伍。

我行的国际业务有前途、有市场、有希望，同时也有压力、有挑战。国际业务条线是一支经得起考验的队伍，相信在总行党委和高管层的高度重视和正确领导下，在各部门、各级行的相互配合和共同努力下，我行国际业务一定能够保持良好的发展势头，取得更大的进步和更好的成绩！

以服务创新精神实施战略财务管理 促进提高可持续发展能力

——在2010年计财工作会议上的讲话

庞秀生

（2010年2月25日）

大家好：

辞旧迎新之际，给计财岗位全体同志拜年！感谢大家过去一年的辛苦工作，希望大家在新的一年里再接再厉，提升计财管理水平，为业务发展做好服务，推动全行实现盈利方式的转变。

今天我的讲话内容将贯穿两个要点。

第一个要点是引领和服务，以服务创新精神实施战略财务管理。服务是计财工作的基本导向，是计财工作转型的实质。计财工作就是要服务于全行的业务发展、服务于内部客户的需求，尤其重点服务于业务部门的工作需求。计财工作不是要营销什么，而是要了解客户真正需要什么；不是要控制别人，而是要热情地成全别人，成全业务部门最关心的工作。虽然这两年计财工作在服务转型方面有所进展，但还是不能让人满意。

第二个要点是特别强调促进提高可持续发展能力，推动业务转型。年度计财会议要布置落实全年计划，但这并不是会议最重要的内容，会议更加着重强调全行长期可持续发展能力的建设。

一、2009年计财工作取得了好成绩

面对严峻形势和复杂局面，各级行、各部门计财岗位的全体同志大处着眼、细处入手，服务于全行业务发展，实现了效益平稳增长。重点体现在以下几方面：

一是谋划全局作用突出。考核激励机制的设计，从结果性指标不断延伸到价值创造源头，引导全行长期竞争能力的提升；资源配置政策在总量增长有限的情况下加大结构调整，保证了合理的激励力度和刚性费用需求；贷款投放总量合理、节奏适度；中间业务继续保持平稳快速增长势头。全行净利润首次跨越千亿元大关，ROA和ROE等核心财务指标在国际大型商业银行中名列前茅。

二是管理创新取得进展。启动二十项重点成本管理项目，其中档案保管与库房建设已经进入攻坚阶段；在全行范围内推广责任中心费用公示制度，增强责任主体的成本控制责任；出台中长期固定利率存贷款内部转移价格政策和利率风险准备金管理办法，引导分行进一步关注未来利率风险。成本管理取得初步成效，2009年经营费用增幅同比下降13.32个百分点，资产费用率同比下降0.23个百分点。

三是管理工具实现突破。管理会计系统一期上线，统一了客户贡献度计量模型，对解决多维度盈利性评价作出积极探索；综合经营计划管理项目一期上线，支持各种模拟情景下的净利息收入预算编制，极大地提高了全行预算的科学性、准确性和时效性；资债管理系统二期的建设提升了利率风险、流动性风险和汇率风险的精细化计量水平。

四是基础管理抓出成效。顺利完成近年来规模最大的一次税务自查，节约税务成本的同时消除了潜在风险；通过组织内部账户、建投挂账和外汇营运资金的清理，以及完善待处理结算款项、

预计负债、汇兑损益等事项管理制度，解决了一些历史遗留的老大难问题；有针对性地开展财务专项检查，狠抓整改落实和责任处理，规范性水平有所提高；财务报告编制积极吸取国际先进银行经验，自主编制能力明显提高，首次实现独立编制中期和年度财务报告。

五是条线支持扎实推进。协助开展客户识别和投入产出分析，重点针对94家集团客户进行盈利性分析；配合全行业务转型，完善信用卡中心、投资托管部财务改革方案；完善金融市场业务内部资金转移价格体系，制定金融市场部经营绩效考核办法；组建派驻团队，为加强境外分支机构管理提供直接的财务专业支持。派驻条线财务团队是未来财务组织架构改革的发展方向，财务团队实行双向报告双向负责，具体工作制度规则应符合财会管理要求，但核心是要从财务角度支持条线业务发展。

二、2010年综合经营计划安排及政策调整

2010年，外部形势将比2009年更为复杂、更不确定，宏观政策调控也将更具灵活性和针对性。2010年综合经营计划的重要特征是在保持年度业务和效益平稳增长的同时，着力促进基础管理能力和可持续发展能力的提升，以期有效地推动全行发展方式和盈利增长方式的转变。

（一）2010年主要计划安排

2010年全行税前利润计划增长15%，存贷款分别增长14%和16%，中间业务收入计划增长20%。为保证年度经营目标的实现，财务资源方面进行了积极安排。员工费用加大了对分行的配置力度，分行员工费用平均增速高于全行平均水平，并且通过提高基本薪酬重点向一线员工倾斜，让基层员工月均收入达到2 000元，尽最大努力解决一线员工薪酬过低的问题；非员工费用继续坚持结构调整，有保有压，满足刚性费用需求，并着眼于控制未来增长速度，同时保证战略性激励等业务营销和发展投入。

在这里，我重点说一下全年贷款计划的安排。结合经营形势和监管要求，2010年全行人民币贷款计划新增7 500亿元，预计新增同业占比约为10%。其中，总行预留500亿元，保证年度中一些特定贷款项目的重点需要。在分行下达的7 000亿元中，公司类贷款新增4 500亿元，个人类贷款新增2 330亿元，信用卡透支新增170亿元。监管机构对2010年贷款投放的要求非常具体和严格，不但强调人民币贷款增速17%不可逾越，而且对进度提出了“季不过三、月不过四”的明确要求。2010年贷款投放重点要把握好两个平衡，一个是总量和节奏的平衡，总量计划未经许可不得突破；贷款投放要均衡，四个季度末累计分别控制在30%、60%、80%和100%以内。另一个是质量和效益的平衡，要严格执行总行信贷政策，强化贷后管理，严控不良资产反弹；同时在信贷趋紧的形势下加强贷款定价管理，提升贷款综合收益。计划衔接中分行反映的主要问题之一是贷款总量太少。2010年贷款总量计划较2009年过大的增长基数为少，但却是2008年的两倍。贷款问题的关键不是总量过低，而是结构调整和风险控制的问题。我们不能因为贷款过快增长，使资本基础受到威胁。

（二）2010年主要政策调整

第一个调整是KPI考核体系增加了客户、产品和渠道这些过程性、流程性和业务成长性指标。目前的KPI体系，财务指标权重降到30%，业务量指标已基本取消，风险和市场指标占到34%，而客户、产品和渠道指标占到了36%，和以往相比，整个指标体系的结构和导向发生了重要变化。如果按照平衡计分卡来说，包括绩效、流程、客户和成长四个方面，我们从原来偏重第一个方面转变为更加重视后面三个方面。这些指标将从更深层次揭示了盈利和业务增长的基础动因，从而引导全行共同着眼于中长期的平衡发展和可持续增长。

对于客户、产品和渠道指标，我们以往在基础数据和考核评价方面掌握的情况不多，研究得也不深入，产品覆盖度、客户数量、渠道占比等数据是第一次采用，大家可能会感觉缺少数据支持，这方面，总行目前已经基本完成相关系统开发，并计划于2010年3月实现到二级分行的数据提取，支持分行对下的考核和管理；另外可能会感觉对数据的判断难以把握，即如何使用数据进行分析支持决策的问题，这是一个不可避免的过程，知识和经验需要逐步探索和积累。同时，在

考核初期可能还存在一定程度的数据反映的真实性问题，但缺陷与其重要意义相比，我们还是选择了后者，而且数据只有在使用中才能真正提高质量。总行将会通过计量方法的改进和指标口径的完善来提高指标的内涵质量，我们的眼光要看长远，不要仅为了考核而漠视质量，贻误将来的发展。工商银行现在对客户进行打包营销，特别重视产品覆盖度指标。我们不能落后于未来发展的需要，客户营销一定要是综合的多产品营销，只有这样才能更好地满足客户需求，更好地留住客户。

目前虽然指标口径和数据质量还不尽完善，但从提取的数据来看，已经基本客观地揭示了我们在竞争根基方面存在的结构和质量问题。例如产品覆盖度，全行无论对公客户还是个人客户产品覆盖度都没有过“三”，如果再剔除存款、结算等基础产品，其他产品的覆盖度可以说低得可怜，但也同时说明存量客户挖潜和联动营销的潜力巨大。根据目前的计划安排和数据测算，我们设定了全行产品覆盖度提升10%的目标，应该说这是一个较为保守的目标，尤其是产品覆盖度低于2的分行，可以说提升空间很大，至少要向全行平均水平靠拢。在年度计划目标的把握上，目前我们也缺乏经验，因此一级分行KPI设计了以“增速比较”为主的考核规则，各分行要自我加压，以积极的目标安排向全行传递加强长期竞争能力建设的信号和决心。

第二个调整是对战略性费用的配置回归其应有的含义。其实，战略性资源配置的设计初衷是非常强调战略性的，但是2007—2009年，实际上是配合买单制推广对大面积的产品配置了财务资源。就战略性资源配置的本意来讲，已经发生了扭曲，但在整个分配体制尚未理顺，需要推动产品营销激励的情况下，这种做法具有阶段性意义。应该说经过三年的推动，原来属于个别行典型经验的买单制已经推广全行，而总行实行大面积产品买单的做法也逐渐暴露出问题，它的弹性和柔性不足对全行整体资源配置形成了较大冲击，所以2010年分配政策作出调整，买单制作为分行资源配置以及薪酬分配的应有内容，而总行则把战略性资源配置重新还原到战略性角度，作为一种超激励的安排，对属于战略性而与当期绩效关联度比较低的方面予以补充配置，尤其对关乎未来发展基础的客户类指标加大了战略性资源配置力度，在全部52项战略性指标中，客户类指标占67%。为保证政策调整的平稳过渡，总行对战略性费用总量进行了较积极的安排。

第三个调整是加大了对业务发展的资本约束。资本要求已成为衡量银行综合实力和抗风险能力的重要标志，对不能满足监管资本要求的银行，中国银监会将采取严格监管措施。中国银监会监管思路已由业务量指标管理转向资本类指标管理，强调对银行的资本充足率、不良贷款率和拨备覆盖率等指标的考核。目前我行不良贷款率和拨备覆盖率指标压力不大，但资本充足率指标存在压力，2009年末全行资本充足率为11.36%，虽然略高于中国银监会2009年10%的监管要求，但已低于中国银监会最近提出的11.5%的监管要求。面对这样的压力，我们一方面要扩充资本，进行再融资；另一方面要严格控制资本的占用。资本管理不仅是总行的职责，各条线、各分行更要优化资产结构，降低资本依赖，共同缓解全行资本充足压力。为此，2010年综合经营计划加大了对业务发展的资本约束要求，一方面强化计划管理，信贷计划按大类产品下达分行，结构计划不得突破，并下达表外业务加权风险资产新增总量计划，以控制风险资产的增长；另一方面不断完善管理参数形成机制，更为准确地衡量资本和价值。经济资本计量模型在2009年年底再次优化后，计量结果更为客观，因此，此次计划下达中取消了原来的资本调整项设计，并根据资本市场对建设银行估值采用的资本成本率统一经济资本回报率要求为11%，政策调整后，各分行EVA表现会相对低于调整前的水平，这是一个正常的价值回归。各行要根据对价值的客观计量结果，调整资本成本等资源配置政策，正确引导价值创造。未来综合经营计划安排也将由以贷款总量和资源配置为主转向以资本配置为主。

第四个调整就是更加强调对中间业务增量的考核和激励。发展中间业务并不是仅着眼于收入，它是整个银行发展方式转变的切入点，是业务转型的重要标志。目前，中间业务不仅存在发展不平衡的问题，还存在原来总量领先的分行在增量上与工商银行差距拉大的问题。所以要进一步加大对中间业务特别是增量的考核激励。2010年，中间业务增量目标确定为在四大行中排第一，全行增速应不低于20%，对各分行则根据市场占比设定了从10%到30%不同的增长目标。KPI在适当考虑存量位次的基础上，以分行2009年中间业务收入存量排名划分基准分区间，以分行2010年在当地四大行中间业务收入增量的排名情况计算加减分，重点考核增量，主要是尽快缩小与主要竞争对手的差距。对此，一些分行担心会“鞭打快牛”或“后进无望”，但通过对近两年数据的分析可以看到，存量与增量之间并不存在必然的正向或反向关系，2010后年度的考核也可以通过累积增量（即一直以2009年为基数）的方法来解决相对公平问题。2010年中间业务考核的变化，就是要通过增量压力的手段，促使全行强化认知力和执行力，推动各分行中间业务发展的基础建设，强化客户、产品、渠道的整合和联动，提升中间业务可持续发展能力。

三、几项重点工作

（一）发挥计财管理主观能动性，促进转型发展和可持续发展

“转型”和“可持续”是当前中国经济发展的主题，中央经济工作会议明确指出，2010年经济工作要特别注重提高经济增长质量和效益，推动发展方式转变。这是中国改革开放30年由体制变革和规模扩张所形成的经济高速发展张力逐渐衰退后保持经济持续发展所必然的调整。中国经济大势如此，任何企业都必须顺应大势调整自己的发展模式，建设可持续发展能力也是我们的主要任务。

各个阶段都有可持续发展的不同内容，正如马克思所说“各种经济时代的区别，不在于生产什么，而在于怎样生产”。建设银行目前相当程度上还依赖规模增长和管制利差实现利润增长，如果中国经济发展速度减缓、利率市场化，我们的压力会很大。2009年，国内信贷环境和流动性的极度宽松使得全行议价能力大幅下降，造成了正反两个方面的影响，不利的是我行利差下降快于同业，但有利的是在利率市场化情况下，我们面临的压力和冲击在2009年消化了一大部分。2009年中间业务收入增长遭遇瓶颈，经过几年努力与工商银行缩小的差距在1年内又有所扩大。背后的问题是什么？是客户总量和结构问题、是产品创新和营销问题、是渠道竞争力问题、是机制问题，尤其我们缺乏以客户为中心的信息链整合，不但导致对客户需求的把握能力不足，也客观造成联动营销能力不强，难以形成领先于同业的专业化优势。这些是我们可持续发展所面临的深层次问题。

客户、产品、渠道作为银行的基础经营维度，管理、资源、技术作为银行的内部经营要素，各种经营维度和经营要素最广泛、最密切、最互动的结合是建设银行可持续发展的根本支撑。各种要素之间整合得越合理、联系得越紧密，我们的核心竞争力就越强。以往我们政策措施偏重于存贷款规模和占比提高的表象，而对客户、产品、渠道这些基本经营维度关注不足，导致竞争基础负荷过重。2009年，我们在KPI中引入了客户维度，2010年又引入了产品和渠道维度，而且三项指标权重超过KPI指标权重的三分之一，考核逐渐向价值创造链条的上游延伸，由最初反映发展结果的事后指标，到增加反映发展过程的事中指标，再到增加反映发展基础的事前指标。我们要通过考核和激励机制的设计引导全行在结果、过程和基础之间建立全方位的联系。怎样理解全方位的联系？就是从任何一个维度去看其他维度与它的结合，都应该是一个完整的多面体和共生体。这是一个对事物的认识方式，是一种管理方式和发展方式。比如说，从客户维度看，既要看客户的总量和结构，也有每个客户以及客户群体对产品的使用情况，也就是我们所说的产品覆盖度，还有客户对不同渠道的使用倾向、客户对价格的敏感性、客户的资源占用等，我们要观察这些特性与盈利能力和业务增长之间的联系和作用机制，才能找出问题和发力点。当我们关注的维度增加后，会发现信息供给量和需求量都在呈几何级数增长。在2010年计划编制和年度分析中，财会部提取了不同客户档次的客户数量、业务量、使用的产品量等数据，各种组合分析为我们提供了大量有价值的信息。比如说，每年信用卡发卡计划对各行都是一个艰巨任务，但产品渗透率数据显示，我们现有客户中拥有建设银行信用卡的客户仅为4.7%，这对我们挖掘现有客户提供了很好

的引导。

计财部门在转型发展和可持续能力建设中应该发挥什么作用？2009年我在计财处长座谈会上说，计财部门是调度中枢、专业大脑、变压器和情报系统，在可持续发展能力建设中，我们尤其要发挥这些作用，去寻找、创造、解读和使用有价值的信息，支持和协助业务部门进行多维度价值分析，采用政策工具去启发和引导业务可持续发展路径的选择，这就是我们所说的战略财务管理，最核心的是对业务部门专业支持的作用发挥到什么程度，要从战略的角度和高度对未来盈利性进行管理。计财管理的主动性至关重要，计财部门应为行领导谋划和设计发展路径、节奏和目标，发挥参谋部的作用，而不是成为一个简单的统计部门。举个例子说明各行管理主动性差异。这次计划上报中，各行对公客户增长计划报出的增长率从1%到35%，有的分行客户基础很好，但仍报出积极的计划，有的分行客户基础较弱，却报出了非常低的增长计划；产品、渠道、定价各项指标都存在这种现象。各行计财部门在计划管理中是不是发挥了调度中枢和专业大脑的作用，值得大家反思。希望大家能够充分运用专业性和职责所赋予的机制设计空间，发挥影响力，成为建设银行转型发展和可持续发展的有力推动者。

（二）巩固成绩，开拓创新，持续推进成本管理

成本管理能力是商业银行核心竞争力的关键要素，建立成本相对比较优势更是我行应对市场和同业竞争的一项长期的战略任务，也是总行管理层规划需要重点抓好的基础性工作。我们倡导的成本管理不是单纯地控制开支，而是如何提升成本管理效率，将钱花得值、花得聪明。2009年面对特殊“难”与“紧”的财务局面，全行强化成本管理，共克时艰，取得了良好效果，反映了成本管理的应变力，但年初“紧”了几个月，部分分行就反映费用困难，营销费用限制了业务发展，这说明成本管理的弹性、活力、耐力和催化力还需加强。我们的管理目标是经过3～5年的持续努力，建立起相对成本竞争优势，在同业比较中，做同样的事，解决同样的问题，投入做到最少、最优。

前期经过多次衔接和讨论，总行下发了《全面成本管理重点项目推进工作方案》，梳理确定涉及渠道、产品、流程等方面的20个成本管理重点项目，作为2010年推进全面成本管理的重要抓手。同时制订了2010年成本管理的具体目标与措施，作为工作会议材料供大家参阅，各行要根据总行要求认真贯彻执行，抓出实效。此外，我们还要研究运用成本管理的新思维、新方法，提高成本管理科学与精细化水平，尝试解决一些实际问题，持续改进成本管理工作。

一是流程优化与整合，跳出传统的成本管理模式，实现从源头上管理成本，促进成本管理角色的转换。以往的成本管理侧重于成本控制与节省开支方面，主要由计财部门来管，属于浅层次、单维度的成本管理，而这次20个项目主要以业务驱动与整合、服务能力提升、流程优化为基础，需要由业务管理部门从业务领域、流程前端进行研究与改进，业务部门成为成本管理的主角，这样的成本管理变成了深层次、多维度的成本管理。同时，推动观念与思路的转变，通过流程优化和资源整合项目的推进与实施，为建立基于价值、事实、数据、流程的成本管理积累基础和提供典型案例。

二是践行成本管理方法的创新。成本管理需要借助新方法、新思维，多做定、测、析、改、控，用事实与数据说话，全面、客观地分析问题和解决问题；要多运用和借助信息技术、电子、网络方面发展的条件优势，我们一方面要加大在信息技术、电子、网络方面的投入力度，促进其发展和技术升级，另一方面通过这些技术手段的提高，提升客户满意度和降低长期运营成本，走高效、低成本发展的方式。

三是强化成本管理责任。责任落实是任何一项管理能否有效执行的关键，而成本管理责任能不能有效落实关键是看我们财会人员“算账”的本事。首先是“算准账”，要按照成本管理要求细化责任中心，规范核算，从源头上提高基础数据的可用程度；其次是“算细账”，要研究改进管理会计系统中应用的多维度成本分摊、计量方法，从多视角、多维度反映成本耗费结构，建立基于条线、部门、层级以及客户、产品、渠道的成本报告体系；再次是“算清账”，这已经开始上层次了，就是在多维成本报告体系的基础上建立真正的成本责任和评价体系；最后是“善用账”，就是在报告、分析的基础上合理引导和控制对客户、产品、渠道等关键经营要素的资源投入策略和方向，实现真正意义的战略成本管理。

（三）差别化定价，进一步提高贷款收益水平

2010年总行在计划目标设定和考核激励中体现对定价能力的管理要求，不但将贷款利率的浮动水平纳入KPI，而且利润目标的核定也引导全行切实贯彻总行定价管理要求。总行对各行新发放公司非贴贷款、贴现、个人住房贷款和个人其他贷款，分别考虑各行与工商银行在贷款收益率和利率上下浮占比方面的差异、各行2009年新发放贷款浮动比例比上年变化情况、市场利率、全行平均浮动比例以及管理要求等因素，设置了差异化的利率浮动比例目标。

各行要认清贷款定价管理面临的机遇和挑战，重点做好差别化定价工作。2010年信贷规模缩减和投放进度控制为贷款定价水平提升创造了机遇。对公贷款方面，大项目、大企业信贷需求集中是客观存在的，在信贷形势变化的大环境下，我们要敢于向外要效益；同时要抓住2010年中小企业贷款较多这个契机，提高贷款综合收益水平。在个人住房贷款方面，各行要执行好总行出台的差别化定价政策，根据客户首付款比例、是否二套房以及综合贡献度等提出不同的定价要求。在存款方面，继续加强主动负债管理，合理控制付息成本。同业存款将推进差别化定价和差别化定价授权模式，对价格管理能力较高的分行尝试进行同业存款整体付息率管理，将逐笔客户定价权限授予分行。在外币存贷款方面，一是稳定并提高存款业务市场占比，提高内部定价对市场的敏感性，通过会商平台实现信息充分交流共享；二是要着力提高外币贷款收益率，重点投向贸易融资等期限短、收益高的产品，总行将加强差别化定价指导和价格执行监测通报，加强长期限现汇贷款的价格管理。

（四）推进管理会计系统应用，夯实财务管理基础工作

管理会计方法和工具的应用是多维度、多视角整合管理信息，提升业务支持和服务能力的重要手段，对提高商业银行核心竞争力具有重要意义。2009年，我们初步建成了自己的管理会计系统，在深入推进管理会计应用上取得了实质性进步，可以逐步满足多维经营体系下财务报告的需要。从2010年开始，我们要在管理会计体系建设上下更大工夫，用1~3年时间真正建立起管理会计基础，实现系统的推广上线和优化，特别是在成本分配方面实现重要突破。现在我们面临两个基础性的问题，其一是数据，数据质量的检验和提升将是一项长期的工作，要不断通过对数据的实证分析和校验，统一数据和事实的一致性，为价值分析提供客观、可靠的基础。重要的科学方法的推进离不开试错纠错的过程，这是一个重要学习的过程，也是一个跨越知行鸿沟的过程。其二是功能，管理会计的应用功能庞大且复杂，我们目前管理会计系统的主要功能仅是多维度的盈利性分析和成本分解，随着经营发展和管理要求提升，将逐步扩展到集预测、分析、评价等功能于一体的多功能管理会计系统。

系统的价值在于广泛的应用，应用的顺畅在于用户的共识，共识的达成在于开放的态度。因此，我们首先要有开放接纳的态度，开放系统供各级责任主体使用，可以广泛讨论甚至争论，要对质疑认真对待，要以争论促共识、以共识促应用，将系统真正应用于管理实践。银行的电子化是要打开内外部信息的隔阂，不要将系统部门化、数据部门化。2010年要尽快完成系统的推广应用，让分行、部门都能够尽早使用起来，各级计财部门要当系统的倡导者和宣讲人，大家要以此为契机，增强对客户、产品、条线的分析研究能力。

2010年要进一步探索改进财务报告编制的新思路，全面提高财务报告编审能力。具体来说，一是按照“平时重审、年末重编”的原则，对分行日常核算信息进行定期审查，将财务报告编制方式从主要依赖分行期末填报基础数据转变为主要依赖分行平时加强财务和核算管理，提高财务报告编制质量和效率。二是建设财务报告百人工程，总行将提供培训、实践机会，在全行范围内建设一支熟悉准则、掌握制度、精于报告、通晓内控的核心人才队伍，这支队伍平时侧重研究会计准则和会计制度，季度有重点地进行专项计财检查，期末关键时段编制财务报告。三是研究完善包括职责、流程以及核心控制点等内容的财务报告编报基础制度，提高财务报告编制规范化和管理水平。

（五）严肃财经纪律，提高财务规范性

多年来，总行不断完善财会制度，优化资源分配，增强支出弹性，倡导合规文化，加大违规查处，总体上保证了财经纪律的落实。但从内部审计揭示的情况看，一些财务违规、违纪行为在有的机构仍不同程度存在，其中“小金库”问题尤为突出，性质非常恶劣。一些机构对于设立“小金库”总是有一些借口，怕影响客户关系、嫌报账烦琐、为员工谋福利等。各级行主要领导对“小金库”问题必须要有清醒的认识和明确的是非判断。在我们的制度环境里，已经没有“小金库”存在的空间，“小金库”使资金脱离了建设银行账务监管，既造成收入和资产的流失，严重违反财经纪律，更助长不健康的管理观念和风气，甚至可能为贪腐之心提供滋生的温床，违背了建设银行合规经营的理念。

张行长已明确对“小金库”问题“零容忍”，总行下决心在全行深入开展“小金库”专项治理，各级行要由“一把手”牵头，对辖属机构要层层抓落实，逐级向上负责，做到100%参与，不留死角。总行鼓励自查自纠，在专项治理期间对自查发现的问题给予从轻、从宽处理的政策。现在还存在“小金库”的机构要珍惜这次机会，自我暴露，主动上报。各级领导干部要承担相关责任，自觉带头维护财经纪律，不能充当“小金库”违规行为的保护伞，更不能授意、指使下级去做这样的事情。财会部门要严格按照专业规范，独立、自主地反映和监督各项财务活动，及时向领导解释政策底线，这才是真正地维护领导。不要以身犯险，更不要出谋划策。

（六）推动计财职能转变，加强计财队伍建设

当前，伴随建设银行战略转型的深入推进，新产品、新业务的不断涌现，全行组织体系日益呈现出专业、专注的特点。2009年我在分行调研中发现全行业务发生了许多让人耳目一新的变化。调研中一则以喜，是分行业务部门面对市场竞争，压力更大、任务更重，素质有了显著的提升；一则以忧是部分计财部门负责人思维传统、知识老化，不能很好地发挥调度中枢和“变压器”的作用。如果计财人员知识落后、思维僵化或者不联系实际，那么工作开展将会十分困难。新形势对计财工作提出了新要求，迫切需要我们推动计财职能转变，加强计财队伍建设。

转变计财职能，就是要逐步实现计财部门由控制者、裁判员向业务部门战略合作伙伴转变，首先在理念上要把计财部门定位成财务专业化服务的提供者，要运用专业技能帮助业务部门建立和使用正确的财务分析方法，要为业务部门提供更多的管会数据和专业建议，考核、激励等政策设计要立足于激发业务发展潜能，授权、审批等制度流程要在合规的前提下更加富有效率和操作性，要将财务规则的显性约束力化为无形推动力，这就是衡量我们工作是否到位的标准；其次在流程上要提高运作效率，减少信息传递的障碍，尤其要着力把财务专业化服务环节嵌入各项业务经营的流程，如通过开展客户盈利性分析、项目投入产出分析等，将财务分析和服务深化、细化到产品、客户等最基本的维度，为业务决策、营销策略提供基础核算和分析支持；最后在工作重心上要实现由注重结果向“过程与结果并重”转变，从以事后的控制和监督为主，转向以事前和事中的规划、预测、分析为主，除了关注最终财务结果，更应该关注价值创造的过程和动因，实现“财务业务化、业务财务化”。

计财系统的学习能力至关重要。加强计财队伍建设首要在于提升计财队伍学习能力，打造“学习型”团队。应该讲，建设银行计财队伍的最可贵之处就在于学习能力、思辨态度和进取精神，而其中学习能力是基础、是关键，正是依靠不断学习和进取，我们才始终保持了全行计财工和的活力和创新。因此，在全行计财条线必须营造浓厚的学习氛围，打造学习型组织。计财人员首先应该培养自身的专业能力，保持专注的精神，专心地支持和服务业务发展；其次要树立高标准，不仅要精通计财专业知识，还要学习和掌握有关市场、客户、产品等业务知识；再次要始终保持开放的姿态，行内听取部门和分行的反馈和意见，行外学习国内外同业的先进经验，并要注意不断吸纳研究机构的最新成果；最后还要深入实际，注意倾听来自业务最前端、最基层的声音，对经营管理中的细微变化及时做出响应和跟进。

推动计财职能转变、加强计财队伍建设的关键是计财部门主要负责人的管理强化和素质提升。2010年总行将切实加强相关管理，通过培训、入门、考核甚至考试等方式采取切实可行的办法。目前初步的考虑从两方面入手：一是把好“入门关”，严格任职准入，明确任职资格条件，进一步完善分行计财部门主要负责人的任职资格核准机制和副手的任职备案制度；二是做好“考评事”，加强考核评价，分行计财部门主要负责人要向总行部门述职，总行部门对其履职表现进行考核并反馈给分行。总而言之，目前整个计财队伍的学习能力、知识以及思维的更新需要引起我们特别的关注。

在OCBS及周边系统境外机构推广动员大会上的讲话

庞秀生

（2010年3月17日）

同志们：

今天召开这个会议，目的很明确，那就是向大家充分展示总行对OCBS系统建设的高度重视，充分表达总行对OCBS在境外机构推广的坚定决心。

2009年OCBS的前期开发和香港分行的试点上线得到了张建国行长和范一飞副行长的关心和支持，两位行领导在这方面投入了很多精力；总行的各个相关部门和有关单位也付出了大量的心血，特别是置身于最前线的信息技术部广州开发中心和香港分行，他们投入了大量的人力、物力以及相关资源，夜以继日、努力拼搏，从立项开发到测试上线，用10个月的时间完成了一项近乎“不可能完成”的任务。目前，系统运行稳定，经历了年度决算和整个年度财务报告的考验。

OCBS的建设是我们实施境外发展战略的一项重要基础性工作，同时也是全行信息技术架构中的一个重要组成部分。系统建成后继续向全部境外机构推广，让它发挥效应，是我们近期一件非常重要的工作，刻不容缓。2010年2月初，范一飞副行长已经就下一步OCBS在境外机构推广的工作提出了明确的要求，指示我们在香港分行成功试点的基础上，用一年半到两年的时间，按照“从大到小、先新后旧”的原则，实现OCBS在全部境外机构的切换上线。目前，财会部、国际部和信息技术部已经对总体推广计划进行了周密的考虑，拿出了一个基本成熟的方案，对此，我想在这里提出我的几点意见。

一、统一思想，提高认识

“这个系统的上线，是我们境外机构基础建设的重中之重”。我想引用张行长的这句话来强化我们对这件事的认识。IT系统可以引申为银行在经营过程中所必须掌握的技能，是银行管理决策智慧、业务运营经验与科学技术创新发展的总和，是一家银行所掌握“知识”的总和。近年来，我们在国内这类“知识化”的东西已经有着深厚的积累，却没能很好地应用到境外去，境外机构受制于这类“知识”的缺乏，日常经营缺乏竞争力，经常面临窘迫的处境。如今，我们终于拥有了一套适用于境外的、自行设计且拥有核心技术的系统，这势必成为我行境外业务快速发展的利器。

我们要深刻认识到OCBS的境外上线，绝不仅仅是简单的系统更替，其核心价值首先在于通过自主开发，能有效实现境外核心系统的功能可控，从而为境外业务乃至境内外业务一体化发展创造可能；其次在于通过实现核心系统的标准化，合理引导境外机构向流程规范、账目统一、核算精细的科学化管理目标不断发展，为境外业务的多元化、条线化发展奠定基础；最后还在于核心系统运行维护的集中化，能有效解决境外机构长期以来在IT系统运维和各类报表报送所占用的大量人力、物力成本，提高境外机构的生产效率，解放境外机构的生产力。

二、精心准备、众志成城

要取得成功，就需要先清醒认识OCBS境外推广上线过程中可能遇到的各类困难和挑战。

目前，我们必须在现有香港分行上线版本的基础上继续进行功能优化，同时开发其周边外围系统与其捆绑进而形成统一标准版本。考虑到我们2010年3家分行上线的基本目标，纵向上看，2010年所剩时间已经无多，横向上看，核心系统与周边系统之间各种关系盘根错节，可以说，我们目前面临的复杂局面前所未有。因此，我们一定要结合香港分行上线的经验，本着“磨刀不误砍柴工”的精神静下心来把工作做细、做实，先下工夫做好优化，做好差异需求分析，在此基础上才能保证后期工作的提速进行。

系统推广所需要的大量人力支持和境外机构人力资源有限这一矛盾是OCBS境外推广面临的最大内部挑战。对于各境外机构在资源调配上的困难，总行已经进行了充分的考虑，并积极采取多种措施保证推广工作的顺利推进；另外，OCBS现有推广模式的标准性与境外机构所在各国监管规定的差异性之间的矛盾则是我们要面临的最大外部挑战。这就需要我们细致调查、积极沟通，尽早开始与当地监管部门之间的沟通和接触。

系统的推广上线是一个精细化的工作，每一个步骤和细节都需要严格的把关，涉及的问题林林总总、方方面面。但我相信，只要大家团结一致、密切配合，就没有战胜不了的困难。需要钱、需要人、需要哪些方面的条件，总行可以开绿灯、可以设绿色通道给予快速的支持。这一点，从总行管理层来说是没有问题的。

三、服从大局、保障有力

OCBS的推广是一项艰巨的工作，需要参与各方具有高度的大局观，各个部门和单位之间不要扯皮，要拧成一股绳，形成合力支持相关工作的展开，从政策上、具体事项操作上都给予充分和积极配合，确保推广工作的成功。

所以，我在此向各参与单位提出几点要求：

第一，财务会计部、国际业务部、信息技术管理部作为主要的牵头部门一定要不分你我、精诚合作，主动地去寻找需要协调的矛盾；要去了解境外机构的困难，服务不到位的地方一定要到位，保障不得力的地方一定要加强。财务会计部要尽快做好境外机构会计准则的标准制定，配合OCBS升级标准版本的立项和开发进度；国际业务部要进一步加强宣传指导与协调的力度，与境外机构保持密切沟通；信息技术部要从技术角度高度负责任，作为全行信息技术装备的全面责任部门，包括业务需求和技术的解决方案和整个系统的开发、推广、运行、维护。

第二，周边系统涉及的有关部门，如金融市场部、营运管理部等也要高度重视OCBS推广，把好自身系统的关，一定要确保OPICS、GMPS的开发和推广上线确保OCBS开发和推广进度，服从OCBS上线的大局。

第三，各境外机构要以大局为重，充分认识到境外机构是OCBS上线的最大受益者、是最急迫的需求者，要坚决服从总行对OCBS推广工作提出的各项要求，平衡摆布自身业务的发展和推广上线之间的关系。我们希望这次OCBS的推广上线能给我们的境外机构和境外机构的客户带来更好的感受和客户体验。

围绕中心　突出重点　求真务实 认真做好全年内部审计工作

——在2010年全行审计工作会议上的讲话

于永顺

（2010年3月17日）

同志们：

上午，张建国行长和谢渡扬监事长作了重要讲话，充分肯定了内部审计工作，强调了内部审计的重要作用，并对下一步如何更好地开展审计工作提出了更高的希望和要求，大家要认真学习、深刻领会、抓好落实。2009年和2010年，郭树清董事长和张建国行长先后出席我们的审计工作会议，谢渡扬监事长直接领导我们的工作，总行领导对内部审计工作的重视和支持，董事和监事对内审工作的热情指导和关怀，我们审计条线的各位同志，包括我自己，感受都非常深刻。总行领导不仅出席了我们的会议，还十分关心审计组织管理、审计资源配置、审计队伍建设和审计成果应用等各个方面，这对我们内部审计工作既是支持、鼓励，更是期望、鞭策。在这种良好的审计环境下，我们只有尽职尽责，不断进步，认真做好各项审计工作，才能不辜负他们的厚望。

为贯彻落实张建国行长和谢渡扬监事长的讲话精神，我就2009年审计工作情况和2010年的工作再讲一些意见和想法，供大家参考。

一、2009年审计工作回顾

2009年，内部审计部门围绕全行中心工作，努力适应经济金融形势变化，不断完善管理机制，稳步推进专业化建设，科学应用信息技术手段，突出重点，精心组织项目实施。审计队伍取得了丰富的审计成果，对各项业务的跟进和把握能力不断增强，专业技术水平不断提升，有效地履行了审计职责。

（一）审计项目实施方面

2009年，全行审计系统组织实施了25大类系统性审计项目和2 069项自选审计项目，形成诸多审计成果。2009年实施的审计项目主要有以下几个特点。

1. 审计的内容重点突出、兼顾全面。审计重点突出了新情况、新业务、高风险领域和薄弱环节等管理层关注的内容；同时通过非现场审计常态化监测、内部控制审计评价、任期经济责任审计和大量自选审计项目，合理保证了审计覆盖面。具体体现在以下几方面：

一是关注了信贷业务面临的新形势和业务大幅增长的情况。根据形势需要和行领导要求，适时调整审计计划，集中力量开展了相关审计检查。另外，还实施了公司类保证贷款审计、公司类贷款呆账核销审计、保函业务审计、信贷业务非现场审计监测等项目。

二是关注了基础管理、风险管理和业务发展中的薄弱环节。开展了基础管理审计调查、二级分行综合经营管理审计、对公负债审计、资本性支出审计、非业务合同签订及执行情况审计及自助设备审计等项目，对分行风险管理和业务发展相关内容进行了审计调查，在财务、负债业务领域实施了常态化的非现场审计监测。

三是关注了新型业务和信息技术领域。实施了外汇买卖业务审计、总行本级债券投资审计、关联交易审计、全行市场风险管理审计及理财业务审计调查项目。以IT运行和项目开发管理为重点，实施了分行IT运行审计、开发中心审计及数据中心审计等项目。

四是关注了境外机构和子公司。加大了对6家境外分行、各境外代表处、建银国际及建设银行亚洲的审计力度，同时，审计还覆盖了中德住房储蓄银行、湖南桃江和浙江苍南建信村镇银行三家境内子公司。

此外，还开展了内部控制审计评价和任期经济责任审计，为各层级干部管理和考核提供了支持。牵头具体组织完成我行董事会内部控制自我评估工作。通过组织各类自选审计项目，涵盖了信用卡、中间业务、反洗钱、财务管理、外包业务、个人贷款及网上银行等众多领域。

2. 审计的价值作用得到较好实现。在总、分行领导和相关部门的大力支持下，审计系统提供的各类审计信息，通过相关整改行动，在规范经营、完善内控、提示风险、改进管理及促进业务发展等方面，较好地实现了审计工作的价值。具体体现在以下几方面：

一是揭示了诸多违规或不规范行为。发现了相关分行的案件线索和严重违规问题。在公司和个人类贷款、财务管理、负债业务、债券投资、会计与营运管理及系统开发运行等方面，审计发现的情况、问题得到总行领导及相关部门的重视和认可，多次批示和召开专题会议研究，提高了依法合规经营意识，加大了相关整改工作力度。

二是提示了一系列新的控制缺陷或潜在风险隐患。审计系统密切联系经济金融形势，分析各类新情况和新风险，及时针对控制缺陷作出提示。年度内对信贷管理、理财产品、外汇买卖、系统功能缺陷等风险苗头及时进行了提示，为业务部门和分行规范经营、提早识别和防范风险起到了较好的支持作用。例如，针对审计检查提出的新情况、新问题，总行专门召开会议，组织协调和安排整改工作，各分行采取边查边改的做法，进一步规范和纠正了业务行为。

三是提出了改进工作、促进业务发展的建议和调查报告。全年加大了管理咨询审计的力度，围绕业务发展、风险管理、营业网点建设等领域，从体制机制、制度流程、资源配置和政策导向等方面入手，开展分析调查，提出相关改进建议，针对重点方面出具了专题调查报告，进一步发挥了审计建设职能。例如，通过对分行风险管理情况开展审计调查，总结了履职尽责、操作风险等五类值得关注和研究的情况，总行领导批示“所提问题很有价值，建议专题研究，布置整改”。

3. 审计方式方法的有效性进一步提高。在总结经验的基础上，我们继续发挥审计体制垂直管理模式、非现场审计手段和专业化建设等方面的优势，进一步完善了审计工作方法，为提高审计项目的质量和效率奠定了基础。

一是提高集约化和专业化程度。针对重点审计项目和大规模的紧急性审计任务，集中优势专业人员和机构的力量，召开研讨会，编制方案，研发审计模型，收集审计依据，开展集中数据分析工作等。同时，指定专业机构专门人员作为专家，及时提供技术支持。针对非现场审计、IT审计、境外审计、新业务审计等专业性强、难度大、业务骨干少的情况，集中组建专业团队实施。

二是提高不同审计项目、审计手段的有机结合程度。探索审计与审计调查两种形式的有机结合，以审计查证为基础，深入开展相关业务的调查和分析，并充分利用其他项目信息；加强了现场审计与非现场手段的有机结合，有的组成交叉组合团队，有的相互提供信息、共享成果；加强了自选项目和管理咨询类项目的管理、指导和考核力度，促进机构之间相互交流经验、知识和技术。

三是加强沟通交流和联动配合工作。在坚持独立性原则的基础上，加强与被审计对象的协调沟通；日常注重与业务部门的配合，无论是在现场审计还是日常工作中，通过座谈和交流，听取意见、积累信息，促进知识更新，提高审计结论的准确性；总行审计部加大了对下的工作指导力度，项目整体组织、日常信息沟通、资源共享方面的工作更加精细和及时；各审计机构及内部处室间也加大了沟通交流及配合力度，审计系统内信息、数据和技术的共享程度不断提高。

（二）审计工作基础管理方面

审计系统结合工作实际，立足基础管理，在审计工作专业化、规范化、精细化、信息化等方面做了大量卓有成效的工作，为保证审计工作质量和效率、提高审计人员专业能力发挥了促进作用。

一是持续完善机构人员和财务管理。

——总行相关部门与各审计机构共同努力，

开展了管理岗位和经办岗位的职务聘任工作，克服困难加强了人员交流，全年审计系统共调入131人，调出144人，进一步优化了审计队伍年龄、学历和专业结构。

——进一步完善了激励约束机制。总行审计部优化了机构考评方案，更新相关考评指标内容和标准，组织推动了评优树先工作，开展了“三优”评选表彰活动；组织参加了建设银行突出贡献奖、全国青年文明号单位、总行级青年岗位能手等评选工作，表彰先进、树立典范。各审计分部和总审计室也采取多种形式和措施，完善考核和绩效分配机制，弘扬先进，促进提高整体工作水平。

——开展了工作检查、调查和调研活动，督促加强基础管理，指导改进工作。总行审计部开展了对10个审计机构基础管理工作的现场检查，并对员工工作和思想状况进行了问卷调查；对部分审计机构的质量管理工作进行了现场调研；就任期经济责任审计情况、审计计划体系风险评估工作、与驻地分行工作联系制度执行情况等内容开展了书面调查或现场调研。

——加强了审计机构内部财务管理。总行有关部门协调组织了各审计机构的财务资源优化配置工作；利用审计管理信息系统功能，收集相关数据，为研究审计项目作业标准、建立成本管理机制积累经验；通过ERPF系统和现场检查，加强了审计机构财务监督，促进财务资源合理利用。

二是稳步推进审计专业化建设。

——重视专业机构、专业团队和专业人员的作用。区分不同业务领域和不同专业机构，加强了专业化建设工作的总体指导力度。通过研讨、座谈以及在部分业务领域尝试开展技能测试等形式，推动了对关键业务领域专业化建设工作的深入研究，调动各机构主动开展学习研究工作的积极性，选拔和培养了一批业务突出的人才，对激励和鼓舞更多的审计人员努力学习、积极向上也起到了很好的促进作用。

——重视专业化机制的不断完善。修订了专业审计人才库积分标准，进一步构建科学合理的业绩考量体系。优化了知识库后续维护工作的流程、分工和职责等；通过视频培训、研讨会等形式，及时分享了知识库建设及其他专业化工作的成果、经验得失等，进一步健全了专业化建设的常态运行机制。

——注重日常业务研究和积累。审计人员针对各类审计项目实际操作过程中创新的技术方法及工作思路、采取的组织形式等，及时总结归纳，不断改进；审计人员结合项目开展与业务发展，开始积极主动关注宏观经济形势和内外部信息，及时跟进行内业务发展和风险态势，研究相关课题；及时开展对新资本协议等新知识、新业务的学习研究，参加了达标预评估等多项专业性工作；组织指导开展内部控制审计专题研究，在内部审计协会举办的“2009年度内部审计与内部控制体系建设理论研讨”中，有10篇论文获奖，并获得“组织奖”，建设银行是唯一获此奖项的金融机构。

——提高实效，切实做好各类培训。全年审计系统共举办短期业务培训325期，各类审前培训579期，参加总行其他部门及驻地分行的外部培训及讲座690期，全年人均参训达到13.8次。继续组织开展CISA（国际注册信息系统审计师）和CIA（国际注册内部审计师）参考者的专门培训。顺利完成了内部审计远程培训课程（第一期）的开发工作，积极探索新的培训渠道。

三是优化审计技术方法。

——继续运用并不断完善非现场审计系统（OAS）。及时跟踪技术环境的变化，对非现场审计系统数据库迁移的可行性进行了初步的研究、分析和对比测试；积极开展业务系统数据调研与采集，指导各审计机构统一建立了相关系统的审计数据接口；对系统数据清理功能进行了优化升级。

——优化审计管理信息系统（AMIS）及知识库系统（KBS）。从系统推广和业务管理的需求出发，扩大AMIS后台系统及知识库系统用户范围，向全行审计人员开放，实行实名制管理，更换密钥及程序；配合整改信息系统开发及上线推广，组织各审计机构梳理审计发现的问题、项目信息等数据。

——建立集中化的审计数据平台，探索集中审计新模式。数据平台涵盖29个主要业务系统。在相关审计检查项目中，利用平台数据进行了集中非现场分析，取得了良好效果。该平台的建立为提高总行的项目管理能力、提高审计时效性提供了有力的技术支持。

——初步研发经营绩效审计分析系统。利用非现场审计系统获取的相关业务系统数据和审计模型，实现对一级分行、二级分行经营绩效的持续监测与常态化分析，为进一步拓展审计工作范围、积极探索对经营管理的审计监测和审计咨询提供支持。

（三）配合审计署审计调查工作方面

2009年，国家审计署对我行开展有关宏观经济政策执行情况审计调查过程中，总行审计部作为牵头配合部门，严格按照总行领导要求，开展了相关支持、协调和联络等工作，相关审计机构也在审计署对分行的检查中发挥了各自的配合作用。

总体来看，2009年审计工作取得了很大的进步。审计成果丰富，成效显著，审计技术方法不断得到创新优化，审计系统学习研究能力不断提高，审计队伍团结协作精神充分体现。这些进步的取得，是在总行党委、董事会、监事会和高管层的正确领导下，各部门和分行的支持配合下，全体审计人员努力奋斗的结果。在此我向大家表示衷心感谢！

二、认真做好2010年审计工作

关于2010年的审计工作，上午张建国行长和谢渡扬监事长提出了明确的要求，非常切合实际，对我们做好2010年的工作非常重要，关键是要狠抓落实，有效执行。为贯彻落实张建国行长、谢渡扬监事长的讲话精神，2010年要着重做好以下几个方面的工作。

（一）科学合理地安排好审计项目及其重点内容

有的放矢，好钢用在刀刃上。科学合理地安排好审计项目及其重点内容，在当前经济金融形势复杂多变和审计资源相对有限的条件下显得非常重要。大家要努力做到围绕全行中心工作，突出审计重点。为此，要注意把握好以下几个方面的内容。

一是关于系统性审计项目。2009年计划开展19大类系统审计项目，综合考虑了全行的整体情况，事先征求了各审计分部和总审计室的意见，并根据实际需要预留了灵活调整的空间。下一步，如有必要，将根据情况变化，适时适当优化调整。大家要高度重视、认真实施。在制订有关项目方案时，还要深入、仔细地分析考虑具体情况和短期内的变化，突出重点，确定最终的审计内容，以满足全行经营管理的需要。

二是关于自选审计项目。各审计机构要发挥主观能动性，充分利用好自选审计项目资源。要深入分析实际情况和分行经营管理的需要，认真考虑如何帮助分行提高风险防范能力和经营管理水平，最大限度地体现审计价值。总行审计部要加强指导协调，进一步加大对自选审计项目的考核权重。

三是要多角度考虑一些具体审计工作的开展形式。例如，哪些项目适合以现场为主，哪些项目适合以非现场手段为主，以便提高工作效率和质量。除了已定的审计项目外，对其他一些审计内容，不一定要通过审计项目的形式开展，可以适时采取审计调研的形式，或通过日常收集和积累的信息，开展相关的分析、提示和建议工作。例如，2010年国家审计署对我行开展资产质量和新增贷款投向情况的跟踪审计调查，我们除了按要求认真参与配合工作外，还要有意识地了解一些信息和他们的检查重点，结合我们自身掌握的审计情况，及时提示分行予以关注和整改，共同防范风险。类似的工作肯定能够得到分行的认可和欢迎。再有，要注意对各类审计信息的收集和利用。

总之，大家一定要通过多种形式，建立灵活、快速的反应机制，充分发挥审计的作用。每个审计机构都要做出特色和亮点，取得良好的综合审计效果。

（二）高度重视先进的审计技术方法和制度规范

在这方面我们开展了很多研究和实践工作，也取得了一定成绩。但大家不能满足于已有的工作成果，要有紧迫意识，在保持优势的同时，力争实现新的突破。2010年，要重点推进以下工作：

一是非现场审计技术方面，各审计机构特别是机构负责人要提高对非现场审计工作的认识和重视程度，不能仅仅简单地将其作为一种工具，更多的要从理念上去正确认识非现场审计手段带来的审计作业模式的变革。

要进一步加大非现场审计系统的推广应用力度，协调解决电子数据获取问题，做好电子数据、信息的安全保密工作。要结合新的风险点和关键控制环节，不断开发和优化更多的审计监测模型。与此同时，要开展非现场审计系统的升级优化工作。各方各类专业人员要共同配合，融入全体审计人员的智慧，在系统分析、深入研究的基础上，提出优化升级方案，争取进一步扩大使用的范围和深度，提高运行效率。总行审计部要发挥牵头作用，在组织协调、日常指导、专门培训和激励约束等方面，研究采取相关措施。

二是内部控制审计评价体系方面，要结合新情况，及时调整和完善评价的方式方法、评价内容及重点等，以满足日益增加的内部控制管理需求。要继续优化对一级分行内部控制的评价机制，研究和改进评价工具。要充分利用各审计机构的资源和优势，改善组织方式，强调日常评价与年度评价的有效结合，逐步减轻年底集中评价的工作量和强度。可以创造更多的途径，增强一级分行在内控评价中的参与度，促进双方在改进控制方面达成共识。

三是加强其他各类专业审计技术方法的研究。例如，要针对审计管理信息系统的使用情况进行全系统摸底，全面掌握使用情况和存在的不足，有针对性地开展下一步的改进和优化工作。要尝试建立境外审计工作常态化机制，定期收集和整理相关信息，细化日常监督和现场审计工作流程，根据不同阶段确定审计重点，为全行境外机构风险管理工作提供更大支持。要研究探索子公司审计思路，制定子公司审计规范。要继续跟进和参与新资本协议实施工作，与业务部门积极联系，做好审计知识和经验的储备，研究设计专门的审计技术方法。

（三）深入推进专业化建设工作

内部审计专业化建设是关系到建设银行内部审计持续发展和向更高层次迈进的一项重要的基础工作。今后一个时期，专业化建设工作还要持续、深入、系统地推进，形成有序积累知识和经验，全面共享方法和信息的良性循环。

一是要完善专业化建设的常态化运行机制。在基本构建了以知识库、人才库为核心的专业化体系之后，必须建立相应的管理机制予以保证和促进。要完善专业化建设的责任机制，将职责分派到各审计机构，将具体任务落实到相关人员，特别是大的审计机构要承担更多的工作内容，发挥更有力的示范作用；要完善考核机制，形成专业化成果使用机构对研发机构的反馈式评价格局，促进公平有效的激励和约束；要完善信息交流机制，充分发挥专业人才库的多重优势，提供及时、有效的专业指导。

二是抓好专业化建设与四个方面的结合工作。第一，与各项业务发展情况的结合。通过组织专业机构研讨会、进行专题调研等方式，密切关注业务发展的新形势、新特点，实现与业务部门的同步。第二，与日常审计项目的结合。通过组织专业机构编制方案、梳理审计依据、安排实施专业调查项目等方式，更多地发挥专家人才和专业机构的作用，促进审计队伍整体专业能力的提升。第三，与促进机构交流和资源共享的结合。各类项目成果要尽快转化为知识库信息，以便全系统审计人员学习参考，促进各专业机构相互交流，达到互通有无、共同提高的目的。第四，与培养专业人才的结合，通过专业化建设，形成不断选拔、培养和储备专业人才的机制。

三是要开展标准审计方案的研究和开发工作。这项工作对于提高内部审计工作的规范化和系统化水平的意义重大。2010 年，审计部要组织相关审计机构，对建设银行的业务合规性审计项目进行研究，开发标准审计方案。各审计机构，特别是专业化牵头机构，要给予足够的重视，为本项工作投入相应的资源。

四是要注重宣传和培训工作。我们不但要研究开发各类专业成果，更要注重这些成果的实际作用。通过网络交流平台、视频培训授课等方式，加大对各类专业成果的宣传和推广力度，要将好的、有价值的专业研究成果直接转化为当年的培训素材，给专业机构和专业人员更多的参与业务部门培训的机会。同时，在培训课题的选择上，要更多地体现专业研究方向、业务发展特点等方面的内容。

五是要加强专业化建设成果的维护工作。要加强知识库的常态维护管理工作，增强知识库建设成果对审计项目工作的支持力度；要继续加强人才库的管理，在适度扩充人才库队伍的基础上，继续完善人才库管理机制，并且通过积分管理等方法，持续优化人才库的组成，充分发挥各自的专业特长。

六是审计部要充分发挥组织引领作用。要完善专业知识库的框架体系，在规范化、系统化、适用性和有效性上下工夫，搭建好专业化建设的基础平台；要进一步完善相应制度，并形成长效机制，加强专业人才管理，鼓励审计人员干有所长、学有所长，达到充分调动各机构和审计人员积极性的目的，创造一种个人贡献智慧、组织有效激励的氛围；要从新领域、新角度对全行的业务和管理进行深入、有效的探索和实践，如三大风险审计、人力资源管理审计，以及能发挥独特建设作用的调查咨询等，力争将审计部建设成为知识的总库、信息的中心和智慧的大脑。

（四）继续加强完善审计机构和人员管理

在总行相关部门的支持和配合下，审计体制改革以来形成的一些机构和人员方面的制度、政策和做法总体上保障了改革的顺利实施和审计工作需要，取得了比较明显的效果，在人员交流、晋升、薪酬等方面同样取得了很大进展，解决了不少困难。但随着内外部形势和全行业务的不断变化，还会遇到新的问题和困难，特别是我们审计机构和人员的垂直管理，是在原有基础上逐步实施、不断深化的，一些制度政策需要根据实际情况和效果不断完善优化，一些困难和问题也需要时间来逐步解决。总行相关部门已经开展了很多调查研究，我相信下一步将会进一步开展梳理完善工作，逐步制定积极稳妥的解决办法，总行相关部门2010年将组织开展审计条线的专业技术职务聘任工作。我也相信个别驻地分行也会逐渐转变态度，加大人员交流力度。由于各审计机构的情况不同、基础不一，一些因素又与自身管理、工作水平相关，所以，即使有统一的政策和方法，也需要大家根据各自实际情况，积极主动地努力争取解决一些困难和矛盾。在审计条线职务聘任工作方面，大家要按照总行规定工作流程，掌握政策、结合实际、集思广益、坚持民主，进一步加强工作的精细化。

在继续加强和完善常规管理工作的基础上，要注意抓好以下几个方面的工作：

一是认真克服审计机构间工作水平不平衡的问题。受各种因素的影响，审计机构间在审计理念、工作积极性、技术方法运用及高职等人员作用发挥等方面，存在一定差异，并最终体现为工作质量的差距，影响了审计队伍整体水平的提高。大家要注意分析总结，清楚自身机构的优势、劣势，查找自身工作差距及其原因，采取有针对性的措施，积极学习借鉴各方面的经验，取长补短、追赶先进。总行也要多关注工作基础相对差的机构，多渠道、多方式地给予帮助和指导，加大交流学习力度，实现共同进步。

二是进一步探索灵活、多渠道的人员交流模式，完善常态化交流机制。目前，要本着积极稳妥、实事求是的原则，进一步领会和运用好总行有关审计人员交流工作的制度、政策和意见，从工作需要出发，合理制订人员交流计划，积极协调有关人员和分行认真落实总行有关政策和措施，加强理解、争取支持，稳步推进人员岗位流动；要区分情况，灵活运用多种方式，逐步解决存量异地交流人员的问题。既要推动人员流动、调整结构，又要保持审计队伍思想和工作的稳定。

三是创建积极上进、团结合作的工作氛围。第一，审计机构主要负责人和中层管理干部要以身作则，努力提高自身素质和能力，坚持扎实工作、公道正派、认真负责、积极进取的工作状态。要注意工作方式、方法，在人员考核、晋升、提拔等工作中，要加强总结，注意吸取其他机构的经验教训。要注重运用人性化的管理方法，重视员工思想教育工作，加强日常沟通交流工作，关心爱护员工。第二，各审计机构要重视员工和财务管理工作，完善和规范执行各项管理制度。要避免因细小事项产生不信任感，影响团结、分散工作精力。第三，各级审计人员要保持良好的精神面貌，坚持职业审慎性，爱岗敬业、相互支持，维护审计机构和人员的良好形象。

我们要坚定信心、围绕中心、突出重点、求真务实，继续发扬审计队伍团结协作、吃苦耐劳的精神，尽职尽责，认真做好全年内部审计工作。

在世博安全运营和服务保障工作动员视频会议上的讲话

庞秀生

（2010 年 4 月 30 日）

同志们：

举世瞩目的世博会就要开幕了。这次世博会是党和国家非常重视的一次重大活动，重视程度不亚于奥运会。世博会长达 6 个月，世博会之后，还有广州亚运会。中国人民银行、中国银监会高度重视这两次会议期间的安全保障工作，多次发文、召开会议，提出了很高的要求。总行也高度关注，专门召开会议研究部署，作了具体安排。主要包括两个方面：一是金融服务，这方面陈佐夫行长牵头多个部门，已经作了周密的安排和部署；二是安全生产，主要针对世博和亚运会期间的安全及服务保障工作，总行、各级分行已经做了很多工作。但是，在放“五一”小长假前，我们之所以一定要开这次会，就是在安全生产稳定运行方面，我们还不是很踏实、很放心。今天会议的目的只有一个，这就是正视问题，提高认识，全行动员，采取有效措施，确保上海世博会、广州亚运会期间信息系统安全、持续、稳健运行。

下面我讲两方面意见。

一、深刻认识我行信息系统安全运行工作存在的问题

整个信息系统的安全稳定运行，总行高管层都非常重视。前两年，张行长亲自主管这件事情，与全行信息技术条线一起，在各部门的配合下做了大量的工作，基本上保证了安全稳定运行，没有出现重大事故。这段时间内全行在信息技术建设、安全稳定运行方面做了很大努力，各项工作发生了很大的变化，取得了很多成果，必须充分肯定。

但在世博会即将召开前，从 2010 年 4 月 1 日到 20 日，连续发生了四起生产事故，我们要引起高度重视。

第一，事情的起因并不是特别的难以控制或者说小概率的事件。事情的起因都很简单，是我们在系统运行中经常发生的事情。第二，这些简单的起因，如果没有一系列的失误，都不至于引起这么严重的后果。每件事情都是由小的原因引起的，最后都证明了管理措施不落实、不落地，效率比较低。第三，事情发生之后，处理不当，应急反应不当，四件事有三件事是这样的。现在，我向大家通报一下四起事故的主要情况：

一是广西壮族自治区分行生产事故。2010 年 4 月 1 日上午 7 点 26 分，由于核心业务前置存储交换机端口板卡出现硬件故障，导致大前置系统不可用，不仅使借记卡业务受到影响，还影响了全区网点 9 点钟正常开门营业。

造成这些事件的原因是一系列问题的积累形成的。前置的存储系统是两路的、双保险的，但是其中一路 1 月 19 日就已经坏了，没发现，其间总行组织供应商巡检，也没有发现，造成单点风险。1 月 31 日，广西壮族自治区分行大前置生产主备机的基础环境升级后，与生产配套的应急系统未按要求与生产系统完成同步；3 月 28 日凌晨是规定的停机维护日，要求做系统重启和应用重启，广西壮族自治区分行只做了应用重启，没有做系统重启。如果按要求做了，就能发现问题，再次错失了一个发现问题的机会。70 天的时间没发现问题，到了 4 月 1 日，板卡坏了，单点的风险变成了生产故障。事故发生后，如果应急指挥得当，很快作出反应，应该能很快恢复生产，但是应对不力，使恢复生产时间一再延迟，现在初

步认定这是一起人为责任造成的事故。

二是宁夏回族自治区分行生产事故。2010 年 4 月 3 日上午 9 点 56 分，宁夏回族自治区分行核心业务前置系统因凌晨进行系统软件故障修复时处置不当，造成与柜面业务相关的一个应用未成功启动，由于没有技术检查和业务验证，因而未能及时发现服务异常，致使柜员不能签到办理业务。

这起事故反映了宁夏回族自治区分行变更管理、应急管理和总行开发管理上存在问题。2010 年 4 月 2 日，宁夏回族自治区分行前置系统的双机软件出现异常，4 月 3 日凌晨做了技术修复，但是故障修复后没有按要求对业务进行全面验证，只验证了渠道交易，以为渠道交易恢复了，柜台业务也就正常了，延误了系统修复时间，影响对外营业。总行制度明确要求，变更后要进行完整的技术和业务验证，宁夏回族自治区分行在变更操作过程中没有严格执行。事前的变更计划是报总行批准的，有明确的规定、有明确的规则，没做完就结束了，整个应急处置也不当。

三是辽宁省分行生产事故。2010 年 4 月 9 日上午 9 点 35 分，辽宁省分行对部分对公账户管理费进行扣收时发生 5 162 个对公账户余额错误，导致上述对公账户无法办理支付交易，影响近百名客户的支付交易。

这起事故的原因主要是应用开发测试问题。辽宁省分行科技部门自行开发的特色业务应用程序存在漏洞，上线前只是由技术部门进行小批量测试，并没有经过业务用户接受测试和数据核对，程序漏洞没有被及时发现。按照总行项目管理办法、运行管理制度和变更管理规范要求，实施变更要事先进行充分的业务测试和压力测试，变更结束后也要对变更结果进行业务验证，辽宁省分行有章不循，教训是深刻的。

生产系统上线，业务测试都没做过，一直到扣款日才发现有问题，上线是有规定流程的，辽宁省分行有规定不执行，也没有正式的审批程序。总行技术部也要引起注意，我们的整个系统是一个大的系统，分行出事全行安全运行都受影响。

四是西藏自治区分行生产事故。2010 年 4 月 20 日下午 16 点 35 分，西藏自治区分行配电室供电空气开关损坏，UPS 无法通过市电和发电机进行供电，导致机房内所有系统全部停运，影响了本地柜面业务、银行卡业务和跨行小额支付业务。

这起事故暴露出应急设施和应急预案存在严重问题，应急处置不当。配电室供电空气开关坏了，没有备件，导致 UPS 供电耗尽。在 UPS 电源耗尽之前，停机策略选择判断失误，不掌握 UPS 供电时间上限，首先关闭不重要的系统，而没有关闭重要的系统，导致大前置、存储等重要系统非正常停机，造成存储长时间无法恢复。

2008 年 11 月，海南省分行发生过类似的停电故障，系统不能正常运行 7 个多小时，影响十分严重，那次事故被中国银监会通报，海南省分行有关责任人员受到了处分，我行付出了比较大的代价。海南省分行事故发生后，为避免类似事件发生，总行在全行组织开展了变配电系统专项检查和应急演练，全行也投入了很大的财力、物力。现在看来，西藏自治区分行没有吸取教训，再次发生类似事故，基本上重复了那次错误，整个应对过程非常混乱。关机顺序不正确，总行也没有关机策略的指导。

同志们，世博会前 20 多天，接连发生多起生产事故，再次给我们敲响了警钟。这几起原本可以避免的事故为什么没能幸免？应急处理不当，没有有效遏制事态扩大，问题还是出在管理上、出在组织上、出在各个环节的管理者和操作者的责任心上。我特别要强调管理者要承担责任，不能只追究工程师责任，管理者要尽职尽责，但部分分行没做到。有章不循、执行控制环节不严、基本功不扎实、协调配合不力、应急处置不当，教训是深刻的。应当举一反三，以此为戒，从思想认识上、体制机制上、基础管理上认真检讨、深刻反思。

第一，对安全运行工作重视不够。

目前一些分行对科技工作的认识至少有两个误区。一是一些分行认为安全运行的主要责任在总行，分行科技工作不再那么重要了。特别是 2005 年数据集中后，分行科技人员流失、待遇降低、年龄老化。宁夏回族自治区分行技术部门总共只有 20 人，西藏自治区分行只有 16 人，广西壮族自治区分行只有 34 个人，既要搞开发，还要保运行，人手紧缺，有的分行连保障 7 × 24 小时的基本运行人员的要求都不能满足。西藏自治区分行两个系统管理员只有一人在岗，4 月 20 日事故的整个应急过程中，只有一名系统管理员能够做故障修复的操作。人力特别是技术骨干的不足，是目前不少分行中存在的突出问题，给我行安全运营带来很大的风险和隐患。二是“重开发、轻运行”的思想仍然存在，有限的技术人员还要忙于搞特色业务开发——某种意义上是重复开发，甚至运行人员也要兼顾开发。开发的系统多了、机器多了，质量又不能保证，进一步加重了运维压力。

不仅是这四个分行，可能还有相当一部分分行对运行问题重视不够，只是停留在纸面上和口头上。分行领导对自己分行的安全生产的值班、维护工作安排、应急预案和应急设施的完备性和有效性是否了解、是否组织过风险评估、是否采取了有效措施，如果没有，就不能说对安全生产和风险管理重视了或尽职了。

第二，应急手段不足，应急手段未能真正发挥应急作用。

我们不是说系统不能出问题，我们干工作要讲究科学，人会生病，机器设备也会出现故障，故障本身并不可怕，可怕的是我们缺乏危机意识，缺乏从容应对和快速恢复生产的能力。总行多次强调，并制定了大量规定和办法。从这几起生产事故来看，分行应急是有问题的，应急效果不明显，预案不能完全奏效，说明预案和演练可能没有真正落地。应急设施、应急组织、应急处置过程都存在问题，应急预案和演练也不完善。

在应急设施方面，不少分行关键备品、备件不足，西藏自治区分行的 UPS 空气开关问题就是一个典型；有些分行重要系统的应急库未按照总行要求进行数据同步，关键时刻不起作用。

在应急组织方面，关键时刻应急组织工作比较混乱。业务都开展不了，总行都知道了，总行业务部门和技术部门主要负责人都在现场指挥，但有些分行行长居然都不知道，分行应急指挥体系没有发挥应有作用，至少是不到位的。此外，也未严格执行报告制度，报告不及时、事故原因分析不透彻，只是就事论事。

第三，制度落实不到位，过程控制不严密。

从这四起生产事故来看，系统变更操作不规范、不严谨是引发运营安全问题的重要原因，总行对变更管理有一套严格的规章制度和标准规范，主要是执行控制环节不严密、有章不循、风险意识不足，技术人员长期处于疲惫状态产生麻痹，工作做完之后也没有上级部门和主管领导确认。如果过程控制是严密的，变更后的验证测试到位了，广西壮族自治区分行、宁夏回族自治区分行的事故是完全可以避免的。

对这四起生产事故，总行也要检讨。一是总行组织对设备的检查指标不完善，没有帮助广西壮族自治区分行及时发现问题。二是对类似西藏自治区分行机房停电，在不同情景下采取不同停机策略的场景分析不足，专业指导不够。

这四起生产事故对总行改善管理也有启示。一是尽管分行开发的系统分行要负责完整测试，分行运行的系统分行要负责变更过程管理和审核，但如果总行对过程控制严格一些，增加一个报备或审核环节，是能够起到督促分行落实相关制度的作用的，是能够规避风险的；二是变更的结果要有个跟踪的过程，结束后要立即向总行报告执行过程；三是分行运行的大部分重要系统都是总行开发的，总行信息技术管理部以前对数据库、系统、中间件等通用技术的培训比较多，但是针对应用系统的应急预案、运行维护、常见问题处理等方面，有针对性的培训少，不利于整体能力提高和知识共享。也许总行在这件事上有更多的责任，包括我自己，希望大家做进一步的讨论。

第四，系统开发质量不高，验证测试力度不够。

不久前，我要求信息技术管理部梳理运行最差的三个系统，技术部根据近三年运行情况，初步拿出了个名单。这三个系统都存在软件质量不高、测试不严谨、带病投产，是产生运行风险的重要因素。

一是技术架构不合理，系统性能差，忽略关键技术指标，只关心业务功能，性能测试不过关也勉强投产上线，结果遗留了大量运行问题。如贸易融资系统，一秒钟都不能处理一笔业务，连续运行 12 小时系统就不能正常工作了，2009 年至今，系统异常 20 余次，平均每月 2 次，而且找不到问题原因，在需求和开发方面也没有有效的解决办法，运行人员只能靠每天重启系统维持，已经影响到业务正常开展。

二是不掌握开发和运行的核心技术，对系统内部的技术结构和业务规则不了解，系统出了问题不知道如何救治，延误了系统恢复时间。康佳风险管理系统（Kondor +）是个典型，自 2008 年以来由技术和产品问题引发事件 16 起，供应商路透公司技术支持无论从时间上、人员上都不能保证，我们自己又处置不了，风险很大。

三是对测试不重视。测试不充分就无法保证软件质量，就会出事故。辽宁省分行在开发完成特色业务系统后，只靠技术人员进行了技术测试，没有进行业务验证测试。总行开发的反洗钱系统，业务测试也不充分，上线初期的半年时间里，报送给中国人民银行的数据，借贷方向全搞反了，而且数据源不足，大量数据要手工录入，给人员增加了很多负担，而且数据的质量也不能保证。目前还没有很好的解决办法，相关部门是有责任的，今天是给大家一个重要的提示，如果还不整改，造成严重问题，各部门是要承担责任的。

总行运行问题最大的三个系统，都是完全依赖外部供应商的产品。自己不理解业务规则、不掌握核心技术，只考虑解决业务急需，忽略了投产后性能要求和运行风险，忽略了知识和经验积累，不考虑科技自身能力是不是能够支持，过度依赖供应商，出了问题又没办法，势必造成运维风险，从长远看反而制约了业务发展，教训十分深刻，必须尽快整改。

第五，协同机制存在问题。

在应急、测试、停机维护等方面还暴露出总行和一些分行部门间的协同机制问题。系统要做变更，技术部门没有事先通知业务部门，没有安排做必要的业务验证和业务应急。机房环境的隐患，机房环境管理部门理应主动定期检查，落实整改。同时，这些隐患会影响系统的稳定运行，技术部门有责任督促、反映问题，相应管理部门有责任尽快作出反应，解决问题。中国银监会最近在我行进行 IT 风险检查，初步反馈部分分行第二道风险防线没有充分发挥作用。信息系统开发运行是全行的事情，是全行共同的工作。每个部门都在用，都要参与，业务部门不测试，谁测试？我听说找人测试特别困难，这是很不正常的事情，业务测试必须落实，不仅业务部门主导的项目，业务测试要保证，即使是技术部门主导的项目，业务部门也要责无旁贷地保障业务测试。

二、安全运营保障工作要求和部署

同志们，做好世博期间系统安全运行和金融服务是全行上下当前和 2010 年下半年工作的重中之重。前段时间，根据中国人民银行、中国银监会等监管部门要求，总行针对世博期间安全及服务保障工作，先后印发了五个文件（向上海市分行印发《关于做好 2010 年世博会期间金融信息安全保障工作的通知》，向全行印发《关于做好 2010 年重要时期信息系统安全保障工作的通知》、《关于印发〈中国建设银行 2010 年重要时期信息科技风险防范应急处置工作方案〉的通知》、《关于 2010 年上海世博会期间信息系统安全运行保障工作的补充通知》、《关于世博保障期间部分网点内部提前营业的通知》），对组织保障、风险排查、应急演练、基础设施和版本变更、运营值班、应急处置、事件报告、网点提前营业验证等工作进行了总体部署和安排，都有具体要求和措施，请各行严格遵照执行，我就不再重复了。希望大家认真贯彻，认真落实、落地，不要停留在纸面上。下面针对四次安全事故暴露的问题，再提出几点补充要求，这几点都向张行长汇报过了，张行长很支持，并指示一定要讲得很严肃，措施一定要有力度。

（一）把安全稳定运行切实作为全行核心工作任务之一

信息系统安全稳定运行是我行各项业务发展的基础。各分行要妥善处理好稳定与发展的关系，对科技工作有一个更加清楚的定位。当前，分行科技工作的首要任务就是要保障信息系统安全稳定运行，或者说第一职责就是确保安全稳定运行。各分行要从人力、财力和物力上对确保信息系统安全稳定运行给予最大的支持。所以一定要真正落实这件事，不能出事。

第一，将科技安全运行纳入一级分行 KPI 考核。信息技术是业务绩效的一个重要方面，尽管不是业务量指标，但安全生产是整个业绩实现的很重要的一个组成部分，全行一定要高度重视。为提高全行对科技运行的重视程度，通过考核机制引导和促进制约科技运行深层次问题的解决，自 2010 年起，在一级分行 KPI 考核中增加科技安全运行指标。主要内容是重要生产系统出现的安全运行事故，经认定分行有责任的，根据事故等级和责任大小，相应扣减分行年度 KPI 得分。初步打算，一次二级责任事故扣 5 分，一次三级责任事故扣 2 分。

同时，对全行安全运行作出贡献的分行，总行也将视情况给予加分。各行要深刻理解总行政策内涵，做好贯彻落实，要借这次契机真正提高各级领导对科技安全运行的认识，不要使辛辛苦苦一年的绩效成果被生产事故所埋没。

纳入考核范围的重要生产系统是核心业务系统前置、综合前端、指纹系统、龙卡网络前置、ATM 和 POS 业务前置、分行特色业务系统、重要客户系统前置、证券业务系统前置、人民银行现代化支付系统。

第二，要确保人力资源投入。为了确保分行重要系统 7×24 小时正常运转，各分行要确保信息系统运行岗位人员基本需求。基本需求至少要包括系统、网络、设备、运行值班监控等岗位人员，根据各分行的业务量，运行岗位人员配置分为大、中、小行三类标准，业务量大的行不得低于 48 人，业务量中等行不得低于 38 人，业务量小的行不得低于 28 人。这是基准标准，人员不够的要尽快补充，近期不能全部达到标准的，至少补充一半。特别要优先保证系统、网络技术人员配置先达标。总行人力资源部、信息技术管理部要尽快下发分行运维人力资源配置指导意见。总之，必须保证 7×24 小时的运行值班和响应及快速应急处置。

第三，要确保安全运行的财务投入。各行要对影响安全运行的相关事项进行全面梳理，从速、重点解决机房环境和重要生产系统单点故障、备品备件、维护服务等方面存在的安全隐患，以技术部门提出的需求为准，分行要无条件地优先安排，该投入的一定要投入。分行在财务资源平衡方面有困难的，可以向总行提出专项预算申请，一定要保证这件事。

第四，要严格控制分行上新项目。从现在起，分行项目一律报总行批准，由信息技术管理部、财会部、需求对口业务主管部门共同审批。项目实行分类管理，对在现行系统上进行差异化参数定制和少量优化的，可快速通过，不要影响分行的客户响应和业务拓展；对新开发系统和优化工作量大的，则要严格把关，确实有必要开发的，总行可考虑分行共享，安排一个分行试点，明确总行业务牵头部门负责把控需求，总行技术部门负责技术方案把控，试点后具有推广价值的，由总行统一优化后推广，其他分行不能重复建设。2009 年信息技术管理部组织对分行特色业务的调研，结论是存在大量重复开发，如果总行有意识地解决这些问题，应该能逐步解决。分行特色肯定是存在的，客户有差异化要求，但这要更多地通过参数调整来解决，或者有限的开发来解决，这可能有个过程，但我们要有计划地解决这个问题。对这项改革，分行一定要理解，从长远发展趋势看，无论是全行应用架构优化和系统整合，减轻分行运行负担，还是支持全行业务变革和发展，都是利大于弊。如果有一个统一的理解，朝一个方向努力，有可能在几年之内解决这个问题。要把分行的力量更多地放在确保安全运行和一些客户化的工作上去。高水平的人才，可以考虑全行统一使用，要从机制上、流程上引导全行关注信息技术全行效率最大化，把安全稳定运行作为工作的重中之重，作为全行的中心工作之一。

（二）建立安全生产的激励机制和生产事故问责制

科技运行工作责任大、压力大、专业性强、技术含量高、工作复杂度和工作强度高。各行要为科技运行人员创造良好的工作环境，关心他们的生活，给予好的待遇，包括工作场所环境，加班和运行值班等方面要切实关心。达到安全生产目标的分行，总行 KPI 加分后，增加绩效薪酬部分要落实给信息技术人员，特别是运行人员，他们的待遇要与前台一类部门一样或接近。这次世博、亚运会后要对安全生产和服务保障工作成绩突出的先进行和个人进行表彰并给予奖励。信息技术管理部每年要组织对分行安全生产进行评比，作为分行 KPI 加分的依据。

激励的同时，要加强问责。要实行生产事故问责制，对三级（含）以上生产事故，要进行责任认定，不论是总行还是分行，不仅只追究操作层面人员的责任，对管理失职的要追究有关领导的管理责任，对有章不循、违规操作的要追究当事人责任，如果是总行的责任也要追究。总行纪检监察部、法律合规部和信息技术管理部要尽快制定具体办法。

总行正在制定开发中心、数据中心的考核管理办法，要拉开绩效档次，将软件质量、系统运行情况与考核结果挂钩，属于软件质量原因影响运行稳定的，或运维自身问题出故障的，都要扣减考核分数，影响绩效和薪酬。发生责任事故的也要问责。

（三）继续强化应急管理，妥善处置各类生产事故

总行高管层对应急管理特别重视，在各类会议上反复强调，但是，四起事故中的三起暴露出的都是应急管理问题，主要是落实。在此，要特别强调：

第一，总分行要在前一阶段工作的基础上，重审系统的应急预案，持续做好应急预案的演练，各行的应急演练方案要报总行备案。对于特别重大的演练，总行要审批并给予指导，演练结果，技术部门和相关业务部门的负责人及主管行领导签字后报总行。首先，电源先检查、演练之后，由分行总务部门和技术部门的领导签字，再由主管的行长签字后，结果报总行。同样的错误，不能再犯。其他方面演练，也要落实，要真正演练。

第二，领导要组织现场应急处置。分行主管科技的行长和科技部门负责人的手机必须 24 小时开机，分行运行出了问题，主管行长和科技部门负责人要在第一时间内知道情况。重要生产系统发生生产事故时，对可能升级为三级的，主管科技行领导就要知道，要亲自组织应急处置，行长也要知道。达到三级时，主管科技行长要在第一时间短信或电话报告总行分管行领导，当然，前提是不能影响你的指挥，正在指挥时可以缓一缓。同时科技部门负责人要在第一时间报告总行技术部老总。分行相关业务部门也要立即向总行归口管理部门报告，以便总分行各相关部门协同起来共同解决问题，并视事故情况决定向监管机构报告事宜。按照职责，行领导主要负管理责任，但行领导现场指挥，以行领导的能力和经验，能作出更准确判断，能更有效协调资源和监管机构关系，有利于控制事故升级。

（四）加强过程控制，加强对分行的培训和指导

第一，要抓好制度落实。下阶段，总行信息技术管理部要重点督促分行建立制度执行的跟踪反馈机制，对开发、测试、变更、应急过程中的关键点，针对每个流程制定检查表，实行执行人、审核人签字和报告制度。分行应用系统上线，凡和总行系统相联的，业务、技术部门负责人和分管行领导要在测试报告上签字，报总行备案。分行重大基础设施变更，要制订详细方案和计划报总行数据中心审查，变更结果由科技部门负责人和主管行领导签字后报总行。总行要加强现场和非现场检查。

第二，总行信息技术管理部要每两周召开数据中心和开发中心负责人参加的生产事件分析例会，推动风险隐患和问题的解决，而且各种事件问题隐患要及时提示给分行共享。各分行要比照执行。

第三，提高软件质量，加强开发过程质量控制，严把测试关，从源头控制生产运营风险。总行测试部门经过测试，发现了很多软件的缺陷，解决了很多问题，对把好软件质量关，避免生产上出问题是很有效果的，但力度还不够，这么多有问题的系统还是上去了。除了极少数中国人民银行等部门要求的系统，其他的晚几天上线没问题。总行开发的重要生产系统有缺陷的要优先安排整改，投产版本必须严格测试，技术部和测试中心人员一定要严格把关，不合格的不能上线。科技部门要集中资源、突出重点，对业务需求没有把握、自身开发能力不足，或可能对后续运行造成风险的项目，要缓一缓。对三个最差系统，也要加快整改。

第四，总行要加强对分行的培训，2010 年先安排对 9 个重要生产系统应用维护、应急预案、运行维护、常见问题处理的培训。

（五）建立完善安全运营保障和服务的协同机制

信息技术的系统开发、安全运行是全行共同的职责，涉及业务运营、基础环境建设管理、人力和财务资源投入、风险管理、采购和供应商管理、安全保卫、后勤保障、对外公关和联络沟通等多个方面，各项工作要齐抓并进，协调一致，这是各部门、各分行自己的职责。技术部门和业务部门要充分沟通，任何系统的新业务功能上线或技术变更，不论什么情况，只要动生产系统，业务部门都要责无旁贷地做好验证、测试，这个要作为制度坚持下去。技术部门实施技术变更一定要与业务部门一起分析判断是否会对业务造成影响，开展风险分析，制定有效的技术和业务应急预案，客户服务部门要提前做好公告以及客户投诉的解释工作，针对技术变更维护期间个别客户的紧急需求要采取相关措施妥善处理。变更后，各分行要抽样组织网点和机构提前营业，以便及时发现问题，为正常对外营业提供验证。业务上的重大参数变更、重大营销活动和重大政策调整有可能给生产系统资源造成压力，带来生产系统状态的改变，因此，业务部门要提前通知技术部门，做好生产系统的风险评估、资源规划、运行保障以及应急准备工作。

以上是针对这四件事的几点补充要求，大家一定要贯彻落实好。

最后，主管信息技术工作一段时间，我想谈谈最近对科技工作的一些思考。有一件事情值得谈，就是信息技术的定位、职责在全行工作中是个什么位置。在当今环境下，信息技术不仅仅是保障支持，还是整个现代商业银行经营管理活动、核心竞争力的侧面、切面，渗透和影响着我们整个工作的方方面面。就像人民币有正、背面一样，正面是业务工作或管理活动，背面就是信息技术。我认为，信息技术部门至少和财会、人力、风险部门一样，是掌握全行核心竞争力的综合部门，是银行核心竞争力的控制和组织部门。信息技术工作不仅仅是信息技术部门的工作，而是全行性的工作。信息技术部门在整个全行信息技术工作中是重要的综合部门、牵头部门和专业部门。概括起来说，要负责组织制定和执行全行科技发展战略，即在对全行的发展战略充分理解的基础上，用信息技术的语言，从信息技术层面描绘出全行实现发展战略的路线图，而且要组织施工，实现这个路线图。

从现在来看，技术部门的主要矛盾不完全是人和投入的问题，更主要的是管理上的问题。如果按现在不计投入、不加控制的做项目，人就是主要矛盾，永远都不够。当然，我们要承认历史和客观存在，几年前，我行信息技术应用是比较差的，业务部门很着急，全行的技术部门付出了巨大的努力，开发了一批系统。应该说，对缓解业务和管理部门的急需，对市场、客户需求的响应是很有必要的。如果没有这些项目，我们在市场上就会很被动，我们的管理可能达不到今天这个程度。

但信息技术发展到今天，应该有所调整，要着手解决一些急迫的产品、渠道、客户需求，解决急迫的市场响应问题，要把更多的精力用在现有的131个系统优化整合上，有些项目可以缓一缓，要压缩一下。总行如此，分行也如此，一些项目缓一缓，业务部门就可以将项目的前期准备、需求研究、知识积累做得更充分、更稳妥些。技术部门就能集中力量，更多地研究和论证一些企业的需求，为信息技术架构优化整合、全行系统的统一和共享创造条件。

2010年所有新建项目由信息委审批，分三批讨论立项。5月中上旬开一次会，请各部门的同志参加。信息技术管理部介绍一批最急迫的项目，大约30个，主要考虑对市场响应、客户的反应、渠道、产品创新等需求，当然还要包括重大的整合项目、数据整合、重要管理项目。到八九月再讨论一批，也是30个左右。11月、12月再讨论一批。争取每三四个月讨论30个左右的项目，解决全行最急迫的需求。一定要把各开发中心绷得很紧的项目开发之弦缓下来，放松一些，更多关注自主研发的问题。开发中心的人员不是跑龙套的，都当项目负责人，搞行政管理，技术工作都靠外包公司，这样是不行的。我们的核心项目要靠自己开发中心的人员，开发中心更多的专业人员要集中在核心项目的自主设计、自主知识产权的控制上，就有可能解决我们过于依赖外部供应商，自主知识产权不足的问题。

这些还只是初步设想，其他的工作我们再一样一样来，慢慢地推动，重中之重，还是全行生产系统的安全稳定运行。

在建设银行春季工作座谈会上的讲话

庞秀生

（2010 年 5 月 14 日）

同志们：

今天有这么多的领导同志在场，我想讲一讲电子银行工作。

一、近几年电子银行的发展取得了很大的成绩

近年来，董事会、监事会、高管层一直高度重视电子银行业务，不断从战略层面进行研究、规划、指导，提出了很高的要求。张行长 2007 年就讲过，电子银行业务要做到国际一流、国内领先。应该说全行做出了很大的努力，电子银行条线更是做了大量艰辛的工作，取得了快速的进步，成绩有目共睹。

2009 年末召开的全行第三次电子银行工作会议作出了一系列重要部署，力度很大，影响也很大，方向明确、重点突出、政策到位。我是高度赞同。这次会议确实发挥了效果，2010 年 1 ~ 4 月，电子银行主要业务量增长很快，与 2009 年同期比增长了 100% ~ 200%，企业网银交易量增长 170% 多，个人网上银行交易量也增长 170% 多。与同业相比，虽然仍然落后于工商银行，但是增量的差距远远小于存量的差距，主要的业务指标增量差距缩小了 5 ~ 20 个百分点。我们的电子银行交易量和柜面交易量之比，2009 年全年是 73%，12 月也只有 98%，2010 年前 4 个月是 121%，增长速度相当之快。其中账务性交易量占比从 2009 年的不到 30% 提高到 42%，提高的速度很让人高兴。

2010 年的电子银行的发展要继续保持这样的力度、势头、速度。2009 年会议布置了“三个率的提高”：网银客户的覆盖率、业务产品同步率、网银交易占柜面交易量之比要快速提高、要狠抓。“两个工作的重点”：客户体验的问题和安全性易用性平衡的问题都要坚定地落实。所以，对成绩和已作的工作部署都是非常肯定，我更没有什么新的想法。

二、电子银行所面临的压力和挑战

我今天重点讲一讲感受到的挑战和压力。但是讲这件事很难，因为我刚刚接手电子银行的工作，最近听了电子银行部两个半小时的工作汇报，情况了解不多，而且我对 IT 技术和网络知识的了解还不够。再有一点，如果按网络划成分的话，我是极不活跃分子，所以说成分也不太好。这件事要讲，如果要讲得细、讲得具体，可能就会破绽百出，所以，我只能讲点虚的、讲点故事。

我意识到压力和挑战，其实也不是眼前特别紧迫的。总的来说，2010 年我们电子银行业务发展形势是令人满意的。到年末，再好一点或者比这稍差一点，3 年之内，不会对资产负债表和损益表构成实质影响。所以，感受到的压力和挑战是未来对我们的影响有多大，是战略性的压力。

（一）在网络 1.0 阶段，建设银行是领先的，但还有差距

我们的网上银行发展处在所谓网络 1.0 阶段。网络是一个虚拟的世界，所谓网络 1.0 就是一个混沌初开的世界、是一个蒙昧状态的世界。但是，尽管如此，人们因为不受时间、空间限制，很灵活也比较方便地到虚拟世界中去，而且人们不仅是游览、他们还希望在那里做一些现实世界中能做的事情。所以很多组织和机构把自己在现实世界中的业务搬到虚拟世界中去，因为这些人里有很多是我们的客户，所以我们也要这样做。

但是我们把业务搬到网上是很不容易的，有

以下四大难点：

1. 我们把业务搬到网上去不像搬一张报纸、一本书、一盘CD这么简单，我们要搬上去的是业务系统，它是一条生产线。即使是在现实世界中，也是我们很多机构、业务部门在不同的时间和空间协同工作才能够部署、才能够运转。要把这些东西搬到网上去，也需要我们许许多多的人在不同的时间、空间里有一致性的认识和一致性的行动才能够很顺利。

2. 这个世界是一个混沌初开的世界，那里面不仅道路很不规范，而且没有交通规则，更没有交通警察，探头也统统没有。所以把车搬上去了，到底怎么能够安全地开，很困难，风险很大，没有人帮你设计，你必须自己去设计，你要设计一系列的运行规则流程，保证它能运行。

3. 这个混沌初开的世界，我们客户上去之后，没有人和他交流，不仅没有银行柜台人员给他支持，他也找不到他的朋友，也很难交流，所以他就得自己开车。然而我们很多的客户在现实世界中都不会开车，他是靠着司机开，到那个地方完全靠自己开，完全自助，所以给他搬上去的汽车必须是一个傻瓜汽车，怎么开是一个傻瓜的动作，交通规则指引等都要放到傻瓜车中去，他只要按一两个按钮就行了，就傻到这样的程度。

4. 我们在虚拟世界中做的事情，并不是说在现实世界中就不做了。我们在现实世界还要做，需要和现实世界对接，分工、责任、考核激励都是需要对接的。可是对接起来有很大的难度，对接顺利不顺利，影响非常大。

所以，如何有效地解决这四大难题，我们银行的能力和水平就体现在这里，银行同业之间的差距也主要反映在这里。我们做得怎么样？我们做得比较好，电子银行业务的总量是第二，在局部是领先的，比如说手机银行业务，我们是中国银行业领先的。

我们做得比较好，但不是最好，工商银行肯定比我们好，我们在电子银行业务上和工商银行的差距大于传统业务上的差距。不要追究客观的原因，主要是我们前面提到的四个难题，我们解决得比他们差，我们协同的过程中有些人犹犹豫豫，有些人有点漫不经心，我们做的傻瓜的东西没有他们简单，人家三两步骤，我们需要走六七个步骤，而且一步走不通，还需要退回来从头再走，所以客户体验有些难度。我们在虚拟业务和现实世界业务的衔接上，考核激励评价的协调对接上没有他们做得好，我们还要补课，还要比他们跑得快，要大踏步地前进。我觉得2009年的会议部署就是要大踏步地前进，部署得很清楚，我们要落实。

（二）网络2.0阶段同业的探索和尝试

但是就在我们忙着和这些网上1.0竞争对手补课的时候、进行追赶差距的时候，网络世界已经进化升级，它不再是一个混沌初开的世界、一个蒙昧的世界，它已经进入了网络2.0的世界。网络2.0不是一个技术、不是一个工具，是整个网络世界的进化。在网络2.0的世界里，人们不是一个人孤独地在那里游览，而像我们现实的世界一样，可以坐在茶馆里、会场里、社区里、广场上进行沟通交流。他们不再简单地讨论我们把现实世界搬到网上的东西怎么使用，而是研究在网上的世界中需要怎样生产、怎样交易、怎样销售。而且他们要评价每个人做得怎么样，不再像现实世界的评价完全搬到网上去，而是根据网络的思维和网络的生存环境做这些事情。而且原来蒙昧世界里所缺的规则、信用、真实等，现在都有了，开始了一个新的时代。既然是一个社会，它不仅仅是一种模式的问题，还是一种生产方式、生活方式。

1. 五大银行的先行者。面临这样的变化，我们的同业都在进行初步探索，五大银行只是个别初步的探索，但是也有一些精彩的故事。比如说中国银行，有一个纺织企业客户，在虚拟世界中说他们的利润微乎其微，人民币汇率浮动很大，有没有人在网络世界里为他们规避汇率浮动风险提供保障。中国银行抓住了这个机会，不仅在虚拟世界解决了这问题，而且在虚拟世界寻找和他有同样需求的人，进行这种量身定制的金融服务，结果中国银行网站的点击率由此提高了40%。

工商银行也抓住了一个机会。上海一个出口导向型企业，2008年在金融危机的冲击下有一个异想天开的设想，就是在网络中构建一个集呼叫中心、物流配送、财务、供应链管理等业务模块为一体的电子商务平台。工商银行知道了这个信息，和一家电子商务机构合作满足了它的要求，企业获得了成功。工商银行被誉为网上银行最成功的推广者，由此突破传统资金流的服务边界，帮助客户整合信息流、物流，深度融入企业的供应链中。

2. 招商银行系统化的突破。大银行只是一些个别的突破，招商银行就不是个别突破，而是系统的、有计划的突破。其实招商银行过去机构网点、客户资源都很少，怎么做到领先的？一卡通、一网通、金葵花理财步步领先。在网络2.0的环境下，招商银行又系统地开始领先，又有了很多的动作，我给大家介绍最近的三个动作：

第一是瞄准白领阶层中未来的潜力客户，利用互联网元素设计销售传统产品。在我们发汽车卡、姚明卡的时候，招商银行发的是MSN卡、QQ卡，其推广手段是我们无法理解的。在网上开博客，和网络一代进行情感交流，吸引持卡人对号入座，而且达到在网络一代口口相传的目的。目前招商银行正在尝试利用微博来与网络一代联系。

第二个产品就是招商银行推出了远程银行，不仅整合了电话、短信、互联网等渠道，而且突破了传统概念。网络本来是一种自助服务，它用一对一的人工服务和网民沟通弥补了电子银行系统化、个性化服务弱的问题和自助操作的困难。

第三个更是我们没有想到的，招商银行推出了一个i理财，这是更突破性的，突破了我们的思维定式。建设银行客户在网上使用建设银行的账户，必须到建设银行来开办电子银行，如果他不是我们建设银行电子银行客户，又想使用我们的电子银行，那么必须在我们的柜面开我们现实的账户。可是招商银行这两个产品全部突破了，你不需要在招商银行开网上银行，只需要在互联网上开理财账户。你可以没有招商银行的卡和账户，你在任何一家银行有一张卡就可以，你把它们绑在一起就可以操作。第二个最重要的是，在网上建立一个理财朋友圈，而且招商银行雇佣一批人加入这个朋友圈里去，和客户一起互动，了解大家到底有什么需求，怎样生产这个产品、怎样办理交易，一起讨论、一起制造产品、一起销售和交易产品。这个挑战很大。

（三）非同业更为超前的理念

实际上，包括招商银行在内，整个银行同业都已经落后了，与我们国内的网络公司相比，就不知道落后多远了。以阿里巴巴为例，大家都知道它有个支付宝，我给大家一些数据，大家可以知道差距有多大。建设银行用了10年的时间，网上支付业务有了1 266个商户，4 000万客户。支付宝用了5年的时间，拥有的商户数是46万。我们有这么庞大的客户基础，仅有4 000万客户使用，而支付宝有2亿人在使用。不仅建设银行不行，工商银行也完全不是对手，工商银行用了10年时间，商户数只有1 600个，客户数也只有7 500万，同支付宝也无法相比。

这是怎么造成的？原因在于对网络的理解。我们的银行业务搬到网上的支付产品是什么？是现实中的支付产品搬到网络上去，基本的定义就是根据客户的指令实现资金在账户之间的转移。

我们再看看支付宝的理解，支付是一个流程，网上不能一手交钱，一手交货，网上卖家和买家都相互不信任，它通过网上的流程设计解决了此问题。有人说支付宝承担风险，实际上不是这样。支付宝产品本身就是一个网络流程控制，本身没有风险，它还负责为买卖双方提供通知服务、账目服务、仲裁纠纷。我去看了它的仲裁纠纷，它不是招一批律师评论是非，而是通过网民去评价产品好不好、客户讲不讲信用，一个买主说的是不算的，不是支付宝给的意见，而是网络给你的意见。而且支付宝可以为商户提供批量收款、到账利润分红，可以帮助商户创业，提供专业的商户推广计划、积分营销工具甚至资金支持。你的商户过去办理的业务都作为流量留下来，网络上的一个规则是流量就是财富，是未来的财富。我们办完一笔业务就没有了，而它则会在网络上自动记录下来，使人们对商户的理解、信任越来越多。我们记住的是什么数据，是你的违约概率和违约损失率，它不仅仅记录下了这些，它还记录了你的交易流量、资金流的流量、信息流的流量。它给客户提供了更多加工后的信息、可以进行分析比对的信息，而且客户会作出反应，给打分评论，新手买东西时，会有很多人为新手支招。所以，我们是根据客户指令完成账户资金转移，而支付宝的网上支付概括一句话：它是帮助客户解决网上购物全流程环节中可能遇到的所有问题，全力支持客户、商家。这是不是我们银行做的事情？如果在虚拟世界中，按照我们在现实世界所理解的业务边界做事情的话，许多事情就没法做。

三、几点体会

这是我的一些初步的理解，有以下几点体会：

第一，我们未来最有价值的部分客户在网上，也就是网络新一代。截至2010年4月底，我们中国的网民有4.04亿。2008年末只有3亿，16个月增加了1.04亿，在这4.04亿中，有3亿人是30岁以下的。这3亿人遇到的问题80%以上的人会通过网络来查找答案，我们称他们是网络一代。他们之中有些是我们的客户，有些不是我们的客户，就算是我们的客户，也只算是草根客户。但是他们的活力和话语权，注定了他们中相当一部分人在未来是我们优质客户重要的一部分，不仅是个人客户的重要一部分，而且在未来公司客户中也是最有影响的人。

第二，网络一代的生存法则是在网络环境下建立的，他们有特有的思维和文化，他们争取的目标是实现超过现实世界的进化速度。他们能做到吗？答案是肯定的，仅仅是程度如何罢了。有的人说得神乎其神，我也担心会出现第二次网络泡沫，但是对我们来说不必过度的担心，我们不会发生网络泡沫问题，因为我们还远没有发展到那个阶段。在网络中超越我们现实世界的业务发展速度是肯定的。

第三，我们对网络一代客户的竞争，主要将在网络世界中完成。我们在现实世界中的努力是有意义的，但会事倍功半，可能更甚事几倍功半。对越来越年轻的一代，我们在网点中、柜台前与他们接触的机会越来越少。

第四，我们在虚拟世界中对有价值的客户竞争，必须从现在开始，时不我待。

第五，我们在网络1.0的层次上加速快跑，同时，要毫不迟缓地进入到网络2.0层面上去。

第六，进入网络2.0层面不仅是电子银行一个部门的事情，不仅是信息技术部的技术问题，更是全行的努力、认识和共同的行动。

（根据录音整理）

在第三方支付机构备付金存管业务培训暨营销动员视频会上的讲话

庞秀生

（2010年11月25日）

同志们：

今天我们一起研究一下第三方支付机构备付金存管业务。总行非常重视第三方支付机构备付金存管业务，2010年6月中国人民银行出台《非金融机构支付服务管理办法》后，总行就进行了跟踪研究，9月我们召开专题会议进行了部署，公司部牵头制订了营销方案，资金结算部牵头制订了服务方案，两个方案已经印发全行。备付金存管业务的营销战役已经打响，而且已经取得了一些成果，比如说过两天，总行就将与快钱签订备付金存管的战略合作协议。

下面我想就第三方支付机构备付金存管业务讲几点意见，请大家研究。

第一，第三方支付机构快速发展，我们的大量客户积聚在第三方支付机构平台上，有广泛的应用。近年来，随着经济的快速发展和网络技术的日益成熟，我国的第三方支付机构蓬勃发展。一是交易额巨大，2010年有可能达到1万亿元，增长速度为70%左右。二是客户规模惊人，已经向中国人民银行提交业务登记材料的非金融支付机构有260多家，这些机构商户众多，用户众多。我可以简单介绍一下情况，我们建设银行网络银行业务发展了10年，现在网上支付业务商户只有1 300个，工商银行比我们强一点，也只有1 600个。但是第三方支付机构的商户，支付宝有50万，财付通有40万、快钱有37万，虽然我们的商户规模可能大一点，但是总的来说，我们的商户数量和第三方机构相比不是一个数量级的。我们的网上个人客户现在有4 000万，工商银行比我们多，有7 500万，而支付宝有5个亿。不仅是交易额大，而且客户众多。三是服务对象不断扩大，功能增强。第三方支付机构已从传统的C2C向B2C、B2B转移，依托网络优势不断拓展，在为客户提供收付款、支付担保、客户评级、贸易帮助的同时，不断强化其在电子商务交易的中介作用，持续推出跨行收付款、跨行信用卡还款、房租收缴等服务，商业银行传统的公用事业代理缴费已经成了第三方支付机构的“标准配置”功能。我们银行发展了这么多年的支付结算业务，许多事情我们都没有做到，而第三方支付机构在短短的十几年的时间内，已经超越了我们，不论是业务总量、客户量，还是这个服务链和产业链，都超越了我们。现在支付宝还与地方政府、企业等合作，将一些关系人民生活的公共资源类服务结合起来，包括门户网站、地方网站、SNS、搜索引擎、聊天工具、手机客户甚至线下支付等，根据不同的渠道进行推广。可以说第三方支付机构在支付结算业务上是在全面地、大踏步地前进。整个银行业是在这些领域且战且退，虽然不能说完全被边缘化，但是可以说被挤到了整个服务链的末端。

第二，面对这种形势，我们应该选择与第三方支付机构积极合作。中国人民银行已经开始推行第三方支付机构的规范管理，规范化管理的时间是一个重要的时间节点，机不可失。由于第三方支付机构从“星星之火”到铺天盖地的发展，中国人民银行出台的第三方支付办法，要把这些机构纳入监管范围进行规范性的管理，改变一些无序的、混乱的现象。从市场准入来说，这是给了第三方机构一个出路。在这个时机上，在加强监管的情况下，是我们合作的重要时机。我们稍微展望一下未来，通过和第三方支付机构的合作，整个第三方支付业务的未来就是银行与第三方支付机构优势互补、共同发展。在这个舞台上，第三方支付机构与银行具有同等重要的地位，双方的业务既有竞争，又具有高度的互补性，这一点不以我们的意志为转移。我们与第三方支付机构的合作和证券资金的托管不一样，因为我们和第三方支付机构既要合作又要竞争。许多他们在做的事情我们也在做，而且下一步我们还要争取大步追赶，甚至在有可能的情况下，我们要在部分领域争取迎头赶上。但是从现实情况分析，第三方支付机构在和我们竞争的支付业务领域，目前已经处于优势地位。我们银行取而代之，既不顺势，也不合道，也力不从心，唯一的出路就是选择合作。根据人民银行的部署，第三方支付机构必须在2011年8月之前进行申请，取得支付业务的许可证，并确定一个唯一的备付金存管银行，这是一个重要的时机，抓住时机可能事半功倍，抓不住时机，往好的说是事倍功半，往糟了说就是被市场挤出、被边缘化。

第三，我想强调的就是实现与第三方机构的合作事关重大。现在我们掌握的第三方支付机构是260多家，已经和我们有业务联系的不多，只有30多家，即使这30多家，我们对能否取得其唯一的备付金存管银行地位的也还没有把握。其实与这260多家机构的合作还不是最重要的，我们和这260多家的合作也不仅仅是备付金存管账户的拓展问题，还会包括一系列的中间业务的合作，如相关联的一些业务，网银、现金管理、保理及e贷款系列等，都会涉及一系列的综合服务，这些业务量是很惊人的，潜力是很大的，但其实这还不是最重要的。最重要的是在这260多家客户的平台上，有着数百万的商户，有着甚至数十亿个人用户的账户，其中有许多是我们的客户，也有着大量的整个银行业的客户，有一个“逆水行舟，不进则退”的效应。我们进入了这个市场，成为第三方机构的存管银行了，对于我们在这些平台上的客户，就可能更强化客户的忠诚度，否则的话这些客户就不可避免地逐步向其他存管银行集中。反过来说，如果我们作为存管银行，就可以建立与其他银行在这些平台上的客户的联系，甚至有一些资金要向我们这里归集，对于我们的存款业务，对于我们的中间业务等都有很广泛的联系。我们并没有清楚地知道这些事在未来若干年究竟会有多大影响，但是至少我们很担心，如果这次我们被挤出，对我们未来的竞争很不利。

第四，要以开放的心态参与竞争。在这次规范管理的面前，中国人民银行的规定必须严格执行，否则我们没有出路。但同时，面临着最大调整的是这些第三方支付机构，它有许多现实的利益，有许多长远的利益，有一个和各个银行关系的平衡，它要试图有更多的灵活性来争取更多的利益。我们作为一个备付金存管账户的竞争者，要有一个度的把握，不要特别想着我们是不是能借此机会一家垄断，如果我们的思路和另外两者的利益和意图不相符，就有可能不利于我们的竞争。要更多地为中国人民银行的规范性监管服务，更多地为客户的利益着想。我给大家一个底线，我们要争的不是一家的垄断地位，而是在可能的情况下不被挤出。只要能争得这个备付金存管账户，在规范、规则允许的情况下，我们要给予客户更多的灵活性，包括让利，包括在客户需要的时候，对其他银行利益适当地兼顾和平衡都是必要的。我希望在客户面前能展现出我们是最有灵活性的银行，让客户放心，我们不会比任何一家银行更苛刻。只要客户在监管政策方面过得去的，在建设银行都能过得去。心态要开放一些，不要希望借此一举取得垄断地位，因为我们也不是最强势的竞争者。在这里我特别要强调的是我们的相关部门、渠道部门、产品部门要注意，我们的卡、我们的渠道、我们的账户服务都要有开放的心态，让第三方支付机构来利用，让我们的在第三方支付平台上的客户能够更好地支配和运用在建设银行的账户，不要太担心被别人抢走。封闭、闭关自守在改革开放的时代是没有出路的。要把我们的资源在适当地保护自己的利益、保护商业机密、保护客户的机密的前提下，能够和我们的合作伙伴共享。风险控制是需要的，但是要有定量的研判，不要简单化。保持自己的账户和渠道垄断的做法可能更稳妥、更安全，但是也可能完全没有出路。

第五，我想强调一下，学习、沟通、联动、“因客制宜”决定着我们的组织力和行动力。战役即将打响了，能不能取胜，不决定于口号和嗓音，也不取决于包括指挥员在内的任何一个人和某几个人，而取决于我们一个整体的战斗力、综合的战斗力。所以，我们已经面临着一个不是特别熟悉的，至少局部上还是一些新鲜的事物。我们要注意学习、沟通、联动、“因客制宜”，知己、知彼、知他，不打无准备之仗。所以我希望大家认真学一学，把中国人民银行的规定认真地学一学，把总行制定的营销方案和服务方案认真地学一学，把客户的网络服务、第三方支付结算的某些知识认真地学一学。同时内部充分沟通、上下级充分沟通、和客户充分沟通、和人民银行也充分沟通，做起事来可能更从容、更有弹性一些。而且在“战役”进行的过程中，要及时掌握和研判瞬息万变的“战场”形势。像打仗一样，战斗开始之后，指挥官跨过军直接给师打电话，了解形势的变化。即使你事先部署再周密，在战场的形势变化面前，都有可能失效。所以只有信息灵通、反应快、上下左右贯通、及时调整才有可能最终取得整个战役的胜利。总行也不要说两个东西制定完了你们去执行吧，这个营销方案和服务办法都是动态的，要动态地优化。现在“战斗”还没完全打响，整个“战役”还没有全面打响，每个银行的工作部署、时间进度和重点都不一，当我们开始打响之后，许多智商高的人都会有许多创造性、挑战性的反应。我们要了解整个“战场”的形势的变化，来作出快速的反应，作出动态的优化和部署。所以总行的相关部门，公司部、资金结算部、电子银行部和其他部门要紧紧地盯住这件事。其实我最近几年不太鼓励搞阶段性的战役、竞赛等，银行应该是稳健地、平衡地发展，应该是一个平滑的运转，但是这次属于遭遇战性质，很新，时间又很短，2011 年 8 月之前全部确定下来，其实到 2011 年五六月份基本就结束了，就是半年多的时间。如果我们一个一个慢慢地去了解市场的变化，大家再慢慢地去学习，等到我们醒来的时候已经来不及了。所以这件事要进行打仗性的部署，突击性地组织市场营销，动员全行的力量，紧密地配合。这半年至关重要，对我们的长远发展至关重要。

第六，还要强调一下突出重点。260 多家客户是不假，但是其实比较关键的可能是前十家，像支付宝，财付通、银联的电子支付、快钱、环迅支付、易宝支付等，占比很大。而且网络世界有一个特点，“强者恒强”，所以既要面对 260 家客户，一一地去研究、去营销，同时总行和一级分行要集中精力投入这10家客户的营销之中。在这10家客户中我去过支付宝，我们本来和阿里巴巴有广泛的合作，我特意去登门拜访，和他们讨论。我希望这10家客户我们总行部门的同志和分行的领导能亲自来牵头，亲自登门，姿态柔和点、大气点，尽可能地争取来。别以为我们会争取来10家，不可能的，尽可能地多争取几家。

第七，就是要用好激励政策。我们建设银行的企业文化挺好的，不是说什么事都只给钱才干，不给钱就不干。我们要上下一心、协同动作、组织好营销，在大战面前别老像《南征北战》似的，李军长想李军长的，张军长想张军长的，最后说“不是共军太狡猾，是我们太无能”，这样就不行了。但是资源的配置、必要的激励还是必要的，总行给第三方支付机构营销安排了1 300多万元的费用，这个钱不是特别多，分行也一定还会投入更多资源。我们只是给大家一个信号，要阶段性地、充分地调动全行的资源，给予必要的激励和资源支持。其实还不仅仅是钱的问题，信息技术、各个方面的业务资源、人力资源的调配都很重要，这也考验在营销大客户的时候我们所说的，我们能调动全行的资源，这次我们试试，各个部门主动配合一下，稍微放开一点、稍微大气一点，这个阶段性的战役并不一定真的影响我们的成本、效率、资产质量，能影响到哪里去？我不太相信。所以拿下来，拿下大户，是特别可以突出强调，可以稍微过分强调一点的目标。当然，我们今天部署的主要是从现在开始，七八个月时间内的公关营销的问题，并不是说我们拿下来之后就拉倒了，我们拿下来之后还有大量的工作要做，相关的部门，客户部门、渠道部门、产品部门还要做深入的研究。拿下来之后能够真正地服务好客户，但是今天我们重点强调的是把营销工作做好。

CHINA 中国建设银行年鉴 2011
CONSTRUCTION BANK ALMANAC

第三部分　改革发展与内部管理

一、改革创新与业务发展

资产负债管理

2010年，资债部认真执行总行党委、董事会、高管层各项决策，依据年初工作计划，适应市场和业务发展变化，勤勉尽职地开展工作，做了一系列富有成效和有利于长远发展的实事。

一、圆满完成配股再融资工作，募集资金净额612亿元

牵头负责配股再融资工作，历时1年2个月圆满完成。整个过程通过精心组织和周密安排，保证了配股工作高质量、低成本运作。科学制订再融资方案；与监管机构、主要股东、董事等方面密切沟通，顺利完成内外部审批程序；通过多种形式与股东持续沟通，在我行散户占比远远高于其他银行股的情况下，实现大型银行中最高的散户认配率；创造性地促成汇金公司用人民币认配H股份，至少为我行减少汇兑损失3亿元人民币；中介服务费率创A股和H股两地市场可比项目最低（A股0.29%，H股0.1%），整体费率仅为中国银行的1/3、工商银行的1/2；合理确定发行窗口，定价日股价为4月董事会会议以来年内最高，A股发行折扣27%，创A股历史上所有上市公司配股折扣的最低；合规合法地完成了内部职工股参配事项，最大限度地维护了员工权益。

二、加强监控与分析，及时揭示业务与管理薄弱环节，确保信贷投放均衡有序，促进业务健康发展

做好贷款与表外信贷业务计划执行动态监测，积极向监管部门汇报沟通，有效促进全行信贷均衡投放；牵头组织总行季度经营形势分析会，综合汇报材料内容丰富、观点明确，及时提示全行注意表外业务增长过快、管理粗放，存款发展基础薄弱，外币资产负债不匹配等关键性问题，并提出可行性建议，为高管层决策提供了有价值的参考意见。

三、推动中间业务继续高速增长，重点关注、培育的产品已见成效

加强计划引导，做好定期分析和重点产品梳理，大力开展成功案例推广、标杆管理和系统培训，推动中间业务高速增长。2010年，全行中间业务实现毛收入679.27亿元，增幅为35%，比年初计划多增78.5亿元。一批重点推动的产品迅速成长，保理、信用卡分期、理财产品、短信等分别增长了230%、208%、150%和78%，全部成为10亿元以上收入的大产品。统计基础逐年改进，四大行同业可比产品从19个扩展到28个，为深入分析和合理考核提供依

据。初步建立了以客户、交易量和交易额等为基础的考核激励机制。部门联动协调效率有所提高，汽车分期的流程授权改进和个人结售汇简易流程的推行在我部协调下取得实际成果。11 月当月汽车分期交易额比改进前月均交易额提升了 300% 以上，个人结售汇简易流程实施后单笔业务受理时间平均缩短了 15 分钟。

四、完善内外部定价管理体系，积极引导分行经营行为

根据全行经营形势及时调整存款转移价格，促进存款增长；完善金融市场部转移价格体系，为首次实施金融市场业务的绩效考核奠定了基础；积极探索市场化产品转移价格曲线的构建；改造 FTP 系统，实现转移收支计价延伸至网点层级，为网点绩效管理和管理会计推广提供了条件。

按照风险、收益和产品覆盖率等因素对个人住房贷款实行差别化定价；积极探索同业存款外部价格管理方式，在全行对证券公司结算资金存款实行综合付息率和按量定价的差别化管理；扩大部门和分行自主定价授权，将部分产品定价权前移，提高产品定价的灵活性，推动前台定价能力的提升，提高市场反应速度。

五、不断改进流动性管理手段，实现流动性和盈利性的良好平衡

推行人民币流动性管理新机制，分别设定不同期限现金回流比率限额，并根据市场变化情况进行调整，加强与相关部门协调配合，有效地保证了全行流动性安全；充分利用资产负债管理系统功能，实现了对现金流的动态监控与预测，提升流动性管理能力；通过调整批量下汇时间，加强头寸调度，有效执行资金管理应急预案等措施，降低备付率水平，实现了支付清算零风险。2010 年，人民币日均备付率为 2.15%，比 2009 年同期下降了 0.52 个百分点，在四大行中排名第二。

加强与机构部、公司部的沟通协调，实时调控同业存放和买入返售规模，两种业务年化收益率约为 3.38%，高于债券投资和货币市场平均收益 0.50 个百分点，有效地提高了资金使用效益。

六、牵头研究表外业务，促进表外业务精细化管理

牵头对表外业务的范围、分类、风险点等问题进行梳理，对表外业务发展及管理状况进行全面分析，查找问题，提出加强表外业务精细化管理的各项措施。至 2010 年年底，压缩表外资产近 1 000 亿元，节约资本约 50 亿元。通过与部门沟通，与分行座谈，向董事会、高管层多次专题汇报，引起了全行对表外业务的重视，将 2011 年确定为全行“表外业务管理年”，即将在全行开展促进表外业务健康发展的系列活动。

七、以牵头实施新资本协议第二支柱为契机，推进利率风险、流动性风险、资本管理等基础制度建设

牵头组织以 ICAAP 为核心的新资本协议第二支柱的实施工作。基本完成咨询工作，共获得内部资本充足评估程序、资本预测与规划方法论、实质性风险管理等 16 项咨询成果，为完善我行资本和风险管理体系建设提供了有价值的参考。将资本充足率压力测试咨询成果应用于实际，首次建立了我行资本充足率压力测试流程，并完成了整套测试。

印发《银行账户利率风险管理办法》《银行账户利率风险压力测试指引》《流动性风险管理办法》《流动性风险压力测试管理办法》《资本充足率管理办法》。起草《内部资本充足评估程序管理办法》《资本预测与规划管理办法》《资本应急管理办法》《资本充足率压力测试办法》等管理办法，奠定了银行账户利率风险管理和流动性风险管理的制度基础；初步建立了资本与风险有效联动的管理流程，为新资本协议第二支柱的系统化、全面化、精细化管理打下了基础，构建了我行资本管理方面的基本制度框架。

八、积极推进相关 IT 系统建设，为加强管理、减少手工劳动、满足信息披露及监管要求创造条件

资产负债管理系统（二期）上线，系统功能达到国内同业先进水平。优化了价格监测报表、

实现 FTP 从支行延伸到网点，具体成果体现在：支持缺口、久期、利率敏感度和动态现金流分析，支持净利息收入、经济价值模拟及利率风险、流动性风险压力测试等高级功能，为达到新资本协议的实施要求奠定了 IT 基础。

牵头开发了分行表内外加权风险资产（监管口径）报表系统，并于 11 月成功上线。为总分行动态监控和管理表内外加权风险资产、提高表外业务的精细化管理水平提供了手段。

参加人民银行第二代现代化支付系统项目，牵头资金清算小组工作，为实现我行资金集中清算积累了经验。同时，提出了“支付系统规划中，应考虑非支付系统账户”这一重要建议并经人民银行论证采纳，保证了商业银行法人一点清算功能的实现，并避免了商业银行在实现一点式结算后资金管理的难度和成本大幅增加的可能。

九、牵头编制全行未来五年机构调整布局方案

建立跨部门联合工作小组，经过摸底调查、实地调研及专题讨论，研究起草了《2011—2015 年营业机构调整布局方案》，从机构、财务、人力等方面提出了统筹安排建议。

十、不断吸取国际先进经验，在规范准确的基础上，提升定期报告的可读性；加强与穆迪、标普的沟通，促使其调高我行评级

不断吸取国际先进经验，与美国银行分享定期报告编制的经验，吸收借鉴其在流程控制、团队协作、主题发掘等方面的方法。积极向标准普尔、穆迪、惠誉等评级机构反映我行对评级结果的意见。经过努力，2010 年 6 月，穆迪将我行财务实力评级从 D - 级上调至 D + 级；2010 年 12 月，标普将我行长期信用评级展望由稳定转为正面。

十一、积极参与信达债券共管基金设立工作，有效地保障了 2 470 亿元信达债券的还款来源和信息披露的准确合规

在财政部与信达公司成立信达债券共管基金期间，积极参与方案设计和相关文件起草，有效地保障了信达债券的还款来源及相关制度安排符合法律规范，维护了建设银行的权益，加强了对共管基金的日常管理。目前，信达公司已偿还本金 407 亿元，付息更加及时。

（执笔：黄湘虹）

财务会计管理

2010 年，总行财务会计部以全行发展战略为中心，紧紧围绕服务和转型开展工作，通过优化管理工具、更新管理方法及夯实管理基础，提升财会专业水平，不断提高服务和专业支持能力，有力保障了全行业务持续健康发展和经营目标的实现。

一、在资源配置和绩效考核机制上鼓励长期价值创造，有效支持经营转型和可持续发展

通过完善以综合经营计划为载体的管理工具组合、增强计划执行的把控能力、提高财务预测精度，在超预期实现年度经营目标的基础上，鼓励长期价值创造，夯实未来盈利和可持续发展的基础。

一是优化绩效考核体系，引导全行着眼于长期可持续盈利能力的提升。增设客户、产品、渠道等关键基础要素建设指标，在考核中引入客户数量和客户满意度等指标，引导分行夯实客户基础，巩固和构建稳固的客户群体；通过引入产品覆盖度指标，提高产品横向覆盖和纵向渗透水平，

提升客户对建设银行的依附度和贡献度；通过考核电子银行和自助设备账务性交易量在电子渠道与柜面合计账务性交易量中的占比，引导非现金业务向电子渠道迁移，提升营运效率和客户体验；通过对中长期固定利率贷款所形成的利率风险设置利率风险金，引导分行加强利率风险管理；通过对表内、表外业务经济资本与监管资本的差异调整，引导分行和部门综合考虑外部监管资本要求，优化资产结构，提高资本使用效率。

二是改进资源配置政策，激励价值创造。在保证员工基本薪酬合理增长的同时，提高基层员工的保障水平；着力压缩业务管理高弹性费用及行政性费用；引入能够反映业务发展基础和持续盈利能力的过程性指标，突出战略性业务激励，平衡短期和中长期发展需要。

三是资本性支出安排重点支持渠道建设和业务转型。在保障正常经营管理需要的基础上，合理安排营业网点、生产性基础设施等对提升长期价值创造能力和核心市场竞争力有重大影响的投入，促进长期可持续发展。2010 年营业网点购置项目 648 个，实际支出 59.7 亿元，网点自有率提高至 49% 以上。

四是增强对计划执行的掌控能力，提高预测频度和密度。动态掌握计划执行情况，根据形势变化及时调整相关政策；年末加大损益监控的频度和密度，每日编报财务快报，切实控制好全年费用支出，预测全年盈利实现情况。

二、融合推进条线支持，增强条线服务能力

深入推进财务管理职能的深化，充分发挥数据集中的优势，用财务专业的视角挖掘信息价值，提高财务管理与业务经营的融合度，搭建良好的财务专业支持平台，切实提高对业务的服务水平和决策的支持力度。

一是完善条线专业化团队建设，提供直接财务支持。设立理财条线专门处室，建立与业务条线联动机制，针对业务发展，特别是投资理财、电子银行等新兴业务的重点和难点，提供配套财务支持。

二是提高财务分析的频度和深度，建设信息生产力。搭建分析报告框架、细化数据处理模板，广泛开展定量化分析与研究，完成社保业务、固话 POS 机业务、NIM 同业比较、产品覆盖度等多篇分析报告，为经营决策提供重要信息参考。

三是加强专题研究，助力业务部门经营转型。深化信用卡中心财务管理改革，保证信用卡条线逐步成为责、权、利统一的经营责任主体；设计 CTS 业务行际利益调整方案，确保业务模式转换平稳推进；配合研究财富管理和私人银行业务专业化经营转型，对进一步深化条线财务管理改革进行有益探索。

此外，为促进境外分行战略转型，按照一行一策的原则，根据经营区域的业务特色，有针对性地制定预算和绩效考核办法，引导境外分行理性经营，促进境外分行业务结构调整、中间业务收入持续有效增长等境外发展战略目标的实现。

三、以点带面深入推进成本管理，构建相对的成本竞争优势

以重点成本管理项目为抓手，对现有流程、系统、制度进行变革与优化，进一步提高投入产出效率，2010 年，全行成本收入比为 37.04%，比 2009 年下降了 1.96 个百分点。

一是组织推动二十个重点成本管理项目，项目实施初见成效。做好整体推动、组织、督促、支持工作的同时，财会部牵头组织实施的会计档案保管改进项目完成总体方案的研究制定，已进入后续具体实施阶段。项目实施后能建立会计档案入口精简、合理分类保管、销毁顺畅的管理机制，每年可节约成本近 2.6 亿元，综合成本降低率约为 76.5%。

二是创建成本收入比模型，在分析方法论、同业比较、回归测算以及条线管理应用等方面进行研究、分析和测算，解决了成本收入比指标在不同银行间无法简单比较的问题，进一步加大了该指标在财务管理中应用的深度和广度，打造了全行成本管理的核心竞争力。

三是运用管理会计方法，构建信用卡间接费用标准计价模型和现金集中配送作业成本计量模型，对经营条线间接成本计量以及前台、后台业务集中的成本计量进行了有益探索，为落实经营条线成本责任及前台、后台业务集中的价值判断奠定了基础。

四是总行带头厉行节约，落实成本管理各项要求。通过梳理各项费用支出标准、完善规章制度、严格预算审核、提高预算的总体把控、监测支出执行情况，增强了预算控制力。进一步完善了费用公示制度，扩大了公示范围，为落实成本管理责任奠定了基础，在全行起到了示范作用。

五是加强IT财务管理，提升科技财务服务水平。加强IT项目全生命周期成本管理，避免仅关注项目开发期间成本；引入成本分摊，按谁受益、谁分摊的原则落实部门成本责任；按照全行IT整合集中的原则，调整IT财务资源配置模式并规划IT战略项目未来几年的财务资源需求。

四、完善财会应用系统，扎实推进财务管理精细化

借力IT信息技术，开发完善多个财务会计相关管理系统，将财会制度和管理要求固化在系统中，通过系统加强财会制度的执行和财会流程的规范，进一步提升管理精细化和规范化水平。

一是顺利完成管理会计系统全行推广上线，着力解决中间业务收入识别到客户、客户属性关键信息准确性等问题，搭建起全行客户、产品、条线、经营主体等多维度盈利性评价的整体构架，在支持客户识别和考核的精细化管理方面取得突破。

二是综合经营计划系统净利息收支预算项目全行推广运行。通过该系统的应用，不仅实现了全行统一的预算管理，还大大减轻了全行计划编制人员的工作压力，使全行的净利息收支预测更加科学合理。

三是完善核算系统建设，强化对重点会计事项的管控。为借助系统手段提高核算质量，完成中间业务收益递延自动处理、待清算款项监控等项目的详细需求分析，并已进入开发阶段。

四是优化总账系统审核监控模块，实现对总账数据质量的全面监控，为全行总账数据审核监控提供了统一、规范、高效的技术手段，有效减少了人工审查的缺漏性差错，提升了审核监控工作的质量和效率，提高了会计基础信息质量。

五是推动OCBS及周边系统推广工作。在2009年香港分行试点基础上，完成系统功能拓展和优化，实现了涵盖境外分行全部业务的系统升级，并按预定计划实现OCBS及周边系统在胡志明市、新加坡、中国香港、首尔分行的上线工作，为2011年境外机构的全面推广做好准备。

五、优化管理制度和流程，夯实财会管理基础

根据外部监管要求和业务发展的需要，梳理并优化多项财会管理制度，规范财会处理流程，加大检查监督力度，消除潜在的风险事项，不断夯实财会管理基础。

一是按照“一套科目、两套核算码”的整体架构，统一设置境外分行会计核算码2 000余个，并细化核算流程，首次实现境外机构在会计信息反映和会计处理上的统一规范，为全行实现财会集中统一管理打下了坚实基础。二是根据财政部文件要求，对全行福利项目进行全面清理，并在此基础上拟定了规范全行职工福利费的文件，重点对车补、房补、取暖、通讯等项目明确了政策，在核算科目和总量控制等方面提出了要求。三是全面清理表外账务，通过分析核实存在的问题，拟定了改进表外信息管理的总体方案，明确了以系统联动不落地处理、建立自动核对机制为主要原则的改进方向。四是根据业务部门需求和业务发展重点，完成了改进境外代付核算、明确黄金业务处理流程、规范理财产品会计处理、强化备用金管理、严格职工福利费管理等一系列重要财会政策。五是对分行长期挂账的外汇营运资金进行集中清理并上收，解决多年遗留问题。六是组织对我行税务管理机制进行深入分析，对全行的税务管理工作在增强税务风险管理意识、合理设置税务管理岗位、落实税务管理责任、识别并评估税务风险、税收政策法规研究、完善税务管理机制以及税务基础管理等方面提出了总体要求。七是在全行范围内组织“小金库”清理，29家一级分行清理出“小金库”问题140个，涉及金额2 533.96万元，对清查出的问题，在严格追究责任的同时，完成了账外资产规范入账，共处理责任人161人，整改完成率达100%，有效规避了财务风险，得到了银监会的积极评价。

六、提升基础信息质量，持续改进财务报告编报能力

在认真做好ERPF系统的日常运维管理、顺

利完成系统年结工作、组织完成全行2010年度财务会计决算工作的基础上，通过建设专业报告人才队伍、创新编报机制和流程，财务报告编制能力进一步提升。

一是加强全行财务报告核心团队建设。在保持团队人员基本稳定的同时，多次组织国际会计准则最新变化、商业银行发展趋势、同业披露比较、新资本协议等相关培训，培训兼具专业知识的深度和广度，拓展团队成员业务技能。

二是注重知识积累，编制财务报告备忘录。以年报编制数据为基础，对全集团的经营成果、现金流量及财务状况进行分析，形成备忘录并持续更新，扩大知识共享，提升整体水平。

三是建立财务报告集中会审机制。建立集中会审制度，不但保证财务报表每一附注均可落实到具体的编制人、审核人，还实现了财务报告编制过程中，总分行、分行间、与外部审计师间的互动，提高了财务报告编制的效率和水平。

四是严格按照财政部的决算要求，组织我行2009年度决算编制工作，决算报表编制质量高、组织得力，再度获得财政部通报表扬。

五是组织全行做好《管理建议书》的整改落实。2009年度外部审计师出具《管理建议书》以后，定期跟踪各部门的整改落实情况，对于境外代付入表、银行卡透支的五级分类和贷款损失准备以及理财产品的风险管理等整改难度较大的事项，专门组织相关部门与审计师进行反复沟通协商，有效推进整改进度；及时与外部审计师进行沟通和交流，确保整改落实工作有效开展。

七、加强全行财会人员管理，提升财会条线专业素质

系统内管理方面，研究拟定加强财会条线管理相关措施，重点强化对财会负责人的管理，包括准入资格、退出机制、汇报路线等，切实提高财会负责人的履职能力。

专业技术职务人才培养方面，在全面深入调查的基础上，对财会条线专业技术职务人员的现状、不足、发展目标等问题进行了专题研究，拟定了人才培养五年规划，并有针对性地制定了具体培养措施。

培训方面，探索按专业板块组织培训，直接组织了8期财税制度、准则与内控、管理会计等培训班，首次举办了新任计财处长培训班，从课程设置、授课老师、培训课件、参训学员等方面严格把关，促进了财会人员专业水准及履岗能力的提升。

此外，响应中国金融工会和总行工会号召，经过周密部署、精心组织，在全系统开展“支持业务转型　推进成本管理　提升基础能力”劳动竞赛活动。通过竞赛，调动了全行广大财会人员的工作积极性、主动性和创造性，对推动财会管理职能的深化、提升专业服务和决策支持能力有重要意义。

（执笔：张歌）

资金结算管理

一、单位人民币结算收入再创新高，账户基础进一步巩固

2010年，资金结算部坚持以科学发展观为指导，深入落实以客户为中心的经营理念，紧紧围绕“狠抓收入、严控风险”的工作主线，积极推进结算业务收入增长。全行累计实现结算收入64.4亿元，同比增收了25.89亿元，增幅为67.24%，在全行中间业务收入的占比由2009年的7.6%提高到9.48%。单位人民币结算收入实现同业总量第二、增量与增速第一的目标，与工

商银行的收入差距由2009年的23.11亿元缩小至5.11亿元，四行总收入中占比为31%，同比提高了6.09个百分点。围绕结算收入增长，狠抓客户拓展，账户基础进一步得到巩固，全行正常人民币结算账户达到222.66万户，同比增长了11.72万户，增幅为5.56%。

二、推进改革，资金结算条线机构建设目标基本实现

印发《加快资金结算业务发展指导意见》，加快资金结算条线机构建设步伐。截至2010年年末，全行成立资金结算一级部16个，二级部22个；一级分行资金结算条线配备员工477人，二级分（支）行资金结算业务组织机构及团队配备员工2 395人。

三、积极探索，小额对公无贷户管理起步良好

积极制定《加强对公小额无贷户管理指导意见》，明确小额无贷户管理的基本原则和具体要求；会同公司业务部下发《关于明确公司机构类无贷户管理职责有关事项的通知》，组织实施小额无贷户管理界面切分和客户移交，确立小额无贷户管理模式，有效促进小额无贷客户数的增长。截至2010年年末，全行小额无贷客户158.43万户，同比增长了0.58万户，增幅为0.37%；账户数量175.88万户，同比增长了1.84万户，增幅为1.06%，小额无贷户管理成效初步呈现。

四、多策并举，推动重点结算产品快速发展

组织开展以“拓市场，争份额，促产品，增收入”为主题的资金结算业务营销竞赛活动，并将重点产品营销纳入战略激励考核，推动产品的快速增长。现金管理业务系统客户数量达到8 485户，新增7 627户，完成计划的514.64%；电子回单柜客户达到49.17万户，新增35.07万户，完成计划的209.75%；单位通兑签约账户27.27万户，新增16.38万户，完成计划的156.62%；国内信用证客户1 931户，新增1 522户，完成计划的106.66%。

五、加快产品研发，着力提升禹道品牌知名度

推出单位结算卡、对公一户通周期归集等12项产品，进一步丰富资金结算产品体系。着力打造“禹道”品牌，设计禹道品牌“LOGO”，制作电视广告和海报画页，在报刊、机场、网站等渠道投放宣传广告，禹道品牌知名度迅速提升，得到社会广泛认可，分别被《首席财务官》杂志和银联信咨询公司评为最佳现金管理银行和最佳现金管理服务银行。

六、持续加强系统产品建设和渠道功能优化，有效提升系统和渠道服务能力

一是开通现金管理系统单位定期及通知存款业务、商务卡报销功能、集团内部理财产品、财资系统等75项功能；为中石化、中石油、中移动等大客户进行重客系统个性化功能优化，进一步提升客户服务能力。开展现金管理系统和企业网银系统的整合论证研究，为系统整合奠定基础。

二是组织完成电子商业汇票系统二期优化，新增票据查验、跨一级分行贴现业务处理、柜面代理等功能，丰富系统功能，有效促进电子商业汇票业务发展。

三是积极推动财税库银电子缴库横向联网工作，完成三批25个省、市的推广任务，认真做好业务测试、系统改造和日常业务管理、运行监控、查询、参数维护等工作，确保系统安全运行。

七、创新营销模式，重要客户营销取得新进展

一是联合中国总会计师协会举办“中国民营企业金融服务战略合作论坛”，重点推介七大产品线等现金管理产品，取得良好效果。截至2010年年底，有52家客户与我行在授信、资金结算、投行、存款等领域扩大了合作。

二是积极应对人民银行《非金融机构支付服务管理办法》的出台，认真研究分析办法带来的影响，制发《第三方支付机构备付金管理及清算综合服务方案》，并与公司业务部共同组织召开了“第三方支付机构备付金存管业务培训暨营销

动员视频会议”，成功与快钱公司签署了备付金存管合作协议。

三是主动参与并成功中标国家开发银行经费共享中心、上海清算所、上海迪士尼项目、国家电网等现金管理项目，参与并指导分行营销鲁能集团公司、方正集团财务公司、通用技术财务公司等重点客户，拓展了现金管理客户群。

八、持续改进业务处理流程，切实提高服务效率

一是组织 CCBS 业务流程优化，完成自制凭证打印、分行级重要单证管控、结算收费自动递延、总行级岗位扩充等功能模块的开发和优化，业务处理效率得到提升，自制凭证打印功能降低了柜面自制凭证工作量 80% 以上，凭证稽核通过率提升了 80% 以上；分行级重要单证管控为分行级重要单证出入库、调拨等提供系统控制功能和表外账务自动核算，单笔业务用时缩短了 15 分钟左右。

二是调整不动户、核准类账户开户、预留印鉴、授信类账户生效日等管理规定，对加强和盘活不动户、稳定账户数量，改善和提升客户体验，有效防范支付结算业务风险起到积极作用。

九、进一步强化操作风险防控，杜绝案件发生

一是强化对账管理。组织完成对公对账作业成本分析与优化重点成本管理课题的研究工作，并积极组织成果转化，优化会计集中对账系统，调整单位客户对账制度，加快推广网银电子对账，提高了对账自动化处理程度，提升了客户体验，实现了风险、成本、服务三者的协调统一。

二是按月下发对公柜面风险防控工作动态，及时转发人民银行和银监会案件通报和风险提示，组织开展结算账户常态化风险排查和对公柜面操作风险专项检查，加强不动户、对公通兑、柜面大额资金收付、对账等重点环节管理，提升了对公柜面业务风险识别和防控能力。

十、加大培训力度，业务培训效果明显

按讲实效、重质量的要求，举办产品、系统、风险管理业务培训 18 期，1 270 人次参训，有效提升了员工业务素质，促进了观念转变，强化了营销意识，扩大了产品影响，对加强现金管理产品营销、防范操作风险起到了积极的促进作用。

（执笔：孟强）

信息管理工作

一、高质量完成了外部监管工作任务，得到监管部门肯定

2010 年，人民银行、银监会、外汇局等部门为提高宏观调控决策效率，增加了很多统计工作任务。我部采取多种措施，高质量地完成了金融统计、监管统计、征信信息、外汇资产负债信息报送等相关任务，金融统计工作受到人民银行表扬，监管信息管理工作得到银监会高度肯定。中国建设银行信息中心被银监会授予“建设防风险信息体系”突出贡献奖，征信管理工作在人民银行考评中排名前列，根据人民银行发布的考评通报，我行企业征信数据质量综合评分为 98.30 分，继续列四大行首位；个人征信数据质量综合评分为 99.49 分，列第二位。同时，稳步推进新资本协议第三支柱相关工作，开发的加权风险资产（RWA）计算与新资本协议监管报表系统于 2010 年 7 月正式上线，该系统加工生成了新资本协议监管报表，并为定量测算、资本规划和压力测试提供了大量数据支持。

二、快速响应信息服务需求，为经营管理决策提供数据信息支持

我部依托统计管理信息系统（SMIS）、信贷管理信息系统（CMISII）、非信贷管理信息系统（NARMIS）、数据仓库系统（DW&MIS）以及外部信息资源等，为综合经营计划编制、资产负债管理、绩效考核管理、表外业务管理、信贷政策调控、扶持中小企业、外部审计、年报披露、风险防范等提供持续的信息支持。同时，为满足征信查询收费后业务经营管理精细化的需要，节约查询成本，我部牵头对个人征信系统（PCS）进行优化，建设了个人信用报告查询子系统（PC-QS），搭建了全行统一的查询人民银行征信系统的通道，初步解决了已查询信用报告的留存复用问题，并于2010年8月至12月期间，分四批组织完成了38家分行推广上线工作。2010年，金融市场数据和资讯平台作为外部信息资源共享平台正式上线。

三、积极推动总行、分行管理信息系统需求分析与整合工作，为促进信息共享应用作出贡献

2010年，我部及时完成了总行13个部门提出的23个管理信息系统建设项目的业务需求分析与整合工作，在避免系统和应用功能重复建设、防止数据重复采集和加工方面作出了积极贡献。整理和分析了分行提出的124项分行综合数据管理平台（ODSB）数据需求，大部分审批通过并投产上线，协调解决分行上报的70多个数据质量问题。

四、加强信息系统数据质量的日常管理，推动数据流程优化

2010年，我部进一步加强对分行的管理和协调力度，强化信息系统数据质量的日常监控、检查工作；在2009年的工作基础上，继续牵头开展关键指标数据质量的监测、评价，将数据质量考核纳入了一级分行风险管理和操作风险管理评价，并主动协调数据源系统相关主管部门，推动业务制度和信息系统的优化来改善数据的质量，开展数据清理与整改工作，持续提升数据信息质量。

五、开展金融监管统计执法检查，进一步规范外部监管统计流程

根据人民银行、银监会要求，2010年第三季度，我部牵头在全行范围内开展了金融监管统计执法大检查工作。同时，配合审计部开展了监管数据管控审计调查工作，通过对总行以及上海、云南等分行在数据统一管理、信息管理协调沟通机制、数据信息质量控制机制、监管报表体系管理、信息条线管理等方面的调查，进一步规范了我行监管统计工作流程。

六、强化数据标准管理，深入推动数据管控工作

2010年，将数据标准管理要求增补进《中国建设银行信息技术项目管理办法》，要求各信息系统项目组在上线版本封版前，提交数据标准符合性报告等文档，以强化项目组层面的数据标准管理。我部与信息技术管理部共同牵头，与美国银行开展元数据管理及应用战略合作项目，通过了解美国银行在元数据管理方面的先进经验，设计了建设银行元数据管理策略、流程、人员等内容，并在“风险加权资产计算及新资本协议监管报表系统”项目中进行了测试。

七、持续推进系统优化和数据整合，夯实信息管理基础

2010年，我部积极推进相关管理信息系统的功能优化和数据整合工作，优化了统计管理信息系统的报表查询性能，扩充了分行共享报表的内容，优化了行长短信服务、人民银行理财产品统计、1104监管报表补录、境外分行数据补录等模块的功能；牵头对信贷管理信息系统（CMISII）的信息应用平台进行优化，使系统的信息展现方式更加贴近业务经营管理人员的使用习惯，系统提供的对公客户和债项信息查询模型、对私汇总和明细信息查询模型、担保信息查询模型、房地产专题分析模型和大量固定报表的灵活运用，为全行中心工作提供了持续的信息支持；企业级数据仓库系统在数据整合和应用支持能力方面显著提升，数据仓库系统已整合63个源系统数据，支

持财务绩效、风险管理、监管合规、客户分析、运营和内部管理五大类共56个应用模块。2010年，数据仓库还支持了风险模型实验室、零售分池系统、第三支柱及监管报表系统等新资本协议项目的开发应用，有力地保障了我行申请实施《巴塞尔新资本协议》工作。

（执笔：李晓杰）

研究工作

2010年，研究部在总行党委强有力的领导下，在各位行领导特别是主管行领导悉心指导及关心下，认真贯彻总行党委的要求和部署，紧紧围绕全行发展战略、经营目标及业务需要，积极转变思路，切实改进方法，着力提升研究工作的务实性与针对性，不断强化研究的深度与质量。与此同时，研究部还直接参与业务部门的工作，为业务部门提供专业服务及智力支持，积极参与各项科研活动，获得较好的社会评价及影响。

一、全力突出研究工作的务实性与针对性

研究部始终将务实性与针对性作为各项研究工作的出发点和落脚点。2010年，研究部展开的60多项专题研究，无论是直接针对建设银行经营中的实际问题及同业的对比分析，还是对行业研究的专题部署、宏观经济金融热点问题及形势的分析预测，无不将务实性与针对性放在突出的位置，特别是对全行关注的重大问题集中组织力量进行研究。

2010年是金融监管政策变化与创新最为突出的一年。研究部及时组织专题研究团队，进行跟踪分析，深入解读有关政策变化对建设银行业务发展的影响。先后完成了《“三个办法一个指引”实施的影响及建议》《股指期货与融资融券业务推出的相关影响及机会》《〈商业银行资产证券化监管资本计量指引〉的意义及对商业银行的影响》《〈融资性担保公司管理暂行办法〉对商业银行的影响》《“民间投资新政”对商业银行产生的影响》等一系列针对性很强的研究报告。

加息、人民币升值、新能源、区域规划、三网融合、文化产业、高速铁路等，都是2010年的金融经济热点问题。为使对这些问题的认识更加深入，研究部有效组织研究力量，先后形成了《对当前经济金融形势的看法》《今年加息还是不加息》《人民币汇率升值对工业行业影响效应研究》《央企大规模重组对商业银行的影响》《新能源汽车动力电池行业相关信贷政策建议》《核电设备发展前景及相关信贷政策的建议》《关注区域经济发展规划中的机遇与挑战》《三网融合发展趋势分析及我行对策》《〈促进电影产业繁荣发展指导意见〉出台，商业银行机遇与风险并存》《资源税改革对油气行业的影响及我行对策》等一批非常务实的分析报告与材料。武广高铁开通运营的当日，研究部就派出专题组，深入武汉、广州对高铁开通产生的影响和给交通格局带来的变化，展开实地调研，第一时间形成了《武广高铁对华南航空市场的影响》《高铁发展对短中程航空客运影响及我行信贷政策建议》等调研报告。

2010年是我国房地产调控年，高企的房价和密集出台的调控措施，成为全社会关注的焦点，也是建设银行需要更好把握的问题，研究部同样及时组成房地产专题研究团队，对房地产行业进行深入研究，形成了《对我国房地产形势的看法》《房地产调控政策接连出台，房地产信贷资产质量管理将面临严峻考验》《我国房地产开发企业风险不断增大》等分析材料。在认识上，对

全行把握房地产企业风险状况、加强房地产行业信贷风险管理，起着积极的作用。

二、全力突出直接为业务部门提供支持与服务

2010年，研究部把更好地为业务经营和一线服务作为研究工作的核心理念和明确的导向。

一是直接参与业务经营部门的营销团队，平行营销，共同拓展业务。如应业务经营部门邀请，参与业务部门与客户特别是重要客户的交流走访、研讨座谈、形势宣讲等营销活动，全年累计达500多个工作人/日。

二是应相关部门请求，专门为相关部门提供所需要的报告及材料，提供相关的政策与建议，全年累计达40多份。

三是积极参与相关业务经营部门的专题研究。如与国际部合作开展关于人民币跨境贸易结算及境外业务发展战略等专题研究；配合授信管理部研究制定有关行业审批指引；作为核心成员参与资债部牵头的《建设银行五年发展规划》研讨交流及起草，提交《2011—2015年我国金融市场走势分析与预测》等报告，全年共与业务部门合作研究专题10余项。

四是帮助有关分行对相关急迫专题进行研究。例如，与广东省分行共同研讨华南地区业务发展的新模式，形成泛珠三角区域建设银行业务发展战略规划，帮助苏州分行形成三年发展规划，帮助云南省分行形成水电行业的研究报告等。努力在全行业务经营与价值创造活动中发挥积极作用。

三、全力突出对经营决策的支撑作用

紧扣国际国内经济发展脉搏，准确把握行业发展走向，密切跟踪同业竞争态势，定期推出系列化宏观经济、金融市场、行业区域研究报告及材料，为经营决策提供宏观背景支持。

一是继续做好经济金融形势分析与预测，按季度发布宏观经济金融形势分析报告，为全行各级管理人员了解和把握宏观经济大势提供参考。

二是密切跟踪美国、日本、欧盟等主要经济体的权威数据与发生的重大事件，对全球经济进行及时跟踪观察，每周发布一份《经济金融国际要情》。

三是及时捕捉同业竞争信息，深入研究竞争对手的战略部署、经营方针、措施步骤，对比分析各大银行在产品特色、投放进度、风险偏好等方面的差异，完成《中国商业银行发展报告（2010）》，并推出15份系列《研究报告》，发布12期《经济金融热点追踪》，为我行各个业务条线制定相应竞争策略提供参考。

四是紧密跟踪行业发展动态和热点，为全行信贷审批、风险控制和市场营销团队把握行业发展趋势、判断行业风险、抓住行业机遇提供有效支持，全年共编制60期《行业动态专报》。

四、积极提升建设银行研究工作的知名度和影响力

为更好地发挥研究部对内促进经营管理水平提高与价值增值，对外提升建设银行声誉及品牌价值，促进经营环境改善的作用，研究部遵循行领导的要求或委派，积极参与同业及社会的学术交流和科研活动，先后参加有关论坛、峰会、年会等30多场，如参加海峡两岸金融合作论坛、促进国内需求研讨会、中国金融改革高层论坛、陆家嘴金融论坛等，提供材料、发表演讲等20多份（次）。接受中央电视台、人民日报、新华社、财经、国外媒体等采访、专访数十次。接待美国财政部官员、国际大型企业联合会首席经济学家、摩根士丹利董事长、欧洲货币机构主席等高层人士来访，与道富环球公司、花旗集团、瑞穗证券、DUKE大学等开展合作交流。

研究部对外交流研讨活动，既开阔了视野，培训了人才，提升了研究水平，也对建设银行及研究部知名度和影响力的扩大，起着积极的作用。

五、积极提升博士后工作效果与水平

博士后工作是建设银行培养高水平人才的重要方面，2010年，研究部进一步明确培养目标，完善培养机制，坚持“高起点、高标准”的方针，努力使博士后工作真正成为建设银行选拔、培养高端人才的重要基地。严格按照总行党委的要求和全国博士后管委会的要求，制定详细全面的培养计划，坚持一进工作站就立即召开入站座谈会及项目研究讲解与要求会，入站二个月完成

项目研究开题报告，一年内召开项目研究中期报告会，两年内完成项目研究及出站报告。在博士后研究项目选题上，突出与建设银行业务发展的紧密联系，将博士后研究方向彻底转到建设银行实际业务经营与发展需要上来。为了强化博士后培养与建设银行业务实际的紧密结合，分阶段吸收部分博士后参与相关业务、行业、市场、同业等专题研究，使博士后能更多地了解业务、熟悉实际情况。

从培养成果看，已经出站的9位博士后，全部成为我行不同部门重要研究岗位的骨干力量，受到用人部门的一致好评。提交的十多份项目研究及出站报告，涵盖了金融创新、信贷政策、资源优化配置、风险管理、综合经营、建设银行跨国经营战略、金融产品定价理论与技术、债券投资组合量化配置与风险控制、金融衍生产品的设计与定价等。这些博士后研究项目，较好地抓住了建设银行经营管理中的战略性、长远性问题，达到了较高的研究水准。

六、积极提升“两刊”的办刊质量与水平

一是坚持正确的舆论导向和严谨规范的办刊宗旨，紧密围绕全行中心工作和经济金融的热点问题组稿审稿，圆满完成《投资研究》《现代商业银行导刊》“两刊”全年共25期的出版发行任务。处理来稿2 300余篇，刊登文章400多篇。较好地保证了办刊质量，发挥了“两刊”理论学习、沟通信息、交流经验、传播知识的作用。二是积极探索“两刊”的改革转型。先后与个人金融部、财富管理部、机构业务部、投资银行部等多个部门，商讨创新办刊的模式和途径；积极走访行外有关单位，学习、了解社会办刊的经验和模式；组织“两刊”工作专题会议，精心设计和论证“两刊”改革转型方案，为“两刊”下一步工作打下了良好基础。

（执笔：孙永红）

股权投资与战略合作业务

2010年6月1日，浙江青田建信华侨村镇银行开业。

2010年，股权部稳步推进境内外股权投资，加强子公司管理和并表管理，有序推进村镇银行业务发展，深化股权投资与战略合作及其项目成果转化。

一、稳步推进股权投资，重点项目取得突破性进展

一是投资太平洋安泰保险项目取得突破。针对项目报批遇到的困难，我们多方争取，与银监会、保监会、上海金融办、上海联交所以及出让方中国太平洋保险（集团）股份有限公司（以下简称“中国太保”）、荷兰国际集团（ING）进行反复沟通，最终争取到监管机构及相关方的理解和支持。2010年12月，建设银行变更投资保险公司对象的事项得到国务院领导的批准，银监会已批准建设银行投资事项并出具监管意见书，预计保监会将于2011年1月批准建设银行投资方案。在保监会明确建设银行购买保险公司股权比例的意见后，在短短4个月时间内，与约110家潜在投资者接触，选定其中4家组成投资团，共同购买中国太保持有的太平洋安泰的50%股权，并在挂牌交易中顺利中标，2010年12月，建设银行牵头投资团与中国太保签署了产权交易协议。在引资过程中，经艰苦谈判，既保证了建设银行在董事会、管理层的控制权，又为保险子公司争取到每年有20位专家提供战略协助的资源，并通过公司治理结构安排，为建设银行未来增资预留空间。建设银行与ING的股权交割完成后，太平洋安泰作为四家试点银行投资保险公司中唯一的中资保险公司，在机构拓展等方面将具有明显优势。

2010年6月2日，浙江武义建信村镇银行开业。

二是完成了建设银行与浙江省政府、阿里巴巴合作组建网络银行项目可行性研究。股权部作为项目组的主要成员之一，负责项目相关协调事宜。经过数月研究论证和反复修改，完成了可行性研究报告。项目组多次向银监会、人民银行、工信部、发展改革委汇报项目情况，得到相关部门的大力支持和指导。2010年年初，已向银监会递交了《关于发起筹建网商银行的请示》。

三是深化股权投资相关策略和市场研究。在深入研究论证的基础上，分别于2010年3月、8月，向董事会战略委提交了《关于我行股权投资情况的报告及下一步投资策略建议与工作计划》《中国建设银行战略性投资并购规划（讨论稿）》。密切跟踪市场和潜在目标动态，修订港澳台、东南亚、澳大利亚、非洲、欧美等分地区的投资策略；跟进广州市商业银行、温州银行、恒丰银行等项目。2010年上半年，委托建设银行亚洲和建银国际派人两次赴印度尼西亚和马来西亚调研，拜访了多家中小银行。经筛选，在印度尼西亚初步确定了四家备选目标。此外，还跟踪分析了澳大利亚、韩国、中亚、非洲、拉美等地的多个项目，向行领导作了报告。2010年，完成了5期《投资并购市场研究》，提交高管层参阅；完成了《国际大型银行收入结构比较分析报告》，按照郭树清董事长批示，该报告印发董事会、高管层、监事会及各分行、部门参阅。银监会一部也索要用于工作参考。

二、以战略协同为核心，改进子公司管理，强化集团并表管理

一是子公司发展势头良好。2010年，各子公司业务拓展能力和管理水平明显提升，资产规模稳步扩张。由于尚处于战略投入期，虽盈利水平总体较弱，但呈现良好上升势头。2010年度，境内外子公司（不含伦敦子银行）合计实现净利润21.9亿元，其中，境内控股子公司合计实现净利润4.8亿元，境外子公司合计实现净利润17.1亿元，全部子公司都完成了2010年度预算；年末并入集团资产合计为1 497.7亿元。

2010年6月21日，建设银行在安徽设立的首家村镇银行——安徽繁昌建信村镇银行隆重开业。图为建设银行投资理财总监毛裕民出席开业仪式。

二是进一步完善子公司管理。形成了“以战略协同为核心，完善机制为重点，差别化管理为手段，防范风险为前提，充分尊重子公司法人治理结构，科学管理子公司”的总体思路。根据集团发展战略，指导境内各子公司制定了三年业务发展规划，并将规划目标分解落实到年度预算。

完成了子公司薪酬调研与改进项目收尾工作，确立按公司盈利水平和业务规模对标市场的方法，并依此确定子公司薪酬标准和未来调整依据，初步建立起对子公司的业绩评价指标体系。研究、落实银监会并表机构动态风险监管指标，经与银监会多次沟通，确定了分步达标的计划。想方设法帮助子公司解决经营管理中的难题，如协助中德银行解决授信问题；研究租赁公司风险机制建设以及资金和授信问题；推动并协助信托公司解决在收购设立过程中遗留的国元证券股权转让问题。

三是初步建立战略协同机制。建立子公司与对口业务部门及相应分支机构的协同机制，推动母、子公司的联动营销、产品研发和集团公关。建立战略协同考核机制，母、子公司联动指标首次纳入全行 KPI 考核体系。组织召开多次战略协同工作会议，加强联动营销、推动产品创新。加大对子公司宣传力度，全年共发宣传稿 116 篇，使全行了解各子公司业务和产品，提升为客户提供一站式综合金融服务的能力。

2010 年 8 月 18 日，建设银行发起组建的河北省内第一家村镇银行——河北丰宁建信村镇银行隆重开业。

四是搭建起并表管理组织架构。2010 年，通过落实银监会对建设银行并表管理现场检查整改要求，在开展自评估的基础上，进行了大量分析和研究，查找差距，梳理出需整改的问题并逐条整改。在此过程中，我部牵头制订了《并表管理办法》，经行长办公会议和董事会审议通过，印发执行。该办法及配套规章明确了建设银行并表管理的组织架构及工作机制和内容，填补了建设银行管理中的一项空白，为提升集团并表管理能力奠定了基础。

三、有序推进村镇银行业务发展

一是按计划推进村镇银行筹建和开业。截至 2010 年年底，建设银行共有 18 家村镇银行获银监会批准，其中 8 家已开业，本年度有 6 家开业，正在筹建 10 家。注册资本金总计为 16.75 亿元，建设银行投资额总计为 8.44 亿元。另有 14 家村镇银行已上报银监会审批。

二是抓基础管理，促进已设村镇银行业务稳健发展。指导村镇银行完善公司治理结构，修订了村镇银行出资人协议和公司章程统一模板；整编 10 大类共计 54 项规章制度，支持村镇银行完善业务流程，规范经营管理，提高风险控制能力；启动集中核心业务系统采购工作，推进村镇银行集中系统建设；坚持服务“三农”和中小企业的原则，指导村镇银行结合当地实际开展业务和服务创新。截至 2010 年年底，已开业的 8 家村镇银行存款总额达 18.1 亿元，贷款总额达 13.4 亿元，其中，涉农贷款占比为 88%，均无不良贷款。2010 年度，抵减当年新开业村镇银行亏损后，合计实现税后净利润 414 万元，其中，开业满两年的桃江村镇银行实现利润 930 万元，ROE 达到 15.48%。

2010 年 12 月 21 日，建设银行在上海设立的首家村镇银行——上海浦东建信村镇银行隆重开业。

三是推进管委会工作，持续跟进村镇银行控股公司申报工作。村镇银行管理委员会暨村镇银行股份有限公司筹备工作领导小组成立后，筹备小组积极推进各项筹备工作，明确相关职责、授权及日常管理等事项，开始与桑坦德专家集中办公。就控股公司申报事宜，积极与监管机构和上级部门进行沟通，及时跟进审批进度，着手准备筹建及开业申请所需的法律文件，待条件成熟就启动与桑坦德谈判工作。

四、深入推进战投合作，促进项目成果转化

2010年，完成了8个合作项目（另在信用卡业务领域实施了9个项目）；在财富管理、电子银行和信息技术三个部门安排派驻专家并开展了10个子项目；派出4期共计51人参加赴美跟岗培训；完成了65个经验分享项目，安排美方专家来华办公和经验分享89批次，满足了24个部门的需求，千余名员工通过参加培训课程及研讨会直接受益。

一是深入开展重点项目，有效解决业务管理难点问题。综合财富规划项目开发了专业的资产配置模型，统一设计了财富规划流程和工具，使建设银行财富管理中心初步具备为客户量身定制综合化、个性化财富管理解决方案的能力；个人投资产品销售流程改进项目设计并应用了标准化的投资组合管理服务流程，使建设银行对大众富裕客户（AUM值为50万~300万元）的营销成功率和客户满意度分别提升了390%和21.75%；小企业贷后管理项目开发了早期预警监控体系和贷款年审评分工具等，引入自动续贷年审流程，有效提高贷款决策效率，提升了小企业业务的贷后风险控制能力；绩效管理项目制定了全行层面的员工绩效管理试行办法和试点单位实施方案，并相应开发了绩效管理IT系统，提升了绩效管理的可执行、可操作性。

二是2010年启动新的派驻专家方式并取得很好的效果。美国银行派驻专家在战略发展和日常业务层面为三个部门提供了持续的咨询和建议，指导建设银行制定了《财富管理与私人银行业务未来三年发展规划》；从多方面入手改进电子银行客户体验；对信息技术基础设施进行科学规划，完成《中国建设银行IT系统灾备总体方案》和实施路径；合作建设IT服务管理平台（ITIL），为全行信息技术部门提供流程支持，提高IT服务交付能力。

三是组织对2007年以来的战略合作项目成效自评估。向银监会报送了《中国建设银行关于与境外机构投资者合作情况的报告》。银监会到建设银行座谈后，对建设银行在各业务领域取得的战略合作成果给予了充分肯定，认为在股权投资与战略合作方面，建设银行不但引进了经验和技术，而且建立了变革管理的团队和流程，在同业中成效卓著。

2010年度，继续协调淡马锡旗下富登金控继续为建设银行提供财富管理硕士学位、私人银行证书等培训项目，培训人员43人。

（执笔：王楠）

公 司 业 务

2010年，在总行党委和高管层的正确领导下，面对复杂的宏观经济形势和同业竞争态势，公司业务部认真贯彻落实国家宏观经济金融政策，紧紧围绕“转变发展方式、提高发展质量、深化结构调整、强化基础管理，全面提高市场竞争力和价值创造力”的工作思路，坚持稳健合规经营，一手抓业务发展、一手抓风险防范，各项业务全面开花，亮点频现，成绩显著。

一、努力完成年度经营目标，对全行效益贡献不断提升

（一）贷款总量控制精准，节奏均衡

公司类人民币贷款余额为39 317亿元，新增4 906亿元，增速为14.3%，计划完成率为

99.9%。严格执行监管部门和全行“3:3:2:2”的投放进度要求，各季度新增贷款平稳，四个季度分别新增1 607亿元、1 348亿元、953亿元和998亿元。

一是细管理、提效率。按季分月下达、控制贷款新增计划，每月最后5天逐日上报控制数；建立各行贷款投放专人联系制度，畅通沟通渠道、提高管理效率；强化资源调度能力，重点保障战略业务发展需要，安排灾后重建专项规模；提高资源利用效率，充分发挥资产业务对负债、中间业务的带动作用。

二是顾大局、抓执行。根据总行信贷总量调控、结构调整的总体安排，在年底信贷规模异常紧张的局面下，发扬识大体、顾大局、执行力强的优良传统，不讲条件、不讲困难、不搞博弈，在年底的10个工作日内紧急压缩335亿元规模，为全行信贷总量调控作出了巨大贡献。票据贴现全年负增长853亿元，其中最后10个工作日腾出规模达到196亿元，充分发挥了“蓄水池”作用。

（二）企业存款市场地位巩固，成本降低

人民币企业存款余额为47 968亿元，全年新增6 220亿元，增速为14.9%，高于一般性存款1.19个百分点。活期存款新增占比为63.45%，结构合理；付息率为1.14%，较2009年下降了0.15个百分点。下半年以来新增额快速回升，四行余额占比地位稳固，保持第二位，新增额占比较上半年上升一位居第三，与工商银行的差距从2 655亿元缩小到年末的542亿元，农业银行位居第一。

抓营销、重管理。2010年6月至11月，组织开展“创先争优，健康发展”对公存款专题营销活动，配置专项营销费用，活动期间四行新增额占比居第一位；逐一梳理、明确198万户无贷户管理职责，真正实现户户有人管，全年无贷户存款新增占比为84%，较年初提高了27个百分点；设置分层客户指标、加大考核激励力度，前11个月公司及机构类客户折算后新增22万户，完成全年计划的153%。

（三）信贷结构调整持续深化，成效突出

1. 行业结构有保有压，重点突出。一是重点支持领域增长显著。大中型客户中，“鼓励进入”类行业贷款新增2 498亿元，新增占比73.3%；“逐步压缩”类行业贷款比年初减少45亿元。涉农贷款余额为8 221亿元，占公司类贷款的20%，比年初新增2 295亿元，新增占比为47%，同比提高了22个百分点，是四大行中唯一同比多增的银行；十大振兴产业贷款余额为10 182亿元，新增1 824亿元，占全行对公非贴现贷款新增的30.38%，占全行制造业贷款新增的98.97%。二是调控领域贷款控制有力。“6+1”产能过剩行业信贷余额和贷款余额分别比年初减少147亿元和193亿元。到2010年年末，与我行有信贷业务关系的地方政府融资平台客户1 082户，贷款余额为5 419亿元。现金流全覆盖类贷款为3 542亿元，占比为65.36%。这些客户和数据，包括尚未履行完“三方签字、四方备案”程序的全覆盖类客户。房地产类贷款新增375亿元，增幅为9.84%，低于公司类非贴现贷款8个百分点。三是管理手段丰富，管理标准严格。严格限额管理，将“6+1”产能过剩行业新增限额设置为零，表内外信贷余额不得增加，并逐户监控105户淘汰落后产能客户；扩大名单制管理范围，制定玻璃、多晶硅、风电设备整机制造、金属船舶制造等4个行业的准入标准和客户准入名单，拟定医药、造纸、铅锌冶炼3个行业的准入标准和名单；紧跟国家政策和监管要求的变化，及时调整政府融资平台管理手段和措施，先后采取名单制管理、贷款总量控制、持续清查整改、建立台账统计制度、差别化分类管理等措施，平台贷款增速得到有效控制，主要投向现金流充足的全覆盖类客户和国家重点项目；完善贷款退出管理，明确客户整体退出、产品替代、资产转让、客户信贷资产转为理财产品出表进入资产池四种退出方式，全行退出贷款为1 016亿元，计划完成率为127%。

2. 新兴业务势头强劲，传统业务稳中有升。一是网络银行业务发力，贷款余额为193亿元，新增159亿元，增幅为468%；客户数达6 549户，新增4 953户。二是并购贷款稳步推进，贷款余额为224.1亿元，新增为99.2亿元，增幅为79.4%，客户数50户，新增22户。三是国内保理增势良好，保理预付款余额为675亿元，新增464亿元，增幅达220.13%；客户数7 686户，新增5 523户。四是基础设施贷款占比略有提高，余额为 15 554 亿元，占公司类贷款的 39.55%，比年初增加了 0.39 个百分点；新增 2 080 亿元，占公司类贷款新增的 42.4%。

（四）中间业务贡献突出，表外业务总体平稳

一是收入再创新高。实现对公中间业务收入 415 亿元，同比增加 118 亿元，增速为 40%，高于全行平均水平 5 个百分点；占全行中间业务收入的 61%，提高了 2 个百分点。其中，公司部牵头产品实现收入 156 亿元，增速为 47%，占全行中间业务收入的 23%，提高近 3 个百分点；占对公主营收入的 17%。

二是重点产品异彩纷呈。单位人民币结算、造价咨询收入超 40 亿元；国内保函、承诺、国内保理业务收入新晋超 10 亿元产品之列，其中国内保理业务收入增幅为 227%，近三年增幅均在三位数以上，成为新的亮点。

三是同业地位显著提升。对公中间业务收入四行排名第二，与工商银行差距缩小到 37 亿元，四行占比为 29.7%，仅比工商银行低 2.79 个百分点；同比增量超过工商银行，居四行首位。多项产品同业竞争优势明显，银团贷款、委托贷款、CTS 业务收入总量四行位居第一；单位人民币结算、理财产品、托管、国际结算、保证业务收入增量四行位居第一；单位人民币结算、保证业务收入增速四行位居第一。

四是表外业务平稳发展。承兑业务总量得到有效控制，承兑余额为 3 906 亿元，新增 513 亿元，增幅为 15.23%，同比下降了 39 个百分点；垫款余额为 11 亿元，比年初减少 7 亿元，垫款率为 0.28%，比年初下降了 0.25 个百分点。境内保证余额为 4 369 亿元，新增 445 亿元，增幅达 11%；垫款余额为 0.52 亿元，与年初基本持平。

（五）质量效益显著提升

一是不良贷款持续“双降”。对公不良贷款余额为 476 亿元，较年初减少 66 亿元；不良率为 1.17%，较年初下降了 0.35 个百分点。受外部审计、银监会偏离度检查等因素影响，年末不良贷款新增较多，全年新暴露不良贷款 155 亿元，同比增加 32 亿元；新暴露不良客户 402 个，同比减少 26 个。

二是财务贡献继续提升。累计实现公司类客户贷款利息收入 2 000 亿元，占全行贷款利息收入的 77%；实现贴现利息收入 65 亿元，同比增加 14 亿元。对公非贴现利差为 4.2%，高于全行平均水平 0.35 个百分点，处于同业领先水平；其中，贴现收益率为 3.34%，增幅达 61.35%。

二、市场营销和区域联动取得新突破，产品创新呈现新亮点

（一）储备质量提高，结构优化

加大重点领域市场营销和储备力度，与快钱平台、敦煌网等网络平台、新疆金风科技公司以及四川、贵州、内蒙古等地区多家重要客户成功签约；举办重要客户高管人员高级研修班，密切银企合作关系；制定《贷款储备管理办法》，实施动态管理，提高数据准确性和及时性；开展储备清理，降低“6 + 3”行业贷款储备占比，优化储备结构。截至 2010 年年末，贷款储备额为 29 846亿元，其中发放储备 5 681 亿元，发放储备率为 7.27%。

（二）区域联动求实效

组织召开区域联动会，积极推进区域重点联动项目对接工作，珠三角区域已完成联动项目 70 项、正在积极营销推进项目 70 项，长三角区域营销推进中项目 136 个、联动创新中产品 3 项、共享产品 8 项。

（三）产品创新有序推进

一是产品创新加强，服务内涵丰富。完成 9 项产品创新计划，计划完成率为 100%，并在计划外推出网络银行 e 单通、e 保通、e 点通、定向保理等创新产品。

二是细化落实监管部门“三个办法一个指引”有关要求。下发《流动资金贷款管理暂行办法》，强化监控指导，2010 年全年累计新发放固定资产贷款和流动资产贷款（本外币）的受托比例达到 72.3% 和 43.9%。

三是试点推进旧城改造及新农村贷款业务。起草《旧城改造管理办法》，批复广东、云南分行试点开办旧城改造贷款业务，截至 2010 年年末，试点分行已批复旧城改造贷款项目 9 个，发放贷款 13 亿元。协调相关部门增加“新农村建设贷款”核算科目，批复苏州、浙江、江苏、宁波、

四川、天津六家试点分行开办新农村建设信贷业务。

四是积极推进银团贷款业务标准化。牵头编写完成《银团贷款合同示范文本》（2.0版）《银团贷款参与各方行为规范》《银团贷款转让交易示范文本》《银团贷款转让交易规范》，银行业协会银团贷款委员会将其下发全体成员单位；参与编写《银团贷款理论与实务》教材。

五是信贷资产转让业务稳步推进。已作为第一批机构加入人民银行外汇交易中心贷款转让交易平台，并签署《贷款转让交易主协议》。

三、深化战略转型，专业化对公业务经营架构逐步建立

（一）专业化经营机构建设继续加强

目前全行共有专业化经营机构948个，涵盖大中型客户经营中心、小企业经营中心、票据中心、造价咨询中心、企业年金中心等各个类型；总行本部成立独立的造价咨询中心，条线管理能力增强。

（二）对公信贷经营职能整合稳步推进

除西藏分行外的37家一级分行、207个城市分行完成试点工作，服务效率和资产质量显著提升。特别是对总行级战略性客户，按照“一户一策”的原则制订营销方案，真正体现了差别化、个性化与专业化服务。

四、建章建制，管理质量全面提升

（一）加强分析指导，引导业务良性发展

年初下发全年工作要点，总领全年工作开展。制定下发行业政策、对公中间业务、工程造价咨询、对公产品管理、银团贷款、票据贴现、供应链融资、新农村建设贷款、对公房地产信贷等各业务领域共计十余个指导意见或营销指引，思路清晰、目标明确、措施务实可行。按季对公司业务整体运营情况以及各板块业务进行分析，总结经验、分析问题和形势、提出措施建议，为管理决策提供有效支撑。

（二）开展区域政策研究，加强差别化政策指导

召开支持西部大开发工作会议，总结成效、分析机遇、研究措施。制定《支持国家深入实施西部大开发战略的政策和措施》，明确八大支持领域，制定六大方面实质性支持措施。制定《支持新疆实现跨越式发展的工作措施》，提出22条具体措施，力促新疆发展。召开区域政策专题研讨会，起草《区域政策指引》。

五、强化基础建设，推进科学发展

（一）“贷后管理年”工作扎实推进

一是贷后管理体系逐步完善。制定《对公信贷业务贷后管理指导意见》《大中型对公客户贷后管理岗位职责分离方案指导意见》《公司及机构客户贷后管理办法（试行）》《公司及机构客户贷后管理工作评价办法（试行）》等，要求公司客户贷后管理工作划分岗位、明晰职责、抓好重点、差别管理，并明确了贷后管理“规定动作”，初步搭建起市场营销和客户服务与贷后管理岗位相分离的综合管理体系，为确立全行贷后管理工作机制和深入推进贷后管理工作提供了坚实的制度基础。

二是加强督导。通过现场督察、经验介绍、信息交流、专题培训等形式，指导分行在岗位分离、职责清晰划分、执行规定动作等方面取得全面突破。推动贷后管理相关指标纳入KPI等考核，促进贷后管理工作常态化。加强预警客户的日常监测，提升对公预警客户跟踪管理系统的应用；组织达标验收，总结经验和问题，为贷后管理工作提供决策参考。

三是成效显著。38家分行全部实施了贷后管理岗位分离，截至2010年年末，全行共到位信贷经理3 370余人，大中型公司类客户专职贷后管理队伍初步建成。

（二）科技系统功能持续优化，支撑作用日益明显

一是OCRM系统在全行范围内推广应用。以对公客户关系管理系统、对公信贷流程管理系统为平台的客户营销、信贷管理科技应用体系初步形成。

二是系统功能不断丰富，有效支撑业务开展。总行级重点客户的年审和新增认定、项目储备管理、信贷核准管理等功能在OCRM实现；一级分行及条线KPI中的对公客户新增数据来源OCRM

系统，应用水平提升。CLPM 系统实现了信贷经理与客户经理的岗位分离功能，完成网络银行业务优化、固定资产贷款支付方式、电子银关通业务的功能实现；完成代理银行承兑、中小企业联贷联保、新农村建设贷款等的功能开发；完成对公信贷业务流程无纸化的试点工作，系统功能不断丰富完善。

（三）加强队伍建设，人员素质提升

一是谋划队伍建设。研究未来五年对公专业技术人才建设发展规划。

二是加大培训力度。全年完成培训 25 期，累计培训 1 682 人次，形成了境内与境外、院校与行内、业务与产品、客户与银行、客户经理与高级管理人员、以会代训等多形式、多内容、多层次的培训体系。

三是客户经理培训教材开发取得初步进展。对客户经理、优秀客户经理和公司业务管理者培训需求进行分类调研和统计分析，撰写培训需求报告，提出教材编写方案和大纲。

（四）狠抓日常管理，严把准入关

受理客户信贷准入 1 748 笔，授信额度约 7 650亿元；对涉及异地信贷业务、担保方式、不良信用记录客户准入、十年期以上固定资产贷款、项目资本金比例、中小企业担保公司准入等方面的 306 个分行请示文件进行核准批复，已正式批复 167 件；建立重点客户动态日常管理机制，全年累计调出重点客户 606 个，对 64 个申请更名的重点客户进行审核和批复。

我们取得的瞩目成就也得到各方好评，如在金融时报社、社科院金融研究所联合主办的“2009—2010 中国金融机构金牌榜‘金龙奖’评选活动”中，荣获“年度最佳公司银行”；在《第一财经日报》主办的“2010 第一财经金融价值榜年度金融机构特色奖”评选中荣获“2010 年年度企业银行”；荣获“中国银行业协会最佳专业委员会主任单位”；当选中国银行业协会银团贷款与交易专业委员会第三届副主任单位和常委单位；造价咨询甲级资质顺利延期三年。

（执笔：郭芳辰）

小企业业务

2010 年，面对复杂多变的宏观经济形势和市场竞争环境，全行小企业条线认真贯彻落实总行战略要求，坚持务实、创新，小企业业务总量实现跨越式增长、资产质量保持优良、业务结构持续优化、财务贡献显著提升，小企业业务在全行的战略性地位和价值贡献作用更加突出。

一、推进专业化经营体系建设，提升经营管理能力

截至 2010 年年末，全行共有 19 个一级分行成立一级部建制、10 个分行成立二级部建制的小企业部门，小企业经营管理体系初具规模。为进一步推动小企业经营中心建设，总行下发了《关于下达 2010 年小企业经营中心组建计划的通知》《关于加强小企业经营中心规范化建设的通知》等文件，要求各一级分行继续推进并加强检查验收，确保质量。年末“信贷工厂”小企业经营中心达到 222 家，当年新组建 80 家，已基本覆盖了全国各主要重点城市和部分百强县。小企业信贷专职人员 4 300 多人，较 2007 年年末增长超过一倍，“信贷工厂”平均专职人员 9.4 人，“信贷工厂”建设在数量和质量上取得了双丰收。

二、加强政策指导和制度建设保障，明确发展方向

总行下发了《2010年小企业业务发展指导意见》《2010年小企业信贷结构调整指导意见》，提出了2010年业务发展目标、结构调整重点和各项工作要求；转发了银监会《关于进一步做好中小企业金融服务工作的通知》，对包括机构建设、小企业资源配置、合作平台组建等工作做了进一步部署。此外，还制定下发了《关于加强小企业供应链融资产品营销工作的通知》《关于加强小企业小额无抵押贷款营销工作的通知》《关于做好年底前小企业工作的通知》等多项指导政策，以及各项制度安排文件，明确工作规则和要求。各分行根据本行业务发展情况，制定完善相关意见、制度、细则，积极转变思想，深化战略转型，全行小企业业务呈现由被动发展转为主动发展的良好局面。

三、细分市场，探索一地一策的差别化信贷结构调整策略

2010年，小企业信贷结构调整继续推进资产组合管理。一是按照“一行一策、一地一策”的原则，组织二级分行对产业集群、专业市场、核心企业进行市场细分，明确“支持类、维持类、控制类”三类行业，选择1 664个产业集群、690个专业市场和1 259个供应链核心企业范围内的9.1万个客户作为重点营销目标。二是加强对区域的差别化管控，将367个地市级二级分行分为“重点发展”（160个）、“稳步发展”（123个）和“培育能力”（84个）三类行进行分类推进。三是对2005年以来不良率始终高于5%的二级分行暂停办理除低风险业务以外的其他信贷业务。各分行在总行政策框架内对辖内客户、市场和机构进一步细分，全行形成了1 400页共计35万字的《小企业信贷结构调整实施方案》，为全行结构调整工作明确了目标。

四、打造营销合作平台，推动建立批量化营销模式

2010年，总行下发《关于加强小企业业务批量化营销工作的通知》，提出重点打造供应链融资平台、产业集群平台、网络银行平台、科技产业平台、助保金平台和担保增信平台等批量营销服务平台，全行批量化营销明显提速。在2009年总行与工业和信息化部签署合作协议的基础上，2010年1月，总行与全国工商联签署了服务中小企业战略合作协议，目前全行基于合作平台的批量化营销模式逐步成型。截至12月末，全行共搭建各级各类平台364个，涉及客户15 646户，占小企业信贷客户总量的25.6%，贷款余额为878亿元，占小企业贷款余额的20.85%，不良贷款率为0.03%。批量化营销模式已初步形成规模，拥有了一定的市场先发优势。

五、强化产品创新，拓展业务领域

在持续推广“速贷通”、“成长之路”品牌的同时，2010年总行研发了基于与政府、企业三方合作的“助保金”业务，打造出依托“风险池”防范风险的新型信贷模式，深圳、河北、上海、安徽、山东等分行成功开办此项业务，贷款余额达到90.2亿元；小企业固定资产购置贷款业务在重庆、云南、厦门、四川等12家分行成功试点；小额无抵押贷款“诚贷通”业务得到进一步推广。此外，2010年年末推出的“资贷通”业务，有效实现了小企业信贷市场与资本市场的衔接，为持续服务客户、拓展客户价值提供了有利条件。

六、注重风险管控，保证资产质量

针对小企业业务主要风险，总行开展实施小企业大额贷款和大额不良贷款日常监测，对各行当年纯新发放不良贷款实施重点监控，及时查明原因，制定处置措施；组织分行对存量信贷业务“回头看”，确保各项档案资料齐全合规，防止操作风险。同时，结合下半年经济形势变化，区分重点进行重新梳理，对有潜在共性风险点的业务进行重点研判；组织分行综合运用各种手段，有序处置不良资产，加大对小企业存量不良贷款的清收盘活。

七、专业技术工具和管理流程上线试运行，业务保障能力不断提高

2010年，总行在对公客户关系管理系统

（OCRM）上开发建立了小企业客户营销管理流程，制定了《小企业客户营销管理办法》《小企业客户营销管理流程操作手册》，目前已在10家二级分行试点；差别化的小企业贷后管理流程正在构建。行业筛选、客户筛选、风险预警等工具已于2010年完成开发并上线运行。

八、积极开展业务联动，提高金融产品覆盖率

组织开展与财富管理与私人银行部联动营销深化项目，研究制定联动营销管理办法和业务流程，并根据《关于小企业业务与财富管理及私人银行业务联动营销的指导意见》，指导全行开展交叉销售，拓展我行小企业信贷客户，提高产品覆盖率。

九、开展多层次培训交流，提高人员专业素质

通过境内外集中培训、视频会议、编写案例集等多种方式，分别对小企业高级管理人员、小企业经营中心主任以及小企业客户经理等开展多层次培训。编写并下发了《小企业客户营销案例集》《小企业不良贷款案例集》，为广大小企业客户经理提供教材，不断提高小企业队伍专业化水平。

（执笔：王婕）

集团客户业务

一、各项工作指标完成较好，经营稳健，业绩优良

截至2010年12月31日，集团客户部所辖集团客户5 461个，比年初增加487个；成员单位以及单一客户共50 575个，比年初增加了6 317个。

所辖客户贷款余额为27 178.84亿元，占全行对公贷款40 818.39亿元的66.58%，比年初增长了2 640.76亿元，增幅达10.76%。信用等级A级及以上占全部贷款的96.34%，信用等级AA级及以上占全部贷款的88.49%，分别较年初提高了1.9个和5.1个百分点，信贷结构不断优化。

所辖客户存款余额为12 258.86亿元，占全行对公存款的25.02%，其中活期存款占61.94%，比年初增长了1 027.53亿元，增幅达9.15%。存款短期化趋势明显，低成本的活期存款新增占比为29.87%，较低成本的一年期以内定期存款新增占比为76.31%，高成本的一年期以上定期存款实现了负增长（-18.47%）。表外业务余额为10 367.17亿元，比年初增长了1 688.31亿元，增幅达19.45%；垫款余额仅1.61亿元，垫款率不到0.02%。

在控速新增贷款的同时，认真落实总行“贷后管理年”的要求，主动打响不良贷款攻坚战。截至2010年年末，不良贷款余额为252.02亿元（含保全），比年初减少了29.56亿元，减幅达10.50%；不良率为0.93%，比年初降低了0.22个百分点，低于全行对公贷款不良率0.24个百分点；产能过剩行业贷款不良率为0.80%，较年初降低了0.54个百分点，低于全行对公贷款不良率0.37个百分点；2008年第四季度以来，共发放贷款19 965.40亿元，不良率为0.40%，风险控制状况较好。

94家总行级战略性客户标杆效应显著，平台作用突出。截至2010年年末，成员单位共有6 403个，比年初增长了758个。贷款余额为7 564.16亿元，占全行对公贷款余额的18.53%；比年初增长858.20亿元，增幅达12.80%。其中，不良贷款余额为12.85亿元，不良率为0.17%，比全行对公客户不良率低1个百分点。存款余额

为4 204.50亿元，占全行对公存款的8.58%；比年初增长494.75亿元，增幅达13.34%。表外业务余额为4 410.25亿元，比年初增长581.96亿元，增幅达15.20%；没有垫款情况。我行共为铁道部、联通集团等17家战略客户发行短期融资券32期，合计1 080亿元；为中石油、华能集团等8家战略客户发行中期票据10期，合计204亿元；战略客户短融、中票承销量分别占我行承销总量的84.4%和54%；我行承销战略客户2010年短融、中票承销总量为1 284亿元，占全国全年短融、中票市场发行总量的10.86%。另据初步统计，总行级战略客户在单位结算等11类重点产品①的覆盖度②达到30.26%，其中41.52%的客户使用了四种以上产品，17.56%的客户使用了五种以上的产品。在已开展业务合作的战略客户成员单位中，存款、单位结算、贷款的产品覆盖率③分别为95%、92%、49%，贷款、电子银行、结售汇、代收代扣的产品覆盖率位居前列，分别达到了48%、17%、14%。这些指标中还没有包括代发工资、信用卡、年金等业务。

2010年，总行级战略性客户毛收入首次突破200亿元，达到202亿元，其中，中间业务收入增速达18%，是毛收入增速的3倍；税前利润首超百亿元，达到116亿元，增速达到31%，连续两年保持两位数增长；EVA为39.49亿元，相当于2009年的147%，是2008年的4.4倍，两年平均增速达到110%；资本回报率为19.65%，连续3年保持在股东回报要求之上。

二、经营管理工作富有成效，亮点纷呈

（一）出台《关于进一步加强全行集团客户业务经营管理工作的指导意见》，力促条线经营管理体制改革

2010年3月，集团客户部经过充分调研，并与有关部门共同研究，印发了《关于进一步加强全行集团客户业务经营管理工作的指导意见》（以下简称《指导意见》）。

《指导意见》出台后，全行上下高度重视，并结合工作实际积极推进，调整组织架构，优化客户经理配置，提升集团客户经营重心，强化纵向、横向服务团队工作方式，适应集团客户的综合性业务需求。为加强集团客户业务的专业化经营管理，总行将原有的7个集团客户团队整合为9个行业集团客户团队，同时有22家一级分行成立集团客户部门（其中一级部17家），部分二级分行成立了集团客户经营中心，提升重要集团客户的经营管理能力。

（二）大范围、深层次推进精细化管理工作，提升集团客户经营与管理能力

2010年切实成为集团客户部的精细化管理年，集团客户部在多个方面深层次提升精细化管理的深度和广度，并取得显著成效。

一是制定了总行级战略性客户营销与产品配置手册，按客户配置包括我行子公司在内的各类业务产品，一户一册，真正体现差别化、个性化及专业化，持续提升客户经营精细化水平。

二是用战略的眼光审慎看待大客户的作用，处理好眼前发展和长远发展的关系；积极从经营贷款向经营客户转变，处理好单一业务发展与综合业务发展的关系，处理好银企合作关系和产品合理定价，积极提升关系处理精细化水平。

三是制订了《集团客户部固定利率（含利率项）贷款价格审批及利率风险金计提信息审核相关工作操作流程》等，修订了《集团客户部集团客户授信限额管理内部操作流程》等。同时力图理顺优化CLPM系统流程以及跨部门服务团队工作等流程，不断提升流程管理精细化水平。

四是配合授信部下发《关于进一步加强集团客户授信风险管理有关事项的通知》，进一步提高了我行对集团客户的授信管理水平。同时，研究分析跨境集团客户授信管理问题、贷款集中度问题并提出多套解决方案和建议，进一步提升集团授信精细化水平。

五是借助管理会计系统，推进客户科学量化分析工作，为总行级战略客户的经营管理提供参考依据。推动改进客户综合贡献度计量模型、提高数据

① 11类产品包括：贷款、存款、单位结算、电子银行、保函、保理、代收代扣、结售汇、贸易融资、财务顾问、审价咨询。

② 客户的产品覆盖度=客户使用的产品数/11（产品数量）。

③ 产品覆盖率=使用该产品的客户数/客户总数。

质量相关问题共计6项，使计量结果更准确反映真实盈利情况。推动实现总行级战略客户及其成员单位的10万余项交易综合贡献度（收入、利润、EVA等维度）的电子化计量，分析客户综合贡献度的变化情况和成因，为下一步提升贡献度找到突破口，加快提升盈利分析精细化水平。

（三）严格落实“贷后管理年”活动要求，不断提升风险防控能力和效果

一是从多角度强化授信管理，推动完善集团客户授信模式及流程，提高对大型优质集团客户的授信效率，增强我行市场竞争力。同时，发挥IT系统对业务管理的支撑作用。二是控制投放速度，加快结构调整。信贷投放在季度、月度之间尽可能做到均衡，并确定将中央4万亿元投资项目等国家重点建设项目续建投产项目及经国家发展改革委核准的项目作为投放重点。三是启动操作风险与内部控制自评估工作，排查与消除风险。四是加强预警跟踪管理，紧盯信贷资产质量。依托预警跟踪管理系统，梳理出一套较为完善的关注类客户跟踪机制，按季度通报信贷资产管理情况，提示分行关注宏观经济发生变化对我行信贷资产的影响，并指导分行做好风险预警工作。积极采取措施，成功化解总行“十大关注类客户”之一中芯国际的预期风险，洛玻集团贷款问题也已成功化解转机。五是加强运营风险系统防范，保持安全运营无事故。我行的安全运营工作长期获得上级单位的认可，集团客户部的突出表现获得中央国家机关社会治安综合治理“平安建设先进单位”称号。

（四）高度重视与认真开展“创先争优”活动，重在提升组织战斗力与群众满意度

认真贯彻落实党中央和总行党委关于深入开展“创先争优”活动的要求，提高本部门和全条线的思想政治水平和专业素质水平，制定以“服务客户、服务分行、改进作风、提高效能”为主题的实施方案，进行整体规划和具体安排，形成部门统一领导、全体员工积极参与的整体联动工作格局，保证“创先争优”活动的实施与推进。

（五）进一步加强分析研究工作

编制行业营销指引等研究报告43份，完成21项业务专题研究，很多报告获得行领导的高度重视与评价。完成《关于集团客户部贯彻落实行领导批示精神的报告》《精心布局调结构　立足转型谋发展——总行级战略性客户结构调整及业务转型成果报告》等业务综合类报告。

除综合类研究报告外，《银行与电影产业合作设想》《新形势下我行铁路业务经营分析报告》《关于希腊主权债务危机对我行船舶行业影响的调查分析报告》等39篇专题类报告，对了解行业形势，引导全行有针对性地对客户提供金融支持，规避风险，具有重要指导意义。很多报告成为我行制订授信、营销工作计划的重要参考。

积极响应国家西部大开发及新疆跨越式发展战略，谋划并强力支持西部分行跨越式发展。集团客户部牵头相关部门组织专题调研，完成《关于对新疆跨越式发展进行专题调研的报告》，为总行出台相关差别化政策提供参考。

（六）加强沟通协调，重在可持续发展

一是根本解决中石化加油站上门收款难题。2010年3月，借全面战略合作重商之机，集团客户部会同总行相关部门及相关分行，与中石化多次谈判，积极争取，最终明确了贷款（300万元/加油站）和付费（3.5万元/加油站·年）等补偿方式。

二是推动相关制度的制订与完善。为从根本上解决现金管理业务利益分配问题，集团客户部会同相关部门和分行进行深入探讨与细化研究，确定解决利益分配问题的整体思路，制订利益分配方案。相关的制度建设和系统开发已进入实质性阶段，预计2011年下半年能顺利实施。

三是正视并解决铁道部风险集中度管理问题。针对第三季度末风险集中度统计口径变化，我行迅速反应，积极沟通协调，取得监管部门的重视与认同，调整我行内部管理模式保证集中度指标合规，为客户营销和信贷投放铺平道路。2010年，铁道部66个铁路项目拟安排我行承贷金额达2 161.18亿元。截至2010年年末，各类项目贷款余额已达762.65亿元，较年初增长了332.56亿元。同时，积极反映铁路行业的特殊性与铁路集中度问题的普遍性，促成监管部门重新研究和审视该课题。

四是创立银企整体联动新模式。为提升我行综合服务水平和需求响应速度，经我行与电信集团多次沟通，决定由我行作为主发单位，首次以银企联合发文形式组建“中国建设银行——中国电信集团资金结算管理联合工作团队”，涉及我行总行、分行、支行三级电信集团客户经理和电信公司总部、省分公司、地市分公司财务经理等共1 000 人。我行与电信人员一一对应，建立问题反馈机制，进一步夯实银企合作基础。

（七）客户营销成效显著

大力开展优质集团客户营销工作，积极发挥总行牵头的集团客户总部营销和跨国公司源头营销的优势作用，有效整合全行资源，充分采用纵向总分支联动、横向部门联动、海内外联动以及与子公司联动的特色服务团队和模式，开展全方位立体营销，展现了强大的市场竞争力，赢得众多的重大项目和重要业务。

2010 年，总行层面共策划并完成高层营销317 次，其中行领导级46 次，部门总经理级271 次；对重要客户或重点项目进行总部营销567 次，开展牵头营销305 次。与优质大型集团客户签订银企战略合作协议18 项；组建资金结算网络79 个；组织申报集团客户授信限额方案65 笔，审定授信限额达11 760.9 亿元；发起423 家集团客户额度授信；组织内部银团17 笔；出具贷款承诺（含意向性）147 笔，金额达6 903.4亿元。

组织召开大型产品推介会与客户答谢会6 次、行业研究会议21 次、“一对一”银企合作交流会议19 次、工作推进会议39 次。组织大型境内外业务培训13 次，编制行业营销指引等研究报告43 份。

（执笔：姜国林）

机 构 业 务

2010 年，全行机构业务条线紧密结合市场环境和政策变化，牢牢抓住民生领域工作主线，打造民生领域综合化金融服务品牌，打造财政的资金源头和辐射拉动作用平台，打造金融领域的交叉营销和创新推动作用平台。坚持“专业化、精细化”的经营理念，不断提升机构业务的主动应变能力、市场竞争能力和可持续发展能力。在优化结构、保证质量的基础上，实现了各项业务的健康发展。

2010 年6 月22 日，建设银行2010 年全行机构业务工作会议在山东济南召开。

一、主要经营指标完成情况良好

截至2010 年年末，机构类一般性存款余额达到18 369.30 亿元，较年初增长了20.35%；一般性存款活期余额占比为73.56%，较年初提高了0.37 个百分点；机构业务贷款余额为2 307.87 亿元，民生领域贷款投放669.51 亿元，在机构业务中占比达95.90%；存量贷款中AA－级及以上客户贷款余额占比为92.24%。机构业务不良贷款额比年初减少了2.15 亿元，不良率下降至0.48%，创历史新低。机构业务实现产品口径中间业务收入为71.09 亿元，较2009 年增长了34.61%。超过5 亿元的产品达到四项，其中代理保险业务收入超过36 亿元，百易安收入超过17 亿元。代理资金信托计划资金收付业务余额突破6 亿元。

二、精准把握民生领域客户综合化服务需求的最新发展，“民本通达”品牌在创新中不断扩大影响力

在各级财政大力支持部分高校提前还款的背景下，2010年12月底，我行教育、卫生等重点民生领域贷款余额达2 154.15亿元，较2009年同期增长了250.03亿元。其中，教育行业高校贷款、卫生行业贷款份额仍居市场首位，且质量最优。民生领域相关存款余额达6 698.55亿元；累计新增5 457家民生领域新客户。

一是以服务促振兴，“教育慧民”子品牌积极搭建业务平台，与教育事业共成长。积极开展与西班牙桑坦德银行国际交换生合作项目，支持国家高级人才工程建设；支持民办教育事业发展，成为山西全省民办学校风险保证金代理收缴业务唯一指定银行；努力拓展电子渠道业务，已与近200所高校开展了“校园一卡通”项目合作；积极搭建院校代收付业务平台，陕西、四川等分行学费代收均在10亿元以上。

二是以创新促合作，“医疗健民”子品牌运用金融产品组合与医疗卫生事业实现有效对接。以“华西健康龙卡”、“宁波市健康龙卡”等为代表的医疗卡创新性地将金融服务与医院的诊疗环节“无缝衔接”，拓宽了我行的客户基础，有效提升了产品应用面和合作范围，营销模式成功向全面合作方向转化。

三是以品质促共赢，“社保安民”子品牌通过建立多层次、立体化的社会保障金融服务体系，实现经济效益与社会效益的双赢。成功营销安徽省养老保险财政专户、上海市财政局社保基金财政专户等社保账户；赢得江西抚州市、新余市等地“金保工程”的独家代理资格；成功争办青海、山西等省级以及江苏扬州等地市“社保联名卡”的代理银行资格。通过强力介入重大社保项目，有效带动相关对公、对私业务，实现经济效益与社会效益的双赢。

四是以细分促深化，“环保益民”子品牌通过多元化融资手段及个性化金融服务与客户建立更紧密关联。截至2010年12月31日，“环保益民”累计服务客户550个，新增环保类结算客户900余个。仅湖北省分行一家，就累计到账南水北调中线工程移民资金接近80亿元，累计拨付超过65亿元，全省31个移民部门在我行的存款余额达30余亿元。

五是以特色促共生，“文化悦民”子品牌通过对文化产业项目的定向支持，强势打造民生领域业务新亮点。2010年8月，“文化悦民”子品牌正式推出以来，上海戏剧学院、安徽演艺集团等多家文化单位落户我行；通过与深圳市文化产权交易所签订的总额为300亿元的战略合作协议，顺利实现与较高成长性、高附加值的文化产业企业对接；并与“省级卫视收视率第一”的湖南卫视、全国“动漫产量第一”的湖南宏梦卡通传播有限公司开展了资产业务合作。

三、主要业务领域经营亮点频出，市场竞争力不断提升

一是“八一工程”有效巩固和稳步提升市场份额，业务领域实现拓展。2010年军队武警业务市场占比增至22.01%，继续保持了市场第二的地位。军队武警账户数达到6 448户，其中基本结算账户占比达到66%。配合总后勤部军人保障卡全军推广工作，累计发行军人保障卡20万余张，位列同业第二。

二是事业法人信贷业务持续健康发展，精细化管理走向深入。结合政策、市场、区域环境等因素，对教育、卫生、国家机构及其相关政府融资平台等行业客户实施信贷业务名单制管理，逐户进行经营策略定位；设计评价模板，实行信贷业务区域经营环境评价管理模式，实现总行精细化管理理念在分行层级的有效传导。结合“贷后管理年”工作强化管理措施，对国家机构及相关政府融资平台客户实施分类管理，有效规避和化解风险。

三是因地制宜探索财政业务发展新思路，充分挖掘市场潜力。2010年年末，全行财政及政府类客户存款（全口径）余额达到9 659.31亿元。落实全国对口支援新疆工作会议精神，与16个对口援疆省（市）指挥部建立业务合作关系，开立60个援疆专项资金账户。财政代理业务继续保持优势地位，中央财政授权支付业务代理预算单位数、代理资金支付量、代理手续费收入均居同业第一。2010年，全行财政业务实现中间业务收入

超过3.25亿元。全行累计发行预算单位公务卡239万张，当年净增114万张，市场份额同业第一。

2010年10月19日，总行机构业务部在贵州省贵阳市举办2010年中国建设银行"社保安民"重要客户推介会。

四是紧跟政策走向，关注市场动态，解决业务发展原动力，社保业务成效显著。截至2010年年末，全行社保资金存款余额达到3 878.65亿元，增速为29.79%，远高于全行对公存款增速。2010年，全行新开立各类社保基金账户数1 562个；全行新增发行各类社保联名卡115万张，累计发卡258万张。

五是实施动态分类指导，产品创收保持良好增势，政府机构客户拓展取得新的突破。通过对分行动态分类指导，有效发挥各层级作用，百易安业务收入达到17.86亿元，同比增长26.85%。政府及新型客户拓展方面实现新突破，"中国三江源生态保护发展基金会"筹备领导小组办公室基金会验资账户和专用账户已在我行开立。成功争取到新银关通整合系统的首批试点行资格，为我行在银关通及电子保函业务和进出口企业综合营销方面获取了重要先机。

六是代理保险业务收入创历史新高，银保合作平台搭建工作取得突破性进展。2010年，我行实现代理保险业务收入为36.64亿元，创历史新高，增速达到33%。网均收入达到27.37万元，保持四大行最高水平。"银保通"系统对业务的支持作用越来越重要，2010年通过系统实现新单业务量近820亿元，占全行业务总量的93%，网点活动率达到97.82%。银保合作平台搭建工作不断推进，协助建银国际获得了友邦IPO副主承销商资格，与中国人保、中国太保等大中型保险公司资产托管业务有了突破性进展。

七是保持传统证券业务市场领先优势，不断探索培育新产品、新客户，实现证券业务结构转型。2010年实现证券保证金存管手续费收入为5.36亿元，同业排名第一；CTS业务客户总数2 051万户，客户总量同业排名6年保持第一；证券机构类客户存款余额为2 850亿元。2010年第三方存管管理账户余额为3 195亿元，四行占比为34%。2010年托管证券集合资产管理计划共31只，规模达275.89亿元，托管数量和规模均居同业前列。开通银证期直通业务功能，开发针对证券投资者的理财产品，开发针对公司类客户股票质押贷款及股权抵押物处置变现系统，推出金融机构人民币结算账户透支业务产品。积极拓展新兴客户群体，有6家交易所和投资公司上线我行CTS系统。

八是独家中标国家开发银行银企直联及上海清算所结算行等重点项目，持续推进同业合作创新。全年实现银行机构类中间业务收入5 357.02万元。独家中标国家开发银行银企直联项目并签署业务合作协议，成功中标上海清算所现阶段唯一结算银行并签署结算银行服务协议。全年累计开展存放同业业务85笔，金额超过610亿元。持续推进银行同业合作创新，积极试点推广代理银行承兑汇票业务。加强评级授信管理，国内银行同业客户额度授信突破18 000亿元，有效保障了全行各信用部门与国内银行同业客户的授信业务开展。

九是非银行金融机构业务继续保持同业显著领先优势，代理信托业务独占市场鳌头。我行已累计组建财务公司资金结算网络近90家，铺设覆盖率约为90%，全年总结算量15万亿元；代理信托业务实现跨越式发展，全年共实现代理信托计划收入6.07亿元，较2009年的2.15亿元增长了182%；银期直通车业务系统累计上线期货公司150家，签约投资者数量57万户，占全国期货投资者总数的近50%，位居同业首位；加强产品创新，在银行同业中率先并独家实现"代理第三方信托产品"业务电子化，并成功上线，在五大存管银行中率先推出了拟质押标准仓单质押贷款和交割还款业务；以"民本通达"为依托，研究并推动机构业务服务国家区域战略的金融支持方案，为业务发展寻求新的基点和方向，并在文化、医疗、城市化建设等方面取得积极进展。

四、不断加强基础管理工作，持续提高经营管理水平

一是精心组织实施机构业务条线“内控执行年”活动。根据总行相关工作部署，梳理了113项业务核心制度，提出了31项政府机构类各业务领域重点控制内容和19项金融机构类各业务领域重点控制内容。通过“内控执行年”活动的开展，全行机构业务条线的制度执行力和风险防范水平得到了进一步的提升。

二是采取有效措施，防范操作风险。2010年组织开展了机构类事业法人客户评价、代理中央财政授权支付业务、鑫存管业务等操作风险自评估工作。积极配合审计署专项审计调查，做好核查、分析、整改工作。联合多部门对代理中央财政授权支付业务、代理中央财政非税收入收缴业务等进行了调研及检查，完成了企业社保基金（资金）账户风险排查，对部分重点地区分行的代理信托和财务公司业务进行了检查和督导。组织代理中央财政业务系统的开发优化工作，加强政府保证金和单位委托贷款业务系统建设，CTS系统进行多项功能整合和流程优化，继续扩大银保通系统的使用范围，通过科技系统的开发和运用，提高管理水平。

三是加强分类指导和精细化管理。在财务会计部积极配合下，建立了社保项目投入产出财务模型，为各行争办省市一级社保业务代理资格创造了极为有利的条件。银保业务建立了四大行同业定期交流制度，与十家保险公司建立定期会晤制度，加强业务推动和督导。CTS业务率先在全行进行存款收益行际分配，保障了多账户架构下的全行营销模式。对非银行金融机构重点业务板块、促进非银行金融机构业务服务民生领域以及针对国家区域战略进行系统性指导，并出台了相关工作指导意见和要求。成功召开了全行机构业务工作会议，对全年工作进行了具体明确的部署和要求；全年下发《机构业务参考》71期，为分行提供及时的案例分析和指导；先后举办了八期全行性国内业务培训班及一期中国香港业务培训，提高了机构业务从业人员的业务素质。

（执笔：李华　郭华）

国际业务

2010年，国际业务经营形势依然复杂，全体国际业务员工认真贯彻总行战略转型要求，围绕“调结构、抓效益、促增长”的主题，坚持六个并重，即规模与速度并重、资产与负债并重、客户与产品并重、质量与效益并重、转型与发展并重、管理与服务并重，促进了国际业务健康快速发展，赶超同业领先水平的步伐进一步加快。

2010年4月16日，建设银行胡志明市分行成立庆典在越南胡志明市隆重举行。

一、规模与速度并重，主要外汇业务保持增长

一是外汇存款新增居同业前列。截至2010年年末，外汇全口径存款余额为337.23亿美元，超

越工商银行位列四行第三。其中外汇对公存款余额超过工商银行和农业银行，首次排名四行第二。外汇全口径存款、一般性存款、对公存款、同业存款新增均列四行第一。

二是外汇贷款结构持续优化。外汇存贷比（各项贷款余额/各项存款余额）四行最低，较年初下降 3 个百分点；外币贸易融资余额同比增长了 57.05%，在外汇贷款中的比例较年初增加了 7 个百分点。

三是国际结算业务规模与效益双丰收。完成国际结算量 6 670 亿美元，同比增长 43%，增速连续三年位列四行第一；实现单位国际结算收入 30 亿元，同比增长 46.02%，均位列四行第二，在全行外汇中间业务收入中占比 43%。

四是国外保函和国际融资业务稳定增长。截至 2010 年年末，国外保函余额连续 5 年保持四行第二位；内保外贷余额指标在同业中位居前列；国际融资签约额较 2009 年增长了两倍。

五是国外银行业务健康发展。代理行网络继续扩大，与 132 个国家和地区的 1 436 家银行建立了总行级代理行关系。代理外币结算/清算业务增速加快，为我行带来了大量资金沉淀；边贸业务恢复活力，同比增长 65.89%。

二、资产与负债并重，外汇流动性不断改善

自 7 月份开始，外汇资产负债管理职责由资债部划转到国际部。我部与相关部门及各分行密切配合，狠抓存款、调控贷款，确保了外汇存款快速增长和外汇贷款有序投放。

一是建立了促进外汇存款增长的长效机制。第一次在年中对一级分行行长 KPI 指标体系进行调整，将外汇一般性存款指标单列，充分体现了“存款立行”的战略导向。利用价格会商机制多次调整外币资金内部转移价格，增强分行吸收外汇存款的积极性，扭转了外汇存款下滑的不利局面。

二是外汇贷款实现了控制增速和调整结构的双重目标。坚持实施“以存定贷”管理，抑制贷款过快增长，外币流动性显著提高。下半年连续三次放宽贸易融资发放门槛，贸易融资新增占外汇贷款新增的 64%，贸易融资余额在外汇贷款余额中的占比较年初提高了 7 个百分点，达到 37%。严格限制长期贷款新增，在保证重点客户贷款需求的同时，1 年期以内外汇贷款余额占比较年初提高了 14 个百分点，达到 58%。

三是外汇存贷款利差保持同业第二位。我部细化了价格管理政策，按产品、期限、客户评级三个维度，调整了外币贷款优惠利率底线，以价格手段引导分行提高贷款收益，控制存款成本，理性应对市场竞争。下半年外汇存贷款利差明显提高，居同业第二位。

三、客户与产品并重，市场竞争力显著增强

一是客户数量和平均贡献度有所提高。国际业务条线高度重视客户群体的建设，加大了对客户类指标的考核和激励力度，在综合经营计划中增加了国际收支量客户数新增指标，同时保留了 200 万美元以上贸易融资客户新增指标。牵头组织了多次重要客户营销活动，并指导分行结合地区特点制订分层营销、重点突破的经营策略，狠抓基本账户开立，提高重点客户外汇业务承办率。全行外汇业务对公客户数同比增长了 9%，在全国进出口企业总数中的占比达到 19.3%，国际收支量同比增长 45%，大大高于客户数增速，客户平均贡献度增加。贸易融资授信客户数同比增长超过 60%，为贸易融资业务的持续增长奠定了基础。

二是贸易融资业务已形成较为完整的产品线。业务品种增加到 30 余种，连续两年被美国《环球金融》杂志评为“最佳贸易融资银行”。2010 年，陆续推出应收账款池融资、银行投保融资、委托付款、出口结汇保等产品；在同业中率先推出大宗商品融资项下套期保值业务，成功引入商品价格风险对冲机制。为此，在第四届中国国际物流与供应链合作发展高峰论坛上，我行荣获了“最佳商品融资服务银行奖”，品牌形象进一步提升。

三是跨境人民币结算业务抢得市场先机。我部积极应对人民币国际化趋势，迅速成立了工作小组和研究小组，起草了《人民币国际化对我行的机遇和挑战分析》；完成代付盈和支付盈产品创新工作，以产品赢得市场，被《经济》杂志和《中华工商时报》评为“中国跨境贸易人民币结

算最佳银行”和“客户满意首选品牌”；将跨境人民币结算量占比及客户数新增纳入2011年一级分行和条线KPI考核，从机制上保证了这项业务稳步发展。

2010年11月30日，建设银行悉尼分行隆重开业。

四是国际融资业务实现了多项突破。确定我行为转贷行的外国政府转贷款备选项目金额排名第一，与同业联合推出境内外汇贷款转贷款业务，进一步扩展了转贷款业务模式，与中信保共同开发境外租赁保险项下融资产品，为重要客户“走出去”提供了资金支持；在大连设立了船舶融资产品中心，专业化管理优势和品牌效应初步显现。

五是对外担保和外汇现金管理业务稳步推进。及时出台了融资性对外担保业务管理规定，适时推出美国环保署反担保、代理国内商业银行开立融资性保函、人民币融资性对外担保等累进型创新产品；全面开展外汇现金管理产品设计，成功为中粮财务公司等重要集团客户提供现金归集管理服务。

六是与外资银行合作进一步深入。为59家境外金融机构开立了跨境人民币结算账户，与64家境内外银行签订了代理外币清算/结算业务协议，与5家新加入外汇交易中心的做市商签订了代理美元结算协议，成功营销徽商银行和盛京银行在我行境外分行开户；外汇清算直通率长期处于同业领先地位，被多家外资银行授予最佳清算奖；积极开发边贸特色产品，人民币边贸通、边贸账户结售汇、信保项下贸易融资、信用证等业务取得突破。

七是业务流程不断改进。进一步完善贸易融资服务功能，提出CLPM系统优化需求，稳步推进外围系统接口开发；国际结算大客户直联系统在中海油等公司成功上线，首次实现客户ERP系统与我行后台系统外汇业务直联服务；单证集中处理范围继续扩大，实施了安徽、海南两家分行的单证集中，纳入集中的国内机构达到11家。承接伦敦子行业务，实现贸易融资单证业务跨时区处理。

四、质量与效益并重，外汇业务又好又快发展

一是资产质量继续改善。外币表内不良贷款余额及不良贷款率实现双降，外汇资产质量总体向好。表内外业务向优质客户集中，贸易融资重点投放于AA级客户，客户结构进一步优化。

二是经营效益稳步提高。外汇中间业务收入同比增长40%，实现外汇净利润5.38亿美元，较2009年增长了50%。

三是风险防范措施进一步加强。进一步完善了产品分析、业务通报和风险报告制度，加强对境外账户行、交易对手以及国别风险管理，印发了《国家（地区）和国外金融机构额度授信管理流程暂行规定》，根据形势变化和客户需求，动态调整国家及金融机构额度，在确保资产安全的同时，保障了业务正常开展；规范了产品管理，适时更新“融货通”质押产品目录，控制产品类别和质押率，针对出口船舶保函经营风险突出的情况，细化了业务底线要求；指导分行开展客户风险排查，通过订单重组化解客户履约风险，与国际海事局合作完成船情调查，严防欺诈风险。

四是合规管理稳步推进。以银监会开展“银行业内控和案防制度执行年”活动为契机，完善外汇业务内控建设，促进外汇业务操作规范和统一管理；配合监管部门检查和内外部审计，在全行范围内多次开展外汇业务专项检查，认真组织整改；持续开展外汇业务内部控制体系健全性与有效性自我评估，提高风险识别能力，改善内控环境；整合并优化相关系统，将合规管理要求嵌入系统操作流程，利用先进的技术手段，提高我行合规经营水平。

五是机构管理和队伍建设进一步加强。严格

执行《分支机构外汇业务市场准入管理办法》，共批复64家机构开办、增办外汇业务的申请；利用系统跟踪新开办外汇业务机构的经营情况，责令297家业务规模较小、管理水平较低的分支机构整改。举办了多个外汇业务培训班，配合相关部门在业务培训中增加外汇业务课程，积极参加境内外研讨会，指导分行加强对辖内机构的培训。设立了国际结算师技术序列，拓宽了国际业务人才晋升渠道。

2010年12月15日，全国建设银行国际业务工作会议在福建省福州市召开。

五、管理与服务并重，外事工作迈上新台阶

2010年，我部继续贯彻中央及总行领导指示精神，以服务全行业务发展为重心，强化“统一领导、归口管理、分级负责、协调配合”的工作原则，为加强对外交流、提升我行国际形象做出了积极的努力。

一是做好对因公出访团组的服务。加强境外安全管理，提高出访团组对突发事件的处理能力。

二是规范对境内外机构的外事管理。通过OA外事管理系统对分行证照信息进行监管，组织对全行护照和通行证管理情况进行清查，下发了《关于加强境外内派人员因公出国（境）管理工作的通知》，明确境外机构因公出国（境）管理原则，强调境外机构工作人员外事纪律。在全行成功推广外事系统，实现了因公出国（境）工作电子化管理，进一步提高了工作效率和服务质量。

三是统筹安排全行外事活动。为重要外事活动提供口译支持，高质量地完成了重要文件和信函的笔译和笔译审核工作，有力地支持了全行对外交流与合作。

（执笔：展佳）

投资托管服务业务

截至2010年年末，我行投资托管业务规模突破1.3万亿元，达到13 079.42亿元，比2009年年末增加了3 118.39亿元，增幅为31.31%。

一、证券投资基金托管业务继续保持良好发展态势

截至2010年年末，我行证券投资基金（含QDII基金）托管资产净值为6 192.96亿元，新增基金托管份额707.84亿份，新增托管基金35只，均居市场第二位。2010年，我行密切关注证券市场形势和监管政策的发展变化，积极营销基金规模大、投资业绩好的基金管理公司，与优质基金公司建立长期业务关系。同时，及时调整产品策略，权益类产品（股票型及混合型基金）和固定收益类产品（保本和债券产品）兼顾，满足了不同风险偏好的投资者的需要。

二、证券公司受托资产托管业务继续领跑市场

截至2010年年末，我行证券集合计划托管业务规模达到 297.08 亿元，比 2009 年年末增长 117.58 亿元，增幅为 65.5%。证券集合计划托管业务市场份额、新增规模、托管只数均居市场第一位，继续保持市场领先地位。2010 年，我行抓紧营销优质证券公司客户，先后与多家证券公司签署上报了新的集合资产管理计划，保证了我行在监管部门的产品储备数量。按照中国证券业协会和中国证券登记结算公司的要求，我行积极参与集合计划合同电子化签署工作，进一步方便了客户。

三、企业年金托管业务取得历史性突破

截至 2010 年年末，我行企业年金基金托管业务规模达到 366.47 亿元，比 2009 年年末增加了 153.88 亿元，增幅为 72.38%，业务规模跃居市场第二位。2010 年，我行成功营销了一批重要客户企业年金托管业务，服务的客户涵盖 31 个行业；全行企业年金托管业务组织架构已基本构建；产品创新取得新进展，先后与 9 家管理机构合作开发了 6 个标准化企业年金产品；业务流程不断优化，服务内容不断完善，客户服务水平进一步提升。我行规范、专业的企业年金托管服务和稳健、安全的业务运营得到了监管部门、合作机构和客户的一致好评。

四、保险资产托管业务进一步推进

截至 2010 年年末，我行保险资产托管规模为 1 286.05 亿元，比 2009 年年末增加 297.8 亿元，增幅为 30.13%。与各类保险公司建立更为密切的联动机制，取得了较为显著的效果，先后与几家大型保险公司建立了托管合作关系。在保险资金实业投资计划托管业务方面，保险资金投资基础设施等实业投资托管业务取得了阶段性成果。

五、信托财产保管业务快速发展

截至 2010 年年末，我行信托财产保管业务规模达到 1 291.32 亿元，比 2009 年年末增长 851.49 亿元，增幅为 193.6%。2010 年，我行积极推出阳光私募证券投资集合资金信托计划，多次举办代理销售集合资金信托计划路演活动并营销信托 QDII 托管业务。严格执行监管机构相关规定，防范信托计划相关证券账户中涉及的风险。在实业类信托财产保管业务方面，及时制定加强信托实业投资财产保管业务准入审核、在信托实业投资财产保管业务中加强风险管理工作等文件，一方面要求分行建立并完善对拟提供保管服务的信托产品的准入审核制度；另一方面加强对分行的业务指导、审核和风险控制工作。

六、QFII 托管业务稳步推进

截至 2010 年年末，我行 QFII 资产托管规模达到 253.59 亿元。2010 年，我行先后赴中国台湾、新加坡、中国香港、美国等地进行 QFII 托管业务营销，取得了良好的效果。成功托管首批获得 QFII 资格的台湾富邦基金，成为首家开办台湾 QFII 投资托管业务的中资银行。目前，我行已经与全球前三大托管银行建立了次托管业务关系。

（执笔：杨增亮　王云鹏）

养老金业务

2010 年，全行养老金业务条线积极应对市场环境和政策变化，紧紧围绕总行战略部署和任务目标，坚持一手抓市场拓展，一手抓基础管理，在市场拓展、产品创新、业务运营、基础管理、系统开发、队伍建设等方面均取得了较好成效，实现了业务持续平稳发展。

一、业务发展基本情况

（一）业务规模稳步增长

截至2010年12月末，企业年金受托业务签约资产规模达到140亿元，较年初新增45亿元；实际运营受托资产规模达到119.3亿元，较年初新增37亿元，增幅为45%，超额完成全年业务计划。账户管理业务签约个人账户数266万个，较年初新增73.5万个；实际运营个人账户数168.4万个，较年初新增20万个，增幅为13.5%。

（二）大客户营销成效显著

2010年，在全行上下共同努力下，我行成功营销国家开发银行、中国冶金科工集团公司、中国华能集团公司、中国普天信息集团公司、中国航空油料集团公司、银河证券有限公司、信达资产管理公司、中国商用飞机公司、中国建银投资公司、中航工业集团及下属江西洪都航空公司、东安动力集团、中国水电水利第八工程局等一批中央企业客户和贵州农信社、青海农信社、河南省投资集团、河北冀东发展集团、内蒙古集通铁路集团、徽商银行、成都农商银行、厦门金龙汽车等地方大客户的受托或账户管理业务，客户规模和市场影响力进一步扩大。

（三）“万户工程”顺利推进

面向中小客户的集合计划签约客户增加迅猛，截至2010年12月末，当年新增签约客户3 280户，其中，以我行作为受托人的“养颐乐”系列产品新增2 696户，与养老保险公司合作“2+2”模式的产品新增584户。完成全年计划的328%，累计签约户数4 293户，累计签约受托资产约为16亿元，个人账户数约为38万个，托管资产约为8亿元。目前，已正式投入运作的集合计划企业客户368家，管理资金规模达到4.2亿元，管理个人账户数61 665户。

（四）养老金产品创新试点工作有序开展

2010年，总行研发了针对企事业单位员工薪酬延付计划（又称“员工福利计划”）的新产品——“养颐四方1号”。该产品推出后收到较好的市场反响，成功营销中国神华集团神东煤炭分公司、上海铁路局、中国铁通吉林、河南、江苏分公司等22个大中型客户。截至2010年12月末，“养颐四方1号”产品已签约60户，涉及个人账户数约6.7万个、企业存款约8.2亿元。签约客户中，已上线运营43户，管理个人账户36 840个，完成归集或稳定企业存款约1.6亿元。

（五）养老金业务综合收益逐渐显现

截至2010年12月末，全行实现受托和账户管理业务收入318.8万元。尽管实现规模收入尚需时日，但养老金业务在巩固与优质客户的关系、充分挖掘客户价值、开拓新的业务领域等方面的作用已逐渐显现，已有广铁集团公司、沈阳铁路局、云南红塔烟草集团、读者出版集团、贵州红林机械、武汉船舶重工等一批客户实现了明显的综合经营收益，养老金业务价值创造力得到提升。

二、采取的主要工作措施

（一）加强业务规划，制定下发了《企业年金（养老金）业务发展规划纲要》

为实现我行养老金业务持续稳健发展，总行制定下发了《企业年金（养老金）业务发展规划纲要》（以下简称《纲要》）。《纲要》分析了我行企业年金业务发展的现状和存在的问题，明确了发展目标和路径，提出了具体的发展措施，为我行养老金业务持续、健康发展奠定了政策基础。

（二）细分市场，有的放矢，继续加大客户营销和市场拓展力度

1. 明确目标，持续加强中央企业等战略客户的营销工作。2010年，总行重新梳理、定位了央企重点目标客户，并制定了相应的营销方案。调动全行资源，发挥联动营销优势，通过拜访、推介、研讨、培训、高层互访等多种方式，进一步推进了央企年金客户营销工作的进展，成功中标一批央企客户，扩大了我行市场影响力和业务规模。

2. 动态指导，加强对分行地方性大客户的营销支持。根据各地市场特点和分行客户储备情况，总行确定了具体推进客户名单，实施了名单制管理，有目标地对重点地方企业进行营销。总分行通力协作，进行了多个项目的标书制作或现场述标，以及提供投资策略和政策制定建议等营销措施，取得了较好的效果。

3. 加强引导，积极推进“万户工程”。我行集合计划产品的销售数量呈现高速增长趋势。截至2010年末，我行已先后推出了近10款企业年

金集合计划产品系列，其中由我行作为受托人发行的“养颐乐”系列产品已在市场上获得了较高的知名度和影响力，且领先于其他各家银行研发推出的集合年金产品数量（据统计，目前银行业共推出了38款集合年金产品，其中我行和工商银行占据首位），与市场主流年金管理机构基本建立了紧密的合作关系。

（三）规范业务运营，实现受托和账管业务平稳、安全运营

账管业务运营方面，总行在全力保障运营项目平稳运作的同时，以新中标项目和新产品运营为突破口，在全行实施账管运营模式调整工作，分两个批次调整各行账管运营管理权限，实现分行全业务流程完整、独立的业务运营管理和操作机制。同时，总行加速新中标重点项目的运营推进实施工作，华能集团、中冶科工集团、中航油集团、国家开发银行、银河证券五大项目同时启动，平稳推进。

受托业务运营方面，继续做好建设银行员工年金以及云南红塔烟草集团、贵航集团、中铝贵州企业、唐钢股份、开滦集团、首创集团、冀东发展集团等企业年金计划以及集合计划的受托运营，进一步完善了业务运营流程，加强投资管理监督，严格防范投资风险，有效实现了受托资产的安全运营和平稳增长。

（四）加强行内宣讲，大力开展多层级培训工作

为了提高分行管理层对企业年金业务的认知程度，推动业务发展，总行已先后为河南、广东、浙江、湖北、福建、北京、上海、山东、四川、江西、宁波、黑龙江、重庆、安徽等20家一级分行开办了“企业年金管理与商业银行业务创新”党委中心组专题培训，进一步提高了分行对发展养老金业务的认知度，促进了全行的业务发展。2010年，总行牵头举办了9期培训班，涉及从管理到操作多个层次，进一步扩大了培训覆盖面，提高了条线员工的综合素质。

（五）强化风险管理，持续提高基础管理水平

一是根据总行《关于开展“内控和案防制度执行年”活动的通知》，组织实施了养老金业务条线“内控执行年”活动。全行养老金业务条线广泛动员，积极参与，认真实施，达到了预期效果。二是加强业务制度和运营体系建设。组织研究、重新修订了《中国建设银行企业年金基金受托业务操作规程（暂行）》《中国建设银行企业年金基金账户管理业务运营操作规程》等十几项业务制度和办法，进一步加强了业务规范化管理和流程控制。

三、分行经营情况

（一）分行排名情况

按新增个人账户管理户数排名，排在前10名的分行为贵州、河南、北京、辽宁、广东、湖南、江苏、上海、陕西、内蒙古；按新增受托管理资产规模排名，排在前10名的分行为北京、云南、河北、河南、广东、浙江、上海、福建、四川、江苏；按集合计划业务新增签约户数排名，排在前10名的分行为湖南、黑龙江、河南、江苏、湖北、甘肃、福建、山东、山西、广东。

（二）分行推进措施

2010年，各行认真贯彻落实总行政策导向，明确目标、细化措施、强化激励，在市场拓展、产品创新、业务运营、考核激励、培训宣传、基础管理等各方面多措并举，实现了业务持续发展。

北京、辽宁、黑龙江、山西、山东、河南、福建、上海、江苏、湖北、湖南、四川、云南、贵州、甘肃、新疆等许多分行在年初制定了业务指导意见，确定了全年工作思路、营销目标和职责分工，起到了纲举目张的作用。一些分行在全年目标执行过程中不断总结成功经验并进行推广，例如，甘肃省分行对指标完成较好的二级分行的成功做法进行了总结：二级分行领导重视；对重点客户持续跟踪营销；业务指标落实到支行和团队；配备稳定的年金业务产品经理；能与传统对公业务有效融合进行捆绑销售；激励费用兑现及时到位等。

市场拓展方面，北京、黑龙江、湖南、湖北、陕西、江苏、河南等分行以抓大型央企客户企业年金业务入手，通过总分行联动营销，取得了较好成效；内蒙古、辽宁、上海、浙江、宁波、安徽、江西、湖北、广东、深圳、广西、贵州、云南、重庆、青海、西藏等分行加强了行业细分和区域指导，取得了地方重点客户的营销突破。江苏、北京、广东、湖南、湖北、山东、福建、山西、广西等分行开展了多种形式的客户和产品推介活动，提升了我行年金业务在当地的市场影响力。

集合业务拓展方面，湖南、甘肃、湖北、河南、福建、江苏、黑龙江、厦门、山西、广东、河北等分行能够较好地贯彻落实总行“万户工程”战略部署，大力拓展中小企业年金市场，逐步形成规模效应。重庆、浙江、北京、大连、苏州、宁波、宁夏、三峡等分行也根据所辖区域客户特点，在当地市场取得了一定突破。产品创新方面，上海、江苏、福建、广西、甘肃、陕西、吉林、黑龙江、苏州、宁波、浙江等分行快速跟进、大力推广，在短时间内取得了良好的市场效果。

考核激励方面，湖北、四川、山东、江苏、河南、甘肃、广西、厦门、浙江、宁波等分行贯彻落实总行激励政策，加大了考核激励力度，提高资源配置水平。湖北、江苏、山东、甘肃、福建等分行通过旺季营销、业务竞赛、机构合作等多种形式争取到更多的财务资源，促进了业务发展。

业务运营方面，北京、贵州、湖北、上海、吉林、黑龙江、甘肃、厦门、福建、广西、山东等分行严格按照总行运营规程相关要求，加强岗位约束和内控管理，业务运营规范平稳。厦门、福建、湖北、上海、辽宁、河南、内蒙古等分行深耕挖潜，签约客户运营率不断提高。云南、辽宁、上海、苏州等分行还派员参与了受托和账管业务系统优化需求讨论、系统测试等工作。

基础管理方面，各行加强了制度建设、风险内控、队伍建设、业务培训、信息宣传等各方面工作。广东、福建、湖北、湖南、辽宁、山东、河南、三峡、海南等分行加大了业务培训力度；山东、广东分行开展了“送培训到基层”巡回活动，扩大基础培训覆盖面。湖北省分行立足于建设一支专业化的企业年金业务产品经理队伍，选择“能干、肯干、会干”的人员充实了省分行年金中心力量。辽宁、山东、贵州、广东、广西、黑龙江、吉林、上海、甘肃等分行建立了信息动态报告制度，对所辖分支行提供有针对性的指导和支持。

（执笔：刘伟）

个人存款与投资业务

2010 年，个人存款与投资条线认真贯彻落实总行党委、董事会和高管层的部署及要求，围绕打造国际一流零售银行的目标，坚持“以客户为中心，以市场为导向”，积极应对外部市场环境变化，加快推进业务转型，优化客户结构，夯实发展基础，持续提升个人存款与投资业务市场竞争力。

一、主要业务情况

（一）个人存款突破 4 万亿元大关

截至 2010 年年末，全行个人存款余额为 40 191 亿元，四行占比为 23.21%；当年新增 4 378亿元，四行占比为 21.78%，增速为 12.2%。

（二）中间业务收入突破 200 亿元

2010 年，个人存款与投资条线实现收入 211.30 亿元，首次突破 200 亿元大关，同比增长 28.6%。借记卡业务在收入基数大的情况下，继续保持近 25% 的较高增速，收入规模突破 70 亿元，是全行第二大中间业务产品（仅比第一大产品少 0.7 亿元）；代销基金、个人理财和代理保险 3 项产品当年收入均超过 20 亿元；个人理财和黄金业务收入增速均超 70%。

（三）借记卡新增发卡超过6 000万张

截至2010年年末，全行借记卡累计发卡2.92亿张，当年新增发卡6 247万张（未剔除集中销卡因素），连续4年新增超过4 000万张。年内实现消费交易额1.3万亿元，首次突破万亿元大关。当年清理2 135万张睡眠卡，运行效率大幅提高。借记卡业务当年实现中间业务收入71.78亿元，继续保持24.5%的增速，在个人存款与投资部的分成收入中占比高达34%。

（四）投资理财类产品销售成为新亮点

2010年，个人存款与投资条线牵头销售投资理财类产品8 387亿元，同比增长45.7%。产品销售带动中间业务收入快速增长，当年实现投资理财类产品收入94.69亿元，在个人部收入①中占比达44.8%，同比提高1.6个百分点。理财产品因收益较高、风险适中，成为中高端客户资产配置的主打产品，全年销量超过4 240亿元。受通胀预期推动，实物金成为投资新热点，量价齐升。

（五）代销基金业务市场占比提升9.1个百分点

继续坚持“精品策略”，积极维护、拓展优质基金公司，以基金定投作为突破点，抓好“客户新增、日常销售、电子渠道签约”，稳步提高基金销售市场份额。2010年，我行代销基金总额达2 306亿元，新增基金定投客户签约185万户。当年实现代销基金业务收入28.50亿元，同比增长4.3%，四大行占比显著提升至36.1%，较2009年提高9.1个百分点。

（六）代销证券公司集合理财计划同业第一

2010年，我行主代销发行集合计划数量共17只，占全国集合计划发行总数的17.35%，发行数量居同业第一。我行主代销集合计划的成立总规模为198.02亿元，占全国集合计划成立总规模的25.89%，居同业第一。

（七）个人实物黄金实现业务收入四行第一

2010年，个人实物黄金销售量为42.3吨，同比增长126.9%，交易金额为118.1亿元，同比增长183.0%；业务收入3.68亿元，同比增长97.6%，四行占比排名第一。

（八）大众富裕客户和富裕客户成为贡献“主力军”

截至2010年年末，全行AUM 5万（含）~300万元个人客户数量为1 983万人，较年初增长16.1%。占比约10%的大众富裕客户和富裕客户拥有超过71%的资产，高达99.61%的大众富裕客户和富裕客户持有存款；大众富裕客户和富裕客户中持有银行卡、信用卡、投资理财产品的客户占比分别达到了73%、20%、25%。

（九）自助渠道高效运行，交易主渠道作用凸显

积极推进自助业务专业化试点，建立自助设备故障短信通知机制，自助设备运行效率持续提升。截至2010年年末，全行在线运行自助设备39 874台，较年初新增3 853台。自助设备台日均账务性交易166笔，同比提高13笔。自助渠道账务性交易量占自助与柜面账务性交易总量之比达57.9%，较年初提高6.2个百分点。运行设备平均开机率达97.8%，较年初提高0.7个百分点。全年实现手续费收入22.1亿元，同比增长28%；自助设备台均手续费收入达5.86万元，同比增长15%。投入运营自助银行9 677家，较年初增加1 549家。

（十）电话银行业务快速健康发展

截至2010年年末，全行电话银行客户数达7 193万户，较年初增长32.3%；全年交易量达4.26亿笔，交易额达2 563亿元，同比分别提高15.0%、33.6%；信贷外呼催收同比增长56.7%。世博会期间上海市分行95533和武汉中心接通率分别为97%和92%；亚运会期间广州中心和武汉中心接通率为98%和92%。2010年，我行荣获中国电子金融最佳电话银行“金爵奖”，电话银行北京中心荣获“客户服务中心优秀单位综合示范奖”。

（十一）个人客户满意度连续4年稳步提升

2010年，我行个人客户满意度达到64.4%，较2009年提升了0.5个百分点，高出银行同业平均水平2.4个百分点，位居五大国有银行第二位。全国有8家分行在当地四大国有银行中的满意度

① 注：此处指分成后收入。

排名第一，25 家分行排名第二。ATM 自助设备、客户经理、95533 热线等渠道满意度处于六大银行中的领先位置。个人客户经理客户满意度指标超过 82 分，连续三年在工商银行、农业银行、中国银行、建设银行、交通银行五大国有商业银行中排名第一。

二、重点推进工作

（一）全面贯彻落实“服务质量年”工作要求

1. 胜利完成“世博和亚运金融服务系列活动”。高度重视世博、亚运金融服务工作，按照银监会、中银协的要求，以提供优质、高效的世博、亚运金融服务为目标，从加强网点改造、优化服务设施、提高柜面英语服务水平、建立 95533 小语种服务组、妥善处理客户咨询投诉和开展应急预案演练等多方面入手，组织全行积极开展世博、亚运金融服务，客户满意度显著提高。直接服务世博会的上海市分行获得了先进集体称号，受到上海市政府表彰；电话银行中心也得到银行业协会的表扬。中国银行业协会授予我行“世博金融服务组织”奖及“2010 年度文明规范服务千佳示范单位评选活动突出贡献”奖。

2. 客户服务闭环机制初步建立。一是通过客户体验发现问题，提出解决方案，再将优化后的产品推向市场；二是制定管理办法，规范客户问题处理流程，解决重大问题及和解处理问题。

3. 建立个人客户分层管理长效机制。制定个人客户分层管理要求，明确客户经理对 AUM 50 万元（含）以上客户实现全覆盖，客户经理主管和管辖行分管行长参与 AUM 50 万元（含）以上客户维护，及时关注客户资产变化、大额资金进出、客户状态等信息。

4. 开发个人客户综合积分系统。转化个人客户增值服务整合与共享项目成果，推出综合积分系统实物黄金差别化价格策略功能，有效促进了实物黄金销售，初步实现按照客户综合贡献实施差别化服务、进行服务资源有效配置的目标。

5. 建立全行统一的个人客户风险评估系统。整合 CCBS、CCBSS、DWAF、PBCS 等 11 个系统的客户相关信息，以 CRM 体系为基础建立全行统一的个人客户风险评估系统，支持把合适的产品销售给合适的客户，提高前台人员工作效率，改善客户体验。

6. 积极开展客户体验活动。研究以客户为中心的流程优化体验工作，完成“PDA 营销易”、产品套餐等十几项具体产品和流程的客户体验。开展“客户服务体验四个一活动”，各级行主管行领导和个人金融条线管理人员共计 16 983 人参与，发现问题 175 条，通过认真分析，研究并逐条落实解决措施，所有问题已完成整改。

（二）推广网点二代转型和星级网点评定

1. 网点二代转型顺利推进。截 2010 年年末，全行已完成并通过总行验收的二代转型网点达 4 000家，占全行所有 VIP 客户数量符合转型条件网点数量的 49%。转型网点平均配备专职客户经理 1.4 人，客户经理月均产品销售额占所在网点销售额比例达 68%，VIP 客户保有率超过 75%。全行个人业务发展的重心逐步从“销售产品”向“经营客户”转变。

2. 积极推进星级网点评定管理工作。为进一步巩固零售网点转型成果，推进网点服务管理工作的规范化、标准化和常态化，提高网点的客户服务能力和市场竞争能力，展现良好的社会形象，2010 年，建立了零售网点星级评定管理制度并积极组织推进。年内印发了网点星级评定管理办法、实施方案及验收方案，组织启动视频会和培训班。在总分行共同努力下，年内对 205 家候选网点进行了逐一验收，并最终评定 181 家“五星级网点”。此外，总行还下发了《零售网点岗位人员配置模型》，分行和网点可根据网点的客户流量和业务结构，测量出网点日常需要的岗位人员数量。

（三）加大产品和服务创新，满足客户多样化需求

1. 加快银行卡产品与服务创新。一是推出了中职学生资助卡、成才卡、社保联名卡等产品；二是优化推广陆港通龙卡、军人保障卡、中粮可乐支付业务及总行电话支付系统；三是上线总行 IC 卡 CA 系统，完成金融 IC 卡支持系统立项，为全行发行金融 IC 卡做好准备；四是研发立项存贷结合产品、银行卡对账簿功能以及境外 ATM 免费取现合作服务等。

2. 推出投资理财类新产品。一是推出证券公

司集合计划电子合同签署等创新业务，保持领先优势；二是推出阳光私募代销业务，及时弥补总行信托型产品创新空缺；三是坚持个人实物黄金新品推出不间断，全年累计推出新品44种，同时根据客户需要对部分产品增加了新规格。

3. 加强外汇产品创新服务。一是开发了期限和利率灵活的外币特色储蓄产品；二是新增韩币业务；三是扩大预结汇汇款业务的开办范围；四是开发个人网银和自助渠道结售汇项目；五是实施个人结售汇业务柜面整合方案。

4. 加强营销服务创新。一是试点推出4项“个人金融产品套餐”服务，客户反响良好，2010年年末已在全行全面推广；二是依托系统开展精准营销，全年共捕捉客户并提示营销商机2 725万人次；三是开展个人业务联动营销，引导员工和客户体验通过电子渠道和自助渠道办理业务；四是监控运行存款到账、定期存款到期、购买理财产品、房贷还款等四个大额事件模型，为一线人员挽留储蓄存款提供系统自动化的目标客户清单；五是撰写11篇个人业务重点产品及客户分析报告，为经营决策提供支持；六是开展“金牛”基金系列巡讲活动，深入做好投资者教育工作，提升客户服务水平；七是编写《95533电话银行自助服务操作指南》，指导客户自助办理业务。

5. 加强联动，有效推动业务发展。一是注重保险业务合规销售，加强业务培训，不断提高自主销售能力和客户服务质量，条线代理个人保险业务收入快速增长，当年实现收入35.32亿元，网均销售能力居同业首位。二是加强条线信用卡发卡推动，超额完成条线KPI，当年信用卡发卡净新增（剔除当年销户）423.4万户，完成条线KPI指标的111.2%。三是进一步加强对建信基金管理公司的战略协同工作，当年新发四只建信基金产品，首发销售额合计达到110亿元。四是与建行亚洲联动，发行陆港通龙卡13 851张，通过见证开户业务成功推荐客户868户，吸收账户资金4.78亿港元。

（四）从资金源头着手，稳固存款基础地位

一是组织开展旺季营销、“服务世博，业务争优”专项营销等活动，促进存款业务健康快速发展。二是增发借记卡，全年新增发卡6 247万张，促进存款增长3 000多亿元。三是积极推动代发工资，促进基本个人账户增长。四是通过开展营销推广、客户差别化定价、授予分行部分定价权等措施，大力拓展结算通业务，当年发卡40万张，吸收存款37.29亿元。五是加快推广个人国际速汇业务，带动个人外币结算收入快速增长；加大侨乡地区业务支持力度，制定侨乡地区个人外汇业务发展的重要措施，从源头抓外汇资金。截至2010年年末，全行已有71.9%、57.1%及21.5%的网点分别办理外币储蓄、结售汇及国际速汇业务。

（五）优化网点布局，客户服务渠道全方位协同发展

1. 大力推进网点建设及布局优化。全行累计装修项目1 818个，其中迁址及新设网点装修项目965个。网点布局进一步优化完善。一是中心城市行装修网点、购置项目全行占比分别达63.4%、62.7%，均较2009年提高1个百分点。二是中心城市行迁址及新设装修项目、迁址及新设购置项目全行占比分别达63%、60.8%。

2. 加快电话银行服务主渠道建设。一是成立电话银行广州中心，着手托管建行亚洲相关业务，推动了建设银行海内外业务的整合；二是新增个贷催收及营销项目添加功能，拓展、优化理财、缴费功能；三是制定客户服务代表等级管理、岗位排班及疑难问题解决等规章制度，编写电话银行相关操作手册；四是组织开展电话银行业务竞赛活动，促进客户服务人员整体水平提升。

3. 自助业务专业化管理工作稳步推进，阶段性成果显著。年内10家分行完成自助业务专业化管理试点工作，取得良好效果：广东省分行通过开展后台集中配钞，清分作业效率提高50%，人员占用和清机作业时间均减少50%，钞票的整洁程度和反假能力也得到提高；福建、重庆、大连分行通过离、附行自助设备的全集中管理，释放了前台压力，网点营销能力和销售业绩显著提升；贵州省分行通过试行行政县支行自助设备虚拟集中管理，将前台操作和后台账务分离，有效控制了业务风险。在总结试点分行经验做法的基础上，下一步将制定指导意见及操作规程，指导分行推进工作。

（六）做好基础工作，保持可持续发展

1. 优化投资理财类产品销售系统及流程。一是开展个人投资产品销售流程改进战略协助项目，根据客户风险承受能力提供投资组合方案服务；二是优化证券业务系统后台基金注册登记模块、基金清算流程等，首次实现基金网上渠道购买交易直通；三是优化实物黄金系统，增加按客户、购买重量和产品优惠方式，推出Web网页查询库存和销售功能；四是完成理财系统二期优化，丰富理财产品交易功能，加强对多类型产品的销售支持；五是优化PBCS低柜销售流程，新增银保通、黄金销售，提供综合对账、基金申赎快车、理财产品风险评测等功能；六是上线基金资讯系统优化项目，丰富基金资讯和研究报告，建立“重点基金池”，编制并下发《投资理财参考》。

2. 优化转型相关系统。加快开发网点及柜员业绩评价系统、个人客户信息系统，优化智能排队及客户识别系统，上线网点资源调度系统，制定零售网点销售门户系统应急预案，持续优化OCRM系统。

3. 加强网点建设指导管理。调查分行2010—2012年在发达县域及新兴城市等区域的网点新增需求情况，并提出解决方案。优化渠道管理信息系统，上线新增网点申报审核、辅助选址计划、网点验收等功能。建立网点建设台账，定期通报指导分行网点建设工作。

4. 加强保管箱业务管理。采取存量搬迁、调剂、箱型改造等措施，充分盘活原有资产，统一策划品牌广告、宣传口号语，有力地推动业务发展。

（七）加快人才培养，打造高素质的服务力量

一是组织境内、境外各类培训项目90余期，培训人员覆盖个人条线经营管理层、专业技术人员和基层员工，培训近6 000人次。二是规范理财师资格认证管理，开展百佳客户经理评选，稳步推进理财师队伍建设。截至2010年年末，全行已有63 119人取得理财师资格，其中中级理财师11 187人。三是开展自助业务管理与操作技能培训，推出涵盖管理、运营、技术维护的培训教材。四是开发五岗位员工远程学习平台。五是组织证券、保险等专业资格培训和认证工作，到目前共计有超过3.43万人通过基金销售从业人员资格考试，5万人通过保险代理从业人员资格考试。六是组织个人产品研发创新和投资产品销售流程改进专题培训。七是组织开展全行电话银行呼入、呼出业务培训班，编写岗位培训教材。八是开发二代转型客户经理岗位培训课件。

（八）强化风险防控，保证业务健康发展

一是组织开展柜员非实名制开户清理和非法集资专项治理活动，建立风险提示和定期检查制度。二是制定理财业务突发事件应急预案和代销理财产品流程。三是组织银行卡犯罪专项打击行动，关闭境外高风险交易，使用风险预警及限额控制。四是启动基金销售适用性第二阶段推广，加强实物黄金产品库存管理。五是转发证监会《开放式证券投资基金销售费用管理规定》，进一步规范基金销售工作。六是修订《大额存单管理办法》《客户协议》及《客户须知》。

（执笔：虞菊华　赵鸿）

财富管理与私人银行业务

2010年，建设银行财富管理与私人银行部以扎实推进基础工作、提高业务可持续发展和竞争力为目标，积极研究和寻求制约业务取得进一步发展的瓶颈因素，逐步明确和清晰了全面推进和深化业务经营管理工作的思路。同时，通过开展与美国银行的持续战略合作、开发财富交易模式、促进与相关条线的联动、推进电子化服务渠道建设、开展IT系统规划和加强培训投入等一系列基础性工作，为财富管理与私人银行业务在建设银行战略转型中，实现可持续的健康、快速发展创造了必要条件。

一、2010 年业务发展的主要成果

（一）高端客户规模跃上新台阶，总量稳定增长

截至 2010 年 12 月末，建设银行高端客户规模超过 10 万人，高端客户数量比年初增长 34%，其中，私人银行客户数量比年初增长 49%，高净值客户数量的迅速增长直接促进了建设银行个人客户结构的优化。

（二）高端客户在建设银行金融资产总量超过 5 000 亿元，价值贡献进一步提高

截至 2010 年 12 月末，建设银行高端客户 AUM 为 5 386 亿元，较年初增长 39%，高端客户 AUM 占全行个人客户的比例由去年同期的 8.4% 提高至目前的 10.8%。其中私人银行客户 AUM 1 959亿元，年增长率为 52%。

（三）高端客户理财产品销售工作迎难而上，盈利能力显著增强

2010 年，在遭遇信托贷款理财产品发行政策限制情况下，建设银行财富条线上下积极争取产品资源倾斜。全年由总行组织销售“建行财富”系列理财产品仍达到 56 期，计 195.58 亿元；代销一对多基金专户理财计划产品 16 只，计 29.19 亿元；由总行组织代销的首只面向高端客户的阳光私募基金（华润信托星石 22 期），在 10 家试点分行销售 5.9 亿元。以上由总行统一组织销售产品共计 230.7 亿元，超过 2009 年的 228.5 亿元。

2010 年，建设银行财富管理与私人银行业务第三方产品平台建设的成效初显。其中，专户理财业务实现中间业务收入 2 687 万元，贡献了当年前三个季度中间业务收入的41%，成为2010 年财富业务条线产品销售收入的主要增长来源。

（四）财富卡与私人银行卡发卡工作全面推进，两卡逐步得到客户认可与接受

截至 2010 年年末，建设银行已有 33 家分行获批并发行财富卡和私人银行卡，已发行财富卡与私人银行卡共计 30 589 张，其中财富卡 26 498 张、私人银行卡 4 091 张。2010 年年末的两卡存款余额共计 93.36 亿元，其中，财富卡存款余额为 59.46 亿元，私人银行卡存款余额为 33.9 亿元。“两卡”当年累计消费交易额 6.44 亿元（其中财富卡 5.16 亿元，私人银行卡 1.28 亿元），转账交易金额 369.63 亿元（其中财富卡 242.24 亿元，私人银行卡 127.39 亿元）。

（五）专业化服务渠道服务覆盖面和经营能力不断提高

截至 2010 年年末，建设银行已拥有 192 家财富管理中心，比年初新增 61 家；同时，继在北京、上海、广东、深圳分行设立私人银行后，今年又分别在山西、青岛、内蒙古、浙江、福建分行和建行亚洲（香港）成立私人银行，建设银行集团内私人银行总数达到 10 家。同时，财富中心功能逐步完善，目前已有 93% 的财富中心设立机构号，其中 12 家设置了独立机构号，并有 94 家已开始利用机构号开办交易业务。

2010 年 8 月 5 日，全国建设银行财富管理与私人银行业务座谈会在内蒙古赤峰市召开。

二、2010 年的主要工作举措

（一）发展行外开放式产品平台，搭建和完善高端客户理财产品体系

1. 2010 年，先后与 6 家基金公司合作，代销一对多专户理财计划产品 16 只，累计募集资金近 30 亿元，服务高端客户超过 3 564 名。尤其前三个季度，在常规行内理财产品供应量不足情况下，积极拓展第三方产品通道，有效缓解了理财产品供应压力。

2. 顺应高端客户财富管理需求和资本市场发展趋势，积极介入和开展阳光私募基金业务。面向 AUM 300 万元以上高端客户，首次在 10 个分行代理销售华润信托星石 22 期集合资金信托计划，销售金额达 5.9 亿元。

（二）坚持创新思路，通过系统化研究与组织，深入推进传统银行产品服务差别化工作

1. 完善财富卡与私人银行卡用卡环境，落实优惠服务价格及优化业务功能。实行客户上门送卡，并对送卡业务范围、操作流程及风险控制等内容作出明确规范，并在网上银行、电话银行、手机银行、短信及电话支付终端等电子渠道实现支付交易的优惠服务定价功能。

2. 创新财富管理报告服务，向高端客户提供其资产负债及投资组合状况等全面信息。

3. 推进高端客户信用卡差异化服务，与信用卡中心密切合作，重点是打造高端客户专属信用卡服务品牌、制定高端客户差异化授信策略、建立灵活的差异化定价模式和完善高端客户差异化推荐审批流程等。

4. 研究高端客户差别化个贷业务的突破，与相关业务部门在差别化个贷业务突破方向上基本达成一致，下一步将研究具体的推进方案和实施步骤。

（三）积极与美国银行开展合作以提升业务竞争力

1. 2010 年，建设银行与美国银行继续合作开发了综合财富规划战略协作型项目，以统一财富中心与私人银行财富管理规划流程。该项目通过标准的理财规划模板，在结合市场历史走势和我行对未来经济走势的判断下，实现对高端客户的大类资产配置，最终实现高端客户资产的长期保值增值。

2. 2010 年开展了代理交易业务模式、客户细分与差别化营销策略、私人银行中期发展规划和财富管理培训精细化管理四个美国银行专家派驻型项目，美国银行相关领域专家直接指导了项目的设计开发工作。这些项目成果的有效利用，将对财富管理与私人银行业务经营和管理水平提升提供较大支持。

（四）持续深入开展多层次营销，规范基础流程和管理，激发业务活力，提升品牌影响力

1. 建设银行总行先后组织开展了两个全行性的营销活动，包括第一季度的“旺季营销”和下半年的“规范管理　深化关系　促进发展”营销活动。“旺季营销”超额完成营销计划，实现了规范客户签约管理、完善客户信息和促进客户经理与客户的联系、巩固业务经营基础的目标。

2. 组织两个高端论坛活动，努力提升财富管理与私人银行的品牌影响力。一是与《英才》杂志社合作的“2010 贡献中国高峰会”私人银行客户定向营销活动；二是与《福布斯》杂志中文版合作，组织召开“福布斯·建设银行 2010 中国财富管理论坛”，并于会上发布《2010 年中国私人财富白皮书》，该论坛有效地宣传了建设银行财富管理与私人银行品牌，进一步扩大了在市场上的影响力。

3. 继续在集团内部推动与其他业务条线和境外机构的业务联动。与小企业金融服务部联合开展“小企业和财富管理与私人银行业务联动管理”项目，编制了《联动营销管理办法》《联动营销流程》《联动营销产品和服务手册》；完成在香港组建私人银行工作和开展客户服务合作流程试点，帮助私人银行客户开展境外投资，推进新加坡私人银行组建工作。

（五）整合行内资源，建立统一的投资研究后台支持机制

1. 自 2010 年 4 月起，联合金融市场部、投行部、建信基金和建银国际，定期通过企业网向行内客户经理发布理财产品、金融市场、资本市场等相关研究报告，有效解决中台、后台投资研究支持不足问题。

2. 针对 5 类不同风险承受能力的客户建立了 5 个对应的模拟投资组合，并持续推出投资策略指南和投资研究月报。

3. 组织财富顾问周会，每周邀请行外专家解读市场与行业动向，为分行财富顾问提供了统一的学习与交流平台。

（六）完善服务体系，优化服务内容与流程，非金融服务在市场营销方面的效应逐步显现

非金融服务在高端客户中的体验效果不断提高。建设银行已正式推出的非金融服务品种包括：高端客户子女出国留学服务、机场服务、健康关爱服务、国际紧急救援服务、高尔夫俱乐部等。建设银行对已推出的非金融服务采取差别化渠道预约提供策略，充分发挥电子化渠道和物理渠道的各自特点，提高了工作效率和客户体验，并为客户经理创造了更多联系接触客户的机会。

随着非金融服务的深入开展，得到了越来越

多客户的认可，有力地促进了客户AUM增长与签约客户数量的增加，非金融服务作为财富管理与私人银行业务核心服务能力的重要作用正在逐步发挥。

（七）研究解决业务基础支持问题，启动财富管理与私人银行IT系统规划项目

为适应专业化转型需要，解决IT支持业务长期可持续发展的短板问题，2010年开始启动私人银行IT系统规划工作。一是通过分析现状和借鉴先进实践，采取访谈方式，充分收集管理层、经营层和客户层对IT系统的建设需求与期望，对未来财富管理与私人银行业务的运营模式进行了归纳和总结。二是设计未来三年财富管理与私人银行IT系统的业务功能框架，完成客户签约、事件驱动式销售、财富规划服务、产品管理等62个主要业务流程的设计和功能描述。三是及时向信息技术部提出包括2011年IT开发项目内容和范围在内的IT系统建设路线图，以有利于技术部门在将着手的新一代核心系统改造中统筹考虑财富管理与私人银行业务需求。

（八）未雨绸缪，研究风险管理策略和措施，为提升业务经营能力保驾护航

2010年年末，下发《财富管理与私人银行业务风险防范指导意见》（以下简称《指导意见》），该《指导意见》以现有规章制度为基础，充分考虑业务发展趋势和需求，对涉及的主要业务范围和内容进行了分类梳理、并对相关流程和环节进行了系统、规范的制度性要求。《指导意见》的出台有助于提醒分行开展经营同时也要加强风险管理，梳理业务流程，把好风险关，把可能性损失降到最低。

（九）加强岗位一线培训与管理，专业人才队伍建设成效显著

一是建设银行对财富管理条线人员的培训力度不断加强，2010年，总行共组织举办相关培训15期，培训总分行人员近700人次，培训内容涵盖财富管理与私人银行业务的主要领域，尤其根据业务发展需要，重点在专业资质证书、黄金及艺术品投资、传统银行产品差别化、非金融服务等方面加强了培训。

二是8月份，在由中国银行业协会、香港银行学会及金融时报社携手合办，具有行业权威性的第三届“全国杰出财富管理师”决赛评选中取得佳绩。建设银行参赛的金融理财师经过激烈竞争和严格筛选，1人获得一等奖、2人获得二等奖、2人获得三等奖和19人获得优异奖，充分展现了建设银行财富中心与私人银行员工的强大竞争力和较高的综合素质。

（执笔：景华）

住房金融与个人信贷业务

一、2010年业务发展成果

2010年，建设银行个人贷款增长圆满实现计划目标，信贷结构进一步优化，抗风险能力显著增强，利率执行水平和产品覆盖水平大幅提高，资产质量继续保持同业领先，房改金融业务优势巩固，公积金项目贷款试点争办工作取得初步成果。建设银行再次荣获《环球金融》杂志评选的“最佳抵押贷款银行”奖，同时荣获《经济观察报》评选的“最佳房贷银行”奖。

（一）个人贷款增长平稳，住房贷款新增居同业首位

个人贷款圆满完成全年计划目标。截至2010年年末，全行共发放个人贷款185万笔，个人类贷款余额为13 102.32亿元，比年初新增2 595.73亿元。其中，个人住房贷款余额为11 787.81亿元，比年初新增2 445.78亿元，新增四行占比26.32%，居同业首位；个人消费类、经营类贷款余额为 1 314.50 亿元，比年初新增 149.96 亿元。

（二）产品、区域、客户结构得到进一步优化

截至2010年年末，全行个人住房贷款新增额占全行个人贷款新增额的94%，一手房、二手房贷款新增占个人住房类贷款新增的97%；个人助业贷款实现了稳步健康发展，比年初新增123.03亿元，余额达到480.82亿元；个人支农贷款当年累计投放超过52亿元，新增18.81亿元，余额达36.8亿元。

全行个人贷款新增主要集中于管理水平高、不良率低、业务发展保持稳定的分行，个贷新增前十位的分行合计新增占全行的54%，平均不良率仅为0.3%。西部分行平均增速高于全行，已成为业务增长的主要区域之一。

（三）不良贷款实现双降，资产质量同业领先

风险分类标准调整产生的影响被完全消化，个人不良贷款大幅下降，资产质量显著提升，并保持同业领先。截至2010年年末，个人贷款不良额为51.71亿元，比年初下降13.04亿元，不良率为0.39%，比年初下降0.22个百分点，比四行平均水平低0.22个百分点。个人住房贷款不良余额为38.91亿元，比年初下降8.07亿元，不良率为0.33%，比年初下降0.17个百分点；个人消费经营类贷款不良余额为12.81亿元，比年初下降4.97亿元，不良率为0.97%，比年初下降0.55个百分点。共有32个分行实现不良“双降”，35个分行不良率下降。

个人关注类贷款大幅下降，余额为94.18亿元，比年初下降19.39亿元，关注率为0.72%，比年初下降0.36个百分点，资产质量下迁压力明显减缓。

（四）房改金融保持市场领先，中间业务收入再创新高

截至2010年年末，住房资金归集新增1 530.46亿元，住房资金存款余额为4 178.98亿元，比年初增长467.31亿元。全年受托发放公积金贷款90.50万户，发放1 791.19亿元，公积金贷款余额达5 167.33亿元，比年初增长1 022.32亿元。公积金资金四行占比57.75%，稳居同业首位。当年发行公积金龙卡323万张，住房维修基金签约客户新增946户。2010年，全行住房金融与个人信贷业务实现中间业务收入17.86亿元，其中房改金融中间业务收入13.67亿元，同比增幅为10.31%。

（五）个人贷款利率执行水平稳步提升，综合效益贡献显著

新发放个人贷款利率水平稳步提升，全年新投放个人贷款利率为5.14%，较年初提高28个BPS。个人贷款业务综合收益显著，当年新发放房贷客户覆盖4个及以上产品客户占比80.7%。当年直接引入信用卡新增客户超过44万户，个贷客户网银、手机银行签约覆盖率达40%左右。

二、2010年主要工作措施

（一）积极开展市场营销，努力巩固客户关系

2010年2月至6月，以“惠民安居、服务大众”为主题，对优质客户、重点业务、重点区域加大营销力度。主要开展了以“买房卖房，都到建行”为主题的二手房金融服务营销活动，通过服务推介、客户座谈、媒体发布等形式，宣传“房易安”等具有特色二手房交易金融服务；以专业市场、产业集群为目标的个人助业贷款推介活动和个人支农贷款营销活动；针对住房资金管理部门的“合作伙伴计划”营销活动，为客户提供全方位和一揽子金融解决方案、产品套餐和组合服务。这些营销活动的有效开展，有效巩固了建设银行与客户的关系，促进了业务的发展。总行共下发营销活动经验分享4期，介绍了15家分行的先进经验，并于年末对活动中表现突出的130个机构及200名个人进行了表彰。

（二）认真落实有保有压政策，积极实施结构调整

认真落实有保有压的信贷政策，积极实施结构调整，突出重点业务，严格贷款投向，将信贷资源进一步向优质客户、重点产品和区域倾斜。个人住房贷款业务秉承“服务大众、服务社会”的宗旨，重点支持百姓购买普通自住房；个人助业贷款业务在坚持“优质客户+有效资产抵押”的基础上，选择经营管理能力强的分行，围绕专业市场和产业集群个私业主群体，实现了稳步健康发展；个人支农贷款试点扩大到9家分行。同时，优先支持经营管理能力强、资产质量好的分行加快发展，把贷款重点投向房地产市场发育成熟、房价相对平稳、自住房需求旺盛、经营管理规范的区域，有效促进了重点业务的快速发展和区域结构的持续优化。

（三）积极转变发展方式，进一步提升效益贡献

在全行范围组织开展以提升个贷利率水平、提高客户产品覆盖度和综合收益为主题的“个人贷款收益提升”活动：一是不断细化定价标准，深入推进差别化定价工作，下发《关于进一步明确个人住房贷款差别化政策的通知》等文件，积极指导分行把首付比例、综合贡献、客户信用和贷后表现等多种因素引入定价过程，努力强化差别化定价能力，提升贷款议价能力，提升个人贷款利率执行水平；二是以客户回访、节日赠礼为契机，加大个贷客户交叉营销力度，进一步加强个贷客户的产品渗透和产品覆盖。在提升综合效益贡献的同时，促使一人一贷占比和贷款首付比例水平持续提高，进一步增强了客户还款的稳定性。

（四）努力压缩不良贷款，全面加强风险防范

落实贷后管理年要求，全行上下齐心协力，积极应对零售信贷风险分类调整，多策并举，组织开展了“贷后管理精细化、资产质量精品化”竞赛活动，持续加强贷后管理，提升催收处置能力，努力压缩不良贷款；利用个人信贷监测分析系统按日监测辖内贷款逾期账龄情况，发现异动现象及时督导经办机构查找原因，采取有效措施化解风险；以推动个贷催收系统全面应用为契机，结合分行实际优化催收策略，加强各催收手段间的衔接，做细做实标准化催收工作；对不良贷款变化进行测算摸底，根据产品、行际分布制定压缩措施，及时督导分行调整催收策略；以 90 天以上逾期贷款为重点，加强分析，明确控制重点，细化压缩计划，强化考核通报，努力降低逾期 90 天以上贷款占比。

同时，密切关注国家政策、监管要求变化，按照新的政策要求，及时制定贯彻措施：要求分行高度重视部分城市出现的房价上涨过快和市场秩序不规范可能导致的贷款风险，切实加强“假按揭”风险防范；严格执行国家差别化的住房信贷政策；落实监管要求，制定《中国建设银行个人贷款管理暂行办法》，加强贷款支付管理，有效控制贷款用途，提高风险管理水平和精细化管理水平。

（五）积极支持公积金项目贷款，推进保障性住房金融服务

积极响应国家保障性安居工程建设政策要求，大力支持并参与住房公积金支持保障性住房建设试点工作，保障性住房金融服务持续推进。已全部取得 28 家试点城市承办资格承诺，与 17 家试点城市正式签约，受托为 16 个项目发放贷款 39.22 亿元。在确定承办银行的 98 个项目中我行取得 70 个项目承办承诺，市场占比 71%；主动开展对重点城市住房资金管理部门的服务营销，住房资金科技服务推广应用客户超过 150 家；密切与各地住房资金管理部门合作，大力发放公积金个人住房贷款，加强公积金与商业按揭产品组合方式创新，发放置换贷款、接力贷款和贴息贷款等，积极为中低收入居民提供住房融资解决方案，全年为 7.93 万名中低收入居民发放公积金个人贷款和商业按揭共 122.41 亿元。

（六）科技运用能力进一步提升，重点项目继续推进

积极推进“房 e 通”电子交易平台建设，构建全方位多渠道的专业化销售体系，已于年内完成前期开发，着手进行系统测试和上线准备，力争于 2011 年上半年推向市场，形成一定产出；优化个贷系统功能，提升贷款管控能力，包括信贷规模监控、住房抵押额度贷款的优化；改造个贷系统，为开展交叉营销提供科技支持；继续推进个贷营销平台等系统的开发工作，进一步提升系统对客户经理主动营销能力的支撑。

（七）基础管理有效夯实，长效机制逐步建立

1. 不断推进中心建设，持续优化经营模式

组织了对全行个贷中心经营模式及岗位设置、人员配备、场所建设、视觉形象等规范化建设情况的检查验收。目前，全行前端专业经营和中后端集中处理一体化的个贷专业化经营架构体系基本形成，一级分行所在市及中心城市行已组建个贷中心，全行已建设并上报总行验收的个贷中心

781个，约95%的个贷业务由个贷中心集中经营，个贷中心已成为业务经营、客户服务的主渠道和有效实施管理、防控风险的良好平台。

2. 贷后管理进一步夯实，客户服务能力得到提升

进一步加强催收管理、抵押物监控管理，推进档案资料集中管理，加快落实审计及检查整改问题，举一反三，防范风险。同时，按照“服务质量年”工作的部署，以强化基础管理为核心，组织各行建立房金业务客户服务规范，推广实施房金客户服务质量考核制度，加强客户服务质量监控；大力推进服务创新，组织开展了房金条线“四个一”客户体验活动，对客户体验活动中反映的问题与建议进行了梳理研究。

3. 加快客户经理队伍建设，强化业务知识培训

共组织开展了25期住房金融与个人信贷业务培训，针对全行房金条线不同级别、不同岗位的管理人员及客户经理进行了全方位、多角度的培训，内容涵盖住房贷款、消费类经营类贷款、房改金融等主要产品和服务，以及风险控制、个贷中心建设等基础管理工作，参训人员1 410人次。

（执笔：赵晓英　赵明慧　蔡军花）

信用卡业务

2010年，建设银行信用卡业务围绕“管理规范、风险可控、效益良好、国内领先”的总体发展要求，进一步加快拓展优质客户，进一步加快产品和业务创新，进一步加强客户忠诚度管理和提升客户服务能力，进一步加强风险控制和防范，信用卡业务继续保持健康快速发展的良好态势。

一、工作成果

（一）业务保持良好发展势头

2010年，我行信用卡累计客户数、消费交易额和资产质量等信用卡核心业务指标保持同业领先地位，市场影响力、产品竞争力、风险控制力、盈利能力和客户满意度进一步提高。2010年，龙卡信用卡品牌在主流媒体及银行卡专业组织的评选活动中屡获好评，我行信用卡先后获得“最受欢迎的信用卡品牌”、“最具成长性信用卡品牌”、“最具创新信用卡”、“信用卡满意度奖”、“银联卡综合业务最高奖”等11项荣誉。

（二）主要业务指标快速增长

截至2010年年末，全行信用卡累计发卡2 795万张，当年净增371万张；累计客户2 358万户，当年净增334万户；当年实现消费交易额为4 065亿元，同比增长39%，全行信用卡账户活动率为55.76%，24家分行账户活动率超过55%；全行实现业务收入65亿元，其中信用卡业务收入为59亿元，同比增长50%；中间业务收入43亿元，同比增长56%。从信用卡利息性收入贡献看，利息性收入为31亿元，占比53%，同比提高4个百分点；从信用卡中间业务收入贡献看，中间业务收入为36亿元，同比增长62%。

（三）客户质量进一步提高

通过加强客户忠诚度管理和数据分析应用，客户质量不断提高。截至2010年年末，全行信用卡金卡及以上等级客户1 140万户，占比48%，较2009年同期提高了12个百分点；活动客户户均消费额达到3万元，同比增长13%；活动客户户均贷款余额达到4 234元，同比增长27%。信用卡客户在我行的关联储蓄存款及投资理财余额达到1.4万亿元，同比增长31%。对全行个人客户综合贡献达到36%，信用卡作为零售业务制高点的业务效应日益显现。

（四）分期付款业务快速增长

2010年，信用卡分期付款业务交易量保持快速增长势头，实现交易额154亿元，同比增长

258%，当年分期付款交易额过亿元的分行达到28家；实现分期收入8.9亿元，同比增长208%，占信用卡中间业务收入的25%。其中汽车分期业务贡献进一步提高，交易额达103亿元，占分期交易额的67%，全国每千辆家用车中有11辆由我行信用卡购车分期业务提供支持；安居分期业务推进加快，当年实现交易额3.2亿元，同比增长170%。

（五）资产质量保持良好

截至2010年年末，全行信用卡贷款余额为554亿元，比年初增加190亿元；全行逾期90天以上贷款不良率为1.18%，较2009年同期下降0.48个百分点；逾期180天以上贷款不良率为0.94%，较2009年同期下降0.31个百分点，资产质量继续保持良好。

二、主要工作举措

（一）联动营销持续推进，区域指标协调发展

持续推进以网点为主，公私联动、直销、联盟营销为辅的多渠道联动营销。各行以预审批为抓手，深入挖掘行内客户资源，网点平均营销成功率已达20%，较2009年同期提高8个百分点，实现每网点日均净增客户1.4户，网点新增信用卡客户已占全行新增客户总数的63%。从条线联动来看，个人条线进一步加快网点预审批系统应用，通过预审批的优质客户增长65%，房金条线进一步加大房贷客户捆绑营销力度，公司机构条线依托财政预算公务卡、卓越卡等发卡项目加快推进，各联动条线都已完成全年客户发展计划。从区域市场来看，重点地区分行持续发挥“领头羊”作用，消费交易额全行占比达84%，客户数、贷款余额等指标全行占比超过70%。其他地区业务快速发展，18家分行净新增客户数、分期交易额、贷款余额、业务收入等主要指标全行占比较2009年同期提高5个百分点以上。

（二）加强重点产品创新和推广，产品竞争力不断提升

产品体系不断完善，先后推出芭比美丽信用卡、卓越信用卡、欧洲旅行卡等新产品，其中芭比卡被《南方周末》评选为“顾客最喜爱的女性卡”，发卡8个月已超过10万张；卓越信用卡采用先进的个性化制卡技术，推出5个多月已争办优质中小企业868家；欧洲旅行卡弥补了我行欧元币种信用卡产品空白，成为客户欧洲旅游、商务、留学的必备之选，荣获“2010年度品质旅行银行卡领袖奖”。在《南方周末》“2010第二届信用卡顾客满意度调研”中，芭比美丽信用卡、龙卡名校卡、冠军足球卡等信用卡产品获得“顾客最喜爱的信用卡奖”。我行成为获奖信用卡产品最多的银行。

重点产品推广进一步加快。我行百货卡、财政公务卡、汽车卡发卡规模超过200万张，其中百货卡合作商户超过108家，发卡规模居同业第一位；财政公务卡超过工商银行居同业首位，累计合作单位近3万家，成为我行机构客户争办的一个重要手段；汽车卡先发优势明显，牢固确立了“最受欢迎的汽车卡品牌”市场地位；白金系列卡及以上等级发卡100万张，占比3.6%，高端产品比例高于同业。

（三）大力推进分期付款业务，进一步优化商户结构

积极响应国家扩大内需、拉动消费的经济政策，继续紧抓居民消费热点，推进分期付款重点业务发展，并提供网点、商场POS、互联网、电话等多种方便快捷的消费信贷渠道，在有效控制风险的前提下，实现了业务总体快速增长。2010年，抓住汽车行业发展的有利时机，大力推进购车分期业务，扩大经销商准入，依托网点、经销商店面和集团客户联动三大营销主渠道，建立专业化的分期业务队伍，加强营销推进，倾力打造具有我行特色的购车分期品牌。在不断探索和总结经验中，逐渐形成了切实有效的营销模式，为进一步加快业务推广奠定了良好基础。

积极发展大型优质商户，进一步优化商户结构。积极开展总行、分行联动，借助我行客户资源的优势，拓展和巩固与知名汽车厂商和大型商企集团的合作，在分期商户方面，初步形成家电数码、超市百货、通信、健身培训等四大重点行业布局，呈现多元化发展态势，有力推进了分期付款业务发展。同时，进一步优化合作商户结构，重点发展集团商户，进一步提升餐饮、宾馆、大型百货等高收益商户市场份额，加大高星级酒店等外币卡商户拓展力度，提高商户整体质量和盈利贡献度，为开展多样化经营、提高商户业务总体收益打下了良好基础。2010年，我行0.5%及以上扣率类商户占比达78%，同业排名第一；我行商户平均扣率高于全国市场平均扣率水平21%，商户质量居同业前列。

（四）完善风险控制体系，风险管理能力进一步提高

认真贯彻落实2010年政府监管部门以及总行的监管要求，积极部署开展“贷后管理年”活动和“内控与案防制度执行年”活动，重点优化流程、细化管理、完善各项相关制度，全行信用卡风险管理能力得到进一步提高。加大申请评分应用，提高对优质客户识别能力，把好第一道风险关口；加大商户检查力度，加强欺诈、伪冒、套现交易监控；进一步提高电话催收能力，推进核销常态化，资产质量进一步优化；开展银行卡违法犯罪专项打击行动，及时向公安部门移交信用卡犯罪线索并建立警银长效协作机制，提高了报案效率及追讨力度，获得公安部颁发的“2010年金融机构协作奖”。

（五）推进建立多渠道、全覆盖服务体系，客户服务能力进一步提高

2010年，四地运行中心当年受理客户电话量8 868万通，电话接通率94%，保持较好水平；首呼解决率达到81.5%，较2009年同期提高6个百分点；客户满意度93.1%，较2009年同期提高1.5个百分点。推出国内首创动态客户服务自助语音菜单，并且实现根据客户级别提供差异化接听服务和根据地区就进接入运行中心的功能。新设立争议处理、风险业务、分期业务、粤语服务等专线，提供专业化服务，提升客户问题解决效率。实施差异化挽留策略，不断提升挽留成效，挽留成功率达到37.6%。通过推进集中审批作业等措施缩短办卡时间，从预登记到审批结束时间较2009年同期缩短5天。开发网上在线申请、网上商城、积分集中兑换、在线客服等新服务项目，实现全覆盖的优质客户体验。在中国银行业协会2010年度优秀客户服务中心评比中，获得“最佳服务奖”。

（执笔：朱中南）

金融市场业务

一、2010年金融市场业务经营情况

金融市场业务投资交易业绩良好。金融市场业务坚持稳健、审慎的投资交易策略，不断提升精细化管理水平，利润贡献稳步提升。截至2010年年末，金融市场业务条线经济增加值（EVA）为78亿元，金融市场部直接经营的本外币资产组合时点余额为2.77万亿元，占全行（境内外）总资产的25.9%。

代客中间业务收入稳步增长。2010年，我行加快发展黄金业务，大力发展结售汇及外汇买卖业务，稳步开展结构简单的衍生交易，丰富理财产品种类，提升产品功能，稳步开展债券销售。代客中间业务实现收入45.13亿元，是计划收入的111%。

市场排名位居前列。我行记账式国债承销综合排名第一；国家开发银行、中国进出口银行债券承销市场排名第一。柜台国债业务市场排名第二；银行间债券市场做市商排名位居前列；短融和中票合计发行额市场排名第二；个人实物金市场占比稳居第一；结售汇市场份额实现5年连续提升。

（一）动态调整投资组合结构，提高风险防范能力

积极调整大类资产摆布，资金向债券投资倾斜。把握投资进度和配置结构，严格防范利率风

险。把握利率低点在二级市场减持部分债券，降低组合信用风险。调整交易债券组合规模，收益率领先基准指数。成功推出国内首批信用风险缓释工具，成为首批核心交易商。加强投资策略执行回顾、调整及细化分解。按季对投资策略执行情况进行回顾，按月对债券市场走势、各券种发行安排和利率水平进行分析和预判，根据流动性储备指标底浅、风险限额和经营计划，以 EVA 最大化为目标，通过数据模型等量化分析手段，精心测算，拟定月度配置策略。

（二）加强境外机构资金管理能力，降低外币信用风险敞口

确保全行外币流动性安全，加强对境外机构资金支持。加强境外机构拆借业务管理、调高外币资金内部转移价格等措施，外币流动性状况明显改善。继续择机减持高风险公司债和抵押债，择机增持美国国债和德国国债。境外分行新增债券投资结构显著改善。境外分行债券投资规模上升，新增债券以政府债或央票为主。政府及机构类债券占比显著上升，行业结构明显改善。减持部分高风险信用类债券，信用风险敞口进一步下降。

（三）黄金业务市场地位持续巩固

账户金、贵金属租赁与自有品牌实物金市场占比持续提升，本行个人实物品牌金销售市场占比保持第一；黄金租借市场占比 40.30%；账户金市场占比 37.41%。通过延长节假日交易时间和缩小买卖价差等，提升个人账户金业务市场竞争力。积极调配实物库存，稳定原料金供应，推动实物金返熔，为分行节约租借利息成本超过 1 000万元。

（四）加强产品创新，理财业务快速增长

在“周周大丰收”产品基础上，推出“双周”和“三周”投资期限。根据客户需求优化产品功能，增加“周周大丰收”系列自动签约理财服务功能，将“天天大丰收”产品每日开放时间延长，满足客户理财需求。积极应对开放型产品规模的剧烈波动，灵活调整资产配置，克服巨额申赎和市场收益率波动给组合管理带来的困难，保障产品正常运营。推出面向高端客户的“周周大丰收”产品和假日版“建行财富”债券类产品，成功推动“建行财富”外币类理财产品对高端客户的常规化发行。

（五）结售汇及外汇买卖业务市场份额稳步提升

积极承担银行间外汇市场做市商职责，做市交易收入同比大幅增加。代客结售汇业务市场份额连续 5 年提升，2010 年，本行结售汇市场份额为 11.56%，较 2009 年提高 0.45%。

二、2010 年主要工作举措

（一）夯实管理基础，加强培训与客户营销

2010 年继续梳理内外部管理规章制度，修订完善部门规章制度，涉及业务流程、操作规范、风险防范及公文流转等。明确了重大事件的报告路径、范围和时效性要求。举办了 5 场业务培训班，涉及外汇、黄金和衍生品等内容，全条线共有 450 人参加了培训，显著提高了分行资金业务人员的业务素质。2010 年，总行、分行承办专项营销会议共计 17 场，其中，总行承办会议 5 场、分行承办会议 12 场，营销客户达 850 人。

（二）加强新产品管控，开展条线评优活动，建立信息交流机制

根据《中国建设银行金融市场业务新产品风险管理暂行规定》（建总发〔2010〕4 号）开展新产品管控，2010 年共有 17 个新产品按规定流程进行管理，其中 2 个新产品已完成审批程序开展交易，6 个被识别为“非新产品”，另有 9 个产品正在审批或沟通过程中。开展金融市场条线产品交易与创新评优活动，对表现优异的分行和个人进行评比表彰。成立专门的产品管理小组，突出对条线产品的标准化和专业化管理。建立总行、分行常态化信息交流机制，对部门信息网页进行调整，促进总行、分行条线人员信息交流和经验分享，2010 年，共发布总行、分行产品管理信息 22 篇。

（三）加强境外分行业务管理，提高风险管理能力

一是加强授权授信管理。完成了境外分行国内金融机构交易对手授信额度的调整工作。二是组织制定了全行统一的金融市场业务策略，定期依据市场变化进行策略调整。强调欧洲主权债务危机的风险，坚决减持高风险资产。严格执行境外分行债券投资的审批制度，提高全行金融市场业务策略执行力。三是定期对信用类债券进行风险评估，进一步完善风险评估机制。四是密切关注主权债务危机演变，连续三次下发通知，及时提示分行加强风险防范，加强违约风险研究。

（四）梳理系统现状，加强IT系统风险防范

一是结合产品业务流程梳理系统操作流程，分析排查风险点39个，并通过优化业务参数设置、增购产品License、组织系统升级、加强业务和技术培训等工作，严密防范系统操作风险和运行风险。二是收集、调查、整理和完善28项业务需求，形成13个系统项目业务需求说明书，并积极予以推进建设。三是详细梳理金融市场业务IT系统现状、支持能力及业务发展需要等方面的情况，并遵照行领导指示，着手组织牵头整个金融市场业务条线的系统建设规划工作。

（五）推进投研一体化，提高分析能力

2010年，市场研究工作取得了长足进步。我们不断努力提高研究工作的广度和深度，根据不同需要，丰富研究报告的层次结构，加强对国际金融市场的研究，形式推陈出新，共计完成研究报告430余篇，其中《每日快讯》逾200篇，《研究周刊》《交易员周评》《黄金周刊》各47篇，为《建设银行报》及其他媒体供稿逾60篇，快速反应对重大突发事件进行《信息点评》11篇。重点加强对国内外货币政策、汇率政策的研究剖析力度；加大预测模型研究和应用力度，不断研发完善CPI预测模型、债券收益率曲线统计模型、信用利差回归分析模型、人民币均衡汇率评估模型；加强前台业务合作支持力度，促进投研一体化，累计参加各类营销活动近40次，比2009年增加一倍多，得到分行及客户的广泛好评。

（执笔：王红强　刘彦）

投资银行业务

2010年，投资银行部紧密围绕建设银行总体发展战略，坚持以“研究市场、持续创新、注重效率、突出特色、管理风险、健全制度、培养人才、拓展客户”为发展方针，充分调动各级机构的积极性和创造性，确保投行业务收入持续增长，推动投行业务全面稳健发展。投行条线全年共实现收入1 390 626万元，是全年计划收入的111.83%（不含债转股处置收入），同比增长42%。投行条线业务收入在四大国有控股商业银行中名列第一。其中，财务顾问业务实现收入725 238万元，是全年计划收入的86.83%，同比增长2.93%；债务融资工具承销业务实现收入78 906万元，是全年计划收入的161.42%，同比增长16.70%；理财业务共设计发行“利得盈”、“建行财富”、“乾图理财”、“乾元”等各类理财产品250期，募集资金18 523.39亿元，实现理财产品管理增值收入312 605万元，是全年计划收入的164.13%，同比增长180.98%，实现理财产品销售收入223 447万元，是全年计划收入的180.43%，同比增长155.58%。实现股权处置收入50 430万元。投行业务收入占全行中间业务收入的比重达到20.5%，比2009年提高1个百分点，2006—2010年，投行业务收入年复合增长率超过90%。

投行业务产品在国内多项评选活动中获得重要奖项。在《证券时报》“2010中国区优秀投行”评选活动中，我行荣获“最佳银行投行”、“最佳债券承销银行”、“最佳银信合作项目”三项大奖，其中“最佳银行投行”奖是最高奖项，是我行继2009年后连续第二次获此殊荣。在“中国·银行理财年会”举办的“2009年度值得信赖银行理财品牌”评选中，我行“乾元”品牌荣获“最佳现金管理品牌”，“建行财富”品牌荣获“最佳市场满意度品牌”。

2010年2月，建设银行总行推出面向机构客户和高资产净值客户的具有较高流动性的资产组合型理财产品“乾元—日鑫月溢”。

2010年，总行投行部加大业务培训力度，举办多期面向一二级分行投行部门负责人和业务骨干的现场培训会、业务发展座谈会及产品推介视频会，丰富全行投行条线业务人员的投行知识，提高投行业务技能。加大研究力度，利用行内刊物《投资银行业务研究》，深入研究投行业务的发展现状和未来趋势，介绍分行发展投行业务的成功经验；每周发行《债券市场周报》，分析市场资金情况和利率水平，为开展债券承销业务提供信息和数据支持。

一、新型财务顾问业务发展迅速

2010年，财务顾问业务平稳发展，实现业务收入725 238万元，完成全年计划收入的86.83%，同比增长2.93%。其中，新型财务顾问业务快速发展，实现收入262 042万元，同比增长154.03%，在财务顾问业务整体收入中的比重已达36.13%，同业排名第一；并购重组业务实现跨越式发展，实现收入58 454万元，是2009年同期的3.55倍，超过工商银行1.12亿元。

投行条线着力加大投行业务创新力度，加快我行传统业务与资本市场相结合，推出私募财务顾问、选择权授予财务顾问和私募股权投资基金财务顾问等新型财务顾问业务。

一是加大营销力度，金融全面解决方案（FITS）推广成效显著。为扩大我行投资银行市场认知度和影响力，推广金融全面解决方案（FITS），总行投行部相继在北京、宁波、重庆、安徽等地成功举办多场产品推介会，为客户设计有针对性的金融服务方案，收到良好效果。积极支持马鞍山市政府设立皖江城市带承接产业转移投资基金，并为该市21家中小企业提供“乾元”中小企业集合贷款理财产品，解决融资难题；协助苏州市政府发行“城乡通”股权投资类理财产品，为其“城乡一体化”综合配套项目、基础设施改造提供金融服务。该类项目的成功实施获得了市政客户的高度评价，为银政双赢提供了合作平台。

二是推动产品创新，并购重组等新型财务顾问业务发展迅猛。2010年，投行条线积极贯彻国家行业调整及优化配置政策，支持行业龙头企业兼并重组，支持国家循环经济及低碳经济发展战略以及“三农”领域行业整合。投行条线独立研发出业内首创可附加受益权的并购融资类理财产品和委托收购型并购融资理财产品。并购顾问加融资不仅能满足客户多样化的业务需求，而且可扩大我行中间业务收入来源，是推动我行并购重组业务健康快速发展的重要依托。通过与建银国际等机构的联动合作，IPO、再融资及企业债等新型财务顾问业务也有了长足发展。

三是挖掘客户需求，中小企业常年财务顾问业务获得长足发展。在总行大力推动下，各分行结合区域经济发展状况和客户需求，以集中签约会模式加大常年财务顾问业务宣传力度，保证业务可持续发展。

二、债务融资工具承销业务保持竞争优势

2010年，债务融资工具承销业务实现收入78 906万元，同比增长16.70%，债务融资工具合计承销额为1 658.22亿元，比2009年增加了13.22亿元，市场占比14.03%，排名第二。其中，短期融资券发行35期，比2009年增加10期，承销额达到1 262.45亿元，市场占比18.32%，排名第一；中期票据发行17.5期，比2009年增加3.5期，承销额达到395.77亿元，市场占比8.04%，排名第五。

积极参与产品创新，推动中小企业集合票据和高收益债券发行。为解决中小企业融资难题，开辟新的融资渠道，银行间市场交易商协会创新

2010 年 4 月，建设银行在同业中率先推出金融全面解决方案 FITS（Financial Total Solution），通过提供新型投资银行、传统商业银行、金融租赁、信托等各类金融服务，为政府部门、大型集团、中小企业、个人客户提供一揽子金融产品和服务。

推出中小企业集合票据，由多家中小企业统一发行，采取统一信用增级。我行和交易商协会积极沟通，参与创新，目前已有浙江、山东、福建等分行上报相关项目材料，2011 年将择机发行。同时，我行积极参与研究推出高收益债券，包括有授信额度企业发行的高收益债券、非公开发行的私募债券和有抵押的高收益债券等多种模式，高收益债券将成为未来替代信托理财的重要方式。

三、理财业务大幅增长，产品创新工作成效显著

2010 年，理财业务大幅增长，全行投行条线实现理财收入 536 052 万元，同比增长 169.79%，在投行业务整体收入（不含债转股处置分红收入）中的比重已接近 40%，比 2009 年提高近 20 个百分点。理财业务收入增量四行排名第一，市场占比增幅四行排名第一，和工商银行的收入差距由 2009 年年末的 28 亿元缩小到 22 亿元。投行条线共发行“利得盈”、“建行财富”、“乾图理财”、“乾元”等各类理财产品 250 期，累计募集资金达 18 523.39 亿元，理财产品余额为2 904.71 亿元。从收入结构来看，2010 年，总行、分行开放型理财产品实现收入 39.26 亿元，占比 73.2%；资本市场及股权类理财产品实现收入 9.67 亿元，占比 18%，单一信贷类产品实现收入 4.31 亿元，占比 8%。全年所有到期理财产品均实现本息正常兑付。

一是“乾元——日鑫月溢”开放型理财产品稳健运行。总行投行部研发、运营的“乾元——日鑫月溢”开放型资产组合模式人民币理财产品于 2010 年 2 月 10 日发行，截至 12 月末，产品规模达到 447.31 亿元，其中，对私资金为 372.95 亿元，占比 83.38%，对私资金比例逐步提高，资金来源稳定性增强。

二是创新信贷类理财产品模式，降低监管新政不利影响。2010 年出台的银信合作新规对信贷类理财产品产生重大影响。为应对监管新政，缓解新政对理财业务收入的影响，满足客户对理财产品的需求，投行条线积极探索理财业务新模式，相继推出委托贷款类理财产品和信托债权受益权转让类理财产品，在一定程度上缓解了部分分行因贷款规模紧张而无法满足客户融资需求的情况，同时为我行控股的中德住房储蓄银行、各村镇银行以及建信信托有限责任公司创造了新的业务发展契机和利润来源。

三是产品创新能力不断提高。为配合苏州等地贯彻落实党中央和国务院关于“城乡一体化”发展战略部署，我行在同业率先推出“乾元一号——城乡通”股权投资类系列理财产品；为更好适应监管政策新要求，推出不需通过信托机构，由建设银行直接将投资者资金投资于合作机构所持标的股权收益权的非信托模式股权收益权类理财产品；为解决上市公司原股东参与股票定向增发的资金缺口，为合作机构认购上市公司定向增发股票提供资金支持，推出上市公司股票增发类理财产品；为适应不同风险偏好与投资偏好的投资者，设计了采用“优先级—次级”等分层结构的结构化精选投资类理财产品；为响应国家政策，

支持中小企业发展，投行条线积极挖掘优质中小企业融资需求，大力发展“乾元——中小企业信托贷款集合型理财产品”；积极响应国家加快保障性住房建设的政策，结合我行在住房金融方面的业务优势，设计推出了乾元——保障房项目委托贷款型理财产品。

四是产品管理工作不断增强。为规范各项业务发展，2010 年，投行条线重点加强了制度建设，总行共下发了十余个规范性文件，针对股权投资类理财产品和开放型理财产品出台专项操作指引，并组织开展了理财业务风险排查和分行开放型理财产品业务检查，有效地杜绝了各类业务风险。系统建设方面，理财产品综合支持系统成功上线，为产品管理提供数据保证。

四、运用资产证券化原理推出资产支持型理财产品

2010 年，山东省分行成功发行三笔租金收益类理财产品，该理财产品灵活运用资产证券化原理，拓展资产支持型理财产品业务范围。REITS 项目方面，继续保持与人民银行、建设部等政府部门密切沟通，及时了解政策动向，一旦时机成熟，快速启动陆家嘴 REITS 项目申报工作。

五、产业基金业务稳步推进

2010 年，投行条线配合建银国际成功完成医疗基金、航空基金、环保基金和皖江基金等基金的资金募集工作，基金新增规模 64 亿元，基金总规模达到 91 亿元，在商业银行系 PE 领域继续保持领先地位。已投资项目 22 个，累计投资金额达 31.66 亿元。

（执笔：张洁）

资产保全业务

一、2010 年主要成绩

（一）全面超额完成各项不良资产处置计划，为全行资产质量持续改善作出突出贡献

全年共处置各类不良资产 416.33 亿元，实现不良资产现金回收 236.91 亿元，超值现金回收 109.38 亿元，全面超额完成各项业务计划。其中，处置不良贷款 360.37 亿元，超过全年不良贷款生成额近 80 亿元，超额实现了不良贷款“新增多少，处置多少”的工作目标，不良贷款处置比率达到 59%，创历史最高水平；处置非信贷不良资产 55.96 亿元，较 2009 年多处置 21.82 亿元。处置关注三级公司类贷款 120.53 亿元，关注三级公司类贷款余额从年初的 169.9 亿元大幅下降到 74.7 亿元；现金回收已核销呆账 11.08 亿元，超过了过去五年的总和。

（二）深入贯彻落实“贷后管理年”部署，保全职能两头延伸成效显著

根据全行“贷后管理年”工作部署，总行在年初出台制度办法，明确保全业务职能延伸的具体工作要求和经营模式，将“关注三级公司类贷款处置”和“已核销呆账现金回收”纳入保全条线 KPI，建立有效的激励约束机制，确保各项工作有序开展。各分行根据本行实际情况，由资产保全部门集中经营或牵头经营关注三级公司类贷款，建立有效的管理处置模式；设置已核销资产管理专门岗位，明确岗位职责，配备专门人员，完成了 4.66 万户、金额为 491 亿元已核销呆账系统建账工作，已核销资产基础管理明显加强。2010 年，资产保全业务职能两头延伸取得突出成效，处置关注三级公司类贷款 120.53 亿元，缓解了全行不良贷款反弹压力；现金回收已核销呆账

11.08 亿元，为全行完成主要经营目标作出了贡献。

（三）加快处置不良个贷，全年实现“双降”目标

2010 年，在我行个贷风险分类标准调整的情况下，为实现全年不良个贷“双降”的目标要求，总行通过业务培训、现场督导等方式加大不良个贷处置力度。积极推进不良个贷集中经营，提升专业化处置水平。加强个贷催收处置手段建设，发布两批总行级不良个贷委外催收机构建议库。各分行注重条线联动经营，综合运用清收、委外催收、呆账核销等手段加快处置不良个贷。2010 年共处置不良个贷 97.95 亿元，完全消除了风险分类标准调整对个贷资产质量的影响。截至 2010 年年末，不良个贷余额为 52 亿元，不良率为 0.4%，分别较年初下降 13 亿元和 0.22 个百分点，在不良个贷认定标准大幅提高的情况下实现不良个贷“双降”。

（四）以债转股处置为重点，非信贷不良资产处置工作取得新突破

2010 年，全行以债转股处置为重点，围绕“降余额、压净值”的工作主线，深挖工作潜力，创新处置手段，加大非信贷不良资产处置力度。总行牵头并经财政部批准，完成 35 户债转股项目的批量协议转让工作；各分行加强与投资人、企业及其主管部门的沟通协调，利用股东回购、协议转让、挂牌出售等多种方式单户处置债转股项目 14 户，金额为 15 亿元。通过重庆产权交易所招商，成功处置一批长期逾期抵债资产项目。通过将待结案诉讼费与呆账贷款核销合并申报审批，同步账务处理，大大减少和避免了挂账问题的继续发生。2010 年，全行共处置非信贷不良资产 55.96 亿元。其中，处置债转股资产 29.32 亿元，处置额是 2009 年的 2 倍多，1 000 万元以下小额债转股项目全部处置完毕；处置抵债资产和待结案诉讼费等其他非信贷不良资产 27 亿元，较 2009 年提高了 34%。截至 2010 年年末，全行非信贷不良资产余额为 112 亿元，较年初下降了 44 亿元。

（五）贯彻财政部新核销办法，呆账核销金额创新高

2010 年 3 月，财政部出台《金融企业呆账核销管理办法（2010 年修订版）》（财金〔2010〕21 号）后，总行第一时间予以转发，并制订下发《中国建设银行呆账核销实施办法》，明确管理要求，优化业务流程。全年通过业务培训、专题座谈、现场督导等形式指导分行加大核销工作力度。各分行对照新核销办法，组建拟核销项目资产池，将符合核销条件的项目基本核销完毕，实现不良资产的“应核尽核”。2010 年，全行共核销呆账 95.19 亿元，其中，贯彻核销新政策多核销呆账 50 亿元；呆账贷款核销额达到 89.38 亿元，超出年初损失类贷款余额近 12 亿元，成为我行股改上市以来核销金额同比最多的一年，有效降低了无效资本占用、促进了信贷结构优化调整。

二、2010 年主要工作举措

（一）适时调整工作节奏，全年工作有序高效

2010 年年初，召开全行保全工作会议，明确了全年工作思路和措施安排。各分行认真贯彻落实总行要求，提前开展项目储备，密切跟踪处置进度。4 月末，开展大额不良项目集中专家诊断，提早研究项目情况，明确处置措施，制定处置时间表。2010 年，总行、分行各项工作安排紧凑、平稳有序，提前 1 个月完成全年计划，全年不良贷款和非信贷不良资产处置率分别达到 59% 和 36% 的历史高点，实现了不良资产处置效率连续六年稳步提高。

（二）抓好三个重点，加大不良贷款处置力度

一是继续推行重点联系行制度。年初总行选定北京、山西、辽宁、大连、黑龙江、上海、浙江、江西、山东、四川等 10 个不良额大、不良率高的分行，由总行资产保全部副总经理级以上领导人员担任重点分行联系人，有针对性地指导和帮助分行解决工作难点。2010 年，10 个重点联系行共处置不良资产达 180 亿元，占全行处置额的 43%，平均不良贷款率由年初的 1.61% 下降到年末的 1.15%，降幅高于全行平均水平 0.12 个百分点，其中，有 4 个分行不良率降到了 1% 以内，北京市分行处置不良资产逾 50 亿元，成功摘掉了不良资产老大的帽子。

二是全力抓好大额不良项目处置。在总行、分行的协同配合和共同努力下，100 户亿元以上重大不良贷款项目中，有65户项目处置工作取得进展，其中31户已处置完毕，累计处置金额77亿元。华源系、聚友网络、中关村系等重大集团性不良客户和跨区域不良项目重整方案得以通过实施。

三是做好重点行业不良处置工作。为配合全行信贷结构调整工作，总行制定下发了《关于落实2010年信贷结构调整要求，进一步做好部分行业不良贷款处置工作的通知》，指导各分行进一步加大"两高一剩"等信贷结构调整重点行业及小企业不良贷款处置力度。全年净压缩该类不良贷款53亿元，为全行信贷结构调整作出了积极贡献。

（三）持续完善工作机制，创新不良资产处置手段

一是进一步完善专家诊断工作机制。总行在年初制定下发了《2010年公司类不良贷款项目专家诊断工作实施方案》，完善专家诊断工作机制，重点加强已诊断项目跟踪和诊断意见落实。全年共开展7次集中专家诊断，对33个分行的136户、116.9亿元项目进行了诊断。截至2010年年末，已有75户项目处置工作取得进展，其中有25户已处置完毕。

二是探索创新不良资产处置手段。2010年，资产保全条线在充分运用催收、重组、核销等传统处置手段的同时，探索债权转让、批量处置等创新型处置手段。2010年，经财政部批准，总行与信达公司协议批量转让35户、14.75亿元共有债转股项目，实现了非信贷资产处置手段的创新。在总行的带动和指导下，2010年，分行积极探索尝试不良债权转让的处置手段，以卖断方式转让不良贷款17亿元，实现本金及代垫费用无损失回收，回收利息3 670万元。

（四）加强基础管理工作，全面提升经营管理水平

一是加强制度建设，强化风险防范。2010年，根据全行"贷后管理年"和内控案防的工作要求，总行加强了保全业务制度建设的力度，梳理流程，堵塞漏洞。先后出台《债转股股权挂牌转让操作流程》《不良贷款客户存款账户扣收业务操作流程》《中国建设银行资产保全条线业务检查规程》等十余项制度规定。2010年年初，开展资产保全业务检查，通过分行自查和总行抽查，及时发现问题并落实整改。2010年6月，结合总行党委关于廉洁从业的要求，总行下发了《关于进一步规范资产保全条线人员与中介机构交易行为的通知》，开展资产保全员工与中介机构交易行为的自查工作，消除中介机构聘用过程中的风险隐患。

二是加大培训力度，提升员工专业能力。2010年，总行按照"按需培训、分类培训"的基本原则，开展全覆盖、分层次、多形式、高质量的资产保全业务培训。全年总行共举办全行性资产保全业务培训班12期，组织分行开展区域培训班2期，直接培训员工765人次，培训覆盖面达到74%，培训内容涵盖了资产保全全部业务类型，培训次数、参训人数、培训班规模均为历年之最，有力提升了员工的专业能力和综合素质。各分行根据业务需求，积极开展针对性强、形式多样的辖内培训，最大限度地为各层次保全条线人员提供了培训机会。

（五）信息系统进一步完善，有力促进业务流程的标准化和规范化

2010年5月，资产保全业务管理系统（SARM系统）综合改造项目成功上线，实现了管理者与操作者界面的分层管理，使得界面更加友好，流程更加完整，业务结构更加清晰，内在逻辑控制更加科学，建立了分行系统管理员、项目运维组、总行保全部三方相互配合、紧密联系的问题反馈和解决机制，为资产保全业务精细化管理和集中经营提供了更加有力的技术支持。

（执笔：赵晗玥）

IT 建设与发展

2010 年，信息技术管理部围绕全行发展战略，以安全生产为中心，以“调整、创新、整合、服务”为重点，推进自主研发和信息技术可持续发展能力建设，生产安全保障、IT 治理能力和精细化管理水平迈上了新台阶。

一、保障了全年信息系统的安全稳定运行

从系统健康检查、风险控制与整改、应急演练等方面采取措施，做好世博会、亚运会等重要时期及重点系统的安全运行保障工作。组织召开了世博会安全及服务保障工作动员会议，建立了运行事故问责和安全生产例会机制，开展了世博会、亚运会信息科技风险专项检查，进一步规范重大版本变更流程，推广集中监控系统、服务调度管理系统、自动化运维平台的应用范围，自动监控发现事件比例由 26%（2008 年）提升至 83%，修订了 164 套系统的应急预案并开展了 148 次应急演练，强化运行事件管理累计处理运行事件 10.8 万件，较好地保障了全年信息系统的安全稳定运行。CCBS、网银、企业级渠道服务整合系统（ECTIP）日交易峰值同比分别增长 19%、85.78% 和 79.48%，特别是 11 月 11 日，网银系统安然度过淘宝网“秒杀”促销冲击，交易量超过其他四大国有商业银行总和，交易成功率领先同业。

二、科技创新能力进一步提升

重点保障了前台、后台分离、第二代支付等重大项目上线投产，续建了 129 个项目，新建 62 项，验收 86 项。全年共申报专利 23 项，软件版权登记 38 项，历年累计取得信息技术方面的专利 23 项，软件版权登记 71 项。2009 年、2010 年分别有 13 项、9 项成果获人民银行科技发展奖。

深化前台、后台分离项目在深圳、河北分行上线，实现了支票提示付款、汇兑、票据交换提出、银行本票、银行汇票等 5 项产品后台集中处理，平均业务处理时间节省 35.8%，客户等候时间减少 50%；网络银行不断拓展新产品和服务范围，“e 贷通”业务在 10 家分行开办，“e 单通”业务推广到 4 家分行，“e 保通”、“e 点通”、“e 商通”等多项新产品先后投产；境外核心（OCBS）及周边系统建设取得重大突破，OCBS 标准版在胡志明市、新加坡、中国香港、首尔 4 家分行投产，境外清算系统在 4 家分行及伦敦子银行上线，在纽约分行实现与当地清算系统对接，完成了 OCBS 香港备份中心建设；第二代支付项目按监管要求完成网上支付跨行清算系统上线，业务量、成功率、系统效率同业排名领先，后续大、小额支付系统建设已经启动，电子商业汇票系统如期投产。

三、加快信息系统整合和分行系统上收

成立了“信息系统整合办公室”，通过统一开发中心和分行基础软件版本、完成综合前端全行推广，对全行技术架构基础设施环境进行了精简和标准化；通过建立分行项目审核会议，将分行项目全部上收总行审批，通过总行项目统一信息委审批会机制，加强业务需求管控和整合。全年共收到业务需求 213 项，取消、暂缓实施 59 项，整合 90 项，立项 62 项，同比减少 43.6%，批准分行项目 319 项（包括审批上收前的 226 项），同比下降 62.7%。

客户关系管理相关系统整合优化完善了企业级客户信息系统（ECIF），通过全行唯一的客户信息标识、集中的客户核心数据、客户数据索引，推动统一客户信息视图的建立；将集团客户信息管理系统（GCIMS）整合至对公客户关系管理系

统（OCRM），实现了对公客户关系管理平台的初步整合；对公信贷相关流程整合将对公信贷业务流程管理系统（CLPM）应用范围扩大到机构部、风险部、集团部、小企业部、资金结算部，接入金银岛、义乌全球网、快钱、格力、苏宁等外部系统平台，进一步扩大了业务和服务范围；分行前置集中整合项目统一整合 ECTIP、贸易融资等九个部署在分行的前置系统，第一家试点分行宁夏分行已完成测试，即将在全行推广，预计将节省 304 台各类服务器，每年可节约 78 人年的维护量和 5 000 万元的维护费用，有效缩短交易路径；分行个贷相关特色系统整合上收初步确定了 29 个相关分行特色系统上收方案，完成了 14 家分行个贷管理信息数据的迁移及湖南、苏州分行特色存贷通系统上收，正在进行 13 家分行的上收测试；外卡国际组织接口主机整合将三地、6 个系统的 14 套设备逻辑整合并集中部署，维护保障能力大幅提升，运行费用大幅降低。

四、提升自主研发能力

对全行 131 个应用系统、各开发中心的自主研发情况、研发能力进行了摸底调查，建立自主研发能力评判规则和标准，定义了 4 种自主研发类型。制订了自主研发能力提升目标，计划到 2013 年年末，将整体自主研发率从初始的 31.5% 提升到 70.5%，重要系统的自主研发率将达到 83.3%，针对每套系统，分别制定实施策略、措施和计划。完善激励约束机制，将自主研发能力及提升等情况与绩效分配挂钩，发布《自主研发能力提升指导意见》对开发中心进行引导。严格控制公司采购比例，引进掌握核心技术的 5 名外部专家和 15 名分行技术专家，协调增加应届毕业生招聘名额，确保自主研发资源投放。到 2010 年年末，各中心整体自主研发率达到 40.8%，超出计划 5 个百分点。

五、推进灾备和新一代核心系统建设

建立了灾备体系规范、管理办法、等级管理规范，制订了 IT 持续性总体策略、灾备总体方案和技术方案，启动了灾备标准化体系建设、现有系统灾备等级初始化、新增系统灾备等级评定，对全行基础设施环境进行集中、整合、上收与标准化，推动南北数据中心合并和相关的 CCBS 系统优化，启动了西藏分行向北京数据中心的迁移，制定了洋桥机房 B 座投产及亦庄机房搬迁计划，推动全行基础设施体系向“两地三中心”灾备布局迁移。启动了“十二五”科技发展方向研究及新一代核心业务建设相关工作，组织了与 IBM、TATA 等外部公司、专家的交流，全面评估我行 IT 系统、IT 能力与国际、国内先进银行的差距，参与新一代核心系统推进小组相关工作。

六、完善 IT 管理体系

一是建设专业测试能力。建立完善了包括 53 个应用系统的功能测试环境，实现了重要信息系统 100% 纳入验证测试，规范了版本交付和测试流程，推广应用测试规范、工具，组织分行参与测试任务。全年实施和管理测试任务 168 项，发现各类缺陷 5 008 个（其中严重和致命缺陷 1 302 个），取消投产功能点 17 个。通过测试调优，第二代支付系统性能提升 11 倍，前台、后台分离系统性能提升 3.6 倍；通过应用小型机虚拟化技术，节约测试硬件成本达 2 400 余万元。

二是强化 IT 风险管理能力。颁布了《信息安全管理政策》（报批稿）《生产数据使用安全管理》《信息科技工作检查管理办法》等 10 个安全管理制度，制订了安全技术体系建设方案、技术基线；组织全行开展了 3G 等通信环境中信息系统管理风险、IT 监管合规管理风险、服务连续性风险等八项专项风险评估，完成了各专项风险评估标准的建设；建立了生产责任事故问责机制，制订了《信息系统生产事件等级认定规定（试行）》等制度规范；整合安全认证等安全技术架构和资源，推广应用密码安全服务平台、终端安全传输系统、数据安全管理项目；加强互联网应用安全保障，发现并整改各类安全隐患 84 个，关闭假冒我行网上银行的钓鱼网站 9 例；组织全行 28 万余名员工参加信息安全培训并举办知识竞赛，实现了信息安全知识、安全意识的全员覆盖；加强软件开发安全测试，配合监管部门对我行现场检查及落实整改，提升安全管理水平和风险防范能力。

三是提升 IT 治理能力。修订、制订了《信息技术项目管理办法》《信息安全管理政策》等 37

项制度、规范和技术标准，完善了制度规范体系；改变科技规划“自下而上”汇总编制方式，采取根据科技战略制订年度计划、工作任务和资源分配方案，发挥了科技规划的导向作用；变革软件开发服务采购方式，通过年初建立技术服务资源池，再根据具体需求下达订单的方式，减少单一来源采购；推进开发中心一体化管理、系统移交、开发与生产运维分离，提高中心专业化研发能力；整合项目实施流程管理，解决了可研阶段与实施阶段脱节、项目流程跟踪困难等问题；进一步规范重大版本交付流程，彻底解决了困扰多年的“封版难”问题，问题版本率自2009年的9.55%降至1.02%，版本检验通过率、运行交付件质量等指标同业领先，达到历史最好水平。

四是加强队伍建设。组织完成了27期、7 640人天的培训，提升了参训人员技能，支持了IT战略以及年度重点工作的有序推进。

（执笔：马龙）

营运管理

一、深入推进深化前台、后台业务分离项目，统筹规划后台业务处理体系建设

完成深化前台、后台业务分离项目深圳、河北分行试点上线，取得显著成效。项目一期工程覆盖了支票类提示付款、票据交换提出、汇兑汇出、银行汇票、银行本票5项产品，系统运行稳定，柜员和客户反映良好。系统上线后，前台柜员操作动作减少，工作量减少79%；作业方式由串行改为并行，系统自动化程度大幅提高，客户平均等待时间减少52%；后台作业可外包比例达78%，作业成本大幅降低；系统自动检核关联信息，拆分动作录入要素，有效控制了操作风险。确定了项目后续建设和推广策略，启动了项目后续推广和后台业务处理中心建设工作。

二、扩大覆盖范围，完善集中支付清算体系

完成二代支付项目网上支付跨行清算系统业务需求编写、审定及系统开发、测试和上线运行，实现网上支付等电子支付业务的跨行集中清算与实时处理，同业中我行开通的产品最多，且系统运行稳定，服务响应及时，交易量和成功率名列前茅，受到人民银行好评。

扩大境外清算系统境外分行覆盖面。完成GMPS系统在新加坡、首尔、胡志明市分行上线，境外分行覆盖面达70%。纽约分行按期接入FEDWIRE系统。美元清算24小时接力作业模式进一步完善，我行成为中资银行中唯一一家实现美元清算不间断作业的银行。

打造总行及境外机构资金后台业务处理统一平台。OPICS系统在新加坡、中国香港、首尔、胡志明市4家境外分行上线，促进了境外机构资金交易后台业务流程和数据标准的统一。

成功申办上海清算所唯一结算银行资格。会同相关部门共同拟定清算协议和操作规程，为结算银行业务顺利开展提供了制度保障。

三、完善机制，强化管理，提高营运后台服务能力

完成批量代收付系统跨行批量代收付功能开发和全行推广上线，在同业中率先实现跨行批量代收付业务的一级分行后台集中处理。

扩大交易类业务集中覆盖面。推进CCBS系统功能和业务流程优化，加快实施汇兑汇入落地业务一级分行集中进程，10家分行实行一级分行后台集中。38家一级分行实现网银跨行交易落地业务一级分行集中处理。

全面完成支付系统大、小额跨行渠道治理。结合人民银行小额支付系统上限从 2 万元调到 5 万元的变化，组织完成分行企业网银和特色系统改造，全年节约汇划手续费支出 1.03 亿元。

完成会计档案扫描作业成本分析和优化项目。全面分析影响会计凭证运送、扫描、补录等作业环节成本因素，提出减少凭证量、提高 OCR 识别率、调整凭证运送方式、推进用工外包等优化措施，预计可节约成本 1.36 亿元。

组织开展了批量代收付、稽核监测、现金配送等营运体制改革相关的项目后评估。评估结果表明：我行上述三项业务的处理模式在同业中处于领先水平，规模优势明显，前台操作大幅减少，市场潜在拓展能力有效释放，客户满意度提高；业务处理效率分别比改革前提升 87%、43%、153%；操作风险控制能力显著增强。

探索交易类业务服务响应机制。了解和掌握了 38 家分行交易类业务后台服务响应现状和问题，为完善交易类业务服务响应机制、提升后台支持保障能力奠定了基础。

参与金融市场流程制度建设。提出我行清盘债券核销后续处理流程和国际黄金业务原币计价方案，协助前台完成人民币利率互换处理模式调整，参与信用风险缓释工具业务制度及会计政策制定，参与研究非保本理财产品在货币市场开办回购业务的流程和会计政策。

组织开展了“总行本级内部账业务无纸化流程审批及批量入账”系统研发，启动流程优化工作，完成批量入账流程设计和需求编写。

强化业务持续性管理，有效组织业务应急。组织开展了 38 家分行和总行集团客户部参加的全行支付系统桌面应急演练，达到了强化应急意识、熟悉应急流程、提升应急处置能力的目的，得到银监会的肯定。

四、推动精细化管理，提高现金和金库业务水平

加强现金备付管理，创新管理模式。加强现金日常库存管理，每日专人监测网点、自助设备和金库库存及在途现金，及时处理超库存和在途预警，实现了全年现金备付 0.48% 的计划目标。

加强贵金属库存管理。针对库存黄金品种多、数量大以及库存管理和核算不完善等问题，与金融市场部联合制定《委托代保管总行贵金属业务操作流程》，提出滞销产品返厂处理方案；优化出纳系统贵金属管理功能，对各类黄金产品实行表外明细核算，加强库存监控，实现黄金超库存预警。

扩大配送业务覆盖面。组织县支行现金集中配送情况调研，完成一二级分行集中配送体系建设，并向县支行延伸，进一步规范县级支行现金配送模式，构建覆盖全行所有网点的现金集中配送体系。全行网点现金综合集中配送率为 87.33%，比 2009 年上升 9.33 个百分点；离行式自助设备集中维护率为 91.56%，比 2009 年上升 8.56 个百分点；现金整点清分集中率为 87.68%；在用金库 696 座，比年初减少 25 座。

探索建立配送成本计量标准。制定《现金集中配送作业成本计量方案》，形成了包括成本归集范围、路径、分解方法、作业量统计、单位成本计量等内容的配送成本计量基本方法，为配送成本的正确计量和分摊奠定了基础。

五、改进防控手段，控制操作风险

调整稽核监测手段，加快稽核向基于防范案件与事故的方向转变。针对 COS_ T 系统上线后的操作风险变化，调整稽核、监测模型 26 个，并在试点行上线。优化稽核监测系统，调整风险监督重点，优化预警模型 116 个，设置分行特色模型 103 个。

通过开展深度稽核监测，堵截案件 2 起，其中一起涉及金额达 1 800 多万元。全年共纠改员工重大违规操作 6 356 笔，发现多起信贷资金违规流向案例，涉及金额达 6 400 多万元，直接堵截潜在资金损失事件 4 221 笔，涉及金额达 23.2 亿元。

全面落实“案件专项治理”和“内控执行年”活动，加强业务检查，有效防范操作风险。组织安排营运条线全面检查，总行分两批检查了 8 家分行的活动开展情况及营运本级业务，共发现违规操作 58 项，已全部完成整改。全行共完善制度 163 个，有效提升了内控和案防执行水平。

总行直接组织金库（突击）特别检查 14 次，检查 102 座金库，其中，一级分行金库 36 座，检

查面达100%，二级分行和县支行金库66座。共查出问题187个，金库管理和作业问题已及时得到整改。

组织完成了CCBS系统营运后台岗位权限优化，新增营运专用岗位19个，减少441项多余操作权限，一级分行营运本级减少37.8%，从源头上解决了岗位权限过大问题。制发《营运本级业务操作风险控制要点》，提出了192项岗位管理、操作权限控制措施。在同业中率先实现与人民银行往来对账一级分行集中，减少操作风险点1 282个，对账专、兼职人员由2 641人减至76人（兼职），减少97%。

编写《CTS系统故障应急响应及恢复总体预案》《总行CTS系统应急响应与灾难恢复预案演练方案》，形成鑫存管系统业务应急与处置的标准化模板，积极开展应急演练，提升应急能力。

六、持续推进系统整合优化，释放运维资源，提高业务运维效率

推进系统整合和后台集约化处理，有效释放运维资源。完成人民币资金清算系统下线，全行每年节约30万小时/人工作量，释放80余套清算设备资源，确保现有业务平稳过渡到CCBS系统。整合证券业务系统前端界面，取消分行层面机构和柜员信息维护操作，减少分行节点，释放分行运维人员。整合重客系统业务运行监控工具，提高了系统业务运行监控的时效性。实现CCBS、证券、理财产品等系统参数“统一领取、统一归档、统一调度”的维护运作模式，提升了维护效率和人员调配灵活性。2010年维护的参数种类23项，数量为24.27万条，较2009年增长86%，完成司法协查工作956笔，较2009年增加142%。

拓展服务功能，提升业务运行效率。成功完成“两会”、世博会、亚运会及抗灾援建期等重大事件期间的系统运维保障和现金供应调配。实施营运作业与管理平台二期优化，重点完善知识库和问题管理功能。完成鑫存管项目账务核对、账户切换、头寸划拨等汇总分账户结转功能优化改造工作。配合完成参与对公信贷业务流程管理系统、现金管理系统、社保业务综合系统、重要客户服务系统、电子商业汇票系统等的建设和优化。

配合业务部门产品营销和业务拓展，支持业务创新。积极参与第三方支付机构备付金存管、企业网银优化整合、证券质押、融资融券等业务研讨；参与国家开发银行、铁道部、中石油、农信银资金清算中心等合作营销团队，参加鑫存管、军人保障卡等产品推介会，向客户介绍我行系统运营特点和优势，提升整体营销能力。

七、加强基础管理，规范营运业务操作

健全规章制度，强化业务管理。制发《核算中心业务操作手册（修订稿）》，明确了后台交易核算业务操作流程、岗位职责和关键风险防控措施，规范了业务操作；制发《电汇汇入落地业务集中处理指导意见》，统一了汇入落地业务操作流程、岗位设置和人员配备标准，为业务集中奠定基础；制发《柜面业务集中处理管理办法》《操作规程》《操作手册》，统一了业务模式和操作流程，防范了操作风险。

强化业务培训，提高业务技能。组织了现代商业银行营运作业管理、后台业务集中处理、二代支付项目、核算中心业务主管、专题稽核、现金配送管理、本外币现钞反假、金库特别检查员、系统业务运维管理等10期培训，促进了营运条线业务人员综合素质和操作技能的提高。

在工作量增长、人员没有相应增加的情况下，圆满完成总行本级各项工作任务。组织总行本级会计核算业务专项检查，梳理资金交易后台业务流程和风险控制重点。组织本部员工行为排查，化解可能产生案件的诱因和隐患。完成总行本级营运岗位操作权限清理调整，有效控制操作风险。

（执笔：胡忠）

电子银行业务

2010年，全行上下深入学习贯彻科学发展观，贯彻以客户为中心的服务理念，持续改善客户体验，优化服务流程，提升服务水平，电子银行业务继续保持健康快速发展。2010年，全行电子银行与柜面交易量之比达到142%，比2009年12月当月提高了44个百分点，明显超过柜面；电子银行账务性交易量比达到49.46%，比2009年年均水平提升了20个百分点，与柜面持平。电子银行客户规模、交易规模等主要业务指标继续保持国内同业领先水平。

一、网上银行

2010年，继续坚持以客户为中心的经营理念，持续优化产品，改进流程，创新服务，不断改善客户体验，同时，积极协调推进产品服务在网上银行同步部署，网上银行服务功能进一步丰富，服务能力明显增强，客户满意度进一步提升。

2010年，个人网上银行重点推出信用卡约定还款账户绑定、银证期通、储蓄国债和全国手机话费充值等服务功能；全面支持利得盈系列、大丰收系列、乾元系列等总行、分行发行的理财产品在网上银行渠道的销售；组织协调网上支付跨行清算系统上线，全面开放实时跨行查询、转账、信用卡跨行还款、在线签约等服务。截至2010年12月31日，全行个人网上银行客户数达到5 705万户，当年新增1 746万户，比年初增长了44.1%；当年实现交易额8.75万亿元，同比增长191%；当年实现交易量28.7亿笔，同比增长86%。个人网上银行客户满意度达75.1%，比2009年提升了3.2个百分点。

2010年，企业网上银行重点推出新版电子对账服务，提供多样化对账频率选项和批量对账等功能；实现大丰收、乾元等7个系列理财产品在企业网上银行的销售；完善电子商业汇票多项服务功能，实现在线保理预付款及网上应收账款管理服务、客户在线进行自主结汇交易申请及结汇成交查询等服务；推出了E付通、银证期通和网上银行托管等服务。截至2010年12月31日，全行企业网上银行客户数达到93万户，当年新增24万户，比年初增长了34.8%；当年实现交易额54.94万亿元，同比增长67%；当年实现交易量6.6亿笔，同比增长95%。

2010年3月24日，建设银行与微软在北京签署战略合作备忘录。

二、手机银行

2010年，手机银行服务功能进一步丰富，服务能力明显提升，客户体验显著改善，业务健康快速发展，手机银行服务能力、创新能力及业务规模继续保持同业领先地位。2010年，创新推出iPhone客户端，为iPhone手机客户提供手机银行核心功能；新增全国手机充值服务，支持全国范围内的移动、联通、电信用户实时充值；新增信用卡服务功能，提供信用卡约定账户还款设置功能；优化手机WAP支付功能，客户直接输入手机银行登录密码即可登录并选择账户支付；优化手机银行WAP网站，新增跨行网点号查询、手机银行知识库、建议与咨询等服务。截至2010年12

月 31 日，全行手机银行客户数达到 2 244 万户，当年新增 816 万户，比年初增长了 57.1%；当年实现交易额 4 910 亿元，同比增长 99%，当年交易量达到 1.1 亿笔，同比增长 82%。

三、短信金融服务

2010 年，完成 7 家分行短信金融服务平台业务集中，实现业务集中的分行总数达到 27 家。2010 年，重点推出短信约定转账服务，通过发送短信即可实现约定账户间转账汇款；推出理财资讯服务，通过短信为客户提供基金净值、外汇汇率、股市指数、贵金属等理财资讯短信通知服务；推出了信用卡还款等服务。截至 2010 年 12 月 31 日，全行短信金融客户数达到 9 279 万户（部分分行按账户收费进行统计），当年新增 2 819 万户，比年初增长了 43.6%。

四、国际互联网网站

2010 年，我行国际互联网网站业务实现历史性突破，国际互联网网站单月日均页面浏览量突破 2 000 万次，单日最高页面浏览量达到 2 656 万次，并荣获《证券时报》颁发的“最佳银行网站”奖。以国际先进银行网站为标杆，开展网站首页优化工作，全新优化了网站首页，得到客户的普遍认可；借助美国银行战略合作项目，在国内首创推出基金交易一站式服务，实现基金产品网站与网上银行交易直通，全面构建网站基金销售平台。

加强境外机构网站管理，下发《关于加强境外机构国际互联网网站管理的通知》（建总函〔2010〕127 号），明确境外机构网站统一建设、统一管理、统一维护的目标要求；下发《关于规范国际互联网网站内容服务合作的通知》（建总函〔2010〕408 号），严格网站内容服务合作准入流程，规范服务形象。同时，我行国际互联网网站发挥网站宣传窗口作用，积极配合建设银行上市五周年宣传服务；专题策划“建设更美的城市，建设更好的未来”上海世博会服务专栏；圆满完成广州亚运会期间信息保障服务和青海玉树地震报道及救灾金融信息服务。

五、电子商务

2010 年，全行网上支付业务继续保持快速发展，商户质量和结构不断优化。2010 年，在业界率先推出新型网上支付产品——账号支付，通过建立银行账号与手机号码的对应关系，为持有建设银行活期储蓄账户（含卡、折）或信用卡账户的客户，提供直接输入“银行账号 + 手机短信验证码”进行小额支付服务；以大宗商品交易市场、专业化电子商务平台为服务对象，创新推出电子商务支付服务平台——E 商贸通，为商户及其会员提供资金划拨、结算、托管和信贷支持等服务；网上商城新开辟“品牌折扣馆”、“户外运动馆”、“红酒品鉴馆”等系列特色栏目，商城更新商品 1 000 多种，策划各类营销活动 100 多次，有力促进了网上支付业务的增长。截至 2010 年 12 月 31 日，全行网上支付商户数达到 1 755 户，当年新增 440 户，比年初增长了 33.6%。

六、市场营销与组织推动

2010 年，先后组织开展了“电子银行转账汇款”、“建行手机银行，缤纷好礼送不停”、“基金交易一站通，投资理财更轻松”、“投资基金巧选择”等系列营销活动，扩大了客户规模，促进了电子银行交易量和交易额的大幅增长。积极创新应用 Web2.0 营销元素，引入秒杀、团购、微博等 SNS 网络营销宣传方式，注册开通了电子银行新浪官方微博，并通过加“V”认证；以主协办行身份，成功举办第三届建设银行“e 路通”杯全国大学生网络商务创新应用大赛，覆盖全国 324 个城市和地区的 2 200 多所高校，吸引了 10 多万高校学子参赛。

2010 年，面向全行组织开展了“提素质、重体验、比服务、促发展”电子银行业务技能竞赛活动，通过组织开展“电子银行培训宣讲送部门、送基层”、“全员电子银行体验”、“网上答题”和现场技能竞赛系列主题活动，进一步提升了全行员工对电子银行业务的认知水平和应用水平，凝聚了全行共同发展电子银行业务的共识，促进了电子银行业务发展。

七、风险管理与控制

继续创新安全产品，强化风险控制手段，加强事后应急处理能力，进一步健全完善电子银行“事前防范、事中监控、事后处理”、“防、控、

2010 年 11 月 11 日，建设银行与中国移动在海南召开金融信息服务和手机银行业务创新研讨会。

补”于一体的电子银行风险防控体系。在事前防范环节，在业内首创推出基于 Windows7 个人网银“零点击”网银盾和个人网上银行专用浏览器；推出适用于 Windows 7 64 位操作系统网银安全组件，优化 E 路护航网银安全组件，兼容繁体中文及英文操作系统；创新短信动态口令产品，通过手机短信动态口令办理网上银行业务。在事中监控环节，在合肥建成电子银行业务中心，组建专业化电子银行风险监控队伍，实现 38 家一级分行电子银行业务风险全覆盖。在事后处理环节，建立钓鱼网站关闭机制，开发网上支付防钓鱼支付接口，及时堵截网上支付钓鱼风险；与大型商户建立反欺诈信息共享、联动处理及应急反应机制。

八、对外战略合作

2010 年，继续深化与美国银行战略合作，实施了客户之声、客户满意度监测、原型设计和设计标准等客户体验提升项目，建立了客户之声自动收集、传导与分析报告流程，搭建了客户之声工作模型开发管理工具，构建客户之声问题分类标准和编码规则，实现客户之声信息的结构化管理；客户之声处理能力由每周 300 条提高至每周 8 000条；明确了网上银行客户满意度驱动因素，初步建立了满意度评价指标体系，实现了满意度在线监测，建立了一套可复用的个人网上银行重点页面原型素材库，完成了标准建设方案设计及现有个人网银页面标准化评估；自主实施国际互联网网站首页改版、个人网上银行重点功能文字提示等可用性测试。

九、电子银行业务中心建设

2010 年 3 月末，总行下发了《关于设立中国建设银行电子银行业务中心的通知》（建总发〔2010〕72 号），决定在安徽合肥设立中国建设银行电子银行业务中心，直属总行电子银行部，承担电子银行反欺诈管理、客户互动服务、风险监控、专家服务、业务维护等职责。经过半年的紧张筹建，该中心 2010 年 9 月 17 日正式挂牌运营。

（执笔：杜方举）

子公司改革与发展

一、建信基金管理有限责任公司

（一）业务发展概况

2010 年，建信基金管理公司在公司股东的大力支持下，在董事会、监事会和管理层的正确领导下，秉持“诚信、专业、规范、创新”的核心价值观，稳步推进战略实施，通过全体员工的共同努力，取得了较好的经营业绩。公募基金规模达到 485. 67 亿元，特定单一客户资产管理业务规模为 19. 27 亿元，特定多个客户资产管理业务规模为 29. 68 亿元，投资咨询业务资产规模为 9. 99 亿元，投资管理业绩稳步提升，全年实现净利润

10 052.42 万元。

（二）主要经营管理举措

1. 进一步扩大资产管理规模。2010 年，公司不断加大营销力度，完善产品线布局，努力扩大资产管理规模。截至 2010 年年底，公司共管理 13 只公募基金，其中 10 只权益类基金，3 只固定收益类基金。2010 年，公司顺利完成建信上证社会责任交易型开放式指数证券投资基金连结基金、上证社会责任交易型开放式指数证券投资基金、建信全球机遇股票型证券投资基金和建信内生动力股票型证券投资基金 4 只新基金的募集工作，首发规模分别为 24 亿元、4.2 亿元、6.8 亿元和 53.9 亿元；公司还发行了 2 只特定单一客户资产管理计划，规模为 20 亿元，9 只特定多个客户资产管理计划，规模为 21.21 亿元，新增 3 个投资咨询合同，涉及管理资产管理规模为 5.2 亿元。

2. 投资管理业绩稳步提升。2010 年，公司通过不断优化投资理念，进一步完善激励机制，构建量化投资研究平台，旗下基金投资业绩持续提升，其中固定收益类基金继续保持优良业绩，权益类基金业绩与 2009 年相比明显提升，建信恒久价值股票型证券投资基金和建信核心精选股票型证券投资基金净值增长率在可比的 208 只股票型证券投资基金中分别排名第 24 位和第 15 位。2010 年，公司荣获《中国证券报》等机构评选的“金牛债券投资基金公司”称号；建信稳定增利债券型证券投资基金荣获“2009 年度开放式债券型金牛基金”奖。公司管理的特定客户资产管理业务投资组合运作良好，处于行业中上游水平。

3. 继续加强团队建设。公司始终坚持按照市场化、专业化原则不断提升人力资源管理工作水平。2010 年，公司进一步完善了人力资源配置，强化人才梯队建设，提高了员工工作积极性；加大了培训投入，建立了制度健全、管理规范的培训制度，培训效果明显提升；系统梳理了绩效指标，绩效考核进一步优化，更加符合业务发展的实际情况。截至 2010 年 12 月 31 日，公司员工共计 168 人，其中 63% 以上的员工具有硕士及以上学位，18% 以上的员工具有境外留学或工作经历，90% 的员工具有金融、证券从业经历，员工平均年龄为 32.4 岁。

4. 继续坚持规范运作。2010 年，公司继续坚持规范运作，切实维护基金持有人的合法权益。同时，公司着力推动合规文化建设，不断优化内控工作流程，完善合规性风险监控指标体系建设，注重流动性风险和信用风险管理。公司全年未发生重大投资风险，未存在违法违规行为，并在监管层多次检查中获得好评。

二、建信金融租赁股份有限公司

（一）业务发展概况

截至 2010 年年末，公司资产总额为 243.3 亿元，比年初增长了 161.3 亿元，其中租赁资产为 230.8 亿元，比年初增长了 150.4 亿元，增长比率为 187%。2010 年度公司实现税前利润 2.29 亿元，同比增加了 0.63 亿元；实现净利润 1.70 亿元，同比增加了 0.46 亿元。公司资产质量优良。

2010 年，在五家同期成立的银行系统金融租赁公司中，公司当年新增租赁资产增幅和营业收入增幅排名第一；新增租赁资产排名第三，余额上升了一个位次；成本收入比为第二优；人员最精简。公司获得“2010 中国融资租赁十佳企业”称号，各项经营管理得到了银监会和北京市银监局的充分肯定。

（二）主要经营管理举措

1. 业务拓展方面。2010 年，公司全力开拓市场营销，投放规模稳步增长，全面完成了董事会下达的经营计划。

一是分解指标、落实计划、按季考核、加快进度，确保完成全年经营目标。2010 年，公司四个季度都实施了营销活动，并将业务拓展与“创先争优”活动紧密结合，有组织地抓紧、抓好、抓实、抓出成效，先后开展了第一季度“开门红”、第二季度“旺季营销”、第三季度“奋战第三季度，业务创佳绩”、第四季度“全面丰收”等公司业务竞赛活动，充分调动广大员工的工作积极性，做到季季有目标、部门有任务、考核有落实，确保全面完成公司年度经营目标。

二是持续加强与总行、分行的战略协同和业务联动，开拓业务市场，储备项目。2010 年，公司与总行和分行的联动营销取得新的进展，通过分区域举办“客户银租联动座谈会”、高层拜访、客户走访、培训等多种形式的联动营销活动，经过全力拼搏，业务涉足的行业和地域逐步实现多元化。2010 年，与公司开展租赁业务的分行从 13 家扩大到 22 家，同时与总行集团客户部的合作取得了首笔突破。2010 年，公司进一步优化行业结构，所涉及行业从 10 个扩大到 21 个，有效改善了公司行业集中度。

三是成功举办“银租联动座谈会”，密切与总行、分行业务联系，推动业务持续发展。2010 年 7 月和 11 月，公司两次组织召开了由建设银行总行各相关部门及南部、北部地区各分行参加的“2010 年建信金融租赁公司客户银租联动座谈会”，进一步加强了公司与总行、分行的密切联系，促进公司租赁业务持续、快速、健康发展。

四是支持国家西部大开发。公司积极落实总行西部大开发战略要求，截至 2010 年年末，公司累计向建设银行西部地区 12 个分行中 6 个分行的客户投放租赁款约 88 亿元，占公司全部投放总额的 37%，较好地满足了客户和市场的需求，极大地支持了西部分行开展业务，帮助分行提高了市场占比并提升了分行在与当地政府及客户开展业务时的话语权。

2. 产品创新方面。2010 年，公司根据客户和市场需求，继续加大产品创新力度，业务品种创新取得新进展。一是完成了首笔医疗卫生行业医疗设备售后回租融资租赁业务。二是完成了首笔飞机及船舶融资租赁业务。三是完成了第一笔人民币计价美元结算的租赁交易。四是创建了中小企业租赁合作模式并完成了第一笔中小企业租赁业务。公司与浙江省分行共同创建了“风险共担、进退同步、标准一致、逐步推进”的中小企业业务合作模式，这一合作模式在金融租赁行业尚属首次，具有创新性和开拓性。五是稳步推进保税区设立项目公司，开展飞机、船舶融资租赁业务。根据银监会的有关规定，公司在北京顺义天竺综合保税区设立了 1 家从事飞机租赁的单机项目公司；在天津东疆保税港区设立了 10 家从事船舶租赁业务的单船项目公司，其中 4 家船舶类项目公司已正式运营，租赁资产达到 9.7 亿元。六是厂商租赁业务完成了制度建设并已确定厂商租赁试点厂商。

三、中德住房储蓄银行有限责任公司

（一）业务发展概况

市场开拓取得不俗的业绩。2010 年年末，中德银行房地产信贷余额达到 71.25 亿元，在天津市全部商业银行中排名第六位，且信贷资产质量优良，不良贷款额和关注类贷款额均为零。主要业务发展情况：一是 2010 年个人类住房贷款新增 13.68 亿元，在天津市四大银行以外的 26 家中资中小商业银行中排名第二位，其中新增个人保障性住房贷款为 5.67 亿元，当年投放额在天津的市场占比达 45%。二是房地产开发贷款较年初新增 29.82 亿元，其中保障性住房开发贷款比年初新增 21.4 亿元；经济适用房开发贷款在天津地区余额达到 13.5 亿元，在天津的市场占比达到 24%。三是 2010 年销售住房储蓄合同 1 万份，合同金额为 37 亿元，同比分别增长了 31% 和 58%；住房储蓄存款考核新增 5.91 亿元，是 2009 年新增额的 2.02 倍，创中德银行开业 7 年以来最好水平。2010 年实现税前利润 3 064 万元、净利润2 499 万元。

（二）主要经营管理举措

专业化创新取得积极进展。一是紧密围绕客户需求，进一步深化住房储蓄与商业银行业务的组合创新与联动营销；针对小城镇建设中安置房建设项目的融资需求，创新推出“小城镇安居建设贷款”。二是重新梳理、规范个贷流程，对办理时限进行全面控制，提高了个人贷款经办效率；探索专业化银行个人贷款集中处理的业务模式，实现了部分非核心业务环节的专业化外包；健全了个人贷款贷后管理制度体系、特别是明确、细化了个人贷款监测、催收工作流程。三是在全行范围内开展“提升服务品质”活动，建立起较为完善的服务标准、较为健全的服务流程及服务管理体系；创新推出“惠民贷”保障性住房信贷营销模式，努力打造个人保障房金融核心竞争力；成立住房储蓄业务售后服务团队，全面负责住房储蓄售后服务和贷款服务。四是加强信贷政策研究，优化信贷审批规程，探索应用风险管理工具开展风险监测和分析。

经营管理基础得到切实强化。一是开办吸收公众存款等新业务，配套开展商业银行会计体系建设，进一步丰富金融服务功能；二是总行大楼正式启用，天津和平支行、滨海支行先后开业，银行形象和客户服务能力随之提升；三是核心系统和个贷系统投产上线、全新的数据中心生产机房落成，信息技术工作实现重大突破；四是以“信贷基础管理年”活动为主线强化风险内控管理；五是加强员工培训与管理，改革薪酬分配办法；六是进一步强化经营计划的约束力和指导作用，实施全面费用预算控制，强化财务管理职能，提高财务管理精度；七是与重庆市政府签订战略合作协议，异地机构拓展迈出关键一步。

四、建信信托有限责任公司

（一）业务发展概况

2010 年，公司实现利润总额为2.21亿元，较2009 年增长146.24%；实现净利润1.74亿元，较2009 年增长141.95%。

2010 年，公司新设立信托计划规模达到739.51亿元，完成年度预算的147.90%。到2010年年末，公司信托资产规模达到660.16亿元，较年初增加384.61亿元，增幅为139.58%。新增信托项目没有发生不良状况。

单一类信托业务快速增长。2010 年上半年，以银信合作业务为突破口，努力做大业务规模。至5月末，受托管理信托资产余额达到855.71亿元，比年初增长近600亿元，增幅为210%，在全国信托同业中增速列第二位、规模居第八位。

加快集合类信托业务发展。2010 年下半年，适应监管政策调整，适时提出了业务转型，重点推进集合类信托业务发展。到2010年年末，公司集合类信托项目达到11个，信托资产规模达到16.07亿元，较年初增加7.52亿元，增幅为87.95%。

创新类业务积极推进。设计开发了房地产类信托“股权+债权”的混合型信托模式，发行了“建信海南国际旅游岛投资1号”集合信托项目，信托规模达到5亿元。设计开发证券投资类信托采取“TOT”方式，推出“建信私募精选集合信托计划”，成为第一只发行母子信托为不同信托公司的信托产品。

围绕打造建设银行金融持股平台的战略目标，统筹安排固有资产组合及流动性管理。股权投资方面，对财务公司、商业银行等项目投资取得了实质性进展；金融产品投资方面，通过公司内部审批等待投资的项目储备达到15亿元。在业务创新方面，发起设立“建信环保产业投资私募股权基金”和“建信产业升级私募股权基金”，筹备工作取得进展。

（二）主要经营管理举措

在内控建设方面，一是坚持制度先行，先后完成了80多项规章的起草和修订，基本形成了涵盖公司各类经营管理活动的规章制度体系。二是坚持有章必循，规范业务操作，力促各项规章制度的落实。三是坚持违章必究，组织了多次业务合规性检查，完成了92个项目审计。

公司重视员工队伍建设。2010 年年末，公司共有员工95人，平均年龄39岁，平均年龄较重组前降低了3岁。其中，大学本科以上学历员工占比为73%，较重组前提升了23个百分点。公司积极倡导“勤奋、效率、专业、创新”的经营理念，着重培育规范、有序的工作标准和高效执行的工作习惯，团结进取、争创一流的企业文化氛围日益浓厚。

五、村镇银行

2010 年，村镇银行主要工作成果包括以下几方面。

（一）按计划发起设立村镇银行

截至2010年年末，建设银行共有18家村镇银行获银监会批准，其中9家已开业，9家正在筹建。18家村镇银行注册资本金总计16.75亿元，建设银行投资额总计8.44亿元。另外还有14家村镇银行已上报银监会审批。截至2010年年末，已开业的村镇银行存款总额达到18.1亿元，贷款总额达到13.4亿元，其中涉农贷款占比88%，各家村镇银行均无不良贷款。开业满一年的两家村镇银行均已盈利，2009年12月开业的桃江村镇银行ROE为15.48%。

（二）推进村镇银行控股公司设立工作

2009 年12月获得董事会批复后，建设银行将设立村镇银行控股公司的请示经银监会上报国务院。2010 年，根据各部委的反馈意见，建设银行与相关部门进行了反复沟通。在跟进审批进度的同时，着手准备筹建及开业申请所需的法律文件，并开始与律师商讨出资人协议关键条款。

（三）推进村镇银行管委会工作

2010年6月18日，村镇银行管理委员会暨村镇银行股份有限公司筹备工作领导小组（以下简称“管委会”）正式成立，明确了管委会职责和日常管理内容，下达了相关授权，启用了公章，管委会办公室专职人员基本明确，开始与桑坦德专家集中办公。在两次赴浙江省分行实地调研的基础上，管委会根据前期筹建经验和各方反馈意见，对村镇银行出资人协议和公司章程统一模板进行了修订，整理和编制了村镇银行10大类54项规章制度。

（四）推进集中核心业务系统采购工作

为解决各村镇银行目前采用单点系统的业务局限性问题，扭转同业竞争劣势，奠定未来规模化、集中化经营管理的基础，管委会制定了IT集中采购暂行办法、申请了预算并启动了集中核心业务系统采购工作。截至2010年年末，已完成采购谈判并将系统采购结果上报领导审批，同时已会同桑坦德银行考察了村镇银行备选机房。

（执笔：石静）

海外业务

一、2010年境外业务概述

2010年，在总行党委正确领导和总行各部门与境内外机构的共同努力下，各境外机构紧密围绕“打基础、调结构、保质量、求发展”的中心目标，扎实推进各项基础管理工作，积极促进境内外联动和境外业务创新发展，境外战略转型初见成效，网络建设取得积极进展，境外机构市场竞争力有效提升，总行对境外机构的管理能力也得到实质性提高，各项工作取得良好进展，经营和管理迈出了新的步伐。

（一）继续深化境外业务转型，推动境外业务健康发展

1. 业务规模稳步提升，经营发展“量质并重”。2010年境外业务稳健发展，境外机构商业银行类资产（不含建银国际）总额为395亿美元，较2009年增长了25%；中间业务收入及占比实现“双升”，分别较2009年提高了2 185万美元和1.82个百分点；受迪拜世界贷款上迁因素影响，不良贷款额及不良贷款率实现“双降”，分别较2009年下降了7.27亿美元和3.51个百分点。

2. 业务转型初见成效，资产负债结构继续优化。与年初相比，境外机构资产业务“有促有控”，贸易融资（含境外代付）余额较年初增加了46.74亿美元（资产占比达20.1%）；债券投资和银团贷款规模继续得到合理控制（资产占比分别为13.14%和12.74%）；境外机构筹资能力显著增强，同业拆入和存款证发行余额均有所增长。目前，境外业务总体进入“平衡增长、稳健可控”的良性发展轨道。

3. 境内外联动深入发展，人民币业务全面推进。随着东京分行成为日元一级清算行，纽约分行成功加入Fedwire清算系统。2010年，我行境外机构外汇清算服务能力进一步加强，中国香港、法兰克福、东京、纽约分行已成为国内分行港元、欧元、日元、美元的主清算行，境外机构年内办理的外汇清算业务量首次突破100万笔，境内分行通过境外机构办理的欧元、港元清算占比已超过95%，办理的美元、日元清算占比已超过60%；境内分行累计通过境外机构办理信用证通知1.55万笔，金额合计超过100亿美元；截至2010年年末，境外机构联动资产（境外代付、内保外贷等）达112.81亿美元，总资产占比为28.58%；联动产品不断创新，境外机构成功办理证券资产托管、境内企业出口收汇项下境外存款账户开立等联动业务，进一步提升了我行24小时不间断环球金融服务能力；境内外人民币业务联动全面推进，总分行、境内外机构间成功互开人民币结算账户，境外机构办理跨境贸易人民币结算量突破100亿元人民币，人民币结算及其项下存贷款、担保、境外结售汇等一揽子离岸综合金融服务日趋完善。

（二）大力推进机构申设，境外网络建设取得积极进展

胡志明市分行2010年9月23日经越南国家银行核准在越南开展业务运营，并于10月25日正式对外营业；悉尼分行于8月4日获得澳大利亚审慎监管局正式批准，11月30日举行开业仪式并正式对外营业；莫斯科代表处于9月3日获得俄罗斯中央银行批准，计划于2011年上半年正式开业；新加坡分行7月正式获颁批发业务牌照。此外，我行在台北设立代表处和在加拿大多伦多设立分行的申请已获得银监会批准，对其他目标市场的跟踪研究工作也正在积极推进中。

二、总行对境外机构的业务管理、指导及支持措施

（一）加强指导与监控，切实提高境外业务风险管理水平

1. 完善制度与机制，加强境外机构风险指导与监控。制定并下发《中国建设银行境外机构授信业务风险政策底线》，指导并规范境外机构授信业务风险管理；组织建立境外机构风险状况定期报告制度和境外机构风险管理联系人工作机制，进一步强化了总行、分行风险管理信息的交流与共享；加强境外风险状况监控与分析，2010年共编发11期《境外机构风险管理简报》和13期《境外机构风险专题快报》，为行领导及相关部门提供了决策参考。

2. 加强调查研究，全面了解境外机构风险状况。对11家境外机构风险管理状况进行了摸底调查和汇总分析，并组织开展境外机构风险管理自查工作；完成《境外机构风险管理组织体系现状与改进建议》《境外机构客户信用评级现状、问题及工作建议》《中国建设银行境外机构风险管理工作思路》以及境外机构风险管理自查工作汇总分析报告；组织开展对9家境外机构跨区域授信业务的快速调查工作，完成《关于境外机构跨区域授信业务经营情况的分析报告》《关于香港分行跨区域授信业务调研的分析报告》。

3. 贯彻落实银监会要求，研究开展国别风险管理工作。根据银监会有关要求，研究提出《落实银监会〈银行业金融机构国别风险管理指引〉的贯彻方案》，牵头研究起草《有关国别风险减值准备计提办法》并有序推进相关工作。

（二）扎实推进各项基础工作，促进境外业务稳健运营

1. 建立健全规章制度，做实做细境外业务管理与指导。

（1）规范境外公文流转平台，全面推进管理制度建设。2010年年初，先后印发《关于境外机构向总行请示报告有关事项的通知》《关于明确总行涉及境外机构管理公文运转相关事宜及流程的通知》，进一步确立了总行与境外机构间的信息沟通机制，规范了公文运转流程和事项办理时效要求，使总行各职能部门有效分工，形成合力，对境外机构请求做到“有求必应，有应必达”。

（2）加强境外业务发展指导，落实境外机构日常管理。通过组织召开年度境外工作座谈会，确立了2010年“深化境外业务转型，树立联动生命线，做好三项基本业务”等境外业务发展思路和“风险管理年”的境外机构管理导向，并通过《关于进一步推动境外业务发展的指导意见》《关于加强境外机构客户授信业务管理的通知》等文件的制定下发和有效执行，将总行关于境外业务转型和风险管理的要求落到实处。2010年，境外部累计受理境外机构授信业务（超金额、超底线、跨区域、银团贷款、资产处置）核准和备案事项超过100件，有效促进了境外业务转型的推进和资产质量的提升。

（3）完善境外管理信息报告体系，做实境外部管理职能。根据行领导要求，积极构建以境外机构管理月报和季度经营形势分析为重点，以境外机构每周大事记、年度（半年）总结为辅的境外机构管理综合分析报告体系，使境外机构管理信息在总行、分行层面做到充分披露，总行各部门对境外机构整体情况做到“一目了然，心中有数”，在开展各项境外机构管理工作时做到“协同互助，有的放矢”，使总行境外机构管理职能

得以落到实处。2010 年，共编辑境外机构每周大事记52 期，境外机构管理月报 6 期，季度经营形势分析材料 4 期，同时向董事会及其专门委员会提交了 6 份关于境外业务发展、机构申设及境外机构风险管理情况的专题报告。

2. 加强人力资源规划与管理，加大境外人才储备与培养力度。

（1）加强境外机构人力资源管理制度建设。完善境外机构内派员工选拔和外派流程，建立人员外派前谈话制度，完善境外机构当地主管人员招聘面试程序，建立境外机构内派员工因私护照管理制度，加强境外机构内派员工学历、学位管理。

（2）加强境外机构人力资源规划与管理。根据境外机构业务发展需要，本着“一行一策”的原则制订各机构的人员总量、人员调整、人员补充、人员培训和人员薪酬规划，综合考虑各机构业务发展规划、业务规模、年度经营目标及完成情况等要素确定人员编制及人员结构。按照“战略投入、加大内派、精简高效、自求财务平衡的原则”，核定境外机构 2010 年人员编制总数 496 人（不含建银国际和建行亚洲），其中内派员工 91 人，当地雇员 405 人；2010 年总行向境外机构选派内派员工 59 人，其中部门主管及以上 28 人。

（3）加大境外人才选拔培养力度。目前境外人才库规模已经从年初的 70 余人发展至 200 多人，总行有针对性地组织境外人才库人员参加脱产培训、总行跟岗培训、境外顶岗培训、外派前集训和网络学习，全年组织境外人才库人员参加脱产培训 163 人次，总行跟岗培训 19 人次，境外顶岗培训 20 人次。

（4）逐步建立并完善境外机构人员培训体系。2010 年将境外机构人员纳入全行培训计划，分层次组织境外机构负责人参加了延安培训、总行党校培训和境外脱产培训，全年累积培训境外机构负责人 13 人次。

3. 加强预算管理和绩效考核，进一步提升境外机构经营水平。

（1）加强境外机构业务计划及财务预算管理。根据年初境外机构工作会议有关要求，在业务计划制订和财务资源配置上，重点向三大类基本业务倾斜，推动境外分行战略转型，增强其可持续发展能力。

（2）调整完善境外分行经营绩效考核机制。制订《2010 年境外分行绩效工资配置方案》，突出体现战略指标和效益目标并举的特点。针对各行制订差别化的考核指标，通过建立全方位经营业绩评价机制，促进境外分行业务结构调整、中间业务收入持续有效增长等业务转型目标的实现。

（3）加大境外机构预算执行情况分析与监测力度。按月对各境外机构的业务计划、财务预算及战略指标完成情况进行分析监测并形成相关报告。

4. 加强 IT 系统建设，境外核心系统实现重大突破。

（1）境外核心业务系统（OCBS）：在一期试点项目基础上，完成 OCBS 及周边系统标准推广版的需求编写和立项开发，并先后在胡志明市、新加坡、中国香港、首尔亚洲 4 家分行成功推广上线。

（2）境外清算系统（GMPS）：完成与 OCBS 标准版本的接口开发和集成，已在中国香港、新加坡、胡志明市、首尔 4 家分行及建行伦敦推广上线，并在纽约分行实现与美国当地清算系统 Fedwire 的成功对接。

（3）境外资金业务项目（MTS）：在香港分行上线并成功实现第一阶段项目目标。

（4）总行信息门户和 OA 系统：已向境外机构开通访问和共享，并按照“机构对机构”方式实现分行与总行之间的公文收发。

（5）制度建设：组织制定并发布境外机构 IT 基础环境总体技术规范，签署完成总行与境外分行之间的 IT 服务协议/工作备忘录。

三、各境外机构业务开展情况

（一）中国香港分行

1. 业务开展情况。

截至 2010 年 12 月末，分行总资产规模达到 148.85 亿美元，同比下降 8%。主要原因是，为保障分行流动性安全，改善资产负债错配的局面，分行自年初开始加强资产负债结构管理，使分行资产增长受到一定的影响。经营利润方面，虽然迪拜政府贷款于年末成功升级，但因澳大利亚五笔贷款降级，分行拨备后账面亏损 1 248 万美元。

2010 年，香港分行在银团贷款业务方面继续取得良好业绩，先后为新鸿基地产、中国境外、龙湖地产、保利香港等客户筹组银团贷款 7 笔，取得银团佣金收入为 357 万美元，较 2009 年度增长 9.7%；贸易融资业务增长迅速，年末贸易融资余额为 4 亿美元，同比增长 8 倍以上。全年因贸易融资业务带来的中间业务收入达 169 万美元，同比增长 112%；成功推出托管业务，进一步丰富机构业务服务范围；境内外联动蓬勃发展，全年审批内保外贷 37 笔，授信金额达 19.81 亿美元；办理境外代付 1 465 笔，交易金额同比增长 40%，达 48.67 亿美元；完成 NDF 交易 407 笔，交易金额为 30.06 亿美元，交易收入达 883 万美元，同比增长 74%。

除常规业务外，分行大力加强人民币产品创新，推动人民币跨境贸易结算。先后开发并推出人民币跨境支付宝 3 号、4 号，人民币保函项下美元贷款，人民币境外代付，人民币跨境购汇及转汇（落地模式）等系列产品。2010 年年末，分行人民币存款余额为 19.5 亿元。由支付宝系列产品、人民币境外购售汇等业务带来的中间业务收入总额为 402 万美元，约占分行中间业务收入总额的 16.6%。

2. 主要工作措施。

（1）继续深化境内外业务联动。2010 年，一方面香港分行继续利用在内保外贷、NDF 等产品领域的经验优势，积极加强与国内分行的业务联动，实现境内外机构的资源共享和优势互补。另一方面，把握人民币国际化带来的市场机遇，不断深化与国内分行在产品创新和服务对接方面的合作，成功推出多项人民币离岸产品，包括人民币跨境支付宝系列、人民币境外代付、人民币跨境转汇等。

（2）不断加强内部精细化管理，保障安全经营和可持续发展。分行采取的措施包括：推行《资产负债结构优化方案》《FTP 及客户存贷款报价方案》，通过行政管理和市场价格调剂两大措施，全面启动资产负债结构优化改革；着手对内部组织构架展开系统性调整，一是设立银团贷款、贸易融资和资金代客理财三大产品团队，实现客户线与产品线的分离，集中优势资源提升分行产品创新能力，加强对前台部门的产品支持；二是重新设立信息技术管理委员会，配合总行境外 IT 业务发展战略，完善内部管理；三是推动财务部内部团队建设，完善该部门资产负债管理职能，配合分行资产负债结构转型；四是实现人力资源部、财务部的职能整合，将有关服务其他在港机构的团队整体移出香港分行人员编制，使两个部门得以更专注地做好分行本身的有关工作；五是加强对境外资产的区别化管理，积极压缩跨区域授信，对存量的高风险业务实施集中处置和整体监控。

（二）新加坡分行

1. 业务开展情况。

2010 年，新加坡分行经营情况良好。根据总行业务转型的总体要求，分行对自身业务结构、客户结构作了进一步调整，银团贷款与债券投资业务占比大幅下降，双边贷款（主要是内保外贷）及境外代付占比增加。通过加强与其他境内外分行的业务联动，分行联动业务占总业务量的比重达 75%，联动利润占总利润的比重也达到 70% ~75%。另外，分行在积极开展跨境人民币结算业务方面也取得了一定成绩。

截至 2010 年年末，分行资产总额为 17.92 亿新元，比 2009 年年末的 13.38 亿新元增加了 4.54 亿新元，增幅达 33.9%，其中各类贷款余额为 10.04 亿新元，比 2009 年年末的 7.2 亿新元增加了 2.84 亿新元，增幅达 39.4%；债券投资余额为 2.87 亿新元，比 2009 年年末的 3.59 亿新元减少了 7 200 万新元，减幅达 20%。2010 年，分行实现税前考核利润 1 481 万新元，其中，中间业务净收入为 462 万新元，完成总行预算 458 万新元的 101%。

2010 年 7 月 9 日，新加坡金融管理局正式将新加坡分行离岸银行牌照升级为批发银行牌照。

2. 主要工作措施。

（1）大力发展境内外联动业务，加强联动新产品的开发。在继续发展传统联动业务的基础上，分行加快研发贸易融资新产品，除进一步加大内保外贷、境外代付等业务的联动力度外，还办理了跨境人民币结算与结构性融资、代客办理即期人民币购汇等新产品，以满足国内分行“走出去”客户新的服务需求。如与上海市分行联动，为四家客户办理了跨境人民币业务，在总金额

12.1亿元人民币存款项下，发放了1.8亿美元的结构性贷款。

（2）进一步加强内部管理，严控各类风险。2010年，分行采取了一系列措施，加强内部管理及各类风险控制，例如，组织制定了内部信用评级管理办法，进一步完善了分行授信与风险管理；起草了分行信用风险压力测试方法和信用风险压力测试报告；建立了常年律师聘任制度；制定了授权内的大额财务支出由分行管理委员会决议的制度；组织了对分行内部各类管理手册的修订等。

另外，根据总行要求，完成了对高风险国家债券的减持工作，分行债券投资组合减少了7 200万新元。

（3）全力配合总行项目组，完成OCBS系统上线工作。2010年，分行组织内部力量全力配合总行OCBS系统项目组人员对该系统的开发与测试。分行及时向项目组提出对该系统的业务需求，召开内部会议讨论OCBS系统中的问题，与当地KPMG审计人员保持持续沟通，确保该系统与当地监管制度没有冲突。

在总行项目组（含广州、北京支持人员）和分行项目组全体人员的共同努力下，2010年11月19日，OCBS系统正式切换上线；11月20日20：40分，随着转换报表的核对正确，新加坡分行OCBS及周边系统切换上线成功；11月21日，分行按新系统上线试营业运行成功；11月22日，OCBS系统开始营业运行，情况正常。分行为控制操作风险，在OCBS系统上线后，继续保留原系统运行，采用双系统并行的方式以确保系统切换平稳过渡。

（4）配合总行组织安排在新加坡的培训班。2010年，在总行人力资源部的统一领导下，分行协助总行及国内分行在新加坡南洋理工大学商学院举办了21期培训班，其中五期是一级分行副行长及总行部门副总经理参加的高级研修班，全年培训总人数为830人。2010年，新加坡的培训工作步入正轨，通过与新加坡南洋理工大学以及旅行社的良好沟通，在教学与后勤服务方面都作了精心安排，21期培训班没有出现任何事故，全部进展顺利。

为继续做好总行交办的境外培训任务，拓展更多的培训渠道及增加更广泛的师资储备，达到更好的培训效果，从2010年开始，分行在当地市场上留意拓展其他的培训渠道。目前已经与在新加坡排名第一、世界排名前列的另一所著名高校——新加坡国立大学取得了联系，委托新加坡国立大学李光耀公共政策学院作为培训平台，开拓了我行在新加坡的第二条培训渠道。

（三）法兰克福分行

1. 业务开展情况。

截至2010年年末，分行资产总额约为31.98亿美元，较2009年年末增长267.98%，其中除了贷款类业务同比增长87.09%外，主要还是由于代总行管理的清算资金大幅增加。2010年分行实现还原后税前利润1 216万美元。

2010年分行共为总行及国内分行提供欧元清算服务193 741笔，金额累计达608亿美元，分别较2009年增长9%和72%，全年实现清算手续费收入231万美元，同比增长26%；通知跟单信用证1 786笔，累计金额16.06亿美元；办理出口托收业务266笔，累计金额15.51亿美元，笔数和金额较2009年增长19.28%和42.45%；叙做境外代付业务1 481笔，累计发生额约为18.73亿美元；积极配合总行管理美元账户，全年分行为该类账户调入款项380次，合计金额达533亿美元。

2. 主要工作措施。

（1）持续减持债券资产。根据年初制定的优化资产结构、控制债券投资规模及相应调整结构的计划，2010年法兰克福分行没有进行新的债券投资，同时根据市场风险状况积极减持，全年共减持3张债券（合计1 737万美元），另有15张债券自然到期（共约7 349万美元）。截至2010年12月末，分行债券投资余额仅6 661万美元，不足总资产的7%，完全改变了几年前债券在分行总资产中占比超过50%的状况。

（2）稳步发展金融市场业务。分行继续在市场上建立自己的品牌形象，积极利用多种资金来源满足业务发展需要、增强流动性，并充分利用国内外币资金流动性和利率变动形势，争取了广发、厦门国际等银行将欧元隔夜资金存放于分行，再转存欧洲央行，在不承担任何交易对手风险的情况下，创造了无风险利差收入。

（3）网银服务稳步发展。分行于2009年下半年在境外机构中率先推出网上银行，且为当地第一家提供中文网银服务的机构，目前网上银行系统已拥有客户 23 家，实现网上交易 1 213 笔，系统运行稳定、方便安全，客户反映良好。2010 年分行为宁波、厦门、香港等分行的高端个人客户开通了网上银行业务，使客户不出国门就能使用德国的银行服务。

（4）“落地经营”初步实现。经过长期商谈，分行已租下了地面层的部分办公区域，于 2010 年完成装修并安装了建设银行的标志招牌，市场部和信贷部前台人员也已搬迁至地面楼层办公。此举取得了较好的广告效应，为客户提供了便利，也为分行今后开拓市场，特别是面向个人银行客户开展业务打下了良好基础。

（5）投资银行业务筹划。德国因其在制造业等方面的领先优势成为中国企业跨国并购的主要目标国家之一，分行一直积极关注此方面的发展，争取凭借建设银行集团在境内的网络、资金和客户群体等方面的优势，积极与境内分行联动，寻机开展投行业务。2010 年，分行与总行相关部门共同筹办德国并购业务推介活动，并将获得的其他相关并购信息及时与总行和客户进行沟通。但受全球金融危机和欧洲债务危机的影响，投行业务仍处于积极筹划阶段。

（6）深化境内外业务联动。2010 年分行一方面与境内分行积极开展业务联动，包括支持国内分行的外汇融资需求，发展联动融资业务，协助加强风险管理，为国内分行员工提供国际结算和清算岗位的上岗培训；另一方面利用地区、语言和文化优势，协助总行、分行跨境营销客户和维护客户关系。此外，分行还与国内金融机构开展合作，拓展境外业务领域。

（7）强化风险管理，加强合规工作。2010 年分行根据监管要求重检和更新了相关内部管理政策和制度，从信用风险、市场风险和操作风险方面分析和监控分行风险状况。此外，分行严格执行反洗钱条例的规定，制定反洗钱的基本方针，相关部门每日对异常汇划业务进行分析，并按季对所有客户进行回顾。

（8）持续改进信息技术系统。2010 年分行建立了灾难备份中心，实现了所有重要系统和重要数据的异地备份。分行将 EMZ 欧元德国本地清算系统的连接方式并入 SEPA 欧元单一支付区系统，并对整体防病毒程序进行升级，保证了 IT 系统的稳定性和安全性。此外，分行为 2011 年度 OCBS 系统的开发和上线工作做了相关准备。

（四）约翰内斯堡分行

1. 业务开展情况。

截至 2010 年年末，分行资产总额约为 14.7 亿美元（其中本地资产 10.3 亿美元，簿记总行资产 4.28 亿美元，簿记香港分行资产 1 000 万美元），较年初增长 33%；全年实现税前利润为 2 281万美元。

2010 年，根据宏观经济情况及分行发展过程中发现的一些问题，分行微调经营策略，在原来“业务发展与风险管理并重”的经营策略上，主动收缩，放缓资产增长步伐，更加强调风险管理和贷后支持与管理能力。在负面的市场环境下实现了利润持续增长；加强费用控制，成本收入比和人均费用指标持续下降，人均利润上升；资产和收入构成合理，非利息收入比重持续提高。

通过深化业务转型，分行的资产和收入结构继续优化，贸易融资和双边贷款在资产和收入中占比达 60% 左右；债券在资产中所占比重逐渐下降，目前仅占总资产的 7% 左右；客户质量大幅提高，超过 2/3 的贷款发放给当地知名企业；积极拓展当地资金来源，尽量减少对总行的资金依赖，目前分行当地客户的存款已占负债总额的 50% 以上。

2. 主要工作措施。

（1）深化业务转型，采取“盈利性和功能性并重”的经营策略，注重同当地金融机构合作。

根据总行对境外机构经营转型和业务定位提出的要求及“一行一策”等原则，分行在业务发展过程中重视处理好“三个关系”，即快速发展和稳健经营的关系、快速发展和完善业务结构的关系、南非和非洲业务的关系。

大宗商品结构性贸易融资是分行的核心产品，也是分行综合收益最高的产品。2010 年，分行通过合资公司 Rand Asia（分行持股 33%）牵头组织了对世界知名精矿和石油贸易公司 Trafigura 的双边贸易融资额度风险分担，总金额为 1.7 亿美元，分行拟参与 8 000 万美元。该笔交易是分行贸易融资业务的里程碑式突破，是第一次真正意义上为世界知名的公司牵头进行融资。截至 2010

年年末，贸易融资在分行总资产中占比为24%，相关收入在主营业务收入中占比约为25.8%，贸易融资作为分行核心业务的地位进一步得到巩固。

在2009年成功营销多个当地知名大企业的基础上，2010年分行进一步同多个南非大型能源和矿产公司建立良好客户关系并成功营销双边贷款。2010年，约翰内斯堡分行牵头向南非知名企业Sasol提供总金额为3亿美元的承诺性授信额度，用于替代原有的由多家外资金融机构提供的银团贷款，分行成为Sasol最紧密的合作银行之一。

2010年，通过对当地蓝筹企业持续的市场营销，分行成功营销了约10个当地知名公司，包括IDC（南非国家工业发展投资公司）、Sasol（萨索石油公司）、Transnet（南非国有港口、管道、铁路运营公司）、MTN（非洲最大移动通讯运营商）、Vodacom（南非最大移动通讯运营商）、Naspers（南非传媒业巨头）、Grindrod（南非物流业巨头）、AngloGold Ashanti（世界第三大黄金矿产企业）、Anglo Platinum（世界最大的铂族金属生产商）和Telkom（南非最大固网通讯服务商）等南非知名公司，为这些公司提供了结构性贸易融资、一般性公司贷款、资金市场、外汇买卖等一系列服务。客户质量获得较大提升，超过2/3的贷款发放给当地蓝筹企业；金融、通讯、石化、传媒、物流等行业的当地蓝筹企业多数成为分行的客户。

总行于2009年7月同非洲最大的金融集团之一——第一兰德集团签订了非洲业务合作协议。协议签订后，根据总行部署，约翰内斯堡分行负责具体落实及推进相关合作。协议签订以来，双方在投资银行、风险分担、联合竞标、汇款结算等方面开展了一系列合作。分行同第一兰德集团在银行零售和汽车融资业务合作方面取得了一定进展。分行还参与了第一兰德集团的BEE交易，参与金额为6亿兰特，第一兰德集团为突出同建设银行的合作关系，将最大的参与份额分配给建设银行。分行通过参与该BEE交易，进一步巩固了同第一兰德集团的战略合作关系。

（2）将境内外联动作为经营的重要模式，开展多维度联动，承担功能性职责。在总行加强境内外联动的政策指导下，分行在与国内分行的联动创新和深层次合作方面进行了一系列探索。

分行在联合贷款项目中发挥前端机构的功能性作用，承担境外项目风险评估和贷后管理方案设计。约翰内斯堡分行同北京市分行联动，以内保外贷方式为中国有色集团在赞比亚的谦比希和卢安夏两个项目提供流动资金贷款。约翰内斯堡分行通过实地考察以及同第一兰德集团在赞比亚的分支机构进行合作，对这两个项目进行贷后管理。并且根据贷后管理过程中的实际问题和经验，总结出贷后管理方案，形成报告，并提交北京市分行和总行征询意见。分行同境内分行（香港分行、建银国际）联动，牵头安排第一兰德集团在亚洲的首次银团贷款项目，巩固同当地金融机构的战略合作关系。

（3）进一步完善风险管理体系，夯实基础。风险管理方面，遵循总行规定的“授信业务风险政策底线”，通过实施既定的风险偏好和政策，在总行规定的经营区域内，开展相对可把握的商业银行业务。并按照总行统一部署，进行了风险管理自查工作，对自查发现的问题进行了及时整改并进行了相应的汇报和请示。着手建立全面风险管理体系，逐步完善现有的风险管理架构和方法；改进客户评级流程，完善内部评级和外部评级的映射关系；对风险管理提出了“全局资产管理”（Portfolio Management）的概念，拟用于对现有客户资产（贷款、金融市场业务等）的统一管理，以开展有关的调查和讨论。

（五）东京分行

1. 业务开展情况。

截至2010年12月末，分行总资产达到12.18亿美元，较2009年年末增长73.45%；全年实现主营业务收入1 017万美元，全年实现拨备后税前利润518万美元，达到了分行开业以来的最好水平。

2. 主要工作措施。

（1）积极推进业务战略转型，取得实质成效，资产结构得到根本改善。截至2010年年末，贷款余额为45 898万美元，较2009年同期增长38.31%，其中银团贷款减少了7 173万美元，下降幅度为23.81%，双边贷款增加了19 885万美元，是2009年同期的6倍多；境外代付年末余额为53 193万美元，预算执行率为315.27%；全年共减持和到期债券18笔，12月末债券投资余额为15 914万美元，比2009年同期减少10 241万美元，占总资产的比率由年初的37.24%下降至13.06%。分行业务结构已经彻底改变了以往以债券投资和当地银团贷款为主的业务模式。目前内外联动的代付、内保外贷业务，现金质押贷款等低风险资产业务，以及国际结算、日元清算、保函等服务性收费及表外业务已成为分行业务的支柱。2010年共叙做境外代付业务758笔，累计发生额达19.44亿美元，比2009年增长了286%。在内保外贷业务方面也有重大的突破，年末内保外贷余额达到了19 799万美元。日元一级清算全年清算笔数为20 515笔，清算金额为13 265亿日元，同比增长243%。内外联动业务成为分行业务的重中之重。分行坚持以相对优惠的价格支持境内分行拓展业务，与苏州、北京、上海等分行密切配合，重点支持了中铁物资、东方航空、丰立集团等我行大客户的业务需求，为境内分行维护和拓展客户关系作出了应有的贡献。各项联动业务指标均创分行历史最好水平，截至12月末，分行联动业务资产余额达7.3亿美元；联动资产占比达60%，比2009年增长44个百分点。其中，日元联动资产持续增长，年末余额超过131亿日元，占联动资产余额的22%，东京分行逐渐成为全行日元联动业务的服务中心。2010年，分行在当地的客户基础也得到了加强，分行在客户定位上努力发挥区位优势，大力营销基本客户，已经完成对在中国有较大投资的大型企业住友建机、欧力士租赁公司、综合贸易商社丸红的授信，在很大意义上改变了难以与当地企业建立实质性业务合作关系的局面。

（2）狠抓内部管理，各项风险控制水平迈上新的台阶。2010年，东京分行通过改善管理体制、健全规章制度、狠抓贯彻落实，使风险管理状况得到了彻底改观。6月份，日本财务省对分行进行了业务检查，给出了全部合格的检查结论；7月份，接受了日本银行的现场检查，检查报告对分行内控架构及各项风险控制措施的建立和完善给予了充分的肯定。分行从改进信贷审批决策体制，完善贷前、贷中和贷后管理体系入手，以建立健全规章制度和业务流程为基础，加强信用风险管理。同时，严格执行信贷业务授权、限额管理以及风险管理政策底线等。2010年，分行与瑞穗银行首次建立了承诺性拆借额度、向日本银行申请并实施了债券抵押融资措施、取得了总行的流动性保证承诺等。同时，加强各种日常监控手段的建立和实施，定期进行压力测试、由风险部对资金的短期敞口风险进行日间监测等。通过采取以上措施，加强了流动性风险管理。在市场风险管理方面，建立了对汇率、利率等市场风险因素的监测、识别、评估手段和措施；完善了资金业务的交易类型划分；实施了对市场交易限额控制的交易监控、管理措施。原则上对利率风险和汇率风险敞口实现完全对冲。在操作风险管理方面，分行加强对员工的教育，重视内部培训工作。同时，以合规官和风险管理部为主，实施对规章制度等的执行、落实情况的检查、监督。2010年以来，分行在防范操作风险方面做的另一项重要工作是组建和完善了分行的灾备中心。2010年，东京分行继续下大力气进行了建章建制工作，制定、修改内部规章制度和操作手册，新制定了《风险重检实施规程》《操作风险管理规程》等20项重要管理规章，对《信用风险管理方针》《流动性风险管理方针》《授信审查标准及内部信用评级办法》等17项重要规章进行了完善和修改。

（3）注重基础建设，积极准备OCBS系统上线。分行为了保证顺利完成OCBS上线工作，克服人员少、业务发展任务重的不利因素，集中分行核心人力资源安排在OCBS项目上。同时，分行成立了系统上线领导小组和由关联部门骨干业务人员组成的推进实施小组。安排会计主管、IT主管、后台主管、风险主管、资金业务主管以及会计骨干等直接参与系统需求分析和分行差异性需求的整理、提出工作。

（六）首尔分行

1. 业务开展情况。

截至2010年年末，分行资产总额为16.14亿美元，较上年增长28%，实现税前利润1 730万美元。全年办理贸易融资业务15 488笔，累计金额达71.15亿美元；办理“中韩即时通”汇款业务43 300笔，累计金额达22.57亿美元；办理人民币预结汇业务837笔，累计金额达583万美元。

2. 主要工作措施。

2010年，按照总行的政策导向要求，结合韩国经济发展的实际情况，分行制定了“适时调整资产结构，优化客户群体，扩大中间业务产品比重，促进贸易融资业务稳步增长；适度参与银团贷款，努力开拓投资咨询等新的业务品种；从严客户准入，加强风险控制，强化贷后管理，使内部管理更加精细化、科学化；提高服务技能，努力打造高效的学习型集体”的整体发展战略，全年采取多项措施，将上述发展战略落到实处。

（1）继续优化资产和客户结构，大力拓展贸易融资、中间业务等风险可控产品。2010 年，分行积极探索存贷款业务和中间业务服务并重的业务发展模式，大力发展汇款清算、代客外汇买卖、跨境人民币结算等中间业务，拓展与金融机构的业务合作领域，积极探索投资银行业务，力争实现收入的多元化。同时，积极扩大当地基础客户群体，成功营销了韩国出口保险公司、韩国石油公司、LG 国际等优质企业客户，保持了贸易融资业务的平稳发展。此外，通过调整债券投资结构，使各项资产组合更趋合理。

（2）加强内部管理，积极应对金融危机带来的不利影响。2010 年，分行针对金融危机后经济发展存在的不确定因素，加强风险控制，强化合规操作，通过对资金头寸和产品定价的弹性管理，积极应对危机后的市场变化。

一是加强内部合规管理工作，完善各项业务的应急预案，对《分行市场营销及风险管理内部指引》《合规制度手册》等原有制度进行全面梳理和修订，进一步明确了授权管理和请示报告等关键环节的相关要求，保证合规经营，降低操作风险。二是通过信贷资产风险排查、资产质量定期重检等多种方式，对存量资产进行梳理和评判，发现问题及时解决。同时，指定专人搜集全球及韩国经济发展状况和市场动态，加强市场分析，消除风险隐患。三是针对危机期间韩国市场美元流动性不足的问题，分行在适度控制资产规模的同时，采取措施加强资金头寸的调度和管理，保证了资金的流动性。四是对不同时期、不同客户实施差别化价格管理，通过价格杠杆作用，使收益与业务风险相匹配，提高了综合收益水平。

（3）加强境内外联动及业务创新，努力实现双赢。分行积极与境内分行合作，扩大境外代付、内保外贷等传统联动业务的规模，通过产品创新，推出一系列中韩业务特色产品，包括中韩汇款及时通、人民币预结汇、美元与人民币互拆、人民币质押贷款、代理诉讼、信用咨询、信贷资金管理（境内信贷资金境外封闭监管）、跨境远期外汇交易等。同时，主动为境内分行提供项目信息及联动服务，联动效果显著。

（4）服务全行，提供相关金融信息。全年完成了《关于韩国金融机构股权并购的情况分析及建议》《关于韩国部分储蓄银行停业整顿的报告》《日本地震可能引发对韩国的影响分析》《韩国个人高端服务情况调研报告》《韩国非信贷资产管理模式调研报告》《大额授信客户监控调研》《公司类客户信用评级状况调研》《本地银行国际互联网站应用调研》《韩国智能银行调研》等调研报告，为总行、分行了解韩国金融市场情况提供了有效的信息支持。

（七）建行伦敦

1. 业务开展情况。

建行伦敦是建行集团在英国注册的全资子公司。2009 年 3 月获得了英国金融服务管理局（FSA）颁发的银行牌照。主要业务包括公司存贷款业务、国际结算和贸易融资业务、英镑清算业务以及金融衍生产品和商品保值业务。

2010 年是建行伦敦完整运行的第一年。截至 2010 年年末，建行伦敦资产总额达 7.5 亿美元，同比增长 7.2 倍；负债方面，从市场拆入资金 6 000 万美元，吸收客户 1 年期存款 1 955 万美元，实现了历史性突破；实现营业收入 807 万美元，营业收入同比增长 19 倍；其中，手续费收入更是从 2009 年的 1 万美元增长至 2010 年的 204 万美元。

2. 主要工作措施。

（1）加强境内外业务联动，积极开展市场营销，搭建公司业务架构。建行伦敦依托总行、分行的大力支持，共享境内分行的客户及信息优势，加强境内外业务联动，为客户提供专业化的服务方案，将建设银行的服务延伸到境外，发挥建设银行的整体优势，形成合力。建行伦敦积极走访与中国有业务往来的英国企业，拜访中化伦敦公司等“走出去”企业，为中化伦敦授信 1 000 万美元；积极开展境外代付业务，充分利用总行专项资金，服务于境内分行；积极走访金融同业，探讨境外代付风险参与业务，与INTESA SODITIC公司成功合作境外代付资产转让；通过内保外贷形式成功为吉利集团提供2亿美元融资收购沃尔沃轿车，有力提升了子行在当地市场的影响力；依托总行单证中心的大力支持，大力发展传统的贸易融资业务；逐步开展大宗商品融资和贸易融资业务，已办理5个客户的授信业务6 000万美元。

（2）稳健推进资金业务，拓宽流动性来源。建行伦敦密切注意关注市场动态，学习新的监管规定，并根据新的监管要求及市场条件，积极开发资金业务产品，特别是人民币产品。2010年12月，成功进行了面向各境内分行的人民币无本金交割远期协议（NDF）产品推介，并已成功进行交易；注重交叉销售，外汇资金交易室与公司业务部门的业务人员共同营销客户，为客户提供包含公司业务和外汇资金业务在内的整体金融服务方案，如2010年10月，成功为吉利集团贷款叙做利率掉期，为客户锁定了利率风险；积极扩大负债来源，拜访当地金融机构和中资金融机构，适当开展同业拆借交易，在一定程度上拓宽了融资渠道。

（3）持续完善公司治理及内部管理。2010年，建行伦敦公司治理结构和组织架构日趋完善，共召开四次董事会议，对重大事项，诸如公司治理规则、业务发展战略、财务预算及决算、注资、资本充足率评价程序（ICAAP）、流动性管理政策（ILAA）、第三支柱报告披露（Pillar III）等重要政策和决策进行了审核和批准。董事会审计委员会在风险管理、反洗钱及合规、内部审计等方面对子行进行监督和指导。董事会薪酬委员会对重要员工的绩效考评以及薪酬、奖金分配提供了指导。

2010年，建行伦敦内部管理能力也不断提升。财务管理方面，逐步建立适合子行管理模式的财务管理方式及全面预算管理模式；信息技术方面，进一步完善应用系统架构，检视、完善并固化现有的IT管理流程，并于2010年2月和10月举行了2次业务连续性管理灾备演练；内部审计方面，共开展了公司治理结构、信息技术系统及业务连续性、合规、资金业务和公司业务等5项内部审计，充分利用审计结论，不断提升管理水平。

（4）进一步完善风险管理措施，确保各项风险控制。

首先，建行伦敦从公司治理结构和组织架构上确定了严谨的风险管理框架：严格执行总行《行长授权书》《境外机构风险授信业务风险政策底线》等政策制度，并将其融入日常监管流程；根据总行有关政策及FSA要求，确定子行风险偏好，并以董事会决议的方式予以明确，作为子行风险管理的指南；董事会按季度审查子行的各项风险敞口，确保合规经营；董事会审计委员会对子行的合规、操作等各项风险进行更为深入的监管，并通过安排年度内部审计的方式，确保风险管理的流程性和制度性合规；设置独立信贷委员会，将总行对董事的信贷授权，转授权给信贷委员会，信贷委员会中具有投票权的成员包括执行总裁和风险经理；信贷审批和市场营销严格分开，前台提交的信贷建议书需要经过风险部出具独立审批意见后才能提交信贷委员会。

其次，建行伦敦在2010年建立并完善了《信用风险管理政策》《操作风险管理政策》《市场风险管理政策》《风险集中度管理政策》《新产品委员会规则》《减值准备管理政策》《流动性压力测试管理政策》《交易账户管理政策》等一系列规章制度，规范了相关业务开展及管理的流程和标准；规范内部评级和市场风险系统管理，引入标准普尔信贷评级模板，积极落实内部评级与外部评级的映射关系建立工作，同时，规范日常监管工作，认真开展信贷资产分类，信贷资产预警及贷后管理等基础工作，并按要求及时向总行上报数据和报告；加强对市场风险的系统化建设，提高KONDOR+和POMS系统的使用成效；积极贯彻总行新资本协议建设的有关要求，研究并落实国别风险准备金计提、流动性风险压力测试等总行新政策要求。

最后，引入端至端管理，提高风险管理水平。为更加有效地防范操作、法律等风险，建行伦敦将业务流程划分为交易前、交易中和交易后三个阶段，并相应制定了5个端至端流程：在交易前阶段制定业务准入审批流程（主要适用总行审批）、新产品批准和客户引入流程；在交易中阶段制定交易结算流程；在交易后阶段制定风险监督与报告、核算监督与报告流程以及运营监督与报告流程。每个流程均按业务步骤标注操作内容、手段描述以及责任部门。风险、合规、财务、运营等部门对每个流程的每个步骤确定风险及风险缓释措施，并注明相应的规章制度依据。端至端管理的实施在业务全过程中实现了对操作、合规、法律、声誉等风险的充分有效管理。

（八）纽约分行

1. 业务开展情况。

截至2010年年末，纽约分行资产总额达到14.39亿美元，各项贷款总额为10.82亿美元，其中贸易融资额为4亿美元，境外代付共计423笔，总金额为19.14亿美元，年末余额为5.03亿美元。全年没有发生不良贷款。累计营业净收入为1 246.40万美元，其中手续费及佣金等中间业务净收入为375万美元。2010年分行的美元清算业务量共计566 606笔，实际收付额为2 830亿美元，实现清算手续费收入为375万美元。经过努力，纽约分行在当地市场多次成功发行扬基存款证，截至2010年12月31日，存款证余额为3.65亿美元，有效地解决了纽约分行的资金来源问题。

2. 主要工作措施。

（1）美元清算业务是纽约分行的重点业务。2010年，纽约分行充分利用区域、美元本币和时差优势，努力发展美元清算业务，在总行和境内分行的大力支持下，为建设银行客户提供24小时不间断的美元清算服务。2009年11月2日，纽约分行晋升为CHIPS系统一级清算行。2010年8月16日，纽约分行获得FEDWIRE（联邦资金转账系统）的批准，成为其正式会员，至此，纽约分行全面实现了美元一级清算，顺利完成了“美元清算二步走”的策略。同时，我行全球外汇清算网络基本构建完成，外汇清算服务核心能力进一步加强，可为全球客户提供更直接、更快捷、更优质的清算服务。

（2）大力开拓贸易融资市场，增加生息资产在总资产中的比重。2010年，纽约分行依照总行相关指导精神，加强与国内分行的联系，大力发展境外代付业务。积极主动从当地市场筹集资金以支持境外代付业务，成功克服了欧洲债务危机所造成的国际金融市场波动较大等困难，保证了境外代付所需资金的持续供应，一直以优惠的价格来支持国内分行的业务发展，并得到了合作分行的普遍好评。

根据总行有关大力开展跨境贸易人民币结算业务的指导精神，在总行国际业务部的指导和上海市分行的支持下，经过坚持不懈的努力，纽约分行与上海市分行一道于2010年4月末成功办理了首笔中美贸易项下人民币结算，为国内某企业向总部在美国的某跨国公司开立了一笔用于进口大宗商品的人民币信用证，实现了美国地区人民币跨境贸易结算，建设银行因此成为首家在美国推出人民币跨境结算业务的银行。

（3）内外联动营销稳步推进。为配合国内分行的业务拓展，分行稳步开展针对总部在美国的跨国公司的营销服务工作，有力地促进了跨国公司客户与建设银行的合作关系进一步深化。

（九）胡志明市分行

1. 分行筹备及开业情况。2009年12月10日，胡志明市分行获得越南国家银行颁发的银行牌照。2010年3月18日，分行正式取得营业执照。分行在得到越南监管当局批准后，仅用半年多时间就完成了办公场所装修、金库安装、人员招聘及培训、建章建制、IT系统建设、开业仪式筹备等开业前的各项准备工作，为分行的正式运营打下了良好的基础。4月16日，分行成功举办成立庆典；9月16日，通过了越南国家银行对分行运营系统进行的检查验收；10月25日，分行正式对外营业。

2. 业务开展情况。分行在成立初期重点发展境内外联动业务，充分依托我行国内业务资源和客户基础，积极开展境外代付和内保外贷业务；针对越南在工业、矿产及基础设施建设方面的融资需求，大力发展项目融资和银团贷款业务；发挥建设银行整体优势，积极拓展中越之间的贸易融资、国际结算和各类保函业务。截至2010年年末，分行资产总额为2 087万美元，办理境外代付6笔，总额为366万美元；转开保函7笔，总额为48.71万美元；履约保函1笔，金额为364.11万美元；同业拆出总额为1 537万美元；客户存款总额为256万美元。

3. 主要工作措施。

（1）系统配置。开业前，分行积极配合总行境外IT发展规划，按计划完成境外核心业务系统

（OCBS）、资金业务前台系统（KONDOR+）、后台处理系统（OPICS）、资金清算系统（SWIFT、GMPS、CITAD）、报表系统（ODAS）等的实施部署工作，并成为第一个成功应用境外核心业务系统的分行。

（2）强化风险管理，夯实基础工作。为加强内部基础建设，分行制定了符合业务发展需要的规章制度及操作流程，内容覆盖人力资源、财务会计、资金交易、柜台客户服务、风险与合规等方面；为强化风险管理，建立了分行管理委员会，设置信贷审批委员会、资产负债委员会、风险管理委员会等。

（3）业务经营。在总行和境内外分行的大力支持配合下，分行积极落实“一行一策”战略，加强内外联动，依托、跟随国内建设银行客户。在短短两个多月的时间里，分行已与在越南的大型中资企业中国建筑越南分公司、山东路桥越南项目公司等建立了良好的业务关系，并在存款、保函等产品上进行合作。

（十）悉尼分行

1. 分行筹备及开业情况。2010 年 8 月 4 日，澳大利亚审慎监管局（APRA）批准建设银行在澳大利亚设立悉尼分行，同年 9 月 20 日，澳大利亚证券投资委员会（ASIC）通过悉尼分行申请，颁发澳大利亚金融服务执照，11 月 30 日，悉尼分行正式宣布成立并开始对外营业。2010 年，作为分行前身的悉尼代表处围绕申设分行这个中心任务，以文件编制、人员招聘、IT 系统搭建、业务体系搭建等为主体有计划分步骤展开工作。在此期间，分行保持与监管机构密切沟通，完成向 APRA 递交的最终申请文件合计 106 份，通过四次现场检查；完成了 ASIC 相关申请文件，以及负责人任职资格认定、培训与考试；按照澳大利亚交易分析与报告中心（AUSTRAC）要求建立了反洗钱程序。最终获得了相关机构批准。在申设工作的同时，代表处提前着手进行开业各项准备工作，重点进行了内部流程建立、IT 系统搭建和人力资源建设，为正式开业运营打下了良好的基础。

2. 业务开展情况。开业伊始，悉尼分行把工作重点放在建立有效的风险管理及合规体系上，依托我行现有客户资源，逐步建立悉尼分行业务基础；聚焦于传统商业银行业务，包括企业贷款、贸易融资、债券投资（主要为满足流动性需求），同时，积极贯彻总行境外机构发展战略纲要，依托国内资源，深化业务转型，重点做好清算结算、境内外联动和服务中外贸易往来等三个层面的基本业务。2010 年，悉尼分行成功叙做境外代付业务 14 笔，累计金额达 2.3 亿美元，信用证业务 5 笔，累计金额达 4 800 万美元，境内外业务联动成效初步显现。公司客户方面，悉尼分行通过积极拓展市场对公业务，营销客户，于 2010 年 11 月 5 日成功吸收了第一笔公司存款，金额为 500 万美元，此后分行还成功吸收了南山铝业一笔 550 万美元存款。资金交易方面，分行在 2010 年共完成即期外汇交易 260 万澳元，掉期外汇交易 660 万澳元，债券买卖 5 900 万澳元，实现与总行和交易对手拆借资金 4.6 亿美元。

3. 主要工作措施。

（1）明确发展战略，稳步发展业务。自开业后，悉尼分行紧紧围绕总行境外发展战略，结合自身情况明确业务发展策略，并制定了业务发展计划，分阶段逐步拓展业务。

（2）依托集团整体，加强内外联动。分行积极与总行及境内分行沟通，在贸易融资、公司存款等方面取得了进展。开业不到 2 个月，分行的境外代付业务发展良好，和国内多家分行进行了合作。分行吸收的第一笔存款，客户为上海丽华澳大利亚有限公司，其母公司上海丽华房地产有限公司是建设银行上海市分行卢湾支行的重要客户之一，此笔业务也是分行境内外业务联动的成果，为分行下一步业务发展奠定了良好的基础。同时，另一存款客户南山公司也表示希望和分行开展更多的业务合作。

（3）加强内部建设。根据外部监管及自身的要求，悉尼分行高度重视内部体系建设，主要在制度流程、人力资源、IT 系统方面做了大量工作。

在编制完成申请执照需要的政策及操作手册的基础上，悉尼分行各部门还着手编制了内部政策及操作流程，以确保分行各部门间的业务衔接流畅，部门内分工合理、报告路线明确。进一步完善分行治理结构，组建了资产负债管理委员会、风险管理委员会及信贷委员会，并按程序组织召开会议。

人力资源方面，根据分行实际情况完善人员配备，所有人员于2010年第一季度到岗。在人员到位的同时，加强人员培训，自2010年7月起，各个部门协同举办了17次内部培训，介绍各部门的业务内容，旨在促进各部门的顺利协作、各业务环节的流畅衔接，将分行的风险降至最低。

分行在2010年完成了总行Urbis、MIS的用户测试及上线工作，完成SWIFT BIC申请及SWIFT系统搭建工作，积极推进总行GMPS系统上线工作，研究跟进总行境外核心系统（OCBS）及周边系统推广相关工作。同时，完成了本地债券、澳元现金结算系统（Austraclear）、本地支付清算系统（ANZ Transactive/ANZ Weblink）、APRA报表系统（D2A）上线工作，并于2010年10月15日组织全体分行人员进行了灾备测试演练。

（十一）建行亚洲

1. 业务开展情况。2010年，建行亚洲在严格控制风险的前提下，保持了较好的业务发展趋势。截至2010年年末，建行亚洲资产总额达到1 027亿港元，同比增长26%；客户贷款和存款分别达到728亿港元和712亿港元，较2009年同期分别增长了21%和35%；不良贷款率为0.31%，不良贷款余额约为2.5亿港元，比2009年减少了1.2亿港元，保持不良“双降”；不良资产率微降至0.24%，各项资产质量指标继续处于行业领先水平；实现税后利润5.6亿港元，较2009年正常经营利润（不考虑收购美国国际信贷（香港）产生的5.37亿港元溢价）增加了2亿港元，增幅约为59%。

2. 主要工作措施。

（1）深化业务转型，强化产品创新。2010年，在总行的统一部署和大力支持下，建行亚洲继续大力推进各项业务转型，取得了较好的成效。

资产负债结构调整方面，重点加强了吸存力度。2010年客户存款累计增长约184亿港元，同比上升35%，存款稳定性也得到逐步提升，贷存比由年初的115%显著下降至102%。贷款结构优化方面，进一步控制收益率较低的楼宇按揭业务，重点放在汽车贷款与私人贷款业务上。2010年年末，无抵押贷款占比由2009年的16%上升至20%。

对公贷款方面，把利润率较高的中小企业业务、港资企业贸易融资以及与内地分行的联动业务作为工作重点，在有效控制楼宇按揭业务的前提下，建行亚洲全年贷款余额仍较2009年增长153亿港元，增幅为24%。

中间业务方面，配合积极的产品创新、有效的市场营销和专业的客户服务，建行亚洲证券经纪、投资服务和保险销售等中间业务收入从第三季度起稳步上升，外汇相关收入也逐步改善，全年手续费收入同比增长22%。

此外，2010年，建行亚洲还在电话银行（向广州中心转移部分业务）、网上银行（分两期完成全面更新）、私人银行（于2010年12月开业）、产品创新（联动产品、人民币产品、IPO收款行）、信息系统改造（新的核心业务系统已于2010年5月上线）、信用卡业务（新增个人分期贷款23亿港元，超额完成全年指标20%）等多个领域积极推进业务转型，努力为下一步实施向综合化、规模化经营转型的中长期计划做好准备。

（2）加强客户营销，扩大客户基础。零售客户方面，建行亚洲主要通过三方面措施扩大客户基础：一是增设分行，完善网点布局，提升网上银行；二是产品创新、服务功能提升和内部流程优化等；三是发挥与建行亚洲财务公司（原AIGF）的协同效应，使更多信用卡客户成为银行客户。2010年，个人业务条线共新增客户6.24万个。中资客户方面，进一步加大了客户营销力度。商业银行客户方面，始终将工作重点放在服务香港本地中小企业客户上。目前在建行亚洲有双边贷款或银团贷款业务的跨国企业客户共14家。

（3）加强内外联动，积极拓展人民币业务。自2009年7月跨境贸易人民币结算试点以来，建行亚洲一直高度重视离岸人民币业务发展。截至2010年年末，建行亚洲人民币存款余额为34.8亿元人民币，较2009年增加近30亿元，市场份额约1.1%。在产品方面，领先市场推出外汇挂钩和股票挂钩的结构性人民币理财产品，2010年9月起陆续推出3期人民币存款证，2010年第四季度开始代销AIA集团的人民币保险产品；对公业务方面，先后开发出“贸汇盈”、“支付宝”、“付汇宝”等一系列人民币贸易融资组合产品，截至2010年年末，建行亚洲共办理人民币贸易融资组合产品37.71亿元。

（4）完善风险管理架构，树立审慎经营理念。目前，建行亚洲已建立起了较为完善的组织架构和职责分工，设立了信贷委员会、资产及负债管理委员会、操作风险管理委员会，分别管理信用风险、市场风险、操作风险等；正式设立专职风险管理部门，进一步完善风险监控体系和制度建设，保证各项业务的安全运营；树立审慎经营理念，通过实施风险偏好管理保障各类业务稳健发展；强化合规管理，有效控制操作风险，不断提高内部控制和风险管理水平。

（执笔：原玎　封奇）

二、内部管理与风险控制

办公自动化与基础工作管理

2010年，行长办公室深入学习贯彻党的十七大和十七届五中全会精神，围绕全行业务发展和内部管理的工作重点，进一步强化为领导、为部门和为分支机构做好办公服务的意识，办公管理与服务的精细化、专业化、规范化、标准化水平不断提升，保障了党务、行务运行顺畅。

一、服务大局，积极协调，为推动全行改革发展提供了坚实保障

1. 进一步规范健全了分行党委议事规则及相关制度。制发了《关于进一步规范健全并严格执行党委议事制度的通知》（建党办函〔2010〕1号），狠抓落实，所有一级分行及培训中心全部按要求完成了相关制度的制定。

2. 认真筹备，积极协调，细致周密地完成全行性重要会议、会见组织及重大活动接待等工作。2010年，共完成26次全行性重要会议的组织工作；承担上级领导机关来我行检查工作、会见行领导等相关会务工作20余次。除日常的会务、接待工作之外，还圆满地完成了中央巡视组进驻动员会等会务组织；克服多重困难，完成了关于表决中国投资学会终止动议的会员代表大会的筹备召开等重要工作。

3. 严格按程序做好党委会、行长办公会会前准备工作，规范管理会议相关资料。2010年，完成18期党委会会议纪要、4期行长办公会会议纪要的起草工作。

4. 编写并发布《行长办公室服务提示》，为部门、员工、分支机构提供便利。2010年，完成了《行长办公室服务提示》的编写，并发布在我室部门网页上。在用印、预订会议室、邀请领导出席活动、签署文件材料等方面给出了办理流程的提示，为总行各部门、员工以及分支机构提供了工作便利。

5. 加强信息管理，提升情报价值，服务领导决策。重新设计《每日动态》，大量采用分行工作建议，使其成为行内信息交流和宣传的重要平台；系统收集、整理了建设银行改革发展综合情况和重大业务动向信息，突出自身特点，向国办报送国家领导关注的焦点问题。向国办报送《建设银行专报》12期，向银监会报送我行贯彻落实国家宏观经济政策情况的专题信息材料20期，国办《昨日要情》采用我行信息6条。

6. 高度重视，认真抓好值班工作。做好值班工作是全行处理应急事务的重要手段和保障。2010年，我室继续严格执行值班制度，坚持值班人员24小时在岗，室领导带班，及时处理各类重要事项，未出现任何纰漏。全年累计处理紧急通知30次，电话记录80次；编辑《值班动态》249期，向上级机关报领导活动、出差、出访信息逾

70 次。

7. 完成贵金属纪念币的采购。完成 2010 年贵金属纪念币的询价、谈判以及购买、入库存放等工作，采购纪念币价值近 790 万元。

二、加大督察督办力度，增强执行力，不断提升党务、行务监督效能

1. 加强对重要会议部署事项、领导批示和议定事项的督办落实。决策或领导批示后，及时分解、立项督办并建立台账，决策事项"事事在册"，办理情况"件件可查"。及时了解、掌握各部门、分行贯彻全行性重要会议精神的情况以及所采取的措施，并进行通报，促进了工作交流。2010 年，立项督办党委及其他重要会议议定事项 241 项；印发《督察情况通报》11 期，有效促进了总行、分行各业务条线和职能部门进一步增强责任意识，提高了内部沟通效率和办事效率。

2. 强化服务意识，促进总行相关部门对分行请示事项的快速办理。加强对各部门办理下级行请示事项情况的分析，实行按季考核通报，公开未办结公文处理人名单，加大了催办和对办结情况的抽查力度。全年共立项督办下级行请示类公文 15 500 件，各部门已办结 15 400 件，完成率达 99%，平均办理时间为 10 天。

三、扎实推进各项基础工作，办公管理精细化、规范化水平不断提高

（一）做好公文、信件及各类资料的日常管理工作

收发各类公文、信件、报刊 94 万多件，日均处理 3 740 件，工作总量比 2009 年同期增加了 5.8%，没有错办、漏办、失泄密等事故发生。

收文 32 473 件，收文总量比 2009 年同期增加了 9.2%，其中实物收文 1 364 件，电子文件占比 95.8%，电子文件比例比 2009 年同期增加了 10.9%。

发文 12 285 件（含部门发文），发文总量比 2009 年同期增加了 8.6%，其中电子发文 11 760 件，占比 95.7%；总行直发文 890 件，全行系统因此减少转发文件逾 29 万件。

公文管理处对紧急公文交换、制发公文和行章用印做到"加班加点、随到随办"，坚持 365 天不间断，确保了各项工作及时、顺畅运转。公文管理处和苏兵同志连续 7 年被国务院机要文件交换站评为"优秀交换集体"和"优秀交换员"。

（二）做好总行本部档案日常管理，推进档案鉴定销毁，有效缓解全行档案库房压力

1. 具体指导总行各部门的立卷归档工作，应用 AMS 系统共归档 2009—2010 年实物文件 12 054 件，电子文件 57 301 件。接收会计档案 197 箱，完成 9 316 条会计档案电子目录审核工作。

2. 做好档案移库保管工作，共整理档案 390 箱，并安全运送到总后档案馆保管。为确保 2011 年档案能够顺利接收，就档案库房承租协议的续签问题与总后勤部档案馆进行了沟通。

3. 做好"AMS 系统"维护与管理工作。据统计，全行系统应用"AMS 系统"存入电子档案数据共计 36 万余条；各分行报送档案工作信息共计 405 条，其中被"AMS 系统"登载采用 361 条；通过"AMS 系统"发布 2009 年全行系统重要工作图片 530 张。全年共有 25 万余人次登录"AMS 系统"。

4. 组织全行系统档案鉴定销毁工作。大部分分行均已按要求启动了档案鉴定销毁工作，其中广东等 12 个分行已完成历史档案鉴定销毁工作。据统计，全行系统共鉴定各类档案 800 多万卷，已销毁档案 242 万卷。

5. 积极配合财务会计部对分行申报的档案库房建设项目进行审核，使陕西省分行档案存储及后台基地建设项目、山西省运城分行库房改造项目、新疆区分行北疆片仓储式档案库房、浙江省分行浙北档案库房用地项目获得批准。

（三）规范管理，严格把关，切实提高公文质量和处理效率

1. 进一步加强公文核稿工作。全年共完成行发文和党务发文核稿 1 318 份，行签报审核 2 774 件，审核并印发《情况通报》30 期、《专题会议纪要》64 期，做到了"不拖、不压、不误"，保证了总行发文的规范、简洁和高效。

2. 严把公文质量关。对于总行部门的逆程序行文，坚决予以纠正；对于重发文，与相关部门共同分析原因，吸取教训。

3. 组织各方力量，研究修订《公文处理办

法》，为全行公文高效运转奠定基础。

4. 加强对境外机构的管理，防范风险，确保总行决策等信息安全、及时传导。印发了《关于做好境外机构公文和信息刊物发送工作的通知》，统一规范了境外机构公文和信息刊物发送等事宜。

（四）严防操作风险，加强印章管理，规范化、专业化水平不断提升

1. 进一步加强了对全行系统印章管理，确保所有印章管理人员持证上岗，专业化水平不断提升。

2. 严格按照印章管理相关规定，认真履行监印、用印等职责，全年共审核总行本部法律性文件用印 880 多件，行章用印 53 725 次，未发生一起因印章保管、使用不当造成的案件。

3. 加强对总行部门和分行的指导，从印章刻制、更换、审批、保管和销毁等各方面进行规范，印章管理标准化水平持续提升。

（五）加大保密管理工作力度，确保建设银行国家秘密和商业秘密安全

1. 贯彻落实中央领导对保密工作的重要批示精神，认真梳理全行保密工作情况，查找当前保密工作存在的问题，提出贯彻落实的具体措施和办法。同时，为加强涉密信息管理、重要会议和场所保密管理，会同董事会办公室印发了《关于进一步加强保密工作的通知》。

2. 积极开展网络保密检查和涉密载体清理，保护了建设银行和员工利益。2010 年，在总行本部开展了全面的网络保密大检查。共对总行本部的 39 个部门 2 000 余台计算机进行了检查，覆盖面达 100%。清点和登记涉密载体，并对员工持有的涉密载体进行了认真清理。

3. 加强保密人员管理和队伍建设。为提高全行保密管理人员的保密意识、责任意识和业务素质，派员参加多个一级分行的保密管理人员培训班，为参加培训的人员授课，并组织了上岗资格考核。

四、依托先进科技，不断提升办公管理信息化水平

1. 大力推广 OA 系统的使用，不断开发、普及新功能，持续推进公文处理的标准化、规范化运转。OA 系统已成为全行用户最多、覆盖面最广、领先同业的办公处理平台。2010 年，系统维护共修复电子公文 4 238 件，电话在线咨询服务 1 714次，排除故障 2 882 次，机构维护 1 494 次，为全行经营管理各项工作顺利运转提供了坚实保障。

2. 完成了银监会银行电子政务传输系统在我行的部署、调试工作，并投入使用。目前，除密级公文外，所有的公文均可以通过该系统报送和接收。

3. 本着“节约成本、提高效率”的原则，充分利用视频会议系统进行远程讨论和交流，节约差旅费和会议费开支，全年参与协调 220 余次全行视频会议。

五、开展了多种形式培训，全面提升办公室条线人员履岗适岗能力

1. 组织举办全行办公室主任、分行通讯员以及档案、写作、公文核稿、办公管理实务等方面的培训班，共培训 570 多人次。

2. 分别在兴融中心和信达大厦组织总行本部综合处长及经办人员公文培训，通报各部门对行办工作建议和意见的办理落实情况，并组织了生动的公文写作培训。

3. 针对不同参训人员开发了档案、公文、印章、保密基础知识以及 OA 系统等多个讲座课件，可以满足总行、分行不同层面、不同培训对象的培训要求。建立了全行统一的考试题库。

4. 为总行多个部门、多个分行和培训中心组织的培训班进行办公管理授课指导，内容涵盖档案管理、公文写作和规范、OA 系统应用、保密管理等多个方面的工作。

六、增进信息交流，发挥宣传报道效用，为全行改革发展创造价值

1.《建设银行报》充分发挥新闻宣传为企业发展创造价值的作用。2010 年，《建设银行报》围绕全行中心工作，对重大战略部署和经营管理重点进行了深入宣传，加强了专版、专栏、专题策划能力，总结了基层行的工作经验和做法，以更高的频率、更多的形式在一版体现，数量、质量比 2009 年有明显突破，示范效应进一步显现。客户版继续贯彻“以客户为中心”的经营理念，

进一步细化了版面栏目，拓宽合作渠道，提升了办报水平。

2. 以高度负责的态度，做好行史、年鉴的编撰及重要图片资料的留存工作。完成了《中国建设银行年鉴2009》的出版发行和《中国建设银行年鉴2010》稿件的收集、初审及通稿工作；行史两本书已出版发行，这项编写长达10年的工作画上了圆满的句号。根据银监会、中央巡视组等上级单位要求，及时提供了其所需要的文字和图片资料。

（执笔：杨丹）

采购管理

2010年，全行采购工作以开展“创先争优”活动为契机，以提高执行能力和服务水平为重点，保障全行供应、提升采购质量、优化采购结构、降低采购风险，各项工作取得实效，保证了零违规、零案件，为配合全行中心工作和战略转型、促进全行改革和发展做出了积极的努力。

一、供应保障作用突出

2010年是采购部正式成立的第四年，集中采购工作继续为及时、有效、合规地保障全行供应发挥着重要作用。一是供应量增加、采购完成率提升。在采购量较2009年增长11%的前提下，采购部充分挖掘内部潜力，通过深入推行计划管理、积极联动需求部门、提前介入需求梳理、统筹安排采购实施等多项措施，2010年采购完成率实际达到100%。全年共组织实施采购项目728个（包括全行性采购事项），预算58.43亿元，其中，审批分行超授权项目74个、预算1.72亿元，采购部执行项目654个、预算56.71亿元，采购供应面覆盖总行38个职能部门和全行基层网点。二是服务意识增强、采购效率领先。采购条线强调服务意识、关注服务质量，作为全行采购的最后一道关口，认真履行把关职责，通过与需求部门的积极协调和充分沟通，抓住重点、主动服务，针对无法按正常时限要求完成而又事关全行改革发展的重大事项，灵活制订应急采购方案，更好地适应了采购的时效性要求。2010年，我行采购项目平均执行时间为29天，比美国银行的平均执行时间35天还要快6天，在工商银行、农业银行、中国银行、交通银行同业中处于领先水平。

二、采购结构实现转变

我行现有的采购方式主要有：竞争性谈判、招标、询价、单一来源、续约五种方式。总行领导多次对控制单一来源采购做出重要批示，采购部将“鼓励充分竞争、严控单一来源”作为贯穿全年的重点工作目标，狠抓落实。2010年，竞争性采购金额为33.8亿元，较2009年增加了64%，竞争性采购占比上升到60%；单一来源采购金额为4.9亿元，较2009年减少了65%，单一来源占比下降到8.6%；续约方式占比也较2009年下降了2个百分点。竞争性采购的比重首次超过了60%，单一来源比重也首次压到了10%以下，采购工作多年的目标得以实现，而且在同业居于领先水平。竞争性的加强和单一来源比重的下降，成为衡量我行采购工作效率和质量的重要指标，优化了采购结构，进一步保障了采购成本的降低和质量的提升，更好地打造了“阳光采购”和“廉洁采购”。

三、成本控制效果显著

采购部在日常工作中多管齐下，全方位、多环节控制采购成本，在预算管理日益精细化的背景下，采购节约率保持了上升势头。2010年，采购部完成合同金额46.06亿元，较预算节约了10.6亿元，节约率达到18.7%，较2009年提高了0.5个百分点，比政府采购节约率高出7个百分点。一是充分引入竞争。严把单一来源审核关，紧密跟踪市场，及时引入新的候选商，依靠竞争机制发现价格，在“物美”基础上争取“价廉”；通过扩大候选商范围、压缩入选商数量等手段加强竞争力度，好中选优、节约成本。二是运用谈判技巧，把握采购策略。在保障供应的前提下，以增加谈判次数换取降价空间，引导供应商提供增值服务、降低隐性成本。三是探索新的采购成本控制途径。牵头承担了全行重点成本管理项目之一的“设备维保及采购模式研究”项目并取得阶段性成果，为下一步推广应用新的管理模式、降低全行设备维保费用打下了良好的基础。

四、集中采购力度大幅提升

集中采购力度是采购管理水平的重要体现。集中力度越大，越能够发挥规模优势，越有利于采购工作保障质量、降低成本、控制风险。

集中力度纵向体现在采购实施主体的层级上。采购部通过全行性商品目录的动态管理逐年加强全行采购集中力度，2010年，由总行实施统一采购的全行性商品种类迅速扩展到了119种，较2009年增加了116%；全行性商品采购金额占比达到了44%；全行需求规模和总行谈判力度形成合力，切实提升了全行性商品的供应质量，减少了供应商的履约风险，也给采购价格带来了10%以上的年均降幅。在工商银行、农业银行、中国银行、建设银行、交通银行五大银行中，我行实现全行集中的采购项目数量最多、金额最大、范围最广。

集中力度横向体现在采购需求的优化整合程度上。2010年，采购条线通过优化需求分类、整合同质需求，达到了扩大采购规模、发挥集中供应优势、争取更大价格优惠的目的。譬如将我行在用的17类出纳机具优化整合为9类进行采购，将存折和单式单证两类需求合并采购，将信用卡中心钻白卡客户和财富部高端客户共同需要的高尔夫服务组合采购等例子，通过优化整合需求，我行争取到了历史最好、同业最优的供应条件，成本节约率平均达到20%以上。

五、基础建设取得进展

2010年，全行扎实推进采购管理基础建设工作，切实提高精细化管理水平。一是不断完善、细化规章制度。我行新采购制度于2009年3月实施，采购部组织全行学习、理解新制度，各分行结合本行实际，陆续研究、细化了操作办法，截至2010年年末，已有20个分行根据《中国建设银行集中采购管理办法》制订了实施细则，为采购工作提供了更具操作性的制度依据。二是继续优化采购流程、降低操作风险。主动联合法律部门加强了对采购合同的法律性审查，同时在采购部业务流程中增加了合同规范性审核环节，双管齐下，加大把关力度，进一步防范合同风险。三是逐步加强供应商管理的专业性。转变候选商基本以需求部门推荐为主的局面，将常规性采购事项的供应商管理工作基础化，针对固定资产统保、电子回单柜等多个采购项目供应市场情况进行了调研，为推荐选取高质量的候选商提供了充分依据。四是积极开展专业化培训。邀请美国银行专家对全行业务骨干进行培训，全面了解世界级先进商业银行科学的采购理念和完备的采购流程。五是初步完成采购信息化建设。采购管理信息系统于2010年6月在全行正式上线，在五大行中率先搭建了采购信息化平台，采购主要业务环节实现了电子化操作。

六、系统管理初见成效

2010年，总行、分行采购条线加强了沟通与联动，分行采购管理逐步到位。一是供应保障和成本控制作用充分发挥。各一级分行（含哈尔滨、常州培训中心和总行信用卡中心）全年共实施采购项目17 430个，金额100.4亿元，有效保障了全行经营管理所需的产品与服务供应；合同金额较预算节约了12.25亿元，节约率为10.9%，取得了良好的成本控制效果。二是机构设置逐步健全。截至2010年年末，38个一级分行及两个培训中心均设立了采购部或采购团队，全行现有专职采购人员170人，大多数分行实行了分岗操作。三是加强了对全行采购规范性的检查和指导力度。针对一级分行专项审计发现的问题，采购部组织开展了全行采购合同管理专项检查，各分行成立了由分管行领导任组长的领导小组，按照“自查、现场复查、整改”三个阶段认真开展了自查清理和整改工作，采购部组织专人对分行的自查、整改情况进行了抽查。四是提高了全行采购条线对重大事项的管理和参与程度。总行、分行共同组织了全行公务车、出纳机具、柜面业务单证等多项全行性采购项目的谈判和评审，以及营业网点排队机、档案密集架等重大项目的供应市场考察和供应商考核工作，提升了基层行对采购执行的满意度，强化了全行对重大采购项目的监督。

七、廉洁采购抓出实绩

采购工作坚持业务水平和廉政建设两手一起抓、两手一样硬，2010 年，全行采购条线违规违纪事件发生率继续保持为零。一是加强廉洁从业教育。依托党建和团建的优势，以“创先争优”活动为推动力，组织干部员工开展形式多样的学习、培训和参观活动，定期进行自查、自纠，积极营造反腐倡廉的良好氛围，筑牢思想道德防线。二是狠抓内控和案防。颁布实施了《采购条线案件防控实施细则》，从制度、流程、管理、操作等方面制订了案件防控措施，进一步提高了采购条线对风险的防范意识和识别能力。三是强化内外部监督。主动接受纪检、审计、法律等部门的审计、检查与监督；与纪检监察部联合印发了《建设银行接受供应商监督集中采购项目公告》，帮助供应商了解建设银行的有关规定，主动接受供应商监督。

（执笔：杨鸿）

风 险 管 理

2010 年，全行加快全面风险管理体系建设，优化风险政策，调整信贷结构，着力强化贷后、表外、境外、押品、并表等薄弱环节的管理，深化风险计量技术工具的运用，提升精细化水平；加快市场风险管理工具和系统等基础建设；进一步强化操作风险和业务持续性管理，积极开展应急演练；加快推进实施《巴塞尔新资本协议》各项工作，并已基本具备实施条件，风险管理能力得到全面提升。截至 2010 年年末，集团口径不良贷款余额为 647.12 亿元，较 2009 年减少了 74.44 亿元；不良贷款率为 1.14%，较 2009 年下降了 0.36 个百分点；拨备覆盖率达 221.14%，较 2009 年大幅提高 45.37 个百分点。

一、信用风险管理

（一）实施区域差别化信贷政策，加快信贷结构调整

在 2010 年信贷政策和结构调整方案中，进一步细化“进、保、控、压、退”的政策要求，在统一风险偏好的基础上探索实行“一行一策”的区域差别化政策，发挥各区域比较优势，引导各级行加快信贷结构调整。同时，借助经济资本、风险限额、风险调整后收益（RAROC）等工具，引导各级行调整优化风险资产总量和结构，降低无效、低效资本占用，提升价值创造水平。从全行情况来看，信贷政策执行效果显著。列入退出名单的公司类客户贷款余额较年初压缩了 1 046 亿元；“6 +1”产能过剩行业贷款余额比年初减少了 199 亿元。

（二）着力强化贷后、押品、并表、表外、境外等薄弱环节管理

一是积极落实“贷后管理年”活动工作要求，加快构建贷后管理长效机制。二是推广运用押品管理系统，规范和细化押品管理要求和准入标准，增强风险缓释能力。三是加强并表子公司风险管理，建立子公司重大风险事件应急响应和

报告机制。四是将表外信贷业务纳入行业限额管理，强化表内外信用风险敞口统一管控；在国内同业中率先建立表外业务减值准备计提制度，并在2010年年末对授信类和理财类表外业务计提减值准备。五是制定境外机构授信业务风险政策底线，强化风险监控，推进信用评级等基础管理工具的应用，逐步将境外机构纳入全行统一风险管理体系。在国内大型银行中率先制定《国别风险准备金计提办法》，并在2010年年末对境外的信贷资产和债券投资开展了计提。

（三）优化运用先进技术管理工具，提升风险管理能力

一是优化经济资本、风险限额以及风险调整后收益（RAROC）等管理工具，提高信贷资产组合管理水平。同时，基于RAROC等工具和风险排序方法对全行公司、小企业、零售信贷的结构进行定量分析，提出优化配比建议，为全行信贷资源配置提供决策支持。二是将新一代内部评级体系嵌入业务流程，指导客户选择和风险排序，并在此基础上开发贷款风险成本计算器等实用工具，帮助客户经理和风险经理更直观、定量地识别风险、安排风险。目前，内部评级相关技术工具在经营计划、绩效考核、信贷政策、授信审批、风险分类、贷后管理等方面得到深入运用。此外，对制造业、房地产等重点关注领域，以及钢铁、船舶、水泥等产能过剩行业开展了专项压力测试，提高对风险的预判和应对能力。

（四）进一步完善风险管理基础制度体系

开展额度授信管理办法的修订工作，细化落实银监会“三个办法一个指引”要求；着手研究制定《表外业务风险管理政策》，并牵头制定了《表外业务减值准备计提暂行办法》；完善信贷资产风险分类制度，重检零售类信贷资产风险分类标准；根据业务发展的新要求，对异地信贷业务、授信额度内单笔大额信贷、境内外分行信贷审批权限等进行调整；修订非信贷减值准备管理手册，完善风险抵补制度。

二、市场风险管理

（一）完善市场风险政策制度体系

优化市场风险政策和限额管理机制，并延伸到本币债券、外币债券、交易对手、交易员管理等范畴，建立本币债券投资差别化审批机制，完善制度框架。将市场风险价值（VaR）等工具应用于市场风险经济资本分配、限额管理中。明确金融市场业务的风险安排、组合结构、准入标准和风险边界等政策要求，加强金融市场风险管理。

（二）强化市场风险监控，提高管理专业化水平

开展黄金自营业务、本币自营衍生产品、代客理财产品、代客衍生产品等业务的现场检查。改进市场风险监控模式，规范交易录音电话管理，进一步做实市场风险监控职能。

（三）推进市场风险管理系统建设，建立全行金融市场业务数据集市

开发完成金融市场业务风险管理系统，对全行重要市场数据进行整合清理，建立了全行金融市场业务全量的数据集市，解决了困扰全行多年的业务数据和市场数据零散分布的问题。系统实现风险管理报告自动化及日终风险限额管理、减值准备测算等功能，形成了良好的数据基础和管理平台。

（四）积极开展压力测试，强化市场风险预警提示

针对市场加息预期和人民币升值预期，分别就人民币基准利率变化和汇率升值对本币债券投资组合的影响开展压力测试，为合理确定我行市场风险承担水平提供重要依据。此外，针对加息后人民币债券市场的盯市估值情况，及时发出预警和超限提示，适时减持并调整投资策略。

三、操作风险管理

（一）加强对重点业务、重点部位的操作风险防范

一是扩大自评估业务覆盖范围。2010年年初，组织开展了全行柜面制度流程后评估，共梳理相关制度853个，收集有效问题及建议1 761个，并通过积极整改，促进了制度完善和流程优化。二是对关键风险点进行重检和调整，将检查触角延伸到信用风险和市场风险相关的操作风险领域。三是加强业务风险分析和警示，研究手机银行、银行卡、社保等业务的风险特点和防控措施。

（二）推进操作风险管理制度和工具建设

制定不相容岗位（职责）管理办法和对照手册，做实岗位制衡机制，强化员工行为管理。建立对一级分行操作风险管理评价机制，发挥考核评价机制引导作用。开发操作风险管理信息系统（一期）并上线运行，为损失数据、操作风险自评估和关键风险指标等管理工具的应用提供了统一的操作平台和信息汇集分析平台。

（三）强化业务持续性管理

出台业务持续性管理政策、策略管理指引、突发事件应急响应及恢复管理指引等政策制度，建立业务持续性管理统一政策框架。制订业务持续性管理整体规划实施方案，逐层分解落实任务，有序推进实施。研发业务持续性管理工具，完善重大风险和突发事件报告机制。指导分行做好世博会、亚运会期间的业务持续性管理，确保各项业务安全稳定运行。

四、加快推进新资本协议实施

推进《巴塞尔新资本协议》实施，各项工作进展顺利，基本完成了总体规划提出的50多个项目建设。第一支柱方面，完成了信用风险、市场风险、操作风险的相关评级模型、系统的研发和运用，已具备实施信用风险内部评级高级法的技术能力，满足市场风险内部模型法的基本条件，达到操作风险标准法的基本要求。第二支柱方面，内部资本充足评估程序（ICAAP）项目进入成果验收阶段，资产负债管理系统（二期）已通过上线验收。第三支柱方面，完成了资本充足率计算及信息披露系统建设，能够实现风险加权资产计算、资本充足率报表加工和监管报告合规披露等功能。同时，《巴塞尔新资本协议》的技术成果在资源配置、信贷政策、客户选择、风险定价、授信审批、贷后管理、绩效考核等各个领域得到运用，并转化为生产力。目前，实施《巴塞尔新资本协议》的各项准备工作已基本就绪，2011年，我行将正式向监管当局提出实施申请，争取成为国内首批实施《巴塞尔新资本协议》的银行。

五、强化风险研究分析和预警提示，增强风险管理的前瞻性

（一）加强对监管政策和市场变化的研究分析，并适时重检信贷政策

研究监管部门以及巴塞尔委员会等最新监管动态，分析测算对建设银行的影响并及时报告，提前做好布置和应对。定期对监管政策进行梳理，为高管层和各业务部门提供参考。根据监管政策和建设银行实际情况，对淘汰落后产能、政府融资平台、房地产、大额集中授信等方面提出明确的管理要求，对西部大开发、国家政策鼓励的特色优势产业、“三农”、民生领域加以重点支持。

（二）对关键风险进行预警提示，及时消除隐患

针对汽车制造业、船舶制造业存在的问题及时下发风险提示，要求做好客户选择，加快从劣质客户中退出；针对国内银行卡诈骗风险新形态，提示分行做好防范；针对加息后人民币债券市场的盯市估值情况，及时发出预警和超限提示；针对外部欺诈和内外勾结等现象，梳理分析高发领域和表现特征，提出风险预警和应对措施；针对自然灾害等突发事件导致业务中断频发的问题发出风险提示，认真做好应急预案。

六、加强人员队伍和文化建设

制定2010—2012年风险管理人员培训规划，重点突出新业务、新知识、新能力培训，并将境外机构风险管理人员纳入全行统一培训体系。2010年，风险管理部共组织举办培训班25期，培训各类风险管理人员1 500人。其中，一级分行风险管理部门负责人120人，风险主管120人，风险经理1 260人。按照绩效管理战略协作项目的要求，认真组织开展绩效管理试点工作，对部内各处室和团队的工作职责进行梳理重检，厘清工作边界，研究制定员工绩效管理实施方案。通过强化培训和制定科学的绩效评价体系，促进先进的风险管理文化理念在全行范围内的广泛传播，提高政策执行力。

（执笔：卢娜　徐霞）

授信管理

在总行党委、董事会和高管层等各级领导的正确领导下，2010年，全行授信管理条线切实贯彻我行业务发展战略，大力加强授信审批系统管理，强化作业监控和督察，严格落实结构调整政策，扎实推进“贷后管理年”工作，及时排查处置风险隐患，严控重大风险和案件发生。在复杂多变的形势下，促进全行信贷结构不断优化，资产质量保持稳定，贷后管理长效机制建设初见成效，有力保障了全行工作目标的实现。

一、狠抓授信审批系统管理，全面落实管理职责

一是通过召开一级分行审批、风险管理（评估）部门负责人培训研讨班，持续监测分析全行授信业务审批情况，强化对重点调控领域审批的监控与督察，加强政策传导，统一风险偏好。二是梳理整合现行监管规定及总行信贷政策，制定《大中型公司类授信业务政策制度遵循性审查要点》《大中型公司类授信业务合规审查模板》，规范合规性审查要求。三是将作业监控重点前移至合规性审查受理环节，利用授信业务风险监测系统（CRMS）对触碰政策制度“红线”的授信业务“及时发现、立即终止、限期整改”，两头延伸作业监控，提升政策制度遵循性。四是以个别突破政策底线和监管红线办理业务并造成损失或形成不良影响的分行为典型，加强警戒，促进合法合规经营。2010年，全行共审批额度授信为78 024亿元，信贷支用51 846亿元，审批通过率保持平稳；产能严重过剩“6+1”行业、房地产业支用审批同比大幅下降，客户结构不断优化；小企业审批业务量同比增长了39%。

二、牵头推进“贷后管理年”活动，贷后管理长效机制建设初见成效

一是牵头制定“贷后管理年”活动实施方案，建立信息沟通与报告机制和贷后管理工作联系人制度，在总行网站开通“贷后管理年”信息沟通专栏，并推进检查评比工作和通报工作。二是推进落实客户信贷策略，并针对政府融资平台等贷款的特点，设计不同贷后监控和管理评价指标，促进贷后管理差别化与精细化。三是优化风险排查与整改机制，及早消除风险隐患。研发上线CRMS客户风险预警模块，并对7 300家预警客户采取了有效措施，及时化解风险隐患；不断优化完善风险排查和监控机制，及时发现并处置风险隐患；牵头配合银监会分类偏离度检查，工作得到银监会检查组的肯定，贷款分类样本偏离度在五大行中处于较低水平。四是全面调研我行贷后管理现状和活动推进情况，积极开展贷后风险经理平行作业与信贷业务监控管理专题培训。

三、抓住重点调控领域，落实信贷结构调整政策

一是成立专门处室对上报总行审批的结构调整重点行业信贷业务进行集中受理和审查，并对全行同类业务审批进行统一监控和管理。二是及时转发国务院办公厅房地产市场调控、节能减排与淘汰落后产能等相关政策要求，指导各行认真落实。同时，结合六大风险排查相关工作，牵头对全行宏观调控重点领域授信业务开展全面认真排查，全面揭示并消除风险隐患。三是按月公布行业限额预警信号，及时通报全行退出计划完成情况，促进落实结构调整政策。2010年，全行鼓励进入类行业贷款比年初增长了15.7%，占比增长了1.6%；审慎控制类行业占比比年初仅增长

了0.1%；逐步压缩类行业贷款占比比年初下降了1.7个百分点，全年退出计划完成率为131%。四是组织编写重点调整行业、化工、钢铁、船舶制造、光伏发电以及现代煤化工等行业授信风险和政策分析报告，重检造纸等行业审批指引，指导全行准确领会国家产业结构调整政策。2010年，全行扎实推进结构调整政策，成效显著。截至2010年年末基础设施相关行业贷款占比比2008年上升了4.5个百分点，制造业、房地产业贷款余额占比分别比2008年下降了2%和3.3%；全年小企业贷款增速达60.4%，贷款新增是2008年的近3倍；产能严重过剩“6+1”行业贷款余额净下降了199亿元。

四、加强贷前风险管理，不断提升授信风险识别和评估能力

一是制定出台《关于进一步加强贷前调查及贷款评估评价工作有关事项的通知》，强化贷前调查及评估评价工作管理要求，防范虚假骗贷。二是制定出台了《固定资产贷款和房地产贷款评估评级操作规程（试行）》《工业类固定资产贷款项目评估报告编制规范》，规范项目评估流程和工作内容。三是成功开发专业贷款评估评级和项目评估操作流程系统及项目评估计算软件（2010版）并在全行推广上线。四是组织分行研究制定完成煤炭等重点行业的项目评估指引，增强了项目评估方法的针对性、实用性和操作性。2010年，全行共按平行作业方式完成客户信用评级48 072户，出具风险评价意见29 626份，建议授信金额为82 566亿元，完成固定资产贷款项目评估5 109个，建议贷款18 110亿元，为审批决策提供了有效支持。

五、坚持贯彻“以客户为中心”理念，深入推进审批差别化、专业化管理

一是下发《关于进一步加强集团客户授信风险管理有关事项的通知》，严格集团客户风险管理，优化集团客户授信模式，提高市场响应能力。二是制定出台《小企业授信业务审批规程（试行）》，进一步简化审批流程，规范业务操作，促进战略业务发展。三是针对房地产、政府融资平台客户监管热点，以及跨境授信、旧城改造等新兴领域中涉及的授信管理问题，及时与前台、后台管理部门积极沟通，统一认识，形成竞争合力。四是强化审批研究分析，提升信贷审批的专业化水平。组织完成物流业等10个专题信贷业务审批指引的审定，并对液晶面板等11类热点问题、新兴业务开展风险分析，提出授信管理对策建议；组织对现代煤化工等行业授信客户和项目进行现场摸底调查与研讨；整合条线资源，推进审批指引研究团队建设。

六、加强集团层面和表外业务监测，确保信贷资产质量真实性

一是对表外授信业务变动趋势及资产质量进行多维度监控，排查处置风险隐患，同时，规范分行表外业务预计损失估算流程，强化表外不良预计负债计提管理，加强表外业务风险管控。二是落实并表管理要求，配合相关部门确定并表管理范围，设计并表子公司风险管理报表体系，同时，加强境外分行的质量监控频度，强化风险预警管理及时性和风险分类真实性考核。三是下发《贷款减值损失估算及专项准备金计提操作规程（试行）》，落实联交所披露指引和监管部门监管要求，推进准备金差别化计提。四是推进“双十大”客户与资产质量重点联系行工作机制，加强重大风险管控。2010年，全行“双十大”客户实现信贷退出406.71亿元，“十大不良”客户不良贷款比年初下降了107.03亿元；对银监会监管要情、审计署提示反映的重大事项逐项开展调查，落实整改；运用重大风险事项报告制度主动发现与处置风险，2010年分行共上报14起重大信贷风险事项，截至2010年年末共计压缩退出10.48亿元。

七、牵头推进违法放贷整改工作，大力防范信贷操作风险

一是总行本部设置专门的审批支持团队负责涉及敏感信息的审批业务关键环节操作，加强重要业务系统的用户权限管理，强化授信审批内控管理和操作风险防范。二是下发《授信业务风险监测系统操作规程》，规范了风险监测系统的应用管理，同时优化CLPM系统，落实银监会“三个办法一个指引”贷款资金监控要求。三是组织

签署了《廉洁合规从业承诺书》，明确提出授信业务经营管理中的九项禁止性行为，要求全系统人员遵照执行。

八、大力提升培训针对性和有效性，提高专业水平和履岗能力

一是邀请专家解读热点行业、结构调整政策和产业发展规划，积极开展专题视频培训。2010年全行通过视频共培训授信条线人员及分支行客户经理超过25 000人次。二是开发完成《专职贷款审批人培训教材（小企业信贷业务）》并举办了以案例为主的审批培训。三是针对不同的管理和业务要求，差别化举办政策解读与管理能力提升培训班、高职级审批人专业理论提升培训班、合规审查现场培训班以及平行作业现场培训班等，加强系统管理。

（执笔：熊波　易路）

内部审计

2010年，按照董事会、监事会和高管层要求，审计系统围绕全行中心工作，倡导科学审计理念，坚持改革创新步伐，秉承求真务实作风，有针对性地组织实施了16大类系统性审计项目和2 092项次自选审计项目，提出审计建议7 500余条，促进银行加强基础管理、稳健发展各项业务，切实履行了内部审计职责，有效实现了内部审计价值。与此同时，继往开来、立足基础、着眼长远，在推进审计专业化建设、创新应用先进技术方法、强化审计质量控制体系等方面，进一步加大了工作力度，取得了新的进步、新的成效，为顺利完成各项审计工作任务提供了保证，奠定了基础。

2010年3月17日，建设银行2010年全行审计工作会议在杭州召开，行长张建国，监事长谢渡扬，首席审计官于永顺，部分董事、监事及各审计机构负责人参加了会议。

一、围绕中心，服务发展，全面履行内部审计职能

审计项目突出了经营管理中的薄弱环节和重点业务。针对薄弱环节和高风险领域，审计部门开展了抵债资产业务审计、现金和重要空白凭证管理审计、营业外收支及待处理款项审计等项目，加大了境外审计工作力度，审计覆盖了所有境外分行、悉尼代表处、建行伦敦，以及建银国际、建行亚洲等主要在港子公司。针对重点业务，加大对信贷业务的审计力度，开展了个人贷款基础管理审计、公司类贷款业务审计等项目，还对活期存款账户结构和部分中间业务产品收费情况开展了专题审计调查。

不断探索拓展新的审计领域。首次开展了代销第三方产品、贸易融资新产品审计调查项目，揭示了代销基金、代理保险、代销国债等业务存在的合规性、风险性问题，从体制、机制、经营理念、发展定位、客户服务等方面，深入分析了影响业务发展的主要因素，同时反映了贸易融资新产品经营管理现状，针对发展中的薄弱环节、产品创新的经验和困难等，提出了建设性意见。

密切跟踪外部监管重点。组织实施了集团并表管理审计、监管统计数据审计调查、关联交易审计、电子渠道审计、信用卡业务审计等项目，既满足了外部监管关于周期覆盖的要求，同时也针对相关制度建设、组织架构、管理模式、业务发展、系统支持等方面，提出了加强和改进管理的建议，促进了各项工作基础管理水平的提高。外部监管机构要求的其他审计内容，在相关审计项目中也均有体现。

合理保证审计覆盖面，体现审计的灵活性。审计系统开展了一级分行内部控制审计评价和任期经济责任审计，为加强全行内控管理水平及干部聘任工作等提供了重要支持；受董事会专门委员会委托，完成了董事会内部控制自我评价、再融资内部控制评价、关联交易审计等工作；各审计机构根据驻地分行经营管理状况，开展各类自选审计项目，涵盖了中小企业贷款、授信业务平行作业、个人实物黄金买卖、百易安业务、手续费支出等众多领域，进一步补充完善了审计覆盖面和深度。

注重审计信息加工，体现内部审计价值。在系统性审计项目中，专门安排了4类审计调查项目，各审计机构也安排了不少审计咨询类自选项目。与此同时，在各类审计项目中，积极倡导管理效益审计的理念，鼓励从新的视角，围绕促发展和增效益，从体制、机制、流程、成本等方面入手，拓展思路，结合业务发展实际情况，提出改进管理的建议；针对一些审计项目的特点，采取边查边改的组织方式，保持了与审计对象的相互配合和有效沟通，更好地实现了审计目标。各类审计信息得到了总行、分行领导的高度重视，得到了相关部门和分行的积极响应，在规范经营、促进发展、防范风险等方面，较好地体现了内部审计工作的价值。

统筹考虑，不断提高审计项目管理能力。首先，充分发挥了专业机构和专业人才的优势。委托专业机构开展前期调研，参与制定项目总体方案，成立了由专业人才组成的专门支持小组，集中突破难点，并承担了相关专业领域的现场审计工作。其次，加大对自选审计项目的指导，尝试了“群组管理”的组织模式。针对一些参与机构比较多的自选项目，总行统一组织多家审计机构，组成机构群，共同开展项目研讨、方案制定和模型梳理、研发等工作。项目实施过程中，依托各种交流平台，群组内各机构也保持了较为充分、有效的沟通。最后，密切关注经济形势和各项业务发展态势，保持与业务部门的同步，结合外部监管重点，分析探索新的风险点和薄弱环节，拓展视角，及时调整审计思路。

二、夯实基础，强化能力，不断提升审计队伍专业水平

审计系统遵循科学的审计理念，结合工作实际，加强审计机构和人员管理，以深入推进专业化建设工作为基础，注重培训工作实效，为审计充分发挥自身职能，提高工作价值，塑造更强有力的审计队伍提供了保障。

2010年5月25日，中间业务及担保承诺类业务审计专业化建设会议在福建武夷山召开，图为参会人员合影。

高度重视审计机构和人员管理工作。首先，加强人员管理，配合总行人力资源部进行了审计系统专业技术三级、四级岗位职务聘任工作，编制2011—2015年审计师队伍建设规划，督促、指导有关机构，加大交流计划落实力度。经过多年的人员交流，审计业务骨干人员队伍趋于稳定，存量人员结构得到优化，人员综合素质得到较大提高。其次，完善激励约束机制。优化审计系统工作考评方案，既注意保持政策的连续性，发挥了导向作用，又增强了前瞻性。同时，开展审计系统评先、推优等工作，激发了广大审计人员的工作积极性。最后，组织开展了对9家审计机构基础管理工作的现场检查，有针对性地提出了改进建议，贯彻了总行的政策和思路，促进了整体

工作质量的提高。

2010年12月20日，为培养、选拔优秀非现场审计人员，各审计机构先后组织了非现场审计系统应用资格认证考试，并由总行委派人员统一出题、监考。图为江西总审计室考试现场。

2010年是扎实、深入推进内部审计专业化建设的重要一年，在总行统筹管理和指导的基础上，各审计机构统一认识，积极参与，发挥了较强的主观能动性。专业机构群和专业人才库管理方面，修订了人才库积分标准，促进形成更加科学的激励约束机制；截至2010年年末，专业审计人才库共有在库人员665人，其中研究型带头人99人，专业型主审人566人。基础审计方案研发方面，先后组织召开了公司类贷款、中间业务等12个领域的专业化建设研讨会，完成了26个基础审计方案的编制工作。《巴塞尔新资本协议》审计研究方面，明确处室分工，主动学习《巴塞尔新资本协议》相关知识，积极跟进和全面参与全行《巴塞尔新资本协议》实施准备工作。认真落实监管要求，及时组建信用风险、市场风险、操作风险等专业审计团队，做好《巴塞尔新资本协议》审计相关准备工作。专业研究方面，充分利用专业团队优势，探索业务热点和难点，积极提出审计思路和建议，全年共完成信贷等12个专业的专题研究报告116份；组织审计机构参加内部审计协会举办的“2010年全国风险导向审计理论研讨”活动，有16篇论文获奖，建设银行是唯一获得“组织奖”的金融机构。培训方面，全年审计系统共举办各类短期业务培训445期，人均参训12.8次；就审计计划管理、风险评估、境外审计模式等与美国银行开展了经验分享活动等。

三、巩固优势，开拓思路，创新完善审计制度规范和技术方法

审计部门高度重视相关制度、技术、方法的研究，并完善和更新工作，在保持和继续发挥非现场审计、内部控制审计、任期经济责任审计等特色优势的基础上，对业务系统的应用、审计信息的管理与利用等，也开展了大量研发工作。

不断优化非现场审计系统。完成了各审计机构非现场审计系统服务器及相应存储设备的更新换代；对非现场审计系统数据加载、输入输出格式定义等功能进行了优化；跟踪了解主要业务系统优化动态，主动与信息技术部门沟通，调整非现场审计系统数据加载接口定义，并新增了EC-TIP系统数据；完成了CCBS数据从历史数据管理系统向ODSB系统迁移的技术工具开发与技术方案的准备；研究制订非现场审计系统运行细则，明确用户权限与接触数据的范围，明确相关人员的安全与保密责任，确保数据安全。

完善并创新内部控制评价工具。为增强评价的客观性和准确性，研发了包括内部控制测试工具、转换工具、稳定工具、校正工具和业务单元评价工具在内的五大评价工具，分别从流程遵循性、资产安全、控制效果、信息真实性四个方面，构建了“FACI”评价框架，提高了评价的针对性。通过完善并创新内部控制评价工具，规范了应用流程，明确了评价标准，固化了评分方法，量化了评价结果，使内部控制项目更好地发挥监督评价的职能。

搭建任期经济责任审计信息库，通过收集、整理和存储分支机构组织架构、指标考核等业务信息，以及任期经济责任审计成果性资料等，有效整合和利用各类信息，提高工作效率。

启动全行主要业务系统的应用控制研究。将全行主要业务系统划分为10个“系统群”，由10家IT审计专业化机构牵头，其他审计机构参与，共同推进应用系统的持续研究工作。同时，继续规范和完善IT审计规范体系，制定并实施了《中国建设银行股份有限公司审计准则第13号：信息技术审计》，该体系荣获中国人民银行2009年度银行科技发展一等奖。

四、积极配合，主动沟通，保障外部监管机构审计调查工作顺利进行

在国家审计署对我行开展的有关公司资产质量和2010年新增贷款结构情况专项跟踪调查和银监会对我行开展的有关信息科技风险现场检查过程中，审计部认真落实总行领导要求，牵头负责接待和配合审计组工作，有效协调相关分行和部门的工作，促进审计组和各部门、各分行的沟通与交流，及时汇报情况和反馈意见，在组织、协调、联络、解释、应对、后勤保障等方面做了大量的基础性工作，保障了审计调查和现场检查工作的顺利进行，同时在妥善处理有关情况、规范和改进经营管理等方面也发挥了提示和促进作用。

（执笔：陆君　周雪舟　林胜）

产品与质量管理

2010年，全行产品与质量管理工作遵照银监会《商业银行金融创新指引》，以“服务质量年”的组织推动为主线，大力拓展业务创新领域，扎实推进产品创新能力成熟度管理，扩大流程优化和标准化项目实施广度、深度，加大客户体验调查和服务质量管理力度，强化产品流程专业能力培养，在产品创新管理、产品评价、创新实验室建设、客户之声管理、流程优化管理等方面均取得新的突破。

一、完善服务质量监测和改进驱动机制

（一）客户满意度监测为改进服务提供市场驱动

完善“全行客户满意度晴雨表”监测分析体系，支持KPI考核，深化满意度驱动因素的分析研究，通过创新调研技术，加快报告发布频率，在国内同业中率先实现了个人客户满意度按月监测、按季报告。2010年，我行个人客户总体满意度为64.4%，较2009年提升了0.5个百分点；较同业竞争对手及客户满意度的平均水平高出2.4个百分点；对公客户总体满意度为88.3%，连续四年保持稳定。开展客户满意度驱动因素分析项目，从产品、渠道、区域和客户等多维度为改进客户服务提供决策依据。

支持全行客户管理、产品创新和渠道服务优化改进。针对特定客户群体、特定产品和特定渠道开展专项调研，全年总行牵头实施了4个、分行自主实施了33个专项VOC项目。

（二）发挥内部驱动潜力，广泛听取员工之声

优化“全行内部流程用户之声信息管理系统VOPA2.0”，下发《内部流程用户之声信息管理系统2.0管理办法（暂行）》《VOPA2.0系统操作手册》。完善问题解决驱动反馈机制，不断改进客户服务，减少流程缺陷，预防和控制风险因素。截至12月31日，系统共收集员工意见建议15 219条，分行层面问题解决率达到86%；另有290条意见建议已提交总行相关部门研究解决。

充分运行VOPA2.0，开展专项内部流程用户之声调研。2010年，总行共实施13个专项内部流程用户之声（VOPA）调研项目，分行实施50个，调研报告及成果为业务发展提供了事实和决策依据。

（三）“客户接待日”成为探查体验和解决诉求的重要窗口

坚持实施各级行领导“客户接待日”制度，将接待对象范围扩展到机构类客户，通过多种方式倾听不同客户群体的意见建议，从提升客户体验角度寻找产品服务改进和创新的线索。全年共接待客户14 741位，其中，个人客户11 911位，公司客户2 598位、机构客户232位，客户提出的各类问题、意见和建议分类归并后总计6 618个，客户问题解决率达70%。

二、组织推进全行“服务质量年”活动，促进客户服务质量和满意度持续提高

（一）全面有序推进“服务质量年”活动

认真落实总行党委关于“创先争优”活动要求，锻造同业市场竞争优势。部署、跟踪全行“服务质量年”活动进展，开辟“服务质量年”专栏，扩大先进经验和典型宣传交流，定期分析活动成效，开展“服务质量年”活动总结考评，为持续加强客户服务质量基础管理积累经验。依照银行业协会要求，部署完成9月全行“质量月”活动。

（二）坚持标准管理和调查监控，助推服务质量持续提升

坚持实施每年两次网点服务质量调查，每次调查覆盖全行38个一级分行，有效样本数量为1 462个。调查显示，全行2010年下半年营业网点服务质量基本评价得分为94.5分，分别高于2010年上半年和2009年下半年同口径调查1.7分和1分。营业网点服务质量一致性持续提高，基本评价得分90分以上的分行36个，并继续领先银行同业主要竞争对手。

三、着力推动全行产品创新管理能力提升

（一）夯实产品管理基础，加大创新基础管理

持续推进全行产品标准体系建设，构建产品标准体系架构。启动全行产品标准目录建设，通过设计产品分类规则，已梳理完成公司客户类产品，包括29条产品线和103个产品，并与MA系统的401个对公产品和管理办法中159个产品建立了对应关系，持续开展对私业务条线产品目录梳理工作。

完善产品创新流程体系建设，发布《产品创新敏捷流程操作规程》，敏捷流程的推出有助于加强我行产品创新风险识别预控、迅速响应市场客户需求、缩短研发周期和快速交付产品。标准、快速、敏捷三种创新流程构建出战略型、扩展型、累进型不同类别产品创新的差别化实施路径。

（二）构建产品创新实施的规范体系，提高创新流程规范的执行力，促进创新成果产出

一是利用产品创新流程管理系统（PIPM）收集产品创意，为产品创新计划管理和产品创新实施提供依据；同时支持开展全行个人银行、资金结算和信用卡专项创意征集活动，全年共收集产品创意5 670条，其中公司业务1 754条，个人业务（含信用卡）3 490条，投资理财业务426条；加强创意管理，持续监控督导创意转化工作。二是将产品创新纳入全行综合经营计划管理，推进产品创新项目实施，运用PIPM系统加大过程管理，定期监测、通报产品创新情况。截至2010年12月31日，根据PIPM系统数据统计，2010年全行实际完成产品创新316项，其中总行完成42项，分行完成274项；分业务条线统计，公司与机构业务条线完成198项，个人业务条线完成89项，投资理财业务条线完成29项。

（三）发挥产品创新实验室的技术先导作用，产出多个产品原型和技术方法

2010年，北京产品创新实验室运用实验技术，围绕物流及供应链企业、文化创意产业、个人理财、银保产品等市场热点领域探索前瞻性市场机会，对现有“基金盈”、“中小企业集合信托理财产品”原型进行了优化，细化“消费生态大社区项目”试点实施方案。开展“智富金生”重大复杂组合产品和“影视贷动”产品原型创新。实施全面成本管理项目——产品创新可行性研究及投入产出分析，制定了《产品创新可行性研究管理办法》《投入产出分析操作指引》。

完成了大连物流金融产品创新实验室的建设，开展了物流及供应链重点企业产品创新尽职调查，为产品服务实验平台建设提供研究样本。同时，摸索和总结了一些新的技术方法，创新设计了“物流及供应链企业产品创新尽职调查指引”，并在运行模式方面对产品创新实验室的运行机制和未来发展定位做了深入研究。

（四）持续推进全行产品创新机制建设，产品评估和同业信息收集工作取得突破

健全产品后评价机制，发布了后评价模型和《产品后评价操作实施指引》；完成了《工程造价咨询产品评价报告》和“代发工资”产品专题评价报告，并指导21家分行完成涉及23个产品的评价报告36份。促进后评价成果的应用，造价报告提出了6条产品创新、改进的措施已转交相关部门参阅，并推进措施落实和产品持续监测。

加强产品同业信息工作，以产品大类和产品线为主线，明确各分行同业产品信息收集的任务分工，建立了全行400多人的同业产品信息收集网络；按业务需求搭建了同业产品信息发布平台。截至2010年12月31日，共刊发同业产品信息64条；专题下发了交通银行太平洋信用卡“及时发卡”、“华夏商旅卡”等6期同业产品调研报告，并前瞻性地开展了“未来银行”、“智慧地球”、“逆按揭”等专题信息收集研究工作。

四、持续实施流程优化和标准化，加大移植推广力度

（一）持续优化流程，努力提升核心市场竞争力

运用“精益六西格玛”技术方法，持续开展流程优化，实施项目分类管理，加大对精练业务操作环节、成本管理、贷后管理、售后服务、电子银行产品同步部署等重点领域的流程优化推进力度。紧密围绕监管政策、客户需求热点和全行发展战略导向，开展项目群的分类整合和专题研究，例如，信用卡办卡时效性与活卡率提升专题评估，银监会“三个办法、一个指引”对我行产品和流程的实际影响及应对策略调查，深化前台、后台分离项目风险评估，自助发卡项目实施效果后评估等。

2010年，全行共完成559个流程优化项目（其中列入全行流程优化计划的完成319项，分行自主实施的完成240项），其中提升客户服务能力的152项，提高产品运营能力的133项，加强基础管理与风险控制的274项。其中354个项目已经测算，剔除自然增长因素，当年可促进直接财务效益约9.47亿元，包括业务增收约8.28亿元，成本降低约1.19亿元；优化项目所涉领域的客户满意度提高约15%，员工满意度提高约20%，单笔业务处理时间平均缩短约40%，流程差错率降低约24.07%。

（二）大力推进分行优秀产品创新和流程优化成果的移植推广

发布了《关于加强我行产品创新成果推广应用的指导意见》《流程优化工作成果推广移植项目实施规程》，规范项目成果移植推广实施，明确推广范围及要求，推动分行开展优秀产品创新和流程优化项目成果的交流与推广，持续追踪项目成果，定期进行成效的监测、通报。

加大创新激励，先后开展“2009年度全行产品创意评选”、“2008—2009年度全行产品创新评奖”和“2009年优秀项目评奖”活动，共奖励优秀创意37项，优秀产品创新项目19项，优秀流程优化项目40项，奖励员工310余名，极大鼓舞了全行员工的创新热情和流程优化工作积极性。

五、不断拓展能力建设体系

（一）健全产品创新能力持续提升的机制

创新实施产品创新能力标杆管理，对八大创新能力要素进行了设计，建立了多维度、指标化、可衡量和可持续监测的“创新能力标杆管理模型”，发布了《中国建设银行创新能力标杆管理实施指引》，将产品创新的“关键组织行为”和“最佳工作实践”嵌入我行产品创新、产品营销、产品管理工作的全过程。部署了全行产品创新能力标杆管理的集中评价，力求达成不断改进、不断获得市场竞争优势的目标。

（二）推动产品经理素质模型建设及应用

建立了“建设银行产品经理素质模型”。从产品经理队伍建设规划、岗位标准和聘任、绩效考核管理和能力建设四个方面，在山西、浙江和深圳3家分行进行了试点应用，在全行推广实施素质模型，完成了《全行产品经理队伍建设现状调研报告》。加强产品创新、支持团队建设，制定上报了《中国建设银行产品创新、支持团队建设建议方案》。

（三）不断加强创新及流程能力建设

深入研究“精益六西格玛”理念、方法、工具，结合建设银行实际，建立和完善以教材开发、现场培训、网络培训、资质培养和能力认证为主体的创新及流程管理能力建设体系。2010年，全行共组织产品创新及流程优化管理培训110期，培训员工约5 251人次，其中，总行组织现场培训25期，培训员工约1 251人次；30家分行开展培训85期，培训员工约4 000人次。截至2010年12月31日，全行已认证“精益六西格玛”绿带310人、黑带12人，我行“精益六西格玛”专家团队已成为推动实施流程优化管理、提升市场竞争力的中坚力量。

（执笔：何静）

法律合规管理

2010年，法律合规部紧紧围绕全行中心工作，以贯彻“法律合规工作创造价值与保障发展”理念为主线，出色地完成了各项工作，有效地防范和化解了法律合规风险，依法维护建设银行权益，有力地支持和促进了全行业务的健康发展。

一、加大对金融创新研发和重大项目的法律支持保障力度

2010年，全行法律合规部门积极介入新业务、新产品的创新研发，直接参与重大项目，为重大项目提供全程的法律支持，在参与产品创新研发和重大项目的过程中，法律合规人员对相关创新业务和产品的制度办法进行审查，起草或修改产品法律文本，通过对业务创新方案的法律审视，完善产品结构和流程，评估关联交易风险，确保产品和业务方案设计的科学合理、合法合规，全程参与项目谈判，在项目方案设计、法律文件起草等方面提供了多方位的服务，最大限度地确保了创新工作的稳健发展和重大项目的顺利推进，充分发挥了法律工作的支持保障作用。全行法律合规部门共审查法律性文件约19.35万份，涉及金额9.04万亿元，同比分别增长12%和8%；总行法律合规部共参与了推出的近70种金融创新产品的研发，参与全行性重大项目近50项。

二、加强对金融创新的知识产权保护工作，有效地防范知识产权侵权风险

知识产权拥有量和授权量再创新高，继续保持了在国内金融业的领先位置。全行法律合规部门积极跟进业务部门的金融创新并提供及时的知识产权保护服务，落实推进核心商标在境外扩大注册工作，在国内商业银行中率先采取注册商标标明注册标记工作，加大了核心商标和产品类商标的知识产权保护力度。截至2010年末，全行拥有商标486件（含境外注册78件）、专利180件（其中授权专利36件，申请进程中专利144件）、计算机软件著作权登记162件，分别比2009年末增加45件、34件、68件。其中，（1）商标注册方面，新增国内申请45件。另外，行名行徽组合商标、行徽、“CCB”等3件核心商标在境外70个国家的注册申请正在进行之中。（2）专利申请方面，申请总量继2009年之后，再次实现大幅增长；授权专利数量也大幅提高，一举取得“数据访问控制方法及系统”、“一种异构报表整合及集中管理的装置和系统”等13件发明专利，增幅达57%。（3）计算机软件版权登记数量继续大幅提升，从2009年末的94件上升到162件，增幅达72%。

三、妥善处理各类法律纠纷，最大限度地维护我行合法权益

2010年，全行法律合规部门共处理各类民事案件35 773件，办结案件19 176件，结案金额为169.55亿元，胜诉案件为18 883件，胜诉金额为167.86亿元，胜诉率为99%。在所有已胜诉的原告案件中，已经实际回收的金额为80.51亿元，案件执行回收率为47.96%。处理被诉案件34.44亿元，通过胜诉已经减少对外赔付19.93亿元。总行协助分行及时、妥善地处理了多起法律纠纷，较好地维护了建设银行的权益。如贵州、重庆等分行担保合同纠纷，安徽、上海、陕西、辽宁、北京等分行境内法院裁定止付涉外保函、资金拆借、破产重整、新中实合作建房等二十余件各类疑难复杂的法律纠纷，广东、山西等分行票据纠纷等案件十余起。妥善处理总行在北京、纽约等地发生的若干起重大、敏感法律纠纷。如刘博山诉建设银行侵权纠纷案、合川律师事务所诉总行

营业部委托代理纠纷案等都已终审胜诉；完成对雷曼兄弟控股公司的破产申报和对雷曼兄弟国际（欧洲）公司的债权合意解决办法申报。处理各类司法协助事务约200件，同时妥善应对了来自美国各类法院以及联邦调查局等司法机构通过“长臂管辖”要求我行办理的司法协助事务。

四、进一步加强规章制度建设，完善合同文本，夯实法律合规管理基础

2010年，总行法律合规部新制作了流动资金贷款类、现金管理业务类、自然人为对公业务提供担保类合同文本32种，对现行个贷类、保函类、担保类、贸易融资类、委托贷款类等40余种现行业务合同文本进行了修订。同时，为了保证各项规章制度的合法性、科学性和可操作性，严格审查各项规章制度，总行组织修订了《工作人员违规失职行为处理办法》和《规章制定办法》等全行性的规章制度，并完成了《工商登记管理规定》、《金融许可证管理规定》、《关联交易管理实施办法》等多项专项业务的规章制定。通过强化制度建设和完善合同文本，全行法律合规的管理水平不断增强。

五、加强授权管理，有效提升授权管理水平

经多次讨论和修改，总行于2010年年初印发了新的行长授权管理办法，新办法以“明确职责，划清边界，简化流程，完善管理”为原则，提高了工作效率，更符合业务发展的需要。随着新办法的出台，使全行授权制度体系进一步完善，在控制风险前提下，大大提高了管理效率。新办法印发执行后，总行举行了全行性的授权管理培训，对授权的理论基础、历史沿革，以及“行长授权管理办法”制定的背景、意义和具体条款进行了深入讲解。通过培训，加深了对授权体系的理解和相关规定的认识，有效地提高了全行授权管理的水平。

六、完善整改工作机制，提高依法合规经营水平

2010年，为推动从根源上解决审计监管检查发现问题，强调建立持续整改机制，不断完善制度、流程、系统和管理，建立内外部审计监管检查发现问题的常态化管理机制。强调业务部门应将整改工作嵌入其日常经营管理之中，部门和分行对其整改结果的合规性、真实性和有效性负责，强化整改责任和整改效果。建立整改信息系统，注重发挥整改信息系统的数据积累与整合作用，促进提高整改工作效率。将整改核查纳入整改工作流程，加强对分行整改工作真实性、有效性和系统性的检查，防范审计监管检查发现问题屡查屡犯。将境外机构整改工作正式纳入整改工作范畴，境外机构整改工作参照《整改规程》执行，促进境外机构落实整改工作。

七、进一步优化内控流程，不断贴近前台业务发展，保障集团关联交易和内部交易合规开展

一是制度建设跟进监管变化，贴近基层需求。及时应对监管变化，修订相关管理办法和识别指引，确保我行关联交易内控制度与监管口径相一致；进一步服务前台人员，针对行内不同业务制定不同的速查手册，便于不同类型客户经理学习掌握；组织编写了专岗工作指引和业务手册，指导分行具体工作，提高总行制度和政策的执行力。

二是落实流程与系统的持续优化，提高工作效率。结合监管规则的修改，通过优化关联交易管理流程，减轻了分行约40%的申报工作量；优化境外分行、附属公司关联交易的申报流程，降低了附属公司30%以上的申报工作量；针对业务系统的优化，完善关联交易二期系统功能，进一步提高系统的可利用程度。

三是日常监控揭示重大风险，配合研究化解方案。自行开发关联交易监控程序，将重点监控改为全面监控，进一步提高了监控的及时性和准确性；继续强化对涉及关联交易法律合同的审查和股权合作的指导工作，提前发现、揭示并评估关联交易风险；提前预警，严格控制与美国银行、建信租赁的相关交易，确保交易的合法、合规。

四是内控建设注重实效，强调执行力。加大对分行关联交易和内部交易的现场检查力度，开展月度飞行检查；组织各分行对照审计检查发现的问题反复自查自改，举一反三落实整改；持续推进关联交易考核机制，效果显著。

八、开展反洗钱各相关系统建设，采取措施提高反洗钱数据质量

组织相关部门继续优化反洗钱监测分析系统，反洗钱数据平均缺失率由2009年年初的80%下降到2010年上半年的40%左右，反洗钱监测分析系统优化项目二期上线后，数据缺失率进一步下降，数据采集、补录、统计等方面的功能明显提升。

另外，为解决基层机构在反洗钱客户风险等级分类工作中遇到的工作量大、时效性不强、信息不对称等问题，组织开展反洗钱客户风险等级分类系统立项开发工作。为解决反洗钱部分数据交易对手信息缺失的问题，组织开展了CCBS系统反洗钱打包项目。为有效支持反恐融资监控和反洗钱客户等级分类工作，组织采购了全球官方制裁名单、全球政要名单以及加强型尽职调查名单数据库。与美国银行开展反洗钱经验分享项目，借鉴美国银行框架，组织系统骨干力量编写反洗钱工作手册。

对2010年度全行反洗钱先进单位或个人进行了评选、表彰：授予北京铁道支行营业部等38个单位"反洗钱管理先进单位"荣誉称号；授予周乐等130名员工"反洗钱先进个人"荣誉称号；授予福建省分行法律合规部等6个单位"反洗钱系统建设贡献单位"荣誉称号；授予滕嵩等24名员工"反洗钱综合贡献先进个人"荣誉称号。

九、加强法律合规研究、培训工作，指导法律合规工作深入开展

2010年，法律合规部先后举办对公非诉讼法律问题培训班、个人银行非诉讼法律问题培训班、银行纠纷处理及授权制度疑难问题培训班、整改工作培训班、关联交易和内部交易管理培训班、反洗钱最新监管政策及相关知识培训班等多期培训班，培训课程设置既注重基础培训又重视能力提升，既注重专业培训又重视金融业务学习，进一步优化法律合规人员知识结构、提高专业素质，从而更好地发挥法律合规工作对银行业务的支持和保障作用。此外，积极开展前瞻性业务研究。承担的中国银行业协会2009年度研究课题《理财与银行业务发展研究报告》课题顺利通过评审，并被来自全国人大法工委、国务院法制办、最高院、人民银行、银监会等单位专家全票评为优秀类课题第一名。

为加强总分行的交流与互动，实现法律工作经验的交流与分享，指导分行法律合规工作深入开展，2010年，先后举办了分行与业务部门共同参加的"理财业务法律问题研讨会"、"新监管制度下对公贷款业务相关法律问题研讨会"、"业务合同文本制作及修订讨论会"、"信用卡业务法律风险及应对专题研讨会"、"银行热点法律问题研讨会"等多个专题研讨会，充分利用系统法律专家的理论与实务专长，发挥全行法律工作人员的整体优势，加强银行法律工作中的前沿与疑难问题的研讨，并形成指导意见下发全行。

（执笔：邱纪成　张宏霞）

安全保卫工作

2010年，在总行党委的领导下，全行认真贯彻落实建设银行工作会议精神，进一步牢固树立"安全第一、综合治理、预防为主"的安全保卫工作方针，紧紧围绕全行中心工作任务，扎实有效地做好维护总行本部和各级行安全稳定、重点部位和重大活动安全保卫、案件防控和调查处置

等各项工作，为全行业务发展提供了强有力的安全保障。

一、业务开展情况

（一）切实加强重大活动和重点部位的安全保卫工作，圆满完成维护全行营业办公场所安全稳定任务

1. 切实做好重点部位和重大活动的安全防范工作。一是认真细致地做好董事会、股东大会、各种签约仪式等重要会议和行领导重要活动的安全保卫工作。二是认真扎实地做好营业网点、办公楼、重点计算机房等要害部位的安全防范工作。为进一步加强办公楼、计算机房等重点部位的安全防护设施建设，切实防范安全风险，制定下发了《关于切实加强办公楼安全防范的通知》《关于切实加强计算机房安全防范的通知》；对落实安全管理责任制、加强安防设施建设与管理等工作提出了具体要求，进一步提升了重点部位安全防范的规范化水平。从总行本部来讲，尤其是重点加强了北京数据中心（洋桥）施工期间的安全防范工作。

2. 扎实有效地做好全行特别是总行本部的维护稳定工作，积极应对和有效处置应急突发事件。2010 年，总行本部共处理上访 50 余次，涉及上访人员 172 人次，其中较大规模的群体性事件 3 次。我们及时启动总行本部处置上访事件应急预案，积极协助总行有关部门和信访、公安等管理机关做好维护总行本部办公秩序等相关工作。在处置群体性事件过程中，我们坚持做到严格依法办事，注重做好耐心细致的解释和说服工作，没有发生因处置工作不当而引起矛盾激化、事态扩大的情况。

（二）圆满完成上海世博会、广州亚运会以及其他敏感时间节点期间的安全保卫工作任务

2010 年，有关分行把抓实、抓好上海世博会和广州亚运会期间的安全保卫工作作为建设银行的一项重大政治任务来认真完成。为确保世博会期间的安全稳定，总行下发了《关于做好上海世博会期间建设银行安全保卫和维护稳定工作的通知》，对世博会期间安全稳定工作的目标、内容、措施等提出了具体要求。为督促指导相关分行抓好各项工作落实，确保安全稳定，总行派出安全检查组，对上海、广东分行的安全保卫工作进行了检查，对检查发现的安全隐患，责成有关分支机构尽快整改。此外，针对“两会”等重要政治活动和节假日，下发了《关于认真做好“两会”期间安全保卫和维护稳定工作的通知》《关于做好中秋节和国庆节期间安全保卫及维护稳定工作的通知》。

（三）不断加强重点部位安防设施的建设和管理

切实加强银行业务库、自助设备等重点部位的安全防范工作是全部安全保卫工作的重要方面。2010 年，总行安全保卫部及时转发了公安部《关于贯彻执行〈银行业务库安全防范的要求〉的通知》，就新颁布的《银行业务库安全防范的要求》的学习培训、宣传贯彻、调查摸底、检查验收等工作提出了具体要求。督促指导各分行严格执行行业安全标准及《中国建设银行安全防护设施建设及管理规定》，加强对营业场所、金库（保管箱库）、自助银行（自助设备）、计算机房等重点部位的安防设施建设及管理。同时，为进一步加强自助银行服务区的安全管理，打击和防范自助银行发生的违法犯罪活动，就自助银行服务区门禁装置的设置提出了具体要求，下发了《关于加强自助银行服务区域门禁管理的通知》（建总函〔2010〕139 号）。

截至 2010 年 12 月 31 日，根据安全保卫管理信息系统统计，全行系统重点部位的安全防范基本状况为：办公楼：全行共有办公楼 2 617 幢，取得消防验收合格证的有 2 178 幢，占 83.23%。营业网点：全行 12 912 个对外营业网点中，符合安全标准的有 12 911 个，合格率为 99.99%。金库：全行 718 座金库中，符合安全标准的有 714 座，合格率为 99.44%。自助银行及自助设备：全行 9 075 个自助银行中，合格的有 9 073 个，合格率为 99.98%。全行 33 131 台自助设备中，合格的有 33 116 台，合格率为 99.95%。全行 233 座银亭，合格率、视频监控与报警器安装率均为 100%。

（四）切实加强和改进枪支弹药安全管理工作

为及时有效地应对 2010 年我国涉枪恶性案件时有发生的严重态势，及时转发了《中国银监会

办公厅关于加强枪弹管理严防涉枪案（事）件发生的通知》，部署各分行积极开展枪支管理专项检查活动。转发公安部、人民银行和银监会《关于开展武装守护押运单位检查整顿工作的通知》，督促指导各分行开展枪支专项安全检查、守护押运队伍整顿等自查、自纠工作，并向公安部上报了《中国建设银行防暴枪安全管理工作情况》。

（五）加大安全检查力度，督导安全隐患整改

认真执行《中国建设银行安全检查实施办法》，做好日常安全检查、专项安全检查、特定时期安全检查和综合检查，加大对重点部位、要害岗位、关键环节的检查力度，尤其是强化对公安机关、银行监管部门、审计部门以及日常安全检查中所发现问题的整改质量。一年来，先后组织安全检查6批次，覆盖了6个一级分行，发现了20个问题和安全隐患，现场责令整改了12个。同时，参加了公安部、银监会组织的安全大检查，对湖北省金融系统2010年元旦、春节期间银行业金融机构开展安全检查情况进行了抽查。

（六）认真扎实做好案件调查处置和安全生产监督管理工作，有效提升全行安全防控能力和水平

1. 认真做好重大案件调查处置工作。总行安全保卫部全年共查处重大诈骗案件、侵害事件、安全事故4起，全行成功堵截诈骗、盗窃、抢劫案件46件，涉及金额为3 423.3万元。2010年，根据《中国建设银行金融诈骗盗窃抢劫涉枪案件协查管理暂行办法》等有关规定，总行安全保卫部加大了对重大案件、事故和安全事故的调查力度，2010年共实地调查重大案件2件、重大外部侵害事件1件。

2. 积极做好涉及案件调查处置的外部协调工作。制定了《中国建设银行协助公安部和省级公安机关协查流程》，积极主动协助公安机关打击银行卡违法犯罪活动。在四大国有商业银行中率先制定了《中国建设银行总行、一级分行协助公安部、省级公安机关办理查询、冻结单位和个人账户资金内部工作流程》（待发），对如何在符合现有规定的前提下快速协助公安机关做好涉案账户查询、冻结工作作了详细规定。

3. 有效提升应急管理能力水平。完善应急管理规章制度。总行安全保卫部抓紧研究制定《中国建设银行数据中心、计算机房突发事件应急预案》《中国建设银行北京数据中心突发事件处置预案》等重点部位应对突发事件预案，以期进一步提升我行及时有效处置突发事件的能力水平。

4. 有力有序做好安全生产监督管理工作。针对2010年国内外安全生产重特大事件频发的突出特点，总行安全保卫部采取多种措施指导协调全行系统有条不紊地做好安全生产工作，及时下发了《关于切实加强消防安全管理的通知》《关于做好冬季安全生产和防寒保暖工作的通知》《关于今年两起交通安全事故情况的通报》等一系列通知通报。特别是加大了消防安全管理工作力度，在上海“11·15”特别重大火灾发生后，不失时机地组织开展了全行消防安全大检查。

二、重要工作举措

（一）远程监控报警联网建设成效显著，守押体制改革不断深入

为了加强外部防范和内部管理，总行安全保卫部协调指导各行按照《监控报警联网建设工作指导意见》的要求，在全行范围稳步推进远程监控系统建设，努力实现技防系统的网络化和集中控制，致力于打造安全防范、内控管理、检查监督的综合平台。截至2010年年末，已有19个一级分行的远程监控报警联网建成并运行。

在守押社会化方面，截至2010年年末，全行共聘请保安守押人员37 573人，守押社会化率达85.2%，全行拥有守押枪支1 079支，有18个分行实现了“零枪弹”，有效降低了安全风险。

（二）积极探索建立健全“平安建行”创建活动的长效机制

截至2010年12月31日，全行共有8 287个机构被授予“平安建行”称号，占全部机构的64.18%，其中平安分（支）行2 042个、平安网点6 245个。2010年，总行安全保卫部还采取多项措施稳步推进“平安建行”创建常态化建设。一是通过刊发《安保工作动态》等形式介绍江西、黑龙江、辽宁等分行在建立健全“平安建行”创建活动长效机制方面的有益经验。二是通过培训班授课等方式与各分行安保条线领导研究探讨“平安建行”创建活动长效机制的基本架构和主要内容。三是草拟了《关于推进“平安建行”创建活动常态化的意见》，为“平安建行”创建活动下一步工作的开展奠定了重要基础。

（三）三个总行成本调研项目取得阶段性成果，全行“安全保卫管理信息系统”推广应用工作基本完成

根据总行《全面成本管理重点项目推进工作方案》的部署及要求，总行安全保卫部承担了“守押社会化成本与策略研究”、“自助设备安全巡查及费用开支”、“远程监控联网建设论证研究”三个项目的调研工作。目前，已提交“远程监控报警联网建设与运行成本研究”、“自助设备安全巡查要求与费用开支项目研究”报告，“守押社会化成本与策略研究”报告正在进一步完善。在38个一级分行及总行本部安全保卫条线顺利完成“安全保卫管理信息系统”推广应用工作，有力推动了安全保卫工作信息化、网络化、科学化、标准化进程。印发了《关于“安全保卫管理信息系统”上线试运行有关工作的通知》《关于进一步加强“安全保卫管理信息系统”推广应用工作有关问题的通知》，成功完成年终报表由手工向电子化的转变，2010年年末报表首次实现由系统自动生成。

（执笔：李勇）

三、党建工作与队伍建设

人力资源管理工作

2010年，在总行党委的正确领导下，我部深入贯彻落实全行工作会议精神，扎实开展“创先争优”活动，着力加强基层党组织建设和党员队伍建设，不断优化领导班子和领导人员队伍结构，深化人力资源管理改革，努力优化人力、岗位、薪酬资源配置，深入开展新一轮大规模培训，为实现全行改革发展和战略转型提供了有力的组织保证和人力资源支持。

一、组织工作

1. 深入开展创先争优活动。根据中央统一部署，成立活动领导小组，设立活动办公室，在全行深入开展“创先争优”活动。通过《工作简报》、企业网等，以“创先争优”活动为抓手，充分发挥党组织和党员的战斗堡垒作用和先锋模范作用。

2. 组织开好党员领导干部民主生活会。按照中央要求，认真开好2010年党员领导干部民主生活会，积极开展批评和自我批评，提高民主生活会质量，发挥民主生活会开展思想交流、提高党性修养、增进班子团结的重要作用。

3. 认真落实党员教育培训工作规划。紧密结合新一轮大规模员工教育培训工作，以提高党员素质为重点，不断加强基层党组织负责人和党务工作者的培训，深入开展党员教育培训工作，切实增强党员教育培训的针对性和实效性。

4. 深入推进“讲党性、重品行、作表率”活动。以深入开展党性教育为重点，以继续推进下基层活动和带头开展“创先争优”活动为载体，深入推进活动。目前刊发活动简报8期。

5. 做好慰问党员和党内统计工作。开展走访慰问生活困难党员、老党员和老干部活动，全行各级党组织共慰问7 446名生活困难党员、老党员和老干部，慰问总金额达8 746 700元。完成全行系统2009年党内统计年报工作，向中组部上报《2009年党内统计报表》。

二、人力资源集中统一管理

1. 指导督促分行落实集中统一管理的相关政策。制定下发《关于进一步规范一级分行人力资源管理部门双线汇报工作内容和流程的通知》。对分行报备事项和流程进行明确，加强过程指导，按照统一的报备审批流程，审批分行上报的意见、办法、方案、实施细则等，并及时反馈意见；对分行咨询的问题，认真答疑释惑，对经验做法及时进行总结推广。

2. 实施各分行人力资源部主要负责人绩效考核工作。下发《关于2009年度人力资源部主要负责人双线考核有关事宜的通知》，在综合部门相关职能处（中心、团队）的评价结果和各分行上报的考核结果的基础上，研究确定并反馈各分行人力资源部主要负责人的年度考核结果。

3. 加强对各分行人力资源部主要负责人的培训教育。在井冈山召开全行人力资源管理工作座谈会暨全行组织部长培训班，通报工作情况，交流研究工作中遇到的问题，对各分行组织部长加强思想政治素质教育及党性教育。在香港举办人力资源部总经理培训班，了解国际同业的经验做法，提高专业素养，进一步推进全行人力资源集中统一管理改革。

4. 推进全行校园招聘的集中统一管理。坚持“规范管理、整合资源、树立品牌、提高效率、培养队伍”原则，整合全行招聘工作资源，首次实施校园招聘远程网络考试，实现时间安排统一，流程管理统一，形象宣传统一，宣讲内容统一，降低了成本投入，形成了建设银行统一校园招聘品牌。

5. 深化薪酬集中统一管理。研究拟定薪酬集中统一管理规划，将薪酬支付全部集中至二级分行。搭建总行统一发薪平台，对现有薪酬模块架构、功能及流程重新设计和优化，目前系统已顺利上线，全面实现薪酬的系统发薪。搭建工作交流平台，针对近年全行薪酬管理焦点、难点问题，确定交流课题，进行经验分享与交流，提升薪酬管理经验分享能力。

三、系统干部管理工作

1. 调整补充分行领导班子和领导人员。根据分行领导班子建设需要、缺职情况、后备干部成长及分行党委推荐情况，按照总行党委会议定事项，对18个一级分行、1个培训中心、3个审计机构进行了29次领导班子补充人选考察工作，对22个一级分行、1个培训中心的领导班子进行了调整补充，共计职务任免57人次。

2. 组织实施2009年度一级分行和培训中心领导班子和领导人员的年度考核工作。探索视频会议的形式对部分分行领导班子和领导人员以述职方式进行年度考核，汇总考核结果，进行考核反馈，形成分析报告，呈报总行党委。

3. 健全完善后备人才选拔培养有关制度。进一步研究完善现有后备干部推荐工作方案，对亟须补充推荐后备人才的分行，根据工作需要进行推荐补充。完善后备人才信息管理系统，建立分行跟踪管理、总行动态掌握的信息反馈沟通机制，及时全面把握后备人才发展情况，促进后备队伍备用结合。

4. 深入开展整治用人上不正之风。配合中央选人用人专项检查组来我行开展检查工作。认真贯彻落实干部选拔任用工作四项监督制度，下发《转发的干部选拔任用工作四项监督制度及中组部贯彻实施要求的通知》《关于落实干部选拔任用工作四项监督制度有关工作安排的通知》等文件，组织学习，开展测试，并及时向中央报告实施情况。认真开展整治干部选拔任用工作中行贿受贿行为，认真受理反映选人用人方面问题的群众举报，加强与纪检监察等部门的联系，对有关群众来信进行重点查核、督办。研究探索加强干部监督工作的新措施、新途径，研究制定领导人员选拔任用工作全程纪实办法、加强领导人员因私出国（境）证件管理办法、总行管理领导人员兼职管理办法等。

四、总行本部人员管理工作

1. 落实中组部等上级机关有关工作。完成总行领导班子成员、董事、监事、高管人员任免有关事宜。完成中管干部及总行本部领导人员报告个人有关工作。完成中管干部、行级后备、部门级领导人员等参加境内外培训班有关工作。参与协调中央第一企业金融巡视组进驻我行开展巡视工作。完成中组部博士服务团选派工作，统筹安排西部和少数民族地区干部、国家部委干部到总行挂职锻炼，选派我行人员赴地方政府挂职锻炼。

2. 做好总行部门干部管理工作。根据总行党委议定事项，完成总行部门级人员、境外机构、子公司负责人的民主推荐、组织考察、任前公示、报备、办理聘任及退休等工作。办理高级经理级人员考察方案制定、考察等事宜。组织总行部门级人员、境外机构和子公司领导人员2009年度考核事宜；研究启动与子公司领导人员签订派出协议。

3. 做好总行本部员工管理工作。完成总行本部员工2009年度考核，办理2010年度经办岗位聘任。完成2009年下派锻炼新行员返回总行及2010年应届毕业生招聘后续工作，开展2011年应届毕业生招聘。完成2010年军转干部接受培训工作。抓好总行本部员工调配、借调、调入、合同管理等人事管理工作。办理总行本部员工出国政审、出境审批等证件管理工作。推进人事档案审核整理，加强本部退休人员管理。

4. 推进部门机构设置和职责调整工作。完成公司部等部门下设中心相关事宜，完成风险管理部等部门职能调整事宜，办理企业年金中心更名为养老金业务部事宜，完成设立村镇银行管委会、股份有限公司筹备工作领导小组等事宜；完成设立莫斯科、台湾代表处及保险子公司筹备组事宜。

5. 组织实施首次加速培养计划项目。完成项目启动、集中培训、评估反馈、后续辅导等阶段主要工作；组织美国银行人力资源战略协助合作2010年经验分享。

五、人才工作

1. 全面部署进一步加强全行人才工作。下发《关于贯彻落实全国人才工作会议精神有关事项的通知》，为全行人才工作顺利开展奠定基础。

2. 深入了解全行人才工作情况。设计调查问卷，采取网上答卷方式，开展全行人才工作情况调查。召集部分分行召开全行人才工作座谈会，组织部分董事进行专题人才工作调研，摸清情况，找准问题，理清思路。

3. 向董事会汇报全行人才工作情况。就全行人才工作总体情况、存在的主要问题以及下一阶段工作安排等，向董事会战略发展委员会作专题汇报。组织部分分行骨干人员，启动《中国建设银行人才发展规划（2011—2015）》编写工作。

4. 启动高层次人才引进工作。为总行本部相关部门和信息技术条线引进高层次专业技术人才，已完成引进方案制定、岗位需求确认及境内外媒体发布招聘信息等工作。

5. 组织全行第四届突出贡献员工评选。我行全面营造爱岗敬业、创先争优的良好氛围，39名同志获得荣誉称号。

六、专业技术人员管理工作

1. 推进全行专业技术岗位职务聘任工作。积极推进专业技术岗位职务三年规划落实工作。组织开展总行本部专业技术岗位职务聘任工作。组织开展一类行资深专业技术岗位职务聘任工作。

2. 完善专业技术岗位职务管理政策制度。在充分调研基础上，制定了《一级分行资深专业技术岗位职务管理暂行办法》《一级分行资深专业技术岗位职务职数管理暂行规定》《国际结算师岗位职务管理暂行办法》等规章制度。组织开展2011—2015年专业技术岗位职务规划编制工作，目前规划编制工作正稳步推进。

3. 加强专业技术资格管理和专家管理工作。组织总行本部77人参加经济师、会计师全国统考，审核确定初级、中级专业技术资格。组织开展总行本部高师论文答辩和全行高师评审。完成2010年度享受政府特殊津贴人员的推荐、选拔、评审、报送工作。

4. 推进人力资源综合业务系统二期项目建设。完成需求分析、原型设计、系统测试、用户培训等工作，新增优化总量管理、统一招聘等功能模块，现有系统逐步转型为流程化、在线处理的综合业务系统。

七、用工管理工作

1. 积极推进全行劳务转制工作。对定向招聘管理进行调查研究，制定下发了《关于进一步规范定向招聘管理意见》。下发《关于2010年度分支机构劳务用工转制工作的通知》，明确全行年度转制目标，提出相应要求。

2. 继续指导分行推进协解人员社保遗留问题的处理。对分行工作中存在的困难和问题，积极给予指导，对好的经验和做法，定期编发《情况简报》，供总行领导和分行及时了解全行总体推进情况。组织与国家人社部及部分省市人社厅座谈会，就解决协解人员社保问题进行全面沟通，寻求解决办法。

3. 开展分支机构职能部门设置的情况调查。完成对分支机构职能部门设置情况的调查分析，形成研究分析报告。根据调查结果，修改完善《分支机构职能部门设置及编制管理办法》。及时办理分行设置、调整职能部门等有关事项。

4. 继续推进内部劳动力市场建设。按照“先易后难、先急后缓”原则，完成内部市场平台建设需求设计，启动内部人力市场网络信息平台开发建设。目前，内部人力市场信息系统已经完成开发并测试上线，个别单位进行初步试用。

八、薪酬管理工作

1. 做好人力成本规划与控制。完成2010年度110个预算单位的人力费用预算编制工作，涉及人力费用总额约190亿元。进一步加强成本控制，结合内外部环境变化及相关外部监管政策要求，分析与监控全行预算执行情况，适时调整。

2. 完善全行薪酬管理体系。结合内外部情况，研究制定分行单位薪点值调整方案，提高分行基本薪酬核定标准。研究制定劳务派遣制员工薪酬管理制度，确保转制后薪酬管理依法有序、平稳不乱。转发银监会《商业银行稳健薪酬监管指引》，进行薪酬管理自检。建立同业薪酬交流机制，通过定期组织座谈交流和薪酬数据分享，进一步完善薪酬管理体系。

3. 完成2009年度薪酬清算工作。完成总行本部2009年度绩效工资清算工作。起草高管人员薪酬分配清算说明，做好政策解释工作。

4. 完善员工福利体系。完成总行本部年度补充医疗保险的服务供应商采购工作，完成总行本部员工2009年度住房公积金及企业年金缴费基数调整工作，依法合规、量力而行地采取一些补偿措施。

5. 加强专项基金管理工作。完善对企业年金投资管理人监控机制，及时跟踪投资收益情况，确保投资运营稳健安全。将员工股权激励资金委托建信基金进行理财管理，完成2009年员工股权激励基金账户对账及员工持股获得股息入账工作，完成员工持有H股股份参与配股工作。完成2009年度及2010年半年度统筹外费用精算工作，核定各分行2010年统筹外费用总量，继续推进离休人员待遇调整工作，调增部分分行及总行本部离退休人员待遇标准。专题研究制定全行内退费用总量管理办法，完成全年内退费用精算事宜。

九、培训工作情况

1. 加强对全行培训工作指导。下发2010年全行培训工作计划及境外培训计划，相继召开行属培训中心、中南片区分行及深港联动培训工作座谈会、总行本部培训计划落实动员会、境外培训渠道电话会，举办全行培训管理人员培训班，交流研究培训工作思路、情况和问题，推进执行培训计划。

2. 组织实施重点培训项目。按计划开展各层级管理人员培训，举办一级分行及总行部门主要负责人井冈山培训班、延安培训班、组织部长井冈山培训班、2期中心城市行行级管理人员井冈山培训班。以对公业务转型改革为主题，举办一级分行对公条线负责人专题研修班，进一步促进对公业务持续稳定发展。举办1期纪委书记专题研修班、4期新入职二级分行行级管理人员培训班、10期基层机构负责人示范性培训班。针对部分处级管理人员，与清华大学等五所知名高校合作举办12期培训班。

3. 推进落实境外培训。全年共举办境外培训班140期，培训5 435人次。继续加大对高级管理人员境外培训的力度，针对一级分行行级和总行部门级管理人员，通过美国乔治城大学等培训机构，共举办境外高级研修班8期，培训278人次。

4. 加强岗位培训教材体系建设。启动零售网点五岗位培训课程体系建设项目，启动公司客户经理等五类岗位能力提升教材开发项目，开发内部审计远程培训课件、95533外呼岗位培训教材、流程管理精益培训课件、信息系统安全等级保护教材、基层岗位员工电子银行业务手册等，促进以能力为核心的员工岗位培训教材体系建设。

5. 组织全行岗位培训考试。完成2010年度零售网点五岗位培训资格网络考试，组织"风险管理"、"机构业务"等岗位培训考试，共开考10个岗位、20个科目，43 967人参加考试。

十、垂直条线人力资源管理工作

1. 加强条线干部队伍建设。优化审计条线领导干部选拔任用流程，调整补充部分审计机构领导人员和分行风险总监。在严格控制增量、调整存量的基础上，对急需的高级经理级空缺岗位开展聘任工作。开展了审计条线专业技术三级、四级岗位职务聘任工作。完成审计条线干部选拔任用工作进行民主评议和监督检查，完成领导人员重大事项报告工作。

2. 优化条线人力资源配置。逐步在审计条线范围内构建岗位管理的基础架构。在保持核心人才队伍相对稳定的基础上，逐步建立科学合理的岗位流动机制，达到交流与稳定的动态平衡。明确风险条线任职人员专业素质、工作能力，进一步规范风险条线资格审查工作。

3. 加强条线绩效薪酬管理。完成风险总监和审计条线领导人员、人力资源经理、其他审计人员的考核工作。配合董办和审计部完成了内审工作和审计机构考评，就审计机构人力资源管理状况提出意见和建议。逐步完善以岗位为基础的薪酬分配，探索建立适合审计条线统一管理的薪酬分配管理办法。合理安排员工工资发放进度，规范工资发放程序，努力构建和谐分配关系。

十一、绩效管理工作

1. 完成2009年度总行部门及董事、监事和高管绩效考核工作。修订完善2009年度部门绩效考核办法，引入行领导直接评价维度。按照国家监管部门的有关政策要求，修订完善2009年度董事、监事、高管绩效考核方案，实行定量考核和定性评价相结合的方式，完成绩效考核。

2. 开展绩效管理战略协助项目。引进美国银行绩效管理理念、方法和工具，通过在总行风险管理部、深圳市分行、河北邢台市分行中小企业中心等机构进行试点，完善绩效管理流程和相应的绩效管理工具、模板，设计分层分类的绩效考核指标库，研究开发统一的绩效管理IT系统，逐步探索建立健全全行集中统一的绩效管理体系。

3. 研究开发全行绩效管理信息系统。在现有人力资源管理信息系统中加入绩效管理模块，实现绩效管理流程和功能信息化，进一步统一全行绩效管理模式。

4. 完善绩效管理基础。组织绩效管理专题培训班，传导总行绩效管理政策理念，加强系统指导，探索制定不同员工类群的绩效管理指引。

十二、信用卡团队人力资源管理工作

1. 加强管理人员队伍建设。优化运行中心领导班子，制定中心高级经理级人员改任非领导职务暂行办法，进一步优化和完善中心中层管理人员资源配置。通过内部培养、交流等方式充实和优化高级经理级人员队伍，进一步完善高级经理级人员考核评价机制，加强高级经理级人员管理。加强中心岗位主管的优化与管理。

2. 加快员工队伍建设。组织实施专业技术岗位职务聘任，拓宽高层次专业人才职业发展空间。通过择优录用应届大学毕业生、系统内招聘和内部交流等方式，充实优化经办岗位员工队伍。加大对劳务派遣员工集中统一管理力度，组织实施劳务人员分批次转制，进一步明确人员招录、退出标准和程序，规范用工形式与管理。

3. 完善薪酬福利保障。探索运行中心负责人年薪分配模式，实现运行中心负责人工资集中支付；研究中心劳务派遣制员工薪酬分配办法，将转制后劳务工纳入内部等级管理，统一薪酬分配模式；根据外部环境及相关政策变化情况，适时调整优化员工企业补充福利实施办法。组织开展面向一线员工的专题宣讲，增强薪酬制度的公开化和透明度。

4. 开展岗位分析工作。在中心本部业务模块梳理的基础上，通过客观分析岗位现状，进一步梳理工作流程，合理界定各业务模块下的岗位设置，明确岗位职责、岗位资格、关键业绩指标等。

十三、信息技术团队人力资源管理工作

1. 推动机构设立及整合工作。根据业务发展需要，成立电话银行广州中心、电子银行合肥业务中心，认真梳理各项工作流程，编制工作规程，积极做好中心人员划转及人员招聘工作。跟进广州开发中心、深圳个贷支持中心、电子银行研发中心三中心整合工作，研究制定机构及人员整合方案。

2. 多种渠道充实IT条线员工队伍。积极开展高校应届毕业生招聘工作；通过社会招聘、系统内招聘为信息技术和电话银行条线充实技术力量；为电话银行各中心补充客服代表。

3. 开展IT条线职务聘任工作。完成北京等四个开发中心副主任人选考察聘任工作。将信息技术工程师系列划分为系统技术等九大岗位族群，对各族群、各层级的职责、资格条件等进行描述定义，分族群确定职数，制定聘任方案。按照公布岗位、中心推荐、资格审核、笔试、专业答辩、综合评价、确定聘任人选、公示、聘任等环节有序推进。实施信息技术条线经办岗位职务聘任工作。

4. 加强基础管理工作。制定各中心人力资源

相关工作汇报制度，完善工作规程。对各中心薪酬二次分配情况进行调查，对各层级员工薪酬绝对数目进行摸底，探索研究具有差异化及更富有激励性的薪酬分配制度。组织各中心高级经理领导培训班，组织人力资源管理工作培训与座谈，推进导师制相关工作，提升员工综合素质。贯彻用工制度改革，加快劳务用工转制工作。研究辅助岗位劳动合同制员工管理制度。

十四、境外机构人力资源管理工作

1. 加强境外机构人力资源规划管理。按“战略投入、加大内派、精简高效、自求财务平衡”原则，统一核定境外机构 2010 年人员编制。按“增量补充与存量调整”相结合方式，逐步提高境外机构内派人员比重。制订境外机构人才库培养培训方案，将境外机构人员培训纳入全行培训计划。

2. 加强境外机构储备人员选拔和培养。在全行范围内启动了境外机构人才库选拔工作。此次选拔具有四个特点：一是选拔采取海选的方式；二是将岗位细分为十个主要业务岗位；三是评委主要由境外机构组成；四是选拔与培养相结合，为入选人才库人员制订了后续的业务提升培训计划。组织 50 名管理和业务人员参加北京外国语大学脱产三个月的英语强化培训，分期、分批安排外派人员到总行跟岗培训，有针对性地选择部分人员到境外机构顶岗培训，开展境外人才库人员英语网络课程培训。

3. 加强境外机构人员管理。规范人员外派工作流程，建立派出前分层级谈话制度。出台境外机构内派员工因私证件管理规定。会同总行相关部门对伦敦子银行等当地 8 个主管岗位候选人进行面试，为香港分行等 7 个境外机构增加内派员工 59 人，办理境外机构人员调回、职务调整、工作延期等，组织境外机构内派员工经办岗位职务聘任工作。对境外机构薪酬二次分配政策进行指导。

（执笔：张洋）

反腐倡廉与纪检监察工作

一、教育和监督并重，领导人员廉洁从业自觉性不断增强

深入开展反腐倡廉教育。全行围绕贯彻《党员领导干部廉洁从政若干准则》，通过中心组专题学习、辅导讲座、对照检查等多种形式，开展学习教育活动。配合“一行三会”开展“金融系统反腐倡廉建设展”活动，全行先后组织 6.2 万人观看，收到了很好的教育警示效果。一些分行针对领导人员作风建设方面存在的问题，组织“作风建设年”等专项活动。通过开展党性党风党纪专题教育、纠正奢侈浪费行为、精简各种文件和会议，促进了行风进一步好转。

扎实推进巡视监督工作。总行对 8 个分行开展了第二轮巡视，对 5 个分行开展了巡视回访；7 个一级分行有针对性地开展了对二级分行的巡视。通过巡视监督，被巡视机构在领导班子建设、领导人员作风建设、选人用人工作、风险内控管理、反腐倡廉建设和纪检监察工作等方面得到加强。根据中央对巡视工作新的规定和要求，制定了《2010—2014 年巡视工作规划》，使巡视工作进一步规范化、常态化。不断创新巡视工作方法，提高巡视成果利用水平，巡视监督的实效进一步增强。

进一步发挥信访举报的监督作用。2010 年全行共受理信访举报 872 件，这是近 3 年来首次出现下降，下降率达 13%。通过加大核查力度，对严重违规违纪问题给予了严肃处理；对一些苗头

性、趋向性和轻微违规问题，以谈话、函询等方式给予教育提醒；对一些反映不实的问题给予了及时澄清。共对151人进行了处理，对256人提醒谈话。总行修订《纪检监察信访举报工作操作规程》，进一步规范了全行信访举报管理工作。

继续健全和落实监督制度。不断完善对集中采购的监督，进一步明确集中采购相关工作人员的十项纪律，建立了供应商监督制度，全行纪检监察部门共参与17 514个采购项目的监督。不断强化对基层机构负责人的监督，继续推进和完善纪检监察特派员制度，全行特派员认真履行职责，对基层机构负责人尽职尽责、廉洁自律、重大决策、内控管理等方面的问题，及时提出针对性建议并督促整改，促进了基层机构管理工作进一步加强。不断加强对组织人事工作的监督，严格落实领导人员任职前听取纪委意见的规定，及时向组织部门反馈拟任意见；按照中央关于严厉整治干部选拔任用工作中行贿受贿行为的专项部署，全行组织开展了集中整治工作，对存在的问题提出了改进措施，进一步促进了选人用人工作。全行坚持执行廉政谈话、重大事项报告、经济责任审计、行务公开等制度，制定了《领导人员上交礼金礼品管理规定》，各级纪检监察部门加强监督检查，促进了领导人员廉洁自律意识进一步增强。一年来，全行开展廉政谈话30 345人次，述职述廉22 314人次，领导人员个人重大事项报告14 839人次，经济责任审计1 818人。

二、扎实开展专项治理，案件防控成果不断巩固

在推进完成3年《案件防控及整改方案》9大类108项治理措施的基础上，2010年全行进一步深入开展案件专项治理。各一级分行和总行相关部门，按照总行《关于开展案件专项治理，进一步加强案件查防工作的意见》部署和任务分工，从6个方面系统推进了53项具体措施。

建立健全案件防控工作责任制。全行层层签署了《案件防控工作责任状》，根据银监会的相关要求，结合我行实际，初步建立了“九挂钩”的案件防控工作考评机制，即将案件与领导人员绩效考核、领导人员职务聘任晋升、部门年度考核、风险管理等级评价、内部控制审计评价、新机构设立、评先评优、“平安建行”创建、星级网点评定等挂钩。全行加大了对堵截、检举和抵制违法违纪违规行为有功人员的奖励力度，部分分行还结合实际设立了案件防控专项奖励基金。

集中开展“六大突出风险”专项整治活动。纪检监察部门配合财务会计、授信管理、公司业务、个人存款与投资、财富管理与私人银行、住房金融与个人信贷、营运管理等相关业务部门，组织全行开展了防治非法高息融资、违法发放贷款、“小金库”、现金柜员岗位风险、客户经理违规代客办理业务、商业贿赂案件六大专项整治，提高了风险防范的针对性和实际效果。

认真做好案件的查办和管理。全行共立案查处员工涉案的操作性案件4件，金额504万元；受贿案件8件，其中已判决的4件，受贿金额合计245.5万元。通过快速应对和有效处置，案件涉案人员全部归案，较好地控制了资金风险和不良影响。

加强案件查防工作平台建设。逐级建立了案件查防工作联席会议制度，在营业网点建立了主题晨会制度。落实案件风险预警和信息交流制度，总行发布《风险提示》16期，各一级分行也结合实际，通过召开专题会议、编发简报、在企业网及时发布风险提示和预警等，交流案件信息；总行2007年创刊的《案件防控工作动态》，坚持每周一期，直发全行，已成为“提示案件风险、传导案防政策、督办案防工作、交流案防经验”的重要平台。

三、推进职业操守建设，员工敬业合规意识明显增强

加强员工从业行为的教育和引导。全行组织开展了以“诚信敬业、廉洁合规”为主题的职业操守教育活动，通过集中学习、日常培训、案例剖析、组织报告会等多种方式，进一步增强了员工的廉洁合规意识。根据银监会部署，围绕贯彻落实银行从业人员行为准则，全行组织开展了自查，同时接受了银监会对我行的现场检查，对存在的问题进行了整改。

明确员工从业行为“禁区”。按照“高风险、零容忍”的理念，总行制定了《员工从业禁止若干规定》，明确了员工从业行为的19项“禁令”。

全行组织开展了大规模的宣传教育和培训活动，组织员工签订《廉洁合规从业承诺书》，使从严治行、严格管理的要求得到进一步落实。

加强员工行为排查和管理。结合 19 项“禁令”和案件暴露出的突出问题，全行组织开展集中排查，共排查员工 306 239 人，发现有问题员工 837 人，并及时采取了处置措施。针对员工从业行为中的突出风险，审计条线组织操作风险重点事项专项审计，共发现各类违规问题 2 035 个，各级纪检监察部门密切跟踪问责，共对 3 515 人进行了处理。

四、严格执纪问责，惩戒警示作用得到进一步发挥

深入推进积分管理工作。为适应业务发展，全面修订了积分标准，提高了积分标准的完整性和可操作性。各级机构主动运用积分手段加强基础管理，全年共对 64 564 人累计积分 187 387 分，分别比 2009 年增加了 9% 和 13%，累计对机构积分 105 074 分，比 2009 年增加了 5%。部分分行还积极探索实践奖励积分，拓展了积分管理的激励功能。

深化授信业务责任认定工作。制定授信业务禁止性要求和尽职免责标准，明确了责任边界。总行修订《授信业务责任认定工作管理办法》，进一步完善了认定范围、工作机制和流程。配合“贷后管理年”活动，各级机构加大授信业务责任认定工作力度，促进了授信管理水平的提高。

对违规失职行为严格责任追究。总行修订《工作人员违规失职行为处理办法》及其《操作规程》，进一步明确对案件和重大违规问题的问责要求，规范量纪尺度和处理程序，加强了对案件和重大违规问题处理的统一管理。百万元以上案件都上追到一级分行的管理人员，百万元以下案件以及重大违规事件，也按照规定进行了严肃处理。全行重点对监管机构和内外部审计中检查发现的问题进行了问责，并督促有关单位落实整改。2010 年，全行共处理违法违规违纪 4 752 人次，其中一级分行负责人级 9 人，二级分行负责人级 487 人，县级支行负责人级 660 人。

五、认真落实中央四部委要求，纪检监察组织建设全面加强

2010 年 3 月，中央四部委下发加强和改进中央金融机构纪检监察组织建设的《若干意见》后，总行党委高度重视，以 3 号文件印发了我行贯彻的具体措施。总行先后召开加强和改进纪检监察组织建设的全行专题视频动员会议、分 2 个片区的推进工作座谈会、全行纪检监察特派员工作座谈会，在全行组织开展了纪检监察组织建设暨特派员制度推进工作专项效能监察。各级机构按照总行统一部署，狠抓落实，全行纪检监察组织建设取得了新的进展。

组织机构进一步健全。2010 年年末，全行共设有纪委 489 个，纪检监察部门 466 个，二级分行及其以上机构全部设立了纪委监察机构。

人员力量进一步增强。全行共配备专职纪检监察人员 3 262 人，其中基层纪检监察特派员 1 610人，各级机构尤其是基层机构的纪检监察工作力量得到进一步充实。

队伍素质进一步提升。一批懂管理、责任心强、德才兼备的业务骨干被选调到各级纪检监察部门，队伍的年龄、专业结构不断优化。总行先后举办了纪委书记高级研修班、纪检监察部负责人培训班和业务骨干培训班；依托中央纪委 3 个培训中心，继续对二级分行纪委书记开展轮训；按片区开展纪检监察培训，先后举办 6 期，共培训近 1 000 人。各分行也加大培训力度，使纪检监察人员进一步开阔了眼界，提高了专业技能，队伍的整体素质进一步提升。

（执笔：王君）

公共关系与企业文化建设

2010年，全行公共关系与企业文化工作以“深化客户服务、关爱基层员工”主题活动为重点，深入推进企业文化建设；以重要事件为契机，合力营造积极的舆论氛围；以科学化、规范化管理为目标，加强广告宣传与品牌形象建设；以公益活动为平台，积极展示建设银行履行社会责任的良好形象；以党建带团建，加强思想教育、文明创建及青年团工作；以专业化、精细化为标准，强化基础管理和对条线工作的指导力度，各项工作取得实效。

一、以“深化客户服务、关爱基层员工”主题系列活动为重点，深入推进企业文化建设

1. 持续加强核心价值观的学习、宣传和实践。根据郭树清董事长在2010年年初全行工作会议上强调的“要继续大力学习宣传‘诚实、公正、稳健、创造’的核心价值观”的要求，年初向总行各培训机构、各分行和境外分支机构下发《建行文化要素》宣传单页；组织“培育和践行核心价值观”实践笔谈；征集编印《建行文化故事》，持续强化核心价值观学习教育。11月末，郭树清董事长在党校就学习实践核心价值观发表重要讲话后，又及时组织全行进行学习领会，并在《建设银行报》组织专题学习讨论。

2. 深入开展“深化客户服务、关爱基层员工”主题活动。在全行系统开展了以深化客户服务、倡导为基层员工办实事、青年岗位建功成才为重点的“深化客户服务、关爱基层员工”主题系列活动。各级行立足实际，大胆探索，活动呈现出“深、细、实、新”的特点。据不完全统计，2010年全行开展各类活动3 600多场（次），查找和改进不规范服务行为440项，提出优化服务措施和建议680条；评选表彰各级“服务明星”、青年岗位能手150多名，全行近30万人次青年员工参与各项评选。各分行上报主题活动信息810篇，内部网“主题系列活动”专栏登载信息380篇，《建设银行报》专题报道主题活动20篇。

3. 加强示范点工作创新，着力打造先进典型。2010年，企业文化建设示范点工作以培育和落实价值观为核心，注重加强示范点典型经验与做法的总结、提炼与宣传，推出了“文化建设促进业务发展”示范点采风系列报道，连续长篇报道了12个总行级示范点单位的典型经验与做法。加大培育和打造先进典型的工作力度，一手抓“向党工作站”等老典型的转型、创新和提升；一手抓新典型打造，重点挖掘和树立了河南郑州支行“南环时速”、湖北武汉“百步亭社区支行”等新典型。

4. 开展职业道德自律与合规行为习惯养成教育实践活动。4月初，在全行部署开展了员工职业道德自律与合规行为习惯养成学习教育活动。各分行利用中心组学习、知识竞赛、主题演讲、现场考察等形式开展专题学习教育活动。

二、以重要事件为契机，合力营造积极的舆论氛围，树立建设银行良好的企业形象

1. 在围绕中心、服务大局中积极宣传我行改革发展成果。围绕年报、中报、季报的发布，组织国内外媒体新闻发布会；先后组织媒体采访有关支持“三农”、服务区域经济等方面的典型经验和做法以及少数民族地区大学生成才计划启动活动。积极宣传学习实践科学发展观的典型经验。中央电视台两次播出我行新闻，同时新华社、《人民日报》等中央主流媒体也对我行进行了集中宣传。

2010年，正值我行上市五周年，认真组织实

施了“以中央主流媒体为主、以影响力较大的市场化媒体为辅，以重点稿件为龙头、以系列报道为抓手，集中时段宣传、形成宣传声势”的专题宣传。《人民日报》以《“一高一低”看建行——告别“速度情结”和“规模偏好”，加快转变发展方式，实现回报率高水平，不良贷款率低水平》为题，新华社《国内动态清样》以《建行上市五年科学发展实现战略转型》为题，《金融时报》以《在改革创新中实现科学发展——写在中国建设银行股改上市五周年之际》为题，以及央视《新闻联播》等分别进行了重点报道。《经济日报》《金融时报》等分别对我行公司治理、服务客户、风险管理、社会责任等方面的工作成果，以10篇连续报道的形式进行系列宣传。

2010年，共协调组织媒体对我行重点业务部门的产品服务联动营销宣传89次，刊播专题报道1 370余篇次，取得了良好效果。全行共在国内外媒体刊播稿件63 000篇，同比增加18 000篇。

2. 加强工作创新，建立新形势下媒体关系管理的工作机制。按照银监会的统一要求，在全行系统开展“2010年银行业公众教育服务日”活动。我行在数十家参加活动的单位中排名三甲，被银监会授予该活动组织工作先进单位称号。制定印发了《中国建设银行声誉风险管理办法》，建立了较为严密的多层次、多角度管理机制。坚持每日《媒体监测快报》，为总行领导和业务部门及分行提供快速及时的信息参考，全年共编辑快报249期，编辑各类信息万余条，约4 233万字。协调各分行先后处置了49次媒体负面报道，有效防止了媒体负面炒作。

3. 外部奖项参评工作在创新中实现新的突破。总行下发《关于印发〈中国建设银行参评外部奖项管理暂行办法〉的通知》，梳理规范外部奖项参评流程和制度。2010年，我行外部奖项荣誉参评工作积极探索创新，参评奖项的质量和权威性得到了有效提升，国际影响力进一步增强。先后获得英国《银行家》年度“中国最佳银行”等国内外各种奖项荣誉110多项，无论从质量上、数量上都大大超越了2009年，实现了新的飞跃。

三、以科学化、规范化为目标，加强广告宣传与品牌形象建设

1. 深入推进“蓝色银行”形象建设，完善视觉形象标准体系。全行已按照“蓝色银行”形象标准改造营业网点约10 000个，新建财富管理中心18家、私人银行2家、电子银行服务区900多个；完成了私人银行形象建设标准的规范工作以及个人贷款中心的视觉形象设计和规范标准制定工作；修订完善了《中国建设银行视觉识别管理手册》（建公关〔2010〕16号），制定了《中国建设银行路演营销用品视觉规范指引》，并下发全行执行。

2. 适度开展广告营销，提升广告投放效果，促进产品销售。推出了新的平面广告和视频宣传片。完成世博形象广告、手机银行等形象类广告17支、产品类广告46支，完成“禹道”、“基金定投”等视频宣传片的制作；抓住世博会、亚运会两个热点推出专题形象宣传广告；牵头组织我行参加2010年中国国际金融展和“2010斯坦福全球竞争力品牌·中国TOP10”评选及宣传等活动；通过网站，全国性报刊，中央人民广播电台，框架媒体，首都机场3号航站楼等媒体安排30余项产品、活动的广告投放，与新浪网合作开展“中秋低碳送祝福”营销活动，对理财大丰收等11款个人类产品进行打包宣传与展示。还开通了用户名为“中国建设银行电子银行”的专题微博，目前该微博活跃粉丝已达3 000多名。

四、以公益活动为平台，积极展示建设银行履行社会责任的良好形象

2010年，全行共实施重大公益项目22个，捐款总计6 590万元，加上员工捐款总计9 413万元。其中，抗灾救灾3项，捐款总金额为2 374万元；总行发起并统一组织的公益项目12个，捐赠总投入达2 648万元；总行业务部门组织实施的项目7个，捐赠投入总额889万元。另外授权分行用于扶贫、救灾等事项的捐款679万元；员工捐款2 823万元。

1. 实施长期公益项目，得到社会高度认可。实施了“中国建设银行资助少数民族贫困大学生成才计划”长期公益项目，由我行捐款6 000万元，与内蒙古、西藏等16个省、自治区合作，在5年内向家庭贫困、品学兼优的少数民族大学生提供奖（助）学金。截至2010年年末，16个分行已资助少数民族贫困大学生4 259名，发放第

一批奖（助）学金 1 202 万元，发放成才卡 4 259 张。继续实施“建设未来——中国建设银行资助贫困高中生成长计划”、“中国贫困英模母亲建设银行资助计划”等长期公益项目。

2. 心系灾区群众，积极参与抗灾救灾行动。积极参与抗灾救灾，我行先后两次向南方五省旱灾区、玉树地震灾区、全国洪涝灾区及甘肃泥石流灾区等捐款。2010 年，抗灾救灾捐款总额达 5 197万元，其中员工捐款为 2 823 万元。

3. 与业务发展相结合，配合实施相关公益活动。为配合业务拓展，总行业务部门实施了 7 个公益捐赠项目，捐赠金额 889 万元。支持国际学术研究和文化交流，积极参与环保等行动。实施了捐赠凯恩克劳斯基金会等项目，积极参与节能减排和环境保护，承诺捐款 500 万元用于支持“绿化长江　重庆行动”大型捐资造林公益活动，还组织总行及 16 个分行参加了“地球一小时”等公益活动。

4. 认真组织编制年度社会责任报告。在符合上海证券交易所、中国银监会的有关指引和规定的前提下，首次按照《全球报告倡议组织可持续发展报告指南》《金融服务业补充指引》，编制《2009 年度中国建设银行企业社会责任报告》，这表明我行报告编制标准与国际水平接轨。2010 年 4 月，在香港恒生指数成分股公司以社会责任报告为依据开展的调查排名中，我行排名第 21 位，列中资银行之首。

五、以党建带团建，加强思想教育、文明创建和青年团工作

1. 学习宣传贯彻中央精神，切实增强政治意识、大局意识和责任意识。一是深入推进学习型党组织建设和创先争优活动。开展了历时 5 个月的“建设学习型党组织读书征文活动”，共征集各级领导人员和管理者撰写的文章 2 000 余篇，新华网、《中直党建》杂志对活动进行了报道。二是加强中心组学习服务和检查指导。坚持每季度推荐 15 本图书，每月选编 1 期《中心组学习参考资料》，每周呈送 1 期《学习活页文选》，服务好中心组成员的日常学习。

2. 深入开展关爱员工工作，切实增强员工的凝聚力。一是大力倡导各部门、各分行为基层办实事，提高一线员工满意度。二是开展“最受基层欢迎的关爱举措”评选活动。通过 6 个环节的有序开展，从 146 个关爱举措中，提炼出 5 个类别 47 个举措。该活动还制作了专门的投票评选网页供员工投票，最终评选出“调整柜面操作流程，减轻前台工作压力”等十件最受员工认同的关爱举措。三是开展“关爱员工基层行”系列报道活动。

3. 开展文明单位复查及文明创建巡礼活动。下发了《关于进一步加强全行文明创建工作的通知》（建公关签〔2010〕23 号），在全行组织开展文明创建工作经验交流活动，开展文明单位复查，重点组织对全国级文明单位复查和总行级文明单位抽查活动，并形成《关于文明单位复查的情况报告》，开展创建成果巡礼活动。从 2010 年 10 月到 2011 年 1 月，围绕“创建文明，和谐发展”主题，通过上下联动、内外结合等形式，集中宣传和展示各级文明单位创建成果。

4. 重点推进青年主题系列活动。下发《关于开展“爱岗位、比贡献、当能手”青年活动的通知》（建团〔2010〕4 号）。以“爱岗位、比贡献、当能手”青年岗位建功为主线，组织开展了“十杰”和青年服务明星等评优、青年文明号创建、青年宣传营销、青年志愿者及抗旱抗震救灾、金融青年论坛征文等内容丰富的青年活动。

5. 开展一线青年员工心理资本与思想状况调查。首次全面开展了全行性的一线青年员工心理资本与思想状况网上调查，邀请外部专业机构对 35 岁以下青年员工，运用国际通用量表和特色问卷，对青年员工的心理资本及思想状态进行专业测评。采取员工答卷后即时反馈《个人心理资本检测报告》的调查方式，15 家样本分行和总行机关中有 700 多人接受现场访谈，有 45 227 名员工参加了网上问卷调查，占应调查人数的 70.1%。形成了《一线青年员工心理资本与思想状况调查报告》和 16 个单位的分报告。首次系统反映了青年员工特点、压力与心理状况、满意度、忠诚度、重点关注问题和对建设银行认知等现状、情况，同时分析了影响因素和需要关注的问题，并提出针对性解决措施。

六、以专业化、精细化为标准，强化基础管理和对条线工作的指导力度

制定下发《2010 年度全行公共关系与企业文

化建设工作考核测评方案》《公共关系与企业文化工作统计报告制度》等制度文件，强化工作规范管理。先后举办六个培训班，并组织了与美国银行在企业文化方面的经验分享项目的学习培训。注重同业学习和调研。组织人员到工商银行、农业银行、中国银行、交通银行、招商银行等5家银行学习调研，并形成《关于同业学习调研的情况报告》。

（执笔：王强）

离退休人员管理工作

一、认真学习贯彻中组部老干部局长会议精神

2010年年初，中组部老干部局长会议召开后，总行离退休部及时向全国建设银行老干部系统转发了老干部局长会议文件和中组部沈跃跃副部长的讲话，认真组织全行老干部部门进行了学习讨论，并紧密结合建设银行老干部工作实际，认真筹划部署了2010年度老干部工作，通过中组部老干部局长会议精神的学习贯彻，全行老干部工作人员有了明确的指导思想和工作目标。

二、召开全行离退休工作座谈会

2010年5月16日，全行离退休工作会议在福州召开，总行和各分行离退休人员管理部门负责同志参加了会议。会议总结了近几年的离退休工作，明确了今后一个时期的离退休工作任务和工作的总体要求。会上，安全德总经理作了题为《以人为本，求真务实，努力推进全行离退休工作再上新台阶》工作报告；六家分行作了发言，总结交流了工作经验，有针对性地分析了当前离退休工作的突出问题和应对措施。通过会议精神的贯彻，全行离退休工作得到较好落实，突出问题得到较好解决。

三、完善规章制度建设

修订完善了中国建设银行《离退休工作暂行规定》《离退休人员因病住院和丧事处理暂行规定》（以下简称《规定》）。自2001年制定以来，两个《规定》为规范全行离退休工作发挥了重要作用。但由于近年来改革发展变化很大，有的条款已不适应新的形势。根据工作需要，在充分征求各分行和有关部门意见的基础上，经过充分讨论、反复修改，并报行领导审批，形成新的规定，印发全行执行。各行反映，两个《规定》修改及时，可操作性强，很适用，为做好离退休工作提供了基本依据。

四、举办总行本部离退休干部第20期读书班

在坚持每月5日组织老干部传达学习文件和有关会议精神的同时，于2010年6月在昌平举办了总行本部离退休干部第20期读书班。离退休的老行长和老同志130多人参加了学习。读书班采取请中央党校教授讲课、组织观看有关专家讲座录像等形式，重点学习了十七届四中全会精神和当前政治经济及社会形势。通过学习，老同志对党中央的一系列重大措施有了更深刻的了解，更加坚定了政治信念，增强了对改革开放、建设有中国特色社会主义的信心。

五、举办离退休人员管理部党支部委员和党小组长培训班

根据总行机关党委关于开展“争先创优”活动的部署和要求，11月份举办了离退休部党支部委员和党小组长培训班。学习了党的基本知识，总结了党支部工作经验体会，部署了争先创优工作，并认真研究了党支部组织建设问题，提出了

根据党员人数拟建党总支的工作意见。此次培训，使参训人员增强了党性观念，提高了对离退休干部党组织建设重要性的认识。大家反映，这样的培训很有必要，应每年一次，并坚持下去。各分行也举办了党支部书记培训班。

六、积极开展督导调研工作

根据中央组织部要求，组织人员对16家分行进行了督导调研，向中组部提交了调研报告，并向总行领导提出了工作建议，将督导调研情况向全行发了通报。

七、认真做好信访接待工作

2010年，离退休人员来信来访数量与2009年相比大幅度减少，截至12月10日只收到来信5封，没有出现上访事件。5封来信都及时回复，作了妥善处理。

八、认真做好年度老干部综合信息统计上报工作

根据中组部统计工作要求，经过全行统计人员的共同努力，圆满完成了年度老干部综合信息统计上报工作，所送报表被中组部统计信息中心评为“全优报表”。

（执笔：刘筱莊）

党校 （高级研修院） 培训工作

一、2010年培训工作概述

2010年，是总行党校建校11年来办班期数、培训人次最多的一年。承办各类培训项目12期，其中：2期领导人员进修班（党校班），2期高级经理级管理人员能力提升班，7期专题研修班（包括对公业务、审批指引及产业政策解读、信贷审批、资产保全、住房金融与个人信贷、IT管理人员管理能力提升与发展、个人存款与投资业务等），1期宣传思想工作培训班。同时，指导哈尔滨、常州两分校各承办2期领导人员进修班、19期基层党组织负责人及党务工作骨干培训班，试办13期基层管理岗位后备人才培训班和1期纪检特派员培训班，“一校三地”总计培训学员92 473人天。

二、2010年培训工作亮点

（一）学员对培训效果及教学管理的满意度较高

以总行党校第21、第22期领导人员进修班为例，从征询99名学员意见的情况看，共进行教学组织、课程内容、教学保障、服务质量、基础设施等5个方面、21项测评（无记名方式），满意率为95.82%，基本满意率为3.99%，不满意率为0.19%（均为硬件设施）。从学员对党校组织的面授效果来看，满意率为96.39%，基本满意率为3.18%，不满意率为0.43%。

（二）上级党校给予了较高荣誉

2010年，中央党校、中央国家机关工委以党校分校成立30周年为契机，先后组织有关专家对党校分校系统教学质量及其教学管理情况进行了全面检查评估，我校教学质量与教学管理被评为“双优”。一是2010年10月9日，中央党校隆重举行“庆祝中央党校分校成立30周年暨表彰大会”，宣布了习近平同志的贺信和《关于表彰中央党校分校先进办学单位、优秀工作者和特殊贡献奖获得者的决定》（中校字〔2010〕64号），我行党校被表彰为“办学先进单位”。二是2010年10月14日，中央国家机关工委召开了“纪念中央党校中央国家机关分校

成立30周年暨总结表彰大会”，宣布了《关于授予2006—2010年度“优秀办学单位”称号的决定》（国机校发〔2010〕9号），我行党校被授予2006—2010年度“优秀办学单位”称号。同时，应中央党校、中央国家机关工委有关负责同志以及来校授课的领导（专家）的推荐，中直、中央国家机关、中央金融机构、国资委及中央企业20余家党校（分校）以及国家行政学院有关负责同志及教学管理人员先后来我校考察、交流，并对建设银行党委重视党校以及我校的办学理念、做法、效果及校园文化给予了充分肯定。

三、2010年培训工作主要做法

第一，强化服务意识，紧紧围绕全行的中心工作，自觉服务全行科学发展及人才发展的大局，并自觉贯穿于项目研发、教学组织、课题研究、学员管理、生活保障等各个具体环节。

第二，注重理论联系实际的学风和“风清气正”的校风建设，严肃认真地贯彻落实《党校工作条例》和总行党委的有关要求，坚持党校姓党，突出理论武装和党性修养，坚持高标准、严要求、重实效。

第三，紧紧抓住培训质量与效果这一根本，立足现有条件，在培训理念、内容、模式、师资、方式、工具等方面，积极探索与创新，着眼于提高学员的素质与能力。

第四，坚持“以学员为中心”，把遵循党校办学规律与符合建设银行党员干部成长规律有机结合起来，把坚持党校姓党、从严治校与精细化、专业化、人性化管理有机结合起来，把主动适应学员需求与正确引导、有效提升学员需求有机结合起来，着力彰显本行党校鲜明特色与优势。

第五，注意拓宽思路，充分挖掘资源，着眼于把党校办成促进学员陶冶情操、强化党性、增长见识、提升素质、交流信息、增进理解的“主阵地”和传播建设银行文化、展示品牌形象的重要平台。

第六，以中央党校分校系统教学质量评估为契机，以实施新颁布的《中共中国建设银行党校学员管理规定（试行）》为载体，着力加强改进教学与学员管理、财务与采购管理等基础工作，在推进制度化、规范化、手册化、流程化建设方面有所进步。

第七，以开展“创先争优”活动、推进学习型党组织建设为抓手，把加强校党支部与学员党支部建设有机结合起来，在教学保障与实施培训两个方面充分发挥其战斗堡垒作用。

第八，坚持抓好员工队伍建设这一基础环节，有效引导与激励中长期员工和劳务派遣制员工发扬“甘当人梯”和“久久为功”的精神，不断提高教学管理及服务保障水平，致力于为学员提供“整洁、安全、方便、舒适、温馨”的服务，确保校园平安与和谐。

（执笔：卿劼）

工 会 工 作

2010年，全行各级工会组织深入学习实践科学发展观，认真贯彻党的十七届四中、五中全会以及中国工会十五大会议精神，高度重视和充分发挥广大职工主力军作用，注重加强职工学习教育，深化民主管理，广泛开展建功立业竞赛，积极开展帮扶救助，切实维护职工权益，团结带领全行广大职工，围绕中心，服务大局，群策群力，锐意进取，促进了全行各项业务的平稳健康发展。

一、加强职工学习教育，促进了职工素质的提高

1. 加强了职工职业道德教育、业务技能和岗位培训。各级行工会因地制宜，选好载体，与实际业务工作相结合，与学先进、树新风相结合，与文明创建活动相结合，与企业文化建设相结合，统一了职工的思想观念和价值导向，激发广大职工齐心协力为实现年度经营管理目标而努力工作。作为我行职工职业道德建设的优秀代表，5 个单位和个人在第四届全国金融系统职工职业道德建设评比中获奖。全行各级工会充分发挥“大学校”的作用，通过宣传栏、企业网等多种形式组织引导广大职工认真学习中国特色社会主义理论体系，开展主题教育活动，强化职工业务技能和岗位培训，努力维护职工的精神文化权益。

2. 发挥了先进典型示范引领作用。各级行工会认真落实先进典型有关政策，举办了各种形式的劳模调研、座谈和集体疗养、休养活动，并对特困劳模进行了及时的慰问和救助。2010 年，总行工会推荐评选的共有 8 个单位和个人获得全国级荣誉称号，67 个单位和个人荣获全国金融级荣誉称号或奖项，79 个单位和个人荣获总行级荣誉称号。2010 年“五一”国际劳动节前夕，我行有 4 名同志被评为全国劳动模范，受到了中央领导同志的亲切接见。8 月份，总行举办了首次全行系统优秀员工集体休养活动，41 名基层优秀员工代表和家属分两期赴福建武夷山进行集体休养，体现了总行党委对一线员工的真切关爱。

3. 员工身心健康得到了广泛的关注。各级行陆续开展了各种不同形式的心理辅导、心理咨询、心理讲座等活动。同时组织了职工田径运动会、文艺晚会、书画摄影、球类比赛、歌咏比赛、征文竞赛等多种形式的文化体育活动，丰富了职工文化生活。在搞好行内职工文化体育活动的同时，各级行会同业务主营部门，有计划、有组织地开展了一系列卓有成效的业务营销文体联谊活动、高端客户答谢活动，加强了与优质客户、大客户的联系，加深了银企之间的了解，积极配合中心工作，有力地促进了业务的开展。各级工会还成立了许多内容健康、形式多样的文体俱乐部，发挥员工各方面的兴趣和爱好，积极开展各种喜闻乐见的活动，极大地提高了员工的参与面，缓解了员工工作和生活压力，激发了职工的艺术创作热情，推动了全民健身运动的开展。总行举办了全行系统的第二届羽毛球赛，并在全国金融系统羽毛球赛中取得了冠军，组织参加金融系统首届职工戏曲比赛、金融职工宣传世博服务世博网络摄影展等活动，并取得优异成绩，其中我行 3 名员工的摄影作品在金融职工宣传世博服务世博网络摄影展中获奖，9 名员工表演的节目在全国金融系统第一届戏曲比赛中获奖，20 名员工在金融职工宣传世博服务世博知识竞赛中获奖，总行工会在全国金融系统第一届职工运动会、金融职工宣传世博服务世博知识竞赛等活动中荣获优秀组织奖。

4. 女职工工作得到了进一步加强。各级行工会女职工组织不断健全，女职工制度建设不断完善。加强了对女职工权益保护专项集体合同工作的指导，组织开展了各种适合女职工的文化体育活动，在提高女职工素质、维护女职工特殊权益等方面做了一定的工作。2010 年纪念“三八”国际劳动妇女节 100 周年之际，总行党委向全行女员工致以节日的问候，充分体现了总行党委对女职工的关怀。2 个单位被授予全国金融系统“女职工文明示范岗”称号，39 个单位被授予总行级女职工文明示范岗，40 名女员工被授予总行级巾帼建功标兵。在全国金融系统纪念“三八”国际劳动妇女节 100 周年征文活动中，我行 7 名员工的征文获奖，总行工会荣获优秀组织奖。

二、落实职工代表大会制度，深化了职工民主管理

1. 坚持召开了各级职工代表大会。总行和 18 个一级分行召开了职工代表大会，11 个行荣获全国金融系统职工代表大会建设示范单位。6 月份，总行召开了第二届职工代表大会第二次联席会议，选举了 3 名职工代表监事。11 月份，在京西宾馆召开了第二届职工代表大会第三次会议，党委书记、董事长郭树清发表讲话，党委副书记、行长张建国作经营情况工作报告，党委副书记、监事长张福荣就职工代表大会工作提出具体要求，党委委员、纪委书记、工会主席辛树森作工会工作情况报告。会议听取了员工股权激励计划管理情

况、企业年金管理情况、职工互助基金收支情况等三个报告，审议通过了《中国建设银行工作人员违规失职行为处理办法》（修改稿）《职工互助基金管理办法》（修改稿）。

2. 认真做好了职工代表提案工作。总行第二届二次职工代表大会共征集提案 119 件，已全部回复，二届三次职工代表大会共征集提案 139 件，经过审查立案 124 件。提案内容涉及经营管理、产品创新、科技开发、人力资源、薪酬分配、员工培训、制度法规和员工福利等多个方面。会后，通过网络系统、工作联系单及电子邮件等多种形式，向提案所涉及的承办部门提交提案，总行相关职能部门对提案认真研究、及时回复并妥善解决。为进一步搞好职工代表大会提案工作，总行组织有关分行开发了新的提案管理系统，经过征集需求、组织讨论、开发验收、全行培训、试运行等几个环节，已投入使用，提高了提案征集、回复和管理的效率。

3. 配合全国总工会和金融工会对我行民主管理工作进行了调研和总结。全国总工会民主管理部和中国金融工会领导于 2009 年 12 月下旬至 2010 年 2 月到我行总行本部、山东、河北、北京分行及下属分行进行了调研，肯定并总结推广了相关经验。配合党委组织部向中共中央组织部上报了我行职工代表大会的经验材料。我行以职工代表大会为载体的民主管理工作得到了中央领导和全国总工会的充分肯定。吴邦国委员长、全国总工会主席王兆国等中央领导对我行股改后的民主管理工作做了重要批示。

三、广泛开展建功立业竞赛，推动了全行业务的发展

1. 广泛发动，在全行范围掀起了劳动竞赛活动的热潮。这次活动覆盖了对公、对私、财会、审计、信息技术、营运等主要业务条线的 14 个部门，涉及全行 80% 的前台和后台员工、网点负责人及分行领导，跨三个年度历时一年多，以金融服务促进国民经济平稳较快发展为主题，以创建金融服务先进典型为载体，重点是通过改革创新金融服务，支持“三农”、中小企业、节能减排、自主创新、扩大就业、灾区重建。该活动采取了培训宣讲、网上答题、合理化建议征集、技术创新以及现场竞赛等多种形式，是历年来覆盖面最广、涉及业务种类最多、规模最大、行内影响最广的一次竞赛。

2. 积极谋划，调动了广大职工参与的热情。总行各相关部门利用召开工作会议等途径进行了专门的动员和部署；各一级分行工会利用多种方式在广大职工中进行广泛宣传、层层发动，有效地调动了全行员工的参与热情，切实增强了竞赛感召力和影响力。6 月份，总行组织召开了部分分行竞赛活动座谈会，介绍了各行开展竞赛活动以来的基本情况，互相交流了经验。各级竞赛活动领导小组通过简报、动态等多种形式，展示各级行好的经验做法，宣传报道活动中涌现出的先进典型和先进事迹；总行还组织各条线、各分行向中国金融工会适时推荐了先进典型宣传材料，扩大了我行劳动竞赛在金融系统内的影响。

3. 创新形式，把劳动竞赛活动推进了纵深。9 月份，在河南、江西举办了“提素质、重体验、比服务、促发展”电子银行业务技能竞赛分区赛，11 月份在北京举办了总决赛，中国金融工会副主席翟晓华到会并对我行劳动竞赛的开展给予了很好的评价。10 月份，与个人存款与投资部成功举办了“比服务、创品牌、增效益、促和谐”电话银行业务“五项技能”竞赛，参赛人数达到 220 人。两项现场竞赛内容丰富、形式多样，包括上机操作、应用演示、情景表演、知识问答等，参赛选手广泛，包括一级、二级分行行领导、基层机构负责人、柜面人员和客户经理等。

4. 效果显著，促进了全行业务发展。通过竞赛，提高了从业人员的实际操作能力、营销服务技巧和综合业务水平，促进了客户服务整体水平的提高，展示了建设银行员工自信、积极向上的风采。这项工作之所以进展顺利，主要得益于各级行党委的高度重视、员工的积极参与以及工会的周密组织。建功立业劳动竞赛活动的开展，进一步激发了广大职工立足本职岗位、创新金融服务的积极性和创造性。

四、积极开展帮扶救助和权益维护，构建了和谐企业发展环境

1. 加大帮扶救助力度，提高了职工的归属感和向心力。2010 年，全行各级职工互助基金救助

特困员工和协解人员 7 723 人次、救助金额达 5 120.9万元。其中：总行救助特困员工和协解人员 441 人次，救助金额为 2 189 万元。元旦春节期间，广泛开展了送温暖活动，不断扩大覆盖面，全行共慰问困难员工 14 018 人次，慰问金额为 1 919万元。另外，总行加强了职工互助基金制度建设，进一步规范职工互助基金的收缴、管理、使用和监督，提高帮扶救助工作水平，对 2005 年制定下发的《中国建设银行职工互助基金试行办法》进行了修订，并于 2010 年 11 月 23 日经中国建设银行第二届职工代表大会第三次会议讨论通过。

2. 积极参与抗震救灾，提高了我行的社会影响力。2010 年，我国几个省份发生了地震、泥石流和特大暴雨等灾害，总行党委密切关注灾害情况，心系全行受灾员工。总行工会认真贯彻落实总行党委指示精神，组织各级行工会开展为青海玉树地震爱心捐款活动，捐款数额达到 1 665 万元；全行各级工会还对遭遇泥石流和特大暴雨灾害的分行员工给予了及时救助。

3. 切实维护职工权益，提高了广大职工积极性、主动性、创造性。在推进劳务派遣制员工择优转制的同时，我行采取多种方式组织吸收劳务派遣制员工到工会组织中来，切实维护他们的权益，占派遣员工总数的 62.8%，劳务派遣员工的入会率大幅度提高，归宿感和工作责任心显著提升。各级行努力协调相关部门协商解决工会经费提取等问题，总行财务部门也给予了很大支持。重视员工的信访回复工作，及时与相关部门和分行联系，处理员工的上访信函，积极促成员工的合理诉求得到解决，为构建和谐稳定的发展环境起到了一定的作用。

4. 帮助特困协解人员，维护了安定团结的发展局面。各级行工会积极帮助特困协解人员排忧解难，进一步维护了和谐稳定的发展环境。9 月份，根据总行领导在信访维稳专题会议上的指示精神，总行工会组织了专项资金救助特困协解人员使用落实情况调查，进一步摸清了各行在专项资金使用和落实方面的情况，提出了下一步工作建议。12 月份，根据行领导有关指示，会同总行财会部研究了补充职工互助基金专项救助特困协解人员有关问题，补充了职工互助基金，为进一步做好特困协解人员救助充实了资金。

五、加强自身建设，增强了工会组织活力

1. 加强了工会领导班子建设和干部配备。各级行加大基层工会组建力度，培养了一大批有爱心、能组织的工会积极分子。积极创造条件，召开工会委员会会议和工会工作会议，研究部署工会工作，使工会工作更好地围绕中心，服务业务，服务员工。中国金融工会对 7 个一级分行及其所属 1 个二级分行工会组织办事机构设置和工会专兼职干部配备等情况进行了检查，对我行工会的组织建设予以充分肯定。总行工会举办了工会财务管理人员培训班、女工委研讨班、二级分行工会主席培训班等，参加培训人数超过 200 人。

2. 推进了工会自身的民主建设。2010 年，45 家一级分支机构中有 41 家已经实行了选举制，二级分行工会全部实行了选举制，通过选举或补选充实了工会领导班子。其中，10 个一级分行选举产生了新的工会委员会，进一步落实了选举制工会委员会。总行召开了第一届工会委员会第二次会议，增补、替补了第一届工会委员会常务委员会委员、工会经费审查委员会委员和女职工委员会委员。

3. 职工之家建设取得了新进展。各级行积极加强职工之家建设，把建家作为工会履行职能的主要载体，不断丰富建家内容，创新建家形式，拓宽建家领域，广泛开展会员评家活动，努力把各级行工会建设成为组织健全、维权到位、工作活跃、作用明显、员工信赖的职工之家。积极创造条件建立各种室内、室外文体活动场所，开辟专门的活动空间，添置专业的运动器材，增设淋浴房、换衣间、视频室等设施，员工餐厅、图书室、活动室亮点纷呈，依托职工之家活动场所开展的各种文体活动空前活跃，极大地丰富了职工业余和工间文化生活。总行工会组织了总行级模范职工之家、职工之友、优秀工会干部、工会积极分子评选表彰，对部分全国及全国金融模范职工之家进行了考核，推动了全行职工之家建设的深入开展。我行 4 个基层行工会被全国总工会授予了“全国模范职工之家”、“全国模范职工小家”荣誉称号。

4. 加强了财务管理和经费审查，为有效管理、使用好工会经费打下了基础。认真抓好新《工会会计制度》的学习培训，严格编报工会经费收支预决算，规范收据和账目管理，清理核查固定资产，切实加强了全行工会财务基础管理，规范了工会会计核算和财务行为，有效防范了风险。中国金融工会经费审查委员会对总行工会本级2009年经费预算执行情况进行了审计，各分行工会接受了同级经费审查委员会对工会财务年度预决算和管理情况的审计。总行工会选举成立了新一届经费审查委员会，对12家一级、二级分行组织开展了工会财务会计管理情况检查，部分分行组织了对辖属行工会财务管理情况的检查。

在总结工作成绩的同时，我们也清醒地认识到还存在的差距。一是服务意识和大局意识还需要进一步增强；二是与业务结合还不够紧密；三是维护职工合法权益力度还需要进一步加大；四是工会组织建设方面还要进一步完善；五是一些基层工会组织活力还有待发挥。所有这些，都需要在今后工作中采取措施切实加以改进。

机关党委工作

2010年，深入开展“创先争优”活动，大力推进学习型党组织建设，锐意创新，开拓进取，较好地发挥了机关党组织推动发展、服务群众、凝聚人心、促进和谐的重要作用。

一、服务业务，建设学习型党组织，促进总行本部各项工作科学发展

始终坚持把建设学习型党组织作为机关党建工作的首要任务，突出学习重点，创新学习方法，拓展学习渠道，营造学习氛围，各项工作扎实推进，取得了阶段性成果。

1. 围绕中央重大决策开展政策理论学习。十七届五中全会、中央经济工作会议等重大会议召开后，迅速就总行本部学习贯彻会议精神作出安排部署，为支部购买了专家录像辅导报告光盘、《五中全会文件汇编》等多种学习辅导资料，帮助支部和党员深入学习中央精神。

2. 围绕业务中心工作开展读书活动。积极引导广大党员着眼于提高理论素养、做好本职工作、完善知识结构、提升精神境界来读书。积极协调相关部门，设立了长安兴融中心图书分馆，努力为员工读书创造条件；积极购置新书、好书，最大限度地满足员工阅读的需求；大力开展读好书、荐好书活动，引导员工主动学习各方面知识，收到了良好的效果。

二、精心谋划，周密部署，促进“创先争优”活动健康发展

坚持从总行实际和部门特点出发，积极创新活动内容、方法和载体，不断增强活动的吸引力。

1. 高度重视，精心谋划，实现“创先争优”活动开好局、起好步。5月26日，召开了总行本部深入开展“创先争优”活动动员会议，总行党委委员、纪委书记、机关党委书记辛树森亲自做动员，对在总行本部深入开展“创先争优”活动进行动员和部署。总行本部成立了由辛树森同志为组长、机关党委委员为成员的“创先争优”活动领导小组，切实加强对活动的领导和指导。建立了领导小组成员联系点制度，制定了领导点评工作实施方案，以点带面，全面推进活动的深入开展。

总行党委书记、董事长郭树清4次在《总行本部创先争优活动动态》上作出重要批示，对总行本部“创先争优”活动提出明确要求。辛树森同志也多次主持召开总行本部“创先争优”活动推进会和座谈会，总结经验做法，研究活动方式，安排部署活动任务。

2. 创新载体，激发活力，积极为党员搭建活

动平台。根据总行本部实际情况和党员队伍特点，设计了特色鲜明、务实管用的活动载体，激发了基层党组织和广大党员开展“创先争优”活动的内在动力。

围绕纪念建党89周年，邀请中央党校党建教研部蔡霞教授作了题为《建设马克思主义学习型政党》的党课辅导报告，组织新党员进行集体宣誓和参观冀热察挺进军司令部旧址等爱国主义教育活动；围绕纪念抗日战争胜利65周年，邀请国防大学张召忠教授作了题为《国防形势与军事热点》的专题讲座；围绕学习沈浩同志先进事迹，组织总行本部3 500余名党员群众分19个场次观看电影《第一书记》，在广大党员中营造了学先进、赶先进、作贡献、当表率的良好氛围；围绕加强员工爱国主义教育，组织总行本部优秀党团员及优秀员工代表走进上海世博、走进上海大众、走进“一大”旧址开展主题考察活动，激发员工的爱国主义热情；围绕丰富员工精神文化生活，组织开展了部门精神风采及个人才艺展示活动，并举办了总行本部中秋联欢暨才艺展示活动颁奖晚会，活跃了员工业余文化生活，在总行本部引起了强烈反响。

3. 多渠道开展宣传交流，积极营造“创先争优”良好氛围。建立了“创先争优”专题网页和《创先争优工作动态》，主动向总行各部门约稿、组稿，积极向工委、总行党委报送活动动态，对总行各部门开展“创先争优”情况的重要动态、亮点工作和阶段性成果进行集中宣传，发挥了较好的示范带动作用，有力地推动了部门间横向交流。

三、以抓基层打基础为根本，使党组织建设进一步发展

1. 加强党员教育、管理和服务，党员党性观念进一步增强。全年共接收56名中共预备党员，审议批准了43名预备党员转正；举办了2010年度入党积极分子培训班，着力加强党员信息库建设，认真做好年度党内统计工作和党费收缴、使用和管理工作。积极支持基层党组织开展活动，全年向党支部（总支）拨付360万元组织活动经费；积极关心老党员和困难党员，共拿出40 000元党费，对40位老党员和生活困难党员进行了慰问。

2. 注重支部班子建设，党建工作进一步增强。一年来指导建信信托等3个公司和部门建立党的组织，完成了13个党支部的换届选举和增补委员工作；为提高专兼职党务干部责任意识和工作能力，对机关党务干部进行了集中培训；为支部购买下发了《党支部书记工作方法与领导艺术》等书籍，为基层党务工作者开展工作提供了依据。

四、认真学习贯彻《建立健全惩治和预防腐败体系2008—2012年工作规划》，促进反腐倡廉深入发展

认真学习贯彻党风廉政建设责任制和总行党委关于加强党风廉政建设的各项要求，实现了业务发展与反腐倡廉建设协调发展。

1. 大力开展各项廉洁从业规定的学习。组织党员干部认真学习《中国共产党党员领导干部廉洁从政若干准则》《国有企业领导人员廉洁从业若干规定》等各项廉政准则，准确把握基本内容和具体要求。通过学习，增强了贯彻执行廉洁从业的自觉性和坚定性，进一步打牢了廉洁从业的思想基础。

2. 组织参观了金融系统反腐倡廉建设展。把参观金融系统反腐倡廉建设展作为加强总行本部党风廉政建设的一项重要内容来抓，安排员工进行参观。通过观看展览，员工们全面了解了改革开放以来金融系统反腐倡廉建设取得的显著成就，增强了做好廉政建设的信心。

3. 组织员工签署《廉洁合规从业承诺书》。通过组织员工学习《中国建设银行员工从业禁止若干规定》《中国建设银行员工职业操守》《中国建设银行工作人员违规失职行为处理办法》等各项从业行为规范，促使员工主动、自觉遵守《若干规定》，并签署《廉洁合规从业承诺书》。

五、开展丰富多彩的群众性精神文明创建活动，促进“和谐建设银行”建设不断深入

围绕“陶冶情操、愉悦身心、释放压力、增进友谊、活跃机关”的宗旨，组织开展丰富多彩的文化体育和主题实践活动，为构建和谐建设银

行作出了积极贡献。

1. 大力开展普及性强、涉及面广、深受员工欢迎的文体活动。“三八”妇女节期间，组织开展了“巾帼建功标兵”、“女职工文明示范岗”评选表彰暨文艺演出；中秋节和圣诞节组织开展了采摘活动；先后组织员工集体观看了《唐山大地震》《让子弹飞》等优秀影片；组队参加了全行第二届羽毛球赛、中央国家机关第三届职工运动会；组织举办了总行本部迎“五一”第四届保龄球比赛、迎新年“拖拉机”扑克比赛。在机关党委的指导下，总行本部各个文体协会充分发挥职能作用，开展了大量丰富多彩的活动，较好地活跃了机关文化生活，增进了员工身心健康，释放了压力，增强了集体凝聚力。

2. 牢固树立服务意识和服务理念，努力为广大员工办实事，办好事。通过开展为病危员工捐款活动，为生活困难人员发放困难补助，为患重病人员发放医疗互助基金，为员工子女办理医疗包干，举办保健知识讲座，集中办理公园年票等一系列暖人心活动，积极帮助员工解除后顾之忧，使广大员工切身感受到组织的关怀与温暖。

3. 以企业公民责任为己任，无私奉献，回报社会。向乐亭县的三所中小学捐献各类科普、文学图书及文具5 000余册（件）；会同总行本部有关部门积极组织开展向受灾及贫困地区捐款捐物活动，树立了建设银行良好的社会形象。

六、服务全行中心工作，积极开展各项青年员工活动

1. 增强学习能力，全面提高青年综合素质。组织开办了金融英语培训班，“写给父母的一封家书”英语作文比赛等活动，进一步提高了青年员工的英语水平；组织青年员工参加2010年中国金融青年论坛活动、中央国家机关妇工委的“成长、成才、成功”征文活动、以“深化改革，防范风险，有效应对国际金融危机”为主题的征文活动；组织青年员工参加中央国家机关青年经济形势系列知识名家讲座和金融青年学习讲坛活动，提高了青年员工的综合素质。

2. 开展各项活动，不断丰富青年的文化生活。积极参加总行本部“五四龙舟大赛”、“西城区体育节足球赛”等各类文体赛事，取得了良好的成绩；组织举办了快乐瑜伽健身活动和舞蹈培训班，得到广大青年员工的踊跃参与；先后与金融街、首钢、央视团委组织开展单身联谊，与兄弟行联合举办文体活动等，增进了青年员工间的团结和友谊；邀请北京市国民体质监测中心专家为员工进行现场咨询和体质测试；开展了一线青年员工思想状况调查活动。

3. 组织开展青年志愿者活动，增强责任感和服务意识。组织开展了“每人捐赠一瓶饮用水”抗旱救灾活动；积极响应共青团中央关于开展“共青团关爱农民工子女志愿服务行动”的号召，组织开展了“建行绿色电脑捐助农民工子女”志愿服务活动；与总行团委联合组织了赴四川援建抗震希望小学慰问并开展救助农民工子女志愿者结对活动；开展“寄往未来的信”活动，用实际行动践行了总行本部青年员工“团结、互助、友爱”的精神。

4. 抓好争创活动，激发青年的积极性和主动性。认真抓好“五四红旗团委”、“五四红旗团支部”等创建活动，在总行本部涌现了大批先进集体和先进个人，极大调动了广大团员青年干事创业的积极性和主动性。

（执笔：毛静波）

CHINA 中国建设银行年鉴 2011
CONSTRUCTION BANK ALMANAC

第四部分 境内分行改革与发展

北京市分行

北京市分行行长　王军

一、业务发展概况

【经营效益】全年实现账面利润90.24亿元。

【资产负债业务】截至2010年末，本外币总资产8 310.64亿元，比上年增加1 405.01亿元，增幅为20.35%；本外币存款余额6 836.57亿元，增加774.85亿元，增幅为12.78%，其中人民币存款余额6 752.42亿元，增加766.82亿元，增幅为12.81%；本外币贷款余额2 970.66亿元，增加247.36亿元，增幅为9.08%，其中人民币贷款余额2 819.67亿元，增加248.8亿元，增幅为9.68%。

【中间业务】实现中间业务总收入30.77亿元，同比增加5.53亿元，增幅21.91%。中间业务收入创出历史新高。

【资产质量】五级分类口径不良贷款余额28.72亿元，减少33.38亿元，不良率0.97%，下降1.31个百分点；逾期和非应计不良贷款余额22.39亿元，下降36.45亿元，不良率0.75%，下降1.41个百分点。

【公司业务】抓住企业大额资金动向，做好存款亿元客户资金的沉淀工作。主动营销北京市重点优质项目，取得北京市首条磁悬浮示范线24亿元贷款银行资格。与北京市住房和城乡建设委员会签订战略合作协议。全额支持国贸三期A段项目建设，投放29.5亿元。城南行动工作小组深入营销城南第一批重点项目，取得营销进展的项目36个，新开立结算账户31户。积极开展跨区域集团客户联动工作。成立小企业金融服务团队，开展为期一年的小企业客户“千户工程”营销竞赛活动。本外币企业存款余额为4 331.04亿元，比上年增加572.92亿元，本外币对公贷款（含贴现）余额为2 470.11亿元，新增192.91亿元。

【个人金融业务】本外币个人存款时点余额2 305.55亿元，新增201.93亿元，增长速度为9.60%。理财产品（含黄金）、基金、保险、国债等重点产品销售量407.17亿元。推出高端客户股权投资绿色通道，专注客户金融需求的同时，不断扩展非金融服务范围，先后推出子女教育、便捷出境、高尔夫等个性化的私人银行服务项目。个人高端客户数量7 971名，管理客户金融资产超过362亿元。新增自助设备169台，其中ATM 87台，存取款一体机82台，在用自助设备总量达1 587台。自助设备交易量14 007万笔，实现自助设备手续费收入9 277.75万元。

2010年3月16日，建设银行北京市分行举办了员工压力管理辅导员常用心理学技术培训班。

【房地产金融业务】房地产开发贷款投放金额150.52亿元，主要投入普通住宅、经济适用房项目，支持保障性住房建设，用于住宅项目贷款占全部投放额的81%。自营性个人贷款余额500.71亿元，创历史新高，累计发放162.10亿元，新增54.38亿元，完成计划的155.37%。房改金融业务继续占据同业市场首位，并率先在北京地区实现公积金项目贷款投放。公积金个人住房贷款累计发放115.08亿元，贷款余额359.81亿元，新增64.26亿元。

2010年5月13日，建设银行北京市分行员工代表到北京市红十字会为“玉树地震灾害救援行动”捐款，向青海玉树地震灾区捐款1 261 369元。

【国际业务】集中力量重点发展外汇存款，着力改善和优化贷款结构，以贸易融资业务发展为核心，积极进行信贷结构调整，向短期贸易融资业务进行政策倾斜。紧紧抓住北京地区进出口百强客户群体，大力推动国际结算业务全面发展带动贸易融资、外汇资金等相关业务发展。全口径外汇存款88.73亿美元，各项外汇贷款余额22.91亿美元，同比增加5 806万美元；国际结算量657.85亿美元，同比增长49%。清算交易量达69.27亿元人民币，其中开立跨境人民币信用证2.3亿元，办理跨境人民币汇款66.97亿元。

【其他业务】开展“博爱龙卡，真情无限”红十字会员龙卡营销活动和“月月刷卡，天天向上”、“蓝色吸引力”等主题营销活动。贷记卡累计发卡148万张，净新增客户22.3万户，信用卡账户活动率达到48.85%；信用卡实现消费交易额192.66亿元，同比增长23%。累计发展特约商户16 936家，其中MIS直联商户44家。电子银行客户新增188万户，累计客户规模782万户；累计交易量19 601万笔，累计交易金额80 260.68亿元，电子银行账务性交易量比61.93%。

二、主要工作举措

（一）加快业务发展，提高专业专注水平

坚持把发展负债业务、中间业务作为重中之重，以客户、产品、渠道、服务为抓手，不遗余力开展工作。在城区范围内建立起“两级经营，一级管理”的经营架构，实现对129家支行和158家城区储蓄所直接管理；对公、对私条线一级团队达到43个。按照“信贷工厂”模式组建4家小企业中心，以流水线方式批量处理各环节业务，效率大幅提升。5家个贷中心形成网点推荐客户、中心专业经营、后台集中处理的一体化机制流程。按照三统一原则梳理各中心职能，财务、会计、安保等管理中心服务职能，提升支持服务效率。

（二）推进信贷结构调整，提升风险管理能力

对重点客户开展全面风险排查，通过实地调研、听取汇报等多种形式，确定潜在风险客户名单，提前安排化解方案并降低风险分类偏离度。制定下发《“双十大”客户管理方案》，出台《对公授信材料真实性管理规范》，对促进风险管理手段精细化起到了示范作用。全年减少“退出类”贷款67.64亿元，完成退出计划的163.86%；AA级（含）以上客户占比逐年上升，客户和行业结构进一步优化。积极寻求新型处置手段，探索建立新的不良贷款催收体系和消化不良贷款机制。全年共处置各类不良资产51.75亿元，完成总行下达的不良

2010年11月19日，建设银行北京市分行与北京市住房和城乡建设委员会签署战略合作协议。

资产处置计划的173.12%，其中：不良资产现金回收29.01亿元，完成全年计划的181.75%。实现超值现金回收19.13亿元，完成全年计划的330.41%。不良率降至系统平均水平之下，资产质量取得了历史性转折和根本性好转。

（三）强化基础工作，提升管理效率

深化财务管理体制改革，推行全面成本管理，投入产出效率进一步提高。继续推进总会计管理体制建设，119名总会计覆盖城区全部经营机构。加快经验管理向数据精细管理的转变步伐，信息整合、数据服务、平台应用等方面的效率进一步提升。后台集中处理系统三期成功上线，人工业务环节继续压缩，中后台实时化、影像化、自动化处理能力进一步提高。ISO 9000质量管理体系实现晋级目标。继续提高客户服务水平和效率，展览路支行、科南路储蓄所等10家单位被评为北京银行业文明规范服务百佳示范单位。集中管理全行法律事务，专业化水平和工作效率显著提高。

（四）实现安全经营

完成60多套主要应用系统127次维护检查和整改，对全辖网点综合布线采取地毯式排查；重要系统坚持24小时值守，延续系统可用率100%和零事故的佳绩。组建六个纪检监察特派员工作团队，对扁平化后城区各经营机构纪检监察工作实行垂直管理与直接领导；将城区综合经营机构的责任追究处理权限上收分行，制定下发《员工从业禁止性规定》。防范和阻截案件238起，避免损失896.6万元，被评为"2010年北京市安防工作先进单位"。积极推进内外部审计发现问题整改工作，内审整改效率达96.05%，比上年提高1.01个百分点。

（五）加强员工队伍建设

开展以领导干部为重点的读书学习活动，举办两期领导干部读书班和"转变作风，提高效率，建设高效文化"教育活动。组织开展"服务基层，关爱员工，深化改革，共谋发展"活动。探索压力管理与绩效提升，举办四期员工压力管理辅导员培训班，1 120人次参加培训，培训满意度达100%。完成人力资源集中上收工作，初步实现了薪酬、绩效考核"七集中七统一"的管理模式。组织人力资源条线和副总经理级及以上领导干部的交流与学习。启动了第三批派遣制员工转制工作，全年共有503名派遣制员工转制为中长期员工。加强绩效分配管理，优化岗位评估项目。举办各类培训和考试741期、65 448人次；开展文体活动1 643场次，参与44 298人次；开展竞赛培训等245场次，参加15 992人次。

（执笔：何冰）

天津市分行

天津市分行行长　高德高

一、业务发展概况

（一）资产业务快速发展，客户规模不断扩大

全年投放贷款626亿元，公司类贷款净新增192.82亿元，增幅17%。个贷业务再创历史最好水平，实现净新增39.31亿元，余额168.02亿元，公积金个贷市场份额攀升至94%。

账户营销活动取得新成绩，人民币全部结算账户和基本结算账户分别增长4 185个和2 011

个，增幅分别为 14.47% 和 17.22%。注册资金 5 000万元以上账户新增占比 34.65%，账户质量进一步提高。各类外币活跃账户 1 665 户，增长 25.8%；账户基础上的活跃客户数 768 户，占全市进出口企业总数的 10%。个金条线通过深入推进网点转型、实施零售网点分级管理等举措不断提升客户服务维系能力，个人富裕客户总量新增 10 385 人，客户结构持续优化。

（二）中间业务增势强劲，战略转型业务深入推进

实现中间业务收入 11 亿元，同比增速达到 36%，完成总行计划的 108.59%，四行排名跃居第二。造价咨询、投资银行、房改金融等传统领域优势更加突出，十三项产品收入增幅超过总行平均水平。个金业务条线通过加大“盈系列”理财产品等多元化产品销售力度，促进市场综合融资能力和网均产能进一步提升，实现中间业务收入 2.47 亿元，较上年增长 90%，增速系统内第一。结算类、代理类、银行卡等短板业务品种进步明显，条线间收入不均衡局面得到有效改善。非利息收入与主营业务收入之比达到 20.94%，收入结构进一步改善。

成功为天津城投集团承销 100 亿元中期票据、为天津泰达控股承销 42 亿元浮息债，债券承销区域领先地位更加巩固。电子银行客户规模迅猛增长，电子银行与柜面交易量之比、账务性交易量占比大幅增长，分别达到 116.28% 和 38.45%，渠道替代作用更加突出。国际业务市场竞争力不断提升，国际结算、结售汇业务量增幅均列四行第二位，排名大幅攀升，贸易融资等外汇资产业务余额达到 6.88 亿美元，较上年增长 430.8%，实现历史性突破。信用卡业务全年实现客户净新增 11.1 万户，消费交易额、资产质量等指标位列区域同业前茅，创利能力不断提高。

（三）结构调整不断深化，质量效益稳步提升

认真按照总行“进、保、压、控、退”政策要求，深入进行信贷结构调整，按照行业、客户、产品几个维度，严格进行客户及项目的准入及退出管理，确保信贷资源向区域优势行业、重点优质项目倾斜。密切关注产能过剩行业、政府融资平台和房地产业的潜在风险，加大对预判前景不乐观客户的压缩退出力度，在有效降低风险敞口的同时，为优质客户的新增业务腾出空间。退出类贷款共实现退出 31.01 亿元，完成总行年度计划的 139.43%。

认真落实总行“贷后管理年”工作部署，逐户建立信贷策略基础台账，组织实施各类专项检查，对检查中发现的问题及时进行整改，使一些风险因素得到控制和化解。扎实推进资产保全集中经营，共处置各类不良资产 7.87 亿元，实现不良资产现金回收 5.06 亿元。不良贷款余额为 12.25 亿元，不良贷款率为 0.82%，持续实现“双降”。实现拨备前考核利润 34.95 亿元，再创历史最好水平。

二、主要工作举措

（一）积极拓展新兴市场，大力推进产品创新

结合区域经济发展和自身经营特点，积极拓展新兴市场，努力打造业务发展新优势。成立了一级部建制的中小企业金融服务部，逐步实现中小企业业务的专业化经营和标准化管理。继续加大对军队武警、教育卫生、财政社保等领域的金融支持服务力度，积极支持城乡统筹发展，获得总行新农村建设创新试点资格。电子商务工作取得突破性进展，成功与天津一商集团合作开发“易商通”电子商务平台，“龙彩通”福彩投注平台、渤海商品交易所第三方支付平台成功上线。

积极响应市场需求，大力推进产品创新工作并取得丰硕成果。首次为泰达控股发放 6.9 亿元并购贷款，成功推出公积金委托保障房项目贷款、市一中心医院龙卡项目等五个自主创新产品，移植推广跨境人民币结算、双币种“存贷盈”、中小企业联贷联保等九个新产品。大力推广融税通、融货通等新型贸易融资产品，对提升国际业务市场竞争力产生了积极影响。此外，通过深入挖掘客户潜力，加大产品推介力度，推动公司和个人条线客户产品覆盖度均呈现稳步上升态势。

（二）深入开展创先争优，服务质量显著提高

着力将开展创先争优活动与提升服务质量相结合。完善客户投诉管理办法，将服务质量列入支行 KPI 考核指标，促进网点服务标准化程度大幅提高。结合总行“服务质量年”活动开展专题调研，对于来自客户和基层员工的合理化建议逐条制定解决方案并加以落实。积极推进创建“精品服务示范点”、“创建客户最满意银行”活动，南开支行营业部、塘沽分行广州道支行获得中国银行业协会授予的“全国千佳文明规范服务示范单位”荣誉称号。此外，“以客户为中心”推进流程优化工作，进一步提高工作效率和服务能力，特别是通过实施网点营运效能提升项目，使客户平均等候时间由16.58分钟下降至9.48分钟，弃号率由23%下降至18.5%，有效缓解了网点排队现象，减轻了柜面压力。

（三）狠抓内部基础管理，确保运营安全稳定

采取有效措施巩固操作风险和案件防控工作成果，按照总行“内控和案防制度执行年”活动要求，持续强化风险隐患监控和检查力度，认真开展突出案件风险点专项整治活动，保持风控高压态势不放松。制定实施《员工从业禁止若干规定》，明确员工从业“禁区”和职业操守“底线”；组织各支行、各业务条线签署《案件防控工作责任状》，明确责任标准，强化责任考核与责任追究。进一步加大教育宣传力度，努力营造合规经营文化氛围，构建齐抓共管的案件防控工作格局。继续按照总行要求深入推进营运管理体制改革，逐步形成后台处理集中化、规模化，前后台联动一体化，业务流程标准化，风险控制系统化的工作格局。实施完成中心机房配电、空调、消防等基础设施改造工作，进一步提升了信息系统运行可靠性和运行风险防范能力。分行档案集中库房竣工并投入使用，历史档案移交工作顺利完成，档案集中管理取得实质性成果。加大督察工作力度，对执行力考核进行量化并纳入对分行部门的综合考评。

（四）加强干部队伍建设，构筑和谐企业氛围

深入推进核心人才和优秀青年员工培养计划，组织实施首批25名青年员工进行轮岗锻炼。进一步加强对领导人员的日常管理，研究制定了“领导人员工作准则”、“领导人员岗位职责”，明确了各类领导干部的履职要求，形成了较为完善的“用制度管权，按制度办事，靠制度管人”的干部管理机制。继续坚持“以人为本”，让全体员工共同分享改革发展成果。员工工资、福利待遇稳步提升，人均工资增幅达到16%。认真落实离退休人员政治、生活待遇，进一步提升生活保障水平。企业文化建设中努力突出“关爱员工”的特点，更加关注基层员工身心健康和工作、生活条件的改善，更加关心员工职业生涯发展，一系列的关爱员工举措，让人本管理氛围更加浓厚。各级工会、团组织也以开展建功立业竞赛活动、举办青年论坛等形式为载体，有效激发员工的主人翁意识和工作积极性，全行凝聚力进一步增强。

（执笔：王兴捷）

河北省分行

河北省分行行长　杨毓

一、业务发展概况

【主要业务指标】截至2010年末，全口径存款余额3 834.78亿元，比年初新增314.48亿元；各项贷款余额2 016.63亿元，新增325.18亿元；实现中间业务收入25.34亿元，同比增长20.72%。全年实现账面利润53.69亿元，同比增长12.72%，创出历史最好水平。五级分类口径不良贷款余额18.84亿元，减少4.96亿元；不良贷款率为0.93%，下降0.47个百分点。

【资产质量与风险控制】处置不良资产167 300万元；核销不良资产409户，金额

63 921.28万元；实现已核销资产和关注三级公司类贷款现金回收 74 073 万元，完成总行计划的 229.97%。全年未发生重大案件和责任事故。

【公司业务】本外币对公存款比年初增长 211.85 亿元，完成总行计划的 101.95%，系统排名第 8 位，提升 5 个位次；同业第 2 位。对公人民币贷款新增 227 亿元，系统排名第 6 位，同业第 2 位。

2010 年 2 月 8 日，建设银行河北省分行召开全省建设银行工作会议。

【机构业务】机构客户一般性存款余额突破 700 亿元，新增 177 亿元，新增额居系统第 5 位，提升 7 个位次。机构客户贷款新增 8.5 亿元。

【国际业务】外汇对公存款新增 2 300 万美元；表内外汇信贷余额新增 10.34 亿美元；实现外汇中间业务收入 2.4 亿元，同比增加 5 976 万元。国际结算量首次突破百亿美元大关，完成 122 亿美元，保持四行第 2 位，市场份额新增排名四行第 1 位，系统排名第 12 位。

【小企业业务】小企业非贴现贷款新增 45.2 亿元；贷款综合收益率高于系统平均水平 10 个百分点；实现中间业务收入 2.7 亿元，同比增长 49.44%；新开立对公基本结算账户 10 265 户；不良贷款额减少 9 000万元；不良率下降 0.92 个百分点。

【个人金融业务】个人存款余额 2 169 亿元，时点新增 199 亿元，日均新增 272 亿元，分别居系统第 4、第 5 和第 2 位；网均存款余额 3.14 亿元，居系统第 9 位、同业第 1 位；实现中间业务收入 8.27 亿元。个人有效客户新增 12.55 万人，系统排名第 6 位；现金设备账务性交易量比 56.73%，同比提升 6.5 个百分点，完成总行计划的 109%；当年完成转型网点 308 家，二代转型网点 508 家，占网点总量的 75%。

【住房金融业务】个人贷款新增 95.3 亿元。房地产开发贷款（不含土地储备贷款和开发企业流动资金贷款）新增 19.7 亿元。

【信用卡业务】全年净新增客户 38.01 万户，系统内排名第 6 位，同比提升 8 个位次，完成总行计划的 181%；全年实现消费交易额 127.84 亿元，实现中间业务收入 10 682 万元，同比分别增长 52% 和 57.5%；账户活动率达到 57.88%，超系统平均水平 2.13 个百分点，在系统内重点分行及当地同业均排名第 1 位；贷款余额达 15.68 亿元，同业排名第 1 位；不良贷款率低于系统平均水平 0.15 个百分点。

【电子银行业务】新增个人网上银行活跃客户 83.60 万户、手机银行活跃客户 56.68 万户，同比分别多增 196%、283%；个人网银客户市场份额提高 6.46 个百分点；新增个人短信客户 139.19 万户、企业短信客户 8 628 户，均列系统第 5 位；新增企业网上银行高级版客户 1.24 万户，系统排名第 9 位；企业网银存量客户达到 35 625户，市场占比较上年提高 1.89 个百分点；中间业务收入 1.1 亿元，增幅 67.15%，系统内排第 10 位；电子银行账务性交易量比 30.70 %，同比提高 13.61 个百分点。

2010 年 6 月 11 日，建设银行河北省分行召开全省建设银行深入开展创先争优活动动员大会，对全省系统深入开展创先争优活动进行了全面动员和部署。

二、主要工作举措

【强化营销争份额】信贷业务稳健发展。积极实施区域差别化信贷政策，在支持传统优势行业以及铁路、公路、电力等重点支柱行业和项目的同时，加大对现代物流、现代服务业等新兴领域的信贷支持力度，严控“两高一剩”行业贷款及政府融资平台贷款投放，积极构建“民本通达”综合金融服务平台，信贷资源优先满足小企业业务发展，扎实推进个人助业贷款发展，资产业务规模不断扩大。负债业务较快发展。通过抢抓优质信贷户、基本结算户的代发工资业务，做好理财产品对接，加强个人高端客户拓展维护等措施，个人存款实现稳定增长。组建大型公司存款客户任务型营销服务团队，对无贷户逐一落实营销管理职责；延伸对公存款管理半径，加大重点网点督导通报力度；加强财政、社保等重点客户的拓展维护力度；加强信用证、境外保函业务保证金管理和贸易融资贷转存账户管理，保持对重点客户、大额存款的维护力度，对公存款的稳定性进一步增强。中间业务稳步增长。不断强化代理业务营销能力，狠抓借记卡、各类理财产品等专项营销，持续提升国内保理、财务顾问、传统造价、贷款承诺等对中间业务收入的贡献度，积极做好目标客户中期票据发行工作，延伸贸易融资服务产品链，加快电子银行业务的推广应用，加大重点信用卡产品网点预审批营销力度，促进中间业务的较快增长。联动营销成效初现。继续深化“链条网”建设，着力打造公私业务联动营销平台，制定并下发了联动营销指导意见，不断增强为客户提供多元化融资渠道和多样化金融产品的能力，产品覆盖度和客户综合贡献度不断提升。

2010 年 6 月 28 日，建设银行河北省分行与河北建设投资集团有限责任公司签署战略合作协议。

【夯实基础提质量】认真贯彻“三个办法一个指引”贷款新规。对于不符合国家政策及总分行信贷政策要求，以及实施战略退出客户的项目新增贷款，严格信贷准入。结合总行“贷后管理年”有关要求，制订实施方案，进一步完善了贷后管理相关配套制度和措施，建立健全贷后管理长效机制。继续完善风险会诊制度，加大对国家重点调控行业的风险防控力度。继续推进对重点行业和客户信贷资产的风险滚动排查，定期对出现预警信号的正常类及关注类客户进行贷后现场检查，监测授信业务的风险变化情况，及时发出风险预警提示，落实风险处置措施。继续实施资产质量目标责任管理，对重点项目建立团队化经营机制，综合运用债权转让、以物抵债等方式，重点项目不良处置实现较大突破，不良额率大幅双降，资产质量稳步提升。

2010 年 8 月 18 日，建设银行河北省分行发起组建的河北省内第一家村镇银行——河北丰宁建信村镇银行隆重开业。

【改革创新增活力】通过银团贷款、增量信托等产品，盘活存量信贷资源；大力发展投行业务，通过股权投资、短期融资券等手段为客户提供资金支持；积极研发“小额组合贷款”、“专利权质押贷款”以及“保付通”、“融资保”、“境外融资保”等新产品，通过产品创新和产品结构的不断调整优化，有效满足客户需求，不断提升客户的依附度和贡献度。上线深化前后台业务分离试点项目，释放前台服务资源，提升服务销售能力；继续巩固零售网点一代转型成果，深入推进二代转型，加大理财中心建设力度；积极推动财富管理中心向经营机构转型，探索建立个人高端客户服务长效机制，进一步提高客户满意度和忠诚度；强力提升自助渠道分流作用，把加强电子渠道建设作为二代转型的重要内容，进一步增强其对业务发展的支撑保障作用；继续坚持中心城市行优先发展战略，制定加快发展中心城市行的指导意见；进一步深化强县支行战略，完善县域机构标杆管理办法；制定并下发了城区经营机构标杆管理办法，细化对城区机构的指导和考核，区域战略的合理规划有效夯实了业务发展的基础。

【防范风险保平安】始终坚持把风险防范放在各项工作的首位。一是充分发挥委派主管风险防范的关口作用，对会计结算条线及有关部门进行机构改革和职责调整，完善操作风险分析例会制，建立起屡查屡犯问题治理常态机制，进一步提升操作风险控制水平。二是通过部署开展专题活动、学习教育、案件专项治理"十项行动"活动，加大纪检监察特派员队伍建设与管理力度等系列举措，进一步夯实案件防控的基础；通过规范采购行为，组织开展"小金库"专项治理自查自纠工作和财务管理大检查活动，进一步严肃了财经纪律；通过推动审计整改工作流程化、常态化，切实消除了风险隐患，合规文化建设不断深化。三是有力有序深入推进"平安建行"创建活动，通过专题学习、巡回教育、专项培训和模拟演练等多种形式，提高员工的安全防范意识和应对突发事件的能力；做好日常、重大节日以及世博会、亚运会期间的安全保卫及维护稳定工作，深入开展不稳定因素排查活动，确保了安全稳定的运营局面。

【创先争优增动力】认真部署开展创先争优活动。组织开展了专题组织生活会、"建立党员责任区"、"亮牌上岗"、"创建党员先锋模范岗"和课题研究等系列活动，营造了争当表率、争做先进的良好氛围。班子队伍建设持续加强。各级领导班子深入开展调查研究，切实提高科学决策能力和科学发展能力。领导班子成员主动抓好党风廉政建设，严格执行廉政规定。严格干部选拔任用，不断优化班子结构。加大了对二级分行基层机构负责人调整交流和岗位轮换的力度，加强干部队伍管理建设。"以人为本"内涵不断充实。组织召开二届一次职工代表大会，进一步落实职工群众的知情权、参与权和监督权。完成了500余名已转制人员的工资级别初始化和4 000多名原短期工的职等套定工作，进一步增强员工的归属感。开发整合培训资源，强化核心人才继续教育，进一步提高员工的履岗适岗能力。认真落实离退休人员的"两个待遇"，和谐发展氛围日益浓厚。"三个服务"内容更加丰富。组织开展"转变作风，改进服务，为基层办实事"、"服务质量年"和"深化客户服务，关爱基层员工"等系列活动，解决了一批员工关心的热点、难点问题，加大网点服务质量检查和整改督导力度，强化了服务意识，提升了服务品质，员工满意度和客户满意度进一步提高。

（执笔：史庆辉）

山西省分行

山西省分行行长　马卓

一、业务发展概况

【经营效益】实现考核利润19.6亿元，同比增盈1.4亿元，完成总行下达计划的100%。

【资产质量】不良贷款余额14.45亿元，减少2.47亿元；不良贷款率1.64%，下降0.55个百分点，完成总行下达的控制目标。其中：个人类不良贷款减少5 640万元，系统排名第7位；不良率下降1.96个百分点，系统排名第1位。

【负债业务】全口径存款余额2 049亿元；新

增295亿元，系统排名前移10个位次；余额四行占比22.53%，提高1.61个百分点，新增四行占比41.49%，提高15个百分点。

2010年3月2日，建设银行山西省分行召开"严格履职、防控案件、坚决打击违规操作行为风暴"动员大会。

其中：一般性存款余额2 004亿元；新增342亿元，系统排名前移12个位次；余额四行占比22.63%，提高1.64个百分点，新增占比36.44%，提高10.64个百分点。企业存款余额975亿元；新增207亿元，系统排名前移13个位次；余额四行占比24.4%，提高2.79个百分点；新增占比46.7%，提高23.06个百分点。个人存款余额1 029亿元；新增135亿元，系统排名前移5个位次；余额四行占比21.2%，提高0.69个百分点，新增占比27.2%，继续保持第2位。

【资产业务】各项贷款余额880亿元，新增110亿元。其中：对公非贴现贷款余额807.6亿元，新增90.58亿元；贴现余额49.6亿元，系统排名第9位；新增6.99亿元，系统排名第5位，四行排名第1位。

【中间业务】实现收入9.42亿元，增加3.15亿元，增幅为50.2%，高出全国平均15.56个百分点，系统排名第6位，前移22个位次。四行占比28.8%，保持第2位，提高3.75个百分点，增量、增速均居第1位。

【房金业务】个人贷款余额57.26亿元，新增18.5亿元，增幅为47.7%；余额四行占比28.6%，新增占比29.5%，均居第2位。住房公积金贷款投放15.7亿元，新增11.9亿元，增速58.6%；余额占比46%，新增占比59.8%，四行排名均列第1位。

【国际业务】完成国际结算量24.8亿美元，完成计划的121.5%；四行占比20.15%，提高1.51个百分点，首次上升为第3位。完成结售汇量19亿美元，同比增幅为62.9%；四行占比25.2%，提高4.94个百分点。

【机构业务】代理中央级、省级财政集中支付市场占比分别为35.3%、29.6%，均列同业第1位；社保业务取得省内社保联名卡代理发卡资格，存款、账户新增均列第11位；代理保险业务收入同比增幅为76%，高出全国平均42.23个百分点，系统排名第6位，四行占比27%，排名第2位；"鑫存管"业务收入增长40.6%，高出全国平均26.1个百分点，系统排名第4位，客户量和手续费收入均列同业第2位；托管资产新增5.59亿元，完成计划的185%，系统排名第10位。

2010年6月28日，建设银行山西省分行举办电子银行业务技能竞赛。

【其他业务】投资银行业务发行理财产品20笔59亿元，同比增长78%；承销短期融资券26亿元，实现山西五大煤业集团债券承销业务零的突破。全年实现收入1.67亿元，增幅49%，标杆组排名第1位。电子银行业务短信银行客户规模140万户，手机银行活跃客户新增21万户，个人网银活跃客户新增36万户，系统排名分别为第9、11、17位，位次分别前移10、8、10位；短信同步签约率73.7%，系统排名第1位；个人网银客户增速138%，系统排名第3位；短信银行客户规模、电子商务商户规模、手机银行客户新增均为同业第1位。信用卡业务全年累计发卡35.2万张，新增发卡10.3万张；新增账户12.7万户，系统排名前移10位；完成计划的115%，系统排名第8位；新增特惠商户113户，系统排名第4

位，前移10个位次。资金结算业务单位人民币结算业务收入1.07亿元，创历史最好水平；完成计划的165%，收入增量保持四行第1位。

二、主要工作举措

【以发展为核心，审时度势、紧抓机遇，明确战略方向】以转变发展方式为前提，以提高发展质量为目标，以“贷后管理年”为契机，提出坚持“更快、更高、更好”发展方向、全面完成“三年再造”的奋斗目标。“快”即以比全行系统和同业更快、更强的发展势头，拓展中间业务和战略性业务，夯实存贷款业务基础，实现各项业务的快速发展；“高”即着力推进经营转型和结构优化，确保实现主要业务指标同业市场份额和系统位次的持续提升；“好”即继续加强基础管理和风险控制能力，持续实现不良贷款双降，全面提高资产质量。在这个目标的指引下，山西省分行把握机遇、争创一流，旺季营销成效显著，创出历史同期最好水平，全年各项工作均取得较好成绩。

【以营销为重点，多方出击、努力开拓，信贷投放取得有效突破】倾斜重点行业、重点客户。紧紧抓住大秦铁路、大西铁路、大唐国际、国电长治热电、同煤集团等重点客户，当年纯新发放贷款重点投向总行政策支持及山西省内优势行业，其中煤炭、交通运输、批发零售、焦化、电力行业纯新发放贷款184亿元，占比超过80%。2010年，山西省分行为铁路行业授信达665亿元，贷款余额达103亿元，占全系统铁路贷款余额的10.2%；十大行业贷款余额747亿元，占比达93%。集中力量拓展小企业业务。从经营模式、管理体制方面逐步推进，经营管理架构基本形成，业务逐渐壮大。在晋中、运城分行先行试点，发展小企业客户56个，新增表内外信贷业务3.5亿元，中间业务收入均超过百万元。

【以客户为中心，挖掘潜力、全力以赴，负债规模迅速扩展】狠抓基础，加强账户营销。对公方面，在全行开展“大干三百天、新增10 000户”账户营销竞赛活动，通过抓源头客户、挖掘存量客户上下游潜力客户等手段，推动客户账户数量增加。全年共新增对公类账户5 078户，其中5万元以上折算后账户新增6 677户。对私方

2010年11月22日，建设银行山西省分行举办法律法规知识竞赛。

面，实行市场细分，对于高端、中端、大众等不同层级的客户采取不同的营销模式及考核方式，个人高端客户达到3 311人，系统排名第13位，其中私人银行客户542人，系统排名第9位。狠抓重点，提高竞争优势。旺季营销阶段以“建行贺岁　龙腾虎跃”活动为基础，第二、第三季度淡季期间持续开展个人金融业务“争市场　比贡献　盯短板　促销售”营销活动，全年以零售网点转型和红梅理财示范点建设为契机，挖掘客户资源、拓展客户群体，确保在同业竞争中的优势地位。2010年，山西省分行全口径存款、一般性存款、企业存款新增三项指标首次居同业第1位；个人存款余额突破千亿元，新增全年有一半时间领先同业，网均新增及发展速度继续保持四行第1位。

【以质量为准绳，规范经营、转变机制，提高经营水平和发展质量】健全操作风险管控体系。加大各业务条线对基层机构的检查频率，对重要业务、重要环节、重要部位、重要时段进行监控检查，进一步强化基层机构的内控管理，持续加强关键风险点监控检查力度。首次开展柜面业务后评估。对公会计业务、异常业务等4个模块的制度、流程等风险后评估工作，共梳理制度文件184份，发现问题48个，提出改进建议48个。全面推进集中经营改革。将太原地区以外的500万元以下对公不良贷款纳入集中经营范围，实现了对全辖公司类不良贷款的集中经营。同时，设立对私业务团队，有效利用专业资源，对太原城区部分不良个贷项目实行集中经营。突出不良大项目处置。以千万元以上大项目为突破口，处

置工作取得较大进展。全年处置千万元以上公司类不良贷款26户，处置金额3.6亿元；处置十大不良客户1.08亿元，且全部为现金回收。自2006年风险管理体制改革以来，山西省分行连续五年不良实现双降。

【以管理为基础，防范案件、弘扬文化，提供业务发展的动力源泉和健康保障】开展“严格履职、防控案件，坚决打击违规操作行为风暴”活动。狠抓制度落实，加大整治和问责力度，严厉打击违规操作行为，提高了员工依法合规经营的意识和技能，树立了“履职是根本，较真是灵魂，能力是保障”的理念。实行案件防控工作与领导人员年度绩效考核、职务聘任晋升等“六挂钩”制度，制定16条员工从业禁区和职业操守底线，从制度上进一步完善案防机制。加强技防建设，全辖336个营业场所、10个金库、312个自助银行及581个自助设备，全部实现语音、视频、报警同步一体化，实现全年无案件和无重大事故目标。加大整改力度。全年内部审计发现问题464个，整改完成率100%，实现历史最好水平。完善考核激励机制。制定并完善领导人员履职考核方案，优化年薪制人员绩效考核办法，进一步突出正向激励。提高培训管理能力，抓特色培训项目，重视对一线员工的培训倾斜，形成了一套新型综合性培训体系。扎实开展“创先争优”活动。在中央及总行党委“五个好”、“五带头”的基础上，进一步扩展到“八个好”、“八带头”，引导全行在鼓士气方面动脑筋，在聚人心方面下工夫，形成学习先进、崇尚先进、争当先进的良好风气和浓厚氛围。弘扬先进企业文化。继续扩大品牌示范效应，27个红梅理财示范点已经成为全行业务发展的旗帜。党、政、工、团齐心合力，积极宣扬各类先进典型，逐步将文化和理念渗透、融入业务中去，成为发展的动力和基础。

（执笔：赵建伟）

内蒙古自治区分行

内蒙古自治区分行行长　黄先俊

一、业务发展概况

负债业务。全口径存款余额1 491亿元，新增238亿元，增幅为19%。四行占比25.84%，同比提高0.52个百分点，排名第3位；新增占比28.95%，排名第1位。

资产业务。各项贷款余额1 185亿元，新增179亿元，增幅为17.79%。四行占比29.31%，同比提高0.53个百分点，排名第1位；新增占比26.64%，排名第2位。

经营效益。实现拨备前利润36.92亿元，同比增加5.07亿元，完成总行计划的102%。拨备前利润四行占比28.1%，排名第1位。实现经济增加值15.05亿元，同比增加0.73亿元，完成总行计划的114%；经济资本回报率28.5%，同比增加0.93个百分点，比总行计划高出2.42个百分点。

资产质量。不良贷款余额3.83亿元，减少0.76亿元，不良贷款率0.32%，下降0.13个百分点，四行排名第1位。处置不良资产4.73亿元，其中，处置不良贷款4.34亿元，完成总行计划的153%；处置个人类不良贷款0.36亿元，完成总行计划的262%。

（一）公司业务

企业存款余额798亿元，新增129亿元，增幅为19.28%；四行占比29.07%，比上年提高0.15个百分点，新增占比29.84%，排名第2位。同业存款余额60亿元，当年新增5.11亿元，增幅为9.31%；同业存款余额占比24.24%，排名第2位。对公贷款余额1 043亿元，新增126亿元；对公贷款总额突破千亿元大关，成为自治区首家对公贷款超千亿元的银行。

（二）个人业务

个人存款余额634亿元，新增104亿元，增幅为19.62%；个人存款余额占比22.80%，比上年提高1.05个百分点，新增占比30.19%，排名第1位。个人贷款余额142亿元，新增53亿元，占全部贷款的11.99%，较上年提高3.14个百分点。信用卡客户净新增11.7万户，完成总行计划的106%；消费额83亿元，完成总行计划的128%；贷款余额13.9亿元，新增7.01亿元，完成总行计划的156%。电子银行客户数246.68万户，新增115.63万户，增幅为88.23%。个人网银盾客户新增24.86万户，完成总行计划的99.45%；企业网银高级客户新增2 270户，完成总行计划的126.11%。累计实现电子银行交易额5 630亿元，新增2 268亿元，增幅为67.46%。

（三）房贷业务

个人住房贷款当年新增52.66亿元，增幅为58.88%，系统排名第2位，个人住房贷款新增同业排名第2位。委托性住房资金归集余额216.94亿元，新增38.48亿元，增幅为21.56%，完成总行计划的120.26%。

（四）中间业务

实现中间业务毛收入12.21亿元，同比增加4.3亿元，增幅为54.36%，完成总行计划的124.6%。四行占比38.85%，排名第1位。占主营业务净收入的20.4%，同比提高5.05个百分点。

（五）国际业务

外汇对公存款时点余额7 963.42万美元，日均余额6 155.64万美元；转贷款余额1.09亿美元，新增国际融资签约额合计6 360万欧元，余额及签约额保持市场份额第1位；实现结算量32.46亿美元，新增15.02亿美元，增幅为86.13%；实现结售汇11.37亿美元，完成全年计划的113.68%，增幅为8.06%。

二、主要工作举措

（一）负债管理

一是扩大对公客户群体，提高同业市场份额，完善奖惩机制，加强监测督导。通过加大激励力度，并辅以对条线各层级的诫勉谈话、黄牌警告等行政约束，建立企业存款日常监测通报制度，实时报告大额企业存款变动等措施有效推动了全行对公存款和客户群体的稳步增长。二是开展以“拼抢市场，创先争优，健康发展”为主题的专题营销活动。三是运用多种宣传手段，扩大品牌影响力。区分行成为全区13所院校的主办行；与内蒙古大学等5所高校签订了全面业务合作协议；9所医院类客户的基本账户、代发工资账户、电子银行业务、职工贷记卡业务都在建设银行办理；内蒙古自治区医疗保险管理局全部账户、全部代理业务在建设银行办理。

（二）信贷调整

从客户、行业、产品、区域等四个维度确定信贷结构调整的总体思路和布局、调整目标、实现路径及保障措施。拓宽行业范围，降低贷款集中度，在重点支持自治区煤炭、电力等优势行业的同时，加大对城市基础设施、节能减排、循环经济、涉农等行业领域的支持力度。贷款余额居前两位的电力和道路运输业贷款集中度明显下降。

（三）重点推进

根据各二级分支行市场资源、管理水平和机构建设情况，将其分为“重点发展”、“稳步发展”、“培育能力”三类，进行分类推进；利用行业筛选工具将各区域行业分为“支持”、“维持”、“控制”三大类，大力支持区域优势特色行业。信贷资源重点向“支持类”行业和产业园区、专业市场、产业集群倾斜。在机构改革方面，撤销各二级分支行公司业务部和机构业务部，设立批发业务管理部、资金结算部、客户经营中心，实现了对公条线的垂直管理，促进重点推进。

（四）经营客户

一是转变以往偏重产品营销的模式，将注意力更多地集中在客户上。二是开展以“创建星级网点”、“创建服务旗舰店”、“创建精品理财中心”、“创建品牌财富管理中心”为主题的“四个创建”活动。三是组织开展旺季营销活动，开展“抓客户、增存款”专项营销活动，实现“开门红”。四是开展资产组合营销，建立到期产品适时“预警”机制，保证存款资金的稳定，防止存款和客户流失。五是积极拓展银行卡业务，努力提升银行卡对个人存款的负载量，提高银行卡的基础贡献度。

（五）风险管理

一是完善风险管理机制，强化全面风险管理。持续开展信贷政策重检工作，实施客户信贷政策差别化管控；细化落实操作风险管理机制，推动操作风险管理再上新台阶；建立市场风险管理架构，积极推进市场风险管理；不断完善风险管理激励约束机制，引导和规范管理行为。二是提升信贷审批水平。信贷审批坚守风险底线，明确从严审批，不断提高审批水平，充分发挥信贷审批在调整信贷结构、信贷资源配置中的作用；通过对额度授信项下单笔支用信贷业务的审批把关，提高重点行业及业务领域的监控督察力度；利用审批平台回收存在风险隐患的存量贷款，控制存量贷款转贷风险；建立存量对公客户的评级、授信到期预警制度；将 3 000 万元以下小企业授信业务调整为双签方式审批，将个人助业贷款审批权限全部上收到区分行小企业及个人贷款审批中心。三是强化贷后管理，动态化解风险。在辖内全面开展以“加强贷后管理，促进结构调整，提高资产质量，提升竞争能力”为主题的“贷后管理年”活动，在系统内率先进行了贷后管理的专职化、专业化改造。在区分行层面，将资产保全部向前延伸，承担贷后管理职责；在二级分行层面，在对公业务组织架构改革时，设置了专门从事执行授信方案和贷后管理的部门，实现了岗位分离和工作流程区分。

（六）产品创新

力推信用卡等战略性产品，现金管理系统、支付密码器、电子银行等高附加值、融资融智类新产品。在产品模式、业务模式、服务模式方面，实现了非保证性融资租赁业务、动产质押业务零的突破。率先推出了委托贷款模式和集合信托计划模式的新产品，首次开办了企业债质押资产监管业务，顺利发行首单民营企业中期票据，成功推出凭证式国债理财产品。

（七）科技创新

完成了会计回单柜系统推广，电子银行部代缴话费、代收水费、电费，机构部代理赤峰地方财政，卡中心代收电力收费 POS 四项代收付功能的开发上线工作。对计算机软件著作权的申报工作，已收到国家版权局为“移动 POS 代收电费系统”、“校园一卡通系统”、“综合数据管理平台软件”等 7 个项目颁发的“计算机软件著作权登记证书”。

（八）激励机制

一是推行“S + Y”业绩考核方式，解决业务发展打埋伏的思想，激励先进，鞭策后进，实现价值创造能力与市场竞争能力的统一。二是不断完善薪酬分配机制。引入精细化管理方法，对机构类系数进行适当调整，调增基层机构员工机构类群系数、岗位工资与绩效工资分配系数，引导员工向经营一线、营销一线流动。三是完善战略性业务激励机制，对财务资源进行矩阵式分配。按照“业绩责任共担、财务资源合理流动”的原则，“谁营销客户、谁创造业绩，谁享用财务资源”，实现财务资源在条线间、条线内部的合理流动。

（九）队伍建设

不断完善用人机制，打造高素质队伍。在干部选拔中，通过民主测评、二级分行党委集体推荐、区分行集中的程序，提拔任用 44 名副总经理级以上领导人员。所选拔的每一位干部，在组织考察时，推荐率都达到了 100%，没有收到一封举报信，公信度极高。

（十）公益事业

启动“中国建设银行少数民族地区大学生成才计划”，继续落实贫困高中生成长、贫困英模母亲捐助年度计划，积极开展植树造林、资助修建公路、捐建水窖、“博爱一日捐”等公益活动。

（执笔：高效利）

辽宁省分行

辽宁省分行行长　李英俊

一、业务发展概况

市场竞争力和价值创造能力进一步提升。一般性存款、中间业务收入稳居四行第1位，资产质量、盈利能力保持四行最优。实现税前利润28.77亿元，比上年增加4亿元；创造经济增加值11.69亿元，增加1亿元。其中，净利息收入54.51亿元，增长6.8%；中间业务收入13.47亿元，增长28.8%，占主营业务收入比例提高3个百分点。一般性存款日均余额2 497亿元，新增261亿元，其中，对公存款新增101亿元，个人存款新增160亿元。各项贷款余额1.314亿元，新增167亿元，其中，对公非贴现贷款新增150亿元，贴现下降39亿元，个人贷款新增55亿元。五级分类不良贷款额24.82亿元，下降1.36亿元；不良贷款率1.89%，下降0.39个百分点，不良额与不良率持续“双降”。全年处置不良资产13.67亿元，超总行计划6.88亿元。

【公司业务】贷款新增150.5亿元，新增创历史新高。对公一般性存款余额1 078亿元，当地占比居第1位。压缩下浮利率贷款75亿元，贷款综合收益率达6.1%。客户新增4 452户（KPI折算口径），完成计划的124%。利息收入52亿元，完成计划的105%。小企业实现超常规发展，贷款余额75.14亿元，其中非贴贷款余额61.24亿元，新增49.02亿元，增速系统第2位。投资银行业务实现收入16 863万元，同比增长35%；发行理财产品48亿元，承销短期融资券45亿元，发放融资租赁款1.47亿元，帮助客户融资95亿元；其中沈阳军区总医院医疗设备售后回租，为全国系统内军队类客户医疗设备融资租赁业务首创之举。企业年金新增账户管理数量1.3万户，完成计划的130%；新增托管资产30.5亿元，完成计划的110%；集合计划新增签约22户，完成计划的110%。

2010年4月19日，建设银行辽宁省分行与中国风电集团有限公司举行战略合作协议签约仪式。

【个人金融业务】个人存款余额1 405.07亿元，时点新增129.71亿元，新增四行占比38.21%，同业排名首位，系统列第2位。日均新增160.13亿元，网均新增2 519万元。沈阳地区存款新增62.77亿元，新增四行占比高达49.33%，余额稳居同业首位。个人理财产品销售额248亿元，同比多增45亿元，居同业首位。电子银行交易量占比38.83%，比年初提高14.90个百分点；电子银行与柜面交易量之比为133.72%；个人存量签约客户475万户，企业网银活跃客户1.1万户，客户新增170.14万户。信用卡累计发卡59.5万张，实现净新增客户19.49万户；信用卡贷款余额8.68亿元，较年初翻番；不良率1.07%，下降1.04个百分点；账户活动率52.43%，实现消费交易额56.05亿元；购车分期业务交易额2.24亿元，实现中间业务收入1 744万元，居同业领先。

【房地产业务】个人贷款余额306.5亿元，新增55.2亿元，增速为22%。其中，个人住房贷款余额280.5亿元，新增52.6亿元，增速为23%。委托性住房资金存款余额182亿元，公积金个人住房贷款余额243亿元，房改金融业务继续保持同业领先。办理个人住房贷款客户中覆盖四种及以上产品占比为83%，带动了个人存款、银行卡、个人理财和电子银行等各类产品销售。个贷实现全面双降，不良贷款余额2.75亿元，比年初减少0.83亿元；不良率0.9%，比年初下降0.53个百分点，创历史最好水平。

【中间业务】实现对公中间业务收入8.2亿元，当地占比居第1位，同比增速34.5%。客户新增4 452户（KPI折算口径），完成计划的124%。省社保日均存款177亿元，代理社保业务保持当地占比居第1位、系统排名第6位。成功营销省直单位收入专户352户，市场占比74%。新增三甲、市县二甲级医院基本结算账户8户，卫生行业新增贷款11.21亿元，新增5.66亿元。个人业务单元实现中间业务收入6.29亿元，四行占比居第1位，基金、保险代理收入等继续保持同业领先。

【国际业务】对公外汇中间业务收入1.5亿万元，四行占比提升35个百分点，列四行第2位，其中沈阳地区对公外汇中间业务收入6 002万元，居四行第1位。完成国际结算量79.9亿美元。外汇存款增长2.3亿美元，增量及增速居四行第1位。外币贸易融资余额1.1亿美元，增幅193.25%，外汇贷款结构进一步优化。

【资产质量与风险控制】开展“内控和案防制度执行年”活动，强化内部控制和岗位制约，增强风险管控能力，促进业务安全营运。处置全口径不良资产13.67亿元，完成计划的201.46%；不良资产现金回收5.62亿元，完成计划的198.44%；实现超值现金回收2.63亿元，完成计划的219.90%；呆账核销3.46亿元，完成计划的216.31%。

2010年5月20日，建设银行辽宁省分行举办“辽宁青年讲堂——走进建行”活动，向高端客户介绍金融知识。

二、主要工作举措

（一）抢先抓住机遇，实现业务快速发展

新产品、新突破不断涌现。研发推广“工商验资通”和“票卡通”等产品，受到总行高度评价；办理系统内首笔跨一级分行国际贸易供应链融资授信业务；融资租赁业务实现零的突破；保理产品收入增幅为142%，流贷替代率为17.28%，居系统内第1位；批量拓展民生领域优质客户，成功营销二级甲等以上医院基本结算账户8户；新增电子渠道客户170万户，创历史新高；电子银行交易量占比提高14.9个百分点，自助交易量比提升5个百分点。部分业务巩固和扩大领先优势。企业年金账管和托管资产数量市场占比、系统内排名均为第1位；外汇存款增量及增速跃居当地四行第1位；代理省财政存款、授权支付业务量保持市场占比第1位；个人贷款余额和新增额继续保持同业领先；新增借记卡178万张，系统内排名提升2位；发放汽车卡2.5万张，系统内排名第1位。贷款综合收益率提高。对公和个人贷款新增均创历史新高，用足总行的规模计划；小企业非贴贷款新增49亿元，增速达401%，综合收益水平达到基准利率上浮31%；票据业务服从大局，充分发挥蓄水池和调节阀作用，为规模调控提供了操作空间。中间业务支柱型产品贡献度提升。3个产品收入超过1亿元，新增5个超5 000万元的产品；投资银行业务收入突破亿元大关；实现单位人民币结算收入1.38亿元，为工商银行的2.1倍。

（二）强化风险管理，提升内部控制水平

制定了《不相容岗位（职责）实施细则》，规

范不相容岗位（职责）管理，增强内部控制和风险管理的有效性。压缩退出类客户贷款26.5亿元，处置千万元以上不良项目，合计金额4.33亿元；开展个贷不良攻坚战，个贷不良率下降到0.9%。开展了“贷后管理年”活动，实现贷后管理职责的相对分离；对全部大中型客户建立了信贷策略基础台账和贷后管理评价机制；全面梳理对公业务管理指引、产品和操作系统，搭建基础管理平台。推进“内控和案防制度执行年”活动，完善规章制度体系，开展全面清理整治“小金库”等六大专项整治活动，全年没有发生重大案件。切实抓好审计检查发现问题的整改工作，整改率超过99%，达到历史最好水平。在辽宁银监局对大型商业行的监管评级中，连续两年成为唯一一家评级结果为二级（同业最高级别）的大型商业银行。

（三）夯实基础管理，有效凝聚发展动力

完善领导人员考核评价机制。将经营业绩与领导人员的职务、绩效挂钩，打破了年薪制大锅饭。业务流程持续优化。改进审批方式，实行差别化服务；简化评估评价流程，实行限时工作制；建立健全对公小额无贷户管理办法；扩大后台业务集中处理覆盖面，完善了集中配送体系。基础管理工作稳步推进。通过运用计量模型、项目后评价等措施加强成本管理，荣获总行2010年“成本管理先进集体”称号；加强对大前置等系统设备和运行环境的安全管理，科技支撑保障能力得到提升；推进“平安建行”创建工作，编制平安网点及办公楼评审手册，获得总行充分肯定，全年无重大责任事故发生；通过开展救助“协解”人员、补缴养老保险等措施，积极化解矛盾，维护了稳定局面。

（四）狠抓企业文化，促进和谐企业建设

注重将“创先争优”活动与业务发展相结合、与提高服务质量相结合、与业务竞赛相结合、与提高群众满意度相结合，既加强了党的建设，又有效促进业务健康发展。以推进惩治和预防腐败体系建设为主线，落实党风廉政责任制，充分发挥各部门在反腐倡廉中“各负其责、源头治理”的作用，形成了齐抓共管的良好局面。在省管领导人员的选拔任用和交流上，坚持党管干部的原则，重能力、重业绩、重群众支持率，严格组织程序，做到公平、公开，确保领导人员选拔任用的公信度。深入开展柜面优质文明规范服务竞赛活动，创新监督检查方式，激发了员工“比、学、赶、超”热情，进一步提升了全行服务水平。开展“深化客户服务、关爱基层员工”主题活动，营造关爱员工、促进发展的和谐企业文化氛围。

（执笔：关连山）

大连市分行

大连市分行行长　杨文升

一、业务发展概况

【经济效益】实现主营业务收入27.55亿元，税前利润16.29亿元，经济增加值7.2亿元。四行排名第2位，经济效益创历史最好水平。

【中间业务】实现中间业务收入6.40亿元，列四行第2位，新增列四行首位；中间业务主营收入占比23.24%，提高4.1个百分点。其中，公司条线收入总量和新增均为同业第2位；个人条线收入总量和新增均居同业第1位。

【资产负债】全口径存款余额1 057亿元，四行排名第3位。其中，对公存款余额604亿元，四行排名第1位；个人存款余额424亿元，四行排名第4位。各项贷款余额644亿元，四行排名第3位。其中，对公贷款余额503亿元，个人贷款余额141亿元，同业均排名第3位。

【资产质量】处置各类不良资产8.57亿元，回收已核销贷款7 400万元；不良贷款余额减少4.52亿元；不良贷款率下降0.88个百分点，资产质量持续好转。

【战略性业务】委托性住房金融存款余额62亿元，同业排名第1位；公积金个贷余额124亿元，同业排名第1位。信用卡累计客户数28.30万户，四行排名第3位；信用卡账户活动率为52.48%，四行排名首位。国际结算量全年累计完成80.68亿美元，四行排名第3位；国际收支量71亿美元，四行排名第2位；国际融资业务实现历史性突破，签约额累计完成5.18亿美元，四行排名和系统排名均为第1位。投行业务实现收入8 085万元，增速系统内排名第9位，其中理财业务收入2 130万元，增速系统内排名第3位。电子银行客户数207万户，同业排名第2位；电子银行交易额4 781亿元，同业排名第2位；电子银行与柜面交易量之比达158.07%，系统内排名第8位；电子银行与柜面账务性交易占比53.98%，系统内排名第6位。

2010年6月10日，建设银行大连市分行组织10名青年志愿者开展了“送国债下乡”宣传活动，在长兴岛周边乡镇及韩国STX大连长兴岛船厂进行国债发行宣传。

二、主要工作举措

【强化服务营销，加快对公业务发展】

一是加大营销广度和深度，积极拓展客户。加强对公信贷经营职能整合，建立对公综合营销机制，提高客户整体服务能力、客户贡献度和产品覆盖率。在巩固原有优质大客户的同时，不断拓展新客户、新项目。新投放贷款202亿元，实现项目储备370亿元，公司机构类客户新增2 216户，客户增速达15.01%，并带动存款账户快速增长。各类公司账户数达到18 731户，增速17.65%，四行账户新增排名第2位。此外，加快专业化经营步伐，推动小企业业务快速增长。实现小企业客户新增48户，增速为41%，贷款新增5.65亿元，增速为322%。

二是调整优化结构，促进可持续发展。重点加大了对交通运输、基础设施、现代装备制造业等行业的信贷支持力度，推进了对公存量无贷客户梳理和清理工作。通过制定客户压缩退出计划、综合运用整体退出与产品置换等手段，改善了信贷资产结构。实现公司类客户退出5亿元。

三是突破发展新产品、新业务，提升竞争力。以船舶融资中心、物流金融产品创新实验室建立为契机，打造新的业务领域品牌；实现买入返售转贴现业务零的突破，提高了资金使用效率；与温州商会合作设计“联保贷”融资产品，建立小企业批量营销、集群化发展模式；跨境贸易人民币结算业务实现突破性发展，成功办理11笔1.63亿元，四行排名第2位；率先推出短期出口信用保险中小企业保单融资业务，正式启动办理账务通、融链通、汇存赢等新产品；在大商所资金存管银行中首家成功开通标准仓单质押专用通道，并首笔办理标准仓单质押贷款业务；首次开办托管业务，托管金额20.5亿元；自主设计发行“乾元一号”高基股权类理财产品8亿元，处于同业领先位置；实现“乾图理财”业务零的突破，销售额4 500万元；成功办理信托计划私募融资财务顾问业务，开辟了新型财务顾问业务渠道。

【创新管理机制，提高个人业务市场竞争力】

一是持续优化个人客户结构，提升客户价值。以产品稳固客户的战略导向，首次在条线内部建立资源禀赋差异调节系数，促进个人产品的交叉销售、组合销售。个人条线全口径融资总量307亿元，同业排名第2位。借记卡净新增43.61万张，连续四年新增保持四行第1位；投资理财产品销售243.43亿元，市场占比38.62%，同业排名第1位，其中利得盈和大丰收产品系统内城市行排名第1位；黄金交易额19.45亿元，四行排名第1位，系统内城市行排名第1位。个人客户AUM值300万~1 000万元客户新增272户，增速为28.42%；AUM值1 000万元以上客户新增61户，增速为59.80%。二是巩固提升个人资产业务市场优势。加快个贷中心规范化建设，明晰岗位职责和业务流程，强化管理与考核；发挥“小桂工作室”特色优势，丰富服务功能，品牌知名度和影响力不断提高；扩展公积金管理中心营销服务范围，推进公积金网上缴交业务，并积极介入公积金项目贷款，受托办理了3亿元经济适用房建设项目贷款发放工作。三是快速发展信用卡业务。加强公私渠道联动，充分发挥直销团队专业化优势，进一步加大标准白金信用卡、汽车卡、卓越卡等重点产品营销力度；成立分期业务中心，积极推动信用卡分期和收单业务，实现分期付款交易额7 032万元，手续费收入实现700万元，收单商户新增375户。

【加速发展中间业务，效益贡献大幅提升】

对公条线中间业务收入主要来源国际结算、单位结售汇、国际保理、财务顾问、对公理财、造价咨询、工程项目资金监管和人民币结算等八项业务产品，合计占对公中间业务收入的75%；个人条线中间业务收入主要来源于银行卡及收单、对私理财、贷记卡、代销基金和代销保险等五项业务产品，合计占个人中间业务收入的75%。

【完善渠道建设，提升服务能力】

坚持业务管理精细化、营销服务精品化、目标客户精准化，不断提升电子渠道服务能力和价值贡献度。客户新增首次超越工商银行，同业排名第1位；电子渠道代缴费交易量系统排名第一，交易额系统排名第2位。推进自助设备专业化管理，在线自助设备总数483台，开机率99.08%，系统排名首位。电子渠道和自助渠道分流作用显著提高，电子渠道、自助渠道及柜面渠道三者账务性交易占比分别为35.29%、34.43%和30.28%，电子和自助渠道交易占比提高9个百分点。加快网点建设，购置网点13个，装修改造35个。积极推动星级网点评定，加强网点综合管理规范化程度，已完成68个网点二代转型。

2010年12月28日，建设银行大连市分行在大连人民文化俱乐部举办“建行之声”2010中国·大连新年音乐会。

【健全内部经营机制，增强核心竞争力】

一是完善风险经理绩效考核机制，探索跨团队业务交流模式，加强与对公经营条线的沟通与交流，优化平行作业流程，作业质量及效率进一步提升。二是组建专业化经营机构和专业化行业管理团队，完成对公信贷经营职能整合工作，“专业专注”服务水平得到较大提升。三是完善业绩考核体系。重点激励增量业绩，同时着力提升客户、产品、渠道等基础性业务，提高资源配置的科学性和合理性。

【强化风险内控和基础管理，增强发展后劲】

一是加快推进流程银行建设，实施完成流程银行第一阶段建设目标工作，并推动VOPA建议反馈机制建立，完成柜面业务流程优化项目。二是深入开展贷后管理工作，围绕结构调整深入开展贷后管理工作，根据客户风险状况变化及时检查客户信贷策略，确定贷后管理和岗位职责分离模式。三是加强风险内控管理，持续开展授信业务风险排查，组织开展政府融资平台客户授信审批与风险管理情况等近10项业务风险排查；积极开展“内控和案防制度执行年”活动，完成585项制度梳理，对219个岗位进行制度分解；开展关键风险点检查，明确全辖114个网点的关键风险点检查分工，检查网点覆盖率达到100%；深入推动《主要经营业务重点产品关键操作风险点内控管理手册》执行；重视对内外部审计检查发现问题的及时整改落实，全年整改问题362个，审计追踪整改率99%。四是加大轻微违规行为积分推进力度，开展积分管理“扫零”工程；逐级组织员工签署“廉洁合规从业承诺书”，推动合规履职意识提高；加强安全责任落实、安全隐患排查、安防建设管理工作，全年实现安全运营。五是加强信息技术对经营的支撑保障作用，推进产品信息整合规划工作，正式运行分行远程监控中心，中后台服务能力得到显著提高。

【加强队伍建设，推进企业文化建设】

深入开展“创先争优”活动，强化党员干部的党性修养、廉洁自律意识，提高各级领导的服务意识、责任意识、创新意识；抓好基层党组织建设，强化党员队伍素质建设和作风建设，发展党员31名。顺利完成两批劳务派遣制人员转制工作，组织6次行内公开招聘，共有13名员工走上新岗位；完善专业技术岗位序列，增设专业技术岗位职务。注重应用实践能力培训，组织开展各层次培训7 500余人次。积极推进企业文化建设，完善“二线为一线”服务管理体系，建立运行“服务质量评价系统”，推动了本部工作作风转变；贯彻落实服务质量年要求，开展“客户服务体验四个一”活动，服务质量得到提升。2010年荣获大连市五星服务品质机构奖项，所属沙河口支行、五一广场支行荣获“全国银行业文明规范服务千佳示范单位”殊荣。

（执笔：方宗翰　刘宏成）

吉林省分行

吉林省分行行长　张勤

一、业务发展概况

【经营效益】实现拨备前利润22.6亿元，增长7.3亿元，完成总行计划的112.04%；实现经济增加值10.63亿元，增长2.49亿元，完成总行计划的114.72%。账面利润列系统第26位，前进3位，居同业第2位。

【资产负债】全口径存款余额1 337.5亿元，新增119.72亿元，增长9.83%。其中，个人存款余额664.97亿元，增长9.62%；企业存款余额612.28亿元，增长16.74%；同业存款余额60.25亿元，下降30.52%。各项贷款余额798.77亿元，新增145.58亿元，增长22.29%。其中，对公非贴现贷款余额605.26亿元，增长32.11%；贴现贷款余额5.1亿元，下降91.35%；个人贷款余额188.41亿元，增长38.47%。

【中间业务】实现中间业务净收入9.02亿元，同比增长4.12亿元，增幅84.08%，中间业务收入首次跃居当地同业首位。占主营业务收入的比重21.17%，同比提高5.12个百分点。

【资产质量】不良贷款额2.27亿元，下降0.97亿元；不良贷款率0.28%，下降0.22个百分点。资产质量列系统第3位，继续保持同业最优水平。

【关键业绩指标】KPI考核指标全面或超额完成总行计划，其中，个人贷款客户新增、公司机构外汇客户新增、个人客户产品覆盖度提升、公司机构客户产品覆盖度提升等指标完成总行核定计划150%以上。

【住房金融业务】自营性个人贷款新增52.34亿元，增幅为38.47%，保持同业第1位。公积金存款余额81.96亿元，新增14.2亿元，增幅为20.96%；公积金贷款余额88.14亿元，新增

21.07 亿元，增幅为 31.89%，均居同业第 1 位。

【机构业务】加强公务卡营销，累计发卡 36 023张。新增社保账户 31 家，代理社保业务 64.5 亿元，同比增加 5 亿元。

【信用卡业务】累计发卡 53.7 万张，新增 16.4 万张，列系统第 15 位。其中，钻石白金卡新增 426 张，列系统第 4 位。信用卡业务收入 9 690万元，增长 63%。自有商户 3 585 户，新增 1 156户，实现分期付款交易额 1.8 亿元。

【电子银行业务】个人网银盾客户新增 28.6 万户，增长 105.76%；企业网银高级客户新增 4 298户，增长 122.8%；实现业务收入 3 234.96 万元，同比增长 117%。

【国际业务】完成国际结算量 57.87 亿美元，同比增长 40.06%，列系统第 19 位；完成对公外汇买卖 38.49 亿美元，同比增长 128%，列系统第 2 位。

【投行业务】成功发行 8 期债权类和股权类理财产品，完成 10 期信托计划私募融资财务顾问业务，总募集金额近 80 亿元。实现投行条线收入 1.22 亿元，同比增幅列系统第 1 位。

【小企业业务】研发商标专用权质押（系统内首家及省内同业唯一一家试点行）、中小企业信托贷款集合型理财等新业务，初步确立起小企业服务品牌。小企业贷款余额 68.72 亿元，其中非贴现贷款 66.86 亿元，新增 51.56 亿元，增幅为 337%，完成总行计划的 286%，新增额列系统第 10 位。

【涉农业务】强化涉农信贷业务产品创新和品牌打造，推出以“兴农·通富”、“兴农·易居”为品牌的系列涉农新产品，并在省内同业中率先创设以财政直补资金为担保的助农贷款业务，已在 3 个支行试点推行。涉农贷款投放 11.37 亿元。

二、主要工作措施

（一）深化信贷结构调整，强化价格意识

针对信贷资产过度依赖大客户、传统行业等结构性问题，研究制定信贷结构调整三年目标并在工作中逐步落实。细分客户，制定差别化发展策略，压缩电力、交通等行业贷款和贴现贷款，充分利用有限的信贷规模资源，重点拓展省内产业化龙头企业、小企业和个人类业务。着力提高定价标准和资产收益，新投放人民币对公非贴贷款加权平均利率 5.84%，平均上浮 7.45%，列系统第 1 位。

（二）坚持存款立行，强化结算户营销，固本开源显成效

加快渠道布局整合步伐，购置租赁网点 38 个，新装修网点 79 个，新上线自助设备 102 台；推进柜面业务分流、减高增低，充实客户经理 130 人，完成 76 家网点二代转型。强化“服务质量年”建设，在总行“神秘人”检查评比中列第 13 位。充分发动全行营销力量，大力营销公司类结算账户。对公结算账户净新增 2 901 户，增幅为 8.1%。其中，基本结算账户净新增 4 486 户，增幅为 23.4%。企业存款首次跃居当地四行首位。

（三）积极推进机构和经营机制改革，促进工作效率不断提高

加快推进中心城市机构管理扁平化管理。一是资产业务经营重心上移，负债业务经营重心下沉。资产经营实行“二级经营，三级营销”，负债经营实行“一级经营，三级营销”；将省行和二级分行由管理和以管理为主的行转变为既管理又经营，实行管理经营一体化。二是整合机构，压缩管理层级。合并原长春银海支行机关，加大中心城市行后台业务集中管理力度，对长春市区金库、安全保卫、人力资源、内退及离退休人员实行集中统一管理。三是核定全行人员编制，大力压缩非经营部门人员总量。富余人员全部充实到经营一线，初步建立起了较完整的客户营销队伍。全年共有 373 人从中后台充实到支行和经营条线的前台岗位。

加快建立专业化经营机构，促进专业、专注经营。一是完善对公板块和个人板块机构设置。在省分行设置小企业部和投资银行部，将资金结算部划归对公板块；在长春分别设置和整合小企业、大中型、机构、国际业务和信用卡、个贷业务经营中心；在二级分行设置小企业部、机构业务部、电子银行部和信用卡中心，并根据业务发展需要个别设置国际业务部。二是整合、升格营业机构，提高营销能力。将长春城区 50 个营业机构升格为支行并收由省分行直属，使城区省分行直属支行总数达到 62 个，二级分行网点型支行以下机构内部升格 93 个，正在将全省所有储蓄所（分理处）升格为网点型支行，并实行直管。

完善激励约束机制，统一考核，统一兑现绩效。经营条线实行准事业部制，相关人员固定薪

酬由层级行考核发放，绩效工资由省行考核发放；按照“效率优先、兼顾公平”原则，对板块内各经营条线和条线中的各经营团队，以及团队中的经营小组和客户经理实行绩效考核，分配绩效工资；同时配套其他考核办法，加大激励约束力度。

（四）强化风险内控和基础管理，保障安全稳定运营

深入贯彻“三个办法一个指引”要求，实行积极主动的风险管理。结合“贷后管理年”的相关要求，强化专项调查、排查、核查和现场检查，深入推进贷中以及贷后平行作业。积极清理无效资产占用，大力压缩不良资产。处置不良贷款36 113万元，完成总行计划的177.9%。积极开展现场检查和监控录像抽查，加大对会计重点业务、重点操作环节的监督检查力度，切实防范操作风险。建立案件防控工作激励约束考评机制，构建有效的案件防控工作的制度体系。紧密结合机构整合进程，深入开展内控和案件防范制度年活动，有效控制各类案件及重大违规违纪行为的发生。开展“小金库”专项治理，发现、纠正问题2个，涉及金额达5.2万元。开展“诚信敬业，廉洁合规”为主题的员工职业操守教育活动，营造诚实守信、合规经营的氛围。加强监管部门检查和审计发现问题的整改，加强反洗钱、关联交易管理，提高全行依法合规经营水平。深入开展“平安建行”创建活动，初步建成远程监控联网报警系统网络，强化日常安全管理，保障业务安全稳定运营。

（五）深入推进廉政建设和企业文化建设，营造和谐氛围

认真贯彻《中国建设银行员工从业禁止若干规定》，加强对各级领导人员、重点业务领域和要害环节的监督管理。优化领导班子结构，全年共调整交流管理人员48人次，139名优秀人才通过竞聘走上了分、支行负责人岗位。积极开展企业文化“示范点”和精品网点建设，培育先进典型。创办《蓝韵》电子期刊，开展心理疏导，帮助员工树立积极健康的认知观念和态度。开展丰富多彩的员工群众性健身、娱乐活动，召开全行职工首届运动会。关心离退休、内退员工和困难职工的生活，积极营造友好和谐的工作氛围。关心员工收入增长，统一固化工资单位值标准。全行工资增长1.37亿元，增幅为26.5%，员工费用增长2.15亿元，增幅为26.27%。积极参与社会公益活动，向洪涝灾区捐款311.26万元，帮助落实灾后支援贷款19亿元，展示了建设银行履行企业社会责任的良好形象。

（执笔：邹昕）

黑龙江省分行

黑龙江省分行行长　薛峰

一、业务发展概况

【经营效益】截至2010年末，黑龙江省分行实现税前利润24.16亿元，完成总行计划的136.1%，同比多实现6.08亿元，增幅为33.66%；实现经济增加值11.64亿元，完成总行计划的166.9%，同比多实现2.29亿元，增幅为24.44%。

【资产负债】全口径存款余额1 889.3亿元，新增177亿元。一般性存款余额1 855亿元，企业存款余额855.6亿元，储蓄存款余额999.6亿元。一般性存款新增210.4亿元，增幅为12.79%，其中：企业存款新增107.1亿元，增幅为14.31%，储蓄存款新增103.3亿元，增幅为11.53%。一般性存款日均余额1 794亿元，新增225.3亿元，增幅为14.36%。同业存款余额34.1亿元，比年初下降33.4亿元。

各项贷款余额750.53亿元，新增105.21亿元，增幅为16.3%，各项贷款投放控制在总行计划之内，完成计划的99.59%。其中：票据贴现减少4.44亿元，非贴现对公贷款新增81.6亿元，个人贷款新增28.05亿元。

【中间业务】收入实现同业“三连冠”。净收入实现11.3亿元，同比增长2.97亿元，同比增速为35.66%，总行计划完成率为113%，中间业务收入市场份额居四行第1位，市场占比34.71%，比上年提升1.2个百分点。中间业务净收入占主营业务收入比22.57%，同比提高3.13个百分点。

【战略性业务】小企业业务贷款余额和新增额均列同业之首。小额农户贷款累计投放18.42亿元，较上年多投放4.06亿元。电子银行业务同比新增127.23万个新客户，电子交易与柜面交易量比同比提升14.31个百分点，中间业务收入翻番增长。投行业务主要产品收入增速高于全行平均水平，收入贡献度同比提高4.38个百分点。信用卡收单商户新增1 454户，分期交易额和业务收入同比分别增长531%和562%。企业年金中的账户管理业务新增签约个人账户9.87万户，面向中小企业的集合计划增速和计划完成率均列系统内第1位。国际结算量、结算收入同比分别增长31%和34.78%，打破中行在哈动股份及三大动力出口业务的垄断地位。“民本通达”品牌影响力不断扩大，民生领域客户新增161户，获得省新型农村试点基金财政专户代理行资格，争得省级财政社保资金专户。此外，融资租赁、现金管理业务系统、保障性住房贷款等多项新兴业务实现零的突破。

【资产质量】不良资产额13.88亿元，比年初减少4.72亿元。其中：不良贷款额12.83亿元，同业四行中列第3位，不良贷款率1.71%，比年初降低0.52个百分点，低于总行计划0.2个百分点，同业四行中列第3位；不良贷款处置率为153%。

二、主要工作举措

推进实施客户战略。客户结构不断优化，客户基础进一步夯实。规模以上基本公司机构账户新增3 389户，增速为33.21%；非基本公司机构账户新增2 321户，增速为31.03%。公司机构外汇账户新增44户。AUM 5万元及以上个人资产客户新增7.59万户；信用卡客户新增13.39万户；个人贷款当年投放客户5.15万户；个人结算账户新增163.64万户。代发工资覆盖率同比提升13.84个百分点。

持续优化信贷结构。鼓励进入类行业贷款新增48.65亿元，不良贷款下降140万元；逐步压缩类、“6+1”产能过剩行业贷款余额分别下降4.98亿元和2.18亿元。共退出涉及52户退出类客户贷款11.9亿元，完成总行计划的123.9%。小企业贷款实现银监会提出的“两个不低于”目标；对公涉农贷款新增26.43亿元，增幅达45.6%。

加快业务转型和改革创新。一是积极推进网点转型和渠道建设，取得明显成效。网点一代转型已全部通过总行验收；二代转型网点总量达107家，75家通过总行验收。新购置网点17个，启动装修改造项目71个。迁移调整低效自助设备169台，在线运行自助设备总量达874台；自助设备账务性交易量比同比提升10.27个百分点。全面启动对公网点转型，单位人民币资金结算业务收入同比增长66.8%。二是稳步推进各项改革。专业化经营组织架构进一步完善；成功召开了全行县域金融服务座谈会；肇东建信村镇银行筹建工作取得阶段性进展；前后台业务分离不断深化，进一步发挥了对前台经营的支持保障作用。

扎实推进风险防范和案件防控工作。一是有效推进“贷后管理年”活动。认真落实贷后管理各项规定动作，开展岗位分离试点工作；积极运用贷后管理系统工具，贷后管理规范化、精细化和常态化水平不断提高。二是进一步增强案件防控能力。强化案件防控长效机制建设，严格执行案件防控工作责任制，认真落实各项案件防控措施，圆满完成“内控和案防制度执行年”活动各阶段任务，实现“无案件、无风险及重大违规问题发生”的目标。

加强党建、员工队伍和企业文化建设。一是不断深化党建工作。认真开展“创先争优”活动，完成党建三年规划的年度任务。深入贯彻《干部选拔任用四项监督制度》等规定，严格落实党风廉政建设责任制，层层签订了责任状。二是进一步加大培训力度。共投入培训经费1 875万元，培训量同比增长15.4%。三是深入开展企业文化建设。开展系列主题企业文化建设和建功立业竞赛活动，分行1名员工荣获第八届“中国建设银行十大杰出青年”称号。召开系统二届二次职工代表大会，广泛开展送温暖活动，严格落实老干部两个待遇。四是信访维稳工作成效显著。信访件、来访人员数量同比分别下降35%和45%，稳步推进协解人员就业失业登记、养老保险关系接续等相关工作。“两会”、世博会和亚运会等重要敏感时期没有发生大规模上访事件。五是进一步提升社会美誉度。被评为“全国金融系统职工代表大会制度建设示范单位”和全省推进“八大经济区、十大工程”建设先进单位；蝉联省内“最具竞争力银行”和“最具影响力银行”称号；65家分支机构荣获“2010年度黑龙江省银行业最佳服务窗口”称号。

（执笔：王玉明）

上海市分行

上海市分行行长　赵欢

一、业务发展概况

2010年，上海市分行实现考核利润93.99亿元，实现拨备前利润106.62亿元，人均拨备前利润连续四年超百万元。实现经济增加值48.28亿元，增长3.85%。全口径存款余额6 650.06亿元，余额和新增同业四行排名第2位；一般性存款余额5 662.81亿元，新增605.6亿元；同业存款保持同业第2位。各项贷款余额3 017.22亿元，新增311.77亿元，控制在总行计划内。资产质量持续向好，不良贷款实现“双降”。

【公司业务】本外币企业存款余额3 574.19亿元，新增455.84亿元，系统内新增排名第4位。规模以上公司机构客户新增3 643户，其中基本户4 273户。民生领域事业法人新开户32户，社保账户新增7户。新增企业年金集合计划客户103户、个人账户管理数量10 656个。人民币对公贷款新增247.72亿元。小企业贷款、网络银行贷款新增61亿元，增长34 %，是全部贷款增速的3倍。“6 + 1”行业贷款年末余额66.18亿元，比年初减少10.3亿元。对公信贷退出56.26亿元，完成年度计划的113.64%。

【个人金融业务】个人存款新增149.76亿元，余额突破2 000亿元大关，个人理财产品余额新增215亿元。大众富裕客户新增15.97万户，系统内排名第1位。财富与私人银行客户达8 004户，增长31.4%；客户日均AUM总量达394.6亿元，AUM总量和增量均列系统内第2位。人民币个人贷款余额571.64亿元，新增43.58亿元，100%完成总行计划。

【房地产业务】人民币房地产贷款余额372.09亿元，比年初新增52亿元，其中保障性住房贷款新增约占房地产贷款新增的60%。个人住房贷款余额532.78亿元，新增52.5亿元。住房金融存款余额 440.08 亿元，新增 106.63 亿元，继续保持系统内和同业排名第 1 位。

【中间业务】实现中间业务净收入 43.79 亿元，增长 29.24%，中间业务收入占主营业务收入之比 26.88%，提高 4.38 个百分点。中间业务毛收入总量、增量和增速同业四行排名第 2 位，市场份额 27.91%，比上年提高 0.25 个百分点。对公条线中间业务收入 26.55 亿元，增长 24.35%，其中机构条线中间业务收入居系统第 1 位。零售条线中间业务收入 18.1 亿元，增长 42.14%，超过系统平均增速。理财产品表现突出，全年共实现中间业务收入 5.27 亿元，增长 3.70 亿元，占中间业务净收入总量的 12.04%。

【国际业务】外汇企业存款和同业存款新增 12.1 亿美元，居同业四行第 1 位；国际收支量 50 万美元以上加权客户数 16 511 户，完成全年计划指标的 103.5%；新增贸易融资授信客户 103 家，贸易融资存量有效客户数增至 220 家，增长 37%；对公即期结售汇收入 1.97 亿元，系统内排名第 1 位。

【资产质量与风险控制】近三年纯新发放贷款不良率 0.17%，下降 0.15 个百分点。处置不良贷款 15.28 亿元，实现“华源、广电、宏力”三大风险贷款在总行“双十大”名单中的全面退出。年末不良贷款余额 29.68 亿元，减少 3.47 亿元；不良贷款率 0.98%，下降 0.24 个百分点。

【其他业务】全年发行各类投行产品 239.2 亿元，实现投行中间业务收入近 5.9 亿元，新型业务收入占比从 51% 提升到 83%。

贷记卡客户新增 38.4 万户，贷记卡消费额 327 亿元，增长 26.25%；借记卡发卡 151.8 万张。收单商户新增 2 597 户，商户收单收入继续保持系统内排名第 1 位。分期商户新增 415 户，分期中间业务收入增长 151%。

电子银行账务性交易量比 63.69%，提高 19.63 个百分点，系统内排名第 3 位。网上银行个人和企业客户活跃度在系统内客户规模领先梯队中排名首位。

二、主要工作举措

【加强重大项目营销】针对上海经济转型加快和世博会期间建设项目推迟的形势，分行组织专业团队，落实分层营销，重点项目、重点客户营销取得新进展。与中国商飞有限公司签署银企战略合作协议并获得年金业务管理资格，中标迪士尼项目全面现金管理业务和账户管理行。成功签署轨道交通九号线一期、十二号线项目银团合同，成功办理建工交通 11.86 亿元 BT 项目工程应收账款保理业务。积极营销大型居住社区项目和经济适用房销售资金监管账户，年末沉淀资金达 29 亿元。支持居民自住房和优质住宅项目的贷款需求，为大型居住社区、旧城改造和经济适用房等保障性住房建设提供 31 亿元信贷支持。

【加快转型步伐】把零售业务、投行业务、国际业务、机构业务和小企业业务作为推动业务转型的重点，不断加强产品创新与服务创新，推进业务结构转型和盈利结构转型。实施网点等级行分类管理，组织“个人中间业务达标管理活动”，加强产品营销的过程管理，建立“诊断、培训、辅导、竞赛”四维一体的销售能力培养体系，网点销售能力显著提高，全行个人中间业务收入日均目标完成率从初期的 74% 提升到 120%。网点二代转型工作有效推进，全行 102 家网点通过了总行现场及非现场验收与复查，通过率 100%，且均为优秀。新增理财中心 21 个，财富管理中心 2 家。在上海市率先独家推出个人经济适用住房商业性贷款，全年投放个人经济适用房贷款 790 笔。积极推进投行产品创新，推出基于股权、股权收益权、准 REITs、产业基金等理财产品；深入探索债务融资工具，独家主承销上海市宝山区首期中小企业集合票据。完成首笔中美跨境贸易人民币结算业务，首推人民币“跨境盈”组合产品，成功办理系统内首笔国际贸易供应链融资授信业务项下的前置订单融资业务、首笔以人民币贷款利率为标的的互换交易。争取市财政在我行开立社保基金财政专户，成功吸收市级社保资金一年期定存 20 亿元，打破了其他银行的垄断。成功中标上海清算所清算业务唯一结算银行，中国金融期货交易所和上海期货交易所结算资金份额分别约占 30%、35%，位于同业前列。加快小企业专业化经营，搭建“助保金”银政合作平台，成功发放系统内首笔小企业购船抵押贷款。

【圆满完成世博金融服务】高度重视世博金融服务工作，将其作为全年工作的重中之重。细化各类窗口服务标准，签订《世博金融服务责任书》，设立"世博优质服务奖励基金"，做好应急预案和演练。开展"世博优质服务竞赛"、"我为服务献良策"等活动，实现"零障碍、零事故、零有责投诉、高愉悦客户体验"的目标。网点客户平均等候时间下降29.32%，自助设备开机率和全功能服务率、95533电话接通率均达到历史最好水平。分行先后获得人民银行、银监会、中国银行业协会、总行等上级单位授予的世博先进集体奖项，分行部门或管辖单位获得上级单位授予的世博金融服务先进集体称号61项，102人次获得上级单位授予的世博金融服务先进个人称号。其中浦东分行党委获得中央组织部、中央创先争优活动领导小组颁发的"上海世博会创先争优先进基层党组织"称号。

【提高精细化管理水平】认真开展"贷后管理年"活动，十方面80项细化工作全部完成。坚持每周风险管理联席会议制度，问题当年整改率达94.93%。完成对公信贷岗位分离，初步建立了大中型公司及机构客户信贷业务全流程管理模式。"三个办法一个指引"和"实贷实付"等要求得到有效执行。组织开展"内控与案防制度执行年"活动，重检969项制度，并逐项分解至174个岗位，编制岗位制度目录和操作手册。针对制度上的空白点和模糊点，修订完善了85项制度，全行制度水平、执行意识、案防能力进一步提高。在上海银监局组织的2010年度ROCA评级中分行列五大行第1名。

全面实施"长治久安工程"，以"打基础、布天网、严打击"为主线，完成了涵盖教育、制度、排查检查、惩处和整改等五方面82项细化任务，形成"责任明确、教育有效、制度完善、监督到位、惩处有方、整改及时"的惩防体系。开展法律合规宣传教育、从业禁止行为宣传教育，员工职业道德和合规意识进一步增强。完善案防排查方式，员工不正当交易行为大幅下降。加强纪检监察组织建设，充实基层机构纪检监察组织和人员，纪检监察体系进一步完善。

【继续推进体制机制改革】深化经营责任体系建设，将基层网点的对公经营责任上收到管辖行，形成了大中型客户、小型客户和个人客户分层经营、差别化营销的服务体系。推进专业化经营机构建设。成立浦东、浦西小企业经营中心，小企业经营中心的专业化经营管理模式得到完善。加快推进个人贷款中后台经营管理职能集中，积极推进不良贷款的集中经营。继续推进浦东地区机构改革，原南汇支行并入浦东分行，在浦东地区的竞争力进一步提升。完善经营绩效考核，在分层管理的基础上，遵循明晰条线责任、激励业务发展、注重市场份额、调节资源差异、强化考核约束的原则制定考核办法，按对公、对私和个人资产三个条线考核下达绩效工资，为探索条块结合的矩阵式考核体系和资源配置机制积累了经验。

【加强员工队伍建设】启动"人才辈出工程"，修订并完善了领导人员选拔任用管理办法及七项配套制度，初步形成"领军后备人才"、"助理后备人才"和"经理后备人才"三个储备人才库。全年共举办1天及1天以上培训1 164期，培训36 225人次。实施"启航计划"，加速培养管理人才和专业人才。开展职工文艺和体育健身活动，"'心得乐'员工辅助成长计划"荣获上海金融系统工会特色工作奖。

（执笔：顾静文）

江苏省分行

江苏省分行行长　张援朝

一、业务发展概况

2010 年，江苏省分行按照“转型发展、稳健发展、创新发展、和谐发展”的思路，推动各项工作取得新进展，实现了规模、效益和质量的全面提升。实现税前利润 93.35 亿元，较上年增长 17.9%。各项贷款余额 3 566 亿元，新增 514 亿元。一般性存款新增 640 亿元，余额达到 5 411 亿元。

【公司业务】公司贷款新增 333 亿元。全年压缩贴现 98 亿元，确保非贴现贷款规模的增长；大力拓展小企业业务，小企业非贴现贷款新增 190.96 亿元，占非贴现贷款增量的 44.29%，增量接近 2009 年的 2 倍；基本建设贷款新增 118.66 亿元，占非贴现贷款新增的 27.52%；国内保理新增 37.62 亿元，占非贴现贷款新增的 8.72%；新农村贷款投放 13.06 亿元。

企业存款余额 2 903 亿元，新增 347 亿元。全年规模以上客户新增 6 230 户，民生领域客户账户新增 211 户。抓住各类理财产品发行、债券融资、IPO 等商机，归集资金超过 500 亿元，沉淀资金超过 200 亿元。

【个人金融业务】个人存款新增 293 亿元。金融资产 5 万元以上个人客户总数 120 万人，新增 17.3 万人；金融资产 300 万元以上高端客户新增 1 658 人，其中私人银行客户新增 237 人。借记卡新增发卡 380.5 万张，创历史最好水平，存款余额 655 亿元。加强重点产品营销。大力开展基金、黄金业务营销竞赛活动，全年新增基金定投客户 15.19 万户；累计发售近 40 期理财产品，销售金额 675 亿元，是 2009 年的 9.3 倍；个人黄金交易量 31.08 吨。

大力拓展个贷市场。个贷余额 870 亿元，新增 181 亿元，同比多增 5 亿元。个贷余额占全行各项贷款余额的 24.38%，比 2009 年提高 1.81 个百分点。个人住房贷款保持平稳增长，余额 762 亿元，新增 155 亿元。个人消费贷款发展速度加快，余额 108.1 亿元，新增 26 亿元。房贷收益水平逐月提升，由 1 月份 4.31% 提升至 12 月份 5.35%，增加 1.04 个百分点，全年平均上浮 0.803 倍。

【中间业务】中间业务收入创历史新高。全年实现中间业务收入 49.74 亿元，四行占比 27.04%，占主营业务收入的比重从 2009 年的 24.31% 提升到 28.45%。产品竞争力进一步提升。收入排名第 1 位的产品从 2009 年的 8 个增加到 10 个，造价咨询继续保持领先优势，房改金融、国内保理、代销基金、代理保险、CTS 等多个产品收入市场份额明显提升；15 项产品收入在 1 亿元以上；审价咨询、国内保理、代理信托、个人实物金等产品收入同比增长达到翻番及以上。有 7 个市分行收入居当地同业第 1 位。

【国际业务】完成国际结算量 581 亿美元，同比增长 174 亿美元，增幅为 42.59%。完成代客外汇资金交易 177 亿美元，同比增加 64 亿美元，增幅为 56.89%，其中对公结售汇量 169 亿美元，同比增长 61 亿美元，增幅为 56.45%。全口径外汇存款时点余额 16.87 亿美元，新增 5.79 亿美

2010年12月20日，建设银行江苏省分行与徐工集团在徐州举办战略合作协议签约仪式。

元，增幅为52.20%。外汇贷款余额12.11亿美元，新增2.96亿美元，增幅为32.35%。

【资产质量与风险控制】不良贷款连续9年保持“双降”。不良贷款余额32.07亿元，比年初减少2.12亿元；不良贷款率0.9%，比年初下降0.22个百分点。在省银监局监管评级中再次被评为2+级，连续5年在当地大型国有商业银行中处于领先位置。

【其他业务】信用卡业务发展快速。累计发行信用卡189万张，净增客户数41.5万户；实现信用卡消费额295.8亿元，同比增长33.9%；信用卡账户活动率53.35%，较年初上升1.22个百分点；信用卡60天以上不良率1.47%，较年初下降0.55个百分点。

电子银行客户总数1 183.08万户，新增442.58万户。企业高级网银客户新增12 687户，个人高级网银客户新增99.66万户，手机银行客户新增59.73万户，个人短信银行客户新增152.45万户。电子银行与柜面交易量比120.68%。实现电子银行直接收入1.63亿元，同比增长74.37%。95533客户服务中心人工来电337.69万通，同比增长31.54%，人工接听电话量达242.24万通，同比增长17.10%，接通率71.74%。实施人工外呼项目105个。

二、主要工作举措

【进一步转变发展方式】充分认识到持续推动中间业务快速发展是顺应形势、转变发展方式的重要突破口，是提升市场竞争力、实现可持续发展的重要保证。同时，加大政策倾斜力度，大力推动电子银行、小企业、机构业务加快发展。存、贷款业务增长方式进一步转变，注重依靠客户和产品推动存款增长，严格控制信贷总量，合理把握投放节奏，加大存量贷款结构调整，积极探索信贷替代产品满足客户需求。加大新农村建设贷款、网络银行、国内保理等新兴业务拓展力度，取得良好成效。

【积极推进改革创新】在激烈的同业竞争中，更加重视运用现代商业银行经营手段拓展市场。直接融资产品规模突破220亿元；全年牵头银团12笔，授信总额253亿元；融资租赁、并购贷款、跨境人民币结算业务取得突破。更加重视机制、产品和服务创新。在系统内率先推出“中小企业资本成长计划”业务，首批与120家企业签约；推出了具有文化底蕴的“灵山善行福卡”，发卡76.51万张，吸收个人存款50.69亿元。

【加强信贷风险控制】从重点抓不良贷款“双降”转向重点抓资产质量基础。认真落实总行“贷后管理年”的各项要求。高度重视产业结构调整、楼市调控等政策对信贷业务的影响，突出加强对产能过剩行业、政府融资平台、房地产行业的风险防范和化解，共退出70.76亿元。累计处置不良贷款17.14亿元，全额处置并退出信贷客户108户。

【扎实开展案件防控工作】深入推进“内控和案防制度执行年”活动，将案件风险防控作为第一位工作狠抓落实。研究制定防控案件50条措施和24项抓手，将其作为全年案件防控工作的主线持续推进。

【加强党建和队伍建设】坚持以人为本，努力构建和谐人文环境，多方调动员工积极性，增强凝聚力、战斗力。扎实开展“创先争优”活动，在全行范围内开展了党员民主评议、“五好党支部”创建、党性教育等活动。拓宽员工成长平台，继续实施新一轮大规模员工教育培训，共培训10.85万人次，培训覆盖率达到100%，全年18 285名在岗员工每人脱产培训达25学时以上。

（执笔：肖志平）

苏州分行

苏州分行行长　岳鹰

一、业务发展概况

2010年，苏州分行紧扣当地经济发展特点，积极转变发展方式，调整业务结构，强化服务，提高效能，创新进取，实现各项业务稳健快速增长，综合竞争力不断提升。

【资产负债】本外币一般性存款余额1 750.76亿元，比年初新增359.41亿元，增幅为25.83%，系统内排名第2位，年末新增占比为25.49%，其中对公存款新增269.93亿元，储蓄存款新增89.48亿元；分行外汇对公存款余额17.82亿美元，系统内排名第2位，存款新增8.61亿美元，系统内及四行排名均列第1位。本外币贷款余额1 361亿元，比年初新增224亿元；规模以上对公客户新增3 790户，增幅为19.13%，个人客户新增4.66万户，增幅为20%，个人富裕客户增幅系统内排名第1位。

【经营效益】实现税前利润34亿元，同比增长27%。资产利润率1.92%，较2009年上升0.27个百分点。

【中间业务】实现中间业务收入19.9亿元，同比增幅为67.3%，其中公司（机构）业务增速为70.67%、余额及增幅均列四行第1位；对私中间业务收入5.14亿元，四行占比24.15%；外汇中间业务收入2.73亿元；电子银行业务增速为65.8%。

【战略业务】实现国际结算量561.89亿美元，同比增幅四行排名第1位。对公外汇客户新增2 780户，年计划完成率250%；信用卡累计发卡48.83万张，累计消费交易额58.15亿元；电子银行客户数399.9万户，与柜面交易量之比达到126.03%。

【资产质量】不良贷款余额10.54亿元，较年初下降6.13亿元；不良贷款率0.77%，较年初下降0.7个百分点，资产质量继续保持优良。累计处置不良资产10亿元，实现不良资产现金回收5.58亿元。

2010年7月21日，建设银行苏州分行举办中小企业“采购通”产品新闻发布会暨首批银保企三方合作签约仪式。

二、主要工作举措

【全面推进“城乡一体化”配套金融服务】苏州是全国实施城乡一体化建设的四个试点城市之一，通过积极争取，分行成为系统内乃至全国首个“城乡一体化”配套金融服务试点行。制定《新农村建设贷款管理办法》和相关业务实施细则，开发并投放了“新农村建设贷款”、“城乡通”理财产品、“城乡合”小企业贷款产品、“农贷通”支农贷款产品、“名镇卡”等一系列新产品。在县域市场加强渠道建设，全年新设9个乡镇网点，创造性地建立首批55人的村镇业务顾问队伍，挂钩30个网点，辐射39个乡镇。辖内县域支行一般性存款增幅为29.28%，高于城区7个百分点；县域支行中间业务收入增幅达64.58%，高于城区17个百分点。“城乡一体化”配套金融服务已成为分行特色业务品牌，赢得了当地政府、企业和个人客户的一致好评。

【大力发展小企业业务】根据苏州地区民营经济发达的特点，制定了“对公与对私并重、产品与服务并行”的策略，为优质小企业及小企业主提供综合服务，推出“互助通”、“绸都赢”、“小贷通”、“互保通”、“农贷通”等多项新产品。小企业贷款客户数净增892户，同比增幅为35%，列四行第1位；非贴现贷款余额新增90.3亿元，创造中间业务收入1.8亿元，不良率0.48%，较上年下降0.3个百分点。分行小企业经营中心成为系统内唯一一家被总行推荐给全国金融工会的“支持中小企业先进集体”。

【创新推动投行业务】配合苏州作为全国首批创新型城市试点，积极推广投行业务全面金融解决方案。先后与49家机关事业单位、上市公司、拟上市公司签订《投行业务全面金融解决方案合作协议》。推出“乾元一号——城乡一体化”股权类理财产品、中小企业信托贷款集合型理财产品、并购融资和并购顾问等新产品。全年通过理财产品为各类客户融资124亿元。投行业务收入4.2亿元，较2009年增长51.52%，高于系统内平均增速为25.56个百分点，在当地四行非财务咨询类投行产品收入中的占比超过70%。

【实施“本外币一体化”战略】推行标杆管理，大力推广辖内工业园区、昆山等支行本外币综合经营经验。优化客户结构，将收付汇3 000强列为重点营销目标，“大、中、小客户并举”。科学设计金融解决方案，综合考虑客户本外币融资需求，提高本外币业务契合度。

【重视个人理财和消费金融业务】研发并投放“稳盈”、“天天账户”等理财产品，满足客户多层次投资需求，全年累计销售理财产品198.79亿元，同比增幅达100%。大力发展汽车分期业务，完成购车分期交易2.8亿元，实现中间业务收入1 900万元。大幅提升个人住房贷款收益率和产品覆盖率，个人住房类贷款综合浮动收益率0.8317，系统内排名由2009年的第37位升至第13位；新发放个人贷款客户的有效产品覆盖率在系统内排名第2位。

【完善体制机制，提高创新成效】设立产品与质量部，将“倾听客户之声”深化为“客户全程参与”的新模式。加大创新奖励力度，实行“分段激励、奖励到人”。通过创新实现中间业务收入6.38亿元，增幅为167%，对中间业务收入贡献度达33.58%。新产品吸收存款55亿元，增加国际结算量54亿美元，发行联名卡4.27万张，单位人民币结算收入跃居四行第1位。

【加强风险管理，规范业务发展】成立营运管理部督导团队、风险管理部督导团队，与苏州总审计室形成三支督导力量，定期检查，按月通报。加强营业主管培训和队伍建设，制定工作规范、举办营业主管建功立业竞赛活动，业务差错率由万分之1.6逐步下降并稳定在万分之0.7以下。全年共制定16项风险管理制度，累计积分538人次，积分总数1 039分，实施问责40人。运用自主开发的贷后管理监测平台系统，前移风险检测关口，不良资产处置9.2亿元。实现全年无案件、无重大责任事故的目标。

2010年12月20日，苏州分行举办2010年度优质代发企业新年团拜会。

【打造一流服务品牌】深入开展“服务质量年”、“作风效能建设”活动，通过开展“基层网点挂钩”活动、召开“千人视频大会”、建立服务督导团队、落实“网点晨会”制度等，将优质服务理念渗透到各经营环节。分行被苏州市委市政府评为"2010年度作风效能建设优胜单位"，在总行网点服务质量调查活动中排名第5位。分行营业部被中国银行业协会评为"2010年度中国银行业文明规范服务千佳示范单位"，昆山北门路分理处被中国银行业协会评为"中国银行业世博金融服务先进单位"，跨塘支行和长桥支行被命名为总行级青年文明号。

【加强队伍建设】实施"新员工快速启航"计划，将200名新员工纳入计划，由行领导和中层干部担任职业导师。加强核心人才培养，大幅提高团队负责人、网点负责人、营业主管、客户经理、理财经理等业务骨干的待遇。年内新增对公客户经理90人，理财经理40人。针对不同序列人员设计专门的培训课程，2010年分别对管理人员、客户经理、营业主管等展开培训78次。全面梳理分行本部岗位职责，实施全员竞岗，探索"员工能进能出"机制，综合考评合同到期劳务工。改进"干部能上能下"的管理，制定"主要业务指标管理办法"和"经营管理问责办法"，实施"红黄牌制度"，对在经营和管理等方面履职表现差的中层干部实施严厉问责。

【构筑健康向上的企业文化】继续倡导"老老实实做人，开动脑筋做事"的企业文化价值观和"在依法合规、有效控制风险的前提下，实现业务持续、健康、快速发展"的业务发展价值观，大力弘扬"超越自我、超越竞争对手"的企业精神，强调"关心你的员工，他才尊重你的客户"的管理理念。推进实施"基层网点挂钩制度"，由分行领导带头，分行助理级以上干部和四级以上的专业技术人员与全辖191个网点实现"一对一"挂钩，帮助基层拓展业务和解决问题。推行中层干部"管理积分"制度，加大督办力度，持续提高执行力。

浙江省分行

浙江省分行行长 余静波

一、业务发展概况

截至2010年末，浙江省分行一般性存款余额突破5 000亿元，是系统内第5个超5 000亿元的分行。拨备前利润122.9亿元，列系统第2位。

【资产业务】各项贷款余额4 248亿元，比年初新增617亿元，增幅为17.0%。其中对公贷款新增404亿元，增幅为16.2%；个人贷款新增213亿元，增幅为18.7%。各项贷款当地四行余额占比24.2%，居第3位；贷款新增四行占比26.0%，居第2位。系统内余额和新增额均居第1位。

【负债业务】一般性存款余额5 036亿元，比年初新增735亿元，增幅为17.1%，略超贷款增幅。其中企业存款新增585亿元，增幅为23.5%；个人存款新增149亿元，增幅为8.2%。一般性存款当地四行余额占比23.8%，新增占比22.2%，均居第3位。贷款余额系统内排名第5位，新增额排名居第3位。

【中间业务】全年实现中间业务收入50.5亿元，同比增长39.5%，占主营业务收入比重26.2%，比2009年提高7个百分点。总量居四行第2位，同比增量和增幅均居四行第3位。

【资产质量】全年不良贷款实现双降，不良

贷款余额44.13亿元，比年初减少2.22亿元；不良率1.04%，比年初下降0.24个百分点。

【经营效益】实现账面利润89.8亿元，同比增加10.3亿元，增幅为12.9%。

二、主要工作举措

【结构调整】客户结构。大客户、中小企业、个人客户的贷款比例为35:33.2:31.8，后两者的比重分别提升3.3个和0.4个百分点。AA级以上客户的贷款比重为80.4%，提升5个百分点。信贷退出99.1亿元，计划完成率125%。产品结构。中间业务收入占主营业务收入的26.3%，提升5.4个百分点；个人条线收入比重提升2.5个百分点，达到34.8%。5项产品收入居系统内第1位，4项产品居当地四行第1位，均比上年增加1个。渠道结构。185个应转型网点全部完成转型，销售能力大幅提升。96个网点完成装修改造工作，20个新设网点中17个已开业。理财师1 332人，增长19%，人数居系统内首位。专职个人客户经理增长19%。同时，积极扩大电子渠道应用。电子渠道交易笔数是柜面交易笔数的3.3倍。有6项指标居系统内第1位。电子银行账务性交易与柜面交易量之比居省区分行第1位。区域结构。积极推动重点区域加快发展。25个强县支行的存款、贷款系统内新增比重分别为34.2%和37.3%，均高于余额比重，账面利润贡献度达到55%。

【客户营销】公司机构类客户。大中型客户方面，总分行级重点客户新增221家，达到1 236家。国际收支200万美元以上贸易融资授信客户1 005家，居系统内首位。44个试点县区中，争取到25个国库集中支付代理资格。扎实推进“八一工程”，市场占比达28%。企业年金客户70户，新增61户。小企业方面，构建批量化营销模式，搭建批量营销平台39个。信贷户新增4 248个，增幅近50%。贷款新增321亿元，增幅达到52%。网络银行贷款余额103.7亿元，新增74.7亿元，存量客户4 131个，系统内占比达67%。优质个人客户。充分运用专业管理流程和工具，开展精准定向营销。优质客户新增30万户，增速15.3%，超过系统内平均水平。高端客户、私人银行客户的多项指标位居系统内前4位。公私联动持续深化，新增代发工资户5 000个，超过以前年度累积数的50%。战略性业务。完成国际结算392亿美元，增幅42%，四行占比20%，5年翻了一番。外汇中间业务收入7.42亿元，保持系统内第1位。盈系列产品配置资产129亿元，规模与收入均居系统第3位。信用卡业务收入居系统第2位，汽车卡、商务卡发卡量保持系统内第1位。

【贷后管理】强化贷后管理，夯实风险管理基础。建立专职信贷经理队伍，岗位职责分离全面落实。贷后管理的科技支撑、制度支撑进一步完善。全面推进平行作业。认真开展自评估工作。严格执行授权差别化管理，按季监测、动态重检。加强对经济资本的监控和管理，评级覆盖率达99.7%。强化风险监控，持续推进资产质量攻坚战。处置不良贷款26.8亿元，现金回收不良资产21亿元，计划完成率均超过150%。十大不良、十大关注客户信贷余额分别为14.2亿元、30.7亿元，分别减少6.2亿元、18.8亿元，并对多个重点领域贷款开展了压力测试工作。强化案件防控，创建“平安建行”。深入推进案件专项治理工作。成功堵截诈骗、破坏事件140余起。高度重视世博会、亚运会期间安全，没有发生赴京、沪、粤的群体上访事件。落实好审计、检查发现问题的整改，问题数量整改率99.9%、金额整改率100%。开展“防案件、控风险、查违规、抓整改”安全运营综合大检查，检查覆盖面100%。连续3年没有发生操作性案件。

【改革创新】稳妥而积极地推进体制机制改革。按照集约集中、专业专注、区域对接、平稳过渡的原则，推进杭州辖区经营管理体制改革，进一步提升市场竞争力。做好二级分行经营体制优化工作，除杭州、温州外，其余二级分行均完成了对公信贷职能整合工作。专业化建设进一步推进，明确造价咨询中心专营机构职能，设立杭州城区小企业业务中心、单证处理中心。加强财富管理中心建设，新设4家，总量13家。后台业务集约化处理水平稳步提升。创新激励约束机制。推出VPI考核机制，在KPI考核中，将中间业务、存款、资产质量、客户作为VPI指标，并对部门条线和分支行实行问责。积极创新产品和服务。完善创新组织体系和制度体系，进一步增强信息技术对创新的支撑力度。征集产品创意1 391项，居系统内第1位。完成创新项目32个，增幅300%。完成7个流程优化项目。具有“先诊疗、后结算”功能的健康龙卡、绍兴社保联名卡等推出后，社会反响良好。网络银行信贷业务系统荣获人民银行2010年“银行科技发展奖一等奖”和“建设银行金融科技进步特等奖”。积极拓展新业务领域。新农村金融服务取得突破性进展，得到省委省政府的充分肯定。与省农办及湖州等6个市政府签订了战略合作协议。“城乡合”系列产品贷款余额37亿元。研发设计“全球网”平台和“e商通”品牌，“e商通”贷款已达7.5亿元。在浙江的3家建信村镇银行存款合计9.9亿元，贷款合计8.5亿元，均没有不良贷款。另有6家村镇银行正在筹建。

【和谐分行】加强队伍建设。扎实开展“创先争优”活动，组织“劳动者之歌”优秀员工评选。关心生活困难员工，对342名大病、困难员工发放救助金193万元。全年投入培训费用4 000多万元，人均参训约11天。专业技术资格持有率从48.6%提高到53%。推出网点人员等级管理，转签派遣工1 283人，员工归属感进一步增强。积极履行社会责任。为玉树地震灾区捐款173.7万元，向第八届全国残疾人运动会浙江省筹委会捐款100万元，团员青年为西南旱灾地区捐款24万余元。组织分支行创建文明单位、开展“双千结对”等活动，向社会展示建设银行的良好形象。

（执笔：蒋中）

宁波市分行

宁波市分行行长　刘丽华

一、业务发展概况

【经营效益】2010年，宁波市分行实现税前利润23.54亿元，总行计划完成率104%，同比增幅为22.6%；拨备前利润26.05亿元，同比增幅为7.74%；经济增加值11.3亿元，总行计划完成率106.6%；经济资本回报率30.59%，同比提升6.38个百分点；总资产净收益率指标圆满完成总行计划，利差水平保持四行首位，财务效率明显提升。

【资产负债】全口径存款余额首次突破千亿元，企业存款余额、新增居四行第2位；各项贷款余额1 006亿元，比年初新增166.9亿元，控制在总行计划内。其中个人住房贷款余额首破200亿元，继续保持区域最大个人贷款银行地位。

【中间业务】实现中间业务毛收入9.45亿元，同比增速为26.18%，四行市场排名保持第2位；实现中间业务净收入9.09亿元，中间业务收入占主营业务收入比重23.16%，同比提升3.06个百分点。

【资产质量】不良贷款额4.83亿元，比年初减少1.36亿元；不良贷款率0.48%，比年初下降0.26个百分点，实现“双降”目标，资产质量继续位居系统内前列和当地同业首位，其中个人住房贷款不良率保持系统内首位。

【战略性业务】国际结算量136亿美元，同比增幅52.4%。新型投行业务全面推进，实现投行业务收入1.9亿元，列标杆行第2位。信用卡累计发卡37.48万张，净新增突破10万张，跃居标杆行首位。电子银行账务性交易与柜面之比的提升值和增幅分别排名系统内第3、第4位。房改金融快速增长，住房资金归集余额首次突破百亿元，余额、新增额继续居四行首位。造价咨询业务收入近亿元，获得全市唯一的全国工程造价咨询先进单位称号。

2010年3月23日，建设银行宁波市分行举行第四期蓝色论坛。本次论坛由分行与市对外贸易经济合作局、市对外经济贸易企业协会合作举办，全市600余家外贸企业单位受邀参加。

二、主要工作举措

【全力推进业务拓展，夯实业务发展基础】一是持续推进“抓户”工程。公司客户方面，注重从账户拓展的源头切入，加强与工商、招商等单位信息交流，推动客户群体有效增长。公司类折算账户新增2.68万户，外汇客户新增1 601户，超额完成总行计划。机构客户方面，以“民本通达”、“八一工程”等平台为着力点，大力拓展重点领域机构账户。机构零余额账户新增166户，超额完成总行计划，有效账户数稳居区域同业第2位和四行首位。个人客户方面，充分发挥存款与产品销售、存款与个贷有效联动的作用，精细化营销高端客户，批量化拓展基础客户。个人高端客户新增74.6万户，增长率28.42%。新增借记卡75万张，超额完成总行计划。二是强化中间业务创收。大力拓展外汇资金产品、外汇供应链产品和结售汇业务，全年远期结售汇业务同比增长494%，衍生收入是2009年的5倍以上；重点拓展并购、短融、中票等新型投行产品，投行业务收入大幅增长，同比增幅达266%；持续强化基金、寿险、理财等重点产品销售，打造网点精英销售团队。全年基金销售17.74亿元，销售收入列四行第2位。新增基金定投3.48万户，列标杆行第2位。寿险销售4.59亿元，业务规模、业务收入同比实现翻番增长。三是狠抓重点行业和市场。积极开拓以卫星镇为特色的新农村市场，研究出台县域网点规划方案，提高分行在强县强镇的网点覆盖率，深度挖掘乡镇资源。以宁波打造全国性物流节点城市为契机，创新物流行业金融服务模式，成功开发四方物流结算和融资平台，在同业中首家实现同行、同城和异地结算，结算份额超过全市50%。大力拓展小企业市场，全面开展“走进专业市场、富裕乡镇、产业集群”的“三走进”活动，加快小企业批量营销。年末小企业信贷客户首超千户，贷款余额突破200亿元，列四行首位。网络银行贷款新增5亿元，居系统内前列。

【着力深化结构调整，不断提升发展质量】从信贷结构看，按照“进保控压退”要求，主动实施信贷结构调整。全年审批的一般额度授信行业中，鼓励进入类占比达50%以上，审慎控制类和逐步压缩类占比同比均实现下降。全年共退出贷款11.9亿元，圆满完成退出计划。从客户结构看，实施大中小并举、有贷户与无贷户并重的发展策略，大力营销优质客户。区域百强客户账户净新增39户，百强企业开户率41%。国际收支量3 000万美元以上大客户新增超5倍完成总行计划。全年信用等级评定中，AA级以上客户占比56.7%，同比实现大幅提升。小额无贷户新增1 067户，带动存款新增14.8亿元，同比翻番增长。从产品结构看，注重传统和新兴并举，加大产品交叉营销和创新推广力度。重点产品增长迅猛，供应链融资呈现多点突破，流贷替代率达到7.24%。国内保理业务收入增长率363%，银团贷款收入同比增长30倍。现金管理系统上线运行客户42家，超额完成总行计划。单位人民币结算业务收入首超亿元，居四行首位。从渠道结构看，加快网点建设，引入第三方机构，展开新一轮网点布局调研，确定未来三年的网点建设规划蓝图。持续推进二代网点转型，累计完成转型46家，促进网点客户服务满意度大幅提升。积极开展电子银行“二次创业”，大力实施“渠道同步”战略，网上银行对企业客户渗透率达到31%，列标杆行、同业首位；新开对公账户网上银行同步开通率较年初提升23个百分点。

【稳步推进改革创新，构建专业化经营格局】一是有序推进管理体制改革。因地制宜地推进对公经营职能整合，设立集团客户部，提升大客户服务层级，客户服务响应和效率显著提升。实施网点竞争力等级评价，明确“全功能网点做大、多功能网点做强、单一功能网点做精”的发展定位，积极探索分层考核，鼓励网点走特色化发展道路。大力开展卫星镇网点计划单列模式改革，提升经营层级和客户服务效率，增强网点竞争力。二是强化产品创新和流程优化。将创新与优化工作纳入综合经营计划，与部门KPI考核和服务满意度测评指标挂钩。制定产品创新财务资源配置管理办法，实行按收益分类、分档奖励，重点改进优化客户满意度明显偏低的产品和渠道。全年完成产品创新15项，其中健康龙卡、手机银行支付、金融IC卡被总行列为推广应用项目，手机支付移动龙卡和健康龙卡成为系统和区域内首创。组织实施流程优化项目24项，其中“银行承兑汇票”、“异地金库值守”、“对公电银联动签约”3个项目获总行推广。

2010年3月9日，建设银行宁波市分行与宁波市卫生局签订合作协议。

【全面加强风险防范，确保安全稳健经营】一是紧抓信贷风险管理，提升资产质量。深入开展“贷后管理年”活动，设立贷后管理中心，构建专业化贷后管理工作体系；召开预警分析会，加强大额授信、纯新发放贷款等的跟踪监测，形成问题客户常态化管理机制。强化政府融资平台的“解包还原”，对77家融资平台、185亿元贷款进行了“逐包打开、逐笔核对”工作；积极推进实施“三个办法一个指引”，专题组织了培训和考试，促进经营理念、管理模式、发展方式的转变。充分利用“线下对公业务流程管理”等预警系统和监测系统，大力推进集约化平行作业，强化对客户的有效跟踪管理。加大不良资产集中经营力度，年末不良资产现金回收和处置指标分列系统内第1、第3位。二是狠抓内控和案防建设，促进合规经营。全面开展“打击非法高息融资”等六大专项治理活动，深入落实“内控与案防制度执行年”活动，对内审外查发现问题进行有效整改和督察。全年共办理内审外查整改项目19个，涉及问题683个，整改率99.41%，同比提升近2个百分点。建立操作风险例会制度和分层防控责任制，强化委派营业主管的统一管理，加强专项检查和突击检查。认真做好6个操作风险自评估工作，其中投行业务自评价为分行首创。

【扎实推进队伍工作，构建和谐企业文化】一是进一步加强领导班子建设。从建立学习型党组织入手，开拓领导班子经营视野，不断提高履职能力。强调“二线为一线，一线为客户”的服务理念，促进各级领导人员进一步解放思想、转变观念，增强责任意识、危机意识，切实提高管理精细化水平。二是全面提升员工队伍素质。大力增加经营一线人员比例，扩大一线员工晋升覆盖面，加大劳务派遣工改签、短期改签中长期力度。持续提高培训质量，着力开展对公客户经理分层培训、理财师资格认证等特色培训项目，提高培训的有效性和针对性。三是加强企业文化建设。积极开展“服务示范网点”、“十佳服务明星”等先进典型评比活动，充分发挥先进典型的示范作用。建立重大疾病医疗救助制度，推行“关爱员工行动菜单式培训”，开展员工子女关爱系列活动，举办分行运动会等文体活动，进一步提高员工的凝聚力。

（执笔人：张凯锋）

安徽省分行

安徽省分行行长 戴跃明

一、业务发展概况

截至2010年末，安徽省分行全口径存款余额1 936亿元，新增205亿元，其中：一般性存款余额1 908亿元，新增240亿元。各项贷款余额1 297亿元，新增256亿元，增幅为24.6%。实现税前利润29.17亿元，同比增长17.53%。不良贷款余额7.04亿元，不良贷款率0.54%。连续5年被安徽省人民政府授予金融同业最高奖项——“全省金融工作最佳贡献奖”。

【公司业务】京福铁路、马钢集团、皖能集团等一大批重点客户及项目营销取得新突破，皖江城市带“江南”“江北”两个集中区营销取得实质性进展，签订6项银企战略合作协议，达成700亿元的贷款合作意向；储备贷款项目金额达558.96亿元。全年基本建设贷款新增39.3亿元，占对公贷款新增的29.8%。企业存款新增137亿元。为奇瑞汽车、淮北矿业和马钢股份等重点客户提供供应链融资、并购贷款、对公存款等个性化金融服务方案，推出“助销通”供应链融资、“旧城改造”贷款、“协定保理”等新产品。

【个人金融业务】依托零售网点转型，扎实稳步推进附行式理财中心建设，中高端客户群体稳步壮大，个人金融业务平稳健康发展。个人存款余额916.05亿元，四行份额22.34%，较2009年年底提升0.02个百分点；个人存款新增102.17亿元；网均新增2 486万元，居同业首位；新增总量居同业第3位。AUM 20万元以上个人中高端客户12.3万户，新增2.28万户，增幅为22.75%。信用卡累计净新增客户22.7万户，特约商户净增1 548户。个人金融产品覆盖度提高14.55%；财富中心实现各类产品销售2.3亿元。基金认购、申购（含集合计划）金额合计39.87亿元。全年完成28个营业网点装修工作，计划完成率为155.56%。自助设备开机率97.84%，增加了1.74个百分点。客户服务水平稳步提升，中国银行业协会评定马鞍山湖东路支行等7个网点为“千佳优质服务示范网点”。

【房地产金融业务】重点继续加强优质楼盘营销和楼盘按揭服务团队建设，不断加大市场营销力度，加快个贷中心规范化建设，逐步实现个贷业务的专业化集中经营。个人贷款余额超过430亿元，首次跻身系统内前10位，当年新增超过120亿元，其中，全行住房资金和个人住房公积金贷款余额分别为219.9亿元、139.25亿元，实现个人住房公积金存、贷款余额同业占比“双第一”，分别较年初增加42.48亿元、36.89亿元，并荣获2010年总行房金业务“综合贡献奖”和“质量管理奖”。

【机构业务】大力推广“民本通达”系列产品，积极优化和调整客户结构，成功营销安徽演艺集团、安徽广电产业传媒集团、中国科技大学、养老保险省级统筹账户等一批客户，军警、地质、金融同业客户营销也得到持续推进。截至2010年末，民生领域及财政业务重点账户累计1 426户，新增73户；新增“八一工程”重点客户4户，并与3家期货公司开展了营销合作。

【中间业务】实现中间业务净收入（含贷记

卡收益分成等）10.97亿元，居同业第2位，较2009年增长2.67亿元，增幅为32.15%；占主营业务收入的17.82%，较2009年提高了1.77个百分点。造价咨询业务共实现中间业务收入7 095.17万元，创历史新高。

【国际业务】完成国际结算38.9亿元、同比增速为32%，累计办理国外保函业务1.14亿美元，增幅为191%；外汇全口径存款和外汇贷款余额分别为16 226万美元、26 898万美元，新增分别为3 958万美元、11 869万美元。

【投资银行业务】通过各类理财产品为安徽外经公司等30多家优质客户融资81.2亿元，承销皖能集团中期票据10亿元。研发并发行了1亿元信托受益权转让型理财产品，开辟了理财业务的新途径，并推出了“助力皖江”集合型理财产品和皖江基金理财产品。

【小企业业务】进一步加强小企业客户市场营销，加大贷款投放力度，加快小企业“信贷工厂”建设，促进小企业业务发展。小企业信贷客户2 853户，较年初新增654户，在全部公司类信贷客户占比为82%，总数及新增均居系统内第八位。累计投放贷款135.1亿元，其中，非贴现贷款余额130.2亿元，新增55.3亿元，增幅为73.8%，在新增对公贷款中占比为44.5%，余额和新增均在系统内居第8位。依托小企业创新产品试点行为平台，开发了小企业应收账款池质押、市场通、接续金、中小进出口企业助力贷等业务。

【电子银行业务】加快电子银行渠道建设，扩大有效客户规模，提升服务能力。电子银行业务收入4 773万元，当地四行占比居第1位，与柜面交易量之比为105.59%，系统内排名比2009年末前移13位。个人网银和个人短信通存量客户取得了历史性突破，分别达到127万户、136万户。

【资产质量与风险控制】积极运用贷后管理系统工具，提升贷后管理工作质量和效率。二级分支行均已成功实施贷后管理岗位职责分离，15个二级分支行成立贷后管理中心，其余的二级分行确定了专职贷后管理人员。不良贷款实现双降目标，不良贷款7.04亿元，较年初减少0.51亿元，不良贷款率0.54%，较年初下降0.19个百分点。全年处置不良资产7.6亿元。

二、主要工作举措

【强化市场营销，不断巩固客户基础】紧紧抓住“安徽省861投资计划”、“皖江城市带承接产业转移示范区”建设和“安徽省与中央企业合作发展”的契机，成立重大客户、项目专门服务营销团队。在教育、卫生、社保、文化等民生领域成立推进团队，大力推广“民本通达”系列产品，积极优化和调整客户结构。同时，秉承抓大不放小理念，确立区域、行业和客户营销导向，广泛推动批量化营销平台建设。

【始终将信贷结构调整作为信贷业务发展主线】严格执行“进、保、控、压、退”政策，按月通报信贷退出计划执行情况，针对“两高一剩”、房地产、政府融资平台、批发零售等行业，对列入退出名单的客户，采取差别化政策，一户一策，制定明确的退出政策，促进信贷结构调整取得积极成效。

【深化内部改革，进一步增强发展活力】全面推进小企业专业化经营建设，实现了小企业“信贷工厂”科学运营模式的全辖覆盖。对全省已建的14家“信贷工厂”推动实施了规范化建设工程，实现了小企业“信贷工厂”在全辖17个地市的全面覆盖。新设立资金结算部，加强了对50万元以下的小额无贷户的管理与维护，加快对公会计柜台向销售服务型转变。在合肥城区成立信用卡家装、汽车分期中心，大力发展合作商户。不断深化资产保全业务单元制改革，首次实现合肥城区逾期6期以上不良个贷的集中经营，建立健全相应的经营、沟通机制，委外催收工作步入正轨。

【加强基础管理，提升风险内控水平】深入开展“贷后管理年”、“精细化管理推进年”、“案防执行年”等系列活动。加快推进岗位分离，编制标准化手册，明确关键风险点，积极运用贷后管理系统工具，提升贷后管理工作质量和效率。认真组织和落实各项整改工作，进一步强化整改工作责任制，加强监督核查，确保审计发现问题整改落实到位。以强化对各级领导班子和领导人员的监督、加强案件防控为重点，加强党风廉政建设，不断规范员工行为。细化案件防控责任内容，明确案件防范的目标和措施，加大责任追究、考评办法，将案件与领导人员年度绩效、职务聘任晋升、内控等级评定、新机构设立、评先评优、平安建行创建六个方面挂钩，坚持强化正面激励手段的运用，加大违规违纪处理力度。

【推进和谐企业建设，保障安全稳定运营】认真开展“创先争优”等活动，进一步健全和完善基层党组织，落实“每个网点有一名党员、每个支行要有党的支部”的工作目标。认真做好党员发展工作，不断增强党员队伍的生机和活力。认真落实职工代表大会制度，关心支持劳务派遣制员工入会工作。积极开展劳动竞赛和群众性文体活动，大力宣传先进典型。组织向玉树、贵州等灾区捐款、捐物等活动，进一步关爱特困员工，积极做好维稳工作。

（执笔：马庆　王文兵　凌云）

福建省分行

福建省分行行长　康义

一、业务发展概况

截至2010年年末，福建省分行全口径存款余额2 419.17亿元，当年新增211.09亿元。一般性存款余额2 345.32亿元，当地四行占比31.87%，居第1位；当年新增319.38亿元，当地四行占比为30.27%。其中，储蓄存款新增107.83亿元，企业存款新增211.55亿元。本外币各项贷款余额1 882.66亿元，当地四行占比28.88%，居第1位；当年新增298.23亿元，当地四行占比25.82%。2010年，实现账面利润49.53亿元，同比增加10.17亿元，增幅为25.84%。成本收入比（国际准则口径）36.74%，同比下降0.77个百分点，低于总行下达计划2.26个百分点。

【公司及机构业务】将“抓账户、争项目、扩大客户基础”作为一项核心工作，成功争取到合福铁路、鞍钢年产100万吨冷轧项目等重大客户（项目）的基本结算户；新拓展了总行级军警重点客户3户，“八一”工程市场占比达34.03%。全年规模以上公司机构类客户新增11 060.9户（折算后），完成总行计划的303.7%。为79个客户（项目）合计承诺（意向承诺）贷款942.74亿元。以网络银行“e贷通”业务为重点，大力发展小企业业务。按总行考核口径统计，小企业信贷余额348.94亿元，当年新增102.5亿元，新增额居系统第4位；按四部委统计口径计算，小企业贷款余额565亿元，当年新增230亿元，新增额在当地同业中排第1位。

2010年4月27日，建设银行福建省分行与福建省财政厅、阿里巴巴（中国）有限公司举办网络银行“e贷通”业务启动暨合作协议签约仪式。

【个人金融业务】全面完成零售网点一代转型，有303个网点完成二代转型；建成旗舰式理财中心35家。加强个人客户经理队伍建设，配备专职客户经理744人，当年增配305人。加大自助设备布设力度，当年新增自助设备200台，自助设备柜面业务替代率72.01%，居系统内省级分行首位。以“中经汇通龙卡”、“天翼龙卡”等特色借记卡为重点，积极推动借记卡发卡，全年新增发卡233.97万张，居同业第1位。高端客户签约数显著增加，新增财富管理与私人银行客户1 710人，系统排名第3位。累计代销基金78.6亿元，当地四行占比55.37%；累计销售实物黄金4.33吨，居系统内第1位；累计销售个人理财产品738亿元，当地四行占比64.42%；信用卡汽车分期付款业务累计有效进件24 048件，实现手续费收入1.2亿元，居系统内第2位。信用卡净增客户35.65万户，总数达120.67万户；当年消费交易额337.98亿元，账户活动率65.83%。个人贷款余额687.78亿元，当年新增137.46亿元，余额继续保持当地同业首位。

【中间业务】推行中间业务标杆管理，推广买单考核系统，提高员工营销积极性。全年实现中间业务净收入29.36亿元，完成总行计划的139.92%；同比增收11.81亿元，增长67.28%。中间业务净收入占主营业务收入的比重为31.12%，同比提高9.31个百分点。中间业务毛收入当地四行占比33.8%，居当地同业第1位。

2010年6月28日，建设银行福建省分行与中国电信福建公司举行“天翼龙卡”首发暨手机支付合作签约仪式。

【国际业务】大力推介“融税通”等新型贸易融资产品，积极办理NDF交易。全年完成国际结算184.04亿美元，同比增加53.44亿美元，国际结算量居当地同业第1位；累计办理结售汇127.5亿美元，同比增加44.89亿美元；表内本外币贸易融资余额27.34亿元，同比增长12.6亿元。

【资产质量】对公客户信用评级覆盖率100%，居系统内首位。处置不良贷款10.1亿元，现金回收不良贷款6.93亿元，实现不良资产超值现金回收2.79亿元。不良贷款余额11.93亿元，比年初减少4.69亿元；不良贷款率0.63%，比年初下降0.42个百分点。

【其他业务】推出造价信息服务新产品，开办技术经济评价业务，实现工程造价咨询业务收入2.13亿元，完成总行计划的151.59%。开放型理财产品累计申购量达613.14亿元；发行股权投资类理财产品4期、金额16.6亿元，全年实现投资银行业务收入4.69亿元。完善电子银行“售前分析、售中指导与售后回访”标准化服务流程，有效扩大电子银行的美誉度和知名度。全年新增单位网银高级客户12 570户，新增个人网银盾客户104.82万户，新增手机银行高级客户76.03万户；电子银行账务性交易量比为47.71%。

二、主要工作举措

【明晰发展策略】在发展定位上，明确要当龙头、当第一，追求规模最大、实力最强、管理最优。在发展重点上，明确巩固强项，进一步扩大已有领先业务的优势，让强项变成真正的绝对优势；挖掘潜力，把潜力业务培养成强项业务，形成后发的优势。在发展路径上，将服务水平和风险管理能力作为核心竞争力来打造。在发展要求上，始终盯住整个市场资源，只要市场有资源发展就有潜力，只要还不是建设银行的客户就应该是拓展的目标；强调不能局限于传统的四行对比，不能只盯着完成上级行下达的计划，而应该放到整个金融市场去比较，不断挖掘市场机遇。

【推进业务转型】严格执行总行“进、保、控、压、退”结构调整政策，加大“鼓励进入”类行业贷款投放力度，控制“逐步压缩”类行业、“6+1”产能过剩行业的贷款总量，减缓房地产行业贷款增速，逐步退出县级政府融资平台客户。全年共压缩退出类客户贷款30.7亿元，完成计划的171.4%；AA－级（含小企业评级）以上对公客户贷款余额占比达80.28%，同比提高8.98个百分点。全年对公贷款与非信贷融资规模比例达到1:1。在当地金融同业中率先推出中小企业集合理财信托计划，为省内17家中小企业募集资金2亿元；设计研发“乾元—旭（续）日升”理财产品，仅4天时间就募集资金50亿元；大力发展新型融资业务，供应链融资余额占一般性流贷的比例达18.95%。

2010年8月5日，建设银行福建省分行与安邦财产保险股份有限公司举行企业信贷履约保证保险产品合作协议签约仪式。

【深化内部改革】对晋江、石狮、福清、长乐、闽侯、平潭6个县级支行实施省分行直管。六个直管行2010年实现中间业务收入同比增长86.83%，高出分行平均增幅19.82个百分点。深化人力资源结构调整，直接从事客户服务与产品销售的人员占全部员工的比例较年初提高4.1个百分点；对公条线人员占比提高4.3个百分点。前台人员占比74.4%，比年初提高3个百分点；中台人员占比6.18%，比年初下降0.8个百分点；后台人员占比13.96%，比年初下降2.2个百分点。推进分级分类的绩效考核和薪酬分配体系建设，优化完善领导班子、领导人员及员工考核办法，将考核结果与所在机构和本人业绩贡献紧密挂钩，初步建立以岗位和贡献为基础的工资分配机制。

【加强精细管理】整合对公经营职能，上移对公大中型客户信贷经营重心至省分行和各二级行，积极推进贷后管理分离，加快对公会计柜台由交易核算型向销售服务型转变。提高专业专注经营水平，对省分行营业部视同二级行管理，升格设置省分行小企业中心、财富管理与私人银行部、造价咨询中心，在系统内率先成立信用卡汽车分期付款中心；撤销福州信贷审批中心，设立项目评估部；按“信贷工厂”模式新建、改建小企业经营中心10个；对福州城区附行式自助设备实施集中专业化管理。开展“延伸营销”，深入应用“表格管理”，提高客户产品覆盖率。

【强化内控管理】严守审批标准和风险底线，从源头把握新增信贷质量；强化信用风险控制，加强重点领域操作风险管理，完善市场风险管理制度；健全贷后管理规章制度，逐步建立专业专注的贷后管理工作体系；坚持“早处置、多处置、快处置”的原则，加强资产保全管理。将案件、严重违规违纪问题（事故）及问题整改情况纳入二级分支行KPI指标考核和省分行本部各条线考核的扣分项；将案件风险防查部门联席会议制度延伸到县级支行，推动案件防控整体联动。深入开展“贷后管理年”、“案件专项治理”、“内控和案防制度执行年”等活动，全辖安全平稳运营，实现“不发一案、不误一人”的目标。

【提升服务水平】全面推进“深化客户服务”、“服务质量年”等主题活动，制定2010年客户满意度考评办法，将考评结果纳入KPI考核；修订营业网点服务积分管理办法和服务明星管理办法。采取神秘人暗访和抽调录像相结合等形式，开展营业网点服务大检查，加强文明规范服务管理。打造“金丹·银燕”服务品牌，评选优质服务明星网点、明星柜员，发挥先进典型的示范作用。对公客户满意度、对私客户满意度分别居系统内第2位和第13位，同比分别提高22位和21位；连续五届被省委、省政府授予“创文明行业先进行业”。

（执笔：罗长武）

2010年1月15日，建设银行山东省分行主办的大型历史话剧《立秋》隆重上演。

2010年1月17日，建设银行山西省分行举办新春客户答谢会。

2010年2月1日，建设银行信用卡业务培训班在常州培训中心开班。

2010年2月2日，建设银行河北省分行在河北会堂举行“2010年迎新春银企联欢晚会”。

2010年2月2日，河南省政府召开了2009年度全省民主评议政风行风工作总结表彰会议，建设银行河南省分行在参加评选的25个公共服务行业中综合排名第四、金融同业排名蝉联第一，被省政府授予“2009年度全省政风行风建设先进单位”荣誉称号。

2010年2月4日，建设银行江苏省分行举办“同喜同庆 同建同行 中国建设银行江苏省分行2010年新春客户答谢会”。

2010年3月1日，建设银行宁波市分行财富管理中心举办 “我与春天有个约会——高端客户元宵欢庆”活动。

2010年3月9日，建设银行贵州省分行与贵州省红十字会举行少数民族地区大学生成才计划贵州省启动仪式。

2010年3月17日，建设银行福建省分行与中国移动福建公司联合举办全球通龙卡首发仪式。

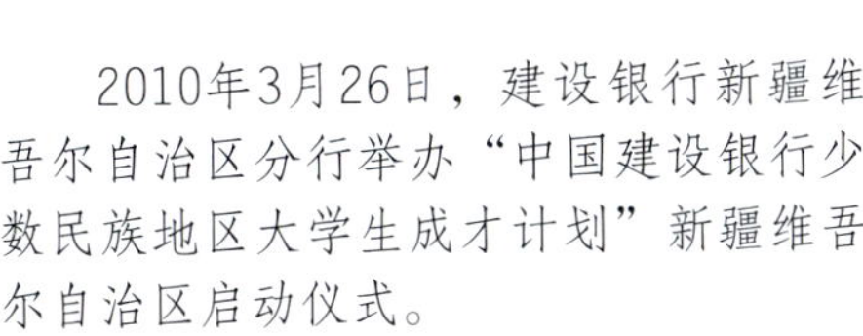

2010年3月26日，建设银行新疆维吾尔自治区分行举办“中国建设银行少数民族地区大学生成才计划”新疆维吾尔自治区启动仪式。

2010年3月31日，建设银行河南省分行首家小企业“信贷工厂”——焦作分行小企业“信贷工厂”成立庆典仪式隆重举行，这也是河南省金融系统首家以“信贷工厂”运营模式服务于小企业的综合性、全功能金融服务平台。

2010年4月7日，建设银行吉林省分行参加“中国建设银行少数民族地区大学生成才计划”吉林省启动仪式。

2010年4月8日，建设银行甘肃省分行举办“中国建设银行少数民族地区大学生成才计划”甘肃省启动仪式，甘肃省省长及相关部门、学生代表、省分行领导参加启动仪式。

2010年4月9日，建设银行湖南省分行举行第五届职工网球比赛。

2010年4月15日，建设银行河北省分行在石家庄组织召开“民本通达—医疗健民”服务方案重要客户推介会，来自全省各地的20家医院客户代表参加了会议。

2010年4月15日，建设银行青海省分行发往玉树地震灾区的救灾物资车辆整装待发。

2010年4月16日，建设银行广西壮族自治区分行举办第六届"建行杯"银企羽毛球邀请赛。

2010年4月19日，建设银行贵州省分行向共青团贵州省委"志愿甘泉"项目捐款50万元，用于贞丰、威宁、贵定等重灾区中小学校的饮水设施建设和黔西南、毕节等重灾区160口"建行青年水窖"的修建。该项目获"中国青年志愿者优秀项目奖"。

2010年4月20日，建设银行云南省分行与云南省委高校工委、云南省教育厅在云南文山学院联合举行"中国建设银行少数民族地区大学生成才计划奖（助）学金"启动仪式暨颁奖大会。

2010年4月22日，建设银行河南省分行举办"情系玉树"爱心献血活动。来自该分行本部、郑州金水支行、直属支行的150余名青年志愿者参加，成功献血116人，献血量超过45 000毫升。

2010年4月24日，建设银行辽宁省分行员工到社区宣传个人业务，热情回答客户咨询。

2010年4月24日，建设银行宁波市分行举办职工羽毛球比赛。

2010年4月24日，建设银行山东省分行举办省分行暨济南地区支行第十二届运动会。

2010年4月26日，建设银行福建省分行与福建能源集团举行战略合作协议签约仪式。

2010年4月28日，建设银行山东省分行举办“炫彩青春 蓝色畅想”青年辩论赛。

2010年5月4日，建设银行贵州省分行举行“爱岗位、秀技巧、展风采”青年岗位技能大赛。

2010年5月5日，建设银行青岛市分行举行为青海玉树灾区捐款仪式。

2010年5月14日，建设银行深圳市分行向玉树灾区捐款。

2010年5月17日，建设银行青海省分行启动“少数民族地区大学生成才计划”。

2010年5月26日，建设银行山西省分行举办电子银行业务拓展——“e路通”进校园活动。

2010年5月29日，建设银行辽宁省分行信用卡直销团队到“沈阳市第二届社区节”开幕式现场辽宁工业展览馆正门广场进行营销。

2010年5月31日，在“六一”儿童节到来之际，由建设银行捐资建起的希望小学在乌鲁木齐县萨尔达坂乡哈萨克族小朋友欢快的歌舞中隆重揭牌。

2010年6月11日，建设银行广西壮族自治区分行召开小企业业务推介暨银企对接会。

2010年6月20日，建设银行甘肃省分行举行全员健身健步走活动。

2010年6月25日，建设银行四川省分行召开庆祝建党89周年暨优秀基层党组织、优秀党员、优秀党务工作者表彰大会。

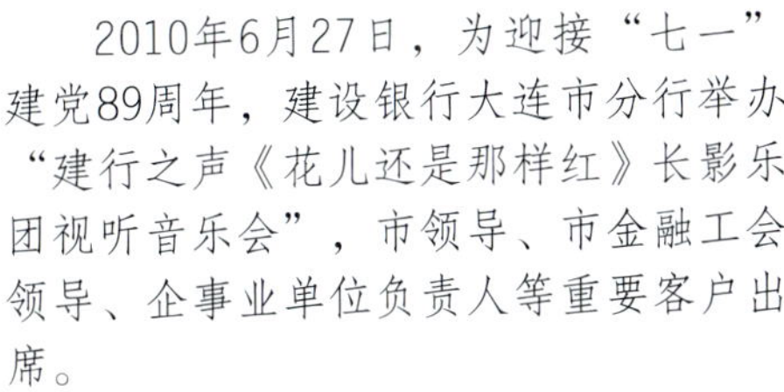

2010年6月27日，为迎接“七一”建党89周年，建设银行大连市分行举办“建行之声《花儿还是那样红》长影乐团视听音乐会”，市领导、市金融工会领导、企事业单位负责人等重要客户出席。

2010年6月30日，建设银行云南省分行在德宏瑞丽成功举办中缅跨境人民币结算业务推进研讨会。

2010年7月6日，建设银行青海省分行举办电子银行业务知识竞赛。

2010年7月6日，建设银行常州培训中心举行关爱农民工活动，向常州两所农民工子女比例较高的小学捐赠了100台电脑。

2010年7月29日，建设银行河北省分行在邢台成功举办“提素质、重体验、比服务、促发展”电子银行业务技能竞赛。

2010年8月11日，建设银行青岛市分行举办电子银行业务知识竞赛。

2010年8月13日，建设银行湖南省分行向湖南省红十字会捐款50万元，用于湖南遭受水灾地区灾后重建。

2010年8月20日，建设银行苏州分行与苏州市人民政府金融工作办公室、苏州市知识产权局共同举办苏州拟上市公司上市实务培训会。

2010年8月31日，建设银行大连市分行组队参加由大连市金融工会及中国银联大连分公司主办的2010年“银联杯”大连地区金融系统银行卡业务知识竞赛决赛，大连市分行三名选手在团体决赛中获得第二名的佳绩，还在个人决赛中包揽了前三名。

2010年9月5日，建设银行四川省分行举行第一届“蓝色之夏”职工游泳比赛。

2010年9月11日，建设银行深圳市分行在深圳市第二届诚信兴商“评信通”杯知识竞赛中获得第一名。

2010年9月12日，建设银行黑龙江省分行举行投行业务推介暨财务顾问集中签约仪式。

2010年9月27日，建设银行福建省分行隆重举行以“倡导顽强精神，争创一流业绩”为主题的全省建设银行“闪亮的足迹”宣讲大会。

2010年10月14日，建设银行三峡分行举办“爱国歌曲大家唱”歌咏活动。

2010年10月14日，建设银行甘肃省分行组织本行员工参加趣味比赛等活动。

2010年10月16日，建设银行江西省分行召开第三届职工运动会。

2010年10月17日，建设银行北京市分行举办2010年职工男子篮球赛。

2010年10月20日，建设银行广西壮族自治区分行参加在广西举办的第七届中国—东盟博览会展览。

2010年10月29日，建设银行江西省分行与江西省工商业联合会签订战略合作协议。

2010年10月30日，建设银行苏州分行举办“关注民生　聚焦经济转型”四季度大型投资策略报告会。

2010年11月4日，建设银行北京市分行参加第六届北京国际金融博览会，获得“最佳组织策划奖”、“最有竞争力奖”和“小企业最佳金融服务创新奖”三个奖项。

2010年11月13日，建设银行深圳市分行举办职工趣味运动会。

2010年11月14日，建设银行苏州分行举办金兔聚祥瑞——建设银行黄金消费文化讲座暨2011年建设银行黄金新品展示会。

2010年11月16日，建设银行北京市分行举办"青年先锋"杯金融综合营销方案设计大赛。

2010年11月19日，建设银行湖南省分行与长沙市体育局、长沙市体育产业管理开发中心联合举行体育运动龙卡首发仪式。

2010年11月24日，建设银行青岛市分行举办冬季系列健身活动。

2010年11月26日，建设银行山西省分行组织员工参观全国金融系统反腐倡廉建设成果展。

2010年11月28日，建设银行三峡分行参加宜昌市2010年银行业公众教育服务日活动。

2010年11月28日，建设银行云南省分行组织参加2010年云南银行业公众教育服务日活动。

厦门市分行

厦门市分行行长　陈万铭

一、业务发展概况

2010 年厦门市分行圆满完成总行下达的各项 KPI，主要业务指标继续保持厦门同业领先地位，服务质量、内控管理、资产质量三项基础管理指标均位居建设银行系统第一。

截至 2010 年年底，建设银行厦门市分行全口径余额达到 908 亿元。其中一般性存款余额 894 亿元，较年初新增 78 亿元，年日均新增 92 亿元。其中，对公外汇存款余额及当年新增额均首次居四行第 1 位。

各项贷款余额 672 亿元，继续位居当地同业首位，当年新增 69 亿元，严格控制在总行的规模之内。个人贷款余额 218.4 亿元，四大行占比 36%，当年新增 20.7 亿元，并获得总行“房金业务综合贡献奖”和“质量管理奖”两项集体奖项。

实现主营业务收入 29.1 亿元，计划完成率 104%。实现拨备前利润 18.6 亿元，计划完成率 106%，居厦门同业第 1 位，实现经济增加值 7.9 亿元，计划完成率 129%。经济资本回报率 31.6%，提升 1.4 个百分点。同时，在厦门同业中首家进入福建省纳税百强企业行列。

贷款不良额和不良率实现双降，不良额 8 672 万元，不良率 0.13%，资产质量创 20 年来最优水平，位居建设银行系统首位。

国际结算量也超过 130 亿美元，再创历史新高，信用卡发卡增户 6.3 万户，提前 1 个月完成总行下达的增户任务。工程咨询业务量超 340 亿元，继续保持厦门市场份额第 1 位。

二、主要工作举措

【拓宽筹融资渠道，助力厦门企业发展】2010 年，厦门市分行抓紧抓实开户增存工作，全年客户数稳定增长，存款在同业中率先突破 900 亿元大关。此外，为了更好地服务企业和社会，2010 年厦门市分行通过开办投行业务当年为新增客户直接融资超 80 亿元，产品类型日益丰富，其中既包括“乾元”开放型理财产品、短期融资券发行等传统投资银行业务，也包括上市财务顾问、企业重组改制财务顾问、产业基金直接投资、私募股权投资以及并购融资、结构化理财产品等新型投资银行产品，不断为客户开辟商业银行传统信贷以外的融资渠道。融资数量与传统授信增量相当。支持了厦门五大集团走出去，实现了银企双赢。

【中间业务快速发展　产品覆盖度进一步提升】适应客户资金多层次、多范畴、全过程运作、避险和增值需求，厦门市分行通过业务创新和服务创新，深耕细作，中间业务快速发展，2010 年实现中间业务收入 7.7 亿元，增速为 38%，四大行占比 40%，中间业务收入占主营业务收入比重为 26.2%，同比上升 5.7 个百分点，是历年来提升幅度最大的一年。个人、对公部门中间业务收入齐头并进，而理财产品收入增长最快，全年个人理财业务收入 7 035 万元、单位理财业务收入 4 445 万元，增速分别达到 209%、473%，合计贡献了 8 427 万元的增额，占总收入新增额的40%，是2010年厦门市分行中间业务收入的主要增长点。中间业务得到快速发展，也为经营效益的提高打下了坚实的基础。同时，厦门市分行依托全市最大的客户群体，主动作为，通过加强考核、有效提升对公业务和对私业务产品覆盖度。公司机构客户产品覆盖度比年初提升了1.2个产品，达到3.2个产品，覆盖度及提升值均居建设银行系统第1位；个人客户产品覆盖度比年初提升0.3个，达到2.6个，提升值位居建设银行系统前列。

【探索准事业部经营模式，小企业业务实现跨越式发展】积极探索小企业金融准事业部制经营模式，通过“机构专设、产品专创、流程专设、审批专派、资源专配、考核专列、人员专管、风险专控”等经营机制改革，建立小企业业务条线矩阵式经营管理体制，提高营销、产品开发能力、业务效率和综合竞争力，提升小企业客户的服务水平和客户满意度，小企业信贷业务实现跨越式增长。2010年，厦门市分行产品创新、业务营销和客户拓展三箭齐发，成效显著：通过大力拓展和培育优质小企业客户群体，积极探索小企业业务批量营销工作，搭建了担保增信平台、网络银行平台、供应链融资平台、行业集群平台、区域性群体平台等批量营销平台，并针对营销平台推出了小企业互助通贷款、小企业国际保兑仓、小企业定向保理等新型授信业务，吸引了众多小企业客户。截至2010年年底，分行共有小企业信贷客户669户，比年初新增162户，增幅约为32%，总行年度计划完成率162%，小企业客户总量占对公客户总数的64%；小企业非贴现贷款余额36.95亿元，比年初新增19.01亿元，增幅为106%，总行年度计划完成率238%。小企业贷款不良率为0.47%。分行首创的小企业互助通贷款、小企业固定资产购置贷款不仅在拓展客户中发挥积极作用，而且获得总行肯定，在全国建设银行范围推广运用。2010年，厦门市分行连续第四年荣获厦门市小企业授信先进单位，获得厦门市小企业专项补贴490万元（同业占比34%），并获得担保公司厦门监管小组厦门市唯一推荐专家单位。

【首创“老无忧”养老保险贷款　个人经营消费类贷款加快发展】为响应厦门市政府提出的城乡一体化发展战略，助推厦门市城镇化进程，分行为厦门市新农村社会保障体系提供配套个人贷款服务——“老无忧”养老保险贷款。在总行支持下，2010年11月成功为集美区被征地人员发放首笔养老保险贷款，确保了被征地人员参加社保。厦门市分行也成为系统首家办理养老保险贷款业务的一级分行。至12月末，共发放“老无忧”养老保险贷款8 350万元，为2 002位老年人解决了养老问题。

厦门市分行将政策性和经营性业务结合较好地发展个贷业务。2010年，房地产政策调控力度加大，分行进一步优化个贷业务结构。2010年二手房贷款当年新增13.77亿元，新增首次超过一手房贷款。二手房贷款在自营性个人贷款的占比由12.3%提升至17.5%；个人经营消费类贷款当年投放近11亿元，新增3.45亿元，个人经营消费类贷款在自营性个人贷款的占比由2.9%提升至4.2%。个人经营消费类贷款客户数占比由2010年年初的4.45%提高至8.44%，占比提高近4个百分点。

【用心打造服务品牌　服务质量再上台阶】2010年，厦门市分行服务工作重点围绕“效率、创新、专业、规范、安全”等方面展开，努力打造和提升服务品牌。厦门市分行深入贯彻落实总行“服务质量管理年”的工作要求，通过“一个督导、两大活动、三项推进、四个配套”措施，深入推进“服务质量年”工作，一是成立一个服务总督导组；二是开展员工履岗能力大比武和业绩大比拼两大活动；三是推进“我为服务献良策”金点子工程、完善风险防控机制工程和基层员工关爱活动工程；四是落实“完善PIPM系统，让员工成为解决问题的专家”、“抓住影响客户满意度和营业网点服务质量的关键要素”、“抓住流程优化的环节，通过流程优化来释放生产力”和“建立分工协调和信息报告制度”四个配套工作。

围绕“打造建行服务品牌”、根据总行的相关部署和分行的实施方案，从完善机制入手，扎实推进各项服务工作。努力将产品、渠道、服务做到同业最好，提升分行品牌竞争力，厦门市分行的客户服务质量稳步提升，上了一个新台阶，在总行营业网点服务质量调查中，基本得分、汇总附加评价得分均排名第1位，在分行委托第三方进行的2010年客户满意度调查中，个人、公司客户满意度均在6家银行中排名第1位。

厦门市分行首创并实施“行长精神表扬卡”制度，由分行行长签署，颁发给赢得重大荣誉、在月（季、年）度工作中业绩拔尖、经营管理和服务事迹突出的员工和单位，首批有5个集体和2名个人获得“精神表扬卡”。

厦门市分行大力推行微笑服务，“建行服务，用心为您”正在为越来越多的市民所认知和接受。服务质量提升所带来最直观的效果：公司、个人客户数量显著增加，如公司机构客户标准数比年初增加3 636户，年增速17.8%，完成总行计划的331%，这为厦门市分行多数业务量居当地同业首位、实现可持续发展打下了坚实的基础。

【业务营销亮点频现　公、私业务比翼齐飞】2010年，分行在业务营销上亮点频现，实现对公、对私业务比翼齐飞。厦门市分行与福建省分行强强联手服务“海西”。

随着海西战略的进一步实践，福厦业务联动更加频繁与紧密，协同完成了厦漳大桥、七匹狼晋江金祥、明发漳州、中骏海峡西岸、厦门万达、合福铁路、金安高速公路、腾龙芳烃（漳州）有限公司300万吨PX项目、翔鹭石化PTA二期等重要项目，并在工程咨询业务联动中开展创新型业务模式的尝试；成立重大项目服务团队，践行“请进来”，加大基础设施领域投放力度。成立了轨道交通项目、第二西通道项目、机场三期及新机场项目、厦门市信息集团等营销拓展服务团队，并牵头开展营销活动。成立海西项目经营中心，力行“走出去”，实现铁路、高速公路项目零的突破。在东南沿海铁路、合福铁路、金安高速公路、古雷至武平高速公路等项目上争取到贷款份额。

2010年11月28日至12月7日，厦门市分行还参加了由总行集团部牵头，对戴尔等四家跨国公司的美国总部进行的营销拜访。此次跨国境拜访是迄今为止分行对戴尔公司最高层的营销活动，为做好对驻厦门的戴尔公司的后续金融服务打下基础。通过对企业年金、供应链融资、保理等适应市场需求的新产品的有效营销，从纵的方面把企业需求与银行产品构线成网。

2010年3月19日，厦门市分行在海悦山庄酒店举办两岸三地资本市场高端论坛。来自台湾、香港和内地的资本市场专家参与活动。厦门市分行与翔鹭石化、银鹭集团、台湾华登国际、高能资本4家企业签订了《投资银行业务战略合作协议》。这种“引智”与“借力”的营销方式，对参与多方创造了更多共赢的机遇。

2010年3月，总行在厦门召开了2010年全国客户体验中心工作座谈会、研讨通过客户体验、客户参与的方式、增强建设银行产品和服务的社会认可和美誉度。2010年，厦门市分行在信用卡营销活动中，更多采用了鼓励客户参与的优惠办法，取得了不错的效果。与同安区政府等地方政府、厦门市泉州商会等民间商会、厦门市建安集团有限公司等龙头企业、行业协会签订战略合作协议，也为厦门市分行开发营销相关产品、提供金融服务拓宽了渠道。

厦门市分行“非金融服务体系”在同业中颇具特色，2010年在打造博士龙系列子女教育活动。围绕加强子女教育与打造爱乐俱乐部两个核心，继续完善了非金融服务体系。子女教育方面，以博士龙品牌为主线，举办了财商培训营、留学讲座、“家有宝贝”亲子沙龙、励志讲座、“走近交响乐”音乐普及沙龙、科技亲子夏令营等丰富多彩的活动，涵盖了从幼儿到中小学生的客户子女群体，提升了我行博士龙品牌知名度。丰富建设银行爱乐俱乐部服务内容。在四季“爱乐之旅”音乐会基础上，与厦门爱乐乐团联合推出彩排观摩、音乐普及沙龙等多种活动。吸引了更多爱好音乐的VIP客户加入俱乐部，提升了俱乐部吸引力。

（执笔：梁小强）

江西省分行

江西省分行行长　段超良

一、业务发展概况

截至2010年年底，建设银行江西省分行全口径存款余额1 458亿元，当年新增194亿元，增速为15.35%；一般性存款余额1 381亿元，当年新增223亿元，增速为19.26%。各项贷款余额835亿元，本年新增129亿元，增幅为18.27%，高出全国平均水平1.49个百分点。实现税前利润20.26亿元，同比增加4.15亿元，增幅为25.76%；实现经济增加值9.12亿元，增幅为13.32%。

【公司业务】对公存款余额750.18亿元，四行占比27.7%；新增123.14亿元，增长为19.64%；余额及新增占比均居省内同业第2位。公司类贷款余额562.70亿元，新增63.48亿元，增幅为12.72%，其中公司类非贴现贷款新增112.49亿元。

【个人金融业务】个人存款余额656.20亿元，新增99.60亿元，新增居四行第2位；个人贷款余额271.9亿元，比年初新增65.2亿元，增幅为31.5%，其中个人住房贷款余额250.5亿元，比年初新增67.81亿元，增幅为37.12%。荣获总行“财富管理与私人银行旺季营销卓越奖”一等奖。

【中间业务】实现中间业务毛收入11.06亿元，收入增量3.49亿元，收入总量、增量、增幅均排名四行第2位，市场分额比上年提高0.95个百分点。中间业务净收入10.74亿元，占主营业务收入比重25.34%，较上年末提升4.93个百分点，高于系统平均水平4.41个百分点，系统排名第10位，较上年前进3位。网均、人均中间业务收入分别为328.43万元、15.73万元，较上年分别增长45.90%、46.46%。

【国际业务】国际结算量达到56.75亿美元，同比增加18.62亿美元，增幅为48.83%，四行占比排名第2位；外汇对公存款新增四行占比115%，排名第1位，增幅为42%；外汇贷款增幅106%，系统内排名第4位。外汇客户增长（折算后）427户，新增外汇客户67户、经常项目客户117户，30大重点客户国际结算量同比增长32.82%。实现外汇中间业务收入7 884万元，同比增幅为28.39%。

【投行业务】投资银行业务收入1.45亿元，同比增长7 828万元，增幅为117.33%，连续三年实现收入翻番。其中：并购与重组顾问业务收入总量、增量均排系统内第4位，IPO及再融资顾问业务收入总量、增量分别排名系统内第3位、第4位。实现总行考核口径收入3.51亿元，同比增长1.57亿元，增幅为80.93%；收入总量排名系统内第13位、中部地区分行第2位、四行第1位。

【其他业务】电子银行业务收入6 056.25万元，电子银行账务性交易量比39.32%，在中部地区分行排名第1位，获得总行“电子银行业务技能竞赛”总决赛冠军。信用卡净新增客户8.11万户，信用卡业务收益4 586万元，同比增长52.5%。住房公积金归集市场占比51.29%，较年初提升了1.67个百分点；其中公积金存款新增占比59.38%，贷款新增占比57.94%，均保持同业第1位。

【资产质量和风险控制】不良贷款余额9.11亿元，比年初减少3.64亿元，不良贷款率1.09%，比年初下降0.71个百分点。关注类贷款34.93亿元，全年减少30.10亿元，关注类贷款占比同比下降5.03个百分点。

二、主要工作举措

【深入实施客户战略，努力提升竞争能力】积极开展高层营销、联动营销、交叉营销和团队营销。当年增加19户集团授信客户、46户集团授信成员单位、42户总行级战略性客户及在赣成员单位；参与重大银团项目18个，牵头内部银团项目2个，成功营销一大批电力、铁路、公路项目。全省代理市级、县级财政国库集中支付业务覆盖面分别达到100%、50%，省级预算单位零余额账户新增、省直绩效工资账户新增、省级财政公务卡签约数、中央财政授权支付业务代理预算单位数均居同业第1位；高校客户新增结算户3个，基本结算账户四行第1位；成功营销医院6家；民生领域事业法人结算户新增105户；“八一工程”两大重点客户营销取得突破；社保基金账户新增37户，系统排名第10位，成功中标抚州金保工程；CTS客户新增、手续费收入四行均排第1位。AUM值5万元以上的个人资产客户净新增5.37万人，折算后增长22.98%；其中高端客户净新增539人，资产净新增15亿元，增速为55.25%。

【狠抓存款不放松，稳固业务发展的基础】牢固树立“存款立行”理念，坚持主动负债，全力以赴抢抓存款。企业存款以重大项目、中小企业、招商引资和机构类客户及其上下游单位为目标，大力开展各类主题营销，积极关注市场和同业，抢抓市场机遇，狠抓产品覆盖，强化考核和调度。企业存款新增四行排第2位，增幅系统内排名第11位。个人存款以大型公司机构类客户、优质小企业、个体工商户、个人中高端客户、CTS客户、棚户区改造及重大拆迁项目等为目标，以代发工资、结算通、电话支付等产品为抓手，增强拼抢意识，挖掘渠道潜力。个人存款新增四行排第2位，增速系统内排名第9位。

【优化信贷结构，提升价值创造能力】认真执行总行信贷政策，抢抓机遇，加快投放，持续优化信贷结构。一是狠抓优质项目营销。组织开展各类信贷业务专题营销活动，深入开展银企合作，强化多方位服务，项目储备不断扩大。二是加快贷款投放。通过加快存量贷款周转、发挥贴现调剂功能、创新融资信贷产品等途径，努力拓展投放空间，调配信贷规模，优先满足重大项目建设、优质小企业和个人住房贷款需求。三是调整信贷结构。南昌城区贷款余额占全行的比重达到57.63%，较上年提高14.54个百分点；小企业非贴现贷款增幅为141.62%，是对公非贴现贷款增幅的5.44倍；个人贷款新增创历年新高，增幅为31.5%，高于系统平均18.62个百分点。

【稳步推进经营机制转型，提升持续发展能力】不断优化业务流程，提高销售和服务能力，实现可持续发展。一是组建小企业经营中心。按照专业专注的原则，强化对小企业业务指导，逐步实现向专业经营机构转变，全行共成立了13个小企业经营机构，其中“信贷工厂”模式的小企业经营中心9个。二是稳妥整合对公信贷职能。提出对公信贷职能整合方案，大中型客户经营重心不断上移。三是大力推进对公网点转型。率先在金融同业推进对公网点转型，通过积极转变对公网点经营理念、经营职能、岗位职责、网点形象、考核激励和后勤保障，实现对各网点客户满意度、价值创造力和综合竞争力的全面提升。四是顺利推进个人网点二代转型。构建公私联动营销机制，提供中高端客户非金融增值服务，提升客户忠诚度和满意度。五是积极推进个人事业部制改革。在二级分行城区推进个人事业部改革，个人银行业务条线指导、专业化经营和市场竞争能力得到逐步提升。六是推行机构网点等级管理。把机构网点负责人的职务、职级、薪酬与机构网点等级评定相挂钩，实行动态管理。

【深入推进渠道建设，拓展金融服务能力】一是持续优化机构网点布局。安排营业网点建设项目44个，购置项目6个，迁址网点26个，37个分理处升格为网点型支行；新增自助银行5家，新增各类自助设备190台，自助设备账务性交易量占比为47.64%。二是大力推进服务团队建设。

突破现有条线、行别营销工作模式，探索团队营销工作模式，完善团队营销绩效考核方案。先后成立了投行、集团、国业及信用卡业务等多个团队。三是推进“网点星级评定”。推进零售网点综合管理工作的规范化、标准化和常态化，提升零售网点的客户服务能力和市场竞争能力。四是持续优化营运服务支持流程。实现了安全平稳运行，ATM 平均开机率和缺钞率分别排名系统内第10名和第4名，连续5年被人民银行评为“年度支付系统运维工作先进单位”。

【积极开展金融创新，提升金融服务水平】紧跟客户和市场需求，积极推进产品创新，推动业务发展和服务优化。成功办理9 400万元系统内金额最大的电票业务，办理我分行首笔占用金融机构额度出口信保买断业务、首笔境外融资保函业务；创新消费经营类贷款集中委派经营模式；推出信用卡数据库营销，被总行采用并在全行推广；创新结算卡、一户通等结算产品以及结算业务收费品种、打包收费套餐；优化短信理财系统功能；创新推广电子商业汇票、对公账户经营管理和电子银行嵌入式营销等系统；优化特色业务平台集中代收费系统等。铁路局年金项目，得到了总行的认可，并计划在全行推广。

加强内部控制，切实防范金融风险。坚持发展和内控“两手抓，两手硬”的方针，正确处理好发展与内控的关系。一是持续强化风险管理。扎实推进“贷后管理年”活动、“内控和案防制度执行年”活动和“平安建行创建”活动，加强重大风险和突发事件的管理，强化关键风险点监控检查，增强合规操作意识和执行力。二是增强案件防控能力。深入开展案件专项治理工作，落实案件防控工作责任制，加强员工安全教育和应急预案演练，强化重点部位、岗位、重要时段、关键风险点的安全监督和管理，实现了零案件安全运营。三是强化责任认定和追究。认真开展对违规违纪责任追究，规范审理程序，严格把握问责尺度。

（执笔：陶有珠　肖剑峰　单克强）

山东省分行

山东省分行行长　彭洪明

一、业务发展概况

截至2010年年底，山东省分行全口径存款余额4 018.1亿元，新增342亿元；各项贷款余额2 678.5亿元，新增371.1亿元；不良贷款余额25.41亿元，比年初下降6.21亿元；不良贷款率0.95%，比年初下降0.42个百分点；拨备覆盖率242.01%，比年初提高46.35个百分点；实现中间业务净收入31.2亿元，实现拨备前利润77.4亿元。

【公司业务】对公存款余额突破2 000亿元，达到2 068亿元，新增166亿元；对公贷款余额2 073亿元，新增255.8亿元，其中非贴现对公贷款新增300亿元，严格控制在总行计划之内；小企业非贴现贷款新增100.8亿元；累计牵头银团贷款15笔，作为代理行或参加行参与银团贷款7笔，共涉及银团贷款合同金额903亿元；成功签约5个融资租赁项目；研究建立对公产品管理体系，对全行17条产品线192项对公产品进行全面梳理，逐步提高产品覆盖度和客户综合贡献度；加强对旧城改造、新农村建设贷款产品的研究，旧城改造金融方案获得了总行的充分肯定。

【个人金融业务】个人存款余额1 782亿元，新增189亿元；个人贷款余额605.5亿元，新增115.3亿元。信用卡客户净新增31.26万户，客户总量达到155万户；信用卡消费额243亿元，新增特约商户3 531户，累计达到13 796户，实现信用卡及收单中间业务收入1.68亿元；卓越信用卡通过总行项目审批178个。已转型和待转型网点453个，占全部网点的58.9%，转型网点业绩初显，已转型网点基金认购额占全部网点的69%；基金、实物黄金和账户金网均销售分别是未转型网点的4.3倍、4.8倍和2倍；已转型网点VIP客户网均新增98户，是未转型网点的2.57倍。自助账务性交易量占比较去年底提升7.3个百分点，达到50.10%。

2010年1月18日，建设银行山东省分行与武警山东省消防总队签署全面合作协议。

【房地产业务】个人住房类贷款新增143亿元；公积金贷款余额240.63亿元，新增67.31亿元；住房资金存款、公积金存贷款余额均继续保持同业排名首位；个人不良贷款余额3.56亿元，比年初下降0.68亿元，不良率0.59%，比年初下降0.28个百分点；全省106个个贷中心全部通过总行验收，其中达标97个、基本达标9个。

【中间业务】实现中间业务净收入31.2亿元，同比增长39.98%；毛收入新增居当地四行首位，市场占比25.07%，提升1.71个百分点；以国内保理、理财产品、电子银行等12项重点产品为突破口，分层推进中间业务标杆管理，12项重点产品毛收入占全部中间业务毛收入的81.49%。

【国际业务】实现国际业务结算量271亿美元，增幅为21.3%；外汇中间业务收入5.01亿元，增幅为37.6%，其中国际结算收入2.5亿元，增幅为40%；外汇资金收入2.3亿元，增幅为41%。人民币表内贸易融资余额成功实现了比年初翻番目标，人民币贸易融资余额在系统内占比达41%；国际融资签约额大幅增长，转贷款项目储备进展顺利，供应链融资、应收账款池融资、跨境人民币结算等产品都取得新突破，创新产品中小企业信用保险项下贷款被总行列入推广产品。

【资产质量与风险控制】坚持“风险控制优先”理念，全面落实“三个办法一个指引”；深入开展“贷后管理年”活动，在省行和二级行设立贷后管理中心；加强重点领域风险防范，严格执行房开类贷款封闭运作和名单制管理，认真组织地方融资平台贷款“解包还原”，“6+1”行业信贷余额下降37亿元；建立操作风险管理“案例库”，强化操作风险管理。加大不良资产处置力度，用足用活处置政策，完善集中经营不良资产项目的诊断制度和团队运作机制，全年处置各类不良资产16.57亿元，实现不良资产现金回收8.02亿元、超值现金回收3.95亿元，核销呆账4.94亿元。

2010年7月15日，建设银行山东省分行与山东省工商行政管理局举办推股权融资 促结构调整说明会暨“工商e线通”战略合作签约仪式。

二、主要工作举措

【加快经营转型】积极适应区域经济发展方式的转变，推动自身经营转型。一是推动经营方式从外延式扩张向内涵式增长转变，信贷资源重点投向了鼓励类行业，个人业务、中间业务、战略性业务对全行发展贡献度逐步提升。二是推动经营重点向主营业务与战略性业务并重转变，个人和企业电子银行客户分别新增132万户、1.56万户，实现电子银行业务收入1.25亿元，基金收入居同业首位，商户分期交易额是上年同期的2.5倍，国际业务结算量增幅21.3%。三是推动经营重心向公司业务上移与个人业务下沉并重转变，省分行运作客户授信额度占对公客户授信额度的40.31%，贷款余额占对公客户贷款余额的31.02%；在各二级分行设立电子银行中心，进一步提升专业化水平。四是推动盈利模式向利差收入与非利差收入并重转变，中间业务在主营业务净收入中占比达到24.21%，同比提高4.64个百分点。五是推动销售渠道由柜面为主向柜面与电子渠道并重转变，为770个网点配备了网银服务机，电子银行账务性交易增长13.94个百分点；自助账务性交易量较上年提升7.3个百分点。六是推动销售手段由单一产品营销向综合销售转变，针对大中型和中小型企业分别制作金融产品推介表，通过发行“利得盈”、“建行财富”、“乾元通财”、中期票据等产品，多渠道解决客户资金需求160亿元；针对不同个人客户群体推出产品“套餐”。

【推进结构调整】在加快发展中调整结构，在结构调整中支持产业结构优化，提升业务发展质量。一是优化信贷结构，大中型客户鼓励进入类行业非贴现贷款新增119亿元，占对公非贴现贷款的40%；对公AA级及以上客户非贴现贷款余额占比为79%，新增占比达84.3%；小企业贷款增速为92.9%，高于对公贷款增速74.7个百分点，占对公非贴现贷款的34%，综合收益相当于基准利率上浮37.75%；贴现余额121亿元，比年初下降44亿元；退出贷款71亿元，完成计划的106%。二是优化客户结构，坚持扩量、提质并重，以核心客户为依托，拉长客户链条，大力挖掘和培育优质公司、机构客户和个人中高端客户，银政、社保、“八一工程”、政策性房改等客户实现新突破。对公类账户结构持续改善，账户较年初增加2 603户，其中基本账户增加3 240户；个人类代工客户新增51万户，基金定投账户新增6万户，个人结算账户新增368万户，有效账户占比达90%以上。三是优化产品结构，以低信用风险、高收益产品替代高风险产品，大力发展供应链融资产品，累计发放国内保理预付款142亿元，居系统内首位，对传统流贷替代率11.7%；累计签发国内信用证65.63亿元，累办议付54.36亿元，收入居系统内第1位；人民币表内贸易融资余额23.6亿元，居系统第1位。四是优化区域结构，落实总行差别化区域政策，加快中心城市行和强县支行发展；结合山东经济区域发展战略，制定了支持黄三角地区发展融资服务方案，明确重点支持目标，赢得市场先机；大力推进设立村镇银行，滕州、邹城和诸城三家村镇银行正在加紧筹建。

2010年9月9日，建设银行山东省分行与建银国际、新加坡分行联合召开境内外上市暨产业基金投资推进座谈会。

【强化改革创新】积极推进体制机制、产品服务创新，不断增强经营活力，提高发展层次。一是深化经营模式转型。积极开展对公和个人信贷重心上移、个人业务重心下沉、营业网点优化调整和专业化中心建设，加快完善配套办法。二是完善经营管理机制。完善等级行、KPI考核体系，重点关注客户拓展、市场地位、结构调整、发展质量、基础管理等核心指标，引导全行提升发展质量；在内部运作机制上引入市场化理念，推出个人住房信贷规模竞价机制，强化经营意识和效益意识，提升了个贷收益水平和管理能力。三是加快产品和服务创新。成功发行“中小企业信托贷款集合型”理财产品、中小企业集合票据，与山东省工商局合作探索新型股权质押贷款，创新推出小企业“融资担保通”、“融物通”、“集群贷”、“助保金”等产品；自主开发的“乾元通财”理财产品已形成四大系列，累计销售695亿元，余额达到97亿元；研发推出的助力黄三角、助力蓝色经济区、商用物业租金收益类理财产品均收到良好的社会效益和经济效益。

【强化风险管理】坚持“风险控制优先”理念，深入开展“基础管理收效年”活动。一是加强全面风险管理，认真落实“三个办法一个指引”，严格执行房开类贷款封闭运作和名单制管理，组织开展地方融资平台贷款“解包还原”，对关注三级公司类贷款、个人类不良贷款实施“归口管理、集中经营”，全年处置各类不良资产16.6亿元。二是深入开展“基础管理收效年”活动，对基础管理中的突出问题进行全面梳理，制定具体、系统的解决方案。三是加强内控建设，梳理内控和案防制度291项，完善各类业务制度152项，统一规范了二级分行内控自评价标准。四是加强案件防范，认真开展案件专项治理，在重点部门设置兼职纪检监察特派员，多条线、多角度编织风险案件防控网；强化监督检查，积极开展员工行为排查。

【加强队伍建设】以创建“四好班子”为抓手，着力优化领导班子结构，完善不同岗位员工职业发展体系，选拔三级、四级专业技术岗位职务45人，对全辖348名支行行长任职经历进行了全面梳理，研究制定了基层机构负责人职务高聘管理办法，继续做好短期及劳务用工转制工作，将412名员工纳入内部等级管理；加强员工培训，组织各类培训1 432期，培训员工7.8万余人次。

（执笔：刘太丽）

青岛市分行

青岛市分行行长　郭英辉

一、业务发展概况

【主要业务指标完成情况】

截至2010年年底，青岛市分行本外币全口径存款余额798.69亿元，新增104.36亿元，增长15.0%；各项贷款余额（不含信用卡透支）620.67亿元，新增113.17亿元，增长22.3%；税前利润14.91亿元，同比增加2.47亿元，增长19.9%；不良贷款余额7.20亿元，比年初下降2.86亿元，不良贷款率为1.15%，比年初下降0.83个百分点。

【公司业务】

存款余额404.03亿元，新增70.24亿元；贷款余额418.93亿元，新增69.01亿元；中间业务收入50 894万元，同比增加1.83亿元；小企业贷款余额同比增长19.7亿元，是前一年增长额的16倍；发行各类信贷理财产品40亿元，实现分行口径投行业务收入1.58亿元；财政存款日均同比增加25亿元，同业占比居第1位。

【个人金融业务】

存款余额341.07亿元，新增46.32亿元；贷款余额201.74亿元，新增43.25亿元；中间业务收入22 481万元，同比增加0.6亿元，增速居同业四行第1位；网均收入居同业四行第1位；“钻石”级客户增长49.5%，私人银行客户增长68%，高端客户人均AUM值达482.47万元；代理基金收入持续保持同业四行第1位；代理保险收入居同业第2位。

2010年4月26日，建设银行青岛市分行举行私人银行成立仪式。

【房地产业务】

个人住房贷款余额184.18亿元，新增40.37亿元，市场份额连续六年位居同业首位；委托性住房资金存款及公积金贷款余额继续保持同业市场占比首位。

【中间业务】实现中间业务毛收入73 142万元，同比增加2.43亿元，同业四行增长额、增速居第1位，同业四行占比居第2位。

【国际业务】国际业务结算量112.85亿美元，增幅居同业四行首位。累计实现外汇中间业务收入1.52亿元，同比增长64.7%，居同业四行第1位。

【资产质量与风险控制】处置不良资产66 838万元，实现不良资产超值现金回收16 378万元，实现核销后资产回收1 563万元，处置关注三级公司类贷款12 278万元。

【其他业务】

信用卡业务实现商户收单交易额459亿元，实现收单收入1 043万元，商户收单交易额居同业第1位；信用卡客户净新增6.1万户；实现中间业务收入3 879万元，同比增长32%。

电子银行总交易量与柜面交易量之比达到105.02%，实现电子银行业务收入1 529.9万元，增速列系统内第1位。

二、主要工作措施

【着力转变思想观念，创造性开展工作】全

2010年5月27日，建设银行青岛市分行与青岛市财政局举行合作签字仪式。

行紧紧抓住转变观念这一关键，朝着跨越式发展的目标坚实迈进。在工作方向上，自我加压，强化“数一数二”位次意识，各项工作始终围绕着又好又快和做大做强的要求抓落实，咬住新增份额不放松；在工作目标上，既有全年总目标，又有阶段性目标、条线目标、产品销售目标，做到目标明确，思路清晰，重点突出；在发展战略上，确定了“加快三个转变”的指导思想，坚持走内涵式、高质量、高效益的发展之路，积极推行区域战略、客户战略和产品战略等；在干部管理上，实行年中动态考核，增强各级领导人员责任意识和危机意识；在经营管理上，坚持用业绩说话，明确了“工资靠个人挣，费用靠业绩增”的考核导向，制定了一系列考核办法，激活经营机构发展潜力，更加关注市场占比和排名。

【坚持改革创新，不断激发经营活力】按照总行改革方向，深入稳妥推进机制改革。实行辖区机构差别化管理，18个机构调整为多功能直管机构，专司经办个人业务和小企业业务；组建并不断完善小企业经营中心、外汇业务经营中心、票据贴现中心、投资银行部、资金结算部和私人银行等专业化机构，并积极探索研究专业化经营中心与分支机构之间的联动和利益分配关系，充分发挥各层级经营的作用；抓住新一轮县域经济发展的机遇，启动县域支行发展战略，突出对县域支行市场竞争力、资源配置和队伍建设的支持，促进发展提速，综合贡献度明显提高；积极推进网点转型工作，59个网点完成二代转型；积极推进对公柜面转型，提升柜面价值创造能力，单位人民币结算业务收入总量及增量在同业排名第一。

【按照“进位次、增份额、上占比”的要求，抓好业务发展】对公业务突出客户战略，大力拓展优质客户，通过各种产品、渠道、服务措施的创新，促进了存款等业务稳步发展；确立了小企业业务战略地位，在业务创新、资源配置、考核激励上重点扶持，小企业业务呈加快发展态势；密切关注对上市、拟上市企业的业务拓展，全市23家拟上市企业大部分都在分行开立了账户，并建立了良好的合作关系；与青岛市财政局签订合作协议，开立了财政专户，推动了财政存款的稳定增长；着力推进“八一工程”，对部队的金融服务有了新的进展；投资银行业务成功开办了股权投资类、增量“利得盈”、融资租赁等多种业务，成为中间业务新的增长点。到年末，日均余额5万元（含）以上对公客户比年初新增1 491户，增幅为19.5%。钻石级客户新增321户，增速49.5%，过亿美元国际结算客户14户，较上年增加10户。

国际业务充分利用青岛口岸优势，积极开展大宗商品进出口客户的营销，“融货通”业务发展迅速；积极推广跨境人民币结算、银关通、转币种境外代付、转币种信用证转开等新产品、新业务，加强了境内外联动。个贷业务在巩固传统业务的同时，推出“六和”、“正大”农民养殖户贷款、“仁禾”生姜农户贷款和农民经济适用住房贷款等创新产品，其中“六和”农户贷款模式被总行列为全行推广产品模式。电子银行扎实推进“我学、我用、我营销”行内人员使用电子银行活动，推出“e路畅通　好礼连连”、“扫校、扫楼、扫市场”和“电子银行交易、缤纷好礼相送”等专题活动，积极探究依托核心企业批量销售电子银行产品的新模式，电子银行总交易量首次超越柜面。信用卡业务积极开发麦凯乐龙卡和乐天玛特龙卡新产品，进一步发挥百货类联名卡先发优势；加大汽车卡宣传力度，品牌影响力和新增数量明显提升；组织策划了多项等大型促销活动，信用卡发卡量稳步提高。资产保全工作加快不良处置进程，深化业务单元制改革，对存量个人类不良贷款实施集中经营，加强核销后资产的回收管理，成效显著。造价咨询业务积极参与地方重大项目建设和抗震救灾灾后重建，努力为客户提供高附加值服务，充分体现了建设银行优势和特色。全行坚定不移地狠抓中间业务，金融产品不断丰富，战略性业务有力推进，促进了中间业务收入的较快增长。

2010年11月12日，建设银行青岛市分行与麦凯乐（青岛）百货总店有限公司举行银行合作签字仪式。

个人业务以旺季营销为起点抢占市场先机，开展了一系列主题鲜明、形式多样的营销活动；细分市场和客户，按客户层级开展精准化营销，抓拆迁安置、代发工资、CTS客户等源头资金；做细做实产品销售，带动中间业务收入及高端客户数量快速增长，全年理财产品销售57.84亿元，实现销售收入5 089万元；成立了建设银行系统内第五家私人银行，并以此为契机，通过开展高端客户专属活动、系统挖掘、营销竞赛等措施，促进高端客户数量和质量较快提升，个人业务顾问全面覆盖AUM 20万元以上客户；推广“服务质量年”活动，组织客户服务体验，加大网点人力投入，全部网点完成一代转型，59个网点完成二代转型。

【坚持从严治行，强化风险和案件防控，确保依法合规经营】认真贯彻落实总行“贷后管理年”的各项要求，实施积极主动的风险管理，信贷资产质量基础不断夯实；坚持清收不良与控制潜在风险并重，加大对正常类、关注类贷款的管理，对个人类不良贷款、关注三级公司类贷款实施集中经营，开展了个贷抵押清理活动，贷款基础管理进一步加强；认真贯彻落实总行“案件防控和整改方案”，开展了“内控和案防制度执行年”等主题活动，完善案件防控工作联席会议制度，组织开展员工不良行为、操作风险“双排查”，构建起案件防范长效机制；集中开展整改工作“回头看”，加大整改和责任追究力度，整改率达97.6%；完善突发事件应急预案和应急机制，全年无安全事故。

【加强班子队伍建设，各级组织的凝聚力和战斗力进一步增强】不断强化领导班子的思想建设、组织建设、作风建设。开展领导干部读书活动，加强对宏观经济金融形势、电子银行和年金业务等方面内容的专题学习，努力开阔各级管理人员的知识视野；完善了党委会、行长办公会、行级领导工作日志、员工接待日等机制，形成了良好沟通机制和决策氛围；充分发挥职工代表大会的作用，积极推进行务公开；切实加强党风廉政建设，在干部提拔使用上，坚持公开公正、竞争择优的选人用人机制；积极做好各类员工的职业生涯规划，拓展员工晋升空间；把关心关爱员工作为工作的切入点，用心为员工办实事，不断提高员工满意度，营造了和谐稳定、积极向上的企业文化氛围。

（执笔人：许洁）

河南省分行

河南省分行行长　许会斌

一、业务发展概况

【主营业务】截至2010年年底，河南省分行全口径存款余额2 683.7亿元，比年初新增199亿元，增幅为8%。其中：一般性存款余额2 612.2亿元，比年初新增253.3亿元，增幅为10.7%；对公存款余额1 096.9亿元，同业排名第1位，比年初新增118.7亿元，增幅为12.1%；个人存款余额1 515.3亿元，比年初新增134.5亿元，增幅为9.7%；同业存款余额71.5亿元，剔除券商存管资金集中上划因素，与年初持平。贷款控制在总行规模内，各项贷款余额1 476.9亿元，比年初新增216.6亿元，增幅为17.2%，是近五年来又一高峰，同业排第2位。其中：对公贷款余额1 143.44亿元，比年初新增135.6亿元；对公非贴现贷款余额1 058.1亿元，比年初新增207.5亿元；对公贷款新增和对公非贴现贷款新增均居同业第一位；个人住房贷款余额309.7亿元，比年初新增87.5亿元，同业排名第1位。

【中间业务】实现中间业务毛收入19.4亿元，同比增加3.4亿元；净收入18.9亿元，同比增加3.3亿元，增幅为21%，创历史新高，居同业第2位，完成总行计划的109.8%。其中：对公条线实现收入10.8亿元，占比为55.7%；个人条线实现收入8.6亿元，占比为44.3%。

【经营效益】实现拨备前利润43.4亿元，同比增加6.8亿元，增幅达18.6%；实现税前利润37.4亿元，同比增加3.9亿元，完成总行计划的118.7%；实现账面利润34.5亿元，同比增加3.6亿元，增幅为11.6%；实现经济增加值17.6亿元，同比增加0.18亿元，完成总行计划的137%。

【战略性业务】电子银行业务：个人客户新增265万户，达1 103万户，居同业第1位；企业客户新增1.3万户，创历史最好成绩，居同业第2位；电子银行渠道分流率达到38.45%，相

2010 年 3 月 10 日，建设银行河南省分行召开第四届职工代表大会第一次会议。

当于新增 400 个网点 5 000 名员工；收入达 1.13 亿元，按可比口径同比增长 47%，居同业第 1 位；总行电子银行业务技能竞赛获得分赛区第 1 名、总决赛第 3 名，在总行 95533 五项业务技能竞赛中，各有 1 人获得一、二、三等奖。国际业务：国际结算业务量 51.5 亿美元，同比增长 41.3%，计划完成率为 133%；结售汇业务量 34 亿美元，同比增长 46.6%，计划完成率为 142%；中间业务收入 8 002 万元，完成计划的 121%。信用卡业务：客户净新增 30.1 万户，客户总量突破 100 万户，达到 103 万户，系统内排名第 11 位，居同业第 2 位；消费交易额 185 亿元，是 2009 年的 1.5 倍，系统内排名第 9 位，中部六省排名第 1 位；账户活动率 57.9%，比全国建设银行平均水平高 2.1 个百分点，中部六省排名第 1 位。小企业业务：贷款新增 42.7 亿元，累计投放 77 亿元，完成总行计划的 124.9%，居同业第 1 位；新增信贷户 403 户。企业年金：新增企业年金个人账户 91 235 户，系统排名第 2 位；签订集合计划合同 415 户，系统排名第 3 位；受托资产新增 1.55 亿元，系统排名第 4 位；托管年金资产新增 7.47 亿元，系统排名第 5 位，并以 21.55 亿元的总量独占河南企业年金基金托管市场近 80% 的份额。票据业务：紧抓市场机遇，累计办理转贴现 280 亿元，系统居第 2 位；电票业务办理量 14.5 亿元，系统居第 2 位，河南地区同业占比逾 70%，居同业第 1 位；直贴业务价格从年初的 3.3% 提升到 6%，系统排名从上年的第 20 位提升至第 10 位。

【资产质量】不良贷款继续“双降”，不良贷款率为历年最低。不良贷款额 9.6 亿元，比年初下降 1.61 亿元；不良贷款率 0.65%，比年初下降 0.24 个百分点，资产质量保持同业最优。

【客户服务】先后被河南省委、省政府授予“省级文明单位”称号；在河南省企业家协会组织的评比中，第四次荣获河南省“百强企业”称号；荣获第五届河南财智榜“河南最受尊敬的银行”和“低碳金融责任银行”称号；荣获中国主流媒体理财联盟“中原地区最佳服务银行”、“中原地区最具社会责任企业”称号；在“2010 中原经济大奖”评选中荣获“助力中原十大活力金融企业”称号；荣获 2010 年打造中原经济区“最具责任金融机构”、“最具贡献银行”和“最具创新能力银行”称号；被中国金融工会授予“全国金融系统职工代表大会制度建设示范单位”称号。

2010 年 4 月 23 日，建设银行河南省分行“情系玉树”爱心捐赠仪式在河南省慈善总会举行。

二、主要工作举措

【围绕重点促发展】一是抓了全年的谋划。年初提出“1351 目标”；第三季度谋划了“双百活动”。二是抓好总行政策的贯彻落实。“贷后管理年”召开动员会，制订方案；配备信贷经理人数达 104 人；退出不符合信贷政策的贷款 63 户，贷款额 26.3 亿元，完成计划的 114%。三是抓了关键区域和时段。旺季营销，获得总行旺季营销综合贡献二等奖、黄金销售先锋一等奖、中间业务成长先锋三等奖；“双百”活动，稳定了存款，增加了中间业务，加强了内控。

【围绕新点抓增效】一是大抓中小企业。实施了“五专”服务体系（专营的组织机构、专注的小企业业务领域、专属的金融产品、专业化的流程和专门的工作机制），建立了六家信贷工厂。二是大抓投行业务。成立了投资银行部；推出了五大产品（即债券类、股权类、发债类、并购类、上市类）；实现收入1.8亿元。三是大抓机构类业务。明确七类客户为重点，开展营销工作；开展“建功立业竞赛活动”、机构业务“五项攻坚战”；组建六个重大项目任务型团队；完成总行全年计划的457%，计划完成率排名第1位；在对公存款中占比26.8%，较年初上升2.09个百分点。四是大抓电子银行业务。召开电子银行业务工作会，提出“三全一打造”目标和要求；组织开展“三新促三增”工作（即“新渠道、新平台、新网络”，“增客户、增服务、增收入”）；持续开展系列劳动竞赛等活动；积极推广新产品、新品牌，业务保持大幅增长。五是大抓涉农金融服务。召开了“三农”业务会商会和拓展会，研究制定措施；创新推出了“销售宝”、“特农宝”、“购粮宝”等服务产品，累计向双汇、思念、三全、五云茶叶等企业投放“三农”贷款225亿元，增幅49%，全国排名第二位。

【围绕难点克难关】一是强力抓开户增存。新开立日均5万元以上对公结算账户4 909户，完成全年计划的164%；加强小额无贷户以及资金结算的管理和维护；通过增开账户，实现对公结算收入1.67亿元，增幅达89%。二是强力抓中间业务收入。采取标杆管理、分类指导、考评问责、绩效挂钩等措施，召开工作会、座谈会和重点分行会商会，确保领先的位次。三是强力抓资产质量。重点关注25个重点项目的资产质量变化；南街村集团、陕县热电厂、豪利贸易公司、义煤集团股权处置等项目取得重要突破，共处置各类不良资产7.6亿元，完成总行计划的150%；累计实现不良资产现金回收5.5亿元，完成总行计划的560%；累计实现不良资产超值现金回收4.2亿元，完成总行计划的1 046%；义煤股权以高出每股净资产0.76元的价格出让，股权转让价款达到3.35亿元。

【围绕焦点增活力】一是加大推进网点转型。完成网点二代转型246个；评定五星级网点3家、四星级15家、三星级42家；开业的财富中心达13家、个人理财中心160个、个贷中心33个、贵宾现金室300个、对公商务中心1家，走在了系统前列。二是强化大中城市行发展。对大中城市行实施差别化的资源配置和考核政策；下发了《进一步加快中心城市行发展的意见》和《关于建立工业城市行标杆管理制度的通知》，推进战略责任意识的提升和主要业务的发展。三是深化县支行转型。开展“十佳县支行”及“十佳特色县支行”评选表彰；按照“精品化、有特色”的方针，实施分类指导；推进“双百工程”。四是积极开展村镇银行筹组工作。提出“积极审慎、高点起步、规范运作、塑造品牌”的总体方针，建设银行在河南是首家、也是四大银行首家村镇银行——新野建信村镇银行获批。同时，永城村镇银行进入总行审批程序，还有部分备选地区正在进行可行性研究。五是加大创新工作力度。制定《产品创新整体推进实施方案》、《创新创效奖励办法》等，明确创新工作指导思想、总体目标、研发目标和激励措施；加大产品创新和研发力度，专门成立产品与质量管理部，组织创新团队，全年共推出财富管家、国内信用证收费项目优化、对公账户管理综合服务、“房金在线”、银行投保融资等创新项目22个，新产品累计实现收入7 885万元。六是提升服务质量。抓好客户接待日活动；做客政风行风评议热线；强化客户走访维护机制，出台了《对公客户走访维护责任制》、《对公客户走访维护实施细则》、《个人客户维护方案》等；持续开展“双高客户”和重大项目营销。

【围绕支点夯基础】一是加强领导干部作风建设。推进领导班子及其成员制度化考核，完成了19个二级分（支）行、24个省分行本部部门共计43个领导班子、254名领导人员的制度化考核及点评工作；对新乡、焦作、周口进行了巡视；交流基层机构负责人420名，为规范管理和规避风险提供了组织保证。二是持续深化合规建设。召开四次从严治行万人电视电话会议；开展“19项禁令”教育月活动和专项检查及“内控和案防制度执行年”活动，加强职业道德教育；出台《轻微违规行为积分管理办法》；对易酿成案件事故的业务操作环节开展了专项整治；加强员工行为排查，共排查各类岗位人员 13 759 人次；严格违规问责，共追究责任人 141 人；组织参加金融系统反腐倡廉巡展等警示教育，强化了党风廉政建设。三是加强员工队伍建设。推进“四个倾斜”政策，全行基本工资和岗位绩效工资人均增幅中一线员工高出 5 个百分点；推进“创先争优”，开展“五好”部门、“四好”班子、基层党支部示范点创建活动；招聘学生 468 人，择优转制劳务人员 665 人；省分行组织培训 189 期 14 323人次。四是扎实推进大事实事落实。新综合营业楼建设开始动工；成立了家属院物业委员会；安排近 1.96 亿元用于购置营业用房 10 处，像郑东新区的营业用房、洛阳富华支行营业用房等；安排 0.62 亿元用于安防、信息开发、基础设施；安排 600 万元解决了县行多媒体培训系统；安排 300 万元用于小企业信贷工厂装修改造；安排 4 700 万元用于自助设备建设，新增 ATM 195 台，总量达 1 153 台，新增存取款一体机 110 台，总量达 548 台，新增自助银行 97 家，总量达 458 家，均居同业第 2 位。

（执笔：孙俊岭）

湖北省分行

湖北省分行行长　王江

一、业务发展概况

截至 2010 年年底，湖北省分行（不含宜昌地区）有营业机构 567 个，在册从业人员 12 767 人。资产总额本外币 2 832.89 亿元，当年新增 337.94 亿元。本外币全口径存款余额 2 777.31 亿元，当年新增 337.99 亿元。各项贷款余额达到 1 367.46亿元，当年新增 199.11 亿元。实现中间业务收入 19.2 亿元，同比增加 5.76 亿元。实现账面利润 34.27 亿元，同比增盈 3.74 亿元。

【公司业务】企业存款余额达到 1 167.77 亿元，居同业第一位；新增 165.09 亿元，增速为 16.46%，系统排名第 12 位，完成总行计划的 102.42%。公司类人民币贷款余额 1 034.92 亿元，较年初新增 123.7 亿元，增幅为 13.6%，余额、新增均居同业第 2 位。其中：非贴现贷款余额 998.59 亿元，比年初新增 150.05 亿元。

【个银业务】个人存款持续稳定增长，系统内排位出现较大提升。2010 年末，个人存款余额 1 558.62亿元，比年初新增 229.98 亿元，完成总行年度新增计划的 115%。系统内比较，个人存款增幅为 22.58%，比全国建设银行平均增幅（12.24%）高 10.34 个百分点；新增额系统内排名第 3 位，比年初提升 7 位。省内四行比较，新增占比为 29.38%。个人存款余额系统内排名第 9 位，比年初提升两位，同业占比为 29.09%，排名第 2 位，占比提升 0.05%。个人类贷款余额 311.05 亿元，比年初新增 72.70 亿元，系统内排名第 13 位，中部六省排第 3 位，同业排名第 3 位。中高端客户稳步增长。AUM 5 万元以上客户达到 83 万户，比年初增加 14.2 万户，完成总行计划的 140.8%。其中 AUM 300 万元以上客户 2 419 户，比年初新增 752 户，完成总行计划的 127.5%。

【中间业务】2010 年，实现中间业务收入 19.2 亿元，同比增加 5.76 亿元，增幅为 42.86%，完成总行计划的 114.09%，中间业务收入占比24.61%，较2009年年底提高5.41个百分点。全行中间业务收入增幅系统内排名第10位，比全国建设银行平均增幅高8.2个百分点。中间业务收入总量继续保持同业第1位，分别领先工行0.99亿元、农行1.93亿元、中行11.97亿元；市场份额为31.02%。

实现对公中间业务收入10.77亿元，比上年同期增加3.83亿元，同比增幅为55.19%，占全行中间业务收入的56%。累计实现个金中间业务收入6亿元，收入比上年净增9 530万元，增幅达到19%。其中，实现代理寿险收入14 854万元，比上年净增3 825万元，增幅为35%，四行占比28.9%；实现代理基金收入6 241万元，继续保持同业第1位，四行占比44%，比上年提升8个百分点。从优势产品比较来看，审价咨询、房改金融、百易安、代理信托资金收付等特色产品对全行收入领先贡献较大；单位结算、保函、托管、代理基金和承诺等5项产品收入居同业首位；省内同业中率先实现境外IPO收入1 100多万元。

【资产质量】按照总行考核口径，不良贷款余额为18.61亿元，不良率为1.36%，分别比年初下降了0.12亿元和0.24个百分点，实现了考核不良“双降”。

【经营效益】经营效益进一步提升。实现账面利润34.27亿元，同比增盈3.74亿元，系统内排名第13位。实现税前利润36.15亿元，税前利润同比增长4.66亿元，完成全年计划（33.32亿元）的108.5%；实现经济增加值16.55亿元，同比增加1.08亿元，完成全年计划（13.96亿元）的118.55%。

二、主要工作措施

【加快转变发展方式】2010年，湖北省分行把发展中间业务作为优化收入结构、确保员工收入增长的重中之重。在等级行、KPI考核中突出强化中间业务指标，按照“优势产品挖潜、弱势产品补短、新兴产品重点突破”的思路，大力推进产品营销，连续四年保持中间业务收入同业第1位，中间业务收入占主营业务收入的比重持续提高。实现战略性业务快速发展。小企业客户数达到2 269户，当年新增378户，信贷余额达到114.19亿元，当年新增40.06亿元；实现造价咨询业务收入2.46亿元，居系统内第4位；累计发行短期融资券40亿元，发行理财产品31.3亿元，实现新型投行业务收入2.17亿元，同比增加1.43亿元；实现单位人民币结算业务收入1.84亿元，跃居同业第1位；新增额居系统内第13位；新增信用卡客户26万户，实现信用卡消费交易额118.5亿元，实现信用卡中间业务收入9 344万元，同比增长57%；电子银行客户达到801.2万户，比年初新增327.7万户，增幅达69%，电子银行账务性交易量比达到38.67%，比年初提高了18.71个百分点。

信贷资源配置能力和价值贡献度持续提升。按照宏观政策导向和总行工作部署，扎实推进信贷结构调整。积极进入发展前景好、符合本行风险偏好的行业，着力加大对重点行业和优质客户的投放力度，果断从不符合政策导向、风险较大、不良率较高的行业中退出，密切关注政府融资平台、“两高一剩”行业、房地产行业等的政策风险和市场风险。2010年，全行实现信贷退出24.9亿元，完成总行退出计划的137%。强化信贷全过程的精细化管理，特别是加强了贷后管理，严格落实贷后管理各项规定动作，完善了贷后管理工作的考核机制。持续加大不良压降力度，先后开展了“不良贷款扫雷”、“不良贷款攻坚战”等专项活动，全年累计处置不良资产15.08亿元，完成总行计划的192%，实现超值现金回收1.77亿元。

【改进服务不断创新】2010年，湖北省分行制定了促进业务创新的考核激励措施，理顺产品创新流程，全年完成产品创新项目4个，推广新产品31个，对业务发展起到了较好的促进作用。注重客户价值的提升，充分利用信贷业务平台，加强对投行业务、现金管理、企业年金、保理、贸易融资授信、网银等新产品的组合运用，积极向大中型客户提供一揽子金融服务方案，为重点客户打造个性化服务方案，努力满足客户多元化的金融服务需求。

进一步加大渠道建设力度。加强网点建设，调整优化网点布局，加大离行式自助银行和自助设备布放力度，全年新购置网点13个，累计对97个网点进行了装修改造，自助设备总量达到2 029台，比年初增加了410台。大力推广使用电子银行渠道，强化专项营销活动和考核约束，注重客户体验，提高了客户的满意度。着力打造财富中心、贵宾理财中心和专职客户经理三个专业化服务渠道，当年新增财富中心6家、贵宾理财中心78家，取得各类理财专业资格的人员占客户经理总人数的比重达89.1%。进一步深化网点转型。不断巩固一代网点转型成果，强化网点标杆管理，认真落实客户接待日制度和神秘人暗访制度，持续开展星级网点和星级柜员的“两个创建”活动，优质服务能力得到不断增强。深入推进二代网点转型工作，提高差异化和个性化服务水平，在总行组织的验收中，湖北省分行217家转型网点一次性验收合格。进一步增强信息系统支持保障能力。全年共完成20个总行和省分行信息技术项目的推广和开发任务，有力地支持了全行业务的发展。按照总行的统一部署和要求，信息系统圆满完成了世博和亚运的保障任务，创造了世博会和亚运会期间网络和信息系统安全运行无事故、系统可用率100%的良好金融服务环境。

【强化市场营销】2010年，湖北省分行加强重点大客户、大项目营销。全行上下联动，协同配合，城际铁路项目取得新进展。在上年工作基础上，取得了项目公司基本户开户，并完善融资方案，最终通过了武黄和武咸两个项目的授信和固贷审批。已形成13.8亿元的贷款投放，实现了铁路项目的新突破，为抓住“十二五”高铁大发展的机遇取得信贷业务快速发展打下坚实基础。加强各层级联动营销，成功中标天河机场T3航站楼项目。在深入了解三期扩建工程前期准备工作的具体情况，及时、准确地掌握资金来源、金融需求、实施方案、资产组合等关键信息后，联合总行和北京市分行，共同商讨营销办法，制订营销方案，将首都机场集团公司和湖北机场集团作为营销的主攻目标；同时，认真策划和参与项目银团贷款银行比选活动，在各级领导的高度重视下，比选活动取得成功，获得了26%的银团贷款份额。

加强对高速公路投放，积极跟踪新项目，培植优质储备项目。重点营销了谷竹、十白、十天等高速公路项目，已完成项目审批，对高速公路授信181.3亿元。高速公路贷款余额141.78亿元，比年初新增19.67亿元。积极组织集团客户整体授信。牵头组织了武钢集团520.8亿元、东风汽车集团公司145亿元、华新水泥33亿元、湖北鄂中化工有限公司3亿元、梁就成个人控股企业集团2.5亿元等6户集团客户授信总金额为833亿元的由我省牵头的跨区域集团客户整体授信工作；牵头组织上报了国美电器、中粮集团、中国船舶重工集团等45户，授信申报金额共571亿元的跨区域集团客户的整体授信工作。组织限上项目审批申报工作。组织申报湖北城际铁路49亿元、武汉地铁集团29.7亿元、武汉钢铁集团本部58亿元、武钢股份73亿元、武钢国贸35亿元、鄂钢20亿元、东风集团本部15亿元、东风有限45亿元、神龙汽车20亿元等限上项目审批或授信变更32户次，金额713亿元。着力夯实项目储备基础。2010年，共审批通过项目507个，金额835.12亿元。其中：通过总行审批的11户次，新增授信金额77.91亿元；通过省分行审批项目496个，金额757.21亿元。

个人金融业务突出营销重点。开展了“创优争先”旺季营销个人金融业务劳动竞赛活动，“抓客户，促发展”个人金融业务劳动竞赛活动、“条线总动员，业务全体验”联动营销活动和“服务世博、存款争先”专题营销活动。第一季度旺季营销活动以综合排名第三名的成绩荣获总行“综合贡献奖”一等奖，“条线总动员，业务全体验”联动营销活动获总行三等奖和精准营销组织奖。第四季度，结合个人存款市场变化情况，提出了加大个人存款业务工作力度的要求，要求全行通过抓CTS存管资金转存、代发工资业务、短期理财产品销售、中高端客户维护等多渠道促进个人存款稳定增长，进一步强调个人存款计划的严肃性。利用个人金融产品营销服务系统实施基金、存折换卡、理财卡、信用卡、网上银行、手机银行等产品的精准营销14次，商机提示量和处理量在总行排名前列。

【加强风险内控管理】2010年，湖北省分行内控评级实现了提档晋级。积极探索“三道防线”有效联动的新途径，联合武汉审计分部开展了“防线联动、共创平安”活动，形成了“统一领导、分级管理、纵向实施、逐级负责”的合规管理体系。加大了对违规行为的责任追究力度，对违规责任人严肃处理，对严重违规问题和案件上追领导责任，提高了违规成本，形成了“火炉”效应，屡查屡犯的现象得到较好遏制，内控评级从三级一档提升到二级二档。进一步加强信贷风险和操作风险管理。按照监管要求认真开展了政府融资平台贷款项目的清理和现场检查工作，加强对房地产、“两高一剩”行业的风险预警和跟踪管理，较好防范了政策风险和市场风险。突出强化操作风险管理，严格落实各项业务流程和制度规定，大力开展风险监控和排查，全年对所辖559个网点和全部金库的关键风险点均进行了监控检查，覆盖面达到100%，并对发现的问题及时进行了整改。充分发挥后台稽核系统和柜面监测系统的作用，根据检查和监测情况对网点进行柜面风险内控评级，按照网点风险实际状况，实行分级管理、动态调整，增强了风险管理的针对性和有效性。扎实推进案件防控工作。认真落实总行案件专项治理和案件防控工作意见，围绕案件防控工作目标，加大力度推进了各项案防措施的落实。先后组织开展了“查违规、堵漏洞、防案件”大检查、案件风险大排查、会计营运大检查、信贷业务大检查、合规综合大检查等多项检查，深入查找管理中的不足，认真开展整改落实。扎实开展“内控和案防制度执行年”活动，增强了员工的合规意识和制度执行力，促进了各项业务合规、健康发展。

【加强人才队伍建设】2010年，湖北省分行进一步规范了干部选拔任用程序，面向基层加大了专业技术人才队伍建设力度，通过公开竞聘，从基层机构负责人中选拔了23名公司与机构业务高级客户经理，并建立了高级专业技术职务人员任期目标责任制。着眼未来发展，面向“211”高校和一般高校共招聘了502名应届大学生，优化了员工队伍结构。坚持规范程序，分批次对549名劳务人员进行了转制，较好发挥了转制的示范效应和激励作用。在省分行本部开展了岗位分析与评价工作，健全和完善了岗责体系、职务职等体系、薪酬分配体系和岗位交流体系，增强了队伍活力。加大了培训力度，强化了对培训工作的组织管理，不断拓宽培训范围和层次，全年共举办各类培训项目1 690期，参训人员基本涵盖了从高管人员到一线员工等各个层面和各类岗位。

【加强企业文化建设】加强企业文化建设，建设学习型组织。充分调动全行员工联系实际搞科研的积极性，坚持调动系统内科研资源与调动社会科研资源相结合，坚持组织专班搞科研与组织业余搞科研相结合，坚持宏观投资金融理论研究与建设银行改革发展研究相结合，努力为全行广大的政策研究爱好者贡献聪明才智提供广阔舞台。2010年，学会组织了总行布置的十个年度课题；在武汉人行金融学会评奖中，湖北建设银行申报的评奖科研成果，分别获科研课题一等奖与科研课题三等奖。在深入调研的基础上，做好行志、年鉴工作，全年进一步完成了近百万字行志资料收集整理和近十万字的行志文稿审定报送，并先后完成本年度总行年鉴、湖北年鉴、湖北金融年鉴以及武汉年鉴的建设银行湖北省分行篇撰写上报。

（执笔：胡和清）

三峡分行

三峡分行行长　林帆

一、业务发展概况

【一般性存款新增创历史新高】截至2010年年底，全口径存款余额突破300亿元大关，新增36.5亿元，增幅为13.85%。一般性存款余额297.1亿元，新增52.4亿元，增幅为21.41%，完成总行计划的150%。企业存款新增取得重大突破，首次超过储蓄存款新增额。

年末储蓄存款余额158.4亿元，新增25.1亿元，增幅为18.83%，系统内排名第7位，新增四行占比达到40.87%，系统内排名第1位；企业存款余额138.7亿元，新增27.3亿元，增幅为24.73%，系统内排名第5位，新增四行占比为42.55%。一般性存款、企业存款和储蓄存款总量及新增均列四行第1位。

【各项贷款继续强劲增长】各项贷款余额达到278亿元，新增38.6亿元，增幅为16.12%，完成总行计划的105%。其中，对公贷款余额达229亿元，新增28.1亿元，增幅为14%；个人类贷款余额49亿元，新增10.5亿元，增幅为27.2%。贷款总量及新增在区域四行占比分别为47%和98.5%，稳居首位。

【中间业务收入超额完成“三年倍增”计划】中间业务收入突破2.5亿元，比上年增长1.01亿元，增幅为67.78%，是2007年末的2.67倍。实现中间业务净收入26 302万元，比上年增长10 056万元，增幅为61.9%，完成总行计划的133%。中间业务净收入占主营业务净收入的比重为23.1%，比上年提高6.59个百分点，中间业务收入总量和增量四行占比分别达到37.3%和36.7%，均保持区域同业第1位，总量占比在系统内排名第6位。

【资产质量平稳较好】不良资产余额1.94亿元，不良资产率0.42%，与上年基本持平。不良贷款余额1.63亿元，比上年增加5 819万元，不良贷款率0.59%，优于总行下达0.60%的目标计划，在全国建设银行系统内排名第9位。

【财务效益快速增长】全行实现账面利润5.54亿元，创历史新高，较上年增长22%。实现税后净利润41 313万元，实现经济增加值2.1亿元，经济资本回报率为22.33%，成本收入比为40.4%。账面利润四行占比38.23%，继续保持同业第1位。

二、主要工作举措

【重点推动客户战略，固本开源】2010年，分行注重专业化经营与关系营销相结合，不断提升营销服务能力，大力开展专题竞赛活动，加大客户拓展考核权重，推动客户战略取得了明显成效。稳住了现有核心客户和重点客户市场份额，拓展了一大批有价值的新的重点客户和新的重点项目。小企业客户群体迅速增加，各类机构客户营销开始突破。坚持中高端及大众客户并举，个人客户数量日益增加。全年对公结算账户新增859户，其中50万元以上的新增197户，50万元以下的新增662户。全行AUM 5万~20万元、20万~50万元、50万~300万元以及300万元以上的个人客户分别新增9 688户、1 612户、594

户和90户。

【加强产品服务创新，抢占市场】大力推进产品创新。建立完善产品创新运行和管理机制，成立了产品创新和推进两个委员会，以及多个产品创新专业团队，着手系统地推进产品创新工作，并逐步使之形成一种经营文化和新的工作方法。针对市场和客户新的需求，全年累计成功推出涵盖公司、小企业、投行、国际业务、信用卡、对公结算、电子银行和个人理财等诸多领域共十几项新产品，填补了历史空白，不少产品优于或新于当地同业。这些都极大地促进了全行客户的拓展和效益的增长，对各项业务快速发展的示范效应不断显现。如小企业中心实现贷款规模、经营收益和客户群体的增加，其中最重要的一条原因，就是产品创新和推广运用。还有“智能一户通”推行仅两个月，全行就新增储蓄存款5.7亿元。

不断改进服务。认真贯彻落实总行“服务质量年”要求，加快渠道建设，改进业务流程，改善客户体验，优化前台劳动组合，修订服务规范《新三十条》，推进网点星级评定管理，加大分行本部服务基层和作风建设考评力度，强化全员服务意识，提高了全行服务的积极性和主动性，客户综合服务能力明显提升。全年共安排营业网点建设支出3 791万元，电子渠道建设支出1 140万元，IT及科技项目投入1 105万元。累计新装修网点6个，新投放自助设备46台，新建立电子银行体验区12个。巩固深化一代转型成果，加快推进网点二代转型，云集支行等5个支行理财中心顺利通过总行验收，葛洲坝支行被评为宜昌区域唯一一家全国千家示范网点。PBCS系统网均销售量、交易额列全国建设银行第3位和第6位，客户识别系统作为全国五家试点分行之一顺利开通运行。通过“双渠道”战略的深入实施，全行客户排队平均等候时间缩短到6.12分钟，客户满意度达到70.9%，比上年提高1.8个百分点，位居四行首位。

【巩固扩大传统优势，增强实力】坚持存款兴行，确保市场份额继续领先。2010年在各项存款经历了旺季营销取得“开门红”之后，随即遇到了同业的激烈竞争和市场的急剧变化，半年左右时间全行存款增长落后，上下面临着历史上少有的困难。但大家始终坚定信心，迎难而上，年末依然保持了企业存款和个人存款新增市场占比双第一的优势。分行密集开展增户增存竞赛活动，重视存量结算账户维护和无贷户管理，打好财政、社保、税务“三大战役”，稳住并提升了现有核心企业客户资金市场占比，积极拓展了一批新的大、中、小型企业客户。企业存款同比多增5.7亿元，新增额创历史新高，进一步扩大了同业领先优势。以代发工资客户、个人中高端客户、大额理财客户、个体工商户和CTS签约客户为目标，持续开展“四走进”营销活动，加大专业市场资金、理财资金等吸存力度，持续开展全行个人存款增存竞赛和分行机关揽存等活动，个人存款新增继续保持较高水平。重点关注三峡、葛洲坝等财务公司资金分布情况，灵活应对，稳住了同业存款资金。

坚持优质贷款投放，确保结构优化和财务收益。重点加大了重大优质项目和重点优质客户的贷款投放，同时通过创新运用产品，加大了地方优质中小客户信贷营销力度。特别值得一提的是，面对长江电力、清江公司等大客户还贷36亿元，面对贷款新增也暂时丢失同业第一位置等这些极端不利的情况，分行及时有效应对，加强领导，组建任务型团队，开设绿色通道，加快地方重点优质客户信贷投放，及早做好项目储备和转化工作，确保了年末对公贷款快速增长，贷款新增牢牢占据了同业首位。全年信贷投放创历史新高，累计投放对公贷款130.97亿元，同比多投放24.36亿元。小企业中心累计投放小企业贷款客户107户、金额12.9亿元。新增个贷10.5亿元，增幅达27.2%。积极退出劣质客户贷款1.9亿元，完成总行下达年度计划的303.5%。

【深入推进业务转型，增添后劲】中间业务收入实现历史性重大突破。着力营销重点产品和新兴增收产品，强化细化考核，实行突出贡献专项奖励政策，促使中间业务收入多元化快速增长。全年实现中间业务收入2.68亿元，中间业务收入总量、增量均位居同业第1位，总量比农行多出近7 000万元，增量也比农行多1 983万元。投行业务跨越式发展。大力开展短融承销、新型财务顾问、企业年金等业务营销，实现投行中间业务收入9 543万元，同比增速达到91.5%。其中短期融资券承销实现收入3 722万元，新型财务顾问业务收入同比增长58%。投行业务收入区域同业排名第1位，市场占比达到43.26%。同比增速比系统内平均水平高出55.24个百分点，排名第6位。投资银行业务收入在中间业务收入总量中占比35.63%，较系统内平均占比高15个百分点。银行卡业务快速增长。银行卡发卡新增30.23万张，其中借记卡净增28.5万张，信用卡净增1.74万张。借记卡、信用卡新增发卡量均居同业第1位。银行卡消费交易额63亿元，商户净增1 616户，银行卡中间业务收入首次突破4 000万元大关，同比增长34%，区域四行排名第1位。个人贷款业务发展较好。全年发放个人贷款客户7 791户、金额19.2亿元，个贷发放和新增均创新高。个人贷款余额达到49亿元，余额四行占比43.24%，位居同业首位，新增占比29.38%，列同业第2位。小企业业务茁壮成长。全力推进产品创新工作，积极搭建供应链融资平台，陆续推出国内保理、担保公司担保贷款、购船抵押贷款等多款产品。小企业中心新增贷款7亿元，贷款直接收益率超过34%，创造中间业务收入1 376万元，联动产品10项以上，新增贷款不良率为零。国际业务三项主要指标蝉联榜首。实现国际结算量9.7亿美元，贸易项下国际结算量8.1亿美元，结售汇6.1亿美元，四行占比分别为46%、44%和46%，均列同业第1位，市场优势进一步扩大。电子银行业务高速发展。进一步发挥电子银行作为重要渠道支撑和促进全行业务发展的作用，强化电子渠道产品应用，提升客户服务体验。全年电子银行客户新增23.3万户，交易额新增1 435亿元；电子银行交易占比达48.23%，高出总行计划14.62个百分点，系统内排名第8位。机构业务取得突破性进展。财政、社保、税务“三大战役”明显见效，社保联名卡在各县区基本全面实质性铺开，综合效应也逐渐显现，代理财政社保业务继续保持同业领先优势，代理保险业务收入达到1 148万元。单位人民币结算业务收入首次超过工行，跃居第1位。实现柜面人民币单位结算业务收入1 639万元，比上年增长60.53%，增量四行占比46.4%，排名第1位。造价咨询业务收入成倍增长。实现造价咨询类业务收入1 019万元，同比增幅为231.17%，完成总行下达计划的163.56%，同口径增幅在系统内排第4位。

【不断探索各项改革，激发活力】推进专业化经营改革，经营中心活力迸发。进一步完善了六大专业经营中心和投资银行部、资金结算中心的运行体系，以及流程和考核分配机制，充分调动了各经营中心的积极性和创造性，提升了各专业领域业务发展速度和对全行的贡献度，专业专注经营成效明显。完善激励约束机制，全员营销服务积极性进一步提高。逐步建立起更加科学合理、公平公正的考评机制。进一步完善“买单制”，修订营业网点绩效考核指导意见，增加客户拓展以及成本效益考核权重。注重过程考核与结果考核的有机结合，在做好指标结果考核的基础上，着力推进工作过程考核。继续科学化、细化标杆管理办法，抓两头、促中间。实行分类约束办法和问责制度，加大了对各直管机构负责人业务工作的考核力度。制定《三峡分行2010年业务发展突出贡献奖励办法》，充分发挥行长奖励基金的激励效果和经营导向作用。加强了客户经理队伍和服务团队建设，推进了星级客户经理的选拔聘用工作。不断提高激励艺术，在发挥物质激励作用的同时，高度重视和善于做好思想政治工作，发挥精神鼓舞和情感激励的作用。一系列改革措施的有效推进，充分激发了全行员工工作活力。

【积极推行精细化管理，强化内控】探索贷款全过程管理的精细化。以总行推行“贷后管理年”和银监部门实施“信贷精细化管理年”活动为契机，加强风险预警预控，严格信贷审批管理，实行客户、产品、押品分类管理，提高重点客户评级、授信工作效率，探索贷后管理岗位与营销岗位实行分离，提升了信贷基础管理工作的专业化和精细化水平。继续大力压缩、处置不良贷款，严格控制新的不良贷款发生。全年累计压缩地大高岭土等公司不良资产5 156万元，压缩政府融资平台贷款1.4亿元。推进基础管理精细化“两基”工程。对业务流程进行梳理优化，完善操作风险控制办法。发挥风险经理、委派会计主管和柜员主管的作用，加强排查，落实整改，强化了操作风险控制。全年内部审计项目整改率99.52%，较上年提高0.62个百分点，外部监管检查项目整改率100%。案件防查和安全运行得到加强。严格按照总行“内控和案防制度执行年”要求，深入开展案件专项治理工作，实现了无案件无重大责任事故运行，案件防控成果进一步得到巩固。确保科技安全运行。强化了系统日常检查和维护工作，认真做好应急处理预案演练，加强对分行业务测试验证工作的管理，确保了各个信息技术系统安全稳定运行。

【坚持落实以人为本，和谐奋进】领导班子建设进一步加强。2010 年共调整交流管理人员 48 人次，基本解决了在同一岗位任职时间过长的问题。组织开展公开竞聘，共有 30 位优秀人才通过竞聘走上了团队负责人及支行部门负责人岗位。员工队伍建设进一步加强。2010 年全行共减少员工 34 人，新招入的 21 名大学生全部充实到郊县区行锻炼，有效缓解了部分网点前台员工相对紧张的问题。采取多种方式，重点做好基层关键岗位、一线员工培训工作，全年共开展各类培训 220 期次、培训学员 10 372 人次，促进了员工整体素质的全面提升。企业文化建设进一步加强。认真开展“抓服务、讲合规、促发展”主题活动，进一步推行建设银行价值观及其理念。探索建立关爱员工长效机制，制定实施《三峡分行员工表彰奖励记功积分管理暂行办法》，为员工职业生涯发展提供更加广阔的平台。分行已连续 5 届荣获省级“最佳文明单位”称号和宜昌市“文明系统”称号。

（执笔：汪建华　刘圣林）

湖南省分行

湖南省分行行长　龚蜀雄

一、业务发展概况

【主要业务指标完成情况】截至2010 年年底，湖南省分行全口径存款余额 3 034. 97 亿元，排同业第一，新增 170. 92 亿元，增长率为 5. 97%。各项贷款余额 1 821. 39 亿元，新增 260. 59 亿元，增长率为 16. 7%，余额和新增均排同业第 1 位。实现拨备前利润 60. 38 亿元，同比增幅为 4. 26%。实现税前利润 52. 22 亿元，同比增幅为 12. 75%，居同业第 1 位。实现净利息收入 78. 03 亿元，比上年增加 5. 34 亿元；成本收入比 36. 63%，好于全国建设银行平均水平。按总行考核口径，不良贷款额为 24. 77 亿元，比上年减少 4. 1 亿元，不良贷款率为 1. 36%，比上年下降 0. 49 个百分点，继续实现“双降”。

【公司业务】公司存款余额 1 398. 95 亿元，新增 74. 36 亿元，增长率为 5. 61%。公司客户结构得到优化。存款余额 5 万元以上的对公客户达到 29 886 户，新增 4 552 户，增速为 17. 97%，其中基本结算客户 18 913 户，新增 2 983 户，占新增总量的 65. 53%。

公司类贷款余额 1 468. 93 亿元，新增 189. 47 亿元，占全部新增贷款的 72. 71%，其中，基本建设贷款新增 128. 57 亿元，增速为 25. 74%，占全部对公贷款新增的 67. 86%，电力、燃气及水的生产和供应业占比 19. 82%，交通运输、仓储和邮政业占比 17. 01%，制造业占比 16. 77%，房地产业占比 10. 68%。

【个人金融业务】个人存款余额 1 519. 81 亿元，新增 162. 07 亿元，增长率为 11. 94%。个人

2010年1月22日，建设银行湖南省分行与怀化市人民政府举行重点项目签约仪式暨银企座谈会。

2010年9月28日，建设银行湖南省分行与老百姓大药房连锁有限公司举行战略合作签约仪式。

VIP客户达到23.08万户，比年初新增38 741户，增速为20.17%，其中AUM1 000万元以上的私人银行客户总量达到397户，新增149户，增速达60.08%。

个人贷款余额352.46亿元，新增71.12亿元，同比多增13.11亿元，其中：个人住房贷款余额317.7亿元，新增73.99亿元，创历史最好水平；个人消费贷款余额34.73亿元；个贷不良额35 129万元，个贷不良率0.99%，比年初下降了0.14个百分点。

新建财富中心2个，新设、搬迁撤并网点26个，购置网点30个，装修网点79个，安装自助设备256台套。符合条件的176家网点全部通过总行二代转型验收，5个网点通过总行五星级网点验收。个贷中心规范化建设得到加强。

【房地产业务】落实行业信贷政策，充分运用新增及存量回收规模，重点支持优质普通住宅类项目、综合实力较强的AA级客户和中心城市行优质客户，产品、客户、区域结构进一步优化，房地产公司贷款余额162.05亿元，比年初增加5.86亿元。普通住宅类项目贷款新增占比为100%，余额占比为93.2%；A级及以上客户贷款余额占比为93.26%；中心城市行贷款余额为132.09亿元，其中长沙地区余额为107.97亿元。

【中间业务】中间业务收入突破20亿元大关，达到20.68亿元，创历史新高，四行占比33.62%，居同业第1位，系统内排第11位。中间业务收入占主营业务收入的比重提高到20.08%，比上年提升0.77个百分点。同时，中间业务收入结构得到改善，代理业务手续费收入、其他手续费及佣金收入、代收代付业务收入占中间业务收入的比重达到14.78%、12.89%和5.13%，分别比上年提升4.44个、7.84个和1.82个百分点，而与资产业务关联度大的顾问及咨询业务收入增速较上年下降47.27个百分点，占比下降16.07个百分点。

【国际业务】完成国际结算量45.03亿美元，较上年增长8.85亿美元，同比增幅为24.46%；贸易项下国际结算量33.69亿美元；实现外汇收入6 687万元，其中国际结算收入3 277万元。

【资产质量和风险控制】加大不良资产回收、处置力度，通过现金回收、呆账核销、抵债资产处置等手段，累计清收处置不良资产17.71亿元，其中现金回收10.72亿元，占全部不良资产处置额的61%，比上年提高13个百分点。不良额和不良率继续双降，年末，按总行考核口径，不良贷款额为24.77亿元，不良贷款率为1.36%。

【其他业务】电子银行客户大幅增长，个人网银、企业网银、手机银行客户数系统内均排第2位，电话银行客户数系统内排第3位。实现电子银行业务收入1.2亿元，同比增加4 330万元，增幅为57%，四行占比为54.4%，稳居同业第1位。

信用卡客户年内净增37.42万户，净增发卡20.72万张，累计发卡量达114.15万张；信用卡各项主要指标在系统内位居前列；信用卡发卡量、消费交易额、贷款额、资产质量保持当地同业第1位。

资金结算业务快速发展。营销了三一集团、湘电集团、老百姓大药房等现金管理系统客户71户，新增国内信用证客户12户，实现单位人民币结算业务收入1.78亿元，收入总量及新增额居当地四行第1位。

企业年金受托资产新增8 006万元，受托个人账户数新增11 320户，居同业第1位；年金集合计划签约客户增长快，已与666个客户签订企业年金集合计划管理合同。

2010年10月12日，建设银行湖南省分行与沪昆高铁在长沙举行沪昆高速铁路湖南段建设项目建设资金三方监管协议签约仪式。

投资银行业务取得重大进展。自主设计研发“乾元”——2010年第1期开放型资产组合人民币理财产品，累计申购196.71亿元，累计投放33.76亿元信托类贷款；发行系统内第一笔股权类融资理财产品，募集资本金3.3亿元；针对三一、中联等优质客户工程机械按揭贷款需求，开发了“专用设备买方信贷”产品。

二、主要工作举措

以科学发展观为指导，认真贯彻落实中央经济工作会议精神和总行决策部署，深入落实“七个转变”的要求，以加快转变业务发展方式为重点，突出发展中间业务，突出发展电子银行业务，突出发展小企业业务，强化资产质量，强化案件防控，强化基础管理，实现了发展速度更快、发展质量更优、经营绩效更好、内控管理更强。

【抢抓机遇，推动资产负债业务发展】均衡控制信贷投放节奏，加强投放管理，按月下达投放新增预安排计划，实现投放总量的合理快速增长，重点支持优质基础设施建设项目、加大对民生领域的信贷支持力度、大力发展个人住房贷款业务、积极做好“三农”服务。

坚持存款为立行之本，大力组织企业存款，从单纯抓存款向抓源头、抓基本结算户转变；加大对存量客户的维护力度，构建完善的客户链条，实现资金体内循环。积极拓展机构存款，抢抓各类财政专户、项目资金专户、社保、医保资金归集。大力吸收个人存款，以高中端客户为核心，以网点二代转型为契机，以产品创新为手段，努力满足客户需求。有选择地吸收低成本同业存款、拓展外汇存款。

【转变发展方式，加快发展战略性业务】通过强化组织推动和联动营销、狠抓产品创新和考核激励、大力挖潜增收，突出发展中间业务。

加大电子渠道建设和客户拓展力度、提升电子银行业务发展质量、深入开展竞赛活动，突出发展电子银行业务。

依靠完善体制机制和业务流程、加强外部合作和产品创新，不断探索服务小企业的新方法，突出发展小企业业务。

做好信用卡业务提质增效、投行业务塑造品牌、国际业务增长和企业年金业务增收。

【调整和优化结构，增强发展后劲】调整和优化信贷结构，贯彻“进、保、控、压、退”的政策要求，重点保证国家支持的基础设施建设项目等信贷需求，积极拓展小企业贷款、个人贷款等新兴领域，严格控制政策调控行业贷款，及时退出钢铁、水泥、平板玻璃等产能过剩行业贷款。

调整和优化客户结构，公司客户大中小并重，有贷和无贷户并举，存款5万元以上对公客户特别是基本结算户增长较快；抓好个人高中端客户的拓展，个人VIP客户增长迅速，特别是AUM 1 000万元以上的私人银行客户，增速达60.08%。

调整和优化收入结构，努力改变单纯依靠利差收入为主的局面，提升中间业务收入占比，中间业务收入占主营业务收入的比重首次达到20%以上。

【加强内部管理和风险控制，提升管理水平】扎实开展“贷后管理年”活动。严格执行“三个办法、一个指引”，强化对贷款支付环节的管理；对重点关注行业及存量政府融资平台客户贷款进行全面清理，对存在的问题迅速组织整改；认真做好贷款抵押物价值评估确认，有效防范了贷款抵押物价值的风险。

稳步推进“内控与案防执行年”活动。层层签署责任状，健全案件防控工作考评机制，完善监督工作协调联席会议制度和本部兼职纪检监察特派员制度；开展案件关键风险点梳理和监控，增强了案防工作的有效性。

深入推进“零违规、零差错”活动。全行网点平均稽核差错率降至万分之零点一四，员工合规经营和风险防范意识明显提升。

积极开展“平安建行”创建活动。加大培训，开展演练，加强远程监控，全年共堵截各类治安案件256起，抓获犯罪分子5人。

切实加强审计整改工作。全年内部审计追踪问题个数整改率达到99.05%，问题金额整改率达到99.58%，外部审计整改率达到100%。

【抓好党建和队伍建设，积极构建和谐建设银行】深入开展“创先争优”工作，发挥党组织和党员的先锋模范作用；加强干部队伍建设，完善选人用人机制；加强员工队伍建设，推进大规模、有特色的员工培训；加大品牌宣传力度，加强企业文化建设，塑造良好企业形象。

开展关心、关爱员工系列活动；完善职工代表大会制度；落实离退休人员待遇；开展节日慰问和困难救助，开展员工文体活动，做好信访等工作，维护团结、和谐、稳定的大局。

2010年，湖南省分行获得《当代金融家》杂志主办的“2010年中国银行业好分行”综合奖，获得湖南省人民政府颁发的“金融机构支持地方经济发展目标管理”一等奖，4个网点被评为“中国银行业文明规范服务千佳示范单位”；长沙天心支行被总行确定为“总行级企业文化建设示范点”；省分行营业部本部被湖南省人民政府授予“湖南省文明窗口示范单位”。

（执笔：羊丽慧）

广东省分行

广东省分行行长　曾俭华

一、业务发展概况

2010年是充满挑战与机遇、艰难而又卓越的一年，广东省分行各项业务长足发展，年末全口径存款新增843亿元，一般性存款新增1 091亿元；各项贷款新增544亿元，增速为18%；投行、小企业、电子银行等战略性业务多项指标保持系统内领先地位，实现中间业务净收入60.6亿元；不良贷款比年初减少12.96亿元，不良贷款率比年初下降0.56个百分点；实现税前利润112亿元，增幅为20%，成为系统内第一个实现利润超过100亿元的分行。

【银行存款】年末全分行全口径存款余额为8 883亿元，比年初新增843亿元，增速为10.48%，其中：一般性存款新增1 091亿元，完成总行下达计划的132%，增速达15%，新增额居系统内首位。

【银行贷款】年末全分行各项贷款余额为3 636亿元，比年初新增544亿元，同比增速为17.59%，余额当地占比排名比上年提升1位；全分行不良贷款余额比年初减少12.96亿元，贷款质量四大行排名第1位。

【中间业务】全年全分行实现中间业务毛收入62.6亿元，同比增幅为40.59%；中间业务净收入60.6亿元，同比增幅为41.47%，收入总量和同比增量系统内排名第1位；市场份额同比增幅四行第1位。其中，全年实现代理保险业务收入33 248.36万元，系统内排名第1位，实现四连冠，收入同比增速同业排名第1位。全年实现代理基金收入36 578万元，四行占比达32.78%，比上年提升11.22个百分点。

【经营效益】全年全分行拨备前利润、税前利润分别实现131亿元、112亿元，同比增幅为25%、22%，均创历史最高水平。

【公司业务】年末全分行企业存款余额4 273.26亿元，同比增速为16.93%；对公贷款余额为2 653.89亿元，同比增速为14.92%。实现对公中间业务收入34.66亿元，同比增幅为51.67%；公司机构客户19.63万户，新增21 340户。企业存款和对公贷款新增额、公司中间业务收入、机构客户总数与新增数等主要指标系统内第1位。

【个人金融业务】年末全分行个人存款余额4 062.34亿元，新增472.40亿元，占建设银行系统新增的10.82%。实现个人金融中间业务收入14.69亿元，同比增长20.27%；毛收入同比增幅为23.76%，系统占比10.52%；借记卡、个人人民币结算业务、基金、代发工资、保管箱等主要产品收入在系统内排名第1位；个人高端客户余额、新增，以及资产余额、新增系统内均排名第1位。

【房地产业务】年末全分行个人贷款余额975亿元，比年初新增193亿元；其中个人住房贷款比年初新增177亿元，新增同业占比20.68%，系统排名第1位；房金条线中间业务收入2亿元，继续保持系统和同业“双第一”；住房资金归集额新增95亿元，市场新增排名第1位。

【国际业务】全年全分行实现国际结算量584亿美元，对公外汇中间业务收入5.92亿元，对公外汇交易总量334亿美元。对公外汇交易总量及外汇交易收入，保持系统内第1名和广东同业第1名。

【投资银行业务】全年全分行实现投行业务收入11.05亿元，增长42.61%，比总行28.36%平均增长速度高14.25个百分点，业务收入总量系统排名第1位。

【小企业业务】年末全分行小企业非贴现贷款累计投放281.36亿元，比年初新增123.70亿元；小企业信贷客户总数5 299户；小企业不良贷款率仅为0.33%。

【信用卡业务】年末全分行发卡量达287万张，信用卡贷款余额为55.7亿元，实现消费交易额395亿元，实现信用卡营业收入7.75亿元，各项核心指标继续保持系统内第1位。

【电子银行业务】企业网银、个人网银、手机银行、短信通服务总客户数、客户新增数、中间业务收入数等主要指标，系统排名均为第1位；电子银行与柜面交易量之比达到172:100，同比上升64个百分点。

【资产质量】年末全分行不良贷款余额为29.68亿元，比年初减少12.96亿元，下降余额至系统内第2位。不良贷款率0.82%，比年初下降0.56个百分点，比系统内平均水平低0.16个百分点。贷款质量省内四行排名第1位，不良率比省内同业平均水平低0.32个百分点。拨备覆盖率大幅提高至276.34%。全年全分行处置各类不良资产28.57亿元，完成总行计划的216%。实现不良资产现金回收和超值现金回收，分别完成总行计划的252%和333%。

【风险控制】基本实现“四无三降两到位”“安全年”目标。全分行全年会计平均稽核差错率控制在万分之零点四零二。全年全分行成功堵截“四类”案件187件，金额达2 462.17万元，抓获犯罪嫌疑人67人。

二、主要工作举措

【以体制改革与金融创新为内核，增强发展动力】一是健全组织体系的调整和优化。按照区域就近管理的原则，对广州城区9个支行及32个网点进行重组整合，在城区形成“6个综合型支行+3个专业性支行”的经营格局，广州地区机构支行部门数量减少37%，本部编制减少105人，网点负责人增加30人，优化了人力资源配置。同时设立了广州地区工作委员会及其办公室和广州公司业务部、广州个人金融部，牵头营销和统筹管理广州地区公司、个人业务，促进业务健康快速发展。二是强化创新工作，完善创新机制。完善创新奖惩办法，加大对创意原创者的奖励力度；优化创新流程，强化创新规划工作；分地区、分条线选择50～100个网点作为产品创新试验基地；在同业中率先举办“点点是金”面向社会创意征集活动，收到来自全国的参赛创意3 674个，同时面向员工举办“点亮建行”创意竞赛活动，收到员工创意4 000多个；推出了“乾元”系列理财产品，“三旧”改造贷款，“股权通”、“并购通”等融资产品，创新产品累计实现中间业务收入9.45亿元，比上年增幅长50.1%；新产品吸收存款355亿元，新增贷款344亿元；新增国际结算量78.24亿美元。在广东省政府举办的2010年广东建设金融强省激励表彰活动评比中，获得唯一的“金融创新奖”一等奖。

【以业务发展与战略转型为主线，增强市场竞争力】一是全力以赴抓中间业务，突出重点产品创新支撑。加强中间业务的整体组织推动，完善中间业务标杆管理，加大中间业务的财务资源配置和考核激励力度；在全面抓各类产品的基础上，突出抓重点产品销售，努力提高产品的覆盖率。二是不遗余力抓负债业务，对公对私两手抓两手硬。在抓对公存款方面，着力抓资金源头，加大资金结算网络组建力度，着重提高供应链融资产品的覆盖度；通过推进“双增双争”和“伸升战略”，抓客户、抓账户，促进存款稳定增长；在抓好传统存款大户、有贷户存款的基础上，着力在抓无贷户、中小企业客户存款上下工夫，开辟新的存款增长源，努力实现“三个10%提升”的目标。在抓个人存款方面，通过各类乾元产品、“月增利”等短期理财产品、信托、股权类理财产品等各种理财产品吸收行外存款。夯实客户基础，抓住资金源头，以代发工资、储蓄卡等业务为切入点，抓源头资金；以结算通、网上银行、移动POS等产品为切入点，抓结算资金；将争揽存款与产品运用、客户基础、网点转型和推行“服务质量年”活动等工作有机结合起来抓，扩大客户基础。三是加大营销工作力度，多渠道满足客户融资需求。以任务团队形式加强对公客户的营销，组建了重点营销项目任务型团队338个，重点项目营销成效显著。如中标广东省内最大的城际轨道交通项目，共获得贷款份额172亿元；取得省内最大的公路项目——大广高速粤境段150亿元银团贷款牵头行资格，成功中标广州市城市商业银行170亿元不良资产重组项目牵头行等。举办多样化的促销和客户推介活动，与许多重点大客户签订战略合作协议，加深客户合作关系。加大退出力度，加快信贷结构调整优化。通过产品创新多渠道满足客户的融资需求，巩固客户关系。开展网点PK赛，开展丰富多彩的业务产品营销竞赛活动，取得良好的营销效果。

【以优质服务与加强管理为重心，提升根基保证力】一是以世博、亚运金融服务活动为契机，强化“以客户为中心”服务理念。分行成立了世博、亚运金融服务领导小组，制定落实迎世博、亚运金融服务工作方案，强化“优质、便捷、高效、稳定、安全”的银行金融服务要求，实现安全服务五个“零”目标。亚运会期间，全分行营业网点收到85次由95533转发的客户表扬，省分行获得第16届亚运会金融服务工作协调小组授予的“2010年亚运金融服务先进单位”和“亚运金融服务与保障先进单位”荣誉称号。二是积极推进流程改造和优化，提高工作效率和业务竞争力。由省分行会计、公司、个人、营运管理、信息技术等业务条线组成“流程优化项目团队”，以网上、实地和同业等多种调查形式，对全省1 086个营业网点、4 835位客户以及网点员工进行访谈和问卷调查，以数据和事实为依据，运用六西格玛工具DMAIC，组织实施对客户、员工反响较大的145个流程项目进行改造和优化，从而大大地提升了服务效率，间接创造收入5 877万元，节约人力成本4 280万元，全年平均稽核差错率下降8%。三是规范网点服务和强化基础管理，增加防范风险能力。省分行印制下发《营业网点服务规范手册》，从营业环境、服务形象、服务内容、岗位职责、投诉处理、应急处理等六个方面规范网点服务要求。改进金融服务设施，加强网点硬件、软件建设，持续推进网点转型二代项目上线工作，完成操作风险管理信息系统推广上线工作。规范网点服务制度，完善投诉处理流程，建立客户投诉“换人处理”、“升级处理”、“逐一回访”制度，完善服务奖惩制度，落实考核和监督，提高客户满意度。开展各类业务和技能培训，先后组织48期5 200多人次培训。

（执笔：何五星）

深圳市分行

深圳市分行行长　田惠宇

2010 年 1 月 18 日，建设银行深圳市分行与建银国际（控股）有限公司举行战略合作协议签约仪式。

一、业务发展概况

2010 年是深圳市分行历史上具有里程碑意义的一年。全年实现拨备前考核利润 81.8 亿元，比 2009 年增长 14.96 亿元，增幅为 22.38%，居深圳同业第 1 位；实现中间业务收入 36.5 亿元，增幅为 36%，四行占比达 40%，占主营业务收入比为 32%。战略转型成效在收入结构上得到充分体现。

【主要业务】截至 2010 年年底，全口径存款余额 4 165 亿元，新增 872 亿元，余额及新增均为同业第 1 名；一般性存款余额 2 786 亿元，新增 304 亿元，余额及新增居同业第 2 位。企业存款余额 1 948 亿元，继续保持同业第 1 名，储蓄存款新增市场份额有所提升，四大行占比 26%。对公非贴现贷款余额 1 450 亿元，居同业第 2 位；人民币对公非贴现贷款余额 1 333 亿元，居同业第 1 位；个人贷款余额 812 亿元，新增 127 亿元，余额和新增均为同业第 1 名，个人住房贷款执行利率居同业第 2 位。五级分类口径不良贷款余额 26 亿元，不良贷款率 1.13%，较年初下降 0.08 个百分点。现金回收分行最大不良贷款项目兰光系列债务 2.14 亿元，累计结清不良资产 7.37 亿元。

【公司业务】全年企业存款余额 1 948 亿元，继续保持同业第 1 位，储蓄存款新增市场份额有所提升，四大行占比 26%。对公非贴现贷款余额 1 450亿元，居同业第 2 位；人民币对公非贴现贷款余额 1 333 亿元，居同业第 1 位。

【个人金融业务】全年个人储蓄存款新增 148 亿元，居同业第 2 位，实现对私中间业务收入约 11 亿元，居同业第 1 位；信用卡活动客户净新增 19.4 万户，商户分期交易额和业务收入均超过 2009 年的两倍；新增代发工资单位 782 户，代发工资优质个人客户净增 11.6 万户。

【房地产业务】截至 2010 年年底，全行房地产类贷款余额 458.66 亿元，比年初新增 11.73 亿元，其中对公房地产贷款余额 298.53 亿元，商用物业抵押贷款余额 160.13 亿元，继续保持同业第 1 位。

【中间业务】截至 2010 年年底，全行中间业务收入 36.5 亿元，增幅为 36%，四行占比达 40%，占主营业务收入比为 32%。

【国际业务】2010 年国际结算跨越新台阶。全年国际结算量突破千亿美元大关，达到 1 018 亿美元，增幅为61%，系统排名第 1 位；国际结

2010 年 3 月 16 日，建设银行深圳市分行举行迁址揭牌仪式。

算收入 5.84 亿元，增幅为 58%。

【资产质量与风险控制】资产质量保持稳定，不良资产处置取得重大突破。毕马威审计后的五级分类口径不良贷款余额 26.45 亿元（剔除我行有充分理由上迁的贷款后），不良贷款率 1.15%，较年初下降 0.18 个百分点。

【其他业务】95533 接通率 92.58%，居系统第 1 位；电子银行柜面占比继续居系统第 1 位，非账务性电子银行与柜面交易量之比跃居系统第 1 位，企业结算电子银行占比大幅提高到 36.74%，电子主渠道作用充分显现。在总行网点服务质量调查中再次排名第 1 位。

二、主要工作措施

【全面推进机构专业化改革】分行按照“扁平化、专业化、集约化、手册化、流程化、职业化”的“六化”目标，全面启动机构专业化改革，纵向上，实行准事业部经营、扁平化管理，压缩管理层级；横向上，推进专业化经营职能整合和流程优化，扩大客户接触面。一是组织架构扁平化，拓宽市场界面。分行整体上由一个管理层级转变为一个经营实体，全行直接作用于市场、直接为客户服务人员比例达 81.6%。二是建立专业化的组织机构和团队。按客户类别划分业务板块，按行业组建服务团队，设置业务专业化中心，实行客户分类分层管理，专业、专注的客户经营理念真正落实。三是实行集约经营。由分行直接经营公司、个人、金融机构、私人银行等业务，各业务板块加强行为规范建设，实现分散经营向集约化经营的转变。四是贯彻流程银行理念，以客户服务流程引导岗位、机构设置和职能整合。五是建立手册化制度规范。在各业务板块设立手册维护岗，在进行制度重建和流程优化的基础上，逐步将各项制度编写为操作手册。六是推行以岗位管理为核心的人力资源管理体系改革，突出岗位价值，淡化层级观念，推进职业化员工队伍建设，使得员工的职业化成长道路更加明晰。一年来，改革的体制优势逐步显现，客户经理更加专业、专注，网点销售精神和销售能力明显提升，战略性业务发展如鱼得水，客户反馈普遍认同，受到总行高管层的高度肯定，被总行评价为最系统、最全面、最彻底的改革。

2010 年 4 月 22 日，建设银行深圳市分行与龙岗区政府举行战略合作协议签字仪式。

【打造专业化、职业化员工队伍】为实现人力资源配置向“滴灌式”、市场化的资源配置方式转变，作为专业化改革的配套系统工程，分行 2 月份正式启动岗位管理改革，分为岗位管理、绩效管理、专业技术等级管理、薪酬体系构建和差异化培训管理五个子项目同时推进。一是合理设置岗位，突出岗位核心价值，建立市场化的岗位与人员配置机制。二是将过程管理和绩效辅导融入管理之中，建立岗位为核心的考核机制，为实现“滴灌式”的资源配置提供依据。三是出台专业技术等级管理办法，建立覆盖各岗位的专业技术等级体系。四是建立“对标市场、突出岗位价值、注重绩效表现”为导向的薪酬分配体系，实施专项奖励计划，从制度上为实现“滴灌式”、市场化的薪酬分配提供保障。五是以形式多样的培训方式为载体，按季编制季度培训计划，构建分岗位分层级差异化的培训管理体系，有针对性地建立不同岗位的固定课程体系和岗位后备课程体系，提高员工专业化履岗能力。

【公司板块抓住队伍建设主线，新户拓展与存量客户做深协调发展】公司业务板块按照专业、专注的理念，分别组建市场经理、客户经理和产品经理队伍，形成了多层次的客户服务体系，成立结算与电子银行部，整合区域对公结算柜台，从队伍和机制上保证新客户拓展与存量客户挖潜协同共进。通过完善对公客户经理行为规范建设，采取买单制、行为规范和业绩考核以及专业技术等级晋升等长、中、短期三类考核相结合方式，优化客户经理考核激励机制，提升对公客户经理队伍的专业化水平，引导建立起以存量客户为主，以提高产品覆盖率和客户贡献度为重点，低成本的内涵式增长方式。

【个人业务板块整合职能，统一资源，建立起体系化增长模式】个人业务实行准事业部运作，对支行实施统一的资源、考核、服务、柜面、队伍和培训管理，整合品牌宣传、联动营销、关系管理、流程管理、售后服务、客户活动和增值服务，统一客户管理和产品创新，初步实现个人银行部的“司令部”作用，“统一指挥，分区管理”成效凸显。个人银行部从网点转型深化、流程简化、产品创新、服务体系完善、服务行为规范、服务渠道建设、队伍培养和服务能力提升等八个方面入手，通过示范带动效应，提升整体队伍素质，个人条线队伍的组织化体系正逐步形成。

【从流程和岗位控制入手，提升专业化、流程化风险管理能力】抓住关键环节，建立流程化的风险管理体系，实现专业化岗位对流程的控制。分行成立包括评估、审批、放款、贷后管理等一系列流程中心在内的大风险部，优化平行作业模式，落实直接经营部门的第一风险责任。实现放款中心集约化、专业化运作，放款高峰处理能力提高60%，贷款支用条件落实率100%，风险控制能力大幅提高，获得总行领导肯定和客户经理的好评。

【建立条线清晰的产品创新管理体制，进一步推动产品创新专业化机制建设】完善产品创新管理体制，在对公和对私条线分别设立产品经理中心和营销支持中心，落实业务板块的产品创新职责。全行推出各类创新75项，推出人民币代付系列、保理系列、国内信用证系列、银证期通龙卡等多项创新产品，其中人民币代付系列产品，自6月份推出以来，已为客户代付金额10亿元；平衡型“盈”系列理财产品规模达到96亿元，实现收益2.05亿元。

【提升中后台的专业化服务能力，精细化管理水平显著提高】按照专业化运作模式，业务管理与支持保障两大系统加强集约管理，强化对前台部门的支持。信息技术部持续推进信息平台项目建设，优化共计40多个业务子系统，为营销、考核、管理提供信息支持。专业化改革也为精细化管理提供了体制基础，全行在绩效考核、资源配置、营销管理等方面的精细化水平显著提高。

【抓好班子队伍建设和党风廉政建设，员工关怀进一步落到实处】继续推进班子队伍建设和党风廉政建设，加强中心组集中学习，先后邀请党建和经济金融专家举办12次学习讲座，并强化各党支部执行“三会一课”制度的管理和督察。今年专业化改革与业务发展并举，为化解员工承受的双倍工作压力，分行党委高度重视人文关怀，切实把员工关怀落到实处。改革后，通过对公结算柜台区域整合，近40名对公柜员调整到人员紧张的岗位。个人银行部对支行统一管理，共安排22个支行周末轮休，向30个支行派出80名柜员跨支行排班。通过专业化组织体系，实行员工弹性排班和就近上班，全年弹性排班柜员1 655人次，新开业网点的员工实现100%就近上班。此外，稳步推进的岗位管理改革，旨在建立员工职业化发展通道，从根本上实现对员工的职业生涯关怀。

广西壮族自治区分行

广西壮族自治区分行行长 袁明

一、业务发展概况

2010年，广西区分行存款余额1 528亿元，新增179亿元，增速为13.27%；贷款余额1 039亿元，新增152亿元，增速为17.2%。实现考核利润25.2亿元、经济增加值11.6亿元、主营业务净收入46.9亿元。年末不良贷款额3.16亿元，不良贷款率0.3%。

【公司业务】公司存款余额849亿元，新增95亿元，增速为12.6%；贷款余额718亿元，新增86亿元，增速为13.6%，其中小企业非贴现贷款余额23.7亿元，新增20.4亿元，增速为618%，系统排名第1位。

【个人金融业务】个人存款余额678亿元，新增84亿元，网均个人存款余额居四行第一位；贷款余额321亿元，新增66亿元，增速为25.9%。

【房地产业务】住房资金归集余额127.2亿元，新增27亿元，完成总行计划的146%。其中住房资金存款余额55.5亿元，新增11.6亿元，增速为26.4%；住房公积金贷款余额71.7亿元，新增15.4亿元。

【中间业务】实现净收入8.3亿元，占主营业务净收入的比重为17.7%，增速为33.3%，增速居当地四行第2位，四行占比提高0.44个百分点。

【国际业务】全口径外汇存款余额7 843万美元，新增2 192万美元；累计完成国际结算量305 061万美元；累计办理结售汇业务170 987万美元；累计投放表内外贸易融资108 988万美元，比上年增加31 411万美元，增长40.49%。

2010年7月6日，建设银行广西壮族自治区分行与广西科学院签署战略合作协议。

【资产质量与风险控制】共处置压缩不良资产6.35亿元，实现不良资产本息现金回收2.81亿元，超值现金回收1.65亿元，分别完成总行计划的274%、209%和548%；核销不良个贷5 077万元。制定广西壮族自治区分行贷后管理手册，提升贷后管理质量；建立重点稽核、专题稽核、风险预警和实时监测“四维一体”的稽核监控体系。

二、主要工作举措

【以客户增长为重点夯实负债业务基础】个人存款重点抓好旺季营销，围绕市场热点、阶段性任务和客户群体的需求，持续开展主题营销活动。同时加强公私联动、私私联动，切实抓好代发工资等批量资金业务，继续实施“客户升级”计划，依托“个人金融产品营销服务系统”，通过做实理财业务，在资产配置中扩大客户资产规模，促进客户升级。大力营销“大丰收”等理财产品，打造个人存款的“蓄水池”。

对公存款加大基本结算账户的营销力度，实行账户分级精细化管理和差别化服务，提高结算账户的数量和质量，全年规模以上对公账户新增2 916户，完成总行计划的729%；为适应新的贷款管理办法，加强建筑业、制造业以及政府采购公司等贷款上下游客户的营销，利用电子银行渠道实现客户资金在建设银行系统内循环；同时抓好各级财政客户累积型、支付保障型、生产建设型账户的营销。全年新增预算单位零余额账户187户，完成总行计划的170%；政府客户账户新增404户，增长8%；把握社保全民覆盖的市场机遇，取得防城港“五险合一”和南宁医疗保险市级统筹代理权；持续推进“八一工程”，与武警广西边防总队签订全面合作协议，年末军队武警客户存款份额达到35%。

【以结构调整为重点稳健发展资产业务】组建7个“信贷工厂”模式的小企业经营中心，依托“速贷通”、“成长之路”，小企业业务实现重大突破；年末小企业非贴现贷款余额23.7亿元，新增20.3亿元，增幅为597%，系统排名第1位；大力支持港口、公路、铁路、航空为主的大交通和大中城市基础建设，以及广西十四大千亿元产业和四大新兴产业的发展。全年投放贷款74亿元，支持了六景至钦州高速公路、南广铁路、北海铁山港、南宁青山南湖连接线工程等73个广西区域内重大基础设施项目的建设；投放各项贷款29.8亿元，支持了以糖业为主的广西涉农企业的发展；推进防城港核电项目银团贷款成功签约并投放首笔贷款，拓展项目主承包商以及施工企业90%的业务份额；以“民本通达”民生系列产品综合服务方案试点及全面推广为契机，提升对教育、医疗、社保、环保领域的金融服务水平，支持国家民生领域建设，全年累计向医院、学校、环保客户投放贷款23亿元；同时抢夺二手房贷款市场，推进个人助业贷款、个人消费贷款，提升个贷业务的市场地位。加强贷款计划管理，认真执行贷款核准制度，保持贷款按月均衡投放。

【以产品营销为重点推动中间业务实现跨越】推进业务发展模式和盈利模式转型，加大业绩年薪与中间业务挂钩的比例，提高中间业务收入在KPI、等级行、高管薪酬、基层机构考核中的比重；突出战略性产品优先发展，重点发展造价咨询、银行卡、电子银行、企业年金、融资租赁、并购顾问、信托理财等业务。全年个人代客理财、黄金等业务收入实现翻番增长；代理保险、人民币结算、国际结算、票据承诺等业务收入保持增长，融资租赁、现金管理、国内信用证等创新业务实现突破。

【推进业务转型和结构调整】推进结构调整，提高渠道分流率。加强物理网点建设，累计完成105个网点的二代转型，横向整合14个对公网点。加强自助渠道建设，全年累计新增投放自助设备65台。组建区分行信用卡部、投资银行部和资金结算中心，成立7个小企业中心，恢复设立靖西县支行，保全业务单元制改革、守押社会化改革工作得到扎实推进。

【提升服务质量和水平】组织开展高管人员“做一天大堂经理”体验活动，开展“客户接待日”活动146期，网点服务质量系统排名比上年提升3位，区分行营业部营业厅等4个网点被评为“中国银行业文明规范服务千佳示范单位”。实施自助设备、现金清分、批量代收付业务等5个中后台集中项目，55项业务实现前后台分离，效率提高7倍，人力成本节约12倍；研发“广西分行电子会计账簿系统”、“电子回单柜系统”，每年节约人力及运行成本1 400多万元。实行限时审批承诺制度，开辟信贷审批“绿色通道”，为信贷营销提供保障。研发推广“律卡通”，在系统内率先实现债权催收工作的规范化和标准化。

【优化资源配置机制】首先优化激励约束机制。探索集中统一的绩效考核办法，建立员工薪酬分配体系；调整完善网点支行和县支行综合考评和等级评定办法，引导全行关注客户增长、产品覆盖、业务分流和产品销售，提升网点竞争力；加大基层机构负责人激励力度，组织评定特级机构网点16个，其中6名主要负责人享受总经理助理级待遇，3名享受副总经理级待遇；重视保障员工薪点工资和岗位工资按月均衡发放，实施普惠型福利，改善员工薪酬待遇，2010年工资比上年增长18.8%。其次优化财务资源配置。财务资源向营销部门、向基层、向资金累积型客户和账户营销倾斜。非员工费用保障刚性支出，控制基本运营成本增长，压缩低效行政性费用支出，加大对业务发展的财务资源支持力度；员工费用理顺绩效考核和薪酬分配政策，从层级考核过渡到类群考核；加大战略性产品资源的配置力度，处理好战略性资源配置和“买单制”的关系，实现薪酬合理分配和对战略性产品的有效激励；严格控制非生产性固定资产投入，重点支持渠道建设、业务转型与流程优化改造建设，全年资本性支出入账超过3亿元，完成计划的155%；其中网点购置支出1.57亿元，增长26%，完成计划的334%，购置网点21个，网点自有率从38%提高到44%；投入3 067万元装修网点43个。再次优化人力资源配置。实施营业网点岗位人员标准配置，打造网点客户经理“千人工程”，网均配备客户经理3.5人，理财师2.5人；做好新员工招聘和培养，招聘流程严格落实“五统一”原则，强化全程监督和阳光操作，全年共招聘486名新员工，为网点标配提供保障；加强人力资源集中统一管理，在人员规划、选任、考核、薪酬、培训等方面实现集中；强化用工的统一调配，完善“内部人才市场”，建立用工跨区域、跨业务条线流动机制；积极有序地推进柜员转非柜员工作，为前台员工拓宽成长空间。

【加强党的建设、员工队伍建设、企业文化建设和工会工作】开展创先争优活动，培育先进典型，突出实践特色，打造活动载体，推动党组织和党员围绕中心工作创先争优，以党建促业务发展；重视党员发展工作，消除“党员空白点”32个，基层机构党员覆盖率达到100%。贯彻落实干部选拔任用工作四项监督制度，完善管理岗位、专业技术岗位和经办岗位职务序列，年内提拔聘用总经理助理及以上管理人员11人，公开选聘24名高级专务，聘任一级、二级业务员866人；加强纪检监察组织建设，配备32名纪检监察特派员。实施员工培训，组织各类培训738期，培训32 704人次。对员工开展“三个一”人文关怀，实施前台网点“六点半下班工程”、“五休二”轮休制度、弹性营业制、上门送午餐、就近上班等措施，提高员工满意度。救助特困员工和协解人员，累计发放救助金140万元，救助140多人次。积极履行社会责任，实施“少数民族地区大学生成才计划”，发放抗旱救灾贷款20多亿元，为抗旱、抗洪救灾捐款捐物130多万元。

（执笔：冀用武）

海南省分行

海南省分行行长　梁福成

一、业务发展概况

2010年，海南省分行积极把握海南推进国际旅游岛建设的发展机遇，坚持以效益为中心，以资产业务、负债业务、中间业务为重点，着力提高全行各级领导班子执行力、内部风险控制能力、产品服务创新能力、市场综合竞争能力、可持续发展能力，各项工作取得较好成效。

【主要业务指标完成情况】2010年，按综合经营计划口径，全年实现主营业务收入13.79亿元，比上年同期增加1.94亿元；实现税前利润5.9亿元、净利润4.42亿元，分别完成总行计划的111.97%、111.89%；实现经济增加值3亿元，完成总行计划的120.55%；实现贷款利息收入9.71亿元，完成总行计划的100.21%；全分行各类贷款余额 218.43 亿元，当年新增 40.34 亿元；全口径存款余额 593.47 亿元，当年新增 79.41 亿元，增幅为 15.45%。

【公司业务】公司类贷款余额 142.34 亿元，比年初增长 15.33 亿元，完成总行计划的 100%，其中非贴现贷款余额 128.04 亿元，当年新增 20.49 亿元，完成总行计划的 133.78%。大力发展小企业及票据业务，全年共投放小企业贷款 42 笔，金额 3.12 亿元；票据贴现金额 82 亿元，实现利息收入 1.28 亿元，到期回收 54 亿元。认真抓好项目储备工作，年末共储备项目 35 个，金额 78.32 亿元。新增各类人民币企业结算户 4 993 户，新增计划完成率为 546.85%。企业存款余额 394.68 亿元，当年新增 49.49 亿元，企业存款余额市场占比 24.72%，居四行第 2 位。

【个人金融业务】个人类贷款余额 73.95 亿元，当年新增 24.33 亿元，增速为 49.03%，居全国建设银行第 4 位。个人存款余额 198.12 亿元，当年新增 40.62 亿元，增速为 25.79%，列全国建设银行第 1 位。个人客户快速增长，年末个人大众富裕及高端客户新增 16 470 户，完成计划的 168.4%，其中 AUM 1 000万元以上个人客户新增49 户，完成计划的 260.64%。个人大众富裕客户增速居全国建设银行排名第 3 位，个人富裕、个人高端客户增速列第 4 位，私人银行客户增速居全国建设银行第 2 位，金融资产增速居全国建设银行第 5 位。

全年共购置网点 6 个，网点自有率达 55.84%，营业网点硬件环境得到改善，产品销售能力得到提升，个人存款网均时点新增四行排名第 2 位，网均日均新增全国建设银行排名第 1 位；个人条线中间业务收入增速四行排名第 1 位，网均收入四行排名第 2 位。全年新设 ATM 33 台，台日均交易量 125 笔，实现手续费收入 1 950 万元；自助设备账务性交易量比 66.72%，全国建设银行排名第 9 位。新增 POS 机 917 台。电子银行客户新增 21.38 万户，增速为 84.69%。其中，企业网银活跃客户新增、个人网银活跃客户新增分别为 1 228 户、4.16 万户，完成总行计划的 122.8%、138.69%；手机银行活跃客户及短信通客户新增分别为 7 098 户、11.67 万户。全年电子银行交易额 1 350.27 亿元。电子银行与柜面交易量之比 69.58%。电话银行活动客户新增 9 706 户，完成计划的 539.22%。

【房地产业务】房开贷款余额 17.92 亿元，比年初新增 3.87 亿元，完成总行计划的 129%；个人住房贷款余额 73.07 亿元，比年初增 24.31 亿元，完成全年计划的 203%；房改金融业务优势明显，全年全行委托性住房存款余额 33.89 亿元，当年新增 7.68 亿元，完成总行计划的 191.93%；住房公积金存款余额 25 亿元，当年新增 6.67 亿元，两项指标继续保持同业占比第 1 位。公积金贷款余额 14.58 亿元，当年新增 5.45 亿元。

【中间业务】全行实现中间业务净收入 2.08 亿元，同比增长 0.6 亿元，增速为 40.29%，增速排名系统第 12 位，完成总行计划的 111.01%。毛收入 2.16 亿元，完成总行计划的 110.24%。

【国际业务】一般性外汇存款余额 12 201 万美元，同比增长 118.68%，新增额居同业第 1 位，余额占比居同业第 2 位。共办理国际结算量 9.36 亿美元，同比增长 70.24%，完成计划的 154.77%。结售汇业务量 4.39 亿美元，同比增长 71.7%。“融货通”产品、跨境贸易人民币结算业务实现零突破，进出口开证、境外代付等表外贸易融资业务发生额同比增长 2.68 倍。

【资产质量与风险控制】按五级分类口径，本外币不良贷款余额 4.68 亿元，比年初增加 0.42 亿元。不良贷款率 2.16%，比年初减少 0.24 个百分点。全年共处置“假个贷”96 万元，实现“假个贷”清零。提前介入关注三级公司类贷款，加强管理处置，全年处置额 2 180 万元，完成总行计划的 545%。已核销呆账资产现金回收额 353 万元，完成总行计划的 100.9%。不良资产处置 18 944 万元，完成总行计划的 195.50 %。不良资产现金回收额、超值现金回收额等多项指标超额完成总行计划。

【其他业务】信用卡业务快速发展，率先在省内同业中推出汽车分期付款业务，当年净新增信用卡客户 1.74 万户，增速为 26%，高于全国平均增速 11 个百分点；信用卡交易额 15.67 亿元，同比增长 29.8%；卡均消费额 2.22 万元，系统排名第 2 位；信用卡账户活动率 66.25%，高于全国建设银行平均水平 10.49 个百分点，系统排名第 1 位。全年收单商户净新增 610 户，完成总行计划的 152.05%；实现商户收单收入 608 万元，完成总行计划的 116.94%。深入推进“八一工程”，全年军队武警客户账户新增 9 户，完成计划的 450%。加强财政客户拓展和维护，在代理中央及地方基建资金拨付、授权支付的预算单位数、资金支付量、手续费创收上持续保持同业第 1 位的市场份额。全年实现代理保险业务收入 162.55 万元，增速为 137.85%，全国建设银行排名第 3 位。“百易安”非贷款业务实现手续费收入 230.7 万元，居全国建设银行第 3 位。造价咨询业务取得较好成绩，成功营销海南核电、全省农村电网审计等 101 个咨询项目，累计完成业务量 50.5 亿元，实现工程造价咨询业务收入 1 628.64 万元，同比增幅为 80.1%，增速名列全国建设银行第 5 位。获得全国“工程造价咨询先进单位”、“海航地产 2009 年度十佳诚信合作单位”等荣誉称号。

二、主要工作举措

【加大市场营销力度，各项业务稳步发展】关注海南省推进国际旅游岛建设的重点投资项目，以抓大户、抓结算户为主线，重点做好大型项目资本金、政府机构建设资金营销工作，促进企业存款快速增长。开展公司客户人民币存款“年底大冲关”营销竞赛活动，扩大营销成果。加强高层营销和沟通，切实做好存量客户关系维护，夯实客户基础；同时组织专业营销团队，制定旅游房地产、五星级酒店贷款、保障性住房开发贷款等营销指导意见，成功营销文昌航天城等基本结算户；坚持业务发展和风险防范并重，把握投放节奏，优化信贷结构，个贷业务稳健发展。加强利率管理，新发放个贷加权平均利率 5.33%，同比提高 0.75 个百分点，居全国建设银行第 5 位。

【完善绩效考评体系，强化全面成本管理】修订完善分支机构等级行评定办法、KPI 考核办法，制定 2010 年绩效工资分配方案、员工统筹基金分配方案等；深入推进全面成本管理，从紧核定会议管理、出差、学习、考察等支出标准，提高资源使用效率。加强大额资金预报制度管理，制定资金备付管理目标和服务价格超授权申报审批优化操作流程等，提高全行资金运营效益。

【夯实内部基础管理，增强风险防控能力】深入推进“贷后管理年”活动，开展“内控与案防制度执行年”活动、组织公司类信贷资产押品管理、小企业贷款等专项检查；开辟重点客户审批“绿色通道”，完善授信业务贷前平行作业制度；同时加强会计、营运与科技基础管理，实现电子印鉴系统、营运本级核算资金划转批量处理系统、汇划落地集中处理系统上线推广，组织实施对公小额无贷户管理改革试点工作，自行开发公积金还贷系统、综合缴费平台等项目。开展金融法律服务，组织“屡查屡犯问题专项治理”、规章汇编、海南龙湾港疏浚（集团）公司借款纠纷案执行等工作；积极配合内控审计评价工作，内控审计底稿比上年减少 50%。加大纪检监察工作力度，先后开展革命传统教育、反腐倡廉宣传教育月等活动；对三亚、金盘等 8 个分支行开展巡视工作，在海口地区试行特派员团队管理模式；制定《柜员合规操作考核奖罚办法》，加强积分管理和问责工作。在海南遭遇连续强降雨期间，及时做好资金应急调拨押运等工作，确保各网点正常营业，受到当地省委省政府、金融办等单位的好评；加快推进守押社会化进程，成为当地金融单位中第一个实现无自行守押、零枪弹管理行；优化远程监控报警联网，利用联网中心开展安全巡查，发现并成功防范堵截案件 54 起。开展本级部室机关工作作风评测，加强督察督办，提高机关工作效率和服务质量；加强档案集约化、规范化、信息化管理，受到国家档案局的高度好评。

【加强服务渠道建设，全面提升服务水平】制定《海口市 2010—2012 年营业机构建设规划》，稳步推进新网点建设；开展“服务质量年”活动，修订分行营业网点服务质量积分处罚制度、星级网点评定实施细则等办法，建立绩效工资奖罚制度，增强基层网点和员工提升服务质量的自觉性；加强服务礼仪与危机处理培训，实施个人理财客户经理“名单制”，有效提升客户服务质量和水平。2010 年在总行组织的全行营业网点服务质量调查中，取得上半年全国建设银行排名第七、下半年第四的好成绩。

【加强干部员工队伍建设，提升队伍的战斗力】加强干部队伍建设，完成领导人员的任职及交流，建立市县支行领导人员后备人才，将领导力素质模型引入领导班子和干部 2010 年考核，强化领导干部分层分类考核；同时加强员工队伍建设，举办国际旅游岛建设人才素质培训、全行员工银行常用英语培训等项目，建立省行管理的领导人员脱产培训审批制度，采取现场测评等方式，实时监控培训的质量。

【加强党的建设和企业文化建设，构建和谐稳定局面】深入推进党建“创先争优”活动，建立部门定点联系行制度、落实行领导专题调研计划等，切实为基层提供有针对性的指导和服务；组织开展建功立业竞赛、“深化客户服务，关爱基层员工”等主题活动；组织捐款献爱心活动，共计捐款119.72万元。分行先后获得“海南省优秀企业”、“海南省企业文明诚信先进（示范）单位”等荣誉称号。

（执笔：王文生　林运　黄智）

四川省分行

四川省分行行长　曾益

一、业务发展概况

2010年，四川省分行坚持以科学发展观为指引，深入贯彻总行战略部署，紧紧围绕全年中心任务，进一步夯实客户基础，加快结构调整，严格内控管理，各项工作稳步推进，全年实现税前利润60亿元，居系统内第8位，增速为9.2%；一般性存款余额4 321.6亿元，新增514.5亿元；各项贷款余额2 058亿元，新增292.6亿元，控制在总行信贷计划内；实现中间业务收入21.95亿元，增速为30.23%。

【公司机构业务】对公存款余额2 483.77亿元，新增328.4亿元，余额继续保持同业第1位；对公贷款余额1 537.9亿元，新增116.59亿元。

【个人金融业务】储蓄存款余额1 868.02亿元，新增186.2亿元；个人贷款余额520.36亿元，新增116.67亿元。

【房地产业务】房地产开发贷款余额87.77亿元，新增22.33亿元；个人住房贷款余额520亿元，新增117.5亿元。

【中间业务】实现中间业务收入21.95亿元，市场占比29.2%，继续保持同业第1位，在主营业务收入中的占比达19.5%，提升了3.3个百分点。

【国际业务】全口径外汇存款余额6.6亿美元，新增2.8亿美元，余额四行占比27.28%，提升了3.45个百分点，其中企业及同业存款余额6.09亿美元，新增2.85亿美元，余额四行占比33.12%，居同业第1位；完成国际结算量89亿美元，同比增长55.3%，四行占比32.6%，提升了3.64个百分点。

【资产质量与风险控制】五级分类不良贷款余额27.65亿元，不良率1.34%，分别减少2.8亿元和0.38个百分点；剔除地震影响，不良贷款余额为16.24亿元，不良率为0.79%。

二、主要工作举措

【中间业务继续领先】系统推进中间业务发展，实施按月督导、正负激励、团队建设、产品创新等举措，保持了快速增长势头。造价咨询、代销保险等8项产品收入过亿元，理财产品、国内保理两项产品增速超过100%，企业年金受托资产、账管个人户和托管资产三项指标继续保持同业第一，创新推出了乾元开放型、股权投资型理财产品，共发行54.3亿元，实现收入8 600万元。综合运用转贷款、内保外贷、汇率风险管理等一揽子产品和服

2010年3月15日，建设银行四川省分行与西南民族大学签订战略合作协议。

务，拓宽外汇业务收入来源，其中国际结算收入8 357万元，稳居同业首位。信用卡新增发卡27.5万张，实现业务收入2.66亿元，增速为102%，新增发卡量及活动账户数均居系统首位。手机银行高级客户突破100万户，网上银行、短信银行客户增幅分别达61%和47%，电子银行业务在社保、财政、高校等领域应用实现新突破，取得了全省B2B网上支付领先优势，电子银行业务收入1.3亿元，居系统内第6位，上升了4位。

【负债业务保持增长】以结算账户为重点持续开展营销，新开立单位结算户1.6万户，新增存款181亿元，其中基本结算户占比达51.4%。成功拓展22家单位科技资金特设专户，富士康等一批产业转移龙头企业成功落户我行。新开立财政、交通等上下游账户658户，全额承接了108亿元中央养老补助资金。落实小额无贷户管理职责，挖掘小客户发展潜力，全行50万元以下小额账户日均存款81.3亿元，新增52.3亿元，增幅为180%。开展"夯实基础管理，提升服务质量"专项活动，进一步规范零售网点经营管理，启动代发工资业务攻坚战，推出"薪加薪"综合理财服务和产品组合套餐，代工个人客户达166.5万户，新增54.9万户，代发总额达626.3亿元。加强主动负债管理，狠抓低成本存款营销，一般性存款活期类占比65.6%，高出系统平均水平3.8个百分点。

【资产业务稳健发展】合理配置信贷资源，电力、交通、教育、卫生等重点行业贷款新增99亿元，占对公贷款新增的56.3%。加大项目储备力度，完成优质贷款储备近2 000亿元。加快小企业经营中心建设，完善业务考核机制，深化担保机构合作，小企业客户信贷余额73.6亿元，新增39亿元，增幅为113%。把握个人住房贷款投放节奏，加强价格监测与指导，着力提升差别化定价能力，新增个人住房贷款117.5亿元，新发放个人贷款加权浮动比例提高了7.5个百分点。强化信贷结构调整，全面清理政府融资平台项目，主动压缩退出产能过剩、重复建设行业贷款19.7亿元。

2010年11月4日，建设银行与四川发展（控股）有限责任公司、国电大渡河流域水电开发有限公司等6家客户签署了总额逾2 000亿元的支持西部大开发战略合作协议。

【风险管理能力持续提升】加强市场研究和行业分析，结合全省经济发展规划，明确行业、区域、客户和产品选择导向，定期发布房地产、政府融资平台等敏感性行业和客户分析报告，为业务发展提供决策支持。严格执行"三个办法、一个指引"要求，梳理规范贷前调查、合同签署、支付管理等关键环节，强化全流程风险管控。出台行业差别化贷后管理和平行作业指引，搭建覆盖大中型客户、小企业和个人客户的信用风险关键指标体系，建立操作风险分类监控机制，促进了对风险隐患的识别和事前处置。完善不良资产集中经营模式，双向延伸资产保全工作，加大重点不良贷款清收力度，"关注三级"贷款减少24.6亿元。

【营运机制不断优化】稳步推进对公网点转型，优化岗位职责和业务流程，统一柜面基本工作要求，开展系列业务技能培训，启动样板网点装修改造，实现对公人民币结算收入1.2亿元，增幅91.6%。深化零售网点二代转型，建立VIP客户满意度常态监控机制，加强转型流程和工具应用监督指导，加快财富管理中心建设，新增个人富裕客户2.6万户。开展网点"增效降耗"工作，柜面日均交易量下降了3%，自助设备、电子银行账务性交易量占比分别提升了5.1个和14.4个百分点。优化成都地区同城票交集中提入流程，后台集中替代率37.5%，提高4.8个百分点，节约跨行结算交易费用近400万元。完善绩效考评机制，改进KPI、EVA考评办法，合理调整分组，强化动态考核，较好地发挥了财务资源的牵引作用。

【内控管理得到加强】始终保持案件防控高压态势，进一步明确责任、突出重点、狠抓落实，实现了“三无”案防目标。逐级签订《案件防控工作责任状》，深入推进“六项专项治理”，制定并严格执行《案件防控要点100条》，扎实开展审计检查整改工作。完善营运后台集中对账，全面推广支付密码器，实施深度稽核排查，支付密码器推广率达99.4%，系统内和省内同业中均排名第二位，纠正违规操作2 616笔，堵截潜在资金损失2.1亿元。成立柜面业务检查部，开展“飞行检查”、“跟班检查”和“顶岗检查”24项次，利用柜面监测系统工具，提高检查针对性。严格执行从业禁止性规定，上收问责权限，统一处罚尺度。

【党风廉政和企业文化建设扎实推进】以“创先争优”活动为契机，搭建党建工作与业务发展、风险防范相结合的活动平台，解决实际问题，突出实践特色。推进反腐倡廉建设，坚持重大事项集体讨论决策，健全情况通报和反映机制，增强经营管理透明度。严格执行干部选拔“四项监督制度”，提高选人用人公信度，提拔领导干部22人，平级交流11人。完善多层次培训管理体系，组织“一把手”核心角色、县支行对公客户经理轮训等各类培训218期、累计2.6万人次。启动个金业务竞争力提升项目，开展“8+1支行”内控管理帮扶指导，组建大客户IT服务团队，增强了服务基层、服务前台的能力。强化品牌建设和内外宣传，整合运用媒体渠道，全面搭建公共关系平台，积极改造门楣招牌，提升了品牌形象。省分行通过了省级最佳文明单位考核验收，14个分支机构通过了“总行级文明单位”及银行业协会“文明规范服务示范网点”、“千佳示范单位”复查或评定工作。加强基层工会组织建设，开展家庭走访7 600余人次，慰问帮助困难人员300余人次、金额292万元。

（执笔：谭永相）

重庆市分行

重庆市分行行长　黄叔平

一、业务发展概况

2010年，面对复杂的经济金融形势和更加激烈的同业竞争，重庆市分行努力转变发展方式，推进战略转型，强化风险控制，提高发展质量，推动各项业务持续健康发展。

【经营效益】实现税前利润36.94亿元，同比增加3.11亿元；经济增加值12.91亿元，同比下降2.18亿元。经济资本回报率27.01%，资产收益率1.35%，成本收入比为33.56%，存贷利差4.08%。

【负债业务】全口径余额1 648.38亿元，新增123.51亿元，其中一般性存款余额1 578.51亿元，新增125.96亿元。储蓄存款余额674.75亿元，新增45.51亿元；企业存款余额903.76亿元，新增80.44亿元；同业存款余额69.86亿元，新增−2.44亿元。

【资产业务】各项贷款余额 1 299.33 亿元，新增 195.16 亿元。其中人民币公司类贷款新增 97.93 亿元，个人类贷款新增 94.17 亿元。直贴累计办理量 32.20 亿元。

【战略性业务】中间业务收入 11.69 亿元，同比增长 26.89%，在主营业务收入中的占比较去年上升了 2.97 个百分点。信用卡客户净增 11 万户，消费额增长 60.74%；企业网银高级客户新增 3 597 户，个人网银高级客户新增 34.63 万户，手机银行收费客户新增 15.68 万户，个人短信通客户新增 60 万户，电子银行账务性交易量比为 35.69%。国际结算量 60.28 亿美元，保持同业第 1 位；同比增长 91%，增速系统内排名第 1 位。

【国际业务】外汇企业存款余额 6.48 亿美元，同比增长 126.33%；外汇同业存款余额 1.54 亿美元，同比增长 234.36%；外汇贷款余额 2.48 亿美元；全年国际结算量 60.28 亿美元，同比增长 91.17%；结汇售汇 21.65 亿美元，同比增速 18.53%；实现外汇中间业务收入 0.62 亿元，国际结算收入 0.32 亿元。全年资本结算量保持同业第 1 位，实现资本金汇入 19.01 亿美元，占全市总量的 45.06%。

【资产质量】年末不良资产额 0.82 亿元，不良资产率为 0.41%。其中不良贷款余额 5.95 亿元，增加 0.59 亿元；不良率 0.46%，下降 0.03 个百分点。计提贷款损失准备 3.65 亿元，拨备覆盖率 467%。

二、主要工作举措

【持续增强创新能力，促进战略性业务快速发展】按照总行战略转型要求，努力通过思路创新，大力发展有特色的业务产品，不断培育新的增长点，取得较好成效。在中间业务发展上，坚持创新业务与传统业务并重，实施重点产品发展策略，加大产品销售力度，努力提高产品覆盖度，单位客户产品覆盖度从 1.98 提高到 3.02。对公中间业务收入 6.57 亿元，列同业第 1 位，其中单位人民币结算业务收入、审价咨询业务收入超亿元，债券承销业务实现零的突破，国内保理收入同比增幅超过 12 倍。对私中间业务收入 5.12 亿元，其中基金、保险和黄金的销售量处于同业领先地位，代理保险分销渠道作用大幅释放，增速 155%；融智型业务快速发展，创新业务同业领先，非依赖信贷业务的投行业务实现收入 1.74 亿元，列同业第 1 位。在理财融资顾问、私募财务顾问等新型产品上，新型与传统顾问收入比为 44:56，大大高于去年同期 11:89 的水平。成功为重庆高速公路公司主承销首期 10 亿元中期票据，是重庆国有四大商业银行为主承销的第一只中期票据，也是重庆市场上注册金额最大的中期票据。国际业务保持领先优势，外汇全口径存款四行占比 35%，系统内排第 1 位，是唯一在四行中领先的一级分行；外汇中间业务收入 6 170 万元，居同业首位，比上年增长 45%；国际结算量保持同业首位，其中资本项下结算量四行占比超过 60%；表内融资余额突破 1.1 亿美元，是 2009 年的 2.4 倍。国际业务发挥境内外联动优势，推荐客户境外分行开户 9 家，完成协信、力帆“内保外贷”、重钢背对背信用证等重点项目。信用卡业务增势良好，客户净新增 11 万户，账户活动率 52.7%，消费交易额 45.68 亿元，透支额 6.91 亿元，透支不良率 0.7%，实现收入 7 900 万元，增长 47%。电子银行发展迅速，与柜面交易量之比达到 35.69%，较年初提高 17.81 个百分点，个人网银客户和企业网银客户分别增长 91.04% 和 83.73%；企业年金业务取得重要突破，签约客户超过 100 户，提前两年完成总行计划。

【狠抓客户基础，努力提高客户质量和数量】努力提升系统管理水平，由分行主导成功营销城投内环外移、轻轨六号线一期、中信沪渝沿江高速、成渝复线等重大项目，在抓重大项目及重大客户营销上的传统优势得到巩固，并重点抓好源头性重大资金归集工作，成功归集水务股份、力帆股份、大全新能源上市资金，归集昆仑租赁、正新轮胎、富士康等重大招商引资项目资本金和高发司中票募集资金，资金总量超过 250 亿元。财政存款的市场份额占比也逐渐增大，成为后三峡资金财政渠道的拨付管理主办银行之一。同时深入实施账户营销活动。狠抓代发工资账户、社保类账户、区县公共资源交易平台账户、学费财政汇缴专户及财政零余额账户，强化移民资金落地和村社移民资金基本户管理积极拓展客户。积极拓展中小企业客户。中型客户新增 22 户，增幅为 55%，非贴现贷款余额新增 19.9 亿元，增幅为

127%；小企业客户新增407户，总行系统排名第11位；非贴现贷款余额新增24.4亿元，列总行系统第19位，客户和贷款规模均列西部行第1位。加强公私联动营销，努力扩大个人高端客户基础和产品覆盖度。个人富裕客户（资产20万～300万元）新增5 000余户，产品覆盖度为3.40；个人高端客户（资产300万元以上）新增447户，产品覆盖度为3.67。个人贷款新增贷款户数超过7.5万户，产品覆盖达到4个以上的占到85%。对公非贴现贷款平均利率5.51%，列系统内第5位；新发放个人贷款加权平均利率执行水平为5.41%，位居当地同业首位。

【持续优化信贷结构，强化风险管理和案件防控】注重信贷客户质量，大中型客户A级以上贷款占比达到96.4%，其中AA级以上占比84.07%，高于建设银行系统内平均水平。小企业和个人类贷款增速分别达到49.68%和30.96%，占比分别上升1.03个和3.11个百分点。同时对大中型客户逐户确定“优先支持、审慎控制、压缩退出”的信贷策略，向“鼓励进入类”行业发放贷款139亿元，退出类客户贷款余额减少27.7亿元。特色优势行业和鼓励进入行业贷款占比达到72%，其中特色优势行业贷款增速40.36%。加强区域支行差别化指导，加大对三峡库区和渝西片区分支行资源倾斜和支持的力度，区域发展不平衡问题得到一定程度改善。主城区行、三峡库区行、渝西片区三大区域贷款增速分别为17.57%、21.02%、13.02%；渝西行一般性存款增速达12.00%，比分行平均水平高3.5个百分点。扎实推进“贷后管理年”活动。完善规章制度体系，组建分行贷款管理中心，认真开展政府融资平台贷款清理和整改，完成63户超过380亿元贷款的解包还原和抵质押物完善，现金流覆盖率达97.1%，得到监管部门的肯定。推进资保部门提前介入三类贷款经营模式，不良资产超值现金回收2.02亿元，完成计划的178.76%。开展防治商业贿赂等六大类案件专项整治及“内控和案防制度执行年”活动，推行案件查防联席会议制，持续推进全面风险管理，做好各类检查发现问题的整改，处理违规违纪责任人员45人；加强营业网点安全检查，保障IT系统的平稳运行，做好协解人员稳定工作。在总行2010年风险管理水平评价中，重庆市分行被评为A级第2名。

【优化经营机制，加强队伍建设】初步建立网点负责人职等与星级评定挂钩制度，探索加强专务人员绩效管理和柜员试用期考核，不断优化激励约束机制；加强联动机制建设，信贷客户代发工资增加232户，公司与会计条线、电子银行与对公对私业务的联动不断增强，房地产开发贷款与个人住房贷款联动比例进一步提高；完成22个网点二代转型、34个网点装修改造、9个网点搬迁和自助设备投放计划，对20个区县行自助设备实施集中管理。加强对各区域支行差别化指导。加强后备人才选拔和培养，全年共提拔直管领导人员24人，交流13人；开展大规模员工培训和员工在分支行间的交流锻炼。持续抓好“员工之声”项目改进，做好困难职工救助工作，开展丰富多彩的文体活动，营造健康生活、快乐工作的氛围，全行始终保持风正、心齐、劲足的良好局面。

（执笔：沈凌）

贵州省分行

贵州省分行行长 吴民豪

一、业务发展概况

2010年，贵州省分行企业存款余额、一般性存款网均新增和人均新增、网均个人存款及新增均排名四行首位。一般性存款余额1 156.98亿元，较年初新增198.71亿元，增幅为20.74%，高于系统平均增幅6.76个百分点，新增当地四行排名第2位。其中，企业存款较年初新增133.06亿元，增幅为22.9%，高于系统平均增幅7.45个百分点，四行余额占比34.82%，较年初提高1.22个百分点，新增四行排名第2位；个人存款较年初新增65.65亿元，增幅为17.41%，高于系统平均增幅5.17个百分点，余额四行占比上升0.4个百分点。各项贷款余额742.89亿元，较年初新增99.41亿元。其中：对公贷款较年初新增72.66亿元，个人贷款较年初新增26.75亿元，新增创历史新高。全年实现考核税前利润18.15亿元，计划完成率105.57%，同比增长2.46亿元；实现经济增加值8.20亿元，经济资本回报率28.39%，系统排名第23位，资产利润率1.28%，系统排名第16位。年末不良贷款额较年初减少2.53亿元；不良贷款率较年初下降0.52个百分点，不良率低于全国境内分行平均不良贷款率0.27个百分点。

【公司业务】在客户账户战略和项目储备上持续发力，在竞争中赢得了市场先机，成功营销贵州高速公路投资有限公司、黔中水利枢纽工程项目等重要账户，协助总行完成与贵州省部分西部大开发重要客户签订授信额度1 350亿元的合作协议；加大优质项目储备，及时跟进贵州省与央企恳谈会全部签约项目，提高项目储备转化率。截至2010年末，共储备项目132个，储备投放金额329亿元。在行业结构调整方面，全年向采矿业、电力、交通、制造业等行业投放信贷占投放贷款总额的78.47%；在客户结构调整方面，高信用等级客户占比持续提高，A级及以上客户累计发放非贴现贷款占累计发放总额的99.81%；加快小企业发展步伐，全年新增非零余额信贷客户中，A级以上信贷客户占比56.52%；完成信贷退出8.51亿元，退出计划完成率119.69%；在产品结构调整方面，持续拓展以基本建设贷款为主的中长期固定资产贷款，2010年末，固定资产贷款占对公非贴现贷款余额的70.68%，较年初上升1.78个百分点。

【个人金融业务】以产品为抓手，强化交叉营销，全年募集资金236亿元，网均募集资金超过亿元，实现理财产品销售121.68亿元，其中“利得盈”销售金额系统排名第3位，“大丰收”销售金额居系统第18位；个人客户产品覆盖率达到2.30，居系统第16位，产品覆盖率较上年提升0.40；成功发行全国首张银行与媒体系统联名卡——贵州广电龙卡；在省内率先推出自助发卡机，客户新开卡时间从柜面办理需要的10.5分钟缩短至2.5分钟；全年共发行借记卡83万张，借记卡刷卡消费额145.53亿元，较上年同期增长1倍，排名当地同业首位。

【中间业务】全年中间业务收入完成7.13亿元，中间业务收入四行占比31.05%，较上年末提高0.1个百分点，中间业务净收入占主营业务

2010年4月12日，建设银行贵州省分行与贵州省广播电视信息网络股份有限公司举行贵州广电龙卡首发仪式暨新闻发布会。

收入占比18.83%，较上年提升2.69个百分点，中间业务收入总量排名当地四行第2位，同比增加1.81亿元，增量排名当地四行首位。

【国际业务】全年完成国际结算量首次突破10亿美元大关，达到10.83亿美元，同比增长3.38亿美元；实现外汇中间业务收入排名当地四行第2位，市场占比32.56%，同比上升8.82个百分点；对公外汇存款余额排名当地四行第2位，增幅为99.38%；实现出口订单融资和出口发票融资零的突破。

【资产质量与风险控制】贵州省分行贷后管理从管理层级、行业类别、客户类别、产品类别、资产质量、担保类别等六个维度实施差别化管理；切实开展政府融资平台贷款客户风险排查等一系列专项活动；认真开展个贷贷后管理检查，加强预警、监测和分析，对贷款资金流向、集中拖欠等进行重点监测；全面启动催收系统，自行开发“个贷业务贷后风险监测系统”，加大催收处置力度；全面清理已核销资产项目，强化已核销贷款债权追索，全年“实现处置各类不良资产、实现不良资产现金回收及实现不良资产超值现金回收”分别完成总行年度计划的126.63%、173.33%和766.63%。

【其他业务】全行机构类一般性存款余额系统排名第16位，较年初新增67.91亿元，计划完成率为149.76%，新增系统排名第18位，全年行政县支行机构类存款占全行机构类存款新增总额的41%，成为机构类存款新的增长极；社保存款余额系统排名第17位，社保存款新增额系统排名第14位，新增市场占比为40%。全年净新增信用卡客户62 034户，计划完成率位列系统第13位；全年实现信用卡消费额22.43亿元，同比增幅为64.29%；信用卡贷款余额同比增幅为73.59%，增幅系统排名第14位；预审批累计营销成功率43.91%，成功率较上年同期提升27.32个百分点。电子银行替代率和账务性交易占比分别达到92.71%和36.12%，系统内分别排名第27位和第23位，均较年初提高4个位次；网上银行个人活跃客户、手机银行活跃客户、网上银行企业活跃客户分别新增22.15万户、12.08万户、2 061户，计划完成率分别为123.09%、120.8%、148.73%。全年住房资金归集较年初新增31.57亿元，新增额系统排名第20位，较年初上升4位；公积金个人住房贷款余额新增23.66亿元，新增额系统排名第18位，比年初上升2位。企业年金稳步发展，2010年实际管理个人账户新增数排名系统第1位；银团贷款业务再创新高，实现银团贷款收入1.28亿元，居当地四行首位；国内保理业务当地四行排名实现升位居第2位；召开文化、医疗产业基金产品推荐会，首次向客户推出私募型理财产品。

2010年5月10日，建设银行贵州省分行与贵州省工商业联合会举行共同支持中小企业和县域经济发展合作协议签约仪式。

二、主要工作举措

【深入开展创先争优活动】加强党的基层组织建设，采取重点培养、向基层分配新入行大学生以及派驻党建工作指导员等措施，使所辖机构网点党员覆盖率达到100%；持续开展“增强班子战斗力，提升团队竞争力”活动，各级领导班子通过专题调研等形式，破解经营管理难题，并将调研成果转化为发展思路和相关制度、措施；开展以“职业道德、职业责任、职业纪律、职业技能”为主题的“四职教育”活动，全面提升全行员工的思想素质和业务素质；抓先进，树典型，塑造积极进取的企业文化，通过“党员示范岗”、“党员先锋岗”和“党员责任区”充分发挥典型示范引领作用。

【加强组织推动和提升专业化经营能力】进一步完善考核指标设置、分值权重和记分规则，突出2010年全行业务发展重点，着力提升客户、产品和渠道的整合竞争力，强力推进重点业务发展；按行业划分大客户金融服务中心，重点项目省分行组建营销团队，同时将县支行对公大中型信贷业务提升到各二级分行本级，提升对公大中型信贷客户经营重心；试点推行“网点管理专业化、营销管理专业化、内控管理专业化”改革，试点行个人银行业务发展水平名列贵阳地区前列；推进贵阳富水支行与省分行个贷中心客户资源整合管理，使理财中心与个贷中心、营业网点有效链接，打造贵阳地区旗舰理财中心，建立区域理财标杆；全年共向客户出具理财规划和投资建议书2 494份，个人客户结构不断优化，全年个人价值客户增幅为25.87%，其中，AUM 300万元以上客户增幅为47.15%，全国排名第7位；AUM值增幅56.52%，全国排名第6位。

【加快推进全行协调健康发展】推进“中心城市行优先发展战略”，贵阳市一般性存款、对公存款、个人存款新增及一般性存款、对公存款余额均排四行第1位，2010年，贵阳中心城市行在100个中心城市行中排名第17位。同时，进一步明确行政县支行发展定位。2010年，二级分行一般性存款新增108.52亿元，占全行新增的54.61%，较上年提高20个百分点；二级分行对公贷款新增占全行对公贷款新增的29.64%，有效提升全行优质项目市场份额；行政县支行一般性存款新增额占全行新增总额的30.61%，占比较上年提高14.45个百分点。

【持续夯实基础管理】“服务质量年”工作成效考核系统排名第7位，获总行通报表扬；全年自助设备开机率为98%，较年初提高了1.02个百分点，系统排名第12位；自助设备点均配比

2010年11月28日，建设银行贵州省分行组织贵阳地区员工共计1 811人参加“全国金融系统反腐倡廉建设展”。

3.37，高出系统平均水平0.4；台均中间业务收入6.67万元，系统排名第八位；自助设备账务性交易占比达到55.32%，较上年提高9.19个百分点，提升位次居系统第5位。

【强化案件防控和合规文化教育】认真开展“内控与案防制度执行年”活动，落实各级机构和各级人员责任，加大检查力度，强化各项整改计划和措施的执行，修订、完善制度和内控机制的实施，内控和案防执行力不断增强；合规文化教育突出“四个结合”，即“与党风廉政及案件防控工作相结合；与‘提升员工职业素质’主题系列活动相结合；与落实内审外查整改过程中的违规问题问责工作相结合；与不同条线业务培训相结合”；努力提高审计整改率，2010年末，全行审计发现问题整改率为98.24%，高于系统平均整改率1.24个百分点。

【加强员工队伍建设】全年共举办培训988期，培训人员32 048人次；建立了梯次合理、动态管理的后备干部人才库和来自基层一线的干部培养链；尝试面向社会公开招聘客户经理和造价咨询人才，继续做好派遣员工转制和星级柜员评聘工作；持续改善员工工作环境，不断优化排班制度，完善员工薪酬福利机制，稳步推进补充医疗保险商业化管理，建立困难员工帮扶台账，对困难员工实行动态管理。全年帮扶慰问困难员工1 485人次，发放慰问金65.76万元，发放职工互助基金45.3万元。

（执笔：罗小英　杨军华）

云南省分行

云南省分行行长　潘念宁

一、业务发展概况

2010年，云南省分行实现主营业务收入57.12亿元，同比增长4.52%；实现税前利润33.46亿元，同比增长14.44%；实现人均利润43.76亿元，比上年增加3.88亿元。

【资产业务】年末一般性存款余额1 799.51亿元，比年初新增257.09亿元，增长16.67%。其中企业存款余额1 052.67亿元，新增155.59亿元，增长17.34%；个人存款余额746.84亿元，新增101.49亿元，增长15.73%。与系统比，一般性存款、企业存款、个人存款新增在全国建设银行位次分别为15位、14位和20位，比上年末提前10位、8位和2位。与同业比，一般性存款新增排名四行第2位，其中企业存款新增四行第1位，个人存款新增四行第2位。

【负债业务】年末各项贷款余额1 159.05亿元，比年初新增1 36.34亿元，增长13.33%，同比少增34.61亿元。其中：公司类贷款余额863.02亿元，新增86.74亿元，增长11.17%，同比少增25.71亿元；个人类贷款余额296.02亿元，新增49.59亿元，增长20.12%，同比少增8.91亿元。与系统比，各项贷款、对公贷款、个人贷款新增在全国建设银行位次分别为24位、25位和23位，比上年末下降2位、1位和8位。与同业比，各项贷款、对公贷款新增排四行末位，个人贷款新增排四行第3位。

【中间业务】全年实现中间业务收入10.34亿元，同比增长39.25%，新增额和增幅均居同业第1位，市场份额提升1.31个百分点。其中，房改金融、代销基金、代理资金清算、托管、保函、黄金等6个优势产品收入市场排名第1位；代理业务收入和代理证券公司专项服务收入分列系统第1位、第2位。

2010年3月19日，建设银行云南省分行与昆明市工业和信息化委员会签署银政合作协议，旨在促进银、政、企三方在非公经济领域的通力合作，搭建银行与企业间的友好合作平台，解决中小企业融资难题，加快其发展步伐。

【信用卡业务】卡业务快速发展，发卡量、消费交易额均创历史新高。借记卡方面，累计发卡568.39万张，当年新增发卡142.66万张排四行第2位；消费交易额301.01亿元，同比增长70.62%。贷记卡方面，紧抓财政预算单位全面实行公务卡结算制度契机，信用卡净增客户23.81万户，计划完成率为238.05%，净增发卡排同业第1位；消费交易额53.99亿元，同比增长69.09%。

【国际业务突出边贸特色】全年完成国际结算量162 578.12万美元，同比增长51.51%，计划完成率为121.21%。其中，边贸结算量四行占比为25.15%，份额排四行第2位。外汇资产不良率保持为零。

【高度重视电子、自助渠道建设】电子渠道账务性交易量占比27.41%，比年初提高15.38个百分点；自助渠道账务性交易量占比56.15%，比年初提高8.05个百分点。

【风险控制】不断加大"夯基础、调结构、防风险"工作力度，严格贷前核准制度和名单制管理，全年压缩退出贷款21.97亿元，完成总行计划的113.44%。处置各类不良资产6.49亿元，计划完成率为153.21%；其中回收现金本息4.99亿元；超值现金回收1.77亿元。五级分类不良额9.51亿元，比年初减少3.81亿元；不良率0.82%，比年初下降0.48个百分点。

2010年6月1日，建设银行云南省分行与昆明市儿童医院签署"一卡通"暨健康龙卡启动仪式。

二、主要工作举措

【对公条线重创新、推转型，多渠道满足客户需求】信贷业务方面，积极适应宏观形势和政策变化要求，通过合理安排贷款投放回收、调整票据业务规模等手段，用足用好有限的贷款规模资源。信贷投放主要投向运输、电力、教育、铁路等行业，重点支持城镇污水和生活垃圾处理、新机场、昆绕城、滇池综合治理、小湾等项目。在下半年信贷规模紧张的情况下，依托年金、信托理财产品、短期融资券、中期票据业务，股权投资顾问、境内外IPO、产业基金等投行新产品，与客户开展多渠道、多方式合作，有效解决客户资金需求。全年传统贷款和新兴渠道共计为客户提供资金203.05亿元，同比多增60.25亿元。企业存款方面，引入"链式营销"理念，围绕核心客户实施"客户关系链"、"产品服务链"和"绩效考核链"营销，全年新开立单位结算户9 867户，其中基本结算户占比为48.37%。坚持"市场表现和价值创造"考核导向，强化结算账户、无贷户和中小存款户时点和日均新增考核，加强监控、分析和通报等管理手段，成功拓展中石油、中电投、万科房地产等企业在滇投资项目资金账户。以社保、军警、非税等改革为契机，努力实现财政资金体内循环，1—12月机构类存款新增107亿元，同比多增20.3亿元。中间业务方面，加快新兴产品对传统产品替代，供应链融资产品对流动资金贷款的替代率7.31%，其中：累计发放保理预付款36.12亿元；国内信用证业务收入497.24万元，西部省份排名第1位。开辟"信托超市"，全年共发行股权收益权集合资金信托计划等10期信托产品，实现收入1 199.01万元。累计为中缅油气管道项目办理14.2亿元人民币跨境结算业务，当年收入超3 000万元。

【个人条线加强营销和服务，市场竞争力明显提升】个人存款方面，推进联动交叉营销和产品组合营销，从源头上抓资金、抓客户，拓展代发工资、联名卡等批量业务，以理财带动个人存款发展，提高客户产品覆盖度；及时调整经营策略，增加时点余额考核权重，加大稳存、增存措施调整和落实力度。不断深化中高端客户差别化服务，顺利完成77个零售网点二代转型，新建北市区财富中心，个人高端客户数量及综合贡献度不断提升。年末个人高端客户累计8.77万人，日均AUM值总计463亿元，较年初新增107亿元，排系统第18位。个人贷款方面，突出优质客户和优质楼盘，有效支持大型居住社区，介入经适房、公租房、限价房和中小套型普通商品房项目；积极跟进国家住房保障政策，以建业支行成为昆明市住房公积金贷款支持保障性住房建设唯一试点银行为契机，推进住房保障市场金融服务。全省房贷业务及昆明地区个贷业务保持同业领先，非昆明地区房贷新增居同业第1位。中间业务方面，强化创新和营销，自主研发销售大成专户理财、宏源券商集合资产管理计划，全年销售理财产品146只，销售金额192.42亿元，增幅为332%。持续开展“基金定投定未来”，“建行夺金”等系列营销活动，基金销售量质并举，“建行金”品牌规模效应凸显。全年销售黄金11 025.42千克，同比增长41.86%。其中，实物金1 122.93千克，增长167.97%，排同业第1位。

2010年12月17日，建设银行云南省分行召开昆明地区个人业务经营中心成立大会。

【持续推进管理体制改革，提升专业化精细化水平】实施昆明地区经营（管理）模式改革。按照“厘清责任体系，分层经营，专业专注”指导思想，重新构架昆明地区对公对私经营团队。构建集中统一管理的昆明个人业务经营中心，负责统一经营管理昆明地区80个营业网点的个人业务以及存款余额50万元以下非授信对公客户。将昆明地区9行1部逐步打造成对公金融中心和对公商务中心，负责各类对公客户的拓展、营销和维护。加大前后台分离力度，不断优化业务流程。深化会计营运体制改革，推动后台业务集中向纵深发展。实现跨区域自助设备分行集中管理模式，试点开展汇划业务落地集中处理和分层集中对账等工作，同时在全国建设银行率先启用自助设备中央控制锁，不断扩大金库同业合作范围，管理效能进一步提高。优化财务资源配置。加大资源配置及业绩评价与市场表现挂钩的力度，在税前利润、存款、个贷、中间业务考核中突出增量市场占比，强化市场竞争力考核；强化客户、产品、渠道和战略性业务激励力度，引导全行由关注经营结果向经营过程、经营基础转变；持续推进全额资金计价和全面成本管理，提升投入产出效率及效益管理水平。推动人力资源管理改革。全面开展岗位梳理，逐步实现全行薪酬集中支付，员工集中统一管理水平不断深化；完善专业技术人才和核心人才管理聘任机制，持续推进干部队伍建设。

【强化风险管理，坚持合规经营】严防操作风险。强化对关键岗位、重点业务、重点环节的日常监督和风险排查，抓好操作风险自评估报告系统运用和产品自评估工作，综合运用检查、轮岗、不相容岗位分离、远程监控、违规行为积分等强化对关键风险点的控制。加强信贷风险管理。严格把握敏感行业准入标准和风险底线，提高信贷审批效率和质量。双向延伸资产保全职能，持续做好不良贷款的清收、处置和化解工作。认真梳理政府类贷款客户和项目，做好投融资平台清理规范和“解包还原”，减额清户取得阶段性成效。以贷款新规实施为契机，按“全流程模式”为主、辅助“贷后流程模式”的方式推进信贷经营岗位分离，夯实精细化管理基础。加强内控体系建设。持续开展案件专项治理与稽查督导工作，健全和完善案件查防平台、案件防控工作奖励机制，保持对案件的高压态势；全方位组织合规教育活动，对违规设立“小金库”，员工参与社会高息融资、商业贿赂风险、现金柜员岗位风险等专项整治，累计排查人数超2.5万人次；加大对内外部审计发现违规问题整改、问责力度，问题整改率达98.16%。全年无重大案件发生。

【基层党建和企业文化取得新成效】加强党组织建设。班子成员切实转变工作作风，先后深入基层调研96人次，深入基层机构192个；严格执行党委工作规程、“三重一大”决策制度和干部选拔任用工作纪律，全年调整66名总经理助理级以上人员。以创先争优活动为抓手，扎实开展党员学党章、“亮牌示范岗”、“爱读书、爱学习”等活动，增强基层党支部活力。企业文化建设取得新成效。全年新获表彰全国级青年文明号1个，总行级青年文明号3个，省分行级青年文明号13个。面对百年不遇的旱灾，全行组织捐款390万元，其中个人捐款190万元。持续推进少数民族地区大学生成才计划和“兴边富民”对口帮扶。荣获“2010年云南金融百姓口碑榜——最佳电子银行”奖、云南金融理财博览会“最佳组织奖”及“最具人气奖”。

（执笔：杨荇）

西藏自治区分行

西藏自治区分行行长 韩文贞

一、业务发展概况

2010年，西藏区分行一般性存款余额335.4亿元，比年初增长62.3亿元，增幅为22.81%。各项贷款余额96.7亿元，比年初新增9.26亿元，增幅为10.6%。中间业务收入4 585万元，增幅为51.78%。实现税前利润6.38亿元。不良贷款余额1.4亿元，较年初下降1.1亿元，不良率1.44%，较年初下降1.58个百分点。

二、主要工作举措

【贯彻落实“两会”精神，妥善解决遗留问题】中央第五次西藏工作座谈会召开之后，全行把学习贯彻会议精神作为一件大事来抓。分行成立了信贷、财务、人力资源三个调研小组，对全行经营管理情况进行深入的调查，提出贯彻落实意见，并及时向总行党委汇报。总行党委专门召开第110次党委会议，对西藏自治区分行提出的政策建议进行研究，先后派出四个调研组赴藏调研，制定了落实座谈会精神、支持西藏自治区分行发展的特殊优惠政策。同年11月，总行在成都召开了支持西部大开发工作会议，制定了支持西部分行发展的6项优惠政策，我行成立了支持大开发领导小组，研究落实总行政策措施，推动业务发展。成都建银大厦作为总、分行党委抓的一项民心工程、形象工程。由于管理不善，遗留问题较多。新一届分行领导班子组建以来，做了大量富有成效的工作，总行专项下达购建指标7 036万元用于解决遗留问题。目前，违规集资款已清退，物管公司及时撤销，工程尾款已结清，各项工作进展有序。相关遗留问题的妥善解决，不仅充分体现了总行党委对西藏自治区分行员工的关心和爱护，也使西藏自治区分行新一届党委经受住了一次严峻的考验。

【实施机构改革，提升专业专注经营能力】年初，根据总行组织机构改革的统一部署，按照建立市场导向、专业专注、有机统一、内控严密、运作高效的改革目标，全面推进机构改革。通过分设批发和零售两个业务经营条线，不仅区分了管理职能与经营职能，还强化了条线的分类管理和考核。另外，专门成立联动营销委员会，加强了公司、零售业务间的联动营销，有效推进了各项业务协调发展。同时，深入推进对公条线部门职能整合与岗位分离工作，推动了城区支行从核算型向营销型转变。

【狠抓基础管理，提升经营管理水平】一是强化批发业务条线贷后管理，完善各项规章制度。一方面，对质押品实物和管理系统进行清理，完成了押品的移交；另一方面，通过整理积压多年的信贷档案，理顺了档案管理流程。二是加快零售业务条线个贷中心建设，优化岗位与流程，建立贷后管理长效机制，个人类贷款资产质量显著提高。三是强化风险管理条线的风险监测、预警和信贷审批管理，不断提升全行的风险管控能力。四是以审计发现问题的整改和案防工作为抓手，切实加强基础管理工作。审计发现问题整改率达到91.5%，比上年提升12.3个百分点。

【强化市场营销和渠道建设，促进业务均衡

发展】批发业务方面，一是组织实施批发条线“开门红”、资金结算业务竞赛活动和“强基础、拓市场”营销活动，先后推出单位通存通兑、百易安、保理、乾元理财产品和票据贴现等新业务品种，同时强化对各城区支行的系统管理和指导。二是加强团队营销，组建了水电、公路、铁路、矿业、民航五个公司营销团队和财政、“八一工程”、民本通达三个机构业务营销团队，重点拓展了华能西藏分公司、旁多水利枢纽管理局、华夏西藏矿业、西藏军区等重点客户，有效推动资产负债业务的发展。三是不断优化信贷结构。认真执行“进、保、控、压、退”措施，优化信贷结构，全年实际退出金额 13 369.4 万元，完成退出计划的 422%。

零售业务方面，一是本着“以活动促发展”的思路，按照“季季有活动、月月有主题”的要求，认真组织开展“龙腾虎跃、建行贺岁”、“服务世博、业务创优”、“全行总动员、业务全体验”、“提高质量，提高效益”等主题营销活动，促进个人存款快速增长。在同业率先推出“建行金”实物黄金业务，全年销售实物黄金 55 公斤。二是加强渠道建设。完成 4 个支行和个贷中心的装修，新建财富中心、拉萨柳梧支行；扎实推进网点二代转型工作，4 个支行实现二代网点转型，在区内同业中首推 VIP 客户服务，成为区内同业客户服务模式创新的“领头羊”；加快自助设备渠道建设，新增加 ATM 机具 10 台、新投放 POS 机具 526 台。2010 年分行个人大众富裕客户及个人富裕客户数量比年初增长 25%。三是加大电子银行业务推广力度，电子银行实现了新的跨越。电子银行交易量比完成计划的 197.3%，自助设备交易量比完成计划的 321.7%。四是积极抢占住房资金业务新兴市场。通过成功营销拉萨市商品住宅维修资金的归集业务，实现了住房维修基金的独家经营。

中间业务方面，一是组织实施中间业务标杆管理竞赛活动，在分支行中营造“比、学、赶、超”的中间业务竞赛氛围。二是加强对重点产品买单激励力度，提高经营部门和分支行营销积极性，中间业务收入显著提高。三是加强对中间业务发展的指导，深入各条线管理部门和支行开展调研活动，及时调整中间业务管理措施，引导中间业务快速发展，市场占比上升 3.75 个百分点。四是在年末对中间业务配置专项费用，加强中间业务冲刺激励，使全行中间业务提前完成总行计划。

【强化中后台管理工作，增强保障支持力】一是加强特色产品研发。技术部门在保障全行系统安全生产和提升客户服务能力的前提下，主动与业务部门研究客户需求和管理手段变革，完成综合前端项目、公务卡查询系统、人力资源考核系统等多个项目研发推广上线。二是大力推进前后台分离和集中。会计集中对账管理新系统成功上线。同时，加快推进前后台分离项目各系统上线工作。三是平安建设银行创建取得新进展。安全保卫条线认真落实各项安全防范措施，确保了各敏感时期和重大活动期间安全与稳定。全年投入 1 100 万元，完成了监控联网系统、网点自助设施等建设，提高了全行的技防水平。

【优化资源配置，完善绩效考核】第一，在资源配置上，一是对批发业务条线、零售业务条线和保全业务条线配置了专项拓展费用，由业务条线部门按照年度目标和营销方案用于业务发展；二是对中间业务及重点业务和产品安排专项拓展费用，用于激励和促进全行战略性业务快速发展；三是根据分行年末费用安排及各行发展历史因素和任务目标，有针对性地加大对经营条线的费用支持力度，并增强了经营条线的费用管理和使用权限，使财务资源配置更加贴近市场、贴近客户。第二，在资本性支出上，一是加快了分行网点的战略布局和装修力度，进一步提升了建设银行的企业形象和市场竞争能力；二是充实采购人员，修订采购办法，梳理采购流程。全年完成集中采购项目近400 个，采购金额达8 650 万元，节约采购资金623 万元，节约资金率为7.2%。第三，在绩效考核上，一是强化分类考核，对考核类群进行细化，通过设置中层领导人员与员工的差异系数，让领导的绩效与管辖员工的绩效紧密挂钩；二是优化考核指标，对经营部门、分支行的考核设置不同的指标，有效地引导各经营单位的发展方向。

【加强队伍建设，提升员工综合素质】一是把好员工入口关。全行招录了 20 名大学毕业生，并分两次定向招聘柜面人员 43 名。二是坚持正确用人标准，加大中层领导人员提拔使用和交流力度，平级调整25人，新提拔使用27人，其中将13名充实到重要领导岗位。选拔6名机关员工充任基层机构负责人，为年轻人才培养提供了多渠道的成才途径。三是加快专业技术人才队伍建设，共实施了两次专业技术岗位职务竞聘工作，共聘任了91名专业技术人才。四是推进后备人才选拔，完成了五个地区分行行级后备人选的考察、推荐和确定工作。五是采取多种培训方式，提高素质。全年外派学习培训394人次，其中，外派出国境培训56人次。首次与内地分行联合在新加坡举办了管理人员培训班、在泰安与山东省分行举办了新行员培训，取得了较好的培训效果。

【加强党组织建设和企业文化工作，构建和谐建设银行】一是各级党组织和部门深入开展创先争优和效能建设年活动。组织开展了各种形式的党性教育和主题活动，加强各级领导班子和党员队伍建设，进一步转变工作作风，提高工作效能。二是加强学习型党组织建设。完善和严格执行党委中心组学习制度。组织集中学习15次；开展职业精神培训，《做一个懂得感恩的员工》人手一册；邀请5名区内外专家教授举办了经济金融形势、管理与沟通、商务礼仪等专题讲座，收到良好的学习效果。三是通过办公大楼亮化工程，举办建设银行大学生成才计划在西藏的启动仪式和自治区政府惠民卡发放仪式，以及加大媒体广告投放力度等活动，极大地提升了全行对外企业形象。四是充分发挥党团工会组织作用，开展丰富多彩、健康向上的群众性文体娱乐活动，引导全行营造健康向上的氛围。五是主动承担社会责任。在西南抗旱救灾、玉树地震、舟曲洪涝灾害时期，我行积极开辟捐款绿色通道，组织全行员工捐款捐物，并向总行争取专项扶贫资金50万元。

（执笔：雷勇）

陕西省分行

陕西省分行行长　崔滨洲

一、业务发展概况

截至2010年末，陕西省分行全口径存款余额2 437亿元，当年新增233亿元，各项贷款余额1 192亿元，当年新增209亿元。全年实现中间业务净收入11.22亿元，同比多增2.96亿元，增速36.35%；实现考核利润32亿元，同比多增3.99亿元，增幅为14.23%。总资产净回报率0.99%。成本收入比38.69%，低于总行要求0.34个百分点。净利差4.13%，高出全国建设银行系统平均水平0.29个百分点。拨备覆盖率309%，较上年末提升了54个百分点。不良贷款额、不良贷款率分别为9.04亿元和0.76%。

【公司业务】

全年对公非贴现贷款累计投放469.69亿元，当年新增130.30亿元，同业新增排名第一位，电力、石油、煤炭、交通等总行鼓励进入和区域差别化政策支持行业占到新增投放的91.53%。年末对公存款时点余额1 181.86亿元，稳居在千亿元之上。对公日均存款余额1 158.46亿元，全国建设银行系统内排名第十一位，当年日均新增231.33亿元，系统内排名第七。全年新开立结算账户 14 804 户，规模以上对公客户新增稳居全国建设银行系统前三名，新增账户日均存款 79.92 亿元；财政、社保、军队武警等机构类客户存款新增 67 亿元，新增零余额账户 438 个、省级非税收入专户 94 户、新增财政公务卡预算单位 139 户，各级财政客户存款余额达 271 亿元。

【个人金融业务】

全年个人存款新增 158 亿元，完成总行年计划的 176%，年末存款余额 1 069 亿元，新增代发工资个人户新增 20 万户。个人结算户新增 150 万户，AUM 300 万元以上客户 2 627 个，均超额完成总行 KPI 计划。新增特约商户 952 户，新增信用卡发卡 11.1 万张，实现收入 7 558 万元。电子银行账务性交易量较年初提升 21.84 个百分点，增幅 161%，系统内排名第六，当年个人网上银行和短信通知客户突破百万元，分别达到 109.54 万户和 151 万户，实现电子银行业务收入 4 667 万元，增速 112%，创历史最好水平。渠道建设方面，全年购置网点用房 22 处，网点自有率比上年提高了 5.55 个百分点，装修改造网点 69 个，完成总行计划任务的 121%；二代转型网点 66 家，完成总行计划的 330%；开工建设财富中心 3 个。

【房地产业务】

2010 年，分行房地产开发类贷款回收 35.93 亿元，投放贷款 37.57 亿元，当年微幅增长 1.64 亿元，房地产开发类贷款年末余额 55.24 亿元，保持同业第一。全年营销楼盘 720 个，累计投放个人住房贷款 136.58 亿元，平均利率执行水平达到基准利率的 0.93 倍，高于全国建设银行平均水平。截至 12 月末，分行个人贷款余额达 310.59 亿元，比年初新增 103.15 亿元，余额、新增全国建设银行系统排名较上年均前移 3 位，系统内增幅排名第三，新增份额占全分行资产业务新增的半壁江山，当地四行新增占比 36.68%，位居第一。搭建了二手房贷款销售平台，全年共投放二手房贷款 1741 户 4.68 亿元，分别是上年的 4.2 倍和 5.2 倍。

【中间业务】

全年实现中间业务净收入 11.22 亿元，同比多增 2.96 亿元，增速 36.35%，计划完成率 117.44%，毛收入当地四行占比提高了 0.96 个百分点。对公中间业务收入突破 6 亿元大关，达到 6.8 亿元；投资银行业务异军突起，同比增长 47.74%，实现收入 1.71 亿元；资金结算收入 6 355 万元，增幅 117%，系统第九，新增额、增幅同业双第一。个人理财产品销售 375 亿元，增幅 279%，全国建设银行系统第四，实现中间业务收入 4.29 亿元。

【国际业务】

截至 2010 年末，分行一般性外汇存款 34 369 万美元，较年初增加 13 088 万美元；对公外汇存款余额 31 640 万美元，较年初新增 13 334 万美元，计划完成率 417%；新增额位居当地四行第一位。外汇中间业务收入 8 433 万元人民币，首次超过中国银行陕西省分行，位居同业第一。累计完成国际结算量 296 096 亿美元，同比增加 24 738 万美元，计划完成率 109%。

【资产质量与风险控制】

扎实推进贷款后管理年工作。以对公职能整合和团队化建设为契机，推进 21 家分支行组建了专业化贷后管理团队。组织房地产压力测试、深入开展政府融资平台清理等工作，严格落实“三个办法一个指引”，固定资产贷款受托支付率从年初的 76% 提高到 90%。延伸资产保全业务职能，组建催收直营团队，“秦岭水泥”、“汉江建材”等前五大不良户盘活回收取得突破性进展，全年处置不良资产 3 亿多元，不良资产现金回收 1.97 亿元。

依法合规、严格案件防控管理。认真落实内外部审计检查落实整改工作，各项检查整改率均保持在 99% 以上。实施动态授权管理，强化对法律性文件、合同文本审查力度，全年没有发生法律风险事件。认真抓好操作风险常规工作，按季组织实施基层机构关键风险点监控检查和基层网点操作风险管理情况考核评价，每半年组织进行一次操作风险管理调研及“检查的检查”。全面落实操作风险分析例会制度，开展专项稽核和集中整治活动，“屡纠屡犯”问题占差错总数的比例由 95.6% 下降为 58.1%。

强化业务运行质量与效率管理。全年柜面操作差错率为万分之零点二七，位居全国建设银行系统前列；全省监测信息处理、系统参数维护、龙网系统调账等及时率和准确率均达到 100%；ATM 管理中心自助设备开机率 97.31%，较年初提高了0.96个百分点。

【其他业务】

2010年，分行中小企业贷款累计投放29.5亿元，当年新增5.49亿元，余额26.22亿元，小企业“信贷工厂”模式受到监管部门的推介；涉农贷款新增19亿元，同比翻番。大力发展投资银行业务，全年累计开展结构性融资40.76亿元，组建银团贷款70亿元。

二、主要工作举措

【努力打造传统与新兴并重的对公业务盈利模式】

认真落实“调结构、转模式、提能力”工作要求，细化指导、科学管理，在合理投放的基础上，加快了业务转型和结构调整步伐。一是实施差异化信贷政策，支持重点行业客户发展。抓住“西部大开发战略”、“关天经济规划”等国家规划落地和陕西经济发展特征，在信贷规模供求矛盾异常突出的情况下，按项目重要性贡献度分类排队、仔细衔接、精细管理。二是突出客户结构调整，提高渠道及产品竞争力。以集团客户的信贷需求响应和项目融资安排为核心，向其上下游、内部成员、外围客户等渗透经营，努力提升产品渠道覆盖率。三是科学定价，贷款综合收益率进一步提高，2010年新增公司类贷款，环比加权浮动利率水平居全国系统内第五位。四是严格考核、落实责任，多管齐下“抓企存、抓客户、抓账户”。开展“对公存款业务创先争优”活动，紧盯重点机构类客户拓展工作，加大专项资金的营销力度。五是大力发展结构性融资业务，努力拓展新兴业务，代理信托计划、代理券商“长安财富”集合理财发行、“智乐”、“养颐四方1号”等企业年金理财计划等均取得了新突破。

【夯实服务基础，提升个人业务综合经营能力】

按照“建设区域最具竞争力的一流零售银行”标准，开展市场营销和精细化管理。一是实行专项费用激励，抢抓旺季营销机遇，深入开展“龙腾虎跃　建行贺岁”新年回馈营销，持续开展代发工资营销，稳定客户关系，促进全年个人存款业务稳定增长。二是狠抓服务质量，细化“服务质量买单制”考核激励，在全省范围内开展“四个一”客户体验活动，认真抓好“客户接待日”及回访工作，促进流程优化和业务创新，规范日常服务流程，统一服务标准，提升客户体验。三是积极实施差异化服务，开展形式多样的客户联谊活动，组织了“牵手建设银行实现财富梦想”等十多次专场推进会，进一步提高了基金定投、主代销基金、“盛世建行金”等产品营销精准性。四是充分借助科技手段，在全省推广上线了综合前端系统，简化了网点工作流程，分流柜面业务，整合了证券系统和核心业务系统（CCBS），实现了在一级分行集中管理系统和设备，有效降低了柜员非营销工作量。

【积极稳妥地推进各项内部改革】

按照总行政策导向，重点推进以“横向集中”、“纵向提升”为核心内容的对公经营体制改革。上收西安城区单点型支行、分理处的对公信贷经营职能，全省新组建对公业务团队169个，有效延伸了市场营销触角。深化资金结算业务管理体制改革，组建结算产品营销支持团队，突出对公产品营销职能，加快对公网点转型。优化“信贷工厂”流程，加快推进小企业专营团队建设，2010年末实现了二级分支行全部组建小企业专营团队。积极推进全面成本管理。从业务流程再造、后勤保障等方面，明确并重点推进了21个全面成本管理项目，降低了业务运营费用。

【加强队伍建设，构建和谐向上的工作氛围】

坚持德才兼备、业绩突出、群众公认，加强领导班子和后备干部队伍建设。深入开展“创先争优”活动，做到了“两促进、两不误”。满足员工多层次的职业生涯发展需要，全年组织培训2 550期，参加培训83 310人次，期数和人数均实现了翻番。

（执笔：侯鉴）

甘肃省分行

甘肃省分行行长　艾尔肯·艾则孜

一、业务发展概况

截至2010年末，全口径存款余额1 289.22亿元，四行占比30.73%，新增221.11亿元，四行占比34.61%，完成总行下达年度计划的137.64%，余额和新增均居同业第1位；各项贷款余额达到545.72亿元，当年新增63.84亿元；全年实现税前利润11.83亿元，完成总行年度计划的109.82%；实现经济增加值3.81亿元，完成总行年度计划的112.77%；成本收入比为52.06%，控制在总行核定计划之内。

【公司业务】公司贷款余额458.16亿元，新增44.30亿元，公司贷款累计投放281.78亿元，其中非贴现贷款累计投放220.31亿元，较上年同期多投放36.42亿元；公司客户存款余额280.55亿元，新增39.76亿元；累计实现公司贷款利息收入22.09亿元，同比多收0.89亿元，占全行贷款利息收入的84%；对公产品覆盖率为2.25，较年初1.98提升0.25。

【个人金融业务】个人存款新增82.51亿元，系统内排名第25位，完成总行计划的117.87%，余额达561.76亿元，在四大国有商业银行中居第1位；个人业务实现中间业务收入31 068万元，完成总行计划27 420万元的113.3%；寿险本年累计销售11.38亿元，较上年同期增长3.11亿元；销售利得盈理财产品17期、11.30亿元；基金销售40.97亿元，其中：首发销售、申购分别是5.86亿元、35.11亿元，赎回47.58亿元；实物黄金销售量131.07万克，交易金额达36 359.71万元。

【房地产业务】个人贷款余额48.47亿元，新增12.25亿元，完成总行计划8.6亿元的142%；住房资金归集新增30.2亿元；住房公积金贷款新增16.87亿元；房改金融业务收入2 120万元；维修资金签约客户新增25户。

2010年5月20日，建设银行甘肃省分行与甘肃省农垦集团有限责任公司在兰州举行战略合作暨小额农户贷款签约发放仪式。

【中间业务】实现中间业务收入6.07亿元，超额完成总行下达年度计划；四行占比33.07%，排同业第2位；增速达36.78%，排同业第1位，高于系统平均增速2.12个百分点；中间业务收入占主营收入的比重达19.63%，较上年提升3.26个百分点。

【国际业务】外汇对公存款余额居同业第1位，美元存贷款利差、外汇中间业务收入同比增长率在系统内名列前茅。

【资产质量与风险控制】不良贷款实现“双

降”，余额下降到5.96亿元，较年初减少8 793万元，不良贷款率下降到1.09%，较年初下降0.33个百分点。

【其他业务】“民本通达”品牌推广以来累计新增客户71户；“八一工程”四行占比35.12%，当年增加12.3个百分点；年金托管业务收入系统内排第1位，年金集合计划签约账户新增系统内排第3位；收单商户新增、信用卡资产质量等指标系统内领先；个人短信银行客户四行占比41%，排第1位。

二、主要工作举措

【明确发展目标，理清工作思路】2010年，面对激烈的同业竞争形势，省分行党委进行了认真的调研和分析，根据总行下达的综合经营计划，结合甘肃省分行的实际，确定了“2161”的年度经营管理目标和“内强素质，外塑形象，打造客户首选银行”的工作思路，不仅统一了全行思想，坚定了发展信心，而且有力地推进了各项业务的发展。

【抓存款，扩大竞争优势】一是积极拓展“工商验资E线通”业务，从源头上抓存款。二是以竞赛活动促存款增长。三是抓小账户。一方面，挖掘存量小账户的潜力；另一方面，高度重视小账户的营销。四是抓财政和军警客户存款。重点抓代理财政国库集中支付、代理非税收入收缴和财税库银横向联网业务。全年代理省级国库集中支付业务100.09亿元，代理省级非税收入收缴业务74.57亿元。财政类存款余额142.93亿元，四行占比45 %，比上年提升5个百分点；军警客户存款26.25亿元，四行占比35.12%，比上年提升12.3个百分点。

【抓信贷结构调整，提高贷款质量】一是巩固传统优势。基础设施贷款增速达22.38%，高于公司类贷款平均增速。新兴领域、国家重点扶持领域投放力度加大。向171户小企业发放了10.07亿元贷款，全年新发放小企业贷款9.71亿元，对小企业的贷款增幅达151%。对公涉农贷款新增占公司贷款新增的19.12 %，设计了“农耕文明”贷种，向1 801户农户发放了2.4亿元贷款。教育卫生等民生领域贷款同比增长16%。住房公积金贷款余额、新增均为同业第1位。二是均衡投放，贷款增量适度。严格执行央行、银监会“控制总量、把握节奏、按月投放”的政策和总行“进、保、控、压、退”的要求，积极调整信贷结构，把有限的规模资源用在了符合国家产业政策和总行发展导向的行业、客户、项目上。三是压缩产能过剩行业贷款。产能过剩行业贷款余额比年初减少7.9亿元，房地产贷款增速为-71%。

2010年8月24日，建设银行甘肃省分行与兰州市住房公积金管理中心在省分行举行合作协议签约仪式。

【抓产品覆盖度，夯实发展基础】把提高产品覆盖度作为夯实全行各项业务发展基础的关键，积极开展了“以一带五”、“以一带十”、“账户套餐”、公私联动、产品组合捆绑销售和全员体验等活动。通过努力，个人客户产品覆盖度达到2.62%，居系统内第2位；公私机构客户产品覆盖度较上年大幅提高，进入系统内前20位。

【抓发展方式的转变，打造中间业务新的竞争优势】在全行开展了个人中间业务“全行日进100万元，网均日进4 000元”和对公中间业务“全行日进120万元”两个活动，还配套制定了具体的实施方案和考核办法，并成立专门的组织机构强力推进，形成了较为科学的中间业务推动机制。2010年，全行中间业务净收入增速超过全国建设银行平均增速1.43个百分点。

【抓专业化经营，努力形成科学有效的工作机制】一是改进财务资源配置方式，健全激励约束机制。一方面，集中财务资源，重点向经营一线和总行关注的业务倾斜，向解决实际问题倾斜；另一方面，制定了绩效工资考核分配办法，实现了全行工资统发，做到了公开、透明。同时，建立了大宗采购统一支付体系，强化了成本控制和激励约束机制。另外，积极探索了县支行发展机制，制定了县支行标杆管理办法，加强了对县支行的直接管理。二是着力改进经营机制，组建军警业务、铁路客户、核工业系统等专业性营销服务团队，设立审价咨询中心、资金结算中心、信用卡经营中心等专业化经营机构，强化了对客户的专业化服务。

【抓优质服务，努力提升客户满意度】围绕总行“服务质量年”各项工作部署，重点做了四个方面的工作。一是加强渠道建设。新装修网点43个，增设自助设备140台，有效分流了客户，减轻了柜台压力，促进了柜面服务水平的提高。二是强化对中高端客户的服务工作。加强客户经理队伍建设，2010年为网点配备387名个人客户经理。同时，采取向高端客户赠阅《读者》杂志、举办联谊会和理财沙龙活动等措施，提高了高端客户的忠诚度。三是巩固一代转型成果，持续推进二代转型。四是认真落实客户接待日制度。全年开展了182次“客户接待日”活动，接待客户228人次，收集到意见建议31条。对于收集到的意见建议，明确责任部门和责任人，积极整改，解决率100%，促进了全行服务水平的进一步提高。

2010年10月18日，建设银行甘肃省分行与中石化甘肃分公司签署战略合作协议。

【抓基础管理，提升内控内管水平】一是建设ISO 9000质量管理体系，全面实施过程管理，为全行员工带来了全新的工作理念和过程管理的工作方法。二是落实“贷后管理年”活动，组建35个专业化贷后管理团队，开发完成了对公信贷业务贷后管理系统，实现了贷后管理“人机”并控。三是强化案件防控，重点加强案件防控队伍建设。配全、配齐了二级分支行纪委书记和所有网点纪检监察特派员、营业主管、柜员主管。按照总行19项禁止性规定，组织开展了5次员工行为及业务风险点排查。同时，加大责任追究力度，形成了案件防控的威慑力。四是加强“平安建行”建设工作，确保安全。五是高度重视内外部审计、检查发现问题的整改。2010年接受内、外部审计检查项目81个，审计发现问题1 713个，其中的1 661个已经整改，整改率为97%。

【以人为本，全面加强领导班子、员工队伍和党的建设】一是抓班子建设。以“四好”领导班子为目标，努力将各级领导班子建设成政治素质好、经营业绩好、团结协作好、作风形象好的坚强领导集体。同时，注重从思想政治素质、执行力、民主集中制、廉洁自律等各个方面抓班子的建设。

在完善领导人员选拔任用机制上，坚持民主集中制。认真执行《党政领导干部选拔任用工作暂行条例》和总行党委及其组织人事部门的有关规定，坚持德才兼备、以德为先的干部路线，坚持按规定的程序选拔任用干部；起用优秀年轻干部，努力建立一支充满生机和活力的领导人员队伍；创新用人机制，加大监督力度，建立了提拔领导人员必须经过组织考试、演讲答辩、组织考察、党委讨论决定、任前公示、任前廉政审查的制度。全年共调整六、七职等领导人员107人，其中提拔任用49人，平职交流58人，有力地推动了经营管理各项工作。

二是抓员工队伍建设。坚持以人为本，着力把人口大行转变为人力资源大行，努力建设业务精良、作风过硬、团结和谐、充满朝气的队伍。在立足岗位成才、岗位练兵的同时，加大培训力度。全年举办各类培训班1 209期，参训员工44 117人次，平均每人培训近6次。共举办典型风采展示演讲8场，先后选拔51名各条线涌现出的优秀员工在全行演讲。另外，还注重对优秀员工进行评选表彰，发挥了很好的带动作用。2010年有1名员工荣获第八届“中国建设银行十大杰出青年”称号，1名员工荣获总行级青年服务明星称号。

三是抓党的建设。重点开展了创先争优活动。

按照中央统一要求和总行党委关于在基层党组织和党员中深入开展创先争优活动的部署，省分行党委高度重视，立即设立专门机构，抽调业务骨干，组织实施。一方面，把创先争优与全面赶超同业结合起来，与建设学习型党组织结合起来，与防范风险、提高服务质量和提升客户满意度结合起来；另一方面，广泛发动和精心组织，在全行开展了“解放思想、抢抓机遇、加快发展、赶超同业”大讨论，大无畏精神在全行兴起，“人一之、我十之，人十之、我百之”的甘肃精神已成为凝聚人心、鼓舞士气的精神支柱，伟大的抗震救灾精神和抗洪救灾精神成为激励全行赶超同业的强大动力。

在基层组织建设和党员队伍建设方面，加强了对党务干部的培训和入党积极分子的培训，着力从思想作风、廉洁自律、战斗堡垒作用和模范带头作用方面加大工作力度，为全行业务发展提供了坚强保证。

（执笔：王生红　阎炎　郭斌）

青海省分行

青海省分行行长　郭继庄

一、业务发展概况

【业务指标完成情况】2010 年，青海省分行实现拨备前利润 9.42 亿元，增长率为 21.55%；税前利润 5.32 亿元，四行占比为 48.15%；实现经济增加值 1.26 亿元，经济资本回报率为 16.24%，存贷利差为 4.85%，成本收入比为 42.88%，低于总行计划 2.39 个百分点。

实现中间业务收入 1.97 亿元，增长率为 25.62 %，完成计划的 111.05%，四行占比为 36.97%，稳居同业第 1 位。

一般性存款余额为 592.62 亿元，比年初新增 128.95 亿元，增长率为 27.81%，完成计划的 250.16%，其中：对公存款余额为 381.87 亿元，较年初新增 91.61 亿元；个人存款余额为 210.75 亿元，较年初新增 37.34 亿元。一般性存款、对公存款、个人存款余额和一般性存款、对公存款新增额四行占比均高居首位。

各项贷款余额为 321.15 亿元，较年初新增 65 亿元，增长率为 25.38%，完成计划的 155.92%，余额和新增额四行占比分别为 34.97% 和 34.91%，均稳居四行第 1 位。其中：公司类贷款余额（含贴现）为 302.18 亿元，较年初新增 59.95 亿元；个人类贷款余额（含信用卡透支）为 18.98 亿元，较年初新增 5.05 亿元。

【公司业务】以铁路、公路、电力等基础设施建设项目为重点，抢抓新注册企业和新建项目及其上、中、下游资金账户，强化基本账户营销和存贷款组合营销，关注招商引资项目以及企业资金流向和运作链条，全年新增基本结算户 1 162 户，企业存款增速居系统内前列。狠抓电力、交通、盐化工、能源、有色、城市基础设施等行业，大力营销黄河公司、盐湖集团、亚洲硅业、桥铝股份等优质客户和青藏铁路公司兰新铁路、省交通厅保通工程、青海昆源矿业等重点项目，全年累计发放公司类贷款 257.17 亿元，纯新发放 170.05 亿元，信贷投放创历史最好水平。大力拓展具有资源优势、民族特色和产品市场竞争力的

2010年4月14日，建设银行青海省分行营业部开通抗震救灾“绿色通道”，为客户免费办理向玉树灾区捐款业务。

优质小企业客户，全年累计发放小企业贷款5.69亿元。

【机构业务】在全国首家签订了全省性的“金保工程”社保业务合作协议，成功营销中央廉租房建设专项资金和西宁国家低碳产业基金结算账户，获得“三江源生态保护发展基金”主办行资格，独家承办西宁地区灵活就业人员养老金代理业务，新增民生领域客户125户，增加机构类贷款9.32亿元，发行海北州“医保龙卡”1.97万张，“民本通达”推广成效显著。力抓玉树抗震救灾及灾后重建资金归集，开立4个救灾财政专户，归集资金达81.4亿元。青海武警总队账户成功落户，“八一工程”取得突破性进展。在省内同业首家发行鸿福矿业公司1.5亿元股权理财产品，成功营销首单股权期权财务顾问业务，与41家中小企业集中签约财务顾问协议，投行业务发展成效显著。

【个金业务】积极拓展代发工资业务，有效扩大个人中高端客户群体，提前实现个人本外币存款余额突破200亿元目标，个人存款迈上新台阶。加大公务卡营销及青年龙卡、西钢卓越卡等联名卡、特色卡营销力度，狠抓预审批系统发卡和代发工资批量发卡、前台“折换卡”，新增借记卡33.15万张，增长38.41%；新增公务卡7 495张，同业占比达54%；新增商户358户，商户POS消费交易额增长79.14%，居同业第1位。持续推进渠道迁移，电子银行与柜面交易量之比较年初提升38.5个百分点，电子银行账务性交易占比超过总行计划6.41个百分点，新增电子银行客户27.45万户，超过历年存量客户数总和；个人网银、企业网银、手机银行客户活动率分列系统内第2、第4和第12位。以非金融增值服务为依托，深化客户关系维护，挖掘潜在优质客户，高端客户新增115户，金融资产新增4.28亿元，分别增长49.15%和43.93%。

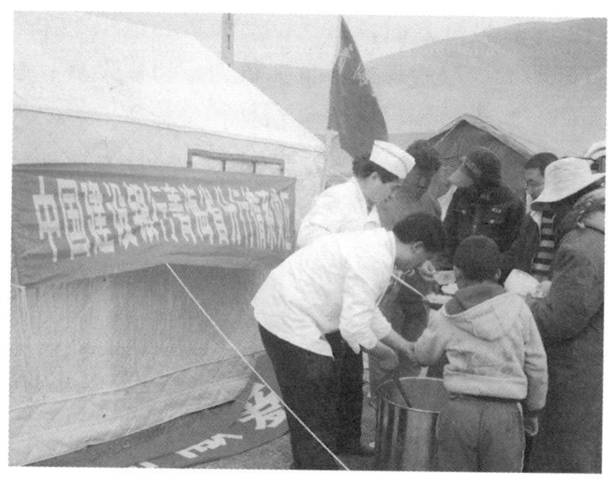

2010年4月，建设银行青海省分行在玉树灾区设立“爱心粥屋”，为灾区群众免费提供稀饭、面条等食物，灾区人民倍感温暖。

【房金业务】抢抓西部大开发战略推进过程中催生的刚性住房改善和消费升级需求，重点支持居民购买普通自住房，积极介入保障性住房项目，成功营销按揭贷款合作楼盘项目83个，累计发放自营性个人住房贷款8.46亿元；余额达18.23亿元，较年初新增5.66亿元，余额和新增额占比继续保持同业第1位。在当地同业率先与西宁市住房公积金管理中心签订了《住房公积金支持保障性住房建设项目贷款委托协议》，住房公积金贷款受托发放量新增额比上年同期多增4.29亿元，增长率为40.47%。

【中间业务】紧紧围绕“占比第一、增量第一”的发展目标，调整激励政策，推行标杆管理，强化产品营销，中间业务收入再创历史新高。银行卡、人民币结算、担保、审价、代理等传统业务保持强劲发展势头，仍然是中间业务重要收入来源，银行卡实现收入5 229万元，占中间业务收入的四分之一多；代理保险业务量市场占比达50%，连续五年稳居同业第一。国内保理、项目资金监管、“百易安”、财务顾问等新产品发展迅速，“百易安”业务实现收入1 240万元，同业市场占比达90%。黄金、国债、基金、“大丰收”

等个人理财产品销售旺盛，增长71.46%。电子银行类业务收入和托管类业务发展势头良好，与上年同期相比增长率达66.06%和53.12%。

【国际业务】以国际结算和贸易融资为核心，加大本外币一体化联动营销力度，加快扩展外汇业务经办机构，加强对西宁、海西和格尔木三大地区重点客户的拓展维护，全年完成结售汇1.3亿美元，国际结算量1.04亿美元，累计发放贸易融资贷款1 593.75万美元。

2010年6月29日，建设银行青海省分行与西宁市人民政府等单位签订低碳合作协议。

二、主要工作措施

【强化管理手段，提升服务水平】深入开展“服务质量效率年”活动，通过意见征询、客户满意度调查等形式，面向全行员工和客户广泛征求意见，综合运用转型网点月度指标监测、柜面服务神秘人外包检查等手段，着力改进服务意识、服务能力、服务水平方面存在的问题，业务差错率、客户投诉率、违规违纪现象有效下降，客户满意度明显提高。总行网点服务质量调查中，青海省分行基本评价得分为92.2分，系统内排名提升6个位次；当地同业服务质量调查结果显示，建设银行比第2位的行高17.7分，优势明显。在2010年全省政风行风测评中，取得经营服务类第2名、金融类第1名的好成绩，辖属各行政风行风测评结果排名均靠前，树立了良好的社会形象。

【合理配置资源，增强价值创造能力】紧紧围绕价值创造这一核心，完善等级行评定和KPI考核办法，进一步优化资源配置，压缩高弹性费用和行政性费用支出，加大渠道建设和科技投入力度，合理安排业务增长激励费用，促进了战略性业务的快速发展；进一步提升贷款议价、定价能力，存贷利差和个人住房贷款加权平均利率执行水平居系统内首位；加强财务管理，认真开展“小金库”专项治理和财务规范性自查活动，努力降低采购成本，集中采购节约资金6 160万元。

2010年12月10日，建设银行青海省分行玉树支行开业庆典在玉树州结古镇隆重举行。

【深化结构调整，加强资产质量管理】认真学习贯彻“三个办法一个指引”，深入开展“贷后管理年”活动，切实执行总行信贷政策，准确把握信贷投向，推进信贷结构调整，严格把握国家重点调控行业客户的准入标准和风险底线，全年退出对公信贷客户18家，实现退出贷款总额2.64亿元。强化不良贷款处置，积极介入关注三级公司类贷款处置与已核销呆账资产的催收，坚持“应收尽收”的原则，逐户落实清收盘活措施，全年共处置、盘活各类不良贷款1.57亿元，实现不良资产现金回收1.78亿元，超值现金回收7 041.91万元。

【创新体制机制，稳妥推进专业化改革】稳步实施对公信贷经营职能整合，将大客户信贷经营管理上移至省分行层面，完善了小企业中心、票据中心，增设了大客户中心（集团客户部）、机构大客户中心、年金中心和贷后管理中心，对公条线专业化经营管理架构基本搭建完成；持续推进个人业务专业化经营，进一步巩固网点二代转型和一代转型效果，全面启动星级网点管理，个人业务精细化管理水平和市场反应能力有效提升；逐步优化管理架构和机构设置，区域内客户服务、产品营销整体能力进一步提高；稳妥实施IT集中管理改革，组建IT支持服务中心，设置

16个区域支持组，提升了IT保障服务能力；有序推进资金结算管理改革，积极转换对公网点职能定位，促进对公柜面人员从交易核算型向营销服务型转化。

【加强案件防控，提高综合支持保障能力】扎实开展“内控和案防制度执行年”活动，加强对重点业务、重要岗位及人员的监督制约和教育管理，内外部审计综合整改率达96.3%，较上年提高了2.3个百分点。认真开展员工行为排查，加大责任认定和追究工作力度，对51名责任人进行了处理，全年对机构积分837分，员工积分1 478分。加强柜面业务检查监测和对账管理，全面落实运维保障工作，确保了世博会、亚运会等重点时段系统平稳运行。强化诉讼案件管理，加大法律维权力度，强化反洗钱管理，法律合规工作融入业务、服务业务的作用进一步体现。持续开展“平安建行”创建活动，加强安全生产管理，充分发挥远程监控系统作用，防范和堵截各类案件14起，实现了无案件和无重大责任事故的年度工作目标。

【履行社会责任，积极开展抗震救灾】玉树发生强烈地震后，迅速开通救灾捐款“绿色通道”，延长网点营业时间，提供24小时快速金融服务，免收抗震救灾资金业务结算手续费，强化风险防范措施，保障了各类救灾捐款的及时到账和安全。同时，积极开展救灾捐助活动，全省建设银行系统累计捐款捐物150余万元，全国建设银行系统捐款达2 880多万元。积极向总行争取15亿元抗震救灾专项贷款规模，及时筹备成立玉树支行，为加快灾后重建进度、完善灾区金融服务功能提供了有力支持和保障，受到青海省委省政府和玉树抗震救灾指挥部的充分肯定和高度评价。与此同时，组织全行员工为西南旱灾、格尔木洪灾和甘肃舟曲灾区捐款23.69万元，启动了资助少数民族贫困大学生公益项目，完成北山绿化区300亩土地平整和近万株植树绿化任务，很好地展现了建设银行企业形象。

【营造和谐氛围，扎实推进干部员工队伍和企业文化建设】扎实开展创先争优活动，激发广大党员的参与热情，增强党建工作活力。深入推进反腐倡廉建设，加强纪检监察组织建设，对4个行开展了巡视监督工作，对44名近年来新任职领导人员进行了集体谈话。推进干部员工队伍建设，选拔任用37名优秀年轻领导干部，对20名副总经理级以上领导人员进行了岗位交流，积极选派优秀年轻员工赴基层机构挂职锻炼，开展校园招聘和定向招聘，进一步加大员工培训力度，员工队伍结构持续优化，整体素质不断提高。积极推进企业文化建设，借助“青洽会”、“环湖赛”等大型投资洽谈会和文化体育赛事广泛宣传我行品牌形象，省分行已连续第六次入选“青海企业50强”，省分行营业部等7个机构分别荣获全国和省银行业文明规范服务示范单位称号，11个单位被授予全省文明单位标兵、文明单位和文明窗口单位等称号，2名员工分别被总行授予“突出贡献奖”和“十大杰出青年”荣誉称号。

（执笔：王小娟　张文玲）

宁夏回族自治区分行

宁夏回族自治区分行行长 李秀昆

一、业务发展概况

2010年，宁夏区分行实现拨备前考核利润11.09亿元，同比增加1.3亿元，增幅为13.28%，四行占比35.75%，居当地四家国有银行第1位。实现经济增加值3.41亿元，完成总行计划的101%。资产利润率同比提高0.16个百分点，增幅为11.5%。

【资产业务】各项贷款余额424.58亿元，比年初新增79.67亿元，完成总行年初计划的115%，新增四行占比36.06%，牢牢占据在同业中的竞争优势。其中，公司类贷款余额370.61亿元，较年初新增59.62亿元，完成总行计划的101.44%；个人类贷款余额53.9亿元，比年初新增20.05亿元，完成总行计划的191%。

【负债业务】全口径存款余额达527.57亿元，在当地金融同业首家突破500亿元，较年初时点新增87.84亿元，完成总行计划的155.07%。一般性存款余额490.59亿元，比年初新增82.65亿元，完成总行计划的150.54%。其中，企业存款余额286.65万元，较年初新增50.46亿元，完成总行计划的133.18%；储蓄存款余额203.94亿元，新增32.19亿元，完成总行计划的189.21%。同业存款余额36.98亿元，较年初新增5.19亿元，完成总行计划的298.15%。全口径存款、一般性存款、企业存款余额和新增额及储蓄存款余额等七项指标在当地金融同业均排名第1位。

【中间业务】实现中间业务净收入3.65亿元，同比多增9 194万元，增幅为33.72%，完成总行计划的123.89%。中间业务收入市场份额42.34%，稳居当地四行第1名，在全行系统排名第1位。

【资产质量】十二级分类不良贷款余额10 249万元，比年初下降2 689万元。不良贷款率0.24%，比年初下降0.13个百分点，在全国建设银行排名第2位，当地同业排名第1位。

【安全运营】连续74个月没有发生案件和重大责任事故，有力地保障和促进了全行各项业务的又好又快发展。

二、主要工作举措

【夯实客户基础，做强负债业务】一是扩大优质大客户的示范带动作用，狠抓大项目、大客户。二是大力营销新客户，积极培育新的存款增长点。三是以“民本通达”业务为基础，搭建合作平台，积极拓展客户群体。四是抓好优质基本结算户开户单位的代发业务，拓宽个人存款来源。五是狠抓理财产品，为存款持续增长提供储备。六是大力拓展个人基本客户，做好中高端客户精细化维护，有效挖掘个人基本客户潜在贡献度。七是按照责权利对等的原则开展联动营销，初步形成任务共担、利益共享、统一考核、合理分配的机制。八是将存款任务落实到人，落实到客户，加大存款激励措施，充分调动和激发员工吸存的积极性和主动性。

【坚持资产带动，巩固信贷强势】一是认真甄选辖内优势行业和客户，引导信贷资源向低信用风险产品、资本占用少、区位竞争优势明显的客户倾斜。二是密切关注国家支持西部大开发建设、自治区“十二五”规划等进展情况和全年建设项目立项、申报、核准、审批等进展情况，做好贷款项目营销储备。三是积极营销战略性新兴产业。四是加强票据中心专业化建设，完善管理职责和营销体系。五是巩固与区、市、铁路住房公积金管理中心的合作关系。六是积极开展个人贷款营销。七是加强定价管理，提高效益贡献。

【强化竞争优势，给力战略性业务】确保中间业务领军地位不动摇。一是健全激励约束机制，集中有限资源对总分行确定的重点产品进行重点激励。二是成立专门的任务型团队，做好大型建设项目的造价咨询。三是推动产品创新，拓展新的业务增长点。四是加大投资银行、国内保理、卡及收单业务等重点产品的营销力度，强化资产业务的捆绑销售力度。五是确定“代理保险业务做大，黄金业务做强，代理基金业务做好，特色理财业务做优”的发展目标，深度挖掘客户，提高产品覆盖率。

促进国际业务又好又快发展。一是加快外汇分支机构建设，实现对宁夏地区的有效全面覆盖。二是结合全区产业规划，打造差异化服务品牌。三是加快产品结构调整步伐，加大贸易融资类产品和传统高收益产品营销力度。四是加强本外币联动，以本币优势带动外汇业务快速发展。

打好电子银行翻身仗。一是开展“期期达标、月月争先、全员体验”活动，促进电子银行活跃客户新增KPI年度指标全面完成。二是推进柜面代发工资业务向企业网上银行渠道的快速迁移。三是以“建行手机银行，缤纷好礼送不停”等专项营销活动为契机，重点营销网上支付、基金定投、账户金等特色功能。四是倡导“建行人使用建行电子银行，E时代不用去网点柜台”的理念，加强电子银行渠道分流作用。

提高信用卡业务经营能力。一是充分发挥网点主渠道作用，实现营销的精细化、标准化。二是推广发行汽车卡和卓越信用卡，积极拓展高价值客户群体。三是优化商户结构，抓大不放小，提升商户收单业务综合收益率。四是大力拓展分期业务。

【压缩不良贷款，确保额、率双降】一是推进贷款十二级分类工作，准确反映资产质量风险状况。积极配合内外部审计机构的信贷审计，减少分类偏离度。二是对公司类存量不良贷款、潜在风险较大的项目推行团队经营。三是集中力量做好重点项目的经营处置。四是按照“新增多少、处置多少”的原则，做好当年新增不良贷款的处置。五是两头延伸保全业务职能，及时化解潜在风险。六是加大信用卡催收力度，积极开展催收竞赛活动。

【加强内控管理，确保安全运营】强化贷后管理，提升管理水平。一是强化规章建设，使贷后管理工作有据可依。二是重检梳理信贷操作流程，形成管理行、经办行两个层级的贷后管理检查体系。三是成立专门的贷后管理团队，逐步实现贷后管理岗位与市场营销岗位分离。四是强化信息平台建设，实现客户风险提前预警和及时化解。五是全面梳理产能过剩行业以及信用等级较低的良好类贷款客户风险状况，排查风险点，及时采取措施予以化解。六是严格落实“三个办法、一个指引”，保障信贷业务健康发展。七是建立贷后管理评价机制，优化信贷资源配置。

推进结构调整，优化信贷结构。一是实行客户标签管理，严把政策底线。二是加强对政府融资平台、房地产与土地储备贷款等国家重点调控行业客户的把关力度。三是将价格调节机制引入信贷审批环节，提高授信业务定价能力。四是科学合理确定退出客户当年贷款退出金额。五是加大优质个人住房贷款投入，谨慎发展消费类贷款。六是定期通报信贷退出进度。七是建立激励约束和利益补偿机制。

夯实管理基础，防范操作风险。一是抓好“执行年”活动的实施。二是推进操作风险与内控自评估工作常态化和流程化。三是完成柜面业务制度、流程风险后评估工作。四是落实十一个关键风险点监控检查。五是强化现场检查，扩大对个人业务的检查次数和检查面。六是努力提高合规整改的有效性。七是将稽核差错率、库存现金超限额等纳入考核指标，切实提高会计主管业务水平。八是提高柜面核算质量，加强对前台操作风险监督。

【深化前后台分离，挖掘后台潜力】一是完成总行要求的前期60项前后台业务分离任务。二是上收加油卡系统日结，减轻前台工作压力。三是强化现金库风险管理，不断延伸配送服务范围。

四是持续强化“777 营运服务热线”品牌，切实提高对前台的支持服务能力。

【强化信息安全管理，提升保障能力】一是加大信息基础设施建设力度，消除机房环境、网络、硬件等方面存在的安全隐患。二是对关键业务系统应急预案进行专家评审，提高运行维护的快速响应水平。三是完成各项上线任务。四是加强信息安全管理，提高员工信息科技风险识别能力。五是顺利完成世博会及亚运会期间的安全保障。

【狠抓案件防控，确保安全生产】一是以创建“平安建行”活动为主线，进一步强化安全意识和责任意识。二是强化案件防控责任制，以基层机构网点为重点，围绕重点部位和重点岗位开展自查自纠，堵塞制度缺陷和经营风险漏洞。三是完善安全生产管理工作措施，对重点时段、重点部位做重点检查。四是强化责任追究和轻微违规积分管理。五是加强员工遵纪守法、职业操守及风险防范意识教育，从思想源头上控制风险。六是主动与各级公安机关沟通协作，信访维稳工作取得明显成效。

【抓好“四个建设”，稳步提升软实力】不断加强党的建设。一是深入开展创先争优活动，有效支持各项业务的开展。二是以创先争优活动为契机，精心组织“讲党性、重品行、作表率”活动，为实现全行发展战略和业务转型提供坚强的组织保证和人才支持。

继续强化员工队伍建设。一是认真组织年度和聘期考核，加大对领导班子和领导人员的考核监督力度。二是积极拓展各级领导人员的培训渠道，增强履岗能力。三是完善专业技术岗位职务管理制度。四是不断提高员工队伍综合素质，扩大培训覆盖面，增强培训的有效性和针对性。五是继续加快人员结构调整，员工队伍结构进一步优化。

深度推进服务品牌建设。一是加大检查、暗访力度，进一步提高服务质量。二是认真贯彻总行“深化客户服务、关爱基层员工”主题活动，加大服务质量、服务效率、服务效能、服务效果建设力度。三是转变服务理念和工作作风，改进工作流程，提高服务响应速度和办事效率。四是完善内外部服务监督体系。五是抓好服务品牌的创建。

深入开展企业文化建设。一是通过开展主题实践活动，加强企业文化示范点和文明创建工作。二是积极履行企业社会责任。向青海玉树地震和“成长计划”等累计捐资达 257.45 万元。

新疆维吾尔自治区分行

新疆维吾尔自治区分行行长　张涛

一、业务发展概况

2010 年，新疆维吾尔自治区分行全年实现税前利润 14.93 亿元，完成总行计划的 127.2%；实现账面利润 13.58 亿元，较上年同期增长 9.25%，在当地 5 家主要商业银行排名第 2 位；实现经济增加值 5.61 亿元，完成总行计划的 169.13%。

全口径存款余额 1 174.25 亿元，同比增长 13.61%，余额占比同业排名第 2 位。其中，一般性存款突破千亿元，达到 1 170.14 亿元，新增 180.22 亿元，完成总行计划的 128.71%，余额、新增占比同业排名均为第2位。各项贷款余额达到612.99亿元，当年新增113.39亿元，完成总行计划的100.44%，余额、新增占比继续保持同业排名第1位。其中，公司贷款新增88.9亿元，居同业首位。

不良贷款额6.21亿元，比年初减少3.39亿元；不良贷款率1.01%，比年初下降0.91个百分点，不良贷款继续保持“双降”，资产质量实现近年最好水平；当年新发放贷款质量控制较好，不良率为零。不良资产处置成效显著。全年共处置不良资产8.99亿元，完成总行计划的115%；不良资产超值现金回收1.84亿元，完成总行计划的382.6%。不良贷款拨备覆盖率261.13%，高于系统内平均水平40个百分点，远超监管要求所规定的应达到的比例。

【公司业务】信贷结构调整取得初步成效。规模以上公司机构类客户折算后增长4 507户，高于全国平均增速0.59个百分点。基本结算客户增长成为亮点，同比增长22.03%；小企业客户555户，增长181户，增长48.4%；AUM20万～300万元个人客户增长7 413户，增长12.6%；“八一工程”市场占比26.36%，高于系统内平均水平4.35个百分点；成功营销16个省市援疆指挥部及各类援疆资金账户60个，累计入账资金21.7亿元，居同业领先地位。全行A级（含）以上对公客户非贴现贷款余额占比达到96.96%，比年初提高0.54个百分点；小企业非贴现贷款新增14.61亿元，增速达88.55%；中长期贷款和固定资产贷款稳步增长，新增额分别占全部新增对公贷款的76.72%和53.46%；对公信贷客户退出金额6.93亿元，完成总行计划的111.24%。

【个人金融业务】个人金融业务核心竞争力不断提升。个人存款稳步增长，余额、新增网均水平同业领先。个人存款余额511.74亿元，网均余额2.75亿元，分别比工行、农行网均余额多0.39亿元和1.26亿元；个人存款新增86.63亿元，完成总行计划的173.18%。个人贷款余额首超百亿元。个人贷款余额达到100.11亿元，约占全行贷款总额的16.33%，较年初提高1.18个百分点。贷款重点投向国计民生、“三农”领域。其中，小额农户贷款当年新增5.7亿元，增速达56%，高于个人贷款平均增速24个百分点；个人住房贷款新增19.21亿元，占个人贷款新增的79%。房改业务市场优势继续巩固。当年新增住房公积金贷款21.14亿元，余额达81.4亿元，余额占比同业排名第1位。战略产品快速发展。当年累计开立“民本通达”账户131户，发放贷款5.88亿元；信用卡客户22.2万户，新增发卡5.43万张，完成总行计划的108.53%；电子银行账务性交易量占比达28.08%，较年初提升12.06个百分点，完成总行计划的112.19%。

【中间业务】中间业务快速发展。全年实现中间业务毛收入7.4亿元，同比增长26.9%，毛收入量和增量均居同业第1位。在中间业务产品收入结构中，有15项大类产品收入超过千万元，其中有8项超过4 000万元，同比增加5项，借记卡收入突破亿元。造价咨询、结售汇、代理保险、CTS、基金、黄金、承诺等传统优势产品继续保持同业领先地位，国内保理、债券承销、银团贷款等新兴业务有新的进展。

【国际业务】国际业务恢复性增长。全年实现外汇中间业务收入0.82亿元，同业排名第1位。表内贸易融资累计实现投放5.96亿元，累计开立进口信用证12.75亿美元。跨境人民币结算业务取得突破，成功办理了新疆区分行首笔汇款项下的境外代付业务。

二、主要工作举措

【抢抓历史发展机遇，提升市场竞争能力】在资产业务方面，一是紧抓中央、总行对新疆的差异化政策支持，积极把握新疆大发展机遇和新疆资源、特色行业优势，争抢优质客户信贷需求；二是强化项目储备，合理把握投放节奏，强化条线纵向横向联系沟通，积极牵头开展高层营销，关注政府客户和进驻新疆投资的国字号企业及内地大型企业集团；三是建立跨区域客户（项目）联动平台和机制，与兄弟分行开展跨区域客户联动营销工作；四是把握政策导向，积极开展课题研究，全年共完成12个课题研究报告，较好引导了全行业务科学稳健发展；五是发扬优势，积极稳步推进个人支农类贷款发展，完善并推广兵团养殖业、林果业贷款，积极营销推广“公司+农户”、“公司+担保公司+农户”、“地方农业大户联保”的地方农户种植业、林果业、养殖业贷款。

在负债业务方面，一是狠抓账户营销。一方面，加大对优质客户和与其关系密切的产业链、供应链、上下游关联企业的账户营销工作；另一方面，提高新开户奖励金额，以结算账户的增加、客户总量的增长带动对公存款业务快速发展。同时，加强公私联动，狠抓代发工资业务，重点拓展基本结算户、有贷户客户、总行重点客户，不断扩大个人存款增长的基础。二是以推广“民本通达”品牌为契机，加强对教育、医疗、社保、环保及军警领域客户的拓展。三是加大CTS资金回流工作和保险到期兑付资金的吸收回笼工作，统筹做好存款与“大丰收”、基金、黄金等理财投资类产品组合营销，科学合理引导客户资金配置。

在产品创新、流程创新方面，一是积极开展以“拓市场，争份额，促产品，增收入”为主题的营销竞赛活动，不仅推广了结算账户优惠套餐业务和对公账户综合管理服务，提高了“建行金”的品牌影响力，还成功代理了宏源内需成长集合计划产品发行工作。二是积极推进小企业业务精细化管理和专营机构建设。在全行新成立了4家小企业经营中心，并积极探索小企业业务批量化经营模式，与专业担保机构加强业务合作，搭建了小企业担保融资平台。三是深入实施建设银行“e路通”品牌战略，扩大了产品覆盖度，有效分流了柜面业务压力。

【深入推进机制建设，不断提升服务水平】一是在区分行本部推进岗位管理体系建设和内设机构调整，在营业部推进事业部制改革，继续深化科技、营运、安全保卫等条线改革。二是不断优化人力、财务资源配置，增强公司、个银两大业务条线统筹分配资源的能力，理顺分行、二级分行、条线之间分配与再分配方式的传导机制，为全行各项业务快速发展、内控内管水平不断提高提供机制保障。三是深入开展“服务质量年”活动，加快渠道建设速度，积极推进网点转型，增强科技支持保障，充分发挥先进典型的引领示范作用，提升了客户服务质量。在总行2010年下半年营业网点服务质量调查中，新疆区分行评价得分99.4分，系统内排名第7位，较2009年提升18个位次。

【实施主动风险管理，不断提升资产质量】一是扎实推进“贷后管理年”和“内控和案防制度执行年”活动，进一步梳理完善制度，认真做好合规经营、会计巡查和安全运营大检查，强化问题整改力度，审计整改率达99.3%。二是加强对信贷资产的监控和预警，提高风险监测效率，强化贷款预警工作的时效性，确保风险早发现早处置。三是深入推进平行作业，不断提升项目评估、客户评价的技能和质量。四是加大不良贷款压缩力度。一方面，充分运用正常催收、诉讼清收、债务重组、以物抵债、减免利息等多种手段，推行“一户一策”和多策并举，切实使不良贷款的处置工作见到实效；另一方面，加强对重大不良贷款项目的诊断和清收盘活措施的研究，充分利用有利时机和政策，促进不良贷款形态的转化。五是抓住机遇和用好各项有利政策，对于符合财政部呆账核销条件的项目积极申报核销，尽快压缩全行不良资产余额。同时，继续加大对已核销呆账资产的追索力度，最大限度减少资产损失。

【加大从严治行力度，巩固廉政建设成果】一是建立健全案件防控工作责任制。全行签订党风廉政建设和案件防控责任书3 706份，员工签订廉洁合规从业承诺书覆盖率达100%。开展了“六大突出风险”专项整治活动，持续落实联席会议制度，进一步强化员工行为动态管理，全年排查10 478人次，违规行为积分覆盖率20.24%，较上年提高5.29个百分点。二是坚持标本兼治、综合治理、惩防并举、注重预防的方针，持续推进案件防控工作，实现了“连续十一年未发生大案要案，八年未发生一般性案件，内外部审计监管检查均未发现重大违规问题、党员领导干部没有违法违纪行为”的新成效。

【加强员工队伍建设，整体合力明显增强】一是加强领导班子建设，坚持正确用人导向，加大领导干部调整和交流力度，各级领导班子得到充实，建立了后备人才队伍。二是加强员工队伍建设，组织实施新一轮大规模员工教育培训，为员工搭建了职业生涯发展平台。三是坚持做好维稳和关爱员工工作，全年向288名特困职工发放救助金近100万元，全行干部员工的凝聚力和向心力进一步增强。

哈尔滨培训中心

哈尔滨培训中心主任　李文达

2010年，在总行的亲切关怀和正确领导下，哈尔滨培训中心积极适应全行实施新一轮大规模教育培训工作的新形势，全面贯彻落实总行《关于贯彻落实〈2010—2020年干部教育培训改革纲要〉的实施意见》要求，按照“保持培训规模、提高培训质量、强化项目研发、突出教学创新，加强服务保障，确保安全运营，以学员为中心开展培训工作，为建设银行人力资源素质提高提供专业化的培训支持与保障”的工作思路，克服困难，不断开拓，圆满完成了全年各项工作任务。全年累计承办各类培训班335个，培训学员23 482人次，完成培训工作量170 863人天。其中，现场承办各类培训班313个，培训学员21 982人次，完成培训工作量168 403人天，较上年增长了5%，超额完成全年计划任务的5.3%。培训质量不断提高，全年培训整体满意度为97.9%，较上年提高0.18个百分点。哈尔滨培训中心在员工教育培训方面对建设银行业务发展和人才培养的促进作用越来越大。

一、加快推进培训核心能力建设，不断提高培训质量

首先，切实抓好培训项目的推广和落实，超额完成全年培训计划。为确保完成全年16万人天现场培训任务，主要采取了以下措施：一是抓好培训项目的落实。通过采取主动上门、电话跟进等多种形式和途径，加强与总、分行的联系与沟通，努力落实好总行计划项目，加大对分行的宣传推广力度，使总分行项目各占一半。二是加强对培训项目的统筹规划。由于年初餐厅维修，前四个月的培训量较上年减少了近9千人天，直接影响到全年任务的落实。为此，我们克服困难，抢时间、赶进度，重点抓好培训旺季工作，使7～9月培训量达到历史同期最高水平，单月最高培训量突破2.4万人天，缓解了淡旺季间的矛盾，确保了培训计划得到全面落实。三是有效发挥培训中心与党校联动优势，促进培训计划落实。全年培训中心与党校完成的培训任务分别占总量的76.2%和23.8%，分别较上年增长了3.9%和8.9%。四是继续采取现场培训与非现场培训相结合的形式，有计划、有重点地组织人员赴分行开展非现场的上门培训，不仅增进了与分行的业务关系，而且对现场培训形成了有力地补充。

其次，完善培训项目开发管理，抓好培训项目开发和培训课程建设。一是继续加大投入，推进培训师队伍建设。积极采取参与总行业务开发、下行实习、专题培训等措施，使培训师了解、熟悉和掌握实际业务，全年培训师参与总行项目开发、培训、实习达60余人次，多渠道、多方式地增强了培训师的岗位实践能力、业务操作能力和项目开发能力，培训教学的针对性和实效性不断增强。二是加大培训项目和培训课程的开发力度。结合全行业务发展实际，采取自主开发、参与开发等形式，突出重点，有的放矢地进行培训项目和培训课程开发工作。全年累计开发了企业年金、集团客户经理、办公室管理、资产保全、会计检查辅导员、个人金融业务检查辅导员以及人力资源管理共7个培训项目、53个专题课程。同时，

积极参与了总行公司、机构、风险、产品质量等业务条线10余个项目，促进了培训中心整体开发水平的提高。三是及时抓好对培训项目和课程的定期维护。围绕业务发展，持续性地对原有项目和课程内容进行充实丰富和维护升级，党校的党建项目和青干班项目也不断完善，适应了全行业务发展需要。

最后，推动现代培训模式运用，提高培训项目质量。一是不断完善培训方式。运用课堂讲授、录像辅导、研讨交流、拓展训练等多种方式，尤其是党校不断丰富教学手段，积极采取外聘专家现场讲授、引入金融特色课、开展研究式教学、组织学习分享等方式，促进了培训效果的持续提高。二是认真做好远程培训平台建设。积极探索远程培训方式，丰富课件内容，开发了远程考试系统，完成了吉林省分行近7千人的法律合规考试。三是完善教学评价与改进机制。通过有计划地进行培训项目评估和教学效果评估，使培训项目得到不断完善，受到了学员和培训主办单位的认可。同时，还定期召开学员座谈会、组织教学试讲与公开课等，促进了培训质量的提高。四是加强培训项目组织管理。完善了培训项目管理流程，提高了讲义编制、电化教学、课件制作等项工作质量，推进了培训项目流程化、标准化、规范化建设。

二、加强日常管理，努力提高工作质量和效率

第一，抓好制度建设，完善管理机制。一是为夯实管理基础，对培训中心层面的各项制度和流程进行了重新梳理和优化，使培训中心层面规章制度由原有的83项压缩到58项，更加适应工作需要。二是进一步强化了对规章制度和流程的落实与执行，通过认真组织员工学习掌握岗位制度和流程、加强督办落实、实施违规积分管理以及对劳动纪律、公文流转、办公环境、园区秩序等进行定期检查和通报，提高了管理水平。三是加强成本核算，提高了财务信息处理、财务事项控制和财务风险管理水平。完善了集中采购监督机制，严格按照制度和流程实施集中采购，规范管理，增收节支，提高了资金的使用效率。四是重点抓好部门和岗位间的沟通与协作，理顺了工作环节，各项工作更加协调顺畅。

第二，积极推进质量管理体系建设，不断夯实管理基础。为实现管理工作科学化、制度化、规范化，积极引入先进的管理工具，在培训教学、培训管理、培训保障以及党政工团条线管理工作中，全面开展ISO 9000质量管理体系认证工作。专门成立了由培训中心领导任组长的工作领导小组以及工作推进办公室，保障了质量管理体系建设工作按照时间、步骤、方法，积极有序地开展。目前，此项工作已完成了体系架构确认、内审员培训、体系目标制定、体系文件编写等工作。通过全员参与推进质量管理体系建设，不仅使员工在管理理念方面有了较大转变，而且使员工学到了很多科学管理方法，对于促进提高整体管理水平起到了积极作用。

第三，坚持以人为本，加强员工队伍建设。一是坚持以人为本，积极组织开展关爱员工活动，完善了领导接待日、领导信箱制度，及时了解和掌握了员工的思想动态，有针对性地开展思想工作，从工作和生活方面为员工解决困难，满足了员工的需要。二是进一步统筹员工培训工作，将教育培训作为员工福利的重要形式，有计划、有组织地开展员工教育培训，加大了对员工尤其是培训师、窗口岗位员工的培训力度，进一步增强了员工履岗能力。三是对管理岗位人员进行了较大范围的交流和调整，涉及管理岗位人员9人，占管理岗位人员（不含调研员）总量的47%。同时，积极推进员工职业生涯发展规划建设，开展了培训师、财务师、信息工程师三个专业技术岗位序列的评聘工作，充分调动了员工的积极性。四是坚持“用心管理、用情服务”的思想，满腔热情地做好对离退休人员与内退员工的服务工作，积极开展丰富多彩的业余活动，努力做好老同志福利工作，从多个方面关心他们的生活，增强了离退休人员与内退员工的主人翁意识和对培训中心的归属感。

第四，以预防为主，切实强化安全管理工作。针对工作实际，专门组织召开多次专题会议，就各项安全工作尤其是学员管理工作进行部署和安排，把安全工作做在各项工作之前。通过以预防为主，加强检查，落实措施，全年在学员管理、食品卫生、车辆运输、水电管理、防火防盗、安

全保卫等方面未出现安全问题，为学员和员工创造了平安、温馨的学习工作生活环境。

三、积极采取措施，切实提高培训服务保障水平

首先，加大培训设施设备改造更新力度，完善培训保障功能。把硬件设施设备改造作为提高培训服务质量的重要环节，通过增收节支和有效利用专项资金，统筹规划，突出重点，加大投入，合理安排，先后对综合餐厅、综合楼等项目进行了升级改造，新建了网球场，改造了运动场，铺设了田径塑胶跑道，进一步完善了培训设施设备功能，改善了培训环境，增强了培训保障能力，提升了培训保障水平。为切实改善学员住宿条件，对新建学员公寓项目进行了充分论证，并在总行的大力支持下，精心做好了新建学员公寓的各项前期准备工作。同时，对培训教学方面的电子设备进行了提档升级，满足了培训需求。

其次，丰富服务内涵，努力提高服务质量。继续坚持“以学员为中心”的培训理念，推进服务文化建设，进一步完善了服务文化建设长效机制，促使每位员工都能按照制度和规定为学员提供专业化、规范化和标准化的保障服务，并养成良好的服务行为和习惯。通过加大对餐饮成本投入、优化厨师队伍、增加餐饮品种、改善营养搭配等措施，切实提高了餐饮服务质量。在努力做好网络服务、图书期刊、住宿出行、健身运动等工作的同时，建立了服务工作的快速反应机制，及时处理关于学员需求、咨询和投诉，使服务工作更加贴近实际、更加符合学员的需要。

四、加强党建和企业文化建设，党风廉政建设和反腐败工作得到有序开展

首先，切实抓好党建工作。一是加强领导班子建设，进一步抓好党委中心组和党员学习活动，按照民主集中制原则，注重班子成员之间的协调与沟通，积极推进领导班子思想建设、能力建设和作风建设步伐。二是根据部门职能调整的实际，健全了基层党组织，并坚持党支部“五好”和党员“五带头”的标准，通过开展一系列“创先争优”主题活动，有效发挥了基层党组织的战斗堡垒作用和党员的先锋模范作用。三是认真落实党风廉政建设责任制，完善监督机制，加强了党员干部理想信念和反腐倡廉教育，提高了党性修养，培养了良好作风。四是充分发挥职工代表大会在加强民主管理方面的作用，顺利完成了职工代表大会的正常换届工作，增强了职工代表的参政议政能力。

其次，统筹推进培训中心企业文化建设。为加强和改进企业文化建设工作，研究制定了《关于加强和改进企业文化建设工作指导意见》，成为新的形势和任务条件下培训中心企业文化建设工作的指导性文件。为促进文化落地，一方面积极推动员工的学习教育活动，加强员工行为规范建设，通过《培训指南》、宣传栏、电子显示屏等传播载体，广泛传播建设银行文化要素，受到学员和总行的好评；另一方面以服务文化建设为主要内容，通过形式多样的活动，加大宣传力度，推动企业文化积极有序开展，形成了“治学严谨、实事求是、管理精细、团队和谐”的文化氛围，为持续满足培训需求提供了文化支撑。

（执笔：贺林）

常州培训中心

常州培训中心主任 张中科

一、业务发展概况

2010年常州培训中心根据总行实施新一轮大规模员工教育培训有关要求，坚持科学发展的思路，把持续提升培训规模与质量作为工作重点，努力为全行提供优质的专业化培训服务，各项培训业务均创历史最好水平。全年完成培训总量18.12万人天。其中，现场培训量165 669人天；远程培训量105 185人次；完成全行岗位资格考试49 028人次，营业网点零售五岗位资格远程培训考试38 141人次，素质测评2 715人次。

【现场培训】在满足总行计划内班和计划外班的前提下，充分挖掘中心各项资源，科学、合理安排各类培训班，进一步提高培训能力。2010年共完成现场培训班305期，其中：总行班151期，分行班154期，比2009年增长20%。为了促进中心培训工作更加专业化、规范化、精细化，中心进一步加强与培训需求单位之间的联系和沟通交流，掌握培训需求，提高培训针对性；科学、合理安排各类培训班。2010年在训学员平均每天达到650人左右，中心的客房资源利用率达到95%，餐位利用率达到125%。同时积极倡导并不断深化“以学员为中心”的工作理念，在培训实施过程中关注培训教学组织的每一个细节，加强“培训经理制”制度的建设，培训教学组织满意度逐年提高，2010年平均满意度达到99.31%，比2009年又提高了0.15个百分点。

【项目开发】高度重视适用于全行人才培养战略导向的分类分层培训业务发展目标定位建设，狠抓基于全行人才需求导向的培训项目的设计和培训课程的开发，努力满足成建制的项目培训需求和课程自助点单式的人才培训需求。一是加快对全行各类各层新入职（指新进、新提、新转）人员的岗位胜任的培训能力。主要实施对各类各层新入职人才的加速培养计划，与浙江和苏州等分行合作启动新入职各类各层人员的培训项目，项目开发成功将使建设银行每一个新入职培训项目呈现一个非常标准化的课程体系，并且形成标准化的课程模板和教学方案，具有在全行迅速推广的示范效应。二是加快提升针对全行关键业务岗位人才培养的培训能力。主要是加快对公、对私、风险中后台等关键业务岗位的分类/分层/系统化的培训项目/课程体系建设，实现培训项目和课程全面覆盖建设银行主要业务条线关键业务岗位的培训目标。三是加快提升针对领导力培训项目的培训能力。2010年形成了以培训对象为主体的、分层次的、从网点经理到二级行行级管理人员的进阶式领导力序列下9大项目构成的培训项目体系建设。到2010年末中心拥有的培训课程已达213门。培训精品课程力度的加大，促进了培训业务的质量的有效提升，2010年培训平均满意度和中心培训师的授课课程平均满意度再创新高，分别达到99.31%和97.83%。

【远程培训】2010年远程培训产品开发工作取得明显进展，培训已经覆盖38家一级分行，培训规模为105 185人次，较2009年增长33%。一是在完善适合一线员工标准化操作技能培训的DCC、PBCS等高仿真模拟演练系统运用的同时，

2010年还开发了DCCTS3.0（对公业务部分），CLPM系统、A+P系统、OCRM系统等应用于建设银行一线员工远程培训的高仿真模拟演练系统并建设模拟环境，以及多项远程项目的研发、改造与优化。二是全年开发的主要远程培训产品包括：客户经理维基百科、电子银行多媒体词典、总行审计部《内部审计程序》、《审计证据收集》和《审计工作底稿编制》三个专题的课件、《总行产品与质量管理部流程管理——评估》和《流程管理——精益》两个专题课件、总行个人存款与投资部《自助业务运管人员》远程培训项目和《个人客户经理（二代转型）岗位》远程培训项目、开源学习管理平台的改造与优化。

2010年2月7日，常州培训中心召开第二届职工代表大会第四次会议。

【党校分校】坚持党校姓“党”原则，加快提升创新党校教学模式的能力。2010年建设银行党校获得了金融系统唯一的中央党校分校办学先进单位的荣誉称号，中央党校国家工委分校把常州分校作为建设银行党校办学质量考核的现场评估点，常州分校的工作情况给评估组留下良好的印象。一是始终坚持党校姓“党”的原则，认真贯彻中央党校、国家机关工委分校和总行党校关于党校工作的各项规范、标准，坚持正确的办学方向，办好领导干部进修班。二是不断创新党校培训的形式、手段、方法，提升办学质量和党校学员满意度。在认真总结邀请百名感动中国人物、十七大代表张云泉给学员上党课，邀请十七大代表王红梅来校进行“红梅花开香万里”案例式教学的基础上，继续开展对党校研究式教学的探讨，激发学员学习的积极性和自觉性，提高办学效果。三是在不断完善党校已有的自主开发的基层党组织负责人及党务工作骨干培训项目、青年管理人员培训项目的基础上，开发实施了新任支行行长培训、示范性党员轮训项目，并启动纪检监察干部（纪检特派员）培训项目。

【考试与测评工作】考试方面一是受总分行委托，全年命题组卷套数达到217套，其中总行委托命题组卷58套，分行159套。二是全年完成了2010年度全行校园招聘考试、境外机构内派员工备选人员选拔考试、全行岗位资格考试、全行2010年营业网点零售五岗位资格培训考试的考试考务工作。测评方面顺利完成了360度评估系统、基于总行中级领导力素质模型测评项目、与浙江省合作开发产品经理素质评价咨询项目研发，并投入运行。开发出公文筐测验、无领导小组讨论、角色扮演、结构化面谈等中级领导力测评工具包，并在分行测评中投入使用，为人力资源决策提供参考。

二、主要工作举措

【明确战略发展方向】常州培训中心认真制定适用于全行人才培养战略导向的培训业务发展规划，把中心作为建设银行专业的行属内训机构应该具备的指导思想、培训理念、发展目标进行了明确定位，对统一员工思想、倡导培训理念、落实履职责任起着积极的导向作用。此外，2010年中心党委提出了“专业、专注、实用、实效”培训理念，以及培训宗旨、核心竞争力、团队精神，一起深深渗透于常州培训中心的每个角落，把常州培训中心员工的工作责任心和工作创造力迅速凝聚起来。明确的培训理念已经成为常州培训中心的工作信条。

【加快提升师资队伍的建设能力】一方面，创造条件、搭建平台、提供机会，采用多种方式提升员工业务能力和培训水平，组织培训师积极参与总分行培训项目开发、行内实习、专向调研和实地考察等手段提升培训师业务实战培训和项目开发能力。通过组织培训师对前瞻性专业课题和课程的系统研究以及参加外部机构培训学习，不仅提高了培训师的业务开发、专题研究和课程设计能力，而且大大提高了培训师课程开发能力和开发效率；另一方面，进一步加快完善兼职师资管理办法和师资库建设。通过对“建行十杰”、

2010年4月20日，建设银行党校常州分校第21期领导人员进修班举行“情系玉树 大爱无疆”捐款仪式，向青海玉树地震灾区捐款。

“感动建行人物”等建设银行系统内杰出的业务专家和管理精英的跟踪，挖掘和发现一批总分行专家型兼职师资。2010年，中心已成功发掘和引入100名优秀的行内兼职师资，部分兼职师资已经在培训实施中承担教学任务，成效显著。

【加快提升创新和应用新兴培训技术的能力】高质量完成各培训项目的教学实施，确保培训成果向生产力的有效转化，常州培训中心不断创新培训方式和技术，创新应用的“标杆管理培训项目”、“绩效考核典型案例分析”、“与精英面对面”、“职业生涯关键时刻”、“对话访谈”、“主题论坛”、“培训咨询”、“行动学习法”、“沙龙主持”、“成果展示”、“换位诊断”、“COM电影教学法”、“与大师对话”、“从历史/军队学管理”等培训形式丰富而实用，学员满意度显著提高。

【进一步推进精细化管理】制度建设的规范化、机制运作的长效化、责任目标的精细化是常州培训中心快速健康发展的保证。中心在深化精细化管理机制方面通过全方位的精细管理解决关键问题，做到管理上精雕细刻，服务上精耕细作，技术上精益求精，经营上精打细算，力争达到精细管理效益最大化。一是“五精五细”全面优质管理体系的实践，规范化、流程化的管理框架开始形成。“五精”是构建培训理念的文化精髓；构建学员满意的培训课程精品；构建先进适用的培训技术精华；培养德才兼备的人才精英；实施公开透明的成本精算。“五细”是细分适合各类各层人才培养需求导向的培训目标；细化规范、有序、高效的操作规章和业务流程；细究重点操作风险岗位的责任制落实；细做关爱员工增强员工凝聚力、向心力的和谐建设工作；细心做好老干部工作和维稳工作。二是推进规章制度和操作规则流程化、体系化，健全各类规章。三是推行中心事务全公开制度。充分发挥员工的民主参与和民主监督作用，对事关全局的重大事项，都充分听取各方面的意见，坚持集体决策。四是实施部门和员工成绩单考核机制。五是建立培训项目创新激励制度。激励中心员工业务开发与创新，提高经营管理效益和水平。五是高度重视关键环节安全责任目标精细化落实的管控。

（执笔：杨雅君）

第五部分　综合统计

中国建设银行股份有限公司资产负债表

（2010 年 12 月 31 日）　　（单位：人民币百万元）

	本集团		本行	
	2010 年	2009 年	2010 年	2009 年
资产				
现金及存放中央银行款项	1 848 029	1 458 648	1 841 867	1 455 370
存放同业款项	78 318	101 163	78 198	100 679
贵金属	14 495	9 229	14 495	9 229
拆出资金	63 962	22 217	68 528	23 143
交易性金融资产	17 344	18 871	3 044	10 251
衍生金融资产	11 224	9 456	10 153	7 730
买入返售金融资产	181 075	589 606	181 075	588 706
应收利息	44 088	40 345	43 861	40 129
客户贷款和垫款	5 526 026	4 692 947	5 428 279	4 626 024
可供出售金融资产	696 848	651 480	693 031	649 979
持有至到期投资	1 884 057	1 408 873	1 883 927	1 408 465
应收款项债券投资	306 748	499 575	306 748	499 575
对子公司的投资	—	—	9 869	8 816
对联营和合营企业的投资	1 777	1 791	—	—
固定资产	83 434	74 693	82 696	74 098
土地使用权	16 922	17 122	16 865	17 062
无形资产	1 310	1 270	1 273	1 242
商誉	1 534	1 590	—	—
递延所得税资产	17 825	10 790	18 774	11 323
其他资产	15 301	13 689	32 122	33 310
资产总计	10 810 317	9 623 355	10 714 805	9 565 131
负债				
向中央银行借款	1 781	6	1 781	6
同业及其他金融机构存放款项	683 537	774 785	685 238	776 582
拆入资金	66 272	38 120	41 664	31 968
交易性金融负债	15 287	7 992	12 940	7 992
衍生金融负债	9 358	8 575	8 734	7 894
卖出回购金融资产	4 922	—	11 089	2 625
客户存款	9 075 369	8 001 323	9 014 646	7 955 240
应付职工薪酬	31 369	27 425	30 522	26 708
应交税费	34 241	25 840	33 945	25 549
应付利息	65 659	59 487	65 592	59 442
预计负债	3 399	1 344	3 399	1 344
已发行债务证券	93 315	98 644	91 431	98 383
递延所得税负债	243	216	4	22
其他负债	24 660	20 578	22 455	20 057
负债合计	10 109 412	9 064 335	10 023 440	9 013 812
股东权益				
股本	250 011	233 689	250 011	233 689
资本公积	135 136	90 266	135 136	90 266
投资重估储备	6 706	13 163	6 743	13 213
盈余公积	50 681	37 421	50 681	37 421
一般风险准备	61 347	46 806	60 608	46 209
未分配利润	195 950	136 112	188 525	130 785
外币报表折算差额	（3 039）	（1 982）	（339）	（264）
归属于本行股东权益合计	696 792	555 475	691 365	551 319
少数股东权益	4 113	3 545	—	—
股东权益合计	700 905	559 020	691 365	551 319
负债和股东权益总计	10 810 317	9 623 355	10 714 805	9 565 131

中国建设银行股份有限公司利润表

（2010 年 12 月）　　　　（单位：人民币百万元）

	本集团		本行	
	2010 年	2009 年	2010 年	2009 年
一、营业收入	323 489	267 184	316 857	262 654
利息净收入	251 500	211 885	248 932	210 318
利息收入	377 783	339 463	374 557	337 741
利息支出	（126 283）	（127 578）	（125 625）	（127 423）
手续费及佣金净收入	66 132	48 059	64 658	47 413
手续费及佣金收入	68 156	49 839	66 560	49 080
手续费及佣金支出	（2 024）	（1 780）	（1 902）	（1 667）
投资收益	4 015	5 897	3 118	4 993
其中：对联营和合营企业的投资收益	34	17	—	—
公允价值变动收益/损失	1 659	924	1 089	（185）
汇兑损失	（611）	（250）	（1 548）	（478）
其他业务收入	794	669	608	593
二、营业支出	（149 785）	（129 582）	（146 502）	（127 319）
营业税金及附加	（18 364）	（15 972）	（18 280）	（15 923）
业务及管理费	（101 793）	（87 900）	（99 007）	（85 870）
资产减值损失	（29 292）	（25 460）	（28 897）	（25 263）
其他业务成本	（336）	（250）	（318）	（263）
三、营业利润	173 704	137 602	170 355	135 335
加：营业外收入	2 425	2 371	2 414	1 889
减：营业外支出	（973）	（1 248）	（970）	（1 246）
四、利润总额	175 156	138 725	171 799	135 978
减：所得税费用	（40 125）	（31 889）	（39 195）	（30 992）
五、净利润	135 031	106 836	132 604	104 986
归属于本行股东的净利润	134 844	106 756		
少数股东损益	187	80		
六、基本和稀释每股收益（人民币元）	0.56	0.45		
七、其他综合收益	（7 500）	2 322	（6 512）	2 337
八、综合收益总额	127 531	109 158	126 092	107 323
归属于本行股东的综合收益	127 363	109 069		
归属于少数股东的综合收益	168	89		

中国建设银行股份有限公司现金流量表

（2010 年 12 月） （单位：人民币百万元）

	本集团		本行	
	2010 年	2009 年	2010 年	2009 年
一、经营活动现金流量				
客户存款和同业及其他金融机构存放款项净增加额	992 829	1 948 273	976 325	1 940 153
向中央银行借款净增加额	1 806	—	1 806	—
拆入资金净增加额	29 407	—	10 789	—
卖出回购金融资产净增加额	4 899	—	8 595	1 761
已发行存款证净增加额	—	4 107	—	5 886
交易性金融负债的净增加额	7 295	4 017	4 948	4 017
拆出资金净减少额	—	—	—	6 287
买入返售金融资产净减少额	408 498	—	407 598	—
交易性金融资产的净减少额	3 711	33 299	8 380	34 105
收取的利息、手续费及佣金的现金	430 687	378 169	425 884	375 876
收到的其他与经营活动有关的现金	6 454	3 102	3 768	3 354
经营活动现金流入小计	1 885 586	2 370 967	1 848 093	2 371 439
客户贷款和垫款净增加额	(869 732)	(1 030 197)	(836 488)	(1 010 637)
存放中央银行和同业款项净增加额	(485 985)	(258 955)	(489 399)	(260 370)
拆出资金净增加额	(2 490)	(1 243)	(5 397)	—
买入返售金融资产净增加额	—	(381 058)	—	(380 158)
拆入资金净减少额	—	(6 947)	—	(21 248)
卖出回购金融资产净减少额	—	(864)	—	—
已发行存款证净减少额	(1 967)	—	(3 498)	—
支付的利息、手续费及佣金的现金	(118 796)	(127 548)	(118 039)	(127 250)
支付给职工以及为职工支付的现金	(57 840)	(49 212)	(56 374)	(48 335)
支付的各项税费	(55 847)	(61 897)	(55 253)	(61 409)
支付的其他与经营活动有关的现金	(33 568)	(29 467)	(30 326)	(34 861)
经营活动现金流出小计	(1 626 225)	(1 947 388)	(1 594 774)	(1 944 268)

续表

	本集团		本行	
	2010 年	2009 年	2010 年	2009 年
经营活动产生的现金流量净额	259 361	423 579	253 319	427 171
二、投资活动现金流量				
收回投资收到的现金	1 371 120	1 168 724	1 369 661	1 166 201
收取的现金股利	229	106	213	105
处置固定资产和其他长期资产收回的现金净额	713	727	691	483
收到的其他与投资活动有关的现金	—	3 962	—	—
投资活动现金流入小计	1 372 062	1 173 519	1 370 565	1 166 789
投资支付的现金	(1 696 728)	(1 568 911)	(1 693 215)	(1 565 573)
购建固定资产和其他长期资产支付的现金	(20 452)	(22 045)	(20 177)	(21 417)
取得子公司、联营和合营企业支付的现金	(18)	(54)	(376)	(4 146)
对子公司增资所支付的现金	—	—	(677)	—
投资活动现金流出小计	(1 717 198)	(1 591 010)	(1 714 445)	(1 591 136)
投资活动所用的现金流量净额	(345 136)	(417 491)	(343 880)	(424 347)
三、筹资活动现金流量				
吸收投资收到的现金	61 159	—	61 159	—
发行债券收到的现金	—	79 880	—	79 880
子公司吸收少数股东投资收到的现金	440	—	—	—
筹资活动现金流入小计	61 599	79 880	61 159	79 880
分配股利支付的现金	(47 232)	(19 576)	(47 205)	(19 558)
偿还债务支付的现金	(2 870)	(40 000)	(3 000)	(40 000)
偿付已发行债券利息支付的现金	(3 298)	(1 972)	(3 298)	(1 972)
筹资活动现金流出小计	(53 400)	(61 548)	(53 503)	(61 530)
筹资活动产生的现金流量净额	8 199	18 332	7 656	18 350
四、汇率变动对现金及现金等价物的影响	(1 374)	18	(1 302)	21
五、现金及现金等价物净（减少）/增加额	(78 950)	24 438	(84 207)	21 195
加：年初现金及现金等价物余额	380 249	355 811	375 588	354 393
六、年末现金及现金等价物余额	301 299	380 249	291 381	375 588

中国建设银行存、贷款主要指标统计表（人民币）

（2010年12月）　　　　（单位：人民币亿元）

项　　目	本期余额	比年初新增		比2009年同期新增（±）
		2010年	2009年	
全口径存款	**93 794.48**	**9 186.82**	**19 018.94**	**-9 832.12**
一、一般性存款	87 912.99	10 599.61	15 976.05	-5 376.44
1. 对公存款	47 968.28	6 219.72	9 520.20	-3 300.48
活期存款	32 762.78	3 947.01	7 099.79	-3 152.78
定期存款	15 205.51	2 272.70	2 420.41	-147.71
2. 个人存款	39 944.70	4 379.90	6 455.85	-2 075.95
活期存款	17 031.88	2 781.10	3 081.41	-300.31
定期存款	22 912.82	1 598.80	3 374.44	-1 775.64
二、同业存款	5 881.49	-1 412.80	3 042.89	-4 455.69
各项贷款	**52 967.95**	**7 690.25**	**9 447.24**	**-1 756.99**
一、对公贷款	39 318.20	4 905.76	6 787.50	-1 881.74
其中：贴现贷款	1 442.59	-852.86	649.92	-1 502.78
二、个人类贷款	13 649.75	2 784.49	2 659.74	124.75
其中：个人住房贷款	11 786.93	2 445.57	2 471.28	-25.71

注：1. 个人类贷款包括个人住房贷款、个人消费类贷款和信用卡透支，不含“个人买方信贷”。

2. 个人住房贷款中含个人商业用房贷款。

中国建设银行存、贷款主要指标统计表（外币）

（2010年12月）　　　　（单位：亿美元）

项　　目	本期余额	比年初新增		比2009年同期新增（±）
		2010年	2009年	
全口径存款	**337.23**	**124.32**	**52.59**	**71.73**
一、一般性存款	194.74	42.63	19.93	22.70
1. 对公存款	157.37	41.66	19.88	21.78
活期存款	100.29	20.22	22.32	-2.10
定期存款	57.09	21.43	-2.44	23.87
2. 个人存款	37.36	0.97	0.05	0.92
活期存款	14.58	2.95	-0.69	3.64
定期存款	22.78	-1.97	0.74	-2.71
二、同业存款	142.49	81.69	32.66	49.03
各项贷款	**228.51**	**44.05**	**53.90**	**-9.85**
一、短期贷款	60.93	19.20	22.64	-3.45
二、中长期贷款	70.26	-1.37	3.32	-4.69
三、进出口贸易融资	76.95	27.58	28.71	-1.13
四、境外筹资转贷款	18.57	-1.24	-0.35	-0.89
五、各项垫款	0.80	-0.50	-1.04	0.54
六、其他贷款	0.99	0.38	0.61	-0.23

中国建设银行个人贷款主要指标统计表（本外币）

（2010 年 12 月） （单位：人民币亿元）

项　　目	本期余额	比年初新增		比 2009 年同期新增（±）
		2010 年	2009 年	
个人贷款合计	**13 655.70**	**2 783.86**	**2 658.43**	**125.43**
1. 个人消费贷款	788.44	1.99	36.81	-34.83
2. 个人助学贷款	7.27	-1.89	-2.33	0.44
3. 个人住房贷款	10 885.91	2 372.10	2 484.11	-112.02
4. 个人商业用房贷款	734.73	84.41	32.91	51.50
5. 个人买方信贷	0.35	-0.61	-2.41	1.80
6. 个人其他消费贷款	0.10	-0.07	-0.16	0.09
7. 下岗失业人员小额担保贷款	1.08	0.92	0.08	0.84
8. 个人助业贷款	481.85	113.15	21.35	91.80
9. 个人住房最高额抵押贷款	166.81	-11.09	-45.92	34.83
10. 个人支农贷款	35.77	35.77	—	35.77
11. 个人信用卡透支	553.39	189.20	133.98	55.22

中国建设银行各分行存款主要指标统计表（本外币）

（2010 年 12 月） （单位：人民币亿元）

地区	各项存款		其中：对公存款		其中：储蓄存款	
	本期余额	比年初新增	本期余额	比年初新增	本期余额	比年初新增
全国总计	**89 196.22**	**10 844.40**	**49 005.32**	**6 466.73**	**40 190.90**	**4 377.68**
总行本级	473.06	-35.87	326.48	-46.94	146.59	11.08
长三角	18 827.33	2 429.81	11 319.84	1 737.84	7 507.49	691.97
上海	5 662.81	605.60	3 574.19	455.84	2 088.62	149.76
江苏	5 411.14	639.95	2 903.12	347.35	2 508.02	292.60
浙江	5 035.87	734.56	3 071.26	585.28	1 964.61	149.28
宁波	966.75	90.29	628.93	79.45	337.82	10.84
苏州	1 750.76	359.41	1 142.34	269.92	608.42	89.49
珠三角	14 330.67	1 792.82	7 703.31	1 024.34	6 627.36	768.48
广东	8 335.60	1 091.22	4 273.26	618.82	4 062.34	472.40
深圳	2 786.00	304.35	1 948.08	155.95	837.92	148.41
福建	2 345.32	319.38	1 020.53	211.56	1 324.79	107.82
厦门	863.75	77.87	461.44	38.02	402.31	39.85

续表

地区	各项存款		其中：对公存款		其中：储蓄存款	
	本期余额	比年初新增	本期余额	比年初新增	本期余额	比年初新增
环渤海	16 642.99	1 751.26	9 448.01	1 092.05	7 194.97	659.20
北京	6 753.06	769.31	4 447.52	567.38	2 305.54	201.93
山东	3 850.06	354.78	2 068.36	165.62	1 781.70	189.17
天津	1 588.97	100.02	991.61	76.97	597.36	23.05
河北	3 705.79	410.59	1 536.49	211.86	2 169.30	198.73
青岛	745.11	116.56	404.03	70.23	341.07	46.32
中部	15 909.18	1 993.03	7 679.59	979.81	8 229.61	1 013.24
山西	2 003.97	342.43	975.38	207.21	1 028.59	135.22
广西	1 468.59	160.95	790.11	77.06	678.49	83.90
湖北	2 726.39	395.07	1 167.77	165.09	1 558.62	229.98
河南	2 612.19	253.26	1 096.88	118.73	1 515.32	134.54
湖南	2 918.76	236.42	1 398.95	74.35	1 519.81	162.07
江西	1 381.38	222.74	725.15	123.15	656.23	99.59
海南	592.80	90.11	394.68	49.50	198.12	40.62
安徽	1 907.99	239.55	991.94	137.38	916.05	102.17
三峡	297.11	52.50	138.73	27.35	158.38	25.15
西部	16 370.16	2 244.53	9 378.39	1 331.60	6 991.74	912.90
四川	4 321.65	514.47	2 453.62	328.31	1 868.03	186.16
重庆	1 578.51	125.95	903.76	80.43	674.75	45.52
贵州	1 156.98	198.71	714.16	133.06	442.82	65.65
云南	1 799.48	257.00	1 052.62	155.56	746.85	101.43
西藏	335.04	62.30	266.88	49.26	68.16	13.04
内蒙古	1 431.72	232.94	797.98	128.72	633.74	104.22
陕西	2 251.06	268.41	1 181.86	110.19	1 069.20	158.22
甘肃	1 242.37	192.91	680.60	110.39	561.76	82.51
青海	592.62	128.96	381.87	91.62	210.75	37.34
宁夏	490.59	82.65	286.65	50.46	203.94	32.19
新疆	1 170.14	180.22	658.39	93.59	511.74	86.63
东北	6 642.85	668.84	3 149.71	348.03	3 493.14	320.81
辽宁	2 483.07	215.48	1 078.00	85.77	1 405.07	129.71
吉林	1 277.25	146.18	612.28	87.82	664.97	58.37
黑龙江	1 855.20	210.40	855.63	107.09	999.57	103.31
大连	1 027.33	96.77	603.80	67.35	423.53	29.42

中国建设银行各分行贷款主要指标统计表（本外币）

（2010年12月）　　　　（单位：人民币亿元）

地区	各项贷款		其中：对公贷款		其中：个人贷款	
	本期余额	比年初新增	本期余额	比年初新增	本期余额	比年初新增
全国总计	**54 473.74**	**7 936.70**	**40 818.04**	**5 152.83**	**13 655.70**	**2 783.86**
总行本级	636.41	219.41	83.79	30.11	552.62	189.30
长三角	13 199.55	1 833.96	9 698.14	1 273.55	3 501.40	560.41
上海	3 017.22	311.77	2 445.06	268.35	572.16	43.43
江苏	3 566.25	514.44	2 696.49	333.56	869.77	180.88
浙江	4 248.36	617.04	2 895.36	404.05	1 353.00	213.00
宁波	1 006.20	166.90	728.47	105.50	277.73	61.40
苏州	1 361.51	223.80	932.77	162.10	428.74	61.70
珠三角	8 500.10	1 239.11	5 799.24	754.50	2 700.86	484.61
广东	3 636.23	543.66	2 653.89	344.53	982.35	199.13
深圳	2 308.75	327.93	1 496.43	200.65	812.32	127.28
福建	1 882.66	298.23	1 194.88	160.77	687.78	137.46
厦门	672.46	69.30	454.05	48.55	218.42	20.74
环渤海	9 782.16	1 287.87	7 911.33	940.50	1 870.83	347.36
北京	2 970.66	247.36	2 469.93	193.03	500.72	54.33
山东	2 678.46	371.08	2 072.86	255.78	605.60	115.30
天津	1 495.74	231.98	1 327.65	192.82	168.10	39.17
河北	2 016.63	325.18	1 621.96	229.87	394.67	95.30
青岛	620.67	112.27	418.92	69.01	201.75	43.26
中部	9 210.22	1 400.95	7 004.80	868.36	2 205.42	532.60
山西	879.71	109.57	822.45	91.07	57.26	18.51
广西	1 038.66	152.41	717.32	86.39	321.34	66.03
湖北	1 367.46	199.11	1 056.41	126.40	311.05	72.70

续表

地区	各项贷款		其中：对公贷款		其中：个人贷款	
	本期余额	比年初新增	本期余额	比年初新增	本期余额	比年初新增
河南	1 476.88	216.56	1 143.43	135.93	333.45	80.63
湖南	1 821.39	260.59	1 468.93	189.47	352.46	71.11
江西	834.63	128.65	562.70	63.54	271.93	65.11
海南	216.85	39.86	142.90	15.53	73.95	24.33
安徽	1 296.66	255.63	861.68	131.95	434.98	123.69
三峡	277.99	38.57	228.98	28.08	49.01	10.49
西部	9 637.78	1 443.09	7 607.03	937.84	2 030.75	505.25
四川	2 058.11	292.62	1 537.75	175.95	520.36	116.67
重庆	1 299.33	195.16	900.98	100.99	398.35	94.17
贵州	742.89	99.41	615.92	72.66	126.97	26.75
云南	1 159.04	136.33	863.00	86.74	296.04	49.59
西藏	96.78	9.26	81.98	8.81	14.80	0.46
内蒙古	1 184.73	179.15	1 042.62	126.50	142.11	52.66
陕西	1 192.45	209.25	881.87	106.10	310.59	103.15
甘肃	545.72	63.84	497.24	51.58	48.48	12.25
青海	321.15	65.00	302.18	59.95	18.98	5.05
宁夏	424.58	79.67	370.61	59.62	53.97	20.05
新疆	612.99	113.39	512.88	88.95	100.11	24.44
东北	3 507.51	512.30	2 713.71	347.97	793.80	164.33
辽宁	1 314.22	166.61	1 007.71	111.45	306.51	55.16
吉林	798.77	145.58	610.36	93.24	188.41	52.34
黑龙江	750.53	105.21	593.05	77.16	157.48	28.04
大连	643.99	94.90	502.58	66.11	141.42	28.79

注：个人贷款中含单位信用卡透支，不含个人买方信贷。

中国建设银行各分行国际结算业务量情况统计表

（2010年12月）

地区	进口业务		出口业务		边贸业务		收入
	笔数（笔）	金额（万美元）	笔数（笔）	金额（万美元）	笔数（笔）	金额（万美元）	（人民币万元）
全国总计	**921 173**	**31 501 467**	**2 773 425**	**34 569 198**	**30 725**	**631 981**	**304 718**
总行本级	862	175 501	4 388	10 796	0	0	1 279
长三角	428 561	11 578 766	1 386 466	14 330 034	0	0	103 187
上海	152 327	4 719 814	212 817	4 474 058	0	0	21 331
江苏	63 412	2 600 248	150 418	3 208 760	0	0	18 814
浙江	71 465	1 210 616	831 730	2 713 639	0	0	38 598
宁波	15 771	636 659	81 250	726 118	0	0	9 384
苏州	125 586	2 411 429	110 251	3 207 458	0	0	15 059
珠三角	194 375	8 486 149	832 172	10 780 375	0	0	73 453
广东	87 515	2 384 812	299 393	3 463 264	0	0	27 384
深圳	63 680	4 897 532	161 578	5 282 544	0	0	28 069
福建	17 015	738 677	255 304	1 101 675	0	0	11 747
厦门	26 165	465 127	115 897	932 892	0	0	6 252
环渤海	166 583	7 204 625	293 644	5 410 395	0	0	63 827
北京	97 813	4 178 662	74 312	2 399 856	0	0	10 289
山东	28 588	1 249 939	124 497	1 462 663	0	0	25 208
天津	14 117	615 710	14 778	356 680	0	0	6 574
河北	10 126	636 149	44 170	586 823	0	0	13 690
青岛	15 939	524 165	35 887	604 373	0	0	8 065
中部	43 371	1 494 422	114 446	1 581 734	7 174	116 776	23 930
山西	1 323	163 286	4 064	84 646	0	0	5 062
广西	1 959	95 992	6 821	92 293	7174	116 776	2 338
湖北	8 665	245 575	17 693	281 377	0	0	2 038
河南	9 297	191 177	35 643	323 616	0	0	4 678
湖南	10 054	203 590	13 037	246 678	0	0	3 279
江西	3 879	278 669	14 874	288 836	0	0	2 628
海南	2 364	55 233	3 265	38 381	0	0	650
安徽	5 055	230 377	14 787	159 096	0	0	2 658
三峡	775	30 523	4 262	66 811	0	0	598
西部	44 892	1 265 231	63 512	1 451 536	11 299	315 108	22 249
四川	20 143	394 783	19 587	495 101	0	0	8 357
重庆	7 348	217 110	11 146	385 720	0	0	3 271
贵州	1 144	41 864	2 257	66 390	0	0	754
云南	2 972	68 966	5 574	67 308	2 627	26 304	986
西藏	23	168	98	438	0	0	1
内蒙古	2 879	86 893	2 839	83 337	2 941	154 392	942
陕西	4 825	135 128	11 588	160 968	0	0	2 884
甘肃	931	123 998	1 103	29 698	0	0	1 098
青海	297	6 504	289	3 862	0	0	251
宁夏	620	29 273	1 565	21 861	0	0	271
新疆	3 710	160 544	7 466	136 852	5 731	134 412	3 435
东北	42 529	1 296 773	78 797	1 004 327	12 252	200 097	16 794
辽宁	14 239	322 821	25 333	408 914	5 186	67 716	5 050
吉林	7 494	471 413	21 925	106 451	224	862	1 970
黑龙江	3 807	115 070	8 663	69 679	6 842	131 519	3 170
大连	16 989	387 469	22 876	419 284	0	0	6 605

中国建设银行各分行中间业务收入情况统计表（本外币、境内）

（2010年12月）

行别	中间业务毛收入（万元）	其中：手续费及佣金毛收入（万元）	手续费及佣金支出（万元）	中间业务净收入（万元）	其中：手续费及佣金净收入（万元）	同比增速（毛收入）（%）
全国总计	**6 792 749.44**	**6 649 385.65**	**186 208.47**	**6 606 540.97**	**6 463 177.18**	**34.65**
总行本级	202 811.26	202 811.26	7 934.86	194 876.40	194 876.40	6.70
长三角	1 746 720.04	1 707 999.32	28 614.71	1 718 105.34	1 679 384.61	36.19
上海	450 231.05	438 660.72	9 840.16	440 390.89	428 820.57	28.05
江苏	497 438.79	487 510.13	5 935.99	491 502.80	481 574.14	32.51
浙江	504 967.69	493 773.85	6 599.64	498 368.05	487 174.21	39.62
宁波	94 509.32	91 787.54	3 115.22	91 394.10	88 672.31	26.16
苏州	199 573.19	196 267.08	3 123.69	196 449.49	193 143.38	67.70
珠三角	1 369 126.36	1 326 369.44	33 126.26	1 336 000.10	1 293 243.17	44.05
广东	626 252.21	611 238.07	17 160.55	609 091.66	594 077.51	40.71
深圳	365 000.07	354 388.74	8 116.93	356 883.14	346 271.81	35.91
福建	300 892.14	289 116.81	5 726.54	295 165.60	283 390.27	66.12
厦门	76 981.93	71 625.83	2 122.24	74 859.69	69 503.59	38.22
环渤海	1 069 543.11	1 045 258.70	36 451.51	1 033 091.60	1 008 807.20	29.51
北京	307 741.30	303 393.14	22 249.18	285 492.12	281 143.96	21.92
山东	320 988.17	309 527.60	7 645.43	313 342.73	301 882.17	39.58
天津	109 999.35	107 736.81	1 379.14	108 620.20	106 357.66	35.97
河北	257 672.47	254 047.15	3 903.40	253 769.07	250 143.75	20.70
青岛	73 141.84	70 554.01	1 274.35	71 867.48	69 279.65	49.04
中部	1 043 112.59	1 033 699.64	25 650.45	1 017 462.14	1 008 049.19	30.70
山西	94 241.09	93 183.52	1 411.27	92 829.82	91 772.25	50.21
广西	85 354.76	82 604.49	1 876.91	83 477.85	80 727.58	32.58
湖北	191 958.14	190 461.10	4 106.87	187 851.27	186 354.23	42.84
河南	193 848.96	191 518.25	3 705.42	190 143.54	187 812.83	21.49
湖南	206 774.07	206 365.84	8 426.48	198 347.58	197 939.35	12.31
江西	110 560.44	110 002.55	3 049.70	107 510.74	106 952.85	46.19
海南	21 641.96	21 535.03	737.86	20 904.10	20 797.17	39.27
安徽	111 946.25	111 303.46	1 933.05	110 013.20	109 370.41	31.63
三峡	26 786.93	26 725.40	402.90	26 384.03	26 322.50	60.49
西部	950 921.59	933 826.11	20 911.85	930 009.73	912 914.26	34.59
四川	225 464.17	220 508.78	5 012.28	220 451.88	215 496.49	30.24
重庆	116 887.86	115 041.89	2 990.49	113 897.37	112 051.40	26.89
贵州	71 273.08	70 593.99	1 299.46	69 973.61	69 294.53	32.72
云南	103 428.02	102 169.11	2 926.81	10 0501.21	99 242.30	39.25
西藏	4 584.79	4 424.96	243.46	4341.33	4181.51	49.31
内蒙古	122 085.99	120 488.13	1 368.10	120 717.88	119 120.03	54.25
陕西	115 368.91	113 340.40	3 039.48	112 329.43	110 300.92	36.35
甘肃	60 698.76	58 648.07	1 276.47	59 422.29	57 371.60	36.78
青海	19 651.21	19 231.20	458.21	19 193.00	18 772.99	25.62
宁夏	37 391.07	37 167.59	662.60	36 728.46	36 504.99	33.77
新疆	74 087.74	72 211.97	1 634.47	72 453.27	70 577.50	26.62
东北	410 514.48	399 421.18	8 812.17	401 702.31	390 609.01	41.08
辽宁	138 755.43	134 738.59	3 489.40	135 266.03	131 249.19	28.35
吉林	92 378.75	90 185.27	1 717.10	90 661.65	88 468.16	84.05
黑龙江	115 331.35	113 851.75	1 831.21	113 500.15	112 020.54	34.27
大连	64 048.95	60 645.58	1 774.46	62 274.49	5 8871.12	36.88

中国建设银行各分行借记卡主要指标统计表（本外币）

（2010 年 12 月）

地区	发卡总量	存款余额		交易总额		特约商户	购物消费额
	（万张）	余额（万元）	卡均（元）	余额（万元）	卡均（元）	（家）	（万元）
全国总计	**29 237**	**152 997 136**	**5 233**	**3 060 718 794**	**104 688**	**222 217**	**130 365 320**
长三角	5 046	26 575 349	5 267	749 412 467	148 518	40 373	29 172 569
上海	982	7 700 565	7 843	153 409 909	156 238	12 208	6 021 722
江苏	1 550	6 553 131	4 227	147 758 497	95 304	9 819	6 897 245
浙江	1 548	8 312 162	5 369	330 393 103	213 413	14 113	12 761 273
宁波	305	1 272 635	4 173	45 403 022	148 877	2 017	1 325 776
苏州	661	2 736 856	4 143	72 447 936	109 682	2 216	2 166 553
珠三角	4 563	29 052 507	6 368	6 391 05726	140 077	42 759	17 528 380
广东	2 396	13 761 788	5 743	166 246 452	69 380	31 400	8 398 610
深圳	622	4 826 062	7 762	104 381 172	167 884	3 271	2 783 980
福建	1 227	7 829 483	6 380	291 861 420	237 822	8 088	4 897 347
厦门	317	2 635 175	8 303	76 616 682	241 397	0	1 448 444
环渤海	5 077	23 919 372	4 712	4 030 62163	79 397	40 248	21 319 163
北京	1 096	8 681 625	7 923	118 110 515	107 795	16 936	7 175 383
山东	1 671	4 766 970	2 854	100 266 337	60 020	12 011	4 570 383
天津	650	1 496 218	2 303	31 709 601	48 808	606	2 018 423
河北	1 331	8 059 372	6 055	136 825 585	102 803	8 817	6 664 706
青岛	330	915 188	2 776	16 150 125	48 989	1 878	890 268
中部	6 904	30 395 823	4 403	559 127 724	80 986	44 680	28 878 999
山西	423	3 013 950	7 129	44 093 209	104 299	1 489	1 676 683
广西	764	2 696 546	3 529	46 481 713	60 825	2 787	1 875 578
湖北	1 152	5 982 694	5 192	98 353 923	85 359	3 851	5 093 885
河南	1 610	6 551 327	4 070	130 400 643	81 008	4 053	8 372 904
湖南	1 417	5 918 591	4 176	113 849 296	80 327	11 897	6 068 301
江西	630	2 464 974	3 915	54 006 043	85 764	7 080	1 911 304
海南	119	756 661	6 364	11 813 509	99 353	2 692	676 204
安徽	625	2 331 721	3 730	49 473 209	79 149	6 077	2 697 301
三峡	164	679 359	4 139	10 656 180	64 923	4 754	506 840
西部	5 265	31 758 291	6 032	50 354 5198	95 636	42 985	24 390 872
四川	1 485	9 542 747	6 424	154 286 959	103 865	9 259	7 845 453
重庆	484	3 332 025	6 884	57 815 974	119 445	0	2 592 468
贵州	375	2 184 586	5 827	29 569 914	78 868	1 420	1 455 335
云南	568	3 368 669	5 927	50 698 880	89 198	7 130	3 009 995
西藏	37	356 761	9 555	4 411 137	118 136	839	229 987
内蒙古	562	2 770 910	4 932	56 369 330	100 325	3 318	2 097 107
陕西	645	3 942 487	6 108	61 891 568	95 890	3 649	3 531 716
甘肃	459	2 332 252	5 078	28 495 103	62 040	7 095	1 206 678
青海	119	836 716	7 004	11 023 518	92 274	1 039	491 739
宁夏	151	962 844	6 359	17 089 151	112 862	2 646	616 615
新疆	378	2 128 295	5 637	31 893 664	84 466	6 590	1 313 779
东北	2 382	11 295 794	4 742	206 465 515	86 669	11 172	9 075 336
辽宁	948	4 737 807	4 997	82 576 464	87 098	2 108	3 604 497
吉林	525	2 540 553	4 841	46 164 350	87 958	3 585	1 820 993
黑龙江	669	2 708 624	4 049	52 618 950	78 664	4 540	2 494 989
大连	240	1 308 809	5 445	25 105 750	104 444	939	1 154 857

中国建设银行各分行双币种信用卡主要指标统计表（本外币）

（2010 年 12 月）

地区	客户数		消费交易额		账户活动率		贷款余额		贷款不良率	业务收入（万元）
	本年净增（户）	计划完成率（%）	本年新增（万元）	计划完成率（%）	账户活动率（%）	计划完成率（%）	本期余额（万元）	计划完成率（%）	迟缴90天以上占比（%）	
全国总计	**7 085 899.5**	**104.20**	**40 651 861**	**96.79**	**55.76**	**101.37**	**5 537 469**	**112.10**	**1.18**	**589 383**
长三角	1 434 726.5	98.27	10 487 098	95.95	56.00	101.82	1 405 955	117.77	1.16	158 721
上海	382 703.5	100.71	3 271 894	102.89	56.03	101.88	408 402	86.23	0.95	46 357
江苏	414 649.5	92.14	2 958 403	93.92	53.35	97.00	354 778	97.05	1.30	41 304
浙江	437 113.5	101.65	3 113 909	91.59	59.16	107.57	468 949	163.42	1.13	50 013
宁波	100 260	100.26	561 352	86.36	56.27	102.32	84 572	94.98	1.51	9 067
苏州	100 000	100.00	581 540	105.73	54.85	99.72	89 254	181.71	1.40	11 980
珠三角	1 207 847	98.20	9 976 245	98.58	58.61	106.56	1 509 640	123.19	1.29	159 884
广东	540 585	93.20	3 954 176	105.44	55.52	100.94	557 141	104.81	1.31	71 348
深圳	250 001	100.00	2 120 973	92.22	56.27	102.31	359 893	85.09	2.04	41 119
福建	356 570	104.87	3 379 564	96.01	65.83	119.69	525 961	188.42	0.81	41 345
厦门	60 691	101.15	521 531	94.82	64.07	116.50	66 644	87.71	0.88	6 073
环渤海	1 089 149	93.89	6 559 660	90.11	51.53	93.69	768 984	75.95	1.28	78 648
北京	223 684	63.91	1 926 602	89.61	48.85	88.82	225 128	52.72	1.05	27 400
山东	312 626	89.32	2 427 153	93.35	56.14	102.08	278 654	82.74	1.48	23 996
天津	112 242	66.02	508 366	80.69	39.03	70.96	58 700	54.78	1.39	7 496
河北	379 302	180.62	1 278 312	94.69	57.88	105.24	156 808	108.81	1.02	14 381
青岛	61 297	76.62	419 228	76.22	50.84	92.44	49 693	60.18	1.94	5 375
中部	1 502 851	107.35	6 719 209	96.40	54.58	99.23	892 631	96.72	1.31	85 585
山西	126 674	115.16	312 263	104.09	51.81	94.20	42 484	122.60	1.16	4 044
广西	90 031	75.03	388 354	86.30	59.79	108.71	59 952	94.37	1.38	6 001
湖北	260 029	100.01	1 185 254	87.80	51.65	93.90	152 520	82.65	1.59	15 206
河南	301 635	100.55	1 849 365	99.97	57.86	105.20	222 183	76.77	1.13	19 205
湖南	373 952	124.65	1 769 445	104.08	55.67	101.21	255 465	109.27	1.39	25 843
江西	81 142	81.14	290 119	82.89	50.99	92.70	40 186	141.02	2.23	3 914
海南	17 387	86.94	156 695	87.05	66.25	120.45	18 400	76.74	1.01	2 552
安徽	226 953	133.50	591 842	93.94	50.17	91.23	79 472	144.58	0.69	7 322
三峡	25 049	125.25	175 873	109.92	59.09	107.44	21 968	77.83	1.11	1 499
西部	1 295 972	129.60	4 895 228	109.03	59.02	107.31	696 709	146.20	0.63	71 843
四川	440 751	146.92	1 628 131	108.54	61.25	111.36	221 228	143.14	0.79	24 111
重庆	115 886	105.35	456 706	101.49	52.66	95.74	69 125	160.23	0.61	7 823
贵州	62 276	103.79	226 817	94.51	59.59	108.34	33 126	117.09	0.66	3 970
云南	254 297	231.18	539 867	107.97	55.99	101.81	76 631	153.40	0.41	7 088
西藏	5 001	100.01	26 637	133.19	61.13	111.15	3 210	143.33	0.74	478
内蒙古	116 698	106.09	829 902	127.68	61.38	111.60	138 789	155.86	0.41	11 906
陕西	111 093	100.99	419 928	104.98	56.97	103.58	60 554	211.04	0.55	6 195
甘肃	80 902	101.13	229 962	91.98	60.85	110.64	31 118	113.63	0.85	3 295
青海	26 382	87.94	84 758	84.76	56.23	102.23	8 645	96.10	0.45	1 040
宁夏	28 425	81.21	185 829	109.31	63.33	115.14	24 768	136.72	1.29	2 365
新疆	54 263	108.53	266 691	127.00	61.13	111.15	29 517	95.74	0.51	3 573
东北	555 356	100.97	2 014 422	91.15	53.55	97.37	263 550	118.53	1.26	30 677
辽宁	194 916	108.29	560 406	86.22	52.43	95.32	86 806	146.29	1.07	9 283
吉林	164 325	117.37	539 970	96.42	54.79	99.61	66 919	121.40	1.22	8 679
黑龙江	133 891	83.68	578 308	88.97	54.03	98.24	65 439	91.84	1.53	7 722
大连	62 225	88.89	335 739	95.93	52.48	95.42	44 386	100.92	1.26	4 994

注：1. 本年将“发卡量”指标改为“客户数”指标统计，本年净增客户数包含重点产品卡量。

2. 业务收入包括双币种信用卡透支利息收入和中间业务收入。

3. 总计业务收入中包括直接体现在总行的双币种信用卡业务收入。

4. 分行业务收入中包括体现在分行的消费回佣收入。

中国建设银行各分行准贷记卡主要指标统计表（本外币）

（2010 年 12 月）

地区	发卡总量（张）	消费额（万元）	存款余额（万元）	透支余额（万元）	贷款不良率 迟缴 60 天以上（%）
全国总计	**1 799 099**	**2 053 626**	**1 633 882**	**7 604**	**67.12**
长三角	1 150 799	1 036 506	952 792	1 425	36.76
上海	147 798	221 830	236 260	705	33.36
江苏	564 417	502 697	321 251	197	36.44
浙江	395 393	240 555	345 895	459	40.55
宁波	13 633	31 873	21 478	42	48.82
苏州	29 558	39 551	27 907	22	46.83
珠三角	176 664	179 172	286 079	2 411	57.44
广东	125 831	154 693	228 988	2 226	57.00
深圳	1 650	975	795	141	74.79
福建	39 268	8 423	42 154	34	28.03
厦门	9 915	15 081	14 141	10	12.61
环渤海	147 995	621 673	112 286	1 129	91.41
北京	31 484	589 617	71 408	106	46.77
山东	99 996	9 584	13 341	298	91.97
天津	5 531	4 385	6 772	4	98.10
河北	9 717	17 536	19 820	32	49.27
青岛	1 267	551	946	690	99.94
中部	88 891	91 202	78 472	2 028	90.74
山西	7 690	38 525	7 594	1 282	99.76
广西	13 547	11 712	14 720	252	75.13
湖北	13 508	8 868	30 044	207	54.66
河南	11 572	4 218	5 364	214	99.39
湖南	3 046	18 385	3 210	19	88.61
江西	24 523	3 376	7 426	19	57.45
海南	3 772	3 145	2 314	2	1.24
安徽	10 425	2 575	3 734	14	41.05
三峡	808	398	4 066	18	65.76
西部	110 329	60 089	117 859	176	36.04
四川	13 470	8 159	15 723	68	42.19
重庆	1 544	1 341	2 118	0	0.00
贵州	654	331	825	0	87.49
云南	9 248	18 313	11 018	1	99.89
西藏	312	571	896	0	28.47
内蒙古	35 208	14 937	36 853	79	21.84
陕西	3 903	902	3 099	1	68.46
甘肃	7 854	2 164	9 419	11	67.16
青海	7 055	4 465	5 848	8	41.21
宁夏	1 034	585	3 528	4	72.11
新疆	30 047	8 323	28 532	3	57.01
东北	124 421	64 985	86 394	434	59.56
辽宁	37 603	13 485	22 061	167	96.04
吉林	69 741	34 458	37 020	212	39.73
黑龙江	14 374	13 244	23 528	52	22.97
大连	2 703	3 797	3 785	2	68.98

中国建设银行各分行电子银行业务主要指标表（本外币）

（2010 年 12 月）

地区	客户数		交易额		交易量	
	期末数（万户）	比年初新增（万户）	期末数（亿元）	比上季新增（亿元）	期末数（亿元）	比上季新增（亿元）
总计	**24 514.25**	**7 160.19**	**1 274 317.37**	**354 385.54**	**647 819.23**	**207 247.28**
其他	0.02	0.00	13 870.68	2 998.51	1 684.08	486.88
总行本级	0.01	0.00	267.07	84.98	0.07	0.03
总行短信平台	2 795.19	371.54	0.00	0.00	0.00	0.00
长三角	3 783.04	1 181.91	266 156.51	83 902.68	160 595.74	49 507.16
上海	853.06	230.82	162 136.50	51 338.17	28 493.55	8 528.86
江苏	1 182.93	442.42	34 662.15	10 648.23	35 751.00	10 171.99
浙江	1 138.18	340.19	52 468.77	15 905.81	78 600.53	24 689.88
宁波	209.23	29.10	6 500.32	2 089.84	7 359.20	2 505.84
苏州	399.64	139.37	10 388.77	3 920.62	10 391.46	3 610.60
珠三角	4 255.47	1 155.02	619 618.76	154 423.56	153 544.02	43 642.95
广东	2 245.43	566.58	45 627.20	141 27.98	60 899.79	17 384.43
深圳	512.35	129.35	533 930.64	127 174.83	33 351.11	9 775.66
福建	1 228.28	388.89	31 443.10	10 413.29	49 390.12	14 246.29
厦门	269.41	70.19	8 617.82	2 707.47	9 903.00	2 236.57
环渤海	3 491.58	1 151.86	180 873.69	52 070.93	99 613.45	41 508.13
北京	781.83	188.12	124 835.08	34 694.38	26 310.14	8 565.54
山东	1 325.94	483.29	26 027.02	8 082.23	35 834.75	12 093.41
天津	251.94	86.07	8 963.29	2 607.27	7 772.63	2 556.51
河北	1 004.71	346.78	16 156.06	5 159.39	25 684.71	17 085.16
青岛	127.16	47.58	4 892.24	1 527.66	4 011.23	1 207.52
中部	5 046.16	1 661.68	89 406.66	27 369.10	105 214.53	32 818.65
山西	383.61	157.82	7 578.05	2 381.71	5 352.17	1 790.73
广西	313.53	134.77	6 896.98	2 152.70	6 065.23	1 938.52
湖北	800.87	327.75	12 247.25	3 754.04	14 606.93	4 576.02
河南	1 115.67	263.04	17 265.19	5 341.63	22 702.39	7 270.72
湖南	1 468.69	460.38	21 985.51	6 224.55	31 464.69	9 907.44
江西	420.07	111.70	9 078.59	2 980.26	12 119.83	3 332.10
海南	46.62	18.78	1 277.35	389.57	2 453.00	921.47
安徽	408.59	164.11	10 492.22	3 197.80	6 492.18	2 026.51
三峡	88.51	23.33	2 585.50	946.85	3 958.11	1 055.14
西部	3 614.86	1 142.02	71 064.41	22 869.23	80 694.20	25 289.48
四川	960.23	256.51	23 270.19	7 302.81	15 286.52	4 819.09
重庆	419.82	119.05	6 737.05	2 152.56	11 920.02	3 291.87
贵州	267.32	78.13	3 025.57	1 059.84	9 272.26	3 459.51
云南	275.56	104.44	5 449.18	1 744.24	8 993.17	2 705.40
西藏	19.31	7.57	225.86	77.15	366.04	111.40
内蒙古	246.68	115.63	7 749.54	2 185.55	4 093.14	1 195.18
陕西	594.64	197.29	12 325.23	3 842.74	13 166.40	4 445.24
甘肃	346.71	128.53	2 626.05	1 261.92	4 072.80	1 342.77
青海	76.83	35.00	2 631.58	806.92	1 621.81	435.13
宁夏	100.10	40.36	1 718.06	567.63	4 077.94	1 266.48
新疆	307.65	59.51	5 306.09	1 867.88	7 824.11	2 217.41
东北	1 527.92	496.17	33 059.60	10 666.54	46 473.14	13 994.00
辽宁	652.55	202.12	10 947.68	3 337.21	22 972.63	7 196.60
吉林	294.82	82.25	9 516.97	3 137.56	8 042.81	2 358.25
黑龙江	373.68	143.03	7 814.47	2 722.80	10 798.60	3 102.84
大连	206.88	68.76	4 780.48	1 468.97	4 659.11	1 336.31

注：1. 电子银行交易额含个人网上银行、企业网上银行、call center、重要客户服务系统、手机银行、短信银行、分行企业银行、家居银行。

2. 其他指不能拆分到各分行的数据。

3. 从 2009 年 9 月开始网上银行提供涉及越南盾的服务，其中广西、云南分行先期推出。按照统计规则，系统按越南盾统计，未对其进行折算，本期对交易额进行本外币合并计算。

4. 从 2009 年 7 月开始，总行短信平台交易量做了整理清零工作，把以前重复计算的量去掉，将剩余交易量分到各分行，以后只统计客户数。

中国建设银行 100 个中心城市行各项存款综合排名表（本外币）

（2010 年 12 月）　　（单位：亿元）

名次	地区	各项存款		其中：对公存款		其中：储蓄存款	
		本期余额	比年初新增	本期余额	比年初新增	本期余额	比年初新增
1	北京	6 753.07	769.32	4 447.53	567.39	2 305.54	201.93
2	上海	5 662.81	605.60	3 574.19	455.84	2 088.62	149.76
3	广州	3 273.29	397.48	1 848.91	245.53	1 424.38	151.95
4	深圳	2 786.00	304.35	1 948.08	155.94	837.92	148.41
5	成都	2 553.28	305.07	1 574.10	204.15	979.18	100.92
6	苏州	1 750.76	359.41	1 142.34	269.92	608.42	89.49
7	天津	1 588.97	100.02	991.61	76.97	597.36	23.05
8	重庆	1 578.51	125.95	903.76	80.43	674.75	45.52
9	武汉	1 317.97	167.07	610.03	67.15	707.94	99.92
10	杭州	1 276.60	-13.09	964.37	124.31	312.23	-137.40
11	西安	1 260.32	125.78	661.53	32.58	598.79	93.20
12	沈阳	1 159.22	88.94	580.62	26.18	578.60	62.76
13	大连	1 027.33	96.77	603.80	67.35	423.53	29.42
14	长沙	1 027.25	-54.87	640.18	-60.66	387.07	5.79
15	南京	1 020.97	53.06	592.75	11.03	428.22	42.03
16	无锡	968.00	143.44	539.78	94.11	428.22	49.33
17	宁波	966.75	90.29	628.93	79.45	337.82	10.84
18	石家庄	894.75	170.68	530.77	144.16	363.98	26.52
19	福州	893.11	23.34	403.55	64.02	489.56	-40.68
20	厦门	863.75	77.87	461.44	38.02	402.31	39.85
21	佛山	824.11	85.40	437.01	44.04	387.10	41.36
22	温州	820.03	95.19	416.01	86.10	404.02	9.09
23	济南	817.06	30.49	471.53	1.74	345.53	28.75
24	昆明	797.51	86.98	444.75	49.63	352.76	37.35
25	常州	782.19	107.83	393.53	61.29	388.66	46.54
26	哈尔滨	775.52	83.86	402.89	42.57	372.63	41.29
27	东莞	762.30	125.81	296.82	68.82	465.48	56.99
28	青岛	745.10	116.56	404.03	70.24	341.07	46.32
29	郑州	735.25	42.82	359.88	10.99	375.37	31.83
30	南通	688.23	103.00	317.36	52.27	370.87	50.73
31	长春	666.20	71.83	341.53	39.18	324.67	32.65
32	唐山	660.24	70.08	247.33	23.06	412.91	47.02
33	泉州	611.53	-161.74	223.31	-23.26	388.22	-138.48
34	南宁	608.50	64.12	364.71	34.87	243.79	29.25
35	兰州	604.91	93.89	364.93	60.27	239.98	33.62
36	太原	603.68	115.26	323.88	81.82	279.80	33.44
37	贵阳	591.15	85.24	397.34	60.94	193.81	24.30
38	乌鲁木齐	589.93	90.88	320.77	44.43	269.16	46.45
39	南昌	557.68	102.75	326.40	62.86	231.28	39.89
40	金华	554.51	83.29	297.72	57.19	256.79	26.10
41	绍兴	515.83	76.84	352.65	70.92	163.18	5.92
42	嘉兴	503.66	93.27	303.81	69.20	199.85	24.07
43	惠州	476.30	67.85	276.70	43.85	199.60	24.00
44	中山	472.74	77.59	241.05	42.92	231.69	34.67
45	西宁	457.71	125.39	299.14	72.64	158.57	52.75
46	合肥	444.20	87.94	256.24	59.60	187.96	28.34
47	珠海	396.98	71.02	221.30	41.43	175.68	29.59
48	烟台	388.88	68.33	223.65	41.02	165.23	27.31

续表

名次	地区	各项存款		其中：对公存款		其中：储蓄存款	
		本期余额	比年初新增	本期余额	比年初新增	本期余额	比年初新增
49	保定	383.83	49.89	124.75	19.09	259.08	30.80
50	扬州	371.14	32.39	189.87	12.00	181.27	20.39
51	呼和浩特	353.99	74.66	208.36	53.81	145.63	20.85
52	邯郸	351.32	18.80	115.98	6.99	235.34	11.81
53	泰州	349.57	33.05	177.38	14.53	172.19	18.52
54	江门	339.69	27.98	146.72	13.74	192.97	14.24
55	台州	333.39	54.91	197.71	45.36	135.68	9.55
56	潍坊	332.19	37.09	162.89	17.07	169.30	20.02
57	镇江	322.61	43.43	178.30	26.63	144.31	16.80
58	济宁	320.17	19.59	168.68	0.86	151.49	18.73
59	大庆	309.67	39.33	141.91	23.82	167.76	15.51
60	徐州	307.37	41.47	156.95	23.89	150.42	17.58
61	三峡	297.11	52.50	138.73	27.35	158.38	25.15
62	襄樊	296.81	45.67	115.90	20.13	180.91	25.54
63	沧州	294.14	12.55	89.24	0.61	204.90	11.94
64	洛阳	289.34	30.66	112.04	18.23	177.30	12.43
65	银川	284.78	37.46	163.95	19.03	120.83	18.43
66	汕头	282.57	31.85	110.96	17.34	171.61	14.51
67	廊坊	269.48	35.35	109.06	13.46	160.42	21.89
68	淄博	266.31	-5.49	121.83	-14.40	144.48	8.91
69	包头	264.26	35.15	142.55	18.28	121.71	16.87
70	鞍山	254.81	7.98	78.29	-4.04	176.52	12.02
71	鄂尔多斯	251.21	19.22	155.82	-0.82	95.39	20.04
72	东营	248.65	36.45	140.05	28.81	108.60	7.64
73	湖州	242.93	42.30	143.79	33.50	99.14	8.80
74	湛江	242.92	40.50	127.99	29.78	114.93	10.72
75	盐城	223.94	16.41	123.63	8.52	100.31	7.89
76	舟山	215.14	19.86	150.67	15.32	64.47	4.54
77	咸阳	207.96	38.79	100.33	19.13	107.63	19.66
78	柳州	199.84	25.17	100.49	11.96	99.35	13.21
79	秦皇岛	198.30	13.87	86.02	4.56	112.28	9.31
80	株洲	197.36	23.80	76.57	12.16	120.79	11.64
81	榆林	192.08	23.54	113.17	9.11	78.91	14.43
82	临沂	185.32	26.75	95.89	14.02	89.43	12.73
83	泰安	180.52	17.45	102.43	12.87	78.09	4.58
84	丽水	177.29	18.88	89.98	13.27	87.31	5.61
85	南阳	172.53	27.60	83.96	18.61	88.57	8.99
86	莆田	167.77	15.84	52.31	6.06	115.46	9.78
87	威海	165.96	22.71	89.87	12.47	76.09	10.24
88	衢州	162.12	28.75	106.74	22.27	55.38	6.48
89	平顶山	157.98	15.61	68.09	8.67	89.89	6.94
90	聊城	157.74	15.59	86.12	11.57	71.62	4.02
91	桂林	157.22	14.42	61.19	3.20	96.03	11.22
92	淮安	155.91	22.19	90.42	11.76	65.49	10.43
93	渭南	150.66	33.02	69.47	18.20	81.19	14.82
94	滨州	145.83	15.32	87.31	8.10	58.52	7.22
95	马鞍山	143.43	13.79	65.03	5.35	78.40	8.44
96	新乡	139.44	15.16	61.30	10.26	78.14	4.90
97	龙岩	97.95	5.28	50.13	5.88	47.82	-0.60
98	芜湖	90.74	-11.58	36.90	-14.56	53.84	2.98
99	营口	86.44	16.21	31.92	11.92	54.52	4.29
100	铜陵	60.84	6.68	28.27	3.51	32.57	3.17

中国建设银行100个中心城市行各项贷款综合排名表（本外币）

（2010年12月）　　　　（单位：亿元）

名次	地区	各项贷款		其中：对公贷款		其中：个人贷款	
		本期余额	比年初新增	本期余额	比年初新增	本期余额	比年初新增
1	上海	3 017.22	311.77	2 445.06	268.35	572.16	43.42
2	北京	2 970.66	247.36	2 470.11	192.91	500.55	54.45
3	深圳	2 308.75	327.93	1 496.43	200.65	812.32	127.28
4	成都	1 592.30	195.74	1 193.03	115.03	399.27	80.71
5	天津	1 495.75	231.99	1 327.65	192.82	168.10	39.17
6	广州	1 416.70	175.69	1 152.00	145.87	264.70	29.82
7	苏州	1 361.51	223.80	932.77	162.10	428.74	61.70
8	重庆	1 299.33	195.15	900.98	100.98	398.35	94.17
9	杭州	1 296.87	144.03	895.90	104.50	400.97	39.53
10	宁波	1 006.20	166.90	728.47	105.50	277.73	61.40
11	长沙	903.27	115.79	753.73	90.35	149.54	25.44
12	武汉	787.96	96.28	602.18	64.66	185.78	31.62
13	西安	786.43	116.51	552.55	37.95	233.88	78.56
14	南京	687.22	61.93	573.55	50.52	113.67	11.41
15	厦门	672.46	69.29	454.04	48.55	218.42	20.74
16	无锡	664.29	106.63	520.78	67.34	143.51	39.29
17	福州	663.71	48.86	384.23	26.27	279.48	22.59
18	温州	658.41	118.78	388.42	57.96	269.99	60.82
19	沈阳	657.44	94.92	454.92	67.39	202.52	27.53
20	大连	644.00	94.91	502.58	66.11	141.42	28.80
21	昆明	629.62	68.74	466.81	48.25	162.81	20.49
22	青岛	620.67	112.26	418.93	69.01	201.74	43.25
23	南宁	520.19	68.71	353.39	43.65	166.80	25.06
24	贵阳	504.24	73.50	428.81	53.22	75.43	20.28
25	常州	501.64	75.84	369.81	47.18	131.83	28.66
26	金华	483.16	89.34	332.26	64.64	150.90	24.70
27	佛山	481.14	102.85	381.86	75.12	99.28	27.73
28	郑州	475.22	42.05	329.37	15.39	145.85	26.66
29	长春	474.12	68.57	371.75	49.61	102.37	18.96
30	济南	462.84	-12.45	400.86	-13.69	61.98	1.24
31	泉州	456.15	-48.07	350.46	-45.46	105.69	-2.61
32	合肥	450.74	93.36	252.05	40.88	198.69	52.48
33	唐山	446.68	69.25	408.04	58.53	38.64	10.72
34	哈尔滨	423.40	57.69	334.20	41.90	89.20	15.79
35	嘉兴	415.32	57.81	303.06	38.75	112.26	19.06
36	南通	409.78	57.97	318.18	42.76	91.60	15.21
37	绍兴	382.86	53.63	284.53	39.64	98.33	13.99
38	石家庄	382.10	83.33	310.52	68.19	71.58	15.14
39	南昌	378.33	74.14	275.99	60.12	102.34	14.02
40	太原	359.45	56.98	342.70	52.22	16.75	4.76
41	鄂尔多斯	352.29	37.48	311.27	24.57	41.02	12.91
42	乌鲁木齐	322.12	54.46	272.25	46.31	49.87	8.15
43	台州	305.83	45.39	209.81	28.33	96.02	17.06
44	东莞	297.45	37.45	189.47	25.07	107.98	12.38
45	惠州	285.05	36.89	192.68	13.86	92.37	23.03
46	兰州	278.80	27.74	260.66	24.67	18.14	3.07
47	三峡	277.99	38.57	228.98	28.08	49.01	10.49
48	西宁	272.39	57.29	254.74	52.76	17.65	4.53

续表

名次	地区	各项贷款		其中：对公贷款		其中：个人贷款	
		本期余额	比年初新增	本期余额	比年初新增	本期余额	比年初新增
49	潍坊	270. 85	60. 05	182. 70	32. 54	88. 15	27. 51
50	烟台	260. 77	58. 71	200. 15	42. 01	60. 62	16. 70
51	镇江	238. 93	26. 62	191. 85	19. 64	47. 08	6. 98
52	银川	230. 99	45. 62	207. 89	37. 01	23. 10	8. 61
53	泰州	229. 08	32. 97	170. 44	21. 56	58. 64	11. 41
54	湖州	226. 49	49. 85	141. 58	28. 64	84. 91	21. 21
55	呼和浩特	213. 34	31. 22	182. 02	21. 63	31. 32	9. 59
56	中山	210. 90	26. 47	106. 34	7. 79	104. 56	18. 68
57	扬州	201. 38	35. 49	138. 25	18. 71	63. 13	16. 78
58	邯郸	201. 36	14. 94	183. 69	12. 33	17. 67	2. 61
59	淄博	199. 14	16. 11	145. 49	10. 49	53. 65	5. 62
60	舟山	183. 78	19. 83	142. 99	14. 14	40. 79	5. 69
61	济宁	182. 65	26. 98	145. 59	23. 06	37. 06	3. 92
62	东营	176. 59	40. 80	157. 27	36. 67	19. 32	4. 13
63	徐州	175. 95	35. 16	118. 08	19. 74	57. 87	15. 42
64	廊坊	175. 80	29. 26	80. 11	5. 69	95. 69	23. 57
65	盐城	165. 04	22. 58	121. 85	13. 35	43. 19	9. 23
66	包头	164. 11	39. 80	130. 92	23. 76	33. 19	16. 04
67	丽水	156. 10	11. 14	97. 31	9. 37	58. 79	1. 77
68	秦皇岛	154. 66	17. 87	125. 02	12. 86	29. 64	5. 01
69	珠海	152. 15	42. 92	62. 49	17. 85	89. 66	25. 07
70	洛阳	151. 76	24. 20	119. 52	21. 93	32. 24	2. 27
71	威海	148. 52	21. 67	76. 19	12. 31	72. 33	9. 36
72	柳州	140. 75	16. 01	97. 66	6. 56	43. 09	9. 45
73	临沂	140. 32	17. 03	102. 68	12. 65	37. 64	4. 38
74	衢州	130. 23	20. 05	90. 91	11. 53	39. 32	8. 52
75	泰安	128. 81	21. 93	99. 70	12. 98	29. 11	8. 95
76	淮安	120. 60	21. 12	83. 70	12. 48	36. 90	8. 64
77	江门	120. 13	9. 23	77. 87	1. 72	42. 26	7. 51
78	滨州	120. 00	17. 90	97. 01	14. 30	22. 99	3. 60
79	襄樊	118. 45	24. 94	76. 05	12. 69	42. 40	12. 25
80	沧州	112. 86	10. 58	90. 49	5. 95	22. 37	4. 63
81	芜湖	112. 29	10. 90	90. 05	7. 76	22. 24	3. 14
82	聊城	110. 06	18. 91	89. 13	13. 09	20. 93	5. 82
83	龙岩	109. 62	21. 00	61. 87	8. 58	47. 75	12. 42
84	平顶山	107. 92	16. 70	99. 06	13. 90	8. 86	2. 80
85	莆田	106. 69	16. 46	66. 19	9. 44	40. 50	7. 02
86	榆林	105. 96	23. 54	85. 92	17. 90	20. 04	5. 64
87	保定	101. 96	18. 54	73. 86	10. 63	28. 10	7. 91
88	汕头	92. 12	12. 96	74. 62	9. 06	17. 50	3. 90
89	新乡	88. 76	18. 89	70. 01	12. 12	18. 75	6. 77
90	南阳	83. 71	10. 91	68. 99	6. 77	14. 72	4. 14
91	株洲	81. 69	-0. 11	49. 54	0. 75	32. 15	-0. 86
92	马鞍山	80. 64	15. 00	67. 50	12. 47	13. 14	2. 53
93	桂林	79. 08	7. 71	62. 15	4. 32	16. 93	3. 39
94	渭南	76. 89	13. 00	70. 21	10. 00	6. 68	3. 00
95	湛江	69. 99	8. 88	58. 71	6. 24	11. 28	2. 64
96	鞍山	68. 00	0. 08	54. 01	-3. 71	13. 99	3. 79
97	铜陵	66. 63	9. 62	57. 13	6. 22	9. 50	3. 40
98	咸阳	64. 87	18. 74	46. 97	12. 35	17. 90	6. 39
99	营口	64. 68	11. 16	57. 04	7. 58	7. 64	3. 58
100	大庆	62. 46	12. 35	59. 55	11. 85	2. 91	0. 50

中国建设银行各项存款市场占比表（本外币、分地区）

（2010 年 12 月）

地区	一般性存款				其中：对公存款				其中：个人存款			
	余额（亿元）	占比（%）	比年初新增(亿元)	占比（%）	余额（亿元）	占比（%）	比年初新增(亿元)	占比（%）	余额（亿元）	占比（%）	比年初新增(亿元)	占比（%）
全国总计	**90 204.66**	**25.46**	**10 843.83**	**23.55**	**50 013.82**	**27.60**	**6 464.54**	**24.93**	**40 190.84**	**23.21**	**4 379.29**	**21.78**
总行本级	473.09	8.34	-35.85	-5.49	326.5	10.39	-46.93	-44.97	146.59	5.80	11.08	2.02
长三角	21 698.02	24.26	2 882.62	22.32	13 244.17	26.45	2 089.75	25.15	8 453.85	21.54	792.86	17.40
上海	5 663.54	25.41	606.31	24.24	3 574.81	29.38	456.34	34.75	2 088.73	20.65	149.97	12.62
江苏	7 203.05	24.12	1 000.49	19.93	4 086.82	24.76	618.32	17.57	3 116.23	23.42	382.17	23.69
浙江	6 073.22	23.94	825.43	22.18	3 770.57	26.30	665.05	25.22	2 302.65	20.95	160.38	15.06
宁波	986.85	24.62	90.39	19.84	649.03	27.05	79.54	24.31	337.82	21.00	10.84	8.45
苏州	1 771.36	22.09	360.00	25.50	1 162.94	23.35	270.50	27.70	608.42	20.01	89.50	20.56
珠三角	18 279.22	27.49	2 176.80	25.75	10 411.58	31.21	1 219.61	27.54	7 867.65	24.06	957.20	23.70
广东	11 272.96	25.39	1 396.90	25.06	6 372.66	29.79	775.75	27.42	4 900.30	21.91	621.15	22.52
深圳	2 836	28.80	304.36	24.94	1 998.12	32.58	155.94	26.13	837.88	22.56	148.42	23.80
福建	3 276.38	31.87	397.55	30.27	1 549.24	33.42	249.79	32.47	1 727.14	30.72	147.76	26.72
厦门	893.88	37.66	77.99	23.38	491.56	35.13	38.13	17.75	402.33	41.30	39.87	33.55
环渤海	17 799.12	22.58	1 861.91	21.17	10 263.08	23.10	1 156.11	22.77	7 536.04	21.90	705.80	18.98
北京	6 953.49	20.83	762.81	21.71	4 647.89	20.70	560.71	23.45	2 305.60	21.11	202.10	18.00
山东	4 625.46	23.92	471.63	22.34	2 502.75	25.14	236.09	21.22	2 122.71	22.64	235.54	23.43
天津	1 689.08	21.87	100.13	11.74	1 091.71	25.11	77.06	14.12	597.37	17.70	23.07	7.52
河北	3 755.88	25.33	410.68	22.39	1 586.59	27.24	211.93	27.23	2 169.29	24.10	198.75	18.82
青岛	775.21	22.94	116.66	25.67	434.14	25.67	70.32	25.80	341.07	20.22	46.34	25.48
中部	16 261.65	26.56	2 045.89	24.08	7 873.83	28.75	1 007.40	23.01	8 387.82	24.78	1 038.49	25.23
山西	2 003.98	22.63	342.44	36.43	975.4	24.41	207.22	46.70	1 028.58	21.16	135.22	27.25
广西	1 478.62	23.78	160.98	18.28	800.15	26.25	77.07	16.63	678.47	21.41	83.91	20.10
湖北	3 023.56	29.16	447.63	25.59	1 306.56	29.25	192.48	21.70	1 717.00	29.09	255.15	29.38
河南	2 612.25	25.67	253.32	20.30	1 096.95	27.54	118.76	18.74	1 515.30	24.47	134.56	21.90
湖南	2 938.83	34.94	236.49	27.81	1 419.08	40.11	74.40	22.12	1 519.75	31.19	162.09	31.53
江西	1 406.42	24.17	222.78	22.67	750.22	27.70	123.18	22.97	656.20	21.09	99.60	22.31
海南	592.84	21.90	90.15	15.58	394.75	24.72	49.52	14.27	198.09	17.85	40.63	17.55
安徽	1 908.04	24.50	239.60	21.27	991.99	26.89	137.42	20.38	916.05	22.34	102.18	22.59
三峡	297.11	37.70	52.50	41.80	138.73	39.10	27.35	42.55	158.38	36.54	25.15	41.01
西部	16 610.69	28.11	2 245.12	25.66	9 619.04	31.22	1 332.07	26.80	6 991.65	24.72	913.05	24.15
四川	4 351.79	28.36	514.61	23.30	2 483.77	32.07	328.41	26.47	1 868.02	24.58	186.20	19.24
重庆	1 608.68	26.81	126.12	13.62	933.93	29.52	80.59	14.41	674.75	23.79	45.53	12.43
贵州	1 156.99	31.07	198.72	36.29	714.17	34.82	133.07	41.41	442.82	26.47	65.65	29.01
云南	1 799.51	26.10	257.10	25.43	1 052.66	27.80	155.59	27.05	746.85	24.03	101.51	23.30
西藏	335.04	29.90	62.30	27.30	266.89	30.26	49.26	25.75	68.15	28.56	13.04	35.30
内蒙古	1 431.75	25.91	232.97	29.98	798.06	29.05	128.77	29.85	633.69	22.79	104.20	30.14
陕西	2 401.17	28.67	268.52	25.42	1 331.97	32.35	110.29	21.55	1 069.20	25.12	158.23	29.07
甘肃	1 242.39	30.46	192.93	32.02	680.64	34.22	110.41	33.85	561.75	26.89	82.52	29.85
青海	592.62	36.69	128.96	37.10	381.87	39.67	91.62	38.95	210.75	32.29	37.34	33.22
宁夏	520.6	38.91	82.66	35.90	316.66	45.31	50.46	38.46	203.94	31.90	32.20	32.52
新疆	1 170.15	23.06	180.23	22.08	658.42	24.66	93.60	20.92	511.73	21.28	86.63	23.48
东北	7 670.60	28.77	766.02	29.78	3 753.99	34.20	415.70	29.42	3 916.61	25.17	350.32	30.18
辽宁	3 510.76	31.41	312.61	29.40	1 682.19	37.82	153.41	21.95	1 828.57	27.80	159.20	37.93
吉林	1 277.29	27.22	146.22	38.67	612.32	31.92	87.84	45.43	664.97	23.97	58.38	31.59
黑龙江	1 855.22	27.36	210.42	34.77	855.66	32.97	107.10	38.60	999.56	23.88	103.32	31.53
大连	1 027.33	27.68	96.77	18.27	603.82	32.70	67.35	20.97	423.51	22.71	29.42	14.11

注：本表数据来源于人民银行信贷收支月报，与建设银行口径差异为多含“邮政储蓄银行存款”。

中国建设银行各项贷款市场占比表（本外币、分地区）

（2010年12月）

地区	各项贷款				其中：对公贷款				其中：个人贷款			
	余额（亿元）	占比（%）	比年初新增(亿元)	占比（%）	余额（亿元）	占比（%）	比年初新增(亿元)	占比（%）	余额（亿元）	占比（%）	比年初新增(亿元)	占比（%）
全国总计	**54 481.3**	**25.29**	**7 944.05**	**25.33**	**40 831.55**	**25.23**	**5 159.56**	**28.07**	**13 649.75**	**25.47**	**2 784.49**	**21.45**
总行本级	636.44	16.59	219.44	54.40	88.88	4.55	30.25	5.22	547.56	29.09	189.19	19.24
长三角	15 570.43	23.89	2 227.77	24.86	11 363.10	23.96	1 544.06	27.52	4 207.32	23.71	683.70	20.38
上海	3 018.12	24.52	312.65	27.68	2 446.48	25.05	269.08	31.29	571.64	22.49	43.57	16.16
江苏	4 928.70	24.04	739.16	23.55	3 630.19	24.48	496.57	26.49	1 298.51	22.77	242.59	19.56
浙江	5 255.25	24.16	784.62	25.99	3 624.55	23.98	510.18	28.96	1 630.70	24.56	274.44	21.77
宁波	1 006.34	23.68	167.04	24.20	728.6	23.06	105.63	25.74	277.73	25.45	61.40	21.94
苏州	1 362.02	21.70	224.30	22.31	933.28	20.85	162.60	22.99	428.74	23.82	61.70	20.70
珠三角	11 483.42	24.77	1 638.38	29.44	7 751.82	24.43	1 005.75	34.76	3 731.60	25.54	632.63	23.76
广东	5 946.49	20.35	873.04	25.71	4 151.83	20.54	546.63	29.43	1 794.66	19.84	326.41	21.08
深圳	2 308.75	29.60	327.94	49.98	1 496.43	29.89	200.66	93.36	812.32	29.08	127.28	28.85
福建	2 555.54	28.88	367.93	25.82	1 649.34	27.78	209.73	26.42	906.20	31.02	158.20	25.15
厦门	672.64	31.73	69.47	24.51	454.22	30.15	48.73	27.71	218.42	35.63	20.74	19.27
环渤海	10 404.60	24.52	1 401.86	22.49	8 332.29	24.56	1 011.21	23.30	2 072.31	24.35	390.66	20.53
北京	2 971.42	27.56	248.10	18.25	2 470.87	26.93	193.65	15.83	500.55	31.17	54.45	40.08
山东	3 299.71	21.30	483.91	20.93	2 492.46	21.32	325.35	24.52	807.25	21.21	158.56	15.80
天津	1 495.99	25.37	232.23	25.74	1 327.89	25.89	193.06	27.61	168.10	21.85	39.17	19.32
河北	2 016.69	25.03	325.24	24.53	1 622.02	25.81	229.93	26.35	394.67	22.26	95.31	21.03
青岛	620.79	24.00	112.38	30.14	419.05	21.97	69.22	34.17	201.74	29.71	43.17	25.34
中部	9 488.64	27.11	1 439.95	25.03	7 234.21	27.49	896.39	28.20	2254.43	25.97	543.56	21.15
山西	879.78	24.21	109.64	20.78	822.52	23.95	91.14	19.61	57.26	28.61	18.50	29.44
广西	1 038.67	23.33	152.43	22.05	717.33	23.94	86.40	25.88	321.34	22.08	66.03	18.46
湖北	1 645.57	27.40	237.79	21.86	1 285.51	28.36	154.59	25.62	360.06	24.59	83.20	17.42

续表

地区	各项贷款				其中：对公贷款				其中：个人贷款			
	余额（亿元）	占比（%）	比年初新增(亿元)	占比（%）	余额（亿元）	占比（%）	比年初新增(亿元)	占比（%）	余额（亿元）	占比（%）	比年初新增(亿元)	占比（%）
河南	1 476.92	26.88	216.60	26.78	1 143.48	26.35	135.63	30.08	333.44	28.85	80.97	22.63
湖南	1 821.46	34.89	260.66	30.97	1 469	36.76	189.54	41.15	352.46	28.80	71.12	18.66
江西	834.65	23.09	128.68	21.24	562.72	23.62	63.50	23.69	271.93	22.07	65.18	19.30
海南	216.85	23.20	39.86	20.82	142.9	20.29	15.53	15.57	73.95	32.08	24.33	26.54
安徽	1 296.75	25.76	255.72	26.05	861.77	25.21	131.98	26.25	434.98	26.93	123.74	25.85
三峡	277.99	46.39	38.57	96.00	228.98	47.13	28.08	627.70	49.01	43.24	10.49	29.38
西部	9 638.23	27.16	1 443.52	24.60	7 607.50	27.34	938.27	25.85	2 030.73	26.50	505.25	22.57
四川	2 058.27	23.66	292.77	20.70	1 537.91	23.51	176.10	21.44	520.36	24.09	116.67	19.67
重庆	1 299.41	27.28	195.24	23.62	901.06	26.02	101.07	23.33	398.35	30.62	94.17	23.94
贵州	742.9	25.31	99.42	23.83	615.93	26.33	72.67	30.61	126.97	21.31	26.75	14.88
云南	1 159.05	23.91	136.34	18.46	863.03	22.57	86.75	16.80	296.02	28.95	49.59	22.35
西藏	96.78	32.64	9.26	17.44	81.98	42.35	8.80	20.25	14.80	14.37	0.46	4.76
内蒙古	1 184.78	29.31	179.20	26.64	1 042.67	31.133	126.54	33.433	142.11	20.49	52.66	17.91
陕西	1 192.49	30.95	209.29	32.06	881.90	29.65	106.14	28.93	310.59	35.34	103.15	36.07
甘肃	545.77	28.69	63.88	21.48	497.30	29.91	51.62	22.99	48.47	20.22	12.26	16.83
青海	321.16	34.96	65.01	34.89	302.18	34.95	59.96	35.47	18.98	35.20	5.05	29.23
宁夏	424.61	35.64	79.70	36.06	370.64	37.72	59.65	39.99	53.97	25.86	20.05	27.91
新疆	613.01	30.14	113.41	29.24	512.90	31.52	88.97	30.80	100.11	24.63	24.44	24.68
东北	4 152.05	27.76	607.74	23.81	3 216.83	26.86	414.61	24.86	935.23	31.33	193.14	21.85
辽宁	1 958.66	28.41	261.95	23.85	1 510.74	25.92	178.00	23.10	447.92	41.49	83.95	25.53
吉林	798.82	28.98	145.63	29.77	610.41	28.34	93.29	29.35	188.41	31.27	52.34	30.54
黑龙江	750.58	27.79	105.26	23.33	593.10	28.51	77.21	32.03	157.48	25.35	28.05	13.36
大连	643.99	25.24	94.90	18.49	502.58	25.37	66.11	18.44	141.42	24.77	28.80	18.61

注：本表数据来源于人民银行信贷收支月报，个人贷款中含“个人买方信贷”，不含“外币个人贷款”。

CHINA 中国建设银行年鉴 2011
CONSTRUCTION BANK ALMANAC

第六部分 专题与调查研究

一、调查研究

关于我行定期报告有关工作的调研分析

监事会调研组

定期报告[①]是上市公司信息披露的核心与支柱，是上市公司持续的信息披露责任和法定义务，是公司股东、债权人、监管部门、社会公众等利益相关方以及公司内部掌握、研究分析公司动态情况的主要信息渠道。因其重要性，法律法规、监管规定明确要求公司董事、监事、高管要保证披露的信息真实、准确、完整，董事会须对定期报告进行审议，董事、高管要对公司定期报告签署书面确认意见，监事会要对董事会编制的定期报告进行审核并提出书面审核意见。为了解我行定期报告工作的组织实施情况，加强监督，在监事会的指导下，监事会办公室进行了相关工作的调研，调阅分析了相关信息资料，与总行八个部门及外部审计师进行了沟通，访谈了部分专职董事，与一些同业监事会进行了交流。

一、我行定期报告主要工作情况

（一）建立了相对清晰的定期报告工作流程

定期报告主要包括编制、审核、披露三大部分的工作，是涉及全行的一项系统性工程。股改上市以来，董事会、管理层高度重视定期报告工作，经过多年的努力，全行搭建起了相对清晰的定期报告工作流程，建立了比较完善的制度体系，形成了包括公司章程、《信息披露办法》、《独立董事年报工作制度》、《审计委员会年报工作规程》、《定期报告编审披露工作流程》、《审计调整和财务会计报告确认管理办法》、《外部审计管理办法》以及大量财务会计规定等在内的一系列制度办法。明确了董事会、监事会、管理层、部门、分行及外部审计师等各主体在定期报告编制、审核、披露中的职责任务，明晰了前期工作、报告编制、管理层审核、董事会审议、监事会审议、公开披露等主要环节的工作要求，为定期报告工作的顺畅运转打下了基础。图1展示了年度报告的主要流程。

（二）加强了对定期报告的审核与监督

1. 董事会及其审计委员会依据法律法规、监管规定的要求，按期召开会议对定期报告进行审核、审议，全体董事依法审核并签署书面确认意见。董事会审计委员会承担了具体的审核、监督工作，包括审核定期报告编制计划，预审财务会计报表，就定期报告初稿进行预沟通，召开专门会议审核、审议等。审计委员会重视与管理层、外部审计师的沟通，通过各种方式主动了解定期

① 包括年度报告、半年度报告和季度报告。

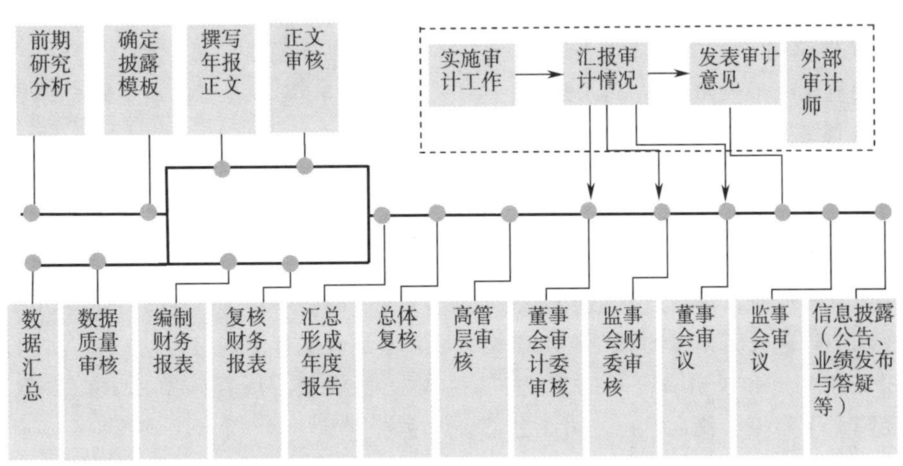

图1　年度报告编制、审核、披露主要流程图

报告编制、审计过程中的重要情况；重视财务报告编制能力建设，推动A股、H股两套财务报告的趋同工作，并对财务报告内部控制和相关信息系统的建设与完善加强指导；定期与外部审计师召开闭门会议，加强自主性交流与讨论。为提高审议审核效率，委员会成员还进行了内部工作分工，有侧重点地进行报告的审阅。近年来，在规范财务报告审议，对理财产品、表外业务、并表管理、迪拜债务、政府融资平台贷款等重要事项的会计处理和信息披露方面，委员们都提出了大量指导意见和建议。

2. 监事会及其财务与内部控制监督委员会按期召开会议对定期报告进行审核、审议，依法提出独立审核意见。监事积极列席董事会、审计委员会和管理层的相关会议，加强对定期报告内容、审核程序和编制审核工作情况的监督。监事会办公室作为监事会的工作机构，定期调阅财务会计信息、内部审计报告、文件签报等资料，及时跟踪监管规定与会计准则的调整变化，结合经营管理实际和监管要求，提出对定期报告的监督参考意见，为监事会监督与审核提供支持。监事会还坚持访谈董事、高管、部门、分行负责人及外部审计师，对信贷资产质量及五级分类等，也聘请过会计师事务所实施阶段性的检查；对监督工作中发现或认为需要关注的事项，则以提示函、建议函或调研分析报告等形式及时进行提示、建议，促进了相关工作的加强与改进。

（三）全行积极推进财务报告编制能力的建设

财务报告是定期报告的重要组成部分。过去我行财务报告编制在较大程度上依赖于外部审计师的协助。近年来，我行加强学习借鉴和人才培养，坚持探索创新，有效提升了财务报告独立编制能力。

1. 加强工作团队建设。一是建立了10人左右的总行财务报告核心团队，并着手在全行范围内建设一支百人左右的财务报告核心团队，通过加强培训快速提高团队人员的业务技能。二是创新工作方法和模式，如针对资金业务专业技术性较强、监管部门和市场对相关信息披露要求越来越高的情况，组建了跨部门的资金业务财务报告团队；实施财务报告集中会审，抽调分行和外部审计师人员集中审核财务报告基础数据。这些措施对于提高财务报告编制质量和效率，增强部门与分行对财务报告编制工作的认识，增进相互协作，培养财务报告编制人才等，都发挥了积极作用。三是致力于独立编制，于2007年首次实现独立编制季度财务报告，2008年实现A股、H股两套财务报告的趋同，2009年实现半年度和年度财务报告的独立编制，成为国内有能力独立编制财务报告的两家上市银行之一。

2. 强化编制工作基础。近年来，我行在信息系统建设方面取得了明显进步。总账系统（ERPF系统）、财务报告系统（FRS系统）先后上线，能够比较全面地提供符合国内、国际会计准则要求的财务报告主表、附注、分部报告等信息，数据质量和自动化水平均有较大提高。其他如信贷管理信息系统2期（CMIS Ⅱ）、资产负债管理系统（ALM）、关联交易系统等的开发上线和改进优化，也在不同方面加强了对定期报告的系统支持。针对定期报告编制、审核和财务会计管理、核算等工作，我行出台了大量的规章制度，推动了定期报告制度体系的完善和工作流程的规范。总行部门、分行对定期报告工作较为重视与投入。如信息中心为解决系统之间的一些数据差异问题，承担了大量的数据整合工作；授信管理部、风险管理部改进了信贷资产质量和资产减值拨备数据的提供，以及风险管理披露信息的编制；董事会办公室在满足监管规定和投资者需求的前提下，采取多种途径降低了年报印刷成本；公司业务部等业务部门切实加强了对有关业务信息披露的基础支持工作；各部门和分行高度重视外部审计调整事项，积极整改，全行审计调整事项逐步减少。

（四）注重不断提升信息披露质量与透明度

我行注重提升信息披露质量与透明度。在对同业定期报告、外部评比标准等的分析、借鉴基础上，不断丰富报告内容，充分展现我行经营管理情况的特点、亮点，以便市场客观认识和评估我行的投资价值，使我行树立良好的企业市场形象。依据凡对投资者投资决策有重大影响的信息均应披露的原则，主动加强了对一些市场关注焦点，如次级债券、雷曼债券、迪拜贷款、政府融资平台贷款等的披露。在按规定及时公告定期报告外，还坚持进行路演和业绩发布，介绍情况、解答问题，在合规的前提下更多地展现我行的竞争优势与发展潜力。

在全行上下的共同努力下，我行定期报告的质量获得了外界的高度肯定，自2006年起，各年年报屡次荣获美国媒体专业联盟（LACP）、美国ARC国际年报大赛、中国香港管理专业协会（HKMA）、中国香港会计师公会的大奖。其中HKMA连续三年特别提到我行年报在“遵循会计准则、上市规则、公司条例披露要求以及提供更多自愿披露的内容方面表现了很高的水准”。

二、需要进一步加强和改进的方面

定期报告编制、审核、披露是一项重要而复杂的工作。现阶段，我行自身编制能力、工作体制和流程仍处于改进和完善过程中，同时，由于监管规定、会计准则在不断更新，市场和投资者对信息披露的需求也在不断变化，要持续提升定期报告的质量，还面临不少挑战，相关工作需进一步重视和加强。

（一）董事会、监事会对定期报告的审核与监督

董事会对定期报告质量负最终审核责任，监事会对董事会审议通过后的报告进行审核并独立发表意见。全体董事、监事、高管承担信息的真实性、准确性、完整性责任。这几年董事会、监事会加大了对定期报告的审核与监督，取得了比较好的效果。从具体工作看以下方面可进一步改进。

1. 审核、监督的重点。定期报告涉及内容非常广泛，董事会、监事会层面的审核、监督抓住重点、切中要害，才能有效发挥作用。关注重点应持续放在主要会计政策是否发生变化、判断及估计是否合理、信息披露是否充分、非常见事项的处理和披露是否适当、重大的审计调整、审计师关注的事项、重大未调整审计差异、财务资料的一致性，以及减值与准备计提、资本充足率与流动性、重大的经营环境变化等方面。实践中，虽然在上述多数方面都有涉及，但系统性和持续性不强，使得整体审核、监督重点还显得不够突出。

2. 委员会工作的方式方法。董事会审计委员会和监事会财务与内部控制监督委员会分别承担着董事会、监事会对定期报告审核、监督的重任。实践中，由于没有具体的规定和指引，也缺乏可供借鉴的实践经验，委员会如何更好地开展工作、怎样开展更有效的审核和讨论、怎样找准切入点、运用哪些好的工作方式和方法，都需要不断总结、研究。目前来看，董事会审计委对整体报告编制的指导和要求还不够突出，对落实监管政策的指导有时还不及时，各委员的作用发挥也不均衡，与其他委员会之间的信息及时沟通和共享程度不高。监事会财委与审计委的情况类似，一些工作的方式方法仍需总结和完善，在如何突出监督重点、加强与董事会审计委之间的沟通、互动、发挥好全体委员的作用等方面都有改进的空间。

目前，定期报告提交到董事会、监事会会议审议时，委员会一般仅报告审核结论，对于重点关注了哪些事项及他们的看法、意见等反映不多，不利于其他成员对报告整体情况的了解和参与对报告的交流与讨论。香港《审核委员会有效运作指引》指出，向董事会作出详尽的工作汇报是审核委员会运作成效的首要因素，我们也认为，委员会的作用并不能代替董事会、监事会的职责履行，委员会通过多种途径、多种方式，向董事会、监事会更详尽和全面地汇报定期报告审核相关工作情况，将有利于对定期报告的深入交流和讨论，促进董事会、监事会实质性作用的进一步发挥。

（二）部门协作还应进一步加强

定期报告的编制涉及公司治理各主体、各部门及分支机构，需要各方共同参与和协作配合。在这方面，有些工作还需要加强。

1. 个别职责有待进一步落实。财务报告编制、定期报告正文编制、定期报告整体设计、校对和印刷、信息披露等工作之间紧密相关，目前主要由三个部门分别实施，个别环节之间存在相互配合得不够紧密的情况。如对于定期报告经董事会审议通过后、公开披露之前，相关校对、修改工作由谁牵头负责的问题，还未达成一致意见。财务报告实现独立编制后，对相关参与部门细化的职责分工还没有明确的制度规定，部分内容的编制责任尚未落实，在2009年年度财务报告中，与信贷资产质量有关的财务信息实际仍由外部审计师协助编制，相关职责尚未落实到具体部门。

2. 信息共享机制有待健全。一些部门反映不能够及时、全面地掌握诸如投资者和市场关注的热点、对定期报告内容的期望、对已披露报告的反馈，以及监管机构对定期报告的要求和评价等信息，不利于其对报告编制工作的改进提高。

3. 报告编制核心团队建设需加快推进。定期报告具有工作常态化、涉及领域宽、专业性强等特点，需要财务会计人员和业务人员较多的协同配合。目前，我行还没有成立定期报告核心团队，主要由各部门分别提供数据和信息，资产负债管理部、财务会计部分别牵头编制定期报告正文和财务报告，总体工作模式相对分散、人员构成不稳定，不能充分满足定期报告工作的整体性、系统性、连续性等要求。总行虽然成立了财务报告核心团队，但仍以财务会计部人员为主，只有10人左右。而国际先进银行一般是由多个部门、多业务领域人才综合组成20～40人的团队，团队内部细分有税务、资金、信贷和资债等小组①。

（三）分支机构和子公司基础支撑作用的强化

分支机构和子公司为定期报告的编制提供基础数据，加强和改进分支机构和子公司的相关工作，就是从基础和源头上保障定期报告的编制质量。目前还存在以下问题。

1. 有些机构对职责认识不够清晰到位。有些机构对自身在定期报告编制中的角色、职责认识不清，主动加强内控和报告编制质量的意识不强。工作重点集中于编制审计审阅调查表、控制审计调整数量方面，在强化对基础信息、报告数据的质量审核以及财务报告的编制、审核等方面的重视程度不够，这不仅加大了总行的工作量，制约了整体编制工作的效率和质量，也加重了对外部审计师在数据、报表审核方面的依赖。

2. 有的内部工作职责、流程不完善。在一些分行和子公司，定期报告工作所涉及的一些部门职责分工不够清晰，部门间配合协调、流程化运转的机制还未建立或理顺，以致在报告编制工作中相互推诿、扯皮现象时有发生，一些填报编制责任无人承担，报表编审人员变动频繁，缺乏交接和后续培训的管理，数据、信息编报质量反复，牵头部门协调难度较大。

3. 一些基础工作还不够扎实。在部分机构，随着会计核算集中工作的推进，网点日益向服务营销型转化，其会计知识和能力逐渐弱化；普遍未设置财务报告专门团队，报告编制人员也是配备不足、激励不到位、人才培养不够；审计审阅调查表的填报质量、财务报告系统的使用水平、对财务会计核算基本规定的执行等方面存在不足，如过往检查就经常发现有分支机构不落实相关核

① 例如，美国银行定期报告编制由首席财务官直属集团传讯团队牵头，首席财务官直属传讯团队、美国证监会财务报告团队、各业务条线传讯团队和财务团队、法律团队共同参与。首席财务官直属传讯团队有5人，主要负责年报主题、报批、进度、印刷及分发等。各业务条线传讯团队向首席财务官直属传讯团队提供各业务条线情况。美国证监会财务报告团队有16人，主要负责编写管理层讨论分析和财务报表，协助核对年报前半部分数字准确性。各业务条线财务团队向财务报告团队提供定期报告编制所需数据和信息。法律团队牵头负责10－K文件的报备，并编写管理层讨论分析和财务报表以外的其他内容。

算规定，对一些中间业务收入提前或拖后确认等。

（四）对监管规定的及时响应

定期报告涉及的法律法规、监管规定发布方式多样、发布频次较高，对监管要求的响应速度，在一定程度上反映了定期报告编制的能力和水平。虽然我行董办、资债部经常组织搜集监管规定的更新变化信息并与其他部门分享，但由于种种原因，对一些新的监管变化的响应还不够及时、到位。如证监会在关于做好2009年年度报告的公告中要求“上市公司应建立年报信息披露重大差错责任追究机制，加大问责力度”，一些同业专门制定了年报信息披露重大差错责任追究办法，我行只是在年报中新增了“本行《中国建设银行工作人员违规失职行为处理办法》对于信息披露相关工作人员的问责作了规定”的表述。再如，上交所于2009年4月发布《关于进一步做好上市公司公平信息披露工作的通知》提出了九项要求①，截至目前，我行还未出台相应的具体制度或系统性的要求。

（五）财务报告内控建设的推进与实施

建设好内部控制体系，实现自我约束、自我纠错，对确保财务报告的真实、准确、完整非常关键。2010年4月15日，财政部等部门联合出台了企业内部控制配套指引，其中《企业内部控制应用指引第14号——财务报告》专门针对财务报告内部控制体系的建设。我行曾在2006年、2007年实施了财务报告内部控制体系的建设和试运行，但后来由于《企业内部控制基本规范》的出台和部门职责的调整，这项工作没有继续全面深入推进。定期报告内控体系的重要组成部分——报告复核工作，是对报告质量整体把关的关键环节。目前我行的复核工作还主要依靠个人的经验，技术手段和辅助工具的运用十分有限，报告复核缺乏控制流程，复核、审核相关层面的职责也不明晰。

（六）数据质量的持续改进与提高

数据是定期报告的核心和编制基础，数据质量的高低是决定定期报告质量的关键。目前在定期报告数据方面：

1. 自动化程度还需提高。要确保定期报告编制的效率和数据质量，系统的架构、功能设计应便利定期报告的编制，相关数据的生成、提取、汇集应尽量自动化实现，最大限度地减少手工干预，且系统在总行、分支机构和子公司之间应统一。目前，我行部分报表数据还未完全实现由系统自动提取、生成，需要手工填报、手工调整的工作量仍然不少，如子公司的数据还完全依靠手工报送，财务报告附注信息的编制需要从多个系统中取数和加工，特别是大量信贷管理和风险管理方面的数据从有关业务系统导出后还需再加工、调整、核对等，成为制约报告编制工作效率和质量进一步提升的瓶颈之一。

2. 系统之间的数据差异问题尚未彻底解决。我行CMISⅡ等业务系统与ERPF总账系统生成的数据现仍存差异，虽然信息中心建立了定期检核数据的工作机制，基本能够发现重大差异，但对一些在数据源头方面的问题还难以及时发现和处理。数据差异问题在其他系统之间也普遍存在。问题产生原因是多方面的，其中一个重要方面是我行系统架构从整体上看还相对分散，编制定期报告特别是财务报告所需数据来自多个系统，很多系统在功能设计方面没有充分考虑定期报告的数据需求。解决数据差异问题的关键在于对系统的整合与优化，但这是一项系统性工程，取得良好实效还需较长时日，其中，部门反映“表外、境外、系统外”（即表外业务、境外机构、子公司）是三大难点。

3. 部分数据管理工作有待加强。由于种种原因，有的部门常常无法按时提供相关数据和基础信息，有的不能提供集团口径的数据，对境外分行和子公司数据的审核责任目前还没有落实到具体部门等，这些都增加了报告编制的工作量和差错风险。而在定期报告编制方面领先的国际银行尤其重视落实数据管理与审核责任，比如美国银行的各业务条线都能提供合并报表数据，且能对其准确性负责。

---

① 包括上市公司和相关信息披露义务人应当同时向所有投资者公开披露重大信息，确保所有投资者可以平等地获取同一信息，不得向单个或部分投资者透露或泄露；董事、监事、高管接受外界采访、调研的，应事先告知董事会秘书，应将调研过程及会谈内容形成书面记录等。

另外，从国际同业的定期报告信息披露的发展趋势看，市场和投资者的要求，越来越非单纯的财务或业务数据所能满足，而是更多地需要一些深度的综合分析。以美国银行为例，其年报中关于风险管理的内容长达50页，风险分析非常全面详细，如信用风险管理中分别对个人贷款、工商类贷款、境外贷款按产品分类进行了集中度、行业、地区、核销率等的多维度分析，依靠的就是精细化的日常风险管理和强大的信息系统的支持。针对这一挑战，我行管理层已在着手应对，如信息中心正在实施数据仓库项目，财务会计部正在考虑建设全面成本管理系统、升级ERPF系统，管理会计系统也已上线试运行。

三、意见与建议

1. 定期报告是投资者、政府监管部门、社会公众等各方关注的焦点，认真编报披露定期报告是企业应当履行的重要责任。建议我行适时加强对定期报告编审工作情况的总结评价，董事会、监事会作为定期报告审核监督主体，进一步加强对全行财务报告编制工作的指导与监督，强化重点，不断探索和完善审核监督的有效方法，更好地履行定期报告的职责。

2. 以贯彻实施《企业内部控制基本规范》及其配套指引为契机，全面推进定期报告特别是财务报告内部控制体系的建设，确保财务内部控制的健全有效，促进报告质量的不断提升。对定期报告编制中一些尚未落实的工作环节和工作职责应抓紧研究明确，完善信息共享与协作机制，实现相关信息的快速传递、分享与响应。进一步理顺全行应对监管规定的工作机制，满足定期报告的及时性、合规性要求。

3. 进一步重视数据质量和信息系统的整合，建立全行统一的定期报告数据需求管理机制，在信息系统设计开发、升级优化时充分考虑定期报告编制、审核与披露的需要，将内控制度要求嵌入系统，实现对各类业务事项的自动控制，减少或消除人为操纵因素。加大对现有各类信息系统的整合，彻底解决系统之间的数据差异问题，扩大系统的延伸与覆盖。

监　　　事　刘进
监事会办公室　陆洋　曹建勇　李玮
　　　　　　　郝薇　孙强

关于海峡西岸经济区的专题调研报告

总行调研组

应海峡西岸经济区所辖四省一市分行（福建省分行、广东省分行、浙江省分行、江西省分行、厦门市分行）的要求，总行集团客户部于2009年年底率总行调研小组赴福建专题调研了海峡西岸经济区规划和建设等情况，并与相关四省一市分行座谈分析了我行在支持海西发展中遇到的问题及相关措施和工作建议。

一、调研小组工作情况

调研小组由集团客户部章更生总经理牵头，邀请了风险管理部、授信管理部、研究部和公司业务部相关人员参加。主要工作内容如下：与政府管理层会晤，了解福建省情和海西经济区建设情况以及未来规划；拜访我行重要客户，包括福建省高速公路有限公司、中海油海西宁德工业区开发有限公司等海西区内重要的大型企业；召开行内座谈会，听取五家分行就支持“海西”经济发展的有关情况的介绍，并对分行营销和服务中遇到的问题和推进建议进行了认真的分析研究。

二、海峡西岸经济区简要情况

（一）海西经济区的概念

海峡西岸经济区包括福建省9个区市，以及周边浙江省温州、丽水和衢州三市，江西省上饶、鹰潭、抚州和赣州四市，广东省汕头、梅州、潮州和揭阳四市，共20个城市。2008年经济总量达18 887.27亿元，比2007年增长12.6%，高于全国平均水平3.6个百分点。

海峡西岸经济区是以福建为主体，面对台湾，邻近港澳，北承长江三角洲，南接珠江三角洲，西连内陆，涵盖周边，具有自身特点、独特优势、辐射集聚、客观存在的经济区域，是我国沿海经济带的重要组成部分，在全国区域经济发展布局中处于重要地位。

这一区域在人文历史、环境条件、生产方式、发展水平等方面，具备同质合作、异质互补的基础。经过多年发展，整个海峡西岸的区域融合趋势越来越明显，各种要素的互动集聚效应越来越突出，使整个区域融为一体，成为一个客观存在并不断发展的经济区域。

（二）海西战略的提升

2004年年初，福建省委、省政府提出了“建设对外开放、协调发展、全面繁荣的海峡西岸经济区”的战略思路。海峡西岸经济区战略提出后，中央高度重视、充分肯定，国家部委强力助推，周边地区主动融入，海内外广泛呼应。2009年5月，国务院正式颁布《关于支持福建省加快建设海峡西岸经济区的若干意见》（国发〔2009〕24号），标志着海西战略从地方战略上升为国家战略。

1. 部委央企强力助推。国家各部委认真落实中央支持海峡西岸经济区发展的决策，积极支持和参与海西建设。目前，已有60多个国家部委、央企以及国家开发银行、中国农业银行、中国银行等金融机构先后与福建省签署合作协议、会议纪要或备忘录，从规划布局、项目建设、口岸通关、金融服务、资金安排等方面给予海峡西岸经济区建设倾斜支持。在原有基础上，2010年国家开发银行、中国工商银行、铁道部、电监会、国家工商总局、国家民委、民政部等又出台了新一轮支持海西发展的政策措施。此外，已连续举办三年的“海峡西岸经济区论坛”2010年更名为“海峡论坛”，功能、层次、规模、领域均有实质性提升。

2. 地方政府积极呼应。国务院意见出台后，各地方政府扎实推进，为落实意见制定了详细配套措施，通过城市联盟、联席会议、对口工作机制等多形式、多层次的区域合作，加强省际边贸联系，拓展对台对外经贸合作，形成沿海港口与内陆腹地联动的区域协调发展新格局，贯彻落实中央战略。

3. 台商、台胞热切关注。海西经济区的建设承载着“推进祖国和平统一”的重要使命。台港澳侨对海峡西岸经济区建设也给予热切关注和响应，台湾百大企业在闽投资已增至40多家，台商在海西经济区掀起了新一轮的投资热潮。

三、对海峡西岸经济区发展前景的基本判断

（一）海西经济区因其特殊的地理位置在全国区域经济发展布局中含义丰富，具有独特的发展优势

2010年以来，获批上升为国家战略的区域发展规划已达9个，我国沿海已经形成“三大五小”（珠三角、长三角、京津冀与辽宁沿海、山东半岛、江苏沿海、海峡西岸、北部湾）的开发格局。在国家陆续打出的区域振兴牌中，“海峡西岸经济区”的建设由于承载着推进祖国和平统一大业的民族责任，其政治意义大于经济意义，具有独特的发展优势。

国务院意见一出台便引起各方高度关注和热烈响应。当前，两岸关系出现重大积极变化，为加快发展海西经济区和开展与台湾地区合作提供了重要机遇。海峡西岸和海峡东岸可以借此加快经济整合，互利共赢，提高两岸的经贸依存度。作为前身是以服务国家经济建设为主的专业性银行，我行在服务海西经济区建设中具有相对优势。对我行而言，努力实现经济与金融的良性互动，既是责任也是机遇。

（二）海西经济区的战略定位带来巨大商机

随着新的对外开放综合通道的建设和东部沿海先进制造业基地的形成，市场机会最直接、最集中地体现在扩大两岸经贸合作、加快基础设施

建设、推进产业结构升级方面，同时还将掀起台企陆投的新一轮热潮，带动海峡特色旅游等相关产业发展。未来，海西区尤其是福建经济将进入一个快速发展的跃升期，更是我行潜在的重要的优质业务增长区域。

海西建设的特色在于对台的交流与合作。在推进深化闽台金融合作方面，福建省将从六个方面着手：一是推动闽台银行业互设机构，二是加强闽台银行业股权合作，三是加强两岸银行业务协作，四是推动对台离岸金融业务，四是加强对台资企业金融服务，六是畅通闽台银行业沟通渠道。

四、我行在海峡西岸经济区业务发展情况

海西区内五家分行紧紧围绕本地经济特色，顺应区域经济发展机遇，主动融入对接，在信息共享、联动营销等方面做了有益探索并取得了实效。

加快海西经济区建设在给金融行业带来机遇的同时，也带来了严峻挑战。主要体现在金融同业普遍看好海西的战略地位和未来发展前景，普遍加大资源倾斜和政策支持力度，市场竞争不断加剧：一方面，市场竞争主体不断增加，除国内主要银行外，10 多家外资银行在福建设立营业机构，80 多家港澳台企业入股福建农村金融机构。另一方面，市场竞争层次不断提高，已经逐步上升到总行层面。

近年来，福建省分行和厦门市分行的各项业务持续较快发展，多项主要业务指标持续保持省内四大行或同业首位。随着海峡西岸经济区建设的全面提速，优质项目信贷资金需求十分旺盛。然而，我行内部管理相对于客户有效需求矛盾却十分突出。相反，金融同业在相关管理上给予特殊政策，有的甚至采取了“非常规”的竞争手段。

五、近期工作安排与建议

（一）座谈会上提出的近期工作安排

1. 集团客户部将重点关注海西建设

集团客户部将海峡西岸经济区作为重点关注的业务区域，在部内设立“海西”联系小组，加强在总行层面的支持和协调工作，并在总分行、跨部门联动营销上尽最大努力给予支持。

2. 建立海西区五家分行联动机制

“海西”区内分行拟成立由福建分行领导牵头的“海西金融服务”工作小组，工作小组成员由福建省分行、厦门市分行、浙江省分行、江西省分行和广东省分行的相关人员组成。小组的主要工作职责是：

（1）密切关注地方政府进一步举措以及重大项目情况，争取做到早知晓、早营销；

（2）跟踪研究区域经济发展特点，收集同业经验和做法，及时向总行有关部门提出合理的政策建议；

（3）进一步加强市场和客户的需求分析，积极开展产品创新和服务创新，设计有竞争力的产品服务方案；

（4）加强海西区业务的风险管理，确保信贷业务质量。

（二）关于海西经济区业务开展的几点建议

结构调整是目前我行对公业务的工作重点，区内分行应抓住海西建设之机，加大自身结构调整力度，特别是制造业应由传统的消费品制造向装备制造、电子制造等先进制造业转移。此外，福建、厦门的房地产业投资较分散而贷款集中度高，应在全行对公房地产业信贷统一政策约束下，加强对海西经济区房地产业发展的区域性研究，保持我行对海西经济区整体配套政策的协调性。

1. 必要的政策倾斜

建议总行相关部门共同关注海峡西岸经济区的发展状况，指导相关四省一市分行积极有效地拓展业务，对“海西”给予必要的政策倾斜。

（1）区内授信视同一级分行辖内管理

依据《关于明确集团授信相关问题的通知》（建总函〔2007〕1112 号）中关于跨一级分行集团客户的界定，“对于仅在长三角、珠三角和环渤海区内域内一级分行建立或拟建立信用关系的集团客户，视同一级分行辖内集团客户”。建议在海西经济区内五家分行比照执行。目前，福建省分行和厦门市分行的集团授信已经采用此模式，建议将海西区所辖广东、浙江、江西三省的相关城市也纳入进来，提高海西区内集团授信工作效率。

（2）重点行业放宽准入条件、适当下放核准

权限

我行强调的区域差别化和区域优势，指的是某一类行业、客户在此区域与在其他区域相比，或在全国乃至全球市场上均具有其特殊的竞争优势，而非特指某个行业、客户对个别分行的支撑性作用。基于此，建议相关分行做到以下几点：

首先，跟踪研究区域经济发展和产业结构特点，结合市场需求，对客户和项目做全面分析，科学排序；其次，根据本行信贷经营管理状况、专业人才储备等具体情况，有选择、有次序地满足客户需求，以体现我行差别化管理的真正内涵；最后，收集同业经验和做法，将我行在支持海西经济区建设中遇到的具体问题和政策调整意见专题上报，由总行相关部门共同研究，适当放宽准入条件和相关政策要求，谨慎下放客户核准权限，以满足营销时效性要求。

2. 必要的资源倾斜

鉴于支持海西经济区建设将带给我行广阔的业务拓展空间和持续的可观收益，建议总行相关部门在海西经济区重大项目营销和信贷规模控制上给予资源倾斜，全力支持分行拼抢市场。

3. 鼓励产品和服务创新

根据海西经济区“先试先行”的定位，为提高我行在海西经济区的综合竞争实力，建议我行在拓展海西经济区金融业务的过程中，在继续发挥传统优势的同时，加强区域联动，鼓励两家主体分行的创新，从产业链、资金链上做文章，更有效地服务客户、抢占市场。

4. 建议总行相关部门加强对台商、台胞金融服务需求的研究分析

依据集团客户部《关于台资企业在大陆投资及与我行合作情况的调查报告》（建集签〔2009〕268号）中所述，台企陆投非常看重地方政府的特殊优惠政策。目前，长三角和珠三角地区是台资企业最为集中的地域。可以说，海西建设主体在福建，海西建设特色在对台。海峡西岸经济区的形成和发展，必将引发台企陆投的新一轮热潮。

近期，福建省在加强对台经济金融合作方面有诸多实质性的动作。比如，将福建平潭规划为可由两岸“共同规划、共同投资、共同管理、共同建设、共同受惠”的“先行先试”试验区，将被赋予最优惠的海关监管政策，逐步建成自由贸易区；进一步扩大福州市台商投资区，在泉州新增设立台商投资区，推动一批省级开发区升格为国家级开发区等。

总行应搭设平台，鼓励分行开展台商、台胞金融服务经验交流，加紧研究针对台商、台胞的专项金融创新，建立差别化区域信贷政策，适应不同地域台资客户需求，打造我行服务台商、台胞的特色品牌。

5. 建议总行在厦门试点开办对台离岸金融业务

在《意见》中指出，“要推动对台离岸金融业务，拓展台湾金融资本进入海峡西岸经济区的渠道和形式，建立两岸区域性金融服务中心，推动金融合作迈出实质性步伐”。目前，在厦门的外资银行和招商银行、交行可以开办离岸业务，建议总行向人民银行、银监会申请，争取在厦门试点进行对台离岸金融业务。

6. 建议总行相关部门加强对台金融业务合作研究

总行层面上可以组织与台湾金融同业交流互动和合作，争取在这一轮对台金融业务拓展的激烈竞争中抢占先机。经济决定金融、金融促进经济，海西经济区的发展为两岸金融业的合作和市场拓展提供了新的巨大商机。

7. 建议尽快在台设立分支机构

目前，多家银行对在台湾设立金融机构已有所举动。在台设立机构优势明显：一来提升我行品牌形象，提高两岸商人的信任感和依赖度；二来信息共享，通过跟踪人流、物流情况，掌握重要项目信息和营销时机；通过跟踪资金流、信息流情况，有效控制我行信贷风险。

集团客户部：章更生　张向群
　　　　　　鲁秀艳　徐颖
风险管理部：怡颖
授信管理部：闫坤杰
研　究　部：刘都生
公司业务部：刘灵
执笔人：集团客户部　徐颖

财政国库现金管理业务分析报告

总行机构业务部 马建锋 乔华炜

财政国库现金管理是指在遵循安全性、流动性和收益性相统一原则并确保国库现金支付需要前提下，以实现国库闲置资金余额最小化和投资收益最大化为目标的一系列财政管理活动，是我国借鉴国际先进经验建立以国库集中收付为核心的现代财政管理体制的必然选择。国库集中收付改革使财政存款的传统模式和基础正在受到显著冲击，低成本的财政资金日渐稀缺。国库现金管理尽管提供了新的业务机遇，但我们因其过高的资金回报要求而无法承接。长此以往，我行财政存款业务的持续增长将难以为继，必须积极应对当前和今后面临的挑战。

一、国库现金管理业务的现状和趋势

（一）国库现金管理的现状与特点

1. 运作方式和范围有限

从国际经验来看，国库现金管理的操作方式包括商业银行定期存款、发行短期国债、中长期债券赎回、国债回购、货币市场拆借、即期与远期外汇买卖、利率掉期、货币掉期等。由于我国尚处于国库现金管理改革的初期阶段，主要实施商业银行定期存款和买回国债两种操作方式。基于资金安全性考虑，目前我国的国库现金管理业务只在中央财政层面试行。中央财政国库现金管理商业银行定期存款是指通过市场化招标，将一定数额的国库现金存放在商业银行，商业银行以国债作为质押标的获得存款并向财政部支付利息的交易行为，存款期限一般在1年（含1年）以内。买回国债是财政部利用暂时闲置的国库现金，买回跨年度且剩余期限较短的国债，予以注销或持有到期，以降低债务成本。

2. 中小银行是主要参与者

截至2010年年末，全国共有54家各种类型的商业银行取得了中央财政国库现金定期存款投标参与资格。在历次招投标中，交通银行、中信银行、华夏银行、兴业银行等中小股份制银行和部分城市商业银行基于负债业务和存贷比考核等原因，对资金需求十分强烈，在投标报价上普遍高出中、农、工、建四大银行，成为中标主力银行。根据全行流动性管理和成本控制要求，我行报价偏低，在18次参与投标中中标3次，累计中标金额40亿元，自2009年至今未再中标。

（二）国库现金管理的发展与趋势

1. 业务规模正在逐步扩大

中央国库现金定期存款的业务规模从2006年年底的200亿元发展到2009年年底的1 200亿元。据了解，2009年中央和地方各级财政国库资金总计超过3万亿元，参与国库现金管理的资金仅占4%。招标频率也从2006年的1期增加到2009年的11期。2010年财政部计划将运用大约3 000亿元中央国库现金进行22期招标。随着国库资金的不断充实，尤其是地方财政部门对提高资金使用效率以及资金保值增值需求日益强烈，已经有个别地方采用变通方式运用国库资金。财政部就此已联合人民银行研究相关情况，以求在控制风险的前提下推进地方财政国库现金管理业务健康发展。因此，国库现金管理将逐渐由中央财政扩大到地方财政（主要是省级财政），业务规模也将不断扩大。

中央国库现金定期存款招投标情况汇总表

序号	招标时间	招标总量（亿元）	期限	中标价格	投标前一交易日央行票据收益率	投标前一交易日 SHIBOR	当期同期限存款基准利率
1	2006. 12. 6	200	3 个月	2. 70%	2. 7241%	2. 8096%	1. 80%
2	2007. 4. 25	300	6 个月	3. 15%	2. 8800%	2. 9905%	2. 43%
3	2008. 1. 30	300	3 个月	4. 50%	3. 4077%	4. 5044%	3. 33%
4	2008. 4. 30	300	3 个月	4. 15%	3. 4200%	4. 4897%	3. 33%
5	2008. 7. 30	300	3 个月	3. 89%	3. 5363%	4. 3499%	3. 33%
6	2008. 10. 30	300	3 个月	3. 89%	2. 9686%	4. 1335%	2. 88%
7	2008. 11. 26	500	6 个月	2. 50%	2. 4596%	3. 8895%	3. 24%
8	2009. 1. 21	300	3 个月	0. 36%	1. 1333%	1. 4231%	1. 71%
9	2009. 3. 25	200	6 个月	1. 20%	1. 0490%	1. 5006%	1. 98%
10	2009. 4. 21	300	3 个月	1. 08%	1. 0300%	1. 2101%	1. 71%
11	2009. 5. 26	300	3 个月	1. 20%	1. 0100%	1. 2151%	1. 71%
12	2009. 6. 23	300	6 个月	1. 45%	1. 1259%	1. 4892%	1. 98%
13	2009. 7. 21	300	3 个月	1. 71%	1. 4274%	1. 5107%	1. 71%
14	2009. 8. 26	300	3 个月	1. 71%	1. 3142%	1. 7316%	1. 71%
15	2009. 9. 25	300	6 个月	2. 15%	1. 4360%	1. 8566%	1. 98%
16	2009. 10. 27	300	3 个月	1. 98%	1. 3000%	1. 7840%	1. 71%
17	2009. 11. 26	300	3 个月	2. 05%	1. 3300%	1. 8044%	1. 71%
18	2009. 12. 24	300	6 个月	2. 35%	1. 5969%	1. 9069%	1. 98%

2. 业务品种不断增多

一是国库现金管理的操作方式将借助一系列金融市场投资工具由商业银行定期存款为主向多元化方向发展。二是就商业银行定期存款期限结构来看，已进行的国库现金定期存款仅有 3 个月和 6 个月两种期限，且以 3 个月期的短期为主。财政部计划在 2010 年先增加 9 个月的期限品种，未来将陆续增加更多、更为灵活的期限和业务品种。

3. 市场竞争因素日趋复杂

一是随着国库现金管理业务规模不断扩大以及国债质押的刚性约束，供求关系变化势必会影响到价格的形成，中、农、工、建等大银行参与程度会逐渐提升，以中小银行为主要参与主体的市场格局将随之改变。二是市场化定价机制不断完善。中央国库现金管理商业银行定期存款采用荷兰式招标方式，遵循自由报价，价格从高原则，中标与否以及中标价格完全由公开市场竞争决定。三是地方财政国库现金管理业务将比照中央国库现金管理操作，但除价格因素外，还可能会受到地方政府对银行“存贷挂钩”考量因素的制约。

二、国库现金管理业务带给商业银行的挑战和机遇

（一）国库现金管理业务带给商业银行的挑战

1. 财政存款的传统模式和固有基础将逐步被削弱

长期以来，商业银行财政存款主要依赖财政

收入和财政支出环节中各级财政部门和预算单位的各种专项资金账户。但随着国库集中收付改革深化，此类账户或者被零余额账户替代，或者按照审计监管要求逐步撤销归并。税收和非税收形成的财政收入通过财税库银横向联网系统和汇缴专户直接缴入国库，财政支出通过直接支付和授权支付的零余额账户从国库直达最终收款人。中间环节账户的消除和减少以及资金流转速度加快都必然削弱商业银行财政存款的固有基础。财政资金在商业银行的沉淀日趋减少，一方面在国库中的积累不断增加，另一方面拨付到最终收款人转化为公司或个人等其他形态的资金。

2. 商业银行资金定价及资金运用能力面临更高要求

以往财政存款基本是按照人民银行基准利率支付利息，付息成本较为确定，而国库现金管理商业银行定期存款的利率形成完全由市场竞价决定。从已经开展的19期招标情况看，中标价格基本在央行票据收益率和SHIBOR价格之间，进入2009年下半年，中标利率突破了央行票据收益率、SHIBOR利率、基准利率三道关口（请参见附图——中标价格分析图），其中有10期中标利率高于基准利率。因此国库现金定期存款业务对商业银行而言，既是对资金定价能力的考验，也是对资金运用能力的挑战。

（二）国库现金管理业务带给商业银行的机遇

1. 国库现金管理业务提供了财政存款的新增渠道

以往进入国库的资金由人民银行经收，与商业银行不发生关联。因此，国库现金管理业务为商业银行财政存款业务的发展提供了新的增长点。随着需求的不断丰富，财政部门还将逐步推出更多的国库现金管理业务品种，这都将为商业银行带来更多的商机。

2. 市场化公开操作减少了传统负债业务的营销费用投入

目前商业银行吸收存款主要是通过各级经办机构和营业网点拓展客户，需要支付固定成本、运营成本和营销维护费用。而国库现金管理业务只要具备国债发行资格的商业银行都可以通过网上公开投标参与，可以减少大量人力和物力等营销费用的投入。

三、我行开展此项业务的思考与启示

（一）根据全行资产负债和流动性管理要求相机抉择业务规模

针对此项主动负债业务，我行应在全面权衡行内流动性整体状况、资产负债管理需要、资金成本和收益预期等诸多综合因素的前提下，相机抉择业务规模。在行内资金相对富余的情况下，适当减少投标规模、降低投标报价；在行内资金相对紧张的情况下，适当加大投标规模，合理提高投标报价，而不能盲目争夺市场份额。

（二）根据成本效益的原则科学确定投标定价

国库现金管理业务不同于传统的财政存款业务，付息成本不是完全依据人民银行基准利率，而是通过市场化竞价来最终确定。由于目前对该资金的运用渠道仅限于货币拆借和债券市场，因此我行要坚持控制风险和成本效益原则，在行内资金运用能力范围内进行科学合理的定价，谨防各种可能产生亏损的风险因素，确保预期收益得以实现，从而促进此项业务的健康发展。

（三）根据业务发展研究创新适用产品，逐步扩大资金运用渠道

财政资金性质的特殊性和运用渠道的有限性以及对成本效益的考核要求导致我行投标报价始终较低，业务规模难以有效突破。随着国库定期存款投放规模快速增加以及业务品种的增多，我行对于财政资金的吸纳不能局限于财政存款，而应该在金融投资市场方面研究创新适用产品，逐步扩大资金运用渠道，满足财政部门提高资金使用效益的需要，以应对已经到来的挑战，全面提升财政业务领域的综合竞争力。

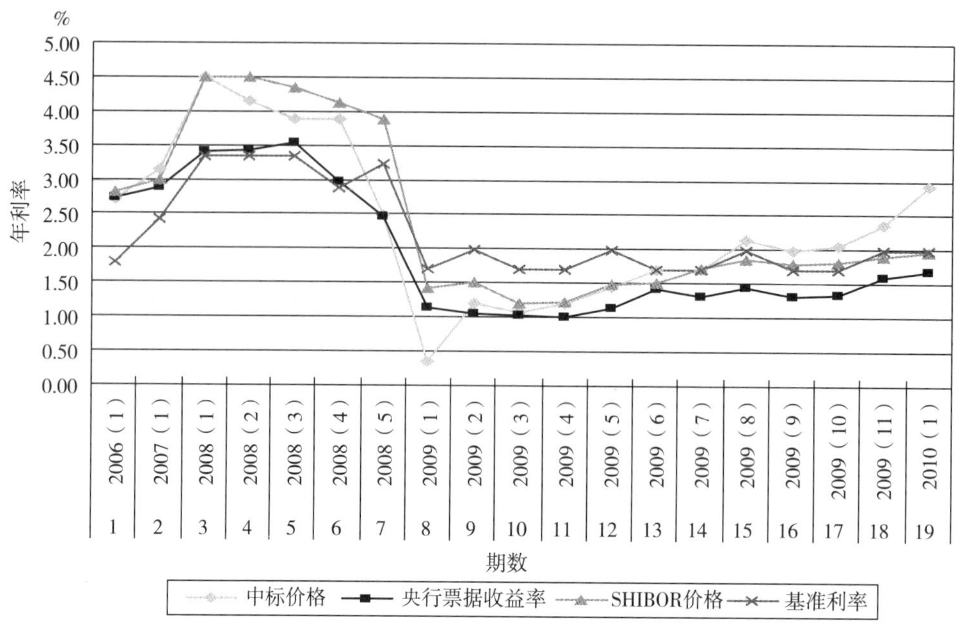

中央国库现金管理业务中标价格走势图

促进小额农贷业务快速发展的调查思考

黑龙江省分行　谷源明　王玉明

黑龙江省是我国农业大省，黑龙江垦区是我国现代化农业的龙头，是国家重要的商品粮生产基地。2009年，黑龙江省分行遵循总行制定的发展战略和业务创新方向，紧密结合农业大省的地域特点，响应国家扶持“三农”的政策，积极寻求拓展利润增长点的新途径，于2009年开办小额农贷业务，这是分行针对地域特点，为黑龙江垦区有承包或从事农业生产的农户和职工“量身定做”的一款解决种田所需投入的生产流动资金贷款。通过调查，每十户农户中约有九户有意愿申请小额贷款。贷款用途逐渐由农业种植生产资金需求扩大到购买小型农机具、农田改造等农业生产领域的贷款需求。单户、每组最高贷款额度也逐步提高，满足了各层级种粮农户的贷款需要。分行还积极营销垦区粮食直补资金，围绕上下游农业产业链企业深入合作，逐步实现小额农贷业务从做产品向做客户方向的转变，努力提高客户产品覆盖度。截至2010年12月26日，全省小额农户贷款累计投放32.78亿元，4.05万户，平均每户约8.09万元；试点分行由2009年4个增加到6个，试点支行增加到10个，小额农贷业务投放覆盖黑龙江垦区6个分局的40个农场，业务覆盖范围达49%。

一、小额农户贷款业务同业经验比较分析

目前，已有哈尔滨银行、农村信用社、农业银行、邮政储蓄银行、建设银行五家银行在黑龙江垦区东四局开办小额农贷业务，并形成分足鼎立的局面。为了争夺小额农贷市场，纷纷提出了更加便利和灵活的措施，对比分析列表如下：

黑龙江省同业机构小额农户贷款业务的措施比较

金融机构	贷款对象	贷款条件	贷款利率	贷款期限	担保方式	分布范围
中国农业银行	农场职工和土地承租人	有土地经营权的农业生产种植户，无土地规模限制，出具贷款人身份的有效证件，由连队作业站、农村支部出具的承包土地证明	年利率5.841%	采取授信期限三年，循环支用方式（5万元以下随用随支，5万元以上进行单笔审批）	多户联保（3～5户）	垦区所有农场均有贷款分布及周边农村户口的农业种植户
农村信用合作社	农场职工和土地承租人	有土地经营权的农业生产种植户，无土地规模限制，出具贷款人身份的有效证件，由连队作业站、农村支部出具的承包土地证明	年利率7.776%	采取授信期限三年，循环支用方式（5万元以下随用随支，5万元以上进行单笔审批）	多户联保（3～5户）	垦区所有农场均有贷款分布及周边农村户口的农业种植户
中国邮政储蓄银行	农场职工和土地承租人	有土地经营权的农业生产种植户，无土地规模限制，出具承包土地的证明材料和贷款人身份的有效证件	根据贷款期限长短年利率在10.62%～15.93%	一个月、三个月、六个月，最长期限不超过一年	多户联保、抵押	所在经办机构周边有土地经营权的种植户
哈尔滨银行	农场职工和土地承租人	有土地经营权的种植户	年利率为5.88%	一年	多户联保（3～5户）	垦区所辖有土地经营权的种植户，地方政府所辖有土地经营权的种植户
中国银行	农场具有土地承包权的种植户	有承包土地经营权的种植户，出具承包土地的证明材料和贷款人身份的有效证件	年利率5.31%	一年	多户联保	只在垦区内几个农场作业站发放办理小额农贷业务
中国建设银行	农垦系统的职工和农户，且要有承包的土地，并从事农业生产	有农垦系统出具的有效土地承包证明文件，并限定承包土地的面积在百亩以上，具有两年及以上农业生产经验，在农场无拖欠挂账、无不良信用记录、无黄赌毒等不良行为	利息较当地同业平均低4个百分点	长达14个月	采取额度核定、多户联保、担保公司担保及房产抵押形式	黑龙江垦区六个分局的40个农场

二、黑龙江分行小额农贷业务发展中面临的突出问题

（一）产品设计开发不能适应垦区农贷业务发展要求

一是手续较烦琐，授信期限短，造成频繁办理手续，不能循环支用；二是贷款用途只满足农户种植生产，没有满足养殖业、购买大型农机具及新农村住房的贷款需求。

（二）服务手段落后，制约了工作与服务的效率和质量

人民银行征信系统不够完善，造成采集信息不准确。农户信息难以准确采集，无疑增加了小额农贷营销的难度。同时，网点人手数量偏少。目前基层行网点主要分布在县城及中心集镇，覆盖面较低，人手比较紧张。网点少，路程远，服务半径广，人员紧张，造成农贷投放投入大，成本高，贷后管理工作不到位。加之，垦区内物理网点少而ATM设置过少、网络银行等现代服务手段开发落后，不方便农户取款及还款。

（三）合规性意识有待提高，对不良户的约束力不足

一是对作业站的管理水平，尤其是管理人员的诚信状况缺乏认真的调查和筛选，而是被动地依赖于农场和作业站的行政管理。各经办行与农场层面建立了较好的沟通合作关系，但是在作业站这个层面的联系合作中存在断层，体现出与作业站的沟通不畅，作业站对我行贷款的贷后管理、贷款回收支持力度不够。二是对农户的信用没有足够了解，对诚信差的农户缺少有效的手段，个别贷款最后形成了恶意逃债的现象。

（四）贷后回访工作量较大，成本较高，检查不到位

贷后回访是农贷工作重要环节，也是及时检验贷款发放质量、发现问题的重要一环。但在实际执行上部分行对这项工作的重要性认识不足，致使有很多问题没有及早地发现，没有及时地处理。尤其是在后期的回收过程中，也错过了催收贷款的最佳时机。

三、发展小额农户贷款业务的几点建议

（一）加大小额农贷业务产品研发和资源配备上的倾斜力度

一是建议总行牵头成立农贷业务发展研究组，在产品研发费用、技术等方面给予更多的支持与倾斜。一级分行层面，加强调研，对已出台的产品不断进行完善，并积极研发新产品，以适应农户的需求。在授信、利率等方面实施差别化的管理，满足不同客户的需要。鉴于目前手续较烦琐、授信期限短的实际，适当简化手续，实行一定期限额度授信，循环支用。在业务发展的不同阶段由各行根据市场情况灵活确定上浮比例，采取不同的农贷利率。根据农户承受能力，适当降低贷款的额度。按照农业生产周期进行安排贷款期限，防止农户用建设银行贷款偿还他行贷款现象的发生。同时，同业在农贷产品上的创新和服务方式上的创新，需要我们不断提高，树立“随市而变，随需而变”的产品与服务创新理念，引领市场。二是小额农贷投放工作难度大，工作艰苦，上级行在“人、财、物”方面要保证一线的资源配置，并积极争取在垦区内开设村镇银行。

（二）建立全面的、动态的准入退出管理机制，加强与诚信作业站的合作

建立全面的、动态的准入退出管理机制，对于积极配合我行贷款投放工作、区域诚信环境良好、贷款回收未出现重大问题的农场、管理区，应积极介入；对于不积极有效协助我行催收贷款，提供土地承包虚假信息证明，出现“假个贷”、大量不良贷款的作业站，要坚决退出，将所在作业站及管理人员列入黑名单。对于“借户贷款”、“假个贷”涉及的借款人，坚决列入黑名单，今后拒绝投放贷款，并将这种行为产生的严厉后果采取适当方式进行宣传，给予警示提醒。同时要把握贷款的放款半径，结合自身的管理能力，选择我行网点能够覆盖的农场及作业站进行合作。

（三）以客户为着力点，营销产品综合收益

在小额农贷业务快速发展阶段，将工作目标由发展产品转向发展客户，以客户为着力点，在推动小额农贷业务发展的同时，积极营销产品的附加效益，带动相关业务发展，通过发展小额农

贷业务推动各行发卡量、卡交易、电子银行等业务，进一步增加小额农贷产品附加值。

（四）结合自身能力，合理确定贷款投放区域

鉴于经办支行网点少，服务半径广，人员紧张，造成农贷投放投入大，成本高，贷后管理工作不到位的实际，在小额农贷业务发展区域选择上，试点行要结合自身管理能力，充分考虑到成本与管理因素。要优先选择有网点地区，将我行网点能够覆盖到的农场区域做大、做强、做透；没有网点的区域，要注意选择经营管理规范、综合效益和区域信用环境良好、交通往来畅通，愿意积极配合我行的农场进行合作。

（五）从严把关、控制风险，切实做好贷前调查工作

本着“了解你的客户”的原则，客户经理在贷前严格审查和控制借款人资格，把住准入关。一是对借款人实地调查，查清借款人家庭土地承包面积及种植打算，家庭资产负债情况、其他银行贷款情况，贷款用途是否合理，家庭状况及详细地址。二是严格联保制度控制在同一作业站人之间进行互保，原则上不许出现非同一作业站农户进行联保，同时防止出现挪用贷款现象。三是严格执行面签制度，对借款人提供的贷款申请书、土地承包证明及本人户口身份证等必须面签。四是严格履行向农户的告知义务，贷前调查时，一定向农户及农户的配偶告知承担联保的法律责任。五是坚持电话回访制度，对客户经理提交的农户贷款资料责成专人员对贷款的农户进行电话回访，尤其对借款人种植的品种、亩数、相互联保人等情况逐一核实，发现回答有误，不准提交审核人审核，一律作退件处理。六是发挥保险对我行农贷的风险缓解作用，对所有贷款农户必须参加农业相互保险及人身意外保险。

（六）不断提高贷后管理工作水平

一是严格按照总行的操作规程进行贷后回访，每季常规回访面达到40%，重点回访面达到20%，从而确保全年回访面达到100%。二是回访中要实时掌握农户的种植情况，年度收成情况，粮食的出售情况。三是严禁贷后检查流于形式，没有对土地承包的真实性进行细致的调查工作，没有对挪用贷款进行详细调查核实和催收工作，致使部分贷款到期后仍无法收回。四是贷后调查应重点调查满额贷款、暂住人员贷款、单身人员贷款及因受自然灾害影响的农户，发现问题及时采取保全措施。五是在贷后管理中严格掌握农户贷款的真实用途，一经发现有挪用现象，应及时采取必要的方式全部清收，避免造成对客户的基本情况掌握不细，非农户贷款及“垒大户”现象的发生。六是及时收集优质农户的信息，为下一年投放农贷打好基础。

（七）加强管理，拓宽渠道，将贷款的清收工作落到实处

一是坚持以攻坚小组清收为主的方针，以客户经理为依托，发挥集体的聪明才智，尽全力清收农户贷款。二是坚持以行政手段催收为主的原则，紧紧依靠农场、分场及作业站领导的行政清收力度，广泛调动农场领导配合建设银行清收的积极性，力求以农场领导—各分场领导—作业站领导三个层面逐级以行政手段敦促农户及时还款。三是坚持适时适度地进行法律诉讼，尽全力保全我行的信贷资产。

（八）加强诚信宣传，引导农户树立正确诚信观

建议在我行投放区域大力进行诚信宣传，扩大宣传面，采取电视广告、电台广告、路灯广告、指示牌、悬挂宣传条幅等多种渠道和手段，大力宣传，引导农户树立正确的诚信观念，重视个人信用记录的建立和维护，做到家喻户晓，将不诚信带来的严厉后果，进行大范围宣传，加以警示，从根源上着手，防控“借户贷款”的发生。同时对于个别欠款不还、协助他人办理虚假贷款的农户，要采取诉讼追讨等有效手段，加大惩罚力度。

国内商业银行内部资金转移计价应用现状及启示

上海市分行　殷鹏飞

内部资金转移计价（Funds Transfer Pricing，FTP）是商业银行通过司库与业务经营单位（或条线）之间进行有偿转移资金，实现核算资金成本和收益、集中利率风险、开展条线产品考核等管理目标的工具。在西方商业银行，FTP已成为银行运行机制中的重要组成部分，应用得极为广泛和成熟。国内商业银行对FTP的研究起步于20世纪90年代后期，但真正实施和推广这项工具，则仅是近几年的事情。目前，五大国有商业银行、主要股份制商业银行以及部分城市商业银行均已实施了内部资金计价管理，一些中小银行则尚处于探索或尝试建立的过程之中。但毫无疑问的是，FTP模式势必成为资金管理的主流方向，并会对国内银行的业绩和核心竞争力产生深远的影响。

一、国内商业银行FTP的核心应用

（一）剥离利率风险并集中至总行风险管理部门，产生专业专注的管理效果；锁定存量业务利差以使分支机构或部门能致力于增量业务的拓展和服务的优化

内部资金计价的基本原理是实现利率风险和流动性风险的剥离与集中。总行可以通过内部资金价格的调整平抑外部基准利率变化对分支机构或经营行的影响。虽然差额资金管理模式下存差行产生的资金错配收益将会被总行调整（一般作为对总行实施利率风险剥离和管理的补偿），但频繁或激烈的基准利率变化则将使分支机构的损益产生较大的波动，不利于客观公平评价其当年的损益情况。在差额模式下，分支行需要关注资产负债缺口的敏感性变化，预判未来基准利率的走势并调整缺口方向，这将直接影响到业务经营的效率。实施内部资金计价后，总行可以调整内部资金利率使之与外部利率发生同向变化，进而使存量业务的利差水平在利率调整之后得到锁定。支行在升息后只需继续做好业务拓展工作而无须更多关注中央银行调息的频率，从而使总行年初制定的经营意图得到一以贯之地执行。

（二）分产品制定的转移价格曲线使业务条线、产品线、客户经理等方面的考核难题迎刃而解；灵活的战略性调整工具能清晰传达总行的业务发展导向，提升全行经营效率

传统的差额资金管理模式下，由于仅对系统内上存头寸或拆借资金计取资金收益或成本，导致分产品的盈利水平无法准确衡量，并影响到分条线的绩效考核管理。在内部资金全额计价应用中，FTP曲线族按照产品区别设置，并且能将曲线价格用于逐笔账户的转移计价，由此可向上追溯实现条线—产品—客户经理的体系化盈利考核。建立在此基础上的盈利性分析，能够及时发现业务短板，调整条线的经营策略。此外，为传导总行的业务发展战略，优化调整业务结构，还可在曲线上配置战略性溢价，使业务发展重点得到明确，并通过内部资金价格杠杆实现对下传导，以提升经营效率，推进业务发展目标实施。

（三）FTP应用增强了分支机构对市场资金价格走势的敏感性，由此设计的存贷款定价模型有利于指导实现资产负债结构优化的激励相容目标

FTP价格反映了市场资金的流动性状况，这种资金需缺信息将直接影响到相关产品的外部定价。建立在FTP曲线和内部成本分摊数据基础之上的存贷款业务定价模型，可根据产品的利率确定方式、合同期限、重定价期限、现金流等信息生成差别化的定价结果，体现出资金流动周期对产品价格的影响，引发客户经理对期限结构和定价周期的重视，使之在选择自身收益最大化的同时实现全行业务结构的优化。譬如，通过定价结果提示，在预期的升息通道内要避免签订中长期固定利率贷款合同，尽可能使资产业务的重定价机会增多，而负债业务的期限结构则应向一年以内调整等业务营销策略。

（四）FTP是利率市场化过程中的关键要素，其实现的成功与否将影响到商业银行对完全利率市场化后环境的适应程度

近年来利率市场化的趋势不断加强，但由于存款上限和贷款下限未全部放开，因此对商业银行的利差水平并未产生根本性的影响。不过，从建立和培养SHIBOR为基准曲线的角度看，未来人民币存贷款均衡利率必将根据市场价格确定，定价模式也可能与外币相似，采用SHIBOR加减点的形式。因此，从这层意义上说，应用内部资金转移价格技术有助于国内商业银行提前做好应对利率完全市场化的准备。对于一些已经纯粹市场化的产品，如贴现、同业存款等，可直接采用SHIBOR加减点的内部资金计价模式，使内外部定价基准相一致，并将之上升为一种普遍适用的经验模式。

二、FTP应用模式比较

以下从八个方面比较当前国内主流商业银行在FTP应用模式上的异同。

（一）计价对象

1. 以全部的资产负债表科目为计价项目。即将资产视为资金的应用项目，需要计收资金占用成本；将负债视为资金的来源项目，需要支付资金的使用成本。其中，损益项目轧底后判断为正收益（如收入）则视为资金来源，负收益（如费用）则视为资金运用，损益也纳入内部资金计量项目。大型国有商业银行经营管理的精细化程度较高，往往采用此种大而全的计价模式。

2. 以部分资产负债表科目为计价项目。资金来源和应用的判断方向同上。但区别是对一些资本性支出或收入费用类项目均不计价，其依据是财务的重要性原则。部分股份制商业银行和城市商业银行采用此类模式。

3. 仅对存贷款项目进行转移计价。存款由司库给付转移收益，贷款由司库收取转移成本。这种计价形式的好处是简洁清晰、操作方便，如果在业务量不大的情况下，通过手工Excel表处理就能完成批量计价功能。一些规模较小的城市商业银行往往采用此类模式。

（二）曲线构建

1. 双轨制基准曲线。这种方式是目前国内大规模银行普遍采用的曲线构建方式，即对完全市场化的资产负债产品设置按银行间拆借利率（如SHIBOR）或国债、金融债利率为主体的基准计价曲线，该曲线随货币市场和债券市场的资金供给价格波动，最敏感地体现资金余缺程度。应用完全市场化计价的产品主要包括同业存款、贴现、同业拆放、资金拆借、债券投资、买入返售等业务；对由央行基准利率确定与客户交易价格的产品设置以央行基准利率为主体的转移曲线，目前大多数存贷款产品都属于此类计价范畴。在双轨制基准曲线的基础上，各商业银行还可以根据本行的战略发展重点再衍生出产品曲线，譬如贷款可以派生出基建贷款、小企业贷款、房地产贷款、个人住房贷款、个人消费贷款等，存款可以派生出企业存款、储蓄存款等，甚至可以根据客户的类别再细分曲线族，如单独设立保证金存款、社保存款、养老金存款等，以满足本行经营发展的需要。

2. 单纯的市场化基准曲线。国外商业银行由于完全实行了利率市场化，所以其转移计价基准曲线可以简单地建立在诸如LIBOR、EURBOR等已经被市场公允化的曲线之上。国内由于利率市场化尚未普及化，所以采用纯粹西方式（教科书式）的市场化基准曲线的银行不多，但在一些中小银行中确有应用。其优点在于内部资金价格完全反映了市场资金的流动性水平，在本行资金总量较紧张的情况下，能充分引起资金使用和资金应用部门对资金价格的敏感程度，其实质是通过转移价格杠杆放大了对部门和分支行的刚性考核效果。但由于人民币存贷款外部利率并未与内部资金同步变化，又会造成考核对象损益的异常波动，实际考核时往往还需增加调节性的技术处理。

（三）计价方法

1. 总账余额计价法。即直接对总账科目余额（平均余额）乘以相应的转移价格确定转移收支。这种计价方法不区分存增量，只要隶属于一个会计科目即给予相同的转移价格，其好处是简单易操作，缺点是不符合 FTP 分离利率风险的本质，被计价单位无法有效锁定利差。采用总账余额计价法一般是在 FTP 方案推行的初期或试运行期间，作为一种过渡形式存在。这是多家银行在应用 FTP 初期常使用的方法。

2. 逐笔账户计价法。即对逐笔生息资产或付息负债交易均按照其利率确定方式、合同期限、价格调整周期、现金流形式等关键利率属性确定某一时点唯一的转移价格。非生息类资产负债则按照总账日均余额按指定利率计价。逐笔账户计价法是实施内部资金转移计价的高级形式，其具体定价方法一般可归纳为指定利率法（主要用于非生息资产负债或随时随地调整利率的产品）、固定期限法（主要用于固定利率生息资产或付息负债业务）、重定价期限法（主要用于浮动利率生息资产或付息负债业务）和现金流法（主要用于本金现金流在合同期限内变化的产品，如等额本息、等额本金贷款）。目前国内成熟的商业银行主要都采取逐笔账户计价法，但这种方法对系统的支持要求较高，尤其是账户量级较大的单位，实施起来需要至少半年以上的运行调试周期。

（四）转移价格

转移价格一般与银行的存贷比成正比，即存贷比高的商业银行的转移价格相对较高，反之则相反。按此规律，则体现为大型银行的存贷转移价格较之基准利率的溢价相对少，股份制银行和大型城商行次之，中小型城商行、农商行、农信社最高。另外，目前国内银行普遍地采用了战略性溢价和信用风险溢价调整工具，因此作用于本行重点推进产品或客户的转移价格导向会比较突出。

（五）定价频率

1. 按照考核频度确定。由于转移收支只影响分支机构的损益，对总行的损益不产生影响，因此，作为法人单位的总行的账务并不需要受到转移计价结果的掣肘。在实际情况中，如果转移计价系统是独立于核心会计核算系统开发的，那么转移计价的实施频率一般根据考核频率而定，如按月、按季或按旬计价并公布结果，系统运行的时间则往往选择月末前五日或月初五日内，以有效避开结息日和月末记账日的资源使用高峰期，并便于做好计价结果的对账工作。

2. 按照外部利息计息频率而定。当转移计价系统作为核心会计核算系统的一个组成部分时，内部计息时点则可以完全与外部计息时点重合，并在会计处理时同步生成内外部两笔结息分录，这些数据信息将为客户或产品盈利性分析提供重要的依据。

3. 每日进行转移定价。一般在账户量级相对较小的银行采用。好处是转移计价达到最精细化的程度，但缺点是一旦账户量级上升，每日系统的负荷将难以承载，并且在结息日系统的压力非常大。

（六）计价工具

1. 采购国际或国内成熟的软件包。比较知名的 FTP 软件包有 Oracle 公司 OFSA 中的转移计价模块、SAP、SenderoFTP 等，另外，国产的用友 FTP 软件包也为一些中小银行所采用。

2. 自主开发。一种是根据本行核心核算系统特点配套设计开发了 FTP 软件包，可以实现内外部计息的良好兼容，并可为管理会计分析创造良好的数据平台；另外是独立开发仅用于内部资金计价的软件包，虽然其独立于账务生产系统，但符合本行业务经营的特点。

3. 手工测算。账户量级非常小的部分银行继续保留着手工测算的形式，但这也仅是一种过渡的测算形式。

（七）组织推进

1. 资债部负责牵头，计财部负责考核。大型国有商业银行在资产负债委员会下均设立了资产负债管理部，资金转移定价的管理权由资产负债管理部掌握，司库也设在资债部；计划财务部负责对转移计价应用后的结果进行考核，并与资债部一起跟踪转移计价结果对业务推动的效果，实施条线、产品、客户的盈利性分析。

2. 转移计价的全部工作均由计财部负责落实推进。由于委员会下未设资产负债管理部，因此上述资债部的职责均由计财部承担，各业务单元则是内部资金计价政策的贯彻执行者。

（八）考核实施

模式一：由一级分行内部先进行试点，经验成熟后全面推广到全行实施考核。

先以部分分行进行试点，随后全面推广并用于考核。前期总行对一级分行仍旧实行差额资金转移定价的考核，一级分行对下属各级行进行全额资金转移定价的考核。待基层机构应用FTP成熟后，总行再将经验推广到一级分行，从而实现全面FTP考核。

模式二：先采用简化定价的过渡考核模式，待成熟后全面推行FTP。

此种模式下，银行更注重的是传导FTP的理念，在系统尚未成熟前，先以存贷款的简化转移计价方案对产品进行计价，计价的基础一般采用总账日均余额，并不严格按照逐笔账户计价。待过渡期结束，分支机构已经适应和明晰转移计价政策原理后，再全面上线FTP系统实施考核计价。由于有过渡期的适应，并且经过过渡期的修正，分支行实施FTP后的利润波动相对较小，因此推行的压力也会相对较轻。

模式三：全额计价方案推出后即在全行范围内全面推行并纳入考核。

此种模式相对比较激进，一般应用于分支机构较少、事业部职能分工明晰的银行。FTP改革已作为这些银行自身机构和体制改革的一个重要组成部分，因此需要强有力的推进方式并贯彻执行刚性的考核结果。此时，FTP的实施将会产生“双刃剑”的效果，如果FTP的设计机制完善、结果合理，那么推行后将与银行扁平化改革实现完美地整合，达到经营效率最优的实施效果；但是一旦设计机制不完善、不能真实或客观反映条线经营成果，那么过于激进的FTP实施模式将会产生负面影响，成为条线经营推进的阻力。

三、实施建议

FTP对于国内大多数中小银行而言尚属陌生，本文通过总结目前国内银行FTP使用方面的经验，提出如下几点实施建议，希望能对这些银行起到抛砖引玉的效果。

1. FTP实施应根据本行实际情况，建议采用“小步快走，先本币后外币，先粗后细”的实施路径。

2. 产品设置宜以存贷款为主，关键是要做到战略导向清晰，通过充分利用FTP的资源配置和调节功能，使分行机构或经营部门明确该做什么，不该做什么。

3. 核心存贷产品采用人民银行基准利率曲线修正，市场曲线用于贴现、同业存款、拆放业务，增加应用的实效性。

4. 建议业务量少的银行自主开发FTP系统，待业务量发展到一定规模再考虑购买市场上应用成熟的软件包，节约开发成本。如果本行的核心业务系统需要改造，建议结合FTP一起开发，实现内外部利息收支的同步入账。另外，在开发FTP系统前，应具有一定的前瞻性，建议与管理会计系统的开发和应用做好衔接，突出管理会计在条线、产品、客户等多维度盈利分析方面的优势，实现对业务发展的指导。

5. 在FTP应用的初始化阶段，必然会遇到分支机构或经营条线利益重新调整分配的问题，如果此问题处理欠妥，会增加FTP推行的阻力，直接影响到应用的效果。因此，建议总行在初始化时须做好统筹兼顾，估算出新旧方案推行后的损益变化，分年度予以消化（建议不超过三年，同样，对于大幅增加的损益也需分年偿付或纳入特别奖金池），或考虑一次性给予利益补偿，以平抑分支机构损益的大幅波动。在应用的前期可采用内部试点或简化计价的模式，此时重点推行的是FTP的理念和功能。待相对成熟后，根据分支机构的使用反响再决定全面实施的时间节点，这样可有助于在缓冲期内逐步消化暴露的矛盾，避免推进模式过于激进而产生负面效应。

二、风险管理研究

发挥比较优势 改进薄弱环节 攻克管理难点

——提升全面风险管理水平的若干思考

总行风险管理部 黄志凌

2010年上半年，银监会对建设银行实施新资本协议的准备情况进行了预评估。预评估组认为，近年来，我行以实施新资本协议为契机，围绕全行中心工作，与业务实际相结合，扎实提升信用风险、市场风险和操作风险的管理水平，取得了明显进展。同时也指出了我行风险管理方面存在的需要改进之处。下一阶段，风险管理部的工作要发挥三大优势，强化五个薄弱环节，挑战五大难点，推进全面风险管理体系建设。

一、进一步发挥风险管理领域中的比较优势

近年来，风险管理部按照“了解客户、理解市场、全员参与、抓住关键”的工作要求，明确风险偏好，构建风险底线和边界，探索积极主动的风险管理，取得了长足进步，在部分领域形成了比较明显的同业优势。较为突出的有三个方面：

第一，风险计量优势。我行较早建立了以违约概率为基础的客户信用评级体系和以预期损失为基础的债项评级十二级分类，在国内同业中首先开发并运用零售业务信用评分卡体系，率先采用资产波动法计量经济资本，率先采用行业风险限额实施信贷结构调整，在实施新资本协议的过程中，又进一步优化了内部评级体系，目前已具备内评法高级法的技术能力，培养并形成了一支专业水平高、创新能力强、工作作风踏实的计量人才团队，在国内同业具有一定优势。

在未来一段时间，我们必须确保这方面的优势得到进一步地发挥：一是实时优化升级现有模型，加强模型监测和维护，及时根据市场、数据、技术的变化优化模型设计；二是在模型优化升级过程中发挥模型专家和业务专家的双重作用，提高模型对风险的排序能力，这也是模型改进的重点；三是随着数据的积累，继续提高模型的精细化程度，要根据管理和业务需要，分拆或新建各类模型；四是防范模型风险，通过建立和完善模型实验室，实现对模型风险的有效控制；五是加强模型验证，建立相对独立的模型验证体系。

第二，政策制定优势。目前我行不仅从行业、区域、客户、产品等各个维度开展信贷资源的组合配置，制定信贷行业的政策底线、结构调整安排，2010年更是结合38家一级分行的区域特色，信贷政策实现“一行一策”，政策制定的精细化水平在国内银行业处于优势地位。要确保这个优

势，未来我们必须致力于以下三方面工作：一是确保政策的前瞻性，切实加强对宏观政策、行业、市场和客户的分析研究工作；二是提高政策的精细化水平，通过大量调研和重检，从政策的地毯式覆盖逐渐转变为精准式打击；三是把政策和风险偏好有机地结合起来，真正把风险偏好完整全面地细化落实到信贷政策中。

第三，风险管理架构体制。近年来我行逐步建立起包括“三道防线”、“垂直管理”、“平行作业”、“专职审批人制度”在内的一整套风险管理体制，尤其是垂直的管理架构和专业化的审批体制，实践证明是行之有效的，与国内同业相比优势较为明显。但国内同业“后来居上”，纷纷研究改变和重新架构风险管理体制，有些银行的创新做法反响较好。为了保持我行在这方面的优势，下一步我们应对全行风险管理体制改革运行情况进行总结和研究，分析全面风险管理体制建设中面临的困难和问题，提出进一步完善风险管理体制的建议方案。

二、大力强化薄弱环节的风险管理

最近，行领导在风险管理部的分析报告中多次批示要抓住薄弱环节，改进风险管理。归纳起来，贷后管理、押品管理、境外机构管理、市场风险管理和操作风险管理等五个方面是当前主要的薄弱环节。

（一）贷后管理

近年来，我行在加强贷后管理方面做了大量基础性工作，如推广上线贷后跟踪预警系统，研发行为评分卡、“双十大”专家会诊、批量处置不良资产、开展“贷后管理年”活动等，但贷后管理仍然是我行乃至整个中国银行业信贷管理中最薄弱的环节。从国内银行的历史数据来看，在整个信贷生命周期中，贷后环节是出问题最多的环节，带来的损失通常要占到全部损失的六成以上。

未来一段时期，落实行领导关于加强贷后管理要求要突出解决三个方面的问题：一是解决有人管的问题。要建立专职的贷后管理队伍，落实管理责任，做实规定动作，彻底改变过去那种“齐抓共管”最终却没人来管的局面；二是解决不相容职责分离的问题。分离市场营销和贷后管理职责和岗位，改变过去由一个客户经理完成市场营销到贷后管理整个流程的局面；三是解决专业化管理的问题。要建立专业化的队伍、专业化系统和工具，特别是贷后跟踪监测、风险预警和管理响应系统等。

（二）押品管理

近年来，我行大力推进押品制度建设、系统开发等基础工作，并将押品风险管理纳入全面风险管理范畴。从整体进展来看，押品管理的规范化、专业化水平有了明显提升。但是客观地讲，押品管理长期薄弱的状况还没有得到根本的改观，主要体现在准入、估值和贷后管理方面：一是对押品的准入标准，特别是一些新的押品类型规定相对原则、笼统；二是权证办理、放款前押品落实、贷后检查、回收处置等流程关键环节缺乏刚性的管控机制；三是估值岗位不明确，人员专业水平不高，押品价值重估工作未能有效开展。

当前押品管理的主要任务是抓基础管理，提升押品管理的专业化水平：一是根据银行自身的风险偏好，制定出统一的押品政策，对银行可接受的押品种类、抵质押率等做出规范；二是基于专业化分工的要求，总行、条线、层级在押品管理方面要明确岗位，把责任落实到具体岗位上；三是分离相关职责，接受押品、价值评估、风险审核等不相容岗位职责分离；四是随着金融创新发展，很多新的金融产品和权利也应进入银行押品的范围（以权利质押为主），做到全面覆盖；五是实时监测押品价值，一旦发现押品不足值或低于合同约定警戒线，需要迅速采取相应措施；六是完善不同押品价值的统一标准和技术方法，建立抵质押率标准、押品回收效果等关键风险参数的日常管理和动态维护机制；七是不能完全依赖第三方或者将核心工作流程外包，必须做到对押品风险状况的自主审查；八是尽快从落后的台账管理模式过渡到基于IT系统的管理。

（三）境外机构风险管理

近年来我行境外机构陆续发生信用和市场方面的风险事件，暴露出这些机构的风险管理相对薄弱。年初行领导在春季座谈会上已经明确要求，2010年要明显改进境外机构风险管理工作。2009年年底总行专门成立了国际业务部下设二级部——境外机构管理部，风险管理部派出专职的境外机构风险管理团队。2010年以来，我们已经制定实施了境外机构授信业务风险政策底线，初步建立了境外机构风险状况报告制度，初步构建了境外机构风险管理沟通机制。

下一步还要继续摸底了解境外机构现有风险状况，对症下药，努力争取在境外机构风险管理组织体系、风险状况报告、风险事项监控、风险管理政策、风险管理工具等五方面有明显改进和突破。一是推动各境外机构在全行统一的风险管理体系下，结合属地监管要求，逐步构建适应于业务发展和转型要求的风险管理组织架构及职责体系；二是有效梳理整合完善现有信息传递渠道、方式和内容，建立健全境外机构各类风险状况和风险管理工作的定期报告制度，定期分析报告全行境外机构风险状况；三是加强对境外机构各类重大风险事项的监控、报告和处置，及时发现和处置风险事项苗头，建立境外机构重大风险事项的响应处置机制；四是根据建设银行统一的发展战略与风险偏好，提出境外机构主要业务的风险政策底线，明确禁止或限制进入的相关行业、产品与区域，规范和指导境外机构主要业务的开展；五是加强对境外机构风险管理工具的研究和运用，积极推动规范业务流程、客户信用评级、IT系统、监督检查、限额授权调整、考核评价等多种工具手段在境外机构风险管理工作中的运用；六是加强国别风险管理，按照银监会《银行业金融机构国别风险管理指引》的规定，将国别风险管理纳入全面风险管理体系，建立与建设银行战略目标、国别风险暴露规模和复杂程度相适应的国别风险管理体系，制定相应的国别风险管理政策，确定国别风险管理的组织架构、权限和责任。

（四）市场风险管理

长期以来，我们存在“重信用风险管理轻市场风险管理”的问题，金融危机使得银行市场风险事件大量出现，暴露了银行在市场风险管理方面的薄弱。近年来，我行以实施新资本协议为契机，着力加强市场风险管理，初步搭建了覆盖全行的市场风险管理架构，建立了符合新资本协议内部模型法要求的市场风险计量体系，夯实了数据和信息系统等市场风险基础设施。但是与信用风险管理相比，我行在市场风险管理的治理结构、管控机制、管理工具建设等方面都存在较大差距。

下一步要大力加强市场风险管理工作，一是在学习借鉴国际活跃银行市场风险管理模式的基础上，紧密结合我行实际，研究提出改进和完善市场风险管理的整体思路；二是以加强当前全行金融市场业务面临的三大突出风险形态管理为重点，有效解决金融市场业务风险管理薄弱问题，尽快建立发行体、交易对手和交易员风险的基本制度体系和工具体系；三是制定科学的市场风险政策，加强对金融市场环境的研究，形成独立的风险判断和对策建议，提高市场风险管理的前瞻性和敏感性；四是切实重视新资本协议项目的成果转移，在日常风险管理工作中加大新工具、新方法的实施应用，改进新产品的管理，提高估值、VaR值、压力测试等领域的计量水平；五是加大市场交易监测力度，及时报告，防微杜渐，充分发挥第二道防线的作用。

（五）操作风险管理

目前我行操作风险管理工作已经取得了一定的成绩，基本形成了操作风险管理政策制度体系，建立了以“三道防线”为核心的组织结构，开展了操作风险自评估，开发了操作风险关键风险指标，初步开发了全行操作风险管理信息系统（一期），探索建立了操作风险的激励约束机制。但是，我行操作风险管理还比较薄弱，许多操作风险管理工作还需要手工处理，效率较低。从操作风险管理的工具和手段看，损失数据收集不全，自评估对象没有实现全覆盖，风险地图、情景分析等其他管理工具未使用。从资本计量方面来看，资本计量的风险敏感性不强，不能充分反映全行的操作风险管理水平。另外，全行各类操作风险尤其是柜面业务操作风险事件时有暴露，案件防控的压力不小。

未来，我行要重点推动以下四个方面的工作：一是推进操作风险管理信息系统的开发建设，不断完善操作风险管理信息系统的各项功能，为操作风险管理提供IT系统支持；二是加快损失风险库、风险与控制自我评估、关键风险指标等操作风险管理工具的推广和使用，全面提升操作风险管理能力；三是加强操作风险高级计量法的深入研究和队伍建设，提高资本计量的风险敏感性，通过资本约束来促进操作风险的有效管理；四是持续强化基层机构关键风险点监控检查工作，改进柜面业务操作风险评估，加强对监控情况的深入分析和对检查发现问题的整改力度，有效控制“高频率、低损失”类操作风险的发生，防止出现因“管理疲劳”而产生的操作风险和案件。

三、积极探索风险管理领域的突出难点

从国际金融危机爆发的根源及演变趋势看，全球银行业都面临着一些共同的风险管理难题，如组合风险管理、表外业务管理、小概率事件管理、整合风险管理和相关性风险管理等。目前国际活跃银行相当关注这些问题并致力于寻找解决之道。我国银行业将来不可避免也要面对这些问题。作为全球市值第二大的商业银行，我们必须从现在开始进行前瞻性探索和研究。

（一）组合风险管理

未来各家银行风险管理水平的差距主要体现在组合风险管理方面。虽然中国银行业在单项交易风险管理方面取得长足进步，但是，在组合风险管理方面还比较困难，主要表现在以下几个方面：一是管理理念落后。我们长期以来更多考虑的是单个客户、单个行业贷款风险状况，对“好”的客户或行业存在扎堆投放现象，加之传统“发放—持有”的经营模式，往往造成风险累积与效率损失。二是组合风险计量水平不高。近年来虽然我们已开始研究以经济资本、风险限额定量分析为基础的组合风险计量和报告体系，但是还存在诸多瓶颈：例如，数据的真实性和完整性不够，相关性计量可靠性较低，压力测试和情景分析不充分，缺乏风险整合和风险集中度的衡量工具，等等。三是管理架构和机制不能满足组合管理需要。目前我行还停留在传统的分散化、层级化的管理模式，组合管理目标很难在经营流程中得到完整体现。另外，组合风险管理的关键指标，如经济资本、RAROC等目前还刚刚尝试引入到绩效考核中，在业务中的全面应用尚处于起步阶段。四是主动组合管理手段不足。目前我国商业银行还缺乏市场化的贷款转让、证券化等通道，信用衍生产品市场也尚未形成。由于手段有限，一定程度上制约了主动组合管理的开展。

未来一段时间，我们应努力构建组合风险管理的理念、体制和机制，重点关注客户、行业集中度和资产结构的相关性，集中力量解决组合风险计量技术难题，以努力推进我行的组合风险管理向前发展。

（二）表外业务风险管理

近年来银行表外业务获得长足发展，其业务量与表内业务量的比例接近1:1，但表外业务的管理在全球银行界都是个难点，主要体现在几个方面：一是表外业务风险敞口不清，由于外延模糊，加上计量手段不足，很难说清表外业务的风险敞口到底有多大；二是表外业务的监管规则不明，巴塞尔委员会、国际会计准则、国内会计准则、人民银行和银监会均有各自的规定，但缺乏统一的标准；三是表外业务的管理基础薄弱，由于缺乏统一的管理系统，大量数据需要手工填报，无法保证数据的准确性，在此基础上进行的表外业务管理先天不足；四是思想认识不一致，有人认为表外业务是低风险业务，不会给银行带来颠覆性的系统性风险，从而忽视对表外业务的管理。

未来一段时期内，我们要大量开展表外业务风险管理的研究工作，通过对表外业务风险特征、分类、计量、流程和管理体制的研究，找出加强表外业务风险管理的工作思路。

（三）小概率事件风险管理

对于高频低损的主体风险，各银行通过日常管理都积累了很多经验和心得，而小概率的尾部风险，由于突发性强，缺乏规律性，而且一旦发生，往往会给银行带来巨大损失，甚至导致银行关闭，因此成为银行管理的重点和难点。但小概率事件管理能力是真正衡量一家银行操作风险管理实力水平的重要标准，业务持续性管理就是专门针对小概率事件进行的、确保关键业务持续运营或及时恢复的一整套管理办法。

未来，我们要着力做好以下几方面工作，探索小概率事件的应对方案：一是整合优化应急响应机制。梳理现有应急响应组织架构，科学调整分工模式，建立从预防、预警、评估、报告、决策、处置、持续改进等全流程的应急响应机制。二是建设科学的恢复策略体系。逐步开展风险评估和业务影响分析，有效识别和分析潜在的威胁和损失，并积极推进信息系统、人员、场地、基础设施等资源的策略体系建设，指导恢复资源的优化配置，建设可操作的预案体系。三是合理配备人员及相关设施等配套资源。根据策略及预案

的内容，积极准备和改善相应人员、电力、通讯、基础设施、系统等配套资源，保证业务持续性策略建设的科学合理，提高突发事件的预防管理能力。四是建立周期性的演练机制。科学制定演练计划，有序推进全行演练工作的常规性、规范化，逐步提高业务部门、技术部门、支持保障部门以及外部供应商等各方在应急处置中的参与程度，培育全行的业务持续性意识，有效应对突发事件对业务持续运行的冲击，提升全行应急响应及灾难恢复能力。

（四）整合风险管理

整合风险管理（Integrated Risk Management）是对影响银行价值的众多风险因素进行辨识和评估，如不同机构之间，各个业务条线之间，各类风险之间的风险进行评估和整合，并在全行范围内实行相应的战略以管理和控制这些风险。整合风险管理是对传统风险管理的超越，它的目标是把银行面临的所有风险都纳入一个有机的、具有内在一致性的管理框架中，其根本优势在于能够提高企业价值，降低银行面临的总体风险，防范系统性风险。

由于整合风险管理目前还处于概念阶段，缺乏理论指导，也没有恰当的工具，尤其是风险因素之间的关联机制不清晰，因此，今后我们将加强这方面的研究和探索，注重对各类风险、机构、条线、产品风险的整合化研究，探索在政策、流程和工具方面做好整体统筹和一体化的管控安排。

（五）相关性风险

经济科技的发展使银行面临的各种风险间的相关性明显增强，信用风险、市场风险、操作风险等风险类别之间、银行内部风险与外部风险之间、银行风险与客户风险之间、不同客户之间的风险，等等，常常产生“1+1>2”的效果。通过对不同风险相关性的研究，可大大降低因单一风险引发系统性风险的可能性，提高风险管理的有效性。银行经营注重通过多元化经营来分散和降低组合层面的总体风险。多元化经营既包括业务模式的多样化，也包括授信对象的多样化。除了考虑组合的分散，“不要把所有鸡蛋放到同一个篮子”外，还要看“这些篮子是否系在同一根绳子上”，这是对组合内在相关性问题的最好诠释。此次金融危机中不少金融机构就是购买了基于同一资产池的不同等级的债券，或是与同一基础资产有关联的不同债券（特别是那些经过多次证券化和衍生交易安排的债券），这些资产之间本身就存在很大的相关性，表面的分散化安排并不能产生实质性效果。

我们在相关性风险的研究工作已取得初步进展，利用相关系数衡量客户、行业等各个维度同时发生损失的相关关系，并通过影响经济资本反映整体资产组合的集中或分散程度，量化不同行业、行业内不同等级客户的组合分散化效应和对组合的边际风险贡献，提升集中度风险的评估和管理水平。

从“丰田召回事件”看加强企业声誉风险管理的必要性

总行风险管理部　刘桂峰

日本最大汽车公司，同时也是全球汽车销量第一的丰田公司最近一段时间的日子非常难熬。近千万辆有质量瑕疵汽车的召回，不仅使丰田公司在财务上要耗用一大笔，更重要的是蒙受了极大的声誉损失，丰田总裁丰田章男刚刚在美国众议院听证会上接受类似于“拷问”的情景更是把这种负面影响推上了顶端。毫无疑问，再大的危机事件终究会过去，随着时间的推移人们也会把这种事件逐渐淡忘，但留在人们心中的阴影以及由此产生的信任危机却会长时间挥之不去。有专家推测，如若丰田无“回天之术”，将需要十年时间才能走出这次危机。这起事件背后的深层原因无疑是丰田章男自己也承认的产量快速扩张与质量管控能力弱化的问题，但应急管理失误也无疑是造成这次危机事件的直接原因。笔者仅想从后者作一简要分析，并就我国企业尤其已跻身于国际大银行的大型金融企业如何加强声誉风险管理谈点看法。

一、缺乏有效的应急管理机制是丰田危机事件的直接原因

丰田汽车召回一开始只是一个普通的商业事件，属汽车制造商生产经营过程中产品修补机制的正常行为，之前欧美公司如福特、通用等汽车制造商均发生过不止一起的召回案例。这次丰田召回之所以逐步升级为危机事件，以至于被美国国会盯上接受质询，后期又受到中国消费者的质疑，与其应急管理能力缺失直接相关。

表现一：警觉不够。正如媒体披露，丰田公司实施汽车召回行动以前一段时间，就已接到了多起客户关于行车安全方面的投诉。作为汽车制造商，车辆在道路上的行驶安全是其最基本的质量底线，也是最基本的道德底线，因此对车辆安全问题应该有一种职业上的敏感。公司内部足可以把其视为一桩危机事件，除应认真查找质量方面的原因并认真“补漏”之外，还应把同类产品的其他批次逐一核查，并向所有用户发布核查结果，以给大家吃了一颗“定心丸”。如若确因质量问题会给客户及行人带来危险，必须果断启动召回机制。遗憾的是，丰田错过了自我纠错的最佳时机，直到美国政府施压后，才开始对美国境内存有安全隐患的汽车实施召回；直到中国质检总局就丰田汽车部分车型缺陷发出风险警示通告后，丰田章男才匆匆赶往中国进行道歉并对消费者进行安抚。说明对危机事件的识别力差、警惕性低，以至于错过了前端管理的最佳时机。

表现二：应对不力。从近期媒体披露的有关信息看，丰田是在宣布召回后才开展大规模公关宣传的，其中包括丰田章男 2 月份以来连续几次举行记者招待会与媒体沟通，出席美国国会的听证会接受质询，到中国举行记者会就大规模召回事件进行说明等。并深深鞠躬以示歉意，声声检讨以示诚恳，但给人的感觉还是晚了半个节拍，甚至觉得是勉为其难之举，公众领情和理解的成分就打了折扣。这无疑会增加公众对其处理危机事件能力的质疑。

表现三：态度不佳。按国际惯例，向公众及用户解释事由或致歉是分级进行的，不到最后关头最高首脑不坐到电视屏幕前，美其名曰“留有余地”。丰田此次也是这么做的。负责丰田汽车美国营销的负责人兰兹虽在前台为汽车的缺陷反复道歉，但不足以让公众和用户感受其诚意，重新树立对其信任和信心。“一把手”直至美国听证会前才到美国露面并极力躲闪媒体，显示其缺乏足够的自信，与丰田这一久负盛名的国际大公司地位不符。

这次“召回事件”引发的对丰田声誉的影响和对其品牌的损害，说严重点，足以可以把其拖到“万劫不复”的深渊。倘若其后的“力挽狂澜”效果不佳，公众对其信任难以恢复，不排除这一汽车领域的“巨无霸”从此一蹶不振的可能。这不仅是该公司广大员工不愿看到的，也不仅是其母国不愿看到的，也是我们广大的消费者不愿看到的。丰田其实已成妇孺皆知的全球性品牌，品牌的内涵其实是无价的。记得三十多年前我国改革开放初期，在首都机场路上看到的最醒目的广告即是“车到山前必有路，有路必有丰田车”，当时深为其明快、睿智的风格叹服。如今陷入舆论“重围”颇有不能自拔之势，其背后的深层原因值得探究和分析。

深层原因主要是企业缺乏一套有效的应急管理机制，由此引发了严重的声誉危机。从常理推断，丰田这么一家有发展史、有公信度、有竞争力且国际化程度非常之高的大企业，内部应有一套完善的管理体制，包括危机应对和声誉风险管理机制，但为何失灵，可能有丰田章男所言业务扩张太快，数量的急剧增长带来了质量方面的瑕疵而无暇顾及，但更重要的且直接关联的，是危机管理的各个环节均失灵的必然结果。

其一，声誉风险没有纳入其战略目标层面，或者即使纳入也被其业务扩张气势淹没。诚如丰田章男所言，近些年公司的全球业务急剧扩张，增长的光环和在激烈竞争中的不断胜出使得丰田忽略了其他方面的管理，包括声誉风险的管理，

使得公司平时缺乏对危机事件和声誉风险发生因素和传导途径的定期分析或排查，致使该方面的问题真的出现时缺乏统筹的安排和有效的应对。

其二，内部信息传递不通畅。由于管理体制方面的原因，丰田公司各层级间缺乏有效的沟通和交流，使得一些最早获得客户投诉或发现质量问题的员工无法直接将问题反映到最高层，因此使高层领导缺乏对事态严重性的判断，以致延误了行动。

其三，缺乏对除美国以外的其他客户的安抚和解释是其困境愈陷愈深的主要原因。在接到客户的投诉时，公司就应该在认真进行质量排查和修补的基础上负责任地向客户表明已采取的行动，以取得其谅解和支持。同时更重要的是，像丰田这种全球性的大公司，更应通过与媒体向没有被召回的其他国家的客户说明原因，或者迅速派出专门团队到这些国家当面陈述，以尽快消除因使用同类的汽车未被召回的猜测和质疑，甚至带来国别歧视的政治猜测。尽管丰田章男从美国国会听政会后便匆匆赶往中国进行道歉和说明，以安抚中国消费者的不安情绪，但感觉总是晚了一个节拍，收效远不如在宣布汽车召回同时就向中国消费者说明情况来得有力度。

其四，最高层缺乏在第一时间发表声明向客户致歉并保证解决产品缺陷问题是激发人们情感上对立或不信任的最敏感的东西。在因质量而引发信任危机的当口，最高层必须站出来面对客户和媒体，以显示其诚恳和勇于承担责任的态度，这只会加分而不是失分。相反地，一味强调“留有余地”而只是让低级官员在第一线面对公众，只会激发人们的不信任感甚至愤怒，错失及时挽回公众信心的最佳时机。

由此想起2008年年初法国兴业银行遭遇巨额欺诈事件时几近完美的应对。当时这一震惊全球的金融欺诈事件虽然暴露出该行本身在风险控制方面的缺陷，但从其事发后的一系列举措不难看出，这仍是一家在危机应对和声誉风险管理方面有着成熟经验和驾驭能力的机构，是一家能在危机中“浴火重生”的国际性大银行。他们一是在事发后的六日内保持信息的绝对机密，从而将因欺诈交易产生的未平仓头寸迅速平仓，避免了消息泄露可能引发市场混乱而形成更大损失；二是立即履行向监管机构报告的职责，及时取得央行的支持；三是在短时间内主动通过银行网站、电视、网络等媒体进行有关信息的公开披露，并就事件的进展情况和银行采取的应对措施进行持续披露，消除公众因不了解情况而产生的种种猜测；四是董事会和管理层立即出面向投资人和客户做出公开说明，以取得谅解和信任；五是立即向责任人提起诉讼；六是紧急实施55亿欧元连带优先认购股权的资本充实方案，结果仅股东方的认购就超过了百亿欧元。尽管这一金融史上最大的内部欺诈事件（其金额远大于巴林银行的10亿美元欺诈损失）给该银行的信誉造成了极大负面影响，但由于其一系列迅速、积极、成熟，甚至不失从容的应对措施给投资者和客户带来了较大的心理安慰，提振了公众对其的信心，因此他们得以顺利度过危机，步入了稳定的发展轨道，当年就实现净收入20多亿欧元。同时，该行也经受住了金融危机的考验，从该行公布的最新财报看，2009年第四季度的净收入达2.2亿欧元。

二、加快建立危机应对及声誉风险管理机制已成我国大型企业、尤其大型银行的当务之急

无论何种企业，均应建立有效的应急管理机制，以应对小概率事件、也是通常所说的突发事件带来的冲击，这在目前信息化、网络化背景下尤其如此。大型企业、尤其大型银行之所以更为迫切，是因为它们的规模与业务复杂程度更高，资本及技术的集聚程度更高，内部协调的力度也应更大，更需下大力气加快建立有效的危机应对及声誉风险管理机制。

第一，大型企业或大型银行要尽快把声誉风险纳入战略层面来管理。一些小概率事件足以关系到公众或客户对企业的信任，关系到企业的核心竞争力，进而关系到企业的生死存亡。如前面所提到的丰田事件事实上已酿成一场公众的信任危机事件，这不仅会影响它的市场占有率进而影响到它的生产能力，更重要的是影响到公众对它未来的预期和行为选择。如有研究公司指出，在丰田1月份宣布召回后，有意购买丰田车的消费者大约有7%改变了主意，到2月下旬这一比例则进一步上升到了9.5%，说明危机应对失误导

致的声誉风险给企业带来的杀伤力。这一前车之鉴给大型企业或大型银行的启示是，必须把声誉风险纳入企业全面风险管理体系，必须上升到战略高度去对待并同时采取行之有效的管理措施，使之落实到有效层面。

第二，大型企业或银行必须建立有效的声誉风险管理体系。包括要有有效的组织领导、风险分析与排查、应急预案制定与演练和后评估机制。

其一，大型企业或大型银行要尽快建立声誉风险管理的指挥决策机制。声誉风险事关企业的生死存亡，对其诱发的危机事件处理必须有一个强有力的指挥班子。这个班子要对事件的性质、有可能造成的最大负面影响进行评估判断，并迅速作出相应决策。班子的负责人最好由企业管理层最高首脑担任，班子成员最好由企业负责投资者关系管理部门、负责公共关系管理的部门、负责对外信息披露的部门以及风险内控部门的主要负责人组成。为保证决策及时顺畅执行，最好下面再分设不同的执行小组。唯有坚强有力的指挥班子作为“主心骨”并及时形成决策，才能保证企业在危机面前不慌乱、不怯场、不退缩，形成从容应对之势。

其二，大型企业或大型银行要尽快建立声誉风险的分析与排查机制。这里要把好几个关口：一是客户投诉关口。要有专门团队对客户投诉的问题进行分级分类，处于较高风险级别的要及时上报最高决策层以便尽快采取对策。如上述丰田的案例中，最基础的问题出在客户事关行车安全的质量投诉未能及时报告决策层并及时采取对策。法国兴业银行的案例则从正面展示了他们及时报告了监管当局，争得了理解支持并赢得了在资本市场上紧急运作的宝贵时间。二是舆情的研判与分析关口。信息化时代尤其互联网的迅速发展，使得一个在过去几天甚至更长时间才能获知的事件瞬间将在全球传播。尤其有的不负责任的媒体或小报记者，对有些有待进一步澄清的事件进行捕风捉影或夸大事实的炒作，负面影响很大。企业或银行需要有专门团队，实时关注舆情信息，持续跟踪媒体报道，对于不实或不完整的信息要及时予以澄清，对于事关重大的事件要予以有效引导，避免类似丰田的“召回事件”愈炒愈大的现象发生。这里，企业的发言人制度应很好地发挥作用。三是企业或银行内部的员工诉求关口。不可以为声誉风险只为外部事件引发，内部问题处理不当同样会演变为外部声誉事件。因此要注意倾听员工的呼声，了解他们的诉求，沟通与引导的工作要常态化，合理的诉求要及时予以解决。

其三，大型企业或大型银行要制定声誉风险的应急预案并定期演练。要在对以往发生过的声誉风险事件或同业类似案例分析评估的基础上，预测未来一个时期与企业发展战略及主体方向相关联的问题，制定相应的应急预案。预案至少要包括这样的要素：对事件性质的判断、风险类别的判断、紧急报告的路线和方式、决策机制及执行、处置结果的后评估等。同时要进行不间断的演练，以验证其实用性及有效性，并不断修补完善。

其四，大型企业或大型银行要对危机应对效果进行后评估。这种后评估不仅是对本企业处理过的危机事件，更要及时跟踪同业或同类的其他企业或行业的案例，深入进行比较、分析和评估，以从中吸取经验教训，力避此类事件再次发生。譬如此次的“丰田事件”就可以作为一个警示性案例，进行认真分析和借鉴。

第三，大型企业或大型银行要尽快完善发言人制度。目前，大型企业或大型银行均建立了新闻发言人制度，对于受到客户或公众质疑或媒体炒作的问题进行公开说明或阐释。笔者始终认为，对于一般性的声誉风险事件，这种应对无疑是有效的，而且可以省却企业最高决策层的精力以集中谋大事。但对于关系企业未来乃至损及企业核心竞争力的重大事件，企业领导人必须第一时间站出来，或主动召开新闻发布会，或通过电视荧屏向公众或投资者、客户说明缘由，诚恳道歉，并力陈改进的措施以及欲达的目标。这样做的好处在于：一是安抚客户，使他们感受到了尊重，心中怨气自然削减。二是表明最高层对此事件的态度，高度重视并决心解决，从而给客户以信心。三是提高沟通的层次，足以显示其坦诚和自信。四是表明对客户的承诺，使其对公司的未来再树信心。这次丰田的最高层虽也亲自出马赴美国和中国致歉，但给人的感觉前者是不情愿的，后者则晚了一个节拍。因此最高层何时出镜，需要一个合理的判断，这也是考验大型企业或大型银行智慧和能力的重要标志。

第四，行业协会或监管部门关键时刻要发挥“拉一把”的作用。这次“丰田事件”没有看到日本汽车业协会的影子，其实后者作为民间组织完全是可以发声救助一把的。因为此时靠企业自身说话，总容易被看做“自我开脱”，但行业协会若站在一个公正角度说上几句，可能会收到事半功倍的效果。我国有些行业的企业也碰上过类似问题，在企业腹背受敌的情况下，行业协会也站在一旁看热闹，这样实际上是很危险的。此时还是要勇于站出来，说一些让公众情绪平复的话，或尤其对不实的事情予以公开公正的说明，这样也有利于其作用的发挥及企业对其的信赖。

完善商业银行不良资产处置营销机制的思考与建议

总行资产保全部　谭兴民　贾　纯　郭喜田　钱文胜

不良资产处置营销机制是商业银行在处置不良资产过程中为吸引更多的投资者参与不良资产处置而主动开展不良资产市场化营销时所遵循的手段、流程、制度等的统称，是不良资产处置整体机制的有机组成部分。从不良资产处置实践看，营销环节是目前不良资产处置中比较薄弱的环节，急需予以健全和完善。加强对不良资产处置中市场化营销机制的研究并提出完善建议，对进一步提升不良资产处置价值具有重要意义。

一、作用：营销机制在不良资产处置中的重要地位

从不良资产处置的业务流程看，不良资产处置包括处置前期调查、资产营销、资产定价、方案谈判、处置方式确定、处置方案制定、处置方案申报、审核、审批和方案执行等各个业务环节，是一个环环相扣的动态过程。在不良资产处置整个业务流程中，营销发挥着重要的作用，具体表现在：

1. 营销是寻找意向投资者的重要途径。对于商业银行的不良债权资产而言，由于债务企业绝大部分属于经营状况不佳的企业，靠企业自身的现金流难以偿还银行的债权，往往需要通过引入投资者注入资金重组盘活企业或将企业资产处置给投资者的方式来回收债权。对于商业银行拥有的抵债资产和股权资产而言，要实现实物价值形态向货币价值形态的转换，更需要有符合条件的投资者参与。从不良资产处置的实践看，除个别项目是投资者主动上门与债权人商谈处置事宜外，大部分意向投资者的寻找需要债权人通过各种有效途径发现，这就需要借助市场化的营销机制来实现。

2. 营销是进一步发现和提升不良资产处置价值的重要手段。不良资产处置的价值确定是一个复杂的过程，国内尚未有能够为各方所公认的定价模型和标准。从不良资产处置实践看，债权人在与债务人或意向投资者确定最终处置价值前一般先要确定一个内部接受的处置底价。处置底价的确定，或者依据外部评估价格，或者依据内部历史清收数据或内部模型。无论采取什么方式确定，由于不对称信息的存在，债权人确定的处置底价都不是最终的处置价格，最终的处置价格需要通过竞争性谈判和市场化询价来确定，这就需要借助市场化的营销手段吸引更多的意向投资者参与到不良资产处置的谈判和询价过程中来。通过营销吸引的投资者越多，谈判和竞价就会越充分，不良资产处置价值体现得就越客观。营销过程本身就是一个进一步发现不良资产价值信息和弥补信息不对称的过程，也是一个进一步校正内部定价和进一步发现价值的过程，从而可以提高

不良资产的最终处置价值。

3. 营销机制是防范不良资产处置过程中道德风险的重要措施。不良资产处置是一个多方利益的冲突和博弈过程，各方利益主体为寻求自身利益最大化，会采取各种显性或隐性的手段达到自己的目的，这使得不良资产处置中的道德风险问题极为突出。如何防范和控制不良资产处置中的内部道德风险，或将其减少到最低程度，尽力避免由此给商业银行利益及声誉带来的危害，是商业银行资产保全工作所面临的重要课题。防范不良资产处置中的道德风险，既要靠处置人员的自律，更要靠体现制衡和监督特点的制度和机制。从道德风险成因看，一对一谈判由于缺乏充分的竞争和互相监督很容易发生暗箱操作和道德风险。而通过在不良资产处置中引入营销机制，通过吸引更多的投资者参与到不良资产处置的过程中，可以实现不良资产处置的阳光操作和相互制衡，避免不良资产处置中的暗箱操作，是防范不良资产处置中道德风险的重要措施。当然，营销机制还需要和项目处置团队制度、谈判制度、项目审核制度、授权审批制度、监督检查制度等其他制度相结合才能真正防范因制衡机制和监督机制缺失或执行不到位而引发的道德风险。

二、做法：金融同业在不良资产处置中采用的主要营销手段

从掌握和媒体披露的信息看，金融同业（包括资产管理公司）在不良资产处置中所采取的营销手段和做法主要有：

1. 运用网络系统推介不良资产。如建设银行为加快不良资产处置，利用国际互联网站上开通的“资产推介”专栏，对包括抵债资产、债转股资产及不良贷款抵质押资产在内的不良资产进行网上推介，广泛招商，加大宣传营销力度。中国银行为加大处置不良资产的力度，便于社会各界人士了解和查询中行不良资产处置的有关信息，于2002年正式上线启用“中国银行不良资产处置信息系统”，以拓宽中行不良资产信息营销及出售渠道。

2. 采用集中拍卖机制营销处置抵债资产。如建设银行为推动全行抵债资产处置工作的开展，加快存量抵债资产的处置进度，总行组织各分行分别于2002年和2003年举办春、秋两季抵债资产集中拍卖活动，其中2002年秋季拍卖活动还首次采用与信达资产管理公司共同联合举办的方式进行。集中拍卖期间，各分行采用资产集中推介会以及利用和发挥拍卖机构、新闻广告、因特网等途径进行资产推介，效果明显。

3. 运用资产推介会机制营销推介不良资产。如中国东方资产管理公司2009年5月2日在北京举行了2009年度资产推介会，推介来自北京、上海、广州等20个省市的300多亿元资产，本次推介包括资产包、单项债权、股权和实物资产等，涵盖了化工、制药、电力、房地产等行业。建设银行先后于2002年、2003年下发在全行开展资产推介会的通知，在全国系统举办资产推介会活动，把资产推介会作为处置不良资产对外推介的主要渠道，通过每年定期举办不良资产推介会，解决不良资产处置过程中的信息不对称问题，架起不良资产与市场之间的桥梁，进一步加快不良资产的处置步伐。

4. 与产权交易所合作营销处置不良资产。为了规范金融企业国有资产转让行为，财政部于2009年3月下发了《金融企业国有资产转让管理办法》。该办法规定，“非上市企业国有产权的转让应当在依法设立的省级以上产权交易机构公开进行”，“转让方在确定进场交易的产权交易机构后，应当委托该产权交易机构在省级以上公开发行的经济或者金融类报刊和产权交易机构的网站上刊登产权转让公告，公开披露有关非上市企业产权转让信息，征集意向受让方”。按照财政部金融企业国有资产转让新政策的要求，金融机构加大了与产权交易所合作营销处置不良资产的力度。如农行2010年1月与北京产权交易所在北京举行全面战略合作签约仪式，农行将通过北交所等交易平台加大不良资产处置市场化运作力度，北交所将为农行不良资产处置项目提供资产推介、招商、咨询及组织资产在场内交易等服务。中国东方资产管理公司2010年2月与上海联合产权交易所签署战略合作协议，在上海产权交易市场成批推出不良资产交易项目，探索不良资产处置的新路径。

在积极运用多种营销手段推介不良资产的同时，部分商业银行还从制度上对资产处置营销工

作进行了明确，将其作为不良资产处置流程中的必要环节。如有的商业银行规定，无论采取何种方式处置资产，经办行均必须以提升资产价值为目标，主动做好资产营销工作。资产营销应包括但不限于：（1）面向市场，做好资产处置信息披露工作，扩大处置信息的推介半径。经办行应充分利用各种媒介资源，如报纸、网络、中介机构等，尽可能扩大资产转让信息的披露范围，提升资产处置价格。（2）做好对资产投资者的直接营销工作。在信息披露的基础上，经办行应选取一些有购买意向、实力较强或者在同类资产交易市场较活跃的投资者进行直接营销。同时应加强部门间联动，通过定期发送资产处置信息给行内公司客户经理、高端个人客户经理等方式，由客户经理向行内客户进行营销。

三、目前不良资产处置营销机制存在的主要问题

虽然近年来商业银行在不良资产处置营销机制建设方面采取了一些措施，也取得了一些成果，但与不良资产处置精细化的要求相比还存在很大差距，在营销理念、营销制度、营销能力、营销配套机制、行内客户资源共享机制等方面还存在不足，主要表现在：

1. 不良资产处置中市场营销的理念还较缺乏。一方面，不良资产处置人员尚未将不良资产处置工作与市场营销联系起来，仅就处置论处置，为处置而处置，习惯于坐等客户上门来谈，还不习惯于通过自己的主动营销来吸引更多的投资者来参与处置。另一方面，营销理念尚停留在简单的推销层次，没有真正树立起以投资者为中心的市场营销意识。这主要表现为在市场营销中往往局限于自身现有资产形态和状况，有什么就卖什么，缺乏一种以投资者市场需求为出发点进行产品开发和市场营销的意识。处置过程中，对市场的内在需求，缺乏深入的市场调研和严密的营销战略，导致不良资产处置效果差强人意。

2. 不良资产处置营销的制度建设还较欠缺。首先，制度建设仅限于处置方式及申报、审核及审批等业务环节的规范方面，有关不良贷款处置营销的制度规范欠缺。其次，从已开展的营销工作实践来看，更多地侧重于各种营销方式的推广和运用，还未将营销机制作为不良资产处置中的重要环节从制度和流程方面进行规定。由于制度的缺乏，一方面造成处置人员因在制度上没有硬性的要求而将营销环节作为可有可无的事情，没有将营销机制作为提升处置价值的必备环节，影响了处置效果；另一方面因缺乏明晰规范化的操作规则和流程，造成各分行开展的营销工作随意性比较强，营销效果欠佳。

3. 不良资产处置人员的营销能力还不完全适应不良资产处置的要求。一方面，受每个人的性格、气质、学识及经验等因素的制约，不同的人营销技能存在一定的差异。由于目前商业银行对于不良贷款处置人员的任职资格尚未建立独立的评价体系，对不良资产处置人员应当具备的能力，如营销能力缺乏明确的规定，使得部分在营销能力方面存在欠缺的人员从事不良资产处置工作。另一方面，加强营销技能的培训对于提升不良资产处置人员的营销能力也起着很大的作用。从不良资产处置的业务培训来看，以往的培训内容更多的是侧重于不良贷款处置手段、操作流程等方面，关于营销技能的培训课程则较少。即使安排了有关内容，更多的是侧重一般营销技能谈判，而缺乏适应不良资产处置特点的专门培训内容，不利于不良资产处置人员营销能力的进一步提高。

4. 不良资产处置营销的配套机制需要进一步完善。不良资产处置营销机制要真正发挥作用需要相应的配套机制支持。（1）不良资产尽职调查机制。债权人能否根据不同资产的各自特性和实际情况，努力挖掘能提升其处置价值的信息，并准确地对资产信息进行描述并有针对性地对买受人进行宣传和推介，或者供有意向购买资产的战略投资者进行查阅、选择等，对保证营销工作的成功至关重要，这就需要不良资产尽职调查机制来支持。从目前看，尽职调查工作仍是我国商业银行不良资产处置的薄弱环节，这既与现有信息共享制度不健全有关，也与缺乏项目尽职调查的详细操作流程有关。（2）不良资产资源整合机制。所谓资源整合机制，就是债权人根据市场需求的不断变化，运用分类手段，对资产进行再整合，向市场不断推出新的资产包或有特色的单项资产，以满足投资者的各种需求。这就需要建立起一套翔实的、动态的、便于分类和检索的资产

信息数据库系统，从而为市场细分、目标市场选择以及资产整合等工作提供有效的数据支持。虽然很多商业银行都建立了不良资产处置业务管理系统，实现了不良资产数据信息的电子化，但目前仅仅是更多地满足于内部业务管理和经营的需要，还难以适应市场化营销关于不良资产资源整合的要求。（3）意向投资者资源整合机制。商业银行在不良资产处置工作中会接触到许多意向投资者，无论这些投资者最终是否和银行就某项资产达成交易，其都会成为以后商业银行不良资产处置中的潜在投资对象。如果商业银行能够对这些意向投资者的资源进行整合并建立动态、不断更新的投资者数据库资源，可以大大便利商业银行的不良资产营销和处置工作。可惜的是，由于大部分商业银行尚未建立专门的意向投资者资源整合机制，这些投资者的信息分散在各个具体人员的手中，没有形成一个全行共享的信息资源，造成了资源的极大浪费。

5. 行内客户资源共享机制还有待强化。商业银行拥有广泛的客户资源，这些客户都可以成为银行不良资产处置过程中的重要营销对象。出于行业整合和产业链延伸的需要，很多优质客户对重组不良企业或购买不良资产有需求。由于这些客户是银行的重要合作客户，双方有好的合作基础和合作空间，如将这些客户吸引到不良资产处置中来，既可以实现不良资产的有效处置，又可以进一步深化双方的业务合作，可以实现多赢。从不良资产处置的实践看，虽然近年来资产保全部门加强了与公司部、集团部、机构部的业务联动，通过共享客户资源取得了一定的效果，但更多地局限在个别项目的合作上，在建立部门联动机制及客户资源共享机制方面还需要进一步加强合作。

四、完善不良资产处置营销机制的建议

1. 拓宽不良资产营销渠道和营销资产范围，建立多层次的营销体系。（1）营销的渠道。要充分利用互联网、资产推介会、产权交易所、意向投资者资源库、行内优质客户资源、拍卖机构等中介机构、媒体宣传等多种营销渠道和形式。当前特别要加强与产权交易所的合作，充分利用产权交易所拥有的专业化营销推介平台和意向投资者资源，提升营销的效率和专业化水平。（2）营销的资产范围，除抵债资产、债转股资产、抵押资产外，建议将债权类资产也纳入营销推介的范围，吸引符合条件的投资者采取债权转让或重组的方式参与处置不良债权资产。（3）营销的层级。适应当前商业银行推行资产保全业务单元制及不良资产集中经营的要求，不良资产营销层级分为总行和一级分行两个层级。其中总行主要负责：①利用互联网的外网推介功能推介全行的不良资产；②负责与北京产权交易所、天津产权交易中心、上海联合产权交易所、重庆联合产权交易所等四大全国性产权交易所合作营销推介不良资产；③负责建立全国性的意向投资者资源库；④负责与总行公司业务部等前台经营部门建立客户资源共享机制和联动营销机制。一级分行负责：①负责与省级产权交易机构合作营销推介不良资产；②负责建立本行区域内的意向投资者资源库；③负责与本行公司业务部等前台经营部门建立客户资源共享机制和联动营销机制；④负责组织利用互联网、资产推介会、产权交易所、意向投资者资源库、行内优质客户资源、拍卖机构等中介机构、媒体宣传等多种营销渠道对本行所管理的不良资产进行营销推介。

2. 健全不良资产处置营销制度，将营销机制嵌入不良资产处置整体业务流程中。建议对不良资产处置中的营销流程及控制措施进行梳理，制定完善的营销管理制度或指导意见，明确营销的组织体系、应遵循的原则、营销的主要形式及操作流程和内部控制规则，将营销机制作为不良资产处置中的必备环节进行规定，明确营销环节的规定动作和操作要求，确保营销机制的规范操作，切实提高不良资产处置的精细化水平。

3. 加强不良资产处置人员营销能力建设。建议研究建立适应不良资产处置要求的从业资格评价体系，明确从业人员应当具备的资格和能力要求，并将营销沟通能力作为评价的一项重要内容，通过评价体系的建立遴选符合条件的人员从事不良资产处置工作。同时，建议加强不良资产处置营销技能的培训，在对不良资产处置营销要求进行梳理及对以往案例进行整理的基础上，研究开发针对不同营销对象的营销技能培训课程，并选聘有不良资产处置营销经验的人员或专家结合案例进行培训，通过培训进一步提高不良资产处置

人员的营销能力。

4. 进一步完善不良资产处置营销的配套机制。(1) 完善不良资产尽职调查制度，制定不良资产项目尽职调查的详细指引和流程，明确调查人员及组成、双人调查制度、调查内容、调查时间、调查方法、调查记录、调查报告的运用、调查中的风险控制等内容。通过尽职调查充分挖掘不良资产信息，为后续的营销工作奠定基础。同时，除内部调查外，还要积极与会计师事务所、律师事务所、各行业协会、各地工商联、各种产权交易中心、证券公司以及专门的信息咨询机构等加强联系和沟通，充分利用各种报刊媒体和互联网获取公司需要的各种市场信息，拓宽获取市场需求信息的渠道。(2) 建议进一步完善不良资产的管理信息系统，除满足内部管理和经营的要求外，还可以进一步实现适应不良资产对外处置营销的资产及信息整合功能，提升不良资产处置和对外营销的技术优势。例如，当某个投资者有某方面的投资意向时，可以根据其投资偏好，通过数据的分析和提炼，立即寻找出满足其要求的资产及相应的资产信息。(3) 建议加强对不良资产处置中接触过或合作过的意向投资者（包括资产管理公司、国内外投资者、不良资产服务公司、产权交易中心、拍卖机构、其他金融机构等）的资源整合，分层次建立全行共享并动态更新的意向投资者资源数据库，使不良资产处置人员日常处置过程中所获得的分散的、封闭的意向投资者信息在系统内部共享，充分发挥作用。意向投资者资源数据库建立后，可以实现向这些意向投资者的定向及时营销，可以提高营销工作的针对性。

5. 进一步加强行内部门之间的整体联动，完善不良资产处置营销中的客户资源共享机制。资产保全部门在不良资产处置工作中要进一步加强与公司业务部门、集团客户部门、机构业务部门及投资银行部门等前台经营部门的整体联动，建立定期的信息交流和协调机制，实现行内客户及信息资源的共享，吸收行业优势企业对不良资产客户、抵押资产、抵债资产及股权资产进行收购和重组。

6. 建议加快培育统一开放、多层次的不良金融资产市场。不良资产处置业务的市场化是必然趋势。借鉴国际成功经验，建立和发展开放、竞争、规范的不良资产市场，特别是与不良资产交易价值转换相关的资本市场、产权市场、招投标和拍卖市场，充分发挥市场机制在不良资产处置中的作用，是推动不良资产处置方式专业化、市场化的关键所在。一方面要规范不良金融资产的一级收购和批发市场，另一方面还要加快培育信息流畅、交易主体和交易品种丰富的不良资产二级市场，才能促进不良资产处置业务的公平合理和效率效益的提高。该项工作单靠金融机构自身的力量难以实现，需要国家有关部门牵头推进。考虑到目前各省都已经建立了产权交易市场，建议可以现有的遍布全国的产权交易市场的网络、渠道为基础，通过合并、改组、增设功能的方式，形成一个高效率、多层次的专业化的不良资产交易市场，为实现不良资产的市场化营销和处置提供专业化平台。

商业银行处置“假按揭”贷款的保全手段及比较分析

总行资产保全部 马 奎 黄长卿

近几年，国内商业银行的个人住房贷款业务增长迅猛，2009年末，四大国有商业银行个人住房贷款余额已超过3.2万亿元。然而，备受诟病的“假按揭”现象却长期以来严重困扰着个贷业务的健康发展。笔者结合实际工作经验和相关数据，就商业银行催收、处置“假按揭”贷款的主要保全手段进行分析研究，以期银行同业在盘活处置这类不良资产时，能够有效运用相应政策工具，快速化解风险、保全资产。

一、银行处置“假按揭”的主要保全措施

实践中，非诉方式下银行处置“假按揭”贷款的保全措施主要有现金清收、贷款重组、以物抵债、呆账核销四种手段，以及对这些手段的组合运用。

（一）现金清收手段

现金清收是催收处置不良贷款的常规性保全手段，适用于实际用款人（一般是开发商）生产经营情况较好，尚有意愿、有能力履行个贷借款合同还款责任的“假按揭”贷款。现金清收手段在实践中主要表现为两种类型：一种是实际用款人迫于银行宣布贷款提前到期并限期结清的要求，筹集资金在短期内全额归还“假按揭”剩余本息；另一种是实际用款人按借款合同约定分期归还“假按揭”本息，其还款行为可能延续至个贷借款合同最后到期日。

现金清收手段的优点是银行个贷债权能够被以货币资金形态真实足额地清偿，银行工作人员在催收处置“假按揭”贷款时应当优先考虑并尽力实现现金清收。然而，现实暴露的“假按揭”贷款的实际用款人绝大部分属于经营情况恶化，甚至停止经营、破产、吊销营业执照情形，其法人代表或实际控制人也不乏涉案、潜逃、服刑等情况，很难通过现金清收方式处置。

（二）贷款重组手段

“假按揭”贷款重组是商业银行依据不良贷款重组理论，在满足银行自身风险管理方面的相关条件下，通过变更借款人的重组方式落实真实承债主体，将“假按揭”转换为真实贷款的一种保全措施。一般意义上“假按揭”贷款重组后的承债主体仍为自然人，即在有符合借款条件的购房人愿意购买“假按揭”所涉房产的情况下，银行对新借款人发放贷款并要求开发商将资金用于全额归还“假按揭”本息。特殊情况下“假按揭”贷款重组后的承债主体是作为实际用款人的公司（或其他组织）而非自然人主体，即实际用款人（多为开发商）与银行签订《债务承担协议》并提供相应担保，将“假按揭”贷款批量实施债务转移至其名下，转换为以开发商作为借款人的公司类贷款。鉴于实际发生的“假按揭”中绝大多数并无交易背景，所涉房产被再次出售的现象也屡见不鲜，因此“假按揭”贷款重组主要运用于承债主体为非自然人的情形。

贷款重组手段具有一定的独特优势，在实践中对“假按揭”贷款处置工作发挥了积极作用：一是落实了银行贷款的真实承债主体，将虚假的个人住房贷款法律关系转化为真实的公司机构类贷款法律关系。二是对于同一开发商套取的多笔“假按揭”贷款，可以批量重组为一笔公司机构类贷款。三是“假按揭”贷款重组过程中落实的担保措施有效降低了原有风险。四是重组后的公司机构类贷款的处置渠道较“假按揭”贷款更为丰富，减免息、呆账核销、证券化、以物抵债等手段均可得到有效运用。据统计，银行重组的“假按揭”贷款项目中超过60%的承债主体能够履行债务承担协议，重组后贷款实现“清零”处置的项目比重超过三分之一。

“假按揭”贷款重组手段同样具有局限性：一是银行顺利实施贷款重组需要取得实际用款人的实质性配合，如签订承债协议、提供担保措施、与真实借款人签订购房协议等。二是银行对于重组的内部管理规定要求信贷风险敞口有所改善，这一条件所指向的贷款信用增级条件可能难以达到。三是部分“假按揭”贷款实际用款人为事业单位法人甚至是行政机关，重组后贷款的主体资格存在合规性障碍。

（三）以物抵债手段

以物抵债是指经商业银行与借款人、担保人或第三人协商同意，或经人民法院、仲裁机构依法裁判，债务人、担保人或第三人以实物资产或财产权利作价抵偿债务的行为。以物抵债手段适用于借款人和担保人均无力以现金资产偿还银行债务，按照司法程序执行债务人实物资产或财产权利的处置行为无法成交的情形。银行可通过两种方式收取抵债资产：当事人协议抵债和法院、仲裁机构裁决抵债。

以物抵债手段扩大了银行债权的受偿资产范

围，使其涵盖现金以外的实物资产和财产权利。对于“假按揭”借款人和实际用款人丧失现金偿付能力，但拥有一定实物形态或权利价值资产的情况，收取抵债资产能够最大限度地保全银行信贷资产，快速化解“假按揭”贷款风险。然而，以物抵债处置手段的运用中也存在一定制约因素：一是大部分“假按揭”贷款所涉及的交易房产已被转售或是根本不存在，债务人通常也不配合提供适于抵债的财产。二是考虑到内部控制等原因，银行保全人员选择的以物抵债方案多为裁决抵债方式，处置成本相对较高。

（四）呆账核销手段

呆账核销是不良贷款的传统处置手段之一，是指商业银行在已采取所有可能的措施和实施必要的程序后，可以对剩余无法收回的债权进行资产表外化处理。核销手段的运用是基于债权人对借款人和担保人已进行穷尽追索的一种理论假设，因此必然要有适于外部判断的规定条件。按照财政部相关文件的规定，损失类个贷核销类别包括借款人死亡、终结或终止执行等17个类别，除小额追索类外均要求银行依法对借款人和担保人进行诉讼执行，达到财产清偿完毕或法律推定的穷尽追索程度后，才能对无法收回的债权进行核销。

呆账核销手段处置“假按揭”具有广泛适用性和明显优势：一是核销规定的认定标准和要件材料较为清晰，易于操作。二是核销的原则是账销案存，银行并未丧失债权，核销后仍可以继续追索。三是现实暴露的“假按揭”大部分已经进入诉讼程序，且大多已进入强制执行程序。然而，核销通常要求对贷款损失进行严格的责任认定，畏责心理可能导致银行基层工作人员对已符合条件的“假按揭”不愿启动核销程序。

二、各类处置手段的比较分析

从近年来商业银行“假按揭”处置工作的总体情况看，现金清收、贷款重组及呆账核销三种手段是处置“假按揭”贷款的主要渠道，统计数据表明的处置比例超过95%，以物抵债手段仅在个别法院裁定的项目上有所运用。其中，贷款重组手段的处置比例达到55%，处置成效最为显著；现金清收手段的处置比例为29%，处置成效也相当可观；呆账核销手段的处置比例为12%，处置效果也较为明显。

商业银行在追偿债权、处置“假按揭”资产时，应当坚持货币资金受偿为第一选择，即使在债务人无法全额清偿债权或必须运用重组、抵债等保全手段时，也应力促债务人尽可能使用货币资金偿还部分银行债权。如前文所述及，实现信贷资产的货币性受偿才是银行的最终目的，除现金回收外的其他保全手段仅是完成了不良信贷资产的盘活或形态变化，并未实现“最终处置”。因此，银行保全人员催收处置“假按揭”贷款的首要目标是现金清收比例最大化。

在坚持货币清偿债权原则的同时，银行也不应当忽视重组、抵债以及核销等非货币受偿的处置方式：

首先，“假按揭”贷款的实际用款人多为经营管理能力不强、资金实力较弱的房地产开发商，在银行采取追偿措施之时往往已处于资金链断裂的困境中。此时，若实际用款人偿债意愿较好，积极创造条件解决“假按揭”问题，银行可以考虑运用贷款重组手段化解“假按揭”风险。贷款重组的处置方式虽不及现金清收效果彻底，但在实践中经常扮演生死转换的枢纽角色。对于最终进入诉讼的“假按揭”项目，由于重组后的主体明确单一，银行在诉讼中可节约大量的无形成本，如时间成本。

其次，以物抵债手段的最大意义在于搭建了债务人以实物资产或财产权利清偿银行债权的路径。对于不具备其他处置条件但债务人尚有实物财产，特别是债务人财产可能即将丧失的“假按揭”项目，银行应当及时运用以物抵债手段最大限度地保全信贷资产。

最后，呆账核销通常被认为是一个银行被动选择的结果，原因是核销必须满足国家财政部规定的相关条件。然而，鉴于“假按揭”属于不良个贷的范畴，借款人、担保人的实际情况千差万别，可能遇到的核销认定类别及相应条件也不一而足，因此银行保全人员应当将“假按揭”核销作为主动选择的处置手段，准确判断事实关系，尽职搜集各类材料（如催收记录等），将满足条件的“假按揭”贷款及时核销。实践中核销手段直接处置的“假按揭”金额不大，这与核销需单户申报审批的操作方式有关，但若考虑到相当一部分“假按揭”项目在重组、抵债、诉讼执行后再次进入核销程序，核销手段的处置效果堪称相当可观。

三、催收处置“假按揭”贷款的启示和建议

（一）不轻易放弃对合同借款人的追偿权

绝大多数“假按揭”贷款的合同借款人身份信息、合同签名均属真实，但缺乏真实的交易背景。实践中，各地法院对借款合同效力及合同借款人责任的判决结果存在差异。一般而言法院会判决解除合同，签名真实的合同借款人承担剩余贷款本息还款责任，开发商（实际用款人）承担连带还款责任。即使法院依据当事人意思表示不真实判决合同无效，也极少会免除合同借款人的法律责任，而是依据其过错程度承担一定还款责任或民事赔偿责任。如2007年北京市高级人民法院在内部审判指导性文件中规定：“借款人明知开发商系以融资为目的以借款人的名义贷款，仍向开发商提供身份证明，并与银行签订借款合同的；借款人虽未占有借款所购房屋，也未参与合同履行，但其帮助开发商套取银行按揭贷款并造成损失，借款人应就其过错向银行承担不超过开发商不能偿还部分10%的赔偿责任。”

因此，银行在催收处置“假按揭”贷款时应当对合同借款人保持高压、积极追索。即使合同借款人属被开发商欺诈、胁迫且未占有借款所购房屋而可能被法院判决免责的情形，银行也应利用对其不良信用记录的影响，争取借款人配合银行向开发商施加压力、促其还款。由于合同借款人通常系开发商职工或与开发商负责人存在亲属、朋友等利害关系，一些案例中显示他们对于开发商的施压效果更为明显。

（二）妥善处理银行与开发商（实际用款人）的关系

所有“假按揭”贷款的共同特征是其背后潜伏着实际用款人（大多为开发商）这一利益主体。开发商的行为直接导致了银行贷款在法律关系上的扭曲，而“假按揭”问题的最终解决也无一例外地需要开发商的作为，正所谓“解铃还须系铃人”。银行应当积极寻求与开发商的合作，加强谈判协商能力，必要时可以软硬兼施地引导其提供相关条件或实施有关行为，运用本文论述的保全手段实现“假按揭”处置效益最大化。而机械化地“催你就还，不还就诉”往往会使处置工作陷入僵局，实际案例也证明将“假按揭”简单地进行诉讼执行效果不佳。

（三）充分发挥商品房预售登记效力的制约作用

由于“假按揭”缺乏真实交易背景，开发商通过虚假交易取得银行贷款资金后并不会办理房产登记手续，进而确权到合同借款人名下，因此银行也不会像真实按揭贷款业务那样取得贷款项下房产的抵押权。按照我国《城市商品房预售管理办法》的规定，城市商品房交易均需办理预售合同登记备案手续，在购买人申请银行贷款的情况下，房地产管理部门将银行作为房产预抵押权利人记载于备案登记事项，解除预售备案登记需要购房人、开发商和银行三方同意的书面材料。可见，制造“假按揭”的开发商若想取得已备案登记房产所有权或再次出售就必须取得银行的书面同意。银行可以充分利用这一“杀手锏”制约开发商，迫使其履行还款责任或进行贷款重组。2008年，北京地区某银行利用开发商急于将“假按揭”房产整体出售的有利时机，运用预售备案登记解除权牢牢控制开发商，最终通过贷款重组等手段全额收回该项目“假按揭”贷款本金。

（四）复合运用贷款重组手段和其他保全手段

“假按揭”贷款重组在法律层面属于债务转移，相对于还原借款合同本来面目这一形式目的而言，我们更应当关注这一手段的实质保全效果。建议银行在“假按揭”贷款重组的同时运用其他保全手段完整实现资产处置，如以本金额度的保证金质押，重组后运用减免息方式处置。

综上所述，现金清收、贷款重组、以物抵债、呆账核销四种保全手段不是孤立存在的，银行在处置“假按揭”贷款时常常需要将这些手段进行复合式地运用。概括而言，银行保全人员处置“假按揭”的工作思路应当是：将现金回收与非现金方式下的处置手段相结合并灵活运用，找准关键环节、抓住有利契机，快速有效地实现资产处置。

欧元区国家主权债务危机升级及其影响分析

总行风险管理部（市场风险管理部）　杨云超

近期，以希腊为代表的欧元区国家债务危机愈演愈烈，给国际金融市场造成较大震荡。虽然希腊政府与欧盟和国际货币基金组织就救助细节达成一致，但之后希腊国内因抵制财政紧缩改革措施引发的大罢工和评级机构对葡萄牙评级的负面展望，令市场对希腊贷款计划能否顺利进行和危机可能向欧洲其他国家蔓延的担忧加剧，市场的恐慌情绪导致股票、商品等资产价格大幅震荡。

一、欧元区国家主权债务危机的最新进展

2010年5月2日，欧元区16国财长一致同意启动希腊救助机制，在未来三年内与国际货币基金组织（IMF）一道为希腊提供1 100亿欧元贷款，以满足希腊的资金需求，其中欧元区国家出资总额为800亿欧元。作为获救条件，希腊政府需要在未来三年采取更加严厉的财政紧缩措施并实施结构性改革。

5月2～6日，希腊政府公布的财政紧缩改革措施引发了全国性罢工及10万人示威游行。

5月4日，德国财政部长朔伊布勒表示，希腊如果违反贷款协议规定，德国会停止援助贷款；德国总理默克尔同时表示将来如果再有类似情况发生，应该把循序渐进的违约（Orderly Insolvency）作为解决问题的选项之一，确保债权人也要加入援助方案。

5月4日，市场普遍担心西班牙、葡萄牙等欧元区国家也需要进行救助，并有消息称，西班牙所需要的援助资金可能达2 800亿欧元。5月5日，穆迪（Moody's）将葡萄牙国债评级Aa2列入可能下调的名单，理由是该国公共财政状况恶化。

5月6日，在欧洲央行例行利率政策会议上特里谢否认了欧洲央行将收购欧洲国债，使市场预期落空，欧盟防止希腊债务危机蔓延的力度不够的忧虑再次提升避险情绪。

5月4～6日，因投资者对希腊违约①及债务危机可能蔓延至欧元区其他国家的担忧加剧，金融市场大幅震荡：道琼斯指数三天内跌至10 520.32点，其中6日单日跌幅为3.2%；欧元兑美元连续走低，在突破1比1.3后跌至14个月以来最低水平的1.2620；纽约原油期货价格三天内累计跌9美元至77.11美元/桶；欧美主要金融机构尤其是在希腊债务和经济上有巨大风险头寸的欧洲银行类股股价下跌，信用违约掉期CDS变宽。黄金、美元及美元资产作为避险工具价格大幅上升。

5月10日凌晨，欧盟成员国财政部长达成一项总额7 500亿欧元有史以来最庞大的救助机制，以帮助可能陷入债务危机的欧元区成员国，防止希腊债务危机蔓延。其中，4 400亿欧元将由欧元区国家根据相互间协议提供，600亿欧元将由欧盟委员会从金融市场上筹集，国际货币基金组织将提供2 500亿欧元。

① 这里所说的希腊主权违约即“软违约”，类似于阿根廷及冰岛政府的违约，仅是政府对债务做重新安排，虽不按时归还债务，但会做出相对可信的承诺，答应在此后某个时间全额支付，市场通常比较容易宽恕这种行为。希腊违约后，希腊的银行将无权再使用欧洲央行的常规货币政策操作。欧洲央行将不再接受希腊的抵押品希腊债券，而希腊债券立即降为近乎垃圾债级别。希腊也将实际上不再是欧元区的一分子。其地位将与黑山共和国类似。黑山将欧元作为法定货币，但并非欧元区的正式成员国。

二、危机升级的主要影响

第一，欧美金融机构会面临严重损失。本轮深陷债务危机的欧元区国家除了希腊，还有葡萄牙、西班牙、爱尔兰和意大利（即 PIIGS 五国），它们存在的共同问题就是公共债务和财政预算赤字过高而自身解决能力有限。截至 2009 年末，希腊、葡萄牙、西班牙、爱尔兰和意大利的公共债务分别为 2 362 亿美元、2 857 亿美元、11 458 亿美元、8 670 亿美元和 14 179 亿美元，而欧美金融机构是上述五国政府债券的主要债权人，其中法国、德国金融机构占据的比例最高。一旦危机持续升级进而出现债券降级、价格暴跌和债务违约，必将引起市场连锁反应，严重打击债权人地位的欧美大型金融机构。

以希腊为例，截至 2009 年年底，法国金融机构对希腊政府的债权总额最高，达到 752 亿美元，德国金融机构对希腊政府的债权为 450 亿美元，排在第 2 位。各家银行中，法国东方汇理银行日前表示其持有希腊国债的潜在损失已达 8.5 亿欧元；德国商业银行和德国邮政银行分别持有希腊 31 亿欧元及 13 亿欧元的国债。同时，部分欧洲金融机构还拥有希腊当地银行的股权，无论救助成功与否，希腊政府必定采取大幅削减赤字政策，当地银行业资产状况会继续恶化，欧洲金融机构除了面临希腊政府债务违约损失，还要面临股权投资损失。

第二，使欧元汇率持续震荡走低，影响欧元币值的稳定。欧元区国家债务危机的升级将增加市场对危机可能发展至欧元区其他陷入财政困境国家的担心，会继续引发市场对欧元资产的抛售，使欧元在短期内继续走低。另外，在前期市场上对欧元进行做空的投机力量也会推波助澜，可能使欧元汇率下行的速度加快，幅度加大。

欧元区债务危机同时暴露了欧元这一币种的主要缺陷。欧元区各国法律、政策不同，只有统一的中央银行，却没有统一的财政体系，税收制度和社会保障制度也各不相同，却要维护统一的欧元币值；当前欧洲政治一体化陷入停滞，又加大了政策协调的难度。本次欧盟对希腊进行救助方案启动距希腊债务危机发生已过去 7 个月，表明欧盟内部对是否救助希腊和如何救助希腊分歧很大，一方面担心不救助希腊会影响欧元区整体的经济及货币稳定，另一方面担心救助会引发更多的道德风险。因此，欧元即使能在本轮危机中逃过一劫，但其未来面临的形势依然严峻。

第三，加大金融市场波动，推高避险资产价格。欧洲主权债务危机的升级会给金融市场带来大幅震荡，避险资金未来一段时间将继续推高黄金、美元和美元资产。5 月 6 日，黄金期货结算价触及 5 个月以来高点，并在盘后交易时段突破重要心理关口每盎司 1 200 美元；美国两年期国债收益率降至 0.78%。另外，股票、石油和大宗商品等风险资产价格会在债务危机解决之前呈震荡下跌态势。

三、有关建议

综上所述，在经济基本面没有实质好转的情况下，希腊引发的欧元区主权债务危机将对全球尤其是欧元区国家微弱的经济复苏造成极大伤害，并很可能导致第二波全球性金融危机。未来一段时间，全球金融市场将继续大幅震荡走势。为此，我们建议：

1. 密切跟踪事态发展，监控金融市场各指标数据走势，及时报告最新情况。

2. 关注欧元区法国、德国等主要国家金融机构对欧洲 PIIGS 五国的风险敞口及资产减损情况，关注相关机构股票价格、债券价格和 CDS 等指标变动。同时严格执行授信管理，积极调整外币投资组合结构，对相关业务进行减持和收缩，防范可能出现的债券发行体或交易对手信用风险。

3. 关注欧元走势，规避汇率风险。根据欧元基本面情况的恶化，欧元弱势格局已然形成，并可能持续较长时间。建议在深入研究欧元未来走势的基础上，分析欧元贬值对建设银行代客利率、汇率业务产生的影响，及早采取与客户沟通等风险防控措施，避免汇率大幅波动造成损失。

美国金融监管改革法案分析

总行风险管理部　卢　娜　甘少浩

这次国际金融危机暴露出了金融监管体系存在的诸多漏洞。美国是危机发源地和金融风暴的中心，金融危机的惨痛教训，促使奥巴马政府启动了1929年“大萧条”以来最全面、最彻底的金融监管体系改革。改革基本思路是从强化金融监管、维护金融体系稳定入手，着眼于增强监管当局权威、扩大美联储监管职能、严控金融过度投机、保护消费者和投资者利益。应该说，这次金融监管改革凸显出奥巴马政府试图重整美国金融体系、重振美国金融竞争力、重塑美国在全球金融中领导地位的战略意图。可以预见，美国的金融监管改革法案将对未来全球金融监管体系、金融市场格局产生深远的影响。

一、奥巴马政府的金融监管改革白皮书

2009年6月，奥巴马政府发布了长达88页的政府金融监管改革白皮书《金融监管改革——一个全新的基础》(*Financial Regulatory Reform: A New Foundation*)。白皮书涉及目前金融各主要领域，覆盖了原先游离于监管之外的金融业务和金融机构，旨在全面修复和重构美国金融监管体系。重点突出以下五个方面改革目标。

（一）强化对金融机构的监管

一是成立金融监管委员会（Financial Services Oversight Council），由财政部长任主席，七名金融行业监管机构（包括美联储、银行、证券、期货、消费者保护、存款保险、住房金融）负责人为成员。二是赋予联邦储备委员会新的授权，以便监督所有可能对金融体系稳定构成威胁的金融企业（包括旗下没有银行的金融企业）。三是对大型、相互关联度高的金融企业在资本、流动性和风险管理等方面实施更审慎的监管，监管范围从银行控股公司到对冲基金、保险公司等机构，从母公司到所有分支机构，从国内到国外。四是对冲基金和其他私人资本管理公司（包括私人权益基金和风险投资基金）的投资顾问需在证券交易委员会注册，报告基金管理的有关信息。

（二）完善对金融市场的全面监管

一是对场外衍生产品和资产支持证券实施全面监管，增强透明度和市场纪律的约束。二是扩大联邦储备委员会的监管权力，减少金融机构和市场间风险的相互传染。三是协调证券交易委员会（SEC）和商品期货交易委员会（CFTC）对证券和期货市场的监管，厘清相似金融工具在监管上的差异，提出消除差异的修正方案。四是强化美联储对支付、清算、结算等相关系统和业务的监管。

（三）保护消费者和投资者权益

一是成立独立的监管机构——消费者金融保护署（Consumer Financial Protection Agency），以减少联邦监管和执行之间的差异，增进州政府之间的合作，制定更严格的金融中介行业标准，提高相似产品监管的一致性。此外，法案明确各州政府应根据金融机构的类型采取更严厉的措施。二是从增强透明度、简单化、公平和可获得性四个方面对消费者保护进行全面改革。三是赋予证券交易委员会新的权力以保护投资者。四是通过强化就业、提供私人退休计划、适当提高储蓄等途径完善退休保障。

（四）完善政府管理金融危机的工具

这次金融危机中，陷入困境的大型金融机构或金融控股公司基本上有两种命运，一是通过政府获得紧急资金救助（例如AIG），二是申请破产（例如雷曼兄弟），但事实证明这些不是降低系统性风险、有利于纳税人的最有效方法。有鉴于此，法案提出：一是在现有联邦存款保险公司

（FDIC）职权基础上，允许政府在金融体系稳定受到威胁的时候自主处理处于危机中的银行控股公司或非银行金融机构，建立一套安全有序的破产清算机制；二是在异常和紧急情况下，美联储提供紧急贷款之前应当得到财政部的批准。

（五）提高国际监管标准，密切国际监管合作

一是法案建议巴塞尔委员会调整资本的定义以及交易账户、证券化产品的风险权重，强化资本约束框架。二是强化对国际金融市场和国际活跃金融机构的监管。三是强化对信用评级机构的监管。

二、参众两院的金融监管改革法案比较

基于奥巴马政府金融监管改革白皮书的框架，2009 年 12 月 11 日，美国众议院通过了金融监管改革的详细方案——《2009 年华尔街改革和消费者保护法案》（*Wall Street Reform and Consumer Protection Act of* 2009）；2010 年 5 月 20 日，美国参议院通过了《2010 年维护美国金融体系稳定法案》（*Restoring American Financial Stability Act of* 2010）。两院法案①内容既有相同之处也存在差异，现分析比较如下。

（一）两院法案存在较多共同之处，均突出防范系统性风险和消费者保护

1. 成立金融稳定委员会。法案明确成立跨机构的金融稳定委员会，负责统一监管标准、协调监管冲突、处理监管争端、监测和识别所有金融机构和市场的系统性风险，并向美联储等监管机构提出警示。此外，该委员会将有权从任何金融机构采集所需信息，并要求其他监管机构对其提示的风险作出反应；系统性风险较高的机构应当在资本、杠杆率、流动性、风险管理等方面接受更为严格的监管。

2. 建立关键金融机构有序破产清算机制。针对大型问题金融机构倒闭后带来的系统性风险，法案要求建立一套有序的破产清算机制，以避免风险传染到金融体系内其他金融机构，保护纳税人利益。同时，法案要求分拆大型问题金融机构的成本应由股东、债权人来承担，而非纳税人；其他额外成本将由大型金融机构事先成立的“清算基金”来支付。法案要求 5 ~ 10 年内在财政部预算中支出 500 亿美元供 FDIC 执行清算工作。

3. 加强消费者保护。改变以往由七个机构分别履行消费者权益保护职责的状况，法案要求成立独立的机构——消费者金融保护署（由货币监理署、储蓄监管署、联邦存款保险公司、美联储、国家信贷联盟局、住房和城市规划部、联邦贸易委员会等七个部门共同组成）来全权履行职责。该机构负责建立完善金融产品消费者权益保护机制，通过强化信息披露制度、合同条款审查服务、金融服务权利保障等制度安排，避免金融机构肆意侵犯消费者权益现象发生。

4. 保护投资者。强化对信用评级机构的监管，证券交易委员会至少每年对国际认可的信用评级机构进行审查，这些机构需要披露评级方法及运用，披露评级跟踪记录。在金融机构高管薪酬方面，法案明确提出赋予股东提供更多的话语权（say – on – pay），允许监管机构强行中止金融机构不恰当的薪酬方案。众议院法案提出资产规模 10 亿美元以上的金融机构应向联邦监管机构披露其激励补偿（incentive – based）的具体薪酬结构；参议院法案提出公司需提供 5 年的股票价格表现与高管薪酬之间的历史记录。

5. 强化衍生品市场监管。要求所有标准化场外交易衍生品必须通过中央交易对手系统（Central Counterparties）进行清算；掉期产品经销商和主要的掉期市场参与者应满足资本要求，要报告所有的交易以便监管者能够监测风险的变化。从激励机制上淡化金融衍生品的创设动机，要求资产抵押债券的发起人、承销人及其他参与者的薪酬与证券化资产的长期回报挂钩。

此外，两院的法案在其他方面（如抵押市场改革、信用评级机构监管、对冲基金、私募基金的注册及保险等）也做出明确规定。

（二）两院法案的主要差异在于防范系统性风险思路不同

总的来看，众议院法案更加侧重于宏观金融

① 众议院法案来源于美国众议院网站，编号为 H. R. 4173；参议院法案来源于美国参议院网站，目前公开的是 2010 年 4 月 15 日的版本，编号为 S. 3127。

秩序维护，重点放在完善监管体系、构建协调型监管体制这一方面，加强对庞大复杂且关联度较高的金融机构的监管，以避免对金融体系造成冲击；参议院法案则在加强金融监管基础上，增加了对微观交易行为的监管和限制，特别是“沃尔克法则”① 的部分要求在法案中得到了具体体现。

1. 众议院法案强调加强监管以防范超大型金融机构风险对金融体系的冲击。法案仍以超大型金融机构的存在为前提，强调从金融系统稳定角度完善对超大型金融机构的监管，并加强国际监管协调。主要措施有以下几方面：一是实现金融机构监管全覆盖。设立全国银行监管署（NBS）②并提升美联储的金融监管地位，理顺各金融监管机构之间的关系，并通过成立金融服务监管委员会，加强各金融监管机构之间的协调。二是实现金融产品监管的全覆盖。强化对证券化市场的监管，并对所有的场外金融衍生品（包括信用违约掉期）市场实施全面监管，提高市场有效性和透明度。三是实现金融交易监管的全覆盖。美国金融交易系统包括集中化的场内交易和分散化的场外交易，以往这两类交易的支付、清算和结算安排的监管框架是分开的。众议院法案赋予美联储统一监管金融市场支付、结算和清算系统的权力，并由其实施审慎性标准。

2. 参议院法案的重要指导思想是限制银行从事高风险投资和交易行为。在参议院法案中（第六部分），强调银行、银行控股公司、控制存款保险机构的公司和分支机构，以及由监管当局监管的非银行金融机构均不得从事自营性业务（Proprietary Trading），不得发起和投资对冲基金和私募基金，不得与提供投资管理或咨询的对冲基金、私募基金建立业务往来，避免由“大而不能倒”（Too Big to Fall）而引发的金融系统性风险。主要包括两类规定：一类是对经营范围的限制。禁止商业银行从事对冲基金、私募股权基金的出资、参股等业务；那些能够得到美联储再融资、存款保险和紧急流动性支持的银行必须分离出掉期业务。另一类是对经营规模的限制。如果合并后的公司总负债超过所有金融公司在上一年度总负债的10%，则金融稳定委员会将禁止该金融公司与其他公司合并。这些规定实际上体现了“沃尔克法则”的部分思路（而在众议院法案中，仅要求美联储在审批银行兼并申请时考虑金融业的集中风险）。

3. 两院法案在其他方面也存在一些差异。一是系统性风险监管方面。众议院法案提出由相关监管机构和财政部长组建金融稳定委员会，负责管理具有系统重要性的金融机构（System Significant Institution，SSI），加强对杠杆比率，资本金要求和流动性的监管；参议院法案则规定 SSI 的具体范围包括总资产在 500 亿美元以上的大型金融控股公司和金融业务收入占总收入 85% 的非银行金融公司。二是金融交易监管方面。众议院法案提出资产规模超过 1.5 亿美元的对冲基金需向证监会（SEC）登记；参议院法案则提出资产规模超过 1 亿美元的对冲基金需向证监会（SEC）登记，贷款证券化的发行商需保留至少 5% 的风险头寸等。三是保险业监管方面。众议院法案提出成立独立联邦保险局，重点对影响金融体系稳定的保险机构进行监管；参议院法案则提出在财政部下设全国保险办公室来履行上述职能。四是消费者保障机制方面。众议院法案提出设立独立机构保障消费者的权益；参议院法案则提出在美联储下设消费者金融保护署。

---

① “沃尔克法则”由美联储前主席沃尔克（Paul Volcker）提出。法则提议吸纳存款的银行不能以银行自己的钱在资本市场直接进行交易，也不可以投资对冲基金或私募基金。因为在信贷危机最严重的时候，为了得到美联储的资助，包括高盛在内的投资银行都转换为吸纳存款的银行，所以这一规则涉及所有的华尔街大银行。美国总统奥巴马曾在 2010 年 1 月 21 日公开支持对银行实行“沃尔克法则”。

② 由储蓄机构监理局和货币监理署合并而成。

三、启示和借鉴

美国金融监管改革法案的影响不仅仅限于美国，它实际上已成为全球金融监管改革的风向标，对未来国际银行业和金融监管的规则将产生重大影响。随着中国加入G20集团并成为巴塞尔银行监管委员会成员国，中国银行业监管规则正在逐步与国际监管规则接轨。① 虽然目前美国金融监管改革法案尚未最终定稿，但是其基本思路和改革方向给我们很多启示。

（一）高度重视对系统性风险的有效识别和防范

中国的商业银行严格来说还没有经历过一个完整的经济周期考验，加之多年来依赖国家信用隐性支持、利率管制等政策优惠，商业银行防范系统性风险的意识和能力都相对不足。金融危机之后，防范系统性风险、维护金融体系稳定已成为贯穿国际金融监管改革的主线。强化对系统性风险的有效识别、科学评估和积极管控，这既是监管目标，更是商业银行（特别是大型银行）重要的管理目标。

1. 强化资本约束。资本是商业银行抵御风险的最后一道防线，强化资本约束是防范系统性风险的重要基石。金融危机后，严格资本充足率标准、扩大资本覆盖面、提高资本质量已成为国际银行业监管的大趋势（西方主要银行的资本充足率已经有了明显提高）。近年来，中国银行业的资本监管制度逐步健全，对于银行来说，需要将资本约束与自身的经营战略、经营理念紧密结合起来，摒弃外延式发展模式，在战略定位、资源配置、业务计划、客户营销、风险管控、绩效考核等方面体现资本约束的要求，实现稳健发展。

2. 坚持风险的有效隔离。在综合化经营的背景下，不能片面强调协同效应而忽视对风险的有效隔离。在银行集团内的不同业务领域之间（特别是商业银行业务和投资银行业务），要在制度、流程、人员等方面建立严格的“防火墙”机制，防范可能出现的道德风险，同时避免某一局部领域的风险在集团内部蔓延。

3. 注重风险的整合管理。一是要从过去对单个客户、单笔交易的风险管理向资产组合风险管理提升，注重整个资产组合的合理配置和调整。高质量、抗风险的资产组合结构是防范系统性风险、确保可持续发展的关键。二是在对各类风险（包括信用风险、市场风险、操作风险、流动性风险等）进行专业化监控管理的基础上，关注不同类型风险之间的交互影响、传递和演化，着力增强对各类风险的整合管理能力。

（二）建立“全覆盖”的风险管理体系

从美国金融监改革法案来看，加强对金融机构的全面监管和综合监管，避免出现监管盲点，这是大势所趋。对于银行来说，相应也需要建立覆盖各类业务、各个机构的全面风险管理体系。近年来，国内银行特别是大型银行的业务创新层出不穷、业务领域不断拓展、附属机构日益增多，亟须建立完善“全覆盖”的风险管理体系框架。

1. 加强对金融创新的风险管理。一是严格新产品的研发和审批。坚持根据客户实际需求和银行风险管理能力开展金融产品创新，在研发设计中注重将风险安排融入产品方案中，确保风险可控。二是健全产品政策和业务流程。坚持制度先行原则，以完善的流程管控为保障，在统一风险政策底线下开展业务创新，有效平衡风险收益。三是做好金融创新的后评价和持续改进。注重在产品使用过程中客户体验信息的收集和分析，不断改进完善产品设计方案和风险管控措施。

2. 着力加强并表管理。目前中国银行业综合化经营已是大势所趋，出现了各种形式的综合经营的金融控股公司（如光大集团、中信集团、平安集团等），商业银行以合资、参股等多种形式组建了金融租赁、基金、信托、投资银行等机构。因此，加强银行集团并表管理已成为当务之急。当前需要着力强化以下方面工作：一是立足业务发展战略稳步推进综合化经营。开设新机构、拓展新业务应立足于自身发展战略，从业务需要出发，结合自身业务优势和管理资源确定综合化经营目标，避免出现“大而不强”、乱铺摊子的现象。二是坚持统一风险偏好下的精细化管理。明

① 这几年特别是金融危机以来，银监会吸收借鉴国际先进监管规则，陆续出台了很多监管措施，例如反周期监管要求，强化资本约束，完善资产质量、拨备、集中度、流动性等动态监管指标等。

确整体的风险战略和偏好，根据附属机构的不同定位、不同业务特点制定差别化的经营目标、管理政策、绩效考核体系等，确保各个机构发挥协同效应，促进整体业务的可持续发展和综合竞争力的提升。三是完善报告体制和并表管理平台。理顺报告路径，健全并表管理机制和信息平台，确保董事会、高管层、执行层及时沟通，准确了解风险敞口大小和分布，能够针对突发事件及时做出反应。

（三）坚持科学独立的风险评级

在这次金融危机中，美国金融机构以及专业评级机构的评级受到广泛质疑。一方面，次贷问题暴露出部分住房按揭业务的信用评级和风险审查形同虚设；另一方面，评级机构对金融产品（特别是结构化金融产品）的评级有失公允，不能准确反映出实际风险，甚至误导投资者。金融危机教训表明，科学的风险评级始终是金融机构风险管理和金融创新的基础。商业银行特别是大型银行需要立足于自身经营环境和业务特点，建立科学的内部评级体系，坚持独立的风险评价和估值。只有对风险做到心中有数，才能有效管控好风险。

（四）做好客户权益保护

美国金融监管改革法案特别强调对消费者和投资者权益的保护，这方面的监管要求将越来越严格。近年来，国内也出现了不少因金融机构不当行为损害消费者权益的现象（例如在保险、理财产品销售等方面虚假宣传、未提示风险等），已经引起监管部门的高度重视。对于银行来说，做好客户权益的保护不仅仅是防范声誉风险的要求，更是银行赢得市场、提升客户服务水平的需要。大型银行应为同业作出表率，在市场营销和客户服务中做到诚实尽职、客观公正，将“以客户为中心”的理念融入金融服务全过程之中，在帮助客户实现价值创造的同时实现银行的可持续发展。

让风险管理持续可控　与业务发展无缝链接

——上海市分行构筑精细化管理之路

上海市分行　风险管理部

近年来，在原有的风险管理基础上，上海市分行不断赋予其新的内涵和外延，加强风险管理力度，牢牢把持“底线、边线和界线”三原则，使风险管理工作真正从粗放型走向精细化。其间，分行大胆探索，用心实践，摸索出了风险管理从“三线”界定到两头延伸，从流程再造到责任管理，从远程监控到飞行检查，从完善机制到创新工具的风险管理新路子，不断追求风险管理持续可控，与业务发展无缝链接。

管理思想：突出一个“度”

风险管理就是“度”的界定。作为“度”，风险管理缺位必定会造成风险，但越位往往会夸大风险而制约发展，唯独到位才能实现风险把控与业务发展的相互促进与良性循环。于是，“设置底线、鉴定边线、严守界线”的“三线”原则在分行应运而生，并尽可能地把风险管理向经营端延伸。

所谓设置底线，就是修筑“门槛”，把那些不符合我行风险偏好的客户和项目阻挡在外。据此，自2008年以来，分行围绕行业、产品和客户经济成分等维度，陆续制定下发了118份审批底线指引，将复杂的信贷政策，简化为便于理解执行的底线指标，作为分行客户和项目营销、审批的重要依据。如轨道交通，分行将其概括为地铁、轻轨、有轨电车、各种索道和缆车等，并根据客户信用等级、资产负债率、项目资本金、城区人口等内容，划定其基本底线指标和项目底线指标，最后作出支持与否的判断。

鉴定边线，就是在深入揭示风险的同时，寻找业务机会，为业务经营提供清晰的发展思路。2009年以来，上海市分行以国家十大产业振兴和调整规划的出台为契机，紧盯市场，跟进研究，成立了“船舶行业调整和振兴规划与应对策略”、“电子信息行业和振兴规划与应对策略”和“汽车行业调整和振兴规划与应对策略”等10个研究小组，通过对区域内重点产业的当前状况、受经济周期波动的影响程度、潜在发展前景等问题的前瞻性研究分析，准确区分“调整”与“振兴”的不同内涵，形成适合自己发展需要的研究成果，做到有的放矢。如船舶行业既是我国具有比较优势的支柱产业，又是对钢铁等诸多产业具有带动作用的重要产业。在进一步的分析中，分行围绕我国船舶工业现状及潜在发展前景、上海船舶行业及分行业务发展状况等内容，有保有压，有取有舍，果断作出近、中期加大对船舶融资支持力度，严控船企新增产能项目等理性判断，并据此于2009年接连否定了3个船企产能新增项目。事实证明，这一决定不但完全正确，还得到了基层行的理解与认可。

严守界线，就是以滚动的方式，将国家和监管部门在不同时期出台的宏观政策、禁令等内容随时进行整理，并汇编成册，下发贯彻执行，做到不越“雷池”半步，尽显风险管理“保守主义”思想。如推进节能减排、抑制产能过剩、淘汰落后产能、加强环境保护等内容都被收入汇编之中。近三年来，其AA级以上客户贷款余额占比累计上升21.75个百分点；“6+1”行业贷款余额降幅达17.56%，基本实现了对淘汰落后产能等“三类企业”的全面退出。

管理基础：让流程说话

管理是为了服务，而风险管理是为了确保业务的健康发展。因此，把风险责任管理全面融入业务全流程之中，是风险管理应遵循的前提和基础。

为很好地实现风险管理全面融入业务流程之中的愿望，分行在实施信贷岗位分离的同时，编制了《大中型公司及机构客户信贷业务全流程管理操作手册》，经反复推敲，在贷前、贷中、贷后三大阶段、19个流程环节和63个细节上提炼出强制性规定动作，严加执行。如在贷前管理中，要求客户经理一定要对企业财务报表真实性做“延伸核查”，要求客户出具授权书，并向出具报告的会计师事务所进行核实；同时，还要进行增值税发票核查，从源头上把“造假”企业拒之门外。

不仅如此，分行对信贷经理和风险经理的要求也同样严格精细，使三者之间既独立履行职责，又在分工上相互协作，既相互监督制约，又必须共同来完成同一项工作，真正把风险责任管理要求逐项嵌入到每一个环节和动作之中，厘清了客户经理、信贷经理与风险管理人员的工作界面和报告路径，完成了风险管理对现有信贷业务流程的全覆盖，从操作层面确保了风险管理无懈可击。

全流程风险责任管理模式，不仅明确了岗位分离后客户经理、信贷经理、风险经理三者之间的职责，还细化了信贷作业尽职要求，既规范了管理，更利于发现问题，从根本上解决了风险管理长期以来存在的“怎么做、做什么、谁来做以及做到什么程度”等难题，从根本上实现了风险管理全面融入业务流程之中的要求。

管理机制：防范风险的基石

在分行的风险管理工作中，仅仅管理基础扎实是不够的，近年来，分行在创新风险管理机制上做了很多大胆探索与尝试。

建立两级风险联席会议制度，旨在加强经营条线和风险条线在工作中的沟通与联系。在分行层面，不定期召开会议，研究整体风险状况和风险管理的重要事项；在经办行层面，则要求每周召开一次例会，分析上周信贷执行情况，查找问题与隐患，讲解相关信贷政策精神，消除风险隐情。仅2009年，就召开分行联席会议10次，召开经办行联席会议41期，在沟通学习信贷政策的同时，还发现问题2 720个，且当年整改率达到94.93%。

建立动态转授权制度，以每年一度的等级行评定和风险管理评价结果为依据，开展年度转授权。2009年以来，分行根据各基层行的信贷政策实际执行情况和风险变动情况，先后5次对各经营单位进行转授权调整，使转授权工作更加贴近市场、贴近客户、贴近分行的实际经营与管理实际，并由此向全分行明确地传递出一个信号："必须合规经营且合规经营不吃亏。"

建立制度动态重检机制，以适应不断变化的新形势、新环境。近年来，分行针对银行面临的经营环境变化快和新政策不断出台的事实，以不定期的形式，对相应政策制度进行适时优化与完善，提高了文件的时效性以及与实际情况的契合度，避免了基层行因对政策制度不清楚、不理解而不知所措的窘态。继2008年重检384余项信贷业务制度后，在2010年又组织开展了对970项包含各类管理制度在内的制度重检，根除了制度上的相互"打架、扯皮"。

建立信贷远程监控、飞行检查制度，提升风险发现的时效性和有效性。针对分行点多面广，而风险管理人员又不够用的事实，专门设立了业务检查岗，利用信息系统的远程监控功能，对基层行实时进行远程监控。对监控中发现的可疑问题，及时派出检查团队，进行不间断"飞行检查"。2009年，共开展飞行检查85次，下发整改通知书31份，监控意见书3份，风险提示书6份。

建立重大信贷风险分级管理制度，将重大信贷风险事项按信贷余额、担保方式、风险事项的严重程度分为四级，差异化管理。如规定一级风险事项，应由分行领导牵头并成立处置小组，依此类推。通过分级管理，不但明确了重大风险事项管理中的分工协作与快速反应，还提高了对重大信贷风险事项的应急处置能力。2009年，共对4起风险事项进行了处理。

建立"双十大"贷款目标责任机制，成立责任小组，落实处置计划，完善目标责任制度。在实践中采用了与责任小组签署"目标责任状"，并与考核直接挂钩的方式，一年一签，年初签订，年末考核。自2009年以来，该分行先后拿出100多万元专项费用，奖励任务完成好的单位和个人。2009年，已累计处置"双十大"项目18.78亿元，处置率为29.75%，实现客户退出率33.33%。

管理手段——科学管理至上

风险管理既不能墨守成规，又不能乱舞指挥棒，唯有科学的态度才能正确地指导工作。以风险控制为核心的"企业财务矩阵分析系统"，在经历了近两年的研发后，于2009年在分行正式上线。该系统对企业盈利、成长、营运、偿债、持续等五个方面的能力进行动态跟踪，并由点及面，全方位、历史性地对借款单位进行考察。不同于以往用静态、孤立的时点数来分析企业财务指标，新系统可有效预防借款单位人为地粉饰时点财务报表而造成的潜在风险。试运行表明，新系统效果良好。

不仅如此，分行还创新了押品评价模型，通过引入押品通用性、可分割性、变现能力、独立程度等维度，并针对押品价值会随市场、时间发生变化这一特点，对押品进行动态管理，较好地解决了"押品净价值在不知不觉中被损失"的难题。如今，分行的信用风险缓释有效性指标较此前上升了近20个百分点。

在此基础上，分行又加快了不良资产的处置步伐，在辖内力推公证强制执行和委托拍卖为主要方式的快速处置机制，通过与外部公证机构建立新型合作关系，完善合作评估机构和合作拍卖机构等两项准入机制，极大地提升了抵押物处置能力和效果。如2009年某支行在处置一笔900万元的不良资产时，利用快速处置机制，前后仅用了一个多月，就全额清偿了贷款。

风险管理是银行稳健经营永恒的主题。面对未来更加复杂多变的外部环境，上海市分行将在总分行党委的正确领导下，不断提高风险管理水平，进一步深入推进风险管理方式转型，努力将精细化管理进行到底。

三、行业研究

建议加大对电影行业等文化产业信贷关注和支持力度

总行授信管理部 李敏新 蒋伯荣

电影是深受人民群众喜爱的文化娱乐形式之一，属于科技含量高、附加值高、资源消耗少、环境污染小的文化产业。大力繁荣发展电影产业，对于加强社会主义文化建设、促进经济社会协调发展、增强国家文化软实力具有重要意义。根据国家已发布的《文化产业振兴规划》和《关于促进电影产业繁荣发展的指导意见》精神，未来我国电影业将会有较大的发展。建议我行加大对电影行业信贷关注和支持力度。

一、电影行业作为我国文化产业重要组成部分，近年来发展较快

我国自1905年诞生第一部电影以来，经过百余年的曲折发展探索，电影业在我国经济、文化生活中的重要地位已经被人们所认识、所确立，电影行业的产业属性和经济属性得到了肯定。2003年起，我国推行了旨在打破地域垄断、市场化运作的电影放映院线制等一系列改革措施，使电影成为我国传媒文化产业中改革开放程度最高的一个行业，每年电影票房增长幅度都在30%以上，远远超过了GDP的增长。

1. 电影产量稳定增长，我国已成世界电影生产大国。2010年故事片产量526部，居印度、美国之后的世界第三位。

2. 票房收入连创新高。2010年全国城市影院总票房收入达到101.72亿元，国产电影的境外销售收入35.17亿元，全国各电影频道播放电影的收入20.32亿元，电影综合效益157.21亿元，我国成为全球增幅最快的电影市场之一。电影市场从金字塔结构向梯形结构变化，高票房影片增多。2010年产出1 000万元以上票房的国产影片59部、1亿元以上的17部，改变了两三年前国产影片市场份额靠1～2部超级大片支撑的局面，表明电影市场“倒二八定律”逐渐正常化，以主流大片为支柱、类型片为基础、中小成本影片为补充的影片生产格局正在逐步成形。

3. 多厅影院建设稳步发展，院线竞争的市场集中度更加明显。2010年我国平均每天新增4.2块电影银幕，城市影院银幕突破了6 200块。万达、中影星美、上海联和、南方新干线、北京新影联、广州金逸珠江等前10大主力院线年票房收入都在3亿元以上，占全国市场份额的76%。民营企业及香港企业成为了影院建设主力军。

4. 电影制作、发行市场主体的分化整合已经开始，专业化、集中化、规模化渐成趋势。中国电影集团公司、上海电影集团、民营的华谊兄弟传媒逐渐形成电影产业第一阵营。国有的八一电

影制片厂、西安电影集团、长春电影制片厂、天津电影制片厂，以及民营的保利博纳、橙天娱乐、光线传媒、北大星光、新画面等也形成了一定的电影生产和发行能力。一些新兴电影企业开始以中小成本逐渐形成自己的差异性。

总体来看，我国电影产业继续呈现出活跃、上升的良好势头。电影业不仅是我国当前文化产业中最具活力的领域，我国也是世界上电影市场成长速度最快的地区之一。同时，也应看到，我国电影行业存在电影生产供过于求、企业规模弱小、少数大片制作质量不高、多窗口市场收效甚微等比较明显的问题。

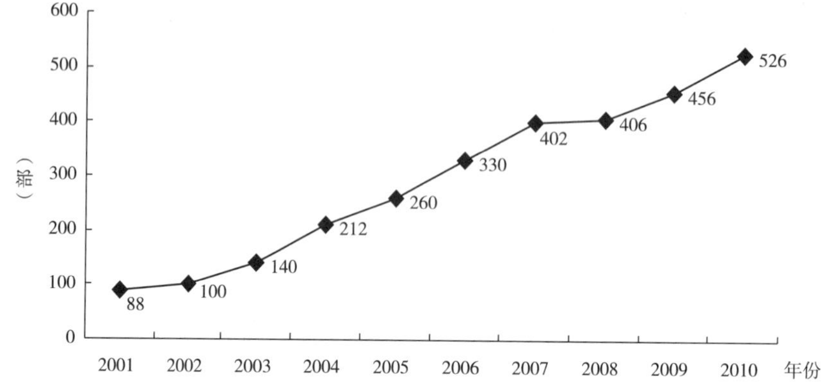

图 1　中国内地 2001—2010 年电影故事片生产增长曲线

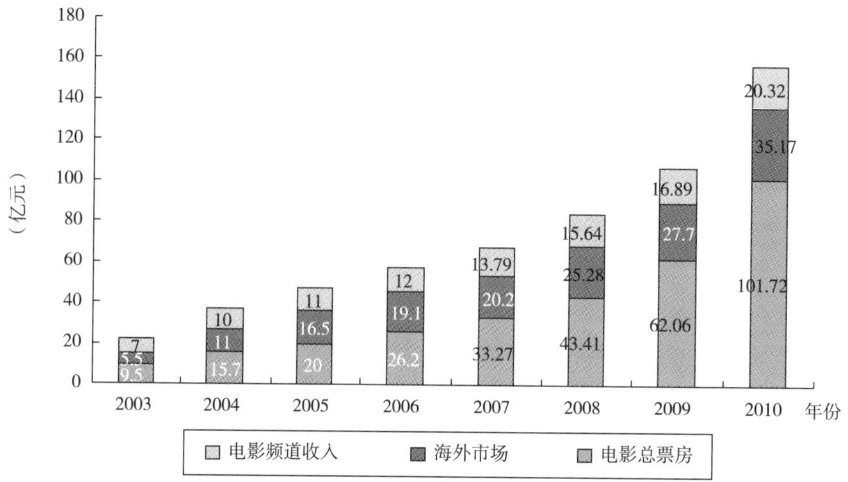

图 2　2003—2010 年中国电影产业综合效益图

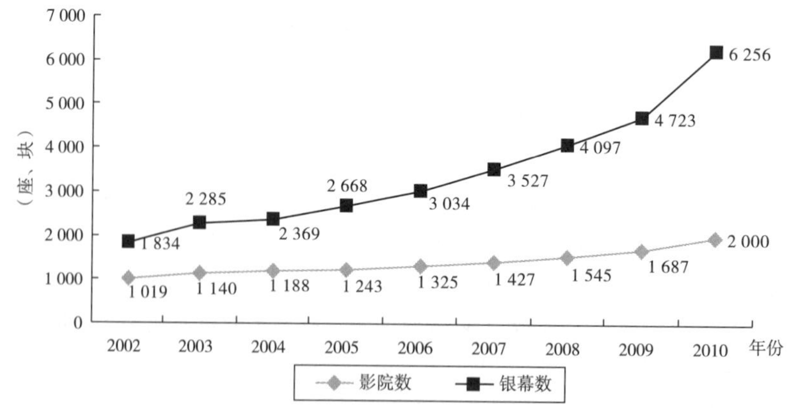

图 3　2002—2010 年中国内地影院和银幕数增长曲线

二、电影行业融资需求旺盛，我行信贷市场份额偏低

（一）电影行业融资需求旺盛，与银行合作形式多样

电影行业属于资金密集型产业。美国每部电影平均投资早已超过1亿美元。目前我国有影响力的商业大片投资最少8 000万元，新建一座影院投资不会少于2 000万～3 000万元；电影行业的发展离不开资金支持。2004年深圳发展银行贷款支持华谊兄弟拍摄电影《夜宴》，是民营文化企业获得银行支持的成功案例。2009年6月，国内最大的民营电影发行机构保利博纳获得了工行的贷款支持，首批项目贷款5 500万元，用于三部影片《十月围城》、《大兵小将》、《一路有你》的制作发行费用，成为国有大型商业银行介入民营文化产业的标志性事件。在北京市文化创意金融市场中，北京银行文化创意企业贷款占金融机构发放总额的90%以上。北京银行先后与中国电影集团、华谊兄弟、光线传媒、万达院线、橙天娱乐、派格太合、禹田文化等280余户高成长性文化创意企业客户建立合作关系。北京银行近四年投放影视相关贷款950余笔，累计超过150亿元。在与电影制作、发行、放映公司合作的同时，2009年12月，包括张国立、李少红等在内的国内23名知名影视导演获得了民生银行的无抵押个人贷款，每人的授信额度约为500万元，贷款用于导演创意、立项或合作的影视项目，说明银行已经把授信的对象从企业延伸到了创作者个体。

总体来讲，银行与电影行业贷款合作形式，既有传统的股东个人无限责任担保、第三方抵押担保方式，也有国际流行的预售合同抵押贷款、版权质押贷款，还有新近推出的多片整体打包贷款、创作个体无抵押贷款等创新形式。

表1　电影行业主要融资情况一览表（2008—2009年）

企业名称	融资/贷款金额	资金用途	融资时间	资金来源	贷款方
华谊兄弟	1.2亿元	制作	2009年3月	银行贷款	工行北京分行
小马奔腾	4 000万美元	制作	2008年5月	银行贷款	霸菱亚洲
万达院线	1亿元	影院建设	2008年9月	银行贷款	北京银行
光线传媒	1亿元	制作、发行	2008年7月	银行贷款	北京银行
	2亿元	制作、发行	2009年6月	银行贷款	北京银行
中影集团	6亿元	制作、发行		银行贷款	北京银行
保利博纳	1亿元	制作、发行	2008年7月	银行贷款	北京银行
	1亿元	制作、发行、影院建设	2009年6月	风险投资	海纳亚洲/经纬中国/红杉中国
	5 500万元		2009年6月	银行贷款	工商银行

（二）我行在电影行业信贷市场份额明显偏低

与工商银行、深圳发展银行、北京银行对电影行业的信贷支持相比较，我行对电影行业的信贷支持可谓起步早，发展速度慢，信贷市场份额明显偏低。2001年北京分行开始支持华谊兄弟发展，当年信贷投入1 500万元，用于拍摄《大腕》、《天地英雄》、《寻枪》等影片。但由于该公司业务刚刚起步，信用评级不高，缺乏有效担保，资金无法严格监管等综合原因，2005年我行即对其采取信贷退出政策。直至2010年年底，我行电影行业信贷客户9个，信贷余额72 735万元，其中贷款余额2 735万元；我行电影行业信贷市场份额明显偏低。9户贷款中，正常类贷款6户贷款余额2 650万元，损失类贷款3户（黄冈地区电影公司、兴化市胜利剧场、益阳市剧院）贷款余额85万元，贷款不良率3.15%。

表 2　　2010 年我行电影行业贷款情况表　　单位：万元

客户名称	授信品种	信贷余额	贷款余额
总计		72 735. 38	2 735. 38
中国电影集团公司	债券偿付保证	70 000. 00	
上海金山图书影视城有限公司	流动资金贷款	1 000. 00	1 000. 00
深圳一立动画影业有限公司	流动资金贷款	700. 00	700. 00
深圳市欢乐动漫有限公司	流动资金贷款	500. 00	500. 00
丽江市电影有限责任公司	流动资金贷款	400. 00	400. 00
北京东方视觉影业有限公司	小企业小额无抵押贷款	50. 00	50. 00
黄冈地区电影公司	流动资金贷款	36. 26	36. 26
兴化市胜利剧场	流动资金贷款	32. 00	32. 00
益阳市剧院	流动资金贷款	17. 13	17. 13

三、电影行业属于国家大力扶植的新兴产业、发展前景广阔

（一）电影行业是个具有良好发展前景的新兴产业

据权威数字，2010 年我国国内生产总值 397 983亿元，人均 GDP 29 524 元。根据国际经验，当人均 GDP 超过 3 000 美元时，人们消费结构会由单纯追求物质向物质和精神并重转变。按照国际标准计算，这一阶段，我国文化消费支出总量应该达到 40 000 亿元以上，而目前统计只有不到 8 000 亿元。与相同发展程度国家相比，我国居民文化消费潜力还远未得到开发。未来中国经济必将进入一个投资与消费、外贸与内需更为平衡发展的时代，文化产业作为新兴服务业将有更大的发展空间。我国的电影行业将会以此为起点，进入一个更为健康的高速增长周期。目前中国 13 亿人口的电影票房收入是仅有 4 700 多万人口的韩国的 1/4。假设中国人均每年花费 10 元在电影产业上，那么电影产业的年收入就能达到 130 亿元；人均每年花费 50 元在电影产业上，电影产业的年收入就能达到 650 亿元。业内人士预测，在可预见的未来，我国电影产业年收入将突破 1 000 亿元大关。

（二）电影属于国家大力扶植的新兴产业

2009 年 7 月 22 日，温家宝总理主持召开国务院常务会议，讨论并通过国家《文化产业振兴规划》，这是我国第一部文化产业专项规划，标志着文化产业已经上升为国家的战略性产业。规划提出了加大政府投入、加大金融支持、设立中国文化产业投资基金等五项重大政策措施。国务院办公厅 2010 年 1 月专题制定了《关于促进电影产业繁荣发展的指导意见》，鼓励金融机构加大对电影企业的金融支持力度。积极引导和鼓励金融机构拓展适合电影产业发展的融资方式和配套金融服务；对符合信贷条件的电影企业，金融机构应合理确定贷款期限和利率，提高服务质量和效率。支持具备条件的电影企业通过发行企业债券、短期融资券、中期票据和利用银行贷款等多种融资手段，多方面拓宽融资渠道，扩大规模，壮大实力。积极推动符合条件的国有和国有控股电影企业重组上市。积极探索建立电影风险投资机制，各地可以利用中小企业创业、发展等投资基金支持电影风险投资，鼓励大型企业通过参股、控股等方式投资电影，鼓励有实力的企业、团体依法发起组建各类电影投资公司，努力培育电影领域战略投资者。在中央政策引领下，各地政府根据自身财力情况分别给予相关企业税收减免、财政贴息等优惠政策，支持电影产业发展。比如，北京市政府出台的《北京市文化创意产业贷款贴息管理办法（试行）》，对采用银行贷款拍摄电影的企业，按贷款利息额的50% ~ 100% 提供贴息支持。制定的《北京市文化创意产业担保资金管理办法（试行）》，将担保与再担保机制结合起来，采取对合作担保机构的再担保费进行补贴等多种形式，帮助解决电影产业融资难问题。

国家政策的鼓励与支持，必将推动电影行业的大发展大繁荣。电影行业的美好前景也必将给银行业带来新的商机，我行应顺势而为，积极介入。

四、建议加大对电影行业信贷关注和支持力度

在国家支持电影产业发展的大环境下，结合我行提出的“继续大力拓展民生和文化领域业务。不断提高‘民本通达’等品牌的综合服务能力，加大对教育、医疗、环保、社保、文化等方面领域的金融服务力度，延伸客户链条，拓宽产品线，丰富服务内涵”的基本要求，加大对电影产业的信贷关注支持力度已势在必行。为此建议：

（一）优选客户，实行名单制管理，重点支持品牌企业

在制片、发行环节，我行信贷应重点支持中影、上影、华谊兄弟、北京新画面、保利博纳、中国动漫集团等目前处于国内制片发行方前列企业的发展。对其他制片发行企业，我们则应该关注和选择那些拥有较完整产业链的公司。

在电影题材及制作方式方面，积极支持名导演、强阵容、大制作、跨国放映的主流电影；适当介入中等制作、符合人们娱乐需求的商业类型片、浪漫喜剧片；不宜介入艺术电影、形形色色的小制作电影。

在放映环节，目前电影票房分账调整政策主要在向电影产业的两头——制片方和电影院倾斜，院线能获得的收益将越来越少，院线公司普遍只有5%甚至2%的票房分成空间。大部分中小院线生存困难，这些中小院线都是由原省市电影公司翻牌而来，不仅经济效益差，而且历史包袱重，发展潜力也很小。因此，对于院线公司，重点支持股东实力强、影院布局合理且已形成规模经济的大型资产连接型院线；择优支持具有大型电影集团背景、有政府政策支持的传统加盟连锁型院线。

对于影院，应优先支持大型资产连接型院线公司投资建设的影院项目；支持排名前十院线旗下的加盟或自建影院项目；对其他影院，在股东提供足额、可变现资产抵押或符合我行规定的第三方担保情况下，可按不超过其投资总额的60%提供信贷支持。在具体贷款安排时，对于影院建设项目，应综合考虑当地人均可支配收入、选址交通人流量、土地成本、租金成本、投资回收期、票房预测收入等因素，并锁定院线和影院的收入为还款来源。

（二）在信贷品种安排上，应与电影产业特点和不同类型电影企业的运作规律相匹配

电影制片、发行企业在某种程度上具有与“承接大型施工项目的建筑企业”类似的特点，单笔贷款数额较大、一次性投入额大、周期较长，贷款往往需要“跟着影片走”。

影院建设一般投资回收期相对较长，比较普遍的回收周期为五六年左右；运营风险较小。它的主要资金需求具有长期性、较低风险特征，适宜我行提供固定资产贷款支持。

我国电影企业将呈现综合化、大型化、集中化趋势，市场集中度越来越高，行业内的并购重组整合步伐将不断加快。这为我行开展并购贷款业务提供了一个新的领域。为此，在充分把握风险与收益平衡的基础上，我行应适时为优势电影企业提供并购贷款支持。

（三）在加大对电影行业信贷支持的同时，对制片、发行公司采取从紧控制额度，贷款后进先出，多重抵押担保，全程封闭管理的风险控制措施

在实际操作中，应根据制片、发行公司实力、“项目”风险状况、同业竞争情况，采取下列一种或几种风险控制措施。

1. 贷款后进先出。将电影制片、发行公司制作、发行的单部或几部影片视同一个“项目”看待，要求客户自有投入的资金不低于我行规定比例（原则上不低于35%），“项目”自有资金先于银行贷款投入使用；待电影制作发行形成收益时，收入部分优先用于偿还银行贷款，剩余资金再用于股权投资回报及客户自我积累发展。

2. 全程封闭管理。要求电影制片、发行公司在我行开立专用账户，此账户专门用于核算拟投拍影片的自有资金及贷款等资金投入、成本支出、收入归集、贷款偿还等；“项目”自有资金进入专用账户并在我行监督下优先使用；在客户自有资金使用完毕后，我行贷款方可通过此专用账户发放；在贷款发放时，应逐笔核实用途，确保不被挪用；影片发行形成收入时，应全额回款到专用账户。

3. 多重抵押担保。鉴于影片制作、发行风险相对较大，在寻求保证措施时应做到“能保尽保”。质押措施包括影片本身形成的版权、票房

收益权质押，抵押措施有房屋、土地、电影拍摄、制作设备等实物资产抵押，第三方保证措施有股东个人无限责任担保、关联公司担保等。

4. 从紧控制额度，期限周期匹配。贷款额度，一般控制在影片制作、发行投资额度的50% ~65%。贷款期限应与影片制作、发行的生产经营周期、投入产出周期相匹配。

此外，对影院信贷支持应采取票房收入等资金账户质押、股东担保等风险控制措施。影院建设是一项“投入资金大、回收周期长、运营风险小”的项目。我行对控制影院授信业务风险可主要采取监控票房收入等资金账户、要求股东担保或提供其他抵押物等措施来进行。

高铁发展对短中程航空客运影响及我行信贷政策建议

总行研究部 郭世坤 刘 旌 刘秀华 罗惠良

一、我国高速铁路发展迅猛

近年来，我国高速铁路取得了长足发展。特别是2007年我国铁路经过第六次大规模提速以后，开通了大量的动车组列车。截至2009年年底，已有8条铁路高速客运专线开通运营，运营总里程突破2 830公里，与2007年115公里里程相比，年均增长率达396%。目前，我国在建时速200~350公里的铁路客运专线1万多公里，京沪高铁和哈大、京石、石武、贵广、南广等客运专线和城市密集地区的城际铁路建设正在加紧推进。同时，还新建和改造了一大批现代化客运站。

我国铁路长期处于运力不足、运输超负荷的状况，而且，铁路客运需求每年以7%速度增长，发展高速铁路是缓解铁路运输瓶颈问题、提高整体铁路运输网运输能力的重要措施。特别是2009年，铁路等基础设施建设的政策支持力度加大，项目审批进度加快，很多客运专线项目建设大大提前。高速铁路建设进一步加快。按照铁道部规划，到2012年高铁运营线路将达1.3万公里，以“四纵四横”客运专线为主的全国高速铁路网骨架基本形成，长三角、珠三角、环渤海地区及其他城市密集地区的城际铁路网络也将建成，铁路运输瓶颈制约将基本缓解，主要繁忙干线实现客货分线。

二、高铁技术有效地提高了铁路短中程运输优势

随着高速铁路技术的不断发展和应用，铁路速度成倍提高，目前高速铁路的试验时速已超过500公里，最高运行时速为350公里，铁路运输优势半径不断延长。高铁使铁路原先的最佳运输半径从500~1 000公里延长至500~1 500公里。500公里以下，公路具有优势；500~1 000公里，高铁与航空相比具有明显优势；1 000~1 500公里是高铁与民航激烈竞争区间，但也将逐步显示出高铁的优势。以京沪高铁为例，时速300~350公里，京沪航线长1 178公里，京沪高铁长1 318公里，考虑两个城市到机场距离及候机时间，民航和高铁所需时间相差不多。而价格上，高铁价格600~800元，低于民航票价，再加上高铁发车密度优势，对航空产生一定程度的替代效应。高铁还可以通过价格和提高服务与民航在此区段中竞争，从而抢占民航市场的份额；1 500公里以上，高铁旅行时间将超过4小时这一舒适临界点，航空仍将具有明显优势。

以法国TGV高铁公司与法航20年来竞争为例，在旅行时间为2小时、3小时的市场中，高铁分别占据了90% ~95%、60%的市场份额；随着旅行距离的增加，航空的优势凸显，旅行时间

为4小时以上，高铁市场份额下降到38%，航空还拥有绝对竞争优势。

三、随着高速铁路网建成，短中程航空客运将面临强烈冲击

第一，高铁对短中程航空客运有着明显的优势。一是网络优势。随着市政建设与高铁接口逐步完善，高铁网络优势将逐步显现，而民航业机场改扩建、机场轻轨建设虽然也为乘客选择飞机出行提供便利，但航空网络规模已基本定型，后续优势不足。二是服务优势。高铁较少受天气影响，准点准时率高，是航空客运绝对无法比的，高铁还可通过引进互联网、开辟商务特等车厢、累积里程等提高服务水平。三是运行能耗优势。高铁、飞机的主要能耗分别是电和航油，以武广线为例，动车组单列单程耗电2.4万度，约2万元，波音737单程耗油4.1吨，约2.1万元，但前者的载客量是后者的3.7倍。飞机航油成本占其运营成本的50%，且油价波动远大于电价，民航盈利受外部影响较大。四是设备优势。民航购买或租赁飞机价格在长期中下降可能性较小，高铁机车制造的核心技术已取得自主知识产权，随着规模化生产的扩大，未来仍有降价空间。

第二，高铁对民航的影响一般规律经历三个时期。一是冲击期。高铁客运专线刚开通时，一些地方配套高铁运行的服务设施尚不完善，高铁在心理上对民航的冲击大于实际冲击。二是僵持期。一段时间后，随着经济发展，无论高铁还是航空的总体客流都在增长，民航机票价格下降后，受需求价格弹性较高影响，客流仍会维持一段时期，双方的竞争处于僵持状态。三是明朗期。随着高铁网络逐步健全，地方配套服务逐步完善，高铁的优势逐步显现，民航客流则越发不稳定，价格继续下降，甚至航线停飞。

第三，从国外高铁运营的实际情况看，高速铁路由于具有速度快、运载量大、全天候、安全可靠等技术经济优势，对中短程航空客运形成严重冲击。一些航班、航线甚至被迫停飞。日本东海道新干线投入运营，列车速度比原有列车速度提高一倍，票价比飞机便宜，直接导致了东京—名古屋航线停飞。在欧洲，面对高铁竞争，更是有许多航线停飞。

第四，我国铁路动车组提速和高铁开通后也已对中短程航空客运市场形成冲击。武汉—合肥客运专线通车后，南航武汉—南京航线客流下降70%。郑州—上海高铁开通后，郑州—上海航线停航。武广高铁于2009年12月26日开通，南航为应对高铁竞争，被迫提前开通空中快线，由于部分航班旅行时间优势丧失，航空公司不得不打折机票甚至与火车票价相同，航线盈利能力大大下降。

我国规划的高速铁路网主要集中在东部区域，这一区域的中短程航空客运市场将受到高铁的直接冲击，因此，高铁网覆盖区域的支线航线将在数量和结构上面临调整，我国航线网络中的干支航线布局将发生变化。同时，高速铁路网建成，将实现客货分线，既有的线路将用于货运，从而使铁路货运能力和速度大幅提高，考虑到铁路本身货运价格优势，民航货运业也将受到一定冲击。

表1　　主要开通运营的高速铁路对航空客运的影响

高速铁路	受影响线路	高铁开通对航空客运影响
2009年4月1日 石太客运专线开通	北京—太原	高铁开通前后一个月，东航北京—太原运力投放下降34%，航班收入环比减少46%
2009年4月1日 合武客运专线开通	武汉—南京	鹰联航当月客座率环比下滑20%，收益下滑41.5%
	武汉—上海	航空东线航班次集体打折，最低一度到两三折；南航客流量下降约35%
	武汉—南京	南航客流量下降约70%、平均票价下降约8.5%
2009年9月开通 成都—重庆动车组	成都—重庆	四川航空公司2009年11月16日正式停飞了运营19年的成渝航线
2009年12月26日 武广客运专线开通	武汉—广州 长沙—广州	南航开通“空中快线”，并将武广航线票价降至与火车票同等水平
郑州—上海动车加密	上海—郑州	春秋航空上海—郑州航线停飞

数据来源：根据有关资料整理。

四、建设银行相关信贷问题及政策建议

建设银行对铁路及航空运输业已制定了相关的信贷政策，将铁路运输业列为鼓励进入类，航空客货运输列为逐步压缩类，但实际情况与政策要求有很大差距。一是对铁路及航空运输业实行同一贷款限额，对高铁影响远大于民航。二是在铁路及航空运输业贷款余额中，高铁 AAA 级占 33.3%，航空 AAA 级占 21.4%，航空客户信用等级明显低于高铁。三是 2009 年贷款余额高铁增幅为 39.5%，航空增幅达 51.6%，航空增幅明显快于高铁。四是高铁贷款同业占比偏低，航空贷款同业占比靠前。

表 2　　高铁项目银团贷款牵头行及贷款额　　单位：亿元

牵头行	招行	工行	中行	工行	农行	国开行	国开行
项目	广深港客运专线	武广铁路客运专线	丹沈丹大客运专线	哈齐客运专线	京沪高铁南京南站	京沪高铁沪宁城铁	京沪高铁南京枢纽
贷款额	23	460	24.5	113	100	80	30

数据来源：根据公开资料整理。

表 3　　2007—2009 年建设银行高铁客户贷款在同业占比　　单位:%

客户	京广客专河南公司	合武铁路安徽公司	沪汉蓉铁路湖北公司	东南沿海铁路福建公司	
同业占比	0.06	1.40	2.53	4.02	
客户	郑西客专	合宁铁路	沪杭客专	武广客专	石太客专
同业占比	0.37	1.28	5.48	5.54	56.92

数据来源：根据公开资料整理测算。

建议：一是加强对高铁、短中程航空优劣势及发展趋势的经济效益综合研究分析，确定中长期的方针和政策。二是大力支持高铁及相关配套建设项目，将铁路运输业在“鼓励进入类”基础上再细分，将高铁列为“急需加大政策执行力度类”；对部分重点高铁线路，尤其是京石、石武、京沪、沪杭、沿海、郑西、西成等项目，列为“期待取得重大进展类”，以期2010 年信贷营销能有突破。三是加强对航空客货运输信贷政策再进行细化分类，有进有保、有控有退。随着中国经济总量及人均收入不断增长，中国与国际特别是与东盟、东南亚等经济交往不断加强，商务及国内居民出境旅游需求不断增长，预计未来几年航空年均客运量增长在 10% 以上，其中相当数量客流增量应来自远程及国际航线，可增列“随客流增加适度跟进类”；对航空公司加强枢纽建设、发展国际航线、开展与高铁合作等一系列战略转型所引致的融资需求，可列入“支持转型类”。

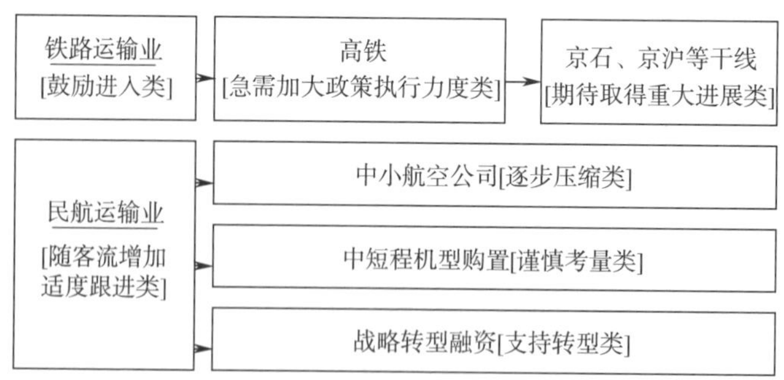

新能源汽车动力电池行业相关信贷政策建议

总行研究部 郭世坤 李庆治

动力电池行业是新兴能源产业的重要组成部分，未来5~10年其会面临重大的历史发展机遇。与此同时，快速发展的动力电池行业客观上也存在诸多风险。准确把握动力电池行业的未来发展趋势，对建设银行制定相关行业信贷政策具有重要的意义。

一、锂电池性能优越，是动力电池的发展方向

目前常用的二次可充电动力电池主要包括铅酸电池、镍氢电池以及锂电池。铅酸电池由于污染大，已经或即将被市场淘汰。镍氢电池技术成熟，产业基础完善，是当前应用最为广泛的动力电池，但是由于实际性能已经接近实验室理论水平，未来提升空间较小，特别是难以适应插电式混合动力汽车（HPEV）和纯电动汽车（EV）的续航里程要求，业内普遍认为将逐渐被性能更为优越的锂电池所取代。与传统的铅酸、镍氢等电池相比，锂动力电池具有高电压、小体积、长寿命、无污染等性能优势，特别是近年来小容量锂电池在手机、笔记本电脑、数码相机、摄像机等数码电子产品上的广泛应用，锂电池的卓越性能日渐显现，已经开始应用于新能源汽车领域，是国内外动力电池发展的趋势。

表1 锂离子电池与传统电池性能对比

电池类型	电压/V	能量/重量/（Wh/kg）	能量/体积/（Wh/L）	循环寿命/次	每月自放电率	有害物质
铅酸电池	2	30~45	60~90	300~500	4%~5%	铅
镉镍电池	1.2	40~60	100~150	500~1 000	20%~30%	镉
镍氢电池	1.2	60~80	150~200	500~1 000	30%~35%	—
锂离子电池	3.7	110~190	250~500	500~2 000	<5%	—

数据来源：日信证券。

大力发展新能源汽车已经成为中国、美国、欧洲、日本等国家或地区政府的共识，预计未来3至5年内，以混合动力（HEV）、插电式混合动力（PHEV）和纯电动汽车（EV）为主要动力形式的新能源汽车数量将迅速增长。新能源汽车的快速发展必然为动力电池行业提供一个良好的发展机遇。根据2009年的《汽车产业调整和振兴规划》，2011年我国新能源汽车数量要达到乘用车总销量的5%，假设乘用车年增长10%，保守估计2015年国内新能源汽车年产量约80万辆，需要的动力电池容量约60亿安时，如果新能源汽车占比能够达到日本研究机构预测的13%，新能源汽车年产量则达到208万辆，需要的电池容量为156亿安时。而据Frost和Sullivan的统计，截至2010年6月，我国动力锂电池行业产能仅20亿安时，即使考虑到新能源汽车动力电池领域存在投资加速的趋势，2015年之前锂动力电池的产能也只能达到39亿安时，仍远远不能满足新能源汽车发展的需要。

二、锂动力电池行业已经步入投资加速期

2009年以来，非汽车领域电池生产企业、整车企业、传统汽车零配件企业、锂电池上游原材料企业甚至非相关企业等机构，纷纷进入锂动力电池生产领域。近两年来国内在锂动力电池方面的投资总额已超过150亿元，形成锂动力电池产能约20亿安时，主要分布在珠三角、长三角、东三省和京津唐汽车产业聚集区，其中珠三角产能7亿安时，长三角、东三省和京津唐产能均在3亿~4亿安时。目前，我国已经基本形成了完整的锂动力电池产业链。

近期，随着国家开始着手制定锂动力电池国家技术标准，并加快了充电站的建设进度，特别是新能源汽车的相关鼓励政策陆续到位，锂动力电池行业投资开始出现提速的趋势。根据现有锂动力电池工程造价和国家新能源汽车有关规划，预计2020年我国锂动力电池行业将追加投资超过千亿元，如果涵盖电池材料和矿物原材料行业，并估算相关充电站的投资，总额将不会低于5 000亿元。

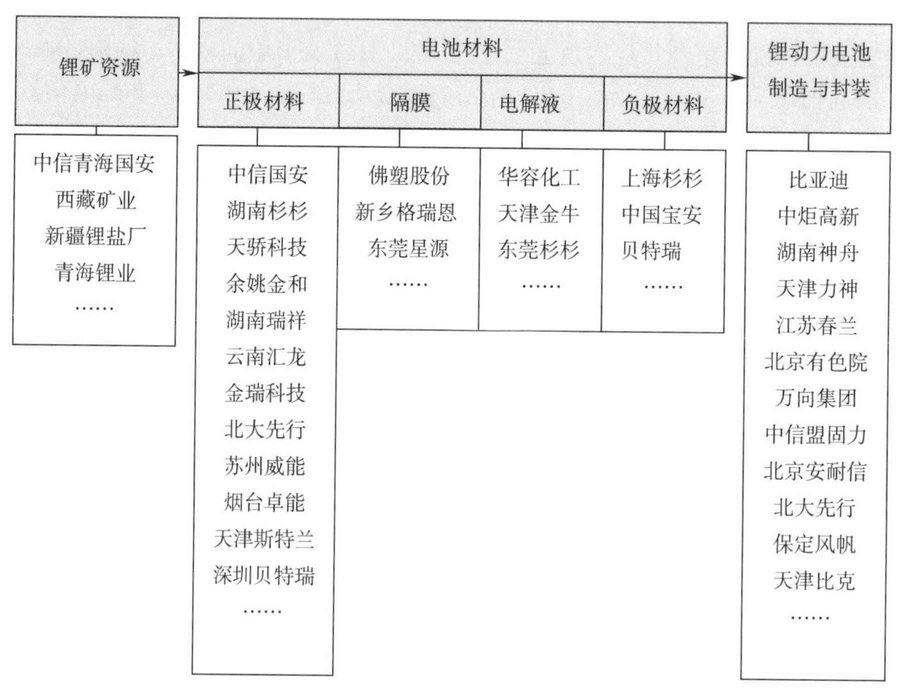

资料来源：根据国家信息中心和媒体资料整理。

图1 我国锂动力电池产业链构成

三、上游材料行业将率先受益

锂动力电池行业作为一个产业链主要包括上游的电池材料及矿产资源和下游的电池制造与封装。新能源汽车对锂动力电池的巨大需求将首先拉动上游各类材料行业的发展。

锂动力电池原材料主要包括正极材料、隔膜、电解液、负极材料等。正极材料是锂离子电池中最为关键的原材料，直接决定电池的安全性能和能否大型化，约占锂电池电芯材料成本的30%。目前常用的正极材料主要有钴酸锂、锰酸锂、三元材料和磷酸铁锂四种。相对而言，钴酸锂电池最大的问题是150度高温时易爆炸，另外钴作为一种贵金属也使钴酸锂成本高昂；锰酸锂电池安全性较钴酸锂优异，但高温环境的循环寿命却仅有500余次；以磷酸铁锂电池为正极材料的动力电池则具有低成本、高安全、多循环等优点，被认为是最理想的汽车用锂电正极材料。当前，我国以比亚迪为代表的企业，在磷酸铁锂的制取工艺上已具备国际领先水平，全国实现磷酸铁锂批量生产的企业有10余家，年产量约500吨，但国内每年磷酸铁锂的需求量高达8 000吨，市场显

著供不应求。预计未来5年内，磷酸铁锂市场将出现数十倍的增长。仅估算新能源动力电池对磷酸铁锂的需求量，按照新能源汽车数量增长趋势，假设新能源轿车与客车比例保持现有轿车和客车比例不变，每辆PHEV使用磷酸铁锂50公斤，每辆EV使用磷酸铁锂90公斤，PHEV和EV客车平均使用磷酸铁锂800公斤，预计2015年国内磷酸铁锂需求总量将达到15万～20万吨，市场容量将达到225亿～300亿元，均是当前市场容量的数十倍。如果进一步考虑到电动自行车、风光发电储能等对磷酸铁锂正极材料的强劲需求，并将市场扩展到全球范围，预计未来5年内，全球磷酸铁锂的市场将会达到数千亿元的规模。

除正极材料以外，电池材料中的隔膜和六氟磷酸锂（电解液的重要原材料）也具备较大的潜在发展空间。目前全球的电池隔膜被少数国际巨头垄断，我国动力电池隔膜基本依赖进口。国内格瑞恩、佛塑股份等少数企业正在加紧研发，有望在不久的将来达到国际领先水平。国内电解液生产厂家所用六氟磷酸锂也基本都从日本企业采购，目前只有天津金牛拥有80吨产能，全部自用，其他厂商如金光高科、天津化工设计研究院、山东肥城兴泰化工厂也较少产能，江苏国泰和河南多氟多化工已经开始试制六氟磷酸锂。

生产磷酸铁锂、锰酸锂等电池材料二次锂盐和锂金属的基础原材料是碳酸锂。碳酸锂有工业级和电池级之分，工业级碳酸锂纯度要求在98%～99%，技术要求相对较低，而电池级碳酸锂纯度要求为99.5%，技术门槛较高。目前，由于技术瓶颈依然存在，国内厂商生产的碳酸锂主要集中在工业级别，电池级产能约1万吨，尚不足总产能的1/3，产品供不应求，利润空间较大。假设每辆PHEV使用磷酸铁锂50公斤，相应的碳酸锂15公斤，每辆EV使用磷酸铁锂90公斤，相应使用碳酸锂27公斤，PHEV和EV客车平均使用磷酸铁锂800公斤，对应使用碳酸锂240公斤，预计2015年国内电池级碳酸锂需求总量为6万～8万吨，远大于当前1万吨的产能水平。

四、国家已将技术路线从镍氢调整为锂电

镍氢电池技术最成熟，购置和使用成本相对较低，且不改变人们的驾驶习惯，前期我国政府曾把镍氢电池确定为新能源汽车动力电池的技术路线。为适应前期国家的镍氢导向战略，近年来科力远、春兰集团、中炬高新、湖南神舟、凯恩股份等主流镍氢电池厂商纷纷扩大镍氢电池产能。

但是，随着近年来锂电技术的不断突破，美、欧、日、韩等国家或地区纷纷加大了锂动力电池的研发，新能源汽车动力电池的锂离子路线正在逐渐显现。为适应新技术的发展趋势，2009年我国政府开始对原有战略进行调整，从当年6月份出台的《新能源汽车生产企业及产品准入管理规则》来看，未来新能源汽车动力电池的技术路线已经从以往的镍氢导向开始向锂电转变。

这一转变将对国内动力电池行业乃至整条产业链产生深远的影响，甚至改变整个产业格局。短期来看，3～5年内，由于HEV仍将是新能源汽车的主要形式之一，作为HEV的动力电池，镍氢电池仍有一定的成本和技术优势，尚存在较大的市场空间。但是，从长远来看，3～5年后，随着锂电成品率、稳定性的提高以及成本的下降，锂电池将全面替代镍氢电池，这一路线调整将会给前期投资大、已经或准备扩能的镍氢动力电池项目带来较大的负面影响。

五、国际巨头已在纷纷抢占锂电市场

当前，国内电池企业由于电池原料、电池单体或组件的加工工艺、电池控制等一些关键技术上仍存在不足。日、韩等主要电池企业则具有绝对的技术优势，已经或即将突破技术瓶颈，预计2011年前后将大规模投产。近两年来，国外锂电池巨头甚至传统汽车零配件企业，纷纷通过合资建厂或签订供应协议的方式，陆续进入国际主流汽车厂商电动汽车锂动力电池的供应体系。数据表明，外资锂动力电池生产企业正以快速的步伐紧锣密鼓地进驻中国市场。据统计，截至2010年6月，已有近10家国际电池厂商与主流汽车厂商“联姻”，已有4家外资电池厂商进入自主品牌汽车锂动力电池产品供应体系。

表2　　外资电池厂商进入汽车锂动力电池产品供应体系

序号	外资电池厂商为国际、自主汽车厂商提供锂动力电池
1	2007年，电子产品生产商NEC联手日产汽车公司投资120亿日元合作生产锂电池，并计划在2010年推出装配锂电池的纯电动汽车
2	2008年，德国博世与韩国三星各出资50%成立合资公司，专门研究锂电池，预计从2011年起锂电池将大批投产
3	2009年，日本三洋电机株式会社开始量产锂电池，并与德国大众汽车集团结成战略合作伙伴。除大众外，三洋还与福特汽车和本田汽车合作开发锂电池
4	松下与丰田合资的松下电动车能源公司将新建两座混合动力车电池生产厂，从2009年开始生产锂电池，并将装配丰田定于2010年发售的首辆PHEV
5	韩国LG化学公司旗下的Compact Power公司与通用汽车和大陆汽车系统公司签订了两份锂电池合约
6	日本GS汤浅公司、三菱公司和三菱电机公司已经投资30亿日元（约合1.9亿元人民币）筹建日本锂能源公司。三菱汽车在2009年开始销售PHEV，并于2010年中期销售EV
7	2009年12月，美国A123 Systems和上海汽车合资建立上海捷新动力电池公司，共同开发、生产和销售车用动力锂电池，预计项目总投资2 000万美元
8	2010年年初，韩国SK能源与北汽、韩国电动车制造企业CT&T、签订合作协议，拟在北京生产电动车，其动力锂电池由SK能源负责供应
9	2010年2月，LG化学和长安汽车签订动力锂电池供应协议，LG化学将从2010年下半年开始为长安混合动力车提供电池，随后逐步扩大到纯电动汽车
10	2010年4月，LG化学和吉利旗下沃尔沃签订锂电池长期供应协议。此外，丹麦Lynx也与吉利达成协议，吉利首批投入欧洲市场的电动车Nanoq在小批量生产阶段由丹麦Lynx供应锂电池

数据来源：根据媒体信息整理。

六、专利风险和提锂技术风险不容忽视

磷酸铁锂橄榄石结构诞生于美国得州大学，得州大学于1997年开始先后在美、日、德、英、法、意、加七国，对磷酸铁锂的晶体结构与化学分子式申请了专利。目前国内只有清华大学核能与新能源技术研究所等为数不多的几家机构拥有一些磷酸铁锂技术专利，大部分生产厂商只掌握磷酸铁锂技术和加工工艺，并没有国际专利。考虑到我国具有锂、锰、铁、钒等资源优势，且具有世界最大小功率锂电池生产和配套的产业基础，预计我国未来会成为国际重要的磷酸铁锂和磷酸铁锂电池生产国和出口国。从长期来看，磷酸铁锂“专利池”形成的可能性较大，届时我国磷酸铁锂电池厂商被迫缴纳高额的专利许可费，对生产和出口影响较大，因此国际磷酸铁锂专利有可能成为影响行业发展的一个隐忧。

锂矿提锂的技术风险。碳酸锂的制取工艺按使用资源的不同分为两大类：盐湖卤水提锂和矿石提锂。因提取成本低、提纯纯度高，目前盐湖卤水提锂技术已被智利SQM、德国CHEMETALL和美国FMC全球三大锂盐生产商广泛应用，是未来技术发展的必然方向。2009年，我国碳酸锂总产量约2万吨，其中卤水提锂量仅占全部碳酸锂产量的30%左右，大量碳酸锂产能因卤水提锂技术缺乏稳定性难以发挥，锂辉石矿石提纯这种相对落后的技术因此仍被四川、新疆、江西等一些中小锂厂广泛应用。考虑到2009年青海中信国安卤水提锂产量已经迅速增加，估计盐湖卤水提锂的技术稳定性瓶颈即将突破，预计未来2～3年内，国内陆续将有4万吨的产能释放。一旦供给迅速增加，碳酸锂价格下探的压力必然加大，技术相对落后的锂辉石提纯企业很有可能面临限产甚至被淘汰的风险。

七、现阶段建设银行动力电池行业的介入情况

动力电池行业作为新兴产业，总体来看，现阶段我行的介入并不深，贷款数量不大。截至2010年6月末，我行电池制造行业贷款余额约为

107 亿元，不良贷款 1 亿元，不良率为 1%。贷款余额中约 68 亿元属于光伏电池制造行业贷款，与动力电池相关的贷款余额约 16 亿元，并有一笔不良贷款计 949 万元，信贷质量总体优良。

但是，从技术层面上看，我行当前电池制造行业铅酸电池贷款存在一定的技术替代风险。铅酸电池污染大，已经被发达国家基本淘汰。截至 2010 年 6 月末，我行电池制造行业 107 亿元贷款中约有 16 亿元投放给了主营电动自行车铅酸电池业务的 60 余家客户。当前主要使用铅酸电池的电动自行车电池正全面跨入更新换代期，铅酸电池正在或即将被更为环保的锂电池替代。可见，一旦电动自行车由铅酸电池向锂电池换代，对资金积累相对较弱、多属于中小企业的铅酸电池生产商而言，则意味着生产线的全面更迭，潜在风险较大。

表 3　　锂电池材料及成本构成以及各材料效益状况

序号	锂电池构成		价格（万元/吨）	成本占比	毛利率
1	正极材料	磷酸铁锂	15 ~ 20	33%	15% ~ 70%
		锰酸锂	9 ~ 15		
		钴酸锂	26 ~ 30		
2	负极材料	改性石墨	6 ~ 10	10%	25% ~ 30%
3	电解液	六氟磷酸锂	40	12%	40%
4	隔膜		8 ~ 25 元/平方米	25% ~ 30%	70%
5	铜箔		8 ~ 10	5%	20% ~ 25%
6	铝箔、黏结剂、导电剂等		—	10%	20%

资料来源：申银万国。

另外，从贷款的产业链布局来看，我行动力电池贷款主要集中在电池制造环节，对利润相对更为丰厚的电池材料以及电池级碳酸锂原料环节配置的资源并不多。磷酸铁锂正极材料和隔膜作为第一和第二大电池材料，其盈利能力也相对较高。其中盈利能力最强的是隔膜，毛利率高达 70%；其次是正极材料，其中磷酸铁锂正极材料的毛利率为 40% ~ 70%。除此之外，电解液的重要原材料六氟磷酸锂的利润空间也相对较大，达到 40% 以上。

八、相关建议

——重视动力电池相关产业的发展，明确将汽车锂动力电池制造、电池材料和碳酸锂行业列入鼓励类新兴产业，并实行区域差别化信贷政策。锂动力电池制造行业属于新兴产业，我行目前尚无具体的指导政策。建议明确把汽车锂动力电池相关行业列为鼓励类新兴产业，结合技术研发和产业发展的区域现状，对吉林、上海、深圳、河南、四川、青海、西藏等地区实行信贷差别化优惠政策。

——关注小型锂电企业向大容量锂动力电池转变的趋势，充分发掘信贷机遇。当前，我国共有注册锂电池生产企业约 1 500 家，其中绝大多数生产手机、笔记本等数码产品用小容量锂电池。预计未来五年内，随着锂动力电池需求量的不断攀升，出于对高额垄断利润的追求，低容量锂电生产企业将出现向生产锂动力电池转变的趋势，建议我行相关部门密切关注这一变化，跟踪重点企业，把握信贷机遇。

——对镍氢电池厂商的长期扩能项目持审慎态度，同时谨慎看待镍氢电池对上游镍矿、稀土和镍氢电池正极材料氢氧化镍的拉动作用。镍氢电池项目长远存在被锂动力电池替代的风险，要审慎对待国内镍氢动力电池扩能项目。同时，建议谨慎支持上游镍矿、稀土和镍氢电池正极材料氢氧化镍项目。原因如下：第一，镍氢电池的总体需求在逐步向锂电转移，长期来看需求有下降趋势；第二，我国镍矿资源丰富，镍消费的主要领域是不锈钢（占 65%），电池仅占 5%，镍氢动力电池对镍需求的拉动作用较小；第三，氢氧化镍受镍价波动影响成本变动较大，当前毛利率仅维持在 7% ~ 15%，盈利能力偏低；第四，当前国内稀土资源开发混乱，中小稀土企业众多，行业提价能力很弱，且高毛利率的稀土加工环节依赖于国外厂商，贮氢合金粉产品作为镍氢电池正极材料氢氧化镍的主要原材料，毛利率仅维持在10%～12%的较低水平。

——重点支持磷酸铁锂材料、隔膜和六氟磷酸锂生产企业和项目，长期关注磷酸铁锂的专利风险。除了具有较好的市场空间外，磷酸铁锂、隔膜和六氟磷酸锂也属于高附加值产品，因此建议我行大力支持这三类项目。同时，考虑到磷酸铁锂的潜在专利风险，建议我行在项目筛选上把专利因素考虑进去，优先支持技术背景雄厚、享受专利保护的企业。

表4　　部分磷酸铁锂厂商投资、产能和技术来源

序号	厂商	投资或产能情况	主要技术来源
1	北大先行	产能约500吨/年，2008年供货150吨左右	北京大学
2	烟台卓能	设计产能200吨/年，计划扩产到500吨/年	中南大学
3	天津斯特兰	设计产能500吨/年，有扩产计划，2008年实际销售不到200吨	北京有色金属研究院
4	湖南杉杉	具备500吨/年的生产能力	中南大学
5	深圳贝特瑞	设计产能1 500吨/年，量产仍存在技术限制	VALENCE

数据来源：日信证券。

——大力支持电池级以上碳酸锂项目，长期谨慎支持锂辉石提取碳酸锂项目。考虑到电池级碳酸锂供不应求，建议我行支持这类项目；但是，对于电池级以下纯度的碳酸锂项目，特别是应用锂辉石提锂这种落后技术的项目，要密切关注长期可能面临的市场风险和企业自身的成本控制能力。

城际高速铁路项目的授信风险分析

总行授信管理部　张山林　姜黎黎

城际高铁是高速铁路（我国高速铁路是指通过改造原有线路或新建线路，使营运速率达到每小时200公里以上的铁路运输系统）的一种，指在人口稠密的都市圈或者城市带修建的高速铁路客运专线系统，特点是相对距离短、公交化。城际高铁由于具有输送能力大、速度快、安全、正点率高（受气候变化影响小）、舒适方便、能源消耗低和环境影响轻等优势，对沿线城市GDP、就业、旅游、产业转移、城市综合发展等带动能力较强，受到主要发达国家的青睐。近年来，我国中东部省市间已开建或拟建的城际高铁项目很多，掀起了城际高铁发展的高潮。

目前，我国城际高铁的融资基于铁路运输的国民经济基础性作用和铁道部主导的国家信用支撑，各金融机构普遍倾注了过度热情。从我行近期受理的铁路建设项目授信申请看，也主要是城际高铁项目居多。随着我国铁路项目投融资体制改革的深入和铁路行业管理体制改革的压力上升，新建城际高铁项目的内外部环境不断发生变化，商业银行面临的授信风险有上升之势，应该全面分析具体项目的风险，采取合适的授信策略。

一、城际高铁建设运行基本情况

1. 国家城际高铁建设规划宏伟，地方建设城

际高铁项目热情高涨

根据国家《中长期铁路网规划（2008年调整）》，到2020年我国将建成高速铁路网5万公里（含既有路改建提速），其中新建高速铁路客运线路1.2万公里。在建设“四纵四横”客运专线的同时，以环渤海地区、长江三角洲地区、珠江三角洲地区为重点，建设六大城际快速客运系统，包括已建成京津城际高铁，石太客运专线，温福、甬台温铁路，武广高铁，郑西高铁，福厦城际高铁，成灌城际高铁，沪宁高铁，昌九城际高铁，沪杭高铁，宁杭高铁等城际或高铁项目11个。在建或拟建的城际高铁项目12个：天津—秦皇岛，天津—保定；九江—景德镇，南昌—鹰潭；长沙—株洲，长沙—湘潭；南京—杭州；广州—深圳，广州—珠海，广州—佛山，深圳—茂名；龙岩—厦门。

同时，各省市政府的地方城际高铁项目建设不断加快。如武汉及周边城际圈、郑州及周边城际圈、成都及周边城际圈、沈阳及周边城际圈、长沙—株洲—湘潭地区、长春—吉林地区、赣江经济区、皖江经济区等经济集中带或经济据点，均规划修建城际铁路，部分项目已经进入实施阶段。

2. 京津城际高铁客流量稳步上升，经营持平有望，但还本能力弱

中国第一条城际高铁客运专线——京津城际高铁正线全长113.54公里，设计时速300公里/小时，全程运行时间29分钟，设计运力年3 000万人次。项目含车辆购置的总投资额204.2亿元，其中路轨建设总投资133.24亿元，路轨单位投资1.17亿元；投资构成为注册资金87亿元及其他投资17.2亿元（占路轨建设投资的78%、总投资的51%），银行贷款100亿元。据消息报道，运营的第一年发送旅客1 870万人次，经营亏损7亿元。据铁道部运输局2010年8月透露，京津城际高铁开通两年来，日均旅客发送量由开通初期5.5万人增加到目前的6.9万人，年均增速25%。上座率由2008年的66.4%增加至目前的75%。

据了解，京津城际高铁每年贷款利息5亿~6亿元，折旧费5亿多元，加上设备的维护费、运营中的电费及人员工资等，每年运营总支出大约17亿元。简单分析，京津城际高铁车厢分为三等价，取中间值58元计算，日均6.9万人，365天运客2 518万人，年收入接近15亿元。所以，不考虑借款的本金归还和随着运营期延长的维修费增加，快接近盈亏平衡了，归还贷款利息有望。实现盈亏平衡，年折旧5亿元全部用于还本，归还100亿元的本金需要20年，加上建设期和运营初期，贷款期需要或超过30年。如果考虑维修费上升等因素，京津城际高铁的还本能力更弱，贷款期更长。据专业人士分析，京津城际高铁能够具备还本付息的能力，年客运量要超过4 000万人次，即日均11万人次。

3. 境外城际高铁经营喜忧参半，投资或经营必须靠政府资助

目前，日本、法国、德国、西班牙、意大利、比利时、英国、瑞典、丹麦、韩国和我国台湾已建成高速铁路（多数为城际高速铁路）并投入运营，客流以商务旅客为主。据不完全信息，境外城际高铁的投资营运虽然多为市场化运作，经营状况有好有坏，但所有项目最终是依靠政府资助而维持营运的。政府资助模式分：政府投资和营运，政府投资建设—市场化营运，民间投资建设—政府购买—市场化营运，民间投资建设和营运—政府补贴等四种类型。如德国ICE城际高铁是政府投资的项目，资金来源于德国联邦技术和研究部、德国铁道等，由德国铁路公司（Deutsche Bahn AG）营运，现每年纯利润达10.7亿马克；法国TGV由法国铁路公司建设和营运年实现利润达19.44亿法郎。再如，日本新干线现每年盈利2 000亿日元。在其建设之初，以日本国家铁路局（JNR）为融资主体，负债高达37.1万亿日元，并形成了巨额赤字。1987年新干线剥离不良资产设立另外四家JR公司，新干线投资的31.4万亿日元债务最终划到政府财政账户。私有化后，除存续的新干线盈利外，其他四家JR公司一直亏损，靠政府补贴维持营运。1991年存续的新干线再次将优质资产分拨给JR新日本、JR东海、JR西日本，并陆续上市，政府仍然持股超过70%。

而民间投资的英吉利海峡高铁、美国高铁和台湾捷运（2008年末负债高达4 400多亿新台币，亏损702亿新台币）等发生巨额亏损，以政府出面而债务重组来维持经营。

二、城际高铁项目的主要授信风险分析

1. 城际高铁总投资趋高，项目投资和经营压力大

根据铁道部2010年8月提供的信息，中国已投入运营的高速铁路6 920公里，其中2 876公里为既有线提速，时速200公里至250公里；4 044公里为新建，时速250公里及以上，其中已经建成通车的城际高铁设计时速在200～300公里。可是，在建的和拟建的高速铁路多为设计时速350公里或更高。2010年10月26日通车的沪杭高铁最高时速达416.6公里，创世界运营铁路运行试验最高速度。城际高铁项目设计速度普遍向“更高”看齐，必然依托高技术，直接的经济结果是高投资、高运营成本。设计时速250公里以下的项目的单位投资都不超过1亿元/公里。

同时，城际铁路项目设计高速度制约站点的密度和出售站票，对提高客流量不利，也会抬高项目建成后的维护成本、耗电成本和安全管理成本，如京津城际高铁的设备维护费、用电费用大大超过预期。

由于各地逐步推行市场化拆迁，项目拆迁成本提高，以及物价上涨因素，城际高铁项目的投资成本呈大幅上升之势。最早建成的京津城际高铁路轨建设单位投资不到1.2亿元/公里。从世界高速铁路建设成本来看，平均每公里造价折合人民币在1亿～1.5亿元。据不完全统计，我行已经介入或将要介入的城际高铁项目单位投资多在2亿元以上（见表1）。如计划建设的宁杭城际高铁设计时速350公里/小时，单位投资达2.57亿元/公里。

表1　我行授信/受理的部分城际高铁项目情况表

客户名称	项目名称	铁道部或其授权机构出资比例	总投资（亿元）	资本金比例（%）	全程（公里）	单位投资（亿元/公里）	设计时速（公里/小时）	投资回收期（年）	销售盈亏平衡点（%）	正常年份日均客流量
宁杭铁路有限责任公司	宁杭高速铁路项目	上海铁路局60%	313.78	50	115.2	2.72	350	18.3	75.91	2020年13.7万人
沪杭铁路客运专线股份有限公司	沪杭甬客运专线上海至杭州段项目	上海铁路局35.96%	315.85	50	158	2	350	15.07	53	2015年7.22万人
津秦铁路客运专线有限公司	津秦铁路客运专线	北京铁路局55%	339	42.1	257.4	1.32	200～350	17.9	60	正常年份21.9万人
新建郑州至徐州铁路客运专线	郑州至徐州铁路客运专线	郑州铁路局50%	446.4	50	—	—	350	15	53.98	—
沪汉蓉铁路湖北有限责任公司	武汉至宜昌铁路	铁道部出资70%	237.6	35	291.8	0.81	200	16.06	60.77	2020年3.71万人
杭甬铁路客运专线有限责任公司	杭州至宁波客运专线	上海铁路局60%	249.89	50	154.6	1.62	—	30	70.17	2020年6.89万人/年

续表

客户名称	项目名称	铁道部或其授权机构出资比例	总投资（亿元）	资本金比例（%）	全程（公里）	单位投资（亿元/公里）	设计时速（公里/小时）	投资回收期（年）	销售盈亏平衡点（%）	正常年份日均客流量
湖北城际铁路有责责任公司	武汉至咸宁城际铁路	铁道部50%	97.56	50	91.56	1.07	200	30.2	—	2020年8.14万人
广东省东南城际轨道交通有限公司	莞惠城际轨道项目	无	272.83	50	96.96	2.8	—	19.51	53.27	2015年37万人

资料来源：根据我行CLPM系统申报书整理。

2. 城际高铁资本金比例趋低，项目经营财务负担重

从已经建成的城际高铁项目看，以铁道部或其直属机构（以下统称铁道部）出资为主，一般路轨项目建设的资本金比例60%以上，包括动车组等设备在内的全部投资的资本金比例不低于50%。随着铁路投资体制改革的深入，城际高铁项目投资主体多元化，出资比例分铁道部绝对控股（51%以上）、地方参股，铁道部与地方1∶1出资（各50%），铁道部参股、地方为主等三种情况。由于铁道部铁路投资任务重和地方政府的资金实力不足，加之国务院对铁路项目资本金比例的要求标准下调，申报的城际高铁项目的资本金比例越来越低。近期，我行受理的城际高铁项目（不包括动车组等装备）的资本金比例最高是50%，最低为35%（见表1）。如果考虑动车组等装备投资，城际高铁项目资本金的比例会更低，并呈下降之势。过低的资本金比例决定项目借款额度大，项目建成后的利息支出多，还款压力大，会发生现金流难以覆盖贷款利息的风险。如表3所示，如京津城际高铁按现行项目的单位造价和40%的资本金比例，现有的日均客运量就无法覆盖利息，亏损会更大，要实现盈亏平衡，日均客运量还要增长42%。

同时，对于铁道部不绝对控股（持股50%及以下）的项目，存在投资不足、地方与中央博弈的风险。地方投资为主的项目，项目资本金或超概算追加投资的能力普遍不足，存在建设期的投资缺口风险。项目建成后，项目营运的补贴或还款能力不足时，地方政府与铁道部博弈不可避免，银行会陷入尴尬境地。

3. 城际高铁项目建设超前、配套设施滞后，客运竞争激烈，经营效益难发挥

随着地方政府对城际高铁项目热情不断高涨，各地加快了城际铁路项目的筹备和开工进程，将国家公布的高铁建设中远期规划（2020年）的项目提前实施，同时城市圈的城际高铁也呈加速上马之势，超前建设，客流量不足在所难免。

同时，各大城市新建的高铁车站远离市区、换乘系统滞后，增加了旅客市内交通时间和成本，使高铁的时间效应大打折扣，削弱了城际铁路与飞机、公路客运和自驾车的竞争优势。如表2中的主要城市高铁车站与机场比优势不明显，其中上海和广州的高铁车站离市区中心的距离比机场远。

表2　部分高铁车站与机场距市中心距离对比

	高铁车站/机场	距市中心距离（公里）		高铁车站/机场	距市中心距离（公里）
武汉	武汉高铁车站	10	广州	花都高铁车站	30
	武汉天河机场	26		白云机场	28
郑州	郑州高铁车站	11	长沙	长沙高铁车站	9.5
	郑州新郑机场	35		黄花机场	24.5
上海	虹桥高铁车站	13.5			
	虹桥机场	12			

4. 客流量和经营成本存在较大不确定性，城际高铁项目还本能力弱，贷款期限拖长

从目前我国已运行的11个城际高铁项目看，其定价基本是按平均每人公里0.45～0.485元计，基本没有考虑潜在客流量、投资和运营成本等差异。所以，决定城际高铁项目公司的还款能力是车流量、单位投资、资本金比例和运营成本。

从车流量看，据专业人士分析，最早开行的京津城际高铁在相对低单位投资和高项目资本金比例的情况下，要能够具备还本付息的能力，需日均运客11万人次。如京津城际高铁的单位投资和资本金比例相当我行近期受理的项目水平，其实现盈亏平衡的客运量日均要达到9.8万人，具备还本付息能力的日均客运量要达到16.28万人（见表3）。从我行近期受理的城际高铁项目看，基本是按30年贷款期预测客流量要达到日均8万～37万人次。

实际上，京津城际高铁经过两年的运行，日均发送旅客由第一年的5.5万人次到2010年的6.9万人次（年增速25%），2010年国庆期间的最高峰值是11.2万人次，日均达到2010年国庆峰值按年均增速25%，还需3年；沪宁城际高铁和武广高铁的平时安排运力才6万多人次，2010年国庆期间的日最高峰值也只有12万人次左右，是平时运力的2倍。所以，无论是京津城际高铁还是武广高铁全年日均发送旅客量要达到国庆长假的极限峰值水平，还尚待时日。至于部分城际高铁项目预测客流量日均要达到8万～37万人次（见表1）相当于现有高铁项目国庆期限峰值的2～3倍，更存在很高不确定性。如果实现城际高铁的地铁化（无定员、以站票为主），那就失去高速优势，价格也得地铁化。

从运行成本看，由于城际高铁是以路轨、机车和控制系统等全部体系高科技化为基础，小修频率、大修周期、装备寿命等涉及运行成本和后续更新投入成本，目前尚无经验数据，无法分析预测。据消息报道，从已运行两年的京津城际高铁看，项目运行维修保养和电力成本超出预期，是目前项目亏损的主要原因之一。所以，对于区位优势（客流量）不如京津城际高铁、总投资大大高于京津城际高铁、资本金比例又大大低于京津城际高铁的城际高铁项目，未来的营运成本和还款能力存在更大不确定性（见表3，延伸分析），还本能力更弱，贷款期会更长。

表3　京津城际高铁的延伸分析表

	路轨单位造价（亿元）	总投资（亿元）	资本金比例（%）/借款额度（亿元）	利息（亿元）	其他运行费用大约（亿元）	现日均客运量（接近经营平衡）（万人次）	具备还款能力的日均客运量（万人次）	折旧还款期限（年）
实际	1.17	204.2	50/100	6	11	6.9	11	20
延伸分析	2	298.04	40/179	10.74	11	9.8	16.28	24
变化	0.83（70%）	93.84	10/79	4.74（79%）	0	2.9（42%）	5.28（48%）	4

注：1. 延伸分析：如果京津城际高速按现申报项目的路轨造价、资本金比例等进行延伸匡算分析；2. 折旧还款年限：目前京津城际高铁经营最好的状态是接近盈亏平衡，只能考虑折旧还款。折旧还款年限未考虑建设期和达到盈亏平衡的期限，贷款期要长得多。

三、城际高铁项目授信管理建议

由于城际高铁的发展对我国社会、经济发展具有十分重要意义，商业银行应该积极审慎地支持。既不可盲目跟风、不看风险，也不可以短期内的客流量和票价水平看项目的还款能力不足，应实行“全面分析、重点支持、差别化服务”的授信策略。

1. 实行城际高铁项目贷款总量控制

鉴于城际高铁项目基本是铁道部或地方政府主导，属于公共物品的基础设施项目，市场稳定向好，运营和收益时间长。从长期看，城际高铁项目的客流量和票价水平可能发生巨大变化，有上升向好的趋势。中东部地区、项目资本金超过

50%的城际高铁项目收益覆盖贷款利息的可能性较高，只是还本的期限难以把握，城际高铁项目贷款的长期固定资产贷款利率高，单户信贷管理成本低，信贷资产收益相对较高。所以，建议对城际高铁项目的授信，不简单地以项目短期盈利与否来判断其授信意义，而是作为配置全行信贷资产的渠道之一，把城际高铁项目贷款作为长期稳定收息的生息资产，实行“贷款总额控制，动态监控”，贷款总额按我行资本净额的一定比例或占我行对公固定资产贷款一定比例。在全行城际高铁项目贷款总额未达到控制比例之前，原则上按每年全行新增对公贷款比重控制；达到控制线后，每年新发放额度依据当年全行对公贷款增加量和城际高铁项目贷款回收量而定。

2. 实行“重点支持、差别化授信”策略

（1）重点支持的城际高铁项目。重点支持国家级重点城际高铁项目，要求同时具备如下条件：

——项目区域：京广铁路线以东的中东部地区或直辖市内；

——铁道部或其授权机构绝对控股（出资比例51%以上），项目资本金50%以上（含）；

——“四纵四横”主干线的部分城市间路段以城际高铁项目先行分段建设的项目或特大城市间的城际高铁项目。

依据国家规划，“四纵四横”主干网的部分城市间路段以城际高铁项目先建，并且以铁道部投资为主、地方投资为辅。这些高速铁路项目既有城际高铁的功能和地位，又是国家支持的主干网组成部分，加之铁道部主导，相对建设、营运、财务压力等风险较低。

对这类项目可以积极介入，大力支持，采取银团或拼盘贷款，原则上我行贷款比例不超过三分之一、可作牵头行。

（2）一般支持的城际高铁项目。对于中东部地区、铁道部或其授权机构出资的高铁项目，具备如下条件之一：

——铁道部或其授权机构出资超过51%，项目资本金不足50%的城际高铁项目；

——铁道部或其授权机构出资50%，项目资本金比例50%以上（含），出资人明确建成后的财务补贴机制的城际高铁项目；

——地方政府为主、铁道部或其授权机构出资低于50%或不参股，项目金比例50%以上（不含），地方政府明确建成后的财务补贴机制的城际高铁项目。

对于这类项目可以审慎参与，原则上我行持有贷款比例不超过六分之一。

（3）不宜介入的城际高铁项目。中西部地区或二线城市间的城际高铁项目，铁道部（或其授权机构）出资低于50%（含）或不出资且项目资本金低于50%和出资人或相关地市政府不明确资助机制等，这类城际高铁项目建设和经营风险较高，我行不宜介入。

液晶面板及光电平板显示产业风险分析

总行授信管理部　唐　俊

一、液晶面板及光电平板显示产业发展概况

1. 技术发展概况及趋势

TFT—LCD（薄膜场效应晶体管液晶显示器）是光电平板显示技术的典型代表，是目前唯一在综合性能上全面超越上一代CRT（阴极射线管）显示技术的产品。它的性能优良，具备大规模自动化生产的条件，生产成本可随着生产规模的扩大快速降低，目前已成为平板显示技术领域的主导技术，在平板电视、电脑显示器、手机、数码

相机等多媒体设备方面均得到很好的应用。

业界一般按照玻璃基板尺寸的大小划分液晶面板生产线的代数：5代线能生产的最大基板尺寸是1 100×1 300mm，最多能切割6片27英寸宽屏液晶电视（LCD—TV）用基板，主要应用于台式机及笔记本电脑显示器；6代线生产基板的经济切割上限为37英寸；7代线生产基板的经济切割上限为46英寸；8代线生产基板的经济切割上限为52英寸。6代及以上液晶面板生产线的主要产品应用于大屏幕的液晶电视。TFT—LCD产业化十年来，生产线经历了七次大的发展，平均约一年半更新一次，生产线代次越高，生产大尺寸面板的成本相对越低，而需要的工艺技术和管理控制水平越高。

从产业技术升级的规律来看，TFT—LCD显示面板从兴起到全面替代CRT（阴极射线管）显示技术经历了大约30年的时间。目前，业内公认度最高的TFT—LCD替代技术为OLED（有机发光二极管）面板，并预测其达到大规模产业化成熟的过程为10～15年。据此，TFT—LCD显示技术有10～15年的生命周期和相应的市场空间。

2. 产业链整合及价值分布情况

TFT—LCD产品的主要上游原材料包括玻璃基板、彩色滤光片、偏光片、液晶材料、背光模组和驱动IC等，主要下游产品主要包括液晶电视、电脑显示屏、手机或其他手持设备显示屏等。TFT—LCD面板和模组产业是整个TFT—LCD产业链的核心和纽带，其一方面通过需求拉动上游设备、原材料和零组件产业的发展，另一方面通过供给推动下游整机产业的扩张，全球TFT—LCD面板和模组主要产能集中在东亚地区。

与TFT—LCD面板和模组产业不同，TFT—LCD产业链上游主要由美国、日本、韩国的少数企业控制。如玻璃基板目前主要被美国康宁（Corning）、日本旭硝子（Asahi）、日本电气硝子（NEG）及日本板硝子（NHT）四大厂商控制，其中康宁一家占据全球50%以上的市场；TAC膜（偏光膜）被富士（Fujifilm）一家控制全球90%的产量。

在TFT—LCD产业链中，利润最大的是部分原材料和面板制造设备，但技术门槛较高且需要一个较长期的积累，下游的液晶电视整机、电脑显示器等虽然利润空间也较大，但分享者也较多，如代工厂、品牌商、渠道商等。

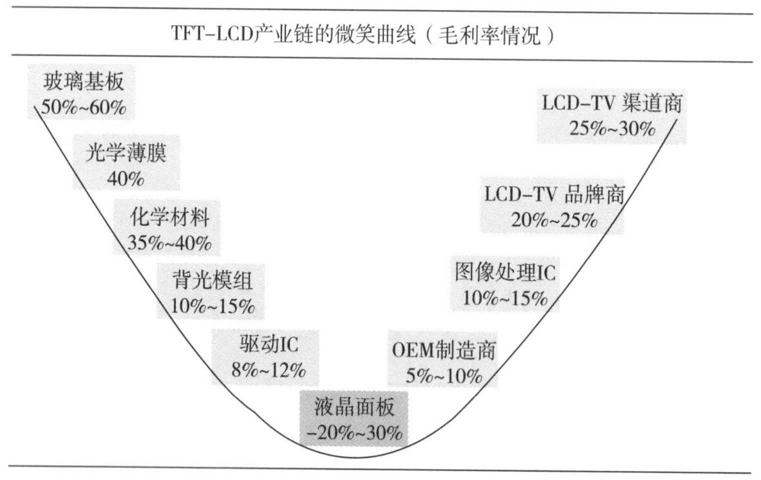

资料来源：Displaysearch。

图1　液晶面板产业链利润分布情况

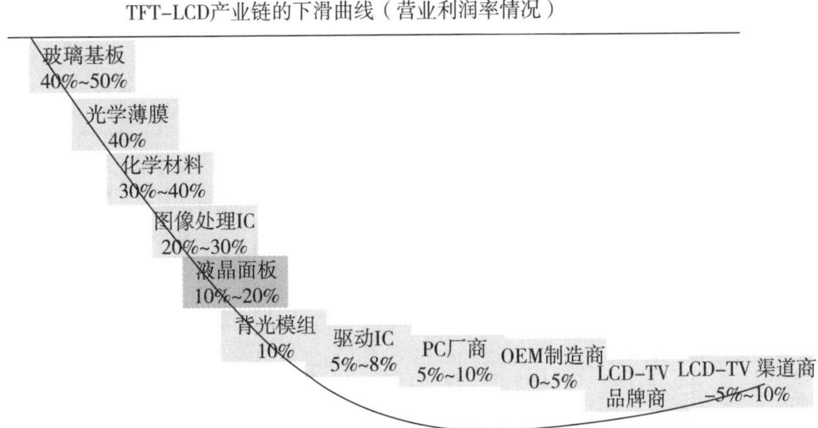

资料来源：Displaysearch。

图2 TFL—LCD 产业链的下滑曲线（营业利润率情况）

从产业关联度和国外厂商的实际经验来看，显示面板与下游显示设备的整合情况较好，有利于产业链整体附加值的提升。世界主要 TFT—LCD 面板供应商三星、LG、台湾奇美、台湾友达、日本夏普当中，三星、LG 和夏普都拥有自己的 LCD 电视品牌和显示器品牌，而且在消费者当中有较好的认知度和美誉度，售价普遍高于国内品牌的同尺寸的 LCD 电视和显示器，从而提升了整个产业的附加值。

3. 产业波动周期

液晶面板产业化以来，一直存在着称为液晶循环的波动周期规律：液晶面板厂商盈利情况随着液晶面板的产能释放周期反向剧烈波动。在新一代液晶面板产品供不应求、盈利情况较好时，产业厂商几乎都在同一时间点采取类似的激进投资行为，造成产能的同周期释放，而产品供过于求会导致液晶面板价格急剧下降，严重影响厂商的盈利水平。与此同时，下游产品需求却因液晶面板价格的下降不断扩张，面板厂商在亏损严重时也不得不斥巨资扩张产能或进行新一代生产线的研发。

液晶循环的变化频率并未因产业规模的变大且变得成熟而变小，相反变化频率越来越高。我国京东方、上广电 NEC 液晶面板的巨额亏损，其中重要原因之一即是未能有效地管理液晶循环，其建设的 5 代面板生产线的时机恰正是液晶面板产能大量释放的时期，遭遇了未投产即亏损的困境。同时，为了紧跟行业领导者的步伐，这些厂商又不得不在上一代产品仍然亏损的同时斥巨资新建更高世代的面板生产线。

二、国内液晶面板生产线建设背景

我国是全球第一大彩电生产及消费国。据发改委专家介绍，2008 年中国液晶电视销售量1 370万台，预计 2012 年国内液晶电视需求量将多达8 000 万台，而主要用于电视的大尺寸（26 寸以上，即 6 代线以上）液晶面板国内生产仍属空白，全部依赖进口，由此 2009 年以来国内兴起大尺寸液晶面板投资热潮。为规范行业发展，2010 年 1 月初，工信部和发改委联合发文，将高世代液晶面板生产项目的审批权由省级政府上收至工信部和发改委。

2010 年 11 月，国家发展改革委核准了苏州三星电子液晶显示科技有限公司建设第 7.5 代 TFT—LCD 项目和乐金显示（中国）有限公司第 8.5 代 TFT—LCD 项目。至此，国家拟规划建设的 5 条高世代液晶面板生产线已全部核准，分别为京东方（北京 8 代线）、华星光电（深圳 8.5 代线）、龙腾光电（苏州 7.5 代线）、三星电子（苏州 7.5 代线）和乐金显示（广州 8.5 代线）。

目前国内已建成的第 5 代及以下 TFT—LCD 显示面板生产线项目主要有京东方（北京、成都项目）、昆山龙腾光电、上海中航光电（原上广电—NEC 项目，目前由深圳中航技集团收购）。

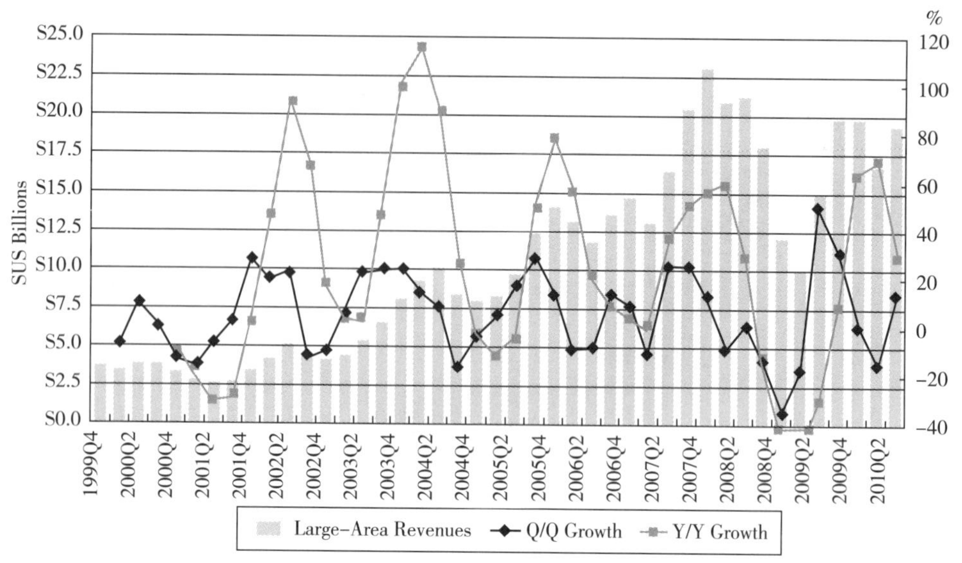

图3 液晶循环示意图

三、国内液晶面板生产线主要存在的问题

国内面板企业由于产能较小、缺乏产业核心技术及技术管理专业人才等原因，在全球市场竞争中处于劣势。如需改善市场竞争地位，必须不断投入巨额资金持续进行升级扩能。

1. 与世界主要液晶面板生产商相比产能较小。国内最大面板企业京东方，其年产液晶面板约1 000万片，约占全球市场份额的2.1%，为三星、LG等企业的1/10左右。市场份额偏低导致国内厂商与上游原料、配件供应商缺乏的谈判能力和议价权，在产品定价等方面也缺乏谈判能力。

2. 缺乏产业核心技术、设备的自主研发升级能力，无力自行设计建造更高世代的面板生产线。我国虽有能力建造高世代液晶面板生产线，但对产品专利及生产设备专利均无实质的控制权，只能不断投入巨资购买国外厂商设备进行组装。国外行业巨头往往利用技术领先的优势，通过快速大规模建线、快速折旧、快速升级的方式获得产品的实质定价权，国内厂商相应的生产线建成达产后，又面临着产品边际利润急剧下降的现实，始终无法获得可观的回报。

3. 缺乏和下游产业链的垂直整合。目前，无论是我国台湾地区的奇美电子、友达电子，还是国内的京东方、龙腾光电等LCD面板生产企业，均没有独立的显示器和整机品牌，国内的前几大液晶电视厂商如海信、创维、TCL等也没有自己的面板生产线。液晶面板产业未能与下游的液晶电视、电脑显示器等产业进行有效的垂直整合，在采购及销售时往往会缺乏谈判能力和定价权，抗市场价格波动的能力较差，进一步加剧了行业风险。

4. 缺乏长期持续权益型资金投入。世界液晶面板产业领先的日本、韩国及我国台湾地区，其液晶面板生产线项目除了资本金和银行贷款外，还得到了国家财政资金和相关产业基金的支持。国内若干个液晶面板生产线项目的融资结构均存在着项目资本金比例偏低、过于依赖银行贷款的问题，这导致企业资产负债率过高，财务费用支出较大，进一步削弱了该产业较低的毛利率。

四、建议

液晶面板制造业具有投资巨大、加速折旧、持续升级等特点，对项目发起人的资金实力、技术积累、管理经验均有着极高的要求。国内液晶面板项目由于关键技术的掌握能力及经验不足，在全球市场竞争中处于劣势，反复陷入未投产即亏损的困境。该类项目固定成本投入（制造设备）较高，在整个产业链中处于利润率较低的环节，若过于依赖商业银行贷款，沉重的财务费用会进一步削弱其盈利能力。项目融资结构应以股权资本为主，现阶段商业银行不宜授信，特殊项目如需介入应以贸易结算类授信品种为主，并落实相应风险防范及管理措施。

我行建筑业信贷业务现状分析与若干经营对策建议

总行集团客户部 童罗兴

一、中国建筑行业发展现状

（一） 2009 年中国建筑行业运行现状

2009 年，在 4 万亿元投资计划等一揽子刺激政策的作用下，我国固定资产投资保持了较快的增长速度，成为拉动国民经济企稳回升的关键动力。2009 年 1～12 月，全国新开工固定资产投资项目 344 769 个，施工项目 461 544 个，新开工项目计划总投资 151 942 亿元，施工项目计划总投资420 141亿元，2009 年全社会累计完成固定资产投资 194 139 亿元。

建筑行业作为固定资产投资转化为社会基础设施和其他设施的行业，是经济刺激政策的直接受益者，2009 年，全社会建筑业产值 75 864 亿元，比上年增长 22.3%，实现增加值 22 333 亿元，比上年增长 19.15%。

表 1 2005—2009 年建筑业总产值及增速

年份	建筑业总产值（亿元）	总产值增速（%）
2005	34 552.10	19.06
2006	41 557.16	20.27
2007	51 043.71	22.83
2008	68 114.71	33.44
2009	75 864.00	22.30

数据来源：国家统计局。

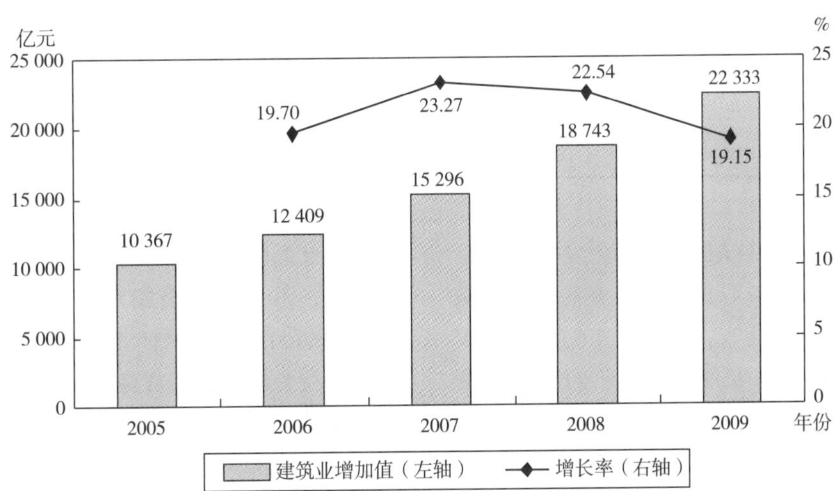

数据来源：国家统计局。

图 1 2005—2009 年建筑业增加值及其增长速度

（二） 对外工程承包情况分析

随着我国的经济日益强大，我国与世界其他国家的联系日益紧密，特别是我国的建筑企业利用本身的技术及成本等优势，近几年在国外承接的工程项目快速增加。

2009 年，我国对外承包工程完成营业额 777 亿美元，新签合同额 1 262 亿美元，同比分别增长 37.3% 和 20.7%，保持了良好增长态势。截至 2009 年年底，我国对外承包工程累计完成营业额 3 407亿美元，签订合同额 5 603 亿美元，未来中国对外工程承包业务仍可保持高速增长。

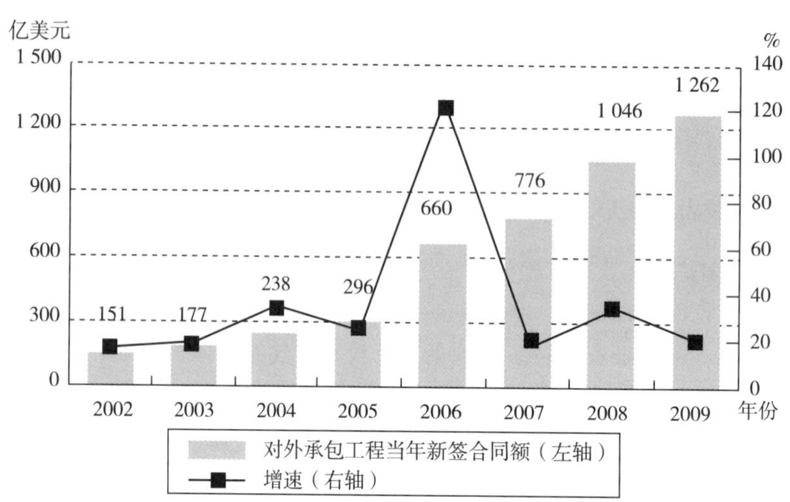

数据来源：国家统计局、商务部。

图 2 我国历年对外承包工程新签合同额及同比增速

二、我行建筑业信贷业务发展现状

（一） 整体状况

表 2 2006—2009 年全行建筑行业信贷余额表

年份	信贷余额（亿元）	贷款余额（亿元）	表外及其他业务余额（亿元）	不良贷款余额（亿元）	不良率（%）
2006	2 276. 76	945. 04	1 331. 72	37. 6	3. 98
2007	2 645. 4	993. 93	1 651. 47	25. 2	2. 54
2008	3 505. 53	1 134. 75	2 370. 78	22. 5	1. 98
2009	4 105. 46	1 147. 36	2 958. 1	21. 47	1. 87

数据来源：CMIS。

近四年，我行建筑行业信贷业务发展势头良好，年均增长率为 23%，但是，随着我行对建筑行业结构调整的逐步落实，贷款的年均增长率仅为 6. 8%，保证业务等表外业务的年均增长率为 30. 8%。2009 年年末，我行建筑业客户的信贷余额为 4 105. 46 亿元，其中贷款余额为 1 147. 36 亿元，占 28%，而保证业务等表外业务余额为 2 958. 1亿元，占 72%，建筑行业的贷款余额严格控制在我行的行业限额 1 505 亿元之内。

与此同时，我行在建筑行业的贷款质量也逐年提升，不良贷款余额和不良率连续三年实现“双降”，另外，在保证业务中，我行连续多年垫款额保持为零。但需要注意的是，建筑行业 2009 年年末贷款不良率为 1. 87%，高于全行平均水平，客户结构调整仍有一定空间。

（二） 结构分析

1. 业务品种分析

表 3　　2008—2009 年全行建筑行业信贷业务品种分布情况表　　单位：亿元

	贷款	保证业务	承兑汇票	票据贴现	其他信贷产品	合计
2008 年年末余额	1 134.7	2 201.5	108.4	43.9	16.5	3 505.5
2009 年年末余额	1 147.4	2 733.8	133.4	61.3	29.7	4 105.5
变化率	1.1%	24.2%	23.0%	39.6%	80%	17.1%

数据来源：CMIS。

保证业务是建筑企业信贷需求的重要组成部分，2009 年，经济刺激政策给建筑企业带来可观的业务机会，其参与投标、履约所需要的银行保函也大幅增加，2009 年年末，建筑行业保证业务余额 2 733.8 亿元，较上年末增加 24.2%。而与之相对应，全行保证业务余额为 5 601 亿元，较上年末增加 3.58%（全行保证业务收入 13.04 亿元，较上年增长 8.3%），建筑业保证业务在全行保证业务所占比例为 49%。但是，由于近年来建筑业市场的快速增长，建筑企业参与工程建设所需要的投标、履约、预付款保函需求大幅增加，依托我行在基础设施领域的品牌优势，建筑业保证业务仍有很大的拓展空间。以六大建筑集团为例，由于近年竞争的加剧，我行市场份额已下降至35%左右，如能适时调整经济资本计量政策和开展业务流程优化，我行的建筑业保证业务仍有可观的增长空间。

2. 行业结构分析

表 4　　2008—2009 年全行建筑行业信贷业务行业小类分布情况表　　单位：亿元

	2008 年末贷款余额	2009 年末贷款余额	变化率
房屋工程建筑	498.90	520.7	4.37%
铁路、道路、隧道和桥梁工程建筑	207.29	243.07	17.26%
建筑安装业	132.75	82.89	-37.56%
水利和港口工程建筑	72.01	75.45	4.78%
工程准备	43.69	33.41	-23.52%
建筑装饰业	28.79	35.15	22.09%
工矿工程建筑	19.36	30.09	55.42%
架线和管道工程建筑	6.20	10.08	62.58%
提供施工设备服务	2.48	3.61	45.56%
其他建筑业	122.29	112.91	-7.67%
合计	1 133.76	1 147.36	1.20%

数据来源：CMIS。

房屋工程建筑和铁路、道路、隧道、桥梁工程建筑是建筑行业贷款余额比重最大的两个行业，这两个行业小类的贷款余额合计为 763.8 亿元，不良贷款余额合计为 11.2 亿元，不良率为 1%。随着我国建筑行业的不断发展和规范，与我行具有长期合作关系的从事铁路、隧道、桥梁和房屋建筑等领域业务的建筑企业工程技术和内部管理水平不断改善，市场竞争力明显提升，其应该成为我行在建筑行业内部进行行业结构调整的重要方向。

3. 客户结构分析

表5　　2008—2009年全行建筑行业信贷业务客户信用等级分布情况表　　单位：亿元

信用等级	贷款余额	余额占比	不良贷款余额	不良率
AAA	179.71	15.66%	0	0
AA	690.01	60.14%	0.6	0.09%
A	98.54	8.59%	0.31	0.31%
A以下	45.2	3.94%	15.19	33.61%
小企业	133.9	11.67%	5.37	4.01%
合计	1 147.36	100%	21.47	1.87%

数据来源：CMIS。

2009年，建筑行业的客户结构调整效果不够明显，其中AA级以上客户贷款余额由2008年的877亿元下降至870亿元，A级以下客户的不良贷款余额从2008年的13.68亿元上升至15.19亿元。特别值得注意的是，建筑业小企业贷款大幅增加，达133.9亿元。这一方面的原因是我行内部评级系统2009年新版本上线，有部分企业未及时更新导致评级下调，另一方面，不排除有部分经办行为规避大中型企业信贷调整政策而逆向选择小企业。

三、我行建筑业战略性客户业务发展现状

（一）六大建筑集团信贷业务现状

表6　　六大建筑集团授信情况表　　单位：亿元

战略性客户	授信限额	信贷余额			贷款余额			保证等表外余额		
		2008	2009	变化率	2008	2009	变化率	2008	2009	变化率
中国中铁	1 100	398	410	3.1%	74	58	-21.6%	324	352	8.6%
中国铁建	1 300	506	445	-12.1%	38	24	-36.8%	406	420	3.4%
中交股份	706	124	213	71.8%	17	28	64.7%	107	185	72.9%
中冶集团	336	66	87	31.8%	46	58	26.1%	20	28	40%
中水集团	576	208	238	14.4%	87	85	-2.3%	121	152	25.6%
中国建筑	504	143	103	-28.0%	85	34	-60%	58	69	19.0%

数据来源：CLPM系统。

2009年，六大建筑集团的直接融资渠道不断拓宽，银行贷款逐渐减少，例如，中国中铁H股募集资金回流80亿元、发行公司债和短期融资券合计40亿元，中国铁建发行中期票据60亿元，中国建筑A股IPO募集资金500亿元，这些因素导致我行在这三家集团的贷款余额分别下降21.6%、35.6%和59.9%。

但值得肯定的是，我行中间业务份额却大幅提升。2009年，六大建筑集团的营业收入和新签合同量大幅增加，对保函等表外业务的需求增加很快，我行适时而动，年初召开了“建筑业集团客户保证业务交流会”，同时为战略性客户核定了较为充足的授信限额，有力地推动了保证业务份额的增加。特别是对于中交股份，由于此前我行的业务份额较少，2009年以来，总行对重点地区进行了专项走访和营销，对深化合作起到了积极作用。

另外，我行还重点发展现金管理、融资租赁等中间业务，全面推动业务结构调整，根据我们对六大建筑集团的收入结构分析，目前中间业务收入已占到整体收入的26%。

（二）建筑业集团客户面临的发展机遇

以六大建筑集团等战略性客户为代表的优质建筑业集团客户，近年来在我国经济持续快速增长的背景下，不断深化改革改制，竞争力显著提升，面临重要发展机遇：

1. 我国经济持续增长和城镇化进程加快是建筑行业持续发展的有力支撑

2009年在全球金融危机的大背景下，我国及时推出积极财政政策与适度宽松的货币政策，成为率先从“大衰退”中走出的重要经济体，2010年我国经济将进入十分重要的结构转型和政策调

整期。但是，短时间内，我国固定资产投资对经济增长的拉动力度依然巨大，这将为建筑行业发展提供良好发展契机，如前推测，2010—2012年，建筑业产值将保持12%、9%、7%的增速。

目前，我国的城镇化率仅为45.7%，远低于发达国家70%的水平，据测算，到2020年，中国城镇化率将达到60%，城镇化进程将促进大中小城市和小城镇协调发展、壮大县域经济、优化产业结构，同时，城镇化所要求的加大基础设施建设和完善城市管理都将为建筑行业带来巨大机会，以六大建筑集团为代表的优质建筑业集团客户，在这发展过程中将扮演重要角色，尤其是在各自的专业领域，其市场地位将不断得以强化，比如中国中铁、中国铁建在铁路建设领域，中交股份在路桥港湾建设领域，中水集团在水电建设领域等。

2. 我国建筑企业“走出去”初显成效，市场前景广阔

近年来，中国铁建、中国建筑、中水集团等央企“走出去”的步伐逐渐加快，在东南亚、北非、拉美、中东等地区承建铁路、市政工程及水利水电项目等，已在当地初步确立品牌优势。与此同时，经过多年的发展，企业对当地的政治经济环境、商务谈判、项目管理等方面也有了较为丰富的经验积累，这为建筑企业在境外的持续发展打下了坚实基础。

如前所述，2009年，我国对外承包工程完成营业额777亿美元，新签合同额1 262亿美元，同比分别增长37.3%和20.7%，在未来很长一段时间内，这种增长趋势仍将得以持续。

3. 融资渠道的拓宽为优质建筑业集团的发展提供了资金保障

随着我国资本市场的持续发展，建筑企业特别是中央企业成为资本市场的新宠，近年来，各大建筑集团纷纷通过IPO、发行债券、信托等方式进行融资，有效补充了其经营所需的资金，同时，由于直接融资的成本较低、条件较为灵活，也为建筑企业的多元化发展提供了便利。另外，建筑企业改制成为上市公司也有利于其完善公司治理结构、提升内部管理水平。

目前，六大建筑集团均已完成股份制改造，除中水集团之外的其他五家集团均已实现挂牌上市，IPO募集资金共计1 860亿元，近两年通过其他直接融资渠道募集的资金共计达580亿元，其对银行等间接融资渠道的依赖度大大减弱。

（三）建筑业集团客户面临的挑战

建筑业集团客户在快速发展的同时，也同样面临多方面的挑战，主要体现在盈利能力和风险管理两个方面。

1. 建筑行业的微利现实对规模庞大的建筑集团形成严峻考验

2009年，我国建筑业总产值为75 864亿元，全行业实现利润总额2 663亿元，利润率仅为4%。而以六大建筑集团为代表的大型集团客户，虽然每年业务收入上千亿元甚至数千亿元，但利润总额仅数十亿元。以中国铁建为例，其2008年营业收入为2 194亿元，利润总额37.1亿元，利润率1.69%，与之相对应的是，中国铁建拥有员工20余万人，资产负债率达78%，因此，一旦发生市场波动，其抗风险能力将经受严峻考验。

由于竞争激烈和市场机制不够完善等方面原因，我国建筑行业利润率远远低于国际平均水平，BT、BOT、EPC等利润率较高的工程承包模式在我国的推广也遭遇诸多障碍，因此，如何在当前发展势头良好的市场环境下，提前实现业务转型、提升盈利能力已成为各大建筑集团的重要课题。

2. 建筑业集团的风险管理能力亟待提升

随着行业的不断发展，建筑企业面临的内外部环境也渐趋复杂，特别是金融危机的爆发，对各大建筑集团的风险管理提出新的要求。如今的建筑业集团已不再是传统的工程承包商，其对资本市场的广泛参与要求其提升对金融资产的管理能力。另外，目前各大建筑业集团纷纷将境外业务作为主要目标市场，不仅快速拓展境外工程承包市场，同时还通过并购、重组等方式加大境外投资，但由于其在境外市场的经验依然缺乏，仍需通过学习提升风险防范的水平。最后，近年来，各大建筑业集团为提升盈利能力，纷纷推动多元化发展，涉足基础设施投资、房地产开发等领域。这些都要求这几个主营业务为建筑业的集团在品牌、技术、人才以及项目管理等方面做出适时调整。

四、经营意见和建议

建筑行业是我行服务的传统行业，我行具有

较为深厚的品牌优势，近年来，以六大建筑集团为代表的优质集团客户，伴随中国经济的持续快速发展，其作为各自领域的龙头企业，仍具有很好的发展前景。但是，由于建筑行业受宏观经济的影响较为直接，行业周期的波动仍给其持续发展带来一定挑战。鉴于此，我行既要抓住机遇巩固传统优势，又要适时结构调整推动业务转型，建议如下：

1. 以现金管理业务为立足点，抢抓基本户和结算业务。立足建筑业集团客户成员企业繁多、资金流动频繁的特点，不断完善当前已经形成一定规模的资金结算网络，适时推出商业汇票、保证金集中管理等新产品。

2. 加强联动力度，提升客户对我行的价值创造力。六大建筑集团的员工都数以十万计，各级企业的技术人员和管理人员也都数以万计，这能为我行信用卡、企业年金等业务带来重要机会。

3. 提升产品竞争力，深度挖掘中间业务需求。由于行业特点，建筑企业对工程保函、保理、设备租赁等业务需求旺盛，我行应适时调整策略，通过流程优化与产品创新，大力拓展中间业务。

4. 适度跟进境外业务。六大建筑集团在国际工程承包市场历练已久，目前已成为中国“走出去”企业的主力军，其对境外保函、出口信贷、并购融资需求迫切，我行应配合境外机构拓展，不断提升国际业务的竞争能力。

我国电影产业与银行投融资工作

总行集团客户部　王　喆　张叶子

一、电影产业及电影产业链的定义

电影产业是指以电影制作为核心通过电影的生产、发行和放映以及电影音像产品，电影衍生品，电影院和放映场所的建设等相关产业经济形态的统称。

电影产业链反映的是电影产业单位公司之间的经济生态系统，现阶段，标准的电影产业链主要由内容提供商（制片商）、发行商和终端渠道商（院线与放映机构）构成。电影收入构成主要包含票房收入、广告收入、衍生品开发收入、转播、网络版权等收入。如右图所示。

二、电影产业核心环节机构设置及分析

（一）制片环节

电影制片是整个电影产业的起点。在好莱坞成熟的电影产业链中，制片环节并不是从正式拍摄才开始的，而是还包含了拍摄之前的灵感、构思、编剧、项目开发、成本预算、融资等过程。制片环节的参与者通常有编剧、经纪人和经理、律师、制片人和制作公司。

（二）发行环节

电影发行是指影片制作完成之后上映之前所进行的一种商业活动。发行商向制片公司购买发行权，在某一特定地区发行，由发行商安排影片在影院上映的有关事宜并收取费用。目前，电影的发行可在以下渠道进行：影院（院线）、家庭录像（DVD）、付费/有线电视、电视台、网络以及其他非影院市场。在我国，影院（院线）渠道仍是大部分发行公司获取利润的首要选择。

中影作为国有电影发行龙头，仍然占据国有电影发行的绝对优势地位，前18位票房2 000万元的影片中，中影独立或参与发行的影片达8部之多，其票房占总票房的66.9%，其次是上影，华夏电影公司和上海东方影视也有不俗表现。

民营发行公司中保利博纳仍然一枝独秀，前18位票房2 000万元的影片中，保利博纳独立或参与发行的影片有6部，票房占总票房的28.1%。华谊兄弟成功向发行领域扩张，跻身民营第二，光线影业为第三。

受国家政策保护，两家唯一拥有境外影片全国发行权的公司中影和华影瓜分了进口电影的票房，前十位影片中影全部参与发行，其中5部独立发行，另外5部与华夏共享。

（三）放映环节

放映环节由电影院线和影院组成。其中电影院线是以影院为依托。以资本和供片为纽带，由一个电影发行主体和若干影院形成，是电影放映行业一种具有垄断性的经营体制。实行统一品牌、统一拍片、统一经营、统一管理的发行放映机制。院线实质就是各家影院的联合体。实施院线制的目的在于激活市场，一个地区如果参与竞争的院线越多，市场竞争就会越来越激烈，市场蛋糕就会越做越大。

三、我国电影产业发展情况

（一）产业特点及影响

电影产业具有科技含量高、附加值高、资源消耗少、环境污染少的显著特点，在优化结构、扩大内需、发展新型服务业的总体布局中具有得天独厚的产业优势。繁荣发展电影产业，对于改变我国文化产业在国民经济中比重偏低现状，推动文化产业与经济社会协调发展，提升国家文化软实力，具有十分重要的现实意义。

（二）收益情况

2010年全国新增影院313家，新增银幕数1 533块，平均每天新增4.2块。全国城市影院银幕总数突破6 200块。2010年全国电影票房收入达到101.72亿元，年均增长42%，约是全球平均水平的8～10倍。其中国产影片票房总额为57.34亿元，占全年票房总额的56.3%。电影产量526部，成为世界第三大电影生产国。未来10年，中国电影银幕数量将达到1万块，票房总收入将突破350亿元人民币，电影产业的产值将要达到1 000亿元。

（三）产业环境

1. 政策环境：政府加强扶持力度，产业良性上升。2009年4月，财政部公布了《关于支持文化企业发展若干税收政策问题的通知》，从事电影制片、发行、放映的电影集团公司、电影制片厂及其他电影企业取得的销售电影拷贝收入、转让电影版权收入、电影发行收入以及在农村取得的电影放映收入免征增值税和营业税。

2. 投资环境：企业融资模式多元化。电影资金的来源主要有几种形式：合拍影片、风险投资或私募股权投资、运用版权从银行等金融机构贷款、版权预售、银行授信贷款。

2010年1月，国务院办公厅发布《关于促进电影产业繁荣发展的指导意见》，提出现阶段电影产业发展的七个具体目标和十大主要措施，金融机构介入电影产业受到鼓励与支持。随着电影投资环境的进一步改善，中国香港、美国、日本、韩国等国家和地区的资金也逐步进入中国电影制片领域，随着这些资金的逐渐进入，单一资金制作的影片比例已经越来越小，混合资金运作已经成为我国电影投资的主要形式。

（四）发展趋势

随着社会需求的不断增长，产业的进一步发展，中国电影产业，在技术上由胶片放映向数字放映发展；在经营上向资源整合以及产业链整合方向发展；在收入来源上，放映市场票房收入向大院线、大影院集中趋势明显。

1. 投资者趋于专业。随着电影产业的深入发展，以银行为代表的专业投资与各类业内资本势必将扮演更重要的角色。当华谊兄弟2006年首次从招商银行拿到5 000万元的贷款时，内地银行参与电影融资还被认为是个案。时至今日，国内银行在影视贷款方面已有相当广泛的介入。例如华谊兄弟近几年来先后从深圳发展银行、招商银行、工商银行和北京银行成功拿到贷款。而北京银行近两年也为保利博纳、万达院线、中影集团和光线传媒等多家影视企业提供了额度过亿元的贷款授信。

2. 电影业的市场集中度越来越高，市场竞争越来越明显。少数大电影公司，在市场竞争中的优势越来越明显。这些公司一般集投资、制作、出品、发行和放映多环节于一身，具备优秀发行销售能力，银行业必须充分看准市场机遇。

3. 非院线渠道将逐步成为开发重点。在当前院线发行渠道竞争激烈的格局下，非院线渠道将会成为大型电影发行公司的开发重点。

4. 数字电影放映将大规模增长。由于数字电影放映成本低廉、放映便利，未来放映的规模将大规模增长，有望在3年内覆盖国内半数的高端影院，2012年左右达到70%以上。

5. 民营势力近两年在院线版图中也扮演着越来越重要的角色。2010年，随着整个万达集团的上市，万达院线的增幅有望提速，这将进一步巩固其领先地位。

6. 由资产连接影院组成的院线终将成为市场的主流与中坚。采用加盟形式的传统院线，民营院线最大的优势在于能在品牌、排片、管理、经营等方面实现统一，从而使院线真正成为影院的经营主体。这一点至关重要，因为从长远发展来看，院线对其影院要实现有效的控制和管理，是实现资产连接型的必然要求，只有资产连接甚至是控股，电影业与银行业才能得到真正长久的合作。

四、电影产业投融资概况

（一）电影产业投融资模式多样化

1. 中国电影业吹起“上市风”。近几年电影产业迅猛发展，扩张带来的急切融资需求也逐步彰显。国内一些影视龙头企业纷纷通过上市获得融资，扩大规模。例如2008年，中影集团怀柔影视基地建成投入使用。2009年，华谊兄弟在创业板成功上市。2010年，又迎来了“黄金机遇期”。中国电影产业将进入快速发展期。

2. 私募基金（PE）成为中国电影产业融资新宠。随着中国电影产业的爆发式增长，私募股权基金将成为电影融资新宠，此举除了引入资金，更重要的是引入了一整套制片预算方案、审计和财务管理制度和资金方对资金使用的有力监管，从而保证了专业基金、银行资金和投资机构共同合作，才会有各方面的大发展。

3. 银行版权质押贷款迈出更大步伐。一边是文化创意企业嗷嗷待哺，一边是银行有大量预备贷出的巨款。就在普通大众对于版权贷款形式还很陌生的情况下，北京银行与北京光线传媒有限公司签署了战略协议，向后者提供意向性授信2亿元片子打包贷款，从而开辟了片子版权和金融资本对接的通道。据光线传媒有限公司业内人士介绍，2亿元片子打包贷款主要用于支持光线传媒未来3年近40部片子的制作和发行。这也是迄今为止金融业以版权质押组合担保方式为影视企业发放的最大单笔贷款。在这批项目中，即将投入拍摄的《聊斋》、《夜行侠陈真》、《花田喜事2010》、《四大名捕》等影片中的一部分将打包作为版权质押，这2亿元可以在限期内多次提款、还款，动态使用资金。业内人士称，在2亿元的最高限额内，光线传媒按照详细的项目向银行申请提款，银行在对每个项目进行调研和可行性分析的基础上提供资金。在此次战略合作中，光线传媒的企业账户、个人理财等金融业务也将交给北京银行。此外，光线传媒还承诺将IPO募集资金归集放在北京银行。可见双方的战略合作并不仅仅是片子版权质押那么简单，在一定程度上，光线传媒通过战略合作对北京银行也有反哺作用。

（二）电影产业新的投融资模式的尝试

随着合作的增多和深入，银行与影视公司也在不断探索新的融资模式。如合拍影片、多方投资；开拓版权预售，加速资金回笼；通过贴片广告与置入式广告获得收入；拓展电影后衍生品市场；从而推动了电影产业与银行间的资金融通。

（三）银行的倾向性

相比最初只介入个别项目，目前国内银行普遍更倾向于对成熟企业及其项目整体的打包贷款。鉴于电影行业风险较高，市场也尚不规范，对于投资主体来说，当前与其投内容，不如投渠道；在后者难以获得的情况下，与其投个体项目，不如投品牌企业。

（四）银行与电影产业可能的合作领域

基于电影产业的特点，我们认为可以在以下领域进行挖掘和研究，寻求合作的机会：

1. 对符合条件的电影企业给予适当信贷支持。

2. 帮助符合条件的电影企业重组上市。

3. 支持具备条件的电影企业通过发行企业债

券、短期融资券、中期票据等多种融资手段，多方面拓宽融资渠道。

4. 研究适合电影产业的金融产品，拓展适合电影产业发展配套金融服务。

5. 对电影企业，在贷款期限、利率、保证方式等方面进行有针对性研究。

6. 与租赁公司合作，开展租赁业务。

7. 提高对该行业（企业）的服务质量和效率。

8. 可带动旅游产业和中小企业（如服装、道具有关的配套产品）的发展。

（五）风险防范措施

一是鉴于电影产业为非实体经济，无相应的抵押物，企业规模相对较小，且存在现金流不确定或不稳定的情况。而银行贷款的前提是风险可控，因此抵押必不可少。目前国内的制片公司能够拿出的筹码更多的还是版权等无形资产。虽然版权质押确实是国际影视业通行的融资模式，但目前在国内，版权内容的价值和风险在银行眼中存在不少变数，因此双方的顺畅对接仍需时间。二是鉴于国内具备一定企业品牌和贷款信誉的电影制片与发行公司仍为数不多，随着银行放贷渠道的增多，风险也在随之上升。究其根源，在于相关监督、担保机制缺乏，投资方承担了过高风险。因此为了实现长远发展，电影投资的当务之急是进一步完善融资监督、担保体系，尤其是在完片保证方面。三是银行应开发针对中小文化创意企业的内部授信工具。这种内部授信工具要对不同文化创意行业、不同创作阶段的作品进行分类，创造新的数学模型，解决项目评价与版权价值问题，慎重使用流行的自由现金流量法、综合风险指数模型评估法、资本资产定价模型、品牌评价方法等。

（六）工作设想

1. 通过走访国家相关主管部门（如文化部、国家广播电影电视总局）及时了解和把握行业政策导向。

2. 通过采用调研及走访相关行业龙头企业（客户），对电影产业进行更加直观和深入的了解。

3. 各相关部门根据专题会议确定的职责分工，各司其职，做好行业规律性研究工作，最终整理形成有针对性的专题研究报告。

风电行业信贷风险分析及对策探析

河北省分行　多金辉　焦凤川　周　斌

受国家鼓励清洁能源开发政策，特别是国家出台的4万亿元刺激经济政策的推动，我国风电装机容量迅猛扩张，2008年全国新增风电装机328万千瓦，2008年末全国装机容量超过1 000万千瓦，2009年上半年全国新增装机443.98万千瓦，累计装机达1 659.26万千瓦，新增装机连续两年增长速度超过了100%。据悉，有关部门近期正酝酿出台新能源产业振兴规划，明确到2020年风电装机容量将达到1.5亿千瓦，这意味着从2009年到2020年的12年间，全国风电装机将净增1.38亿千瓦，年均新增装机约1 200万千瓦。

风电场建设的快速发展，为商业银行提供了大量商业机会，各家银行在风电信贷领域也进行了激烈竞争。截至2009年末，河北省分行共审批通过21个客户的33个风电项目贷款，金额为117.4亿元，目前已投放67.2亿元，收回贷款15亿元，贷款余额52.2亿元，五级分类口径均为正常。

一、风电项目出现的主要问题

我行经办的风电项目整体运行情况良好，但也有少数项目较预期水平存在差距，主要体现在以下方面：

1. 测风数据存在偏差，实际风力利用小时低于评估数据。河北建投中兴风能海兴风电场已运行满一年，由于当地风力资源稳定性差，实际风力利用为1 896小时，而评估值为2 496小时，相差600小时；同样年发电量、销售收入、净利润也低于评估水平。但该项目2009年仍取得636万元的净利润，能够按时还息，提前偿还本金。

2. 风电设备运行不稳定。河北蔚县风电场采用东方汽轮机厂的风力发电机组，2009年2～3月设备发生故障，没有正常发电，经维修后正常发电。2009年，发电小时低于评估值378小时，但仍取得了451万元的净利润，能够按时还息，提前偿还本金。东汽的设备在河北大唐锡林郭勒盟项目也出现过类似问题，但经维修后正常发电。

3. 接入系统建设滞后。突出表现在电力输出任务较重的内蒙古电网，发生过因配套电网输变电能力不足而限制风电场出力的情况，我行经办的大唐公司锡林郭勒盟的项目受此影响，2009年发电量没有达到评估水平。

二、风电行业信贷风险分析

1. 风能资源是影响风电场风力发电的基础条件。气象资料显示，河北省张家口、承德地区，沧州沿海地区，都属于风力资源较为丰富的地区，少数项目可能存在测风数据上的偏差，但只要偏差不是很大，项目的盈利及还本付息基本能得到保障。

2. 风电设备运行的稳定性。目前风电整机制造核心技术仍然由国外公司垄断。国际品牌通用电气、歌美飒等已经有几十年的生产及运行经历，技术上已非常成熟，市场反应良好。而国内风电设备几大巨头——金凤科技、华锐、湘电、国电动力、东方电气的设备近几年在国内风电场已广泛应用，总体上运行良好，东方电气的设备虽出现过问题，但维修后正常，这些公司已经建立起完善的质量管理及售后服务体系，能够保证设备正常运行。

3. 配套输电网建设。大型风电基地基本上位于偏远地区，处于电网的末梢，输变电能力较小。如我行经办的项目主要分布于张家口、承德坝上地区和内蒙古地区，当地人口较少，工业欠发达，用电需求相对较少，风力发电主要用于向外输出，目前的电网要承担起大量的风电输出，有些不堪重负，扩容压力很大。另外，电网企业为避免电源项目不能核准而造成的浪费，一般会等风电项目核准后，才对配套电网进行申报，待履行完审批程序、资金落实后才开始动工，而同期实施的风电项目已接近完工，从而产生了配套电网建设滞后于电源建设的问题。

4. 调峰电源和智能电网的建设。风力发电的电源稳定性差，风力大小非人为能够控制，冬季风力很强，夏季有时几日无风，白天用电高峰期风力很小，夜间用电低谷期狂风呼啸，这种间歇性、无规律性使其并入电网后会给电网安全稳定运行带来很大冲击。前些年在小规模发电并网的情况下，这种影响并不明显。随着风电场建设规模的不断增大，尤其是目前部分地区正在进行百万、千万千瓦的大型风电基地规划建设，项目发电并网后对电网的冲击不容忽视。要保证电网和供电的稳定性，一是建设调峰电源来支撑平衡，专家认为风电和其他电源的调峰比例为1:1或1:2，至少是1:0.6，千万千瓦级的风电装机，理论上需1 000万～2 000万千瓦的调峰电源配套，且在风电场源头调峰更为合理。但目前火电、水电装机容量远远不能满足风电调峰的需求。二是有待于智能电网技术的突破及普及。

5. “无条件全额收购”政策的执行力和持续性。《可再生能源法》明确了电网公司对风电等可再生能源的“无条件全额收购”。但由于风电上网电价远高于火电标杆电价（风电的上网电价为0.51～0.61元/度，火电的标杆电价为0.386元/度），甚至高于最终出售的价格，价格倒挂造成了电网企业并网风电越多，亏损越大的现实问题。在当前可再生能源占比很低的情况下，电网公司在《可再生能源法》的约束下，在电监会的督导及各级政府的协调下，能够进行接入网建设。若按每年新增20%～30%的发展速度计算，权威部门预计，到2020年我国风电装机并网将达到1.5亿千瓦。电网企业承受亏损的能力毕竟有限，有可能会以各种理由不合作或拒绝新能源电力并网，甚至倒逼修改相关法规，改变“无条件全额收购”的模式。产业政策的持续性及政策执行力度就会大打折扣。

三、加强风电行业信贷风险防范的建议

1. 在项目选择上，要优先选择国内各大电力集团控股、股东资金实力雄厚的风电场项目；在区域上，要选择风能资源丰富且靠近电力负荷中心区域的风电场；在并网条件上，要考虑风电所并入的电网是否具有较强的容纳风电的能力。

2. 采取银团贷款方式分散风险。由于风电项目固定资产贷款期限较长，一般在10～15年。在较长时期内，政策和盈利模式存在一定的不确定，因此我行应牵头其他银行组织银团贷款，以分散风险，同时银团贷款也是解决目前我行信贷规模紧张的有效手段。

3. 加强贷后管理，增加在我行资金结算比例。由于风电贷款大多采取信用方式或账户质押方式，这就要求经办行加强对电费资金的监管，提高在我行的结算比例，切实落实还款来源。

4. 密切关注国家新能源产业政策的制定及执行情况，及时调整我行风电行业信贷政策。高度关注智能电网建设情况，加强对风电项目所在地区配套电网建设情况的了解，准确判断当地风电并网能力和实际执行情况，作为我行风电项目营销和审批的重要依据。

关于开展林权抵押业务的法律意见

福建省分行法律合规部课题组

福建省森林资源丰富。据统计，人工林的蓄积量、森林覆盖率均位居全国第一，其中90%已经完成了林改，大部分林地及林木产权关系明晰，这就使得银行在林权抵押业务方面应当有较大的发展空间。如果使“沉睡”的森林资源变成了可以抵押变现的“活”的资产，林业生产融资将多一条绿色通道，我行的信贷业务将增加新的增长点。目前林权抵押业务在各地大多处于探索阶段，业务发展过程中仍然面临一些问题，亟须在理论和实践中认真研究。

一、林权抵押的基本规定

（一）林权的概念

林权这一概念经常出现在一些政策性规定和规范性文件中，但实际上林权不是一个正式的法律术语。《担保法》及其司法解释的规定：林木可用于抵押，《森林资源资产抵押登记办法》可用于抵押的森林资源资产为商品林中的森林、林木和林地使用权。

（二）可抵押林权的范围

依法可以转让的林权方可以进行抵押，根据《森林法》及《森林资源资产抵押登记办法》的规定，可用于抵押的森林资产包括：（1）用材林、经济林、薪炭林；（2）用材林、经济林、薪炭林的林地使用权；（3）用材林、经济林、薪炭林的采伐迹地、火烧迹地的林地使用权；（4）国务院规定的其他森林、林木和林地使用权。森林或林木资产抵押时，其林地使用权须同时抵押，但不得改变林地的属性和用途。

同时根据《中国建设银行福建省分行森林资产抵押办法》（建闽发〔2006〕79号）规定，我行接受抵押的森林资产应当为树龄在10年以上（对工业基地速生丰产林的树龄可根据其生长周期特点适当降低）、林木占有面积在100亩以上的具备转让条件的用材林木。

实践中，福建省可用于抵押的森林资产非常丰富，除了常见的经济林以外，经咨询林业主管部门，目前福建省大力推广的茶林、毛竹、桉树、油茶林、一些速丰林、大径材林等也可作为抵押物。

（三）不得抵押的林权

根据《森林资源资产抵押登记办法》的规

定，下列森林、林木和林地使用权不得抵押：（1）生态公益林；（2）权属不清或存在争议的森林、林木和林地使用权；（3）未经依法办理林权登记而取得林权证的森林、林木和林地使用权（农村居民在其宅基地、自留山种植的林木除外）；（4）属于国防林、名胜古迹、革命纪念地和自然保护区的森林、林木和林地使用权；（5）特种用途林中的母树林、实验林、环境保护林、风景林；（6）以家庭承包形式取得的集体林地使用权；（7）国家规定不得抵押的其他森林、林木和林地使用权。

（四）林权抵押登记

林权抵押属于不动产抵押，必须依照法律法规的规定到法定的登记机关办理抵押登记手续，抵押方可成立。根据《森林资源资产抵押登记办法》及《福建省林权登记条例》有关规定，依法将林权进行抵押的，应当向原办理林权登记的县级以上地方人民政府林业主管部门申请办理抵押登记。抵押权变更或者消灭的，当事人应当向原办理抵押登记的林业主管部门申请办理抵押变更、注销登记。

（五）林权抵押权的实现方式

抵押权设立的目的是为债务提供担保，当债务人到期不能偿还债务时，抵押权人可以就抵押物的价值优先受偿。根据《担保法》第五十三条的规定，贷款人处置已抵押的林权，可以采取折价、拍卖、变卖及诉讼的途径。但无论采取何种方式，最终都将通过林权的流转或是砍伐林木出售获得资金用于归还银行贷款。

二、积极运用林权抵押拓展业务

由于种种原因，且林权抵押不是一种大多数企业能提供的担保方式，因此，目前我行运用林权抵押担保业务的笔数甚少。事实上，我行在林权抵押业务方面仍有很大的发展空间，主要理由如下：

1. 福建省的林改工作一直走在全国前列，其中90%的林业企业已经完成了林改，大部分林地及林木产权关系明晰，这就使得银行发展林权抵押业务有较大的空间。

2. 福建省是林业大省，林业企业特别是林业中小企业众多，融资需求旺盛。省内林业企业的经营范围广泛，涵盖林产品加工、育林、造纸、食用油、茶叶加工、园林树木种植等。根据林业主管部门提供的数据显示：2009年，全省林业贷款新增25亿元，其中企业类贷款新增15亿元。

3. 福建省成立了全国首家林业要素市场，林权交易活跃，林权登记、交易部门体系建设较为完善，为抵押权实现创造了较好的外部环境。

4. 从政策上看，监管部门也鼓励银行开办此项业务。2009年中国人民银行、财政部、银监会、保监会、国家林业局联合发布《关于做好集体林权制度改革与林业发展金融服务工作的指导意见》（以下简称《指导意见》）明确提出，在已实行集体林权制度改革的地区，各银行业金融机构要积极开办林权抵押贷款等业务。

5. 他行有成功模式可借鉴。2004年福建省永安市发放了第一笔林权质押贷款。据2009年福建省林业工作会议通报的数据显示：截至2009年度，福建省累计发放各类林业贷款90.61亿元，其中36亿元为林权抵押。目前开展此项业务较为成功的有国家开发银行和农业银行、农村信用社，有多种贷款模式可借鉴。

林权抵押担保方式在业务中的适用范围也相当广泛，操作灵活。林权抵押可以运用于银行所有资产业务，如贷款、保函、承兑汇票、贸易融资等业务。林权抵押既可用于长期业务，又可用于中、短期业务；既可适用于公司业务，也可适用于个人业务；既可以是债务人的林权提供抵押，也可以是第三方的林权提供抵押；既可适用于中小企业业务，也可适用于大型企业业务；既可单独适用，也可与其他担保方式如保证、抵押和其他动产质押及权利质押同时适用；既可单笔设定，也可就一定时间内连续发生的债权设定最高额林权抵押。

三、林权抵押面临的风险

由于林业投资周期较长以及森林资源自身的特殊性，受自然条件和影响大，采伐管理严格，不确定因素较多，林权作为抵押物存在一定的风险，主要表现如下：

第一，森林资源一般位于远离城市的乡镇山区，并且面积大、分布广，管理起来比较困难，存在乱砍滥伐隐患。

第二，森林资产是“活”的自然资源，在其生长过程中也会发生生病、虫害等风险，导致抵押物价值减少。

第三，森林火灾、重大的自然灾害时有发生，而一旦抵押的森林资产发生火灾或遭遇重大自然灾害如地震、洪水等，可能造成抵押物部分或全部灭失。

第四，林权抵押权实现的风险。林权抵押的抵押权实现可能涉及林木采伐和出售，而林木的特殊性在于它不仅有商品价值还有重要的生态价值，因此国家对林木采伐、销售有着严格的规定。林木采伐需向林业行政主管部门申请采伐许可证，并按照额定的数量实施采伐、销售。在实现抵押权的过程中，采伐许可证的获得与否、获得的期限存在不确定性因素，可能影响抵押权实现的效率。

四、林权抵押操作中应注意的问题

鉴于林权抵押业务面临的种种风险，银行在办理林权抵押贷款时，应当关注以下几方面问题。

（一）关于抵押物审查

银行在接受林权抵押时应当认真审查抵押物，选择符合法律法规要求的抵押物，确保抵押物的合法有效性。认真审查抵押森林资源资产的相关资料，包括林地类型、坐落位置、四至界址、面积、林种、树种、林龄、蓄积量等，并将上述各要数与林权证进行核对，确保一致。

（二）关于抵押人主体资格的审查

1. 抵押人应当为林木的所有权人和林地的使用权人，因此首先要对林权证进行审查确认抵押人是否为林权证上登记的权利人。在审查林权证时要注意：第一，林权证的样式是全国统一的；第二，林权证由县级以上人民政府核发，在林权证上应加盖县级以上人民政府的印章或专用章，加盖其他印章的林权证是无效的；第三，在基本农田造林的不能核发林权证；第四，林权管理和林权证的发放实行属地管理原则。

操作中，林权证应当到发证的林业主管部门核实，由林业主管部门对抵押林木的基本情况进行核实，还可以申请对抵押林权的价值进行简单的确认。

2. 若林权证的所有人为单位，要求抵押人出具相关的营业执照或证书。若单位为公司，则要求提供公司章程，并依据公司章程的规定，要求股东会或董事会出具同意抵押的决议。若林权属于村委会，则不得接受抵押。

3. 若林权证属于个人，则要提供个人身份证明和婚姻情况证明，对于已婚的抵押人，其配偶应出具同意抵押的声明。

（三）关于抵押合同、借款合同的签订

1. 由于总行没有专门的林权抵押合同，我行可以采用《抵押合同》《最高额抵押合同》格式文本签订合同。在签订抵押合同时应注意如下事项：（1）根据《森林资源资产抵押登记办法》中“森林或林木资产抵押时，其林地使用权须同时抵押”的规定，在填写抵押物清单中抵押物名称时应写明“××森林及林地使用权或××林木及林地使用权”。（2）由于森林资产抵押要体现抵押森林资源资产的林地类型、坐落位置、四至界址、面积、林种、树种、林龄、蓄积量等内容，而我行现行的格式文本无法填写这些内容，因此，我行应与抵押人另行制作载有上述内容的清单，双方应在清单上盖章确认，并约定该清单是抵押合同有效组成部分，与合同正文一并装订并加盖骑缝章。（3）为更有效控制抵押人砍伐抵押物，我行可以在抵押合同中约定对抵押物砍伐进行限制。

2. 为防范抵押物自身的风险，有效控制抵押砍伐风险，我行应与借款人在借款合同中补充约定如果抵押物发生盗伐、病虫害、火灾及其他自然灾害导致抵押物价值减少的，或抵押人未经抵押权人书面同意，或未将林木采伐许可证交给抵押权人代为保管等情形的，视同借款人违约，贷款人有权采取违约救济措施。

（四）关于抵押物的保险

由于林木受自然条件限制较大，不确定因素较多，减值风险大，大大增加了我行贷后管理的难度。因此有必要要求抵押物进行保险，并要求险种应当覆盖自然灾害和火灾等风险，银行应当作为保险的第一顺序受益人，有保险赔偿金的优先受益权。

（五）关于抵押物的贷后管理

1. 有效控制抵押物的砍伐。如何控制抵押人在抵押期间对抵押物的砍伐是贷后管理的重点。

根据林业行政管理的特性，控制林木采伐证和木材运输证是两个最为关键环节。根据《指导意见》的要求，林权证登记管理部门要采取有效措施维护银行合法债权，对在抵押贷款期间所抵押的林木，未经抵押权人同意不予发放采伐许可证、不予办理林木所有权转让变更手续。因此银行除了在合同中约定未经抵押权人同意不得进行砍伐外，还应当与林业主管部门加强沟通，取得林业主管部门支持，取得林业主管部门的书面确认未经我行书面同意不予办理采伐许可证及木材运输证等，以获得对抵押物更为有力的控制。

2. 强化对抵押物的日常管理。在抵押期间，我行要派人对所抵押的森林资产定期或不定期实地察看，加强与林业部门、林业警察、消防等部门沟通和联系，定期了解抵押物的状况，对林业主管部门的林木病虫害监测通报给予高度关注。为了避免抵押人怠于管理抵押物，使抵押物价值减少，我行应在合同约定抵押人负有对抵押物的日常维护和看管义务，若在抵押期间，抵押物存在多次被盗伐或盗伐数量较大、发生严重病虫害或发生火灾等情形时，我行可以依据借款合同的约定，主张提前解除合同，收回贷款本息。

（六）关于抵押权的实现

如前所述，抵押权的最终实现方式将是通过林权的流转或砍伐林木出售获得资金用于归还贷款。林权的转让必须严格遵守法律法规的有关规定，程序上也有严格的要求。林木的砍伐则受制于林木的生长时间和国家林木采伐限额制度。根据《指导意见》的要求，贷款逾期时，林业主管部门要积极协助金融机构做好抵押林权的处置工作。因此银行对债务人的经营情况及资金情况要进行严格监控，对于可能需要处置抵押物的应及早采取措施，如提前加强与林业务部门沟通，优先安排砍伐指标；提前督促企业及时办理转让、砍伐的审批手续；对于当地已经成立林业要素市场和林木收储中心的，应当与这些机构建立合作关系，充分发挥该其职能作用，签订合作协议约定由其代理部分手续、收储“不良”林业资产、先行代偿贷款本息，以提高抵押物处置效率，加快不良贷款的回收。

课题组成员：吴杰、陈国金、庄丽梅

执笔：庄丽梅

信阳茶产业及林权抵押贷款业务的调研报告

河南省信阳分行课题组

一、信阳市茶产业发展概况

“打造中国茶都，建设魅力信阳”是信阳市社会经济发展的宏伟目标，是地方经济发展的重头戏。信阳处于亚热带向暖温带过渡区，气候温暖湿润，光照充足，非常适宜茶树生长，是中国著名茶乡，信阳毛尖是世界绿茶的杰出代表，历史悠久，享誉中外。茶产业已成为信阳的骨干产业，同时又是绿色产业、朝阳产业。

改革开放以来，信阳茶叶生产发展迅速，茶园面积由新中国成立初期的2万亩发展到2009年的120万亩，茶园面积快速扩张的同时，茶叶产量、产值同步增长，2009年茶叶产量已达22 736吨，实现产值30亿元。

信阳市现有茶园面积已达120万亩，惠及农户和从业人员110万人。实施茶叶生产经营的产业化，是信阳市调整产业结构、培育优势产业、富民强市的战略举措，信阳市委、市政府通过举办历届茶文化节（博览会），促进了信阳市茶叶产业化的进程和相关产业的发展。为做大做强茶产业，信阳市专门成立了茶产业办公室，出台了相关政策，对茶叶的种植、生产、加工、销售以及科技创新、资金投入、政策扶持、品牌效应、市场运作等方面进行了科学规划和系统部署。

信阳市茶产业的发展将有效地拉动地方经济的强劲发展，同时产业的发展与金融的支持也密不可分，如何利用金融工具和金融创新服务信阳市茶产业的发展，是信阳市金融机构值得探索和研究的一个重要领域。

二、信阳市茶产业融资情况

（一）茶产业融资面临的主要问题

1. 贷款押品问题。传统的茶产业包括茶叶种植、加工和销售等链条，目前产业上游已延伸到茶树育种和良种培育，下游正逐步向茶文化与旅游深度结合的茶文化产业延伸。从调查情况看，信贷需求主要集中在传统产业链，目前茶叶种植主要为当地农民，个人家庭资产较少且多处于偏僻农村，不符合银行押品选择要求；茶叶专业合作社的茶叶生产加工厂房和设备，存在设施简陋、价值低，且土地多为集体用地，难以满足银行融资要求；茶叶生产不同于资金密集型行业，不需要过多的固定资产投入，茶叶公司虽然拥有一定的固定资产，但总量不大，难以满足大额资金融资需求；而茶叶零售商店面多为租赁经营，许多客户也同样面临贷款资金所需的足值、有效的押品问题。目前集中在茶农、合作社和部分茶叶公司最主要的资产就是林地使用权和茶林所有权，但以茶园为主的经济林办证率仅16%，产权关系不明晰。

2. 资金需求的季节性强，周期性需求特征明显。茶叶专业合作社和茶叶公司通常在茶叶上市季节大量收购和储备生产所需原材料，尤其是每年的3月、4月春茶采摘季节，要集中收购全年销售所需春茶原材料，是客户资金需求的最旺盛季节。而夏秋茶因产量小、价格低，原材料收购资金需求相对较小。每年第二季度，春茶产品销售约占全年茶叶销售量的60%，是客户现金回笼的高峰期，其次是春节期间的销售资金回笼，占比约20%。因产业化的深入推进，客户生产和销售能力的持续增长，部分茶叶专业合作社和茶叶公司对银行信贷资金呈现出明显的周期性需求特征。

（二）信阳市金融同业林权抵押贷款开办情况

为解决信阳市茶产业发展过程中的资金需求，引导金融机构贷款投放，信阳市启动了集体林权制度改革，建立了林权流转机制，出台了《信阳市林权抵押贷款管理办法》，开启了金融机构林权抵押贷款之路。

目前全市已完成确权730.6万亩，占805.7万亩集体林地的90.7%，已完成发证421.76万亩，占总面积的52.3%。其中，浉河区已完成林改面积139.4万亩，占总任务确权面积146.7万亩的95.03%，涉及林改86 551户，确权86 551户，确权面积139.4万亩，确权宗地数为113 885宗，集体林改任务基本完成。

信阳市10个县区成立了林权交易中心、林权评估中心、林权资本化服务中心、林权储备中心“四合一”的林权流转服务中心，开展林权的价值评估到林权的交易、储备以及资本化运作的一条龙服务，初步构建了林权流转体系，建成了森林资源流转交易平台。截至2009年年底，全市已规范流转林地203.1万亩，占集体林地总面积的25.2%，林权转让金额7 683.5万元，其中浉河区流转面积32万亩，交易金额为6 319万元。为推进集体林权改革工作，信阳市委、市政府还采取了多项惠农政策，一是对首次办理林权证的林农只收取工本费，二是林权抵押登记、过户只收取工本费。社会评估机构目前暂按评估价值的1%收取评估费用。

截至2009年12月，全市已办理林权抵押贷款15.9万亩，取得林权抵押贷款余额1.95亿元（其中企业贷款1.29亿元、林农小额贷款0.66亿元），其中浉河区林权交易中心累计发放林权抵押贷款19户，累计投放贷款6 750万元，贷款余额5 401万元，其中最大户信阳五云茶叶集团公司贷款余额2 680万元（其中1笔2 000万元）。

信阳市开展林权抵押贷款业务的金融机构由最初的两家发展到农村信用社系统、农发行、农行、城商行、农合行、农商行、村镇银行等十几家机构，工行目前也在积极研究准备开展。农村信用社系统继续发挥小额林农贷款的主力作用。

农行还充分发挥自身优势，依托“惠农卡”，积极开展符合林业产业发展的多元化金融服务。各金融机构在开展林权抵押贷款业务过程中，积极优化审贷程序，简化审批手续，并积极对林业企业开展融资及财务培训，协助林业企业加强财务管理。

三、林（茶叶）权抵押贷款业务主要风险及防范措施

林权抵押贷款业务一方面可以有效地解决林农和林业企业的贷款难问题，推动辖区林业的集约化经营和快速发展，增加农民收入；另一方面也为金融机构开辟了新的业务领域，提升了金融机构的经营效益和支农服务水平。现阶段推出林（茶叶）权抵押贷款业务能够积极配合中央的支持“三农”政策，能够得到茶农、茶叶生产企业以及地方政府的广泛认可，与总行提出的加强林权抵押、农村保单融资等产品的研究和试点不谋而合。

（一）林（茶叶）权抵押贷款业务的主要风险

除传统意义上的客户风险、经营风险、财务风险等业务风险外，现阶段开办茶叶林权抵押方式贷款业务还具有其特有的一些风险特征。

1. 林权处置变现风险。一是目前的林权市场交易不活跃，林权难以迅速处置。一旦林权抵押贷款形成拖欠，需要处置林权时，茶林不具有杉木林、杨树林等经济林的快速变现能力。林权交易中心目前只是通过发布林权交易信息为交易双方牵线搭桥。二是虽然各县、区已经建立收储机制，成立了林权收储中心，但收储中心注册资金少，收储能力有限，如果林权不能通过拍卖、变卖等方式处置，银行难以借助政府的收储、兜底机制化解林权抵押风险。

2. 贷后管理风险。信阳现有茶林多数地处山区，远离城市，交通不便，这些无疑会对银行的贷后管理工作造成影响，一方面会加大银行的贷后管理成本，另一方面也会影响对押品存续状况的有效监控。

3. 自然灾害引发的押品价值风险。目前林业保险还处于起步阶段，许多保险公司不愿涉足该行业；同时，过高的保费费率也影响了林农参保的积极性。一旦发生重大的自然灾害事故，灾害损失只能由受害人自己承担，也无疑会影响借款人的按期还款能力。

（二）林（茶叶）权抵押贷款业务风险防范措施

1. 试点开办、稳步推进。浉河区是信阳毛尖的发源地，无论从茶园种植面积、产量、产值，还是从知名品牌、龙头企业、合作社数量看，都占据重要地位，我行开办林权抵押贷款业务可以先行选择浉河区的茶农、合作社和茶叶公司进行林权抵押贷款业务试点，在总结试点经验的基础上在全市推进。

2. 精准定位、优选客户。从调查情况看，信阳主要的茶叶公司中目前只有五云茶叶公司有自己的茶园，办理有林权证书，申办林权抵押贷款客户群体主要是拥有林权证的茶农和茶叶专业合作社。

从信贷需求看，茶叶专业合作社和茶叶公司收购茶农茶叶活叶主要以现金方式，茶农主要在购买茶种、扩大茶园种植、集中和大规模人工采摘等方面有信贷资金需求，而且，茶农在集中和大规模采摘期间需要支付的采茶工人的工资费用可以通过活叶的销售变现得到一定程度的缓解，就较小规模的茶农而言，对银行的信贷需求总量不会很大，从已开办林权抵押贷款的农行、信用社等金融机构看，对茶农贷款多是3万~5万元的小额贷款，总量不大，对茶叶林权抵押贷款客户应主要定位于资金实力较强、管理相对规范、具有自主品牌的茶叶公司和茶叶专业合作社，以及与茶叶龙头企业、专业合作社建立有稳定供货关系的茶农大户。

3. 多形式担保，提高担保能力。一是只接受借款人以自有林权为自身贷款设定抵押，控制林权抵押范围。二是抵押方式选择上，在以林权抵押的同时追加主要股东或第三方连带责任保证，进一步提高贷款担保能力。三是在风险可控的前提下，不断拓宽林权抵押贷款方式。除采取直贷方式外，还可采用专业担保公司保证贷款模式，即由借款者以林权向专业担保公司提供反担保，再由专业担保公司为借款者提供贷款保证；也可采用由林业产业化龙头企业承贷模式，实行“公司+基地+林农”的运作方式，即以林业产业化

龙头企业的林权作抵押，统贷统还，然后由企业与林农开展合作生产或加工或购销，或者小额循环联保贷款。四是押品选择上，应选择那些产权明晰、价值充足、流转有效、变现力强的茶林，标的物应以中、近、成熟茶林为主。抵押率原则上不超过评估值的40%，同时与是否参加森林保险挂钩。

4. 推动地方政府建立林业风险补偿机制，分担林权抵押贷款风险。一是建立健全森林保险体系。相关部门应积极鼓励保险公司开办林木资产保险品种，如森林火灾险等，在金融机构与保险公司之间建立良好的互助合作关系，共同拓展业务市场，分散林权抵押贷款的自然风险和市场风险。二是建立林权抵押贷款风险补偿制度，有两种做法可供选择：一种是可参照当前中小企业贷款风险补偿基金的做法，资金通过财政转移支付方式由受益于林业生态保护的企业和地方政府负担。标准按年度贷款投放额的千分之五给予补偿，用于贷款出现的损失，基金由林业与金融部门共同管理，实行专款专用。另一种是由政府从育林基金、维检费等提取一定比例的资金，用于补偿林权抵押贷款损失，对于重点林区的金融机构发放的符合政府要求林权贷款达到一定额度的，对沉淀的贷款按一定比例给予补偿。

5. 加强贷后监督检查。贷款业务发生后，应逐户建立贷款档案，加强贷款检查，特别应关注抵押物的完整性和安全性，检查抵押物的价值是否损失，抵押权是否受到侵害。同时应要求林业管理部门积极配合银行搞好抵押林木的监督管理。未经贷款银行同意，林业部门不得改变林地用途，更不能办理林权的过户转让手续。

（三）工作建议

1. 在开办林权抵押贷款业务前，应先取得有权审批行的业务准入资格。

2. 选择林权评估机构，报省行核准备案。

课题组成员：朱正华、黄玉芬、黄延军、谢复祥、叶宗琴

生物产业发展与我行应对策略研究

深圳市分行研究与发展部

一、我行现有客户群体特征、规模、授信状况

我行现有生物产业客户12户，集中在生物医疗和生物医药行业。它们分别是深圳九新药业有限公司、深圳中联广深医药（集团）股份有限公司、深圳市博泰生物医学科技发展有限公司、深圳市嘉天源生物科技有限公司、深圳市新致美实业有限公司、深圳市华生元基因工程发展有限公司、深圳信立泰药业股份有限公司、深圳华康生物医学工程有限公司、深圳市康祺生物科技有限公司、上赫股份有限公司、深圳康泰生物制品股份有限公司和深圳市海王生物工程股份有限公司。截至2010年9月底，12家生物产业客户在我行合计贷款余额5.12亿元。公司主要分布在福田（8家），南山（3家）和罗湖（1家）。其中大型企业4家，中型企业1家，中小型企业6家，小型企业1家。

上述企业在我行的授信、销售及盈利情况见下表：

在我行授信的12家生物产业企业概况　　单位：元

公司名称	授信额度	2009年营业收入	2008年营业收入	2009年利润	2008年利润
深圳九新药业有限公司	2 272 045	—	—	—	—
深圳中联广深医药（集团）股份有限公司	6 9700 000	1 416 889 834	1 407 555 017	4 321 301	5 151 379
深圳市博泰生物医学科技发展有限公司	10 000 000	7 100 000		2 775 112	
深圳市嘉天源生物科技有限公司	9 000 000	19 827 345	14 914 325	7 636 431	5 793 937
深圳市新致美实业有限公司	13 750 000	84 326 628	79 287 874	16 400 112	13 765 490
深圳市华生元基因工程发展有限公司	10 500 000	76 914 710	66 885 306	6 812 094	5 829 954
深圳信立泰药业股份有限公司	122 314 018	849 597 671	527 169 507	218 461 720	116 941 762
深圳华康生物医学工程有限公司	20 000 000	66 247 514	62 090 554	5 473 622	4 044 913
深圳市康祺生物科技有限公司	19 968 397		43 572 608		10 470 004
上赫股份有限公司	25 000 000	96 582 145	88 663 905	21 758 376	20 827 100
深圳康泰生物制品股份有限公司	170 000 000	110 129 035	89 103 966	22 279 914	16 352 678
深圳市海王生物工程股份有限公司	180 000 000	2 710 042 867	2 211 799 530	611 343	16 839 902

二、代表性客户及产品技术分析

深圳信立泰药业股份有限公司成立于1998年11月，目前在我行授信23 000万元。公司主要从事生产、经营和销售化学原料药、粉针剂、片剂和胶囊等产品。另外信立泰药业以开发国家一、二类新药为主主攻心血管、抗感染、抗过敏及抗肿瘤等治疗领域研究开发具有自主知识产权的医药产品并在国内处于领先地位。其二类新药硫酸氢氯吡格雷片（泰嘉）和地氯雷他定片（信敏汀）被认定为国家重点新产品。根据世界卫生组织调查显示，城市生活、工作压力、生存环境的改变等因素正在导致越来越多的人患上心脑血管疾病和恶性肿瘤。治疗心脑血管疾病和恶性肿瘤的生物产业相关市场会逐步扩大公司在上述领域的先进技术成为公司在市场上的最大优势。

海王集团成立于1989年，其深圳分公司深圳市海王生物工程股份有限公司目前在我行授信18 000万元。公司在医药产业和生物工程产业等领域不断发展是一家综合型生物产业企业。海王拥有国内较高水平的医药产品研究开发体系、生产制造体系和市场营销体系其在国内生物产业中的综合实力处于国内领先水平。随着中国高速的经济增长国民对生物保健的需求和支付能力不断提升。海王生物的综合技术能力为国民提供了较为全面的生物产业产品也为海王自身提供了不可替代的竞争优势。

深圳市嘉天源生物科技有限公司成立于2005年4月，在我行授信900万元。公司主要从事于干细胞天然蛋白活性因子的产业化发展。其中以满足全球高端天然纯蛋白需求为市场方向的干细胞天然高级蛋白活性因子已经取得国际专利其高端提取的天然纯蛋白将弥补全球纯天然蛋白的空白。现阶段公司正在进行纯天然蛋白提取活性分泌因子浓缩液的产业化发展。蛋白是组成人体重要元素之一对大脑的灵活性、机体的运动性和自身的免疫力起着决定性的作用。纯天然蛋白市场随着人们对自身健康越来越重视而迅速增长，嘉天源生物在提取天然纯蛋白领域拥有国际先进水平为公司未来的快速增长奠定了基石。

深圳市华生元基因工程发展有限公司成立于1997年，在我行授信1 050万元。公司主要从事研究、开发和生产基因工程药物。企业核心项目——rhEGF（重组人表皮生长因子）产业化项目已经被国家发改委评为“国家高技术产业化示范工程项目”。公司主要产品“金因肽”“金因舒”已全面进入市场销售，产品覆盖整个国内市场。21世纪的生物产业领域是基因工程的天下。

基因工程从组成人类最基本的单位研究人类的生命机理，基因工程药物是基因工程重要组成部分，是从根本上研究人类病理并治愈疾病的方法。华生元在基因药物领域处于国内领先，依托于此项技术的领先公司未来的发展前景非常可观。

博泰生物公司是以生物技术作为其技术范畴和发展方向，经过多年的发展，在肿瘤生物技术研究领域形成了较为系统、完整的自有技术体系（即肿瘤生物免疫治疗体系、粒细胞治疗体系、干细胞治疗体系三大技术体系），作为第三方生物医疗技术的提供方，未来2年将在国内选择建立200家大医院合作，成立生物肿瘤医疗中心，构建国内最大的专业医疗机构。

三、现阶段行业风险、技术风险简析

1. 目前该行业风险主要为国家医改的政策风险。已经在国家医改进程中获得新营运、销售牌照的生物企业的系统性风险相对较低。

2. 生产与技术服务的流程控制风险。生物医疗方面的产品生产（原材料供应、加工的安全性）和技术服务过程控制要求极为严格不允许出现任何生产和医疗规范以外的差错任何一个失误导致的后果都无法估量。

3. 稳定和高质量的人才短缺风险。处于中小规模阶段的企业均存在初创阶段人才流失率高和高速发展阶段专业人员不足问题可能导致企业重要研究进程的突然中断或医疗事故的发生由此给企业带来的毁灭性的结果。

鉴于上述问题在生物医疗企业发展中具有共性难以完全避免因此在我行对生物产业客户群体进行授信的时候对行业中存在的以上风险一定要严加识别、鉴定和防范。

四、客户的银行需求重点

1. 流动资金贷款及银行承兑汇票。根据我行现有客户群体分析，生物产业客户主要业务为短期流动资金贷款和银行承兑汇票，用于企业日程经营周转和对上游企业的支付。企业除传统的抵押贷款以外，可以选择寻求政府对生物产业的支持，与我行开展互保金、再担保等相关业务。

2. 企业网银和现金管理。现在国内生物产业企业一般都自行进行研发、生产和销售。而销售方式基本以店铺分销为主。因此电子化的操作方便性和全局的资金管理的可操作性已经成为生物产业企业综合竞争实力不可或缺的部分。由此延伸出企业对银行跨区域的资金管理服务的需求。我行的企业网银和现金管理系统恰恰能够满足企业的资金管理的需求。

3. 保理业务。对于依托其他公司销售渠道的客户，存在着应收账款回收的问题。我行可以凭借现有强大的保理业务为该类客户盘活应收账款，加速企业周转，为企业带来更多的产值。

五、策略建议

1. 考虑到生物产业在我行未来发展中的战略定位，应采取进取性的业务发展策略，抓紧制定具体措施。

2. 以未来上市为目的的企业，应作为优先支持的目标，将给我行提供较多的发展机遇和安全退出途径。

3. 对划归医保支付范围的医疗性产品和技术服务企业以及承接BT或BOT生物工程的企业，在财务规范的前提下，应优先提供产品组合予以支持。

4. 对股权投资类机构确认已实质性介入的企业，应积极予以合作，提供产品组合支持。

5. 对政府给予资金资助的企业或特定项目，应在确认资金用途的基础上，可以适度跟进支持。

6. 对缺乏核心技术升级基础、核心人才激励制度的企业，应十分审慎地提供高风险产品支持。

7. 对低端生物产品制造和技术提供企业，应严格限制授信产品的支持规模。

8. 对所提供产品和服务的专有技术缺乏国家标准的企业，只要不处于国内领先水平，应十分审慎地提供高风险产品支持。

9. 对涉及伦理、道德问题考虑范畴的产品和技术服务，应明确禁止提供产品支持。

六、营销举措

1. 对政府资金资助的企业和项目，具备上市资格的企业，采用名单制跟踪方式，积极营销，优先予以授信支持。

2. 密切跟踪我行合作的各类股权投资人的投资名录，作为我行营销的重要渠道，如政府产业引导基金等，对其确定选择的投资对象。我行应积极配合投行业务及配套资金支持。

3. 鉴于优质生物企业多有上市需求，我行的营销需发挥投行部财务顾问职能，积极为其提供资本市场服务，协助引入合意投资人。

4. 对生物产业密集度高的区域，加强对相关区域团队的营销考核力度，增设相应指标，或直接增设专业营销团队。

5. 我行现行对生物产业企业所适用的各类形式的担保措施，均需考虑移植使用，并有针对性地改进。

6. 促成政府出资成立的行业担保公司，或行业出资成立的专业担保公司，解决担保力不足问题。为我行凝聚一批行业优质企业。

7. 对于投资机构看好的投资企业，可以考虑以股权投资人提供担保（或追加）授予授信额度的形式支持。

8. 积极鼓励与我行密切合作的股权投资人在我行认可的担保公司申请第三方担保额度，为其拟投资同时符合我行支持的企业提供合格担保。

9. 可以接受企业与之合作的国内外享有声誉的知名专家、研究机构的名誉担保，予以适度的授信支持。

10. 可以采用公司主要股东 + 经营团队 + 技术骨干绑定担保的形式，在以一定的累进收入（工资、奖金、分成等）保证的前提下，考虑给予授信额度的支持。

四、工作研究

全面贯彻贷款新规　提升科学发展水平

中国建设银行副行长兼首席风险官　朱小黄

银监会颁布实施的《固定资产贷款管理暂行办法》、《流动资金贷款管理暂行办法》、《个人贷款管理暂行办法》和《项目融资业务指引》（以下简称贷款新规），紧扣当前经济金融发展形势，对银行业金融机构在贷款管理中的薄弱环节与风险防范，有极强的针对性，体现了鲜明的与时俱进管理特色。对于规范商业银行贷款业务发展、提高授信风险管理水平、加速实现精细化管理、促进持续稳健发展具有重要意义。目前，中国建设银行正以全面贯彻落实“三个办法一个指引”为契机，坚持一手抓稳健发展，一手抓风险防控，在全力支持国民经济发展的同时，加快转变自身发展方式，实现又好又快发展。

一、积极实施贷款新规是商业银行贯彻落实科学发展观的具体体现

贷款管理政策的科学化水平对宏观调控的效果以及经济的持续快速健康发展都起着重要的作用。“三个办法一个指引”贷款新规，要求商业银行建立信贷精细化管理的理念和模式，持续推进业务转型和结构调整，既注重解决当前贷款管理中存在的突出问题，又着眼于构建贷款管理长效机制，提高贷款科学化管理水平，其根本目的是推动商业银行提升科学发展水平。因此，落实好贷款新规，是商业银行贯彻落实科学发展观的具体体现。

（一）加快业务结构调整，有利于推进自身发展方式转变

贷款新规的颁布实施，不仅是监管机构的具体要求，也是商业银行实现自身科学发展的内在需求。贷款新规要求商业银行加快调整信贷资产在客户、区域、行业等方面的合理分布，强化对客户的分类营销，把结构调整要求明确到不同区域，细化到不同层面的客户和行业，将进一步丰富商业银行风险内控手段，完善管理平台，增强工作针对性，明晰经营方向和具体目标，全面提升抗风险能力。

（二）确保贷款流向实体经济，有利于加大金融对经济发展的支持力度

金融是经济的核心，大型国有控股商业银行在支持国家经济发展方面责无旁贷。贷款新规紧紧抓住贷款实际用途这一关键环节，通过贷放分控、实贷实付和完善的贷后管理等，加强对资金流向和用途的监督，将传统的实贷实存转为实贷实付，保证贷款流向实体经济和关系国计民生的重要项目，有力地增强了金融对经济发展的支持力度。

（三）促进金融机构信贷业务精细化管理，有利于全面提升综合竞争力

贷款新规的核心是着眼中国银行业的特点和发展实际，建立信贷精细化管理的全新理念和模式，提升信贷管理精细化水平和风险管控能力，这对于指导中国银行业更好地应对国际金融危机带来的挑战和困难，提高综合竞争力，加快建设国际一流银行，具有非常重要的意义。

（四）促进贷款业务健康规范发展，有利于银行贷款风险监管制度的系统化调整与完善

从金融实践看，银行业贷款经营管理积累了一些好的经验和做法，同时，在经济市场化转型过程中也存在相对粗放的地方，信贷文化不够健全，尤其是贷款支付管理较为薄弱，在实际贷款活动中存在贷款资金不按照约定用途使用的情况，不仅直接影响借款人的合法权益，还可能诱发系统性风险，影响到我国银行体系的稳定与安全，需要进行立法加以引导和改善。面对近年来我国金融资产显著增长、信贷资产规模迅速扩张的状况，如何保障贷款资金的安全和有效防范信用风险，成为银行日常经营和管理的重要责任。为履行好这些责任，逐步建立健全各类风险监管制度规章是必需的，贷款新规正是一揽子贷款业务监管法规修订与完善的重要组成部分。

（五）贷款新规的出台，在为广大客户提供优质高效金融服务的同时，将促进银行整体效益进一步提高

贷款新规通过必要的操作流程及内部控制等手段，规范商业银行贷款支付行为，防止借款人资金被扣留、挪用或变相挪用（以贷抵存），确保贷款资金真正、及时流向实体经济，进而更加有效地保护金融消费者的资金使用、减少利息支出等合法权益。对金融机构来说，可能从单笔业务上看会增加某些环节的操作成本，但实际上由于贷款挪用风险的减少，整体贷款质量会得到提高，银行业金融机构的整体效益也将得到提升。

二、充分发挥贷款新规在支持国民经济健康快速发展中的作用，履行大型国有控股商业银行使命

国有大型企业是国民经济的重要支柱，是国家竞争力的重要代表，大型国有控股商业银行是支持和服务国家经济发展和社会民生的主力军，在贯彻落实贷款新规的基础上，必须以更高的标准要求，履行好肩负的责任和使命。

——优先保证国家投资重点建设项目。2009年以来，按照国家决策部署，建设银行主动将服务经济社会发展大局与调整信贷结构相结合，加大对关系国计民生领域和项目的信贷支持力度，2009年客户贷款和垫款总额较上年增加10 258.30亿元，为实体经济和民生改善输送了急需的资金“血液”。其中，向符合国家信贷导向的14个信贷重点投放领域全年投放贷款5 763亿元，占同期新投放对公贷款的20.41%；参与支持国家4万亿元投资项目446个，十大振兴产业贷款新增1 451亿元，占全行对公贷款新增的22.3%。投向基础设施行业领域的贷款为15 398.98亿元，新增额在公司类贷款新增额中的占比达到53.12%。特别是2009年前两个月在经济处于最低谷、企业最急需资金时，建设银行根据此前储备优质项目的情况，及时投放了3 582亿元贷款用于基础设施和重点项目建设，随后就主动调整投放节奏，恢复到稳定常态速度上来，赢得了市场先机和风险控制主动权。

——把发展小企业业务作为战略转型重点。近年来，建设银行积极贯彻落实国家扩内需、保增长的各项政策措施，主动调整客户结构，把发展小企业业务作为战略转型重点，通过体制机制创新、产品服务创新，构建有建设银行特色的小企业服务模式，不断推动小企业业务稳步健康发展。针对小企业特点量身定制“速贷通”和“成长之路”两类信贷服务品牌，四年来累计向24 883家小企业发放了1 700多亿元贷款；根据市场和客户需求变化，陆续推出了小企业额度抵押贷款、小企业联贷联保贷款、小企业法人账户透支贷款、动产质押贷款、仓单质押融资及保理等创新信贷产品，有效满足客户需求；打破传统信贷业务客户评价和风险控制模式，与阿里巴巴合作在同业中率先开办了网络银行电子商务信贷业务，推出了“E贷通”、“网络联贷联保”等系列网络贷款产品，自推向市场以来获得各方广泛好评。截至2010年4月底，建设银行已建立140家“信贷工厂”模式的小企业经营中心，中小企业贷款余额13 557.5亿元。

——持续深化“三农”金融服务。建设银行将支持农业、农村和农民的发展与自身推进结构调整和战略转型紧密结合，按照科学发展观要求，抓住“三农”发展新机遇，积极构建支农服务新模式。在涉农贷款投放中，建设银行明确信贷支持重点，将农业产业化经营和农村基础设施建设作为两大主线，积极探索“公司+农户”、“公司+中介组织+农户”、“公司+专业市场+农户”等促进农业产业化经营的信贷模式，大力扶持集约型农业生产、农产品流通及农副产品深加工等产业。例如，建设银行积极支持新疆、内蒙古地区畜牧业和商品棉产业，黑龙江、吉林等地油料经济和广西等南方省份的糖业经济等。同时，建设银行发挥自身在基础设施建设金融服务领域的传统优势，加大对农村公路、农村电网、沼气利用、饮水安全、南水北调等重大水利工程、病险水库除险加固、大型灌区节水改造等农村基础设施建设工程的支持力度。另外，建设银行不断加快村镇银行设立进度，明确提出要发展到200家。截至2010年5月底，建设银行“三农”贷款余额6 775亿元，其中农户贷款达215亿元。

——服务民生推出统一品牌“民本通达”。建设银行推出的“民本通达”系列产品综合服务，是服务民生实践积累中的总结和升华，是履行企业社会责任、积极投身和谐社会建设的又一重要举措。该系列产品服务，包括“教育惠民”、“医疗健民”、“社保安民”、“环保益民”等方面，其服务对象包括百姓最关注的教育、医疗、社保和环保等方面问题。2010年前四个月，建设银行在教育、卫生等重点民生领域贷款同比增加432.97亿元，增长26.5%。民生领域客户新增1 262户，同比多增694个，结算账户新增1 907户，同比增加814个。

——积极响应中央关于实施西部大开发等重大战略决策，努力推动区域经济协调发展。截至2010年3月底，建设银行对中西部、东北地区的贷款余额已经达到20 024.09亿元。其中，东北地区贷款余额3 118.74亿元；中部地区贷款余额8 262.79亿元；西部地区贷款余额8 642.56亿元。

——积极实施绿色信贷，配合国家节能减排战略。经过多年的探索和实践，目前，建设银行已经建立了一套覆盖全部业务流程的绿色信贷政策，包括风险偏好、客户准入标准、项目评估标准、信贷审批标准、贷后管理和信贷退出等。同时积极跟进国家关于环境保护和节能减排的要求，陆续制订出台《建设银行节能减排授信工作方案》等多项政策措施，贯彻落实国家环保部门和银行业监管部门倡导的环境经济政策体系，大力加强节能减排信贷支持，控制“两高一资”行业的信贷投放，在国内同业中率先提出并实施了“环保一票否决”的信贷审批制度，要求全行把环保达标作为对大中型客户授信准入和审批的重要依据，要求贷款项目必须符合国家有关环境保护政策的要求，对不符合节能环保要求的企业和项目不给予授信支持。近年来，建设银行不断加大对环保行业的信贷投放力度，把有利于环境保护、生态环境改善的风力发电、城市污水处理、火力发电厂燃煤脱硫、高炉和焦炉尾气回收利用等列入优先支持的项目，先后为北京、东莞等城市污水处理项目、黑龙江伊春等风力发电项目、四川白马循环流化床示范电站项目提供近百亿元的授信支持。

三、高标准落实贷款新规取得显著成效

2009年以来，建设银行认真贯彻党中央、国务院决策部署，坚持积极审慎的经营方针，沉着应对国际金融危机带来的巨大挑战，深入推进业务转型，全面提升客户服务能力和风险管理水平，积蓄了更强有力的竞争优势，在多方面取得了新的进步。

——合理把握发展速度，经营业绩再创新高。及时调整考核体系，不再考核分行贷款新增市场占比，信贷投放总体均衡。中间业务继续快速增长，截至2010年第一季度末，在全部经营收入中的比重已突破20%。平均资产回报率和平均股东权益回报率为1.45%和24.98%；拨备覆盖率截至4月底已达216.88%，在国内大型银行中均保持领先。全行资产规模历史性突破10万亿元。回顾建设银行的发展历史，从1954年成立到资产规模突破万亿元，共用了39年时间，超越5万亿元用了13年时间，而突破10万亿元仅用了4年时间。国外权威投资机构评价，建设银行已成为国际上主要财务指标最好的大银行，也是中国综合竞争力最强的国有控股银行之一。

——积极创新产品服务，有力支持扩大内需。新增基础设施贷款3 514.117亿元，通过发行债券、信托计划、租赁等多种工具，为客户筹措资金3 700多亿元。努力增强经济薄弱环节的金融服务，小企业贷款和涉农贷款快速增长。新设村镇银行6家；推出“内贸通”系列产品，帮助出口加工企业拓展国内市场。

——结构调整进展顺利，风险防范得到加强。全年“进”、“保”类行业非贴现贷款占比上升4个百分点，“控”、“压”类占比下降3.9个百分点。全年实现信贷退出767亿元，计划完成率128%。通过优化外币债券投资组合、果断减少外币风险敞口，使外汇资产总体信用风险显著缩小。内部审计发现违规现象和风险隐患的能力进一步提高，问题整改效率明显提升。不良贷款累计处置率达54%，不良贷款额和不良贷款率持续双降，资产质量在国内大银行中保持领先。

——持续推进“以客户为中心”的理念机制建设，服务质量不断提升。按照中央部署全面开展学习实践科学发展观活动，与此相联系相衔接，认真查找并整改客户服务薄弱环节和突出问题。完成1 200家网点二代转型，客户经理服务客户的时间提高31%。加快自助设备投入和电子银行建设，自助和电子渠道实现的交易次数相当于物理网点2倍以上。2009年下半年营业网点服务质量的“神秘人”调查得分93.5分，分别较2009年上半年和2008年下半年高出4.1分和2.1分，明显高出其他大银行。

——推进管理机制改革和流程优化，专业化精细化水平明显提高。公司信贷经营职能整合取得明显成效，大型企业集中经营格局逐步形成，有效减少了支行网点“吃大户”的现象。100个中心城市分行中，绝大部分实行了两级或两级半管理，三分之一取消了综合型支行设置，一半以上实现零售网点直管。新组建了一大批从事市场营销、工具开发、后台管理的专业化团队。产品创新实验室和个人客户数据分析中心正式开业。完成349个流程优化项目，收效明显。

经过多年的改革发展，建设银行在公司治理、体制机制、经营结构、盈利能力、风险管理水平和市场竞争实力等方面均取得显著的进步。面对当前纷繁复杂的经济金融形势，建设银行将继续深入学习实践科学发展观，坚决贯彻执行中央决策部署，进一步改进和提升金融服务，加大结构调整力度，特别是在信贷业务中全面深入地贯彻落实贷款新规，不断提高专业化经营和精细化管理水平，通过提升优势特色，带动各项业务全面增长，实现建设银行快速、有效、优质、安全的发展。

抓住新疆跨越式发展机遇
促进建设银行在疆加速发展

总行研究部　郭世坤　李雅菁　王　林

新疆在西部大开发中处于极特殊的地位与前景，目前及未来正处于“大建设、大发展、大开放”的重要战略机遇期，各方面都在积极部署，蕴涵巨大的金融发展机遇与潜力。为在竞争中获得先机，建设银行需积极规划和部署。

一、新疆面临跨越式发展，增长空间极其广阔

（一）中央政策倾全力促进新疆大发展

2010年5月，中央召开新疆工作会议，这是除西藏外中央首次单就一省区专门召开的会议。

中央把加速新疆发展提升到了极其重要的战略高度，把新疆发展视为全国实现共同富裕的重要条件。提出“举全国之力、集全国之智”，通过制定实施一系列特殊政策和措施，全力全方位促进新疆跨越式发展。目前除已采取资源税等财税改革和特殊政策外，中央还派出7个督导组，并责成19个省市对口支援新疆各地州建设，从人、财、物各方面帮助新疆实现跨越式发展。

（二）新疆资源禀赋极其优越，具备跨越式发展物质条件

新疆已发现的138种矿产有5种储量居全国首位，25种居全国前5位，43种居全国前10位。石油储量占全国陆上石油资源的30%，天然气储量占全国陆上天然气资源量的34%，煤炭预测储量占全国的40%。而且，新疆矿藏探明率还较低，实际资源储量还可能更高。目前，内地发展受制于资源约束，尤其是土地资源约束，新疆人口密度仅为13.1人/平方公里，不到全国平均水平的1/11。京、津、沪、广、深、杭6市2010年第一季度工业用地均价已达68万元/亩，而新疆不到8万元/亩。经济发展几无土地约束瓶颈，广袤的土地为大规模吸引国内外投资提供了条件。

（三）地缘优势独特，国际经贸发展空间巨大

新疆地处中亚大陆腹地，“居中靠边”，与中亚、南亚、北亚8国接壤，拥有17个国家一类口岸，是我国边境线最长、对外开放口岸最多的省区，拥有国际、国内两种资源、两个市场，近年外贸发展迅速，2001—2009年进出口额年均增速达26%，高于全国十多个百分点。毗邻哈萨克斯坦的阿拉山口口岸流量有望在2010年年底成为我国第一陆路运输通关口岸；霍尔果斯2010年1—7月累计进出口货物量比上年同期增长3.3倍和97.6%（剔除天然气进口）；2010年1—8月，喀什海关办理从南疆各口岸进出口的货物同比增长273%和221%。而且经贸互补性极强，中亚油气等矿产资源充裕、蒙古畜牧业发达，而我国轻纺、电子、装备制造等发达，双方存在巨大的贸易互惠前景。随着霍尔果斯、喀什经济区设立，我国以新疆为前沿全面向西开放，新疆将成为中外商品的集散地和进出口加工组装工业基地，人员往来、经济商贸将呈爆发式增长。

（四）未来资金投入巨大

“十二五”期间，新疆规划GDP比全国GDP增长率高3.5个百分点以上。统计表明，社会产出增长8%（劳动力年均增长3%），投资需增长18%。“十二五”我国GDP增速可保持8%或以上，新疆GDP增速将在12%，则新疆固定资产投资增速至少在30%。“十二五”新疆固定资产总投入将在4万亿元以上，将是“十一五”的4倍。

中央为加快新疆社会经济发展，未来五年计划向新疆和建设兵团固定资产投资近2.7万亿元。国家确定19个省市对口援疆①，初始资金规模120亿元，年递增8%，五年则上千亿元。银行贷款按2004—2008年新疆全社会固定资产投资中平均占比12.8%估算，五年约为5 200亿元。截至2009年，已有60家中央企业在疆投资落户，仅五大电力集团、中石油、中煤集团等在疆年均投资就将达1 650亿元，五年将超过8 000亿元。若再考虑民营资本②等社会投资，新疆年均投资将超过万亿元。即未来五年新疆实际固定资产总投入可能是前五年的5倍。

（五）“十二五”期间铁公基和当地优势产业建设规模空前

打造“四纵四横”网络，重点形成对外运输四大通道、六大口岸，完善四个铁路枢纽。开工建设公路6.8万公里，新建4个机场，改扩建4个机场，推进喀什疆内枢纽机场建设，加快新疆750千伏输变电工程建设和大型发电基地开发，实现与西北电网联网，计划开工建设一批重点水利项目。未来五年，新疆仅大规模铁路、公路、民航机场、电力、水利等基础设施建设投资就将达近万亿元。

国家还将大力扶植新疆特色优势产业和支柱产业发展，投资也将超万亿元。将把新疆建成油气加工基地和重要通道，总投资超过7 000亿元，目前共有80个在建项目，总投资5 900亿元。“十二五”期间新疆煤炭开发投资额将达1 700亿

① 19个对口援疆省市每年拿出3‰～6‰的财政收入支援新疆建设，以2009年财政收入为基数，初始规模120亿元。

② 例如，山东某私营集团利用自有资金建设电解铝项目，共投资300亿～400亿元，已投入86亿元。

元，煤化工投资将达1 000亿元以上。另外，有色金属、水泥、钢铁等在新疆跨越式发展中也将面临较大需求，已累积了一批优质项目，宝钢已在疆加大力度布局。

二、同业纷纷在疆战略部署，抢占业务制高点

2010年7月19—20日，中国银监会在乌鲁木齐召开银行业金融机构支持新疆经济社会跨越式发展工作座谈会，研究部署支持新疆发展的具体方案。各家银行面对新疆历史大发展机遇，纷纷在新疆布局，进行战略部署，抢占业务制高点。

（一）国家开发银行率先表态，每年新增信贷200亿元

国家开发银行在6月就召开了新疆工作会议，表示举全行之力做好金融援疆工作，确保每年对疆新增贷款不少于200亿元，力争五年内在疆资产规模翻一番，年均增长18.9%。

（二）工商银行提出六大支持举措

工商银行将实现三年在疆资产翻番的目标，2010年新增信贷计划调整增高一倍，贷款余额增速同比将达25%，“十二五”期间年均都将按照25%左右增长，将高于工商银行系统平均水平9个百分点。工商银行表示，将从六大方面加大对新疆金融支持。落实大项目信贷支持；降低资金内部转移价格；加大力度支持新疆中小企业发展；在现有7家小企业专营机构基础上，年内再新设7家；支持19个省市援疆项目信贷；支持新疆建设兵团大额贷款。

（三）中国银行成立工作组，制定新疆业务发展具体措施

中国银行专门成立新疆发展领导小组和对口业务工作组，召开专题会议，深入研究支持新疆跨越式发展的具体政策措施，提出要结合新疆区域特点，重点支持新疆特色优势产业及基础设施建设。中国银行加大了费用支持，在2009年提高3 000万元的基础上，2010年还将有所增长。

（四）农业银行安排巨额信贷，大幅提高对新疆总体金融服务水平

2011—2020年，农业银行计划安排2 000亿元用于新疆发展建设，不断提高农业银行在新疆的金融基础服务水平，将在南疆三地州、高寒区及边境贫困农牧区，适度增设服务网点或电子自助服务设施。

（五）其他重要商业银行也纷纷提高对新疆信贷投放，增设网点

交通银行未来三年在新疆信贷投放将不低于500亿元，增速高于全行平均水平。中国进出口银行、光大银行、广东发展银行、重庆银行等多家股份制商业银行，年内将陆续在新疆设立分支机构。疆内的昆仑商业银行借助中石油支持，在某些地区垄断中石油代发工资业务，对建设银行存款和个人业务造成严重影响，同业竞争已趋异常激烈。

三、建设银行新疆区分行发展中遇到的问题

建设银行新疆区分行已经充分认识到新疆面临重要的跨越式发展机遇，把握超前，部署积极，提出的未来发展目标明确、措施到位，但是在客观上还面临着一定的发展问题。

（一）加速业务发展需要更多的资源支持

新疆开发开放力度不断加大，新型工业化、农牧业现代化、新型城镇化、边境开放经济区及边贸经济，对金融服务的需求不断加大，市场容量迅速扩张，业务发展机会及空间巨大，需要更加充裕的信贷及财务资源支持。2009年新疆区分行全口径贷款略高于系统平均，但2005—2009年新疆区分行全口径贷款年均低于系统平均4.64个百分点。这与中央政策要求、新疆跨越式发展形势及同业竞争态势，都有相当大的差距。区分行希望“十二五”期间实现贷款新增930亿~1 130亿元，年均增速不低于20%，保证主要业务增长、经营效益和资产质量同业领先地位。同时，在财务资源上倾斜，重点用于援疆账户、重大项目营销等工作，抢占市场先机。

（二）网点覆盖率低，需增加基层机构设置

建设银行新疆区分行营业网点比工商银行少30%，比农业银行少50%。除去乌鲁木齐市外，全疆网点覆盖率不足25%。新一轮对口支援的82个县市和12个兵团农业师中，建设银行营业机构只覆盖24个县市及隶属兵团的3个市，其余地区均无营业机构。新疆有些县市资源蕴藏丰富，经济较发达且前景巨大，如北疆的富蕴县稀有金属

探明储量占全疆的90%以上，人口仅9万人，而年产值已达45亿元，而建设银行没有机构。随着新疆大规模跨越式发展，新疆一些县域借助自然资源也将聚集巨大机会，实现经济高速发展。

目前，建设银行机构管理政策宏观上是“东进西退、南增北固，保证大中城市的网点需求”，但新疆区分行在重要县域缺少网点，长期将在争抢客户、完善服务方面存在劣势。区分行提出在资源优势区、产业聚居园区、兵团农场区域、经济较发达的县域增设网点10~15个，并增加自助服务设施。

（三）资金内部转移价格缺乏同业竞争优势

目前，各家银行为抢夺业务发展战略性制高点，纷纷降低对新疆的内部资金转移价格，甚至放宽风险容忍度。中国银行甚至为了进入中石油系统企业信贷业务，在新疆一些城市将固定资产贷款利率下浮10%。建设银行由于在东部发达地区竞争力较弱，其他四大区域竞争力较强，因而在政策上总体向东部倾斜，对西部地区分行进一步提高积极性形成一定影响。2009年以来，建设银行提高了贷款内转价格，调高了控、压类行业信贷经济资本分配系数，但这在新疆地区，建设银行的资金内转价格与同业相比仍然缺乏竞争优势。新疆区分行希望总行在内转价格、经济资本系数方面给予优惠，以争取更有利的信贷机会。

（四）需要更多的差别化政策支持

如新疆大规模跨越式发展，投资旺盛，对建材等产品需求巨大，某些建材类产品性质特殊，如水泥，虽然全国已处于绝对过剩，但由于水泥经济运输半径为500公里，只能依靠新疆本地生产。除去淘汰落后水泥产能，到2010年年底新疆水泥年生产能力只能为3 670万吨。根据近年来新疆固定资产投资对水泥的消耗系数0.85测算，“十二五”新疆水泥总需求在30 816万吨，缺口约11 000万吨，年均缺口约2 200万吨，缺口达35%。

2010年，总行区域差别化信贷政策允许新疆水泥行业适当增长，但信贷规模没有同步增加，相关差别化政策也无法执行。新疆天山水泥股份有限公司作为水泥行业龙头，在新疆水泥市场占有率近60%。该公司为总行水泥行业客户名单内企业，但该公司新增水泥生产线项目均通过其投资新设的项目法人进行项目承建，在客户准入环节，分行均要将新设项目公司客户及项目情况逐一上报核准，通过率低，核准时间长，使分行较难在新时期把握业务机遇。

（五）新疆区分行人力费用偏低，人才流失严重

2010年上半年流失了150名中层干部、业务骨干和客户经理，其中80%进入中小型银行。甚至一线柜员在培训上岗、熟悉业务后，也大量流失到中小银行。建设银行新疆区分行人均收入8.6万元，中国银行人均达到12万元，2010年还在增长。农业银行2009年人均工资提高8 000元。建设银行激励力度较弱，薪酬竞争能力落后于同业。新疆区分行希望能适度提高人力费用，在2010年综合经营计划核定工资之外再增加3 000万元列入基本工资，使分行2010年工资总量同口径较上年增长12%左右。

四、相关建议

（一）进一步增强系统上下沟通、各条线沟通，加深对新疆跨越式发展的理解，增强紧迫感

从战略角度考虑，建设银行需要进一步重视新疆的发展机遇，及早组织召开新疆专题工作会议，就建设银行在新疆战略性布局进行深入讨论和安排。也可建立由总行相关部门牵头的工作平台，或组织专题研讨会等沟通机制，深入研究建设银行在新疆跨越式发展中的地位、作用及问题。总行、分行各业务条线加强对具体业务的信息交流，及时处理业务发展中的诉求，加强系统内联动合作，特别是将各援疆省市财政账户和入疆的东部公司客户锁定为建设银行在疆客户，实现系统内客户资源共享。

（二）明确建设银行在新疆发展的战略目标，作出统筹规划，确立具体的实施措施

在充分认识建设银行在新疆发展紧迫性和重要性基础上，依据中央战略部署，综合新疆各种资源条件、内外部环境及建设银行自身可能性，明确建设银行在新疆的发展战略，并对未来五年乃至十年的业务发展做出全面的统筹规划，整合现有的各项政策，各业务部门制定各条线未来发展的具体促进措施，并加快实施，争取同业竞争领先地位。

（三）考虑给予更多的差别化政策

从总体上说，建设银行实行全行统一的内部资金转移价格政策、执行统一的风险偏好，无疑是正确的。但资金内转价格、风险偏好的设定是依据或服从发展战略的。不同时期不同地区所处的发展阶段不同，面临的环境、机遇也不同。新疆正面临大发展、大开放、大建设时期，未来前景看好，为抢占先机，获取优势，领先一步锁定市场，可在前期适当放宽风险容忍度，降低资金内转价格，提高信贷市场竞争力。

（四）改革产品创新体制

产品开发与创新需要制定统一技术标准及相关开发政策，需要形成一致的可推广、可兼容、适应性强、经济技术效率高、便利客户与良好体验的产品网络及体系。但大量的市场及客户需求不断产生，且不断升级更新，为提高效率、抓住机遇，需要赋予分行产品开发与创新一定的权限。例如，总行负责产品的网络接入及规范审批管理，开发全国性网络产品。地方性产品由分行独立开发，这可以节约分行立项的等待时间，保障相关业务及时展开。工商银行在新疆开发了财政代发工资相关系统，使建设银行已经处于被对接状态的不利地位。

（五）及时把握业务制高点

充分认识目前量小但未来发展潜力大且有较长业务链条及业务相关性的业务，及时锁定业务机会和客户群，为未来的长远发展打基础、做准备，如跨境贸易人民币结算业务。近年来，我国与中亚地区经贸往来频繁，投资贸易额不断攀升，新疆对外开放程度也在不断加深。1995—2000年中国与中亚五国的进出口贸易额年均增长18.4%，2001—2009年年均增速提高至41.0%。近五年新疆9个重要县级市出口额年均增长更是达65%。中央已明确在喀什、霍尔果斯建设经济区，边贸经济、中北亚与中国相互投资将持续快速增长。国家开发银行积极布局，加强基础建设，已经建立跨境人民币结算系统。

（六）完善自身基础建设

服务质量与水平、信息网络建设与手段，是银行在未来市场竞争中取得优势的基本条件。建设银行需要对信息网络进行战略性建设，完善对公对私网上银行或现金管理平台，提高客户使用的便利性，提高服务品质，特别是针对援疆各省市、投资企业等客户制定专业化精细化服务方案，以援疆账户和信贷营销为重心，辅以其他配套产品、服务，解决部分县市网点不足的问题，为财政账户资金管理、企业境内外结算、个人小额贷款等业务发展打下坚实基础。

（七）重视人才的储备与培训

专业化人才是银行的核心竞争力，是提升客户服务层次的基础。在新疆跨越式大发展时期，人才的储备与培训就显得尤为重要，是建设银行能否持久处于领先地位的重要保障。需要在人才储备与培训资源及政策上给予倾斜，还可更多地安排新疆区分行业务骨干、青年人才到发达地区锻炼学习，鼓励发达地区分行优秀员工援疆，带入新的客户营销、业务发展理念和较高的专业技能。

大力拓展资产管理业务是商业银行经营发展的战略选择

总行投资银行部　王贵亚

商业银行发展到今天，受“金融脱媒”、存贷利差缩小、市场竞争和金融监管力度加大等因素的影响，变革压力骤增，推进战略转型与发展的方向都较为一致地指向了中间业务和零售业务。

而资产管理业务作为中间业务和零售业务的交集，无疑为商业银行实现业务转型、优化收入结构、提高收益水平、满足客户需求开辟了更为广阔的市场空间，成为了当今商业银行竞相争夺的“蓝海”。

一、资产管理是社会和经济不断发展产生的必然需求

随着我国经济长期高速发展，社会财富迅速增长，不管是个人客户还是机构客户，对财富及资产管理的需求都日渐强烈，这其中不仅包括避险保值的需求，更有越来越多的投资增值的需求，这些来自市场的需求决定了资产管理必然是未来商业银行具有巨大发展潜力和市场空间的朝阳业务。

（一）个人财富和资产管理意识的觉醒

随着经济改革深入发展，我国社会经济结构转型加快，居民个人财富不断积累。党的十七大报告首次提出“创造条件让更多群众拥有财产性收入”，“你不理财，财不理你”的观念已深入人心，这些都意味着“大理财时代”的来临。近20年，我国居民的金融资产存量增长20倍，年均增长率达到30%，远高于同期GDP的增长速度，且金融资产集中化趋势明显。最新的研究观点认为，中国的富裕人群正在从投资时代步入财富管理时代。两者的区别在于财富管理时代选择金融投资工具的目的是基于个人或家庭财富的管理，而非仅仅是为了投资而投资。因此，财富管理绝不仅仅限于将客户的存款转移为投资理财收入，更重要的是分析客户自身财务状况，通过了解和挖掘客户需求，制订客户财富管理目标和计划，进而通过个人投资、私人银行、资产管理与证券经纪等业务帮助客户实现其目标的过程。也就是说，财富管理是商业银行长期适应和满足客户的财富创造、财富保值、财富增值、财富传承需求的一系列过程，是真正围绕“以客户为中心”的经营理念而发展的战略性业务，具有极强的拓展性和衍生性，有助于业务创新和价值创造。

（二）企业对于资产管理有投资和融资的双重需求

机构客户相对个人而言，资产种类更为丰富的同时，对资金的需求以及资产保值增值的欲望也愈发强烈，如暂时闲置的资金、尚未使用的融资款、从证券市场撤出的投资等，越来越多的企业已不再满足于一存了事，尤其是当通货膨胀压力增大时，企业对冲PPI、CPI的需求十分迫切，但限于专业金融投资知识的匮乏，面对多元化的金融产品和瞬息万变的金融市场，难以依靠自身力量对其资产进行科学、有效的管理，而商业银行作为专业的金融服务机构，如果不能开发并且提供出客户需要的产品，那么毫无疑问资本的逐利性将会导致银行失去即便是最为忠实的客户，所以银行要想留住存量客户，挖掘潜在客户，就必须因时而动，合理地利用信息、设备、人才、知识等方面的优势，提供个性化、专业化的投资理财、财务顾问及资产管理等服务，帮助客户提高企业资金运营效率，实现客户资产保值增值。

随着货币和资本市场的发展，股票、债券、商业票据等融资工具得以广泛使用，也有越来越多的企业倾向于直接融资。商业银行“脱媒”压力进一步加大，传统的信贷市场尤其是大型客户信贷市场竞争愈发激烈，资产业务拓展难度加大，要想继续在市场上分得一杯羹，银行就必须加大改革创新力度，通过开发信托理财、股权融资理财、并购理财等产品满足客户多元化的融资需求。

二、财富与资产管理是银行业务转型的战略选择

首先，监管指标迫使银行发展低资本消耗型的业务。巴塞尔新资本协议四项措施对商业银行进行风险控制，即资本充足率和资本质量的最低要求、严格的杠杆率、严格的流动性控制、动态拨备。经历了2009年的信贷大幅增长之后，各行都即将触及资本充足率要求红线，面临着较大的资本补充压力。这些因素决定了银行必须强化资本约束机制，大力推行财富与资产管理这种较少占用资本金和信贷规模的中间业务。

其次，利差逐渐收窄迫使银行发展经济附加值高的业务。利率的逐渐市场化将导致存款综合成本越来越高、净利差越来越小、3%～5%的高利差时代已经一去不复返。目前，国内利差已跌至2%，国际上不少经济体的利差甚至已经降到1%左右。银监会有关负责人最近表示，中国低利差时代随着债券市场的发展必将加速到来。同时，

对优质客户资产业务的争夺将更加激烈，显性成本和隐性成本都大大增加。因此，商业银行主要依靠传统信贷业务扩张的粗放型发展模式必将难以为继。世界发达地区商业银行的经验表明，财富与资产管理业务是银行新的利润增长点，具有巨大的发展空间。美国有的商业银行个人银行业务利润贡献度超过60%，其中财富管理业务利润贡献度接近50%。因此，具有批量大、业务范围广、经营收益稳定等优势的财富与资产管理业务必然成为未来商业银行激烈竞争的区域。

最后，市场环境的不断变化及宏观调控加强迫使银行发展经营低风险的业务。受宏观调控和经济周期的影响，客户资产质量向下迁徙的可能性变大，尤其是占有存量信贷资产较高比例的房地产市场，银行提取拨备的压力增大。出于降低和分散风险的考虑，银行未来倾向于发展低风险的业务。

因此，财富与资产管理作为资本占用少、经营风险低、经济附加值高的业务，必将成为开拓新的利润增长点的首选。未来财富与资产管理业务发展的如何，将决定银行对优质客户的吸引力和拥有量，只有占领该项业务的制高点，才能发掘更大规模的优质客户资源，从而占领更大的市场份额，在未来的金融同业竞争中占据主动地位，获得长久持续的发展动力。因此，积极参与新形势下财富与资产管理业务，是商业银行经营策略调整的必然选择。

三、财富与资产管理的发展实践

财富与资产管理更多强调的是根据客户多元化的投融资需求，提供连续的、综合化解决方案。建设银行在同业中率先推出全面金融解决方案“FITS”，综合运用建设银行传统商业银行、新型投资银行以及各种基金及理财计划等产品和工具，为政府机构、大型企业、中小企业和个人客户提供一对一的专属金融服务方案。对公来说，建设银行可满足企业各种投融资和资本运营方面的多元化需求：在融资方面，可为企业提供股权投资、引入战略投资者、境内外IPO、并购重组、债券发行、产业基金、金融租赁、银行信贷等产品和服务；在投资方面，可为企业提供组合理财产品投资等方面的服务；在资本运营方面，可为企业提供并购顾问、投资顾问、量身定制资产管理方案等服务。值得一提的是，利用国家促进产业结构调整、加快产业优化升级的契机，建设银行在市场上率先推出了附加收益权的创新并购融资产品，以并购债权或并购股权的形式为企业并购提供资金支持，银行除了获得并购财务顾问费用，还能够根据企业经营状况，收取一部分被并购企业的增值收益。另外，建设银行还积极拓展股权投资基金业务，向未上市企业提供长期资本支持和经营增值服务，改善公司治理结构和财务结构，推动股权并购重组，提高企业竞争力，促进企业价值增值。对私来说，建设银行可提供一对一的产品和“一站式”服务，投资标的可涵盖股权、公开发行的证券及证券投资基金、信贷资产、另类投资品种等；产品期限从1天、7天到几年不等，能够满足不同流动性偏好、各种风险收益特征的投资者对理财产品的需求。拓展财富与资产管理业务能够促进产融结合，既为资金缺乏者和其他机构发行证券以筹资，又为资金富余者提供投资机会。财富与资产管理在拓宽企业投融资渠道的同时，创新了金融交易工具，为商业银行维护优质客户、开拓市场业务、拓宽收入渠道、创造服务价值、降低经营风险等方面作出了突出的贡献。

四、进一步完善银行财富与资产管理的有关建议

相比传统的存贷款、结算等业务，资产管理业务的知识、技术含量更高，涉及的权利义务关系更加复杂，产品基础资产的种类繁多，必须统筹协调，加强规划，对银行的综合服务素质和风险管理能力要求很高。

首先，应高度重视财富与资产管理战略规划。银行的董事会和管理层要从战略上重视财富与资产管理业务的发展，围绕财富与资产管理业务的发展需要，在对市场需求、政策导向、技术能力等进行深入分析的基础上，确定财富与资产管理业务的分阶段目标、针对不同客户的策略重点及资源分配、研发团队扩充与提升、产品研发方向等。

其次，搭建高效的财富与资产管理业务系统。财富与资产管理是银行维护优质客户的重要密器，财富与资产管理业务系统的搭建要真正做到“以

客户为中心”，而不是以产品为中心。业务系统能够根据客户的资产状况、年龄、工作、投资意愿、风险承受能力等维度自动将客户分层，提供差别化的产品和服务信息，当客户资产发生变化，如汇率、利率、股价、基金净值波动较大时，财富与资产管理系统可实时通知客户，自动发出电子邮件提供理财管理建议。

再次，建立科学的绩效考核及激励机制。财富与资产管理作为市场需求导向的战略性业务，在发展的初期阶段，必须建立一套科学的绩效考核及激励机制。既然这个市场是一个不断培育和挖掘的过程，就需要在内部激励方面有所倾斜，包括机构团队建设、组织架构搭建、研发营销费用、KPI 考核体系和绩效分配等，都需要自上而下有一个整体规划和部署从导向上引领全行积极开拓该项业务。

最后，加强财富与资产管理业务的风险防范意识。第一，加强投资者教育，要求全社会形成和倡导理性投资观念，全面提示银行财富与资产管理的投资风险；第二，银行要树立正确的经营理念，规范信息披露机制，严格遵守向客户约定的投资目标、投资范围、投资组合和投资限制等要求运作产品，信息披露做到及时、准确、公开、透明；第三，真实揭示产品风险，银行不仅在提供相关的产品和服务前，要真实告知客户产品的潜在风险，而且在产品运作过程中，也要根据产品表现及市场变化，及时与客户沟通，对相关的风险进行提示，履行“卖者有责”的义务；第四，加强日常风险管理，加强全过程的风险监控和管理，建立智能化的风险预警措施，设置合理的前台、中台、后台处理程序，对财富管理业务的资产质量情况、财富管理业务部门执行风险管理规章制度的情况、风险管理窗口履行职责情况等进行定期的检查和评价，建立健全内部控制机制，保证财富及资产管理业务健康平稳发展；第五，制定应急管理预案，银行要针对市场风险、政策风险等不可抗力风险、大额预约赎回、大规模投诉等特殊事件在产品运作前就做好应急预案，以保护客户利益为原则，应对突发事件。

企业破产重整：银行债权的无奈与对策

总行资产保全部　谭兴民　侯雪莲

破产重整制度主要是对一些陷入财务困境，出现经营危机的企业实施预防性保护，实现企业重生，避免企业破产带来的社会稳定问题以及债权人利益遭受更大损失的问题。这是我国《企业破产法》（2007 年 6 月 1 日开始实施，以下简称新《破产法》）最重要的一个制度引进。破产重整制度在促使企业重生的同时也成为了债权人利益保护的一个新途径。在肯定其积极意义的同时，我们也看到在实施中，由于存在现有法律对债权人保护不够，地方政府干预法律程序等问题，很多企业破产重整方案表面上依法合规，但实际上却是银行不得不吞下的苦果。这一问题应该引起银行足够的重视，采取相应的对策。

一、破产重整：银行债权的无奈与损失

2009 年以来，某金融机构不良信贷客户中涉及破产重整的项目有 28 个，不良贷款余额 28.78 亿元，项目平均余额达到了 10 279 万元，金额很大。从实施结果看有以下特点。

1. 破产重整一般涉及多家债权银行且银行债权占大头。从这些破产重整项目看，企业借款涉及银行多则 20 家以上，少则也有 3 ~4 家，而且金融债权占企业债务的大头，最多占到 86% 以上。

2. 破产重整程序操作时间长，银行受偿结果不确定。调查结果显示，从法院裁定受理破产重整至重整方案通过的时间，一般在 60 ~ 90 天之间，最长者达到一年以上。重整计划执行时间一

般也均在一年以上，有的甚至长达8年之久。按照重整计划方案，银行虽获得了比企业破产清算高的受偿，但若考虑延期支付的时间成本，银行实际受偿率并不比破产清算受偿率高多少，反而银行还要继续投入人力物力管理，并且承受以后很长时间的不确定因素影响。

3. 破产重整的结果大多是银行债权损失巨大。从这些经历的破产重整项目受偿情况看，普通债权受偿率大都在15%以下，有的甚至更低。担保债权因抵押物价值被有意压低，也未获得足额的保护，银行资产损失巨大。

二、破产重整：银行债权损失的原因

造成银行在破产重整中损失大的直接原因有两个：一是企业资产评估价值过低。实践中可以看出，企业破产重整受偿率一般是企业根据重生成本倒算出的受偿比率，并不是完全按照市场确定的企业合理价值。所以，在企业重整的各方利益博弈中，金融债权往往处于劣势地位，充当了挽救企业危机的牺牲者，银行债权损失无法避免。如沧化股份在破产重整中，依据评估结果，企业总资产账面值为28.99亿元，清算评估价值仅为8.6亿元，企业以此为基础，确定出企业重整的资产价值为9.8亿元，普通债权受偿率为14.28%，分3年归还。企业重整价值仅略高于清算价值。二是股东权益被过度保护。破产重整的企业大部分已资不抵债，实际上出资者持有的股权已无任何价值。按照清偿原则，股权应较债权先行让步，对出资者权益的调整应大于债权的调整。但是在政府的保护下，大部股东权益让渡比例都低于债权人折让比例，银行债权受损失更高。这两个问题的出现，其深层的原因是由于法律制度和执行操作使这些不合理的现象总能得以产生。

三、破产重整：银行债权受不公平对待的具体表现

（一）管理人制度对银行权益维护不能达到制度设计的初衷

1. 管理人担任问题。我国新《破产法》规定可以由清算组、律师事务所、会计师事务所、破产清算事务所等社会中介机构或债务人自行担任管理人。这一规定存在着管理人与主要债权人目标不统一，侵害债权人利益的问题。债务人自行担任管理人，其压倒一切的目标可能是确保其不丧失对公司的控制权；由清算组担任管理人，由于有政府背景，其目标是社会稳定。因此，两者担任管理人都不利于债权人的债权保护。该金融机构遇到的破产重整项目，由债务人和清算组担任管理人的占一半以上，结果都受偿率极低，就是最好的说明。

2. 管理人指定及监督问题。我国新《破产法》规定，管理人由法院指定，债权人会议仅有提出异议和请求更换的权利。由于管理人工作与债权人利益密切相关，完全由法院选任可能出现忽视债权人利益的现象。

3. 信息沟通问题。我国新《破产法》中没有单独关于信息披露的制度规定，在法文中我们可以找到一些相关内容。但在实践中，这些法律规定或因不按规定执行，或因过于简单无法具体落实，都造成了债权人因信息不对称而无法有效保障自己的权益。

（二）重整计划制订、批准和执行程序中有关规定不能平衡债权人的利益要求

1. 债权人无法参与到重整计划制订过程中，不符合知情权要求。我国新《破产法》规定，重整计划只能由管理人或债务人提出，债权人没有权力制订重整计划，只享有对重整计划草案的表决权。现行法律规定没有考虑重整程序的其他参与人在谈判和提出重整计划方面的能力和责任，致使在债务人制订重整计划的情况下，就必然会出现方案偏于股东利益，忽视债权人利益的保护。

2. 重整计划强制批准制度不能充分体现保护债权人利益的要求。我国新《破产法》对强制批准给出了规定，即“未通过重整计划草案的表决组拒绝再次表决或再次表决仍未通过重整计划草案，但重整计划草案符合本法条件规定的，债务人或管理人可以申请人民法院批准重整计划草案”。而满足该规定的主要依据为“普通债权所获得的清偿比例，不低于其在重整计划草案被提请批准时依照破产清算程序所能获得的清偿比例”。然而，在重整实践中，一个不公正的重整计划要满足这个条件很容易，因为企业破产清算清偿比例只是在假设情况下推算出，如达到上述条件，只需通过刻意压低资产价值等简单化处理

即可满足强制批准的条件。

3. 重整计划执行不受债权人监督。我国新《破产法》规定，“重整计划由债务人负责执行”，“在重整计划规定的监督期内，由管理人监督重整计划的执行”。法律上没有赋予债权人会议及债权人委员会对债务人的监督权，不利于维护债权人的利益。

（三）政府过多地干预，影响了重整程序的公正性甚至合法性

从目前实践看，破产重整项目绝大部分是上市公司，或者是对地方影响较大的企业，政府参与的动力和热情高，有的甚至主导了整个企业破产重整程序，肯定会威胁到利益公平。如宝硕股份破产重整案，虽在最大债权人反对的情况下，企业破产重整计划方案最终仍采取强制批准方式通过了，这其中不难见政府的干预和参与作用。另外，一部分企业在重整过程当中，出现了大量的政府文件，常常被用来处理重整中出现的债权债务关系与职工安置等问题。对于这些政府文件的性质与其法律效力，仍存在很大争议。

四、破产重整：应对建议

（一）法律制度完善方面

1. 进一步完善管理人制度。

建立重整监督人，进一步规范管理人职权。设立独立的监督人对重整管理的活动实施监督，应是最佳的选择。同时，对管理人行使职权进行一定限制，并在权利保护上向债权人适当倾斜，以改变当前破产法对债权人保护不足的问题。

建立信息公开制度。在重整程序中确立信息公开制度，明确公开信息的内容、形式和要求等，以防止重整程序成为侵蚀债权人利益的工具，同时确保债权人能够得到充分的信息，以便作出科学的决策，也有利于企业重整成功。

2. 适当增强债权人在重整计划草案制订、批准和执行中的权利，进一步平衡各方利益需求。

一是赋予债权人一定权利或途径参与到重整计划草案制订中。给予债权人一定的发言权，吸收利害关系人参加重整计划的拟订工作，多听取他们的意见。可以考虑参考美国和日本的做法，这样不仅提高了重整计划的科学性与可行性，也考虑了相关利害关系人的利益平衡。

二是慎用强制批准规定，强化债权人保护意识。更加严格规范强制批准条件，避免司法权力滥用或误用。

三是借鉴国外经验解决重整计划执行监督制。美国破产法典规定，重整过程中，由各种债权人和股权持有人组成的委员会有权与托管人和经管债务人参与制订重整方案并就方案的接受或否决向债权人或利害关系人提出建议，委员会在重整程序中起着举足轻重的作用。

（二）银行内部管理方面

1. 积极反映金融机构在破产法实施中遇到的问题。新《破产法》司法解释正在制定之中，我行作为金融机构应将目前面临的上述问题反馈给有关部门，力争使新的司法解释能够反映金融机构的利益和呼声，通过完善立法给金融机构更加坚强的保护。

2. 建议进一步放宽商业银行不良债权处置权利。一是赋予商业银行折价处置不良资产的权利。二是赋予商业银行市场化转让不良资产的权利。三是赋予商业银行在不良资产处置中的投资权利。目前我国现有规定中，商业银行一方面不允许折价转让，另一方面对受让主体有严格限制，受让方只能是有贷款资格的金融机构。企业重整过程中，有时新的战略投资者需要通过收购债权的方式来实现企业的重组，有时需要银行对企业投资，按照现行规定则难以实现，建议改进。

3. 积极推荐合适的管理人选，帮助企业引入战略投资者。银行作为债权人特别是最大债权人时，应积极向法院推荐具有成功重整经验的管理人，督促其制订出合理公正的重整计划草案，确保计划草案顺利通过。帮助企业积极推荐和引进有意向的战略投资者，提高银行在重整要约价格上的谈判地位和谈判力度。

4. 高度关注企业重整计划草案内容，采取积极方式增强维权的力度和效果。全面充分地考察企业破产重整计划草案的可行性、合理性。重点观察和把握企业资产评估方法、价格，股东权益让渡水平，还款资金来源及期限安排。同时，银行要充分发挥债委会及债权人会议维护债权人利益方面的作用，在破产重整计划草案及相关协议制订、审核及表决过程中要加强与其他债权人的沟通和协调，发挥联合维权的优势。在执行工作中，如债务人未按协议的规定执行或出现其他可能影响我行债权安全的重大风险事项的，要及时请求法院裁定终止协议执行，并依法采取相应的救济措施。

2009年总行级战略性客户贡献度特征分析

总行财务会计部　秦业保

一、总体贡献度增长较快，主要利润来源是贷款

（一）税前利润贡献同比增长14%，增速较快

2009年，集团客户为我行贡献税前利润88亿元（占全行境内税前利润的6.5%），同比增长14.4%，增速较快，与全行税前利润增长水平15.7%相近。总体来看，集团客户业务发展良好，是支持全行利润的重要客户群体，具有战略重要性（见表1）。

表1　　2009年集团客户税前利润贡献同比情况表　　单位：亿元

项目	2009年	2008年	同比+/-	同比（%）
经营收入	191	185	5	3
净利息收入	175	166	9	6
中间业务净收入	16	20	-4	-20
其他收支	0.2	—	0.2	—
营业支出	103	108	-6	-5
一般及行政费用	71	74	-3	-4
资产减值损失	31	34	-3	-8
税前利润	88	77	11	14

注：2009年数据来源于管理会计系统，其客户利润计量所依赖的源数据（利息收支、手续费收入、转移收支、业务管理费、减值准备支出等）基本完整，部分源数据和加工逻辑还在完善中，但不影响基本判断。

（二）与对公客户平均水平相比，贷款创利占比极高

2009年，集团客户贡献的88亿元税前利润中，贷款产品贡献了62亿元，占比高达70%，高于对公客户平均水平25个百分点。中间业务贡献了11亿元，占比仅12%，低于对公客户平均水平6个百分点（见表2）。

这表明，集团客户主要通过贷款为我行创利（从风险控制角度看，管理该客户群的信用风险十分关键）。

表2　　2009年集团客户税前利润贡献的产品结构表

大类产品	对公客户		94家集团客户	
	金额（亿元）	占比（%）	金额（亿元）	占比（%）
存款	277	36	15	17
贷款	342	45	62	70
中间业务	137	18	11	12
资金等	11	1	0.01	0.01
合计	767	100	88	100

二、客户贡献集中度较高，部分客户无利润贡献

（一）前40家客户贡献了94%的税前利润

税前利润贡献0.47亿元以上的客户共40家，客户数占比43%，但税前利润贡献占比达到94%。其中，有24家单客户税前利润超过1亿元，客户数占比26%，利润占比达到83%。

税前利润贡献0.47亿元以下的客户共54家，客户数占比57%，但利润贡献占比仅6%。

以上情况表明，94家虽都是集团客户，但贡献度高低差异极大；不到一半的集团客户，贡献了绝大部分的利润（见表3）。

表3　2009年集团客户税前利润贡献分层表

单客户税前利润	客户数（个）	客户个数占比（%）	税前利润（亿元）	税前利润占比（%）
5亿元以上	3	3	22	25
2亿~5亿元	11	12	36	41
1亿~2亿元	10	11	14	16
小计	24	26	73	83
0.47亿~1亿元	16	17	10	11
小计	40	43	83	94
0~4 700万元	47	49	8	9
小于等于0元	7	9	-2	-3
合计	94	100	88	100

（二）有7家客户无利润贡献

包括“中芯国际”在内的7家客户，在2009年未能为我行贡献利润（税前利润小于0），但亏损额都不大。数据表明，这7家客户使用的中间业务产品都是盈利的，亏损的来源在于其存、贷款同时亏损，或者存、贷款其中之一亏损（见表4）。

从经营策略上看，对一个具体客户，不排除我行放弃对其单产品的盈利而换得该客户整体的盈利，但如果综合算账该客户还是亏损，说明综合定价水平过低或中间业务覆盖不足。

表4　2009年无利润贡献的集团客户　　单位：亿元

集团名称	合计税前利润	存款税前利润	贷款税前利润	中间业务税前利润
中国核工业集团公司	-0.14	0.04	-0.20	0.02
中国航空集团公司	-0.12	0.01	-0.13	0.01
中国南方航空集团公司	-0.06	0.03	-0.21	0.12
宝钢集团有限公司	-0.23	-0.65	0.23	0.19
中国船舶重工集团公司	-0.15	-0.47	-0.36	0.68
和记黄埔有限公司	-0.26	0.12	-0.39	0.01
中芯国际集成电路制造公司	-0.67	0.03	-0.73	0.03

三、中间业务需求广泛，亟待渗透

（一）中间业务需求广泛，但大额产品少

集团客户群体对中间业务产品的需求广泛，几乎包含了所有主要中间业务产品，但2009年只有少数产品收入金额较大，大部分产品的收入金额较小。

具体来看，收入主要集中于财务顾问、单位

结算、保函、债券承销、其他投资银行业务、承诺等6项大类产品（单产品收入超过1亿元，合计收入11.63亿元，占比73%），而剩余20项大类产品则收入较少（见表5）。

表5　　2009年集团客户中间业务产品收入结构表

产品	中间业务收入（亿元）	排序	收入累计（亿元）	累计占比（%）
财务顾问业务	2.88	1		
单位结算业务	2.73	2		
保函业务	2.19	3		
债券承销业务	1.52	4		
其他投资银行业务	1.28	5		
承诺业务	1.03	6	11.63	73
结售汇业务	0.70	7		
交易资金托管业务	0.50	8		
保理业务	0.40	9		
电子银行业务	0.33	10		
审价咨询业务	0.33	11		
银团贷款业务	0.30	12		
其他中间业务	0.29	13		
代客衍生金融工具业务	0.26	14		
代理证券业务	0.26	15		
委托贷款业务	0.20	16	15.22	96
代理资金结算业务	0.16	17		
转贷款业务	0.14	18		
IPO及再融资业务	0.09	19		
代收代扣业务	0.08	20		
其他担保业务	0.06	21		
证券客户保证金独立存管业务	0.04	22		
房改金融业务	0.02	23		
代客外汇买卖业务	0.02	24		
代客投资理财业务	0.01	25		
其他业务（除上述业务以外）	0.03	26	15.88	100

注：收入累计指从最高收入的产品累计到本产品。

（二）有17家集团客户的中间业务与存贷规模不相称

尝试用中间业务产出率①衡量集团客户中间业务与存贷规模的匹配程度。2009年，集团客户的中间业务产出率为0.15%，即每10 000元存贷款对应的中间业务收入为15元，整体较低（比对公客户平均水平低12元）。

值得注意的是，在集团客户群体中，有17家集团客户存贷业务量很大（存贷合计均在120亿元以上），但中间业务产出率却大大低于集团客户平均水平，都低于0.1%（千分之一），即每10 000元存贷款对应的中间业务收入不到10元，可渗透空间较大（见表6）。

① 中间业务产出率 = 中间业务收入/存贷日均合计；管理会计系统把2009年大部分中间业务收入识别到客户，还有部分收入由于客观障碍暂不能识别到客户，这对集团客户之间中间业务产出率的比较产生一定影响，但不会产生根本性影响。

表6 **2009年中间业务与存贷款不相称的集团客户**

集团名称	存款日均（亿元）	贷款日均（亿元）	存贷合计（亿元）	中间业务收入（亿元）	中间业务收入/存贷合计（%）
中国移动通信集团公司	1 120	—	1 120	0.17	0.02
中国华能集团公司	54	615	668	0.24	0.04
中国大唐集团公司	24	531	555	0.41	0.07
中华人民共和国铁道部	92	445	537	0.25	0.05
中国国电集团公司	25	407	432	0.29	0.07
中国华电集团公司	14	360	373	0.18	0.05
中国电力投资集团公司	9	382	391	0.18	0.05
中国南方电网有限责任公司	58	208	266	0.10	0.04
首钢总公司	27	207	234	0.19	0.08
中国石油天然气集团公司（集团）	196	27	223	0.19	0.08
天津泰达投资控股有限公司	12	192	204	0.06	0.03
神华集团有限责任公司	88	112	200	0.07	0.04
中国海洋石油总公司	107	62	169	0.06	0.04
中国铝业公司	31	133	164	0.13	0.08
中国联合通信有限公司	12	140	152	0.01	0.004
中国烟草总公司	114	23	136	0.04	0.03
国家开发投资公司	19	109	127	0.07	0.05
94家集团客户平均			116		0.15

四、贷款总体收息率低，但不乏高者；存款总体付息率过高，但并非普遍现象

（一）贷款总体收息率低，但有22家收息率较高

集团客户贷款总体收息率5.28%，比对公客户平均水平低0.31个百分点。从规模经济和风险定价的角度看，集团客户收息率低有一定的客观原因：单户贷款规模大（平均每家集团客户年日均贷款72亿元），贷款质量相对高（信贷成本率0.46%，比对公客户平均水平低0.14个百分点）。

但是，我行仍从22家集团客户获得了较高的贷款收息率（都高于对公客户平均水平5.59%）。其中不乏贷款日均超过100亿元的大客户（包括国家电网、天津泰达、中国华能等）（见表7）。

表7 **2009年收息率超过对公平均水平的集团客户**

集团名称	贷款日均余额（亿元）	贷款收息率（%）	转移支出价格（%）	毛收入率（%）
中国盐业总公司	17	6.62	2.89	3.73
拜耳（中国）有限公司及其子公司	36	6.14	4.09	2.05
中国保利集团公司	31	6.00	3.47	2.53
中国建筑工程总公司	22	5.98	3.36	2.62
中国化工集团公司	127	5.95	3.16	2.80
安徽海螺创业投资有限责任公司	19	5.95	3.20	2.75
阿尔斯通在华企业	4	5.94	2.96	2.98
中国航天科工集团	2	5.93	3.15	2.78

续表

集团名称	贷款日均余额（亿元）	贷款收息率（%）	转移支出价格（%）	毛收入率（%）
中国兵器工业集团公司	64	5.89	3.14	2.76
中国广东核电集团有限公司	25	5.86	3.74	2.12
上海电气（集团）总公司	25	5.84	3.47	2.36
中国黄金集团公司	5	5.83	3.18	2.65
国家电网公司	484	5.82	3.34	2.49
天津泰达投资控股有限公司	192	5.79	3.15	2.63
中国水利水电建设集团公司	88	5.75	3.29	2.46
国家开发投资公司	109	5.71	3.30	2.41
中国中信集团公司	111	5.71	3.20	2.51
黑龙江北大荒农垦集团总公司	22	5.69	3.00	2.69
中国华能集团公司	615	5.67	3.34	2.33
中国铝业公司	133	5.65	3.25	2.39
中国境外集团有限公司	26	5.62	3.35	2.27
万科企业股份有限公司	20	5.61	2.99	2.63
以上22家集团客户平均		5.77	3.30	2.48

注：毛收入率＝贷款收息率－转移支出价格。

（二）存款总体付息率主要由7家客户被拉高

集团客户存款付息率达2.03%，高于对公客户平均水平0.74个百分点。但实际上，大部分集团客户的付息率并非很高（超过七成的集团客户，付息率低于对公客户平均水平1.29%；超过四成的集团客户，付息率甚至低于1%）。

整体付息率过高的原因，主要是由于7家集团客户付息率过高且存款余额大（如中国移动、宝钢集团、中国船舶等），其中4家甚至毛收入即为负（见表8）。

表8　　2009年付息率过高的集团客户

集团名称	存款日均余额（亿元）	存款付息率（%）	转移收入价格（%）	毛收入率（%）
中国船舶工业集团公司	21	2.50	3.07	0.56
鞍山钢铁集团公司	37	2.57	2.83	0.25
中国化工集团公司	138	2.91	2.82	－0.09
宝钢集团有限公司	158	2.96	2.73	－0.24
中国移动通信集团公司	1 120	3.12	3.64	0.52
中国中化集团公司（集团）	5	3.42	2.58	－0.84
中国船舶重工集团公司	142	4.71	4.55	－0.15

注：毛收入率＝转移收入价格－存款付息率。

五、同一行业不同客户的贡献度差异明显

对94家按照行业分组后分析表明，同一行业内的不同集团客户之间，产品结构、税前利润等指标差异较大，并未由于同处一个行业而在贡献度上体现共同特征。以三大石油公司①为例，如表9所示。

表9　2009年三大石油公司贡献度比较表

集团名称	贷款日均（亿元）	存款日均（亿元）	存贷合计（亿元）	中间收入（亿元）	贷存比=贷款/存款（%）	中间业务产出率（%）	税前利润（亿元）	经济增加值（亿元）
中海油	62	107	169	0.06	58	0.04	0.18	-0.17
中石化	155	81	236	0.80	192	0.34	3.21	2.14
中石油	27	196	223	0.19	14	0.08	1.79	1.24

从存贷总量和结构看，三家公司存贷总量都很大（200亿元左右），但结构差异明显，中石化的贷款是存款的近两倍，中海油的贷款却只是存款的一半多，中石油的贷款仅是存款的七分之一。从中间业务产出率看，中石化的中间业务产出率高达0.34%，远高于集团客户平均水平0.15%，而中海油和中石油的产出率很低（分别为0.04%和0.08%，均大大低于集团客户平均水平）。从最终的利润贡献看，中海油存贷量虽略小于中石化和中石油，但其税前利润贡献不足0.2亿元，仅占中石化利润贡献的十七分之一和中石油利润贡献的十分之一。

考虑到94家集团客户基本都是所在行业的优秀企业，银行服务需求有不同，但都有为银行创利的潜力。同一行业不同客户对我行贡献度的差异，可能主要是反映了主动经营效果的差异。因此，即使是对于同一行业的多家客户，也应采用针对性的经营策略，获取业务数量的同时，注重提高业务质量和创利能力。

美联储第二轮量化宽松政策及其影响

总行风险管理部（市场风险管理部）　文巧珍　杨云超

美联储在2010年11月3日的议息会议上宣布推出第二轮量化宽松②（QE2）货币政策，在QE1的1.75万亿美元基础上，于2011年6月底前购买6 000亿美元的美国国债，同时用QE1中的到期MBS本金再投资于美国国债，并保留进一步扩大刺激措施的选择。

此举虽符合市场普遍预期，但各大市场仍作出较强反应：美国股市“上蹿下跳”，道指和纳指创出2008年以来最高收盘价；美元跳水，欧元达到多个月来新高；黄金期货上涨，盘中一度创出历史新高；长期美国国债受压，30年期国债收

① 三大石油公司是指中国海洋石油总公司（以下简称中海油）、中国石油化工集团公司（以下简称中石化）、中国石油天然气集团公司（以下简称中石油）。

② 量化宽松货币政策（Quantitative Easing Monetary Policy）俗称“印钞票”，是由日本中央银行于2001年提出，当时日本经济持续低迷，银行信贷急剧萎缩，面对长期性的通货紧缩，日本中央银行实施了首次量化宽松政策，以稳定金融市场。

益率上升11个基点。

一、QE2政策推出的背景

在货币政策及财政政策支持下，全球经济自2009年第四季度开始逐渐呈现复苏迹象，金融资产价格随之大幅反弹。于是，经济刺激计划的逐步退出成为首要任务之一。2010年3月起，美联储安排退出实施了一年多的量化宽松政策。

然而，随着财政刺激政策到期，美国公布的经济数据再次恶化，消费、房地产、制造业、贸易、就业及GDP等数据几乎全部都在回落，失业率更是居高不下。

美联储在2010年6月下调了2010年经济增长预期。

7月公布的经济褐皮书指出，经济复苏已经停滞，经济有二次探底的风险。

8月底，美联储主席伯南克强调如有必要，将重新实施量化宽松政策以刺激经济，并令通胀率回升至适当水平；美联储认为理想的通货膨胀率应该是在1.5%～2%。

9月以来的数据表明，高企的失业率、温和的个人收入增长速度、下滑的家庭财富以及紧缩的信贷状况使家庭开支受到限制；公司在设备和软件方面的支出增长下滑；非居住房屋投资继续表现疲弱，新屋开工率仍旧保持在受抑制水平；用于衡量基底通货膨胀的各项指标一直处于下行趋势。

二、QE2政策的主要内容

为防止美国陷入类似于日本的长期通缩境地，美联储决定启动第二轮宽松政策，旨在通过购买中长期国债向市场注入资金，恢复市场和投资者对美国经济前景的信心，改善信贷获得途径，刺激经济继续复苏，提高就业水平，并确保通胀随着时间的进展达到目标水平。本次QE2的主要内容如下。

1. 购买规模。从现在到2011年6月底，美联储将购买合计6 000亿美元国债，每月购买750亿美元左右。加上QE1的MBS到期本金再投资，美联储每个月的平均购买规模约为1 100亿美元。

2. 购买细节。5%的资金用于购买期限在1.5年至2.5年的国债，两笔20%的资金用于购买期限分别在2.5年至4年和4年至5.5年的国债，两笔23%的资金用于购买期限在5.5年至7年以及7年至10年之间的国债，2%的资金将用于购买期限在10年至17年的国债，4%的资金将用于购买期限在17年至30年的国债，另有3%的资金将用于购买期限在1.5年至30年的通货膨胀保值债券。

预计，其所购买的美国国债平均期长为5～6年。

3. 购买限制。取消单一期限品种国债持有量不得超过该期限未清偿债券规模35%的上限，但单个品种国债持有量仅可以比35%的上限小幅增加。

4. 购买实施。在每月第八个工作日或前后几天发布当月购买计划日程以及购买规模，计划11月10日第一次公布月度购买公债时间表。购买操作从12月中旬开始，操作将通过美联储交易对手（一级交易商）的传统渠道实施。

5. 开放性条款。将对QE2的债券购买进度和资产购买计划整体规模进行把控，在需要时按照市场变化和最新经济数据作出调整，从而最大限度地达到提升就业和物价稳定的目标。

值得注意的是，堪萨斯联储主席霍恩唯一对美联储实施QE2投了反对票。他认为进一步购买债券弊大于利，高度宽松的货币政策增加了未来金融市场失衡的风险，随着时间的发展，可能导致长期通胀预期的上升，令经济不能稳定发展。

三、QE2政策的影响

美国股市在QE2政策公布后“上蹿下跳”，美指当天小涨0.2%，收于两年多来的新高。次日，受美联储QE2政策消息刺激，美国股市继续小幅收涨，盘中振幅较大，其中道指和纳指均创2008年以来最高收盘价，标普500指数则创近6个月以来最高收盘价；美元兑其他主要货币汇率出现下滑，美元综合指数（DXY）下降6%至76点，欧元创出多个月新高，英镑兑美元也再创10个月高点；大宗商品市场强劲攀升，原油期货突破85美元/桶，创7个月新高；黄金期货上涨45美元，至每盎司1 383.10美元，涨幅为3.4%，盘中曾一度创出1 384.80美元的历史新高；长期限美国国债受压，30年期国债收益率上升11个基点至4.04%。

可见，美联储的QE2政策短期内提振了市场信心，但长期内能否有效刺激美国低迷的经济以及对世界经济的影响如何则是各方评说不一。美国哈佛大学经济学教授马丁·费尔德斯坦就质疑美联储新一轮定量宽松货币政策，认为其后果可能是制造资产泡沫、破坏世界经济稳定。

从政策初衷来看，美联储希冀通过QE2政策降低借贷成本，提高就业率，促进经济增长。但事实上，QE2能否实现初衷仍存在变数。

一是失业率问题。美国2009年2月的失业率为8.2%，即便是实施第一轮量化宽松政策，3月失业率仍上升至8.6%，之后更持续向上，10月攀升到10.1%，至2010年3月小幅降至9.7%。2010年7月，美国传出再实施量化宽松预期，当时美国的失业率为9.5%，但是9月仍保持在9.6%的高位。有分析师认为，不可能靠量化宽松政策来迅速降低失业率，因为这一政策仅仅可以做到的是缓解金融市场的紧张状况，从而防止萧条，至于实体经济则需要时间去修复，并在此过程之中逐步降低失业率。

二是经济增长问题。短期来看，量化宽松政策可能降低企业和居民的借贷成本，刺激总需求。然而目前美国中长期国债利率水平已达到20世纪50年代以来的最低水平，刺激空间不大。再者，促使经济增长的主要原因为生产要素包括资本和劳动力的投入，以及劳动生产率的提高；而宽松的货币政策恐怕无法导致其中任何一个因素的增加，所以，货币政策在刺激总需求、增加经济产出方面短期可能有效，长期则难以确定。

对于世界经济，QE2政策也可能产生以下负面作用。

第一，导致恶性通货膨胀。目前美联储向市场注入大量流动性，不会导致货币供应量大幅增加。但是，当经济复苏，届时货币乘数可能很快上升，已经向经济体系注入的流动性在货币乘数的作用下将直线飙升，流动性过剩在短期内将构成大问题。如果不能在短期内将巨量的流动性收回，通货膨胀将恶化。

第二，损害发展中国家利益或引发资产泡沫。2010年9月21日，美联储声明表示有意实施第二轮量化宽松政策但尚未操作时，大量资金已闻风而动涌入股市、债市及大宗商品市场，不仅推高了股指，也推高了商品价格和债券价格。扩大投放美元将造成大量资金涌向利率较高、经济增长较快的新兴市场，如巴西、南非、印度尼西亚等，提高相关国家的资产价格及通货膨胀，使原本已有资产价格泡沫的国家的风险进一步升温。此外，过剩的流动性还将通过期货市场炒卖石油、粮食和其他重要工业原料，给发展中国家造成输入型通胀压力。

第三，引发世界汇率战。9月以来，即使美联储尚未正式启动量化宽松货币政策，但其政策信号的强化已造成美元持续贬值，日元、欧元、澳大利亚元以及发展中经济体的货币大幅升值，日本以及一些发展中经济体被迫干预汇市，汇率战争纷纷上演。

第四，导致美元资产缩水。很多国家资产大都以美元计价，二轮量化宽松政策将导致美元贬值，使购买美元资产和美元储备较多国家的美元资产大大缩水，而美国承受的债务负担则因美元贬值而大幅减少。

四、有关建议

综合QE2政策可能产生的积极作用和负面影响，结合业务实际，我们提出如下建议。

1. 密切跟踪QE2政策对美国经济乃至全球经济的切实影响，分析对我行外汇、债券、商品、黄金等可能产生的影响，提前做好投资交易策略调整应对准备。

2. 密切关注债券价格变化，择机减持有关债券头寸。短期来看，美国中长期利率将下降从而刺激房地产市场，带动房屋价格上升，我行较高风险的住房抵押债券价格也将面临处置转换的较好时机。

3. 加强对业务的压力测试分析。量化宽松政策可能引致资产泡沫，一旦资产泡沫破灭，金融市场将剧烈震荡，资产价格大幅缩水。另外，不断加大的通货膨胀风险和人民币升值压力将使国内经济面临巨大的挑战。

集团客户综合贡献度计量的问题与建议

总行集团客户部 陈 杨

一、集团客户部客户综合贡献度①问题的研究背景

集团客户部自成立以来，一直强调客户贡献度的重要性，积极推动客户贡献度的计量，并致力于持续提高集团客户的综合贡献。

通过几年来的研究和实践，我们逐渐明确了客户贡献度的定义和内涵——客户通过存款、贷款、中间业务等形式为我行创造的综合价值，可按收入、利润、经济增加值（EVA）等口径来衡量（本文指的是EVA口径）；它的整体组成应包括客户自身及其周边价值链（衍生的上下游对公、对私客户）的综合贡献②。

同时，我们也初步掌握了总行战略客户的综合贡献度情况（见表1），主要特点是：总量大、户均高、资产质量好，对年金、中期票据等战略性业务起着决定性作用。

表1　　总行战略客户2008—2009年度贡献度概况

指标（亿元）	2008年	对公占比（%）	全行占比（%）	2009年	对公占比（%）	全行占比（%）	增速（%）
经济增加值	8.94	2.72	1.21	34.35*	7.57	3.80	284.24
税前利润	77.02	9.17	5.56	88.06	8.95	5.58	14.33
毛收入	185.21	12.82	6.98	190.66	12.71	7.21	2.94

注：*表示和2008年相比，2009年主要盈利增长点为：收入增长5.5亿元、运营成本下降2.7亿元、减值准备减少2.8亿元、资本成本下降14.4亿元。

二、研究集团客户贡献度的意义和作用

客户贡献度是衡量客户价值、提高客户贡献、以客户为中心经营的基础。它的作用体现在以下几个方面。

（一）识别客户价值、比较客户优劣、优化客户结构和产品结构

以客户贡献度的全面、准确度量为基础，可以在不同的产品间、集团内部成员间、集团间、客户群体间（一般公司类、机构类、个人类）实施价值分析和比较，可以为全局性的差别化营销、产品结构优化、客户结构优化和业务转型奠定基础。

（二）预测客户贡献，实施综合定价，为前瞻性决策和业务战略提供依据

“基于历史，重于趋势”，客户贡献度分析不仅应注重过去、现在的盈利，更应观察市场条件、业务驱动因素的未来变化趋势，预测客户未来3～5年的贡献度情况，为前瞻性的综合定价和业务决策提供依据。

① 以下简称客户贡献度。

② 比如，铁道部的客户贡献度应包括：它自身的、上游设备供应商、下游施工企业的对公业务价值（包括存款、贷款、中间业务，下同）；铁道部员工、上游设备供应商员工、下游施工企业员工的对私业务价值（可按一定比例折算）；我行作为铁道部最重要合作伙伴而形成的商誉等无形价值。

（三）增强客户条线绩效和成本的考核

拥有客户贡献度的定量依据，有利于对不同客户条线的盈利能力、投资回报、增长和绩效进行透明、公允地度量和比较，加强对业务条线绩效和成本的考核。

（四）落实“以客户为中心”的理念，用客户贡献度的稳定增长保障建设银行的可持续发展

融合了客户贡献度导向的考核机制可以使员工的行为方向与提高客户贡献度的经营方向保持一致，简化员工理解政策的难度，形成“以客户为中心”的经营模式。

三、集团客户贡献度应用现状：客户贡献度计量难，影响客户价值评价，阻碍客户价值提升和结构优化

客户贡献度应用的客观性和有效性建立在各项收入和成本（资金成本、运营成本、风险成本）的合理计量和分摊基础上。

目前，我们在应用中面临的首要问题就是计量难，阻碍了客户价值提升和结构优化，具体表现在以下六个方面。

（一）计量模型不统一，计量结果缺乏权威性和可比性

我行客户贡献度的计算模型没有一套统一的规定，缺乏权威性和可比性，不同部门的算法各不相同。它们有的按收入口径、有的按利润口径、有的按 EVA 口径，有的考虑拨备、有的不考虑拨备。

（二）数据来源不统一，数出多门

在实际计量中，由于系统支持不足，导致数据来源不明确，不同的机构、部门使用的数据来源不同，数出多门。有的源于手工台账，有的源于系统，有的使用分行参数，有的使用总行参数，有的按权责制，有的按收付制。

（三）客户级收入的完整性、识别率仍有待提高

客户级的数据识别能力不足一定程度上影响了贡献度结果的可信度。比如，根据管理会计系统的统计结果，2009 年对公的客户级中间业务收入、贷款利息收入的识别率分别为 40% 和 97%，在这样的误差基础上得到的结果缺乏足够的说服力。造成这一局面的主要原因有以下几个。

1. 我行各大交易系统的客户识别标准不一、编号体系不一，客户唯一性整合不佳。

2. 中间业务收入没有客户级的分户账，收入无法分解到客户名下，影响了客户收入的完整性，导致中间业务收入识别到客户的比率不足 50%。

3. 贷款手工计息导致客户级利息收入的遗漏。贷款手工计息是指当系统计息错误时，经办行改用手工计息并记入集中账的现象，导致客户级利息收入的遗漏，从上两年度的战略客户贡献度分析工作经验和 MA 系统的识别结果来看，丢失率在 3% 左右。这部分误差在战略客户业务中表现得尤为突出，原因是战略客户贷款具有单笔金额大、业务性质特殊、外币业务多的特点，手工计息的可能性大。

4. 补录工作繁重而又对机构考核结果不产生影响，因此，常常不受重视、准确性无法保证。

（四）成本分摊的客观性、合理性有待提高，从模型到实际计量都存在一定的偏差，影响对客户价值的判断

客户贡献度计量的客观性建立在各项成本的合理分摊和计量上，由于受方法论、操作难度、平衡考虑等因素制约，成本计量的合理性还有待提高。具体来说，主要表现在以下几个方面。

1. 资金成本“一视不同仁”，背离资金无差异原则。虽然我行内部资金定价（FTP）遵循的是资金无差异原则，但是在实际定价中，出于平衡收益、战略导向等因素，对不同条线、同样性质的资金定价存在差异性，比如同样 2 年期的资金，分别用于中石化的基本建设贷款、金融市场部买入中石化的中期票据、中石化员工的住房贷款，转移价格分别约为 2.94%、2.60%、2.31%，和后两者相比，集团业务条线付出的成本高了 13% 和 27%。

2. 运营成本“多干多摊”，违背规模效应（Scale Effect）原理。现有多级成本分摊方法虽然在细分时考虑了多重动因，但在从产品成本反算客户级成本时，基本只考虑余额动因①（即只按余额大小分配成本），造成同机构、同产品的业务成本分摊呈“多干多摊”的状况，违背规模效

① 动因：又称驱动动因，是指导致成本升降的因素，决定着成本的产生，并可作为分配成本的标准。

应原理，影响客户间的价值比较，如考虑规模效应，总行战略性集团客户的实际运营成本应下降1/3左右。

3. 风险成本“一视同仁”，忽视客户差异，偏离真实风险预期。由于操作难度大，我行的正常贷款拨备一直是按资产组合计提，没有考虑客户间的差异。也就是说，AAA级铁道部和B级个体运输企业的正常贷款的拨备率是一样的，明显偏离了真实的预期风险情况。由于集团客户整体风险水平较低，导致受到的不利影响较大。

（五）客户贡献度的整体性被忽略，由客户自身的价值衍生的上下游、周边价值链的贡献处于“一直被认可却从未被计量”的状态

我部自2007年提出把集团客户打造成全行业务综合营销平台的理念以来，以传统业务为纽带，综合营销包含各类中间业务产品在内的一揽子服务，并于2009年组建了32个总行跨部门集团客户服务团队，为横向联动营销提供了制度保证和配套机制，有效带动了其他业务板块的快速发展。由此带来的价值创造，是和集团客户共进退的价值综合体，是客户贡献度的有机组成部分。然而，在计量时，由于缺乏多边记账等体制保障，这些贡献并未能被计量。

（六）客户贡献度计量能力有限，无法实现全部客户的贡献度计量和比较，客户结构调整指向不明

根据二八定律①（80%的价值源自20%的顾客），客户贡献度最重要的作用之一，就是帮我们找到这部分客户，相比客户贡献度的绝对值，不同客户群体间贡献度比较的价值显然更大。

然而由于种种困难，目前，最先进的MA系统也只能计量94家总行战略性客户的贡献度，暂时无法提供其他客户的贡献度，因而无法为客户结构调整提供直接支持。

四、根本原因分析：经营体制、考核制度、科技体系等基础性制度安排不适应“以客户为中心”的经营需要

客户贡献度的计量和应用，是一个涉及理念、体制、系统等多方面因素的复杂问题，既需要理念贯彻，又离不开制度保障和系统支撑。

我行员工对“以客户为中心”的理念普遍认同，但是，相应的制度建设相对落后。理念和制度的脱节使得在利益冲突面前，提高客户贡献度容易流于口号和表面，无法落到实处。基础性的制度安排不适应“以客户为中心”的经营需要是影响客户贡献度应用和提高的根本原因。

第一，经营体制、考核机制不以客户为中心，客户级的基础数据准确性得不到关注和提高。

我行现有经营体制以层级机构为主，考核体系以产品、机构为基础，缺乏基于客户贡献度的员工考核激励体制。对公条线员工的约束激励，主要基于产品考核和机构考核的结果，和客户贡献度的关联度较低。因此，在被考核员工和各层机构层面，客户贡献度及其相关数据的准确性得不到关注和提高。

第二，由于缺少考核需要，我行的科技系统对客户贡献度配合度不高，导致收入识别到客户和客户贡献度计量的系统支撑不足。

因此，在缺乏制度保障和系统支持的情况下，“以客户为中心”更多的只是停留在口头上，未能落到实处。

五、措施和建议：提高计量水平、推进客户贡献度应用

（一）统一计量模型、数据来源、计量标准

建议以客户EVA为基本模型，以CCBS、IRBS、CLRMS等系统为数据来源，以管理会计系统MA为实施平台，尽快统一客户贡献度的计量模型、数据来源和计量标准，提高计量结果的可比性、公信力和说服力，提高成果的可用性。

（二）从方法论和实务角度，改善资金成本、运营成本、风险成本分摊的合理性，提高客户贡献度计量的客观性

1. 应加快管理会计建设步伐，引入作业成本法，更好地体现业务的真实成本动因，反映成本差异。

① 二八定律（国际上公认的企业定律，也叫帕累托定律）：任何一组事物中，最重要的只占其中的20%，其余的80%虽然是多数，但是却是次要的。

2. 兼顾客户贡献度的客观性和战略导向：将战略导向从资金价格等成本项中调出，还原成本和客户贡献度的真实状况，同时，将战略导向作为调整项，在实际贡献度计量完成后单独处理。

3. 实现全部贷款拨备的按笔计提，体现客户风险的差异化。

（三）以勤补缺，借助人工补录和精细化管理改善基础数据的可用性、全面性，夯实数据基础

加强精细化管理力度，借助一线员工的手工补录，提升收入识别、客户识别、集团识别的完整性和准确性，保证业务价值能得到完整、准确计量。在此过程中，需要配合一定的考核激励与约束，比如将之与战略费用、团组考核、分行打分等挂钩。

（四）实践“以客户为中心”的业务转型，将客户贡献度与现有考核机制有机结合起来，实施实际考核

长期来看，我们必须将客户贡献度与现有制度有机结合起来，将其真正融入考核机制。

建议在现有考核中融入客户贡献度导向，从全局上建立与客户贡献度最大化相适应的考核机制，将客户贡献度与机构、员工的切身利益挂钩。

一方面，在综合经营计划、KPI 考核中，将客户贡献度提升到考核指标的高度，与机构 EVA、条线 EVA 并列，并与等级行、绩效等核心利益挂钩；另一方面，通过多边记账①、利益调整②等措施，从制度上确立客户贡献度的整体性、完善客户贡献度的共担分享机制，将不同部门、机构的利益捆绑在一起，形成按客户算账和按客户考核相互促进的良性循环。

（五）夯实 IT 系统“以客户为中心”的数据支撑能力

IT 系统“以客户为中心”的数据支撑能力是执行层面各项工作的依据和基础，是我们必须下大力气夯实的基础。宏观上，我们要从全行系统架构、各系统设计原则的高度，确立“以客户为中心”的原则。微观上，要从提高客户收入识别、客户整合、集团关系识别的准确性和完整性入手，提升“以客户为中心”的基础数据支撑能力。

（六）客户经营条线深化对现有客户贡献度成果的应用，以用促学、以用促精

各客户经营条线应充分关注现有的客户贡献度成果，加强对客户贡献度数据的应用，在业务实践中熟悉客户贡献度理论，提高实务能力，推动员工盈利意识、谈判能力、算账能力的提高，推进客户贡献度的实际应用。

综上所述，只有将经营体制、考核机制和科技系统同我行长期“以客户为中心”的理念培养的成果融合起来，才能在制度层面形成客户贡献度计量和利益分配的联动局面；才能将客户贡献度计量从高层的管理需求内化为每个员工的自觉行为；才能从整体上切实保障、推动客户贡献度的提高，为建设银行的稳步前行提供源源不断的“核动力”。

---

① 多边记账方式，包括成本多边记账、收入多边记账等。

② 利益调整方案，包括收入、利润、EVA、成本费用的行际分配和转移、余额还原等。

政府机构业务新领域拓展工作研究

总行机构业务部　金兆玲　吕华宁

政府机构客户是我行赖以生存和发展的重要客户群体，具有社会影响大、关联效应强、业务链条长、服务范围广、营销层次高等特点，蕴涵着重要的业务价值、品牌作用和战略意义。政府机构业务是为服务政府机构客户而开展的负债和中间业务，具有鲜明的政策性和辐射性等特征，是体现大型国有商业银行业务优势的重要领域之一。政府机构业务的发展应与宏观政策形势和区域市场环境高度融合，根据市场变化趋势及时调整营销策略和业务重心，不断开拓政府机构业务新领域，并通过加强团队营销和整体联动，搭建政府机构业务营销平台，充分发挥我行综合优势，从而推动我行各项相关业务的持续健康发展。

一、把握宏观政策和市场环境变化趋势

当前，与政府机构业务密切相关的宏观政策和市场环境主要有以下几方面的变化趋势。

（一）政府职能向公共服务转型不断深化

自十七大提出“加快行政管理体制改革，建设服务型政府”以来，政府的社会管理和公共服务职能不断强化，政府职能重心已逐步从经济建设型向公共服务型转变，以发展社会事业和解决民生问题为重点，逐步形成惠及全民的基本公共服务体系。我国的政府公共服务体系主要包括四项基本内容：一是提供就业服务和基本社会保障等基本民生性服务；二是提供教育、医疗、公共文化等公共事业性服务；三是提供环境保护、基础设施建设等公益性基础服务；四是提供生产安全、消费安全、社会安全等公共安全性服务。公共服务转型要以提高公共服务效率和质量为中心，整合各类相关资源，努力做到以最低廉的行政成本提供更多优质、高效的公共服务。政府职能转型对银行业务市场带来了深远影响，对银行服务模式和服务功能提出了更高的要求。

（二）区域经济和城镇化建设快速发展

近年来，国务院陆续批准了十多个国家战略区域规划，并不断深入推进西部大开发等重点区域战略实施，着重解决基础设施建设、生态环境改善、产业结构调整、经济发展模式转变及区域协调发展等问题；2010 年通过的《全国主体功能区规划》规定了划分“优化开发、重点开发、限制开发和禁止开发”四类区域，对全国的城市化地区、农业主产区、生态地区提出了开发定位和发展要求。我国城镇化建设快速发展，城镇化水平从 2000 年的 36.22%提高到 2009 年的 46.59%，年均增加 1.03 个百分点，预计到 2012 年城市人口将占总人口的 50%，城镇化已成为我国推进新型工业化、解决就业、扩大内需的重要举措。抓住区域经济和城镇化发展带来的机遇是银行业务发展战略的必然选择。

（三）政府信息化和电子政务加快建设

政府信息化是指政府部门为更加经济、有效地履行职责，向全社会提供更好的服务而广泛应用信息技术、开发利用信息资源的活动和过程。电子政务是政府信息化的核心内容，其内涵是将政府管理和服务职能在互联网上实现，提高政府工作效率，增强服务公众的能力。目前各地电子政务正在加速建设，网上行政服务中心（办事大厅）已逐步搭建成型，服务功能日趋完善，并日渐成为政府信息公开、在线办事和公众参与的重要渠道。政府信息化和电子政务建设，为银行的电子渠道业务提供了广阔的新领域。

（四）财政资金管理体制改革持续推进

随着财政资金管理体制改革的不断深化，国库集中支付制度和非税收入收缴管理制度改革已全面实施，取得了建成国库单一账户体系、形成预算执行过程动态监控机制、实现信息实时透明、

提升资金运行效率、提高预算单位财务管理意识和管理水平等方面的重大进展。国库直线收支模式在政府机构中广泛推广，财政资金运行由“中转”变为“直达”，减少了资金归集与拨付中间环节，导致政府机构客户资金存量不断降低，单一盯存款的营销模式已不再适用于此类客户，必须另辟蹊径。

二、明确政府机构业务发展新策略

针对上述新的形势变化，我行应在以下几方面探索政府机构业务新领域。

（一）以协助政府客户提升公共服务能效为出发点，开拓新型业务市场

发挥银行本职功能，把协助政府部门提升公共服务和社会管理能力作为拓展客户业务的出发点，抓住政府职能转型新形势下的市场商机，主要包括：一是配合政府近年来推出的“政务超市”、行政服务中心和一站式办事大厅等公共服务新模式的建设运行，为其提供体系化的综合金融服务；二是政府对银行为其搭建资金结算与监控网络以加强系统管控能力的需求日益显著，我行可以发挥产品、渠道等综合优势，为上下游客户量身定制提供系统化的资金流和信息流服务方案；三是在协助政府维护市场公平、公正方面，重点开展资金结算网络监控服务和政府类保证金类业务，培育政府机构负债业务新的增长点。

（二）把握区域经济发展和城镇化建设带来的机遇，推动重点业务发展

在政府加快推进区域经济发展和城镇化建设的背景下，重大基础设施和重点项目不断增加，我行应加强对相关政府部门的营销工作，尝试前瞻性地引导项目主管部门或项目业主在加强建设项目管理方面的新需求，推广应用百易安业务，为政府重点监管的建设单位和建设项目提供全程资金管理和监控服务，并为相关贷款提供资金用途监控服务。此外，我行还应重点关注区域战略中招商引资、土地开发建设、贸易物流等领域的商机，充分发挥百易安的安全支付功能，为区域经济和城镇化建设提供一揽子金融服务解决方案。

（三）支持电子政务建设，开辟银政合作新空间

在政务电子化方面，银行应以支持政府部门建设电子政务提高公共服务能力及效率为着眼点，深化与政府部门的合作。在电子政务建设方面，银行可发挥在客户身份信息识别和支付结算方面的天然优势，通过系统联网，为电子政务提供企事业单位、社会团体及居民的辅助身份认证和事项费用结算两大功能配套服务，以此开辟新的银政合作空间。由于电子政务的社会影响力巨大，一旦成功合作将为银行增强品牌凝聚力和市场影响力，是值得努力探索的重要方向。

（四）构建客户营销新模式，挖掘政府机构综合价值

在财政国库集中收付的背景下，国库集中管理的资金种类和范围不断扩增，政府机构客户在银行体系内存款不断降低，传统上以此类客户存款为指向的营销模式很难适应市场需要，因此应在做好政府机构客户相关财政账户资金管理业务的基础上，将营销重点转移到客户延伸拓展上，通过政府机构客户扩展到预算资金执收及缴款单位、预算外资金执收及缴款单位、预算（支出）执行单位、项目单位、中标供应商、项目承建商等政府部门和企事业单位。

新形势下，传统的“一户、一点、一面”（一个政府机构客户由一个服务网点开展某一方面业务）服务模式已经落后于市场，必须主动向区域化、网络化、链条化、集成化为特点的新型服务模式转型，重点是搭建政府机构业务营销平台，形成常态化的跨区域、跨层级、跨部门的有机联动的工作模式，以满足快速变化的市场拓展和客户营销需要。我行应充分利用政府机构客户辐射效应和行业龙头客户延伸关系，紧紧衔接政策、资金、行业、项目等信息源头，不断抢占市场制高点，有效实现营销平台的链条营销、交叉营销和综合营销等批发带动功能，广泛辐射众多企事业单位和居民客户，建立起银政合作多元化、全方位的合作关系。

三、重点拓展政府机构业务新领域

我行应结合各地实际情况，重点做好以下几方面新领域拓展工作。

（一）抓好行政服务中心及电子政务的服务创新

为方便社会公众申办行政审批事项的“政务

超市”、行政审批服务中心和一站式办事大厅等政府服务新模式（以下统称行政服务中心）在各地不断涌现，我行应深入研究行政服务中心的需求特点和服务流程，站在提升总体业务市场地位、扩大社会影响力的战略高度，在权衡综合和长远效益的基础上，积极开展与当地行政服务中心合作。

开展与行政服务中心合作可在两个层面进行：一是物理网点层面合作，政府推出行政服务中心基本采取多部门集中办公方式，可根据客户需求并结合本行实际，在政府集中办公区域选择“设点”（设立网点）、“驻点”（派驻人员）和“定点”（定时上门）服务等方式，提供支付结算和资金归集等相关金融服务；二是电子政务层面合作，针对政府推出的网上行政服务中心建设，发挥银行在企业和个人身份认证以及账户结算方面的优势，为当地政府部门和社会公众提供网上办事的辅助认证、支付缴费全程服务。开展电子政务合作应把握好三个要点：一是营销中心点，营销的中心目标是当地负责电子政务实施的政府办公厅、信息中心等部门，应下工夫研究当地政府门户网站以及网上行政服务中心的整体情况以及潜在需求，有策略有步骤地开展营销工作；二是合作切入点，双方共同筛选具备电子政务合作条件的行政审批项目，拟订切实可行的实施方案；三是实施支撑点，做好行内电子政务联网支撑系统，依托本行的网银平台或特色平台完成电子政务联网实施项目。

（二）大力拓展政府类保证金业务

政府类保证金业务是指政府职能部门为了实现行政监管目的，对所辖行业引入保证金制度来对监管对象的行为进行约束和规范，相应需要银行提供的监管资金配套服务。目前，政府类保证金业务主要有以下几种：安全生产风险抵押金（安全生产监管部门）、矿山复垦监管资金（国土主管部门）、农民工工资保证资金（建设主管部门）等。据了解，不同行业、不同领域的对公监管资金业务市场潜力巨大，还有各种地方政策区域性的政府类保证金业务，例如，廉租住房监管资金、建设项目质量保障金、建筑企业保障金、耕地占用监管资金、国有资产交易拍卖监管资金等。目前，政府类保证金业务资金规模达数千亿元，随着我国经济持续发展以及构建和谐社会的深入推进，政府以监管资金方式作为协调管理各方利益的手段已成为一种明显趋势，政府类保证金业务的市场规模还将逐渐扩大。

根据各地政府主管部门的政策要求和管理模式特点，我行政府类保证业务模式主要为两类：一是交存单位开户模式，以需要缴存资金的企事业单位、社会团体或个人名义开立专用结算账户，将保证金存入各个专用账户，银行按政府主管部门要求和有关业务规定对专用账户提供管理服务，并将专用账户清单和资金变动等相关信息汇总编制报表，定期向政府主管部门提供；二是主管部门开户模式，政府主管部门本身开立专用存款账户，接受由企事业单位、社会团体或个人等监管对象缴存的保证金，银行通过登记台账记载分户信息，按政府主管部门要求和有关业务规定对台账分户提供管理服务，并定期向政府监管部门提供报表及相关信息。

政府类保证金业务营销重点对象是建设、国土、安监等政府职能部门，在客户营销中应注意从政府主管部门的财务部门延伸到相关业务部门，及时了解政府客户政策动态，引导和培养客户需求，制订个性化、差异化的业务解决方案，建立起良好的合作关系。

（三）做好区域和基层政府机构营销工作

随着区域经济不断发展，政府部门需进一步加强资金管理和监控职能，我行可相应提供以资金监管功能为核心的综合性服务方案，深化与本地政府部门的合作关系。

在城镇化建设深入推进的背景下，政府机构客户资金“下沉”的趋势明显，市、区（县）基层政府部门、街道及社区掌握着越来越多的资源和资金，为银行与基层政府机构合作提供了新的市场空间。我行应关注和重点营销大中型城市中处于经济发达城区、镇、街道的基层政府组织，以资金归集、划拨功能作为产品组合的主线，为基层政府客户量身设计多渠道和差异化的综合服务方案，提供体贴周到的金融服务。重点营销目标：一是积极吸存街道及社区客户拆迁资金、安置房购买款、安置赔偿款、土地出让款、房租收入、上级补助款等；二是利用街道、社区的辐射功能，从招商引资工作着手，对项目进行源头营销，积极营销街道辖内优质公司客户；三是加强街道、社区办事人员的个人金融服务，推出适当的金融服务产品如“社区一卡通”产品，吸引优质个人客户落户我行，从而增强与公司业务、个人金融业务的联动营销等。

（四）进一步加强与重点政府职能部门的业务合作

我行应加强与重点政府职能部门的合作关系，落实协助政府部门提升管理和服务效能而拓展银行业务的策略，为其提供个性化的配套金融服务：一是加强与海关部门开展银关通、电子保函和关税保证金账户方面的合作，进一步扩大我行的市场份额；二是与工商管理部门开展企业注册登记方面的合作，为工商管理部门提供企业注册信息电子查询；三是与民政部门开展社会团体管理和服务方面的合作，拓展下游社团客户；四是加强与检察院、法院的合作，营销扣押资金专用存款账户等业务；五是商检部门开展检验检疫手续费用的结算和归集业务；六是积极与农林水利部门开展合作，为其专项资金提供监控管理合作，吸收更多的项目资金存款；七是以民用航空局资金结算网络合作为模板，为中直单位提供全国区域网络化的资金监管服务；八是探索开辟与驻华使馆、领馆等境外政府组织的业务合作。

四、严格加强政府机构业务风险管理

我行应进一步加强政府机构业务风险管理，严格控制业务关键风险点，包括但不限于以下几方面。

（一）严格控制政府类保证金业务操作风险

政府类保证金业务操作较为复杂，必须严格管理、加强检查，把操作风险降到最低。在业务办理过程中，既要严格按照政府部门政策要求执行，也要维护好存款人的资金权益，避免资金被非法挤占挪用。一要依据有关政策要求，签订业务合作协议，明确相关各方责权利。二要在日常操作中，按照业务协议要求，对于资金存入和支取的步骤操作要不折不扣按照规定手续办理，做到账款实时相符，严格保证系统（手工）台账登载以及专用业务报表编制的客观性、准确性和及时性，对内和对外的交接手续齐全清晰。

（二）不向政府机构和政府保证金专户推销理财产品

鉴于政府客户资金主要属于财政资金，根据财政资金专款专用的管理要求，我行不应向政府客户推销理财产品，也不得向政府类保证金等专户资金推介理财产品。

（三）规范办理银关通及电子保函业务

我行应根据业务操作规程做好银关通业务的核单、入库，并针对异地取单情况建立取单行与开户行之间的税单按月核对机制，一旦出现税单遗失情况，开户行要及时做好与客户的衔接工作，避免发生影响客户退税及账务核对情况。

（四）加强政府机构业务日常规范管理和监督检查力度

防范政府机构客户的负债及中间业务风险，我行应在重点环节加强规范管理和监督检查工作力度，特别要做到前台、中台、后台联动，按业务流程逐项控制关键风险点。

（五）完善应急处理机制，保障业务可持续发展

我行应完善政府机构业务突发事件及系统故障应急机制，提高应对异常事故和突发事件的反应速度及处理效率，把业务风险损失降低到最小，有效保障业务的可持续发展。

国内三大环境交易所的发展现状比较及主要银行的碳金融探索

总行机构业务部 陈建华 车 星 肖 鹏

本文通过对比我国三大环境类交易机构基本情况及发展策略，比较国内商业银行在碳金融领域所做的探索，初步提出适合我行实际情况的碳金融发展思路。

一、京、津、沪三大环境交易所基本情况

从国内的环境权益交易市场来看，基于中国巨大的市场潜力，2008 年先后成立了北京环境交易所、上海环境能源交易所和天津排放权交易所等机构，三大主要的环境交易所的基本情况如表 1 所示。

表 1 京、津、沪三大环境交易所基本情况

交易所名称	北京环境交易所	上海环境能源交易所	天津排放权交易所
成立时间	2008 年 8 月 5 日	2008 年 8 月 5 日	2008 年 9 月 25 日
批准单位	北京市人民政府	上海市人民政府	按照国务院关于滨海新改革有关要求设立
股东构成	北京产权交易所（40%）、中国光大投资管理公司（20%）、中海油新能源投资有限责任公司（20%）、中国国电集团（20%）	上海联合产权交易所（100%）	中油资产管理有限公司（中国石油天然气集团公司全资子公司，持股 53%）、美国芝加哥气候交易所（持股 25%）、天津产权交易中心（22%）
合作伙伴	环境保护部环境保护对外合作中心、国家发改委能源研究所、BlueNext 交易所	上海本地投资公司、咨询公司及企业单位	研究机构、金融机构、核证机构、行业协会等 13 家单位
业务范围	集各类环境权益交易服务为一体的专业化市场平台，包括交易鉴证（审查资格、披露信息、监督交割、出具凭证）、市场服务（交易咨询、方案设计、中介服务、项目推介、洽谈协调、招标买卖）、公益服务（环保宣传、培训研究、课题研究、碳汇买卖）	为环境能源领域各类权益人、节能减排集成商、科研机构、投资机构等各类企业、科研机构，提供节能减排咨询、项目设计、项目价值评价、经营策划、项目包装、基金运行、项目投融资以及技术支撑等各类资本、经营、信息与技术服务	交易所目前主要致力于开展二氧化硫、化学需氧量和温室气体排放权交易、能效交易及相关咨询服务

续表

交易所名称	北京环境交易所	上海环境能源交易所	天津排放权交易所
减排标准	熊猫标准：北京环境交易所与 BlueNext 交易所联合启动了中国第一个自愿碳减排标准开发，该标准将按照国际一流规则开发，依托现有方法，专注于中国以及其他国家大农业碳减排项目，在未来两年内，努力成为一个得到国际和国内广泛认可的标准。标准第一版在哥本哈根会议期间向全球发布	受联合国南南合作特设局的委托，上海环境能源交易所已经启动了碳强度标准的研究，到目前为止，已初步完成了框架性的研究工作	发起中国企业自愿减排联合行动，根据自愿参加、自愿设计规则、自愿确定目标三大原则，研究和执行符合中国国情的温室气体核证、目标承诺与减排交易体系，帮助企业实施碳资产的有效管理，共同提升企业应对气候变化的能力，通过市场机制为基础的温室气体排放控制与减排的交易，使企业获得排放权交易和温室气体减排的经验，鼓励排放管理及其技术创新，培育企业应对温室气体方面的人力资源与服务机构

二、京、津、沪三大环境交易所发展策略比较

当前我国三大环境权益交易所仍处于区域发展状态，均未形成全国性影响力，围绕国内自愿减排标准的竞争已经展开，各方都在积极推动建立适应我国现阶段发展需求的行业标准，倡导建立健全法律法规体系，探索尝试不同的业务领域。三大环境交易所在发展方向的选择上各有侧重，简要对比如下。

（一）保守派：上海环境能源交易所

上海环境能源交易所是上海市人民政府批准设立的一家综合性的国际化环境能源权益交易市场平台，该交易所认为目前国内排放权、排污权交易环境尚未成熟，政策远未放开，搭建全国性的交易平台为时过早。因此目前主要为环境能源领域各类权益人（如节能减排集成商、科研机构、投资机构、减排企业等）提供排放权交易咨询或相关股权投资业务，更多地充当中间商角色。目前上海环境能源交易所推出了“绿色世博”自愿减排交易平台，初步完成的碳强度标准大纲，并在本月完成了国内单笔最大的碳中和交易。

（二）温和派：北京环境交易所

北京环境交易所成立后用一年多时间建立了规范的公司治理和董事会管理制度，探索尝试了不同的经营领域。当前主要业务包括排污权交易、碳排放权交易，以及节能环保技术转让平台三大类业务，并正在推动零排放大楼的建设工作。

排污权交易主要与昆明、大连、内蒙古、山西、贵州等地的产权交易所合作，提供参股及技术支持，通过当地交易平台参与排污权交易。

碳排放权交易方面，北京环境交易所基于我国仍是发展中国家的基本国情与今后国内碳市场非强制化、非标准化的中期预期，认为中国碳市场在较长时间内仍然会是一个自愿项目市场。目前国内的经济形势、政策法律法规还不支持强制配额项下的排放权交易，虽然未来国内碳市场发展的方向将走向更高一级的强制化与标准化，但需要经历一段循序渐进的演变过程。由于国内项目还处在买卖双方一对一的层次上，所产生的排放指标只能进行整体出售，尤其是工业类企业减排，无法做到“三可”（可测量、可报告、可核查），也从一定程度上制约了交易标的标准化和多边市场的发展。因此，北京环境交易所基于非强制化与非标准化两个原则，通过自愿加入、自愿减排的方式开展排放权相关业务，当前主要以 CDM 项目和生态补偿（VER）信息服务为主，同时积极筹备成立北京国际碳金融研究所、绿色金融协会及相关环保论坛，并在哥本哈根国际气候峰会上发布我国首个自愿减排标准——“熊猫标准”框架，致力于打造我国首个自愿减排项目市场标准。

（三）激进派：天津排放权交易所

天津排放权交易所是按国务院有关批复要求在滨海新区设立的一家综合性排放权交易机构，该交易所认为随着《京都议定书》的到期，发展中国家将在温室气体减排上将逐渐承担更多的责任，中国作为最大的发展中国家将很快进入“总量控制与交易”（Cap - and - Trade）机制下的配额市场，因此天津排放权交易所成立后一直积极

推动碳减排自愿配额（即自愿加入、强制减排）市场的创新，尝试在有关各方的支持下建立一套为减排指标跨地区交易提供权威记录的国家登记簿。

天津排放权交易所最近在国家发展和改革委员会、中国人民银行、天津市政府等有关方面的支持下发起了“中国企业自愿减排联合行动”，试点符合中国国情和企业实际的二氧化碳温室气体测量、报告、核实体系，减排和交易体系等，我行已正式加入。另外，天津排放权交易所近期完成了两笔企业间以碳足迹盘查为基础的碳中和交易。

三、国内商业银行在环保领域的探索

以低碳经济为代表的新增长模式已日渐成为后危机时代全球经济复苏的“曙光”，对我国而言，发展低碳经济、促进可持续发展虽面临巨大挑战，但已是刻不容缓。这一趋势意味着，在未来一段时间内，现有的市场、产业以及技术都可能出现深远的变革。对于商业银行来讲，实体经济层面的变革，可能会对其经营管理带来相当大的挑战。比如，促进“低碳经济”转型的各种措施会导致企业短期内经营成本上升、盈利能力下降，产业结构调整过程中商业银行所面临的行业信用风险会因此而提高。然而，“低碳经济”发展也为商业银行提供了创新发展的机遇。通过积极地参与到“低碳经济”的发展当中，大量的金融创新不仅推动了“低碳经济”的发展，也为银行带来了新的盈利机会和崭新的发展空间。在此背景下，国内各商业银行纷纷加大了对国际碳金融发展的跟踪研究，积极开展“绿色信贷”及其他碳金融产品和服务创新。通过与主要环境交易所的研究交流，我们了解到国内银行同业在碳金融领域进行了以下不同的尝试。

兴业银行：国内首家“赤道银行”。兴业银行以国际金融公司认定的节能、环保型企业和项目为基础，按照自身的信贷审批流程，向符合条件的节能、环保型企业和项目发放贷款，国际金融公司将对相关贷款提供本金损失分担、相关的技术援助和业绩激励。项目合作采取损失分担机制，不仅对于作为兴业银行和国际金融公司都是一个创新之举，也为中国金融业的对外合作提供了样板。

浦发银行：专注于 CDM 项目融资及财务顾问。2009 年 7 月，浦发银行在国内银行界率先以独家财务顾问方式，成功为陕西两个装机容量合计近 7 万千瓦的水电项目引进 CDM 开发和交易专业机构，并为项目业主争取到了具有竞争力的交易价格，CER 买卖双方已成功签署《减排量购买协议》（ERPA）。本 CDM 项目成功注册并签发，每年将至少为项目业主带来约 160 万欧元的额外售碳收入。本 CDM 项目是国内银行业正式签署财务顾问协议及 ERPA 的首单 CDM 财务顾问，标志着浦发银行在国内同业中率先在碳金融领域迈出了里程碑式的第一步。

招商银行：与携程网合作准备开发“碳卡”。此卡用于个人自愿进行碳中和。例如，每通过此卡购买一张机票，按里程多少所需消耗的排放量缴纳一定金额，将金额汇总后向出售排放权指标的企业购买指标，进行个人碳中和。

光大银行：与北京环境交易所共同研究发行“碳卡”。通过发行“碳卡”，将收益捐给民政部下的环保公益基金，用于购买基于北京环境交易所“熊猫标准”的减排指标，对有需要的地区进行生态扶贫。

民生银行：准备致力于 B2B 领域。为环保类企业开展贸易融资、保理等业务。

四、我行在低碳金融领域的前期工作及后续业务设想

作为国有大型股份制商业银行，我行在注重企业效益的同时也坚持不懈地全面履行企业公民责任，坚决贯彻落实国家环保法律法规，在信贷评审中严格执行环保“一票否决制”，严格限制向“高能耗、高污染”行业贷款，积极支持有利于环境保护、有利于改善生态环境的项目。2009 年我行绿色信贷项目余额逾千亿元。建设银行还发挥自身优势，结合业务特点，通过创新产品支持环保，如黑龙江省伊春市分行发行同业首张生态概念卡“红松龙卡”。但总体而言，我们在环保领域的金融服务依然体现在传统的信贷业务上，对环保前沿领域的关注和参与都很少，在舆论宣传上也显得缺乏亮点。

2010 年年初我行结合国家最新政策导向，推

出了“民本通达”民生系列产品综合服务方案，通过对教育、医疗、社保、环保领域金融服务水平的提升，全力支持国家民生领域建设。其中“民本通达—环保益民”综合服务方案，从环境建设项目、污水处理、重点流域治理等方面入手，分别针对环境建设融资、环境市场管理、公益投入等服务需求，提供个性化金融方案。其基本内涵是：通过金融服务创新，为环保客户提供覆盖面广、适用性强、核心价值高、切实可行的金融服务产品，从而提升我行服务民生领域、支持环境建设的水平。针对目前国内三家主要的环境权益交易所的发展现状，我们将密切关注三家交易所的最新进展，并采取差别化的策略开展合作。

（一）将天津排放权交易所作为首选，继续深化双方合作

我行已与天津排放权交易所建立了紧密的战略伙伴关系，在市场拓展、知识培训、自愿减排标准研究方面开展了卓有成效的合作。作为交易所创立之初至今合作最紧密的金融机构会员和银行合作伙伴，我行近期加入了其发起的企业自愿减排联合行动，下一步将通过参与市场交易规则和制度的制定，形成业务先发优势。

（二）加强与北京环境交易所的联系，关注熊猫标准进展

北京环境交易所地理位置优越，接近众多能源类集团公司总部，在市场拓展上拥有天时地利。但北京环境交易所股东背景中有光大投资，前期与银行的合作以光大银行为主。下一步，我们将密切关注其近期设计开发的“熊猫标准”，研究出我行与其合作的介入点，借鉴与天津排放权交易所合作已取得的成功经验，适时针对北京环境交易所业务特点设计一揽子的金融服务方案。

（三）持续关注上海环境能源交易所的最新动态

上海环境能源交易所已初步完成的碳强度标准框架，由于前期我行与其接触较少，下一步总行将要求上海市分行及时跟交易所最新动态，持续关注其在减排标准制定上的进展，积极寻找业务合作的切入点。

除了加大与三大环境权益交易所的合作以外，我们下一步将抓住“两型社会”建设、排放权市场构建、环保公益基金的设立、三峡工程后续规划开始编制等各种有利条件，继续将“环保益民”金融服务方案不断做深、做细、做实。

关于建设银行制定内部控制基本政策的思考

总行内控管理委员会办公室　安瑛晖

财政部、证监会、审计署、银监会、保监会等五部委于2008年5月下发的《企业内部控制基本规范》（以下简称基本规范）以及2010年4月下发的相关配套指引对企业建立和完善内部控制提出了明确的要求。建设银行作为在海内外同时上市的国有商业银行，应于2011年1月1日起，全面实施基本规范。

基本规范及其配套指引对企业内部控制提出了比较详细的要求。其中，建设银行实施基本规范的重中之重，就是应当按照外部监管要求和实际经营管理需要，制定满足外部监管要求和适应内部管理需要的内部控制基本制度，作为具有自身经营管理特点的内部控制纲领性文件，并在全行逐步实施。

一、制定内部控制基本政策的必要性

建设银行制定内部控制基本制度，不仅仅是满足外部监管的要求，更重要的是适应内部管理的现实需要，对健全内部控制和完善内部控制管理，建立长效内部控制机制，具有重要的现实意义和深远的历史意义。

（一）制定内部控制基本政策是外部监管的要求

基本规范要求企业“应当根据有关法律法规、基本规范及其配套办法，结合实际经营管理，制定内部控制制度并组织实施”。实际上，就是要求企业消化吸收基本规范的要求，遵从其精神实质，按照其具体要求，形成适合自身经营管理需要的内部控制基本制度，并据此逐步建立健全建设银行内部控制。

（二）制定内部控制基本政策是内部经营管理的需要

建设银行作为特殊的企业，需要针对经营管理的特质性要求，建立适合自身经营管理需要的内部控制。这就需要制定内部控制基本政策，明确内部控制内涵和边界、内控目标、内控原则、内控要素以及相关的内部控制组织体系、责任体系、制度体系、信息交流与沟通体系、监督评价体系、考核体系等内容，真正做到纲举目张，进一步指导内部控制体系建设。

（三）制定内部控制基本政策是中长期内部控制建设规划的基础

内部控制是一个持续的过程，不可能一蹴而就，毕其功于一役。内部控制政策可以为制定和实施内部控制中长期建设规划、开展持续不断的内部控制建设工作提供指导和支持。

二、国内同业制定内部控制基本政策的做法

伴随着外部监管规则的不断变化和完善，国有大型商业银行在内部控制组织建设、制度建设、检查监督以及规划发展等方面做了大量有益的工作。

（一）国内银行同业在内部控制方面的主要工作

国有大型商业银行在内部控制方面的主要工作体现在以下几个方面：一是在董事会层面，国有大型商业银行都明确了专门委员会负责内部控制相关事宜。二是在高级管理层层面，中国银行成立了内部控制委员会和内控专家小组负责内部控制相关职责，中国工商银行、中国农业银行、交通银行都由风险管理委员会承担内部控制管理职责，其中中国农业银行正在筹建内控管理委员会，以厘清与风险管理委员会的职责，强化内部控制的管理。三是在内部控制日常管理工作和专门职能部门等方面，中国工商银行、中国农业银行分别于2004年和2008年成立了专门的内部控制管理部门——内控合规部，设置了相关的管理处室，专门负责内部控制管理工作，承担内部控制规划、制度管理、业务检查监督、内部控制评价、授权管理、操作风险监控、内部控制纠错与整改等工作任务；中国银行于2004年在法律合规部内设立了三个团队，分别是规划团队、评估与监控团队、检查与离任稽核团队，专门负责内部控制管理工作。同时，内控管理部门与其他风险管理部门一起履行风险管理职责，指导业务部门开展经营管理工作，并接受内部审计部门的监督检查。四是在政策制度层面，中国工商银行制定了《中国工商银行内部控制暂行规定》作为内部控制基本政策和制度，中国工商银行、中国农业银行制定了内部控制发展规划，指导内部控制建设工作。五是建立和完善了内部控制检查监督机制，并完善了自我评价体系。六是科学谋划，逐步推进内部控制体系建设。中国工商银行制定了《中国工商银行内控体系建设三年规划》，中国农业银行制定了《中国农业银行内部控制发展纲要》，并按照规划要求，积极推进内部控制相关工作。

（二）国内银行同业在制定内部控制基本政策的做法

中国工商银行公司内部管理制度主要由基本控制制度、具体控制制度和内部控制监督评价制度组成，全面覆盖了信贷管理、计划财务、资金运营、中间业务、个人金融等各项管理活动和业务流程，形成了较为完善的内部管理制度体系，并得到有效地贯彻执行。1998年，中国工商银行制定了内部控制暂行规定，成为内部控制的纲领性文件，并在2005年以后，持续地进行了修订。2006年，中国工商银行制定了内控体系建设三年规划，进一步明确了内部控制任务、目标、职责和监督保障机制。同时，制定了《中国工商银行内部控制评价办法》，从制度层面完善了监督评

价机制。中国农业银行已经就落实内部控制基本规范、满足A+H股上市要求，制定了《中国农业银行内部控制发展纲要》，开展了内部控制检查评价，并根据检查评价以及审计结果，针对存在的问题督促整改工作开展。招商银行于2009年12月制定了《招商银行：内部控制基本规定》，明确了其内部控制的概念与内涵、组织管理、内控环境、风险评估、控制活动、信息与沟通、内部监督、对附属机构的内部控制等内容。

三、制定内部控制基本政策的主要工作内容

根据外部监管要求和建设银行内部经营管理需要，建设银行应当尽快制定内部控制基本政策，以文件化的形式明确相关事项，主要包括以下几个方面。

（一）建设银行的内部控制概念与内涵

建设银行应当根据自身经营管理特点和经营管理需要，按照基本规范提出的内部控制概念，定义建设银行的内部控制，确定实质内涵、内部控制边界以及内部控制的结构等。

（二）建设银行的内部控制的目标

基本规范对内部控制的目标明确为：“合理保证企业经营管理合法合规、资产安全、财务报告及相关信息真实完整，提高经营效率和效果，促进企业实现发展战略。”建设银行应当根据实际经营管理需要，根据已明确的内部控制概念、内涵和边界，进一步明晰内部控制的目标。

（三）建设银行内部控制原则

基本规范明确了企业建立与实施内部控制应当遵循全面性原则、重要性原则、制衡性原则、适应性原则和成本效益原则。建设银行应当根据经营管理实践和实际经营管理需要，根据已明确的内部控制概念、内涵、边界和结构，以及实现既定内部控制目标的要求，进一步明确内部控制基本原则。

（四）建设银行内部控制的要素及内涵

基本规范明确了建立与实施有效的内部控制应当包括内部环境、风险评估、控制活动、信息与沟通以及内部监督等五个要素。但是，国际上规范要求以及先进商业银行实践都可能超越五要素，譬如COSO最新的研究成果，已经提升到八要素。因此，建设银行应当根据经营管理实践和实际经营管理需要，根据已明确的内部控制概念、内涵和边界，以及实现既定内部控制目标的要求，在确定内部控制基本原则的基础上，明确内部控制的要素构成及其实质内涵。

（五）建设银行内部控制责任、分工与组织体系建设要求

基本规范明确“董事会负责内部控制的建立健全和有效实施、监事会对董事会建立与实施内部控制进行监督、经理层负责组织领导企业内部控制的日常运行”；并进一步明确要求“企业应当成立专门部门或指定适当部门组织协调内部控制的建立实施及日常工作”。同时，要求董事会下设立审计委员会，负责审查企业内部控制，监督内部控制的有效实施和内部控制自我评价情况，协调内部控制审计及其他相关事宜等，并对内部审计部门的监督检查和报告职责进行了明确。因此，建设需要进一步明确以下问题：一是董事会、高管层、监事会的内部控制责任与分工，明确公司治理结构和议事规则；二是建立健全内部控制责任分担机制与相应的组织体系，明确内部机构设置与职能分配；三是按照国家有关法律法规、股东（大）会决议和企业章程，结合自身实际，明确股东（大）会、董事会、监事会、经理层和企业内部各层级机构设置、职责权限、人员编制、工作程序和相关要求等制度安排，并结合业务特点和内部控制要求设置内部机构，明确职责权限，将权利与责任落实到各责任单位，通过编制内部管理手册，使全体员工掌握内部机构设置、岗位职责、业务流程等情况，明确权责分配，正确行使职权。

（六）建设银行实施内部控制的激励约束机制、人力资源政策以及企业文化建设

基本规范对实施内部控制提出了建立激励约束机制、完善人力资源政策以及促进企业文化建设的要求。建设银行应当明确方向，提出具体机制建设、政策制定和以内控文化为核心的企业文化建设的详细要求。

（七）建设银行内部控制的信息技术支撑

促进信息技术在内部控制中发挥作用是基本规范的要求。要求企业应着手“建立与经营管理相适应的信息系统，促进内部控制流程与信息系

统的有机结合，实现对业务和事项的自动控制，减少或消除人为操纵因素”。建设银行应当根据信息技术的发展，明确提出信息技术在业务发展和经营管理中的应用，以提升内部控制效果的具体举措。

（八）建设银行的风险评估

按照基本规范的要求，建设银行应当根据既定的内部控制目标，收集相关信息，及时进行风险评估，准确识别与实现控制目标相关的内外部风险，确定风险承受度（主要包括整体风险承受能力和业务层面的可接受风险水平）；采取科学的方法，按照风险发生的可能性及其影响程度，对风险进行分析和排序，确定关注重点和优先控制的风险；结合风险承受度，权衡风险与收益，确定风险应对策略，综合运用风险管理手段，实现对风险的有效控制。

（九）建设银行的控制活动

建设银行应当结合风险评估结果，建立相关的制度体系、组织体系、责任体系和绩效考核体系，采用手工控制与自动控制、预防性控制与发现性控制相结合的方法，明确和运用相应的控制措施，通过开展各个经营管理过程中的控制活动，将风险控制在可承受度之内。同时，要明确风险预警标准，对重大风险和突发事件，建立相应的重大风险预警机制和突发事件应急机制，妥善处理相关问题。

（十）建设银行的信息与沟通

按照基本规范要求，根据实际经营管理需要，建设银行应当建立信息与沟通制度，明确内部控制相关信息的收集、处理和传递程序，确保信息及时、有效沟通，促进内部控制有效运行；并充分利用信息技术，促进信息集成与共享。

（十一）建设银行信息系统建设

按照基本规范要求，根据实际经营管理需要，建设银行应当加强对信息系统开发与维护、访问与变更、数据输入与输出、文件储存与保管、网络安全等方面的控制，保证信息系统安全稳定运行；并积极开展信息系统风险评估工作，定期对信息系统进行安全评估，及时发现系统安全问题并加以整改。

（十二）建设银行反舞弊机制

按照基本规范要求，根据实际经营管理需要，建设银行应当建立反舞弊机制，坚持惩防并举、重在预防的原则，明确反舞弊工作的重点领域、关键环节和有关机构在反舞弊工作中的职责权限，规范舞弊案件的举报、调查、处理、报告和补救程序；并建立举报投诉制度和举报人保护制度，设置举报专线，明确举报投诉处理程序、办理时限和办结要求，确保举报、投诉成为企业有效掌握信息的重要途径。

（十三）建设银行内部控制监督检查、自我评价与纠错整改

按照基本规范要求，根据实际经营管理需要，建设银行应当制定内部控制缺陷认定标准，明确分防线、分条线、分部门、分层级的监督检查、自我评价与纠错整改的组织建立与责任划分，实施监督检查和自我评价，及时发现问题，适时整改，完善内部控制，建立自我纠错、自我完善的内部控制长效机制。

（十四）建设银行附属机构内部控制

建设银行应按照外部监管要求，对境内外子银行、非银行金融机构以及应纳入并表范围的其他机构内部控制提出相关要求，并指导其建立健全内部控制。

（十五）建设银行内部控制的外部监督检查和外部审计

基本规范明确了国务院有关部门对企业建立和实施内部控制进行检查监督；同时，企业接受外部审计，对企业内部控制有效性进行审计，并披露审计报告。建设银行需要明确接待外部监督检查、接受外部审计的管理程序和工作安排。

四、制定内部控制基本政策的主要措施建议

为了保证制定内部控制基本政策工作的顺利开展，提出如下措施建议。

（一）组建内部控制基本政策起草工作小组

在全行范围内选拔有一定内部控制理论与实践基础的人员组成起草工作小组，全职开展内部控制基本政策的起草工作。

（二）学习内部控制相关理论知识和监管要求

在强调自我学习的基础上，安排一定时间，接受外部专家和监管机构专业人员针对内部控制

理论知识和监管要求的专业培训，参与专业讨论，提高内部控制理论素养，提升对监管要求的消化吸收程度，力求使起草工作小组工作人员掌握最新监管要求的精神实质和具体技术。

（三）集中完成内部控制基本政策的起草工作

在组建起草工作小组、强化学习探索和充分调查研究的基础上，组织相关人员，集中办公，充分研究讨论，草拟内部控制基本政策，为提交相关层级审议提供材料。

（四）董事会审议通过内部控制基本政策

建设银行内部控制基本政策作为内部控制的纲领性文件，需要在董事会层面审议通过，在内部颁布施行，并对外披露相关信息。

建设银行个人银行业务战略转型研究

河北省分行 陈中新 陈 华 吕良宏

与批发业务相比较，个人银行业务具有资本要求低、创造价值高，单笔规模小、总体业务规模庞大，风险分散、收益稳定等天然优势，属于资本节约型战略业务。它是商业银行落实“以客户为中心”战略的集中体现，是商业银行开辟新市场、新领域、新经营方式的主要工具，为银行开辟了新的利润来源，已经成为现代商业银行可持续发展的基础和动力。

一、推进个人银行业务战略转型的背景因素分析

商业银行传统经营方式是以规模扩张为手段，以批发信贷资产为主要产品，以利差收入为主要盈利来源，该发展模式只能适应相对稳定、封闭、持续增长、监管宽松和低水平竞争的经济环境。在金融市场全面开放、监管政策与国际接轨、利率市场化、客户需求多元化、金融“脱媒”加剧以及货币政策频繁变化的大背景下，商业银行传统的利差盈利增长模式已难以为继，要保持核心竞争力、实现可持续发展、不受资本刚性约束的个人银行业务越来越受到现代商业银行的青睐。

（一）中国经济的持续快速增长为个人银行业务战略转型奠定了坚实的物质基础

改革开放以来，中国经济不断发展，国民收入大幅提高，社会财富迅速积累，为商业银行个人银行业务的发展奠定了坚实的物质基础。另外，在国家“十一五”战略规划中，明确要进一步扩大国内需求，加大消费对经济增长的拉动作用，对商业银行发展个人银行业务提出了明确要求，也为业务的大发展提供了良好的外部环境。

（二）中高端客户数量的不断扩大，为个人银行业务战略转型奠定了良好的客户基础

随着财富分配向居民的不断倾斜，居民金融资产不断增加，形成了规模庞大的中高端客户。该客户群体对金融商品和服务有着多样化需求，但由于资产投资组合具有很强的专业性，而个人客户通常缺乏金融专业知识或受到时间与精力的限制，只能借助商业银行的人才与信息优势为其提供代理投资理财等个人银行业务服务，从而形成了巨大的市场需求。

（三）金融“脱媒”现象的加剧，凸显了个人银行业务战略转型的紧迫性

随着我国金融体制改革的纵深推进，金融“脱媒”现象日益显现，企业融资渠道的多元化降低了其对银行信贷的依赖性，银行传统收入来源萎缩，利差收入盈利模式受到严峻挑战，而零售业务作为稳定的利润来源，其战略支柱作用更加突出。

（四）金融监管环境的变化，加速了个人银行业务战略转型

自巴塞尔资本协议推出以来，以风险资本为核心的经营和监管理念在国际金融业得以确立。

在新的监管环境下，我国商业银行要实现业务的持续发展，必须探讨经营发展模式和盈利增长模式的转变，提高资产盈利能力，从而增强自身的积累能力和对外部资本的吸引力，建立稳定有效的资本补充长效机制，实现资本监管下的业务持续发展。毫无疑问，大力发展个人银行业务是一个至关重要的突破口。

（五）商业银行自身实力的增强，为个人银行业务战略转型创造了条件

作为信用中介机构，商业银行在金融、投资和理财等方面具有其他企业和个人无法比拟的优越性，拥有人才、技术、机构网络、信誉和经验等方面的优势。同时，居民储蓄一般存在银行，银行容易和客户交流了解客户需求，加上银行长期以来在居民心中树立的良好形象以及在信息、人才、技术、资金和信誉等方面的优势，都为个人银行业务的改革创新奠定了基础。

二、建设银行个人银行业务发展现状阐析

股改上市以来，建设银行将大力发展零售银行业务作为战略转型的重要内容，不断强化市场营销能力，拓展优化服务网络，巩固客户资源优势，加快产品创新步伐，零售业务金融服务能力和客户满意度持续提升，基本实现了建成国内一流零售银行的目标。但同时也应清醒地看到，与发达国家比较，个人银行业务总体规模仍然偏小，占商业银行利润来源和收入总量的比重依然较低，在发展过程中也遇到诸多瓶颈问题，具体表现主要有以下几个方面。

（一）经营理念、思想认识与战略目标要求尚有差距

当前，建设银行正在加快个人银行业务战略转型，但在具体落实过程中，少数分行对个人银行业务发展认识不一，重视程度不够，“重批发，轻零售”的陈旧观念仍较普遍，工作力度、资源配置、机制手段等跟进不力，尚未真正把个人银行业务作为竞争基础来看待和谋划。在全行大力提倡“以客户为中心”的经营理念过程中，仍有一些基层行员工尚没完全扭转观念，过分追求产品销售业绩，以实现产品销售为导向，损害了客户利益，与一流零售银行战略目标要求相距甚远。

（二）组织架构与发展要求有所脱节

个人银行业务不仅涉及本外币各类产品和渠道管理，还涉及人事、计财、信贷、会计核算、科技支持等，几乎离不开全行所有部门的支持与配合，但各部门都是围绕本部门的职责行使职能，对个人银行业务的支持尚不充分。这种总分行式架构下的“部门银行”制度约束了个人银行业务的有效发展，容易出现相互推诿、功能重复或缺位等情形，也容易造成条块之间黏合力不够，营销渠道不畅通。

（三）流程设计与以客户为中心的要求不完全相符

具体表现为：业务流程以业务处理为中心，客户办理业务环节多、程序繁杂；客户关系管理较为滞后，对识别、挖掘客户需求和优化服务投入不够，加之对客户信息收集和分析不够，客户信息难以共享，分层次服务尚不能充分落实到位；在各级行层面上，部门和岗位之间未能建立有效协同协作的业务处理流程，不利于零售业务的整体推进和快速发展；同时，从内部看，员工属于内部客户，但在业务持续高速发展、网点和人员基本不增加的情况下，柜面业务压力不断增加，操作风险控制难度加大，柜员劳动强度高，在岗工作时间长，也反映出流程滞后于发展要求。

（四）考核激励机制与战略性地位不相适应

个人银行业务在国内发展时间尚短，属于新兴战略性业务，在发展初期，亟须投入大量的人力、物力、财力，尤其是在当前复杂经济环境下的关键战略转型期，需要给予特殊政策扶持和资源配置。然而，当前对个人银行业务总体考核还不合理，突出表现为个人银行业务在考核评价体系中的权重较小，仅按简单效益与成本进行考核，考核导向能力较弱；对网点和员工虽然推行了买单制，但在实施中还有一些问题亟须解决，特别是在买单制实施过程中，有的买单覆盖面不广，考核评价不完善；有的兑现不及时，甚至有的买单不能直接兑现到个人；有的零售业务买单所得在实际分配中有被“充公”的现象等。

（五）银行产品与客户需求不衔接

首先，近几年零售业务产品品种在逐渐丰富，但品种有限、功能单一、结构不合理的总体状况尚未根本改变。其次，同质化现象严重，缺乏个

性化与差异化的金融产品。再次，产品创新针对性不强，由于缺乏对市场有效需求的充分调查，在一定程度上带有盲目性和随意性。而且，个人银行业务产品分散于多个部门，开发周期较长，效率低下，产品创新与市场距离过远。最后，品牌意识薄弱，习惯以业务名称代替品牌名称，以业务管理代替品牌管理，对客户的吸引力不强。

（六）客户结构不合理现象普遍

全行客户规模庞大，但高端客户比例不高、客户结构不合理的问题比较突出。低端客户不仅挤占了宝贵的柜面资源，贡献度较差，难以支撑全行效益，同时低端客户众多往往造成网点的嘈杂、吵闹、拥挤和长队等候，影响网点环境和服务形象，对高端客户产生较强的“挤出效应”。

（七）服务渠道“一长两短”现象较突出

当前，个人银行业务的三类服务渠道发展不均衡，物理网点通过网点转型后，前台人员服务营销能力得到快速提升，客户满意度显著提高，但同时短板现象突出：一是个人客户经理服务渠道花费大量时间精力在低端客户上，对高端客户维护拓展力度不足；二是电子银行服务渠道由于普及性、安全性、易用性等多方面原因，利用率有待提高，对网点资源的分流依然较弱。

（八）人员素质与专业专注型要求不适应

目前，银行零售业务队伍主体基本是原来从事传统储蓄业务的人员，知识结构有待丰富，对理财、金融咨询、投资服务等专业金融知识的掌握还不够充分，对现代科技的运用也不够熟练。专业人才的缺乏，必然会对零售业务市场营销、业务组织、综合理财、投资咨询等形成制约。与此同时，有关新业务、新产品、新制度的培训方式却比较单一、手段相对落后。

（九）信息技术水平及后台支持仍有待提高

近年来，建设银行已形成较好的金融科技研发队伍，具备较强的产品创新和开发能力。但与外资银行相比，某些服务手段仍然相对落后，后台对前台支持力度不够，突出表现在：前台缺乏后台有针对性的强大数据库，操作交易系统居多，对产品开发、营销组合、客户分析的深度不够，价值贡献度核算与利润分配脱节；同时大量非实时性、内部交易型、核算型操作仍聚集在前台，削弱了前台人员服务营销能力。

三、建设银行个人银行业务战略转型的路径选择

在当前“个人银行革命”已经形成燎原之势的关键时期，作为立志打造成“一流零售银行”的建设银行如何推进战略转型已成为当务之急。笔者以为，战略转型的具体实施路径可以从以下几方面推进。

（一）经营理念转型：创新经营观念，更新客户服务理念

多年来，对于企业资产业务能够给银行带来更多存款和更大贷款利差的观念根深蒂固，对发展潜力巨大的个人银行业务重视不够，以个人银行业务为发展重点的经营理念还须逐步深入。当前，全行应进一步树立零售业务战略地位的经营理念，并将工作重点逐步向其转移。在此过程中，银行的重要战略任务就是要真正贯彻“以客户为中心”的经营理念，关注客户资源，尊重客户体验，实现由以“产品导向销售”向“客户关系管理导向”的转变，真正体现“始于客户，终于客户”。

（二）组织架构转型：稳步推进事业部制，打造现代流程银行

个人银行业务要从有利于实现集约化经营的目标出发，应以业务为驱动，以纵向业务线、产品线、客户线为利润中心，以独立核算、垂直管理为核心，赋予其实现业务发展所必需的经营权、决策权和资源配置权，承担独立的损益责任，有效改变部门分割、经营分散的局面。对系统内部管理部门与环节进行重新整合，稳步推进业务单元制或事业部制，逐步建立起矩阵式管理机制。具体业务运行应向流程银行转变，实现个人银行业务各环节无缝合作、各部门之间无边界的高效运行“流程银行”体系。

（三）考核机制转型：建立科学有效的考核激励机制

在尚未正式启动事业部制改革之前，必须改进现行的考核指标体系，在强调结果考核的同时，也应突出过程考核，在质量指标、利润指标、成本指标、经济资本增加值、授权管理等方面加大零售银行业务考核比重，实现由注重存款数量与费用配置考核向业务发展与客户拓展、维护指标、

客户贡献度指标相结合的费用配置考核转变。

（四）业务结构转型：由传统利差业务模式向资产、负债、中间业务并驾齐驱发展模式的转变

国际经验表明，非利息收入同银行的优秀程度和发展水平呈正相关关系，越优秀的银行，非利息收入占比越高，其中，中间业务发展水平已成为评价银行优劣的重要标准。全行个人银行业务应紧抓历史机遇，坚持以市场为导向，以客户为中心，以效益为目标，依托现有资源，强化管理，巩固和扩大传统个人中间业务优势，大力发展“市场有需求，自身有能力，效益有保障”的新的个人中间业务品种，推进业务结构调整，实现资产、负债、中间业务协调发展。

（五）客户结构转型：实现大众客户向高端客户转变

“二八定律”揭示，银行竞争的终极是对高端客户的竞争，银行的一切绩效表现也都源于高端客户，只有赢得了客户满意度并最终留住客户，银行才能赢得竞争。在具体转型过程中，应始终坚持数量、质量、效益并重的原则，集聚全行资源维护拓展高端客户，加强理财队伍建设，加大产品营销力度，不断扩大高端客户规模，提升高端客户比重，改善客户结构。

（六）服务渠道转型：实现“一转变两提升”的转变

全行应协调发展个人客户经理、电子银行和物理网点三类服务渠道。客户经理服务渠道应将工作重点转移到能创造高贡献度的高端客户上来；电子服务渠道应不断丰富功能、提高安全、加快普及，真正解放柜面压力；传统物理服务渠道，应加快由交易核算型向营销服务型转变，加强专业理财营销能力，着力将其打造成营销高端客户的主要场所与阵地。

（七）人员素质转型：由传统业务操作型向专业专注型转变

目前，金融知识普及很快，居民金融意识明显增强，银行只有提供专业化服务，才能真正吸引客户、赢得客户。全行应把培养专业专注型人才作为队伍建设的重点，切实强化员工培训，促成前台人员由经办传统业务、擅长传统业务技能的内控操作型转向能够适应客户需求变化、能为客户提供专业服务融智型、理财型的复合型人员。一方面，鼓励员工学以致用。通过 AFP、CFP 等专项学习班，让更多的员工有机会进一步深入接触个人银行业务。另一方面，要加大激励考核，将“买单制”与团队计价相结合，真正从报酬、奖金等物质方面奖优罚劣，提高个人银行业务从业人员的待遇，吸引更多能力强、素质高的人员参加个人银行业务工作。

（八）信息技术及后台转型：由控制主导转向支持前台服务的转变

一是信息科技服务理念要从控制主导型向支持业务发展上转变，围绕“以客户为中心”的理念，摒弃部门间各自为政的做法，加快由以控制和防范业务风险转向服务和支持前台业务部门方面的转型；二是继续深化中后台对前台的服务保障机制，加快推进前台、后台业务分离工作，进一步减少网点的事务性工作，使其将节约的时间用于客户服务和产品销售，提升市场响应能力和反应能力；三是建立适应内外部服务流程运作的考核机制，着力推进个人银行业务管理考核、中后台部门落实服务支持保障情况考核、中后台部门定期联席会议等机制建设。

对公小额无贷户的现状与管理

辽宁省分行 张福之 田英宇 姚 华 赵 炜 王 建

为加强对公小额无贷户管理，信息中心、财务会计部、资金结算部联合组成调研组开展了专题调研，选择了辽宁地区账户数最多的鞍山、抚顺、本溪分行和实行综合柜员制的阜新分行，以及沈阳地区直属支行，进行了实地调研。调研情况如下。

一、对公小额无贷户基本情况

对公小额无贷户是指在辽宁省分行无贷款、年日均存款50万元以下①的客户，但不包括政府、保险、社保、事业单位、金融机构、军队、医院、学校八类客户。原管理部门为公司业务部，由客户经理负责营销和维护。2010年年初，按照总行安排部署，交资金结算部管理，由资金结算产品经理、对公柜面人员承担营销和维护管理任务。

（一）单位结算账户总体情况

据人民银行统计，截至2009年年底，全国共有单位银行结算账户2 191万户②，占银行结算账户的0.8%。比上年增加225万户，增长11.5%。从账户性质看，基本存款账户1 289万户，一般存款账户656万户，专用存款账户223万户，临时存款账户23万户，占比分别为58.83%、29.94%、10.18%和1.05%。从注册资金看，2009年年底，注册资金规模在100万元以下、100万～1 000万元、1 000万～1亿元、1亿元以上的单位银行结算账户分别为1 626万户、354万户、161万户、51万户，占比分别为74.18%、16.15%、7.34%、2.33%。注册资金在100万元以下的单位银行结算账户增长最快。从地区分布看，东部发达地区账户数量最大，东北地区账户较少。从单位结算账户在各金融机构的分布情况看，工商银行账户数量最多，占据绝对优势。建设银行对公基本结算户四行占比不足20%。

（二）辽宁省分行小额无贷户情况

截至2010年第一季度末，辽宁省分行正常结算账户53 786户③，其中基本存款账户37 235户，占比69.23%，高于全国平均水平10.4个百分点。较上年增加472户，增长率0.89%，低于全国账户自然增长率。存款余额915亿元，户均存款170万元。

截至第一季度末，50万元以下小额账户为46 757户，占正常结算账户的86.93%，账户数较上年增加936户，增长率2.04%。账户余额为23.72亿元，占正常结算账户的2.57%。

在50万元以下小额账户中，1万元以下账户数26 128户，占小额无贷户的55.88%，存款余额5 100万元，1万～5万元账户8 939万元，占19.12%，存款余额2.26亿元；5万～50万元账户11 690户，占25%，存款余额20.95亿元。

总体来看，辽宁省分行小额无贷户的特点是：账户数量占比高，存款余额少，增长不快，5万元以下账户多。

二、加强小额无贷户管理的必要性

（一）培育客户群体，夯实客户基础

辽宁省分行客户基础相对薄弱，不仅账户数量仅为工商银行的63%，而且与各地区城市商业

---

① 小额无贷户标准见“关于印发《加快资金结算业务发展指导意见》的通知”（建总函〔2010〕73号）。

② 数据来源：中央银行《2009年支付体系运行总体情况报告》。

③ 不含零余额账户。

银行、农业银行、农村信用社等相比，也有一定差距（见表1和表2）。

表1 四行账户情况表①

	2010年3月底（户）	占比（%）	比年初新增（户）	占比（%）	增长率（%）
工商银行	101 637	35.63	2 674	44.26	2.70
农业银行	83 461	29.26	1 444	23.90	1.76
中国银行	36 350	12.74	574	9.50	1.60
建设银行	63 833	22.38	1 350	22.34	2.16
四行合计	285 281		6 042		2.16

数据来源：人民银行账户管理系统。

表2 辽宁各地区主要金融机构账户占比情况表②

（2009年12月31日） 单位:%

	工商银行	农业银行	中国银行	城市商业银行	农村信用社	建设银行	其他
沈阳	12.23	14.64	5.07	28.83	10.24	12.70	16.29
鞍山	14.89	29.99	7.22	16.58	8.96	11.20	11.15
抚顺	19.44	18.91	3.37	22.33	9.36	19.73	6.86
本溪	18.05	15.73	6.17	0.00	45.47	14.48	0.10
丹东	13.32	20.60	6.18	19.40	21.38	7.89	11.22
锦州	15.33	14.16	4.25	50.61	3.91	5.08	6.66
营口	14.09	19.33	8.56	24.12	13.11	10.33	10.46
阜新	23.29	13.04	8.20	32.62	11.51	11.21	0.13
铁岭	21.32	20.24	7.01	1.11	40.61	9.42	0.30
朝阳	24.08	20.43	4.92	0.00	38.70	11.35	0.52
葫芦岛	16.10	17.17	5.70	32.37	10.35	12.45	5.87
合计	15.64	18.10	5.77	23.25	15.89	11.77	9.58

数据来源：根据人民银行账户管理系统数据整理。

为扩大客户群体，增强长期价值创造能力，总行在KPI指标中设置“客户增长”指标，给予较大权重。“以客户为中心”将不仅体现在服务上，还体现在产品设计、指标考核、管理联动等各个方面。

加强小额无贷户管理，可以利用辽宁省分行对公产品和服务吸引和营销客户，通过不动户挖掘、5万元以下低效户挖潜、50万元以下无贷户培植等手段，增加有效账户数量和质量，收集贷款需求，让小额无贷户发展成为有较高贡献度的有价值客户，奠定辽宁省分行可持续发展基础。

① 表中账户数为人民银行口径，与各行实际在用账户数有差异。工商银行2010年3月底实际在用账户数为85 225户，比年初新增2 663户。辽宁省分行53 786户，比年初新增472户。

② 表中数据为无贷户数占比情况。辽阳、盘锦人民银行总行直管，暂无账户数据。

（二）营销对公产品，增加中间业务收入

辽宁省分行对公产品覆盖度指标共涵盖20项产品和服务，其中单位客户账单服务（电子回单柜）、单位通存通兑（实时通）、企业网上银行、现金管理系统等产品，普遍适用于小额无贷户。现阶段，辽宁省分行正在普及的电子回单柜（240元/年），短信服务（200元/年）、企业网银（1 200元/年），每个账户一年可为辽宁省分行提供中间业务收入1 640元，加上账户管理费（600元/年），每户利润贡献2 240元。按此计算，46 757个小额无贷户，每年收入可达1.05亿元。2010年总行重点推动现金管理、国内信用证、单位通存通兑、单位客户查询等产品销售，收入将大幅增加①。

三、辽宁省分行小额无贷户发展的制约因素

发展对公小额无贷户对完成辽宁省分行KPI指标极为重要，但就目前情况看，无论是客户存量、增长速度、账户质量、地区占比，都达不到全国平均水平。制约因素主要有以下几个方面。

（一）受地区经济环境影响，经济主体不活跃

截至2009年年底，全国东部、中部、西部和东北地区单位银行结算账户数量分别为1 314万户、335万户、383万户和159万户，分别占全国单位银行结算账户的60.0%、15.3%、17.5%和7.2%。结算账户主要集中在东部经济发达地区。东北地区则较少。

在各类账户中，注册资金100万元以下账户占比74.18%，中小企业是主导。而东北地区，中小企业不及东部地区活跃，小额账户数及账户总数增长较缓。

（二）适合小额无贷户的产品较少，不能满足客户个性化需要

对于一般小额无贷户而言，20项对公产品中，适合其使用的只有5~6项，且与他行产品趋同，能够增加客户对辽宁省分行依存度的产品少，产品设计与客户需求的契合度不够。

（三）辽宁省分行对账户管理相对较严，一定程度影响小额无贷户新增

辽宁大部分地区，城市商业银行账户数当地占比第一，其重要原因是，对于为数众多的小额无贷户来说，选择在哪家金融机构开立基本户，决定因素不是能否贷款、金融产品如何丰富、服务质量是否优质，而是存入支票后，能否方便快捷地提取现金。城商行对此限制不多。辽宁省分行严格按照现金管理规定执行，客观上造成了部分小额无贷户的流失。

（四）验资“E线通”的开通，使中国银行在新开户方面处于垄断地位

中国银行通过网络与工商机关系统连接，客户申请办理工商验资或增资业务时，需到中国银行开立临时存款验资账户，入资情况等相关信息通过系统直接反馈到工商行政管理部门。工商行政管理部门据此审核验资，进行审批。中国银行也可通过系统查询客户在工商局注册登记的情况，有针对性地开展营销。中国银行还在工商局办事大厅现场受理客户开户咨询。一般来说，客户在审批完成后，都会直接在中国银行开户。这对辽宁省分行基本户新增造成了严重威胁。

四、调研中反映的主要问题

（一）处理好与公司业务条线的关系是对公小额无贷户管理的关键

对公小额无贷户管理一是要增加动户数，以及50万元以上有效账户数，提高存款余额；二是要销售对公产品，增加中间业务收入，提高对公产品覆盖度；三是要在服务小额无贷户过程中，挖掘小企业贷款需求，使其成为有贷户。管理过程中，账户数量、存款余额、贷款余额、中间业务收入的增减应怎样与公司业务条线指标挂钩，小额户培养成有效户后，如何向公司业务部门移交，如果不能处理好职责和利益关系，则不能起到应有的促进作用。在对公产品营销上，电子回单柜、短信服务、单位通存通兑等产品可以由对

① 截至2010年3月底，辽宁省分行单位人民币结算业务收入5 013万元（未含单位电子银行结算收入），其中现金管理、单位账户维护费、单位客户查询、单位上门服务、国内信用证等5项收入最高，分别为1 291万元、1 008万元、573万元、418万元和395万元。

公柜面人员直接营销，而企业网银、现金管理系统等产品往往需要与公司业务部门合作，如何加强部门联动，形成营销团队，也是值得关注的问题。

（二）产品定价对小额无贷户开户选择影响较大

2009年，辽宁省分行账户管理费由每年240元升至600元，同业最高。50万元以下小额客户流失4 000多户。开户费、企业网银高级版等产品定价也高于同业。小客户对功能要求不高，对价格却十分敏感。是靠低价策略尽量壮大客户队伍，还是宁缺毋滥只留住有价值客户，取舍值得商榷。

（三）考核和激励是加强对公小额无贷户管理的核心

在个人条线成功转型之后，对公会计人员低于全行平均水平，成为收入“底层”。公司业务战略转型、对公小额无贷户归口管理部门调整，使对公柜面人员具备了前台经营职能，有机会参与经营分配，调动了前台的积极性。但营销刚刚启动阶段，如果对公柜面人员绩效工资完成依靠对公产品销售现买单，绩效水平可能不升反降。随着营销工作进入成熟期，对公产品不同于个人产品，具有不可循环性，又可能使现买单空间越来越小，营销难度不断加大，现买单还是不足以支持对公柜面人员绩效。

（四）业务转型需要多项配套

首先是制度配套。原有会计管理规定以风险防范为主，而对公结算业务由“核算型”向“营销型”转变中，与“营销型”职能不匹配。如出于风险管理的考虑，会计主管每两年轮岗一次。对于营销来说，两年正是最佳时期，调到其他网点，客户体验不好，重启营销又需要一个过程。其次是模式配套。增加对公柜面人员营销职能应当以会计中台、后台业务集中为前提和基础，这样前台才有更多时间和精力营销。如果集中不到位或不彻底，就会影响营销开展。再次是人员配套。辽宁省分行对公柜面人员平均年龄在40岁以上，有的行达到45岁，学习、培训、体验新产品花费的时间要长一些，而人员年龄和知识结构的调整所需时间更长。最后是考核系统配套。目前，辽宁省分行具备了以客户为核心的考核数据基础，但还不完善，小额无贷户的统计和考核仍然比较困难。如小额无贷账户数量变动、日均存款增减、对公产品覆盖度、客户贡献度等，系统不能提供有效支持，及时反映管理成效，与精细化管理要求还有差距。

五、参考建议

小额无贷户管理刚刚启动，各行都在研究摸索，银行同业也没有成型经验可供借鉴。就调研中的情况，经初步研究分析，提出几点建议。

（一）小额无贷户管理模式应灵活

总行将小额无贷户划分标准确定为日均存款50万元以下，对于分行已有标准的，可按分行标准执行。可见，小额无贷户的标准不是静态的、绝对的。对于支行网点来说，人员配置千差万别，业务特点大相径庭，客户群体迥然不同，小额无贷户的管理也应各有侧重。如二级分支行营业部，业务量大，人员相对多，可以侧重配备专人专业化营销；如重点服务特定企业的专业性支行，可以侧重公司客户经理协助营销；如规模较小的网点支行，以个人业务为主，几乎没有大客户，可以侧重全员营销。

（二）小额无贷户管理应重视团队协作

对公柜面人员是柜台内营销，方式以电话沟通和与企业出纳面谈为主。优势是接触面较广，直接方便，成本小；弱势是接触层面低，比较被动，售后服务无法保证。公司客户经理则恰恰相反。因此，管理权限的调整不应改变团队协作的本质，应发挥各自优势，取长补短。在具体操作上，各行可根据自身实际，统筹安排。

（三）可为小额无贷户设计产品套餐

小额无贷户不仅存款余额小，而且普遍具有业务量少、业务品种单一的特点。这部分客户即使对辽宁省分行产品感兴趣，也会因为利用率低、价格高、承受能力有限而放弃。如果对业务量小、选择产品多的客户实行套餐优惠，则一方面可以全方位改善客户体验，增加客户忠诚度；另一方面提高辽宁省分行中间业务收入和产品覆盖度。

（四）加大产品宣传力度

小额无贷户数量多，范围广，应参照个人业务的宣传方式进行产品推广，开推介会，发宣传折页，由一对一营销，变为一对多宣传，提高效率。随着对公产品数量越来越多，功能越来越复杂，宣传也应越来越规范化、长期化、常态化。

（五）要进一步完善小额无贷户考核手段

初级阶段，小额无贷户管理重点关注对公产品销售情况、中间业务收入指标，以及客户新增。随着管理的进一步深入，技术手段的跟进，小额无贷户存款的增长、贷款的投放，也应纳入管理范畴，为辽宁省分行带来更大的综合收益。

六、最新进展情况

总行2月底下发了“关于印发《加快资金结算业务发展指导意见》的通知”（建总函〔2010〕73号），拟出台《中国建设银行公司类小额无贷客户管理暂行办法》，目前草稿已经征求了相关分行意见。辽宁省分行3月底下发了《关于印发资金结算业务营销竞赛活动实施方案的通知》（建辽函〔2010〕228号），对营销对公产品进行了部署。4月初，下发了《关于印发辽宁省分行资金结算业务发展实施方案的通知》（建辽函〔2010〕269号）。辽宁省分行已确定了6名产品经理。对公产品宣传折页和营销纪念品定制已完成，发放到各行。各二级分行专职和兼职产品经理已配备到位。5月底，省分行正式与省工商局签订了“验资通”协议，为二级分行营销新开户打开了通道。

借助网络社区开展银行服务和营销

上海市分行　章　翔

随着网络科技及Web2.0应用的飞速发展，网络社区的概念得到了进一步的拓展，其范围从最初的BBS论坛、即时通讯、个人空间等，逐渐发展到如今的Blog、游戏社区、SNS社交网站、微博等。在网络社区中，用户既是网站内容的浏览者，同时也是网站内容的制造者。

据DCCI发布的数据显示：2010年6月，中国互联网完成历史性一跃，用户产生的内容流量超过网站专业制作的内容流量，前者页面浏览量占互联网总流量的比例达到50.7%，后者为47.32%。博客、论坛、SNS、问答等应用的流量份额超过了新闻、搜索、电子商务等关键领域的总和。

随着流量的转移，其体现出的是互联网传播载体话语权的转移，用户之间的分享与交流已成为网络传播的主渠道。这必将导致门户网站、电子商务、网络营销等现有模式的变革。在这种情况下，建设银行应做好准备，为能够有效利用网络社区开展营销宣传，并为客户提供更好的网络服务而储备一定的资源。

下文将从为什么要借助网络社区、选择怎样的网络社区以及银行如何运作网络社区这三个方面作简要的阐述。

一、为什么要借助网络社区

随着互联网越来越强地介入我们的生活，其已成为最广泛的信息交流平台，不受时间、空间、地域和国别的限制。通过互联网开展服务和营销具有节省成本、覆盖面广、时效性强等特点，为此各家银行都纷纷推出了优化改版后的银行门户网站。

但是随着互联网网络技术的整体提升，传统银行门户网站在如何提高服务水平和营销质量方面遇到了一定的发展瓶颈，而网络社区凭借其互动性、传播性强等优势，正好可以与传统银行门户网站协同互补，为客户提供及时的银行服务，同时也为营销金融产品创造更多的机会。

在服务方面，传统银行门户网站通过发布丰富的业务功能介绍、办理流程、常见问题以及各项金融信息，满足客户了解银行业务和市场信息的需求。但当客户获取其需要的相关内容时，查找的过程将耗费大量精力。

假设先后有A、B两位客户需要获知信用卡申请流程，如果通过银行门户网站查找，他们获取信息都将付出一定的人力成本。但如果B客户通过网络社区寻求帮助，而A客户又正好在线的情况下，A客户有机会将其查询到的内容告知B客户，从而减少B客户为查找信息所要付出的成本。由此可见，借助网络社区可以更好地为客户提供银行金融信息服务。

在营销方面，传统银行门户网站通过弹出框、通栏、图片等广告位发布营销信息，再通过后续链接的页面广告展示营销活动的详细内容。因此，营销效果就相对被动地取决于银行门户网站的浏览量和营销信息的点击量，由此了解到营销信息的客户是相对有限的。而且当客户对营销活动的具体内容有疑问时，其疑问无法在第一时间得到消除，从而进一步影响营销质量。

但以上这些问题，通过网络社区就可以很好地得到解决。首先，社区的互动性可以使银行从被动地等待客户点击，到主动将信息告知客户，并且还可以及时解答客户对营销信息的疑问。其次，社区所圈住的网络流量和用户数远大于银行门户网站，从而使营销的受众面得到扩大。

二、选择怎样的网络社区比较合适

网络社区从大类上可分为专业社区（即垂直社区）和综合社区两类，其区别在于，专业社区是针对某一特定人群的社区，而综合社区是面向全体网民的社区。此外，网络社区还可以按其运作形式进行分类，主要分为BBS论坛、即时通讯、个人空间、博客、SNS社交网站、微博等。

由此可见，网络社区的种类十分丰富，那么银行应该利用怎样的网络社区开展服务和营销呢？

在服务方面，其面向的是已拥有或考虑拥有建设银行产品的各类客户，需要提供一个能够将银行各项业务的介绍及相关信息完整地展示出来的平台，以方便客户查找；同时还要能够让客户间相互解答问题、探讨观点，并将那些可能会被不同客户重复提问或讨论到的内容显示在醒目位置，再结合站内搜索功能，以减少近似内容被不同客户重复提及的可能性，提高服务效率。

因此，建议选择以“论坛”为主要运作形式，知识库分类检索功能相辅助的专业社区来满足以上需求。由于有特定的受众群体，所以这个专业化的论坛社区应该由银行专门设计开发，而无法利用互联网上现有的其他金融类论坛。

论坛具有知识性、趣味性、公平性、和谐性等优点，其出现的时间早于其他类型的网络社区，运作模式相对成熟、稳定，各种监测及汇报功能比较全面，网民对其使用方式也比较熟悉，因此适合于银行将其作为官方的网络服务平台。

在营销方面，其应当面向最普通的大众群体，参与的用户范围越大越好。需要能够通过借助某个话题，以互动的形式，形成向外辐射的意见圈子，同时还需要能够充分挖掘用户的“自媒体”作用，提高信息传播速度，扩大信息传播范围，并且在整个信息传播的过程中，尽可能减少所需成本。

因此建议选择以“微博”为主要运作形式的综合社区来满足以上需求。由于现有互联网上微博类综合社区的发展已具备一定的规模，所以银行可以直接加以利用，而不需要专门设计开发相关社区。目前建设银行对微博的应用，已进行了一些尝试，建设银行总行电子银行部及包括上海市分行在内的部分省市分行都注册了新浪微博账户。

微博与其他网络社区相比，涵盖的用户面更广，使用也更加便捷。每条信息140字的限制使得文字不再需要华丽的修饰，从而消除了用户使用的门槛；而且其广泛分布于多个平台，可以随时通过电脑、移动终端等设备查看和发布信息。据CNNIC发布的数据，2010年我国微博用户规模已达到6 311万人，在网民总人数中占13.8%；再加上微博具有“异步性”的独特优势，即用户之间的关系是单向的，使其更具开放性，由此使得微博更适合作为银行向潜在客户传播资讯的营销信息平台。

在这里补充说明一下，为什么说用户之间的关系是单向的“异步性”特质能增强开放性呢？我们可以看一个反例，开心网等SNS网站的用户添加别人为好友时，他们之间的关系是双向的，即我成为你的好友的同时，你也成为我的好友。这种双向同步的用户关系，会使用户在心理潜意识中形成等价交换的概念，而等价交换又会使人联想到私人物品，因为至少没有人会接受公共物品的等价交换。因此，在用户的潜意识中，就为其账户打上个人私密的标签，从而影响其开放性。

上文针对银行服务和营销需求的特点，选择了两种不同的网络社区，所以当银行运作论坛和微博这两类社区时，需要对其承载的主体内容有所侧重，并给予二者不同的定位。只有定位清晰，才能使网民记住其特点，从而对社区产生黏性。

论坛定位于提供专业的银行金融服务解答，其规模相对较小，目的是对信息规模进行压缩，便于有需求的用户能够在论坛里方便地得到其想要的答案。微博定位于银行金融产品营销平台，其面向密集的互联网客户群，通过对基础客户细分，以充分挖掘客户需求，并实现营销信息传播最大化的目的。

但是在网络社区中的服务和营销并不是独立的，如图1所示。

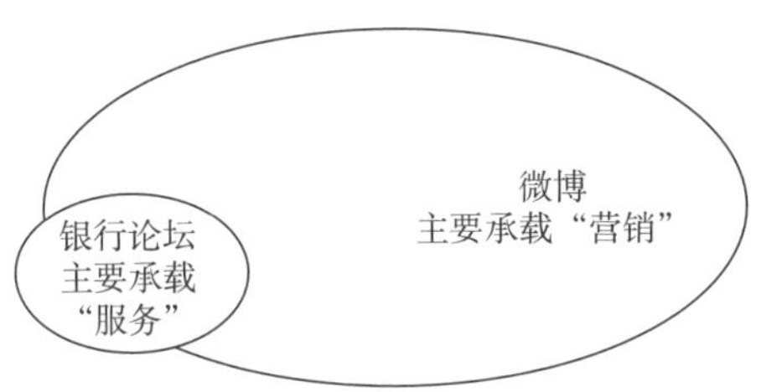

图1　网络社区中的服务和营销

因为在为客户提供银行产品服务的同时，服务本身就是营销的开始，而当向客户营销相应的银行产品时，只有把服务配套搞上去，迅速跟进才能取得最好的营销效果。

三、银行如何运作网络社区

（一）论坛+知识库，打造专业化的银行金融服务社区

考虑将银行金融服务社区打造成以论坛为主要运作形式，知识库分类检索功能相辅助的专业性社区。首先对银行在线知识库的设计及运作作简要说明，之后再对运作银行论坛提出几点建议。

银行知识库能够使社区更具专用性、权威性，增强网络社区的存在感。其作为银行官方发布的知识集群，作用十分重要，使用户能够快速准确地获取和使用银行的各类知识信息资源。

在对银行知识库进行设计和运作时，需要对其在多维分类、搜索引擎、互动应用、数据挖掘等方面进行应用开发。其中多维分类和搜索引擎是从帮助客户准确定位所需信息的角度来考虑的；而互动应用是指客户能够对知识库中某条内容进行评论和补充，经审核通过后便可添加到在线知识库中；另外数据挖掘是指通过统计分析工具来了解客户经常查阅哪类银行产品及服务信息，以及同一客户查阅不同信息间的关联性，从而更科学地对信息进行分类，并为客户准确提供其与查询信息相关的关联信息。

通过以上应用，能够充分挖掘出知识库的应用价值，并为客户提供更适合的银行信息服务支持。同时在知识库相关功能的辅助下，银行金融服务论坛也能更好地开展其分享、交流的运作模式。

在运作银行论坛时，需要处理好两个问题：一是怎样聚集对银行业务感兴趣的人，并使其对论坛产生黏性；二是怎样控制舆论，避免片面或偏激的言论。

对于第一个问题，在吸引用户、培养用户黏性方面可以借助以下几种方法。

1. 提高论坛整体水平，吸引更多兴趣相投的人。对于银行论坛来说，其中文章质量越高，就能吸引来更多的人。而同时人气越高，论坛中的好文章也就随之越多，如此才能进入良性循环。因此首先需要培养几位专业或兼职的在线服务人员，让其在论坛中注册账号以个人的身份，积极发表与银行金融信息相关的文章，并对网友发布的言论予以有效地回复和评价；同时当发现客户提出的问题在一段时间内没有得到答案时，给予客户正确解答，以此提升论坛的质量。

2. 采用积分或虚拟货币手段培育客户黏性。在论坛中，用户发表文章或言论需要付出一定的时间和精力，为了弥补用户所付出的这部分成本，就需要通过积分或虚拟货币的形式予以补偿，从而激励用户在论坛中进一步保持积极、活跃的状态。

3. 定期举办理财讲座等形式的线下活动。对于很多网络用户来说，有规律的线下活动能够使其感觉到关怀和受到重视，通过举办理财讲座等活动可以巩固银行论坛和用户之间的联系，加深感情，进而调动用户在银行论坛中的积极性。

对于第二个问题，在考虑控制论坛舆论环境

时可以采用以下几种方法。

1. 由专人负责管理，删除不良信息。在加强人力监管的同时，通过专业软件，对敏感词句进行监控。严格删除论坛中的不良信息，对于经常发布不良言论的用户，除了给予警告外，还要坚决将其ID封死。

2. 时刻关注负面信息，提高引导技巧。在论坛中，负面的舆论信息形成非常迅速，需要时刻关注。当发现用户发表的观点有问题后，不能简单地删帖了事，而要在第一时间以关心、帮助的态度来回复，对其进行引导，争取得到积极的反馈。

3. 借助权威人士，树立正确的舆论导向。为了更好地引导论坛上的舆论环境，可邀请一些知名金融学者、银行管理人员以实名制的形式参与讨论，以此避免匿名而导致的用户怀疑现象，从而达到树立正确的舆论导向的效果。

（二）以微博打造银行金融产品营销平台

通过微博进行网络营销，在当前还处于探索阶段，挑战和机遇并存，越早实施，成功的可能性也越大。银行应当抓住这转瞬即逝的机会，借助微博打造其金融产品营销平台。下面对实际运作方法提出几点建议。

1. 多账号、多身份，找准客户群体。微博营销依旧需要找准客户群，设置议题投其所好来拉近距离。因此在布局上，银行微博应制定多样化的战略，即并不仅限于一个账号，针对银行不同的产品可以开设不同账号，以此满足用户的细分需求。例如，当用户只想找电子银行服务信息，可以关注“建设银行电子银行部”，如果用户只想了解理财信息，可以关注“建设银行投资理财”等。同时，在进行营销时，这些根据银行不同产品类型分设的微博账户还可以进行有效地联动，形成一股宣传合力，为银行整体的微博营销计划制造声势。

2. 打造专业的微博金融团队。在微博营销的过程中，除了对官方微博不断充实内容，吸引用户关注以为，还需要与用户进行互动交流。因此一支专业化的微博金融团队是必不可少的，其在与用户互动的过程中，为用户提供全新的银行金融咨询服务（其中包括专业的理财咨询信息、产品推介信息等）。

3. 监测追踪，控制风险。微博的即时性、互动性、公开性等是其最大优点，但这也正是其不好控制的问题所在。作为银行不希望听到负面信息，更不希望看到负面信息被传播，但是微博爆炸式的传播效果，使银行管理者即使从源头删掉微博原文，也无法避免该条信息已被转发、传播的事实。因此就需要经常使用微博检索工具和检索组件对银行品牌、产品和相关话题进行监控，而一旦在微博上遭遇了负面信息，应快速检索相关留言，了解情况后再联系客户，不可以贸然发表回复或者声明。

综上所述，今后银行通过借助论坛和微博等互联网网络社区可以进一步改善银行服务水平，拓展金融产品营销渠道。对于建设银行来说，如果能够先行进入网络社区这一领域，将有助于提升建设银行品牌形象，并有利于建设银行取得一定的互联网营销地位，瓜分网络渠道营销资源，在网络科技飞速发展的过程中，相比同业取得一定的先行优势。

贷款新规对商业银行经营模式的影响及商业银行业务发展的战略选择

江苏省分行　刘宏伟

受国际金融危机的影响，各国政府纷纷采取措施加强对金融业的监管。2009年下半年到2010年上半年，银监会陆续发布了《固定资产贷款管理暂行办法》、《项目融资业务指引》、《流动资金贷款管理暂行办法》（以下统称贷款新规），初步构建和完善了我国银行业的贷款业务法规框架，是我国银行业贷款风险监管的一项长期制度安排。贷款新规在促进信贷资金流入实体经济、提高信贷资源使用效率的同时，也对目前商业银行的经营模式带来多方面的重大影响和挑战。本文旨在总结分析贷款新规的主要变化，研究其对目前商业银行经营管理的影响，并探讨商业银行的应对措施及保持业务可持续发展的战略选择。

一、贷款新规的主要变化

针对当前我国银行业信贷资产快速增长、贷款被挪用现象突出的现实，贷款新规借鉴国际银行业金融机构在贷款管理方面的成功经验，引入了全面风险管理和贷款支付管理的理念，是我国银行业贷款管理模式的一次系统性的深刻变革。贷款新规的主要变化可以总结为以下几个方面。

第一，强化贷款的全流程管理，提升银行业的精细化管理水平。贷款新规要求贷款人将贷款受理与调查、风险评价与审批、合同签订、发放与支付、贷后管理等各个环节进行分解，按照有效制衡的原则将各环节职责落实到具体的部门和岗位，并建立了明确的问责机制。特别值得强调的是，贷款新规明确要求贷款人应设立独立的责任部门或岗位，负责贷款发放和支付审核。通过进一步强化科学的贷款全流程管理模式，真正实现贷款管理模式由粗放型向精细化的转变。

第二，突出贷款支付管理理念，强化对贷款用途的管理。贷款新规要求贷款人依法加强贷款发放和支付审核管理，减少贷款挪用风险。贷款新规将支付方式分为“贷款人受托支付”和“借款人自主支付”两类，并提出了具体操作要求。固定资产贷款办法要求单笔金额超过项目总投资5%或超过500万元的，原则上要求采用贷款人受托支付方式。流动资金贷款办法要求银行合理测算借款人的流动资金需求，并根据借款人的行业特征、经营规模、管理水平、信用状况等因素和贷款业务品种，合理约定贷款资金支付方式及贷款人受托支付的金额标准。

贷款新规明确了支付审核的相关要求。采用贷款人受托支付的，贷款人应审核贷款用途、支付对象、支付金额等信息是否与相应的商务合同等证明材料相符，并将贷款资金通过借款人账户支付给借款人交易对象。采用借款人自主支付的，贷款人应按借款合同约定要求借款人定期汇总报告贷款资金支付情况，并通过账户分析、凭证查验或现场调查等方式核查贷款支付是否符合约定用途。

第三，规范贷后管理要求，努力提升信贷资产质量。当前由于不合理的绩效考核导向，银行业金融机构“重贷前、轻贷后”的现象普遍存在。贷款新规要求加强贷后风险控制和预警机制，强调动态监测以及对贷款账户的管理。要求贷款人应动态关注借款人经营、管理、财务及资金流向等重大预警信号，及时采取提前收贷、追加担保等有效措施防范化解贷款风险。明确贷款人可以通过合理设定贷款业务品种和期限、设立专门资金回笼账户或专门还款准备金账户、协商签订账户管理协议等方式，加强对企业资金流动的管控，保证信贷资产安全并提升信贷资产质量。

第四，明确了贷款人的法律责任，有利于促进同业之间的有序竞争。贷款新规明确了贷款人应承担的法律责任，对于违反规定经营贷款业务的，监管机构将责令整改，并采取罚款、取消高管人员任职资格等行政处罚措施。这将有利于规范同业之间的竞争，避免出现部分银行有意放宽贷款条件导致的不公平竞争现象，从长远看有利于信贷市场的有序健康发展。

银监会新办法的出台具有多个方面的重大意义，有利于防范银行业系统性风险，有利于提升信贷资源利用效率，有利于降低企业财务成本。

二、贷款新规对商业银行经营模式的影响

银监会新办法的实施对银行业的影响是全面的、深远的，既涉及商业银行的规章制定和业务流程，也将对银行目前的粗放型经营模式产生深度影响，最终将影响到银行的盈利水平。

（一）相关的规章制度和业务流程需要重构

银监会新办法要求全流程管理，特别是对贷款发放和贷后管理环节提出了详细要求，商业银行需要按照贷款新规的要求对相关的规章制度和业务流程进行重构。一是需要按照贷款新规的要求，修订固定资产、流动资金和项目融资的相关

业务管理办法，加大宣传和业务培训力度，使相关人员尽快熟悉新办法。二是需要调整原有的部门或岗位设置，设立独立的贷款发放审核部门或岗位。三是需要调整原有的业务流程和管理系统，按照新办法要求实现贷款的全流程管理。四是需要修改贷款合同文本，规范借贷双方的法律责任。

（二）传统的粗放型业务经营模式将受到重大冲击

一是“以贷转存”的企业存款发展模式不再可行。在传统的“实贷实存”制度下，银行的贷款发放后直接进入客户的存款账户，在客户提款前一直以企业存款的形式存在。在目前企业存款市场竞争非常激烈的情况下，各家银行纷纷通过发放贷款增加企业存款。对于企业来说，可以保有充足的可支配资金；对于银行来说，可以同时增加企业存款和对公贷款的总量和市场份额。这种情况看似银行和企业之间的双赢，实际上是宝贵的信贷资源的浪费；部分企业将多余的信贷资金挪用到股市和楼市，加速了股市和楼市的泡沫，加剧了银行体系面临的系统性风险。新办法实行后，“实贷实付”要求银行直接将贷款资金付到收款人账户，通过发放贷款虚增存款的业务模式不再可行。

二是贷款业务月末冲时点、争市场份额的做法受到重大挑战。新办法出台前，只要银企双方签订合同，银行就可以直接将贷款发放到企业的账户上，不需要根据企业的支付需求发放贷款。在这种情况下，在月末、季度末或年末等考核时点，很多银行为了争市场份额，往往通过和客户协商等方式临时突击放款，时点过后贷款迅速减少，造成贷款投放大起大落现象十分明显。新办法实施后，贷款的发放必须以企业的有效需求为基础，对于客户基础薄弱、客户关系管理能力较差的银行，通过月末突击放款来保持市场份额的做法将受到较大的挑战。

三是集团客户“统贷统还”的业务模式和银团贷款业务在支付环节受到限制。目前，多数大型企业集团为提高资金使用效率、加大对成员企业的资金管控力度，通常采取“统贷统还”的融资模式，即成员企业在取得银行贷款后直接划到总部或财务公司的账户，然后由总部统一调度使用资金。新办法实施后，按照“实贷实付”的要求，对于实行资金统一管理的集团客户，成员企业的贷款也只能在成员企业有对外支付需求的情况下，在银监会规定的时间内通过集团公司的账户支付到成员企业的交易对方，并按要求提供相应的支付凭证，“统贷统还”的融资模式不再可行。同样，银团贷款业务也需要按照客户的对外支付需求，由牵头行统一对外支付，并提供相应的支付凭证。

（三）短期可能对银行的盈利水平带来不利影响

新办法实行后，短期内对银行的盈利水平有不利影响。一是利息收入可能会降低。“实贷实付”制下，企业的贷款冲动受到抑制，一定程度上降低银行的贷款发放水平；同时，目前普遍存在的银行月末冲时点情况也将难以发生，贷款发放的减少将直接影响银行的利息收入。二是中间业务收入会减少。在老的业务模式下，银行一般通过发放贷款向企业收取各种中间业务收入，企业为了获得充足的资金一般也会同意银行的要求。在新的办法下，随着贷款发放的减少，银行相对企业的谈判能力也会降低，中间业务收入会减少。

但是，从长期来看，银行可以通过降低坏账风险、提高创新能力和信贷资源使用效率来增加盈利水平。

三、商业银行的应对措施与业务发展的战略选择

（一）调整业务流程，加强业务培训，尽快适应新的管理办法

商业银行首先要全面、准确地理解和把握贷款新规的规定，根据银监会的相关要求，尽快制定或调整相关的内部管理办法和操作规程，设立相应的部门或岗位，做好组织架构、信息系统、合同文本修订等准备工作，完善业务操作流程，实现贷款业务的全流程管理。另外，要加强业务培训，加大宣传力度，使相关人员熟悉并掌握新的贷款管理办法，确保业务操作的合规性。

（二）加强客户关系管理，提升将项目储备转化为有效需求的能力

在新的管理办法下，贷款合同签订后并不意味着贷款就能发放，按照“实贷实付”原则，客户需要对外支付时贷款才能发放。在目前同业竞

争十分激烈的情况下，一家客户可能在多个银行都有授信。商业银行必须努力提高客户关系管理能力，加大客户走访力度，建立完善的客户台账，准确掌握客户的生产经营周期和资金周转特点，及时了解客户的对外支付需求，积极将项目储备转化为贷款投放。

（三）完善支付结算系统与网络，扩大产业链营销能力，促进资金在体系内循环

贷款新规实行后，为减轻“实贷实付”制对存款业务的影响，商业银行要积极开发更加高效便捷的支付结算系统，拓展结算户规模，扩大自身支付结算网络的使用群体，使更多的企业愿意通过银行的支付结算网络进行结算，促进更多的信贷资金在银行体系内循环。特别是要加大产业链上下游客户的整体营销，这样一方面能够掌握更多的客户支付需求信息，另一方面在“实贷实付”模式下存贷款都会增加。

（四）调整客户结构，改变以大企业为主的客户结构，扩大项目储备蓄水池容量

在新办法出台前，各家银行为了在激烈的同业竞争中提升自己的市场份额，满足时点业绩考核的要求，往往利用自身同少数大客户之间的密切关系，让客户配合自己，在月末发放贷款，下月初又收回贷款，这也是目前普遍存在的贷款月末“冲时点”现象产生的根本原因。新的贷款办法实施以后，除少量的自主支付以外，银行只能根据企业的支付需求发放贷款，目前普遍存在的通过月末“冲时点”来保持或提升市场份额的做法将不再可行。在这种情况下，银行要想切实提升市场份额，必须调整客户结构，改变目前过度依赖少数大企业的信贷结构，大力拓展中小企业客户，增加项目储备数量，扩大蓄水池的容量，确保有足够的有效需求。只有通过客户有效需求支撑贷款投放，才能实现业务的健康与可持续发展，避免月末“冲时点”的怪圈，真正提升市场份额和收益水平。

（五）加强业务创新，努力提供多元化金融产品和金融服务

从长远来看，随着新的贷款管理办法的实施，各家商业银行提供的贷款服务将呈现趋同化；随着利率市场化进度的不断发展，银行存贷款的利差收益将越来越低。商业银行要在激烈的市场竞争中取得领先地位，就必须加强业务创新，努力提供新的金融产品和多元化金融服务，满足企业个性化的金融服务需求，创造新的利润增长点。当前的重点是结合股票市场和债券市场的发展，满足企业多元化融资、降低财务成本和实现资产保值增值的需求，如发行企业债券、上市融资、境外市场融资。

加快供应链融资业务发展的建议

福建省分行泉州信贷审批中心　连育青

供应链融资是我分行公司业务“抓账户、争项目、扩大客户群体”的重点产品，也是调整信贷结构、降低授信风险、促进信贷经营转型、增强市场竞争力的有力手段。本文针对这项新业务在发展中实际存在的一些问题，提出改进工作的相关对策和建议。

一、供应链融资业务发展中面临的主要问题

（一）营销理念有待进一步转变

实际工作中，一讲到信贷营销，许多人往往还是习惯于流动资金贷款或项目贷款等传统方式，对供应链融资业务的特点和作用明显认识不足。

同时，由于供应链融资较一般流动资金贷款手续复杂，流程较多，相当部分客户经理存在畏难情绪，经常更倾向于选择操作较为简单的流动资金贷款来进行营销。一些AA级以上的大型重点客户的议价能力较强，部分基层行担心如果分流了这些企业的流动资金贷款，就会减少市场份额。而一些基层行在营销供应链融资业务过程中，没有针对企业生产全过程设计出全方位的产品组合方案，一般只就其中的某个经营环节营销了某种单项产品，大大削弱了供应链融资产品体系的整体竞争优势，因而也难以调动客户办理供应链融资业务的积极性。

（二）操作风险控制能力需要加强

一是不少经办人员操作还不够熟练，比如，对国内信用证业务期限确定（交单期、有效期、付款期）、单证核对等基本常识不清楚，就容易造成单证瑕疵，从而引发交易付款纠纷。二是对贸易背景真实性审查不够严格，特别是依托关联交易办理的供应链融资业务，对风险识别的能力要求相对较高。三是对企业回款过程监控不严，过度依赖企业综合还款来源，实际放大了业务风险。四是小企业的管理不够规范，供销双方贸易往来购货合同、发票等要件不是十分完整，使供应链融资业务的推广受到一定程度的制约。

（三）客户经理的业务素质亟待提高

一些客户经理知识更新不及时，对供应链融资业务的掌握不够扎实，对工作中具体要做什么、应该怎么办理还有相当多的疑惑，特别是质押商品价格确定、商品权属确定、物流企业监管等问题，一旦遇到后常常就因此停顿下来。这种情况非常不利于供应链融资业务的开展。

二、加快供应链融资业务发展的建议

（一）提高认识，加强宣传

要形成加快发展供应链融资业务的紧迫感，推动各级行转变信贷经营理念，把供应链融资业务放在优先发展的位置，作为新的竞争利器来把握，加紧培育成新的盈利增长点。要通过上门营销推介、举办相关知识讲座、利用媒体发布信息等途径，做好对政府主管部门和各类企业的宣传工作，使该业务尽快为各界认知，并通过利率杠杆和手续费优惠的引导，激发客户办理供应链融资业务的热情。

（二）选好核心客户，把好业务准入关

核心企业依托稳定的经营能力和良好的信誉，以其库存或应收账款为交易对手提供融资，因此，核心企业的选择对发展供应链融资业务至关重要，是决定供应链准入的核心问题。选择核心企业时要综合考虑所处行业的发展前景、在同行业中的竞争力、资金实力、综合管理能力、信用水平等因素，择优选择在行业中占据主导地位，具备良好的信用水平和资金实力，生产经营状况和商品销售市场稳定的企业。

（三）对产业链上下游的目标客户实行差别化营销

在选定核心客户的基础上，要明确上下游客户有哪些，按照一户一策的原则，结合客户采购、生产和销售各环节，深入分析供应链融资业务机会。对应企业物流和现金流，为客户量身定制供应链融资组合方案和财务顾问方案，力争做到表内业务和表外业务相结合，贯穿企业整个经营过程。结合公司法人、事业法人、政府机构各类客户的不同需求，有针对性地推介商品融资、发票融资、国内信用证、国内保理（含工程保理）等业务品种。加强与担保机构的合作，通过贸易融资、票据融资、小企业信贷等多种途径，解决中小企业融资瓶颈问题。推进与工商联合会的合作，大力开展财务顾问等融智服务，帮助中小企业提高规范化管理水平和信用意识。

（四）加强业务创新，扩大优质客户群体

首先，加快授信模式创新。通过产业链综合服务方案的营销，改变针对单一客户的授信模式，推行客户单一授信与产业链客户债项授信相结合的模式，支撑对产业链的综合营销。其次，可以采用内部银团模式开展营销。产业链的上下游客户分布在全国各地，通过行内银团模式，可以充分发挥建设银行整体优势，实现对链条不同节点客户的一体化营销。最后，抓住重点，提高营销成效。一是围绕产业链，做好核心客户与上下游企业的贸易融资联动营销，促进客户现金流在我行内部循环，带动电子银行、国内结算等相关产品营销。二是围绕优质项目资源进行延伸营销，利用建设银行项目贷款优势，为项目法人提供各种融资服务和工程定向保理、服务保理等产品，提升整体服务能力。三是围绕物流积极推动商品融资业务的发展，对钢材、煤炭、石油化工、纺织、零售、汽车、有色金属企业积极开展保兑仓、厂商银等商品融资业务。四是大力推动国内信用证业务发展，带动国内打包贷款、卖方融资、买方融资等业务发展，有效增加保证金存款，提高综合收益。

（五）强化整体联动，完善流程支持

第一，要建立工作机制，由公司业务、结算与现金管理部门牵头，组建供应链融资业务发展协调工作小组，负责制订发展规划、进行业务指导和进度督导。第二，做好物流、资金流、信息流协同运行服务。通过提供 POS 信用卡、网上银行等工具，实现结算电子化和网络化，减少企业在途资金和在途时间。同时，改进仓储监管和票据控制环节，进而提高业务办理效率。第三，建立“绿色通道”，积极支持为核心企业提供配套产品和服务的小企业开展供应链融资业务。在业务合规的前提下，探索业务审查、评级、授信“一站式”受理。对符合条件的优质客户，通过相关手续费的让利，提高对流动资金贷款的替代率。第四，加快建立供应链融资业务评级授信体系，出台应收账款类、预付账款类、存货类等专门评级授信办法，提高经办行对业务节点的风险控制能力，扩大营销面和业务渗透力。第五，推进管理系统对物流业务信息流的实时处理，协调发展物流配送和电子货币结算，建立以零时差为特征的实时资金划拨、结算服务体系。

（六）加强风险管理，推动业务健康发展

供应链融资风险的主要因素是核心企业风险及其合作风险，而核心企业风险主要源于其经营风险和信用风险，合作风险最主要来自于合同风险。首先，要加强贷后管理。持续动态评估核心企业的经营状况，了解上下游合作伙伴结构的变化，并借助核心企业的数据共享，持续监控上下游合作伙伴的销售数据，及时调整对上游供应商和下游经销商的信贷额度。其次，密切关注国内外尤其是当地商品市场行情，加强押品监管。加强对质押物（商品）市场行情变化的跟踪了解和趋势分析，对价格变化幅度大的及时提出预警分析，对价格下滑幅度过大造成抵质押不足的，要求客户追加新的押品。要以购货合同、增值税发票、付款凭证等为主线，把握资金流与物流的对应关系，准确界定商品权属，确保担保合法、有效。建立健全经办行与物流公司的监管合作机制，定期参与质押商品监管盘点，确保监管落实到位。最后，加强制度建设，坚决杜绝为虚假贸易办理融资。针对日常检查中发现的问题，进一步补充完善具体操作要求，形成安全运营的制度保障。

（七）重视业务培训，健全考核机制

加快供应链融资业务发展必须依靠一支高素质的营销团队。就经办行而言，目前最紧缺的是物流方面的人才。可以成立供应链融资业务专家团队，专门负责具体业务指导，通过案例剖析提高业务培训质量。同时，可以外聘物流专家，专门为银行开展营销培训，或者邀请他们参与相关产品设计工作。组织前台、中台、后台人员开展交叉培训，通过以老带新和相互交流学习等方式，尽快提高全行适应市场的能力。将供应链融资业务纳入公司业务一体化营销工作考核体系，对研发创新供应链融资新产品的有关人员，应给予明确奖励。

五、行长论坛

经济增长与信贷投放的关系

河北省分行　周小知

金融是现代经济的核心，在我国以银行间接融资为主体的金融格局中，信贷投放又成为金融的核心和社会关注的焦点。无论是政府宏观管理部门、金融监管部门还是理论界、企业界都对信贷投放在经济增长中的作用非常重视，政府在货币政策中甚至以确定信贷规模作为宏观调控的重要手段。在经济需要刺激时就增加信贷规模，提高经济增长动力，在经济过热时，就紧缩信贷规模，限制经济增长能力。

从经济增长的动力来源看，资金始终是我国经济增长的主要动力，而信贷就是资金的主要供给者。要弄清楚信贷是如何影响经济增长的？经济增长究竟多大程度上依赖信贷需求？通常是用相关分析和回归分析方法。

相关分析是指两个变量的线性关联度。从GDP增速和贷款余额增速看，1979—2008年30年间，其相关性只有0.38，相关性并不强。其中，贷款的增长速度波动较大，GDP增速则比较平稳。笔者认为，这里存在两个问题，一是GDP增速与贷款增速是不可比的，因为GDP增速是不变价而贷款增速是现价计算的。二是贷款是累计余额数，而GDP是当年新增数，而只有当年新增贷款才对当年GDP起作用。因此，如果简单地用这两个指标比较可能有些牵强，也得不出正确的结论。但是，如果用过去30年当年信贷新增量与GDP绝对值进行相关分析，其相关系数高达0.96，说明新增贷款对GDP的相关性还是很强的。相关性强弱，只能说明这两个指标存在相关关系，但很难推出经济增长需要多少贷款的准确规模。

回归分析是揭示经济增长对贷款的依赖关系。从1979—2008年30年的数据看，运用回归模型：$Y = 6.4158X + 7\ 764.8$（其中Y为GDP，X为贷款）。计算结果为平均新投放1元贷款可增加6.5元GDP，而且新增贷款可以解释GDP变化的91.8%（2009年金融危机是特殊年份，对模型的冲击较大，因而不计算在内）。单从这两个指标看，这种关系还是很紧密的（见图1）。

依此推算，如果以过去若干年的平均现价GDP增长速度为标准，可以在一定程度上预测未来经济增长中的信贷需求的增长速度。但是，这种模型预测还是非常粗糙的，因为回归分析只是确认一种统计关系，并不说明这两个指标有因果关系，用统计学家的话说，“一个统计关系，不管多强也不管多么有启发性，却永远不能确立因果方面的联系，对因果关系的理念，必须来自于统计学以外，最终来自这种或那种理论”。也就是说，这两个指标有统计关系，并不能证明有因果关系，即有必然联系。统计理论中有一种常见的例子就是农作物收成与降雨量的关系，虽然它们相关性很强，也有必然联系，但并不能使农业经济学家以降雨量来预测农作物收成，也不能以农作物收成来预测降雨量。

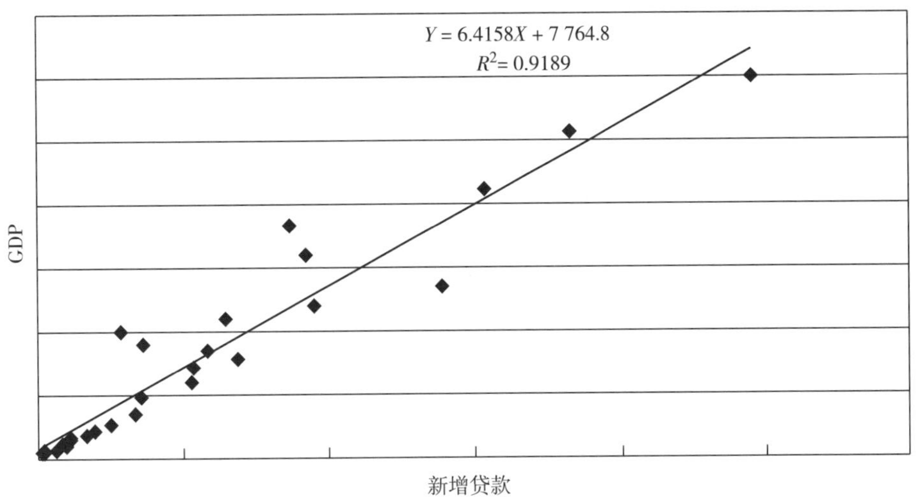

图1　1980—2008 年 GDP 与新增贷款的回归分析

也有人简单地假设新增贷款与当年 GDP 之比是一个稳定的数据，以此来预测未来贷款需求数量。2003—2009 年我国新增贷款/GDP 平均为 16.3%，如 2010 年现价 GDP 按 2005—2008 年四年的平均增长速度 16.85% 计算，则贷款需增加 6.8 万亿元。由于 2009 年新增贷款占 GDP 可能达 27% 以上，对 2010 年贷款的"翘尾"因素影响，2010 年新增贷款应该更多一些，或超过 7 万亿元（见图 2）。

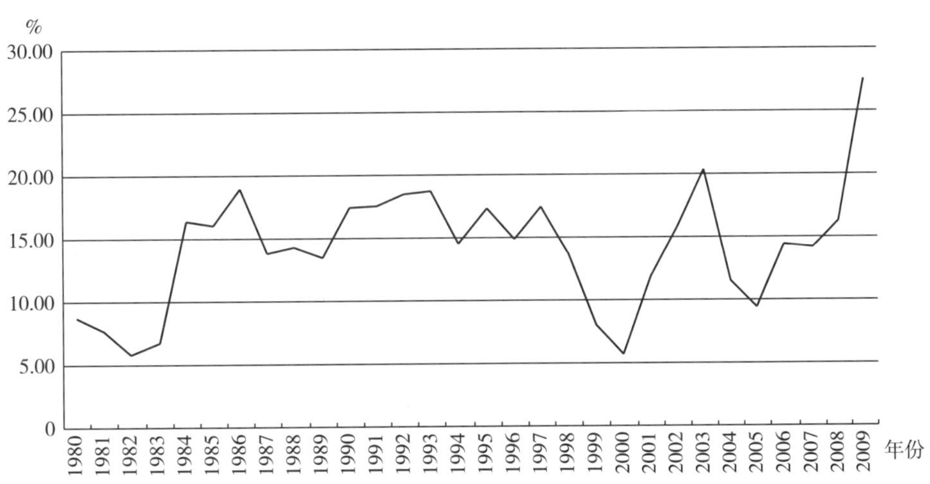

图2　1980—2009 年新增贷款/GDP 趋势图

从国民经济核算看，无论是投资、消费和进出口，还是农业、工业和服务业等都离不开贷款的支持，贷款在经济增长中究竟起了多大作用，确实是一个难以量化的问题。从新古典增长理论和制度变迁理论看，资金、劳动、技术进步、资源配置和制度创新是一国经济增长的重要源泉。资金仅是推动经济增长的生产要素之一，在资金来源中，主要有贷款、股票、国债、企业债和外资等，从这个意义上说，是社会资金在推动经济增长，在社会资金中单独抽出贷款这个因素来讨论意义不大。因为如果贷款减少，其他资金来源增加，社会资金对经济增长的推动力并没有减少，反之亦然。研究改革开放30年来我国新增贷款增长速度和GDP增长速度，这两个指标没有相关性，有时新增贷款增速很高，GDP增长速度并不高，有时新增贷款增长不高，GDP增长速度又很高，或高或低，时多时少，没有规律，完全是一些随机的散点图。造成这种原因可能由于商业银行股份制改造时对贷款进行剥离，贷款的基数数据出了问题；也可能是贷款结构或贷款在社会资金中占比的变化，减少了贷款拉动经济增长的作用；或者是贷款长期实行规模控制，与经济增长的联系已被弱化（见图3）。

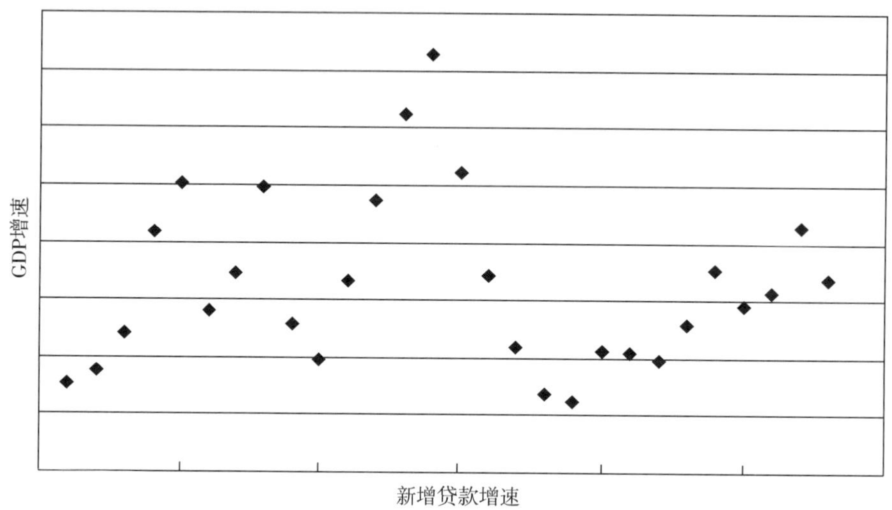

图3 GDP增长速度与新增贷款增长速度情况

事实上，我国经济增长主要由资金推动这一结论是不容置疑的。因为投资是我国经济增长的主要动力，全社会投资占GDP的比重从1998年的33%上升到2008年的58%，投资对GDP的贡献率也比较高（个别时期如1985年高达80%，2009年前三个季度高达92%），通常比西方发达国家要高出20个百分点。国家统计局专家通过经济增长模型计算，得出的结论是，从1980—2004年25年，资金的增加对经济增长的贡献达到60%，而2005—2008年的经济上升周期资金对经济增长的推动力量更大。由于经济结构和资金沉淀等因素，我国资金对经济增长的边际效应在明显降低，社会资金增长速度明显要快于GDP增长速度，单位GDP增长所需要的资金在明显增加。根据人民银行统计，在国内非金融机构部门融资中，贷款、股票、国债、企业债是企业融资的主体，而贷款占融资的比重基本上维持在80%左右。

但是，贷款与GDP并不是一一对应关系，贷款只是社会资金中的一部分，而且各个时期的货币流通速度也不尽相同，社会资金渠道多而复杂，而且有些资金之间存在相互渗透现象，你中有我，我中有你，难以完全独立出来分析。单从贷款来说，不同信贷品种对经济增长的作用也不一样，如汽车、房地产是产业链条很长的行业，汽车贷款、房地产贷款对经济增长的推动作用很大，而农业和一些其他中间产品的贷款对经济增长的作用就要小一些，土地投资是不产生GDP的，因此，土地储备贷款对经济增长的作用几乎为零。另外，一些流入股市、楼市的贷款、一些空转票据和借新还旧等信贷对经济增长的作用也很小。总之，经济增长与信贷的关系较为复杂，由于信贷统计口径变化、规模管理和重组剥离等原因，信贷增长数据与市场需求明显脱节，产生了数据关系与经济理论不相符的“杂音”，从经济增长速度中估算信贷的增长是一件相当困难的事情。

总之，随着融资格局多元化的不断发展，国家的宏观调控只控制贷款已远远不够了，必须转变思维方式，从社会融资总量来研究经济发展中资金投入与经济增长关系，确保调控的针对性和有效性，保持经济的稳定健康快速发展。

山西省分行推广 WIN 终端技术加强桌面集中管理

山西省分行 解陆一

随着建设银行数据大集中工程及二级分行服务器上收项目的完成，山西省分行信息系统基本实现了集中式管理，系统运行效率及稳定性有了很大提高，安全性也有明显提升。但是，“木桶”原理表明，系统的整体安全取决于每一个环节。现阶段影响系统安全最短的“木板”就是桌面系统。近几年尤其是2010 年以来，山西省分行秉承“全面整合、集中管理”的思路，利用 WIN 终端技术，尝试并实现了桌面系统的集中管理，取得了较好的效果。

一、山西省分行 WIN 终端系统目前的运行规模及使用情况

WIN 终端系统是用户通过 WBT（又称为瘦终端）登录到后台 Windows 终端服务群集进行操作、由后台服务器来统一提供共享服务的一种计算机管理模式。这种模式有点类似现在所说的“云计算”，可以有效降低独立分散部署模式下的风险，提高系统的安全性。2003 年年初，在业内尚无成功案例的情况下，山西省分行率先完成了小规模的部署。经过充分的测试验证，确认这种模式不仅能够满足日常办公和 Windows 业务应用的要求，实现应用统一部署、数据集中管理、打印、即时通讯、文档共享等服务，为用户提供了高效的办公方式，而且具备应用快速发布、资源灵活扩展、便于集中管理等多种优势。经过 6 年的稳步扩展和持续优化，WIN 终端系统已经颇具规模，中心机房部署终端服务器、文件服务器、域控制器等共 98 台服务器，系统现有用户 9 935 个，活动用户 6 500 多人，高峰期并发用户约 3 100 人，除统一部署 Office2003 办公软件、AdobeReader7.0、谷歌金山词霸、即时通讯工具等日常办公软件外，还部署有 NOTES、OA、OCRM、ERPF、人民币账户管理系统、个贷系统等 50 余套应用系统，实现了除集中稽核、新一代贸易融资以外的所有 B/S 系统的应用需求。

二、采取多项技术和管理手段，构建风险可控、安全适用的 WIN 终端系统架构

WIN 终端系统架构中采用了域管理、Windows 2003 负载均衡和群集技术。利用两台互备域控服务器，实现了山西全省用户账号统一验证的域管理；根据员工数量及分布情况，将全省用户分为 7 组，每组提供 2 台文件服务器和 10 多台终端服务器。文件服务器采用双机热备，终端服务器采取群集加均衡负载技术，当某一台服务器出现故障时，系统将该服务器从群集中剥离出去，而在该服务器上运行的用户将自动重新分配给其他服务器，有效提高了系统的安全性，同时也提高了终端服务的可伸缩性和可用性；每组内终端服务器采用网络负载均衡，将负载平均分布到多台服务器上，提高了系统的利用率。通过以上安全技术的使用，WIN 终端系统不仅运行稳定，无单点故障，而且扩展性非常好，方便地实现了桌面系统的集中管理和风险控制，保证系统运行安全有效。

三、加强客户端管理，严把接入安全关

WIN 终端系统客户端接入包括 CE 终端、瘦客户机（XPe 终端）和 PC 机。在后台服务器技术架构完善后，前台客户端的工作同样不能忽视，任何一个节点出现漏洞，都有可能影响系统的稳定。在客户端接入方面，山西省分行重点做了以下几个方面的工作。一是“标准先行”。制定了《山西省分行机关办公用机软硬件配置的安装规范》，对客户端 PC 用机的装机规范进行了严格规

定，除基本的字处理和桌面安全软件外，其他软件不予安装和维护。二是“广而告之”。信息技术部明确相关规范并通过公文、通知、培训、座谈会等多种形式对这些标准进行宣传和介绍。三是“严格准入”，对于新发放的办公机器以及故障后新安装的机器，安装必备软件后统一使用WIN终端。审批互联网用户时，按照软件安装规范的要求检查是否已使用WIN终端模式办公并且按照规范要求安装了客户端的相关软件。四是“上路检查”。每年对全行办公用机进行漏洞扫描，对机关本部进行设备普查，根据扫描及普查情况，制定相应的措施。五是“奖罚分明”。定期对互联网用户使用WIN终端的情况进行检查，对执行较好的部门和个人，在资源配置上予以倾斜，如果没有按照要求隔离访问的用户，则停止互联网访问权限。六是做好“道路疏通”和“标识提示”，提高用户的满意程度。在每季度的运行分析例会上，总结分析WIN终端服务器的容量、性能指标以及各类故障的处理结果，对于多发、定期发生的事件，认真分析成因以期降低发生频度或者彻底消除，如果由于资源瓶颈影响用户的满意度，则及时进行扩容。在服务器由于例行维护影响到用户使用时，除了提前发通告之外，还会在关闭服务之前再次向联机用户的桌面发送提示，提醒用户及时保存文档。

四、实现内外网的逻辑分离，提升使用互联网的安全性

尽管山西省分行已经统一了互联网接入平台，但内外网共用依然存在一定的安全隐患，使用WIN终端系统则可以方便地为内外网逻辑分离提供可能。对于客户端使用PC机的互联网用户，要求其日常办公在WIN终端系统，重要文件资料不得存放本地，而上互联网则通过本机。同时，为了满足使用CE终端用户的上网需求，山西省分行利用WIN终端技术和从生产环境更换下来的设备搭建了独立于生产系统的“虚拟网吧”，统一互联网用户身份认证及访问控制、上网行为规范，实现了CE终端用户上互联网的安全管理，有效解决了网点上网难的问题。

五、实施统一的安全策略，开发系统管理软件，确保WIN终端系统安全稳定

随着WIN终端用户数量的增加，WIN终端服务器的规模日益庞大，服务器的版本管理、应用部署、策略管理、用户管理、打印机管理等问题都显现出来，为了降低维护人员的技术门槛，提高可维护性及系统运行的安全性，山西省分行开发了与WIN终端系统配套的管理软件，实现了域控管理、终端服务器、文件服务器、打印服务、即时通及监控等功能。另外，山西省分行在流程和管理方面采取了一些措施，增加了监控系统预警并出具分析报告，对域控制器、文件服务器和终端服务器采用严格的备份和恢复策略，软件安装则须经过严格的评估和测试并通过分发工具进行统一发布。严格执行配置、变更、发布等管理流程，在确保稳定的前提下对待生产环境谨慎操作。提升服务器端的安全管理级别，统一安装防病毒和木马工具，通过定期进行系统补丁安装、每日定时升级病毒库、使用活动目录等策略管理，对普通用户的权限进行限制，通过控制对系统资源的操作权限，杜绝了因用户误操作导致系统不稳定或瘫痪的可能。

县域支行个人金融业务发展研究

辽宁省分行 于宁哲 张爱民 赵 晖

商业银行进一步建立健全现代农村金融制度，主动、准确地把握扩大内需中面向“三农”和城

乡一体化改革的战略机遇，提升县域支行金融服务水平，增强市场竞争力，加快县域支行发展尤为迫切。

一、县域支行个人业务发展中面临的矛盾

（一）行际间业务发展不平衡的矛盾

一是资产负债业务增速行际间差异较大，27个支行中个人存款增速最低的1.19%，最高的则高达33.75%。二是收入水平差异明显，个人金融网均中间业务收入最低的25万元，最高的91万元，差距近4倍。三是战略指标各行发展不均衡，差距较大，客户覆盖率、交易量比及电子银行收入占比等主要指标上，有些数据甚至相差几倍。四是自助设备使用效率县行低于省行平均水平，自助交易量比有待提升，渠道分流必须加强，受客户交易习惯影响，更应该成为县行关注。县支行业务发展行际间不平衡的情况，不单纯是市场因素，还有管理因素、经营因素、人员因素。一方面说明我们对整个县支行的业务管理体系还不够成熟；另一方面也告诉我们要在短期内提升县支行整体竞争力，首先要从那些与平均水平差距较大的支行入手，督促其尽快改善业务发展现状，从而达到边际效用的最大化。

（二）业务规模与当地经济金融地位不匹配的矛盾

全省40个县GDP总量占辽宁总量的36%，而与全省比，县域个人存款只占11.43%，个人产品销售占6%，个人金融中间业务收入占8.73%。个别支行业务排位与当地经济排位匹配度偏低，这与省行所要求的县支行要充分挖掘当地经济金融资源，做大做强的要求有一定差距。

（三）人员队伍素质偏低与网点转型要求的矛盾

目前，县支行内部高学历、低年龄的员工占比较低，管理人才储备不足等问题也时常困扰着县支行的发展，网点转型后员工素质要求更高，人的问题已成为制约县域支行业务发展的关键。值得关注的是，部分支行营销人员在优质客户拓展的认知上习惯于将计划完成率作为拓展目标，而不是从客户需求出发，以提升服务水平为着力点来营销拓展客户，最终影响了客户拓展的主动性、积极性。

（四）网点数量少、业务单一与客户金融需求的矛盾

前些年县域机构网点大量撤并，造成布局失衡，重新进入困难，网点数量偏少，自助电子渠道替代率低，零售业务发展与全行整体要求仍存在差距。业务结构比较单一，适合县域经济和县域客户特点的产品较少，经营的业务品种并没有随着主客观条件的变化而变化，一些在大城市开办已久的成熟的业务品种并没有推展到县域支行。营业网点的功能转型还不到位，难以满足客户需求，个人业务产品品牌优势不明显，产品宣传层次低、频率小、内容和手段陈旧。

（五）政策传导与县支行自身业务发展存在矛盾

各级管理层对拓展县域经济、个人业务发展判断研究还不够深入，上级行政策传导、业务政策支持还需加强，对县支行分类指导，差别化管理的程度还较低。同时，县域支行本身市场跟进不足，主动性、紧迫感还不强，压力不够。

（六）市场环境与公平竞争的矛盾

市场环境还存在不规范的地方，个人类存贷款竞争日趋激烈，用卡意识、刷卡环境建设等问题仍然制约着县域银行卡业务的快速发展，社会信用环境尚需进一步提高，给公平竞争增加了难度。

二、县支行个人业务发展面临的机遇与挑战

（一）县域经济快速发展带来的发展机遇

2009年年底，县域GDP已占全省GDP的44%，新增财政收入占全省增量的1/3。2010年前三个季度，44个县域实现地区生产总值同比增长24.2%，增幅高于全省平均增速9.8个百分点；地方财政一般预算收入同比增长48.9%，增幅高于全省平均增速18.9个百分点；固定资产投资同比增长47.4%，增幅高于全省平均增速16个百分点。

（二）城镇化推进为县域个人业务发展带来空间

我国总体上已进入破除城乡二元结构、形成城乡经济社会发展一体化新格局的重要战略时期。从各项政策看，国家已经明确把推进城镇化尤其是二线、三线城市的发展作为下一步经济发展的重点，

辽宁省正在推进沿海经济带开发开放、沈阳经济区一体化发展和突破辽西北，三大区域发展战略的新突破，为城镇化提供了难得的条件。要跟上国家经济发展的步伐，才能抓住机遇，实现较快发展。

（三）网络发展为县域个人业务发展带来的机遇

2009年我国电子商务交易总额突破4万亿元。网络的发展催生出了庞大的各类客户群体和大量的非现金支付需求。网络经济的发展必将促使银行金融服务产生一系列革命性的变化，对传统的银行服务方式提出了严峻挑战，互联网已成为我国发展低碳经济的新型战略性产业，为县域支行从客户和市场的角度加快服务方式创新提供难得机遇。

全省县域经济呈现出结构改善、速度加快、活力增强、效益提高的良好发展态势，城镇居民收入大幅提高，中高端客户群体初步形成，个人财富在不断增加，居民选择银行、理财意识不断提升，要求银行提供多种金融产品、优质高效服务，市场广度和深度不断拓展。

（四）面临的压力与挑战

系统内河南、河北、浙江、江苏、湖南、江西等分行均已实行“强县行发展战略”。截至2009年年底，共有工商银行、农业银行、中国银行、建设银行等11家商业银行在全省40个县域（不含大连）布设网点总数2 622个，县均网点数65个。其中农村信用社、邮政储蓄银行、农业银行网点数量占绝对优势，三行占比达到83%，四行中，建设银行仅高于中国银行。省内工商银行、农业银行、中国银行也已加强对县域金融的争夺和调控，态度积极，省工行已发力，决定提升县行发展速度，农业银行更是将县行业务作为提升发展速度和潜力的主攻方向，中国银行在部分重点县也有比较强的竞争力。因此，如果我们抓不住县域经济发展的机遇，就会在竞争中落后。

三、县支行个人业务发展定位和发展目标

发展定位：抓住经济转型带来的发展机遇，进一步扩大个人存款市场份额，加快个人信贷业务发展，以精、尖产品为主打，加强信用卡、电子银行等重点产品销售与渠道创新，大力拓展中间业务收入，深化网点转型，提高渠道产出效率，加强人员培训，强化风险管理，不断提升市场竞争力，逐步确立建设银行在本地区个人业务的优势地位，把建设银行个人业务做成最佳品牌。

发展目标：根据辽宁省经济发展和我分行内在发展要求实现“两个匹配和一个领先”，即规模性指标增长与地区GDP增速相匹配，效益性指标增长与地区财政收入增速相匹配，实现品牌、特色业务市场领先。个人条线主要业务指标要实现三年倍增的目标，一些新兴产品业务指标更要提前完成。核心目标：一是努力确保个人业务与县域经济发展速度相协调匹配，加快提升系统内贡献度，成为支持保障辽宁分行同业全面领先的重要新生力量；二是要逐步确立县行在区域内可比口径个人业务的优势地位，在可比的同业竞争对手中，做到“排头兵”，把建设银行个人业务做成区域内最佳品牌。

四、加快发展县域支行个人业务的对策建议

（一）转变经营观念，要努力认识和把握形势

辽宁省实施的三大区域发展战略，它的本质意义在于创造了全新的发展空间。县行个人业务发展要抓住机遇，创造条件，主动出击。过去我们更多地运用传统的思维、营销和工作方式，在产品创新、思路创新、营销创新和工作创新方面明显不足。在实际经营过程中要切实转变经营理念，用新方法、新理念、新营销方式，树立科学的县行发展观，结合当地的县域文化和经营实际，选择差别化、集约化、可持续发展之路，在工作落实上下工夫，要出实招，出实效。

（二）明确重点产品，在重点工作上取得突破

突破性地发展县域金融业务，狠抓受资本市场影响较小、市场潜力大的县域市场，将城区的管理优势、品牌优势、服务优势、竞争优势延伸到广大县域，打造新的亮点和增长点。确定个人存款、借记卡、理财产品销售、个人信贷业务、信用卡和电子银行业务市场培育与拓展为县支行个人业务重点产品。

个人存款和银行卡业务必须树立夺金牌意识，

快速提高市场占比和城镇人口配卡率。抓住存款和银行卡业务，就抓住了客户主线，奠定了基石，从源头上抓客户和资金，进一步提升借记卡质量。同时加大个人产品组合销售力度，实现传统产品与贷记卡、房贷客户、网上银行、手机短信、电话银行的捆绑销售，提高产品覆盖度，提升收入水平。要抓好县域金融知识的普及宣讲，提高建设银行品牌影响力。

个人信贷业务坚持“大发展、快发展”。要以个人住房贷款、个人消费贷款和个人助业贷款等个人类贷款为业务主要突破口，不断完善个贷中心经营职能，加速推进县行个贷中心建设。

要努力培育和大力拓展信用卡和电子银行业务等战略业务。信用卡业务要围绕“客户、产品、渠道”进行整体部署，通过网点预审批发卡、公私联动发卡、产品联动营销和捆绑销售等多种方式，找准优质客户，扩大发卡规模。加大宣传力度，扩大信用卡在县域地区的影响力。做实做强电子银行业务，以点带面，拓展客户规模。从个人客户角度，可大力发展县城乡镇居民、乡镇市场个体户，大批发展如便利店的代缴费点。秉持“服务重于营销，售后重于售前”的理念，实现“签一户，用一户，留一户”，提升客户忠诚度和综合贡献度。

（三）突出差别化，提升客户满意度

县域竞争取胜的关键在于针对细分市场，找准发展定位，采取差别化竞争策略，依靠产品、服务、系统和管理等软实力赢得客户，获取目标市场竞争优势。不贪大求全，要做精做优，要力争成为县域最具价值创造力的银行。一是要结合地方特色，分层次锁定县域优质企业经营者、市场经营型（生产型）个体工商户、国家机关公务员、专业技术人员、中高收入行业从业人员等特色客户群体，特别是对县域内矿主、包山、包海、养殖业主，以及在乡镇有影响力的人物，增强客户拓展的针对性，加大重要客户拓展力度。二是提前布局理财中心、财富中心建设，保证针对VIP客户各项资源的持续投入，为两个中心配备适量、合格的客户经理。三是加强VIP客户服务队伍建设，完善服务功能，对中高端客户数量较多的县支行，设置中高端客户服务岗位。

（四）合理把握政策，提升网点竞争力

省分行出台了加快发展的政策指导意见，各县支行要深入理解县域支行发展规划纲要和配套文件，掌握政策中的“变”与“不变”。一是省分行继续加大对县支行的政策支持，在不违背有关政策规定和符合风险管理要求的前提下，尽可能简化和优化业务管理流程，及时修订不利于市场营销的有关规章制度。二是要加大服务支持力度，减轻支行负担，能简化的尽量简化，能自行办理的不额外增加县支行的工作量。三是二级分行作为县支行的直接管理行，在做好任务分解、政策传导、信息沟通的同时，也要对县支行的业务发展与经营切实负起管理责任，做好服务工作。

目前，我分行27个县支行网点机构总量为73个，低于农业银行306个，低于工商银行36个，高于中国银行33个。要进一步优化网点布局，提高集约化经营水平，充分利用好物理渠道，大力发挥电子渠道的替代作用，提升渠道销售能力。县行渠道建设坚持四个原则：严控总量、鼓励调剂、加强调研、打造精品。要向当地集约化水平较高的同业看齐，同时加快销售型自助银行建设，加快发展电子银行业务，弥补营业网点数量的不足问题，切实提高自助交易量比和电子银行交易量比。

（五）夯实管理基础，防范和化解风险

一是加强基础管理，严格规章制度，充实人员，加强培训，拓展员工职业生涯，提高县支行人员综合素质。二是深化转型理念，精准销售，注重员工营销技能、专业知识、履岗能力的提升，进行星级网点评定，持续巩固转型效果。三是省分行建立联系点制度，指定专人，定期到包片县支行调研指导，二级分行也应加大政策传导、督导调度力度。四是提高精细化管理水平，对县支行及网点的主要指标定期排名公布，单独开展县行个人条线业务竞赛，设立对标组考核评比奖励。五是进一步优化流程，规范岗位设置，提高网点销售能力和业务处理效率，加大突击检查力度，切实加强贷款管理，强化贷后风险监测，重点监控。提高风险防范和控制能力，促进县支行个人业务健康、持续、快速发展。

商业银行拓展投资银行业务综合经营的对接路径

江西省分行　段超良

20世纪70年代的金融深化理论，提出了银行综合经营、鼓励竞争的改革方案，对各国的金融改革和综合经营产生了影响。我国商业银行拓展投资银行业务的综合经营发展过程中，将受到监管和风险控制能力等因素的制约，对接路径必然是一波三折的渐进过程。未来综合经营模式的发展趋势是，统一法人模式的全能银行与多级法人模式的金融控股公司并存、综合金融服务公司与专业金融机构并存，金融机构和金融市场将成为一个有机整体，金融系统功能得到全面升级。①

一、商业银行拓展投行业务的组织结构

综合经营组织结构主要有金融控股集团和全能银行的模式。由于金融控股公司已经存在我国金融实践中，如中信集团、光大集团和建设银行、中国银行分别间接控股中金公司、中银证券，按照金融改革所遵循不激化矛盾的“渐进原则”，我国商业银行综合经营组织结构的对接路径：首先，在目前分业经营、分业监管的体制下，放宽对商业银行控股金融子公司的限制，推进金融控股集团经营模式；其次，扩大对商业银行投行业务的经营范围，商业银行试点事业部制的过渡模式；最后，随着商业银行内部控制和市场外部监管的逐步完善，才能逐步允许商业银行实行全方位综合经营。

（一）金融控股公司模式

我国目前实行严格的“分业经营，分业管理”的监管模式，综合经营不可能一步到位推进全能银行模式，应先行推进金融控股公司模式。金融控股公司有两种形式，一是纯粹性控股公司，设立的目的只是为了掌握子公司的股份，即集团持股公司制的经营模式，该类金融控股公司的特点是母公司是一家集团公司，全资或控股银行和证券等法人公司，主要从事股权投资收益活动；二是经营性控股公司，既从事股权控制又从事实际业务经营的母公司，即银行集团控股公司的经营模式，通常是以一家规模较大的商业银行为母公司，对规模较小的投资银行进行股权投资。对于国有银行综合经营的长远目标设定为国际化全能银行，而近期目标为银行集团控股公司，在主营商业银行业务的同时，可以控股证券、基金、信托和租赁等子公司，银行集团控股公司可以发挥交叉销售优势，能够向同一个客户介绍贷款融资，推荐购买股票、金融衍生工具，为客户提供上市、增发或在私募市场推荐投资者等服务。由于控股公司是在同一控股权下，为银行业和证券业提供大规模服务的金融集团，是商业银行业务和投行业务综合经营的一种形式；而商业银行和证券公司分属不同的独立法人，又符合分业经营的监管要求。

（二）全能银行经营模式

德国金融机构经营实行全能银行，同时拥有零售、批发和投行业务。在全能银行的体系下，银行内部各业务条线的目标客户会有许多重叠，由于银行内部得以共享客户资源，通过交叉销售创造新的商机。另外，从客户需求角度看，全能银行能够提供全面的金融服务，不仅可以为满足客户一揽子金融需求提供方便，而且通过与客户的互动而为客户创造新的需求，从而有利于拓展

① 胡浩：《我国商业银行综合化经营问题研究》，载《宏观经济研究》，2006（6），15页。

金融产品领域和服务内涵。因而，当商业银行在为顾客提供信贷服务时，了解到客户同时还有股权、债权融资或者兼并收购的需求，可以方便地向客户推荐和提供全面的金融服务方案。但由于全能银行由于其涉足面广泛，相应的风险也会比专业的金融机构高一些，尤其要防止商业银行业务与投行业务的风险相互传染。全能银行模式应当成为我国综合经营的一种重要形式，政府在加强监管的同时逐步放宽对全能银行的限制，全能银行在内部体制上也要构建对综合经营进行风险控制的机制。其一，横向独立和纵向有效的风险控制，即各个业务条线决策层的互相独立，总部风险控制和经营导向的传达执行，不仅对个别业务条线能够实行风险监控，而且在总部层面上实现对汇总风险的安排，以实现对系统性风险和突发性风险的有效控制。其二，在资金上和行政上的隔离，证券业务条线与商业银行业务条线的运行必须完全独立、避免证券业务向商业银行直接要求流动性贷款，证券业务部门与代客理财的基金管理部门和私人财富管理部门的运作在行政上也应该完全分开，客户资金由托管银行管理账户与银行的自营账户完全分开。①

（三）事业部制过渡模式

为适应全球化金融业综合经营的发展趋势，我国金融改革目标应当是多元化和多层次，金融专业公司、金融集团公司和全能银行并存。但我国综合经营应该是一个渐进的过程，在此过程中金融监管允许结合的业务范围越来越广、区域越来越大、工具越来越多，即由禁止金融机构的结合、人员的结合、资金的结合到逐步有条件地放开。一般金融监管政策总是滞后于金融业的发展，是一种被动的适应过程，而规避金融管制是综合经营的主要动因，通过业务经营形式的融合与相对应的组织体制创新，在法律界定的模糊领域进行突破，再以此既定的事实推动立法的变革。我国分业经营及监管的体制在立法上一时难以改变，商业银行综合经营模式要与金融监管相一致，向全能银行发展将会经过较长的过渡期。四大银行正在拓展综合经营的范围，不仅发展了控股的投资银行子公司，而且在内部成立了投资银行部门。银行内部的投行业务部门按照事业部制运作有利于与子公司更好地结合，因为事业部制具有相对的独立性，与银行分支机构存在紧密的利益关联，与投资银行子公司可以开展规避监管的业务合作，也便于银行总部对投行业务的风险监控。一是投行业务事业部与投资银行子公司的合作。事业部与子公司要在发挥比较优势、规避分业监管、专业化分工协作等方面通力合作，事业部合作基础是商业银行拥有的丰富资源，子公司合作的基础是投行业务经营权限和专业化能力，银行总部能够在整体利益下把握综合经营的拓展方向，使事业部与子公司在业务相互渗透中发展壮大。二是投行业务事业部致力于打造核心业务。重点拓展具有比较优势的资产管理和投资中介等业务，积极扩大对受到监管限制的证券、基金和信托等业务的代理，审慎开展金融衍生产品和风险投资的业务，通过打造核心业务来树立品牌、培养人才、储备客户。三是投行业务事业部要构建风险隔离体系。投行业务往往会有意想不到的经营风险，要建立完善对投行业务的风险控制机制，设立独立的风险管理和内控机构，来全面负责银行内部监控。比如要建立防止内部交易的“防火墙”，防止拥有市场敏感信息的部门和人员将这些信息传递给自营部门、某些特殊客户，以及防止雇员私下在资本市场上获利。

二、商业银行拓展投行业务的产品对接

投资银行业务有一个动态的发展过程。从国际上来看，各大投行早期业务主要是承销、交易和经纪业务等证券类业务，随后逐渐扩展到兼并与收购、项目融资、资产证券化、基金管理、咨询顾问等服务类业务，以及风险投资、资产管理和产品创新等风险资产类业务。承销业务是高端和品牌投行业务，对其他业务有带动作用，但并非多数投行的主要收入来源，历年来高盛、美林、摩根士丹利等国际投行的承销业务收入占其总收入比重基本在10%以内。在我国目前分业经营体制下，商业银行除了不能开展交易所市场的证券承销、经纪和交易业务之外，可以开展大多数投

① 张红力:《国际化全能银行的经验启示》，载《中国金融》，2006（24），29～30页。

资银行业务。

（一）投行业务产品推进路径选择

借鉴国外银行业发展投行业务的经验，综合考虑监管政策取向、金融市场趋势以及内部经营约束条件等因素，围绕经营结构调整和增长方式转变的整体发展战略，国有银行可以选择从“以内为主”到“内外并重”的投行业务发展路径，①实行“三步走”的发展次序。“以内为主”是在监管政策允许的范围内以行内设置的投行部门为主体发展与商业银行业务关联性较强的服务类投行业务，从而更好地利用商业银行资源优势，实现规模经济和范围经济，获得管理协同效应。“内外并重”是在商业银行内部稳步发展服务类投行业务，并在监管政策、金融市场环境以及竞争条件支持的前提下，通过商业银行内部投行机构全面开拓证券类和风险资产类等传统牌照类投行业务，促进行内外各项投行业务齐头并进，行内外投行机构协调配合、相互促进，形成完整的投行产品体系，逐步使投行业务成为与传统商业银行业务并列的重要业务板块，投行业务成为大客户金融服务的主要手段及盈利来源。“三步走”是对证券类、服务类、风险资产类等投行业务类别，根据市场环境、法律环境和监管要求，按照商业银行自身优势和不同发展阶段的能力，确定商业银行投行业务发展的推进次序。服务类投行业务是商业银行的优势方面，首先应当集中有效资源扎实推进，打造有影响力的品牌；风险资产类投行业务的风险与机遇并存，商业银行要在把握风险与收益平衡下积极拓展；证券业务受到分业经营严格的限制，银行开展证券业务既要规避金融监管，又存在较高的系统风险和操作风险，其分支机构也缺乏风险控制能力，在业务竞争和人员素质上没有优势，推进证券市场业务次序应该放在最后。

（二）投行业务产品营销战略选择

拓展投行业务产品要发挥客户资源共享的优势，构建投行业务与商业银行业务的信息共享，以客户为中心改进业务流程和营销服务，增强对客户综合营销的“价值创造”能力，从而提高客户的回报水平。一是改进业务操作流程。客户对投行业务的需求区别于商业银行传统业务，要按照客户的综合业务需求对业务流程再造，防止传统业务的内部流程简单向投行业务延伸。投行业务要求极高的时效性，在客户提出需求之后，必须第一时间提出完整的业务方案。谁能在第一时间作出业务决策，在既定的风险容忍范围内对客户作出可兑现的承诺，谁就有机会赢得业务，塑造更强的竞争力，享有更稳固的市场地位。这就要求优化投行业务的流程，提升审批效率，以增强对客户需求的响应能力。二是推进联动营销。商业银行传统业务的客户有投行业务大量的需求，可以从中培育大批潜在投行业务优质客户。商业银行开展投资银行业务，应秉承全行一盘棋的经营理念，即对客户尤其是重大客户营销投行业务，都要将商业银行作为一个整体来考虑，探索银行总部、分支机构与子公司紧密的联动，创造促使以全行资源优势来开展综合营销的办法，发挥服务全面、产品交叉、互动及时的特点。要发挥好业务协同效应，以一个法人主体开展业务来整合集团优势，不同层级和不同部门联动去争取一个客户，跨部门组成一个团队去争取客户。三是把握好投行业务的重点产品。抓住与贷款和债券融资等业务相关的投行业务，包括项目融资、银团贷款组织安排、结构化融资顾问等，以及财富管理、资产证券化、公司债券承销等业务。

（三）投行业务与商业银行业务协调发展

投行业务要与信贷业务相互依托，与信贷业务营销和创新相协调。一是以投行业务为切入点，可以使贷款营销环节前移，取得竞争优质贷款客户或项目的主动权。目前，随着优质贷款客户或项目竞争的日益激烈，过去等客户上门的营销方式已显然不适应市场变化的要求，迫切需要银行从客户发展规划制定、项目论证、市场调查咨询，融资结构方案设计等环节入手，通过投资银行服务发现潜在的优质贷款项目并赢得客户的依赖，以抢先与其建立合作关系。二是优化信贷结构，推进信贷产品创新，提高单位贷款非利息收入，降低贷款风险。从外资银行在我国的经营活动来看，它们的贷款业务都与财务顾问等投资银行业

① 李勇：《商业银行投资银行业务之路》，载《银行家》，2007（4）。

务相联系，更重视的是获得中间业务收入，它们的主要竞争策略就是积极参与项目融资顾问业务和争取银团贷款牵头行地位。中资银行应借鉴外资银行的做法，用投资银行业务理念、技术整合、改造传统贷款业务，不断提高贷款综合回报。通过开展银团贷款组织安排、兼并重组顾问等业务，可以带动并购贷款、搭桥贷款等非生产性贷款新品种和银团贷款的发展，不断开辟贷款新兴市场，提高贷款服务的内在价值，避免同业恶性竞争，分散贷款风险。

三、投行业务风险管理对接

虽然我国实行了分业经营和分业监管，但实行的分业经营并不是绝对的分离，可以根据具体情况进行适当的交叉和合作，而且随着我国资本市场的发展和金融业对外开放的加快，混业经营的步伐逐步加快，我国正逐步走美国类似的道路，即从混业到分业再到混业。目前，我国商业银行从事投资银行业务主要通过银证合作方式实现，而业务合作的过程正是商业银行对投行业务风险管理对接的过程。

（一）设立防火墙制度

商业银行开展综合经营也是一种挑战，存在着较大的风险。要将投行业务风险与银行业务风险进行隔离，妥善处理好商业银行主体业务与投行业务之间的“防火墙”设计，安排好主体业务与投行业务所承担的风险敞口总量与收益之间的关系。我国目前在“防火墙”方面已有相关的规定，比如，不允许银行资金直接进入股市，要求集团内各机构在业务，财产、财务、机构、人员等方面保持独立等。但总体上看，还不够完善，尚需进一步系统化和综合化。“防火墙”制度能够有效地减弱商业银行内的风险传递与风险外溢，具体包括人事防火墙、信息防火墙、业务防火墙等，防火墙的设置是一项非常具体、复杂的制度建设。① 一是结合投资银行业务自身的特点，并借鉴国内外大型证券公司的内核制度建设的经验，建立一套权责分明、规章完整、运作有序、高效的内核工作机制。二是规范信息传递。投资银行部门不得向经纪部门研究人员透露正在进行中的业务；股票、债券、外汇等研究人员在完成研究报告之前不得向其他部门和客户透露其研究报告的内容；所有研究成果必须向所有内部人员和外部客户同时发布。三是要强化员工管理。投资银行部门除非获得特殊批准，不得使用经纪部门研究人员提供的研究服务，银行员工的所有个人账户中的每笔证券交易必须通过银行内控合规部门同意。

（二）完善商业银行风险内控体系

投行业务盈利的来源就是承担风险的溢价，投资银行的核心竞争力由风险管理能力决定。因而，投行业务与传统商业银行业务稳健的风险特征不一致，要承担较高的风险来获取超额的收益，其风险管理要有相对的独立性。一是与投资银行业务相适应的风险管理体系。目前，商业银行缺乏科学系统的方法对投行业务的风险进行识别、控制和管理，这给展业、审批决策、执行落实都带来了严重的阻碍，要在原有商业银行的风险管理体系的基础上，将投资银行业务风险纳入风险管理体系，建立有别于传统信贷业务的投行业务配套贷款的风险容忍度，使业务、风险、审计条线相互独立，投行条线风险管理直接由总部负责。二是完善投行业务内部控制制度。要根据投资银行的业务特点制定内部控制的手段和方法，包括对每一项业务、业务模块作风险评估和风险管理，对银行可控和不可控的风险能够作不同的处理，并建立集中信息系统和有效沟通渠道，使公司决策层能够及时获得有关投资银行业务财务、经营状况的综合性信息，以及与决策有关的外部市场信息。

（三）建立良好的公司治理机制

国际先进商业银行在按照现在企业制度的要求规范其法人治理结构的基础之上，建立健全了先进的业务运行模式，这突出体现在精良的内部组织设计、有效的风险防范体系、独立的审计制度上。近年来，我国商业银行把引进外部战略投资者、完善公司治理机制作为一项重要内容，并在实践中取得了明显效果。但我国商业银行公司治理仍然不够完善，与商业银行综合经营的要求

① 张信琼：《商业银行综合经营中的全面风险管理》，载《银行家》，2006（11），86～87页。

有差距，完善的公司治理机制对于防范综合经营风险意义重大。第一，要建立健全公司治理组织结构，理顺商业银行董事会、监事会、管理层的关系。第二，要建立科学的激励约束机制，优化员工的业绩考核与评价体系，实现激励与约束的对等，有效控制综合经营的风险。第三，要强化对商业银行的外部监管，相应减少综合经营的风险，保障公司治理机制有效运行。

贯彻新政　区别对待

——谈房贷新政下的风险控制和建议

河南省分行　许会斌

2010 年 4 月 17 日，国务院出台了《关于坚决遏制部分城市房价过快上涨的通知》（业内称“国十条”），被业内人士称为史上最严厉的房地产调控新政。结合实际，谈几点看法。

一、必须充分认识调控新政的重大意义和作用

（一）有利于民生和谐

住房既是消费商品，也是社会产品，关系国计民生。当社会大多数人的居住权不能实现或者被剥夺的时候，社会稳定就会失去基础，极有可能成为矛盾激化的导火索。中国社科院 2009 年 12 月 7 日发布的 2010 年《经济蓝皮书》称，中低收入城镇居民，加上每年需向城镇转移的农村人口，我国 85% 的家庭没有购房的能力。上海易居房地产研究院测算，2009 年我国房价收入比①达 8.03，创历年新高，北京、上海、广州、深圳等一线城市，房价收入比均已过 10 甚至接近 15。按照世界银行的标准，发达国家的房价收入比一般在 1.8 ~ 5.5 倍，发展中国家合理的房价收入比在 3 ~ 6 倍，这意味着居民购房能力困难。房价过高，普通居民买不起房，将会扩大和加剧贫富差距，影响社会和谐。

这次房贷新政，打击的是投机买房，抑制的是房价高涨，最终目的是切实解决城镇居民住房问题，使“居者有其屋”。就目前来看，房价上涨、火暴入市的势头已得到遏制。从一手房来看，价格开始松动，搜房网统计显示，截至 5 月 16 日，北京 341 个普通楼盘中，价格持平及降价打折的占 41%；佑威房地产研究中心 5 月 18 日数据显示，5 月 10 日至 17 日上海商品住宅成交均价环比下跌 9%；中原领先指数系统显示，新政以来，北京、天津、上海、广州、深圳五大城市，二手房的价格也全线飘绿，北京由 4 月中旬的 20 000 元/平方米回落至 5 月中旬的 18 000 元/平方米左右，上海由 26 000 元/平方米回落至 25 000 元/平方米左右，其他城市的价格回落幅度也在 5% ~ 6%。此外，商品房成交量急剧下跌，国家统计局 5 月 11 日发布的数据显示，4 月全国商品房销售面积比 3 月减少 155 万平方米；一二线城市商品房交易量锐减甚至进入“冰点”，应该说，房贷新政调控的成效初显。

（二）有利于促进经济健康发展

一是调控将挤出房地产泡沫。由于房价畸形飞涨，任其发展下去，一旦市场支撑不了日益高企的房价，房地产的泡沫就会破灭，楼市可能崩盘，国内经济极有可能因此产生连锁反应，后果不堪设想。与其晚治理等其崩盘，不如早动手防患于未然，通过调控使房地产行业尽快回归理性发展的轨道。

二是调控将逼出投机资金。在房地产领域，虹吸效应已经显现。作为一种经济现象，虹吸效应指的是各种经济要素向条件好的地区集聚和流

① 国际上通用的房价收入比的计算方式，是以住宅套价的中值，除以家庭年收入的中值。

动。由于炒房带来的巨大收益，越来越多的炒房者和投机资金涌入房地产，有关学者提供的数据显示，国内将近50%的房地产销售额是由10%的富人贡献的。通过调控抑制房价，彻底砸碎投机资金暴利的温床，把其从房地产行业逼出去，投入更有效率、事关经济全局的民生、新兴科技领域，作用和意义要大得多。

三是调控将改善地方经济依赖路径，有利于结构调整。据有关机构测算，2009 年房地产对 GDP 的贡献超过 13%，一些地方甚至达到了 1/5 还多。发达国家经验证明，依靠房地产主导和拉动经济，可能会闯出经济金融危机的大祸，支撑经济发展活力的“可持续性”就会大打折扣，20 世纪 90 年代的日本和次贷危机之前的美国就是最好的例证。通过调控，把房地产过热降下来，同时改变地方 GDP 过度依赖房地产的局面，把更多的资源和精力放到科技创新和新兴产业上，无疑是一个较优的选择。

（三）有利于金融稳定

一是房贷新政架起了一道金融风险的防火墙。理论上讲，只要消费者完全是用自有资金“炒房”，金融系统就不会有风险，就像古董或集邮市场，价格的暴涨或暴跌，都只不过是孤立的市场现象。而且首付款越高，自有资金越多，银行贷款能够获得抵押值也就越高，变现能力也越强，资产也就越安全。但是，利用按揭投机买房、炒房，资金链断裂、贷款断供的风险非常大。新政恰恰对购买二套、三套及以上住宅施以高首付和高利率，甚至停止发放贷款，这也给了银行一个安全阀。

二是新政实施将较好改善银行个贷收益水平，因为对贷款购买第二套住房、贷款利率不得低于基准利率的 1.1 倍，对购买第三套及以上住房的，贷款利率大幅度提高，也为银行贷款的收益提供了政策上的保障。

二、必须关注房贷新政实施后的潜在风险

新政实施后，在房地产市场激起了巨大的波澜，对包括买房、卖房、建房等多个主体市场，从心态和行为上都产生了较大影响。目前，政策出台还只有一个多月，从银行经营角度，需要关注几个变化。

一是要关注信贷资产质量的变化。首先是贷款自身，国内商业银行最新房贷压力测试结果显示，房价下跌 30% ~40% 都在银行可容忍的范围之内。工商银行、建设银行对房价下跌可容忍度在 35%左右，交行为 30%，民生银行可容忍度为 40%，招行为 37%。但能够容忍，不等于说是“零风险”，一旦房价降幅过大，房屋价值低于贷款本息总额时，就有贷款断供的可能。其次是押品，房地产贷款大多以土地和房屋作为抵押，如果未来房地产价格下降，那么抵押物的重估价值就会打一定折扣。最后是房地产相关行业，主要是钢材、水泥、平板玻璃、建筑安装等，这些行业与房地产关联性较强，未来资产质量的变化需要提早关注。

二是要关注各项配套政策要求的变化。由于“国十条”出台时间较短，有些条款还没有细化，不同部门、不同地方的解释也不尽统一。如对于二套房的界定，4 月房贷新政前执行的是“认贷不认房”，只要以前有过住房贷款，不管有没有还清，再次买房都认定为第二套房；房贷新政出台后改为“认房不认贷”，只要手头有房产，不管有没有贷款，再买房的时候就认定为第二套房。现在北京执行的是“既认房又认贷”的新标准，即“有房”或者“有贷款记录”两者只要符合一条，就被认定为二套房。鉴于目前国家有权部门还未对“二套房”明确界定，有可能造成实际执行中的混乱，也给银行带来政策违规风险。

三是要关注房地产开发市场的变化。由于房地产开发属于资金密集型行业，一旦房价持续走低，交易持续低迷，资金回笼的周期将变长，很多实力不强的企业将面临资金链断裂、被洗牌出局的危险。根据披露的年报统计，2009 年以来，虽然房地产行业出现了井喷行情，但上市房企的整体资产负债率却不断提高，2009 年各季度分别为 64.10%、64.53%、65.09%、65.74%，2010 年第一季度达到 67.13%，而且经营活动现金净流量为 -391.28 亿元。这次新政明确要求对存在捂盘惜售、土地闲置等违法违规行为的房地产开发企业，暂停批准上市、再融资和重大资产重组，商业银行不得发放新开发项目贷款。可以说，未来重新洗牌的可能性极大，因此银行将面临着房地产洗牌后客户选择范围变小，优质企业多家争

夺，而中小房地产企业贷款风险上升的局面。

三、必须区别对待，推进房地产市场持续稳定发展

（一）区别不同经济地域，兼顾统一和差异

我国地域很大，经济发展极不平衡，考虑到区域经济的差异性，在政策实施上有必要体现一定的差别化，建议进一步明确不同地区、城市的差异化调控目标。对北京、上海、广州、深圳等一线城市，或者涨幅过大、涨势过猛、房价居高不下的其他城市，有必要下重药、施重典、出重拳、用重招，如税收调控、停止三套房贷款、限定土地招标价格、建立目标问责制等，争取短时间内把房价降下来，并严防房价反弹；对于二三线城市，要充分发挥差别化住房信贷政策对需求的抑制和调节作用，挤出投机水分，加大保障性住房供应，拓宽选择渠道，通过货币和市场手段使房价趋稳。

（二）区别当前和长远，兼顾协调和持续

这次房贷新政，突出了“部分城市”和“过快上涨”这两点，有“立竿见影”之效。但是，考虑到经济金融形势的复杂性、我国地域的广泛性、房地产市场开发的差异性和长期性，因此在政策制定和具体实施上，要兼顾协调性和持续性。一方面，在需求、供给、金融、财税、监管等方面的调控政策上要统一行动；另一方面，要做好政策的深化持续，建立包括信贷、税收、土地、问责等在内的一整套长效机制，把房地产纳入健康发展轨道，切实防止执行不到位出现的报复性反弹，避免影响政府信誉，危及市场长期稳定、健康、持续发展。

（三）区别供给和需求，兼顾财税和金融

这次调控的重点在于抑制需求，但对提高供给的力度不够。虽然“国十条”明确有加快保障性住房、棚户区改造住房的硬性规定，但由于保障房建设历史“欠账”太多，据全国人大调研组2009年10月公布的数据显示，截至2009年8月底全国保障房建设资金到位率不足25%；还有数据显示，2009年广州、上海、天津等城市年底只完成了26.5%、50%、49.3%的保障房新开工目标，再加上房地产建设有较长的周期性，显然“远水解不了近渴”。因此，有必要通过加大持有成本，把投机炒房者手中的存房给“逼”出来。从长期的考虑就是在适当时候开征房产保有环节的税种，如“房产税”，有的称做“房产保有税”或者“房产特别消费税”，即对持有超过两套或者超过一定面积住房的家庭，一次性或者按年征收一定比例的税金，当然必须要考虑不能给普通居民增加负担，最好设置一个免征区间，如按一套，或者一家多少平方米，或者是人均多少平方米等，超过了就要交税。

（四）区别总量和结构，兼顾调控和发展

对于房地产市场，调控只是手段，根本目的还是要健康、持续、稳定的发展。中央经济工作会议提出，今后工作的着力点，要围绕转变经济发展方式，调结构、扩内需、加快推进城镇化。有关资料显示，2009年年底，全国城镇化水平达到46.6%，城镇人口达到6.2亿人。前不久，中国市长协会发布的《中国城市发展报告》指出，中国已进入城镇化加速时期，预计到2020年，将有50%的人口居住在城市，2050年有75%的人口居住在城市。但是中国的城镇化不仅远低于发达国家85%的水平，也低于世界平均50%的水平，未来发展空间很大。在城镇化过程中，住房作为最重要的公共品，仍需不断加大供应和保障力度，中国经济的持续发展需要房地产业的健康发展。同时，房地产业的健康发展必须下大力气解决结构问题。有资料表明，国际上廉租房一般覆盖15%～20%的人口，发达国家则覆盖30%～40%的人口；而我国目前经济适用房仅占总住房面积的6%，廉租房的覆盖人口不及5%，历年完成的保障性住房不及各地政府承诺的一半，如2009年承诺60多万亩保障性住房用地，而实际上只完成了30万亩。虽然2010年在保障性住房供应上，中央与各地政府签订了严厉的“军令状”，但关键是要在政策和制度安排上建立长效机制，进一步加大保障性住房的供应比例，加快结构的调整，从根本上遏制投机炒房、抑制投机需求、保障自住需求，让普通无房居民能够买得起、住得下。

金融危机后的美国

三峡分行　林　帆

一、危机过后的反思

距那场号称20世纪30年代以来最严重金融危机的爆发，时间已过去了两年多。关于危机的成因，不同的人站在不同的角度有不同的看法。主要观点归纳为两个方面：一是“私人机构的贪婪”，包括诸如创新过度、激励过度、高杠杆率、过分相信评级机构和数据模型等；二是“政府的无能”，主要是指政府对华尔街监管不力，对投资银行乃至商业银行的自营业务放任自流，在市场失灵时政府反应太慢，在货币市场、票据市场等金融市场上交易几乎停滞时仍然坚持不干预市场的做法，造成市场的恐慌、挤兑及大型金融机构破产等后果，放大了次贷的危害性。目前，华尔街的改革也是围绕着这两个方面展开的。

但是，如果将次贷危机放在更宏观的背景下分析，上述问题只是美国经济危机、金融危机爆发的一个表现形式。首先是美国经济结构失衡，储蓄太少、消费过多，危机过后大家都认识到这是不可持续的。中美两个经济大国正相反的经济结构已成为全球经济失衡的重要原因，两国乃至世界目前围绕着贸易、汇率的争吵更大程度上也是结构失衡造成的。其次是美国自网络泡沫之后所实施的低利率政策埋下隐患，大量的借贷、高速发展的经济、低通胀造就了格林斯潘神话，也留下了很大的麻烦。最后是美国的住房政策吹起了房地产市场的泡沫。美国自20世纪30年代开始提倡人人拥有住房，有名的“两房”之一的房地美是20世纪70年代成立的，目的就是帮助解决住房市场的流动性，2000年之后的低利率政策进一步刺激了住房消费，泡沫也是自2000年逐步积累起来的。相对于这个大背景，次贷危机只是一个结果，严格意义上讲，是经济危机带来了金融危机，金融危机带来了次贷危机，而不是相反。

分析危机的产生及对银行业的影响，有以下两点启示。

一是关注系统的风险。危机出现后危害极大，但往往爆发前很难发觉。观察美国的银行经历危机的表现，防范系统性风险是事关生死的大事。一要“做自己熟悉的业务”，不能看到别人赚了大钱而眼红，要有长远目光，做“百年老店”的理想；二要坚持“不把所有鸡蛋放在一个篮子里”，这次房贷占比大的银行都吃大亏，因房价还没稳定下来，有的中小银行还会面临较大的困难。

二是关注流动性风险。我们做金融工作，看到过很多企业因流动性出现问题而破产的情况，但对银行流动性重视不够，这更多的是基于“大而不倒”的观念、国家信誉，及未经历过大的金融危机。美国这次危机的教训告诉我们，银行的资产负债表并没有分析起来的那么可靠，发生极端现象如恐慌、挤兑时变现能力极差。

二、美国经济的现状及前景

金融危机爆发后，美国政府通过购买有毒资产恢复了市场的信心，金融交易逐步趋于正常。随后，美国实施了一系列应对危机的组合拳，包括国会通过立法以刺激绝对经济；对投行及其他金融机构注入资金；救助一些大型企业；通过AIG担保短期债券及在二级市场购买债券，恢复市场的流动性；拿出资金稳定住房价格等。目前，美国经济在逐月好转，居民储蓄有所增加，节日消费恢复增长，借贷略有增加。

但俗话说“病来如山倒，病去如抽丝”。美

国经济真正走出困境还需时日。即使采取了量化宽松的货币政策来增加市场上的流动性，也很难解决美国国内的通货紧缩问题，倒是可能会给其他国家形成通胀压力。作为一个民选政府，美国面临的最大压力其实来自高失业率，目前高失业率的状况暂时还看不到缓解的希望。这是因为，美国经济要高达3%的增长率才能消化失业人口；同时，美国失业人口比重较大，主要是受金融危机影响的房地产和金融机构失业人员，这两大部门要恢复到危机前的水平是很困难的。判断美国经济是否超出危机还要看造成危机的房地产泡沫是否挤干净，房地产泡沫消化了，金融机构和房地产业才能完全恢复过来。为了解决这个问题，美国政府对“两房”继续给予全力支持，并通过多种方式释放流动性以稳定房价，对还不起房贷的居民也不让银行收回，防止因处置资产而影响到市场的交易价格。现在房价已基本稳定下来了，但是，房价下跌这么多，对银行和房地产商来说仍然是很大的压力，预计还会有大量银行和房地产商破产，只是因美国政府不再采取破产清算而更多运用重组的办法，对经济的超越性相对减弱。

对美国经济未来的走向，大多数专家学者都认为，危机已经过去，经济会逐渐好转，但造成危机的一些基本问题并没有发生转变，因此，经济要恢复到正常的发展水平还需要较长的时间。首先，一方面美国人对未来并不悲观，另一方面美国比较宽松的移民政策及较高的出生率，这是欧洲和日本所没有的，这对于保障经济发展是很重要的；其次，美国的实业并没有受到很大的冲击，最早走出危机的是汽车等传统制造业就是证明，奥巴马总统推进的贸易振兴计划会大力促进工业的振兴；最后，美国的创新精神仍然是促进经济发展的重要力量，如果未来在新能源、新材料、生物医药等领域发生较大的进步，也不排除美国经济会尽快恢复过来。

提高银行基层机构的案件防控能力

湖南省分行　易建荣

当前，复杂多变的外部经济金融环境，内部时有发生的操作风险和道德风险，正在考验着银行抵御风险的能力。近年来，银行系统各类案件尤其是重大案件屡有发生，且多发生在基层机构，银行案防工作面临巨大的压力和挑战。为此，笔者就如何提升银行基层机构案件防控能力进行初步探讨。

一、注重提高员工教育管理能力

首先，要端正经营理念，准确把握和正确处理业务发展与风险防控、市场营销与基础管理的关系。要树立正确的案防工作导向，在考核办法中，案件防控也要占一定权重；在干部选拔任用上，既要重视现实工作实绩，也要坚持德才兼备、以德为先的标准；在业务发展过程中，既要讲求规模和效益，也要牢固树立依法合规经营意识，严格控制各类风险。

其次，要注重培育合规文化。要在全行大力开展“诚信敬业、廉洁合规”为主题的职业操守宣传教育活动。要把廉业规定、廉政准则，银行从业人员职业操守指引，建设银行员工职业操守、行为规范、从业禁止若干规定等作为重要学习内容，营造“人人讲合规，事事讲廉洁”的良好氛围。

最后，要始终保持案防工作高压态势。基层机构负责人要熟练掌握各项金融法规政策和建设银行规章制度，努力提高业务水平和管理能力；要健全岗位管理，落实案件防控责任，定期与员工签订案件防控工作责任状，将案防任务和要求分解、落实到每一个岗位、每一个人。

二、注重提高案件风险识别能力

要建立业务制度手册化管理和考核机制，对常用规章制度进行梳理，汇编成业务操作手册，并定期更新，以方便员工学习、掌握和遵行，同时建立考核机制，引导激励员工主动学习规章制度，熟练掌握操作流程，增强制度的执行力和风险的识别能力。

要充分利用审计、会计、营运管理等相关系统，加强案件风险动态监测，对同一账户大额资金（单笔50万元以上）当日进、当日出、柜员自办业务、客户资金流入员工个人账户等实现实时监测；明确对系统监测发现风险疑点的处置流程，以及时发现风险事项，进一步增强业务风险点排查和员工行为排查的针对性。

要借助上级行的案件防控动态、监察提示、典型案件通报、内部信息网站等各种平台，及时组织员工开展典型案件作案手法识别及防范学习研讨，并结合本机构的违规问题进行深入剖析，提高各类风险识别能力，并举一反三，查漏补缺。

三、注重提高关键风险控制能力

首先，要确定关键风险点，落实重点监控措施。针对审计发现、上级行及外部检查发现的各类违规问题，以及近年案件、重大违规问题暴露出的关键风险点进行梳理分析，归纳筛选出基层机构案件易发多发的重点监控部位及环节，深入分析研究，使操作者更加明晰风险点在哪里、应该如何操作，使管理者更加明晰监控点在哪里、应该如何监控。

其次，要运用科技手段，强化“机控”功能。要充分运用第二代身份证鉴别仪、客户身份联网核查、电子验印、资金结算支付密码、网银盾和动态口令卡等产品或服务，逐步实现案件防控“人控”与“机控”并重的转变，提高基层机构基础管理的信息化、流程化和系统化水平。

最后，还要建立检查考核机制，确保关键风险控制到位。一方面，要建立关键风险自查考核机制，明确本机构关键风险自查频率，落实自查责任人，对自查发现的问题要落实整改和积分；另一方面，要对关键风险点监控检查发现和整改的问题进行量化考核，以机制建设促进关键风险控制能力的提高。

四、注重提高案防措施执行能力

一是要完善各项案防措施。如建立案防联席会议制度和例会制度，及时掌握和了解情况；出台《积分管理正向激励实施意见》等办法和制度，对举报、识破、堵截案件或风险事件以及主动制止违规行为的机构和员工，实行正积分，给予考核加分和物质奖励。

二是要对已有的案防措施落实情况开展效能监察。对历年来行之有效的案防措施进行梳理，把案件防控工作责任制落实情况、《廉洁合规从业》承诺书签署情况、案防联席会议制度落实情况、风险提示制度落实情况、《基层机构主要负责人案防指引》落实情况、员工行为排查落实情况、岗位轮换交流情况、岗位分离与制衡落实情况、案件专项治理落实情况等作为效能监察的重要内容，巩固案防措施效果。

三是要建立案件防控工作考核办法，实行正负激励。建立“结果与过程同考核”的机制，实行奖罚兑现。同时可探索建立案防专项基金，主要用于与全行案件防控工作密切相关的奖励事项开支，旨在通过构建合规经营及案件防控的正向激励机制，以有效防范案件、重大违规问题的发生。

四是要落实案防责任，定期考核评价。基层机构要对落实各项案防措施进行职责分工，明确管理责任，并将其纳入个人年度工作考核范围，提高管理人员履职自觉性。

美国金融监管改革法案及其影响

广东省分行　曾俭华

美国重大经济金融法规出台多与危机相连：1933年大萧条后出台的《格拉斯—斯蒂格尔法案》，确立了美国金融分业经营；2001年安然、世通的财务舞弊催生的《萨班斯—奥克斯利法案》，重塑了上市公司内部治理机制与证券市场监管体系；始于2007年的次贷危机则催生了本次金融监管的改革法案，又称《多德—弗兰克法案》，确立了对金融业实施宏观微观并行的审慎监管，该法案被称为"大萧条以来最严厉的金融监管"，体现出美国政府对现行金融监管体系存在缺陷的全面反思，显示出美国政府重整金融体系，重振其金融竞争力的战略意图。

一、美国金融监管改革法案内容

这项法案旨在通过改进问责制和增加透明度来增强美国金融体系的稳定性，结束"太大而不能倒"的情况，终结救市以保护美国纳税人利益，保护消费者，使其免受金融滥用之伤害，及其他目的。概括而言，法案从三个方面对现行美国金融监管进行了修正。

（一）改革监管机构，强化消费者的保护

一是成立金融稳定监督委员会（FSOC），提高美国金融市场监管的一致性、有效性、竞争性和稳定性，以改变多头监管下的"监管重叠"和"监管空白"的现状；改进市场规则，消除政府承担最后担保人角色的期望；识别和防范系统性风险，特别是拥有"先发制人"的监管权，即经过2/3的多数投票后（成员总数16人），可批准美联储对大型金融机构强制分拆重组或资产剥离。二是设立消费金融保护局（CFPA），维护投资者的信心，保证美国消费者在选择使用住房按揭、信用卡和其他金融产品时，得到清晰、准确的信息。同时，杜绝隐藏费用、掠夺性条款和欺骗性的做法。三是设立联邦保险办公室（FIO），解决此前保险业没有联邦监管机构的制度空白，防止保险业的系统性风险。四是撤销美国储蓄机构监理局（OTS），实行其职能与货币监理署结合。最终形成新的监管格局（见图1）。

（二）扩大监管对象，延伸监管范围

强化对大型复杂金融机构、对冲基金、信用评级机构等的监督管理；美联储虽被赋予更大的监管职责，但也被政府问责局加强监督。

（三）细化监管内容，降低流动性风险

限制银行实体在对冲基金或私募股权基金中的权益须在基金所有权益的3%以内，且不能超过其自身一级资本的3%；规定银行实体不能从事与客户服务无关的自营交易；资产证券化业务增加了风险自留机制的限制，须保留至少5%的证券；部分风险较大的掉期交易被要求剥离至附属公司；衍生品交易被要求增加透明度和规范性。

二、对中国金融监管产生的影响

美国此次金融监管改革无疑将对世界金融监管动向产生影响，对我国监管格局而言，"一行三会"的架构可能会逐步改进，监管力度、广度、深度将可能加大。首先，跨行业、全过程监管可能被强化，通过建立跨行业监管机制，防范监管套利和监管空白。短期看，"银、证、保"三个监管机构的协调机制将加强，以解决好跨行业、跨境风险的监管；长期看，则会建立起统一监管，建立跨行业、全过程监管，以防监管套利和监管空白。其次，金融业的系统性风险将受到高度重视，监管层将结合实际，加强系统性风险监管。这是因为国内银行经营高度同质化加剧了顺周期性风险，大型商业银行以及金融机构之间的相关性风险、信贷结构的集中度风险、地方融资平台风险等使系统性风险的可能性加大。最后，监管层在培育市场化金融中介的同时，还将强化对其监管，包括评级机构、基金公司、信托公司等。此外，对商业银行的信息要求将更加严格。对银行客户而言，由于消费者保护的导向，可能使得国内客户对银行提供产品的服务、信息透明、风险提示等方面的要求提高。政府监管部门出于对消费者的保护也将出台相应政策。

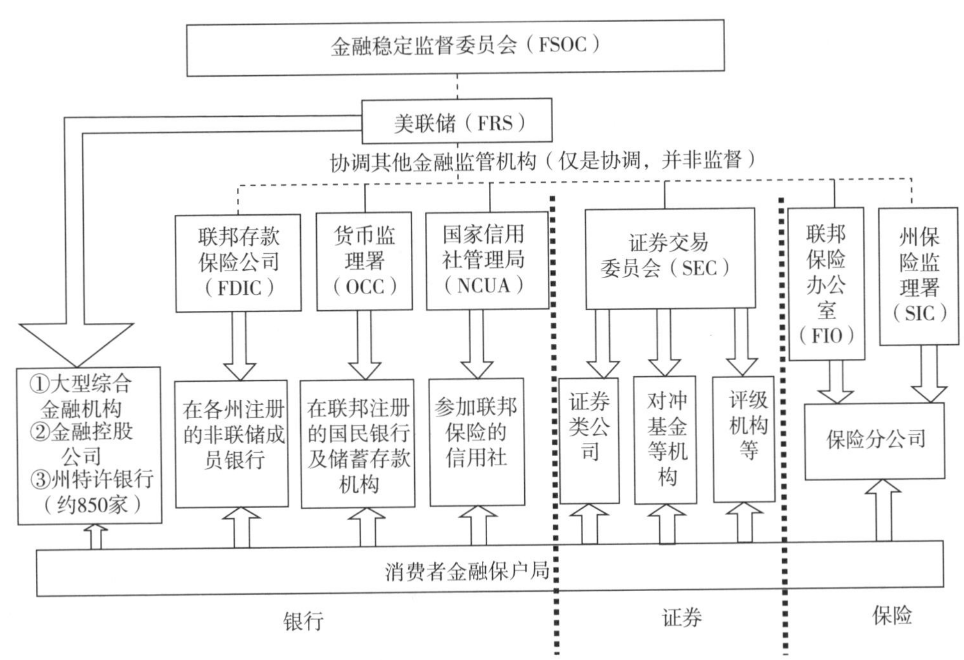

图1 美国金融业监管体系

三、中国商业银行的应对思考

（一）积极探索资本节约型经营模式，适应成本结构的调整需求

美国金融监管模式使商业银行去杠杆化成为趋势，而在去杠杆化的监管导向下，商业银行将面临进一步提高资本充足率、降低业务风险敞口、提高资产流动性的要求，从而抬高经营成本、降低利润，并对利润结构造成影响。对此，商业银行应进一步完善公司治理，改变高资本消耗发展模式，探索资本节约型的经营模式，以适应更加严格的监管趋势。一是创新传统中间业务，如结算、汇兑、信用证、担保、承诺等。二是探索新技术、高附加值新兴业务，如咨询业务、投资银行、资产托管、全球现金管理等。此外，面对资产流动性提高的要求，应加强对于中长期贷款的管理，尤其是2009年以来大量投放的政府投融资平台项目，加大梳理，避免还款期过于集中带来的风险。新法案中关于对大型复杂金融机构更加严格的监管标准、关于消费者保护的要求等，可能会使中资银行国际化进程受到影响。

（二）保持持续的创新力度，同时重视创新产品的风险管理，打造持续竞争力

尽管本次金融危机对美国而言是创新过度所致，但对中国金融业而言，仍显得创新不足。而在推进业务创新进程中，商业银行一方面要加强风险隔离，建立“防火墙”，避免局部风险的传播；另一方面要结合自身发展战略，明确风险偏好，稳步推进新产品。应充分借鉴美国同业面对监管不断应变和不断创新的态度，在监控趋严对银行业务产生不利影响的情况下，加强政策研判，如从当前监管趋势看，稀释货币政策的信贷类理财产品很可能面临长期被禁；银信合作产品中股权投资型和结构型等非信贷类产品，则在经过区分和规范后重新放开；针对价格等波动而进行风险管理的衍生产品等可能被进一步鼓励。因此，短期内可积极创新产品，丰富替代品，维持利润平稳发展；长期来看，要不断加强新技术、新需求的研究，加强对监管导向的分析，加大产品创新和业务转型的力度，以取得可持续竞争力。

（三）满足客户对信息透明化的需求，提高产品和服务透明度

在消费者权益保护的导向下，我国的金融消费者面对日益繁多的银行理财、投资等产品，也会不断要求提高产品信息透明度。对此，商业银行应尽可能在产品设计上贴近客户需求，提供简单化、标准化，易于理解的产品；在产品推出时，要提供清晰的说明，杜绝隐藏费用、掠夺性条款；在产品销售中，收益和风险揭示应尽可能详尽；在提供服务时，也应充分尊重客户的意愿，加强沟通，避免陷入不必要的纠纷，甚至造成负面的社会影响。

（四）适应监管对信息扩大化的要求，提高信息透明度

在监管加强的趋势下，信息报送的对象可能延伸，报送的内容也会更加丰富，如衍生品交易、表外融资类业务、投资业务等新兴业务将会逐步纳入报送范畴。对此，商业银行要充分做好应对准备，加快信息系统研发，提高信息采集、统计、分析等工作力度，满足内部管理和外部监管日益扩大和频繁的信息需求。

（五）密切关注受影响客户、合作机构及其他市场环境变化，强化风险防范和市场竞争力

由于去杠杆化将带来全球经济修整期，需要关注美国来华投资企业和面向欧美出口企业的风险状况，加强贷后跟踪调查；在选择金融中介、基金、保险等合作机构时，要关注新监管趋势下其经营动态，择优汰劣；还要充分关注宏观经济政策、金融市场和实体经济的变化，及时回避可能伤及自身的外在风险。

正确处理好业务发展与风险管理的关系

深圳市分行　韩凤林

一、业务发展与风险管理的关系

（一）业务发展与风险管理的辩证关系

商业银行是经营风险的企业，其盈利模式的本质是通过管理风险而获取风险收益，通过承担和管理好风险而获得额外报酬。风险是与商业银行相伴生的产物，银行因为承担风险而生存和繁荣。风险具有双重性，它既包含形成损失的可能性，也是形成收益的来源。业务是风险的载体，风险随业务的发生而发生。业务发展本身就是在经营风险的过程中发展。

风险与业务伴生的特点，决定了业务发展是风险管理的服务对象；而风险管理的警示作用、边界约束作用等功能，决定了风险管理既与业务发展方向一致，又以其审慎的理念约束业务的非理性发展，使业务在风险管理的约束下协调可持续发展。风险管理是经营风险的概念，其目的不是为了消灭风险，而是为了风险可控，才能兼顾风险与收益的平衡。强调低风险的风险管理是畏惧风险的风险管理，不符合商业银行发展的本质。没有业务的发展风险管理无从谈起，没有简洁、专业、高效、权威的风险管理，无法保障业务协调可持续地发展。因此，两者的关系是风险管理服务业务发展，业务发展约束于风险管理的辩证关系。

（二）风险管理服务业务发展

管理就是服务。风险管理是为业务健康良性发展保驾护航的原动力。以其理性约束业务发展的过度冲动，将业务发展调节于合理的风险边界之内。

风险管理服务于业务发展，体现在风险管理不是束缚发展，而是通过合理的制度安排明确该做什么和怎么做，促进业务按照正确的方向发展；通过科学的风险控制安排促进业务创新抢占市场；通过专业的风险管理促进业务风险的甄别，关注风险和化解风险；通过先进的信息技术手段分析

风险，支持业务发展决策，提高市场应变能力；通过高效的风险管理机制提高市场响应速度，及时支持前台拓展市场，提高客户服务能力。

（三）业务发展约束于风险管理

风险管理约束业务发展所承担的风险度。通过承担可容忍的合理风险以获取相应收益，是风险与收益匹配的必然结果。脱离了风险管理的约束，业务发展往往陷入攫取高额利润的诱惑，而忽视对风险的制衡。高利润意味着高风险，当风险管理能力不能有效提高并跟上业务发展步伐时，风险与收益就会严重失衡，资产质量有可能急剧恶化，从而阻碍业务发展。

业务发展是神舟飞船，风险管理则是航天支持保障团队，决定了飞船的配备等级、控制规则、风险承受能力、发射时机等，从而保证了飞船所能达到的高度，以及阶段目标的实现水平。

二、风险管理与业务发展失衡的教训与经验

风险管理水平的高低决定了其服务业务发展能力的大小。提高风险管理水平，首先要以专业化分工、职业化精神，提升客户服务能力和风险管理能力；然后才能以组合层面、前瞻性的风险管理，支持和保障市场竞争力。

风险管理过度与不足均会导致风险管理与业务发展失衡。

20 世纪 80 年代后半期至 1999 年，四大国有银行不良资产快速积累集中暴露，不良资产率高达 40%。这一时期以存款为导向，以贷引存，粗放经营，还谈不上治理结构完善和真正意义上的风险管理。21 世纪初，随着治理结构的完善，风险管理职能逐步完善，仍然为风险管理水平的不高而不断付出惨重代价。例如，中科系、德隆系、托普系、科健系等集团性风险的暴露，不断警示银行提高风险管理的重要性。德隆系下的明斯克航母是军事题材热门旅游景点，现金流较充足，是各银行竞相营销的客户。但各银行授信时未重视集团授信风险防范，甚至未重视申请人负债总量控制问题，而用途控制和贷后管理的不到位，更使明斯克成为德隆的融资平台之一。最终明斯克公司资产 6.75 亿余元，负债 8.67 亿余元，严重资不抵债而破产；而其所在的德隆系也因资产 200 多亿元无法偿付 300 多亿元的巨额债务，而整体托管给华融资产管理公司。

风险管理过严，同样会导致优质客户的流失或者不能及时实现风险可控下的收益。某高科技公司，属于环保节能型企业，盈利模式成熟，股改成功且中小板上市日期已定，可预期的风险比较明确。某银行在授信时为防范风险要求企业提供抵押物及第三方专业担保机构担保。由于风险防范措施的过于谨慎，导致该优质客户被同业竞争对手以信用贷款方式捷足先登。风险管理过严同样达不到平衡风险与收益的目的，束缚了业务发展。

平衡好风险管理与业务发展的关系，防控风险、提高收益，促进业务健康持续发展，需从以下几个方面思考，提升风险管理水平。

三、正确处理好风险管理与业务发展的关系

成功的风险管理的落脚点在于实现业务发展的高质量和高效益，推动业务发展在规模与速度、质量与效益上的协调统一，最终实现业务全面协调可持续的发展。

（一）以先进的风险理念和文化，鼓励、倡导理性行为

先进的风险理念易于传导、便于理解、利于执行，能够有效统一风险偏好，形成全员参与共同遵守的风险管理理念、价值观和行为规范，指导前台了解客户、理解市场，促进理性经营和审慎控制风险。审慎的风险观念，理性的营销行为，有利于屏蔽风险防控盲点，促进业务健康持续发展。通过政策、制度、规章传导理念，借助流程、系统、机制规范操作，促进从业人员理性判断风险，然后安排科学合理的风险控制措施，达到风险与收益的平衡。

（二）以合理的政策、标准，引导经营管理行为

一方面要体现政策制定的合理性，另一方面要体现政策传导的及时和到位，实现政策效用的最大化。需要通过政策制度解读、培训、答疑等方式建设专业的风险管理政策支撑平台，及时传导政策、标准，以统一的风险偏好引导经营管理行为。

（三）以严密的制度、规则，规范经营管理行为

首先，制度要严密简洁。制度失之严密则不足以立威，制度失之简洁则不足以达意。不严谨不易执行的制度，只能损害制度的威信，立不如废。

其次，制度要持续优化。对不符合发展要求、成为发展障碍的制度规章应及时废止，对不能有效促进发展的制度要及时增补。因此制度重检与更新是一项日常工作，也是一项重于泰山的工作。

最后，强化制度的执行。执行力的好坏，决定了制度效用的强弱。强化制度执行力，一方面要加强制度的传导、监督，另一方面要以制度的公平体现制度的权威。即制度面前人人平等，不能有超脱于制度之外的特权群体。

通过制度的完善，形成对风险的事前防范、事中控制、事后监督和纠正的动态过程和机制，规范经营管理行为。

（四）以高效、有效的流程控制，防范不合规操作行为

全面风险管理不仅仅要体现在观念上，更要渗透到各项业务和经营管理的流程中。通过流程管理提升业务效率，实现风险创造效益。

流程管理主要包括对作业流程、业务流程和管理流程的优化。

流程优化不是一蹴而就的，需要结合业务实际采取分步实施的方式，稳步推进。先期选取短期内产生明显效果的业务流程开展梳理，然后选取重点业务流程开展梳理优化，逐步实现作业流程、业务流程和管理流程的优化。使流程优化由点到线再到面，逐步扩展，全面覆盖，既保证业务正常运转，又在潜移默化中实现流程再造和效率的提高。例如：先期开展针对不同行业、客户群，结合信贷产品特点，进行差异化贷后管理优化，真正落实三分贷七分管的办贷理念，向管理要效益。

（五）以针对性的监督检查，及时纠正不合规行为

监督检查是对流程有效性、业务规范性的动态检测，通过检查及时弥补流程缺陷，完善制度规定，及时纠正不合规行为，预防化解风险。

一是发挥流程的自检功能。重点抓住流程的关键节点、业务的关键风险点，进行前台自检，后台的针对性监督检查。借助信息系统的预警监督等技术手段，发挥专业风险管理经验优势，在动态监控的基础上，对重点业务、重点流程、关键风险点进行针对性检查。在发展中及时纠正不合规行为，确保流程运转有效、业务运行规范。

二是配合内外部审计检查，落实整改内外部审计检查发现的问题。让第三方视角促进流程制度的完善，规范操作，合规经营。

（六）以严厉的问责约束经营管理行为

问责的核心理念是“尽职免责、失职问责”。提倡主动管理风险，惩治消极管理风险。提倡风险早暴露、早化解、少损失；惩治瞒风险、积隐患、不作为。

尽职免责，就是合规经营，完成规范动作。出险前按规定管理，出险后及时上报，积极应对，抓住最佳时机，将风险降低到最小。失职问责，是对违规者的惩治，对合规者的尊重，是巩固制度权威的重要手段。

问责能促进风险防范机制的正常高效运转，使其在化解风险事项中发挥团队的力量，有效控制风险，约束经营管理行为。

（七）以风险调整后的收益考核评价经营管理行为

应用风险调整后的资本收益率模型（RAROC）进行考核评价，是国内商业银行的必然趋势。RAROC 的核心原理是银行在评价其盈利情况时，必须考虑其盈利是在承担了多大风险的基础上获得的。运用该模型考核评价经营行为，可以克服经营仅看账面收益而使收益与承担风险不匹配的弊端。通过 RAROC 计算出的收益是实际的利润，达到盈利覆盖风险的目的，有利于银行的可持续发展。在单笔业务层面上，RAROC 可用于衡量一笔业务的风险与收益是否匹配，为银行决定是否开展该笔业务以及如何进行定价提供客观依据。

四、结束语

孟子云（《孟子·离娄下》）：“人有不为也，而后可以有为。”风险管理就是要明确不能做什么，能做什么，怎么做，懂得取舍，抓住关键。通过传导先进的风险理念和风险价值观，统一风险偏好，形成全员参与的风险管理氛围；以专业的风险管理，适应和服务好业务发展，为银行资产质量的持续提高提供支持保障，为银行的协调可持续发展贡献力量。

银行业支持玉树灾后重建思考

青海省分行 郭继庄

玉树地震发生后，青海省银行业以高度的责任感和使命感积极投入抗震救灾和灾后重建工作中。建设银行青海省分行（以下简称省分行）积极履行金融职能，在抗震救灾和灾后重建中做出了不懈努力，其做法对于银行业支持灾后重建具有一定的参考和借鉴意义。

一、青海省分行支持抗震救灾和灾后重建的基本情况

（一）紧急响应，及时为灾区提供各种针对性金融服务

玉树强震发生后，省分行迅速制定抗震救灾金融服务方案，全力做好赈灾期间金融服务：一是及时开通捐款“绿色通道”。各网点设立专用柜台第一时间受理捐款，提供24小时快速金融服务；同时，对抗震救灾资金免收电子汇划费、速汇通（个人电子汇款）、同城（异地）通存通兑等业务结算手续费。二是启动现金出纳应急预案，指定抗灾救灾款项紧急支付集中处理网点，确保公安消防、武警部队等抗震救灾单位的紧急提现需求。同时，为民政部门、红十字会等社会救助团体提供上门现金收款等便捷金融服务。三是在各营业网点液晶电视、门楣LED增加省红十字会、西宁红十字会、省民政厅捐款账号等宣传内容，方便社会各界捐款。四是加强捐款账户监测和管理，防止不法分子浑水摸鱼。省分行先后发现4个假冒红十字会等的捐款账户，并迅速报告公安部门、人民银行、银监局和红十字会等慈善团体，有效维护了捐款人和灾区群众的利益。五是加大灾区信贷投入，确保灾区交通、电力、通信等基础设施恢复重建信贷资金及时到位。

（二）积极介入，全力支持灾后重建工作

玉树灾后恢复重建启动后，省分行立即投入灾后重建金融服务工作中：一是加强与政府部门的沟通，了解政府和援建部门相关需求，研究具体金融服务方案，第一时间向省发改委出具了10亿元灾区过渡性建设和灾后重建信贷支持意向承诺。二是针对重建规划，深入调研分析灾区重建项目资金需求，统筹做好重建资金安排。同时，积极争取建设银行总行对灾区重建项目在信贷规模、信贷政策等方面的支持和倾斜；坚持市场化运作和风险可控原则，加大信贷投入，为重建项目提供充足的资金保障。三是扎实做好灾区营业机构设立调研评估工作；结合灾区实际，做好藏区政策建议完善细化上报工作，把国家实施新一轮西部大开发战略和支持青海等省藏区跨越式发展政策贯彻落实到位。经努力，建设银行总行同意为省分行安排抗震救灾专项贷款规模，并在授信审批、行业准入、客户评级等方面给予一定政策倾斜。目前，省分行已发放重建项目贷款3.78亿元，主要投向道路交通、物流、机场、建材等重点领域。

二、资金供给是玉树灾后重建面临的主要矛盾

（一）地震破坏严重，资金需求量庞大

玉树地震给灾区造成重大损失，85%以上的城镇房屋、基础设施等严重破坏，通讯、电力、供水等设施基本瘫痪，党政机关、医院、学校等公共设施严重损毁，农牧业生产设施受损，交通、电力、供水等基础设施损失高达上百亿元，国家减灾委评估的直接经济损失228亿元。经测算，玉树灾后恢复重建总投资规模达316亿元，以中

央财政支持为主，包括地方政府自筹资金、社会捐赠资金及居民企业少量自筹资金。按照规划，2010年玉树地震灾后重建现场指挥部计划安排恢复重建项目总投资162.86亿元，主要用于城乡住房、基础设施、公共服务、和谐家园、特色产业项目建设等。

（二）地方政府财力薄弱，巨灾保险缺位，难以满足灾后重建需求

一是地方财政难以支撑巨额资金需求。年内中央财政将安排重建资金90亿元，其余72.86亿元需通过地方政府、银行信贷及其他途径解决。然而，地处西部高原的玉树州经济基础非常薄弱，加之受三江源生态保护政策限制，财政收入始终低位徘徊。2009年全州财政收入刚刚突破5 000万元，仅能保证政府机关工作人员工资等行政性开支，基本建设、教育、医疗、就业等均依赖中央财政转移支付。从青海省级财政看，2009年一般预算收入87.7亿元，财政支出486.7亿元，主要依靠中央补助收入；2010年上半年首次实现半年财政收入过百亿元，达到105.9亿元，增幅虽大，但依然无法凭自身财力保障科、教、文、卫、重点工程、民生工程等重点建设项目和生态环境保护与建设、节能减排、循环经济、特色旅游发展等支出，玉树恢复重建对青海省来说更是增添了巨大压力。

二是巨灾保险发展滞后。目前我国尚未建立完善的巨灾保险制度，地震等自然灾害在商业保险中仍属免责条款或附加险，保险资金分担灾害损失的能力薄弱。有关统计显示，近十年来我国每年因灾造成的经济损失达2 000亿元左右，而巨灾保险赔付却微乎其微。2008年汶川大地震造成直接经济损失8 451亿元，保险赔付占经济损失的比例不到1%。在发达国家，通过在投保人、国内保险业、全球再保险业、资本市场和政府之间进行风险共担，其巨灾保险承担自然灾害损失的比例高达60%以上。在玉树灾区，受收入水平所限，加之保险意识淡薄，受灾群众购买人身意外伤害险、家庭财产险比例很低，更遑论巨灾保险，保险特别是巨灾保险灾后补偿作用极为有限。

（三）金融机构不健全，金融支持能力明显不足

目前，玉树主要金融机构包括农发行、农行、农村信用社、邮政储蓄银行和资金互助社。2009年年底全州存款余额28亿元，贷款余额仅3.5亿元。在地震中，灾区仅有的几家金融机构均遭受不同程度的重创，办公场所、设施设备损毁，尤其是保证债权实现的担保、抵（质）押物灭失严重，不良贷款额和贷款损失率大幅提高。这对于灾区金融机构迅速恢复经营并有效支持灾后重建必将产生重大不良影响。

三、措施建议

（一）注重“三个结合”，努力提高金融支持的有效性

玉树灾后重建不仅涉及基础设施建设、产业重振、民生保障等领域，而且面临高寒缺氧、施工期短、交通不便、生态脆弱和建筑资源严重不足等特殊困难，基本完成恢复重建任务需三年时间。因此，银行业信贷投放和金融服务必须从长远实际出发，确保把“好钢用在刀刃上”，努力提高金融支持效果。

1. 与灾后重建规划相结合，突出支持重点。《玉树地震灾后恢复重建总体规划》（以下简称《规划》）指出：重建主要包括城乡居民住房、公共设施、基础设施、市场服务体系、特色产业、生态环境和防灾减灾等方面。银行业金融机构要根据重建内容、范围及不同阶段中心工作，加强与政府部门的沟通联系，明确支持重点。在重建初期，要按照《规划》要求，把金融支持和服务重点放在城乡居民住房建设、学校、医院等公共服务设施建设、城镇基础设施建设上，为快速改善城乡居民基本生产生活提供必要的信贷支持。在重建的中期、后期，要围绕重建目标，积极跟进重建进度，把支持重点转移到市场服务体系建设、地方特色产业重振、生态环境修复等方面。

2. 与灾后重建相关政策相结合，明确支持方向。玉树地震发生后，国务院、地方政府及“一行三会”出台了一系列支持重建政策。金融政策方面，人民银行、银监会在再贷款额度及利率、准备金等方面出台了优惠政策，省政府也大力鼓励金融机构在灾区新设营业网点，并给予税收减免政策。银行业金融机构要用好用足优惠政策，准确理解灾后重建政策精神，把握好信贷投放与财政政策、产业政策、藏区政策和金融监管政策之间的有效衔接，更好地支持灾区经济发展，防止落后产能和低水平重复建设项目向灾区转移。

3. 与灾区实际相结合，提升支持效果。强震给玉树造成极大破坏，根据青海玉树地震灾害评估报告，玉树地震波及范围划分为极重灾区、重灾区、一般灾区和灾害影响区，各区受损状况存在很大差异。根据灾区实际和重建目标，灾后重建划分为生态保护区、适度重建区和综合发展区，各区重建内容和建设重点迥异。银行业金融机构必须深入重建第一线，跟踪重建规划实施进度，研究解决灾区实际困难和问题，及时做好计划衔接和业务跟进工作，把信贷资金投放到最紧急、最需要的地方，为灾区提供有针对性的金融服务。

（二）多策并举，加大对灾区的金融支持力度

1. 严格执行国家有关宽松普惠的金融政策。银行业金融机构要开辟灾后重建信贷“绿色通道”，对因灾不能按期偿还的贷款实施“四不政策”，即对灾前发放、因灾不能按期归还的贷款不催收催缴、不罚息、不作为不良记录、不影响提供新的信贷支持，并适当延长“四不政策”期限。对受损严重的企业和个人的贷款，按规定给予降低利率、减免利息、延长贷款展期等优惠。对于符合现行核销、重组和减免规定的贷款，按政策和程序及时核销、重组和减免。对于不符合现行核销规定条件但企业和个人确有还款困难的贷款，根据实际损失情况和偿债能力，按照区别对待、平等协商原则，做好债务重组安排，促其尽快恢复生产和正常经营。

2. 积极为灾区重建提供适度倾斜的信贷政策。银行业金融机构要结合本行信贷管理现状和灾区重建实际，积极争取上级行支持，制定相关信贷扶持政策。一是适当扩大灾后重建信贷规模或建立专项信贷规模，为重建工作提供资金保障。把支持灾后重建作为当前和今后一段时期工作的重中之重。二是对重建项目实行差别化信贷扶持政策。紧密结合中央支持青海藏区发展等政策，在授信审批、行业准入、客户评级、贷款利率等方面给予重建项目一定的政策倾斜。同时，适当降低灾区居民住房贷款首付款比例和利率，为灾区群众尽早恢复正常生活条件提供支持。三是优化信贷审批流程，提高审贷效率。结合重建工作实际和特点，按照“特事特办、急事急办”原则，适当下放贷款审批权限，缩短授信审批环节，提高审贷效率，确保信贷资金早投入、早使用、早见效。四是调整信贷结构，实现金融资源利用最大化。根据重建工作任务，把握信贷投向，重点支持道路、桥梁、机场、水利、市政等基础设施，医院、学校等公共服务设施及城乡居民住房建设，加大对建筑、建材、运输、物流等的支持力度，助力当地特色产业和生态旅游、文化产业发展。

3. 拓展金融支持手段和产品创新。一是提高综合服务水平。银行业金融机构应积极为重建项目建设提供资金结算、财务顾问、项目评估、工程预决算、工程建设资金监管等配套服务。利用网上银行、电话银行、手机银行等电子银行产品跨行账户归集、资金归集、跨行转账等优势，及时为重建项目、企事业单位和个人提供便捷的支付结算服务。适当减免灾区客户账户查询、挂失和补办、转账等收费，体现对灾区群众的人文关怀。二是创新金融支持手段。银行业金融机构应积极尝试以汽车、草场、牛羊、土地承包经营权、农村集体建设用地使用权、农村经济组织股权等为抵押，发放针对小企业、下岗失业人员、农牧户、助学的“四小贷款”，不断满足灾区群众个性化资金需求。大力推广创业小额担保贷款业务，支持农牧民从事汽车运输、家庭纺织、藏饰品加工等生产活动，解决农牧民灾后的生计问题。对于房产等灭失的群众，可以采用以虚拟房产抵押、以临街铺面未来预期收益为抵押等灵活的方式发放住房贷款，解决灾区群众最基本的住宿问题。

4. 扩充营业机构，提高灾区金融服务能力。紧密结合省政府有关新设金融机构优惠政策，加快金融服务盲区的市场建设，提高灾区金融服务能力，为当地经济发展提供有力支持。在灾区已设金融机构的银行，要加快受灾网点自身重建，尽快恢复灾区现有金融机构的基本金融服务功能。尚未在灾区设立网点的银行，应加强灾区金融环境调研评估，在合理测算的基础上，择机设立网点机构，更好地为灾后重建和当地经济发展提供金融服务。

（三）加强风险防范，构建良好的灾区金融生态

银行业金融机构既要把握大局发挥资金融通

重要作用，同时也要协调处理好社会责任与经营准则的关系，避免出现不良包袱沉重、信用环境恶劣等金融救灾“后遗症”。一是加强贷款项目调研，从社会效益、经济效益、还款能力等方面对贷款项目进行综合评估，注意风险防范，把风险控制在可承受范围内。二是坚持救灾救急、灾后重建与经济社会可持续发展有机结合，加强对国家产业、环保、监管等政策的研究，在防范政策风险的同时，切实发挥金融对经济的引导作用。三是强化贷后管理，做好对贷款项目的跟踪监测，发现风险因素及时采取应对措施，把损失降到最低。

（四）加大政府扶持力度，为银行业支持灾后重建创造良好条件

对银行业来说，为灾后重建提供金融支持和服务责无旁贷，但脆弱的经济环境使得银行业金融服务面临诸多困难和挑战。地方政府应充分发挥支持和引导作用，在已出台金融优惠政策基础上，加大政策扶持力度，解除银行业后顾之忧。

1. 制定贴息、风险补偿等政策。强震对当地几乎造成毁灭性破坏，许多企业生产设施和居民住房需完全重建。这些企业和个人的偿债能力都比较差，又急需恢复生产生活。建议政府出台相关贴息和风险补偿政策，对重建重点项目、特色产业重振、居民住房建设等贷款项目给予一定财政贴息和风险补偿，引导银行业金融机构加大信贷投入，促进重建工作顺利推进。

2. 建立灾后重建信贷担保基金。灾后企业和个人财产损失严重，大多无法向银行提供足值有效的资产抵押，而目前几乎所有商业银行都不再发放信用贷款，贷款双方陷入两难境地。建议政府运用部分对口援建、社会捐助资金建立重建信贷担保基金，为灾区企业和农牧户提供贷款担保。同时，通过资本注入、风险补偿、免征营业税等方式，鼓励民间担保中介机构积极参与，壮大担保能力，调动银行的放贷积极性。

3. 进一步加强灾区信用环境建设。地方政府、监管机构要强化多部门间有机协调合作，有效推动信用环境建设。完善灾区企业和个人征信系统，为银行业金融机构提供全面、准确的客户信息，为其发放贷款提供参考。积极配合金融机构严厉打击以受灾名义逃废银行债务的违法行为，构建健康和谐的灾区金融环境。

4. 为金融机构在灾区设立分支机构提供便利。《青海省人民政府关于金融支持玉树地震灾区恢复成就的意见》提出，省政府将对金融机构新设分支机构和经营网点，按设立规模给予补贴，并在办公用房购置、营业税、所得税等方面予以一定补贴，这将对金融机构起到良好的引导作用。建议地方政府将银行业网点建设纳入玉树灾后恢复重建总体规划中，充分考虑方便客户办理业务及银行服务特点，合理规划银行网点布局。

对新疆维吾尔自治区分行支持新疆经济社会跨越式发展的战略思考

新疆维吾尔自治区分行　张　涛

酝酿已久的中央新疆工作座谈会的胜利召开，为推进新疆跨越式发展和长治久安出台了特殊政策和扶持措施。这不仅为新疆的大建设、大开放、大发展创造了千载难逢的历史性大机遇，也为新疆金融业的发展带来了难得的历史性机遇。为此，本文就新疆经济社会跨越式发展对我分行业务发展带来的机遇与挑战进行了分析研究，并在此基础上提出了我分行加强金融支持服务的具体对策，以便更好地发挥金融机构在推进新疆跨越式发展和长治久安中的作用，加速推动我分行实现跨越式发展的目标。

一、新疆的地缘优势和资源优势

从地缘优势来看，新疆地处亚欧大陆腹地，与8国接壤，拥有17个国家一类口岸，是中国边境线最长、对外开放口岸最多的省区。目前，与新疆开展进出口贸易的国家和地区已达167个。另外，新疆周边国家人口众多，也是当前世界上发展最快的能源资源市场和潜力巨大的消费市场，与我国经济互补性很强。为此，中央提出，从战略层面扩大新疆内外开放，努力打造我国向西开放的桥头堡；大力发展对外贸易，对新疆实施更加灵活的边贸政策，将乌鲁木齐对外经济贸易洽谈会升格为“中国—亚欧博览会”；在喀什、霍尔果斯各设一个经济开发区，将其建设成为我国向西开放窗口和新疆经济新的增长点；鼓励采取“引进来、走出去”的策略，吸引外资投向新疆，放宽新疆维吾尔自治区和新疆生产建设兵团对周边国家投资的审批权限，鼓励新疆企业到境外从事能源资源开发、农林业合作。新疆将依托这一地缘优势，进一步转变外贸发展方式，通过加强口岸建设，着力打造国际贸易和物流通道，加快外向型经济发展，逐步发展成为我国能源和战略资源最便捷、最安全的陆路通道。

从资源优势来看，中央提出优势资源转换战略，将新疆加快建设成为国家大型油气生产加工和储备基地、大型煤电煤化工基地、大型风电基地和国家能源资源陆上大通道。中央提出这一战略的主要缘由在于新疆具有得天独厚的自然资源。目前，新疆发现的矿产有138种，探明储量的有117种，其中，10种储量居全国首位，25种居全国前5位，58种居全国前10位，23种居西北地区首位。石油、天然气、煤、金、铬、铜、镍、稀有金属、盐类矿产、建材非金属等蕴藏丰富。新疆石油资源量占全国陆上石油资源量的30%；天然气资源量占全国陆上天然气资源量的34%；煤炭预测资源量占全国的40%，居全国第一位，煤炭赋存条件较好，含煤层数多，煤层厚度大，埋藏浅，开采成本低，比较优势明显；风能、水能、太阳能资源蕴藏量均居全国前列；59个县（市）有黄金资源；湖盐资源异常丰富，品质优良；昆仑山的宝石、玉石种类繁多，古今驰名；铍、铯、钽、铌等稀有金属资源以及石材、石棉、膨润土等非金属等资源十分可观。因此，丰富的资源使得新疆在国家战略安全中具有重要地位和作用。

二、新疆维吾尔自治区分行面临的形势与机遇

（一）面临的机遇

一是经济增长机遇。“十二五”期间，新疆国民经济增长速度将高于全国平均水平，预计中央向新疆维吾尔自治区和新疆生产建设兵团的固定资产投资将达到2.66万亿元。中央提出，到2015年，新疆人均地区生产总值达到全国平均水平，城乡居民收入和人均基本公共服务能力达到西部平均水平，这个目标的提出，表明中央对新疆加大扶持力度，新疆作为中国西部大开发新十年的重点区域，凭借地缘优势和能源储备战略基地的定位，将成为未来中国经济的新增长极。按照这一目标，未来几年，新疆人均GDP增速将超过全国平均增速3.5个百分点以上，城镇居民人均可支配收入将保持年均17.1%的较高增幅，这将极大地推动新疆经济跨越式发展和消费结构升级，消费在GDP中的比重将逐渐增加。与此同时，在中长期贷款、个人消费贷款、个人住房贷款、中间业务、信用卡业务发展方面，也会给我区银行业提供更大的发展空间。

二是经济结构调整机遇。在未来五年的经济结构调整中，国家对新疆将实施差异化政策，并大力支持新疆实施优势资源转换战略和扶持区域特色优势产业发展。届时，新疆将成为国家大型油气生产加工和储备基地、大型煤电煤化工基地，有色、煤气、粮油、林果、棉花等特色优势产业也将成为新疆特色经济的支柱产业。与此同时，经济结构的调整也会为我分行优化客户结构、区域结构和行业结构提供难得的机遇。

三是新一轮援疆机遇。国家不仅确定了全国19个省市在更深层次、更广领域开展对口援疆工作，同时还将过去的干部人才援疆拓展为包括资金、人才、技术、教育、科技等全方位的援疆工作新格局。按照2009年测算财政收入，19个省市初始援疆资金规模接近120亿元，按照每年8%的速度递增，10年为1 500亿～2 000亿

元。新一轮援疆将为建设银行提供全方位的发展机遇。

四是"向西开放"的发展机遇。新疆独特的区位地缘优势决定了构筑对内对外开放新格局。面向国际国内两种资源、两个市场，坚持全面推进"外引内联、东联西出、西来东去"的开放战略，不仅有助于新疆对外开放提升为国家战略，把新疆打造成国家对外开放的重要门户和基地，而且有助于我分行弥补外汇业务发展短板，创新贸易融资、加快发展边境贸易、开展跨境人民币结算业务。

五是银行监管政策变化的机遇。中间业务收费管理改革，扩大了商业银行的定价自主权，同时也为建设银行中间业务增长提供了良好机遇。未来，监管部门将更加严密地监测商业银行的资本充足率和资产质量，加强贷款结构调整和进度控制，这将有利于我分行采取更为稳健的经营策略，实现业务的健康持续发展。

六是建设银行总行大力支持。建设银行总行将在基础设施建设、特色行业发展、"三农"、民生领域等方面加大对新疆经济社会发展的支持力度。另外，总行还出台了建设银行支持国家深入实施西部大开发战略的政策和措施，明确从基础设施领域等八个方面重点支持，在组织领导、信贷政策、财务支持、渠道建设和人才培养等六个方面给予实质性政策支持。以上政策为西部分行把握机遇、加快发展提供了强有力的支撑。

（二）面临的挑战

一是同业市场竞争加剧的挑战。近年来，随着金融体制改革的不断推进，区内五大国有控股商业银行竞争起点已基本接近，今后将在更大范围和更深层次展开全面的竞争。股份制商业银行也在迅速发展，纷纷采取差异化竞争战略，在重点区域和重点产品上谋求突破，将凭借灵活机制占据重要的市场地位。券商、基金公司、保险公司等非银行金融机构通过不断创新，则会提供与商业银行同质的金融服务。可以说，目前新疆维吾尔自治区金融业正进入一个分化加剧、竞争激烈、结构调整的重要时期。一方面，中央提出鼓励各类银行机构在偏远地区设立服务网点，鼓励股份制商业银行和外资银行到新疆设立分支机构；另一方面，国家开发银行、工商银行、农业银行等均表示加大对新疆的信贷支持，国家进出口银行、光大银行、广东发展银行、重庆银行也将陆续进疆，进行战略部署。这种竞争格局势必会对建设银行现有客户资源和传统盈利来源产生一定的冲击。同时，对新的客户抢夺和金融服务也会提出新的挑战。

二是利率市场化的挑战。随着利率市场化的进一步推进，中央银行将逐步适度放开人民币贷款利率下浮底线，存贷利差将逐步缩小，市场风险会逐步显现。为降低和化解利率市场化可能给我分行带来的风险，我分行必须提高主观能动性，尽快提高产品综合定价能力，有效控制市场风险，优化业务结构，改变严重依赖利差收入的单一利润结构。

三是客户结构和需求变化的挑战。随着经济发展和竞争推动，客户的金融服务需求广度和深度都将明显增加。大型企业集团客户财务和资金管理集中化趋势不断增强，对银行现金管理、财务顾问等综合服务提出了更高要求；教育、卫生、社保、文化、旅游等现代服务业迅速崛起，金融服务需求呈现多样化、综合化的特点；在市场机制及政府推动的作用下，小企业市场将更加繁荣，也会进一步要求银行提供快速、便捷、高效的服务。为此，如何寻找发展机遇，严格控制和防范风险，已经成为一个重要问题。另外，随着城乡居民收入稳步增加，居民消费结构快速升级和投资意识的显著增强，客户需求正日益呈现多样化、个性化、集约化、综合化的特点，这对我行个人类金融产品服务现状也提出了严峻挑战。

三、加强金融支持服务的主要对策

（一）把握历史发展机遇，突出信贷支持重点

要重点抓住国家实施新一轮西部大开发和推进新疆跨越式发展等区域规划的历史机遇，立足新疆资源优势行业和特色产业，围绕新型工业化、农牧业现代化和新型城镇化建设、向西开放的重要门户和基地建设，做好贷款项目储备工作，对重点客户、行业、区域实施差别化信贷支持政策。一是充分发挥建设银行在基础设施建设领域的传统优势，持续加强对水利、公路、铁路、民航、电力、电信等重点项目的配套资金支持。二是大力扶持石油石化、煤炭、钢铁、有色、化工等新疆特色优势行业和支柱产业。一方面，要密切跟踪政策制度和客户需求变化，重点支持符合产业政策、技术含量较高的重大建设项目；另一方面，对大企业大集团高度集中的资金管理模式和对低成本融资产品的需求，则要力求开发更多的金融产品来实现服务的专业化、特色化和多样化。三是加大对乌鲁木齐经济技术开发区和高新技术产业园区及石河子经济技术开发区的建设支持，将园区经济增长作为我分行新的业务增长点。四是主动做好“三农”支持服务，并着力支持“四大基地”建设和兵团农业现代化发展。五是完善小企业经营机制，在把控风险的前提下，创新金融产品和服务方式，加强客户动态管理，确保小企业发展质量。

（二）借助做好援疆金融服务，加大对机构业务快速发展的支持

一是做好代理财政资金业务，重点抓好政府机构及其上下游以及支付结算领域客户群的营销。二是为财政机构客户提供综合服务，要通过为财政客户提供结构性存款、资金收缴归集、资金支付、信息反馈、统发工资、信息技术支撑等优质到位的金融服务，进一步密切与财政客户全方位的深度合作关系。三是切实落实援疆金融服务方案，为援疆指挥部提供集资金运作模式及管理层级需要为一体的资金结算网络。四是发挥“民本通达”品牌优势，为新一轮援疆做好金融服务，努力与客户建立长期的银企合作关系。

（三）把握大开放机遇，加快外汇业务发展

一是加强客户营销，扩大外汇业务客户群体。一方面，积极收集政策信息，重点关注出口加工区、喀什和霍尔果斯经济开发区的政策落实情况，在深入分析市场的基础上，不断加大业务拓展力度；另一方面，要在认真做好人民币跨境结算在新疆地区试点工作的基础上，调查了解同业在中亚特别是哈萨克斯坦机构设立及业务开展状况，协助总行探索在哈萨克斯坦设立建设银行分支机构和开展代理行建设工作，力争对周边国家在跨境人民币结算有所突破。二是积极做好与代兑公司的业务合作，确保结售汇业务市场份额。同时，继续做好进口贸易融资业务的发展，保持进口融资产品特别是进口开证业务的市场优势。三是加强国际业务产品的均衡发展。一方面，发挥我行天津交单服务优势，不断提高出口企业、出口结算业务的占比；另一方面，针对区内企业对外承包工程的逐年增加状况，加大保函业务的营销力度，扩大我分行国外保函业务优势。

（四）以消费升级为契机，加快个人金融业务发展

一是为客户提供多样化的个人贷款服务。二是加大信用卡拓展力度，改善收单环境，加快商户和分期付款业务发展，促进信用卡业务发展。三是积极发展个人投资理财业务。

（五）巩固住房金融领域传统优势，积极介入保障房金融服务

在巩固住房金融传统市场优势的同时，积极跟进国家住房保障政策，大力支持保障性安居工程。另外，要在总行政策支持下，适当增加个人消费类经营类贷款经办机构，扩大产品经办权限。

（六）加快战略性业务发展，积极推进业务转型

一是加大产品创新和结算产品推广，不断拓展结算客户基础。二是加快电子银行业务发展，为物流业、交通运输业、旅游业及生产销售型企业，提供统一产品展示、网络销售、支付信用管理、电子票务、资金结算综合服务。同时，积极推进手机支付、IC卡支付为主导的小额消费支付服务。三是加快投行业务发展，以满足客户综合金融服务需求和促进地方资源开发利用。

（七）加大资源投入，为加强金融支持提供保障

一是增设服务机构。在资源禀赋好、发展潜力大的县域新设机构网点，推进村镇银行建设。二是加大人才培养和培训支持，不断提高我分行各族员工的综合素质和实践经验。三是优化财务资源配置，将总行配置的战略营销费用全部用于支持新疆跨越式发展的重点客户、重大项目营销工作等。

六、产品服务品牌

政府支持，市场欢迎
——建设银行试点“乾元”中小企业信托贷款集合型理财产品

总行投资银行部

一、“乾元”中小企业信托贷款集合型理财产品发行情况

在确保结构合理和风险可控的前提下，总行投行部选择安徽、苏州两家分行，依托当地区域特点，整合并优化多方资源，试点发行四期“乾元”中小企业信托贷款集合型理财产品，在发行工作初具一定的业务规模和良好的社会影响力后，投行部在多家一级分行扩大试点范围，稳步推进该项业务向前发展。

（一）产品基本结构

中小企业信托贷款集合型理财产品为人民币非保本浮动收益型产品，产品将认购资金设立资金信托，获得多笔中小企业信托贷款的资金信托受益权，同时引入专业第三方担保公司或大型企业对信托贷款进行担保，并设计次级结构为普通投资者提供保护措施。该类产品面向个人、公司及机构类客户，是一款预期收益相对稳定、风险较为可控的理财产品。

（二）产品风险控制措施

解决需求的心肠要热，控制风险的头脑要冷。总行投行部针对中小企业生产经营规模较小、抗风险能力相对薄弱的特点，在产品结构设计中，始终注意对产品风险的预防与控制，具体采取了如下风险控制措施。

1. 严格筛选参与融资的中小企业。一般从当地政府重点扶持的中小企业名单里挑选，并对企业的财务状况、信用状况进行全面充分的评估，所属行业严格比照我行信贷政策予以准入。

2. 严格对各笔信托贷款进行准入审核。产品比照我行小企业贷款“成长之路”等准入标准进行审核，并实行风险平行作业，一级分行投资决策委员会对产品发行进行评审，一级分行风险总监对产品申报签署审核意见。

3. 采用集合模式。每期产品的融资企业数量不低于3家，每笔信托贷款期限一致，且对同期产品项下相近行业和单一企业的融资比例分别加以控制。

4. 较为可靠的第三方担保。担保方一般为专业担保公司或当地大型企业，部分产品采取了双重担保，我行对担保方担保能力和履约能力进行把关。

5. 设置认购分级。产品通常以次级类本金为优先类本金收益安全提供保障，部分产品增设中间收益类，提供第三层保障。次级认购者一般为当地政府的代表机构，具有扶持中小企业和注入政府信誉的积极意义。

6. 要求当地分支行主动及时地把握产品存续期间的变化情况，并按照我行信贷类理财业务相关标准，对信托公司的资产管理工作进行配合、监督和检查，确保业务风险可控。

7. 产品类型设计为非保本浮动收益型，明确我行不保障理财本金及收益，并详细充分地揭示该项风险。

从业务运行情况来看，上述风险控制措施具有很强的可操作性与实际效果，不仅能够依托我行自身的风险把控能力，同时引入各方机构的风险识别和抵御能力，尽可能地提高理财产品投资安全程度。

（三）产品发行情况

按照中小企业分布的区域特点，先期选取安徽、苏州两家一级分行进行试点。为了便于操作，总分行建立起有效的信息交流与沟通机制，分行根据总行确定的工作要点并结合当地实际情况积极推进项目。在总行的具体指导下，两家试点分行初期营销获得了良好效果。

在安徽，由政府及下属机构提供扶持企业名单并安排产品推介；在苏州，分行则利用自身的小企业业务优势与融资企业进行商谈，确定交易模式。在初步确定融资企业名单范围后，分行对项目准入严格审查，通过后再进行产品设计，有关产品要素按规定逐一落实后，正式行文上报总行，经总行批复后在分行所辖区域内发售产品（见表1）。

表1　　已发行的产品基本要素表

	安徽分行 第一期产品	安徽分行 第二期产品	苏州分行 第一期产品	苏州分行 第二期产品
募集金额（万元）	8 257	15 000	3 000	4 450
企业所在地	合肥市蜀山区	马鞍山市	苏州高新区	苏州市
融资企业数量（家）	21	21	5	6
产品期限（年）	1	1	1	1
销售对象	公司类客户	个人及 公司类客户	个人及 公司类客户	个人及 公司类客户
认购分级情况	两级	三级	两级	两级
优先级收益率（%）	4.2	3.96	4.0	4.0
次级收益率（%）	2.2	2.25 （中间级3.96）	不设收益率	2.25
我行收益率（%）	1.5	1.55	2.3	2.3

二、“乾元”中小企业信托贷款集合型理财产品意义及影响

（一）特点鲜明，生命力较强

我行通过理财产品这一平台，整合了各类资源，拓展并深化了小企业金融服务链，同时通过“银政信保”模式协调社会各方力量，在政府、担保公司、信托公司、社会资金等各方之间，形成各取所需、各尽所能的风险收益匹配方式，产生强大协同效应，起到较好的宣传效果。

和银行间市场交易商协会（以下简称交易商协会）推动的中小企业集合票据相比，中小企业信托贷款集合型理财产品具有鲜明的特点。

1. 从产品发行时间看，中小企业集合票据除了对客户净资产有较高的门槛要求以外，发行工作涉及众多中介机构。融资方既要与银行（作为主承销商）和担保机构联系，还要聘请评级机构、会计师事务所、律师事务所等机构。需要提供审计报告、法律意见书和评级报告等法律文件。沟通成本较高，产品审批时间较长。从客户提出需求到拿到资金一般需要4~6个月的时间，无法满足中小企业资金需求时间短、需求急的特点。而中小企业信托贷款集合型理财产品完全在行内审批，涉及中介机构较少，审批工作已经流程化，客户提出需求后，基本上在一个月之内就能获得资金，能及时满足客户的资金需求。

2. 从企业发行条件看，通过中小企业集合票据，每家参与发行的企业平均融资0.56亿元，从企业净资产规模看，这些企业不属于一般意义上的小企业。而中小企业信托贷款集合型理财产品的融资客户主要是以我行小企业标准进行筛选，对企业的资产规模没有限制。已发行的产品中，融资客户最小融资额仅为200万元，真正起到扶持小企业发展的作用。

3. 从协调各方面资源看，政府支持直接体现在产品设计中，落到实处，政府或其代表机构通过认购一定比例的次级产品，真金白银地支持了本地中小企业发展；而在中小企业集合票据的结构设计中并没有真正引入政府支持。此外，中小企业信托贷款集合型理财产品把差异化的市场需求体现在产品设计中，通过“优先/次级”的结构化设计，基于投资者的不同偏好进行风险收益的多样化匹配，而中小企业集合票据面对不同投资者提供的是同质化的选择。

4. 从产品结构看，相对于中小企业集合票据而言，中小企业信托贷款集合型理财产品可以根据不同区域特点进行产品结构定制，结构设计具有灵活性的特点。

5. 从企业定价机制看，中小企业集合票据实行统一定价，每期票据的发行企业融资成本完全相同，而我行根据中小企业实际情况，进行差异化的风险定价。

6. 从风险防控能力看，中小企业信托贷款集合型理财产品依托商业银行完善的中小企业风险管理措施，客户筛选按照我行“成长之路”的标准进行，能有效识别客户风险，而交易商协会仅作为中小企业集合票据的注册机构，没有也无法建立起有效的融资企业筛选机制。

7. 从发售区域看，中小企业集合票据在银行间市场发售，一旦形成风险，将是全国性事件。而中小企业信托贷款集合型理财产品实行本地产品本地发售，风险影响仅限于当地，并在本地进行解决，有效防止风险扩大。

8. 从融资企业后续金融服务看，商业银行具有得天独厚的优势，可以以理财产品为平台拓展、深化小企业的金融服务链，既可以对已经入选并获得理财产品支持的企业，提供信贷等银行业务支持，也可以通过建银国际等机构提供全面的金融服务。

表2　　中小企业集合票据与“乾元”中小企业理财产品的对比

	中小企业集合票据	中小企业理财产品
企业平均融资规模	5 600万元	600万元
企业净资产要求	14 000万元	无
产品发行时间	3～6个月	1个月
协调资源情况	没有真正引入政府支持	有效协调各方面资源，形成协同效应
涉及机构	银行、担保、会计师、律师、评级	银行、担保
定价机制	同期融资企业完全相同	差异化的风险定价
风险防控能力	交易商协会采用注册制	成熟的风险控制措施
发售区域	在银行间市场发行，一旦形成风险将是全国性事件	本地产品本地发售，本地风险本地解决
后续金融服务	无	信贷、股权投资等全面金融服务

我行的客户资源、风险防控能力及后续金融服务能力，都使得中小企业信托贷款集合型理财产品无论是在横向上（多方面力量的有效整合），还是在纵向上（为企业引入后续的银行贷款、股权投资服务等）都更具有极强的生命力。

在已发行的四期产品中，有半数融资企业先前并未与我行有业务往来，中小企业信托贷款集合型理财产品推出后，受到客户欢迎，增加我行成功进入潜在客户的途径，也为进一步对客户提供丰富的金融服务打下良好基础。

（二）获得各界认可，产生广泛影响力

中小企业信托贷款集合型理财产品自首期发行以来，获得了监管机构、地方政府、融资企业和各方机构的高度认可与广泛好评，产生了广泛的社会影响力。

1. 产品首次发行前，向银监会报告的过程非常顺利。2009年年底，在银监会举办的“银行业积极应对国际金融危机宣传活动”中，将该产品作为我行服务小企业发展和“三农”工作的代表产品进行介绍。

2. 该产品在《银行家》杂志“2009 中国金融营销奖”评选中获“金融产品（公司业务类）十佳奖”奖项。

3. 已发行产品所在地政府对产品给予高度肯定和评价，其中，安徽省马鞍山市政府致函我行，感谢我行对当地中小企业的积极扶持。

4. 该产品已参加包括《证券时报》“2010 中国区优秀投行评选——银行类最佳银信合作项目奖项”在内的多个评奖活动。

三、认真总结经验，稳健推动业务发展

从已发行的产品中，我们看到了产品的生命力，同时试点区域的运作实践也为进一步推广此类产品积累了经验，产品表现出鲜明的区域特点。安徽省分行产品的特点表现在地方政府的强力介入。地方政府全面介入业务运作，从前期客户的推荐，担保机构的选择，直到后期次级产品的认购。地方政府通过与我行的合作，利用杠杆效力，有效实现扶持重点小企业发展的意图。苏州分行产品的特点表现为完全市场化运作。当地中小企业具备较强的抗风险能力，担保企业与中小企业联系紧密，担保企业风险控制水平较高，出现多家市场化担保公司共同担保的现象。这对进一步开展此项业务提出要求，即在风险可控的前提下，把握各区域自身特点，创新设计产品模式。

截至 2010 年，已发行各期产品运行情况稳定，各家融资企业的财务状况良好，没有不能按照披露的预期收益率向投资者兑付的迹象。总行投行部将比照我行自营贷款管理模式进行管理，使得该项业务进一步规范化，完善审核流程，加大审核力度，在风险可控的情况下，扩大试点范围，并根据区域自身特点采取多种特色模式。目前，山东潍坊高新区、上海浦东张江高新区、安徽亳州中药小企业等一批具有鲜明地方特点的项目已经申报，广东、浙江、福建、内蒙古、四川等分行也已开展前期工作，初步形成以点带面，渐次铺开的新格局。总行投行部将积极关注政府政策指向，有针对性地推进业务，并根据市场变化，进一步加大创新，为具有发展潜力的中小企业配套引入我行全面金融服务。

创新·突破

——建设银行沧州分行创新保理业务

河北省分行　牟智强　石桂远

创新的力度有多大，转变发展方式的空间就有多大。

建设银行沧州分行，这家名不见经传的二级分行以信贷业务创新为突破口，将供应链融资及国内保理业务做到了全国第一，截至 2010 年 11 月底，仅这一项就实现中间业务收入 3 140. 8 万元，占到该行对公条线全部中间业务收入的 45. 97%，流动资金贷款替代率高达 51. 34%，沧州分行走出了一条高信贷收益、高中间业务收益、高产品覆盖度、低风险的联动式发展之路。

一、难题·课题

哪里有客户的难题，哪里就是创新的原点，哪里就有建设银行人研究的课题。

沧州分行面对日益激烈的竞争，把客户生产经营中遇到的难题作为服务营销、调整信贷结构的切入点，开创了同业难以企及的“蓝海”空间。

达力普公司是该行授信量较大的优质民营企业之一，公司在发展壮大的过程中，遇到了对核心企业应收账款量大且回款慢的难题，如何提升

资金使用效率，一直萦绕在企业总经理的心头。

客户经理获悉这一消息后，发现现有的业务产品，很难完全满足该公司的发展模式，是挑一款产品给客户勉强用，还是帮助企业破解发展难题。

“以客户为中心，特色是创新，核心是发展，关键是转变发展方式，目标是错位竞争，寻找‘蓝海’。”该行行长韩文金说。

为帮助企业摆脱困扰，沧州分行领导、业务部门产品经理和相关支行客户经理跑市场、进车间、下企业、上省行，围绕公司的上下游客户链条和建设银行的业务产品寻求突破。经过多次调研走访，他们发现达力普上游客户主要是石油专用管及零配件供应商，应收账款较多。其下游企业一般是通过票据进行资金结算。针对客户这一特点，可以把现有的国内保理业务和银行承兑汇票业务进行优化、组合，对保理预付款支付方式进行创新。

2010 年 1 月 29 日，沧州分行成功为该公司发放了金额为 2 985 万元的第一笔票据保理业务，成为当地同业第一家开办该项业务的分行。

一家一户的成功，往往意味着一片一域市场的有效开拓。截至 2010 年 11 月底，该行票据保理业务存量客户达到 8 个，累计发放保理预付信用 72 125 万元，实现中间业务收入 1 218 万元，存款 32 682 万元，成为对公业务的支柱性产品。

二、需求·追求

沧州沿海，是河北对外开放的区域重点；沧州临津，是京冀经济圈的重要一环。这片经济的隆起带成为了建设的热土，建设者的需求促进了金融的创新。

在高速公路建设过程中，项目业主和各个施工标段均采用月度支付的方式，回款时间近 2 个月，资金到位不及时，促使施工标段为了保障工程建设，不定期向业主申请借款，导致资金成本增加。

面对客户新的融资需求，再一次考验建设银行人的智慧和能力。

“我们必须善于把客户的需求转变为我们创新的追求，只有这样，才会加快转变发展方式，使我行发展质量越来越高、发展空间越来越大、发展道路越走越宽。”行领导掷地有声。

一场名为“工程保”的创新活动在总行、省行、二级分行、支行四个层面迅速展开。

在总行、河北省分行的支持下，沧州分行专门组建了产品创新团队，把国内保理这一基于商品贸易的融资产品创新到施工企业项目中。在产品设计上，以项目为依托由银行为施工标段提供短期融资，通过占用项目业主的授信额度，来满足外派施工单位项目部不具备贷款资格的融资需求。

为确保业务的可行性，他们一次次到项目业主、管理处、施工单位走访，一次次到河北省高速管理局财务、计划、法规等部门协商谈判，一次次设计修改各种表单，逐字逐条审核校对……

天道酬勤。该行成功发放全国首单“工程保”贷款 700 万元，实现了银行、项目业主、施工单位、农民工四方共赢。截至 2010 年 11 月底，办理“工程保”17 笔，累放 17 390 万元，实现直接中间业务收入 163 万元，由此带动代发工资 3 000余人，银行卡、电子银行等产品也成功覆盖。

三、创新·创效

创新永无止境，只有不断地运用新方法开拓新市场，才能以巨大的冲力推动创效能力迅速提升。

中小企业一度因缺少抵押担保、难辨优劣成为银行的“鸡肋”项目。而在创新的思维导向下，“鸡肋”变“金矿”。

华北石油利华建筑装饰工程有限公司是一家主要服务于华北石油管理局的建筑装饰公司，该公司在现有生产能力下工程量已经饱和，欲扩大经营，却因缺少抵押物而借贷无门。

出路，只有创新。分行客户经理调查中发现公司工程具有季节性，应收账款较多，其上游客户是我行确定的核心企业，可以用买断应收账款的方式，做“账易融”业务。通过该产品，还可以联动开立基本户、电子银行、银行承兑汇票、代发工资、支付密码器等业务产品，创效潜力巨大。以此为突破口，同性质企业的融资问题迎刃而解，分行中间业务收入大幅提升，高端客户数量快速增长，产品联动营销效果明显。截至 2010

年11月底，“账易融”预付款累放7 868万元，实现管理费收入115.27万元。

创新无止境。继工程保理、票据保理等业务创新之后，沧州分行又相继推出了电费保理、药费保理等新型业务，信贷结构更加科学合理。

需求得商机，“政、银、企”共赢

——辽宁省分行研发推出“工商验资通”

辽宁省分行

辽宁省分行秉承“以客户为中心”的服务理念，抓住客户需求，紧扣市场热点，成功研发专门服务于工商企业验资增资事务的网络服务平台——“工商验资通”，架起银行、企业、工商局三方合作的桥梁，不仅为企业验资增资服务建立方便快捷的通道，而且改变了以往“零敲碎打”的客户营销模式，开辟了一条从源头掌握客户信息、及时跟进、批量营销拓展客户的新路。

“工商验资通”产品针对性强，操作简便快捷，加速了工商部门办理企业验资注册流程，防止企业虚报注册资本和虚假出资，得到工商局的认可；验资客户对建设银行给予的优惠收费及相关产品回应积极，真正实现了“政、银、企”三方共赢。

一、把握商机研发快

对公客户在工商局注册登记，要先在银行办理验资，银行对验资客户无法了解其全面信息，很难进行针对性的营销。工商行政管理部门和会计师事务所对客户的验资材料只局限于书面审核，对其真实性、可靠性缺乏更直接的手段来验证。工商部门难监管，银行营销针对性差，而企业办事难——这就是市场现状，而这一现状也预示着潜在的业务需求，这也正是银行的商机。于是，辽宁省分行决定研发自主产权产品“工商验资通”。

“工商验资通”产品的构想：建设银行通过网络与省（地市）工商行政管理局连接，建立为工商企业验资增资服务的信息平台，以便于工商管理部门对企业注册验资、增资验资资金（本）信息进行直接有效的监管。产品立足于辽宁省分行信息平台系统，通过将注册验资的客户的信息及验资金额信息补录到信息平台，保证了客户注册验资信息的完整性和及时性。工商行政管理部门可通过专线，以IE浏览器登录的方式访问建设银行工商验资服务器，及时查询客户注册验资的各种信息，快速完成审批流程。

产品设计完成后研发工作立即启动。辽宁省分行成立了由资金结算业务骨干、信息技术人员、网点一线柜员组成的研发团队。研发团队通力合作，协同配合，如期完成产品上线。

二、架起桥梁拓宽路

“工商验资通”从工商行政管理部门入手，变客户找银行开户为银行主动从源头挖客户，使客户在享受优质服务的同时降低了经营成本；将柜面营销服务延伸到工商行政管理部门的前台，通过配合工商部门做好验资客户服务的同时，在第一时间向客户推介建设银行产品服务及价格优惠政策，吸引客户落户建设银行，有效拓展了客户和账户资源；规范业务操作，明确操作流程，使制度得以有效执行，实现了风险的控制，同时分步营销，指导营业机构打造一条从向工商部门推荐直至签署合作协议的环环相扣的营销链条。

该产品是省分行自主研发，其投资主要用在与工商部门网络链接的专线和软件防火墙，产品推广范围越广，边际成本越低，可以说是投资小、时间短、见效快。

三、立体营销初见效

辽宁省分行从提出创意到研发、测试、客户推介、协议签署，仅仅用了一个半月的时间，这不能不说是得益于立体营销。

为做好“工商验资通”产品的推广，省分行组建了由资金结算部、信息技术部的主要负责人及业务人员组成的产品推进团队，采取“自上而下、内外衔接”的营销模式。省分行联动营销省工商行政管理部门并与其签署合作协议后，再由试点行对所在地区工商部门开展营销，提高了分支行的营销效果。在对外营销的同时，内部则按部门、按岗位落实推广职责，实现内外衔接。一是产品经理主动营销。二级分行产品经理根据工商部门提供的客户联系方式，联系客户，了解需求，介绍建设银行产品，将客户引荐到机构。二是支行积极营销。对公柜台对通过“工商验资通”开户的客户，实行“先服务，后推销”的策略，消除客户的距离感，使客户宾至如归，主动选择适合自己的产品。三是分支行联动营销。对于产品经理一时攻克不下的客户，实行分支行负责人和客户经理上门营销方式；对有信贷需求的大客户，实行分支行联动营销，使一些摇摆不定的企业最终在建设银行开立基本账户。四是联络中介机构营销。主动寻求与代理企业办理工商登记的中介机构合作，建立快速办理通道，以便营销建设银行产品和服务。

“工商验资通”产品推广以来，在客户拓展、账户质量提升及存款增长方面初见成效。盘锦分行在一个多月的时间里，累计实现注册验资金额2.72亿元，验资账户67户，其中43户转为基本账户，占同期基本账户新增的48%，实现基本账户存款日均新增1.84亿元，市场份额位列地区首位。

农村金融产品和服务方式创新情况

吉林省分行　邹　昕

为了解决农民融资难问题，近几年国家、吉林省政府出台了一系列推进农村金融服务创新的政策措施，农村金融市场取得了较好的发展。为了支持和服务于吉林省新农村和城镇化建设，更好地服务“三农”，吉林省分行于2010年年初开始全面涉足农村金融领域并将“涉农”金融产品的品牌名称定为“兴农·通富”。在寻求有效的风险控制措施的前提下，充分考虑农民融资操作的便捷性、价格的合理性，增加农民的融资渠道、改进服务方式，相继推出了直补资金担保农户贷款、“上、下游企业+订单+农户”涉农贷款、“农民合作社+农户联保”助业贷款及棚膜经济项目等农户贷款创新产品，为农民提供全面的信贷支持。截至2010年年底，共发放农户贷款73 232笔，累计发放金额113 712万元。主要创新产品如下。

（一）直补资金担保农户贷款

1. 业务发展总体情况：直补资金担保农户贷款是我分行2009年12月首家与吉林省财政厅合作研发的创新产品，为放大国家对种粮农民直接补贴政策效应，吉林省政府提出以金融机构为媒介，以直补资金为担保的农户贷款模式。吉林省政府于2010年3月底下发了《吉林省以直补资金担保为农民提供信贷支持试点工作方案》（吉财粮〔2010〕237号），正式选定我分行为承办直补资金担保农户贷款的试点金融机构之一，具体负责长春地区农安县、松原地区的前郭县、扶余县农户贷款的发放与管理工作。截至2010年年底，共向农户发放贷款6.88万笔，发放金额6.6亿元，重点支持了农业种植方面的资金需求。

2. 产品特点：产品“价格低”，减轻农民负担。多年补贴、一次使用，享受财政直补政策的农户可根据自身生产实际需求，汇集资金用于发展农业生产。手续简便、发放快速，由财政部门提供符合贷款条件的农户名单，农民不用到银行办理复杂的贷款手续。还款自由、灵活便捷，农户可以在贷款到期前随时部分或全部还款，更可以在到期后使用直补资金直接还款。分期还款、满足生产，根据农民生产经营收支特点，采用按年等额还款方法设计服务方案，减轻农民贷款到期一次还本的经济负担。

（二）“上、下游企业＋订单＋农户”模式涉农贷款

“上、下游企业＋订单＋农户”模式涉农贷款将农业产业化经营作为主线，以高附加值的农副产品加工企业，农业生产资料生产企业，集约化农业集团客户作为“上、下游企业”，以与这些“上、下游企业”签订有购销订单的农户作为目标客户群体。由“上、下游企业”为“订单农户”的贷款提供连带责任保证。这种操作模式以农资采购订单或农产品销售订单为载体，将农户的上、下游企业、农户、银行的利益主体紧密联系起来。根据企业与农户的合作情况、农户的生产经营规模等具体确定贷款额度。

“上、下游企业＋订单＋农户”模式的涉农大户助业贷款已形成比较成熟的操作模式，截至2010年年底，我分行“上、下游企业＋订单＋农户”模式涉农大户助业贷款共发放480笔，发放金额21 600万元，合作“上、下游企业”达到71家。

（三）“农民合作社＋农户联保”模式涉农贷款业务

农民专业合作社在农村经济发展中具有极其重要的地位和作用。金融机构与农民合作社的合作具有“资源共享，优势互补”的特点。我分行积极探索把农民专业合作社作为批发零散农户贷款的又一载体，建立农户贷款的绿色通道，针对吉林省农村和农民的特点，借助农民合作社的网络优势，有针对性地开发农村金融产品，在降低风险的同时，缩短了贷款审核时间，使低成本、高效率农户贷款成为可能。2010年省分行在四平公主岭支行试点，面向吉林德丰农民专业合作社社员办理合作社模式农户贷款。

（四）棚膜经济项目涉农贷款业务

棚膜经济具有集约化程度高、经济效益好的特点，是农民内部转移增收的最佳途径。2010年以来，吉林省政府不断调整优化农村产业结构，重点打造以棚膜经济和参茸、林蛙、食用菌为重点的新兴战略产业，到2012年达到发展百万亩棚膜的发展目标。针对棚膜蔬菜园区农户这一种植特色产品的群体，在充分考虑其产业群体集中、专业合作性强、投资风险小、产出高等优势和特点，将其列入农户贷款的重点扶持对象之一。重点针对集中连片开发的规模化棚膜产业园区，采取农户联保的操作模式，开展用于发展棚膜经济的贷款业务。目前，已经准入的棚膜经济项目包括长春榆树支行“兴农蔬菜大棚项目”、四平公主岭支行“特色棚膜蔬菜产业园区”项目。截至2010年年底，共发放贷款289笔，发放贷款金额1 397万元。

一步领先，　步步领先

——建设银行宁波市分行金融IC卡实现跨越式发展

宁波市分行

王先生是个老病号。去看病，最让他头疼的事就是排队。“现在不一样了，我有了健康龙卡，挂号、付费都可以在自助设备上完成。省心多了。”王先生说的健康龙卡是由宁波市分行与宁波市卫生局合作开发，于2010年5月28日推出的一张金融IC卡。这是继发行全国首张市民卡金融IC卡以来，该行的又一项业务创新，即首次将金融IC卡技术应用到了医疗卫生行业，再次开创国内先河。面市一个月，发行量就达到3万多张。

一、敢为人先　发行全国首张金融IC市民卡

2007年年初，宁波市政府为解决市民反映强烈的“卡种太多、安全性差以及商户信用度不够”等问题，酝酿在全市范围内推行整合社会服务功能和银行服务功能的金融IC卡，由相关商业银行与宁波市政府授权的市民卡管理机构联名发行。2008年1月，人民银行总行正式批准宁波金融IC卡项目为全国金融IC卡多应用试点。

得此信息后，建设银行宁波市分行敏锐地意识到，这是提升银行卡竞争能力，更好地弘扬企业形象的良好契机。为抢抓先发优势，分行迅速成立攻关小组。一方面，派出业务和技术骨干参与宁波市民卡整体方案的制订，为本行的筹备工作积累第一手素材；另一方面，参照过去的成功经验，结合现有银行卡业务特点，迅速制订出在分行中间业务平台开发龙卡市民卡金融IC卡的项目方案。最终，凭借科技与业务实力，争取到了宁波市民卡试点发卡行资格。在总行相关部门的大力支持下，完成了大量的系统开发、业务测试、规章制度制定等工作，终于在2008年12月22日成功发行第一张宁波市民卡——龙卡市民卡金融IC卡。

因为是全国第一张PBOC2.0标准的金融IC卡，除了银行卡所有的功能外，还在公交、出租、停车管理等快速小额支付领域有着支付功能。一经推出，引起了社会各界的广泛关注和强烈反响。中国人民银行行长助理李东荣两次到宁波就市民卡金融IC卡进行调研，并专程到分行发卡网点进行考察。在亲自体验龙卡市民卡办卡、用卡过程后，李东荣对宁波市分行金融IC卡试点取得的成功给予高度评价，由衷地称赞：“建设银行宁波市分行所作的尝试和努力，为全国范围逐步推广金融IC卡积累了宝贵经验。”

二、人有我优　增值市民卡服务内涵

来自市场的积极反馈和创收中间业务、沉淀低成本个人存款资金的良好预期，使其他银行纷纷跟进市民卡市场，竞争日趋白热化。人无我有，人有我优。就在他行纷纷推出市民卡业务之际，宁波市分行将工作重点转移到龙卡市民卡的应用拓展上来。如何让市民卡功能与市民的需求紧密结合，发挥最大效益？宁波市分行想到了最关乎民生的医疗卫生系统，谋划将看病就医纳入龙卡市民卡的小小芯片之中。

由于诸多因素，宁波市的就医环境一直处于“排队挂号、现金支付”状态。为了打开局面，宁波市分行多次与市卫生局进行协商，联手推进这项“便民工程”。

在经过五个多月的市场调查、需求分析、系统开发和业务测试后，2009年8月6日，自助挂号付费系统在宁波大学医学院附属医院试点推出。自助挂号付费业务的推出，不仅拓展了龙卡市民卡的应用，而且有效缓解了患者看病挂号排长队现象，受到广大市民的欢迎，同时也得到宁波市卫生局的肯定。宁波市分行再次成为同业中涉足医疗第一人。

为了保持先发优势，加快推广龙卡市民卡的医疗自助挂号付费业务，该行再接再厉，与市卫生局签订了全面合作协议，双方协定：在龙卡市民卡的基础上，研发宁波市通用就诊卡的升级换代产品——健康龙卡。此卡于2010年5月28日在宁波市区7家大型医院同时推广。该卡实行磁条、芯片“双轨制”，将宁波市通用就诊卡、建设银行龙卡通和宁波市民卡三卡合二为一，在龙卡通、市民卡功能基础上，增加了自助门诊付费、窗口刷卡快速付费及查询检验结果等医疗服务功能，克服了现有医保卡、新农合卡和通用就诊卡在就诊时无法实时支付患者自付费用的缺点，一经面市，即赢得了业界和市民的一致好评。2010年年底前，宁波市的通用就诊卡将逐步过渡为健康龙卡。有人士表示，健康龙卡的发行不仅是宁波医疗系统的一次重大改革，也是对甬城银行卡市场的重新洗牌。

宁波市分行市民卡金融IC卡的跨越式发展启示我们，市场竞争中，只有步步领先，才能做到

领先一步。在宁波，一张 IC 卡就可代替银行卡 + 公交卡 + 购物卡 + 医保卡。至少到目前，只有建设银行宁波市分行能做到。据了解，该行将于近期推出健康龙卡专家门诊预约服务。我们有理由相信，这张卡可以走得更远。

CHINA 中国建设银行年鉴 2011
CONSTRUCTION BANK ALMANAC

第七部分 建设银行股份制改革六年大事记

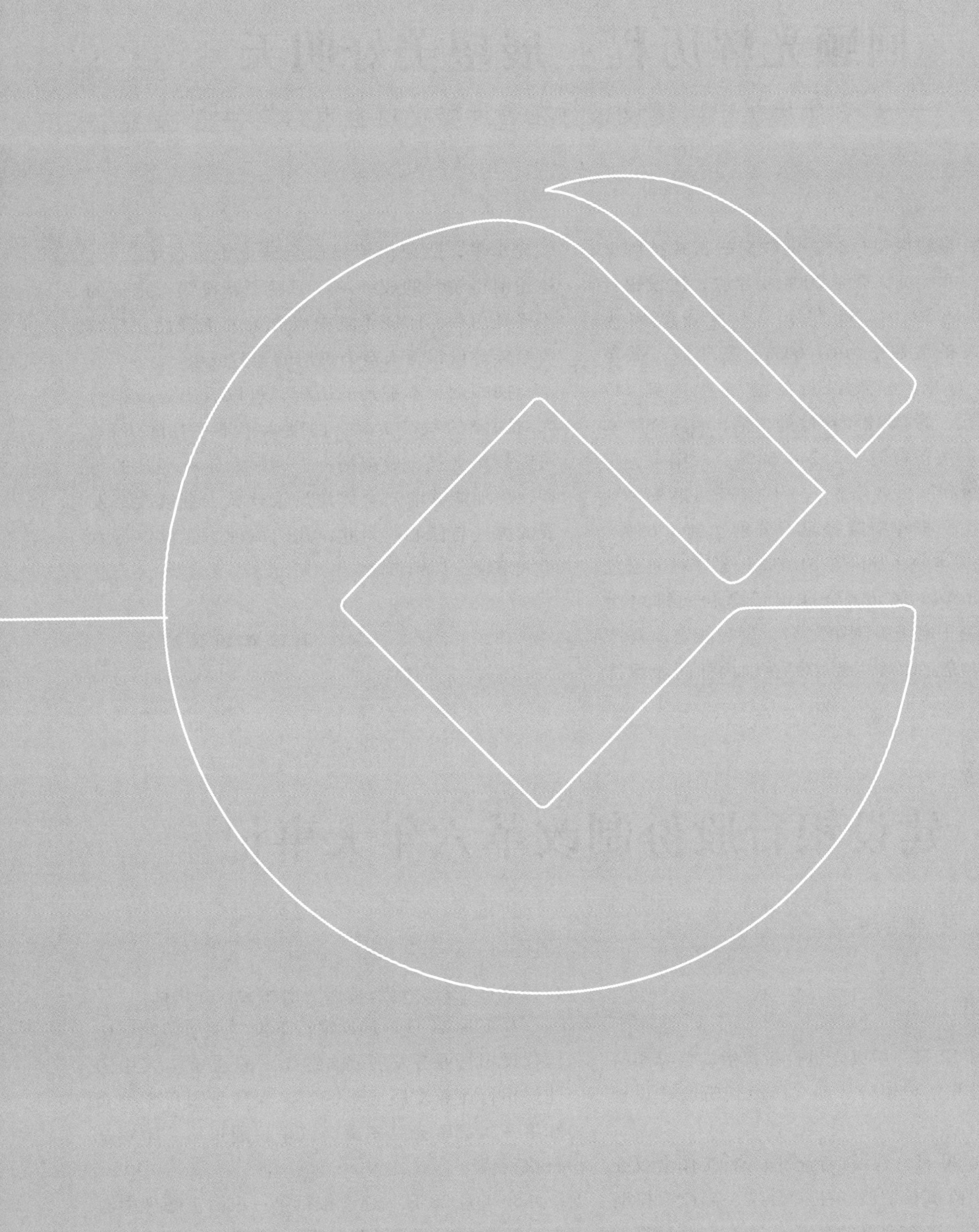

回顾光辉历程　展望美好明天

——热烈庆祝中国建设银行在香港联交所上市六周年

今天，是建设银行在香港联交所正式挂牌上市六周年。六年前，截至2004年年底，建设银行的总资产是39 047.85亿元，不良贷款率为3.92%，拨备覆盖率为61.64%；六年后，截至2011年6月末，建设银行的总资产达到117 547.66亿元，为2004年年底的3倍，不良贷款率为1.03%，拨备覆盖率为244.68%。六年来，建设银行的净利润大幅增长，平均资产回报率、平均股东权益回报率持续提高，分别达到1.65%、24.98%；成本收入比降至31.7%；累计对国家直接贡献达6 912亿元。全球银行净利润排名由2007年的第十名上升到第二名，盈利能力、资产质量、资本充足率等主要指标在国内外同业保持领先水平，股票市值稳居全球上市银行第二位。这份值得骄傲的成绩单，彰显了建设银行走过的不平凡历程，印证了党中央决策的正确性，凝结着全体建设银行人奋力拼搏的辛劳成果。

回顾六年不平凡的历程，可以看出建设银行人对国家的积极贡献；回顾六年不平凡的历程，可以鼓舞士气、振奋精神；回顾六年不平凡的历程，更加能够增强全体建设银行员工继续改革发展的勇气与信心。为此，我们梳理了建设银行六年大事记，以飨读者。

2011年10月27日

建设银行股份制改革六年大事记

2005年

1. 1月12日　中央先进性教育活动督导组一行5人，进驻建设银行。王文泽组长听取建设银行党委汇报。

2. 1月20日　建设银行全国分行工作会议在北京召开。监事长谢渡扬主持会议，行长常振明作重要讲话。这次会议的任务是进一步学习贯彻党的十六大精神，全面落实科学发展观，研究部署2005年全行经营目标和工作任务。

3. 1月22日　建设银行全国资产保全工作会议在北京召开。38个一级分行行长出席会议。副行长赵林主持，行长常振明出席会议并讲话。

4. 1月24日　建设银行下发《关于印发〈中国建设银行业务发展战略纲要〉的通知》。《中国建设银行业务发展战略纲要》经建设银行党委会和第一届董事会第三次会议审议通过后，印发全行执行。

5. 1月28日　建设银行第一家财富管理中心在上海市分行世界金融大厦正式开业。建设银行的VIP客户代表和新闻界朋友们出席了开业典礼。

6. 2月21日至22日　建设银行纪检监察工作会议在京召开。纪委书记辛树森作了题为《加大预防力度，严肃执规执纪，深入推进全行反腐倡廉工作》的工作报告。行长常振明、监事长谢渡扬，党委委员刘淑兰、赵林、罗哲夫、陈佐夫、范一飞出席会议。

7. 2月22日 建设银行先进贷款系统（ALS）深圳分行试点项目成功验收。先进贷款系统是美国FIDELITY公司的核心系统之一，在美国排名前50家银行中有46家使用。

8. 3月9日至11日 建设银行2005年计财工作会议在广东召开。行长常振明作了重要讲话，行长助理范一飞作工作报告，副行长赵林主持会议。会议期间还安排了为期1天的财务管理培训讲座和综合经营计划讲座。

9. 首次明确提出国有商业银行改革的核心问题——建立现代公司治理结构。

3月25日 中国建设银行股份有限公司2005年第一届董事会第五次会议在北京召开。会议指出，国有商业银行改革的根本目的是转变经营机制，核心问题是建立现代公司治理结构。

4月27日 建设银行全国分行行长会议在北京召开，“完善公司治理结构”被列为头等大事。

5月25日 建设银行发布公司治理“组织机构改革与设置方案”。

10. 3月25日 中国建设银行股份有限公司2005年第二次临时股东大会及第一届董事会第五、第六次会议在北京召开。董事长郭树清讲话指出：国有商业银行改革的根本目的是转变经营机制，核心问题是建立现代公司治理结构，形成股东会、董事会、监事会、经理层各司其职、各负其责、相互制衡的组织框架。

11. 3月29日 南水北调东线、中线一期主体工程银团贷款合同签字仪式在北京人民大会堂举行。行长常振明出席签字仪式，并签署《南水北调主体工程银团贷款银行业间合作协议》。

12. 5月25日 建设银行发出《中国建设银行组织机构改革与设置方案的通知》（以下简称《通知》）。《通知》指出，根据股份制改革的要求，落实中国银监会有关股份制改革试点指引，此次机构改革本着“面向市场，业绩驱动，职责清晰，前中后台分离制衡，强化风险与内控，精简高效”的原则进行。

13. 5月26日 建设银行全国审计工作会议在北京召开。副行长赵林主持会议。董事长郭树清、监事长谢渡扬作重要讲话。

14. 5月31日 中国建设银行股份有限公司第一届董事会第八次会议以书面通讯方式召开。会议通过《关于审议香港分行竞投银联通宝网络股东的议案》，同意批复香港分行以不高于800万港元的价格竞投银联通宝网络股东的议案。

15. 6月17日 建设银行与美国银行签署战略投资合作协议在北京签署。根据协议，美国银行将分阶段对建设银行投资，最终持有股权可达19.9%，首期投资25亿美元。

16. 7月1日 建设银行与淡马锡旗下的全资子公司——亚洲金融控股私人有限公司（以下简称亚洲金融）在北京签署关于战略投资的最终协议。协议中淡马锡承诺通过亚洲金融认购10亿美元的股份，最终持有建设银行5.1%的股份。

17. 8月4日 建设银行全国分行行长座谈会在内蒙古呼和浩特市召开。董事长郭树清主持会议，行长常振明作工作报告。副行长陈佐夫作“全行加快发展个人银行业务问题”专题报告。会议明确了下一步的三大工作思路：一是树立和实践以客户为中心的经营理念，发扬团队协作精神，努力改进服务，提高服务质量。二是大力发展个人银行业务。三是构建全面风险管理体系，提升风险与回报管理能力。

18. 8月8日 建设银行与美国信安金融集团、中国华电集团共同签署《建立建信基金管理有限责任公司发起人协议》。

19. 9月25日 全国建设银行数据集中工程全面上线。

20. 10月5日至19日 董事长郭树清、行长常振明分别率团赴欧美路演。中国建设银行股份有限公司路演分为红、蓝团队在中国香港、英国、德国、荷兰、美国进行了为期15天的上市路演，举行了128场推介活动，与500多家全球投资机构代表见面。

21. 10月13日 中国建设银行股份有限公司宣布从10月14日起在香港公开招股。

22. 10月27日 中国建设银行股份有限公司在香港联交所正式挂牌上市，股票代号为0939。建设银行此次共发行264.86亿股H股，每股定价2.35港元，即接近招股价1.90港元至2.40港元的上限，集资622.5亿港元，为4年来全球最大招股活动，也是香港市场上有史以来最大的集资活动。

23. 11月8日　中国建设银行在香港成功上市答谢招待会在北京钓鱼台国宾馆芳菲苑举行。董事长郭树清、行长常振明、监事长谢渡扬，以及部分董事、监事、高管人员等出席了答谢招待会。中国人民银行行长周小川、中国银监会主席刘明康以及政府机构、投资方、重要客户、中介机构等300多家单位、500余人参加了答谢招待会。

24. 建设银行战略愿景首次明确提出完善公司治理结构要实现“六个方面”的突破。

11月20日　建设银行全国分行行长座谈会在北京召开。会议明确了建设银行的市场定位和发展战略，阐述了建设银行的战略愿景：为客户提供最佳服务，为股东创造最大价值，为员工提供最大发展机会的国际一流商业银行。

实现“六个方面”的突破：完善公司治理结构，提高决策和执行能力；优化业务流程，转变经营机制；加快风险管理体制改革，提高定价和内控水平；继续推进机构改革，逐步形成矩阵式架构；深化劳动用工制度改革，不断提高员工队伍素质；继续改革薪酬和考核制度，完善激励约束机制。

25. 11月22日　建设银行第一届职工代表大会在北京召开。副行长辛树森主持会议，董事长郭树清致开幕词并作重要讲话。行长常振明作工作报告，监事长谢渡扬致闭幕词。

26. 12月15日　建设银行发起的“建元2005－1个人住房抵押贷款支持证券”正式发行。国务院办公厅、国家发展改革委、财政部、建设部、国家税务总局、国务院法制办、中国证监会等单位出席发行仪式。

2006年

1. 1月18日　建设银行2006年境外工作座谈会在北京召开。副行长罗哲夫主持；在听取了国际业务部的工作汇报和各境外机构的专题发言后，行长常振明对新形势下如何充分发挥境外机构的作用和发展境外业务提出了要求。

2. 1月19日　建设银行住房金融与个人信贷部工作会议在深圳召开，副行长陈佐夫主持，行长常振明到会并作重要讲话。此次会议确定了个人贷款业务超常规发展的战略地位和目标，要求全行加快做大、做强、做好住房金融与个人信贷业务，确定了客户、产品、区域发展策略与目标。

3. 1月23日至25日　建设银行2006年工作会议在河北省石家庄市召开。董事长郭树清出席会议并作重要讲话；行长常振明作工作报告；监事长谢渡扬主持会议并作会议总结。

4. 1月27日　建设银行中央财政非税收入收缴业务正式启动。据估计，财政部财政专员办负责征收的三峡工程建设基金、库区建设基金、农网还贷资金和烟草商业税后利润四项基金，每年可为我行带来约百亿元的业务量。

5. 2月10日　行长常振明在信达大厦出席建设银行与美国银行战略协助项目工作汇报会。

6. 2月16日至17日　建设银行全国资产保全工作会议在海南召开，行长常振明出席会议并讲话。会议提出2007年稳步推进资产保全业务单元制改革；以催收处置不良贷款为重点，着力提升专业化处置能力等资产保全七项重点工作。

7. 2月23日至24日　建设银行纪检监察工作会议在江苏南京召开。党委书记、董事长郭树清在会上作重要讲话。党委副书记、监事长谢渡扬宣布2005年案件专项治理表彰决定。党委委员、纪委书记、副行长辛树森作了题为《进一步加大反腐倡廉工作力度，为建设银行创造良好的内部运营环境》的工作报告。

8. 3月2日　总行决定对总行机关原有的九个委员会进行调整，调整后总行成立资产负债委员会、风险管理与内控委员会、公司与机构业务委员会、个人业务委员会、投资与理财业务委员会、信息技术委员会、人力资源与成本控制委员会七个委员会。

9. 3月8日　建设银行印发《中国建设银行风险管理体制改革方案》，对全行系统的改革推进工作作出部署。决定在总行层面设置首席风险官，设立风险监控部，形成首席风险官领导下风险管理部、风险监控部和信贷审批部三位一体的风险管理体系。

10. 3月9日　建设银行审计工作会议在厦门召开。会议主要议题是总结2005年全行审计工作，贯彻落实2006年全行工作会议精神，全面部署2006年全行审计工作。监事长谢渡扬出席会议并讲话。

11. 3月23日至24日　建设银行集团业务工作会议在广西南宁召开。行长常振明参加会议并作重要讲话。会议提出了全行集团业务三年规划和2006年集团业务的各项发展指标与工作思路。

12. 3月29日　建设银行"风险管理暨体制改革工作会议"在北京召开。董事长郭树清、行长常振明、副行长罗哲夫出席会议并讲话。会议明确了风险管理要树立"以客户为中心"的理念，确定了今后一个时期风险管理的主要任务是全力推进风险管理体制改革；推进平行作业，提高工作效率；防止不良资产反弹；加强市场风险和操作风险管理；健全问责机制。

13. 4月26日至27日　建设银行分行行长春季座谈会在湖南长沙召开。会议主要任务是贯彻落实党的十六大、十六届五中全会和中央经济工作会议精神，总结分析全行第一季度工作，汇报检查贯彻全行工作会议情况，研究部署近期的工作任务。董事长郭树清出席会议并作重要讲话，行长常振明作第一季度经营情况总结和会议总结。

14. 5月10日　董事长郭树清、行长常振明、副行长范一飞到全国人大财经委员会汇报推进国有商业银行股份制改革、深化金融体制改革有关情况。

15. 5月25日至26日　建设银行法律工作会议在北京召开。行长常振明出席会议并作重要讲话。这次会议的主要内容是贯彻落实全行工作会议精神，回顾与总结上年法律工作，分析法律工作当前面临的形势和存在的问题，明确以后一个时期内法律工作的任务。

16. 6月16日　建设银行与VISA国际卡组织签署了为期三个财年的战略合作协议，并在产品、营销、费用等方面赢得了国际组织的支持。

17. 6月26日　建设银行设立珠江三角洲地区协调委员会、环渤海地区协调委员会、长江三角洲地区协调委员会，借以进一步加强重点区域内分行的横向合作与整体联动，增强建设银行的市场反应和竞争能力。

18. 7月5日　建设银行成立了"新资本协议和内部评级法推进领导小组"，统筹规划并组织领导建设银行新资本协议实施和内部评级法推进工作。10月，完成了《中国建设银行实施新资本协议工作思路》，并启动实施新资本协议整体规划项目的立项工作，推动《巴塞尔新资本协议》的研究与实施。

19. 7月7日下午　董事长郭树清到人民大会堂出席中国银行业反商业贿赂承诺暨签约大会。

20. 7月10日　建设银行零售评分卡战略协助项目在北京正式启动，建设银行与美国银行派出业务专家一起，借助美国银行在零售评分卡方面的建设经验，在六西格玛质量管理模式下，在个人住房贷款申请评分卡、信用卡申请评分卡和信用卡行为评分卡建设方面开展工作。

21. 7月18日　建设银行印发《中国建设银行审计分部与驻地总审计室整合方案》（以下简称《方案》）。《方案》将现有八个审计分部与驻地总审计室整合为新的八个审计分部，其中，撤销北京、大连审计分部，组建天津、沈阳审计分部。

22. 7月25日至26日　建设银行分行行长夏季座谈会在山东济南召开。董事长郭树清就加快产品创新、怎样当好"一把手"和全面做好人才培养等方面发表了重要讲话；行长常振明对上半年全行经营情况进行了总结，对下半年主要工作进行了安排；监事长谢渡扬通报了上半年监事会工作情况，并对审计体制改革和内部审计工作提出了具体要求。

23. 8月9日　建设银行企业资源计划财务系统（ERPF）正式运行；11月15日召开专项工作会议，部署ERPF系统推广和优化工作。

24. 8月11日　香港恒生指数服务有限公司宣布，自2006年9月11日开始，中国建设银行股份有限公司将成为恒生指数成分股。建设银行是第一家晋身恒生指数的H股公司，在指数中的比重为百分之二点一六。

25. 8月24日　建设银行正式同美国银行签署了收购美国银行在港子公司——美国银行（亚洲）有限公司100%股权的协议。该收购完成后，美国银行（亚洲）有限公司将更名为中国建设银行（亚洲）股份有限公司。

26. 8月24日　中国建设银行股份有限公司第一届董事会第二十四次会议原则通过《中国建设银行股份有限公司境外发展战略纲要》（以下

简称《战略纲要》)。《战略纲要》明确了建设银行境外发展的战略目标、近期建设银行境外设点的形式要求，以及现有境外经营性机构的目标定位，突出了香港地区重点发展战略，提出了改革现有管理体制等措施和建议。

27. 9月11日　建设银行与平安人寿保险股份有限公司签订了《银保通系统使用协议》，就产品销售、资金清算、使用功能、价格标准等问题达成一致。平安人寿是建设银行继泰康人寿、新华人寿、中国人寿、太平洋人寿之后的第五家签订银保通系统使用协议的公司。

28. 10月12日　中国建设银行与国际金融公司（IFC）签订了《全球贸易融资服务协议》，成为第一家加入此计划的中资保兑行。

29. 10月20日　建设银行资产保全业务管理系统（SARM系统）上线运行。SARM系统是建设银行第一个集信息和流程管理为一体，涵盖不良资产管理、处置、审批全流程的业务管理系统。

30. 10月27日　建设银行推出第一张在全国范围内发行的联名借记卡——支付宝龙卡。

31. 10月27日　建设银行新一代个人网上银行系统成功切换上线。

32. 10月29日至30日　建设银行分行行长秋季座谈会在河南省郑州市召开。董事长郭树清出席了会议并作重要讲话；行长张建国总结了前三个季度经营成果，并部署了今年后两个月的工作。

33. 12月12日　国家外汇管理局新版国际收支统计监测系统与建设银行第一个外汇业务信息全国集中管理系统——中国建设银行外汇业务信息管理系统（FIMS）在浙江省分行同步上线，建设银行成为国内首家使用外汇局新版国际收支统计监测系统的银行。

34. 12月14日　建设银行核心业务系统（CCBS）开通全部分行跨中心通兑功能，全行范围内38家省分行及总行营业部之间可以开展全国性跨分行的通存通兑业务。

35. 12月18日　建设银行第一个运营中心——95533客户服务成都中心正式挂牌成立，初步奠定了建设银行集中分布式的客户服务架构，标志着建设银行95533客户服务业务正式步入集中分布式管理、集约化经营、规模化发展的新阶段。

2007年

1. 1月10日　建设银行收购的美国银行（亚洲）有限公司正式更名为中国建设银行（亚洲）股份有限公司。行长张建国、监事长谢渡扬、副行长范一飞出席新名称启名庆典活动。

2. 1月11日　在深圳市晶都酒店召开粤、深、港三地分行业务联动座谈会。会议主题是根据粤、深、港三地经济发展和客户金融需求特点，推动三地分行在客户营销和客户服务方面的联动与合作，洽谈具体客户的联动营销和业务合作事宜。会议由副行长范一飞主持。

3. 1月11日　建设银行发文公布设立董事会办公室香港办事处。

4. 2月1日至2日　在北京市建银大厦召开我行2007年中国建设银行工作会议。董事长郭树清出席会议并作重要讲话，行长张建国作工作报告并作会议总结，监事长谢渡扬主持会议。会议的主要内容是学习贯彻全国金融工作会议精神，总结回顾2006年全行经营情况，研究分析当前面临的形势，安排部署2007年工作任务。

5. 2月2日　在北京召开中国建设银行党的工作座谈会。党委书记郭树清主持会议并作重要讲话，副书记张建国传达了上级有关会议精神，副书记谢渡扬就党的组织工作和廉政建设等问题作了讲话，副行长兼纪委书记辛树森就做好维护稳定工作提出了要求。会议主要内容：适应改制上市后的新形势，进一步发挥各级党组织在改革发展中的政治核心作用，迎接党的十七大胜利召开。

6. 2月8日至9日　在湖北省武汉市召开全行资产保全工作会议。副行长罗哲夫、首席风险官朱小黄出席并讲话。会议的主要内容是贯彻全行工作会议精神，总结2006年资产保全工作，表彰先进集体和先进个人，分析资产保全工作当前面临的形势，部署2007年工作任务。表彰资产保全工作先进集体和百佳工作者。

7. 2月27日至28日　在哈尔滨召开中国建设银行纪检监察工作会议。董事长郭树清在会议开始时的视频会上作重要讲话，纪委书记辛树森作工作报告。会议认真学习贯彻了胡锦涛同志在中央纪委第七次全体会议上的重要讲话精神，贯彻落实中央纪委第七次全会、国务院第五次廉政工作会议精神和全行工作会议、党的工作座谈会精神，总结2006年全行党风建设和反腐败工作，研究部署2007年的工作任务。

8. 3月1日至2日　在北京明苑会议中心召开全行计划财务工作会议。行长张建国出席并讲话，副行长陈佐夫作专题讲话。会议的主要内容是贯彻年初全行工作会议精神，安排2007年度综合经营计划，部署2007年全行计财工作。

9. 3月8日至9日　在湖南省长沙市召开全行审计工作会议。监事长谢渡扬出席并讲话，总审计师于永顺作工作报告。会议内容：总结2006年审计工作，对2007年的审计工作进行了研究和部署。

10. 3月15日　建设银行与中国建银投资有限责任公司在北京签署原自办实体《债权转让协议》（以下简称《协议》）。《协议》约定，建设银行向中国建银投资有限责任公司整体转让原建设银行自办实体类不良债权本金合计68.41亿元，其中信贷类债权44.13亿元，非信贷类债权24.28亿元。

11. 3月18日　建设银行对公信贷业务流程管理系统（CLPM）完成在全行的推广上线工作。

12. 3月20日至21日　在北京市建银大厦召开2007年全行风险管理工作会议。行长张建国出席会议并讲话，副行长罗哲夫作工作报告，首先风险官朱小黄主持会议并部署工作。会议的主要内容是对风险管理体制改革推进情况进行评估和总结，对改革中遇到的新问题进行深入研究，进一步深化风险管理体制改革，研究部署实施《巴塞尔新资本协议》，改进与完善全面风险管理，明确2007年风险管理工作的总体思路和具体安排。

13. 3月22日至23日　在北京市召开全行公司及机构业务工作会。董事长郭树清、行长张建国出席会议并讲话，副行长赵林作工作报告。会议主要内容是总结2006年对公业务工作，分析当前面临的形势，提出加快公司及机构业务转型、优化结构、强化管理的要求，明确2007年公司及机构业务的发展思路和工作任务。

14. 4月1日　建设银行全面启用SARM系统，停止手工报送资产保全业务统计报表，取消不良资产处置项目的纸质申报，初步实现了不良资产处置标准化、流程化。

15. 4月17日至24日　董事长郭树清带队在迪拜、多哈和伦敦路演，其间在卡塔尔金融中心，会见了Peter Levene爵士，并与美国银行董事长刘易斯先生进行了年度会谈，签署了信用卡合作备忘录。行长张建国带队在法兰克福、苏黎世路演，并在法兰克福分行调研。副行长赵林带队分别在新加坡、纽约、波士顿、旧金山路演。

16. 4月23日　在总行信达大厦602会议室召开IT集中管理与资源整合工作启动动员视频会，罗哲夫出席并讲话，就IT集中管理与资源整合工作进行了部署。

17. 5月15日至16日　在辽宁省沈阳市召开全行信访工作座谈会。副行长辛树森出席并讲话。会议主要内容是认真贯彻中共中央、国务院下发的《关于进一步加强新时期信访工作的意见》，深入分析我行面临的信访工作形势，重点研究加强信访工作化解矛盾纠纷，妥善处置群体性上访工作等问题。

18. 5月16日　董事长郭树清在总行信达大厦主持专题会议，与摩根士丹利董事总经理张欣一行研究相关工作，行长张建国、副行长罗哲夫等出席。

19. 5月22日　行长张建国、副行长陈佐夫下午在总行信达大厦出席我行“用行动关爱社会”系列公益活动启动仪式新闻发布会。

20. 5月24日　董事长郭树清在大连参加中组部举办的“增强国有企业社会责任，促进和谐社会建设”专题研讨班。

21. 5月18日　建设银行在北京信达大厦召开全行业务发展战略纲要专题座谈会，研究讨论《发展战略纲要修订意见》和《文化要素及表述语》。

22. 5月24日　建设银行发布“中国建设银行银行2006年企业社会责任报告”，这是建设银行率先在四大银行中正式对外发布独立编制的企业社会责任报告。

23. 5月30日　在信达大厦召开中国建设银行境外机构负责人座谈会。这次会议的中心议题是围绕我行境外业务发展战略纲要，讨论如何落实战略纲要中提出的各项目标，力争把境外业务做大做强。行长张建国作了重要讲话，对下一步贯彻落实全行境外发展战略，做大做强境外业务提出了明确要求。

24. 5月31日至6月1日　在北京明苑会议中心召开中国建设银行工作座谈会。董事长郭树清作重要讲话，行长张建国作经营情况报告，监事长谢渡扬主持会议。会议的主要内容是总结全行前五个月的业务经营情况，分析当前经济金融和我行经营形势，部署近期工作任务，研究修订《中国建设银行业务发展战略纲要》的有关重要问题。

25. 7月9日　建设银行印发《中国建设银行股份有限公司员工股权激励方案》和《关于中国建设银行股份有限公司员工奖励股份分配办法》。

26. 6月4日　建设银行下发《关于信用卡业务单元改革有关事宜的通知》，明确信用卡中心为总行直属管理机构，按照业务单元模式管理，在经营管理、财务管理、人力资源管理等方面授予相应管理权限。

27. 6月14日　建设银行第二届董事会第二次会议在北京召开。会议审议通过《关于修订〈中国建设银行股份有限公司章程〉的议案》、《关于修订〈中国建设银行股份有限公司股东大会议事规则〉的议案》、《关于修订〈中国建设银行股份有限公司董事会议事规则〉的议案》等14项议案。

28. 7月12日至13日　在大连市召开全行公共关系与企业文化工作会议。副行长辛树森出席并讲话。会议的主要内容是深入学习贯彻胡锦涛总书记“6·25”重要讲话精神和总行党委的部署，回顾总结近年来全行公共关系和企业文化工作，交流经验、分析形势，进一步统一思想、创新思路，研究部署下一步工作任务，为全行的改革与发展提供服务和支持。

29. 7月19日至20日　在甘肃省兰州市召开全行会计及营运管理体制改革暨营运工作会议。副行长罗哲夫出席并讲话，总行首席财务官庞秀生主持会议。会议的主要内容是贯彻落实全行工作会议精神，回顾和总结会计及营运管理体制改革工作，分析研究当前面临的形势和挑战，部署下一阶段会计及营运管理体制改革与管理工作。

30. 7月30日　建设银行与中国人民武装警察部队共同举行了“八一武警龙卡”发行仪式。

31. 8月8日　建设银行与美国银行共同出资成立建信金融租赁股份有限公司的《发起人协议》签字仪式在北京信达大厦举行。董事长郭树清、行长张建国、监事长谢渡扬、副行长赵林等出席签字仪式。

32. 8月8日　中国建设银行博士后工作站揭牌仪式在北京建设银行总行大楼举行。

33. 8月20日至21日　在天津市召开全行安全保卫工作会议。行长张建国主持会议，副行长辛树森作主题报告。会议的主要内容是认真落实《中央政法委员会、中央社会治安综合治理委员会关于深入开展平安建设的意见》的精神，总结我行近年来开展平安建设的情况，进一步部署在全行开展创建“平安建设银行”的活动。

34. 9月4日至5日　在新疆区乌鲁木齐市召开中国建设银行2007年集团业务座谈会。副行长赵林出席会议并讲话。会议主要内容是总结2006年以来集团业务工作，分析集团业务面临的形势与问题，提出今后一个时期集团业务的工作重点。

35. 建设银行A股发行路演。

9月13日　董事长郭树清、行长张建国等在威斯汀酒店出席建设银行A股发行路演团体推介会。

9月14日　董事长郭树清、行长张建国等在威斯汀酒店进行建设银行A股发行路演；下午在《中国证券报》演播中心进行建设银行A股发行网上路演。

36. 9月19日至20日　在广西南宁召开全行风险总监座谈会。董事长郭树清出席会议并讲话，总行首席风险官朱小黄主持会议。会议主要内容是总结一年多来全行风险管理工作取得的成绩，分析当前风险管理中需要关注的问题，就风险管理体制改革中存在问题进行座谈、研讨，部署下一阶段风险管理工作。

37. 2007年9月25日　建设银行A股正式在上海证券交易所挂牌交易当天，开盘价为8.55元，较6.45元的发行价高出32.56%，与大部分机构预测的价格相符，市场表现良好。

38. 9月27日至28日　在大连金石国际会议中心召开2007年机构业务座谈会。会议主要内容是在总结近两年全行机构业务全面进展的基础上，结合外部环境变化，重点研究和部署市场变化后机构业务的转型思路，尤其是金融板块和新兴业务的思路、对策、方向和策略。会议同时邀请行外专家讲授有关金融创新、资本市场发展政策等内容。

39. 10月22日　建设银行发文公布设立中国建设银行电子银行北京中心。

40. 11月1日至2日　在河北省香河召开中国建设银行秋季工作座谈会。董事长郭树清发表重要讲话，行长张建国作经营情况报告，监事长谢渡扬就相关工作提出要求。会议的主要内容是传达学习党的十七大会议精神，回顾总结年初以来全行改革发展情况，深入分析当前面临的经营形势，贯彻落实宏观调控要求，安排部署年末主要工作。

41. 11月14日　银监会批准建设银行作为发起机构，中诚信托有限责任公司作为受托机构，开办重整资产证券化项目，以建设银行持有的不良贷款账面本息113.5亿元（其中本金95.5亿元）为基础资产发行规模不超过27.65亿元的资产支持证券。

42. 11月15日至16日　在宜昌召开全行公司业务座谈会。副行长赵林、批发业务总监顾京圃出席会议并讲话。会议主要内容是传达了全行秋季工作座谈会议精神，总结前10个月公司业务运营情况，部署岁末年初的主要工作，研究讨论了2008年公司业务发展思路和举措。

43. 11月19日　按照人民银行总体部署，建设银行现代化支付系统跨行通存通兑业务在全国38个分行成功上线。

44. 12月6日至7日　在云南省昆明市召开全行个人银行业务座谈会，副行长陈佐夫出席会议并讲话，零售业务总监杜亚军主持会议。会议主要内容是学习贯彻十七大精神，结合全行秋季工作会议的有关要求，根据前10个月个人业务的发展情况，分析全行面临的新形势、新挑战，研究和讨论明年的工作，确保2008年全行个银业务健康、稳健地发展。

45. 12月12日　建设银行发文成立信用卡中心兰州运行中心。

46. 12月13日至14日　在山东省济南市召开中国建设银行投资银行业务工作座谈会，行长张建国出席会议并讲话。会议主要内容是对2007年全行投资银行业务发展的具体任务和经营计划进行部署。

47. 12月13日　建设银行与信达证券在京签订全面业务合作协议，协议约定，双方将在投资银行、资产管理、个人金融理财、证券投资咨询业务等方面开展全面合作。

48. 12月20日　设立中国建设银行香港审计分部。

49. 12月22日　总行颁发《建设银行实施新资本协议总体规划》，就建设银行实施新资本协议的现状、目标和差距进行了分析，提出了建设银行实施新资本协议的时间表，明确了组织保障、主要风险点及应对方案，为新资本协议的顺利实施奠定了基础。

2008年

1. 1月11日　总行印发《中国建设银行2008年行业限额管理实施方案》，该方案对限额设定方法、管理方式等方面作了进一步改进，实现经济资本限额和贷款限额的双线控制。

2. 1月21日　近日，世界知识产权组织国际局对建设银行行徽、“中国建设银行”、“China Construction Bank”、“龙卡”四商标颁发注册证书。

3. 1月21日至22日　在北京建银大厦召开了中国建设银行2008年工作会议。董事长郭树清出席会议并作重要讲话，行长张建国作工作报告，监事长谢渡扬主持会议并讲话。会议主要内容是学习贯彻党的十七大会议精神和中央经济工作会议精神，总结回顾2007年建设银行经营情况，研究分析当前面临的形势，安排部署2008年工作任务。

4. 1月23日　在北京召开境外业务座谈会。行长建国在会上发表重要讲话，赵林、罗哲夫、范一飞等参加了此次会议。会议主要内容是回顾2007年全行境外业务的发展，讨论2008年如何围绕落实全行境外业务发展战略开展全行境外业务等相关工作。

5. 1月30日　以建设银行作为发起人的中国首只商业银行重整资产支持证券——“建元

2008－1重整资产证券化”产品发行，开辟了商业银行批量化、市场化、标准化处置不良资产的新渠道。

6. 2月18日　总行重新修订印发了《中国建设银行业务发展战略纲要》（以下简称新《战略纲要》）。新《战略纲要》深入分析了近几年建设银行内外部形势发展的新情况、新变化，充分吸收各方面的意见和建议，对2005年制定的发展战略纲要进行了全面修订。

7. 2月21日至22日　在山西省太原市召开了全行纪检监察工作会议。董事长郭树清出席会议并作重要讲话，副行长辛树森主持会议并作工作报告。会议主要内容是深入贯彻党的十七大精神，以及胡锦涛总书记在中央纪委二次全会上的重要讲话和中央纪委二次全会精神，认真落实全行工作会议要求，回顾总结2007年全行纪检监察工作，研究部署2008年的工作任务。

8. 2月26日　在总行602会议室召开2008年全行中间业务视频会，行长张建国、首席财务官庞秀生出席并讲话。会议主要内容是贯彻2008年全行工作会议精神，总结2007年中间业务工作，部署2008年中间业务工作，表彰2007年中间业务先进单位。

9. 3月19日　中国建设银行与中国电力国际有限公司在钓鱼台国宾馆联合举行了《电力项目融资合作协议签约仪式》，标志着由建设银行总牵头的中电国际五个电力项目银团贷款的组建成功。

10. 3月24日至25日　在贵州省贵阳市召开全行审计工作会议。监事长谢渡扬出席会议并作重要讲话。会议主要内容是贯彻落实全行工作会议精神，总结2007年审计工作，研究和部署2008年审计工作。

11. 3月29日　建设银行分析型客户关系管理系统（ACRM）成功上线并在全国推广。董事长郭树清对该系统生成的分析报告亲自批示：这种基于数据分析的客户管理具有历史性意义，它标志着我们进入了一个新的时期。

12. 4月11日　《中国建设银行股份有限公司风险偏好陈述书》经中国建设银行股份有限公司第二届董事会第八次会议审定通过，这是建设银行历史上第一份风险偏好陈述书。

13. 4月1日　建设银行党委召开中国建设银行开展深入学习实践科学发展观活动试点工作动员大会，党委书记、董事长郭树清就开展深入学习实践科学发展观活动进行了动员部署。

14. 4月14日　董事长郭树清、董事会秘书陈彩虹在美国洛杉矶参加我行2007年度业绩路演。

4月14日至15日　行长张建国、首席风险官朱小黄到荷兰阿姆斯特丹参加我行2007年度业绩路演。副行长范一飞到美国休斯敦参加我行2007年度业绩路演。

15. 4月24日　行长张建国到钓鱼台参加2008年银行间债券市场首期中期票据发行成功庆祝仪式。

16. 4月28日　建设银行成为首家在人民银行境内外币支付系统中具有境内港元结算资格的银行，该系统是国内唯一一个统一的境内外币支付系统。

17. 5月7日　中共中央政治局委员、组织部部长李源潮一行到建设银行总行视察工作。

18. 5月13日　张建国在20层会议室主持召开紧急专题会议，传达《中共中央办公厅、国务院办公厅关于四川省汶川县发生强烈地震情况和全力做好抗震救灾工作的通报》精神，之后在622会议室主持召开我行地震灾害应急工作领导小组（扩大）会议，传达中央文件精神、部署我行抗震救灾工作。

5月16日　总行下发《关于抗震救灾期间建立信贷审批绿色通道的通知》，要求对用于抗震救灾和灾后重建的授信业务建立信贷审批“绿色通道”，在依法合规的前提下，确保救灾资金及时、到位。

“5·12”汶川特大地震后，全行30万员工心系灾区，以个人捐款、特殊党费、特殊团费的形式积极踊跃捐款达1.36亿元，以单位形式捐款4 000万元，并向抗震救灾解放军和武警部队捐款300万元。抗震救灾期间，全行共计捐款1.79亿元。

19. 5月23日　董事长郭树清在人民大会堂出席了国家主席胡锦涛与俄罗斯新任总统德米特里·梅德韦杰夫率领的俄罗斯访华代表团之间的高层会晤，并与俄罗斯外贸银行董事长兼行长安德烈·科斯京签署全面合作谅解备忘录协议。

20. 5月29日至30日　在北京召开中国建设银行春季工作座谈会和党委（扩大）会议。董事长郭树清发表重要讲话，行长张建国作今年前五个月经营情况报告，监事长谢渡扬就相关工作提出了要求。会议主要内容是进一步贯彻落实党的十七大会议精神，深入学习实践科学发展观，检查贯彻年度工作会议精神情况，总结全行前五个月业务经营情况，分析当前宏观经济和金融形势，部署近期重点工作任务。

21. 6月15日　总行最新开发的、同业中首个全行统一的社保业务综合服务系统成功上线。该系统将极大地提升建设银行代理社保业务的整体竞争能力，实现银行产品、流程创新与社会保障服务工作的有机结合。

22. 6月13日至10月27日　根据工作需要，总行决定设立法律合规部，不再保留法律事务部、合规部；设立财务会计部、资金结算部，不再保留计划财务部、会计部；设立授信管理部，不再保留风险监控部、信贷审批部；设立财富管理与私人银行部，不再保留高端客户部；设立个人存款与投资部，不再保留个人金融部；设立产品与质量管理部，撤销质量效率管理部；设立企业年金中心，并明确其为总行直属机构，不再保留公司业务部企业年金基金账户管理中心；规划建设北京、武汉、成都、广州、合肥“五大基地”。

23. 6月26日　郭树清在622会议室主持召开专家评议《中国建设银行党委深入学习实践科学发展观检查分析报告》座谈会，谢渡扬、罗哲夫、辛树森、陈佐夫、范一飞、朱小黄等行领导参加。

24. 7月1日　董事长郭树清、副行长辛树森到中组部参加中央深入学习实践科学发展观活动试点工作座谈会。

25. 7月5日　作为与美国银行战略协作重要成果之一，建设银行个人住房贷款申请评分卡在全行实现推广上线，标志着建设银行在零售风险计量工具的研究和应用方面已处于国内领先地位。

26. 7月8日　建设银行召开奥运服务与安全运营启动（视频）大会。董事长郭树清出席会议并作重要讲话，行长张建国主持会议，副行长朱小黄作具体工作部署，副行长陈佐夫、范一飞在主会场参加会议。

27. 7月14日　郭树清、张建国、罗哲夫、辛树森、陈佐夫、朱小黄、工会常务副主席孙志新在B2多功能厅出席第七届“中国建设银行十大杰出青年”表彰仪式暨“实践科学发展观，建功成才在建行”青年论坛。

28. 7月16日　副行长陈佐夫、零售业务总监杜亚军到新保利大厦出席建设银行私人银行开业记者招待会；下午到新保利大厦出席建设银行私人银行揭牌暨北京私人银行开业仪式。

29. 7月25日　行长张建国到银监会出席新资本协议高层指导委员会会议。

30. 7月28日　建设银行信用卡中心天津运行中心揭牌并正式投入运行。

31. 7月31日　温家宝同志2008年7月21日在建设银行上报的《关于贯彻落实科学发展观情况的分析检查报告》上批示：学习实践活动紧密联系实际，有针对性地查找问题、解决问题，注重实效，提高科学管理和经营水平。这种做法好。王岐山同志7月19日批示：建设银行在试点工作取得初步成效的基础上，针对查找的问题，完善和落实好整改措施。要把科学发展观贯彻到银行发展、改革、管理工作的各个方面。在当前国际金融动荡之际，坚定信念、增强信心，加快建立现代商业银行，为促进国民经济又好又快发展作出新的贡献。

32. 7月31日至8月1日　在深圳召开中国建设银行国际业务工作座谈会，行长张建国作重要讲话，副行长范一飞作工作报告。会议主要内容是全面回顾了20年来我行国际业务的发展历程，总结了前一阶段全行国际业务发展情况，分析了当前形势，表彰了2007年度外汇业务评优活动先进集体和先进个人，对下一阶段工作进行了部署。

33. 8月4日　在总行602会议室召开2008年全行法律合规工作会议（视频）。副行长罗哲夫出席并讲话。会议主要内容是回顾与总结2007年以来全行法律合规工作，分析目前法律合规工作面临的形势，部署近期重点任务，研究在当前形势下如何进一步加强法律合规工作管理，为全行改革与发展提供更加有力的支持与保障。

34. 8月15日　总行印发《关于进一步加强

代客衍生产品交易风险管理的通知》，从客户选择、交易担保比例、额度占用、交易估值、风险提示等方面对全行代客衍生产品交易风险进行了规范。

35. 8月25日　总行印发《关于进一步加强贷后管理工作的指导意见》，在贷后管理职责、工作重点和流程、系统建设以及激励机制等方面提出了具体要求，推进全行建立贷后管理长效机制。

36. 8月27日至28日　在贵阳召开部分分行企业年金业务座谈会。副行长罗哲夫出席并讲话。会议主要内容是总结了2008年上半年以来我行企业年金业务的主要工作，分析了当前面临的形势，提出了全面推进企业年金业务发展的要求。

37. 8月28日至29日　在北京明苑会议中心召开2008年中国建设银行风险管理工作会议。行长张建国出席会议并作重要讲话，副行长朱小黄主持会议并讲话。会议主要内容是回顾总结全行风险管理工作总体状况，分析当前风险管理面临的形势和问题，并就深入学习实践科学发展观、防范系统性风险、推进信贷结构调整、加强贷后管理等下一阶段风险管理重点工作进行了研究部署。

38. 9月11日　建设银行与新疆生产建设兵团《战略合作协议暨兵团龙卡发行签约仪式》在乌鲁木齐举行。根据协议，建设银行将在未来三年向兵团现代农业建设、重大基础设施项目、重点企业及教育、医疗、优质中小企业拟提供人民币200亿元的支持额度。

39. 9月27日　在重庆召开了2008年部分分行信用卡业务座谈会，副行长陈佐夫出席并讲话。会议主要内容是总结2008年以来全行信用卡业务进展情况，明确年内工作重点，加快重点分行信用卡及商户业务推进。

40. 10月13日　中国外汇交易中心境内外汇结算银行竞标结果在北京公布，建设银行成功中标美元净额清算结算银行，美元净额占其他货币的比例为99%。

41. 11月6日　澳大利亚商标局为建设银行颁发“行徽”、“CCB”、“Long Card”商标注册证书，允许我行在金融服务、银行、资本投资等四十一种服务上进行使用。

42. 11月11日至12日　在河北廊坊召开中国建设银行秋季工作座谈会、第二届职工代表大会。董事长郭树清发表重要讲话，行长张建国作经营情况报告，监事长谢渡扬就相关工作提出了要求。会议的主要内容是传达党中央、国务院关于扩大内需的最新决策和部署，贯彻党的十七届三中全会精神，深入学习实践科学发展观，分析当前经济金融和全行经营形势，部署近期重点工作任务。

43. 11月21日　建设银行与浙江省政府进一步支持中小企业发展合作协议签约仪式在杭州举行。根据协议，建设银行将在未来3年向浙江省中小企业提供600亿元信贷支持。

44. 11月28日　中德住房储蓄银行与天津市分行以银团贷款的方式向天津市住宅建设发展集团有限公司发放首笔经济适用住房开发贷款4 000万元。

45. 12月4日至5日　在湖南省长沙市召开全行公司业务座谈会。副行长罗哲夫出席会议并作重要讲话。会议的主要内容是贯彻落实全行秋季工作座谈会议精神，总结2008年前11个月公司业务运营情况，分析当前国内外宏观经济形势及对公司业务的影响，部署岁末年初的主要工作，研究讨论2009年公司业务发展思路和工作重点。

46. 12月6日至7日　在云南省昆明市召开全行个人银行业务座谈会。副行长陈佐夫出席会议并作重要讲话。会议的主要内容是学习贯彻党的十七大精神，并结合全行秋季工作会议的有关要求，根据前10个月个人业务的发展情况，分析全行面临的新形势、新挑战，研究和讨论明年的工作，确保2008年全行个人业务健康、稳健地发展。

47. 12月8日　美国联邦储备委员会正式批准中国建设银行设立纽约分行的申请。这是中国建设银行在美洲设立的第一家分行。

48. 12月9日　建设银行首家村镇银行——湖南桃江建信村镇银行股份有限公司正式开业。

49. 12月27日　总行捐资259.2万元建设的“中国建设银行甘肃陇南市武都区马街小学”举行开工奠基仪式。新建的马街小学占地32亩，建筑面积8 976平方米，建成后教学规模可容纳1 200名学生。

2009 年

1. 1月7日　国务院扶贫开发领导小组授予我行等102个单位“中央国家机关等单位定点扶贫工作先进单位”称号。

2. 建设银行个人储蓄本外币存款余额突破3万亿元大关。

截至2009年1月14日，建设银行个人储蓄本外币存款余额达到30 056.03亿元，实现了5年来个人存款翻番，其中上市3年以来，个人存款增长超过1万亿元。

2月1日　全行开展个人存款突破3万亿元宣传及表彰活动。授予100家单位“个人存款突破3万亿百佳网点奖”，授予1 000名员工“个人存款突破3万亿增储能手奖”。

3. 2月2日　建设银行设立95533客户服务武汉中心，承担全行95533外呼经营和客户呼入服务等职责。

4. 2月2日　总行决定授予北京市分行、总行信息技术管理部北京数据中心等47家单位“奥运金融服务与安全运营保障工作组织奖”，授予北京市分行信息系统运行保障团队等500个基层网点、专业服务中心和管理团队“奥运金融服务与安全运营保障工作团队奖”，授予张先峰等1 500名员工“奥运金融服务与安全运营保障工作明星奖”。

5. 2月9日　建设银行与中国航空工业集团联合发起成立航空产业股权投资基金签字仪式在北京举行。该基金将由建设银行全资子公司建银国际与中航工业集团子公司中航投资和中航咨询共同成立专门的管理公司进行管理。

6. 2月24日至25日　在北京建银大厦召开2009年中国建设银行工作会议和党的工作会议暨纪检监察工作会议。董事长郭树清发表重要讲话，行长张建国作经营情况报告，监事长谢渡扬就相关工作提出了要求。会议主要内容是进一步贯彻落实党的十七届三中全会和中央经济工作会议精神，深入学习实践科学发展观，分析当前宏观经济和金融形势，总结2008年度经营工作，研究部署2009年全行经营目标和主要工作任务。

7. 3月2日　建设银行新的大额支付系统在全行上线。建立了一级分行业务分散处理、总行集中管理、各分行通过总行应急平台互为应急的业务运行管理模式，在总行、分行和人行间搭建了一条全程电子信息自动传递通道。

8. 3月4日　郭树清到中国银监会202会议室出席关于妥善解决协解人员问题专题会议。

9. 3月6日　副行长庞秀生到洲际酒店出席人民银行自动质押融资暨小额支付系统质押业务主协议签字仪式。

10. 3月12日至13日　在北京明苑培训中心召开2009年中国建设银行资产保全工作会议，副行长朱小黄出席并讲话。会议主要内容是总结2008年资产保全工作，安排部署2009年工作，表彰先进集体及先进个人等。

11. 3月24日至25日　在北京召开中国建设银行审计工作会议，董事长郭树清、监事长谢渡扬参加了会议并作了重要讲话。会议主要内容是总结2008年审计工作，对2009年审计工作进行部署。

12. 3月25日　贺国强书记在建设银行主持召开中央金融机构负责人座谈会并发表重要讲话。总行党委书记、董事长郭树清就建设银行工作情况作了汇报，总行党委委员、纪委书记、副行长辛树森就建设银行反腐倡廉建设情况作了汇报。

13. 4月10日　副行长胡哲一到中国银监会出席2009年第一次大型商业银行风险分析座谈会。

14. 4月14日至15日　在北京召开中国建设银行机构业务工作会议，行长张建国、副行长陈佐夫和批发业务总监顾京圃出席并讲话。会议主要内容是研究建设银行机构业务如何在新形势下抓住民生领域金融服务契机，部署新形势下机构业务的策略应对。

15. 4月17日　副行长胡哲一到天津参加天津市保障住房建设投资有限公司揭牌暨银团贷款签约仪式。

16. 4月23日至24日　在河北开廊坊召开中国建设银行信访工作座谈会，副行长辛树森出席并讲话。会议主要内容是贯彻落实全国维稳暨信访工作会议精神，总结近年我行信访维稳情况，部署2009年度工作任务，研究讨论信访工作面临的新情况、新问题及应对措施，对国庆60周年庆典活动期间的相关维稳工作向全行进行安排部署等。

17. 5月12日　监事长谢渡扬在新加坡出席

建设银行一级分行行长和部门总经理培训班开班仪式；之后与南洋理工大学校长徐冠林博士商谈培训合作有关事宜，并出席我行与南洋理工大学培训合作谅解备忘录签字仪式。

18. 5月21日　在北京召开全行法律合规工作（视频）会议，胡哲一出席并讲话。会议主要内容是传达、贯彻2009年度全行工作会议精神，分析当前全行法律合规工作面临的形势，对2009年度全行法律合规工作重点进行部署。

19. 6月1日　中国建设银行伦敦子银行——中国建设银行（伦敦）有限公司在英国伦敦开业。

20. 6月4日　行长张建国、批发业务总监顾京圃赴杭州会见阿里巴巴董事局主席马云和浙江省省长吕祖善，就网络银行业务发展及三方共建网络银行事宜进行交流和沟通。

21. 6月5日　中国建设银行纽约分行在美国纽约举行开业典礼。中国建设银行董事长郭树清、副行长范一飞，中国驻纽约总领事彭克玉先生、纽约市副市长Robert Liebe先生、纽约州银行管理局局长Richard H. Neiman先生及来自美国社会各界嘉宾400余人出席了开业典礼。

22. 6月10日　经过近5年的不懈努力，建设银行在国际保理商年会上通过大会决议，成为国际保理商联合会（FCI）的正式会员。

23. 7月1日　建设银行境外清算系统（GMPS）收到第一笔由北京市分行客户汇出的美元付款，标志着建设银行境外清算系统正式投产、纽约分行美元清算服务的正式推出。

24. 7月6日　建设银行在上海成功举办人民币跨境结算业务合作备忘录签约仪式，桑坦德银行、美国银行、汇丰银行等多家金融机构与建设银行签署备忘录。

25. 7月20日　行长张建国到银监会出席新资本协议高层指导委员会会议。

26. 7月21日　董事长郭树清到银监会参加“银行业反腐倡廉警示教育展览”首展。

27. 7月22日　监事长谢渡扬到全国政协参加“发展海洋经济，提高可持续发展能力”专题组会议。

28. 7月23日至24日　在北京召开中国建设银行夏季工作座谈会，董事长郭树清出席会议并作重要讲话，行长张建国作工作报告，监事长谢渡扬主持会议并讲话，副行长辛树森传达了全国纪委书记座谈会会议精神。会议主要内容是全面回顾总结上半年全行经营情况，深入分析探讨当前经济金融形势，研究确定下半年的经营目标和相应措施。

29. 8月10日　建设银行亚洲与美国国际集团（AIG）在香港签署了建设银行亚洲收购美国国际信贷（香港）有限公司（AIGF）的《收购协议书》等一系列法律文件。

30. 8月10日　建设银行电子银行业务渠道后台管理整合功能成功上线，系统统一支持网上银行、手机银行、短信金融服务、电话银行、电话支付、信用卡中心处理等多个电子银行业务系统后台管理功能的统一接入和整合。

31. 8月13日　中国建设银行亚洲成功收购美国国际信贷（香港）有限公司。建设银行在香港的全资子公司——中国建设银行（亚洲）股份有限公司与美国国际集团（AIG）双方代表在香港正式签署了《股份收购协议书》等一系列法律文件，就收购美国国际信贷（香港）有限公司（AIGF）的全部股份达成最终协议。

32. 8月15日　建设银行电话银行渠道开通投资理财功能，客户无须网点签约，拨打95533即可享受电话银行提供的基金国债、纸黄金、外汇买卖业务，或办理证券第三方转账等投资理财相关服务。

33. 8月22日　浙江省分行余静波参加温家宝总理在浙江省青田县主持召开的缓解中小企业融资难题座谈会，并在会上就浙江省分行贯彻建设银行总行战略部署、创新服务中小企业作了专题发言。温家宝总理当场对我行网络银行这一业务创新给予了肯定。

34. 8月28日　建设银行企业网上银行正式推出定向保理融资业务，成为业内首创并推出企业网上银行定向保理产品的第一家商业银行。

35. 8月29日　建设银行与BNP签署了以色列政府贷款总协议，为今后继续拓展以色列政府贷款业务打下了基础。

36. 9月8日　行长张建国致信祝贺全行人民币企业存款余额突破40 000亿元大关，祝贺北京、广东、上海、江苏、浙江、四川、山东、深圳、河北、湖南、辽宁、湖北12家分行企业存款突破千亿元，并向全行对公条线全体员工致以衷心的感谢。

37. 9月9日　建设银行第一间产品创新实验室在北京正式建成并投入使用，美国银行 Muareen 女士出席了开业仪式。

38. 9月17日　建设银行与上海市政府在北方签署了战略合作备忘录。上海市委书记俞正声和建设银行董事长郭树清出席仪式并分别致辞，行长张建国与上海市长韩正代表双方在协议书上签字，监事长谢渡扬、副行长朱小黄、零售业务总监杜亚军等出席签约仪式，上海市常务副市长屠光绍主持签字仪式。

39. 10月9日　建设银行住房金融与个人信贷业务实现历史性突破，个人贷款余额突破10 000亿元。10月23日，行长张建国向全行房金条线员工签发贺信表示祝贺。

40. 10月13日至14日　在北京建银大厦召开全行办公室工作会议，副行长辛树森出席会议并作重要讲话。会议主要内容是总结近年来全行办公室工作，分析形势、交流经验，研究部署加强综合协调，提高服务能力，推进信息化建设，提高办公效率，加强保密管理，提升档案管理专业化水平等今后一个时期办公室系统的主要工作。

41. 12月1日　工业和信息化部与工商银行、农业银行、中国银行、建设银行四大商业银行支持中小企业发展合作备忘录签字仪式在人民大会堂举行。工业和信息化部部长李毅中及工、农、中、建四大商业银行主要领导在签字仪式上讲话，并分别代表各方在合作备忘录上签字。

42. 12月3日至4日　在湖南召开全行电子银行业务工作会议，副行长范一飞出席并讲话。会议主要内容是总结2005年以来全行电子银行工作成绩，表彰先进集体和个人，部署未来2~3年全行电子银行工作。

43. 12月15日　建信基金管理公司上海分公司开业。

44. 12月15日至16日　在安徽合肥召开全行公司集团业务座谈会，行长张建国出席会议并作重要讲话，批发业务总监顾京圃作工作报告。会议的主要内容是贯彻中央经济工作会议精神，总结回顾今年以来全行公司集团业务运营情况，深入分析研究面临的经济金融形势，部署年终收官工作和明年的工作。

45. 12月23日　建设银行境外机构管理部（国际业务部下设的二级部）正式成立，主要负责全行境外机构和境外业务的归口管理。

46. 12月28日　授信风险监测系统（CRMS）二期在全行正式推广运行，实现了从贷款审批受理到贷后管理全流程的风险监控。

47. 建设银行分别于2月、8月、12月发行次级债400亿元、200亿元和200亿元，合计共发行800亿元。

48. 12月30日　德国朗盛集团获得国家外汇管理局批准，在建设银行办理外币资金池业务。这是建设银行第一次实现在系统直联模式下为跨国公司客户提供外汇现金管理服务。

49. 12月30日　建设银行分别与台湾台新国际银行、香港恒生银行、台湾日盛国际商业银行、美国GE资本管理公司等6家境外保理商签署了《国际保理商间协议》。

2010年

1. 1月13日　建设银行与中华全国工商业联合会签订共同支持中小企业和县域经济发展框架合作协议签字仪式，在人民大会堂隆重举行。董事长郭树清和全国政协副主席、全国工商联主席黄孟复在签字仪式上讲话，行长张建国与全国工商联副主席谢经荣分别代表双方签署协议。

2. 1月18日　建设银行独家中标国家开发银行全行财务共享服务中心银企直联系统；同年11月，正式签署《银企直联系统业务合作协议》和《现金管理系统使用协议》。

3. 1月20日　建信信托有限责任公司在安徽省合肥市举行揭牌仪式。

4. 1月26日　建设银行和国家民族事务委员会在京隆重举行“少数民族大学生成才计划”启动仪式。中共中央政治局委员、国务院副总理回良玉出席启动仪式并向优秀少数民族大学生代表颁发奖学金。国家民委主任杨晶和建设银行董事长郭树清分别在启动仪式上致辞。

5. 1月26日　中国建设银行和美国银行战略协助项目启动会在京举行。行长张建国，监事长谢渡扬等出席，美国银行方面出席的有战略协助主管Maureen女士及来自公司业务、消费金融、财富管理、电子银行、信息技术部门的30位专家。

6. 1月27日至28日　在北京市召开2010年中国建设银行工作会议。会议主要内容是进一步贯彻落实党的十七大、十七届三中、四中全会和中央经济工作会议精神，深入贯彻落实科学发展观，分析当前宏观经济和金融形势，总结2009年度工作，研究部署2010年全行经营目标和主要工作任务。

7. 1月29日　中国证监会批准建设银行托管客户台湾富邦投资信托有限公司合格境外机构投资者（QFII）资格。

8. 3月4日　建设银行设立电话银行广州中心。

9. 3月17日至18日　全行审计工作会议在浙江杭州召开。这次会议的主要任务是贯彻落实全行工作会议精神，总结去年审计工作，部署今年的审计工作，研究新形势下审计工作的新思路、新举措，努力促进全行经营管理水平的提高。

10. 3月18日　建设银行武汉生产基地项目开工仪式在武汉建设工地隆重举行。

11. 3月18日至19日　在江苏省南京市召开全行住房金融与个人信贷工作会议。会议主要内容是传达和贯彻2010年全行工作会议精神；分析当前形势，总结2009年房金业务主要工作，研究部署2010年工作任务；表彰房金业务突出贡献先进单位和先进个人等。

12. 3月19日　建设银行设立电子银行业务中心，承担电子银行反欺诈管理、客户互动服务、风险监控、专家服务、业务维护等职责。

13. 3月23日　建设银行与微软（中国）有限公司在北京签署战略合作备忘录。

14. 建设银行大力支持少数民族地区大学生成才。

3月26日　“中国建设银行少数民族地区大学生成才计划”在新疆举行启动仪式。在未来5年内，建设银行出资750万元向3 750人次的新疆区内贫困大学生提供资助。

3月28日　建设银行贵州省分行和贵州省红十字会在贵州隆重举行“少数民族地区大学生成才计划”奖（助）学金贵州省启动仪式，建设银行出资750万元在未来5年内向2 500人次的贵州省内贫困大学生提供资助。

4月9日　云南省分行与省教育厅在文山学院联合举行了“中国建设银行少数民族地区大学生成才计划奖（助）学金”启动暨颁奖仪式。总行出资750万元在未来5年内向云南省内2 500名少数民族地区贫困大学生提供资助。

15. 3月29日　建设银行与土耳其Geden控股有限公司成功签署15 172万美元境外租赁保险项下贷款项目金融协议。

16. 4月8日至9日　全行个人存款与投资业务工作会议在广州召开。这次会议的主要任务是贯彻落实年初全行工作会议精神，总结2009年个人存款与投资业务工作，分析经济金融形势对个人业务的影响，安排布置后一阶段的主要工作。

17. 4月14日，青海省玉树县发生7.1级强烈地震，总行党委高度关注，立即组织了解情况，紧急召开专题会议，研究部署展开支持和服务抗震救灾工作。至4月20日，建设银行累计向青海玉树地震灾区捐款1 050万元，以及价值25万元的救灾物资。

18. 4月16日　建设银行越南胡志明市分行成立庆典在胡志明市举行。董事长郭树清出席庆典并讲话，中国驻越南大使馆临时代办翟雷鸣、越南国家银行副行长阮文平以及来自越南社会各界人士200余人出席了成立庆典。

19. 4月15日至16日　在重庆市召开了全行信访工作会议，贯彻中央关于加强信访维稳工作及妥善解决银行业协解人员有关问题的指示要求和全国信访工作会议精神，认真分析和把握当前形势，做好2010年全行信访维稳工作。

20. 5月10日　董事长郭树清和纪委书记辛树森参加中央纪委召开的贯彻落实《关于加强和改进中央企业和中央金融机构纪检监察组织建设的若干意见》座谈会。中央政治局常委、中央纪委书记贺国强同志作重要讲话。作为中央金融机构的唯一代表单位，董事长郭树清作了专题发言。

21. 5月14日至15日　在北京市召开中国建设银行2010年春季工作座谈会议。会议主要内容是学习贯彻中央有关经济金融工作的指示和要求，分析当前经济金融形势和全行今年第一季度经营情况，部署下阶段工作。

22. 5月28日　建设银行携手美泰公司为广大女性持卡人奉献建设银行女性题材信用卡——芭比美丽信用卡在上海金贸中心正式发行。这是迄今为止唯一获得芭比官方授权在中国大陆地区发行的信用卡。

23. 6月12日 建信金融租赁股份有限公司在天津东疆保税港区成立首家从事船舶租赁的单船项目公司。

24. 6月22日至23日 全行机构业务工作会议在泉城济南召开。根据全行工作会议要求，结合最新市场形势和国家政策要求，提出建设银行在机构业务方面的新政策、新领域、新思路和新要求。

25. 7月22日 建设银行在浙江省温州推出为中小企业打造的专属信用卡——卓越信用卡。中国银联和万事达卡国际组织的领导出席仪式。

26. 建设银行资产总额历史性突破10万亿元。

截至6月30日 建设银行资产总额历史性突破10万亿元，达102 359.81亿元。资产质量继续保持良好，各项财务指标在同业保持领先地位。

从1954年成立，到1993年资产总额突破1万亿元（10 656.76亿元），用了39年；2006年12月底，建设银行资产总额54 179.03亿元，即从1993年到2006年资产总额突破5万亿元用了13年；2010年6月30日，建设银行资产总额达102 359.81亿元，即从2006年到2010年资产总额突破10万亿元用了不到4年。

27. 7月31日 我行深化前后台业务分离项目开发实施工作启动会在武汉开发中心召开，标志着这一战略性项目的应用开发正式拉开序幕。

28. 8月10日 建设银行推出欧洲旅行信用卡，这是国内首张以欧洲旅行为主题的具有人民币和欧元账户的双币种信用卡，在《世界》杂志和新浪旅游共同主办的“2010年度旅游盛典”中，该卡获“2010年度品质旅行银行卡领袖奖”。

29. 9月7日 总行在陕西西安召开部分分行信用卡业务座谈会。总结分析今年以来全行信用卡业务经营和重点工作进展情况，积极应对外部竞争，进一步明确下阶段信用卡业务推进工作思路及重点，确保完成全年信用卡各项经营计划。

30. 9月17日 建设银行电子银行业务中心揭牌仪式在合肥举行，该中心是国内银行业首家专业的电子银行运营服务中心。

31. 截至9月末，建设银行本外币个人存款余额达40 768.71亿元。自1986年建设银行开办储蓄存款业务以来，2001年4月突破1万亿元，2006年1月突破2万亿元，2009年1月突破3万亿元。据统计，上市4年来，建设银行个人存款增长超过2万亿元。

32. 11月3日 在北京召开中国建设银行2010年秋季工作座谈会议，学习贯彻党的十七届五中全会精神，传达监管机构对经营管理和风险防范的要求，落实中央巡视组对我行巡视工作的有关安排。

33. 积极支持西部大开发。

11月4日 建设银行在成都与四川省西部大开发重要客户签署了战略合作协议。行长张建国出席签字仪式，副行长朱小黄出席仪式并致辞。

12月6日 建设银行在呼和浩特与内蒙古自治区西部大开发重要客户签订了战略合作协议。行长张建国与内蒙古自治区政府主席巴特尔、副主席布小林等出席了签字仪式。

34. 11月22日至23日 我行第二届职工代表大会第三次会议在京隆重召开，全行系统近400名职工代表和列席代表齐聚一堂，共商行是。党委书记、董事长郭树清发表重要讲话，党委副书记、行长张建国作经营情况工作报告，党委副书记、监事长张福荣就职工代表大会工作提出具体要求，党委委员、纪委书记、工会主席辛树森作工会工作情况报告。

35. 11月30日 建设银行悉尼分行在澳大利亚悉尼举行隆重开业仪式。监事长张福荣、业务总监杜亚军出席开业仪式。

36. 12月2日 总行在广东省珠海市召开“双十大”客户风险处置专题会议，总行副行长朱小黄出席会议并作重要讲话；总行“双十大”客户所在一级分行的风险总监或分管行长、风险管理与信贷经营部门负责人，以及总行相关部门负责人参加了会议。

37. 12月15日至16日 全行国际业务工作会议在福建省福州市召开。会议的主要内容：学习贯彻党的十七届四中全会和中央经济工作会议精神，分析当前经济金融和全行国际业务面临的经营形势，总结全行今年国际业务工作，统一思想，查找问题和不足，研究部署近期和明年国际业务发展思路与工作重点。副行长胡哲一出席会议并讲话。

中国建设银行行长办公室
2011年12月

第八部分　附录（领导班子名录）

2010年中国建设银行董事、监事及高级管理层成员名录

董事

郭树清　董事长、执行董事
张建国　副董事长、执行董事
陈佐夫　执行董事
朱小黄　执行董事
王　勇　非执行董事
王淑敏　非执行董事
朱振民　非执行董事
李晓玲　非执行董事
杨　舒　非执行董事
陆肖马　非执行董事
陈远玲　非执行董事
彼得·列文爵士　独立非执行董事
任志刚　独立非执行董事
詹妮·希普利　独立非执行董事
伊琳·若诗　独立非执行董事
赵锡军　独立非执行董事
黄启民　独立非执行董事

监事

张福荣　监事长
刘　进　股东代表监事
宋逢明　股东代表监事
金磐石　职工代表监事
李卫平　职工代表监事
黄叔平　职工代表监事
郭　峰　外部监事
戴德明　外部监事

高级管理人员

张建国　行长
陈佐夫　副行长

朱小黄 副行长
首席风险官
胡哲一 副行长
庞秀生 副行长（2010 年 2 月— ）
首席财务官
章更生 高级管理层成员（2010 年 12 月— ）
陈彩虹 董事会秘书
顾京圃 批发业务总监
杜亚军 零售业务总监
毛裕民 投资理财总监

2010年中国建设银行各分行班子成员名录

北京市分行

行长、党委书记：	王军
副行长、党委副书记：	章更生（兼）
副行长、党委副书记：	方秋月
副行长、党委委员：	秦仁文
副行长、党委委员：	龚毅
纪委书记、党委委员：	董建恒
副行长、党委委员：	李凡
风险总监：	邓艾兵
工会主任：	梁继生
行长助理：	郎理英（女）
资深专员：	赵克义

天津市分行

行长、党委书记：	高德高
纪委书记、党委委员：	李军（女）
副行长、党委委员：	邱书民
副行长、党委委员：	刘步其
副行长、党委委员：	王斌
副行长、党委委员：	文远华
风险总监：	詹毅文（2010年9月免）

河北省分行

行长、党委书记：	杨毓
副行长、党委副书记：	孙福州（2010年10月任党委副书记）
纪委书记、党委委员：	傅永德
副行长、党委委员：	周小知
副行长、党委委员：	尚朝辉
副行长、党委委员：	王斌（2010年5月免）
副行长、党委委员：	李春生（2010年10月任）
工会主任：	杜彦芳（女）
风险总监：	喻永新（2010年2月任）

行长助理：　朱建辉（2010 年 11 月任）
行长助理：　王永平（2010 年 11 月任）

山西省分行

行长、党委书记：　马卓
副行长、党委副书记：　陈东平
副行长、纪委书记、党委委员：　解陆一
副行长、党委委员：　斛文锋
副行长、党委委员：　宋海林
工会主任：　孟荣华（2010 年 10 月免）
风险总监：　杨利亚
资深专员：　张斌政
资深专员：　康生福
资深专员：　孟荣华（2010 年 10 月任）

内蒙古自治区分行

行长、党委书记：　黄先俊
副行长、党委副书记：　裴品才
副行长、党委委员：　高升亮
副行长、纪委书记、党委委员：　肖青（女）
副行长、党委委员：　张兆西（2010 年 7 月任）
风险总监：　崔殿满
行长助理：　乔俊峰（2010 年 8 月任）
行长助理：　高凤山（2010 年 8 月任）

辽宁省分行

行长、党委书记：　李英俊（2010 年 12 月免）
行长、党委书记：　杨文升（2010 年 12 月任，11 月任主要负责人）
副行长、党委副书记：　陈利
副行长、党委委员：　籍宝奎
副行长、党委委员：　陈宝东
副行长、党委委员：　韩民
副行长、党委委员：　于宁哲
纪委书记、党委委员：　司朝伟
风险总监：　刘伟
行长助理：　张勇

大连市分行

行长、党委书记：　杨文升（2010 年 12 月免）
行长、党委书记：　林忠治（2010 年 12 月任）
副行长、党委副书记：　程超英（女）
副行长、党委委员：　冯涛

副行长、党委委员：　石新亭
副行长、党委委员：　张喜军
纪委书记、党委委员：　张继波
风险总监：　李明凯

吉林省分行

行长、党委书记：　张勤（2010年6月任）
副行长、党委副书记（主持工作）：　张勤（2010年1月任）
副行长、党委副书记：　孙平生（2010年6月任副书记）
副行长、党委委员：　杨铁军
副行长、党委委员、工会主任：　姚殿英
副行长、党委委员：　吕春光
纪委书记、党委委员：　具京子（女）
风险总监：　尹君
行长助理：　孙建国
资深专家：　王毅（2010年1月任）

黑龙江省分行

行长、党委书记：　薛峰
副行长、党委副书记：　耿庆军（2010年9月任副书记）
副行长、党委委员：　姜鸿飞
纪委书记、党委委员、工会主任：　张慧敏（女）
副行长、党委委员：　杨玉江
风险总监：　董发凯
行长助理：　李松
行长助理：　邹洵游

上海市分行

行长、党委书记：　赵欢
副行长、党委副书记：　忻明宝
副行长、党委委员：　张益民
纪委书记、党委委员：　沈芳珍（女）
副行长、党委委员：　张忠德
副行长、党委委员：　林顺辉
副行长、党委委员：　陈金富
风险总监：　徐众华
行长助理：　吴益强（2010年1月任）

江苏省分行

行长、党委书记：　张援朝
副行长、党委副书记：　沈义明
纪委书记、党委委员：　王建国

副行长、党委委员：　　樊庆刚
副行长、党委委员：　　金扬统
副行长、党委委员：　　邵斌
风险总监：　　武莉（女）

苏州分行

行长、党委书记：　　岳鹰
副行长、党委副书记：　　林忠治（2010 年 12 月免）
副行长、党委委员：　　黄松鹤
副行长、党委委员：　　徐挺
纪委书记、党委委员：　　方建平
工会主任：　　吕伟民
风险总监：　　陈慧芳（女）（2010 年 1 月免）
风险总监：　　许永良（2010 年 9 月任）
资深专家：　　林少斌

浙江省分行

行长、党委书记：　　余静波
副行长、党委副书记：　　苏克
副行长、党委委员：　　侯建培
副行长、纪委书记、党委委员：　　张民
副行长、党委委员：　　劳新江
工会主席：　　傅春兰（女）
风险总监：　　张俊（2010 年 1 月任）
行长助理：　　何向东
行长助理：　　王叶毅

宁波市分行

行长、党委书记：　　刘丽华（女）
副行长、党委副书记：　　葛王杰（2010 年 3 月免）
副行长、党委委员：　　任国正
纪委书记、党委委员：　　张依娜（女）
副行长、党委委员：　　陈恒星
副行长、党委委员：　　陈慧芳（2010 年 1 月任）
风险总监：　　叶进
行长助理：　　卢冲
资深专员：　　张鹏群
资深专员：　　郑顺年

安徽省分行

行长、党委书记：　　戴跃明（2010 年 12 月任）
副行长、党委委员：　　高强

副行长、党委委员：　刘兴华
副行长、党委委员：　姚启凡（2010 年 1 月任）
纪委书记、党委委员：　杨庆生（2010 年 10 月任）
风险总监：　潘虹
行长助理：　杨学军
资深专家：　白国祥（2010 年 12 月任）
资深专员：　范绍杰
资深专员：　徐明堑
纪委书记、党委委员：　田苗根（2010 年 4 月免）

福建省分行

行长、党委书记：　康义
副行长、党委委员：　李文贤
副行长、党委委员：　林和发
副行长、党委委员：　刘峰
纪委书记、党委委员：　胡敏华
副行长、党委委员：　丁保平
风险总监：　张俊（2010 年 1 月免）
风险总监：　王东标（2010 年 1 月任）
资深专员：　陈轼（2010 年 7 月免）

厦门市分行

行长、党委书记：　陈万铭
副行长、党委副书记：　生柳荣
副行长、党委委员：　林华（女）
副行长、党委委员：　肖春辉
纪委书记、党委委员：　戴丽萍（女）
副行长、党委委员：　黄惠玲（女）
风险总监：　黄霞（女）（2010 年 7 月任）

江西省分行

行长、党委书记：　段超良
副行长、党委副书记：　万国平（2010 年 9 月任党委副书记）
副行长、党委委员：　余惠芳（女）
副行长、党委委员：　彭家彬
纪委书记、党委委员：　隋岩（女）
工会主任：　丁嘉槐
风险总监：　杜占良（2010 年 3 月任）
资深专员：　高根林

山东省分行

行长、党委书记：　彭洪明

副行长、党委委员： 张维国（2010 年 1 月免纪委书记）
副行长、党委委员： 刘振奇
副行长、党委委员： 路民
副行长、党委委员： 李建平（2010 年 1 月任）
纪委书记、党委委员： 楚孔用（2010 年 1 月任）
工会主任： 魏兆新（2010 年 3 月退休）
风险总监： 姚启凡（2010 年 1 月免）
风险总监： 葛王杰（2010 年 1 月任）
资深专员： 李五玲（女）（2010 年 8 月免）
行长助理： 朱治昌（2010 年 1 月任）

青岛市分行

行长、党委书记： 郭英辉（女）
副行长、党委委员： 王士清
副行长、党委委员： 郭中华（女）
副行长、党委委员： 刘从正
纪委书记、党委委员： 张新华
资深专员： 刘津南
风险总监： 陈庆辉
行长助理： 柴翔（2010 年 1 月免）
行长助理： 孙剑波（2010 年 2 月任）

河南省分行

行长、党委书记： 许会斌
副行长、党委委员： 张志军
副行长、党委委员： 石永拴
副行长、党委委员： 王保信
副行长、党委委员： 黄兴宏
纪委书记、党委委员： 奚丽娟（女）
风险总监： 许建东

湖北省分行

行长、党委书记： 王江
副行长、党委副书记： 陈汉华
副行长、党委副书记： 刘力耕（2010 年 5 月任党委副书记）
纪委书记、党委委员： 王继光
副行长、党委委员： 王进军
工会主任： 卢久生
风险总监： 李忠东（2010 年 1 月任）
巡视员： 陶恒喜
资深专员： 李长运
行长助理： 段红涛

行长助理：石章振

三峡分行

行长、党委书记：林帆
副行长、党委委员：罗泽民
纪委书记、党委委员：佟晓林
副行长、党委委员：张家材
副行长、党委委员：常平（2010 年 3 月任）
风险总监：汪兴全
工会主任：宋文德
行长助理：叶轮（2010 年 3 月任）

湖南省分行

行长、党委书记：龚蜀雄
主要负责人：刘力耕（2010 年 12 月任）
副行长、党委副书记：陈二尧（2010 年 1 月任）
副行长、党委委员：魏振华
纪委书记、党委委员：易建荣
副行长、党委委员：刘广良
副行长、党委委员：尹利芳
副行长、党委委员：李华峰
风险总监：梁德顺

广东省分行

行长、党委书记：曾俭华
副行长、党委副书记：李锦海
副行长、党委委员：易景安（2010 年 10 月任）
副行长、党委委员：沈奕明
副行长、纪委书记、党委委员：王少先
副行长、党委委员：陈翠芳（女）
副行长、党委委员：刘军
风险总监：陈建华
工会主任：王志雄
行长助理：李民（2010 年 5 月任）
行长助理：欧政（2010 年 5 月任，6 月逝世）

深圳市分行

行长、党委书记：田惠宇
副行长、党委副书记：易景安（2010 年 10 月免）
副行长、党委委员：吴集荣（2010 年 10 月任）
副行长、党委委员：祝九胜
副行长、党委委员：赵芝然

风险总监：　韩凤林
行长助理：　汪涛
行长助理：　戴惠明

广西壮族自治区分行

行长、党委书记：　袁明
副行长、党委副书记：　廖林
副行长、党委委员：　李思影
副行长、党委委员：　梁建林
纪委书记、党委委员、工会主任：　杨静挺
风险总监：　喻金龙
行长助理：　黄诚东
行长助理：　农卫东

海南省分行

行长、党委书记：　梁福成
副行长、党委委员：　李泉
副行长、党委委员：　赵永林
副行长、纪委书记、党委委员：　路建华
副行长、党委委员：　李明曦
副行长、党委委员：　石滨（女）
工会主任：　李冬生（2010年12月免，退休）
风险总监：　李忠东（2010年1月免）
风险总监：　麦文盛（2010年7月任）

四川省分行

行长、党委书记：　曾益
副行长、党委副书记：　李果（2010年12月免）
副行长、党委委员：　杨丰来
副行长、党委委员：　万鸿
副行长、党委委员：　王浩
纪委书记、党委委员：　王雄
副行长、党委委员、工会主任：　颜克忠
副行长、党委委员：　李祥国（2010年12月任）
风险总监：　汪海
行长助理：　戴虎林

重庆市分行

行长、党委书记：　黄叔平（女）（2010年12月免）
行长、党委书记：　李果（2010年12月任，2010年11月任主要负责人）
副行长、党委副书记：　余江
副行长、党委委员：　宁新民

纪委书记、党委委员：李述成
副行长、党委委员：文姜元（2010年1月任，之前为行长助理）
副行长、党委委员：熊刚（2010年1月任，之前为行长助理）
资深专员：罗文章（2010年5月任，之前为工会主任）
资深专员：颜显民（女）
风险总监：高永强

贵州省分行

行长、党委书记：吴民豪
副行长、党委委员：张民权
副行长、党委委员、工会主任：蒋晓树
副行长、党委委员：杜坚
副行长、党委委员：许修智
纪委书记、党委委员：尹慧琳（女）
风险总监：周晓（2010年10月任）
行长助理：朱启江（2010年11月任）

云南省分行

行长、党委书记：潘念宁（女）
副行长、党委副书记：麦仲山
副行长、党委委员：马亦凌（女）
副行长、党委委员：何跃
纪委书记、党委委员：董晓威
风险总监：陈义
行长助理：王晶武
行长助理：文爱华（2010年10月任）
资深专家：帅晋昆
资深专员：范京云

西藏自治区分行

行长、党委书记：韩文贞（2010年7月任）
副行长、党委委员：严仕成
纪委书记、党委委员：次仁顿珠
副行长、党委委员：卢生
副行长、党委委员：李振宇
工会主任：杨培源
风险总监：查克健
巡视员：罗布桑珠

陕西省分行

行长、党委书记：崔滨洲
副行长、党委副书记：魏承国（2010年5月任党委副书记）

副行长、党委委员： 高育昌
副行长、党委委员： 孟鸿康
副行长、党委委员： 刘红旗
党委委员、纪委书记： 王德刚
风险总监： 曹建平
行长助理： 张玺峰
行长助理： 张敏（女）

甘肃省分行

行长、党委书记： 艾尔肯·艾则孜
副行长、党委委员： 孙一顺
副行长、党委委员： 王文永
副行长、党委委员： 苏安平
风险总监： 杨仲元
行长助理： 申健
行长助理： 朱博海

青海省分行

行长、党委书记： 郭继庄
副行长、党委委员： 张海
副行长、党委委员： 王正录
纪委书记、党委委员： 卜建平
副行长、党委委员： 郑海峰
副行长、党委委员： 杨险峰
风险总监： 金大钊
行长助理： 梁世斌

宁夏回族自治区分行

行长、党委书记： 李秀昆
副行长、党委委员： 刘海涛
纪委书记、党委委员： 袁贵
副行长、党委委员： 徐长宁
风险总监： 李惠

新疆维吾尔自治区分行

行长、党委书记： 张涛（女）
副行长、党委副书记： 戴跃明（2010 年 12 月免）
副行长、党委委员： 李忠华
副行长、党委委员： 张春生
副行长、纪委书记、党委委员： 阿布来提·木明（2010 年 6 月任）
风险总监： 闫静波
行长助理： 徐军世（2010 年 6 月任）

行长助理：　　　　　　　李新平（2010年6月任）

哈尔滨培训中心

主任、党委书记
兼建设银行党校哈尔滨分校校长：
　　　　　　　　　　　　李文达
副主任、党委副书记：　　孙耀河
纪委书记、党委委员：　　王建立（2010年9月任）
资深专员：　　　　　　　李文

常州培训中心

主任、党委书记
兼建设银行党校常州分校校长：
　　　　　　　　　　　　张中科
副主任、党委副书记：　　江炳钰
副主任、纪委书记：　　　赵余分
副主任、党委委员：　　　屈建伟

建设银行年鉴的历史价值（代后记）

涂昭明

引言

笔者曾经在《在历史的鞭策与殷鉴中促进经营管理工作的不断发展》和《年鉴正在成为展现中高级管理人员关注和思考主要发展问题的平台》中，分别从年鉴的内容和年鉴来稿两个不同层面，解读了建设银行年鉴的历史价值。在将建设银行第五本年鉴即将提交出版社付梓之际，又一次从内心深处涌出了再就建设银行年鉴的历史价值写一点东西的冲动。此次冲动之源，源于年鉴在“专题和调研报告”中收集的各类文章。

年鉴文章中的风险管理研究（一）

过去的五年，世界经济金融形势风云变幻、动荡剧烈；与世界经济发展同呼吸的国内经济金融形势同样是一波三折、起伏不定，过山车似的物价波动以及日趋紧张的通货膨胀压力考验着国人的心理承受能力，也同时考验着建设银行这一国际金融股份公司大舞台中的新成员。显然，年鉴能将这段非常时期的相关风险管理研究文章收存下来，其历史价值是毋庸置疑的。

一、风险驾驭更加得心应手

庆幸的是，通过年鉴这个平台，我们将过去五年一直参与建设银行高层风险管理工作的风险管理操盘手的文章收存了很大一部分。这些文章是不是代表了当今中国银行界风险管理的最高成就，这不是笔者需要考虑和有能力关心的问题，但这些文章以其丰富的内涵和厚实的风险管理基础理论，所展现出的特定历史条件下的风险管理历史价值，同样是毋庸置疑的。

从朱小黄的《风险内控体系的科学性评价及改进优化建议》、《经济发展方式转变与结构调整的实现路径》、《实施新资本协议是银行风险管理脱胎换骨的一次革命》、《以先进计量技术打造精细化、专业化的风险管理体系》、《汲取危机经验教训，以有效的风险管控促进业务持续健康发展》、《积极应对危机，强化风险管理》、《进一步深化建设银行信贷结构调整》、《次贷危机：祸起杠杆失控》和《关于贷后管理的几点思考》等一系列文章中，我们最少可以从以下三个层面看出这位高层风险管理操盘手是如何参与引领建设银行风险管理航道的。

其一，从宏观层面实现对建设银行风险管理的驾驭。文章以很大的篇幅对建设银行风险内控体系进行深入研究后明确指出：建设银行风险内控体系实现了对各类风险，各业务流程的有效覆盖和全员参与，形成了全行统一的风险偏好政策，风险监控体系不断健全，风险内控流程持续优化，较好地体现出了全面、审慎、有效、独立、合规和适度的科学风险内控要求。形式上，“三会一层、三道防线、两个垂直、一个统一”的风险偏好，既构成了建设银行风险内控体系的坚实基础，又是建设银行内控体系的主要特色；内容上，这个体系的形成是建立在对建设银行授信业务、市场风险、主要业务系统、中间业务、员工的行为管理、内部审计监督、风险内控流程以及风险文化建设九个方面管理现状及存在问题的深入研究基础之上的，并由此建筑起了建设银行加强风险管理的基本框架。

其二，冷静直观和深刻反思风起云涌的全球金融危机。相关文章在对美国次贷危机发生的深层次原因进行冷静分析后指出：虚拟经济不能脱离实体经济基础，金融机构不能超越自身可承受范围，业务发展创新不能游离于风险管控之外，过度自信导致风险防范盲点。这样的认识，如果只是学者们的理论观点或教授们所作的理论讲座，充其量也只不过是停留在从理论研究到社会实践的传经布道阶段，而由一位直接参与建设银行高层风险管理的风险管理操盘者提出这样的认识，必然会直接影响风险管理的决策并有极大的可能将其兑现在风险管控的行为之中。

其三，以我为主，练好加强风险管理的内功。正是基于对全球金融危机的深刻认识和针对这场危机给我国银行业带来的深刻影响，我们才可以从一系列文章中看到作者在直接参与建设银行风险管理过程中所做的一系列努力：加快信贷结构调整、严格执行行业风险限额、加大贷后管理力度、以信贷大检查为契机严格控制不良贷款反弹、从严格把握增授信业务准入门槛和审批标准、加强代客衍生产品业务的风险控制和加大案件排查力度，等等。从中，我们不难看出作者是怎样把风险管理理论研究与风险管理社会实践紧密结合在一起的，并为我们留下了一笔厚实的风险管理历史财富。

不论是在当今中国金融监管的理论平台，还是风险管控的操作层面，黄志凌的风险管理理论研究和实务操作肯定占有重要的一席之地。建设银行年鉴将他过去几年的主要研究成果收存为历史资料，是年鉴的亮点之一。这些文章主要包括：《论商业银行风险偏好》、《主动选择风险与积极安排风险》、《当前风险管理若干问题的思考》、《风险管理若干方法的研究》、《关于银行压力测试的若干问题》、《基于以客户为中心的商业银行风险经营研究》和《巴塞尔新资本协议的再思考》等。这些文章几乎都是在万言以上，无一不是作者的殚精竭思之作，也无一不是当今我国银行业风险管理中的精髓。回顾我国银行业艰难曲折的风险管理之路，最瞩目的变化体现在理念的更新、技术的进步、方法的发展和风险管理组织架构的变迁。除了管理组织架构的变迁外，在年鉴收集的文章中，作者都是以数万言的长文对前三个问题展开了全面和深入的分析。通过这几篇分量很重的文章，我们就能全景式地了解当前我国银行业风险管理理念、技术和方法的演变历史背景及丰富的内涵，不能不说是一件难能可贵的事。

二、风险应对更加自信和自如

检索建设银行年鉴中的风险管理研究文章，我们会有一个很深的印象：除了对宏观经济金融层面的风险研究之外，行业风险和金融产品风险研究也是一个很大的亮点，而且研究范围之广、内容之丰富令人叹服，充分体现出了建设银行的风险应变能力。

（一）积极应对由宏观经济金融层面重大政策调整所带来的机遇与挑战

纵观我国改革开放以来的改革历程，一个显而易见的事实是，任何时候的任何一项重大宏观改革举措都是机遇与挑战并存，巨大的发展商机存在于同样巨大的风险之中。一家具有很强竞争力和市场适应能力的商业银行，必然同时也具有高瞻远瞩、敏于未来的良好素质。凡事预则立，不预则废，在年鉴收集的文章中，像总行风险管理部刘桂峰的《积极把握产业梯度转移中的信贷布局》、《大型国有上市银行风险管理状况比较分析》、原湖北省分行王江的《后危机时代中国银行风险管理策略研究》，总行资产保全部谭兴民、侯雪莲的《经济转轨时期不良资产的产出与解决途径》、《企业破产重组：银行的无奈和对策》等文章，是其中的代表作。这些文章的共同特点是紧紧围绕建设银行未来发展这个核心，密切关注国家宏观经济金融政策调整的一举一动，从中梳理出宏观政策调整与建设银行发展之间的因变与应变关系，为建设银行实现稳健经营打下厚实的前期研究工作基础。

（二）积极应对行业风险

在行业风险研究方面，这些文章囊括了房地产、制造业、外贸出口、风电以及钢铁、化工、建材、石油化工、有色金属、电力六大高耗能、高污染行业风险研究的方方面面。显然，这些以加工工业为主的行业不仅是我国经济发展过程中的支柱，是建设银行贷款额度大户，同时也是制造不良贷款中的重中之重。对这些行业的风险研究给予高度重视，是我国商业银行实现稳健经营的必然选择。其中，由总行风险管理部刘焱、赵晓昕、牛爽撰写的《煤炭行业风险趋势研判与信贷政策建议》、《我国出口行业风险监测及政策建议》，原总行研究部周小知撰写的《高耗能行业信贷风险凸显》、《关注宏观调控下五大行业的系统性风险》，厦门市分行生柳荣、陈安华撰写的《我国中小企业信用担保机构存在的问题及对策研究》，总行授信管理部曹众撰写的《风电行业授信风险管理思考》，总行资产保全部课题组撰写的《建设银行退出类行业不良贷款处理研究》和由上海市分行齐红撰写的《从风险限额看集团授信的信用风险控制》等文章，不仅客观分析了这些行业所面临的现实风险，而且从建设银行加强风险管理的角度，有针对性地提出了信贷政策调整建议，具有较强的启发性与现实指导性。

（三）积极应对金融产品风险

在金融产品风险研究方面，从公司类、个人类、房金类、事业类、集团授信类、本币债券，到地方政府融资平台、城投信用等，年鉴中都有专门的文章进行专题研究。尤其值得一提的是，由总行风险管理部程建伟、喻永新、何祎、戴强、刘焱、张丽贤、张琦、梁伟撰写的《个人信贷业务风险状况及管理建议》、《构建事业类客户信用风险评级体系，全面提升信用风险管理能力》、《政府融资平台授信：风险与机遇的艰难选择》、《中国城投信用风险分析及管理建议》、《本币债券风险趋势与政策建议》，以及由总行资产保全部于妍玲、谭兴民、贾纯、马奎、曹桂英、方路明、杨华、黄长卿撰写的《公司类不良贷款处理案件变化及政策建议》、《当前我国商业银行政府融资平台贷款面临的主要风险及对策》、《商业银行处理“假按揭”贷款的保全手段及比较分析》和《抵押物被其他债权人先行查封对抵押权人实现抵押权的影响及对策建议》等一系列文章，都不是随心所欲的一般工作泛谈，而是建设银行主动应对经营管理风险的专题研究，是信贷政策调整的先导和前期思想认识的准备。

三、风险管理中的他山之石

在经营管理活动中，密切关注外部世界，尤其是西方经济发达国家的一举一动，并认真吸取他国的风险管理经验，这是建设银行强化风险管理，实现稳健经营的有效途径。

——对国际金融市场重大事件的密切关注。从加强风险管理的角度，由总行风险管理部程建伟、周倩、文巧玲、杨云超撰写的《关于迪拜经济金融走势及其影响的研究》、《对雷曼兄弟破产调查报告的分析和借鉴》、《欧元区国家主权债务危机等级及其影响分析》、《美联储第二轮量化宽松政策及影响》等文章值得一读。文章分析指出，不管是迪拜房地产市场泡沫的破灭、雷曼兄弟的倒闭、欧元区债务危机，还是美联储的量化宽松政策，对于建设银行的经营管理活动来说，是肯定不能取隔岸观火、站在一旁观看热闹的态度。一方面，建设银行经营管理通过倚重中国经济发展、中国经济以前所未有的广度、深度和力度迈向世界经济大舞台这根长索，已经十分现实地被当今世界上的任何重大经济改革举措和重大金融事件紧紧地捆绑在了一起；另一方面，建设银行主动拓展境外业务，随时都有可能深陷国际金融危机的狂潮之中。迪拜房地产市场泡沫的破灭为我们上了一堂生动的风险课，尽管我们已经有惊无险地躲过一劫，但侥幸并不能否认风险不会以另外一种方式随时会降临在我们的头上。

——密切观察对方的市场变化和在观察中思考。对于银行从业人员来说，类似于“借钱给有还款能力的人，是发放贷款的基本原则；对相关产品的充分研究和了解是金融创新的基础；加强资本充足率计量和逐步将表外资产纳入表内管理以体现银行真实的杠杆比率”，以及“吸收存款、发放贷款是商业银行的基础和核心”等，应该不是十分难理解的金融常识。匪夷所思的是，正是在这样一些看似不难理解的基本金融常识面前，居然会令云集世界一流经济金融学家的华尔街犯糊涂：不仅雷曼兄弟这样的百年老店在一夜之间轰然倒下，把那些曾经不可一世的国际知名商业银行搞得灰头土脸，也把整个世界金融市场搅得昏天黑地、风雨飘摇。为什么会是这样？从中我们应该吸取哪些深刻的教训？通过连读王永刚、王淑敏、王勇等的《经济危机形势下的美国市场观察和思考》、原广东省分行曾俭华的《美国金融监管改革法案及其影响》、总行风险管理部陈睿鑫、周倩的《美国银行潜在信用风险分析及建议》和《关于美国新金融稳定计划、经济刺激计划的影响分析》等一系列文章，我们或许能够从中受到启发。

——虚心学习和借鉴他国的风险管理经验。年鉴中，类似的文章比较多。由总行风险管理课题组邓艾兵、赵志宏等撰写的《国际一流商业银行风险管理模式的借鉴与思考》，总行审计部冯道海、杨军等撰写的《美国银行的内部审计及借鉴》，总行风险管理部杨军撰写的《金融危机后国际银行监管规则的新动向》等文章，是总结吸收他国风险管理经验的代表作。这些文章从不同角度考察分析了西方经济发达国家银行业风险管理的模式、经验及改革态势，并针对建设银行经营管理活动中的风险管理薄弱环节，有针对性地提出了加强改革的政策建议。

四、美国次贷危机专题研究

正如朱小黄在《次贷危机：祸起杠杆失控》一文中指出：认真分析次贷危机发生的本质原因，探究金融体系的内在缺陷，总结金融机构经营管理的教训，避免重蹈覆辙，对中国金融体制改革和银行稳健经营都有非常重要的意义。

建设银行年鉴以专题的形式，收录了朱小黄的《次贷危机：祸起杠杆失控》、王贵亚的《美国次贷危机的深入思考及几点启示》、总行房金部杨绍萍、周刚、杨宇的《次贷危机对我国商业银行住房金融业务的启示》，以及总行研究部郭世坤、蒋清海、李丹红、董积生、杨兆坤、刘都生撰写的《美国次贷危机引发国际金融危机的警示、影响、原因及后势》等十几篇文章。这些文章的共同特点是：通过深入剖析美国次贷危机的深层次原因，进一步反思建设银行经营管理应该吸取哪些深刻的教训。不管是原因的分析、警示的归纳，还是风险偏好、边界管理和业务发展的基本定位，都是发轫于对问题的深思熟虑，从中我们能受到启发。

（一）美国次贷危机演变为国际金融危机的七大原因

具体包括：推行自由放任的经济金融理论和政策，提倡新自由主义的市场经济模式，是导致这次危机的根本原因，为了刺激经济增长而采取的宽松货币政策，造成流动性过剩和房地产泡沫是金融危机的重要原因；金融监管的缺失，尤其是在对华尔街金融衍生产品监管上的放任自流，是导致这次危机的重要原因之一；华尔街的独立投资银行运作模式也是导致危机的重要原因之一；华尔街贪婪的激励机制是导致危机发生的内在动因；美国社会的负债消费文化扩大了金融信用风险；金融机构过度扩大财务杠杆使用程度和过度负债加大了危机严重程度。

（二）美国次贷危机引发国外金融危机的八大警示

主要体现在：市场经济发展需要加强宏观调控，货币政策的制定和实施必须提高审慎性、预见性和灵活性，金融监管缺失和不到位引发危机发生，现行以美元本币为主的国际货币体系面临改革，银行业需要重新认识坚守代理业务为主的重要性，银行业应建立着眼于长期可持续发展的激励机制，必须构建全面风险管理体系和金融创新是“双刃剑”，金融行业必须审慎从事金融创新业务。

（三）从四个方面坚持风险偏好和边界管理的风险底线

文章分析指出，明确的风险偏好和边界管理是银行具备跨经济周期稳健经营的关键，为此，必须坚持从以下四个方面入手：一是银行要根据历史经验和数据确定必须坚守的风险和管理边界；二是合理运用资产证券化等金融衍生工具，有效分散银行体系的风险；三是关注资产市场、货币市场和资本市场的联运，建立整体化的风险管理体系；四是建立个人信用评价体系，防范个人信贷业务的信用风险。

（四）发展我国商业银行住房金融业务应坚持“五防范一加强”

即防范投机型购房风险、防范按揭产品创新风险、防范金融衍生工具风险、防范整体和系统性风险、加强风险管理的基础建设。

（五）建设银行发展投资银行业务的基本定位

其中的文章分析指出：正是因为华尔街的投资银行为了追求高收益，在内部没有经济资本的约束机制、外部缺乏有效监管的情况下，过度运用杠杆效用，投资持有大量高风险的次级债券才最终难以避免在金融风暴中灰飞烟灭。为此，文章进一步明确提出：建设银行拓展投资银行业务，要继续坚持建设银行稳健经营的观念，做好科学的战略规划，加强全面审慎的风险管理，制定包含风险因素的考核激励，强化资本约束机制。在业务范围和产品创新方面立足于满足客户要求为主，重点在IPO、财务顾问、债券承销、理财业务、资产管理，以及直接投资业务全新面向实体经济中的实业公司。

总之，年鉴中这些文章的分析是否十分到位、判断是否一定准确、药方是否完全对症，已经并不重要，重要的是这些文章不仅立足于建设银行的经营管理现实，而且通过作者本人所拥有的特殊工作岗位，已经在很大程度上把这些理性工作思考成果转化成了对具体工作的直接指导与实践。

年鉴文章中的行业研究（二）

行业研究不仅是建设银行年鉴文章中的三大亮点之一，而且研究水平可齐名年鉴文章中的风险管理研究，研究范围之广泛则可齐名年鉴文章中的工作研究。年鉴前后收存的近50篇文章，涉及20多个行业，代表了建设银行行业研究的最高水平，是建设银行实现稳健经营的基石。根据这些文章研究问题的不同出发点，本文按照行业发展和行业风险两个不同层面，对年鉴行业研究文章进行了大致归类，即行业发展以新兴行业为主，行业风险偏重于传统行业，我们有代表性地选择了其中的十几篇文章，从中可以比较出当年信贷政策选择的差异。

一、行业发展研究

过去几年，在进行行业项目，尤其是新兴行业项目投资决策过程中，因为看问题的角度不同，导致分行项目申请、立项与总行项目审批之间的矛盾比较突出，并形成了十分微妙、复杂的博弈关系。通过这些行业研究文章，或许能够从中发现当年进行行业项目投资决策的背景及项目决策的基本规律。

城市轨道交通的发展。针对我国城轨建设快速发展的现状，总行研究部刘秀华、李雅菁撰写了《城市轨道交通发展及对策建议》。该文在分析了发展城市轨道交通存在的主要问题及项目建设的特点后，明确提出城轨项目建设需要关注四个方面的问题：一是轨道交通行业作为公益性行业，盈利状况普遍不理想。二是需要加强对城市经济实力、政府财力、政府信用的全面评估。轨道交通建设和营运补贴最终源于地方财政，因此，这类项目还贷能力不仅靠项目本身的营运收益，更主要靠城市经济实力、财政能力、政府信用等。三是授信地铁线路不宜过长。根据世界发达国家地铁运营的经验，通常地铁平均线路长度不超过30公里，有利于合理调度、提高运营效率。四是优先支持基本形成城轨网络所在城市的项目。城市轨道交通建设若与其他公交方式相互衔接、整合得不好，也会影响交通的便利，进而会影响客流量、票务收入等营运效益。

对城轨发展原因、特点和问题的客观分析，从理论方面为建设银行信贷政策调整提供了比较充分的依据。

太阳能利用行业的发展。太阳能是新能源应用的重要领域之一。目前利用太阳能的最佳方式是光伏转换，即利用电池材料的光伏效应，使太阳光照射到电池上产生电流直接发电。从产业上下游来看，光伏产业链主要包括硅矿开采与冶炼、高纯硅料制造、硅锭/硅片生产、太阳能电池制造、光伏组件封装以及光伏发电系统应用等产业。总行授信管理部何平、常科撰写的《光伏发电相关产品制造业研究报告》对光伏产业发展现状、存在的主要问题、授信政策选择等方面进行了论证。

针对光伏产品发展存在的主要问题，文章明确提出：对于已出现产能过剩迹象的光伏产品制造行业，不宜盲目跟进，应警惕低水平重复建设项目而导致的行业过度竞争，总体上应保持审慎策略。重点把握好三个环节：积极关注国家产业政策落实情况，严格控制多晶硅建设项目贷款和进一步加强光伏产品制造业客户信贷结构的调整。

生物产业的发展。21世纪以来，生命科学研究、生物技术发展不断取得重大突破，生物产业作为今后我国高技术领域的支柱产业，对我国人民身体健康、粮食安全、能源安全、环境保护、产业结构调整、传统产业升级换代及经济和社会的可持续发展具有十分重要的战略意义。生物产业未来发展前景极其广阔，预计2020年全国生物产业增加值将突破2万亿元。几年前，深圳市就致力于将生物医疗、生物医药、生物农业、生物环保四大领域建设，成为我国乃至全球重要产业基地。

深圳市分行研究与发展部撰写的《生物产业发展与我行应对策略》，对什么是生物医疗、生物医药、生物农业、生物环保，以及它们的未来市场发展空间进行了详细分析。从中可以看出，这是一篇配合项目申请、立项的成功工作研究。稍显不足的是，除了上海、北京等大城市具有较充分条件开发生物产业外，对当时各地也纷纷抢滩这块投资新蛋糕行列的现象，以及由此会引出什么样的投资风险，并没有作进一步的分析。

动力电池行业的发展。动力电池是新兴能源产业的重要组成部分，未来10年面临重大的历史发展机遇。与此同时，快速发展的动力电池行业客观上也存在诸多风险。准确把握动力电池行业的未来发展趋势，对建设银行制定相关行业信贷政策具有重要的意义。总行研究部李庆治撰写的《新能源汽车动力电池行业相关信贷政策建议》分别从机遇、发展方向、政策调整以及需要关注的重点等方面进行了讨论，为信贷决策提供了有说服力的理论依据。

电影行业等文化产业的发展。党的十七届六中全会提出深化文化体制改革、推动社会主义文化大发展大繁荣、建设社会主义文化强国的发展战略。李敏新、蒋伯荣在《建议加大对电影行业等文化产业信贷的关注和支持力度》一文中，针对建设银行在电影行业信贷市场份额明显偏低，提出应加大对电影行业信贷关注和支持力度。这种研究有超前性和预见性，所提出来的工作建议对我行的授信管理和信贷结构调整有较大的指导意义。

文章提出的支持措施包括：优选客户，实行名单制管理，重点支持品牌企业；在信贷品种安排上，应与电影产业特点和不同类型电影企业的运作规律相匹配；在加大对电影行业信贷支持的同时，对制片、发行公司采取从紧控制额度，贷款后进先出，多重抵押担保，全程封闭管理的风险控制措施。

三网融合的发展。推进三网融合是国家发展信息网络战略性新兴产业的重要任务，对于全面带动国家经济发展、优化产业结构、转变经济增长方式都有巨大的促进作用。三网融合的大规模投资和深入发展将促进我国信息产业的巨大变革，并将成为银行竞相服务的重点。年鉴中有数篇文章专题研究了这个问题，其中，由总行研究部王世华撰写的《三网融合发展趋势分析及我行对策》得到了年鉴审稿编辑们的充分肯定。

在促进建设银行三网融合相关业务快速稳健发展方面，文章提出了六条建议：一是针对三网融合将给设备商带来大量采购订单的趋势，积极为优质设备商提供信贷支持，特别是大力支持新播控平台等新设备和重要设备的提供商。二是针对广电行业整合加快的趋势，可考虑对广电行业加快推进省网整合等给予积极、灵活的支持，并探索并购贷款、银团贷款等业务的开展，积极拓展投资银行等业务。三是针对三网的相关业务竞争加剧的趋势，加强对三网融合新业务和重点业务的研究，快速反应，适时调整相关政策。四是关注因三网融合加快发展的第三方支付交易、手机支付等新兴业务，培育我行竞争优势。五是“以客户为中心”，加强创新。抓住时机对企业网上银行的各业务品种，包括支付、转账、代发代扣等进行全面整合，培育我行在移动金融服务领域的竞争力。六是密切关注三网融合试点的最新进展。对政府政策支持的三网融合产业企事业单位、重大项目积极营销，及早介入，争办业务，提供符合需求的银行产品与服务，赢得竞争优势。

二、行业风险研究

不管是哪一个行业，也不管是哪个行业中的传统产业或新兴产业，都有一个周期发展问题。对于一家国际知名大型商业银行来说，规避传统行业的周期低谷风险和抓住新兴产业的市场机遇同等重要。过去几年，建设银行在行业风险研究方面所取得的成绩可圈可点。

现代煤化工行业的风险问题。煤化工是指经化学方法将煤炭转换为气体、液体和固体产品或半产品，而后进一步加工成化工、能源产品的工业。总行授信管理部姜黎黎撰写的《现代煤化工项目授信风险分析》、新疆维吾尔自治区分行课题组撰写的《煤化工行业发展分析及建设银行对策研究》等，都是从风险管理的角度深入研究了现代煤化工项目的投资问题。

文章分析指出，金融危机前，国际油价高涨、国内供求紧张，激发了企业发展煤化工产业的积极性，并且由于煤化工产业链条长、增值空间大、关联度高，有助于提升地方经济结构，因此，地方政府对发展煤化工非常积极，有条件的企业也纷纷上报项目。

但在政策层面则明令“稳步开展现代煤化工示范工程建设，今后三年原则上不再安排新的现代煤化工试点项目”。根本原因是发展现代煤化工产业面临资源和环境成本巨大的压力。除此之外，文章还就“项目投资大，经济风险高”；“产品产地和消费地相距甚远，运输成本高”，以及“项目建设周期长、不确定性因素多”等也是发展现代煤化工项目必须面对的风险难题进行了全面分析。

城际高速铁路项目风险分析。城际高铁由于具有输送能力大、速度快、安全、正点率高、舒适方便、能源消耗低和环境影响轻等优势，对沿线城市GDP、就业、旅游、产业转移、城市综合发展等带动能力较强，受到主要发达国家的青睐。

总行授信管理部张山林、姜黎黎撰写的《城际高速铁路项目的授信风险》，具体分析了城际高铁项目授信风险问题：一是城际高铁总投资趋高，项目投资和经营压力大；二是城际高铁资本金比例趋低，项目经营财务负担重；三是城际高铁项目建设超前、配套设施滞后，客运竞争激烈，经营效益难发挥；四是客流量和经营成本存在较大不确定性，城际高铁项目还本能力弱，贷款期限拖长。

煤炭行业的进与退。煤炭是我国最主要的能源基础产业，国家在出台相关的产业政策时，无论是从保证国内能源供应的角度，还是从国有资本保值、增值的角度，都会更多地考虑到煤炭行业的合理利益诉求，保证煤炭行业的健康发展。

但是，2007年国际金融危机爆发以后，煤炭行业遭遇了价格暴跌、需求减少、企业效益下降、投资增速放缓等困境。煤化工行业中的炼焦、煤制化肥、煤制油、煤制甲醇、煤制天然气和新型煤制烯烃等行业风险表现和风险程度各不相同。

就煤炭行业是进还是退的问题，总行风险管理部刘焱、牛爽在《煤炭行业风险趋势研判与信贷政策建议》一文中提出了“有所为有所不为的信贷政策建议”。显然，从建议的内容来看，这不是一般的工作建议，而是大势所趋，是必须认真加以考虑的现实选择。文章提出了七条建议：一是炼焦行业应取佼佼者；二是煤制化肥行业可适当鼓励；三是煤制油产业应考虑退出；四是煤制甲醇过剩且竞争加剧，应审慎介入；五是煤制天然气可在考虑效益性的前提下选择性介入；六是新型煤制烯烃行业应予以支持；七是煤化工项目园区化和多联产正在成为发展方向，应予以支持。

出口行业风险及应对。受世界经济衰退、外部需求持续萎缩的影响，2008年以来，我国出口增速急剧下降。其间，美联储宣布实行“定量宽松”等一揽子货币政策，对中国出口贸易更是雪上加霜。总之，金融危机对中国外需的冲击日益加深，出口形势日趋严峻，出口风险明显加大。就此，总行风险管理部卢娜、程伟建在《我国出口行业风险趋势监测及政策建议》进行了全面分析，在此基础上明确提出了建设银行信贷政策调整的重点。

文章提出建设银行信贷政策应该坚持的总体原则：重点支持一些具有规模优势、生产和销售情况比较稳定、行业内经营历史较长、具备度过危机能力的优质企业，同时提出了信贷政策需要关注的重点。

港口行业风险及风险应对。总行授信管理部张山林、姜黎黎在《港口行业发展分析与授信建议》一文中，着重从我国港口行业所面临的经营风险这个角度，分析提出了建设银行支持港口建设投资的合理化建议。

文章分析指出，我国港口行业风险呈现三大特点：一是受全球金融危机的持续拖累，国际航运市场低迷；二是集装箱港口产能过剩，竞争加剧；三是港口企业投资能力减弱。

文章有针对性地提出了五点授信建议：一是积极支持主枢纽港的AAA级客户和AA级的总行重点客户；二是审慎支持主枢纽港非总行重点客户的AA级客户、地区性重要港口的AA级（含）以上客户；三是控制对主枢纽港、地区性重要港口的A级客户，以及一般港口的AA级（含）以上客户和项目建设，尤其对吞吐量降幅大于全国平均水平的港口集装箱项目要严格控制；四是支持中央政府投资和有财政实力的地方政府投资的沿海、长江和珠江等干河中下游航道建设项目；五是对于省级以下的地方政府投资的航道项目不宜介入。若地方政府财力确实较强，可以介入，但要落实有效的保证措施。

建筑行业风险问题分析。建筑业作为实现固定资产投资的主要途径，与相关行业的投资情况息息相关，特别是在房地产、公路、铁路、城市轨道交通、水利等固定资产投资的主要领域，由于其大部分投资都通过建筑业转化为相应设施，这将为建筑行业带来施工量、收入和利润，但建筑行业同时面临竞争激烈和风险管理能力亟待提升两大难题。

通过对建筑行业的未来发展机遇以及面临问题的全面分析，总行集团客户部童罗兴在《建筑业发展现状、预测及我行客户经营分析报告》中，提出了以中铁、中建、中冶、中水、铁建和中交股份六大建筑集团为核心的经营策略。

三、行业研究文章的特点

透过上述十几篇文章对十几个行业的发展与风险研究，我们可以从中梳理出一个共同的特点，即实现了政策性、前瞻性、客观性和权威性的高度统一。正是因为有了这个高度的统一，才使得这些文章当之无愧地发挥出了奠定建设银行实现稳健经营的基石作用。

政策性。对于任何一家大型商业银行来说，不把相当大的注意力放在对国家产业政策、行业发展规划以及与之相适应的投融资体制改革的研究等方面，肯定是难以想象的。在年鉴行业研究文章中，不论是太阳能利用、生物产业、三网融合，还是电影等文化产业，其兴衰无一不与国家宏观经济金融政策的调整密切相关。文章对于这些新兴产业战略性及趋势性的分析把握，以及从对行业政策的高度关注和研究问题的角度，为我们提供了很好的示范。

前瞻性。在行业研究中，瞻望未来若干年甚至更长时间，既是行业周期发展的必然要求，也是建设银行实现长期稳健经营的必然选择。上至国家，下到一家公司、企业，编制三年或五年发展规划，也是为了更好地适应行业周期发展规律的重大决策之一。年鉴行业研究所作的前瞻性分析是这类必不可少的重大决策的前期准备，其当期与历史价值肯定不会被忽视。

客观性。在年鉴收存的近50篇行业研究文章中，绝大多数在写作方法上体现出了三段式的写作特点，即行业现状、存在的主要问题及建设银行信贷政策建议。现在可以特别说明的是，文章中用来进行现状和问题分析的数据资料，都是当年最新、最前沿的数据。正因为这些文章拥有超前数据的行文优势，才赋予了文章超前预见性的研究性质。而数据资料的真实性又在很大程度上决定了文章提出的信贷政策建议具有很强的针对性和现实可操作性，从中也揭示出了建设银行进行信贷决策的一般规律。这也是我们对十几篇文章进行研究内容简单介绍的原因之一。

权威性。在年鉴前后收存的几十篇风险和行业研究文章中，由总行风险管理部和授信管理部提交的文章接近半数，不仅其中的绝大多数在隐去作者单位、姓名的年鉴审稿过程中被加权平均分排序进高分层级，而且前十名的好文章基本被这两个部门的文章垄断。从年鉴风险管理或行业风险研究文章中可以看出，在黄志凌的带领下，总行风险管理部已经形成了一个强大写作群体，对刘桂峰、文海燕、刘焱、赵晓昕、卢娜、程建伟、牛爽、周倩、甘少浩、杨云超、陈睿鑫等人的文章，我们是无论如何也不能将其看做是一般的风险理论或工作管理研究，这些文章就是建设银行风险管理理论、管理理念、管理思路、问题解析、对策措施等的全面结合，充分体现出了建设银行加强风险管理工作基础所做的努力。在行业研究方面，年鉴文章也显现出了总行授信管理部李敏新、张山林、姜黎黎、曹众、蒋伯容、唐俊、何平、常科、王世华、袁平、崔青云等这个群体的强大写作能力。如果把他们的文章看做是一般的理论或工作研究，那也是大错而特错，他们所拥有的特殊工作性质赋予了他们文章更加特殊的内涵和历史价值。从中，我们能够体会或发现一些值得学习借鉴的研究和项目决策方法，也能够汲取其思路、观点中有价值的东西，这有待读者自己去从中领悟。

年鉴文章中的工作研究（三）

拒绝单纯的经济金融泛论，尤其拒绝艰涩的，甚至连具有相当经济金融理论造诣的中高级管理人员都很难读懂的满篇数学模型，这是建设银行年鉴在它问世的第一天就立定的规矩。肯定有人会不屑于这样的规定，但随着时间的推移，年鉴收存的由各级经营管理人员紧密联系所从事工作的热点、重点和难点问题撰写的工作研究，将会得到历史的认可。

一、工作研究涉及面广，涵盖了建设银行经营管理活动的方方面面

从经济资本、经济增加值，比率分析法、赤道原则，到财务管理模式，新会计准则、金融企业财务规则；从中小企业融资、房产倒按揭、中间业务、投资银行业务、金融租赁、零售业务、私人银行、个人信托、电子银行、表外业务，到大型银行支持中小企业、商业银行押品管理、民生领域的“民本通达”、碳金融体系、财政资金体内循环；从网点布局、零售网点转型、流程银行、县支行转型、联合集体配送、前后台分离，到垂直风险管理、柜面操作风险、会计操作风险控制、财富中心绩效评价；从图片知识产权的保护、信息资源管理，到“破窗”现象，反洗钱问题；从绩效考核、买单制，到员工队伍建设，等等，用无所不包、无所不及来形容建设银行年鉴收存的工作研究并不过分。

二、突出工作中的热点问题

工作中的热点问题，通常是新生事物，也是员工从事工作研究跟踪追逐的目标。对新生事物的敏感，这也是建设银行具有强大竞争力的根本原因之一。年鉴将经济资本、赤道原则、新会计准则实施等一系列反映改革现状的热点问题工作研究收存下来，等于串起了建设银行勇往直前、积极向上的历史。

经济资本管理是个舶来品，是以美国为首的西方发达国家加强商业银行资本约束，强化风险管理并被实践证明是行之有效的管理手段。那么，在美国方面，美国银行对哪些类别的风险进行经济资本计量？经济资本管理目标和作用是什么？经济资本、监管资本和账面资本之间是什么关系？即便是在引进经济资本管理概念十年之后的今天，我们也未必就能对这些问题对答如流，遑论作为新生事物引进之时。总行计划财务部课题组在《关于经济资本管理的问答与启发》一文中，将上述问题一清二楚地锁定在了当时的工作研究之中，为我们留下了一份难得的历史研究资料。

引进当然不是目的，目的是要将其化解到工作的应用与指导之中去，同时也伴随有一个艰难的认知过程。湖北省分行张进在《加强经济资本预算管理的思考》一文中指出，经济资本预算管理中存在的问题主要体现在“经济资本对风险资产总量增长的约束作用没有充分体现”等三个方面。重庆市分行赵吉新、王向晖、刘新宇在《信用风险经济资本在一级分行的应用》一文中则认为经济资本推行过程中存在的问题主要表现在“基层行尚未树立经济资本对风险资产约束的理念”等三个方面。看问题的角度不同，对问题的认识也不一样，新生事物也正是在这种不同认识的碰撞中逐渐被我们理解和接受。

赤道原则是判断、评估和管理项目融资中的环境和社会风险的一个金融行业基准。总行风险管理部刘桂峰在《兼论赤道原则的精神及其遵循》一文中，通过对赤道原则形成的历史背景分析，为我们归纳出了从中应获取的三点启示：银行作为经营货币的特殊企业，其性质决定了它要比其他企业承担更重的社会责任；银行作为现代经济的核心，其地位决定了它追求商业利益必须与社会利益和谐一致；银行作为公众公司，其品牌效应决定了其必须关注自己的社会形象。年鉴将这篇文章收存下来，等于收存了一个不能被忽视的管理提示。

2006 年 2 月，财政部颁布了新的会计准则体系。这个体系为建设银行“贷款利息收入的确认”十个方面的财务收支带来了直接影响，而且影响非常之大。为了准确认识由新会计准则变动所带来的这些影响，并组织全行尽快适应这种变动，总行财务会计部课题组及时专题撰写了《新会计准则的主要变动及对建设银行财务收支的影响分析》和《金融企业财务规则解读》两篇文章。年鉴收存这两篇文章，等于收存了一个重大的改革历史。

三、抓住工作中的重点问题

没有哪家商业银行不去关注年度工作重点问题，也体现出了市场应变能力。但能否在理性思考中及时和准确把握年度工作重点，则是衡量其市场应变能力的关键之一。建设银行年鉴收存的年度工作重点问题研究文章，很好地回答了这个问题。

（一）中小企业的融资问题

早在2006年，总行研究部杨君在《银行小企业业务发展趋势及建设银行的对策建议》中，在对国内银行小企业发展趋势、建设银行小企业业务发展中存在问题及原因分析后提出了“构建相对独立的组织和流程架构，为小企业业务发展搭建平台”等四条政策建议，其中的一些建议，即使现在看来也不过时，甚至很有先见之明。

作为一行之长，崔滨洲在陕西省分行任职期间，一直密切关注中小企业融资这个重点问题，并撰写了《国有大型商业银行支持中小企业融资问题研究》。在这篇文章中，作者有针对性地提出了从“尽快建立专业化经营与协同运作的经营机制，及时搭建促进中小企业信贷业务由零售型向批发型转变的合作平台”等六个方面来解决国有大型商业银行支持中小企业融资问题。无疑，文章作者的特殊身份赋予了文章内容的决策性和实践性。

无独有偶，许会斌在河南省分行工作期间也明显意识到，加强和改进中小企业金融服务工作，既是国家宏观调控政策的要求，也是商业银行拓宽业务领域、研究新的增长点的新契机。在《关于商业银行发展小企业金融服务的思考》中，他通过发展小企业金融业务的现实意义、经营模式以及发展方法的客观分析，提出了“规模与效益”、“质量与效率”、“零售与批发”、“防范与管理”、“应用与创新”五个并重，和实现“组织领导”、“考评考核”、“政策倾斜”、“制度配套”、“风险问责”五个落实的基本思路。

如果将年鉴中类似的文章串在一起，我们从中不难发现，建设银行能够在社会普遍关注的中小企业融资问题上有所作为，并得到了党中央、国务院领导的充分肯定，是情理之中的事。

（二）地方政府融资平台的问题

十几年前，各地、各级地方政府，通过建立各种各样的融资平台并主要通过四大商业银行进行大量举债，由于逐步引起了国际评级机构对中国商业银行资产质量的质疑而引发了方方面面的广泛关注，由此也倒逼出了金融监管部门采取强硬措施进行专项清理。在建设银行信贷资产结构中，政府融资平台贷款肯定是一笔不能被忽视的数字。总行资产保全部曹桂英、方路明在《当前我国商业银行政府融资平台贷款面临的主要风险及对策》中从“政府融资平台存在的主要问题”以及“建设银行应该如何防范和化解政府融资平台贷款风险”等方面，对政府融资平台贷款问题进行了及时和客观的分析。值得一提的是，正因为是工作研究，文章才会看淡国际评级机构的质疑，也不会迎合专项清理整顿的出发点，而是以近似于白描的形式提出问题和分析问题，使其更接近于事实的真相。这也正是年鉴文章历史价值的难能可贵之处。

（三）民生领域的发展潜力问题

长期以来，民生问题一直是国家政策强调的重点，也是社会关注的焦点，同时也是商业银行业务发展的巨大潜力。总行机构业务部刘仁刚在《如何认识和把握民生领域的巨大商机》一文中，通过“如何理解当前形势下强调民生的意义”等不同角度，深刻分析了建设银行加强民生领域金融服务的重要性和必要性。也许正是基于这样一个深刻的认识，才有了建设银行“民本通达”产品的推出。“民本通达”是建设银行针对教育、医疗、社保和环保领域推出的民生领域综合金融服务方案，也是同业中首家推出的专注民生领域的金融服务品牌。若干年后，当我们因为某种需要对“民本通达”等民生领域金融产品的成长历史进行源头考证时，那么，包括这篇文章在内，年鉴中收存的若干篇文章都将是最具说服力的第一手资料，因为，文章作者岗位的特殊性决定了文章内容的真实性和权威性。

（四）重点发展对公业务的问题

对于国内任何一家商业银行来说，公司业务的核心地位都是很难动摇的。年鉴以专题形式收存下来了由总行公司业务部不同课题组分别撰写的《持续推进公司业务转型调研报告》、《建设银行实施绿色信贷专题调研》、《对公网点转型调研报告》、《对公产品管理与创新调研报告》、《小企业业务经营策略》和《持续推进对公中间业务发展调研报告》等一系列专题调研文章。这组文章形成于特定政治经济环境之下，代表了建设银行在这个经营管理领域的最高研究成就，从中，我们不仅能全方位认识建设银行公司业务的发展概况、发展脉络，而且可以洞察到发展思路、方向和未来目标，是研究我国商业银行公司业务发展历史不可多得的第一手资料。

（五）前后台业务的分离问题

实施前后台业务分离，是建设银行为了更好地实现“以客户为中心”根本需要而采取的重大业务流程改造举措。前后台业务分离后，前台大部分核算职能被剥离并向后台收缩；会计操作风险分布的位移、业务流程网络结构的调整，以及由此引起的会计业务介入时点或环节的变化，必将对传统的会计工作带来一系列的重大影响。因此，对会计工作的重新定位以及准确认识定位后的会计工作重点就显得尤为重要。为了支持深化前后台业务分离项目建设，总行营运管理部组织专门课题组，从柜面业务现状等五个方面进行了实地考察分析。在此基础上，对解决“中小客户业务处理时效性”等七个方面提出了分离建议，不仅具有很强的可操作性，而且印证了建设银行实施前后台业务分离的步骤和全部过程。

四、关注工作中的难点问题

工作中的难点问题具有很强的挑战性，在很大程度上，考验的不是迎难而上的勇气，而是直面难点问题的排解和驾驭能力。难点问题也是现实中的问题，而且年度中的难点问题各有不同。

（一）贷后管理的问题

如何加强贷后管理，是包括建设银行在内的其他商业银行长期面临的难题。实际情况是，过去几年，建设银行不论是贷前调查、授信评价、风险安排、信贷审批，还是风险管理理念的更新、技术的进步、方法的发展和风险管理组织架构的变迁，都取得了长足的进步，但贷后管理的短板现象始终挥之不去。一方面，信贷工作大会小会必谈贷后管理，另一方面，贷后管理也总是越谈越沉重，症结何在？在年鉴数篇论及贷后管理的文章中，我们能从朱小黄的《关于贷后管理的几点思考》中找到答案。作者认为，贷后管理的症结主要在于没有处理好存量与增量、观念认识与管理体制、贷款生命周期与企业生命周期、市场拓展与资源整合以及信贷业务与综合服务五大关系。文章用较长篇幅对五大关系进行了逐一分析，很有说服力，给人以顿悟。比如，文章强调贷款生命周期必须与企业生命周期相匹配，信贷进入和退出必须与企业现金流相匹配，这就引出了加强贷后管理的一个基本思路。在对五大关系分析的基础上，作者从制度、流程、技术工具等不同角度，明确提出加强贷后管理要抓好“完善信贷退出机制”等五个着力点。

年鉴将这篇有分量的贷后管理文章收存起来，也使对年度贷后管理实践进行比较成为可能。

（二）柜面操作风险问题

在商业银行的三大风险中，操作风险主要集中在基层网点的柜面操作层面，十之八九的柜面操作风险源于违规操作。广东省分行钱用道在《基层网点柜面操作风险及其防范》一文中，将基层网点操作风险的三大类型，即管理缺失型风险、操作违规型风险和道德失落型风险，采取列表比对的形式，分别对九个管理环节、七类违规行为和七种管理道德失落表现进行了描述和风险表现分析。在此基础上，为防范基层网点柜员操作风险，提出了“走出三个误区”、“夯实三个基础”、“完善三个机制”和“注重三个转变”的基本思路。这是一篇关注工作难点问题并做深入观察研究的倾心血之作，有较强的针对性和可操作性。

另外，江苏省分行缪学田的《控制银行柜面业务操作风险的几点措施》、浙江省分行车秀峰的《用零容忍化解操作风险的“破窗现象”》，也都是作者长年悉心观察、日积月累的经验之谈。作者把管理学中的形象“破窗效应”理论，引进商业银行业务操作层面，从中归纳出了三大“破窗现象”，并针对三大“破窗现象”提出了消除业务操作“破窗现象”的对策，从中，我们能受到启发。

（三）网点转型问题

为了适应“以客户为中心”经营理念的彻底转变，过去几年，四大商业银行一直在致力于营业网点转型的改造。在传统物理网点基础之上，重新打造一个全新的银行服务区，其难度之大、困难之多可想而知。在实施转型的关键时刻，董办王永刚、刘向辉就零售网点转型问题进行了专题调研。调研中，针对转型过程中所涉及的“既定推广计划的有效性”等现实问题，及时反映提出了“尽快确立全行零售网点的转型模式”等五点转型建议。文章在着眼于眼前问题的发现、提出和解决的同时，又为建设银行改革留下了一份珍贵的历史资料，可谓是一举两得。

（四）信息技术应用能力的提升问题

信息技术不仅是维系全行业务正常运转的核心，系统庞大，而且时刻都会面临巨大的管理难题。不得不承认，同工商银行相比，建设银行在信息技术的发展思路、开发路径、研发模式等方面一直深受诟病，并承受了很大的压力。但是，建设银行先于其他几家商业银行跨进股份制改革之列，得到了信息技术的强力支撑，也是不争的事实。因此，科学的态度是不仅对存在问题保持清醒的认识，而且要有直面问题的勇气。早在2007年，金磐石、张向东在《影响建设银行信息技术应用能力提升的七个主要问题及建议》一文中，围绕“建设银行信息技术发展定位不够清晰”、“测试环境等基础设施建设滞后于业务发展的状况十分严峻”等七个方面的问题进行了客观的论证分析。在当时，这应该是一篇对建设银行信息技术发展问题进行全面诊断最具权威性的研究报告。那么，几年之后，我们再将这个研究报告拿出来进行问题与建议的一一比对检验，又会从中受到什么样的启发？显然，这是一件很有意思的事。

五、工作研究文章的特点

相对于年鉴风险管理与行业研究文章的政策性和前瞻性，年鉴工作研究文章的广泛性和实践性是其突出特点。

（一）广泛性

年鉴文章的广泛性体现在两个方面：一是工作研究的内容，涵盖了建设银行经营管理工作的方方面面；二是参与工作研究的员工具有广泛性，尤其是来自基层员工的工作研究，我们甚至能够从中品味出基层经营的不易和管理的精细。

（二）实践性

年鉴工作研究文章，无一不是作者对所从事工作的理性思考，充分体现出了坚持从本职工作出发的基本原则。将年度本职工作中的重点、难点和热点问题上升到理性思考的高度，在提出、分析和深入研究问题的基础上，提出启发性及可操作性的决策建议或解决问题的方式方法，确实值得给予充分肯定。实践证明，这些理性思考，对整体提高建设银行的市场应变能力、市场机遇的把握能力、复杂市场环境的应变能力以及执行制度的管控能力有积极意义。

2011年12月6日